CW01262429

DU MÊME AUTEUR
en poche

L'épopée des croisades, Paris, Perrin, **tempus** n° 6, 2002.
Histoire des croisades et du royaume franc de Jérusalem, tome I, *1095-1130, L'anarchie musulmane*, Paris, Perrin, **tempus** n° 151, 2006.
Histoire des croisades et du royaume franc de Jérusalem, tome II, *1131-1187, L'équilibre*, Paris, Perrin, **tempus** n° 152, 2006.

collection tempus

René GROUSSET
de l'Académie française

HISTOIRE DES CROISADES
ET DU ROYAUME FRANC DE JÉRUSALEM

III. 1188-1291
L'anarchie franque

Perrin
www.editions-perrin.fr

Ouvrage publié avec le concours de l'Association des Œuvres de l'Ordre du Saint-Sépulcre en France.

© Plon, 1936
et Perrin, 1991 et 2006 pour la présente édition
ISBN : 978-2-262-02569-4

tempus est une collection des éditions Perrin.

PRÉFACE

**LES CROISADES, LEUR SIGNIFICATION
ET LEUR PLACE DANS L'HISTOIRE GÉNÉRALE.**

Nous nous sommes volontairement abstenu, en commençant la publication de ce travail, de rien préjuger du résultat de notre enquête. Il nous a paru plus sage d'attendre que le dessin s'en dégage à la lumière des faits pour indiquer objectivement le sens général de cette histoire. Il nous semble possible aujourd'hui de donner cette introduction d'ensemble qui, conformément au désir de plusieurs lecteurs, pourra, dans la seconde édition, être placée en tête du tome premier.

Place des Croisades dans la question d'Orient.

Le problème des rapports de l'Orient et de l'Occident ne date ni de la guerre russo-japonaise ni de la prédication de Gandhi. Il n'a cessé de se poser au cours de l'histoire. C'est lui qui confère à l'enquête d'Hérodote un intérêt toujours actuel, tout Européen croyant se reconnaître dans l'Hellène des Guerres médiques, comme le Mède symbolise à nos yeux toute l'Asie. Tranchée par Alexandre dans le sens occidental, la Question d'Orient, durant presque toute la durée de l'empire romain, conserva une solution macédonienne. Parce que le Macédonien avait hellénisé l'Asie proche, Rome régna sur la péninsule d'Anatolie, la Syrie et l'Égypte. Et sans doute la domination romaine n'avait pu s'étendre à l'héritage macédonien tout entier, puisque l'Iran, avec les Parthes d'abord, surtout avec les Perses Sassanides ensuite, retourna à ses races indigènes. Mais tout le littoral de la Méditerranée orientale avec l'arrière-pays jusqu'à l'Euphrate restait gréco-romain, et la réaction asiatique dont les Sassanides s'étaient faits les représentants ne put, malgré les victoires passagères de Sapor au IIIe siècle ou de Khosroès Parviz au commencement du VIIe, prévaloir à l'ouest du fleuve.

La fondation, entre l'Euphrate et l'Afghanistan, du puissant empire perse des grands-rois sassanides n'en constituait pas moins une menace très grave pour l'hégémonie de l'Occident parce que, dès ses débuts, dans le premier quart du IIIe siècle après Jésus-Christ, l'Iran sassanide ne s'était posé qu'en s'opposant dans tous les domaines au monde gréco-romain. Quatre siècles déjà avant les légers escadrons arabes, la lourde chevalerie sassanide commençait à prendre sur les légions romaines, héritières de la phalange macédonienne, la revanche d'Issos et d'Arbèles, et cela à l'heure où à la surface même des provinces romaines de Syrie et d'Égypte le vernis hellénistique craquait de toutes parts pour laisser reparaître le fond syriaque ou copte. L'Asie se déshellénisait.

Ainsi, quand commence le moyen âge, les plus graves symptômes extérieurs et intérieurs annonçaient que l'hégémonie neuf fois séculaire de l'Occident gréco-romain sur l'Orient iranien ou sémitique périclitait. Symptômes pareils à celui du canon de Tsushima annonçant à notre génération la proche revanche militaire des Asiatiques sur les nations blanches, pareils aussi à cette rébellion morale dont le Dastour moghrébin, le Wafd égyptien ou la voix de Gandhi nous apportent de nos jours le troublant écho. De même au déclin de l'antiquité. Le triomphe soudain, inouï, foudroyant de l'Islam au milieu du VIIe siècle ne fut que la lame de fond poussée par cette marée montante.

Elle emporta tout, Syrie, Égypte, avec cette Jérusalem devenue, depuis la conversion de Constantin, la capitale spirituelle du monde romain et grec. La frontière de l'Europe qu'Alexandre avait portée à l'Indus, que les Romains avaient maintenue à l'Euphrate, recula jusqu'au Taurus. L'Islam, c'était cela : la grande revanche de l'Asie. Un moment, à la fin du VIIe siècle, on put croire qu'il atteindrait d'un seul coup le Bosphore, et Byzance faillit être emportée. L'empire byzantin résista cependant. Après une lutte de trois siècles, il réussit à la fin du Xe siècle, à repousser un instant les Arabes jusqu'au delà de l'Arménie et du moyen Euphrate ; avec les grands *basileis* Nicéphore Phocas, Jean Tzimiscès et Basile II il réoccupa Antioche et Édesse et ce fut là proprement la première en date des croisades. Mais cette renaissance de l'orgueil byzantin fut relativement brève. Dans le dernier quart du XIe siècle une nouvelle vague d'invasion musulmane, l'invasion turque, déferla sur le proche Orient, submergeant non seulement la Syrie tout entière y compris Antioche, mais presque toute l'Anatolie byzantine, y compris Nicée. En 1090 les bandes turques arrivaient à la Marmara et semblaient à la veille de franchir le Bosphore. À cette date l'intégrité de l'Europe ne pouvait être sauvée que par un sursaut d'énergie consciente, en l'espèce par l'entrée en scène des forces jeunes que représentait le nouvel Occident depuis la grande renaissance romane du XIe siècle, et cet effort c'est proprement ce qu'on appelle les croisades.

Il nous reste à voir quelles furent les causes, assez exceptionnelles, qui facilitèrent leur réussite ; et tout d'abord à rappeler l'état du monde musulman au moment de l'arrivée des croisés.

Causes de la réussite initiale des croisades :
l'anarchie musulmane de 1095.

En 1092, c'est-à-dire trois ans avant la prédication de la première croisade, l'Asie musulmane presque entière (à l'exception de quelques cantons éloignés de l'Afghanistan et du Penjâb) formait encore un vaste empire musulman unitaire allant de la frontière de l'Afghanistan à la Marmara, du Turkestan à la frontière d'Égypte, l'empire turc seljûqide ; empire musulman encore indifférencié dans lequel le sultanat turc se superposait – sans le détruire – au khalifat arabe, et, de ce fait, empire à la fois panarabe et panturc c'est-à-dire vraiment universel pour ce qui est de l'Asie musulmane sunnite. Ainsi, en Occident, l'empire de Charlemagne avait, à l'exception de l'heptarchie anglo-saxonne, englobé l'ensemble de la Latinité et du monde germanique baptisé, son chef réunissant dans sa personne l'empereur romain et le roi pangermanique. Assis aux côtés du khalife arabe de Baghdâd, dont il est le délégué temporel et le protecteur, le sultan turc seljûqide nous rappelle l'empereur franc assis aux côtés du pape. Nul doute que, si les armées de la croisade avaient débouché en Asie quelque six ou sept ans plus tôt, se trouvant en présence de cette immense domination, leurs progrès eussent été singulièrement moins faciles.

Mais en 1092 le grand sultan seljûqide Malik-shâh meurt et son empire, comme l'empire de Charlemagne, est partagé entre les membres de sa famille. Ses fils Barkiyâruq, Mu*h*ammed, Ma*h*mûd, Sanjar, héritent, avec le sultanat, de l'Iran et des annexes de l'Iran, Irâq, région de Mossoul, Transoxiane, qu'ils se disputent d'ailleurs, les armes à la main, en d'épuisantes guerres fratricides qui rappellent les guerres des partages carolingiens. Le frère cadet de Malik-shâh, Tutush, s'adjuge la Syrie où ses deux fils, Ri*d*wân et Duqâq deviendront, le premier, roi d'Alep, le second, roi de Damas. Enfin les cousins du sultan défunt, les Seljûqides de la branche secondaire descendant de Sulaiman ibn-Qutulmish, se rendent indépendants dans l'Anatolie par eux enlevée aux Byzantins, avec, pour capitales, d'abord Nicée, puis Qonya. Et de même que les royaumes carolingiens issus du démembrement de l'empire franc se sont différenciés en se nationalisant, donnant naissance à une Germanie, à une France, à une Italie, de même les sultanats et royaumes nés du démembrement de l'empire seljûqide ne tardèrent pas à s'adapter – jusqu'à l'oubli de leurs origines communes – au cadre des vieux pays dans lesquels ils s'étaient fondés. Le sultanat de la branche aînée de la maison seljûqide eut beau conserver en droit l'impérialité avec des prétentions à la monarchie turco-arabe universelle, les soi-disant sultans turco-arabes, fils de Malik-shâh, les épigones seljûqides Barkiyâruq, Mu*h*ammed, Ma*h*mûd, et leurs faibles successeurs ne furent plus, dans Isfahân, Rei ou Tauris, leurs capitales, que des shâhs iraniens dont l'horizon politique ne dépassait plus guère les dépendances naturelles de l'Iran, de Mossoul à Samarqand. Ainsi les empereurs romains germaniques du XIe siècle auront beau, comme successeurs de Charlemagne, revendiquer l'empire de l'Occident, ils resteront de simples rois d'Allemagne et d'Italie dont l'horizon ne dépassera guère le Rhône et l'Elbe. La conséquence de ce fait c'est que les sultans seljûqides de Perse au XIIe siècle se montreront infiniment plus soucieux des intérêts de leur royaume iranien que de la défense de l'Islam contre la croisade. Les combats obscurs que va mener l'Islam syrien contre la première croisade, toucheront beaucoup moins ces soi-disant sultans de l'Islamisme que la défense de leur beau domaine persan contre la révolte arabe et l'insubordination « cléricale » des khalifes 'abbâsides de Baghdâd (qui finiront, à l'instar des pontifes romains, par se rendre indépendants dans leur petit patrimoine du Saint-Siège en Irâq), contre l'insubordination de la féodalité turque des atâbegs dans toutes les provinces iraniennes, contre la menace enfin que fait peser, aux Marches de l'Est iranien, sur cette frontière de l'Oxus où ils montent leur « garde au Rhin », l'arrivée de nouveaux clans barbares – Ogouz, Qara-Khitai – Turco-mongols faméliques et « païens » en quête de terres fertiles au détriment de leurs cousins islamisés, iranisés et nantis. Tandis que l'Islam syrien luttera contre la croisade, ce sera face à l'Est et au grand Nord asiatique, face à la steppe et à ses réserves de barbarie, ce sera face à la menace tartare, et, si l'on peut dire, en pressentiment de Gengis-Khan que les sultans seljûqides de Perse organiseront leur politique. Parce qu'ils sont devenus Persans, la contre-croisade, dépassant leur horizon iranien, cessera de les intéresser.

Tandis que les Seljûqides de la branche aînée, en Perse, sont devenus Persans, leurs frères de la branche cadette, en Syrie, deviennent Syriens. Dans ce vieux milieu arabe d'Alep et de Damas, les deux neveux de Malik-shâh, Ri*d*wân et Duqâq, ne sont plus que des malik arabes dont toute l'ambition se borne à disputer aux autres sheikhs et émirs ou à se disputer entre eux les petites principautés de *H*amâ et de *H*oms, sans le moindre souci de politique générale. Tels, successeurs dérisoires des grands Carolingiens, nos rois d'Arles du Xe siècle.

Au contraire les Seljûqides d'Asie Mineure, sur cette table rase du plateau anatolien où aucune domination musulmane n'a préexisté à la conquête seljûqide, resteront spécifiquement Turcs au point que c'est de ce royaume seljûqide de Qonya que sortira, avec les Ottomans, la Turquie historique.

*Incompréhension initiale de la société musulmane
devant l'invasion franque.*

La division, non seulement territoriale et politique, mais morale, de l'ancien empire seljûqide, division allant jusqu'à une différenciation profonde des diverses parties de l'héritage turc, devenues étrangères l'une à l'autre, explique pour une bonne part le succès de la première Croisade. La réussite franque, qui aurait été singulièrement problématique si la Croisade s'était heurtée au grand empire turco-arabe unitaire de Malik-shâh, fut obtenue sans trop de difficultés grâce au morcellement et à la « féodalisation » de cet empire, grâce aux querelles des successeurs du grand sultan. Ainsi les invasions normandes du neuvième siècle ne réussirent que par l'état d'impuissance auquel les partages carolingiens avaient réduit l'Occident. La Croisade, passant entre Seljûqides d'Anatolie, Seljûqides de Syrie et Seljûqides d'Iran, tous désunis, entre Seljûqides et Égyptiens, divisés par des haines religieuses inexpiables, parvint à s'installer dans la Syrie littorale, comme les Normands, manœuvrant à la faveur du morcellement carolingien, avaient réussi à s'installer dans la Neustrie maritime.

C'est un spectacle bien curieux que celui de cette énorme masse musulmane qui aurait pu écraser vingt fois le corps expéditionnaire aventuré en Asie et qui, faute d'union, se laissa démoraliser et paralyser par l'irruption franque. Ainsi la vieille Europe de 1793, stupéfaite et dépassée par l'invasion jacobine et qui ne la comprit, ne se regroupa et ne réagit efficacement que vingt ans plus tard, à partir de Leipzig. Les sultans de Perse, en 1097, auraient eu tout le temps de venir secourir leurs cousins d'Asie Mineure attaqués par Godefroi de Bouillon : ni eux ni leurs parents de Syrie n'y songèrent et ils laissèrent, sans s'inquiéter, l'armée franque passer sur le ventre des Turcs d'Anatolie. La Croisade une fois parvenue en Syrie, les deux Seljûqides syriens, Ri*d*wân, roi d'Alep, et Duqâq, roi de Damas, ne songent même pas à s'unir. Frères, mais frères ennemis, ils affrontent séparément les Croisés, et se font battre séparément. La conquête d'Antioche, c'est-à-dire la prise de possession du sol syrien par les Croisés, ne s'explique pas autrement. Et ce n'est qu'après la chute de la ville, – quand il est trop tard, – que les troupes du sultan seljûqide de Perse, qui s'est enfin décidé à intervenir, apparaissent sur le théâtre des hostilités et, faute de point d'appui, sont à leur tour mises en déroute. Jusqu'ici il ne s'agit entre Musulmans que d'un manque d'entente. On verra pis. Au cours du siège d'Antioche, la seconde puissance du monde musulman, l'Égypte fâ*t*imide, proposera à l'état-major de la Croisade une alliance de trahison contre l'Islamisme, aux dépens des Turcs : tandis que la Croisade enlève aux Turcs la Syrie du Nord, l'Égypte les prendra à revers par le sud et leur enlèvera la Palestine. Notons qu'il ne s'agit pas d'un projet en l'air, car en 1098 ce plan sera parfaitement exécuté, et c'est grâce à la division et à la démoralisation qu'il provoquera dans le monde musulman que les Croisés, malgré des fautes politiques et militaires énormes, pourront, à l'été de 1099, s'emparer si rapidement de Jérusalem.

Ajoutons à ces causes générales d'affaiblissement du monde islamique l'anarchie locale résultant de la fondation d'une multitude de petites seigneuries turques et arméniennes aux confins syro-anatoliens, turco-arabes en Syrie-Palestine. Aux confins syro-anatoliens, d'Édesse à la Cilicie en passant par Antioche, le désordre vers 1096 se trouvait d'autant plus grand que la domination turque y était toute récente, datant d'une dizaine d'années seulement, et n'avait pas eu le temps de prendre racine : la disparition de l'autorité seljûqide après une période de possession aussi brève laissait à l'élément chrétien, arménien notamment, l'espoir d'une prompte revanche, et l'arrivée des Croisés sur ces entrefaites allait trouver un milieu tout préparé. Lorsqu'en octobre 1097 le chef croisé Baudouin de Boulogne commencera la fondation du futur comté franc d'Édesse par l'occupation de Tell-bâshir ou Turbessel, ce sera la révolte spontanée de l'élément arménien contre la domination turque qui rendra son œuvre si facile.

En Syrie septentrionale, le rôle principal dans la résistance musulmane aurait dû – nous insistons sur ce cas typique – revenir au roi seljûqide d'Alep, Ri*d*wân. Mais l'histoire de l'Orient n'a jamais présenté caractère plus fuyant et étroit, moins capable de vues larges et d'actions décisives. Un tyran italien du Quattrocento pour qui toute la politique

Les croisades espagnoles, qui furent comme les grandes manœuvres de l'expédition de 1097, trouvèrent donc l'Occident tout préparé lorsque surgit l'appel d'Urbain II, quand la Papauté proclama qu'en présence de la conquête turque et de l'effondrement byzantin la défense de l'Occident n'était pas seulement aux marches d'Espagne, mais aussi aux rives d'Asie. Contre l'invasion turque victorieuse, la résistance byzantine, ayant fléchi, devait être relayée par la force franque. La croisade lancée en 1095 par Urbain II, c'est la réaction salvatrice, le réflexe défensif de l'Europe en face du plus grand péril couru par celle-ci depuis la chute de l'empire romain. L'unité du monde romain se trouva soudain moralement refaite de l'Atlantique au Danube, voire au Bosphore, pour arrêter pendant trois siècles et demi la fatale échéance de 1453. Car depuis 1080, les Turcs s'étant installés à Nicée et à Smyrne, sur les bords de la Marmara et de l'Égée, on était à la veille de 1453. Deux ans seulement après le passage des Croisés, à l'été de 1099, grâce à la réussite de la croisade, par le plus extraordinaire redressement que l'histoire ait connu et le pontife romain ayant, pour la défense de l'Occident, repris l'œuvre de l'ancienne Rome, on se trouva soudainement revenu en Asie Mineure à la situation qui existait avant l'effondrement byzantin de 1081, en Syrie et en Palestine à la situation, ou peu s'en faut, qui avait précédé Mahomet. Au geste du grand pape, barrant la descente du fleuve, le cours du destin fut arrêté et brusquement reflua. Grâce à l'aide de la première croisade, l'empereur Alexis Comnène recouvra à partir de 1097 presque toute l'Anatolie occidentale ; la Syrie du nord autour d'Antioche devint à partir de 1098 une principauté normande ; le Grand Liban se transforma à partir de mars 1102, date de la soumission de la ville de Tortose à Raymond de Saint-Gilles, en un comté toulousain ou provençal ; la Palestine, à partir de l'avènement de Baudouin Ier en 1100, devint un royaume français ou wallon, le royaume de Jérusalem.

Les tâtonnements de la conquête franque :
exemple du comté de Tripoli.

Que ces immenses avantages n'aient été acquis qu'au prix de mille hésitations et contradictions apparentes, à travers une série de tâtonnements, de lacunes, de reculs même, c'est ce qu'on ne saurait nier. Les grands faits de l'histoire ne se dessinent que vus des hauteurs, tandis qu'au sol même le tracé s'embrouille ou même s'efface, pareil à cette ligne du *limes* romain dont le P. Poidebard retrouve le contour dans ses investigations aériennes au-dessus du désert de Syrie, alors que le voyageur qui en foule les restes n'en discerne souvent aucun vestige. L'exemple le plus caractéristique de cette loi – il est intéressant de le détacher ici pour illustrer nos remarques – nous est fourni par l'histoire du comté provençal de Tripoli. Alors que sous l'énergique impulsion des deux hommes forts que furent Bohémond et Baudouin Ier les lignes générales de la principauté d'Antioche et du royaume de Jérusalem se précisent tout de suite, ce n'est qu'au prix de mille hésitations et à travers d'étranges lacunes que le futur Grand-Liban provençal se forme sous nos yeux. C'est que son fondateur, le comte de Toulouse Raymond de Saint-Gilles, – personnalité complexe, caractère inquiet, inégal, plein de nervosité, avec des alternatives d'enthousiasme et de découragement, d'âpre ambition et de brusques abandons, de sautes d'humeur et de tenacité finale, – ne s'est fixé que sur le tard sur cette belle corniche libanaise qui cependant l'avait séduit dès son premier passage (comme en témoigne sa tentative sur Arqa en 1098). Ce n'est qu'en mars 1102 qu'en occupant (sans grande résistance d'ailleurs et avec le consentement de la population) la charmante cité de Tortose, il donne enfin corps à ses ambitions errantes – Tortose dont la belle cathédrale Notre-Dame, avec sa double inspiration romane et gothique, restera un des plus purs titres de gloire de l'ancienne civilisation française au Levant. Les Musulmans sentent si bien la menace que dès le mois suivant l'émir de *H*oms, le remuant Janâ*h* al-Dawla, essaie de reprendre la place, mais la victoire de Raymond qui surprend leur camp et taille en pièces leur armée rend définitive la conquête (avril 1102). Seulement au lieu de poursuivre, comme on aurait pu s'y attendre, l'occupation méthodique du littoral, le comte de Toulouse porte alors ses vues sur l'hinterland. En avril 1103 il est sur le point de s'emparer de la forteresse des Kurdes – le futur Krak des Chevaliers – qu'il a momentanément occupée une première fois avec l'armée de la croisade en 1099 et dont il a discerné, pour le contrôle de la trouée de Homs, toute l'importance stratégique. Mais bientôt, c'est Homs même, la reine du haut Oronte, qu'il vise. L'assassinat de l'émir de Homs Janâh al-Dawla, sous les coups de sicaires soudoyés par Ridwân d'Alep, le 1er mai 1103[1], lui donne l'espoir de surprendre la place. Il échoue et c'est l'atâbeg de Damas, Tughtekîn, qui finit par s'en rendre maître, mais Homs restera son regret et celui de ses premiers successeurs qui s'intituleront pendant quelque temps seigneurs de Homs (« princes de la Chamelle », conformément au nom franc de l'antique Emèse), un peu comme les rois d'Angleterre, malgré l'échec de leurs aïeux dans la guerre de Cent ans, continueront jusqu'au dix-huitième siècle à se prétendre rois de France.

Ce n'est qu'après l'abandon, du moins momentané, de ses ambitions sur la vallée du haut Oronte (ses successeurs, notamment Raymond II, essaieront de même de prendre pied dans la Beqâ') que Saint-Gilles se décide définitivement à s'installer sur la corniche libanaise. La fondation par lui de la forteresse du Mont-Pèlerin sur l'emplacement du Tripoli actuel et le blocus qu'il établit et maintient jusqu'au bout avec une magnifique obstination autour de la Tripoli du onzième siècle (l'actuel port d'al-Mînâ) attestent à cet égard sa résolution finale. Encore cette orientation ne deviendra-t-elle certaine de triompher que lorsque son neveu et successeur Guillaume Jourdain aura compris l'importance stratégique du bourg de 'Arqa, au débouché de la montagne dans la plaine de 'Akkâr, au point central de la corniche syrienne entre Tortose et Tripoli, et lorsque Guillaume, après avoir rejeté en panique de l'autre côté de la montagne l'atâbeg de Damas Tughtekîn qui cherchait à dégager 'Arqa (mars 1109), aura, au début d'avril de la même année, occupé la forteresse évacuée par ses défenseurs. À partir de ce moment le sort en est jeté. Les vagues projets provençaux qui flottaient entre la côte des Nosaïris et la vallée du haut Oronte prennent corps et se concrétisent sur la côte libanaise, et la conquête de Tripoli par la coalition franque le 12 juillet 1109 ne fera que couronner cette œuvre.

Le dernier en date des États croisés est fondé ; malgré les incertitudes qui ont présidé à sa naissance, ce ne sera pas le moins solide, puisque, tandis que le royaume de Jérusalem disparaît en fait en 1187 et la principauté d'Antioche en 1268, le comté de Tripoli durera jusqu'en 1291. Mieux encore, n'est-ce pas de la vivace population maronite de sa montagne que devait partir en 1860 comme en 1919 l'appel à la France protectrice ?

Les constructeurs de la France du Levant.
La lignée des rois de Jérusalem au douzième siècle.

Cependant, une fois la conquête stabilisée, de nouveaux problèmes, insoupçonnés des promoteurs de la croisade, se posèrent aux yeux des princes francs. La croisade, nous l'avons dit, avait été l'œuvre très réfléchie d'un pontife de génie en vue de la défense de l'Occident. Mais dans sa réalisation elle relève, au même titre que la Révolution française par exemple, de la psychologie des foules[2]. À cet égard on peut dire qu'il y a une légende des croisades comme il y en a une des volontaires de la Révolution. Ou plutôt, la croisade, en tant que vague mystique et mouvement d'idéalisme international, joua pour la fondation des États francs de Syrie le même rôle que l'idéalisme paneuropéen de nos premiers révolutionnaires pour la fondation de « l'empire français ». Par une de ces contradictions qui font la saveur de l'histoire, l'annexion des Pays-Bas et de la Rhénanie, à partir de 1795, fut suscitée par les déclarations humanitaires, pacifistes et internationalistes des hommes de 1790. De même la création ou le maintien de colonies franques en Syrie au douzième siècle dut son origine à la vague de mysticisme désintéressé des assemblées de Clermont, de Vézelay ou de Gisors. Mais une fois la conquête effectuée, sa consolidation dans les deux cas ne devint à bien des égards possible que par l'atténuation sinon l'oubli des attitudes initiales. Il serait difficile d'affirmer que ce furent les formules rousseauistes de 1790 qui maintinrent pendant dix-huit ans une Rhénanie française ; il semble bien qu'à côté d'elles, peut-être malgré elles et en faisant en tout cas largement abstraction de leur idéalisme, la francisation du pays fut surtout l'œuvre des préfets impériaux comme Jean Bon Saint-André et ses émules dont la pratique administrative rappelait tant celle des grands commis

24 *LA MONARCHIE MUSULMANE ET L'ANARCHIE FRANQUE*

à un an d'intervalle, la fin du royaume, le désastre de Tibériade, la reconquête intégrale de la Palestine par le sultan Saladin (1187).

Vers le redressement islamique.
Premiers symptômes de la réaction musulmane.

L'arrêt, le recul et la catastrophe de la conquête et de la domination franques ne s'expliquent pas seulement par les fautes politiques des derniers chefs francs. L'historien doit également faire largement entrer en ligne de compte le redressement moral, politique et militaire de la société musulmane. Redressement surprenant, nous allons le voir, qui d'une période de mesquines passions partisanes, d'inintelligence historique et d'aboulie, – celle des représentants de l'Islamisme à la fin du onzième siècle – fit sortir le magnifique réveil de la fin du douzième siècle et de la seconde moitié du treizième, avec des chefs de la trempe de Zengî, de Nûr al-Dîn, de Saladin et de Baïbars, dont les deux derniers au moins comptent, à coup sûr, parmi les plus fortes personnalités et les plus puissants meneurs d'hommes de l'histoire orientale.

À la fin du onzième siècle, quand les Croisés se sont établis en Syrie, nous avons vu la lamentable pénurie d'hommes de l'Islam officiel. Les sultans de Perse, fils de Malik-shâh, ne sont que de pâles épigones dont la faiblesse, l'inconsistance et les fastidieuses querelles rappellent les petits-fils de Charlemagne. De leurs cousins de Syrie nous avons dit l'incapacité à s'élever jusqu'à l'horizon de la politique générale. Peut-être l'émir de Homs Janâh al-Dawla aurait il-pu créer un centre de résistance. Mais son « patriotisme musulman » est moins fort que sa haine pour Ridwân, le roi d'Alep, si bien que, lorsque Ridwân en 1100 veut profiter de la captivité du prince d'Antioche, Bohémond, pour chasser les Francs du bas Oronte, Janâh al-Dawla paralyse ses efforts en attaquant l'armée d'Alep à laquelle il inflige une sévère défaite. Du moins voyons-nous Janâh al-Dawla essayer ensuite, en avril 1102, d'arracher Tortose aux Provençaux, mais son assassinat à l'instigation de son ennemi, le malik d'Alep, au début de mai 1103, brise la résistance musulmane dans la Syrie moyenne.

Reste l'atâbeg de Damas, le célèbre capitaine turc *T*ughtekîn qui a succédé dans le gouvernement de la grande ville musulmane à ses maîtres seljûqides et dont son contemporain Qalânisî, l'auteur de la chronique arabe de Damas, récemment publiée par M. Gibb, fait le protagoniste des premières contre-croisades. Le fut-il réellement ? Certes, il prit part à presque toutes les expéditions dirigées contre les Francs et il fut l'âme de plusieurs d'entre elles. Ce Turc solide constitua au milieu de la tempête de la Croisade, parmi tant de princes musulmans inconsistants ou stupides, un point de résistance fixe que l'invasion n'ébranla jamais, le soldat de fortune qu'il était s'étant tout de suite révélé un capitaine vigoureux et un administrateur énergique, si bien que les Damasquins affolés furent heureux de troquer la débile autorité de leurs Seljûqides locaux contre la domination de cet homme fort. Ayant de la sorte gagné dans la bourrasque le beau royaume de Damas, il se consacra à l'arrondir par l'adjonction des petites principautés voisines, de *H*oms et de *H*amâ. Mais précisément, comme le fait remarquer W. B. Stevenson[3], *T*ughtekîn, tout au moins dans la première partie de son gouvernement, se préoccupa beaucoup moins d'organiser la contre-croisade que de profiter des circonstances pour établir dans la Syrie musulmane l'hégémonie damasquine – la sienne – au détriment des émirs locaux du moyen Oronte et aussi des gouverneurs fâ*t*imides de Tyr. Effectivement il réussit, après la mort de l'émir Janâ*h* al-Dawla (mai 1103), à s'emparer de sa ville de *H*oms, accroissement considérable qui lui permit d'aller, de là, ravager les terres de son rival, le roi seljûqide d'Alep Ri*d*wân, après quoi il localisa ses visées sur *H*amâ, puis établit même un moment, après la mort de Ri*d*wân, sa protection et presque son protectorat sur Alep. Ajoutons que, sans le triomphe de troisièmes larrons – les Francs –, il aurait certainement réussi, sous prétexte de lutte commune contre les mêmes Francs, à éliminer les Égyptiens de la place de Tyr. Notons du reste que si son action se ressent de l'étroitesse de vues des princes musulmans de son époque, la poursuite même de ses fins égoïstes ne finissait pas moins par se confondre avec l'intérêt général musulman, et c'est ainsi qu'on le voit, seul parmi les chefs turcs du temps, conclure des alliances militaires fermes avec les ennemis du sunnisme turc, les khalifes fâ*t*imides, c'est-à-dire shî'ites d'Égypte. En 1105 c'est encore lui qui est l'âme de la coalition nouée avec les deux autres princes turcs de la région, Ri*d*wân, roi d'Alep, et Soqmân l'Ortoqide, émir de Mârdîn, pour couper en deux les établissements francs de la côte libanaise : de fait en avril-mai 1105, il chasse une première fois de Rafaniya les Provençaux qui viennent de s'en emparer, mais la mort de son allié Soqmân met fin à ce premier embryon de contre-croisade. Il poursuit cependant son effort pour empêcher les Provençaux de prendre pied sur la corniche libanaise où les gens de 'Arqa se donnent à lui, mais battu par l'armée provençale au début de mars 1109, il doit se résigner à voir Guillaume Jourdain occuper 'Arqa, amorce du futur comté de Tripoli.

L'appui prêté par les Musulmans syriens aux interventions militaires des troupes sultaniennes commandées par les atâbegs de Mossoul de 1110 à 1115 va être le critérium de ce que j'appellerai leur patriotisme islamique. À cet égard on avait eu le scandale de voir le roi seljûqide d'Alep, Ri*d*wân, fermer les portes de sa ville à la contre-croisade envoyée par son cousin le sultan de Perse en 1111. *T*ughtekîn, lui, avait paru meilleur musulman ; c'est ainsi qu'en 1113 il avait aidé de ses contingents et hébergé chez lui à Damas le chef de la contre-croisade, l'atâbeg de Mossoul Mawdûd. Mais bientôt, craignant de se voir supplanté par ce redoutable allié, il n'hésite pas à le faire traîtreusement assassiner dans la grande mosquée de Damas le 2 octobre 1113. Le chef de l'armée panislamique, le délégué direct du sultan, le généralissime de la contre-croisade mis à mort par ordre du principal prince turc de Syrie, crime inouï qui éclaire d'un jour sinistre l'absence de patriotisme musulman des chefs officiels de la société islamique. Le scandale sera à peine accru, lorsqu'en 1115 *T*ughtekîn, achevant de lever le masque, joindra publiquement ses forces à celles du roi Baudouin Ier pour barrer la route à la nouvelle contre-croisade sultanienne envoyée de Perse sous les ordres du gouverneur de Hama*d*hân. Qu'importe qu'ensuite le vieux prince de Damas, faisant amende honorable, soit allé au printemps de 1116, par une visite *ad limina*, solliciter son pardon du khalife de Baghdâd ? Le sang du martyr musulman poignardé par son ordre dans la mosquée des Omaiyades reste une tache dont tous les panégyriques d'Ibn al-Qalânisî ne sauraient le laver.

Ce n'est pas de Damas, c'est de la Syrie du Nord ou plutôt des confins de Diyârbékir et de Mossoul qu'est parti le redressement musulman. Ce sont les chefs musulmans de cette région qui en mai 1104 ont arrêté net à la bataille du Balikh ou de *H*arrân l'expansion vers l'est et le sud-est – vers Mossoul et Baghdâd ! – des Croisés d'Antioche et d'Édesse. Les chefs croisés Bohémond et Baudouin du Bourg cherchaient, en occupant le pays de *H*arrân, à couper Alep de Mossoul, c'est-à-dire à préparer la chute d'Alep. Leur échec et la capture de Baudouin du Bourg est l'échec du *Drang nach Osten* franc. Comme la frontière romaine après la mort du triumvir Crassus en ces mêmes lieux, à la fatale journée de Carrhes, la frontière franque, après le Carrhes de 1104, ne dépassera plus la région d'Édesse.

Toutefois, comme le fait encore observer Stevenson, c'est l'année 1110 qui a été l'année cruciale de la lutte franco-musulmane. C'est vraiment alors l'apparition de la contre-croisade, parce que les intérêts économiques lésés (notamment ceux du bazar d'Alep, menacé d'asphyxie par l'établissement des Francs à l'embouchure de l'Oronte) se coalisent avec le sentiment religieux. Le résultat, ce sont les émeutes piétistes de la populace de Baghdâd qui exige du sultan et du khalife une levée en masse pour l'expulsion des Francs.

Alors commencent les expéditions régulièrement envoyées en Syrie par les sultans de Perse, sans cependant qu'ils daignent se déranger eux-mêmes, mais à la tête desquelles ils placent leurs vassaux, les atâbegs de Mossoul ou de Hama*dh*ân. L'atâbeg de Mossoul Mawdûd qui dirige ainsi successivement les campagnes d'avril-juillet 1110, de mai-septembre 1111, d'avril 1112 et de juin 1113 a vraiment, comme l'a bien discerné Stevenson, conscience de diriger une contre-croisade. Alors que sur place les petits émirs ou malik syriens semblent n'avoir rien compris aux événements ou n'y ont vu qu'un moyen d'accroître, dans le désordre général, leurs possessions immédiates, Mawdûd est réellement un chef de guerre sainte, désintéressé, ne poursuivant aucun objectif d'accroissement territorial personnel, aspirant seulement lui aussi, à la manière d'un Godefroi de Bouillon, mais en sens inverse, à « délivrer Jérusalem ». Selon le mot de Stevenson, c'est la préfiguration de Nûr al-Dîn et de Saladin. Mais les temps ne sont pas mûrs et, comme on l'a vu, son assassinat à l'instigation des Musulmans de Syrie eux-mêmes, le 2 octobre 1113, fait reculer de près d'un demi-siècle la reprise de la contre-croisade au sens plein du mot.

Le redressement musulman : Zengî.

Pour que la contre-croisade prenne corps, il faudra qu'entre l'arrière-pays, d'où elle peut puiser ses forces, et la Syrie musulmane, théâtre de la guerre, soit établi un lien politique durable. L'œuvre semble ébauchée, lorsqu'entre 1118 et 1122 Il-Ghâzî l'Ortoqide, émir de Mârdîn, a réuni Alep à ses possessions héréditaires du Diyârbékir. Le résultat est la défaite et la mort du prince franc Roger d'Antioche à la bataille de l'*Ager sanguinis* (28 juin 1119). Mais les Ortoqides restent une dynastie trop purement féodale, sans esprit politique, et qui ne sait pas profiter de ses succès militaires pour construire. La situation change lorsqu'un véritable chef, l'atâbeg Zengî, réunit au royaume de Mossoul celui d'Alep (1128), et c'est ici que commence vraiment l'œuvre de la reconquête musulmane, bientôt marquée par un premier et décisif succès : la reprise d'Édesse par Zengî en 1144, victoire stratégique autant que territoriale, qui rétablit enfin la pleine liberté des communications entre Alep et Mossoul, les deux moitiés, précisément, du domaine de Zengî.

Jusque-là, la monarchie franque, si fortement constituée par les deux premiers Baudouin et qui fédérait sous son autorité toutes les principautés et baronnies latines particulières, n'avait eu en face d'elle que des coalitions musulmanes intermittentes qui, malgré d'éphémères victoires, voyaient leurs efforts annihilés par l'état d'anarchie de la société turco-arabe. À partir de Zengî et dans la personne du grand atâbeg, la monarchie franque se trouve désormais en présence d'une monarchie musulmane aussi solide qu'elle, représentée, comme elle, par une série d'hommes d'État et d'hommes d'action de premier plan.

Toutes proportions gardées, en raison des différences profondes entre les deux sociétés, Zengî peut être comparé à Baudouin Ier, le fondateur de la monarchie musulmane au fondateur de la monarchie franque. Il est aussi dévoué au *jihâd*, à la guerre sainte islamique que Baudouin a pu l'être à la croisade, puisque sa vie, comme celle de Baudouin, se passera à lutter contre l'ennemi de sa foi. Aussi dévoué, mais pas davantage ; je veux dire que pour lui comme pour Baudouin la guerre sainte à laquelle il se dévoue corps et âme, qui est devenue toute sa raison d'être, est aussi son piédestal, la raison et le moyen voulus de son élévation. Comme Baudouin, il a utilisé et « réalisé » la guerre sainte au bénéfice de sa royauté. Grâce à l'auréole ainsi acquise, il a pu, lui aussi, donner à cette royauté un caractère de légitimité qui a frappé les contemporains. Comme Baudouin Ier avait génialement rattaché ses titres à la vieille royauté biblique, il se souvient, lui, que son père l'atâbeg Aq Sonqor a été régulièrement investi du gouvernement d'Alep par le grand sultan Malikshâh. Peu importe qu'entre la mort d'Aq Sonqor en 1094 et l'établissement de son fils à Alep en 1128 une solution de continuité de trente-quatre ans ait fait se succéder dans la grande ville de la Syrie du Nord une suite de maîtres de hasard. Zengî dès son avènement renoue la tradition interrompue ; son premier geste, significatif, est pour rendre ses devoirs à la mémoire de son père, le premier atâbeg local. Il rétablit par là la continuité monarchique et, fondant cette autorité sur l'investiture du dernier grand sultan seljûqide, il assure à son pouvoir les bases mêmes de la légitimité. Comme Baudouin Ier encore, c'est un soldat plein de fougue, un administrateur intelligent et sévère. Aussi dur, aussi peu scrupuleux que le premier roi de Jérusalem, avec, en plus, une tendance à la cruauté qui a été soulignée par les historiens arabes, le premier roi de la Syrie musulmane, plus redouté qu'aimé, sait néanmoins s'attacher le dévouement absolu de ses soldats, car leur fortune est fondée sur la sienne, toute victoire du chef signifiant butin et distribution de fiefs pour ses officiers. Et sans être nullement sceptique – la foi musulmane de ce Turc est aussi absolue que la foi chrétienne de Baudouin Ier –, il n'est pas politiquement dupe de la guerre sainte. Baudouin Ier avait, on s'en souvient, cavalièrement abandonné la première croisade (il ne participa point à la conquête de Jérusalem) pour s'emparer à titre personnel du comté d'Édesse. De même, comme l'a bien remarqué Stevenson, le véritable objectif de Zengî n'est pas, comme on pourrait le croire, de s'emparer de la ville d'Antioche ni de mener à fond la guerre sainte, et tout l'effort d'Ibn al-A*th*îr pour faire du *jihâd* le seul objectif de son héros vient du désir de l'historien mésopotamien de montrer dans le roi de Mossoul une préfiguration de Saladin. L'objectif immédiat de Zengî était dans la pratique moins de reprendre aux Francs Antioche ou Jérusalem que d'enlever Damas à l'autre dynastie musulmane, à la famille bûride. Son programme essentiel, – et c'est par là qu'il est plus dangereux pour les Francs que des adversaires plus passionnés – reste l'unification de la Syrie musulmane, résultat politique qui, une fois obtenu, assurera par surcroît aux Musulmans la supériorité militaire sur les chrétiens.

Un Louis IX musulman : l'atâbeg Nûr al-Dîn.

Dans le chaos turco-arabe de la première moitié du douzième siècle Zengî a apporté l'ordre, un principe de gouvernement stable et régulier. Alep, grâce à lui, devient le pôle d'attraction, le noyau d'unification de la Syrie musulmane. De 1146 à 1173, son fils Nûr al-Dîn continuera son œuvre. Il la continuera un peu comme saint Louis continue celle de Philippe Auguste. Le politique et le conquérant fait place au saint. Non certes que Nûr al-Dîn ait en rien abandonné – pas plus que Louis IX d'ailleurs – la tradition militaire de ses ancêtres. Il passe au contraire sa vie à la guerre sainte. Mais précisément la guerre sainte, en tant que telle, est toute sa raison d'être. Il s'y dévoue avec le zèle ardent d'un derviche. Il est, lui aussi, le saint roi. Devenu souverain de toute la Syrie musulmane, il continue dans ses palais d'Alep et de Damas à mener une vie étonnamment simple qui, dans les heures d'exaltation religieuse, en temps de *Jihâd* devient presque la vie d'un ascète, toute mortifiée de jeûne et brûlée de prière. Bien qu'ayant passé son existence à faire la guerre, il est en réalité beaucoup moins soldat que son père Zengî et la plupart de ses succès viennent de ses généraux, notamment de Shîrkûh et d'Aiyûb, l'oncle et le père de Saladin. À la différence de Zengî, il cherche d'ailleurs moins les agrandissements territoriaux personnels que l'expulsion des Infidèles, et les agrandissements, selon la parole de l'Écriture, lui viendront par surcroît, comme l'annexion de Damas qui en 1154 achève sous son sceptre l'unité monarchique de la Syrie musulmane. Parfois administrateur sévère, mais sans les accès de vieille cruauté turque de son père Zengî, son gouvernement est remarquablement sage et bienfaisant. À tous ces titres il emporte l'estime des Francs, comme Louis IX obtiendra celle des Musulmans : l'archevêque Guillaume de Tyr s'incline devant « ce prince juste et religieux selon sa Loi ». Notons que, comme chez le saint imâm 'Alî, il y aura les inconvénients de ces qualités. S'il protège les docteurs de la Loi, les savants et les sages, l'exaltation religieuse le plonge parfois dans d'étranges accès mystiques. Aussi bien, de tempérament nerveux et maladif, sans cesse à l'article de la mort, est-il loin de posséder la puissante personnalité physique de son père. Dans ces états d'âme il subordonne si complètement l'intérêt politique au mobile religieux que ceux qui savent parer leur ambition personnelle du prétexte de la guerre sainte arriveront à le duper, comme ce sera le cas du jeune Saladin, qu'il a envoyé s'emparer de l'Égypte pour en chasser les Francs et qui refuse ensuite de lui remettre sa conquête. Il mourra en 1174 en pleine désillusion, avec l'amère certitude que Saladin l'a joué, mais sans s'être pourtant décidé à le châtier, de peur de voir les Francs profiter de la rupture. Le résultat c'est que quelques années après sa mort ses héritiers seront entièrement dépouillés de la Syrie musulmane par l'heureux Saladin qui unifiera ainsi sous sa domination l'ensemble des terres islamiques depuis la Nubie jusqu'au Diyârbékir.

Saladin le Conquérant.

Avec Saladin la dernière étape est donc franchie. L'œuvre d'unification commencée autour d'Alep, après avoir englobé toute la Syrie musulmane, la déborde maintenant pour constituer un vaste empire syro-égyptien sous la pression duquel les Francs de la bande côtière vont en 1187 être rejetés à la mer. Saladin le Défenseur (al-Nâsir), comme l'appelle le khalife. L'histoire arabe, voulant marquer le caractère exceptionnel de son œuvre, lui a en outre conféré posthumément le titre de sultan, comme pour chercher dans les souvenirs des premiers dominateurs seljûqides un qualificatif à sa taille. En réalité le conquérant kurde, comme naguère le conquérant macédonien, dépasse les précédents et déborde les cadres historiques ou, si l'on veut, les cadres historiques s'élargissent à la mesure de sa personnalité. Sa foudroyante ascension, dont les étapes, à y regarder de plus près, sont cependant si prudemment calculées, est, sans rien de tortueux, un chef-d'œuvre d'adresse. Jamais fougue ne fut, quand il le fallait, plus contrôlée et consciente. Ce jeune vainqueur, chez qui tout est fraîcheur et spontanéité, se joue, comme un vieux vizir, des mille intrigues du milieu fâtimide, le plus corrompu peut-être de l'Orient. Ce futur protagoniste de la guerre coranique ne maintient au début contre l'irritation de Nûr al-Dîn son établissement en Égypte qu'en s'abritant sans vergogne derrière l'État-tampon de la Syrie franque. Il ne sert à rien, à notre avis, d'expliquer Saladin par son zèle pour telle ou telle secte sunnite, pas plus que d'expliquer Alexandre par l'enseignement d'Aristote. Le héros kurde, qui, sans être un aventurier (il appartenait à une famille de hobereaux de la Grande Arménie), ne se rattachait à aucune des dynasties antérieures, apportait dans le vieux monde turco-arabe un peu la même fraîcheur d'originalité que le Macédonien dans le monde hellénique et iranien. Avec lui comme avec Alexandre, la théorie de Carlyle sur le rôle du héros dans l'histoire prend toute sa valeur. Non qu'il ait, comme Urbain II tout à l'heure, été plus fort que le monde et qu'il soit venu barrer et faire refluer le cours des événements ; tout au contraire, sa force, comme celle d'Alexandre, est d'avoir été le demi-dieu qui incarne en sa stature légendaire le fleuve de l'histoire, la descente invincible des causes et des effets. Alexandre n'avait si pleinement réussi que parce qu'en lui se résumait, se magnifiait et triomphait la grande revanche de l'hellénisme sur le monde barbare, fatale depuis les jours de Marathon et de Salamine. De même Saladin incarne et personnifie l'irrésistible contre-croisade ; il est la contre-croisade enfin triomphante, triomphante dans la personne d'un héros jeune et généreux dont la victoire se tempère, comme celle du Macédonien, de pitié envers les vaincus et d'un immense sentiment d'humanité. Comme du fils de Philippe l'ancienne Grèce eût fait de lui un demi-dieu. C'est qu'en lui le grand homme, l'homme à tous égards supérieur se révèle toujours homme, au meilleur sens du mot. Passionné, mais sage, soldat parvenu, mais essentiellement noble ; fils de son sabre, mais prince de légende, grand seigneur magnifique aux manières d'une éblouissante courtoisie ; musulman zélé, mais, pour les Francs, adversaire chevaleresque ; très pieux, mais sans bigoterie (et si différent, en cela, de Nûr al-Dîn) ; homme d'État, homme de guerre, organisateur-né, mais maître si généreux qu'il est incapable (c'est une de ses rares lacunes) de conserver un trésor sans le distribuer à ses compagnons d'armes ; en résumé une des plus fortes et des plus attachantes personnalités de l'histoire, sans arrière-plan ni faux-fuyants – exception faite, bien entendu, de ce qu'exigent de ruse la fondation et la conservation d'un trône oriental – et avec cela dégageant ce rayonnement, cette immense séduction dont aucun chroniqueur, même latin, n'a pu se défendre. Certes il représente dans toute sa pureté l'orthodoxie musulmane sunnite, puisque son principal titre de gloire aux yeux des historiens arabes, c'est peut-être moins encore la reprise de Jérusalem sur les Francs que l'extinction, dans le sein même de l'Islam, du schisme shî'ite, par la suppression du khalifat fâtimide d'Égypte ; et pourtant, ce champion de l'orthodoxie s'est relativement, et compte tenu des idées de son milieu, toujours gardé des excès du fanatisme. De même ce vainqueur des Francs, ce libérateur de la mosquée d'Omar montrera la plus noble générosité envers les chrétiens vaincus.

Peut-être même (il n'a pas manqué d'historiens arabes pour le lui reprocher) cette générosité lui a-t-elle nui. Après la reconquête de Jérusalem et de Saint-Jean-d'Acre, il aide lui-même les populations chrétiennes à se retirer à Tripoli et à Tyr d'où va repartir la reconquête franque. Surtout il s'arrête en pleine victoire et laisse subsister ces derniers îlots chrétiens, oubliant que, selon le mot de César, que retrouveront d'instinct les sultans mamelûks de 1260 à 1291, rien n'est fait si la tâche n'est pas accomplie jusqu'au bout. Mais il y a quelque injustice chez les critiques postérieurs qui le jugent avec les yeux de contemporains de Baîbars. En réalité, comme l'a bien montré van Berchem, il avait manqué à Saladin, pour cueillir tous les fruits de sa victoire, ce que possédèrent après lui les sultans mamelûks : un État unitaire, une armée permanente. L'empire de Saladin constitué à la hâte, en pleine guerre, reste un empire féodal, son armée est une armée féodale où les émirs, après avoir accompli quelques mois de service militaire, éprouvent très vite le besoin et imposent leur volonté de retourner chez eux avec leur butin, jouir des plaisirs de la victoire. C'est ce qui fait qu'en 1189, après avoir reconquis la Palestine sur les Francs, au lieu d'en finir avec eux en leur reprenant également Tyr, Tripoli et Antioche qui ne tiennent plus qu'à un fil, il soit obligé, sur l'injonction de ses émirs, de démobiliser une partie de son armée, préparant ainsi de ses mains la revanche franque de la Troisième et de la Sixième Croisade. L'occasion ainsi perdue ne se retrouvera pas de longtemps, d'autant que ses successeurs, son frère al-'Adil, son neveu al-Kâmil, s'ils ont hérité de son génie gouvernemental, sont avant tout des politiques chez lesquels toute passion de guerre sainte a disparu et qui, accentuant encore le côté libéral du caractère de Saladin, poussent ce libéralisme jusqu'à une détente réelle avec les Francs, voire, pour ce qui est d'al-Kâmil dans sa négociation de 1229 avec Frédéric II, jusqu'à une entente complète, comportant l'apaisement religieux, la tolérance réciproque, un *modus vivendi* cultuel et même la restitution bénévole de Jérusalem à la chrétienté.

Restauration et chute finale de la France du Levant.

Grâce à l'épuisement des armées de Saladin, grâce à l'absence de fanatisme musulman de ses successeurs, grâce surtout à l'effort héroïque de la Troisième Croisade sous Philippe Auguste et Richard Cœur de Lion, le royaume franc de Jérusalem dès 1191 se relève donc, partiellement du moins, autour de Saint-Jean-d'Acre ; mais la royauté franque ne se relèvera point. Sans doute ce qui reste de l'ancien pays franc, en l'espèce le littoral galiléen et libanais, aura encore à sa tête, de 1192 à 1225, trois chefs aussi appliqués que Henri de Champagne, Amaury de Lusignan et Jean de Brienne, princes excellents qui, sur le plan monarchique du douzième siècle, n'eussent pas été inférieurs aux quatre premiers Baudouin dont ils s'efforcent d'ailleurs de renouer la tradition. Mais il y avait loin de l'autorité dont disposaient les rois du douzième siècle à celle qui était laissée à leurs successeurs du treizième. Tout d'abord, relevé par l'intervention des puissances occidentales, l'État franc désormais dépendit étroitement de celles-ci. Le roi de Jérusalem avait pratiqué une politique personnelle, proprement hiérosolymitaine : il dirigeait. Le roi d'Acre suit. Il doit sans cesse tenir compte des cours de France, d'Angleterre, d'Allemagne et de Sicile. Il n'est plus roi que de nom. C'est en réalité une sorte de haut commissaire des puissances en Syrie ; sa royauté n'est qu'un mandat. Que peut-il faire, ainsi paralysé ? Il suffit, pour s'expliquer l'arrêt de la reconquête franque, de se rappeler l'impossibilité où se trouva le roi Jean de Brienne d'imposer devant Damiette son autorité à la Cinquième Croisade. Vertu des traditions, cependant : ce petit baron champenois, devenu, par le choix de Philippe Auguste, roi de la Terre Sainte, reprenait tout naturellement l'œuvre des anciens Baudouin et c'était leur voix qui en 1218 parlait par la sienne pour conseiller aux Croisés de troquer, contre le gage de Damiette, la rétrocession de Jérusalem. Mais l'esprit de Croisade, représenté par Pélage, cette réincarnation du néfaste Daimbert, fit écarter les conseils de prudence du roi Jean et conduisit une fois de plus au désastre (1221).

Dans la période suivante, de 1225 à 1268, Jean de Brienne ayant dû céder le trône à son gendre, l'empereur Frédéric II, le royaume de Jérusalem se trouva directement rattaché au Saint-Empire romain germanique. En 1225 Frédéric II réunit sur sa tête la couronne de Baudouin Ier et celle de Charlemagne. Il semblerait que la royauté de Jérusalem ait dû acquérir ou recouvrer de ce fait un énorme accroissement de puissance, étayée qu'elle était désormais par toute la force des Allemagnes et des Siciles. En réalité elle ne fut jamais plus faible, aussi faible que la Papauté pendant la captivité d'Avignon, car exilée, déportée de la sorte au fond de l'Italie, chez des princes non résidants, elle ne cessait d'être élective que pour devenir – pis encore – internationale et fictive. Rattaché à l'empire d'Occident, le royaume d'Acre devenait une vague esprit qu'on ne peut le fréquenter sans l'aimer. Malheureusement de ses belles dissertations constitutionnelles toute notion d'État – j'entends d'un État assez fort pour se faire respecter à l'intérieur et à l'étranger – est pratiquement absente.

Soumis à un régime infiniment moins anarchique (avec des repères d'autorité dans l'anarchie) le monde germanique devait de la mort de l'empereur Frédéric II à l'avènement du roi de Prusse son homonyme, rester plongé dans une impuissance de cinq siècles. Comment dans cette Syrie franque qui était comme une place en état de siège semblable relâchement n'aurait-il pas conduit à l'annexion étrangère[4] ?

Car l'ennemi allait profiter de toutes les fautes des Francs. Il modelait son expansion sur leur affaissement. À mesure que les Francs défaisaient leur monarchie et dissociaient leur unité, la Syrie musulmane et l'Égypte reconstituaient chez elles unité et monarchie. Qui n'agit pas est « agi ». Au temps des rois de Jérusalem, nous l'avons vu, la politique franque avait eu comme objectif principal de prévenir la formation de l'unité musulmane. Ce n'est pas dans un autre but que Baudouin II avait soutenu à Alep les émirs ortoqides contre les atâbegs zengides, que Foulque et Baudouin III avaient défendu contre Nûr al-Dîn les atâbegs bûrides de Damas, qu'Amaury Ier avait secouru l'Égypte fâtimide contre Nûr al-Dîn, que Baudouin IV enfin avait au contraire assisté les fils de Nûr al-Dîn contre les entreprises de Saladin. Mais, la monarchie franque une fois remplacée par les barons d'Acre, ce sera l'attitude contraire qui prévaudra. Sous prétexte de défense commune de la civilisation, on verra les Francs se prononcer pour leurs ennemis mamelûks contre leurs sauveurs mongols. C'est que la monarchie musulmane, triomphante au Caire, joue maintenant de l'anarchie franque comme la monarchie franque avait jadis joué de l'anarchie musulmane. La Cour du Caire oppose Templiers et Hospitaliers, Vénitiens et Génois, Hohenstauffen et Ibelins, Angevins et Lusignans, pour finalement écraser tous ces Francs exécrés dans une destruction commune.

En juillet 1291 les dernières places chrétiennes du littoral étaient occupées par les Mamelûks. Jamais tant de fautes historiques n'avaient été accumulées. Jamais catastrophe n'en découla plus logiquement.

AVERTISSEMENT DU TOME III

Bien que la chronologie de la Syrie et de l'Égypte aiyûbides et mamelûkes soit en général plus précisément établie que celle de la période précédente, il existe parfois à ce sujet quelques légères variantes entre les différentes sources arabes. On trouvera dans les *Addenda* du présent tome pour la date de certains événements ici racontés quelques discussions ou leçons nouvelles proposées par M. G. Wiet d'après l'épigraphie et les chroniques égyptiennes.

D'une manière plus générale, pour l'histoire de la Syrie musulmane pendant l'époque qui nous occupe je me fais un devoir de renvoyer le lecteur au livre de M. Wiet sur l'*Histoire de l'Égypte arabe*, sous presse dans l'*Histoire de la nation égyptienne* de M. Hanotaux (tome V, éditions Plon). Ce magistral ouvrage, en plus d'une masse de faits inédits et de jugements nouveaux, renferme une précieuse vue d'ensemble sur l'évolution de la société politique aiyûbide et mamelûke, évolution qui a eu de tels contre-coups sur les destinées de la Syrie franque. On y verra, par exemple, à quel point, comme nous l'indiquons, la dynastie aiyûbide est restée jusqu'au dernier jour – de Saladin à al-Sâlih Aiyûb – de caractère foncièrement kurde, ce qui explique peut-être son originalité dans l'histoire musulmane et, en tout cas, une des causes de sa vitalité si longtemps maintenue, puisque, du jour où al-Salih Aiyûb remplaça dans l'organisation militaire de l'Égypte l'élément kurde par l'élément turc mamelûk, sa maison fut, à brève échéance, condamnée.

L'ouvrage de M. Wiet montre de même par des exemples frappants le caractère resté foncièrement féodal de l'empire de Saladin, les tendances irrémédiablement féodales des héritiers du grand sultan, tendances qui, malgré le « rassemblement territorial » opéré à deux reprises par al-'Adil et par al-Kâmil, sans parler d'al-Sâli*h* Aiyûb, aboutirent chaque fois au lotissement familial de l'empire, puis à d'épuisantes querelles domestiques, à la manière carolingienne.

Toute différente, je l'ai dit, fut la conception de l'État chez les Turcs mamelûks. Le Turc (et comme lui le Mongol et le Mandchou) a le sens inné du gouvernement (l'histoire de la Chine, de l'Inde et de la Perse le prouve, autant que celle de la Syrie et de l'Égypte). De plus les Mamelûks incarnèrent d'autant mieux cette notion d'un État unitaire et centralisé qu'incapables, par la surveillance même qu'ils exerçaient les uns sur les autres, de jamais fonder une dynastie, ils se trouvèrent en fait affranchis des préoccupations familiales. La caserne est moins propice que le sérail à ce genre de faiblesses. Mais surtout le césarisme mamelûk eut vraiment son César dans la personne de Baîbars. Je renvoie à ce sujet au prestigieux portrait que trace de Baîbars M. Wiet dans l'ouvrage précité. L'historien arabisant ne s'y défend nullement, on le verra, d'éprouver pour son héros une admiration analogue à celle que le lecteur ressent pour la personne de Jules César dans le dernier volume de M. Carcopino[1]. Quelque inattendu que paraisse le rapprochement, le César de M. Carcopino et le Baîbars de M. Wiet, en dépit de milieux historiques singulièrement différents, s'apparentent dans toute la mesure où le conquérant romain et le conquérant turc, où l'organisateur romain et l'organisateur turc ont incarné la notion de l'État – d'un État, dirait-on aujourd'hui, totalitaire –, notion servie dans les deux cas par la même énergie indomptable et par la même intelligence lucide, par le même génie de l'action, par la même omniprésence presque incroyable, qu'il s'agisse de stratégie ou de contrôle administratif.

Si, aux heures décisives pour la vie et la mort de l'Orient latin, les sympathies de l'historien des Croisades se trouvent parfois, comme il est licite, de l'autre côté du pont-levis, il se doit de tenir compte de la loyale et chaleureuse restitution musulmane de M. Wiet, et je tiens personnellement à exprimer à M. Wiet ma vive gratitude pour m'avoir permis de bénéficier ainsi avant la lettre de la lecture de son livre.

Je remercie également M. Xavier Laguionie qui a assumé la lourde tâche d'établir l'Index des noms propres.

… HISTOIRE DES CROISADES

CHAPITRE PREMIER

LA RECONQUÊTE FRANQUE. CONRAD DE MONTFERRAT ET LA TROISIÈME CROISADE.

§ 1er. — CONRAD DE MONTFERRAT. – LA RÉSISTANCE À TYR.

Le fait nouveau après la chute du royaume de Jérusalem : Intervention de Conrad de Montferrat.

La Syrie franque vers 1188 était, à part quelques forteresses de la montagne comme l'imprenable Krak des Chevaliers et Marqab, pratiquement réduite aux enceintes de Tyr, Tripoli et Antioche, derniers îlots que la marée montante de la reconquête musulmane semblait devoir recouvrir à leur tour. Il n'y avait plus de monarchie hiérosolymitaine pour organiser la défense franque, plus de colonisation franque sur laquelle une monarchie pût s'appuyer. Mais à ce moment se produisit un fait nouveau. Un homme se présenta – le marquis Conrad de Montferrat – qui, bien avant la Troisième Croisade, cristallisa autour de lui la résistance. Parce que c'était un nouveau venu, il échappa à la démoralisation, générale depuis *Hatt*în. N'ayant pas connu Jérusalem franque, n'étant pas paralysé par d'invincibles désespoirs, il reprit la Croisade à pied d'œuvre, par la base. Mais précisément pour cela, il refusa de reconnaître les soi-disant droits acquis des chefs – d'ailleurs de hasard – qui avaient suicidé le royaume franco-syrien. Assumant la tâche de reprendre de toutes pièces l'œuvre de la conquête franque, il n'accepta cette besogne formidable qu'à condition de la reprendre sur des bases entièrement nouvelles, en faisant table rase du passé, en ignorant les Lusignan et leurs droits désavoués par la défaite.

En même temps son entreprise fut une entreprise vraiment franco-syrienne, une nouvelle œuvre de colonisation sans arrière-pensée de retour en Europe, en quoi elle se distinguait d'une Croisade proprement dite. Ce qui – à part la première d'entre elles – caractérise les Croisades, c'est leur caractère éphémère. La Croisade est, par définition, une œuvre pie, l'accomplissement d'un vœu, le gain de mérites, à telle enseigne que maints Croisés ne font que passer en Terre Sainte et, comme ce comte de Flandre de l'an 1177, déclarent tout net qu'ils sont venus pour accomplir leurs dévotions, nullement pour guerroyer. Ou encore, si on guerroie, c'est souvent bien pis. En ce cas, l'essentiel est de se battre, de ne revenir qu'après avoir massacré du Sarrasin, dût-on pour cela rompre les trêves, bouleverser toute la patiente politique des colons franco-syriens, et partir ensuite en laissant ces derniers se débattre au milieu de difficultés inextricables. Malgré une œuvre militaire utile, la Troisième Croisade elle-même, du fait du roi Richard, ne conservera que trop ce caractère-là.

Opposé à l'esprit de Croisade et de pèlerinage passager, – si guerrier soit-il, – est l'esprit d'établissement à demeure, l'esprit de colonisation du sol. Cet esprit, – qui avait été celui par excellence de la dynastie hiérosolymitaine depuis Baudouin Ier jusqu'à Baudouin IV en passant par Foulque d'Anjou et Amaury Ier, – les trois responsables du désastre de *Hattîn*, Renaud de Châtillon, Guy de Lusignan et le grand maître Gérard de Ridefort, l'avaient méconnu, et c'est pourquoi le royaume était tombé. Cet esprit encore, ni Philippe-Auguste, ce croisé malgré lui, ni Richard Cœur de Lion, ce paladin impolitique et brutal, ne voudront, pour des raisons diverses, le comprendre, et c'est pourquoi leur œuvre ne dépassera pas les limites du champ de bataille. Au contraire, et sans transmission héréditaire, puisque depuis la mort de Baudouin IV la continuité monarchique est rompue, Conrad de Montferrat le réinventera spontanément. Conrad sera à sa manière un fondateur, et la mort seule, à notre sens, l'empêchera d'avoir recommencé Baudouin Ier et parachevé la reconquête.

L'espérance au milieu du désastre :
arrivée de Conrad de Montferrat devant Saint-Jean-d'Acre.

Conrad de Montferrat, on se le rappelle, était parti pour l'Orient en 1185, son neveu le jeune Baudouin V étant alors roi de Jérusalem. Mais les hasards de la navigation l'avaient écarté de la route de Syrie et dirigé sur Constantinople. À Constantinople il avait trouvé une cour agitée par de graves révolutions de palais et où sa forte personnalité se fit tout de suite une place. La dynastie des Comnènes, dans la personne de l'empereur Andronic, venait d'être renversée par Isaac II l'Ange (12 septembre 1185). Conrad de Montferrat, prenant parti dans les luttes qui suivirent, sauva Isaac II en matant la révolte d'Alexis Branas (1187). Jouant à la cour de Constantinople un rôle de premier plan et l'intérêt qu'il portait à la Syrie étant de beaucoup diminué par la mort de son neveu Baudouin V, il semblait avoir oublié son pèlerinage, lorsque, à l'été de 1187, il finit cependant par s'arracher au service du *basileus* et, montant sur des navires pisans, fit voile avec ses chevaliers vers la Terre Sainte.

En arrivant le 13 juillet 1187 devant Saint-Jean-d'Acre, il fut fort étonné. D'ordinaire, quand des navires chrétiens entraient en rade, les autorités du port faisaient sonner les cloches et envoyaient des barques accueillir les pèlerins. Rien de tel cette fois. Surpris d'une pareille abstention, Conrad et ses gens le furent encore davantage en observant plus attentivement l'aspect des gens répandus sur la plage. C'étaient des Musulmans, car Saladin venait de s'emparer de la ville et d'en confier le commandement à son propre fils Malik al-Afḍal[1]. Conrad apprit ainsi d'un seul coup le désastre de *Hattîn* et la chute du royaume. Par malheur le vent venait de tomber : force lui fut de jeter l'ancre devant Saint-Jean-d'Acre ennemie. Il chercha à gagner du temps en parlementant avec Malik al-Afḍal. Celui-ci n'était guère moins inquiet, car le marquis de Montferrat pouvait constituer l'avant-garde d'une grande Croisade hâtivement envoyée à la reconquête de la Terre Sainte. Le fils de Saladin rusa donc lui aussi, offrant aux Lombards, au nom de son père, de les laisser débarquer paisiblement à Acre sous la sauvegarde du sultan[2]. Mais dans l'intervalle un vent favorable se leva enfin et le navire de Conrad, échappant aux galères égyptiennes chargées de le poursuivre, put mettre à la voile vers le port de Tyr qu'on savait encore au pouvoir des chrétiens.

Conrad de Montferrat à Tyr.
Organisation de la résistance franque.

Tyr, avec Tripoli, avait servi de refuge à la plupart des Francs échappés au désastre de *Hatt*în ou chassés de Galilée par la reconquête aiyûbide, ce qui explique que Saladin ne s'en fût pas encore emparé. Mais cette foule démoralisée, sans chef de guerre, sans ravitaillement de longue durée, songeait, elle aussi, à la capitulation. Quand Conrad arriva, les Tyriens, par l'intermédiaire de Renaud de Sidon, étaient déjà entrés en pourparlers avec le sultan. La bannière de Saladin avait été reçue dans la cité pour être prochainement arborée sur la citadelle.

Ce fut alors que la nef du marquis de Montferrat apparut à l'entrée du port. Son arrivée providentielle changea la face des choses. Conrad était vraiment l'homme fort qui convenait à une situation presque désespérée, « un homme semblable à un démon, écrit Ibn al-A*th*îr, plein de prudence et de vigilance, doué d'une grande bravoure ». Accueilli comme un sauveur par les Tyriens qui le suppliaient de les défendre, il posa franchement ses conditions : il exigeait d'être reconnu par eux comme seigneur souverain de la ville et de son territoire : « Seignors, vos me dites que, se je me parte, la cité sera rendue as Sarrazins et les chrestiens la perdront. Se vos me volés recevoir à seignor, et que la cité deie estre moie (= mienne) et me volés jurer et faire homage, et otreier que, après moi, mes heirs (héritiers) en seront seignors, je dessendrai (je débarquerai) et o (avec) l'aide de Dieu, la défendrai encontre les Sarrazins !³ ». Ces propositions, qui furent immédiatement acceptées, faisaient table rase des droits antérieurs, même de la suzeraineté de Lusignan, et établissaient en faveur du marquis un droit nouveau fondé sur le service rendu. De fait Conrad prit tout de suite la situation en main. Renaud de Sidon et les autres barons qui avaient amorcé une capitulation, n'osèrent lui tenir tête et s'enfuirent nuitamment à Tripoli. Quant aux bannières de Saladin, il les fit jeter dans le fossé.

Le sultan, qui se présenta sur ces entrefaites pour faire son entrée dans la ville, eut la surprise de se voir fermer les portes. Il essaya alors d'un procédé de pression morale et personnelle qui jusque-là lui avait toujours, en pareil cas, réussi. Le père du marquis, le vieux Guillaume III de Montferrat, fait prisonnier à Tibériade, se trouvait entre les mains de Saladin. Celui-ci le fit venir de Damas sous les murs de Tyr, et offrit de le remettre en liberté moyennant la reddition de la place. Mais Conrad n'était pas homme à s'attendrir. Il répondit brutalement qu'il préférait faire tirer lui-même sur son père plutôt que de rendre la plus petite pierre de la ville[4].

Saladin, comprenant qu'avec un homme de cette trempe sa diplomatie habituelle ne lui servirait guère, se retira pour aller achever la conquête de la Judée avant de revenir devant Tyr pour un siège méthodique. Le marquis de Montferrat profita de ce répit pour mettre Tyr en état de défense.

Tyr était déjà considérée comme une des positions naturelles les plus fortes du Levant. Le voyageur arabe Ibn Jubair qui venait de la visiter trois ans auparavant (automne 1184) semble avoir deviné le rôle qu'elle allait être appelée à jouer. « C'est une ville tellement bien fortifiée qu'on en parle proverbialement, une ville qui refuse obéissance ou soumission à qui veut s'en emparer. Sa force et son inexpugnabilité consistent en ceci : il n'y a que deux portes, l'une du côté de la terre ferme, l'autre ouvrant sur la mer, dont la ville est tout entière entourée, sauf d'un côté. On n'arrive à la première de ces portes qu'après avoir passé par trois ou quatre poternes, toutes entourées de solides remparts ; la porte qui donne accès dans le port est flanquée de deux tours fortifiées. La situation du port lui-même est telle qu'on ne pourrait rien trouver de comparable dans les autres villes maritimes ; les murs de la ville l'enceignent de trois côtés et des voûtes de maçonnerie complètent l'enceinte en formant le quatrième côté, de sorte que c'est jusque sous les remparts que les bâtiments pénètrent et vont mouiller. On tend une forte chaîne entre les deux tours et alors toute sortie et toute entrée deviennent impossibles par mer. Le port d'Acre est sans doute aussi bien disposé, mais il ne peut recevoir que des bâtiments de faible tonnage ; les grands navires doivent mouiller au large. L'installation du port de Tyr est donc bien plus complète »[5].

Conrad de Montferrat n'eut qu'à parfaire ce système naturel. Les richesses qu'il apportait de son séjour à Constantinople lui furent d'un précieux secours. Il fit réparer et renforcer les murailles et recreuser les fossés « qu'il conduisit de la mer à la mer, de sorte que Tyr devint comme un îlot inaccessible situé au milieu des eaux »[6]. « La presqu'île tyrienne qui déjà n'était rattachée à la terre ferme que par un isthme étroit, se trouva, du fait de ce fossé continu et inondé par la mer, dotée de tous les bénéfices de l'insularité. » En même temps Conrad intéressait le monde du commerce à la défense de la place.

À cet égard ce fut principalement aux Provençaux qu'il s'adressa. Dès 1187, on le voit concéder dans Tyr aux colons de Marseille, de Saint-Gilles, de Montpellier et aussi de Barcelone le Palais Vert, avec un casal et un four, véritable commune provençale établie au cœur de la cité phénicienne[7]. Conrad de Montferrat devait également bénéficier de l'appui successif des Pisans, puis des Génois[8].

Le premier redressement franc : échec de Saladin devant Tyr.

Tyr devint ainsi le boulevard de la résistance franque. Saladin ne s'y trompa point. Dès qu'il eut pris Jérusalem, il revint avec toutes ses forces, avec ses deux fils al-Af*d*al et al-Zâhir, son frère al-'Adil et son neveu Taqî al-Dîn, mettre le siège devant Tyr. Mais son énorme supériorité numérique ne lui était d'aucun secours et ses puissantes machines de siège ne pouvaient entrer en jeu, puisque le champ de bataille se limitait à l'étroite traversée de l'isthme, encore coupé par le fossé d'eau de mer. De plus, les navires latins, chargés d'archers et d'arbalétriers, venaient mouiller des deux côtés de l'isthme et prenaient de flanc les troupes assaillantes. La situation parut changer lorsque Saladin eut fait venir d'Acre dix galères égyptiennes commandées par Badrân al-Farisi et par Abd al-Sélâm le Moghrébin, qui se rendirent maîtresses de la mer et empêchèrent les navires francs de sortir du port. Les Musulmans, bloquant alors la ville par mer, purent l'attaquer par terre à grand renfort de pierrières et de mangonneaux. Mais dans la nuit du 30 décembre 1187, comme l'escadre musulmane se gardait mal, elle fut surprise par une sortie des navires francs. Cinq galères musulmanes furent attaquées à l'abordage et capturées. Les cinq autres prirent le large pour se réfugier à Beyrouth, mais elles furent poursuivies par l'escadre franque ; se voyant rejoints, leurs équipages effrayés les échouèrent à la côte et prirent la fuite[9].

L'*Estoire de Éracles* donne une version différente de l'événement. Pour elle la destruction de la flotte musulmane résulterait d'une ruse de guerre de Conrad de Montferrat. Celui-ci aurait, grâce au concours d'un Musulman renégat, fait croire à Saladin que les chrétiens découragés allaient monter sur leurs vaisseaux pour abandonner Tyr. Au jour annoncé, la chaîne qui barrait le port fut levée, comme pour permettre la sortie des vaisseaux. Se prenant au piège, cinq galères musulmanes pénétrèrent dans le port ainsi ouvert, croyant surprendre l'escadre chrétienne en plein désarroi de manœuvre. Ce furent elles qui furent prises et désarmées, tandis que la chaîne du port était retendue derrière elles. Pendant ce temps, du côté de la terre, l'armée de Saladin qui, attirée par le même stratagème, avait pénétré dans les barbacanes de l'isthme était également surprise par une brusque sortie des défenseurs et jetée avec pertes dans le fossé[10]. Quoi qu'il en soit de ces différentes versions, le résultat fut le même : Saladin, ayant perdu la maîtrise de la mer et ne pouvant profiter de sa force numérique et de son artillerie sur le front si étroit de l'isthme, dut se résigner à lever le siège (nuit du 1er au 2 janvier 1188).

Comme le fait remarquer Ibn al-A*th*ir, Saladin était en partie responsable lui-même du renforcement de la puissance franque à Tyr : « Toutes les fois qu'il s'emparait d'une ville ou d'une forteresse, il accordait la vie sauve aux habitants et leur permettait de se retirer à Tyr avec leurs femmes, leurs enfants et leurs richesses, de sorte qu'une multitude innombrable de Francs se trouvèrent réunis dans la place avec un capital énorme[11]. »

§ 2. — La Troisième Croisade : Frédéric Barberousse.

L'Europe et l'appel à la Troisième Croisade.

Conrad de Montferrat avait chargé l'archevêque de Tyr, Josse, successeur de l'historien Guillaume, d'aller porter en Occident la nouvelle de la chute du royaume de Jérusalem et de demander aux princes régnants un secours immédiat. Le premier touché fut le roi normand de Sicile Guillaume II. Pour avoir les mains libres en Orient, il fit sa paix avec les Byzantins et, dès le mois de mars 1188, envoya en Syrie une flotte montée par deux cents chevaliers et commandée par son amiral Margarit qui empêcha Saladin de s'emparer de Tripoli[12] et faillit l'empêcher de prendre Lattaquié[13]. Ibn al-Athîr et le continuateur de l'*Estoire de Éracles* racontent en termes assez semblables l'entrevue qu'un des chefs de l'expédition sicilienne demanda à Saladin[14]. « Tu es un sultan miséricordieux et généreux, fait dire Ibn al-Athîr à l'envoyé sicilien. Tu as fait souffrir aux Francs de grands maux. Laisse-les en repos. Ils seront tes soldats, tu conquerras avec eux les provinces et les royaumes et tu leur restitueras leur pays (Jérusalem). Sinon il arrivera contre toi par mer des forces auxquelles tu ne pourras résister et ta position deviendra des plus pénibles ». L'*Estoire de Éracles* nous montre Saladin recevant courtoisement le chevalier sicilien, lui offrant des présents et des chevaux et lui proposant de prendre du service dans l'armée aiyûbide. De toute façon on comprend que le sultan, inquiet de l'arrivée de l'escadre sicilienne qui pouvait être – et qui était en effet – l'avant-garde d'une nouvelle Croisade, ait cherché à ménager les chevaliers du roi Guillaume II. Il est en effet certain que le royaume normand de Sicile, dont les cadets avaient, lors de la Première Croisade, fondé la principauté d'Antioche et qui avait, tant par ses sujets arabes de Palerme que par ses tentatives répétées d'établissement en Tunisie, une profonde expérience des choses musulmanes, était tout désigné pour être à l'avant-garde de la Troisième Croisade, comme il avait été à l'avant-garde de la première[15]. Embarcadère tendu vers l'Orient, possédant une excellente marine, peuplé par une race aventureuse et colonisatrice, il semblait appelé à devancer la chrétienté aux marches de Syrie.

Espérance déçue. L'effort sicilien se limita à l'escadre et aux deux cents chevaliers envoyés en 1188 à Tripoli. Guillaume II lui-même, sans doute trop préoccupé des affaires byzantines, ne vint pas ; d'ailleurs il mourut l'année suivante (1189), et, pour des raisons analogues, son successeur Tancrède de Lecce (1189-1194) ne se croisa pas non plus. Si les Normands de Sicile qui, comme Normands et comme Siciliens, semblaient deux fois désignés pour venir prendre la tête de la restauration franque se récusaient, qui donc viendrait au secours de l'Orient latin ?

Mais la papauté, conscience de l'Europe, veillait. Le Pape Clément III faisait partout prêcher la Croisade et sous son inspiration les puissances chrétiennes envisageaient un pacte de non-agression, l'union européenne s'esquissait en vue de la défense de la Chrétienté contre l'Islam, ou, comme nous dirions aujourd'hui, pour la défense de l'Europe contre l'Asie.

Malheureusement l'Europe était en pleine élaboration. La dynastie capétienne représentée par Philippe Auguste entreprenait – œuvre primordiale – de construire la France en éliminant des provinces de l'Ouest l'empire anglo-angevin des Plantagenets. Les légats du Pape eurent beau, à l'entrevue de Gisors, le 21 janvier 1188, contraindre Philippe Auguste et Henri Plantagenet à se réconcilier et à se croiser, il était évident que ni le roi de France ni le roi d'Angleterre n'entendaient exécuter de sitôt leur serment. Quelques mois après Gisors, la guerre recommençait entre eux. Henri Plantagenet mourra, son fils aîné Richard Cœur de Lion lui succédera, les années passeront avant que le vœu de Gisors soit accompli. Ce sera seulement en juillet 1190 que Philippe Auguste et Richard s'embarqueront le premier à Gênes, le second à Marseille. Encore tous deux hiverneront-ils pendant plus de six mois en Sicile (septembre 1190-mars 1191), séjour inexplicable, en tout état de cause absurde, prolongé à plaisir, comme s'il s'agissait d'une expédition de magnificence et que, pendant ce temps, Saladin ne consommât pas tranquillement la réislamisation de la Terre Sainte. Cette Troisième Croisade allait donc se présenter dès ses débuts comme une entreprise internationale où personne n'était au fond directement intéressé au succès commun, où chacun surveillait son voisin, songeait à la politique européenne et ne prêtait aux affaires de Syrie qu'une attention de convenance.

Croisade de Frédéric Barberousse.

L'empereur germanique Frédéric Barberousse montra plus de zèle. Dès le 11 mai 1189 il quittait Ratisbonne avec une armée remarquablement organisée et disciplinée, qui, d'après certains chroniqueurs, aurait compté au départ près de 100 000 hommes[16]. Il prit, par la Hongrie, la route de Constantinople. Mais la dynastie des Anges n'avait pas, pour faire tourner les Croisades à son profit, le sens politique des Comnènes. Isaac II l'Ange, alors régnant (1185-1195), se comportait en ennemi des Latins, non seulement parce que Byzance était en lutte ouverte avec les Normands de Sicile dont Frédéric Barberousse était alors l'allié, mais aussi en raison des affaires d'Asie Mineure. Les Byzantins, toujours aux prises avec le royaume seljûqide de Qoniya qui, depuis le désastre de Myriokephalon, les refoulait de plus en plus des hautes vallées du Méandre et du Sangarios, avaient cherché contre les Seljûqides l'alliance de Saladin. Saladin avait répondu à leurs avances avec d'autant plus d'empressement que lui aussi se trouvait au plus mal avec le sultan seljûqide Qilij Arslân II, le vainqueur de Myriokephalon, le seul prince musulman dans le Proche Orient dont la puissance pût contre-balancer la sienne.

Alliance des Grecs avec Saladin contre la Troisième Croisade.

Les craintes qu'inspirait à Isaac l'Ange l'arrivée de la Croisade germanique le poussèrent à resserrer ses liens avec Saladin. Dès 1189 ce dernier envoie à Constantinople une ambassade qui conclut une alliance ferme entre les deux États. Byzantins et Aiyûbides s'entendent pour s'opposer à la fois aux Croisés et aux Seljûqides[17]. Pour prix du concours obtenu, Saladin s'engageait à rendre les Lieux Saints aux Grecs. Notons qu'il ne pouvait être ici question que d'une satisfaction d'amour-propre, limitée au Saint-Sépulcre et aux autres sanctuaires et comportant surtout le triomphe du rite grec sur le rite latin, car, à part ces préséances morales, on ne voit pas bien comment l'Empire byzantin désormais rejeté en Asie sur le littoral de la mer Égée, sans frontière commune avec la Syrie, aurait pu bénéficier d'un accroissement territorial de ce côté. Mais une telle clause satisfaisait les éternelles revendications théoriques de la diplomatie byzantine, en même temps qu'elle justifiait aux yeux des orthodoxes l'alliance avec un prince infidèle.

En attendant que la diplomatie byzantine fît rendre le Saint-Sépulcre aux chrétiens, elle donnait à Saladin une sorte de protectorat sur les Musulmans de Constantinople. Un ambassadeur de Saladin vint régler la célébration de la prière du vendredi dans la mosquée de la capitale byzantine. « Cet ambassadeur, raconte Abû Shâma, inaugura la *khutba*, et il fut reçu par des marques de profonde considération et en grande pompe. Avec l'ambassadeur arrivèrent un prédicateur, un *minbar*, plusieurs muezzins et lecteurs du Qoran. Le jour de leur entrée à Constantinople marqua dans les fastes de l'islamisme. Devant tous les marchands musulmans résidant à Constantinople, le prédicateur monta en chaire et prononça la Prière en l'honneur du khalife abbâside[18]. » Durant cette même année 1189, un ambassadeur byzantin se rendit à son tour à la cour de Saladin. L'intimité des rapports de Saladin et d'Isaac l'Ange est attestée par tous les historiens arabes. Behâ al-Dîn signale notamment en mai 1192 l'arrivée, à la cour de Saladin, d'un nouvel ambassadeur byzantin qui venait solliciter la cession à son maître de la vraie croix, captive depuis *Hattîn*, et la remise du Saint-Sépulcre au patriarcat grec, moyennant quoi il y aurait entre les deux empires alliance offensive et défensive contre les Latins[19].

Frédéric Barberousse à Constantinople.
Hostilité des Byzantins.

L'attitude d'Isaac l'Ange, lorsque l'armée de Frédéric Barberousse entra en territoire byzantin, fut donc des moins amicales. Devant l'énorme supériorité numérique et l'irrésistible résolution de Frédéric, le *basileus* n'osa s'opposer trop ouvertement à la marche des Croisés, mais il mit tout en œuvre pour l'entraver et la retarder. Le 25 août 1189, comme

Frédéric venait d'arriver à Philippopoli, Isaac – qui lui contestait en outre tout droit au titre impérial – lui fit interdire de poursuivre sa route tant qu'il n'aurait pas livré des otages et, surtout, promis de céder à l'Empire byzantin la moitié des futures conquêtes allemandes en Syrie. En même temps les envoyés allemands à Constantinople, dont le comte Robert de Nassau, étaient brutalement jetés en prison, tandis que le patriarche de Constantinople prêchait une manière de croisade grecque contre les Latins.

Frédéric indigné fit saccager la région de Philippopoli et la ville d'Andrinople. Il songea même à organiser à son tour une croisade contre les Grecs et à prendre Constantinople d'assaut. Devançant à cet égard le programme de la Quatrième Croisade, il écrivait à son fils, le roi des Romains Henri VI, de rassembler les escadres des républiques italiennes et d'obtenir l'assentiment du pape, en même temps qu'il poussait lui-même à l'insurrection les chefs serbes et bulgares, encore vassaux de Byzance. Et certes, autant le complot vénitien de la Quatrième Croisade devait rester une machination inexcusable, un crime contre la chrétienté, autant on comprend facilement ici l'indignation du grand empereur.

À l'heure où la chrétienté se mettait en mouvement pour recouvrer les Lieux Saints, nous venons en effet de voir Isaac l'Ange accueillir en grande pompe un ambassadeur de Saladin qui lui apportait un *minbar*, qui amenait des muezzins pour la mosquée de Constantinople et qui inaugurait lui-même dans cet édifice la *khûtba* au nom de l'Abbâside et de l'Aiyûbide[20].

L'alliance gréco-aiyûbide ainsi conclue avec introduction solennelle de l'islamisme à Constantinople – plutôt l'Islam que le catholicisme romain ! – ne légitimait-elle pas les représailles de Frédéric ?

Toutefois celui-ci sut maîtriser sa colère, faisant preuve d'un sentiment de la solidarité chrétienne dont, quinze ans plus tard, se montrera incapable le doge Dandolo. Du reste, Isaac l'Ange, épouvanté de l'orage qui s'amassait, ayant enfin cédé sur toute la ligne et promis de transporter en Asie comme de ravitailler la Croisade, Frédéric ne songea qu'à poursuivre sa route.

Entre le 21 et le 30 mars 1190 il passa en Asie Mineure avec toute son armée, par le détroit de Gallipoli.

Saladin informé par les Grecs de la marche des Croisés.

Cédant à la force, Isaac l'Ange dut donc laisser l'armée allemande traverser en diagonale l'Anatolie byzantine par Spigast (Bighas) et Poemenenos ou Ypomenon (près de Manyas) en Mysie, Khliara (Kirkagatsh), Thyatira (Aqhissar), Sardes, Philadelphie (Alashehir) en Lydie et Hiérapolis (près de Denizli) en Phrygie, jusqu'à la région à l'ouest de Soublaion (Homa) qui, depuis le désastre de Myriokephalon, marquait l'extrême frontière byzantine. Isaac l'Ange dut se contenter d'envoyer message sur message pour prévenir son ami Saladin de l'approche des Croisés. Al-'Imâd, cité par Abû Shâma dans le *Livre des Deux Jardins*, est là-dessus formel : « Le roi des Grecs nous donnait dans ses lettres des nouvelles de la marche des Allemands, il nous annonçait qu'ils étaient partis de leur pays et nous avait promis de s'opposer à leur passage. Impuissant à leur barrer la route quand ils se présentèrent, il leur coupa les vivres et refusa de leur venir en aide[21]. » – « Le roi grec nous annonçait qu'il avait fait tout son possible pour nuire à l'Allemand[22]. » Et ailleurs : « Du roi de Constantinople nous arrive l'avertissement que l'ennemi combine ses projets et ourdit ses ruses[23]. »

Le texte ajoute que le même avertissement était donné à Saladin « d'Alexandrie », c'est-à-dire, assez vraisemblablement, par les négociants italiens établis dans les *fondachi* de cette ville, sans doute par les Vénitiens qui joueront le même jeu dans toute son ampleur lors de la Quatrième Croisade.

Frédéric Barberousse à Qoniya.
Entente avec le sultan seljûqide Qilij Arslân II.

À l'est de Soublaion, en Pisidie et en Lycaonie, la Croisade entrait sur les terres du sultan seljûqide Qilij Arslân II[24]. De même qu'Isaac l'Ange, brouillé avec Qilij Arslân, s'était allié à Saladin, Qilij Arslân, à son tour, étant l'ennemi de Saladin, se trouvait naturellement porté à s'entendre avec Frédéric Barberousse. Tandis que le monarque allemand traversait l'empire byzantin, Qilij Arslân lui avait envoyé une ambassade qui l'avait rejoint à Andrinople : il permettait aux Allemands le libre passage à travers ses États. Mais l'autorité du vieux sultan, d'ailleurs bien ébranlée par l'insubordination de ses fils, n'était pas telle qu'il pût empêcher les tribus turcomanes de s'opposer à la marche des Croisés. De fait, la traversée, par ces derniers, de l'Anatolie seljûqide avec ses plateaux désertiques, depuis Antioche de Pisidie, Philomelion (Aqshehir) et Tyriaeum (Ilghin), jusqu'à Iconium (Qoniya), fut harcelée par les bandes turques dont l'hostilité rendit plus pénibles encore la cruelle disette de l'armée et le manque de ravitaillement. Il fallut, pour nourrir la troupe, abattre une partie des chevaux, mais la discipline stricte que Frédéric imposait aux siens permit de sortir sans trop de pertes de ces terribles semaines.

Le 18 mai 1190 l'armée allemande parvint enfin en vue de Qoniya, la capitale seljûqide. Le vieux sultan Qilij Arslân II, nous dit le *Livre des Deux Jardins*, était de cœur avec Frédéric, avec lequel ses ambassadeurs avaient lié partie contre Saladin[25]. Même affirmation chez Behâ al-Dîn : « Qilij Arslân feignait d'être hostile au roi des Allemands, tandis qu'en réalité il était d'accord avec lui. Aussi quand ce roi fut arrivé dans son pays, le sultan, manifestant ses vrais sentiments, se concerta avec lui, lui fournit des otages et des guides pour la traversée du pays[26]. » Toutefois, plus ou moins mis en tutelle par ses fils, Qilij Arslân ne put empêcher l'aîné d'entre eux, Qu*t*b al-Dîn Malik-shâh II, de s'avancer avec l'armée seljûqide à la rencontre des Allemands. Cette rencontre, qui eut lieu devant Qoniya, tourna entièrement à l'avantage de Frédéric Barberousse, soit qu'il y ait eu réellement bataille, soit que les Turcs aient pris la fuite devant lui sans oser affronter le combat[27]. Ses deux fils, Frédéric et Philippe de Souabe, prirent ensuite la ville d'assaut[28].

Frédéric Barberousse resta cinq jours à « Iconium ». Qilij Arslân lui ayant demandé l'*amân*, il le lui accorda d'autant plus volontiers que le vieux sultan avait, au fond, toujours été d'accord avec lui. Un traité d'alliance formel fut conclu entre eux, cette fois au grand jour, avec, comme objectif vraisemblable, une coopération contre Saladin et sans doute un projet de partage des possessions aiyûbides[29]. En attendant, le prince seljûqide ravitailla abondamment l'armée allemande et remit en otages à l'empereur pour le guider jusqu'au royaume arménien de Cilicie une vingtaine d'émirs parmi les principaux. De Qoniya, l'armée allemande se dirigea donc par Laranda (Qarâmân) vers la frontière turco-arménienne du Taurus cilicien, d'où elle redescendit, à travers la province, alors arménienne, de l'Isaurie orientale, jusqu'au port de Séleucie (Selefké).

Arrivée de Frédéric Barberousse en Cilicie.
Terreur du monde musulman.

La difficile traversée de l'Asie Mineure, fatale à tant d'autres croisades, avait donc été heureusement effectuée grâce au génie du glorieux Hohenstauffen. Le prince arménien de Cilicie, Léon II (1185-1219), le plus grand homme de la dynastie roupénienne, sur les terres duquel on entrait, accueillit les Croisés comme des amis et mit toutes ses ressources à leur disposition.

L'arrivée, aux portes de la Syrie, à pied d'œuvre pour la guerre sainte, de cette armée remarquablement disciplinée, encore nombreuse (elle comptait, malgré l'énorme déchet inhérent à ces longues marches, plus de 40 000 hommes), conduite par le plus puissant souverain et un des meilleurs politiques du temps, terrifia littéralement l'Islam. Les historiens arabes ne s'en cachent pas. Saladin, « vivement impressionné par la gravité de ces nouvelles », décida de faire proclamer par tout l'Islam la guerre sainte. Il alerta les princes de Mossoul du Kurdistan et de la Jazîra. Dès les premières nouvelles de la marche de Frédéric il avait, le 23 octobre 1189, fait partir pour Baghdâd le qâdi Behâ al-Dîn Ibn Sheddâd afin de demander au Khalife abbâside Nâsir li-dîn Allâh, une manifestation solennelle dans le même sens[30]. De fait l'approche de Barberousse constituait le plus formidable péril que l'Islam syrien ait couru avant l'irruption des Mongols. Déjà le prince arménien Léon II et son katholikos faisaient parvenir à la cour de Saladin d'adroits messages qui, sous couleur de la renseigner, cherchaient à exercer sur elle une pression morale et à la désarmer avant de combattre.

La panique qui s'empara des Musulmans à l'arrivée de Frédéric Barberousse en Cilicie était telle qu'ils évacuèrent précipitamment une des plus précieuses conquêtes de Saladin, le château de Gaston, ou Baghrâs, au nord-est d'Alexandrette, forteresse longtemps disputée entre Arméniens et Templiers à cause de son importance stratégique parce qu'elle commandait la passe de Beylân, c'est-à-dire l'entrée de la Syrie du côté des Portes Ciliciennes. Trouvant la place de Baghrâs évacuée, un chevalier franc nommé Foulque de Bouillon, qui était d'ailleurs le cousin de Léon II d'Arménie, l'occupa au nom de ce dernier et la conserva vingt ans[31]. Abu'lFidâ parle du même état d'esprit : « La nouvelle se répandit que le roi des Allemands approchait avec cent mille hommes. Ils furent tellement consternés par le bruit de cette invasion qu'ils désespérèrent de rien conserver en Syrie[32]. » Saladin fit précipitamment démanteler Tibériade, détruire ou évacuer Jebail (Gibelet), Sidon, Césarée, Arsûf et Jaffa, places qui auraient pu être occupées par les Croisés et leur servir d'étapes[33].

Mort accidentelle de Frédéric Barberousse.
Démoralisation et dissolution de l'armée allemande.

L'invasion germanique et chrétienne s'avançait ainsi irrésistible, lorsque le 10 juin 1190, Frédéric Barberousse, en marche vers Tarse, Adana et Antioche, se noya dans les eaux du Sélef. Cette catastrophe imprévisible sauva certainement l'Islam syrien de la ruine, car, comme les historiens arabes l'avouent eux-mêmes, il n'eût pas manqué d'être broyé entre les armées franco-anglaises débarquant à Saint-Jean-d'Acre et la grande armée allemande débouchant du nord. « Si Allâh, note Ibn al-A*th*îr, n'avait daigné montrer sa bonté aux Musulmans en faisant périr le roi des Allemands au moment même où il allait pénétrer en Syrie, on écrirait aujourd'hui : la Syrie et l'Égypte ont jadis appartenu à l'Islam...[34]. »

La force de l'armée germanique était faite de discipline mécanique et grégaire, d'un sentiment de puissance collective dont la personne de Barberousse semblait le symbole indispensable. Une fois le grand empereur disparu, elle tomba dans l'abattement, se démoralisa et, par manque de ressort individuel, cette puissante armée devint une cohue sans âme. Le fils de l'empereur défunt, Frédéric de Souabe, se montra incapable d'empêcher cette désagrégation matérielle et morale qui fit de l'irrésistible armée d'invasion une sorte de troupeau[35]. Sans avoir éprouvé aucune défaite, alors qu'elle venait de prendre l'imprenable Qoniya et bien qu'elle fût loin de manquer de chefs puisqu'elle conservait à sa tête Frédéric de Souabe, la Croisade allemande, à l'instant où elle arrivait à pied d'œuvre, perdit toute sa force vive. Les historiens arabes signalent ce curieux cas de psychologie collective, entraînant la dévalorisation militaire d'une armée jusque-là excellente. « Ces Allemands, jadis si redoutés, écrit 'Imâd al-Dîn, étaient tombés si bas [qu'ils se laissaient prendre passivement et] qu'on les vendait à vil prix dans les marchés[36]. »

Une partie des princes allemands, aussi démoralisés que leurs hommes, rentrèrent en Europe. Le reste suivit Frédéric de Souabe à Antioche chez Bohémond III. Mais, les facilités de la vie sur l'Oronte succédant aux privations de l'Anatolie, une grave épidémie se déclara parmi les Allemands. Le *Livre des Deux Jardins* laisse entendre que, lorsqu'ils furent remis, Bohémond III essaya de les entraîner contre Alep[37]. La diversion aurait pu être efficace, car pendant ce temps Saladin se trouvait absorbé par la défense de Saint-Jean-d'Acre, mais Frédéric de Souabe préféra rejoindre les Croisés des autres nations au siège d'Acre (7 octobre 1190).

§ 3. — GUY DE LUSIGNAN, CONRAD DE MONTFERRAT ET LE SIÈGE D'ACRE

Siège de Saint-Jean-d'Acre par Guy de Lusignan.

La Croisade ou plutôt l'invasion allemande s'était volatilisée. La Croisade franco-anglaise s'attardait pour des mois encore aux escales de Sicile. Les Francs de Syrie, renforcés de petits groupes de Croisés divers, commencèrent seuls, en attendant, la reconquête du littoral.

Le regroupement des Franco-Syriens fut en apparence aidé, compliqué en réalité par la mise en liberté de Guy de

Lusignan. Il y avait longtemps que Saladin avait promis sa liberté à l'ex-roi de Jérusalem. Cette promesse datait, on se le rappelle, de la capitulation d'Ascalon qui était en quelque sorte la rançon de Guy. Ascalon une fois tombé, Saladin avait différé l'exécution de sa parole jusqu'après la prise de Jérusalem. À l'été de 1188 la reine Sibylle, à qui il avait permis de se retirer à Tripoli et qui avait toujours entretenu avec lui des relations de haute courtoisie, le fit prier de tenir ses promesses. Toujours chevaleresque, le sultan libéra aussitôt son prisonnier, avec, comme escorte, dix autres captifs, dont son frère, le connétable Amaury de Lusignan, et le grand maître du Temple, et sous promesse que Guy ne porterait jamais plus les armes contre lui. En même temps Saladin, par un geste d'humanité qui lui fait honneur, libérait le vieux marquis Guillaume III de Montferrat qu'il renvoyait à son fils Conrad, à Tyr.

Le poète normand Ambroise qui, comme tous les sujets de l'empire plantagenet, prend violemment parti pour Guy de Lusignan, fait néanmoins, à propos de la libération de ce dernier par Saladin, une réflexion bien savoureuse : « Saladin, qui était un Sarrasin très sage, savait que le roi Gui était malchanceux et qu'il n'était, à la guerre, ni âpre ni terrible. Il ne tenait pas à le changer et à avoir à craindre un autre roi[38]. » Il n'est pas impossible en effet que, devant le danger que lui faisait courir l'énergie de Conrad de Montferrat, Saladin ait cherché à la fois à diviser et à affaiblir les Francs en leur rendant Guy désormais discrédité.

Guy de Lusignan avait promis à Saladin de quitter pour toujours la Syrie, de « passer la mer ». À peine libéré, il se fit relever de son serment par l'autorité ecclésiastique et se dirigea vers Tyr, dans l'espoir d'y prendre le commandement des forces franques. De fait Tyr était la seule place de l'ancien Domaine royal de Jérusalem qui eût échappé à la conquête musulmane. Mais Conrad de Montferrat qui avait sauvé la ville en ferma les portes à l'ex-roi. Refus renouvelé à une seconde tentative de Guy à la fin avril 1189. « Li rois Guis ala jusques à la porte et commença à crier qu'en li ovrist, et li marquis vint à un des créneaus de la tor qui sour la porte estoit, et demanda qui ce estoit qui si hautement commandoit à ouvrir la porte. Et il dist que il estoit le roi Guis et la roine sa feme, qui voloient entrer en sa cité. Le marquis respondi que ele (la cité) n'estoit mie leur, ainz estoit sue (sienne), que Dex (Dieu) li avoit donée et bien la garderoit, si que jamais ne metroient dedens les piés[39]. » Cette fin de non-recevoir est exprimé en termes encore plus intéressants dans le *Livre des deux Jardins* : « Le roi des Francs se dirigea vers Tyr, espérant entrer dans cette ville. Il établit son camp aux portes de la ville et parlementa avec le marquis auquel Tyr obéissait. Mais le marquis répondit au roi : "Je suis le lieutenant des rois d'outre-mer, lesquels ne m'autoriseraient pas à t'abandonner la ville[40]." Texte à retenir, car il montre bien que, dans l'esprit de Conrad et de ses partisans, *Hatt*în avait fait table rase du passé. La monarchie hiérosolymitaine était tombée avec la Terre Sainte ; il s'agissait, par la reconquête, de créer un droit nouveau. C'est en ce sens que le marquis de Montferrat déclarait ne tenir Tyr que de lui-même, en attendant que le droit fût défini par les souverains de l'Occident – l'empereur germanique, le roi de France, le roi d'Angleterre, dont on attendait la venue.

Guy de Lusignan, roi sans terre et sans soldats, renié d'ailleurs par la plupart de ses anciens sujets qui le rendaient – avec raison – responsable du désastre, prit alors une résolution dont l'énergie étonne chez ce caractère faible : il décida de reconquérir la seconde ville et le port principal de l'ancien royaume de Jérusalem, Saint-Jean-d'Acre. Entreprise en apparence chimérique, car Saladin qui, depuis la chute d'Acre, y avait fait de longs séjours, avait encore accru les moyens de défense de la place et y avait laissé une importante garnison. Guy, rassemblant devant Tripoli tout ce qu'il put trouver de chevaliers palestiniens dépossédés par la conquête musulmane et de Croisés nouveaux venus – notamment les chevaliers siciliens du roi Guillaume, pour lors inactifs à Tripoli – passa à l'exécution. Vers le 20 août 1189 il partit avec ces contingents pour Saint-Jean-d'Acre.

Ibn al-A*th*îr nous fait saisir la hardiesse de cette marche des Francs de Tyr sur Acre, quand tout le pays appartenait aux Aiyûbides triomphants. « Les Francs marchèrent vers Acre pour l'assiéger avec toutes leurs forces, cavaliers et fantassins. Sur la route, ils suivirent de très près le bord de la mer, sans la quitter ni dans les plaines, ni sur les rochers, ni dans les défilés, ni dans les campagnes les plus spacieuses. Leurs vaisseaux voguaient sur la même ligne, portant leurs armes, leurs provisions et tout prêts à les aider au moindre accident, ou, en cas d'obstacle insurmontable, à leur permettre de se rembarquer[41]. »

Comme le fait remarquer Ambroise, si les forces musulmanes avaient assailli la petite armée franque aux défilés d'Iskandérûna, l'ancien Scandelion, ou de Naqûra, qu'elle atteignit vers le 22 août, rien n'aurait pu les empêcher de la mettre en pièces[42].

Saladin était à ce moment occupé à assiéger le château de Beaufort (Shaqîf Arnûn) où, comme on l'a vu au tome précédent, Renaud de Sidon avait su, à force de ruse, prolonger jusque-là la résistance[43]. Quand il apprit que Guy de Lusignan s'était mis en marche de Tyr vers Acre, il crut à une feinte pour dégager Beaufort. Lorsqu'il se ravisa, les Francs approchant d'Acre (leur avant-garde était le 26 août à al-Zîb), il était trop tard. Il ne put qu'appeler à lui les contingents musulmans de la Galilée et n'arriva à al-Kharrûba[44], à 16 kilomètres au sud-est d'Acre, que le 29 août, quand les Francs venaient déjà de prendre position devant la ville[45]. Quant aux assertions d'Ibn al-A*th*îr, que le sultan aurait voulu écraser les Francs pendant leur marche de Tyr à Acre, mais que ses émirs l'en empêchèrent, il ne faut voir là qu'une explication après coup pour justifier Saladin de sa faute stratégique en rejetant celle-ci sur l'indiscipline de ses vassaux[46]. Il est certain, du reste, que l'armée aiyûbide, armée féodale, formée de contingents temporaires, était un instrument fort défectueux, sans aucune comparaison avec ce que sera, un siècle plus tard, l'armée de métier des sultans mamelûks. Autant elle avait montré d'enthousiasme en 1187, autant elle se sentait maintenant lasse de faire campagne. Or la Troisième Croisade qui, avec le siège d'Acre, commençait à l'heure où la conquête de la Syrie franque n'était pas encore achevée, allait imposer à ces contingents féodaux cinq ans de guerre ininterrompue. Aussi le moral des troupes aiyûbides, déjà assez peu élevé en 1189, deviendra de plus en plus mauvais jusqu'aux menaces de mutinerie de 1192, et c'est là un facteur qui ne contribuera pas médiocrement au succès de la Troisième Croisade.

LA RECONQUÊTE FRANQUE

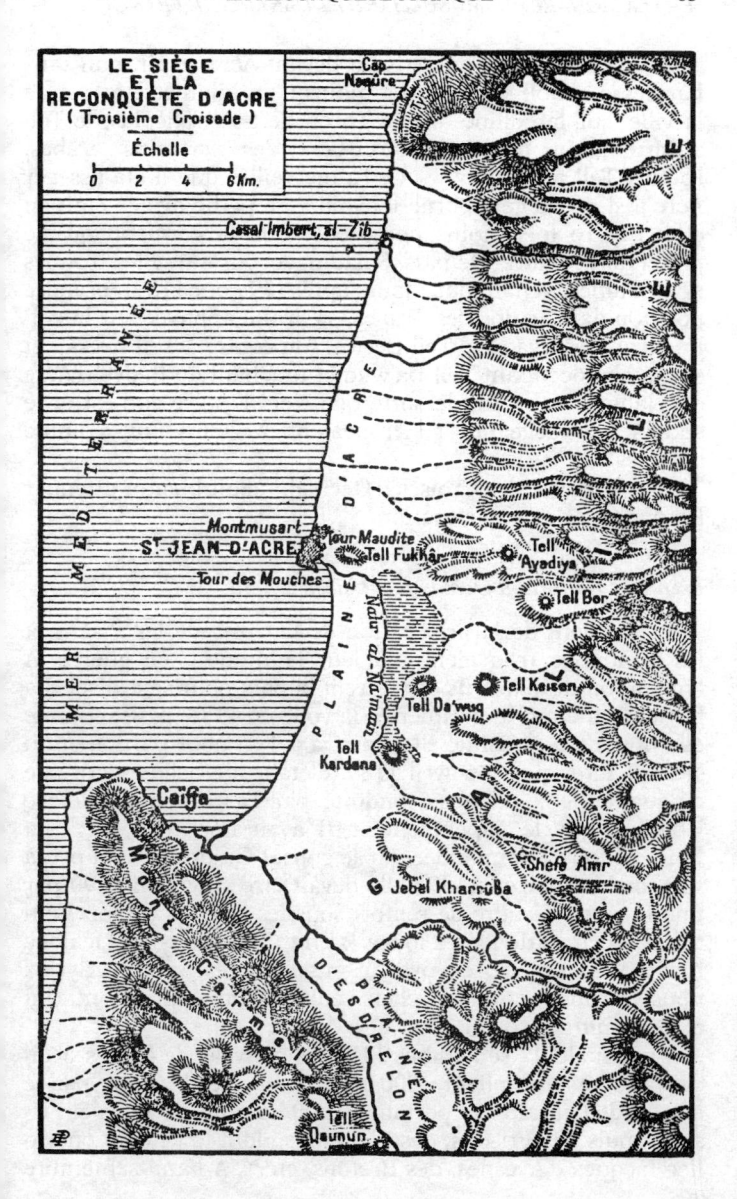

Guy de Lusignan, en arrivant devant Acre, avait, non sans hardiesse, établi son camp à moins d'un kilomètre à l'est de la ville, sur la colline dite le Toron de Saint-Nicolas, le Tell al-Musallabîn ou Tell al-Maslaba des écrivains arabes, l'actuel Tell al-Fukhâr[47]. « Ce fu merveilles que il ala asseger Acre à si po de gent corne il avoit. » Sa petite armée était en effet quatre fois moins nombreuse que la garnison qu'elle prétendait réduire. De plus, Saladin, accouru avec les troupes de la Galilée, venait, deux jours après (29 août 1189), prendre position dans le dos des Francs, sa droite appuyée sur la colline d'al-'Ayâdiya et le Tell Berwé, son centre à Tell Keîsân et sa gauche occupant Tell Da'wuq et touchant au fleuve d'Acre ou Nahr al-Na'mein, de sorte que, vers l'est, le sud-est et le sud, les assiégeants se trouvaient à leur tour comme assiégés[48].

Mais l'arrivée des Croisés d'Occident allait bientôt atténuer les dangers de cette situation.

Premiers renforts d'Occident au siège d'Acre.

Au moment de la prédication de la Croisade les Pisans et les Génois se trouvaient – à leur habitude – en guerre. À l'invitation du pape, ils conclurent la paix pour se croiser. La flotte pisane mit la première à la voile en 1188, mais, comme elle hiverna à Messine, elle n'arriva à Tyr, pour participer au siège d'Acre, que le 6 avril 1189. C'était une belle escadre de cinquante-deux navires, conduite par l'archevêque de Pise Ubaldo[49] que le pape Clément III avait nommé légat[50]. La flotte génoise commandée par le consul Guido Spinola prit à son tour la mer en 1189 ; elle devait être suivie en 1190 par une seconde escadre de renfort sous les consuls Simon Ventus et Morinus de Platea longa[51]. Enfin à Pâques 1189 le doge Aurio Mastropietro envoya lui aussi une escadre en Syrie : nous verrons l'action des chefs vénitiens Domenico Contarini et Giovanni Morosini à Tyr et à Acre[52].

À partir du 1er septembre 1189 les arrivées de flottes occidentales se multiplient : 500 navires du Nord, venus par le détroit de Gibraltar et portant 10 000 hommes, Danois et Frisons ; puis des Frisons, des Flamands, dont le vaillant chevalier Jacques d'Avesnes, des Bretons, etc.[53]. À la mi-septembre arrivèrent des contingents français avec le comte Henri de Bar, le comte Érard II de Brienne, Guillaume de Châlons, Robert de Dreux et son frère Philippe, évêque de Beauvais (deux vaillants capitaines qui se signaleront à Bouvines), et nombre de chevaliers champenois. Le 24 septembre c'étaient des Italiens et des Allemands qui débarquaient, l'archevêque Gérard de Ravenne, l'évêque Adelard de Vérone, le landgrave Louis de Thuringe, le comte Othon de Gueldre, etc. « En tout mille chevaliers et vingt mille piétons. » Il n'était pas jusqu'au rival de Guy, Conrad de Montferrat qui, sans se désister pour cela de ses prétentions à l'indépendance, ne fût venu de Tyr participer lui aussi au siège d'Acre (24 septembre). En octobre arriveront encore d'autres Croisés, des Français – Narjot de Toucy, Ancelin de Montréal, Geoffroi de Joinville, Raymond de Turenne, Guy de Dampierre, – des Italiens, gens de Crémone et de Vérone, des Scandinaves, dont le neveu du roi de Danemark[54]. C'était tout l'Occident latin qui se levait pour venger *Hattin* et restaurer le royaume de Jérusalem.

Signalons l'avantage considérable que valait aux Francs l'arrivée des escadres italiennes et scandinaves. L'escadre pisane de l'archevêque Ubaldo, l'escadre danoise qui jeta l'ancre peu de temps après, les escadres frisonnes et flamandes arrivées avec Jacques d'Avesnes assuraient définitivement aux Croisés la maîtrise de la mer.

La guerre devant Acre : bataille du 4 octobre 1189.

Les Francs avaient négligé de prolonger jusqu'à la mer leur ligne d'investissement sur le front nord d'Acre, face au quartier de Montmusart[55]. Ils n'avaient de ce côté, pour assurer le blocus, qu'un rideau assez intermittent de troupes légères. Le 15 septembre 1189, Saladin lança une puissante attaque qui d'abord échoua. Le lendemain il renouvela sur ce point son effort. Son neveu, Taqî al-Dîn, qui commandait son aile droite, réussit alors par une brillante charge de cavalerie à crever le rideau des Francs qui investissaient Acre et à rétablir la liaison avec les défenseurs. Acre put désormais être librement ravitaillée du dehors et vit sa garnison renouvelée et renforcée. Le sultan lui-même vint rendre visite aux assiégés, inspecter les remparts, et, du haut des tours, observer le camp chrétien. Le 18 septembre Saladin essaya d'exploiter son avantage en détruisant l'armée franque. Mais celle-ci, qui avait creusé un fossé et construit des retranchements autour de son camp, put, à l'abri de ces obstacles, repousser toutes les attaques, en même temps qu'elle refusait sagement de se laisser attirer en rase campagne[56].

Ce n'était d'ailleurs là pour Guy de Lusignan qu'un succès négatif. Les Francs, « assiégeants assiégés », resserrés sur un étroit espace entre les murs de la ville et les troupes de Saladin qui tenaient la campagne, commençaient à souffrir de la faim. Il leur fallait à tout prix se donner de l'air. Le 4 octobre 1189, au matin, ils tentèrent de se libérer par une attaque brusquée. Tandis que Geoffroi de Lusignan, frère du roi Guy, restait au camp de Musallabîn pour le garder contre une sortie éventuelle de la garnison d'Acre, le gros de l'armée franque se lança à l'assaut des positions musulmanes[57]. Taqî al-Dîn, qui commandait la droite musulmane, appuyé à la mer, au nord d'Acre, feignit de reculer, selon l'éternelle tactique des siens, pour attirer loin du champ de bataille l'aile gauche franque en l'espèce les Templiers et disloquer ainsi la ligne ennemie. Mais Saladin, croyant qu'il faiblissait réellement, dégarnit son propre centre pour lui envoyer des renforts. Les chrétiens en profitèrent pour se précipiter sur le centre musulman ainsi affaibli, bousculèrent les recrues du Diyârbekir qu'ils trouvaient devant eux et s'élancèrent à l'assaut de la colline al-'Ayâdiya où se dressait le poste de commandement de Saladin. D'un seul élan le comte de Bar parvint jusqu'à la tente du sultan qui réussit à grand'peine à réunir autour de lui quelques mamelûks. Toute l'aile droite musulmane fut entraînée dans cette déroute. Les fuyards coururent jusqu'à Tibériade, annonçant le désastre de l'Islam. De fait, plusieurs chefs musulmans avaient été tués, comme l'émir Mujalla, frère de 'Isa, gouverneur de Jérusalem.

Mais, tandis que les Francs pillaient son camp, Saladin ralliait les débris de son centre au sud de la colline de 'Ayâdiya. Du reste son aile gauche, appuyée au Nahr Na'main, était restée intacte. Quand il l'eut regroupée et qu'il constata que la victoire même des Francs avait jeté la confusion dans leurs rangs, il ordonna une brusque contre-attaque qui, les surprenant en plein désordre, changea l'issue de la journée. Les

Francs furent rejetés avec d'énormes pertes d'al 'Ayâdiya vers leur propre camp où les Musulmans les poursuivirent l'épée dans les reins.

Pendant ce temps la garnison d'Acre, opérant une sortie, prenait le camp à revers. Geoffroi de Lusignan, qui avait été laissé à la garde du camp, réussit cependant avec sa petite troupe à contenir les gens d'Acre. De l'autre côté, le roi Guy, Conrad de Montferrat, le grand maître du Temple et André de Brienne s'efforçaient d'arrêter coûte que coûte la ruée des compagnons de Saladin. Dans la mêlée Guy sauva noblement Conrad de Montferrat, son adversaire, en passe d'être pris ou tué. Mais André de Brienne qui, avec les Templiers, couvrait la retraite, fut massacré. Le grand maître du Temple, Gérard de Ridefort, fait prisonnier, fut exécuté aussitôt[58]. Grâce surtout aux Templiers, qui subirent de ce fait des pertes énormes, le désastre put cependant être évité. Les Musulmans ne purent forcer le camp chrétien[59].

Recul de Saladin de Tell Keisân à Tell Kharrûba.

À la suite de cette action, le nombre des cadavres accumulés entre le camp des Francs et celui de Saladin se trouva tel qu'une épidémie sortit de ce charnier. Saladin lui-même, atteint de dysenterie, recula son camp de Tell Keîsân à Tell Kharrûba (15 octobre 1189)[60].

Ainsi l'âpre bataille du 4 octobre 1189, si elle fut un échec pour les Francs qui s'étaient crus sur le point de détruire l'armée de Saladin, ne fut qu'un succès négatif pour ce dernier, puisqu'il ne put pas non plus chasser les Francs de devant Acre. Du reste, en mars 1190, à la « bataille des sables », les mêmes péripéties devaient se renouveler, mais cette fois au désavantage des Musulmans, qui, après un premier succès, se laisseront surprendre par une contre-attaque en subissant de graves pertes[61].

En somme les forces, déjà, s'équilibraient de nouveau. Au lendemain de la bataille du 4 octobre, le recul de Saladin de Tell Keisân à Kharrûba marquait même un véritable avantage pour les Francs. À Keîsân il maintenait le contact avec la garnison d'Acre. À Kharrûba il ne put empêcher les Francs d'investir entièrement la ville. « Ils entourèrent la place du côté de la terre en appuyant leurs ailes au rivage, tandis que leurs vaisseaux l'assiégeaient par mer. Ils entreprirent de creuser des fossés et élevèrent un mur avec la terre qu'ils retiraient des tranchées. Chaque jour l'avant-garde musulmane leur offrait le combat, mais ils ne l'acceptaient pas, uniquement préoccupés d'achever leur système de défense en cas de retour de Saladin[62]. » Ce fut surtout la fortification par les Francs du secteur nord-ouest de leur camp jusqu'à la mer qui acheva de rendre le blocus effectif. Le marquis de Montferrat avec les Hospitaliers assuma la garde de ce secteur particulièrement dangereux.

Quant à Saladin, bien qu'il soit resté à Kharrûba tout l'hiver de 1189-1190 et une partie du printemps suivant, il n'en maintenait pas moins une avant-garde et un corps d'observation en face du camp chrétien, prêt à accourir lui-même au premier signal. Nous savons que le 10 mars 1190, comme il était parti à la chasse, les Francs en profitèrent pour sortir de leurs retranchements et tomber sur le corps d'observation musulman qui subit des pertes graves[63].

Devant Acre : la guerre de tranchées et la fraternisation entre Chrétiens et Musulmans.

Les deux armées ne pouvant se détruire, la guerre allait se réduire à une guerre de siège et de tranchées, immobile, épuisante, guerre d'usure et de durée. La garnison d'Acre derrière ses murailles, les Francs derrière leurs retranchements allaient lutter à grand renfort de pierrières et de mangonneaux, de carreaux d'arbalètes, de pelotes incendiaires, de nappes de feu grégeois. Les Francs, grâce à la maîtrise de la mer, s'efforçaient de réduire la garnison par la famine, tandis qu'eux-mêmes étaient harcelés, affamés, assiégés par l'armée de Saladin, toujours maîtresse de la campagne. Dans ces conditions, le siège d'Acre, commencé au commencement de septembre 1189, devait se prolonger jusqu'au 13 juillet 1191.

Cette guerre de position favorisait entre Francs et Aiyûbides les relations de courtoisie depuis longtemps établies. Au lendemain de la furieuse bataille du 4 octobre, Saladin faisait reprocher au roi Guy d'avoir violé son serment : n'avait-il pas juré, le jour de sa libération, de passer la mer et de ne jamais porter les armes contre les Musulmans ? À quoi Guy faisait agréablement remarquer qu'il avait bien repassé la mer, sinon entre la Syrie et la France, du moins – mais le serment était ainsi exécuté ! – entre Tortose et l'îlot de Ruâd ; et que, de plus, il avait bien renoncé à porter l'épée puisqu'il la faisait porter à l'arçon de sa selle par son cheval[64]. La suite de l'histoire prouve que Saladin n'en voulut pas trop à Guy de ce genre de plaisanteries.

Les mêmes relations s'établissaient entre barons et émirs. « Une sorte de familiarité, note Behâ al-Dîn, s'établit entre les deux camps. On échangeait des conversations quand on cessait de combattre, et, par suite de cette longue fréquentation, on finissait par chanter et danser de compagnie, puis, une heure après, on recommençait à se battre. Un jour, pour se désennuyer, les soldats se dirent les uns aux autres : "Pourquoi toujours nous battre entre hommes faits sans laisser place aux petits ? Convenons qu'une lutte aura lieu entre deux enfants choisis dans les deux camps !" Et en effet deux enfants sortirent de la ville et marchèrent contre deux autres enfants appartenant aux Francs. Un des deux jeunes musulmans courut sur l'un des jeunes infidèles, le saisit à bras le corps, le jeta à terre et le fit prisonnier. Ce dernier fut racheté au prix de deux dinars par un de ses coreligionnaires et le jeune vainqueur reçut cette somme et rendit la liberté à son prisonnier[65] ».

Cette fraternisation entre Francs et Turco-Arabes, si différente de l'attitude des premiers Croisés avec leurs adversaires de l'an 1099, prouve la rapide adaptation des Francs au milieu oriental et du milieu oriental au voisinage quotidien des Francs. À l'heure où le royaume de Jérusalem venait de tomber, cette adaptation était si évidente, une Syrie franque était si bien née, que l'Islam acceptait d'entrer en rapports amicaux avec elle. En pleine Croisade paneuropéenne, en plein *jihâd* panislamique, l'esprit colonial, fait de compréhension de l'indigène, l'emportait malgré tout sur l'esprit croisé. Quelle meilleure preuve que les races déjà se comprenaient et s'estimaient, que les deux civilisations se pénétraient, que la Syrie franque était viable, à condition, il est vrai, de rester fidèle aux institutions politiques qui avaient pendant quatre-vingt-huit ans assuré sa grandeur ?

Ce n'étaient pas seulement les guerriers qui chantaient et dansaient ensemble entre deux batailles, les enfants des deux armées qui jouaient entre eux ; le *Livre des Deux Jardins* nous parle d'autres motifs d'entente : « Un bâtiment avait amené chez les Francs trois cents femmes remarquables pour leur beauté. Elles s'étaient enrôlées pour ces hontes, exilées pour la consolation des exilés, elles étaient parties pour la consolation de ces misérables. Loin de refuser leurs faveurs aux célibataires, elles se donnaient spontanément comme la plus méritoire offrande et croyaient que nul sacrifice ne surpassait le leur, surtout si celui à qui elles s'abandonnaient réunissait la double condition d'étranger et de célibataire. En effet les Francs ne considèrent pas comme criminelles les femmes libres qui s'abandonnent aux célibataires, et elles restent pures à leurs yeux, si elles accordent cette consolation aux garçons malheureux. Or plusieurs de nos mamelûks, pervertis, désertèrent notre camp. Ces êtres misérables et ignorants, aiguillonnés par le désir charnel, suivirent cette voie de perdition. Les uns acceptèrent la honte par attrait du plaisir, les autres se repentirent de leur chute et s'enfuirent bientôt par ruse[66]. »

« *Saladin ou la guerre chevaleresque.* »

Saladin lui-même devait, au cours de ce siège sans merci, en présence de la reconquête franque, continuer à faire preuve envers l'ennemi d'une générosité chevaleresque. Parmi les prisonniers on lui amène un jour un vieillard décrépit qui, presque impotent, avait voulu entreprendre le pèlerinage de Jérusalem. Le sultan, saisi de pitié, lui donne un cheval et le fait reconduire à l'armée franque. – Une nuit des maraudeurs musulmans enlèvent au camp chrétien un petit enfant de trois mois. Au matin la mère s'en aperçoit, se désespère. Les chevaliers francs lui conseillent d'aller faire appel à la générosité de Saladin. Elle court aux avant-postes ennemis, demande à être conduite auprès du sultan. « Le sultan, écrit al-'Imâd, était à cheval, entouré d'une escorte nombreuse dont je faisais partie ; la mère se présenta, gémissante, et se roula, le visage dans la poussière. Le sultan s'informa de sa situation, et, quand il la connut, ses yeux se remplirent de larmes. Il fit rechercher l'enfant ; comme celui-ci avait déjà été vendu au marché, il le racheta de ses propres deniers et ne s'éloigna point avant que l'enfant eût été ramené et rendu à sa mère. Elle le prit et le serra contre son cœur en pleurant à chaudes larmes. Tous les témoins de cette scène, et j'en étais, pleuraient. Après qu'elle l'eut allaité, le sultan la fit transporter à cheval et reconduire avec son enfant au camp chrétien »[67].

Et ce trait encore, rapporté par le même al-'Imâd, témoin oculaire : Un jour les plus jeunes enfants du sultan le prient de leur laisser exécuter un prisonnier chrétien ; il refuse, et, comme on s'en étonne : « Il ne faut pas qu'ils s'habituent si jeunes à répandre le sang ni que ce soit un jeu pour eux à un âge où ils ne savent pas encore distinguer le musulman de l'infidèle[68]. » Vers la fin du siège d'Acre nous verrons Saladin envoyer au roi Richard qui était tombé malade des fruits et des sorbets à la neige[69].

Cet adoucissement des mœurs n'était pas sans inconvénient pour le sultan lui-même. Le *jihâd* généralisé, la guerre sainte panislamique qu'il eût voulu faire prêcher par le khalife de Baghdâd était bien lent à se réaliser. « Qu'est devenu l'honneur musulman ? lit-on dans une lettre du temps citée dans *les Deux Jardins*. Où est la fierté du Croyant, le courage du vrai sectateur de la Religion ? Nous ne cessons de nous étonner de l'inertie des fils de l'Islâm devant le triomphe des Infidèles. Personne ne répond à l'appel aux armes, personne ne redresse l'injure ! »[70]. Atténuation du fanatisme qui prouve, une fois de plus, le rapprochement moral entre les fils des colons francs et le monde islamique. Ce n'est pas que les chroniqueurs arabes, après nous avoir rapporté ces faits, ne les fassent suivre quelques lignes plus loin par les malédictions habituelles contre les chrétiens. Mais il est à remarquer que sous leur plume la discussion religieuse prend désormais un aspect surtout théologique. Ce qu'ils reprochent aux « Nazaréens », c'est ce qu'ils appellent le polythéisme trinitaire, l'adoration des hypostases ; on croirait assister à quelque querelle entre sectes fraternelles dans la Byzance du quatrième ou du cinquième siècle. En réalité les

« païens », comme les Francs appelaient les Musulmans, et les « polythéistes », comme les Musulmans nommaient les chrétiens, ne se sentirent jamais plus près les uns des autres qu'en ces années 1190-1250.

Contre la reconquête franque, la tentative de jihâd panislamique. Appel de Saladin aux Almohades du Maroc. L'ambassade aiyûbide à Marrakech.

Le 25 novembre 1189 le frère de Saladin, Malik al-'Adil, arriva â Kharrûba avec le renfort d'une armée égyptienne. Le 26 décembre arriva de même dans les eaux d'Acre la flotte égyptienne forte de cinquante galères et commandée par l'amiral *H*ussâm al-Din Lûlû, le vainqueur des corsaires francs de la mer Rouge. Cette escadre parvint à forcer le blocus, à pénétrer dans le port d'Acre et à ravitailler la place. Cependant les flottes italiennes conservèrent la maîtrise de la mer, et le blocus d'Acre continua. À mesure qu'affluaient les Croisés nouveaux venus, le mouvement opposé, le *jihâd* panislamique, se dessinait. En avril 1190, comme Saladin, enfin guéri de son infection et revenu de Kharrûba, était en train de réinstaller son camp à Tell Keîsân, à neuf kilomètres au sud-est d'Acre, on vit arriver auprès de lui un des représentants de la vieille dynastie ortoqide, 'Imâd al-Dîn, prince de Dârâ, entre Mârdîn et Ni*s*ibîn. Le même mois le shérif Fakhr al-Dîn, envoyé par le khalife de Baghdâd, amena un corps d'artificiers avec du naphte fulgurant pour les brûlots et les machines incendiaires de l'armée aiyûbide. En mai-juin 1190 arrivèrent les princes zengîdes, 'Imâd al-Dîn Zengî II, atâbeg de Sinjâr, Mu'izz al-Dîn Sinjâr Shâh, atâbeg d'al-Jazîra, et un des fils de 'Izz al-Dîn Mas'ûd, atâbeg de Mossoul[71]. Le ralliement des représentants de cette famille zengîde que Saladin avait dépossédée et qui, normalement, devait se considérer comme son ennemie naturelle, constituait enfin un succès pour la prédication du *jihâd*. On comprend que Saladin les ait accueillis devant Acre avec les plus grands honneurs, prodiguant en leur faveur cette séduction personnelle qui était un des moyens de sa diplomatie.

Détail suggestif : Saladin envoya même une ambassade au Maroc pour demander l'aide de l'almohade Abû Yûsuf

Ya'qûb Mansûr. Cette ambassade fut reçue à Marrakech le 18 janvier 1191. Elle sollicita (d'ailleurs vainement) du souverain marocain l'envoi d'une escadre pour enlever aux flottes italiennes la maîtrise de la Méditerranée. « Il faut, écrivait Saladin, que l'Occident musulman aide les Musulmans plus encore que l'Occident infidèle n'aide les Infidèles[72]. »

Conrad de Montferrat et le ravitaillement par mer : combat du 4 mars 1190.

L'hiver de l'année 1189-1190 fut très dur pour les assiégeants. La disette sévissait cruellement dans le camp chrétien. Un œuf coûtait trois solidi, une volaille, dix. Conrad de Montferrat se mit en devoir d'aller chercher du ravitaillement à Tyr. Le 4 mars 1190 il reparut dans les eaux d'Acre avec une flotte chargée de vivres.

Ambroise nous a laissé un récit coloré de l'arrivée de l'escadre franque et de la tentative des Musulmans pour l'empêcher d'aborder. « C'était le marquis, le seigneur de Tyr qui, avec cinquante vaisseaux bien armés, bien équipés et bien couverts, marchait contre la flotte des Turcs... Vous auriez vu alors quelque chose de semblable aux fourmis qui sortent de tous côtés d'une fourmilière : tout pareils étaient les Turcs qui sortaient de la ville, plus de 10 000 hommes armés, tout couverts, eux et leurs galères, de tapis et d'étoffes de soie, de bougrans et de velours. Ils allèrent tous contre la flotte que le vent du nord amenait le long du rivage. Ils commencèrent à tirer de leurs arbalètes, et la bataille des flottes s'engagea. Sur les deux flottes la huée ne cessait pas. Chacun cédait à son tour. Souvent elles se rapprochaient, elles se lançaient du feu grégeois ; les vaisseaux étaient allumés, puis éteints et, quand ils se joignaient, ils se frappaient à l'envi. »

Pendant ce temps sur terre la garnison aiyûbide opérait une sortie contre le camp chrétien : « Toute la plaine, jusqu'au pied de la montagne, était couverte, comme un champ d'épis, de Turcs qui les attaquaient sans relâche et se jetaient dans les fossés en si grand nombre qu'ils s'y renversaient. Il y avait là une grande masse de gens hideux et noirs, portant sur leurs têtes des coiffures rouges. En voyant les flots pressés de ces gens avec leurs têtes coiffées de rouge, on aurait dit des cerisiers couverts de fruits mûrs[73]. »

À la fin la flotte du marquis de Montferrat eut l'avantage, repoussa les galères égyptiennes dans le port d'Acre et débarqua son ravitaillement. Cette victoire navale assura le blocus maritime de la ville. Depuis ce jour, les assiégés furent coupés par mer de toute communication avec l'Égypte. Mais du côté de la terre Saladin avait de nouveau transporté son camp de Kharrûba à Tell Keisân d'où à son tour il pressait plus étroitement les assiégeants.

Mai 1190. Progrès et destruction des tours mobiles franques.

L'armée franque venait de construire trois grandes tours mobiles, garnies de peaux de bœufs fraîches, enduites elles-mêmes de terre glaise, pour les rendre incombustibles. Ces tours comportaient cinq étages remplis de combattants. Le 27 avril 1190 elles furent amenées au pied des remparts qu'elles dominèrent. De ces citadelles mouvantes les Francs accablaient les assiégés de projectiles. Les défenseurs de la muraille, épouvantés, prirent la fuite, et, ce jour-là la ville faillit être prise. Les habitants réussirent cependant à faire prévenir à temps Saladin par un nageur intrépide. Le sultan accourut avec sa cavalerie et contre-attaqua le camp ennemi[74]. Cette diversion sauva pour ce jour-là la ville assiégée, mais l'issue ne semblait pas moins inévitable, les tours roulantes ne cessant de la bombarder, lorsque, le 5 mai 1190, l'adresse d'un chaudronnier damasquin, improvisé ingénieur, réussit à les arroser de naphte enflammé et à les incendier, la première avec les chevaliers qui la montaient, les deux autres évacuées à temps par leurs occupants[75].

Nouvel exemple de la démagogie de croisade.
La folle offensive des « sergents » (juillet 1190).

Le siège traînait en longueur quand l'arrivée de Frédéric Barberousse en Cilicie obligea Saladin à distraire du siège d'Acre son neveu Taqî al-Dîn avec les contingents de la Syrie du Nord, pays qui se trouvait menacé par l'invasion allemande (juin 1190). Ce départ affaiblit notamment l'aile droite musulmane, le secteur au nord d'Acre, où commandait Malik al-'Adil. Les Francs, nous dit Behâ al-Dîn, en profitèrent pour attaquer à l'improviste de ce côté (25 juillet 1190)[76]. Ils mirent en fuite des éléments de cavalerie égyptienne et, poussant droit vers le nord, en direction de Casal Imbert (près d'al-Zîb, au sud du cap Naqûra)[77], pénétrèrent jusqu'au camp de Malik al-'Adil ; mais ils s'attardèrent à le piller, ce qui permit au sultan de tomber sur eux le même jour et d'en massacrer plus de la moitié[78].

Ernoul et l'*Estoire de Éracles* nous donnent l'explication de cette expédition malheureuse, qui résulta d'une véritable mutinerie de la « sergenterie », c'est-à-dire de l'infanterie qui formait la plèbe de la Croisade[79]. Exaspérés par la disette, les sergents reprochaient aux chevaliers leur inertie. Pourquoi ne profitait-on pas de l'affaiblissement numérique de l'armée musulmane pour l'attaquer, briser le cercle de son blocus et aller rafler des vivres ? Les chevaliers, instruits par l'expérience du 4 octobre précédent, montraient l'imprudence de telles expéditions tant qu'on aurait la garnison d'Acre à dos. Les sergents, n'ayant pu obtenir du roi Guy la sortie générale qu'ils réclamaient, la tentèrent à eux seuls, au nombre de 10 000, sans l'aide de la chevalerie, sans chef de guerre. D'après Ernoul l'ennemi les aurait à dessein laissés s'avancer jusqu'à son camp, puis, comme ils étaient tout occupés à piller, il les aurait massacrés sans difficulté[80]. Le texte de Behâ al-Dîn confirme cette affirmation. Sans doute, les sergents surprirent bien le corps d'armée de Malik al'Adil, mais celui-ci les laissa librement pénétrer dans son camp et s'y oublier dans le pillage. Après quoi lui-même et Saladin alerté tombèrent sur eux et en une heure en massacrèrent plus de 5 000[81].

Le récit d'*Éracles* donne bien la physionomie de cette révolte de la plèbe de Croisade contre les barons, révolte qui aboutit à une affreuse défaite : « Li sergent de l'ost, por la mesaise que il avoient de viandes, comencèrent à murmurer encontre les barons et les hauz homes qui estoient au siège et reprocher et dire moult de laidenges por ce que il ne se voloient aler conbatre as Sarrasinz. Li gentil home veoient bien que il ne pooient assambler à bataille à Saladin tant come la cité d'Acre estoit aus Sarrasinz. Il estoient si atornez en l'ost que chevalier n'osoit aler en lices, qui ne fust hués et maumenés (= malmenés) de paroles. Li sergent avoient pris si grant orgueil encontre les chevaliers que il cuidoient plus valoir des (= que les) chevaliers et que il se cuidoient bien combatre à Salahadin sanz l'aide des chevaliers. Li sergent requistrent au roi Gui et as baronz, et par plusor fois, de issir fors (= faire une sortie). Quant il virent que il ne les poéent retenir, si distrent que il alassent à lor aventure ; se bien lor avenoit, il auroient joie, et se mau lor avenoit, il ne trouveroient home qui les alast secorre[82]. Li sergent issirent hors. Si come Salahadin vit que il estoient issu, il lor vuida la herberge (il évacua son camp). Li sergent virent que la herberge estoit vuidée ; il corurent ilec qui meaus meaus (à qui mieux mieux). Salahadin les laissa assegurer et manger à lor loisir. Il sot bien que nul chevalier n'estoit avec eauz. Il corut sur eauz en la herberge, et en tua plus de VII mile. » « Tout le terrain, depuis le camp d'al'Adil jusqu'à celui de l'ennemi était couvert de cadavres, note Behâ al-Dîn. Je traversai des flots de sang, monté sur ma mule et essayai de compter le nombre des morts, mais ne pus y réussir[83]. » L'historien musulman note que de malheureuses femmes franques avaient pris part à cette expédition : il vit deux d'entre elles parmi les cadavres.

Arrivée du comte Henri II de Champagne devant Acre (27 juillet 1190).

Ces pertes furent compensées par le débarquement de nouveaux Croisés. Le 27 juillet 1190 arrivait le comte Henri II de Champagne, neveu des rois de France et d'Angleterre, et qui annonçait l'apparition prochaine de ceux-ci[84]. L'accompagnaient : le comte Thibaud de Blois, Étienne de Sancerre, Jean de Pontigny, Raoul de Clermont, Bernard de Saint-Valéry, Érard de Chacenay, Robert de Boves, Alain de Fontenay, Gautier d'Arzillières, Guy de Châteaudun, Jean d'Arcis, etc.

Nous verrons l'importance du rôle qu'allait jouer Henri de Champagne dans l'histoire de la Croisade dont il devait devenir le principal bénéficiaire, puisque le nouvel arrivant n'était autre que le futur souverain de la Syrie franque[85].

Les souffrances du siège d'Acre.
Épidémies et famine dans les deux camps.

Mais la situation sanitaire et économique de l'armée devenait de plus en plus déplorable. Sur cet étroit champ clos, les cadavres, ceux surtout de la « bataille des sergents » empuantissaient l'air et propageaient les épidémies. Al-'Imâd, qui le soir du 25 juillet 1190 visita le champ de bataille, nous en a laissé une vision saisissante. « Les morts gisaient au milieu des prairies, cadavres tuméfiés ou décharnés d'où s'exhalait sous l'action du soleil une odeur infecte et autour desquels vautours et chacals tournoyaient, hôtes de ce festin[86]. » Le continuateur de Guillaume de Tyr nous dit de même que le fleuve Nahr Na'mein ou Bélus « corut bien VIII jors du sanc et de charoigne et graisse, ensi que les gens de l'ost ne pooient boivre l'aigue. Grant enfermeté ot en cele année en la herberge des Crestiens et des Sarrasins por achaison de celes charoignes, et y ot tant de mosches que l'on ne pooit durer en l'une herberge ne en l'autre. »

Devant la pestilence du champ de bataille, les chaleurs étant arrivées, Saladin recula de nouveau son camp de Tell Keîsân jusqu'à Kharrûba (1er août 1190)[87].

Quant aux Francs, obligés de rester malgré l'infection pour continuer le siège, la disette achevait de les démoraliser. Dans leur camp les denrées atteignaient des prix fabuleux : vingt besants sarrasins un muid de blé, nous dit l'*Estoire de Éracles*, plus de cent dinars, renchérit le *Livre des Deux Jardins*. Le moral de l'armée faiblissait ; nous avons parlé de la révolte du menu peuple contre les chevaliers, aboutissant à la malheureuse tentative de trouée des sergents. Maintenant, des groupes de soldats, plutôt que de mourir de faim, passaient à l'ennemi et embrassaient l'islamisme.

Il convient de spécifier que la spéculation ajoutait à la disette. Les marchands qui ravitaillaient le camp (en particulier des commerçants italiens, pisans entre autres) pratiquaient en grand la resserre. Un chiffre donné par Ambroise nous édifiera : peu avant l'arrivée des rois de France et d'Angleterre le froment était, du fait de la spéculation, monté à cent besants ; arrive au port d'Acre un bateau chargé de grains ; aussitôt les marchands ouvrent leurs réserves : le froment tombe de cent besants à quatre[88].

Les défenseurs d'Acre étaient en proie à des tourments plus irrémédiables. Le blocus étroit que les flottes italiennes avaient établi autour d'Acre ne permettait aux navires musulmans de ravitailler la ville qu'au compte-gouttes et au prix de difficiles stratagèmes. En août 1190 Saladin réussit à faire passer de Beyrouth à Acre quatre cents sacs de blé grâce à un bateau arabe dont les marins s'étaient déguisés en soldats francs[89]. Secours insuffisant : quelques semaines après, le gouverneur d'Acre, Qarâqûsh faisait prévenir Saladin qu'il n'avait plus de vivres que jusqu'à la mi-septembre. Un changement de vent permit enfin à trois gros navires égyptiens chargés de vivres de déjouer la surveillance de l'escadre franque et de pénétrer dans le port d'Acre à la tombée de la nuit et à la faveur de la tempête, le 17 septembre[90].

Inutiles efforts de Frédéric de Souabe contre Saint-Jean-d'Acre (septembre-octobre 1190).

Les souffrances que la famine infligeait aux assiégeants et l'arrivée des renforts allemands du duc de Souabe poussèrent les Francs à tenter de nouveaux efforts contre les défenseurs d'Acre et contre Saladin.

Le 24 septembre 1190, les Chrétiens dirigèrent une grande attaque contre la Tour des Mouches (*Turris muscarum*, burj al-*d*ibbân), située à l'extrémité du môle et qui fermait au sud le port intérieur d'Acre. Les Pisans et les autres marins croisés lancèrent contre la tour en manière de brûlot une double galère portant un château de bois chargé de naphte enflammé. Mais, le vent ayant tourné, le brûlot se consuma sans danger pour la Tour des Mouches[91].

Dans la seconde semaine d'octobre le duc Frédéric de Souabe, avec les débris de la Croisade allemande, conduisit une attaque contre la colline d'al-'Ayâ*d*iya, clé des positions aiyûbides ; mais il échoua devant la résistance de la garde sultanienne et des contingents de Mossoul, préposés à la défense d'al-'Ayâ*d*iya, tandis que Saladin accourait avec des renforts reprendre position à Tell Keisân[92].

Le duc de Souabe se retourna alors contre la ville d'Acre. Il fit construire une tour roulante bardée de fer et armée d'un puissant bélier de choc[93]. L'archevêque Thierry de Besançon et Henri de Champagne fabriquèrent chacun un bélier ferré, mais le feu grégeois des assiégés eut, malgré tout, raison de ces engins (*circa* 15 octobre 1190)[94].

Tentative pour reprendre la guerre de mouvement :
Marche de l'armée franque d'Acre à Tell Kerdana.

La guerre de tranchées, avec la démoralisation, la disette et les épidémies qui en étaient la conséquence, épuisait l'armée chrétienne. Les barons cherchèrent à reprendre la guerre de mouvement par une marche d'ensemble en direction de Caïffa où ils espéraient s'approprier les approvisionnements de l'armée ennemie. Le matin du 12 novembre « la plus belle armée chrétienne que jamais on ait vue sur terre s'avança si étroitement serrée et dans un ordre tel qu'on aurait dit des gens enchaînés les uns aux autres. Leur infanterie formait autour de leur chevalerie un mur épais d'où partait une grêle de traits et de flèches »[95]. Au centre un *caroccio*, à la manière lombarde, portait le drapeau de la Croisade, blanc avec une croix rouge[96]. L'armée marcha d'abord sur la colline du Tell al-'Ayâdiya. Sur l'ordre de Saladin les avant-gardes musulmanes qui occupaient la position l'évacuèrent, non sans avoir criblé les Francs de flèches enflammées, de sorte que ceux-ci purent passer la nuit auprès du puits que Saladin avait fait creuser au pied du Tell. Pendant ce temps Saladin faisait transporter le bagage de l'armée en arrière, vers Tell Qaîmûn, au sud-est de Caïffa. Lui-même s'était posté en observation à Tell-Kharrûba d'où, comme le montre la carte, il dominait l'ensemble de la région.

La colonne franque remonta alors le cours du Nahr al-Na'mein (le Belus), en longeant la rive orientale du petit fleuve ; elle s'avança ainsi du nord au sud, des environs de Tell-'Ayâdiya à Da'wuq – le Casal de Doc – et de Da'wuq à Tell Kerdana – la Recordane – et à la source du Nahr al-Na'mein, qui n'est autre que le petit marais dit Basset al-Kerdana ou Palus Cendiva, à l'est de Kerdana[97]. Près des sources du Nahr al-Na'mein toutes les forces musulmanes assaillirent l'armée[98] ; il y eut, au témoignage d'Ambroise comme d'al-'Imâd, de grosses pertes des deux côtés. Toutefois les assauts des archers montés de Saladin restèrent sans résultats : « les Francs, leur infanterie formant comme un mur autour d'eux, demeuraient rivés au sol, impassibles. »

Cependant la colonne franque ne pouvait, dans de telles conditions, continuer à progresser. Renonçant à atteindre Caïffa, elle prit le chemin du retour, mais en mettant le cours du Nahr al-Na'mein entre elle et les Musulmans. Elle redescendit le petit fleuve en longeant sa rive occidentale – entre le fleuve et la mer – tandis que les Musulmans le redescendaient parallèlement sur la rive orientale. À hauteur du pont de Da'wuq – le pont de Doc – il y eut un nouveau combat. Les Musulmans cherchèrent à détruire le pont que les Francs devaient traverser pour repasser sur la rive orientale afin de rentrer à Acre. Geoffroi de Lusignan dégagea le passage avec cinq chevaliers qui jetèrent trente ennemis dans la rivière, et l'armée put regagner Acre sans autre aventure (14-15 novembre 1190)[99].

Relève de la garnison d'Acre (février 1191).

L'hiver arrivait, qui allait ralentir les opérations. Saladin avait ramené son quartier général à l'arrière, à Kharrûba. À la demande de ses émirs, il dut les congédier pour la plupart, ne gardant avec lui dans la région d'Acre que ses troupes personnelles, de sorte que son étreinte autour du camp chrétien forcément se desserra. De leur côté les Francs, n'osant risquer en haute mer la sécurité de leur flotte, l'envoyèrent en grande partie hiverner en rade de Tyr. Ce relâchement du blocus maritime permit à Saladin de renouveler la garnison d'Acre. L'escadre égyptienne, postée à Caïffa, put pénétrer dans le port d'Acre, embarquer la garnison épuisée et débarquer des troupes fraîches (13 février 1191)[100].

Toutefois cette relève s'effectua dans des conditions particulièrement défectueuses, soit que la réapparition de l'escadre franque ait interrompu l'opération, soit que, comme le veut Ibn al-A*th*îr, les scribes préposés aux finances aiyûbides – des Syriens ou des Coptes – aient à dessein saboté l'envoi des renforts en retardant le recensement des troupes[101]. Ce fut ainsi que, soixante émirs ayant été retirés de la garnison d'Acre, vingt seulement vinrent les remplacer. Al-'Imâd voit dans cette relève incomplète la cause de la chute de la place[102].

La question dynastique. Mariage d'Isabelle de Jérusalem avec Conrad de Montferrat. Conrad, prétendant au trône contre Guy de Lusignan.

Tandis que le siège, en attendant l'arrivée des rois de France et d'Angleterre, traînait en longueur et que les chrétiens s'enlisaient dans la guerre de positions, la question dynastique chez eux se posait dans toute son acuité. En octobre 1190 la reine Sibylle de Jérusalem, femme de Guy de Lusignan et de qui ce dernier tenait ses droits à la couronne, mourut devant Saint-Jean-d'Acre, sans laisser d'enfants. – D'après l'esprit des institutions hiérosolymitaines, elle seule était reine de plein droit héréditaire, Guy ne partageant la royauté qu'à titre de prince consort ; ce n'était pas à lui que revenait la succession, c'était à la sœur de la défunte, à la princesse Isabelle, seconde fille du roi Amaury I[er103]. Le point de droit est du reste formellement établi par Ernoul, bon connaisseur en la matière, comme écuyer de Balian d'Ibelin[104], – de cette maison d'Ibelin qui était au treizième siècle comme la dépositaire des « Coutumes » franques : « Il avint que la roine Sibylle, li feme le (du) roi Gui, fu morte, et que la tiere eskei (= la terre échut) à Ysabiel, sa sereur[105]. »

Isabelle, on s'en souvient, était mariée à Onfroi IV de Toron, jeune baron créole, très joli garçon – les chroniqueurs musulmans rendent les armes devant sa beauté[106], – fort cultivé – il savait si bien l'arabe que le roi Richard l'emploiera comme interprète avec Saladin, – mais doux, timide, sans ambition, malgré le nom illustre dont il était l'héritier, et de caractère plus que faible : on se rappelle qu'en 1186 les adversaires de Guy de Lusignan avaient voulu le proclamer roi malgré lui et que, pour éviter ce dangereux honneur, il s'était assez ridiculement enfui d'entre leurs mains en allant, avec des excuses d'enfant, demander son pardon à Sibylle et à Guy. Le parti des barons qui avait à ce moment misé sur lui et dont il avait, par manque de caractère, trompé les espérances, ne lui avait pas pardonné cette attitude lamentable.

Du reste, à l'heure où il s'agissait de reconquérir le royaume sur Saladin, Onfroi n'avait aucune des qualités d'un chef ; l'aspect efféminé, le geste indécis, la parole hésitante, on ne le voyait pas éliminant Guy de Lusignan, s'imposant à Conrad, traitant d'égal à égal avec les rois de France et d'Angleterre. « Il estoit si couart, écrit Ernoul, qu'il ne poroit la tiere tenir[107] ». Mais en même temps le parti des barons syriens, à la tête duquel Vinisauf signale Balian II d'Ibelin, ne voulait pas non plus de Guy de Lusignan à qui la noblesse coloniale ne s'était ralliée en 1186 que de mauvaise grâce, que depuis la fatale journée de *Hattîn* elle considérait comme déchu et dont, en tout cas, les droits étaient remis en question du fait de la mort de sa femme Sibylle. Le royaume avait besoin d'un homme fort, capable de fonder une nouvelle dynastie et de prendre la direction de la reconquête. Or cet homme existait, c'était le marquis Conrad de Montferrat, qui, en sauvant Tyr, avait commencé, en plein désastre, cette œuvre de reconquête. Le parti des barons résolut donc de faire divorcer Isabelle d'avec Onfroi de Toron et de lui faire épouser le marquis de Montferrat.

Restait un obstacle : Isabelle se montrait parfaitement indifférente à ces considérations politiques. Elle avait à peine vingt ans et aimait le joli garçon qu'on lui avait donné comme époux. Aux premières propositions qu'on lui fit, elle refusa tout net de se séparer de lui. Mais le parti Montferrat disposait de deux puissants appuis : la reine mère, Marie Comnène, et le légat Ubaldo, archevêque de Pise.

Marie Comnène, veuve du roi Amaury Ier, avait, on l'a vu, épousé en secondes noces Balian II d'Ibelin. De ce fait elle se trouvait tout acquise au parti des barons syriens. De plus elle avait toujours détesté, dans Onfroi, la mère d'Onfroi, Étiennette de Milly, dame du Krak de Transjordanie : à peine marié, Onfroi, à l'instigation d'Étiennette, n'avait-il pas interdit à sa jeune femme de revoir la reine mère ?[108]. On comprend que Marie Comnène, animée par ses propres griefs domestiques, se soit jetée avec ardeur dans le parti de Conrad de Montferrat[109]. Usant de son autorité maternelle, elle entreprit de persuader la récalcitrante : celle-ci se devait au royaume, à la dynastie dont elle était désormais l'unique héritière. Puisque Onfroi de Toron se montrait incapable de régner – sa carence de 1186 l'attestait publiquement, – la raison d'État commandait à Isabelle de se sacrifier[110]. La reine mère harcela sa fille jusqu'au moment où de guerre lasse celle-ci consentit « par force » (c'est Isabelle elle-même qui l'affirma publiquement)[111] à se séparer d'Onfroi de Toron pour épouser Conrad.

Restait, il est vrai, à faire rompre le mariage par l'autorité ecclésiastique. Mais justement les plus hauts prélats se trouvaient personnellement acquis à la cause de Conrad. Tel était le cas de l'évêque de Beauvais, Philippe de Dreux, qui représentait l'Église de France (il était le cousin germain de Philippe Auguste)[112]. Ce fut aussi le cas de l'archevêque de Pise, Ubaldo, dont la voix était prépondérante, puisqu'il était légat officiel : les Pisans avaient lié partie avec le marquis de Montferrat qui leur promettait des privilèges commerciaux très étendus dans la Palestine reconquise[113].

Il fallait un prétexte d'annulation. La reine mère le trouva : Isabelle avait été mariée trop jeune – la décision avait été prise quand elle avait huit ans ! – sur un ordre tyrannique de son oncle Baudouin III, contre sa propre volonté, contre la volonté de sa mère. Conclu dans de telles conditions, le mariage n'était pas valable. L'argument fut porté devant le légat, ainsi que devant le conseil des prélats et des barons. Le lamentable Onfroi voulut protester. Mais alors intervint l'argument de force. Un des barons du parti Montferrat, Guy de Senlis, bouteiller de France, lui tendit son gage pour le provoquer en combat singulier. Le courage n'avait jamais été le fait du dernier des Toron. « Le cœur lui faillit. » Il évita de relever le défi et se laissa arracher sa femme[114]. Celle-ci fut remariée séance tenante (24 novembre 1190) à Conrad de Montferrat à qui elle apporta ses droits à la couronne – et qui s'empressa d'ailleurs de lui donner, à défaut d'un héritier, une héritière, Marie, la future épouse de Jean de Brienne.

D'après les institutions monarchiques de la Terre Sainte, Conrad de Montferrat, du fait de son mariage avec Isabelle et de la mort de Sibylle, pouvait désormais se substituer à Guy de Lusignan comme prince consort, associé à la royauté de l'héritière de la dynastie angevine. Mais les défenseurs du parti Lusignan – les Templiers notamment – faisaient observer que Guy ayant été solennellement sacré à Jérusalem, ses droits restaient imprescriptibles. De plus, si l'évêque de Beauvais, comme tous les éléments français, tenait pour Montferrat, l'archevêque de Canterbury, également présent à

Acre, s'était, comme tous les éléments anglo-normands, prononcé pour Guy. L'archevêque tenta même, mais en vain, de s'opposer au divorce d'Onfroi de Toron et d'Isabelle[115].

Pour trancher le débat on attendait l'arrivée des rois de France et d'Angleterre qui hivernaient en Sicile et dont on annonçait la venue pour le printemps de 1191.

§ 4. — PHILIPPE AUGUSTE ET LA REPRISE D'ACRE.

Croisade de Philippe Auguste et de Richard. L'escale en Sicile.

Au moment de la prédication de la Troisième Croisade et du départ de Frédéric Barberousse pour l'Orient, le roi de France Philippe Auguste et le roi d'Angleterre Henri II Plantagenet se trouvaient en guerre. La paix faite, les deux princes décidèrent de se croiser. Henri II étant mort sur ces entrefaites, son fils, Richard Cœur de Lion, le nouveau roi, renouvela son vœu avec Philippe Auguste, mais ce fut seulement le 4 juillet 1190 qu'ils partirent enfin de Vezelay pour la Terre Sainte[116]. Philippe s'embarqua à Gênes et Richard à Marseille. Ils se rejoignirent de nouveau à Messine en Sicile : ils devaient s'attarder tous deux pendant six mois dans l'île, dans une inertie assez inexplicable, tandis que l'armée chrétienne qui assiégeait Saint-Jean-d'Acre les attendait fiévreusement. « Craignaient-ils, aux approches de l'hiver, la traversée de la Méditerranée ? Voulurent-ils attendre à Messine que les opérations de ravitaillement et de concentration des troupes chrétiennes fussent terminées ? » Le délai s'explique à la rigueur pour Philippe Auguste, ce Croisé malgré lui que la guerre sainte intéressait infiniment moins que la France à construire par la destruction du dangereux empire Plantagenet. On peut supposer que s'il prolongeait son séjour en Sicile, c'était avant tout pour épier son compagnon et rival Richard[117]. Mais de la part de ce dernier, tout bouillant d'ardeur pour la Croisade, la prolongation indéfinie de l'escale sicilienne ne s'explique que par une étrange insouciance, voire une singulière absence de sens politique, indices fâcheux d'une tournure d'esprit dont les événements de Palestine allaient montrer toute la gravité[118].

Quoi qu'il en soit, remarquons que la rivalité entre le Plantagenet, duc de Normandie, comte d'Anjou, duc de Guyenne et roi d'Angleterre, d'une part, et le Capétien de l'autre, rivalité qui allait empêcher la Troisième Croisade de récolter autre chose qu'un demi-succès, n'était au fond qu'une simple guerre féodale entre gens de France. C'est ce que, dans un morceau de grande allure, rappelle avec mélancolie le poète normand Ambroise, Plantagenet de cœur, pur Français par sa belle langue : « Quand le vaillant roi Charlemagne qui conquit tant de royaumes alla en Espagne, où il mena les braves compagnons qui furent vendus au roi Marsile par le traître Ganelon, quand il fut en Saxe où il fit tant de prouesses ; quand la Syrie fut conquise et Antioche assiégée, dans les grandes guerres et batailles livrées aux Turcs et mécréants dont on tua et vainquit tant, alors... on ne se demandait pas qui était Normand ou Français, Poitevin ou Breton, Bourguignon ou Manceau, Anglais ou Flamand, tous remportaient de l'honneur et tous, de quelque couleur qu'ils fussent, étaient appelés Francs[119]. »

Regret de l'unité carolingienne qui avait été en effet la seule réalisation politique de cette chrétienté rêvée par tous les bons esprits et que le traité de Verdun avait à jamais brisée ; regret de la division du royaume des Francs entre le Capétien, héritier traditionnel du Carolingien, le Germain, héritier de hasard de l'accidentelle Lotharingie issue du fatal traité de Verdun, le Plantagenet enfin par lequel tout l'Ouest et le Nord Ouest français avaient été liés à la couronne d'Angleterre. Regret qu'un Occident unitaire n'ait pas subsisté, tel que l'avait rêvé à la Noël de l'an 800 le plus grand homme de l'histoire européenne ; regret qu'à défaut de cet Occident uni, la France occidentale n'ait pas au moins trouvé son unité politique, comme elle avait retrouvé son unité linguistique, de la Wallonie à l'Océan... Mais une fois donné le triple morcellement résultant du traité de Verdun et des mariages Plantagenets, comment le Capétien aurait-il pu sacrifier aux entreprises coloniales le regroupement de la terre welche ? Encore est-il qu'il trouva le moyen, en dépit de cette besogne primordiale, malgré le Saint Empire à Cambrai, à Verdun, à Lyon et à Marseille, malgré le Plantagenet à Rouen, à Angers et à Bordeaux, de reconquérir Saint-Jean-d'Acre et de restaurer la Terre Sainte.

Philippe Auguste partit de Messine le premier, le 30 mars 1191, et débarqua le 20 avril devant Saint-Jean-d'Acre avec plusieurs de ses grands vassaux, dont Hugue III, duc de Bourgogne, et Philippe d'Alsace, comte de Flandre[120]. Son arrivée paraît avoir fortement impressionné amis et ennemis. « Le roi de France, écrit al-'Imâd[121], était le plus grand parmi les rois chrétiens, et, partout où il se trouvait, il exerçait une autorité absolue[122]. » – « Tantost come il arriva, écrit le continuateur de Guillaume de Tyr, il fu reçeu hautement et honoreement, ensi come il afiert à si haut home come est le roi de France. Les gens de l'ost furent moult resbaudi et joiant de sa venue. Il amena en sa compaignie grant estoire de naves (= nefs) chargées de vitaille et de maintes autres bones choses ; et assez i ot en sa compaignie barons et chevaliers, si come il aferoit à la corone de France[123]. »

Quant à Richard Cœur de Lion, parti de Messine le 10 avril, il ne débarqua en Syrie que le 7 juin : dans l'intervalle, il avait conquis l'île de Chypre.

Conquête de l'île de Chypre par Richard.

La tempête avait contrarié la navigation du roi d'Angleterre. Trois de ses navires, qui portaient sa sœur Jeanne de Sicile, sa fiancée Bérangère de Navarre et leur escorte, s'étaient échoués sur les côtes de Chypre. Cette île, jusque là partie intégrante de l'empire byzantin, formait depuis 1184 un État grec indépendant sous le sceptre d'un prince Comnène, Isaac, qui avait rejeté l'autorité de Constantinople. La politique de ce dynaste était d'ailleurs violemment hostile aux Latins et tout orientée vers Saladin qu'il renseignait sur les mouvements des flottes d'Occident. Durant le siège d'Acre en particulier il entrava de tout son pouvoir le ravitaillement des troupes franques. Son attitude hostile à l'égard des vaisseaux anglais que la tempête avait jetés sur son territoire provoqua le débarquement de Richard à Limassol (6 mai 1191[124]). Après avoir essayé de négocier un accord pour le ravitaillement d'Acre, Richard, devant la perfidie du prince grec, l'attaqua et le vainquit à Kolossi (« le Colos » des chroniqueurs) à l'ouest de Limassol.

Sur ces entrefaites Richard vit débarquer à Limassol l'ex-roi de Jérusalem Guy de Lusignan, accompagné de son frère aîné Geoffroy de Lusignan et d'Onfroi de Toron. C'était le syndicat de toutes les victimes de Conrad de Montferrat qui venait se mettre sous la protection du monarque Plantagenet. Les Lusignan en particulier, qui étaient en France, pour leurs fiefs poitevins, les vassaux du roi d'Angleterre, allaient trouver en lui un défenseur naturel[125]. De fait Richard épousa séance tenante la cause de Guy. Celui-ci de son côté se mit aussitôt sous les ordres du monarque Plantagenet qui lui confia la moitié de ses troupes pour opérer de concert la conquête de Chypre. Après être allé, de Limassol, occuper Larnaca sur la côte sud-orientale, Richard vint par mer et Guy par la voie de terre soumettre le grand port de Famagouste. Les vainqueurs marchèrent ensuite sur Nicosie, la capitale de l'île.

Isaac Comnène avait organisé sa défense à hauteur de Trémithoussia, la Trémetossie des chroniqueurs, à mi-chemin entre Larnaca et Nicosie. Ce fut là que se livra la bataille décisive (21 mai 1191). Isaac fut vaincu et fait prisonnier par Richard. La conquête du pays fut achevée sans difficulté par Richard et Guy de Lusignan qui s'emparèrent des quatre places du nord-est, encore au pouvoir des Grecs : Cérines, Saint-Hilarion (que les Français appelèrent Dieu d'Amour), Buffavent et Kantara[126].

La conquête de Chypre par Richard Cœur de Lion allait changer les destinées de l'histoire orientale : l'Orient latin que Saladin avait jeté à la mer y renaissait au milieu des flots. Acquisition particulièrement précieuse à l'heure où se livrait devant Acre le combat décisif pour la reconquête du littoral syrien. L'armée qui assiégeait Acre allait trouver dans les ressources de l'île un centre de ravitaillement assuré[127], de même que les havres chypriotes allaient fournir aux Croisades ultérieures et aux escadres italiennes qui les transportaient une escale sûre et une base d'opérations à l'abri des armes aiyûbides.

Arrivée de Philippe Auguste et de Richard au siège d'Acre.

Pendant ce temps Philippe Auguste avait donné au siège d'Acre une impulsion nouvelle, sans cependant marquer encore aucun progrès. Il avait établi son camp face à la Tour

Maudite (Turris Maledicta), la principale tour de défense d'Acre, située au centre et à l'angle saillant de la muraille extérieure, à l'extrémité de la ligne qui séparait de la cité proprement dite le faubourg septentrional de Montmusart. En attendant l'arrivée de Richard, il avait commencé l'attaque de la sinistre tour. Mais l'affaire ne progressa guère, ses machines, comme le « char » à quatre roues qu'avaient construit ses auxiliaires pisans, ayant été bientôt incendiées par le feu grégeois de la garnison[128]. Cependant les assiégeants, encouragés par la présence du roi de France, redoublaient d'efforts contre la place, sans se laisser distraire par les tentatives de diversion de Saladin qui eût voulu les attirer au combat en rase campagne. Leurs machines bombardaient nuit et jour Acre avec des blocs énormes et ils commençaient à combler le fossé en le remplissant de toute espèce de matériaux, y compris des cadavres d'animaux, « pourceaux et mulets crevés, jusqu'aux cadavres des soldats morts »[129]. Les mourants eux-mêmes demandaient, pour faire œuvre pie, que leurs corps fussent employés à combler le fossé[130].

Richard Cœur de Lion, après avoir sommairement organisé sa conquête chypriote, arriva sur ces entrefaites en vue de la côte syrienne (7 juin). Comme il approchait de Sidon, il tomba sur une grosse galère musulmane, remplie de soldats, de munitions, de feu grégeois et de vivres, qui, de Beyrouth, cherchait à gagner le port d'Acre. Il l'attaqua à l'abordage. « Les gens qui montaient le navire se voyaient accablés par le nombre des galères ennemies ; leur capitaine Ya'qûb d'Alep, reconnaissant qu'il allait être vaincu, ouvrit les flancs de son navire ; tout ce qui s'y trouvait, hommes, machines de guerre, vivres, etc., fut englouti dans la mer et absolument rien n'en tomba au pouvoir de l'ennemi[131]. » « Si ce vaisseau était entré dans le port, jamais Acre n'eût été prise », écrit le poète normand Ambroise[132]. Richard, qui arriva le lendemain 8 juin devant Acre, fut accueilli au camp chrétien avec de grands transports d'allégresse, non seulement pour avoir aussi opportunément coupé les secours envoyés aux Acconitains, mais aussi en raison de la conquête de Chypre : « Ce qui réjouissait tout l'ost, écrit encore Ambroise, c'est que le roi avait pris Chypre d'où ils attendaient un ravitaillement abondant[133]. » Le soir du débarquement de Richard, toute l'armée franque illumina. « La nuit était claire et la joie grande, chante Ambroise. On sonnait les timbres, les trompettes et les cors. On chantait de belles chansons et de beaux airs. Par les rues les échansons portaient du vin dans de belles coupes aux grands et aux petits. Tous étaient pleins d'espérance. Je ne crois pas que vous ayez vu nulle part tant de cierges et tant de lumière, si bien qu'il semblait à l'armée ennemie que toute la vallée était embrasée de feux. »

Les oppositions de caractère, de tempérament et d'intérêt entre Richard et Philippe Auguste faillirent dès le début entraver la conquête de Saint-Jean-d'Acre. Philippe Auguste offrait trois besants d'or par mois aux chevaliers qui prendraient du service dans son armée : Richard leur en offrit quatre. Fait plus grave, Philippe Auguste et Richard avaient pris tout de suite parti entre les deux rivaux qui se disputaient la couronne de Syrie, Philippe pour Conrad, Richard pour Guy de Lusignan. Richard avait fait nommer grand maître du Temple à la place de Gérard de Ridefort un de ses vassaux du Maine, Robert de Sablé, qui, comme tous les Angevins, prit également parti pour Guy. Se sentant soutenu par son suzerain, le frère aîné de Guy, Geoffroy de Lusignan, lequel était d'ailleurs un autre homme que l'ex-roi, adressa un défi solennel à Conrad. Il accusa le marquis « de foimentie, de trahison et de parjure » envers son souverain légitime, et déposa son gage d'appel contre lui, ce qui équivalait à exiger le combat singulier[134]. – « Le marquis, indigné, car son courage ne peut être soupçonné, refusa de répondre à cette citation outrageuse et se retira à Tyr avec les siens (24 juin 1191)[135]. » Il en fut rappelé par Philippe Auguste qui s'affirma publiquement son protecteur et qui lui fit désormais prendre place à sa cour et dans ses conseils.

Assauts des Franco-Anglais contre Saint-Jean-d'Acre (17 juin, 2 et 3 juillet 1191).

Cependant la place d'Acre, défendue par une phalange de vaillants mamelûks, dont l'énergique Qarâqûsh, résistait toujours, et Saladin qui était longtemps resté à Shafâ 'Amr, d'où il dirigeait de loin la lutte, était revenu, dès les premiers jours de juin, s'installer en face du camp chrétien, dans la banlieue de la ville, d'abord à Kharrûba (4 juin), puis à 'Ayadiya (5 juin)[136]. Presque dans le même moment où Richard coulait le dernier vaisseau musulman de ravitaillement, la garnison d'Acre réussit encore à incendier au feu grégeois une puissante tour roulante poussée contre les remparts. Un premier assaut chrétien, le 14 juin, échoua devant une contre-attaque de Saladin contre le camp des Croisés. Puis Richard tomba malade d'une fièvre accompagnée d'enflure des muqueuses et de la pelade, résultat du voisinage de ces charniers, Philippe Auguste donna donc seul le deuxième assaut (17 juin) ; mais, au signal de détresse de la garnison, l'armée de Saladin fit de nouveau une contre-attaque sur le camp chrétien, y pénétra et ne fut repoussée que grâce à l'héroïsme de Geoffroi de Lusignan qui l'empêcha de combler le fossé du camp. Encore avait-elle eu le temps de brûler plusieurs des machines de guerre du roi de France. Celui-ci en éprouva un tel chagrin qu'il en tomba malade à son tour. Le 22 juin les Croisés, renversant leur tactique, dirigèrent un assaut contre le camp de Saladin, dans le secteur au nord d'Acre : ils échouèrent. Le 23, ils recommencèrent, mais dans le secteur sud, du côté du Nahr al-Na'mein. Nouvel échec. C'est à la suite de ces deux combats que les auteurs arabes mentionnent l'épidémie qui immobilisa Richard le premier, et obligea Philippe Auguste à s'aliter à son tour. Il semble surtout que la mésentente mal dissimulée des deux rois ait été pour beaucoup dans l'échec de ces premières tentatives[137].

Cette leçon semble avoir porté, puisque, malgré leurs dissentiments, les deux rois se partagèrent désormais la besogne. Tandis que l'un dirigerait le siège d'Acre, l'autre tiendrait tête à l'armée de Saladin. Guéri le premier, Philippe Auguste entreprit la démolition de la Tour Maudite qui commandait à l'est la ligne de résistance des assiégés, couvrant aussi bien le faubourg septentrional de Montmusart que la cité proprement dite. Il avait dressé contre la Tour Maudite une puissante pierrière, dénommée « Male Voisine » qui bombardait la ville avec d'énormes blocs, mais à laquelle les défenseurs répondaient par le jeu d'une autre pierrière non moins redoutable, que la bonne humeur française dénomma « Male Cousine ». À côté de Male Voisine, Philippe Auguste avait fait construire d'autres engins de siège, notamment un

« chat » et une « cercloie », d'où il faisait lui-même le coup d'arbalète contre les Acconitains[138].

Les machines de bombardement et les mineurs de Philippe Auguste, les machines des Templiers, des Hospitaliers, des Pisans et du duc de Bourgogne réussirent enfin à faire écrouler un pan du mur attenant à la Tour Maudite, tandis qu'une partie du fossé était comblée. Philippe Auguste ordonna alors un nouvel assaut (2 juillet 1191). Mais les défenseurs d'Acre avaient fait vers Saladin des signaux de détresse. À peine les Français s'étaient-ils élancés à l'attaque des murailles que le sultan et son frère Malik al-'Adil avec toutes leurs forces se précipitaient sur le camp chrétien. Ils furent repoussés, mais cette diversion sauva les assiégés et, dans la bataille, les meilleures machines de Philippe, son « chat » et sa « cercloie » préférés furent incendiés.

Cependant les assiégés faisaient savoir à Saladin qu'ils ne pouvaient tenir plus d'un jour[139]. Le lendemain donc, 3 juillet, Saladin, dans un effort désespéré, se précipita de nouveau à l'attaque du camp chrétien. Cette fois encore il fut repoussé. « Les fantassins francs, postés derrière leurs retranchements, écrit Behâ al-Dîn, montraient la solidité d'un véritable mur. Quelques-uns des nôtres pénétrèrent dans leur camp, mais ils y trouvèrent des adversaires inébranlables. Un Franc d'une taille énorme, monté sur le parapet, repoussait les Musulmans à lui tout seul ; à ses côtés des camarades lui passaient des pierres qu'il lançait sur les nôtres. Il fut atteint de plus de cinquante coups de flèches et de pierres, mais rien ne le détourna de son travail. Il continua à repousser les Musulmans jusqu'à ce qu'il fût brûlé vif par une bouteille de naphte qu'un de nos officiers lui lança[140]. » Behâ al-Dîn, témoin oculaire, nous parle encore d'une héroïne franque, couverte d'une mante verte, qui ne cessait de lancer des flèches et blessa plusieurs Musulmans. « Elle fut enfin accablée sous le nombre. Nous la tuâmes et nous portâmes son arc au sultan[141]. »

Pendant que les défenseurs du camp chrétien repoussaient ainsi la contre-attaque de Saladin, Philippe Auguste recommençait l'assaut contre la Tour Maudite. Il fut bien près de réussir. Le maréchal de France Aubri Clément, qui avait juré de prendre Acre ou de mourir, se jeta sur la brèche de la Tour

Maudite avec une troupe de chevaliers. Mais la brèche était trop étroite, les échelles se brisèrent et Aubri Clément fut tué[142].

Néanmoins la journée du 3 juillet avait été décisive. Si Acre ne fut pas prise ce jour-là, elle était vraiment frappée à mort. Richard, revenu à la santé, reprenait personnellement part à la lutte, mettant à prix d'or chacune des pierres de la Tour Maudite[143]. Le 11 juillet les Anglais commandés par le comte de Leicester, André de Chavigny, Hugue le Brun, comte de la Marche et l'évêque de Salisbury, et qu'appuyait une troupe de Pisans, montèrent à l'assaut, sur la brèche de la Tour. Il s'en fallut cette fois de bien peu qu'ils ne réussissent à s'en emparer de vive force[144]. Mais à l'heure où ils étaient obligés de redescendre, la garnison demandait à capituler.

Reprise de Saint-Jean-d'Acre par les Croisés (12 juillet 1191).

Il y avait plusieurs semaines que les deux commandants de la place d'Acre, Qarâqûsh et le Kurde al-Mesh*t*ûb, ou, comme écrivaient les Francs, Caracois et le Mestoc, jugeaient la situation désespérée. Les suprêmes tentatives de Saladin pour les dégager ayant échoué dans les furieux assauts des 2, 3 juillet, ils se résignèrent à capituler. Dès le 4 juillet, les négociations commencèrent officiellement. Al-Mesh*t*ûb vint en personne au camp chrétien s'aboucher avec le roi de France[145]. Saladin essaya d'interrompre les pourparlers de la garnison par une nouvelle attaque contre le camp chrétien, mais ses troupes, lasses de la guerre, refusèrent de marcher. Comme l'explique Van Berchem, son armée n'était qu'une armée féodale dont les émirs, ne se prêtant qu'à des expéditions saisonnières, exigeaient ensuite de retourner dans leurs fiefs. Saladin essaya alors de ménager aux assiégés une possibilité d'évasion nocturne, le long du rivage, en liaison avec ses troupes ; mais les assiégés, non moins las de se battre que ses propres vassaux, firent eux-mêmes échouer ce plan.

Devant la menace de mutinerie de ses soldats et la démoralisation des défenseurs d'Acre, le sultan dut s'incliner et accepter l'ouverture de négociations, les Hospitaliers servant de parlementaires du côté franc et al-'Adil, du côté musulman[146].

Les conditions posées par les Francs pour accorder la libre sortie de la garnison comportaient, en plus de la restitution de la vraie Croix, la restauration du royaume de Jérusalem dans ses limites de 1187. Mais quelle que fût l'importance effective et symbolique du triomphe chrétien à Acre – triomphe éclatant de l'Occident coalisé contre l'effort du panislamisme –, il semblait prématuré pour Saladin d'abandonner sans autre résistance tous les bénéfices de sa victoire de *Hatt*în. Conrad de Montferrat s'entremit et – malgré le sultan – l'accord se fit entre les Francs et les défenseurs d'Acre sur le principe d'une capitulation honorable de la garnison, avec promesse d'une libération ultérieure de celle-ci contre paiement d'une rançon de 200 000 dînârs d'or et libération de 2 500 captifs chrétiens, plus la restitution de la vraie Croix. Ces conditions furent acceptées entre assiégeants et assiégés, et le 12 juillet 1191 Saint-Jean-d'Acre fut réoccupé par les Francs. Behâ al-Dîn, témoin oculaire, nous affirme que Saladin avait essayé jusqu'au bout d'empêcher la capitulation, mais que les défenseurs d'Acre épuisés le mirent devant le fait accompli[147].

L'entrée des Francs à Acre au bout de quatre ans de siège, sous les yeux de Saladin impuissant, après « une capitulation qui ressemblait à une prise d'assaut »[148], témoignait de la supériorité de la chrétienté sur l'Islamisme. L'Islam, qui avait fait un effort immense, douta de lui-même. « Le vendredi 17 jumada (12 juillet) à midi, écrit Abû Shâma, on vit les croix et les drapeaux des Francs se dresser sur les murs de la ville. Une immense clameur retentit du côté des Francs et l'affliction des monothéistes redoubla. Les plus sages se bornaient à dire : Nous appartenons à Allâh et c'est vers Allâh que nous retournons ! Tous étaient saisis d'épouvante, frappés de stupeur. Le camp retentissait de cris, de plaintes, de sanglots et de gémissements. Ce fut un spectacle odieux, quand le Marquis[149] (Conrad de Montferrat), entrant dans Akka avec quatre drapeaux de rois chrétiens, en planta un sur la citadelle, un autre sur le minaret de la grande mosquée – et c'était le vendredi ! – un troisième sur la Tour du Combat (Borj al-Qitâl)[150], à la place des drapeaux de l'Islam[151]. » « Il y avait quatre ans, riposte Ambroise, que les Sarrasins avaient conquis Acre, et je me rappelle nettement qu'elle nous fut rendue le lendemain de la fête de saint Benoît, malgré leur race maudite. Il fallait voir alors les églises qui étaient restées dans la ville, comme ils avaient mutilé et effacé les peintures, renversé les autels, battu les croix et les crucifix par mépris de notre foi, pour satisfaire leur mécréance et faire à la place leurs mahomeries ![152] »

Philippe Auguste vint loger au château et Richard à l'ancienne commanderie du Temple.

La question de propriété dans Acre reconquise.
Arbitrage de Philippe Auguste :
restitution des immeubles aux anciens colons.

Tout de suite un problème juridique se posa qui mettait aux prises Croisés et colons. Quand l'ancienne population franque de Saint-Jean-d'Acre, rentrant dans la ville à la suite des vainqueurs, voulut reprendre possession de ses demeures, elle trouva les chevaliers d'Occident qui venaient de s'en emparer et qui refusaient de les leur rendre. Les anciens bourgeois d'Acre, dont une occupation musulmane de quatre ans n'avait nullement prescrit les droits, vinrent se plaindre à Philippe Auguste : « Vos estez venus por délivrer le reiaume de Jérusalem, et il ne seroit pas raison ne droit que nos fussions deshéritez de nos maisonz. Car cil, qui i sont, ne nos i laissent entrer, ainz dient que eles sont leur et les ont conquises sur les Sarrasinz. Dont vos prions por Dieu que vos ne soffrez que nos soyonz déseritez de nos héritages. »

Philippe Auguste, en politique avisé – et son alliance avec Conrad de Montferrat et les Ibelin n'avait pas d'autre signification – avait depuis longtemps donné son adhésion à « l'esprit poulain » contre « l'esprit croisé ». Il prit hautement la défense des colons d'Acre : « Je di que nos somes ci venus, non mie por terre avoir ne héritage, ne (à) autrui maisons tolir. Nos somes venu por Deu et por le sauvement de nos armes, et por conquerre le roiaume de Jérusalem que li Sarrasin avoient tolu as Crestienz et que nos le deussons rendre et metre le en mains de Crestiens. Et bien me semble que, puisque Deu nos a doné le poeir que nos avons conquise cele cité, il ne seroit pas raison que cil qui ont lor héritages les deussent perdre. »

Cette décision fut acceptée. Il fut donc procédé à une récension des anciens titres de propriété dans Acre : « Que quiconques poroit monstrer par bon tesmongnage que li hiretages eust été siens, on li déliverroit[153]. » Philippe Auguste spécifia seulement que les bourgeois latins, ainsi remis en possession de leurs biens, eussent à héberger jusqu'à la fin de la guerre les Croisés d'Occident venus pour les sauver[154].

Compétition de Guy de Lusignan et de Conrad de Montferrat pour la royauté. Le compromis de Saint-Jean-d'Acre.

Un point de droit plus difficile à trancher était la question de la royauté hiérosolymitaine, pendante entre Guy de Lusignan et Conrad de Montferrat. Question juridiquement presque insoluble : Guy, il est vrai, avait été sacré à Jérusalem, mais comme prince consort, comme époux de la reine Sibylle ; or Sibylle était morte sans lui laisser d'enfants. Quant à Conrad, il venait bien d'épouser Isabelle, sœur de Sibylle et héritière légitime du royaume, mais ce mariage créait-il des droits égaux à ceux du sacre officiel ? Au point de vue pratique la situation n'était pas moins difficile. Les forces s'équilibraient. Du côté de Guy, Richard et le parti anglais qui voyait avec faveur dans les Lusignan des vassaux de l'Empire plantagenet ; plus les Templiers, conduits par leur nouveau grand maître, Robert de Sablé – également un vassal des Angevins – et aussi, pour d'autres raisons, ce que nous appellerons « l'esprit croisé », l'opinion simpliste et chevaleresque des Occidentaux fraîchement débarqués pour lesquels le sacre à Jérusalem créait à Guy des droits imprescriptibles. Du côté de Conrad, au contraire, les anciens barons syriens, tout le parti « poulain » – nous dirions aujourd'hui « le parti colon » – représenté par la famille d'Ibelin et qui, ayant vu en 1187 Guy de Lusignan perdre le royaume par son incapacité, le considérait comme moralement déchu et lui préférait de beaucoup le marquis piémontais dont le sang-froid avait sauvé Tyr et commencé en pleine débâcle la reconquête du pays ; ce parti avait, comme on l'a vu, l'adhésion de Philippe Auguste, esprit politique bien fait pour comprendre les raisons des barons syriens.

La controverse, souvent violente, s'était encore envenimée durant le siège d'Acre : voyez les injures et les calomnies du poète normand Ambroise contre Conrad. Après la prise de la ville, il fallut décider. Les 27 et 28 juillet 1191, une grande assemblée des barons et des prélats du royaume de Jérusalem et aussi des chefs de la Croisade occidentale se réunit à Saint-Jean-d'Acre. Un accord intervint. Il fut décidé que Guy de Lusignan, ayant été sacré à Jérusalem, conserverait le bénéfice de ce sacrement et garderait la couronne sa vie durant. D'autre part, puisqu'il avait perdu sa femme Sibylle de qui il tenait ses droits, l'assemblée ajouta qu'il ne pourrait en aucun cas (remariage, etc.) transmettre la couronne à ses héritiers. Au contraire Conrad de Montferrat, en tant qu'époux de la princesse Isabelle, seule héritière de l'ancienne dynastie hiérosolymitaine, fut reconnu comme héritier présomptif, appelé à succéder à Guy de Lusignan. Cette situation fut d'ores et déjà sanctionnée par un partage des revenus du royaume entre Guy et Conrad et par l'attribution à Conrad d'un fief comprenant, en plus de Tyr, par lui sauvée, Beyrouth et Sidon à reconquérir sur Saladin. Par ailleurs on attribuait de même à Geoffroy de Lusignan, frère de Guy, le comté de Jaffa et de Césarée, également à reconquérir sur les Musulmans[155].

Ce règlement, juridiquement inattaquable, ne présentait qu'un défaut : il divisait les forces du royaume à l'heure où il aurait fallu les unir. Il subordonnait au faible Guy le marquis de Montferrat, le seul homme d'action, le seul politique énergique de la Syrie franque, et cela au moment même où il s'agissait d'exploiter la victoire d'Acre en marchant sur Jérusalem. Bien que reconnaissant à longue échéance les titres de Conrad, l'accord du 28 juillet marquait, quant au présent, le triomphe de l'esprit croisé sur l'esprit poulain. Divisant la royauté hiérosolymitaine, il la supprimait pratiquement. Subordonnant la Syrie franque à l'autorité des princes d'Occident, il faisait d'elle une sorte d'État international, régi de loin par des hommes mal informés, indifférents à son intérêt bien compris, ignorants des nécessités locales, du milieu indigène, des opportunités immédiates.

Jusqu'en 1185, la Syrie franque avait été une monarchie forte, à la politique homogène et continue, un État bien assis, sachant utiliser la force des Croisades, tout en n'hésitant pas à s'affranchir de l'esprit croisé. À partir de l'accord de juillet 1191 et durant tout le treizième siècle, la Syrie franque sera une *res nullius* parce qu'une colonie de la Latinité tout entière, une sorte de patrimoine commun de l'Occident soi-disant protégé et dirigé par l'Occident, en réalité recevant de tous les États occidentaux des impulsions intermittentes, incohérentes et contradictoires et remplaçant la tradition politique de l'ancienne dynastie par l'esprit de croisade à l'état natif, avec toutes les improvisations, avec toute l'ignorance du milieu qui caractérisent cet esprit.

Notons ici encore que le roi de France, en politique avisé, avait vu juste. Si le parti anglais ne l'en avait empêché, il aurait fait éliminer l'incapable Lusignan et couronner Conrad de Montferrat : la royauté franque eût, en ce cas, retrouvé toute sa vigueur, car le marquis de Montferrat était de taille à reprendre à pied d'œuvre la besogne constructive du premier Baudouin.

L'opposition des Anglais ayant empêché Philippe Auguste de mettre immédiatement à la tête de la colonie franque l'homme d'action exigé par les circonstances, il tint du moins à marquer son sentiment en transférant par avance à Montferrat toutes les conquêtes que les troupes capétiennes effectueraient en Syrie. Puis il annonça son départ.

Départ de Philippe Auguste.
Son rôle dans le succès de la Troisième Croisade.

Le roi de France, au lendemain de la prise d'Acre, avait en effet résolu de rentrer en Europe. Les chroniqueurs du parti plantagenet l'ont accusé de désertion, de trahison envers la cause de la Croisade. En fait il faut reconnaître que la Croisade n'avait jamais présenté pour lui qu'un intérêt secondaire. Entre l'empire des Hohenstauffen, qui détenait la Lotharingie et le royaume d'Arles, et l'empire anglo-angevin des Plantagenets, alors maîtres de la Normandie, de l'Anjou, du Maine, de la Touraine, du Poitou, de la Guyenne, de la Gascogne et de l'Auvergne, le Capétien ne pouvait se permettre une politique de magnificence. Libre à Richard Cœur de Lion de s'enfoncer dans la Question d'Orient. L'homme d'État positif qu'était Philippe songeait plus modestement à la question de Gisors. Un siècle plus tard, quand la France sera fondée, nous pourrons blâmer un Philippe le Bel d'avoir, en négligeant l'alliance mongole, méconnu l'intérêt de la France d'outre-mer. En 1191, le fondateur de notre pays ne pouvait se payer le luxe de jouer les paladins. Le 2 ou l 3 août il s'embarqua à Tyr pour Brindisi[156].

Est-ce à dire qu'il faille, avec de nombreux historiens, réduir à peu de chose la part de Philippe Auguste dans l'œuvre de l Troisième Croisade ?

Ce serait oublier que c'est lui qui, bien plus que Richar malade, a assumé le poids du siège d'Acre. En dépit de se échecs partiels, il suffit de rapprocher les chroniqueurs occi dentaux – même le très anglophile poème d'Ambroise – et le historiens arabes pour s'apercevoir que ce sont ses assauts de 2-3 juillet 1191 qui, au prix de la mort du maréchal Aubr Clément, ont brisé la résistance de la garnison, démoralis Saladin, déterminé à brève échéance la chute de la ville. O oublie d'autre part qu'en partant (suivi seulement de sa mai son), il laissait en Palestine, sous les ordres du duc de Bour gogne Hugue III, toute son armée, soit 10 000 chevaliers, san compter les fantassins[157]. Et au lieu de travailler pour lui même en Orient, il avait, on l'a vu, spécifié que la part de Français dans les conquêtes éventuelles, reviendrait à Conra de Montferrat, le véritable représentant des Francs de Syrie Enfin en désignant ce même Conrad comme le plus digne d recevoir la couronne, il avait, mieux que quiconque, travaill à la restauration morale de la colonie franque et de la tradi tion monarchique hiérosolymitaine, gage de tout succès futur

§ 5. — RICHARD CŒUR DE LION
ET LA RECONQUÊTE DU LITTORAL PALESTINIEN.

Massacre des prisonniers musulmans par Richard.
Stupidité de cette mesure.

Malheureusement l'habileté, la modération et la sagesse d Philippe Auguste eussent été très nécessaires aux Croisés Richard Cœur de Lion, resté seul chef de la Croisade, allai à côté de qualités militaires incomparables, faire preuve d'un totale absence d'esprit politique. Il allait apporter dans le affaires palestiniennes une brutalité et même, au début, un absence d'humanité et de loyauté envers l'Islam qui devaien rappeler les plus mauvais jours de Renaud de Châtillon.

L'exécution de l'accord relatif à l'échange des prisonniers, au versement de l'indemnité promise par les Musulmans et à la restitution de la vraie Croix traînait en longueur[158]. Richard crut-il que Saladin cherchait à le jouer ? Au lieu de poursuivre les négociations il ordonna de conduire hors de la ville, devant la colline de 'Ayâdiya la majeure partie des captifs musulmans pris à Acre – 2 700 dit Ambroise[159], plus de 3 000, affirme le *Livre des Deux Jardins*[160] – et là, sur le front des troupes, devant l'avant-garde musulmane encore campée près de Tell Keisân, il fit égorger toute cette « chiennaille »[161] (20 août 1191).

Cet acte de barbarie inouïe, perpétré de sang-froid, sans excuse d'une prise d'assaut, produisit dans tout l'Islam un effet désastreux. On a vu qu'en dépit de la guerre presque constante, des rapports de courtoisie, d'estime et même d'amitié s'étaient peu à peu établis entre Francs et Musulmans. Saladin surtout avait apporté dans ses relations avec les chrétiens des considérations d'humanité et de générosité chevaleresque qui avaient singulièrement adouci pour les Francs les conséquences du désastre de *Hattîn*. Dans presque toutes les villes prises il avait épargné les défenseurs et les avait autorisés à regagner les terres chrétiennes – générosité qui, par parenthèse, avait permis contre lui la défense de Tripoli et de Tyr, germe de la reconquête franque. – En plein siège d'Acre il avait fait assaut de courtoisie avec les princes francs ; lorsque Richard était tombé malade, on avait même vu le sultan lui envoyer des sorbets à la neige de l'Hermon ou du Liban[162]. À ces traits de générosité le roi d'Angleterre répondait par une boucherie. Déchirant la trame des liens franco-musulmans qui avait tenu jusqu'en plein *jihâd*, il faisait régresser l'histoire jusqu'au massacre de 1099[163]. Jamais les ravages de l'esprit de croisade, venant détruire l'œuvre de l'esprit colonial, ne s'étaient affirmés aussi désastreux. Il faut savoir gré à Saladin de n'avoir pas, comme on l'en pressait, répondu au massacre des prisonniers musulmans par l'exécution des captifs francs, beaucoup plus nombreux, qu'il détenait encore.

Mais la barbarie de Richard se retourna contre lui. En massacrant la garnison d'Acre, il s'était privé d'un objet d'échange et d'un moyen de pression singulièrement précieux. Naturellement Saladin rompit toute négociation. Non seulement il ne fut plus question pour lui de rendre Jérusalem, mais tous les prisonniers francs qu'il avait déjà rassemblés pour les échanger contre la garnison d'Acre eurent la douleur de se voir renvoyés à Damas et replongés en servitude. Quant à l'indemnité de guerre qui était également prête à être livrée, le sultan la distribua à ses propres troupes[164]. Il n'est pas jusqu'à la vraie Croix qui n'ait été la victime des atrocités commises. Le sultan l'avait déjà fait apporter à son camp pour la rendre : il la fit remporter à Damas où il la plaça « par mépris » dans son garde-meubles. Enfin dans la campagne qui suivit, tout prisonnier franc amené devant Saladin était aussitôt mis à mort[165].

Toute considération d'humanité à part, le geste du roi d'Angleterre massacrant les prisonniers musulmans au lendemain de la reprise d'Acre paraît donc aussi stupide que celui de l'atâbeg Tughtekîn massacrant les prisonniers francs en 1119 après l'*Ager Sanguinis*[166].

Marche de Richard d'Acre à Caïffa.

Richard entreprit ensuite la reconquête méthodique du littoral palestinien, de Saint-Jean-d'Acre à Ascalon.

Il fallut d'abord arracher l'armée aux plaisirs d'Acre, car la ville, nous avoue le poète Ambroise, « était pleine de délices de bons vins et de demoiselles, dont plusieurs étaient fort belles. On se livrait au vin et aux femmes et on s'adonnait à toutes les folies[167] ». Pour éviter l'encombrement de la colonne par les ribaudes, les barons, sagement, décidèrent que toutes les femmes resteraient dans la ville, « excepté les bonnes vieilles pèlerines, les ouvrières et les lavandières qui leur lavaient le linge et la tête et qui, pour ôter les puces valaient des singes »[168].

L'armée se mit en marche le 22 août 1191. Marche pénible en cette saison, sur une plage brûlante, dans un pays dévasté. Saladin, avec toutes ses forces, suivait pas à pas la progression des Francs par une piste parallèle sur leur flanc gauche en les harcelant sans cesse et en profitant de tous les accidents du terrain pour essayer de les surprendre. Richard et Guy conduisaient l'avant-garde, les chevaliers normands gar daient le centre ; l'arrière-garde était défendue par le duc de Bourgogne avec les Français du royaume.

À peine avait-on quitté Acre que déjà dans la banlieue sud de la ville, au casal de Rainemonde[169], Malik al-'Adil, frère du sultan, lança sur le convoi une brusque attaque qui ne fut repoussée qu'à grand'peine, grâce à l'héroïsme de Jacques d'Avesnes, de Hugue de Tibériade qui protégeaient l'arrière-garde[170], ainsi que du preux Guillaume des Barres[171]. Instruite par cette leçon, l'armée franque s'organisa en colonne serrée, opposant à toutes les surprises sa masse compacte, ne se laissant ni entamer ni entrainer à une poursuite éparpillée, ne se départant de son impassibilité que pour de foudroyantes contre-attaques, soigneusement concertées.

En somme une des opérations qui font le plus d'honneur à la tactique franque. Pour éviter les embarras d'un convoi, le bagage avait été réduit au minimum, les troupes étant ravitaillées par la flotte chrétienne, qui, toujours maîtresse de la mer, suivit par étapes, d'Acre à Ascalon, la progression de l'armée de terre.

Historiens arabes et chroniqueurs latins ont, en termes presque identiques, noté les avantages et les défauts des deux armées. « La cavalerie et l'infanterie des Francs, dit al-'Imâd, marchaient le long de la côte, ayant la mer à leur droite et la plaine à leur gauche. L'infanterie formait comme un rempart autour de l'armée, les hommes étaient vêtus de corselets de feutre (*kabur*) et de cottes de mailles si serrés que les flèches n'y pouvait pénétrer. Armés de fortes arbalètes (*zanbûrak*), ils blessaient à distance nos cavaliers[172]. » Le qâdî Behâ al-Dîn affirme avoir vu un soldat franc qui avait jusqu'à dix flèches plantées dans le dos (de son corselet) et qui marchait tranquillement sans y faire attention. La marche de la colonne franque, de l'aveu des historiens arabes, obéit ainsi à une remarquable discipline, les Turcoples, fantassins, archers et arbalétriers protégeant la grosse cavalerie et se relayant au combat, par unités alternantes, tantôt mises en demi-repos sur le flanc droit, le long de la mer, tantôt appelées en flanc-garde du côté de la plaine, contre les Musulmans. Quant aux chevaliers et sergents montés, ils marchaient au centre et n'en sortaient que pour charger, par brusques interventions, quand il s'agissait de dégager les fantassins ou de forcer un passage. « La lutte ne cessait pas entre les deux armées, mais c'est en vain que les Musulmans criblaient de flèches les flancs de l'ennemi et le provoquaient au combat : il restait impassible et poursuivait sa route dans cet ordre, à une allure modérée... Au centre de leur armée se voyait un char portant une tour haute comme un grand minaret sur laquelle était planté leur étendard. Leurs bâtiments naviguaient parallèlement à leur armée et s'arrêtaient en même temps qu'elle, à chaque halte. Les étapes étaient rapprochées, afin de ménager l'infanterie, car, faute de bêtes de somme, les bagages et les tentes étaient portés par les troupes de réserves[173]. »

« Les Turcs, les gens du diable enrageaient, note de son côté Ambroise. Ils nous nommaient les gens de fer, parce que nous avions des armures qui garantissaient nos gens, en sorte que nous craignions moins leurs attaques[174]. »

Si la supériorité des Francs résidait dans leurs armures, leur discipline et leur force de masse, les Musulmans avaient plus que jamais l'avantage de la mobilité. À tout instant l'épopée d'Ambroise, témoin oculaire, nous montre « les Turcs, tirant de l'arc, qui venaient à toute bride se jeter sur l'ost et qui l'enveloppaient, montés sur des chevaux prompts comme la foudre et soulevant des nuages de poussière » ; et aussi les Bédouins du désert syrien, « les Sarrasins de la berruie, hideux et plus noirs que de la suie, gens extrêmement agiles et prompts, allant à pied, portant des arcs et de légers boucliers : ils tourmentaient l'ost sans lui laisser un moment de repos »[175].

Mais la discipline franque devait triompher de la vieille tactique du désert. « En vain, note le *Livre des Deux Jardins*, notre armée entourait les Francs de toutes parts et les criblait d'une grêle de flèches. Lorsqu'une de leurs divisions faiblissait, la division suivante venait à son secours et ils se protégeaient ainsi mutuellement, tout en étant cernés en tête, en queue et sur le flanc gauche... Malgré les cris de : *Il n'y a de Dieu qu'Allâh !* qui retentissaient de tous côtés, les Francs gardaient une solidité parfaite dans leur disposition de marche, sans manifester aucun trouble, et leur infanterie répondait à nos charges incessantes en blessant notre cavalerie à coups d'arbalètes et de flèches[176]. »

Marche de Richard de Caïffa sur Arsûf.

En dépit de ce harcèlement perpétuel, l'armée franque – « l'ost de Dieu » – passa sans encombre le Nahr al-Muqa*tt*a' (Kishon) près de son embouchure et atteignit Caïffa que les soldats de la garnison musulmane venaient d'évacuer et où elle se reposa dans la palmeraie, tandis que Saladin de son côté faisait halte près de Qaîmûn, à l'autre extrémité du Carmel. Après ce repos les Francs repartirent en direction de Césarée, les Templiers à l'avant-garde, les Hospitaliers à l'arrière-garde. (27 août). On passa par le Capharnaüm maritime (Khan al-Kanîsa), dont Saladin venait de détruire la forteresse, puis par le défilé – le « Destroy » (Dustreiy), l'ancienne Pierre-Encise – situé à l'est de A*th*lîth[177]. Là encore l'armée fut ravitaillée par la flotte (28-29 août). À hauteur du Merle (l'ancien Dor, l'arabe *T*an*t*ûra)[178], Richard opéra une charge pour écarter les coureurs musulmans (30 août).

Saladin, renonçant à résister de front, avait pris le parti de raser les places fortes pour faire le vide devant l'envahisseur. Ce fut ainsi que Richard, après avoir passé le Nahr Zerqâ ou Fleuve des crocodiles[179], trouva Césarée entièrement détruite. L'armée ne s'y ravitailla pas moins, grâce au précieux concours de la flotte (31 août). Dans un combat livré au sud de Césarée, entre la ville et le « fleuve mort » qui est l'actuel Nahr al-Mufjîr ou Nahr al-Khu*d*eira[180] les Francs tuèrent un des principaux mamelûks de Saladin, Ayâz al-*T*awîl (1er septembre)[181].

Abandonnant pour un moment le rivage, trop encombré ici de lagunes, de végétation marine et de marécages à papyrus, l'armée chrétienne, pour gagner Arsûf, prit les collines qui bordent la plaine de Saron. Les Templiers, chargés de couvrir l'arrière-garde, eurent beaucoup à souffrir, et Richard lui-même fut légèrement blessé[182]. Après s'être reposée deux jours sur les bords de la Rivière Salée – l'actuel Nahr Iskanderûna ou Nahr Abû Zabûra, – l'armée traversa sans encombre la forêt d'Arsur (environ à hauteur du hameau actuel de Mukhâlid), campa deux jours sur la rivière de Rochetaille ou Roche-taillée, qui est le Nahr al-Fâlik[183], et atteignit enfin Arsur, l'arabe Arsûf.

Richard Cœur de Lion commençait à se rendre compte des difficultés de la reconquête par les armes seules. Comprenait-il la folie qu'il avait commise en massacrant les prisonniers d'Acre ? En arrivant dans la région d'Arsûf, il exprima le désir de s'aboucher avec un représentant de Saladin. Celui-ci, qui désirait gagner du temps afin de permettre aux renforts turcomans d'arriver, lui envoya son propre frère, Malik al-'Adil. L'entrevue eut lieu aux avant-postes, le rôle d'interprète étant joué par Onfroi de Toron (5 septembre). Richard demandait la rétrocession pure et simple du royaume de Jérusalem dans ses anciennes limites[184]. Mais il était trop tard pour jouer de la diplomatie. En égorgeant la garnison d'Acre il avait à la fois dissipé l'atmosphère de cordialité qui, depuis l'avènement de Saladin, se maintenait au milieu même de la guerre, et détruit sa seule monnaie d'échange comme son principal moyen de pression. Malik al-'Adil refusa d'entrer dans cette voie. Il ne restait qu'à combattre de nouveau.

Ce fut la bataille d'Arsûf (7 septembre 1191).

Bataille d'Arsûf (7 septembre 1191).
La charge de la chevalerie franque. La victoire.

La bataille d'Arsûf fut la plus importante de cette campagne. L'épopée d'Ambroise qui nous en a transmis tous les détails nous décrit avec soin l'ordre de marche des Croisés[185]. L'avant-garde était formée des Templiers ; puis venaient les Bretons et les Angevins, puis Guy de Lusignan avec ses compatriotes poitevins, puis les Normands et les Anglais et enfin, formant l'arrière-garde, les chevaliers de l'Hôpital. Ambroise signale aussi, veillant à l'arrière garde, le chevalier flamand Jacques d'Avesnes et plusieurs barons capétiens comme Robert de Dreux, son frère l'évêque de Beauvais et Guillaume des Barres – trois noms que nous retrouverons à Bouvines[186]. Le comte Henri de Champagne assurait la flanc-garde sur la gauche, du côté de la plaine de Saron. Le roi Richard et le duc de Bourgogne se multipliaient de l'avant à l'arrière, partout où pouvait surgir le péril. Comme toujours, la cavalerie était maintenue au milieu de la colonne, protégée des deux côtés par « une enceinte » d'infanterie compacte et hérissée.

Comme l'avant-garde atteignait les jardins d'Arsûf, les forces aiyûbides engagèrent l'action. En quelques instants l'armée chrétienne fut entourée par la cavalerie turque qui la cribla de flèches « Plus de trente mille Turcs vinrent se jeter à toute bride sur l'ost, montés sur des chevaux prompts comme la foudre et soulevant des tourbillons de poussière. Devant les émirs s'avançaient les trompettes, les porteurs de timbres et de tambours, frappant sur leurs tambours et poussant des cris et des huées : on n'aurait pas entendu Dieu tonner, tant il y avait de tambours qui retentissaient... Après eux venaient les Nègres et les Sarrasins de la berruie (les Bédouins du désert), fantassins agiles et prompts avec leurs arcs et leurs légers boucliers... Du côté de la mer et du côté de la terre ils attaquaient l'ost de si près, avec tant de force et d'emportement qu'ils lui faisaient grand dommage, et d'abord en tuant les chevaux[187]. »

En cette torride journée du 7 septembre les Francs, encerclés par la cavalerie aiyûbide, leurs chevaux tués et eux-mêmes criblés de flèches, se crurent sur le point de subir un désastre. Comme en 1187, lors de la fatale chevauchée vers Tibériade, le combat semblait engagé dans les pires conditions. « Obligés, dit Behâ al-Dîn, de presser leur marche afin d'atteindre, si possible, l'endroit (Arsûf) où ils devaient faire halte et s'établir, ils se trouvaient pris à la gorge dans la position la plus fâcheuse et les Musulmans se flattaient d'en avoir facilement raison[188]. » Ambroise, de son côté, après nous avoir décrit le tourbillonnement des cavaliers musulmans autour de l'armée franque, la grêle de flèches qui s'abattait sur celle-ci, parmi le vacarme infernal des tambours aiyûbides et les hurlements de « cette chiennaille », avoue qu'« il n'y avait dans l'ost aucun homme si hardi qui n'eût voulu, pour beaucoup, avoir fini son pèlerinage ». Dans la chaleur et la poussière de cette journée de septembre, le frisson d'un nouvel *Hattîn* passait sur l'armée.

Mais Richard Cœur de Lion n'était ni un Renaud de Châtillon ni un Guy de Lusignan. Piètre politique au Conseil, il devenait, sur le champ de bataille, l'incarnation du génie de la guerre. Aux Hospitaliers de l'arrière-garde qui lui mandaient être à bout, il donna impérieusement l'ordre de tenir, et ils tinrent[189].

> *Là veissiez Turs enragier,*
> *Le poeple al diable d'enfer*
> *Qui nos clamoient gent de fer*[190].

Mais la défensive coûtait trop cher, les archers musulmans tuant de loin les chevaux francs ; Richard résolut de passer à l'attaque. Il prépara une charge enveloppante qui eût dû amener la capture ou la destruction de toute l'armée musulmane. « Il était convenu qu'avant la charge on placerait à trois endroits six trompettes qui sonneraient au moment où l'on devrait se retourner vers les Turcs, deux dans l'ost, deux derrière, deux au milieu. » L'impatience d'un Hospitalier et d'un chevalier anglais ne permit pas le développement de cette manœuvre. On eut simplement une charge directe. Il est vrai que ce fut une charge en trombe, qui balaya tout. Behâ al-Dîn, qui se tenait aux côtés de Saladin, a laissé de cette scène une vision d'épouvante : « Alors la cavalerie franque se forma en masse et, sachant que rien ne pouvait la sauver qu'un effort suprême, elle se décida à charger. Je vis moi-même ces cavaliers, tous réunis autour d'une enceinte formée par leur infanterie. Ils saisirent leurs lances, poussèrent tous à la fois un cri de guerre, la ligne de fantassins s'ouvrit pour les laisser passer, et ils se précipitèrent de tous les côtés. Une de leurs divisions se jeta sur notre aile droite, une autre sur notre aile gauche, une troisième sur notre centre et tout chez nous fut mis en déroute[191]. »

Revanche des anciens désastres qui nous vaut sous la plume du poète Ambroise une page d'épopée : « L'Hôpital, qui avait beaucoup souffert, chargea en bon ordre. Le comte de Champagne avec ses braves compagnons, Jacques d'Avesnes avec son lignage chargèrent aussi. Le comte Robert de Dreux et l'évêque de Beauvais chargèrent ensemble. Du côté de la mer, à gauche, chargea le comte de Leicester, avec toute l'arrière-garde où il n'y avait pas de couards. Ensuite chargèrent les Angevins, les Poitevins, les Bretons, les Manceaux, et tous les autres corps d'armée. Les braves gens qui firent cette charge attaquèrent les Turcs avec une telle vigueur que chacun atteignit le sien, lui mit sa lance dans le corps et lui fit vider sa selle. Les Turcs furent étonnés, car les nôtres tombèrent sur eux comme la foudre, en faisant voler une grande poussière, et tous ceux qui étaient descendus à pied et qui, avec leurs arcs, nous avaient fait tant de mal, tous ceux-là eurent la tête coupée. Dès que les chevaliers les avaient renversés, les sergents les tuaient.

« Quand le roi Richard vit que l'ost avait rompu ses rangs et attaqué l'ennemi sans plus attendre, il donna de l'éperon à son cheval et le lança à toute vitesse pour secourir les premiers combattants... Il fit en ce jour de telles prouesses qu'autour de lui, des deux côtés, devant et derrière, il y avait un grand chemin rempli de Sarrasins morts et que les autres s'écartaient et que la file des morts durait bien une demi-lieue. On voyait les corps des Turcs avec leurs têtes barbues, couchés serrés comme des gerbes »[192].

Le qâdi Behâ al-Dîn donne la même impression. Emporté par le tourbillon des fuyards, il ne put ni à l'aile droite ni à l'aile gauche trouver aucun élément de résistance avant d'avoir atteint la colline qui servait de poste de commandement à Saladin. « Je n'y trouvais que dix-sept combattants, mais les étendards étaient encore debout et le tambour continuait encore à battre ». Le grand sultan, malgré le terrible coup qui le frappait, avait, seul parmi les siens, conservé son sang-froid. À force d'énergie, au son connu de ce tambour qui leur rappelait leur devoir de Musulmans et de soldats, il réussit à regrouper autour de lui une partie des fuyards[193].

Car, sous peine de se laisser emporter par son élan vers quelque embuscade, la chevalerie franque, après avoir dispersé l'ennemi, avait dû faire demi-tour. Aussitôt les Musulmans, déjà regroupés autour de l'étendard de Saladin, toujours debout sur la colline, de s'élancer à leur tour sur les talons des Francs en retraite. « Les guerriers de Dieu, dit Ambroise, après avoir chargé, s'arrêtèrent et, dès qu'ils se furent arrêtés, les Sarrasins reprirent courage. Il en arriva plus de 20 000, la masse au poing. Les nôtres qui revenaient vers l'ost furent là maltraités, les Sarrasins leur lançaient des flèches et les frappaient de leurs masses d'armes, cassant les têtes et les bras, et les inclinant sur les arçons[194]. » Dans cette retraite, le vaillant Jacques d'Avesnes, dont le cheval tomba, fut massacré.

Conséquences de la victoire d'Arsûf : la supériorité militaire revient aux Francs.

Behâ al-Dîn confirme ce double mouvement. « Quand l'ennemi chargea les Musulmans, ils reculèrent ; quand il s'arrêta par crainte de tomber dans une embuscade, ils s'arrêtèrent pour le combattre ; pendant sa seconde charge, ils combattirent tout en fuyant. »

En effet, les chevaliers francs, ramenés un moment sur leurs lignes de départ, après y avoir repris haleine, repartirent de là pour une nouvelle charge : « Vous auriez vu tourner les selles des Turcs et eux-mêmes s'enfuir et s'éloigner. » L'élan des Francs les porta cette fois jusque sur les collines boisées où se tenait Saladin. Mais il eût été dangereux de se hasarder sur ce terrain couvert. Selon la remarque d'Ambroise « si l'on ne s'était pas arrêté, il y aurait eu désastre ». La chevalerie franque revint donc à Arsûf, et il semble bien que, cette fois, les Musulmans aient renoncé à la poursuivre.

En somme la bataille d'Arsûf fut pour les Francs une très grande victoire. Bien que le déclenchement prématuré de la première charge ait sauvé les Musulmans d'une destruction complète, les Francs avaient définitivement établi leur supériorité en rase campagne. Si l'on songe que depuis de longues années, bien avant *Hattîn*, depuis les jours de Nûr al-Dîn, la supériorité tactique en Syrie était passée du côté musulman, on conviendra que la journée d'Arsûf, plus encore que la reprise de Saint-Jean-d'Acre, marquait le renversement des situations. L'abattement de Saladin au soir de cette journée, dans les termes que rapporte Behâ al-Dîn, en est la preuve saisissante : « Allâh seul pouvait concevoir l'intensité de la douleur qui remplissait son cœur à la suite de cette bataille[195]. » La supériorité militaire qui depuis 1170 appartenait aux Musulmans faisait, pour près de soixante ans, retour aux Chrétiens.

Nouvelle tactique de Saladin. Il fait le désert devant les Francs : Destruction d'Ascalon.

D'après Ibn al-A*th*îr, Saladin songeait cependant toujours à défendre Ascalon. Mais ses émirs, cette fois encore, lui refusèrent l'obéissance. « Si tu veux défendre Ascalon, entres-y toi-même ou fais-y entrer un de tes fils aînés, sans quoi nul d'entre nous ne s'y rendra après ce qui est arrivé aux défenseurs d'Acre ![196] » Ces paroles de révolte nous rappellent une fois de plus que l'empire de Saladin n'était qu'un empire féodal dont le chef, comme l'a montré Van Berchem, ne bénéficiait que d'une autorité précaire, singulièrement éloignée de l'autorité absolue qui sera celle des sultans mamelûks. L'insubordination des émirs devant Ascalon atteste surtout la perte de prestige que la chute d'Acre avait fait subir au sultan. Désespérant de tenir en rase campagne ou même derrière les murailles des places fortes, il résolut de faire le désert devant les Croisés. Ce fut ainsi qu'après Césarée et Jaffa il donna l'ordre de raser entièrement Ascalon.

Décision humiliante par l'aveu d'impuissance et la perte de prestige qu'elle comportait, douloureuse par l'obligation d'expulser la population musulmane qui, après *Hatt*in, avait repris possession de l'antique cité philistine. Aussi bien la décision n'avait-elle pas été prise sans regrets. L'historien Behâ al-Dîn, confident de Saladin, fut témoin de ses angoisses. « Je déclare devant Allâh, lui confia le sultan, que j'aimerais mieux perdre tous mes enfants que jeter bas une seule pierre d'Ascalon. Mais Allâh le veut, le salut des Musulmans l'exige ! » Devant l'impossibilité évidente de conserver à l'Islam la grande place du sud-ouest, le gouverneur d'Ascalon, 'Alam al-Dîn *Qaîsar*, en organisa donc lui-même la démolition méthodique. « À chaque groupe de travailleurs il assigna une certaine portion de remparts ; chaque émir et chaque brigade de l'armée eurent à détruire une courtine ou une tour qu'on leur désigna. Quand ces démolisseurs entrèrent dans la ville, il s'y éleva des cris et des lamentations, car elle plaisait aux yeux et charmait le cœur, ses murailles étaient solides, ses édifices grands et son séjour très recherché. Les habitants, atterrés par la nouvelle que leur ville allait être détruite et qu'ils devaient abandonner leurs demeures, poussaient de grands cris et vendaient à vil prix tout ce qu'ils ne pouvaient emporter... Une partie d'entre eux partit pour l'Égypte, une autre pour la Syrie et il y en eut qui s'en allèrent à pied, n'ayant pas de quoi louer des montures. Ce fut une épreuve terrible, pendant laquelle se passèrent des choses épouvantables...[197] »

Quand Saladin s'éloigna d'Ascalon pour regagner Jérusalem (23 septembre 1191), l'antique cité philistine n'était plus qu'un monceau de décombres. Sur la route de Jaffa à Jérusalem, Saladin fit de même raser le château de Ramla et l'église de Lydda[198] (fin septembre 1191).

La faute majeure de la Troisième Croisade : Richard néglige d'exploiter le bénéfice de la victoire d'Arsûf par une marche brusquée sur Ascalon ou Jérusalem.

Rien, semble-t-il, n'eût été plus facile pour les Croisés que de surprendre les Musulmans au milieu de la démolition et de l'évacuation d'Ascalon, ou, mieux encore, de profiter de tant de désarroi pour marcher droit sur Jérusalem, alors démunie de vivres et de défenseurs et seulement protégée par des murailles à demi ruinées. Le gouverneur de Jérusalem venait de faire prévenir Saladin de l'état précaire où se trouvait la Ville Sainte, mais ses lettres avaient été interceptées par des Syriens chrétiens qui se préparaient à avertir Richard, lorsqu'ils tombèrent eux-mêmes aux mains du sultan. Notons que le fait laisse peut-être supposer un complot des Syriens chrétiens en faveur d'une restauration franque[199].

Quoi qu'il en soit, chroniqueurs latins et annalistes arabes sont unanimes à blâmer Richard pour n'avoir pas monnayé en temps utile sa victoire d'Arsûf en marchant sur Jérusalem. À défaut de cette opération de grand style, il pouvait du moins surprendre l'armée aiyûbide au milieu de la démolition d'Ascalon et occuper la citadelle sans avoir besoin d'en faire le siège. Il préféra perdre un temps précieux à la reconstruction de Jaffa, opération utile certes, mais qui n'aurait dû passer qu'après l'objectif principal de la Croisade.

Conrad de Montferrat se montra une fois de plus meilleur politique en donnant à Richard des conseils qui ne furent pas suivis : « Tu entends rapporter, lui fait dire Ibn al-A*th*îr, que Saladin détruit Ascalon, et tu restes immobile ! Quand tu as appris qu'il avait commencé de démolir la place, tu aurais dû marcher en toute hâte contre lui, tu l'aurais fait décamper d'Ascalon, et tu t'en serais emparé sans combat ni siège ![200] ».

Reconstruction de Jaffa par le roi Richard.

Donc, au lieu de tenter une marche brusquée sur Jérusalem ou, au pis aller, de courir se saisir d'Ascalon avant la destruction complète de la place, Richard s'attarda avec une inexplicable lenteur à la reconquête du littoral. Sans rencontrer d'opposition il avait franchi le Nahr al-'Awujâ et était parvenu devant Jaffa ou plutôt devant les décombres de cette ville, systématiquement détruite par ordre de Saladin. L'armée dut camper dans les bois d'oliviers, les vignes et les beaux jardins d'orangers, de figuiers, d'amandiers et de grenadiers qui entourent le quartier de l'est. Confortablement ravitaillée par la flotte d'Acre, elle entreprit de reconstruire les fortifications de Jaffa, tandis que Richard par des chevauchées dans la banlieue protégeait contre les coureurs musulmans les travaux des ouvriers.

Une surveillance incessante était nécessaire, car Richard, un jour qu'il s'était lancé en reconnaissance avec peu de monde pour surprendre un parti de Musulmans, faillit être surpris lui-même pendant son sommeil durant une halte. Il n'eut que le temps de sauter sur son bon cheval Fauveau. Encore tomba-t-il dans une embuscade d'où il ne s'échappa que grâce au dévouement d'un sien chevalier, Guillaume de Préaux, qui se fit passer pour le souverain anglais et fut capturé à sa place[201].

La Capoue de la Troisième Croisade : délices de Jaffa.

Au bout de deux mois de travaux (septembre-octobre 1191) Jaffa était presque entièrement reconstruite et plus forte que par le passé. Mais ce long stationnement avait été funeste au moral de l'armée. Tout d'abord dans les loisirs de la reconstruction, au milieu des jardins de Jaffa, la vie de plaisirs avait reparu. « Devant Jaffa, dans l'oliveraie, dans les beaux jardins, l'ost de Dieu avait planté ses bannières. Là étaient de grands pâturages, là il y avait tant de raisins, de figues, de grenades, d'amandes en grande abondance, dont les arbres étaient couverts et dont on prenait à volonté que l'ost en fut grandement rafraîchie[202]. »

La Troisième Croisade avait trouvé sa Capoue. « Les femmes, gémit Ambroise, revinrent d'Acre dans l'ost et s'y conduisirent vilainement. Elles arrivaient dans les navires et les barques. Ah ! miséricorde, quelles mauvaises armes pour reconquérir l'héritage de Dieu ![203] »

Pis encore. Une partie des soldats abandonnaient les travaux de Jaffa pour s'en retourner à Acre mener joyeuse vie « dans les tavernes ». Il fallut que Richard se rendit en personne à Acre afin d'en ramener – plus par la persuasion que par la force – ces Croisés trop vite conquis aux facilités de la vie levantine.

En réalité la Croisade inclinait déjà à un accord avec l'Islam.

Les négociations avaient recommencé pendant que Saladin rasait Ascalon et que Richard reconstruisait Jaffa. Onfroi de Toron, devenu décidément, à cause de sa connaissance de l'arabe, l'interprète de l'armée, s'aboucha avec Malik al-'Adil, frère du sultan, choisi de son côté comme représentant des Musulmans à cause de sa sagesse et d'une certaine francophilie, tout au moins apparente, qu'il semble avoir affichée. Le qâdî Behâ al-Dîn, l'historien et le confident de Saladin, nous affirme qu'Onfroi demanda comme condition de paix la rétrocession aux Francs de tout le littoral – évidemment sans Jérusalem – et que le sultan, voyant ses troupes lasses de la guerre, trouva la proposition acceptable et donna à son frère pleins pouvoirs pour traiter sur ces bases[204].

Première marche vers Jérusalem : de Jaffa à Betenoble.

Cependant les Croisés ne pouvaient renoncer à Jérusalem sans avoir esquissé de tentative pour la reprendre. À la fin d'octobre 1191, Richard, laissant à Jaffa l'évêque Jean d'Évreux et le comte Guillaume de Châlon pour achever la reconstruction de la place, reprit lui-même la campagne. À hauteur de Yâzûr il se heurta le 30 octobre à l'avant-garde aiyûbide et la mit en complète déroute[205]. Il passa une quinzaine de jours dans le district pour reconstruire un fortin situé près de Yâzûr et appelé le Casal des Plaines ou (mieux) le Castel des Plaines, dont il donna la garde aux Templiers. Il reconstruisit de même le château de Maen ou Casal Moyen *(Castellum medianum)* au sommet du village actuel de Beit Deján, entre Yâzûr et Lydda. C'étaient les premiers fortins de la ligne stratégique chargée de protéger la route du pèlerinage de Jaffa à Jérusalem[206].

Le 6 novembre une escarmouche dégénéra en action générale. Des Templiers qui étaient allés fourrager se laissèrent attirer par un parti de Bédouins dans une embuscade du côté d'Ibn Ibrâq, le « Bombrac » des chroniqueurs, au nord-est de Yâzûr[207]. Les Templiers mirent pied à terre et, dos à dos, lances dardées, firent front, mais leur petite troupe allait être massacrée quand survint André de Chavigny avec quinze chevaliers. Secours insuffisant. Les Musulmans étaient revenus plus nombreux à la charge quand arrivèrent aux chrétiens de nouveaux renforts commandés par le comte Hugue IV de Saint-Pol, Robert de Leicester, Guillaume de Caïeux et Eude de Trazignies. Robert attaqua, avec une témérité folle et dégagea deux des chevaliers les plus aventurés[208]. Mais les renforts ennemis, eux aussi, arrivaient, et beaucoup plus nombreux – 4 000 hommes – lorsque survint le roi Richard, avec quelques compagnons. Malgré les conseils de prudence des siens, il chargea sans attendre le gros de son armée, s'estimant engagé d'honneur à sauver Leicester et Saint-Pol – et il y réussit. Mais l'action resta sans résultat à cause de la confusion avec laquelle elle avait été engagée[209].

De Yâzûr, Richard conduisit l'armée chrétienne à Ramla (Rames) et à Lydda (Saint-Georges), les deux premières cités de quelque importance sur la route de Jaffa à Jérusalem. Depuis la victoire d'Arsûf cette route était ouverte. Saladin, désespérant de pouvoir défendre Ramla, venait, précipitamment, de la faire détruire. Tactique habile, car l'armée chrétienne, surprise par les pluies et obligée de camper dans les ruines de Ramla et de Lydda (elle y resta du 15 novembre au 8 décembre 1191) s'y trouvait « en grande gêne et incommodité », non d'ailleurs sans repousser chaque fois les coureurs musulmans qui venaient l'attaquer. Ambroise cite notamment un brillant fait d'armes du comte de Leicester qui, près de Saint-Georges (Lydda), tint tête à une troupe ennemie bien supérieure jusqu'à ce qu'il fût dégagé par André de Chavigny et ses compagnons[210]. Quant à Saladin il avait reculé de Ramla au Toron des Chevaliers, le Nâtrûn, Lâtrûn ou al Atrûn arabe[211], à mi-chemin de Jérusalem, où il s'était installé pour défendre les approches de la Ville Sainte.

Cependant Richard, poursuivant sa marche sur Jérusalem, se dirigeait sur le Toron des Chevaliers. À cette nouvelle, Saladin démantela le Toron, comme il avait démantelé Ramla, et se retira sur Jérusalem, pour hâter la mise en état de défense de la Ville Sainte. Richard occupa donc sans opposition le Toron de Lâtrûn et aussi Beit Nûbâ – la Betenoble des chroniqueurs – où il passa la fête de Noël[212].

Noël 1191 : à 20 kilomètres de Jérusalem !

On n'était plus qu'à 20 kilomètres de Jérusalem. Mais l'hiver, saison des pluies, était venu. À Betenoble, note Ambroise, « il faisait un temps froid et couvert. Il y eut de grandes pluies et de grandes tempêtes qui nous firent perdre beaucoup de nos bêtes. La pluie et le grésil nous battaient et renversaient nos tentes. Nous perdîmes là, vers Noël, beaucoup de chevaux ; bien des biscuits y furent gâtés par l'eau qui les trempait ; les viandes de porc salé y pourrissaient par les orages ; les haubers se couvraient d'une rouille qu'on pouvait à peine enlever »[213]. Pendant ce temps, les Bédouins, appelés par Saladin, coupaient les communications des Croisés avec la côte, détroussaient leurs convois et venaient la nuit enlever les prisonniers jusque sous les tentes, en plein camp chrétien[214]. Néanmoins l'enthousiasme des Croisés était immense devant la perspective de revoir Jérusalem. « Bien des gens étaient malades, faute de nourriture ; mais leurs cœurs étaient joyeux, à cause de l'espérance qu'ils avaient d'aller au Saint-Sépulcre. Ils désiraient tant Jérusalem qu'ils avaient apporté leurs vivres pour le siège. Le camp se remplissait de gens qui arrivaient en grande joie, désirant bien faire. Ceux qui étaient malades à Jaffa et ailleurs se faisaient mettre dans des litières et porter en grand nombre au camp, l'âme résolue et confiante… Dans le camp régnait la joie la plus complète. On roulait les haubers, et les gens agitaient la tête en disant : "Dieu, aidez-nous ! Dame sainte Vierge Marie, aidez-nous ! Dieu, laissez-nous vous adorer et vous remercier et voir votre sépulcre !…" On ne voyait partout que liesse et réjouissance. Tous disaient : "Dieu, nous voilà enfin au bon chemin. C'est votre grâce qui nous dirige !"[215]» Les heures merveilleuses de 1099 semblaient revenues.

Conséquences des atermoiements de Richard :
Jérusalem mise en état de défense par Saladin.

En réalité on allait récolter les fruits amers de la stratégie inexplicablement dilatoire du roi d'Angleterre. Richard, soldat héroïque, tacticien fougueux, était – curieuse association – un stratège indécis et timoré. Au lendemain de la victoire d Arsûf, il aurait pu sans doute marcher droit sur la Ville Sainte, alors sans défense, et l'emporter de haute lutte. Au témoignage, déjà cité, de Behâ al-Dîn, une lettre du gouverneur de Jérusalem à Saladin, lettre qui faillit tomber entre les mains des Francs, révélait qu'en septembre 1191 la ville manquait de troupes, surtout d'approvisionnements, notamment de blé. De plus les fortifications étaient en mauvais état. Mais, Richard différant sa marche, Saladin avait eu le temps d'aviser. Dès les premiers jours d'octobre, tandis que les chrétiens, au lieu d'exploiter leurs victoires, s'attardaient à relever des bicoques, al-'Adil s'était rendu en personne à Jérusalem, y avait tout mis en mouvement, et, depuis, on y travaillait sans relâche à réparer tours et murailles, à recreuser les fossés. Il vint des maçons jusque de Mossoul.

« Le sultan, écrit al-'Imâd, avait partagé la défense des remparts entre ses fils, son frère et son armée. Ils construisirent de nouvelles murailles qui enveloppaient la ville d'un long circuit. À cheval dès le matin, le sultan transportait des pierres sur l'arçon de sa selle ; les grands et les émirs suivaient son exemple. Quand on le voyait ainsi la poitrine chargée de pierres, on sentait qu'il y avait là un cœur capable de soulever des montagnes[216]. » En décembre 1191, Jérusalem semblait déjà à l'abri de toute surprise.

Pendant ce temps, les Francs hésitaient. Tandis que les Croisés d'Occident voulaient encore marcher sur la ville, les Francs de Syrie, non seulement les « Poulains », mais aussi les Hospitaliers et même, cette fois, les Templiers, conseillaient le retour vers la côte : ils craignaient de se trouver pris entre les défenseurs de Jérusalem et l'armée de Saladin, maîtresse de la campagne. C'était là une situation analogue à celle dont ils avaient éprouvé les périls sous Saint-Jean-d'Acre, mais qui risquait cette fois de se reproduire loin de la mer et de la protection des escadres italiennes, en plein massif de Judée, en sachant que le ravitaillement et les communications avec la côte pouvaient à tout instant être coupés par les Bédouins, sans parler de l'armée de renfort que Saladin avait appelée d'Égypte et qui, le 22 décembre 1191, venait, à point nommé, d'arriver en Palestine.

Hésitations des Francs de Syrie devant une réoccupation de l'hinterland sans immigration coloniale correspondante.

L'épopée d'Ambroise nous donne une raison plus profonde de la carence des « Poulains » : « Ils disaient que même si la cité était prise, ce serait encore une entreprise fort périlleuse si elle n'était pas aussitôt peuplée de gens qui y restassent ; car les Croisés, tous tant qu'ils étaient, dès qu'ils auraient fait leur pèlerinage, retourneraient dans leur pays, chacun chez soi, et une fois l'ost dispersée, la terre serait reperdue[217]. »

Tel était bien le désaccord profond entre Occidentaux et Poulains, entre l'esprit de croisade et l'esprit de colonisation. D'après l'expérience des Francs de Syrie, il ne suffisait pas de reconquérir la terre, il fallait pouvoir ensuite la tenir. Et cette colonisation, si éloignée de l'esprit des Croisés, devenait d'autant plus difficile, maintenant que Saladin, pour l'empêcher de reprendre racine, avait fait de la Judée un désert. Ce n'était pas pour rien qu'il avait systématiquement démoli et brûlé les anciens casaux. Les bases de la colonisation franque faisaient défaut. La terre était détruite : « Terres mortes », dira-t-on plus tard avec raison. De l'aveu des Francs de Syrie, pour que le pays pût revivre, pour que la colonisation pût reprendre racine, il eût fallu refaire la terre en y implantant en masse l'armée de la Croisade, du roi Richard au dernier des ribauds. Et comme c'était là chose impossible, les Poulains se résignaient, bien que tacitement, à ce que l'ancien royaume de Jérusalem ne fût plus, à l'abri des escadres italiennes maîtresses de la mer, qu'un royaume d'Acre.

Une phrase attribuée à Saladin par Behâ al-Dîn éclaire les raisons historiques de cet état d'esprit : « Vous n'avez conquis ce pays, écrivait le sultan aux Croisés, que par surprise, grâce à la faiblesse des Musulmans qui l'habitaient à cette époque »[218]. Comme l'indique ce texte, l'aventure de la Première Croisade n'avait réussi qu'en raison de l'état d'anarchie morale, d'émiettement politique et de dissensions religieuses qui dans les dernières années du onzième siècle paralysait momentanément l'Islam. Jamais le coup de surprise de 1099 n'aurait été possible quelques années auparavant, du temps de l'empire seljûqide, quelques années après déjà, avec la reconstitution territoriale opérée par les Zengîdes. Entre Malik-shâh et Nûr al-Dîn la Croisade avait pu passer. Elle redevenait impossible avec Saladin, ou, tout au moins, elle allait se montrer incapable de réoccuper la Syrie intérieure et se voir réduite à la côte. Ainsi, sur une aire plus vaste, les Romains n'avaient jamais pu dépasser durablement l'Euphrate, réduits eux aussi aux rivages de la Méditerranée natale.

Retraite de Richard de Betenoble sur Ibelin.

Quand les Croisés – c'était vers le 13 janvier 1192 – reçurent l'ordre de battre en retraite de Betenoble sur Ramla et Ibelin (Yebnâ), un immense découragement s'empara d'eux. La chute du moral, dans cette armée hier encore au comble de l'enthousiasme et dont on venait sans transition briser le ressort, fut terrible. Ambroise nous donne une image saisissante de cette démoralisation[219]. Être venus de si loin, avoir enduré tant de souffrances pour recouvrer le Saint-Sépulcre, n'être qu'à vingt kilomètres de la Ville Sainte et faire demi-tour ! Dans leur désarroi les chrétiens s'imputaient les uns aux autres la responsabilité de l'échec. Nous venons de voir chez Ambroise l'opinion de l'élément anglo-angevin qui accuse de cet échec l'élément poulain, c'est-à-dire les Francs de Syrie, notamment les Hospitaliers et les Templiers. D'autre part Ernoul, représentant de l'élément « poulain », cherche à imputer les raisons de la retraite au duc Hugue III de Bourgogne et aux barons français. Le duc, conformément aux instructions qu'il aurait reçues de Philippe Auguste, aurait craint que la reconquête de Jérusalem n'accrût hors de proportion le prestige du roi d'Angleterre.

« Seignour, fait dire Ernoul au duc de Bourgogne, vous savés bien que nos sires li rois de France s'en est alés et que toute la flors de la chevalerie de son regne est chi demorée et que li rois d'Engletiere n'a c'un poi de gent envers çou que li rois de France a. Se nous alons en Jherusalem et nous le prenons, on ne dira pas que nous l'aions prise, ains (= mais) dira on que li rois d'Engletiere l'a prise. Si ert (= ce serait) grans hontes à France ; se dira on que li rois de France s'en sera fuis, et li rois d'Engletiere aura pris Jherusalem... » Et, abandonnant l'armée, Hugue, avec les contingents capétiens, se serait retiré vers Acre[220].

Ce dernier récit paraît fort tendancieux. Comment, si c'était le parti capétien qui avait fait abandonner l'attaque sur Jérusalem, un homme comme le poète Ambroise, partisan fougueux du groupe anglo-angevin, n'aurait-il pas dénoncé une telle trahison ? D'autant qu'on a vu ses protestations devant l'ordre de retraite. Lui qui a tant poursuivi de ses sarcasmes ce qu'il appelle la défection de Philippe Auguste rentrant en Europe après la prise d'Acre n'aurait pas manqué de déceler ce nouvel abandon ? En réalité c'est bien Ambroise lui-même qui nous expliquera les propos d'Ernoul. Si le représentant du parti poulain, des Hospitaliers et des Templiers éprouve le besoin d'inculper le duc de Bourgogne, c'est qu'il s'agissait pour lui de disculper les deux Ordres et les barons syriens auxquels l'indignation des Croisés ne pardonnait pas l'abandon de la marche sur Jérusalem. La timidité stratégique du roi Richard et les hésitations politiques des Franco-Syriens qui l'ont, en l'espèce, déterminée suffisent à expliquer la regrettable retraite de janvier 1192.

Du reste Ambroise, pourtant si peu bienveillant pour le parti capétien, achève de disculper celui-ci quand il nous montre la retraite ayant comme conséquence la dislocation provisoire de l'armée : « À Rames (Ramla) était l'ost découragée, comme je viens de le dire, et, à cause de ce découragement, elle se dispersa. Beaucoup de Français, pleins de dépit, s'en allèrent d'un côté ou de l'autre. Les uns allèrent à Jaffa et y restèrent quelque temps ; les autres revinrent à Acre où la vie n'était pas chère ; d'autres allèrent à Tyr près du marquis de Montferrat qui les avait beaucoup priés ; d'autres, de dépit et de honte, allèrent droit au Casal des Plaines (près de Yâzûr) avec le duc de Bourgogne et y restèrent huit jours entiers. Le roi Richard, avec ce qui restait de l'ost tout affligée, son neveu, le comte Henri de Champagne et les leurs, s'en allèrent droit à Ibelin (Yebnâ) ; mais ils trouvèrent de si mauvais chemins et au soir un si mauvais gîte qu'ils étaient de forte méchante humeur[221]. » Ce texte prouve nettement : 1° que la retraite du duc de Bourgogne vers Yâzûr n'eut lieu qu'après l'ordre de retraite générale donné par Richard ;

2° que si le duc faussa ainsi compagnie à Richard, ce fut précisément par dépit d'avoir vu le roi d'Angleterre décommander la marche sur Jérusalem[222].

Négociations entre Saladin et Richard.
La question des Lieux Saints.

Richard n'avait pas attendu cet échec pour engager de nouvelles négociations. Il s'était de nouveau adressé à Malik al-'Adil pour lequel il éprouvait, semble-t-il, une réelle sympathie. Dès octobre-novembre 1191, tandis qu'il campait autour de Yâzûr, Richard avait envoyé à Saladin et à Malik al-'Adil des messagers pour sonder les dispositions de l'ennemi. Au témoignage d'Ambroise, il invitait le sultan à lui rendre l'ancien royaume de Jérusalem, tel qu'il existait en 1185, à la mort de Baudouin IV, du Jourdain à la Méditerranée[223]. Saladin, qui avait besoin de gagner du temps, feignit d'entrer dans ces vues. Il autorisa son frère Malik al-'Adil à entretenir avec Richard un échange de messagers, porteurs de propositions et de contre-propositions, en même temps que de protestations d'amitié et de petits cadeaux. Richard et al-'Adil faisaient assaut de courtoisie, mais les négociations n'avançaient guère, Saladin refusant de laisser les Francs s'installer à Ascalon et, à plus forte raison, de démanteler le Krak de Moab[224].

Ce qu'il y a de plus curieux dans ces conversations, ce sont les idées de pacification religieuse et de tolérance réciproque qui y apparaissent des deux côtés. Richard lui-même avait beaucoup appris depuis l'exécution des prisonniers de Saint-Jean d'Acre. « Les Musulmans aussi bien que les chrétiens, lui fait dire Behâ al-Dîn, sont décimés par la guerre, et, de plus, le pays est ruiné et dépeuplé. Chacun a fait son devoir et désormais rien ne nous divise, sauf la question du territoire de Jérusalem et de la Vraie Croix. Jérusalem est notre sanctuaire et, dussions-nous périr jusqu'au dernier, nous ne l'abandonnerons pas. Quant au territoire qu'on nous rende ce qui est de ce côté-ci du Jourdain. À l'égard de la Croix, c'est un morceau de bois qui a aussi peu de valeur pour vous qu'il est précieux à nos yeux... ». D'après la même source, le sultan répondit que Jérusalem, l'antique al-Quds, n'était pas moins sainte pour les Musulmans que pour les chrétiens. « C'est le lieu où notre prophète est parti pour son ascension nocturne, le lieu où se rassemblent les anges ». Et Saladin ajoutait qu'il n'oserait même pas mettre en discussion devant les Musulmans la rétrocession de la ville. Enfin pour ce qui était de la restitution de la Palestine, il faisait remarquer que les droits de propriété des Musulmans y étaient bien antérieurs à ceux des Croisés...[225]

Une solution franco-musulmane de la question d'Orient :
le romanesque projet de mariage de Malik al-'Adil
avec Jeanne d'Angleterre.

Richard – on était au 20 octobre 1191 – envisagea alors avec Malik al-'Adil une autre solution, à la vérité singulièrement inattendue et romanesque. Il donnerait en mariage à al-'Adil sa sœur, Jeanne, veuve du roi de Sicile. Richard donnerait à Jeanne la partie de la côte palestinienne qu'il venait de reconquérir, avec Acre, Arsûf, Jaffa et Ascalon. De son côté Saladin céderait à al-'Adil la partie de ce « sahel » qu'il détenait encore. Le couple mixte régnerait conjointement sur la Syrie maritime. Quant à Jérusalem, elle serait aussi l'objet d'une sorte de condominium. La reine Jeanne s'y établirait aux côtés de son époux musulman, avec faculté de s'y faire suivre par des représentants du clergé chrétien, mais, semble-t-il, à titre d'entourage personnel et sans que la ville fût officiellement enlevée à l'Islamisme[226]. « Les chrétiens auraient des prêtres à eux dans le Saint-Sépulcre et pourraient s'y rendre en pèlerinage, mais sans armes[227]. »

Il est intéressant de constater que cette curieuse solution mixte de la question palestinienne, comportant à la fois la fusion des races et l'entente des religions, fut agréée par Malik al-'Adil. Peut-être le frère de Saladin, qui était après lui le membre le plus éminent de la famille aiyûbide et qui devait un jour se montrer le véritable héritier de son génie politique comme de son empire, discerna-t-il tout de suite l'intérêt personnel et le profit qu'il y aurait pour lui-même à régner sur une Syrie franco-musulmane unitaire et pacifiée. Ce qui est encore plus curieux, c'est que Saladin à qui l'historien Behâ al-Dîn vint soumettre le projet de Richard l'accepta à son tour, publiquement et catégoriquement[228].

Mais on avait compté sans la reine Jeanne. La conscience de la jeune femme s'émut à l'idée d'épouser un musulman. Richard, pour laisser la porte ouverte à la négociation, fit alors proposer à Malik al-'Adil de lever lui-même la difficulté en se faisant chrétien. Détail presque invraisemblable, al-'Adil, à la réception de cette nouvelle proposition, ne rompit pas, ne protesta pas avec horreur ; il se contenta de la transmettre au sultan, son frère[229]. Bien entendu Saladin ne put, cette fois, donner son adhésion.

Cependant Behâ al-Dîn signale peu après, à la date du 8 novembre 1191 une nouvelle entrevue particulièrement cordiale de Richard et d'al-'Adil. « Al-'Adil se rendit à la garde avancée où on dressa pour le recevoir une grande tente de campagne. Il avait apporté avec lui des mets, des friandises, des boissons, des objets d'art et tout ce qu'il est d'usage de s'offrir de prince à prince. Le roi d'Angleterre, étant venu le trouver dans sa tente, reçut de lui l'accueil le plus honorable, puis il le conduisit à la sienne et lui fit servir, d'entre les plats particuliers de sa nation, ceux qu'il croyait devoir lui être le plus agréables. Al-'Adil en mangea, et le roi avec ses compagnons mangèrent des mets offerts par al-'Adil. Leur entretien dura plus de la moitié de la journée, et ils se séparèrent avec des assurances mutuelles d'une amitié parfaite et d'un attachement sincère[230]. » Ibn al-*Ath*îr, dans le *Kâmil al-tewârîkh*, ajoute que, sur la demande de Richard, al-'Adil lui fit entendre une chanteuse musulmane qui s'accompagnait de la guitare et dont il se déclara charmé[231].

En somme, si le mariage mixte et la royauté franco-musulmane imaginés par l'esprit romanesque de Richard étaient irréalisables, l'amitié nouée entre le roi d'Angleterre et le frère de Saladin annonçait la politique de rapprochement culturel et de mutuelle tolérance religieuse qui, après Saladin, devait généralement être celle des derniers Aiyûbides et des colons francs. Grâce à cette insensible évolution morale on devait un jour voir se conclure entre les deux éléments, pour le plus grand bien du commerce – pour la plus grande sécurité, aussi du pèlerinage chrétien comme du *H*ajj islamique – une sorte d'accord tacite reposant, en dépit de

Reconstruction d'Ascalon et conquête de Daron par Richard.

Il est vrai que tout le littoral n'était pas encore recouvert. En déconseillant la marche sur Jérusalem, les Templiers avaient recommandé à Richard la réoccupation et la réédification d'Ascalon, démantelée par Saladin[232]. À la fin de janvier 1192, Richard s'y rendit et entreprit la reconstruction des murs. « Tous se mirent à l'œuvre, note Ambroise. Les bons chevaliers, les écuyers, les sergents se passaient les pierres de main en main ; tous travaillaient sans relâche[233]. »

Au printemps de 1192 la reconstruction d'Ascalon fut complétée par la reconquête de Daron (Dârûm, l'actuel Deir al-Bala*h*), l'ancienne place-frontière entre le royaume de Jérusalem et l'Égypte. Le siège fut brusqué, Richard ayant mis son point d'honneur à ne pas attendre l'arrivée du duc de Bourgogne et des contingents capétiens qui arrivaient d'Acre. Le 17 mai il survint devant la place avec une troupe si réduite – des Normands et des Poitevins – que, si la garnison n'avait été frappée de terreur, elle aurait pu emporter son camp. Enfin débarquèrent des renforts angevins avec les mangonneaux. « On débarqua les pierrières, morceaux par morceaux et le preux roi d'Angleterre en personne, lui et ses compagnons portèrent sur leurs épaules – nous le vîmes – les bois des pierrières, tous à pied, le visage couvert de sueur, près d'une haie à travers le sable, chargés comme chevaux et juments[234]. » Cette place-frontière avait grandement été fortifiée par les Aiyûbides : dix-sept tourelles, avec bonne garnison. Mais Richard avait traîné avec lui d'habiles mineurs – des prisonniers alépins capturés à Acre – qui pratiquèrent une sape sous le mur. Le bombardement des machines fit le reste. À la fin, la garnison offrit de se rendre. Trop tard : le roi refusa les conditions proposées et ordonna l'assaut. La place fut prise le 22 mai. Toutefois Richard accorda la vie sauve aux défenseurs de la citadelle[235].

Quelques jours après, des espions apprirent à Richard qu'un détachement de l'armée aiyûbide fortifiait en hâte le château du Figuier (Castellum Ficuum) situé, semble-t-il, au nord de Tell al-*H*asî, nord-est de Gaza[236]. Richard campait alors à Furbie ou Forbie, l'actuel Herbiyâ près de « l'embouchure » du Wâdî al-*H*asî dans la Méditerranée, entre Ascalon et Gaza[237]. Il partit aussitôt avec un peloton de cavalerie, coucha à « la Cannaie des Étourneaux », qui est le Wâdî al-Qa*s*âba, branche du Wâdî al-*H*asî[238], puis, dès le lever du soleil, galopa jusqu'au Figuier. Mais les Musulmans, prévenus de son arrivée, avaient en hâte démantelé le fort et s'étaient enfuis[239]. Toute la Philistie était livrée sans défense aux chrétiens.

Réveil de l'antagonisme entre Conrad de Montferrat et Guy de Lusignan. Négociations de Conrad avec Saladin.

La longue inaction des Croisés entre la restauration d'Ascalon et la reconquête de Daron s'explique par des querelles intérieures. La question dynastique, parmi les Francs de Syrie, se posait à nouveau.

L'énergique marquis Conrad de Montferrat, prétendant à la couronne de Jérusalem depuis son mariage avec la reine Isabelle, était, on l'a vu, le candidat des barons palestiniens qui ne pouvaient pardonner à Guy de Lusignan le désastre de *H*attîn et la perte de Jérusalem. Parmi les partisans les plus actifs du marquis nous rencontrons en effet Balian II d'Ibelin, époux en secondes noces de la reine douairière de Jérusalem Marie Comnène et chef de la puissante famille des Ibelin[240], et Renaud de Sidon, l'habile et souple baron créole qui, en 1189, grâce à sa connaissance de la langue et de la littérature arabes, avait failli jouer Saladin devant Beaufort (Qal'at al-Shaqîf Arnûn) et qui, malgré cela, avait su rester en termes affectueux avec le sultan, tant était grande sa familiarité avec le milieu musulman[241].

Malgré l'appui des barons palestiniens, Conrad n'avait pu obtenir l'amitié de Richard, resté – sans doute pour des considérations de politique aquitaine – obstinément lié à Guy de Lusignan. Conrad s'était donc retiré dans sa ville de Tyr, où, fort de l'appui du parti capétien, il se tenait en état de rupture virtuelle avec le monarque plantagenet. Tandis que Richard par l'intermédiaire d'Onfroi de Toron et de Malik al-

'Adil, négociait avec Saladin, Conrad entreprit une contre-négociation avec le sultan pour faire tourner la paix à son profit. Il choisit pour cette mission Renaud de Sidon, le rusé compère qui connaissait si bien Saladin. Au début de novembre 1191, note le qâdî Behâ al-Dîn, « on annonça l'arrivée au camp du sultan du seigneur de Sidon en qualité d'envoyé du marquis, seigneur de Tyr ». Ce fut précisément Behâ al-Dîn qui reçut le premier Renaud de Sidon. « Le sultan, ayant appris l'arrivée de cet envoyé, ordonna de le recevoir de la manière la plus brillante. On dressa pour le loger une tente pleine de coussins et de tapis dignes des rois. » Indépendamment de l'ancienne amitié du sultan et de Renaud, il y avait à cet accueil des raisons faciles à deviner. Comme le fait observer Behâ al-Dîn, la brouille des Anglo-Angevins avec le marquis de Montferrat constituait un avantage pour les Musulmans, « puisque les ennemis, en le perdant, se voyaient privés de leur chef le plus vigoureux, de leur guerrier le plus exercé et de leur homme politique le plus habile[242] ».

Le 9 novembre 1191, au témoignage de Behâ al-Dîn, Renaud de Sidon fut reçu en audience par Saladin. D'après Ambroise, Balian d'Ibelin l'accompagnait dans cette mission[243]. Par ces ambassadeurs, le marquis de Montferrat demandait, comme condition de son amitié, la rétrocession, par Saladin, de Sidon et de Beyrouth et de la moitié du royaume, y compris, semble dire Ambroise, la moitié de Jérusalem[244]. C'était le moment où, de son côté, Richard proposait la paix sur les bases d'un condominium franco-aiyûbide en Palestine par le mariage de sa sœur Jeanne avec Malik al-'Adil, frère du sultan. Saladin eût peut-être penché du côté de Conrad, si celui-ci avait accepté d'entrer en guerre ouverte avec Richard. Faute d'une telle assurance, il préféra poursuivre les négociations avec le roi d'Angleterre[245].

*Tentative du parti Montferrat
pour enlever Acre au parti Lusignan.*

Comme les princes d'Occident, les marines italiennes, elles aussi, avaient pris parti dans le conflit. Les Génois tenaient pour Conrad de Montferrat, les Pisans pour Guy de Lusignan. En février 1192 les Génois d'Acre formèrent le dessein de livrer la place à Conrad. Le duc Hugue de Bourgogne, chef des contingents capétiens, qui venait de se brouiller avec Richard (il avait refusé de venir rejoindre Richard sous Ascalon), prit les armes pour ses amis génois. Les Pisans se défendirent avec vaillance – le duc de Bourgogne eut son cheval tué, – coururent barricader les portes et finalement forcèrent le duc à se retirer à Tyr. De Tyr, il est vrai, Conrad était descendu au secours des Génois. Il assiégea Acre pendant trois jours, mais Richard, appelé de son côté par les Pisans, accourait à marches forcées. Il arriva de Césarée à Acre en pleine nuit. À cette nouvelle, Conrad, sentant la partie manquée, se retira, lui aussi, à Tyr (20 février 1192). Dès le lendemain, Richard ménagea un rapprochement entre Pisans et Génois[246].

Plus difficile à obtenir était la réconciliation entre Richard et Montferrat. Une entrevue qu'ils eurent à Casal Imbert (al-Zîb, au sud de Râs Nâqûra) n'aboutit pas[247]. Le duc de Bourgogne, allié de Montferrat, rappela même d'Ascalon, durant la semaine sainte de 1192, tous les contingents capétiens qui y servaient encore. Le poète anglo-normand Ambroise est plein d'indignation contre l'oisiveté des soldats capétiens ainsi immobilisés à Tyr : « Ils passaient leurs nuits à danser et portaient sur leurs têtes des guirlandes de fleurs. Ils s'asseyaient devant les tonnes de vin et buvaient jusqu'à matines ; puis ils revenaient par les maisons des filles de joie en brisant les portes, en disant des folies et en jurant tant qu'ils pouvaient[248]. »

Le plébiscite d'Ascalon : Conrad de Montferrat reconnu comme roi de Jérusalem par l'assemblée des barons et par Richard (avril 1192).

À vouloir imposer plus longtemps Guy de Lusignan comme roi de Jérusalem, Richard se heurtait à l'opinion générale. Les barons palestiniens, les Ibelin en tête, ne voulaient plus entendre parler de l'ex-roi, roi de hasard choisi pour sa beauté par le caprice d'une femme amoureuse, prince constamment malheureux qui, à peine introduit par surprise dans l'ancienne dynastie, avait perdu tout le royaume. Malgré son attitude au siège d'Acre, la journée de *Hattîn* – ce Sedan de la France extérieure – était de ces désastres dont un homme, si bien intentionné qu'il puisse être au fond, ne se relève pas. C'est ce qu'avec son sens politique si avisé, Philippe Auguste avait discerné d'emblée, ce pourquoi il avait donné tout son appui à la candidature du chef énergique et habile qu'était Conrad de Montferrat. Richard lui-même malgré sa prévention chevaleresque en faveur du roi sacré à Jérusalem, malgré aussi sa sympathie naturelle de Plantagenet pour ses vassaux Lusignan, se vit dans l'obligation de s'incliner devant le sentiment public.

De mauvaises nouvelles arrivaient d'Europe au roi d'Angleterre. Son frère Jean Sans Terre venait de se révolter[249]. Pour pouvoir quitter la Syrie où il n'avait même pas réussi, depuis le départ de Philippe Auguste et malgré l'appoint des contingents capétiens, à reprendre Jérusalem, il lui fallait régler cette irritante question dynastique qui, depuis sept ans, empoisonnait la vie des colonies franques, et, après avoir causé la perte du royaume de Jérusalem, empêchait sa restauration.

En avril 1192, Richard convoqua donc à Ascalon l'assemblée des barons, et, leur annonçant son prochain départ, les invita à choisir « un chef qui s'entendît à la guerre ». « Tous s'agenouillèrent devant lui, grands, moyens et petits, et le supplièrent d'établir pour roi le marquis (de Montferrat), car c'était le plus capable et le plus utile du royaume[250]. » Richard paraît avoir été stupéfait de l'unanimité d'une telle manifestation, mais force lui fut de se rallier à cet avis qui était celui du bon sens et de l'évidence. Il chargea donc le comte Henri de Champagne d'aller à Tyr chercher le nouvel élu et de l'amener à Acre pour le couronnement[251].

L'élection de Conrad de Montferrat au trône de Jérusalem était à coup sûr l'événement le plus heureux qui pût arriver au royaume. L'unanimité de l'opinion franque en est la preuve. Tous les malheurs de l'État franc venaient de ce que, depuis la mort de Baudouin IV, cette colonie militaire était sans chef digne de ce nom. Seul l'homme fort qu'était Montferrat se révélait capable de rétablir les institutions monarchiques indispensables à la vie de ce camp retranché. Croyons-en l'aveu d'un ennemi aussi clairvoyant qu'Ibn al-A*th*îr, qui reconnaît dans Conrad l'auteur de la reconquête franque, le véritable instigateur de la Troisième Croisade, « l'homme le plus remarquable des Francs pour sa prudence et sa bravoure, l'auteur de toutes les expéditions qui venaient d'avoir lieu[252] ».

Une immense espérance traversa la terre chrétienne. La réconciliation de Richard et de Montferrat, de l'élément croisé et de l'élément colonial, des protégés anglais et des protégés français semblait le gage de la reconquête. La force de la Croisade se mettant enfin sous la direction politique de l'expérience indigène, tout paraissait désormais possible. « Seigneur marquis, fait dire Ambroise à Henri de Champagne, le roi (Richard) et l'ost chrétienne d'Escalone vous ont décerné la couronne et le royaume de Syrie. Venez avec votre armée et conquérez bravement votre royaume[253]. » Le poète normand, pourtant si hostile à Montferrat, doit avouer la joie générale qui éclata à ces nouvelles. Richard n'était qu'un chef de guerre. La reconquête franque avait enfin un chef politique. « Voilà une joie merveilleuse, tous les gens en liesse et en grande presse de se préparer, eux et leurs bagages. De tous côtés on voyait saisir les armures, revernir les heaumes et les chapeaux de fer, les écuyers fourbissaient les belles épées et roulaient les haubers, les chevaliers et les sergents prenaient déjà des poses de combat, pour frapper sur l'ennemi. »

Ce fut alors que se produisit le drame inattendu qui causa la ruine de tant de légitimes espérances.

Le drame du 28 avril 1192.
Assassinat de Conrad de Montferrat.

Sur les causes du drame du 28 avril 1192, où Conrad de Montferrat trouva la mort, il existe plusieurs versions. Nous laisserons de côté celle qui accuse le roi Richard d'avoir armé le bras des assassins : elle ne correspond ni à l'attitude générale de Richard, rallié maintenant à la royauté de Conrad, ni au caractère du monarque Plantagenet, capable, certes, des pires cruautés guerrières, non d'une telle perfidie[254].

Restent deux versions : l'instigateur de l'assassinat serait Saladin ; ce serait le grand maître des Assassins lui-même, le célèbre Rashîd al-Dîn Sinân.

Chose curieuse, c'est l'historien arabe Ibn al-A*th*îr qui incrimine Saladin : « Saladin envoya un message au chef des Ismâ'îliens, Sinân, en lui faisant des offres s'il tuait le roi d'Angleterre et une autre offre (10 000 pièces d'or) s'il tuait le marquis (de Montferrat). Il ne fut pas possible aux Ismâ'îliens d'assassiner le roi d'Angleterre et, du reste, Sinân ne jugea pas ce meurtre avantageux pour sa secte, de peur que Saladin, débarrassé des Francs, ne tournât ses efforts contre les Ismâ'îliens. Désireux cependant de toucher la somme promise, il inclina donc vers le meurtre du marquis[255]. »

Pour les chroniqueurs franco-syriens, comme Ernoul et le Continuateur d'*Éracles*, – lesquels, remarquons-le, auraient dû être portés cependant à incriminer soit Saladin, soit Richard, – l'assassinat est l'œuvre directe des Ismâ'îliens, Conrad s'étant attiré l'inimitié de la secte par un acte de piraterie comme il s'en commettait tant sur les côtes syriennes. Son bailli à Tyr, Bernard du Temple, avait saisi un navire marchand arabe, frété par des Ismâ'îliens. Le navire portait une riche cargaison. Conrad la convoita, « dont Bernart du Temple dit au marquis : « Je vos en délivrerai mouie bien, si "que parole n'en sera jamais oïe." Lors les fit une nuit (= les matelots) noïer en la mer[256]. »

Dans son nid d'aigle de Qadmûs, le grand maître Sinân fut instruit du meurtre de ses gens et du rapt de ses marchandises. Par deux fois, il fit inviter Conrad à rendre le vaisseau, la cargaison et aussi l'équipage. Conrad, sans doute assez embarrassé, déclara tout ignorer de l'affaire. Le grand maître répondit par des menaces vagues auxquelles le marquis eut le tort de ne prêter aucune attention. Or Sinân disait vrai : il venait d'envoyer à Tyr deux *fidâ'îs* qui, pour inspirer confiance, se firent baptiser en choississant comme parrains Balian II d'Ibelin et Conrad lui-même.

Un soir – le 28 avril 1192 – la reine Isabelle, la jeune femme de Conrad, s'attardait au bain. Conrad, las de l'attendre pour dîner, alla s'inviter chez l'archevêque de Beauvais, Philippe de Dreux. Il sortait de l'hôtel du prélat, lorsque, dans les ruelles étroites qui avoisinaient le change, un des *fidâ'îs* l'aborda en lui tendant un message et lui plongea un poignard dans le flanc. Le marquis expira presque aussitôt.

Désastre que constitua pour le rétablissement de l'autorité monarchique l'assassinat de Conrad.

La mort de Conrad de Montferrat fut une des pires catastrophes de l'histoire de la Syrie franque. Ce chef énergique était le véritable auteur du redressement franc. C'était lui qui, aux plus mauvaises heures de 1187, après le désastre, quand tout sombrait, quand chevaliers et forteresses se rendaient sans combat, avait constitué à Tyr le premier foyer de résistance, amené les Francs à se ressaisir, fait reculer Saladin, permis la Troisième Croisade et la reconquête. C'était l'homme fort, le politique adroit, seul capable de restaurer l'institution monarchique franco-syrienne, et, au seuil du treizième siècle, de recommencer l'œuvre menée à bien par Baudouin Ier au début du douzième. L'aveugle hostilité des Anglo-Angevins avait longtemps contrarié son action en ce sens. Leur ralliement à sa cause allait enfin lui permettre de donner toute sa mesure. Et voici qu'il disparaissait à cet instant précis, quand l'unanime acclamation des Francs, attestée même par son ennemi Ambroise, témoignait de leur joie devant la monarchie retrouvée.

Cette royauté syrienne, Conrad de Montferrat l'avait désirée passionnément, âprement, comme l'avait désirée naguère ce Baudouin Ier qu'il rappelait à tant d'égards. Un autre Baudouin Ier, voilà bien ce que pressentait en lui la Syrie franque. Comme Baudouin Ier, Conrad venait de conquérir de haute lutte la couronne, aimant violement le pouvoir suprême. Au contraire, les princes qui vont lui succéder, Henri de Champagne, Amaury de Lusignan, – excellents rois du reste, – accepteront, ainsi que jadis Foulque d'Anjou par exemple, la royauté syrienne comme un devoir : et cette différence seule montre tout ce qu'avait perdu l'institution monarchique en perdant le grand Piémontais.

La monarchie franque ne se relèvera jamais entièrement du coup de poignard des Assassins en ce sinistre 28 avril 1192.

Choix de Henri de Champagne comme chef du royaume franc. Son mariage avec Isabelle de Jérusalem (5 mai 1192).

Le choix d'un nouveau roi s'imposait avec d'autant plus d'urgence qu'on savait Richard sur le point de quitter l'Orient. À la nouvelle de l'assassinat du marquis de Montferrat, le comte Henri de Champagne était accouru à Tyr. Aussitôt, spontanément et unanimement, les habitants de cette ville l'acclamèrent comme roi, en lui demandant d'épouser la veuve de Conrad, la princesse Isabelle, héritière légitime de l'ancienne dynastie hiérosolymitaine comme dernière fille d'Amaury Ier.

Dans l'état des choses, on ne pouvait faire de meilleur choix. Le comte Henri II de Champagne, neveu, à la fois, de Richard Cœur de Lion et de Philippe Auguste[257], pouvait réconcilier en sa personne le parti plantagenet et le parti capétien. C'était de plus un homme jeune, réfléchi et sûr. Si nous en croyons le continuateur de Guillaume de Tyr, il ne témoigna au début qu'un enthousiasme médiocre pour l'honneur qui allait lui échoir[258]. Tout d'abord il ne voulut rien faire sans l'agrément de son oncle Richard. Lorsque ce dernier fut accouru d'Acre à Tyr pour le presser d'accepter la couronne, Henri fit encore de sérieuses objections. Il semble qu'il ait eu la nostalgie de sa terre champenoise. D'autre part la reine Isabelle, qu'on voulait lui faire épouser pour le rattacher à la légitimité hiérosolymitaine, était une beauté qui avait passé par bien des mains. Mariée d'abord au bel Onfroi de Toron, qu'elle regrettait toujours, séparée d'Onfroi par la force, remariée également de force à Conrad de Montferrat et maintenant veuve de ce dernier, elle restait enceinte du marquis[259]. La chose n'allait pas sans inconvénient, même au point de vue dynastique, comme le rappelle savoureusement notre chroniqueur. Car ces inconvénients, Richard n'avait pu les cacher à son neveu : « Li dist (le roi Richard au comte de Champagne) que cele dame que il li volait doner, ele esteit grosse dou marquis ; et, se ele portoit heir (= héritier) masle, il (= l'enfant) aureit le reiaume. Et il (= le comte de Champagne) li respondi : "Et je seroie encombré de la dame !...[260]." Henri ne se serait laissé persuader que sur promesse formelle que Richard reviendrait prochainement d'Europe avec de nouveaux renforts pour reconquérir tout l'ancien royaume latin.

Le poète Ambroise nous présente la succession des faits sous un jour un peu différent[261]. À la mort de Conrad de Montferrat, sa veuve, la reine Isabelle, s'était barricadée dans Tyr en déclarant qu'elle ne remettrait la ville qu'au roi de France ou à un de ses représentants. Mais quand arriva le comte de Champagne, les barons de Syrie et les barons français – il y avait plus de 10 000 soldats capétiens qui, sous les ordres du duc de Bourgogne, campaient près de Tyr – l'acclamèrent spontanément comme roi et l'invitèrent à épouser Isabelle. Henri demanda seulement le temps d'obtenir l'adhésion de son oncle le roi Richard. Celui-ci – qui était encore à Ramla – manifesta la plus grande joie en apprenant la désignation de son neveu. Toutefois il chercha à dissuader Henri d'épouser Isabelle sous prétexte que le divorce de la princesse avec Onfroi de Toron était sans valeur, en réalité, semble-t-il, parce qu'Isabelle avait révélé son attachement au parti capétien. Notons qu'un tel conseil montrait l'esprit impolitique du monarque anglais, l'élection de Henri de Champagne à la couronne de Syrie ne pouvant se légitimer que par son mariage avec l'héritière de la dynastie d'Ardenne-Anjou. Henri le sentait si bien qu'il passa outre au veto de son oncle. « Vous auriez vu là (à Tyr) le grand empressement autour de lui des hauts hommes, lui demandant tous de prendre la marquise pour femme. Il n'osait le faire contre l'avis du roi d'Angleterre, mais c'était elle qui était l'héritière du royaume et le comte la convoitait fort. On mena si bien la chose que la marquise en personne, quoiqu'on l'en eût beaucoup dissuadée, alla remettre au comte les clés de la ville (de Tyr). Les Français (c'est-à-dire ici les barons capétiens) ne perdent pas un moment : ils envoient chercher le prêtre et ils lui font épouser la dame. » « Et par mon âme, ajoute le bon poète, j'en aurais fait autant [car ele estoit trop bele et gente] ; aussi je crois que le comte fut bien vite disposé à l'épouser. Voilà les noces et une joie telle que je ne crois pas que, dans toute ma vie j'en voie de pareille. Voilà une affaire réglée sans envie, sans dispute et sans fraude. Voilà le pays en bon état et en bonne espérance avec le comte de Champagne qui était neveu du roi de France et du preux roi d'Angleterre[262]. » Les noces furent célébrées à Tyr le 5 mai 1192.

Ambroise nous décrit ensuite l'entrée triomphale de Henri dans Saint-Jean-d'Acre, aux côtés de la jeune Isabelle « plus blanche qu'une perle ». « Vous auriez vu là une belle réception, les processions réunies, les rues tendues de courtines, aux fenêtres et devant les maisons des encensoirs pleins d'encens. Tous les gens de la ville, près de 60 000 ou plus, sortirent d'Acre tout armés et allèrent à sa rencontre. Les clercs le menèrent à l'église, lui apportèrent les reliques et lui firent baiser la sainte Croix et il remit son offrande à beaucoup de gens. » La joie des colons francs s'éclaire à la leçon des événements. Le peuple était las de l'espèce d'interrègne qui, sous des formes diverses, se prolongeait depuis *Hatt*in, de l'anarchie qui s'ensuivait et qui paralysait la reconquête. On renouait la continuité dynastique. L'histoire reprenait[263].

Solution de l'antagonisme dynastique : établissement de l'ex-roi Guy de Lusignan à Chypre (mai 1192).

L'élection de Henri de Champagne comme roi de Jérusalem, succédant à celle de Conrad de Montferrat, achevait d'enlever à Guy de Lusignan tout espoir sur la Syrie franque. Définitivement éliminé par l'unanimité des barons du pays, abandonné même par Richard, son dernier protecteur, l'ex-roi fut cependant sauvé par celui-ci.

On a vu qu'avant d'arriver en Syrie le roi d'Angleterre, en mai 1191, avait conquis l'île de Chypre sur les Byzantins. Quelque peu embarrassé de sa conquête, Richard avait vendu l'île aux Templiers pour 100 000 ducats. Mais ceux-ci réussirent assez mal. Le 5 avril 1192, veille de Pâques, éclata un soulèvement général de la population grecque de Nicosie, la capitale. Un grand nombre de Latins furent massacrés et, si le Templier Arnaud Bouchart réussit avec 14 de ses frères, 29 autres cavaliers et 74 piétons à se défendre dans le château de Nicosie et même à tailler en pièces les assiégeants, l'Ordre, las de cette propriété dangereuse et coûteuse, restitua l'île à Richard. Ce fut alors que celui-ci eut l'idée d'y installer son protégé, le roi sans terre Guy de Lusignan. En mai 1192 il l'envoya pacifier l'île. Guy contracta ensuite auprès des bourgeois de Tripoli un emprunt qui lui permit de payer à Richard un premier acompte de 40 000 ducats pour la possession de Chypre[264].

Ainsi fut fondé un nouveau royaume latin – c'est-à-dire français – d'Orient, le royaume de Chypre, où la dynastie poitevine des Lusignan devait se perpétuer depuis 1192 jusqu'à 1472, deux siècles après la chute de la Syrie franque.

Du point de vue du royaume franc de Syrie, l'établissement de Guy de Lusignan en Chypre présentait le grand avantage de régler définitivement la question dynastique.

La marche sur Jérusalem et l'opposition de Richard.

Après sa reconnaissance comme chef de l'État franc et son mariage avec Isabelle, Henri de Champagne descendit d'Acre avec toutes les forces des barons syriens et des Croisés français – ces derniers sous les ordres du duc Hugue de Bourgogne – pour aller se joindre au roi Richard qui campait toujours à Ascalon, relevée et fortifiée par ses soins. Quand la jonction s'opéra, le 24 mai 1192, Richard venait, comme nous l'avons vu, d'enlever la veille aux Aiyûbides la petite forteresse de Daron (Deir al-Bala*h*), située à une trentaine de kilomètres au sud d'Ascalon, à une quinzaine de kilomètres au sud de Gaza.

Le regroupement, autour d'Ascalon, de toutes les forces chrétiennes – Anglo-Normands, Angevins et Aquitains du roi Richard, Français capétiens du duc de Bourgogne, Francs de Syrie du comte de Champagne – permettait d'entreprendre la marche, trop longtemps remise, sur Jérusalem. Toute l'armée n'attendait que cela.

Or c'était l'époque où d'Angleterre les plus mauvaises nouvelles arrivaient à Richard sur la révolte de son frère Jean sans Terre. Très inquiet il annonça son prochain départ. Mais l'armée n'entendait pas renoncer à la reconquête de Jérusalem, objectif de toute la Croisade. « Tous les barons s'assemblèrent, Français, Normands, Poitevins, Anglais, Angevins et Manceaux. Ils dirent tous que, quoi que fît Richard, eux iraient tous ensemble à Jérusalem. Je ne sais qui s'échappa du conseil, vint aux gens de l'ost et leur raconta que les hauts hommes et les comtes avaient décidé qu'on irait assiéger Jérusalem. Voilà dans l'ost une grande joie chez les grands et chez les petits, une telle espérance, une telle allégresse, un tel allégement et une telle gloire qu'il n'y avait personne, grand ou petit, jeune ou vieux, qui ne montrât une joie désordonnée, excepté seulement le roi (Richard). Il ne se réjouit point, il se coucha tout affligé des nouvelles qu'il avait apprises. Quant aux gens de l'ost, ils étaient tellement en liesse qu'ils se mirent à danser et ne se couchèrent qu'après minuit[265] ».

Richard allait donc, malgré lui, conduire la Croisade sur la route de Jérusalem. Mauvaises conditions pour un chef d'armée à la veille d'une telle entreprise.

Seconde marche de Richard vers Jérusalem (juin 1192).

Dans la troupe le départ fut toute joie. « En juin, écrit Ambroise, quand le soleil à son lever détruit la rosée, quand tout se réjouit dans le monde, l'ost quitta la Cannaie (c'est-à-dire la région du Wâdî al-*H*asî), se mit en marche et descendit par les plaines vers Ibelin de l'Hôpital (Beit Jibrîn)[266]. » Mais au lieu de pousser plus à l'est, Richard ramena l'armée à Ascalon. On croyait qu'il allait se rembarquer. Toutefois son chapelain, Guillaume de Poitiers, avait réussi à le faire changer de sentiments. Ébranlé par les objurgations du prélat, il promit de rester jusqu'aux prochaines Pâques, et le 7 juin 1192 il quitta Ascalon avec toute l'armée pour entreprendre la marche tant attendue sur Jérusalem[267].

Malgré la chaleur de l'été palestinien, la mystique de la Première Croisade était revenue : « On vit des gens de haut rang faire œuvre d'humilité, d'honneur, de charité et de courtoisie, car ceux qui avaient des chevaux y faisaient monter les pauvres pèlerins et allaient à pied après eux, hauts hommes et bacheliers. »

La première étape conduisit l'armée à Blanche Garde, l'arabe Tell al-*S*âfiya, où elle campa la nuit du 7 juin et la journée du 8. Le 9 juin elle fit mouvement sur le Toron des Chevaliers qui est soit, comme le dit Clermont-Ganneau, Lâ*t*rûn ou Nâ*t*rûn, soit, comme le veut Van Berchem, le village d'al-Bureij, près de Tibna, entre Tell-*S*âfiya et Lâ*t*rûn[268]. Le 10 juin Richard atteignit le Chastel Arnaud, hauteur entre Lâ*t*rûn et Beit Nûbâ, et le 11 juin il avança jusqu'à Beit Nûbâ même, la Bétenoble des chroniqueurs[269].

L'armée chrétienne à Beït Nûbâ. Richard à Qolûniya :
Jérusalem à l'horizon.

L'armée stationna plusieurs semaines à Beit Nûbâ pour attendre Henri de Champagne qui était allé à Acre chercher des renforts, sans doute aussi des machines de siège et ramener les nouveaux pèlerins, les retardataires et les déserteurs. On peut se demander avec Ambroise si Richard ne perdit pas ainsi un temps précieux. À Beit Nûbâ on n'était plus qu'à 20 kilomètres à vol d'oiseau de Jérusalem. Le 12 juin au matin,

Richard, lancé à la découverte de patrouilleurs aiyûbides qu'on lui avait signalés du côté d'Emmaüs (Amuwâs), les surprit aux premières lueurs de l'aube, puis les poursuivit sur la route de Jérusalem jusqu'en vue de la ville sainte, sans doute à hauteur de Qolûniya[270]. Ainsi quatre-vingt treize ans auparavant, le 7 juin 1099, les chevaliers de la Première Croisade, venus de ce même site d'Emmaüs, avaient aperçu le panorama de Jérusalem dans les feux du matin[271]. « Les Musulmans, affirme Ambroise, eurent une telle peur que, si le roi avait eu l'ost avec lui, Jérusalem aurait été délivrée[272]. »

Sans confesser une telle panique, Behâ al-Dîn nous décrit en termes saisissants l'alerte qui se produisit alors à Jérusalem où Saladin et ses émirs prirent de hâtives mesures de défense, se partageant la garde des remparts, et faisant, dans toute la banlieue, boucher les sources, ruiner les citernes, combler les puits, corrompre les eaux[273]. Déjà un ermite syriaque des environs, l'abbé de Saint-Élie[274] « qui ne vivait que de pain et de raves, avait une grande barbe et l'air d'un saint homme », venait offrir à Richard une croix, soigneusement cachée jusque-là par ses soins et qui, contenant une morceau de la Vraie Croix, pouvait remplacer celle-ci. N'était-ce pas le miracle d'Antioche qui se renouvelait et l'armée, électrisée par cette découverte, n'allait-elle pas recommencer Godefroi de Bouillon ? « On apporta la croix dans l'ost qui en fut toute réconfortée et on pleura bien des larmes en l'adorant[275] ».

Inexplicablement Richard continuait à stationner à Beit Nûbâ. Cette immobilité présentait pourtant des inconvénients graves. L'état-major aiyûbide, d'abord paralysé par l'invasion, se ressaisissait, reprenait l'intiative. Dès le 12 juin un raid de cavalerie aiyûbide – 200 hommes résolus – avait attaqué par surprise le camp chrétien et fait des victimes. Les Hospitaliers et les Templiers, plus habitués que les Croisés à la guerre musulmane, mirent enfin les agresseurs en fuite et Ambroise mentionne à ce sujet la folle bravoure de l'hospitalier Robert de Bruges qui, au mépris de la règle de son ordre, chargea les Turcs à lui tout seul[276]. Le 17 juin l'alerte fut plus grave. L'armée chrétienne attendait une grande caravane de vivres venant de Jaffa sous la garde de Ferri de Vienne. À hauteur de Ramla le convoi, qui s'éclairait mal, fut assailli par un corps de cavalerie aiyûbide sous les ordres de Badr al-Dîn

Duderim[277]. Ambroise énumère les prodiges de valeur accomplis par les chevaliers de l'escorte, Manessier de Lille « qui avait un cheval gris pommelé », Baudouin le Caron et Étienne de Longchamp[278]. Il n'en est pas moins vrai que les Croisés perdirent une trentaine de morts ou de prisonniers et qu'ils ne furent sauvés que par l'arrivée inopinée du comte de Leicester. La vue des prisonniers francs ramenés à Jérusalem rendit courage aux défenseurs de la ville, hier encore si déprimés[279].

Refus de Richard d'attaquer Jérusalem.

À s'immobiliser plus longtemps au camp de Beit Nûbâ, l'armée chrétienne perdait l'initiative des opérations. La foule des Croisés le comprenait, les Français surtout, c'est-à-dire les soldats de l'armée capétienne commandés par le duc Hugue III de Bourgogne. Ils pressaient Richard de les conduire jusqu'à Jérusalem, si proche[280]. Mais Richard refusa. « Ce n'est pas possible, lui fait dire son panégyriste Ambroise ; jamais je ne serai le chef d'une expédition dont je serai blâmé ensuite. Saladin connaît notre marche et les forces que nous avons. Nous sommes loin de la mer, et si lui, avec ses Sarrasins, descendait dans les plaines de Ramla et nous coupait de nos vivres pendant que nous ferions le siège de Jérusalem, l'affaire tournerait mal pour nous[281]. » Et il décida les Croisés à s'en remettre à l'avis des Francs de Syrie, à commencer par les Templiers et les Hospitaliers, qui connaissaient bien le pays.

Les Francs de Syrie, consultés de la sorte, furent d'avis qu'assiéger Jérusalem dans les conditions où on se trouvait était une entreprise hasardeuse. Comme l'exposait Richard, l'armée chrétienne, aventurée au cœur de l'aride massif judéen, pouvait être coupée de ses bases maritimes par les forces aiyûbides, affamée et encerclée. Mieux valait soit aller reprendre Beyrouth, qui manquait encore à la reconquête du littoral, soit attaquer l'empire aiyûbide à un de ses points vulnérables dans le Delta égyptien, par exemple vers Damiette ou Alexandrie, avec le secours des flottes italiennes, maîtresses de la mer. Atteint de ce côté dans ses forces vives, Saladin s'estimerait heureux, pour avoir la paix, de rétrocéder aux Francs, comme monnaie d'échange, l'imprenable Jérusalem.

C'était en somme, déjà esquissée, l'habile politique de la Cinquième Croisade, celle de Jean de Brienne et aussi de la croisade de saint Louis, politique à longue portée qui, en 1218 comme en 1250, fut bien près de réussir. Saladin, qui se souvenait des campagnes d'Égypte du roi Amaury Ier, comprenait mieux que quiconque toute l'étendue du péril. « Sachant, note un peu plus loin Behâ al-Dîn, que l'ennemi s'était procuré beaucoup de chameaux et autres bêtes de somme, il conçut de grandes craintes pour l'Égypte, pays que le roi d'Angleterre avait plusieurs fois manifesté l'intention d'envahir[282]. »

Bien que ce plan fût peut-être en effet préférable, les contingents capétiens, qui suivaient Richard plus en alliés qu'en subordonnés, ne se résignèrent pas sans colère à abandonner le but de la Croisade, au moment même où on semblait l'atteindre. Les Français allèrent jusqu'à annoncer qu'ils iraient, sans leurs compagnons d'armes, assiéger Jérusalem à eux seuls, et il fallut l'opposition formelle du roi d'Angleterre pour les en empêcher[283].

Le raid de la Citerne Ronde et l'enlèvement de la caravane d'Égypte (23 juin 1192).

Une diversion mit fin à ce douloureux conflit. Depuis qu'il était maître d'Ascalon et de Daron et ainsi en contact direct avec le désert sinaïtique, Richard avait pris à sa solde divers partis de Bédouins. « Les Bédoyns s'acointèrent dou rei et prirent de lui fiance et li jurèrent que il li serviroient leiaument et espiereient (espionneraient) et li fereient assavoir l'estre de Salahedin et de toute la payenisme. » Le même chroniqueur ajoute que plusieurs des mamelûks turcs au service du sultan s'étaient eux-mêmes laissé gagner. « Les mamelos oirent parler de la largesse et des dons dou rei. Chascun qui se courouseit à son seignor, il s'en fuioient et veneient au rei d'Engleterre. Il fu aucune fois que le rei aveit des mamelos bien trois cens, dont il mena o (avec) lui cent et vingt mamelos Outre-mer, quant il s'en parti de cest pays[284]. » Amorce d'une politique coloniale allant jusqu'à la création de contingents indigènes. Pour la surveillance des confins égypto-palestiniens, point faible de l'empire de Saladin, Richard employait aussi des Syriens chrétiens déguisés en musulmans comme ce « Bernard l'espion » et ses compagnons « habillés en Sarrasins » que mentionne Ambroise : « Et je peux bien vous dire que jamais je n'ai vu de gens qui ressemblent plus à des Sarrasins et qui parlent mieux sarrasinois[285]. » Mais c'étaient surtout les Bédouins qui lui servaient à espionner les allées et venues des armées aiyûbides, comme aussi à connaître à l'avance l'itinéraire des caravanes musulmanes[286].

Or au moment où Richard, ayant renoncé à assiéger Jérusalem, ramenait l'armée de Beit Nûbâ vers Ramla, comme il était arrivé à hauteur du Toron des Chevaliers[287], c'est-à-dire à Lâtrûn (ou près de Lâtrûn), le 20 juin 1192, voici que Bernard l'espion et ses Bédouins arrivèrent au camp pour lui signaler l'approche d'une énorme caravane – plus de quatre mille chameaux – envoyée d'Égypte en Palestine sous la protection d'un détachement de l'armée que commandait un frère utérin de Malik al-'Adil, nommé Falik al-Dîn. Après avoir fait halte quatre jours à Bilbeis, dans le Delta oriental, la caravane et son escorte, rassurées par la tranquillité apparente des confins palestiniens, avaient traversé le désert d'al-Jifar à al-'Arish, et venaient de s'engager dans le désert de Juda, à l'angle sud-ouest du massif judéen. Beaucoup moins tranquille sur leur sort, Saladin envoya à leur rencontre une reconnaissance de 500 cavaliers sous les ordres de son écuyer Aslim et du mamelûk Altûnbughâ – le Taureau d'Or. Les deux officiers avaient mission d'infléchir la marche de la caravane vers le désert d'Idumée pour éviter toute surprise des Francs. Mais ayant passé à l'aller par la piste Jérusalem, Hébron, Tell al-Hasî sans rencontrer d'ennemis, ils en conclurent qu'il n'était pas nécessaire de détourner la caravane beaucoup plus au sud et la guidèrent de ce côté. Ce fut ainsi qu'ils la conduisirent, pour s'abreuver, au puits (Bîr) d'al-Khuwaîlfa[288], la Citerne Ronde des chroniqueurs latins (Cisterna Rotunda), point d'eau situé à environ 25 kilomètres au sud-est de Tell-Hasî, à une trentaine de kilomètres au sud-ouest d'Hébron. Là Aslim et Altûnbughâ permirent à la caravane de s'égailler pour abreuver les bêtes. Toutefois l'émir Aslim recommanda de se remettre en marche pendant la nuit pour gagner la montagne du côté de Dâharîya d'où on pourrait plus facilement surveiller les environs. Mais Falik al-Dîn n'en fit rien, craignant qu'une marche de nuit ne dispersât les éléments de la caravane. Avant l'aube les Francs attaquèrent[289].

Dès qu'il avait reçu le rapport de Bernard l'étranger, le roi Richard était monté à cheval avec le duc de Bourgogne, cinq cents chevaliers et mille sergents montés, tous cavaliers d'élite, et, toujours guidé par Bernard, était parti au galop de Lâtrûn en direction du sud-ouest. C'était le dimanche 20 juin, au soir. Ils chevauchèrent toute la nuit, au clair de lune et ne firent halte qu'en arrivant à « la Galatie », l'actuel Qarâtîya, à 15 kilomètres au sud-ouest de Tell al-Sâfiya et à 18 kilomètres à l'est d'Ascalon[290]. De là Richard envoya ses écuyers chercher des vivres à Ascalon.

Pendant que Richard bivouaquait à la Galatie, un indigène vint le prévenir que la caravane d'Égypte faisait halte à 20 kilomètres au sud-est, au point d'eau de la Citerne Ronde qui est, nous venons de le voir, le puits de Khuwaîlfa, en plein désert de Negeb. – Ne se fiant pas à cette seule assurance, Richard envoya en reconnaissance un Bédouin dévoué à sa cause, avec deux sergents, « Turcoples preux et avisés ; il fit entourer de linge la tête des Turcoples à la façon des Bédouins et des autres Sarrasins. Ils partirent dans la nuit, montèrent et descendirent les collines, si bien que, sur une colline, ils virent je ne sais combien de Sarrasins qui faisaient le guet. Le Bédouin, accompagné de l'espion, s'approcha d'eux pas à pas et dit à ses deux compagnons de se taire, pour qu'on ne les reconnût pas. Les Turcs demandèrent d'où ils venaient. Le Bédouin entra en communication et dit qu'ils venaient d'Ascalon où ils avaient fait du butin. L'un des Turcs se prit à dire : "Vous venez plutôt pour nous faire du mal. Tu es avec le roi d'Angleterre." Le Bédouin dit : "Vous mentez." Il poursuivit son chemin et s'approcha des caravanes. Les Turcs avec leurs arcs et leurs dards les suivirent quelque temps. Enfin ils en furent ennuyés et les laissèrent, croyant qu'ils étaient des leurs[291]. » Après avoir tout observé, Bédouins et Turcoples rentrèrent à la Citerne Ronde faire leur rapport au roi.

C'était le 22 juin 1192. Le soir tombait. Richard fit donner de l'orge aux chevaux, manger ses gens, et monta en selle avec tous les siens, lui en avant-garde, le duc de Bourgogne en arrière-garde. On marcha toute la nuit, une belle nuit d'été qui conduisit sans encombre la colonne jusqu'à la Citerne Ronde autour de laquelle campait la caravane.

Un peu avant l'aube, Richard donna l'ordre d'attaque (23 juin 1192). La surprise fut complète. Perdant la tête, les soldats aiyûbides qui escortaient la caravane – ils étaient près de 2 000 – prirent la fuite et se dispersèrent du côté des montagnes. Quant aux caravaniers, ils s'enfuirent, eux aussi, dans le Négeb, en abandonnant bêtes et marchandises. « Tout comme des lévriers chassent le lièvre dans la plaine, ainsi par la montagne nos gens chassaient les leurs, et les mettaient en telle déroute qu'ils s'enfuyaient tout déconfits et dispersés, laissant là la caravane ; et nos gens les poursuivaient toujours, à droite et à gauche et la fuite des Turcs dans le vaste berruie (= la steppe du Négeb)[292] fut poussée si loin qu'ils tombaient morts de soif ; et ceux que les chevaliers atteignaient, ils les renversaient et les sergents les tuaient. Vous auriez vu là des gens mal arrangés, des selles qui tournaient, et les beaux coups donnés par le preux roi d'Angleterre[293]. »

Les troupes aiyûbides une fois massacrées ou dispersées, Richard fit main basse sur la caravane. « Les gens qui menaient la caravane venaient se rendre prisonniers aux sergents et aux chevaliers et leur amenaient par la bride les grands chameaux tout chargés, et les mulets et les mules qui portaient des biens si précieux et tant de richesses : or, argent, étoffes de soie et de velours du pays de Damis, des mustabets, des étoffes de Bagdad, des ciglatons, des étoffes de pourpre, des casingans, des courtes-pointes, de beaux vêtements élégants, de beaux pavillons et de belles tentes parfaitement travaillées, des électuaires et des médecines, des bassins, des outres, des échiquiers, des pots et des chandeliers d'argent, du poivre, du cumin, du sucre, de la cire en quantité incalculable, des épices de tout genre, et tant d'autres choses précieuses, et de belles armures, enfin une telle richesse que dans aucune guerre on n'avait fait dans le pays un tel butin... Quand la chiennaille fut mise à mort et la riche caravane prise, on eut beaucoup d'embarras pour rassembler les chameaux de course qui donnèrent grande peine à l'ost, car ils s'enfuyaient si fort, quand les gens à cheval les poursuivaient, qu'il n'y a rien d'assez rapide, cerf ou biche, daim ou gazelle, qui eût pu les atteindre, s'ils avaient pris un peu d'avance.

Ceux qui enfin les rassemblèrent estimèrent que les chameaux qu'on avait gagnés là montaient à quatre mille sept cents, et il y avait tant de mules et de mulets, d'ânes sûrs et robustes qu'on ne put jamais les compter[294] » (23 juin 1192).

Troisième menace de Richard contre Jérusalem (3 juillet 1192).
Abandon définitif du siège de la Ville Sainte.

Après l'enlèvement de la caravane d'Égypte, Richard remonta vers Ramla. Il y fut rejoint par Henri de Champagne qui descendait d'Acre avec des renforts (25 juin). Puis toute l'armée, reprenant la route de Jérusalem, revint camper à Beit Nûbâ. De nouveau les Croisés français, les barons capétiens – le duc de Bourgogne en tête – réclamèrent l'attaque de Jérusalem. De nouveau Richard s'y opposa.

Or la lecture des historiens arabes est décisive : une attaque chrétienne, se produisant à ce moment, aurait eu de grandes chances de succès parce que le moral, dans l'armée aiyûbide, était au plus bas. Dans Jérusalem, où Saladin venait de s'enfermer, c'était un véritable désarroi. La nervosité des émirs laissait présager une mutinerie et la dislocation de l'armée. Une mésentente croissante dressait les uns contre les autres les officiers kurdes, compatriotes de Saladin, et les officiers turcs qui formaient les cadres des régiments mamelûks. Haines de race qui menaçaient de s'aggraver en cette heure de doute. « Sans votre présence, exposait au sultan un de ses familiers, jamais les Kurdes n'obéiraient à des Turcs, ni les Turcs à des Kurdes[295]. » Leurs dissensions étaient si notoires que même le poète Ambroise a entendu parler de ces querelles entre « les Cordins et les Mamelons »[296]. « Le 20 jumada second – c'est-à-dire le 3 juillet 1192 – fut à Jérusalem une journée pénible, absorbée par les préparatifs de défense », note Behâ al-Dîn dans ses mémoires. Le sultan était sombre et taciturne. Le soir, comme, après la prière, nous commencions à nous retirer, il me rappela et me dit : « Sais-tu ce qui m'arrive ? Les mamelûks et les émirs se sont réunis ; ils nous blâment de songer à défendre Jérusalem et refusent de s'y prêter. Ils craignent d'être bloqués et de subir le sort de la garnison d'Acre. Le seul parti, disent-ils, est de sortir et livrer bataille. Si Allâh nous permet de vaincre, nous

nous emparerons des biens de nos ennemis. En cas de défaite Jérusalem sera perdue, mais l'armée sera sauvée ». Ce qui est plus extraordinaire encore, c'est l'arrière-pensée défaitiste qui guidait ces conciliabules de généraux : « Pendant longtemps, disaient les émirs, nos armées ont su défendre l'empire musulman sans avoir eu besoin de Jérusalem[297]. » Paroles qui, à coup sûr, ne témoignent pas d'une très grande confiance. La lutte en rase campagne, envisagée par les officiers aiyûbides comme un pis-aller, eût presque immanquablement tourné contre Saladin, ainsi qu'il arrivait maintenant chaque fois qu'il rencontrait les Croisés. Quant à la défense de Jérusalem, ses émirs lui faisaient savoir insolemment qu'ils ne s'y consacreraient que s'il s'enfermait lui-même dans la ville avec eux, ce qui, comme il le faisait remarquer, eût été de la dernière imprudence[298]. Partout vaincue en rase campagne, l'armée aiyûbide n'osait plus, depuis l'expérience d'Acre, se fier aux murailles d'une place forte.

Ajoutons aux motifs d'angoisse du sultan les troubles sociaux dont le pays damasquin était le théâtre et dont un très curieux passage d'Abû Shâma nous fait la confidence sous la rubrique de cette même année 1192 : « Dans le gouvernement de Damas les injustices qui accablent les fellahs sont telles qu'on se demande comment la pluie arrose encore leurs champs ; l'oppression que les possesseurs de fiefs exercent sur leurs tenanciers dépasse toute description. Au Wâdî Baradâ[299] et dans la plaine de Zebdânî, le désordre est en permanence, le sabre a fait couler des torrents de sang et rien n'arrête ces excès[300]. » En cas de défaite de l'armée sultanienne, ne pouvait-on craindre une révolte des fellahs damasquins ? L'édifice politique et militaire de l'empire aiyûbide, empire féodal, avec toutes les causes de faiblesse inhérentes à la féodalité, montrait déjà ses lézardes.

Le découragement de Saladin était tel que, malgré sa passion pour Jérusalem, il pouvait, sous la pression des émirs à demi mutinés, se résigner à l'abandon de la ville sainte, au *statu quo* d'avant 1187. Le 4 juillet au soir, nous confie Behâ al-Dîn, il venait, au comble de l'inquiétude et de l'indécision, de se prosterner à la mosquée al-Aqsâ, ses larmes mouillaient le tapis à prière, lorsque ses espions vinrent lui apporter la nouvelle que les Francs, renonçant à la conquête de la ville sainte, préparaient leur retraite[301].

Si invraisemblable qu'elle parût, la nouvelle était exacte. Au moment de recueillir le fruit de tant d'efforts, le roi d'Angleterre, malgré la clairvoyante opposition des Français, bâclait la paix en sacrifiant les bénéfices de la victoire.

La délibération des chefs chrétiens qui aboutit à cette extraordinaire décision est rapportée en termes curieux par le qâdî Behâ al-Dîn[302]. Cette fois encore les « Français », c'est-à-dire les contingents capétiens, se prononçaient avec énergie pour le siège de Jérusalem, la Croisade n'ayant pas d'autre but que de reprendre la ville sainte. Mais Richard s'obstina dans son refus d'attaquer : on était en juillet ; les Musulmans avaient empoisonné les citernes et l'armée chrétienne ne pouvait camper sans eau parmi la pierraille brûlante[303]. En vain les Français répondirent-ils qu'il restait assez de sources dans la grande banlieue – à Teqû'a, au sud de Bethléem, par exemple – où l'armée pourrait aller par échelons à l'aiguade. Le roi d'Angleterre, inconscient du drame moral qui se jouait dans la garnison musulmane de Jérusalem et jusque dans l'entourage de Saladin, leva définitivement son camp (4 juillet 1192) et ramena l'armée chrétienne sur Ramla. Les Français se vengèrent en faisant circuler sur lui une mordante chanson qu'on attribua au duc de Bourgogne[304].

Le poète Ambroise, pour attaché qu'il soit au parti plantagenet, ne peut s'empêcher de gémir sur cette faillite *in extremis* de la Croisade : « Quand ils virent qu'ils n'arriveraient pas à aller adorer le Saint-Sépulcre dont ils n'étaient plus qu'à quatre lieues, ils en eurent grand deuil au cœur. Ils revinrent en arrière, si découragés et si tristes que jamais on ne vit gens d'élite plus abattus et plus troublés. À peine étaient-ils partis que les Sarrasins descendirent et les attaquèrent, si bien qu'ils nous tuèrent un sergent. Le jour où nous revînmes ainsi vers Saint-Georges et Rames (= Lydda et Ramla), il y avait cinq ans juste que le royaume de Jérusalem avait été perdu... L'armée revint vers le Casal Moyen (Beit Dejân, près d'Arsûf), y dressa ses tentes et y resta[305]. » Découragés pour l'avenir, irrités de l'inexplicable carence de Richard, las d'une campagne qui perdait désormais toute raison d'être, nombre de Croisés français abandonnèrent le monarque anglais pour rentrer à Jaffa[306]. Richard comprit si bien l'étendue de la faute commise que, se sentant incapable désormais de défendre toute la Philistie, il fit démanteler le fort de Daron en se contentant de laisser à Ascalon une garnison suffisante ; après quoi avec l'armée « pensive et accablée » il revint d'Ascalon à Jaffa et de Jaffa à Saint-Jean-d'Acre (26 juillet 1192).

Saladin qui dans Jérusalem mal défendue avait attendu, plein d'angoisse, l'apparition du terrible Richard sur la route de Qolûniya, comprit que la situation se retournait. Joyeux de la faute de ses ennemis, il appela à lui tous les guerriers de l'Islâm. L'armée aiyûbide, hier encore à la veille de se dissoudre quand une guerre interminable et un ennemi tactiquement supérieur ne lui laissaient aucun espoir de butin, se retrouva nombreuse et compacte, comme il arrivait à toutes les armées féodales, maintenant que la lassitude et la retraite de l'adversaire permettaient d'entrevoir de fructueuses chevauchées. Richard qui essaya de renouer les négociations de paix fut tout surpris de trouver les dispositions du sultan complètement changées. Un ambassadeur de Henri de Champagne qui réclamait la rétrocession du royaume de Jérusalem faillit avoir la tête tranchée par Saladin indigné[307].

Nouveaux pourparlers de paix entre Richard et Saladin : un royaume franc de Syrie vassal de l'empire aiyûbide ?

Les pourparlers reprirent cependant, parce que les deux armées étaient également épuisées et que, chefs féodaux, Richard et Saladin n'obtenaient l'un et l'autre de leurs lieutenants qu'une obéissance de plus en plus rétive. Richard se servit cette fois comme plénipotentiaire du *H*âji Yûsuf, saint homme particulièrement bien vu chez le sultan. Les propositions dont il le chargeait étaient d'un ton assez nouveau. Pour la première fois on voyait un prince croisé considérer le duel de la Croix et du Croissant comme une lutte fratricide. « Ce que je veux, faisait dire Richard, c'est votre amitié et votre affection. Il ne vous est pas plus permis de vouer à la mort tous vos Musulmans qu'à moi tous nos Francs. » Le sentiment de l'intérêt commun, d'une solidarité franco-musulmane en terre syrienne commençait à se faire jour. Par l'intermédiaire du *H*âjî Yûsuf, Richard proposait, si Saladin laissait restaurer le royaume de Jérusalem, de placer ce royaume chrétien sous la suzeraineté du sultan. « Voici que je viens de donner à mon neveu, le comte Henri (de Champagne) la royauté du littoral. Je le mets à ta disposition. Lui et son armée seront sous tes ordres. Si tu as besoin de lui en Orient, ils t'obéiront fidèlement. » Notons que Saladin, envisageant cette solution, répondait de la même encre : « Ton neveu sera pour moi comme un de mes enfants et tu apprendras bientôt ce que j'aurai fait pour lui[308]. » Et ajoutons qu'après sa victoire de Jaffa, Richard reviendra encore sur cette idée d'un royaume franc vassal de l'empire aiyûbide et se faisant inféoder par ce dernier un certain nombre de places : « Il est de règle chez les Francs que l'homme à qui un autre a donné une ville devienne son vassal. Si donc tu me donnes Jaffa et Ascalon, les troupes que j'y installerai seront toujours à ton service et chaque fois que tu auras besoin de nous, nous accourrons combattre pour toi[309]. »

Perspective inattendue. Le roi latin d'Acre, confirmé dans sa terre par le sultan de Damas, eût aidé ce dernier contre les autres princes musulmans et, le cas échéant, marché sous ses drapeaux en Anatolie, au Kurdistân ou en 'Irâq. Politique de large envergure qui eût peut-être, au profit des Musulmans comme des Chrétiens, sauvé la Syrie des prochaines invasions khwârizmiennes et mongoles.

On n'a d'ordinaire prêté qu'une attention distraite à cette conception qui cependant témoignait d'une connaissance sérieuse du monde islamique. En 1192, en effet, exception faite de l'empire aiyûbide, l'Orient musulman était sans maître. Sur le haut Euphrate, au nord de Mârdîn, les derniers Ortoqides avaient perdu toute puissance, de même qu'à Mossoul les derniers Zengîdes. Dans la Grande Arménie, les Shâhs-Armên de Khilât guerroyaient péniblement contre les Géorgiens. Le petit domaine temporel des Khalifes 'âbbâsides n'excédait pas le 'Irâq-Arabi et le Khûzistân. En 'Irâq 'Ajemî, le dernier sultan seljûqide *T*ughril II (1175-1194) était prisonnier de l'atâbeg d'A*dh*arbaijân Qizil-Arslân. Après la mort de Qizil Arslân (1191), *T*ughril II devait, il est vrai, s'échapper et se révolter contre le nouvel atâbeg de cette province, neveu du précédent, mais pour se trouver aussitôt en présence d'un ennemi bien plus redoutable, le shâh de Khwârizm, Takash. Celui-ci, déjà maître du Khorassân, devait en 1194 envahir le 'Irâq-'Ajemî et tuer *T*ughril II près de Reiy, désastre qui allait marquer l'effondrement définitif de l'empire des Seljûq et son remplacement par l'éphémère domination des Khwârizm-shâhs.

En attendant cette substitution, l'Iran était à prendre et nous savons par le *Kâmil al-Tewârîkh* que Saladin se proposait, aussitôt la paix faite avec les Francs, d'en entreprendre la conquête ; nous connaissons d'ailleurs son plan de campagne, digne d'Iskander : lui-même avec une première armée devait aller mettre hors de combat les Seljûqides d'Anatolie ; pendant ce temps son fils al-Af*d*al et son frère al-'Adil auraient concentré une seconde armée au Kurdistân. Saladin devait alors les y rejoindre, venir soumettre les Shâh Armen de Khilâ*t*, attaquer les atâbegs d'A*dh*arbaijân et conquérir sur ces derniers l'empire de l'Iran[310]. L'état-major franc était sans doute plus ou moins au courant de ces projets, et il faut admirer sa hardiesse politique de les avoir fait entrer en ligne de compte. Aider Saladin à faire la conquête de l'Iran avec l'espoir d'obtenir de lui comme prix d'un tel concours la rétrocession de la Palestine, voilà une manœuvre diplomatique qui annonce Frédéric II et Malik al-Kâmil.

Mais que deviendrait, en attendant, Jérusalem ? Richard renonçait, du moins sur l'heure, à en réclamer la possession. Au lieu de la restitution politique de la ville, il ne sollicitait plus que le protectorat des Lieux Saints, la liberté du culte et du pèlerinage. « Lorsque des moines ou des cénobites t'ont demandé des églises, tu ne les leur as pas refusées. Moi, c'est une seule église que je te demande : le Saint-Sépulcre[311]. » Saladin, du reste, sentait dans ses propres troupes une telle lassitude de la guerre que, sur le conseil même des émirs, il se montra conciliant. Dans l'ensemble la paix serait basée sur la carte de guerre : aux Francs le littoral, de Tyr à Jaffa, mais à condition de raser, au sud de Jaffa, les trois forteresses franques d'Ascalon, Gaza et Daron, qui menaçaient les communications entre la Syrie musulmane et l'Égypte, le territoire des trois places à détruire pouvant au surplus être laissé aux Francs. Aux Musulmans l'intérieur de la Palestine. Les villages contestés de la zone intermédiaire seraient partagés entre Francs et Musulmans. Enfin, à Jérusalem, le sultan envisageait la restitution du Saint Sépulcre au culte chrétien.

Le 12 juillet 1192, les négociateurs de Richard, Onfroi de Toron et le *H*âjî Yûsuf, vinrent déclarer à Saladin que le roi se contenterait de la liberté du pèlerinage avec une garde de vingt chevaliers dans la Tour de David et qu'il laisserait au sultan la protection des Chrétiens dans la ville même. La négociation, sur le point d'aboutir, fut cependant rompue, Richard refusant de renoncer à Ascalon (19 juillet).

Attaque de Saladin contre Jaffa ;
prise de la ville basse (31 juillet 1192).

Cette rupture fut suivie d'une attaque brusquée de Saladin. Richard venait de remonter vers le nord, avec l'intention de se rendre d'Acre à Beyrouth pour enlever cette dernière place aux Aiyûbides. Profitant de son éloignement, Saladin, le 26 juillet au matin, apparut devant Jaffa où ne restait qu'une médiocre garnison franque. Le lendemain l'attaque commença. À tous ses efforts les défenseurs de la place répondirent avec une intrépidité qui, au témoignage de Behâ al-Dîn, fit hésiter les soldats musulmans. Les mineurs du sultan réussirent à provoquer l'écroulement d'une partie de la courtine, mais derrière la brèche les Francs avaient allumé de grands feux ; protégés par les flammes et la fumée, ils empêchèrent les assiégeants d'entrer. « Quels admirables guerriers que ces gens-là, ne peut s'empêcher de noter Behâ al-Dîn, témoin oculaire, quelle bravoure chez eux et quel courage ! malgré tout ce qui leur était arrivé, ils laissèrent les portes de la ville toutes grandes ouvertes et ne cessèrent de se tenir devant pour combattre ! [312]. » Témoignage précieux de l'historien et homme d'État arabe et qui peut se résumer dans le mot historique : « Ah ! les braves gens ! »

La nuit tombée avait arrêté le combat sur la brèche. Le 31 juillet, nouvelle attaque à grand renfort de mines et de mangonneaux. La courtine acheva de s'écrouler. « Quand le nuage de poussière se dissipa, note Behâ al-Dîn, on aperçut un rempart de hallebardes et de lances qui remplaçait le mur écroulé et fermait si bien la brèche que le regard même n'y pouvait pénétrer, et on vit le spectacle effrayant de l'intrépidité des Francs, du calme et de la précision de leurs mouvements[313]. »

Quand ils ne purent plus défendre la ville basse, les Francs se retirèrent en bon ordre dans la citadelle. Par l'intermédiaire du vaillant patriarche de Jérusalem, Raoul, resté jusqu'au bout parmi eux, ils engagèrent alors des pourparlers avec Saladin, en vue d'une capitulation honorable, capitulation à laquelle le sultan était d'autant plus disposé à souscrire que ses troupes, harassées et rebutées par leurs pertes, refusaient à tout instant d'attaquer. Tandis que les termes de la reddition se négociaient, les défenseurs de la citadelle obtinrent quelques heures de répit qui permirent au salut d'arriver. Le lendemain 1er août 1192, à l'aube, à l'heure même où ils allaient se rendre, une flotte chrétienne apparut soudain devant Jaffa : c'était Richard qui, prévenu de l'irruption de Saladin, accourait sur des galères génoises et pisanes avec les premières troupes qu'il avait pu rassembler.

Victoire de Richard à Jaffa (1er août 1192) :
« Richard le Magne. »

Sans attendre l'accostage, l'écu au cou, une hache danoise à la main, Richard saute dans la mer avec de l'eau jusqu'à la ceinture, court jusqu'au rivage, le nettoie de Musulmans, pénètre dans la ville, trouve la foule des ennemis en train de piller les maisons, en fait un horrible carnage, puis, donnant la main à la garnison délivrée, il descend avec elle contre l'armée de Saladin, dont il enlève le camp et qu'il met en fuite jusqu'à Yâzûr. « Le roi, chante l'épopée d'Ambroise, fit dresser sa tente à l'endroit même où Saladin n'avait pas osé l'attendre. Là campa Richard le Magne... Jamais, même à Roncevaux, nul ne se comporta comme lui[314]. » Behâ al-Dîn nous a transmis les mordantes plaisanteries du roi aux Musulmans vaincus : « Votre sultan est le plus grand souverain qu'ait eu l'Islam et voici que ma seule présence le fait décamper ! Voyez, je n'ai même pas une armure ; aux pieds, de simples chaussures de marin. Je ne venais donc pas le combattre. Pourquoi s'est-il enfui[315] ? »

Tant il est vrai qu'à cette date de 1192, la supériorité tactique qui, depuis si longtemps – depuis Nûr al-Dîn –, avait appartenu aux Musulmans était redevenue l'apanage incontesté des Francs.

Seconde victoire de Richard devant Jaffa (5 août 1192).

Cependant les forces dont Richard disposait devant Jaffa restaient minimes : 2 000 hommes, dont seulement une cinquantaine de chevaliers et encore ceux-ci démontés, car Richard n'avait pu embarquer de chevaux. Le comte de Champagne, accouru sur un vaisseau de Césarée, n'avait pas eu la possibilité d'amener ses renforts, restés bloqués par les Musulmans dans cette ville. Cette faiblesse numérique allait inspirer à Saladin l'espoir de prendre sa revanche.

Dès qu'elle avait pu se ressaisir, vers Yâzûr, l'armée musulmane avait ressenti toute la honte de sa panique du 1er août. Elle apprenait que la petite troupe de Richard, avec une folle insouciance, campait hors des murs de Jaffa, sans doute pour fuir l'odeur du charnier. Sabrer ces piétons semblait facile. Dans la nuit du 4 au 5 août, la cavalerie musulmane se mit en marche à la clarté de la lune, en direction du camp ennemi qu'elle comptait surprendre et enlever. Une dispute qui s'éleva entre mamelûks turcs et contingents kurdes retarda sa marche, de sorte que, lorsqu'elle arriva en vue du camp, c'était déjà le petit jour. Un Génois qui s'était écarté dans la lande vit briller les armures et donna l'alarme. Réveillés en sursaut, Richard et ses gens eurent à peine le temps de sauter sur leurs armes, plusieurs durent combattre à demi nus. En ligne serrée, un genou en terre pour être plus solides, leurs écus et leurs targes ou boucliers ronds fichés devant eux, la lance inclinée en arrêt, ils reçurent sans rompre la charge furieuse des escadrons musulmans. Richard avait dissimulé entre les piquiers autant d'arbalétriers avec, pour chacun, un serveur pour bander l'arbalète. Dès que les cavaliers ennemis, leur première charge s'étant brisée sur les piques, virevoltèrent pour se reformer, les arbalétriers tirèrent, tuant les chevaux et jetant le désordre dans les escadrons. Toutes les charges que Saladin voulut lancer encore échouèrent de même devant cette tactique précise. En vain derrière les rangs le sultan exhortait ses hommes. Les troupes, que certaines de ses mesures avaient mécontentées, refusaient d'obéir et plusieurs émirs ne lui répondaient que par des insolences. « La bravoure des Francs était telle, note

Behâ al-Dîn, que nos troupes, découragées par leur résistance, se contentaient de les tenir cernés, mais à distance. »

Alors contre cette armée démoralisée Richard passa à l'attaque : « Il se lançait au milieu des Turcs et les fendait jusqu'aux dents. Il s'y lança tant de fois, leur porta tant de coups, se donna tant de mal que la peau de ses mains en creva. Il frappait avant et arrière, et avec l'épée qu'il tenait il se frayait passage partout où il la menait. Qu'il frappât un homme ou un cheval, il abattait tout. C'est là qu'il fit le coup du bras et de la tête ensemble d'un émir bardé de fer qu'il envoya tout droit en enfer. »

> *Là fist-il le cop, ço me semble,*
> *Del braz e de la teste ensemble*
> *D'un admirad armé de fer*
> *Qu'il envoia droit à enfer.*

« Et quand les Turcs virent ce coup, ils lui firent une si large place qu'il revint, Dieu merci, sans dommage. Mais sa personne, son cheval et son caparaçon étaient si couverts de flèches qu'il ressemblait à un hérisson[316]. »

La bataille avait duré toute la journée du 5 août. Au soir la victoire des Croisés était totale. Devant cette poignée de héros, l'armée musulmane battait en retraite sur Yâzûr, puis sur Lâtrûn, avec, en tête, Saladin humilié et découragé (6 août 1192)[317].

Si grande était l'admiration des Musulmans pour l'extraordinaire bravoure du Plantagenet qu'en pleine bataille Malik al-'Adil, le voyant combattre sur un médiocre cheval déjà fourbu, lui avait fait donner un nouveau coursier : fendant la foule des combattants, on vit arriver au galop et s'arrêter devant Richard un mameluk du prince aiyûbide conduisant deux magnifiques chevaux arabes, « car il n'était pas convenable au roi de combattre à pied[318] ». Après la bataille, Richard étant tombé malade à Jaffa, Saladin lui envoya des poires, des pêches et des sorbets à la neige du Liban ou de l'Hermon[319].

Paix générale du 2 septembre 1192.

Ces attentions chevaleresques attestaient, en dépit de la guerre, le maintien des relations de haute courtoisie, d'admiration et même d'amitié entre les deux frères aiyûbides et le héros Plantagenet. En ce qui le concernait, Richard, qui recevait des nouvelles de plus en plus mauvaises d'Angleterre, avait hâte de profiter de ces dispositions pour liquider la Croisade et quitter la Syrie. Et ce fut bien à une liquidation assez sommaire qu'on procéda. La seule pierre d'achoppement était toujours la question des trois places de la Philistie, Ascalon, Gaza et Daron, que Richard voulait conserver aux Francs, mais dont Saladin exigeait le démantèlement comme dangereuses pour la liaison entre sa province d'Égypte et ses terres de Syrie. À la fin, le roi d'Angleterre, pressé de partir, céda sur ce point décisif, comme il céda sur la question des Lieux Saints. Paix bâclée dans la rédaction de laquelle Saladin, qui n'ignorait rien des embarras européens de son adversaire, n'avait qu'à atermoyer pour l'amener à de nouvelles concessions. Les Francs n'obtenaient de l'ancien royaume de Jérusalem que la zone côtière depuis le nord de Tyr jusqu'au sud de Jaffa, donc avec Césarée, Caïffa et Arsûf, mais sans Ascalon. Il est vrai que les Musulmans s'engagèrent à ne pas réoccuper le site de cette dernière place, qui devait rester abandonné. Saladin avait aussi renoncé à réclamer, comme il y songeait d'abord, le démantèlement de Jaffa[320]. Quant au territoire de Lydda-Ramla, il devait être partagé entre Francs et Musulmans[321]. La principauté d'Antioche-Tripoli du côté franc, le domaine ismâ'îlien du Jebel Nosairi du côté musulman furent compris dans cette paix qui fut conclue pour trois ans et trois mois et que jurèrent, au nom des deux souverains, du côté franc Henri de Champagne, Balian II d'Ibelin et Onfroi IV de Toron, du côté musulman Malik al-Afdal et Malik al-Zâhir, fils de Saladin, et Malik al-'Adil, son frère (2-3 septembre 1192).

Quant à la question des Lieux Saints, le traité spécifiait que les Francs pourraient se rendre librement à Jérusalem, sans payer aucune taxe ni aucun droit de douane. « Quiconque, disait la proclamation de Saladin, voudra venir dans notre pays, pourra le faire librement. Quiconque d'entre nous voudra aller dans leur pays aura la même liberté. » En même temps, ajoute Behâ al-Dîn, le sultan annonça que la route du pèlerinage de La Mecque – la route du *H*ajj – était rouverte[322].

Les conséquences morales de la paix :
L'apaisement franco-musulman.

La conclusion de cette paix fut accueillie dans les deux camps avec satisfaction. Des deux côtés, comme le remarque Behâ al-Dîn, on se hâta de profiter du rétablissement du transit. Au point de vue du pèlerinage d'abord. Saladin annonça l'intention de faire le pèlerinage de La Mecque dont son épée avait libéré le chemin. En même temps on vit accourir à Jérusalem, par échelons successifs, une multitude de Croisés conduits notamment par André de Chavigny, Raoul Taisson, l'évêque de Salisbury (septembre 1192). Ces pèlerins étaient sans armes. Ambroise conte que plusieurs chefs musulmans voulaient venger sur eux les prisonniers d'Acre massacrés par Richard. Mais la sagesse de Saladin et de ses conseillers les en empêcha et protégea à l'aller comme au retour le pèlerinage franc[323]. Libéral à son ordinaire, Saladin accueillit courtoisement chevaliers et prélats et leur fit même les honneurs de la Vraie Croix. Sur la demande de l'évêque de Salisbury qui venait de s'entretenir familièrement avec lui sur les qualités et les défauts du roi d'Angleterre, il consentit à attacher au Saint-Sépulcre, à côté du clergé syrien jacobite qu'y avaient laissé les Musulmans, deux prêtres et deux diacres latins, et de même à Bethléem et à Nazareth[324].

Le récit d'Ambroise est confirmé par Behâ al-Dîn : « Le sultan accueillait avec courtoisie les pèlerins, leur faisait servir à manger et s'entretenait avec eux d'un air affable[325]. »

En même temps que la route du pèlerinage, la paix rouvrait les anciennes routes commerciales ; les rapports, à cet égard, reprirent dès l'armistice. « Les deux armées, note Behâ al-Dîn, se mêlèrent l'une à l'autre. Nombre de Francs allèrent à Jaffa pour y commercer, tandis que les Francs arrivaient en foule à Jérusalem[326]. »

Par une rancune assez indigne de ses grandes actions, le roi Richard chercha à exercer une pression sur Saladin pour faire interdire aux contingents capétiens l'accès de Jérusalem. À quel refoulement obéissait ainsi le roi d'Angleterre ? Il lui était sans doute amer de penser que, s'il avait cédé à la demande des contingents capétiens en menaçant Jérusalem, une paix autrement glorieuse aurait pu être conclue. Les chevaliers français étaient ici des témoins gênants. Du reste son veto eut un résultat tout opposé. Les Français indignés n'en montrèrent que plus d'empressement à accomplir le pèlerinage. Mieux encore : Saladin – non sans ironie – répondit au monarque anglais par une leçon de charité chrétienne : « Il y a ici, aurait-il dit, des gens qui sont venus de bien loin pour visiter les Lieux Saints. Notre religion nous défend de les en empêcher[327]. » Richard n'insista pas. Il avait hâte de rentrer en Occident. Le 9 octobre 1192 il se rembarqua avec la masse des pèlerins.

L'apaisement dans le Nord.
Bohémond III d'Antioche et Saladin.

La paix conclue entre le sultan et les Francs d'Acre fut peu après ratifiée avec ceux d'Antioche. Le 30 octobre 1192, Saladin reçut à Beyrouth la visite du prince d'Antioche, Bohémond III, venu pour lui faire sa cour[328]. L'année précédente, au plus fort de la campagne du roi Richard, en octobre 1191, le prince avait fait une tentative pour recouvrer Lattaquié et Jabala, mais il s'était fait battre par les troupes aiyûbides et avait renoncé à s'associer à la reconquête[329]. Il se résignait assez facilement, semble-t-il, à régner sur le petit domaine amoindri que voulait bien lui laisser Saladin. Celui-ci lui témoigna son contentement : « Le sultan, dit le *Livre des Deux Jardins*, accueillit Bohémond avec bienveillance et le fit asseoir à la place d'honneur. Bohémond était accompagné de quatorze barons, l'élite de ses chevaliers. Le sultan leur fit à tous un accueil distingué, les combla de présents, eux et leur prince, et leur manifesta beaucoup d'amitié. » Au témoignage de Behâ al-Dîn, Saladin donna à Bohémond III « en apanage » le district de 'Amq (c'est-à-dire la fertile plaine qui s'étend entre le lac d'Antioche et *H*ârim), et Arzeghân ou Erzghân, l'Arcican des chroniqueurs, château qui, en face de Jisr al-Shughr, servait de tête de pont vers la plaine du Rûj, dans la terre d'Outre-Oronte[330].

Behâ al-Dîn et al-'Imâd ajoutent que Saladin était particulièrement satisfait que le prince d'Antioche se fût adressé directement à lui sans passer par l'intermédiaire de Henri de Champagne. De fait, puisque la chute de Lattaquié d'une part, de Beyrouth de l'autre coupait doublement la principauté d'Antioche et le comté de Tripoli du reste des terres franques, force était à l'héritier de la dynastie normano-poitevine de ménager particulièrement la cour aiyûbide. On peut toutefois regretter que la Troisième Croisade ait trouvé sur le trône d'Antioche un prince aussi médiocre que lui.

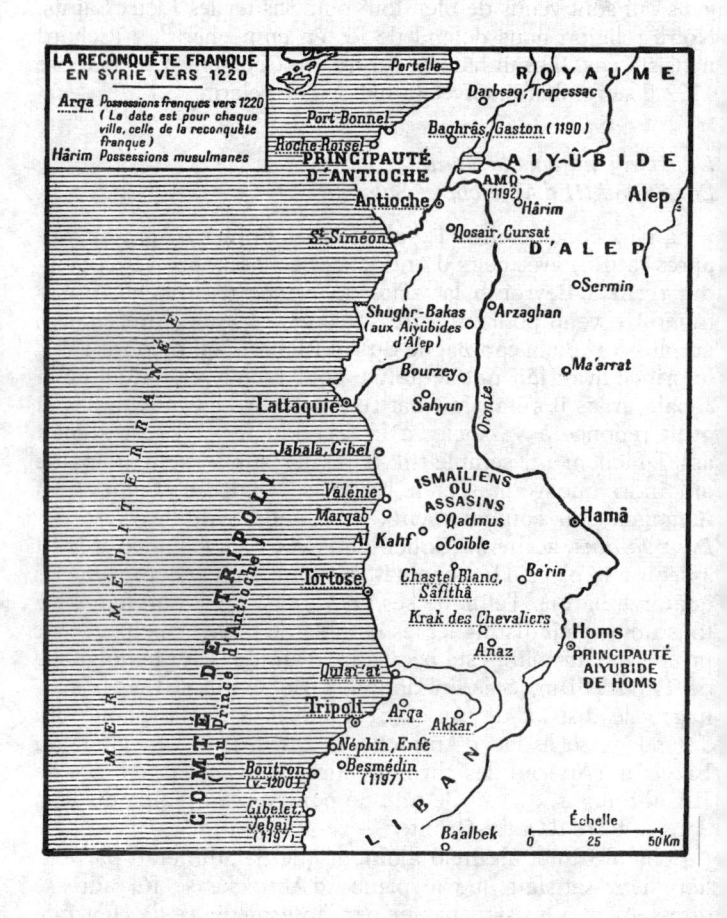

LA RECONQUÊTE FRANQUE EN PALESTINE VERS 1220
Acre Possessions franques vers 1220 (La date est pour chaque ville celle de la reconquête franque.)
Gaza Possessions musulmanes
Cté DE TRIPOLI (au Prince d'Antioche)
Tripoli
Néphin, Enfé
Besmédin (1197)
Boutron (v. 1200)
Gibelet, Jébail (1197)
Beyrouth (1197)
Oronte
LIBAN
Ba'albek
Sidon (1204)
Jezzin
MARJ-AYUN
Sarepta (v. 1192)
Beaufort
Tyr
Baniyas, Panéas
Toron, Tibnîn
Casal Imbert (1191)
Acre (1191)
Caïffa (1191)
Atlit, Château Pèlerin (1218)
Caymont (v. 1192)
Fleuve des Crocodiles
Césarée (1191)
Arsuf (1191)
Jaffa (1191)
Lydda (1204)
Ibelin (1191)
Ramla (1204)
Montgisardo
Toron de Latruno
Ascalon
Gaza
Daron
ROYAUME DE JÉRUSALEM
MER MÉDITERRANÉE
GALILÉE
Tibériade
Nazareth
Fula
Thabor
Ain Jalud
Beisan
Korsi
Fiq
Khisfin
Nawa
Damas
Kiswé
Sanamein
ROYAUME DE DAMAS
HAURAN
Ajlun
Naplouse
Jourdain
Échelle
0 50 100 Km.
Beit Nûbâ, Bétenoble
JÉRUSALEM
Galatie
Bethléem
Herbiya, Forbie
Le Figuier
Hébron
La Canaie des étourneaux (Tell al-Hasi)
La Citerne ronde (Bir al-Khuwailfa)
Dahariya
MER MORTE
PRINCIPAUTÉ AIYÛBIDE DE KÉRAK (TRANSJORDANIE)
CAMPAGNES DE RICHARD CŒUR DE LION EN DIRECTION DE JÉRUSALEM (1190-1192)
Arsuf
Jaffa
Castel des Plaines
Mirabel
Ibn-Ibrâq
Yazur et Castel Moyen
Remla
Lydda
Ibelin
Montgisard
Emmaus
Beit Nûba, Bétenoble
Toron des Chevaliers, al Latrun
Qoluniya
W. al Dahr
W. al Sant
JÉRUSALEM
Bethléem
Blanche Garde (Tell-al-Safiya)
Hébron

CHAPITRE II

STABILISATION DE LA RECONQUÊTE FRANQUE. HENRI DE CHAMPAGNE ET AMAURY DE LUSIGNAN.

§ 1ᵉʳ. — Gouvernement de Henri de Champagne.

Résultats territoriaux de la Troisième Croisade.

Le bilan de la Troisième Croisade était bien loin d'être négligeable. Évidemment elle n'avait recouvré ni Jérusalem ni aucune des places ou sanctuaires de l'hinterland galiléen ou palestinien, mais elle avait rendu aux Francs presque tout le littoral de l'ancien royaume de Jérusalem avec Tyr, Acre – la nouvelle capitale destinée à remplacer Jérusalem, – Caïffa, Césarée, Arsûf et Jaffa, plus, comme on l'a vu, au sud-est de Jaffa, sur la route de Jérusalem, la moitié des territoires de Lydda et de Ramla. De plus, après la conclusion de la paix générale, Saladin donna à Balian II d'Ibelin, époux de l'ex-reine Marie Comnène, le fief de Caymont (Tell Qaïmûn), au sud-est de Caïffa et du massif du Carmel, à l'entrée de la plaine d'Esdrelon[1]. Il rendit aussi à Renaud de Sidon, son vieux compère, l'arabisant qui avait failli le jouer devant Shaqîf Arnûn, qu'il avait fait fustiger et pour lequel il gardait malgré tout une curieuse sympathie, la moitié de la terre de Sidon, ou Saîdâ, dont le bourg de Sarepta ou *Sarafand*, entre Sidon et Tyr[2]. Au nord de Sidon, Saladin, il est vrai, avait gardé Beyrouth[3], mais, en octobre 1197 les Francs devaient, comme on le verra, recouvrer la ville à laquelle la vieille famille créole des Ibelins allait donner un essor nouveau[4].

Dans le comté de Tripoli, alors gouverné par Bohémond IV d'Antioche, fils cadet du prince d'Antioche Bohémond III, les Embriaci ou Embriac, famille créole d'origine génoise, recouvrèrent dès 1197 leur fief de Gibelet, grâce à l'adresse de la douairière Étiennette de Milly, veuve de Hugue III Embriac[5]. De même un peu plus au nord, Ba*t*rûn – le Boutron – revint à son ancien seigneur, le Pisan Plebano que nous voyons dès 1202 faire de nouveau acte de possession[6].

La principauté d'Antioche, où régnait toujours le faible Bohémond III (1163-1201), ne put réparer aussi facilement ses pertes. Nous venons de voir les légères rétrocessions que, dès 1192, Saladin lui consentit spontanément au sud-est du lac de 'Amq et à Arzeghân, en terre d'Outre-Oronte, en face de Jisr al-Shughr. Mais les Aiyûbides conservèrent ici presque tout le littoral avec Jabala (Gibel) et Lattaquié, la principauté d'Antioche ne gardant comme port que Saint-Siméon ou Suwaidiya, près de l'ancienne Séleucie de Piérie. À cette exception près, la côte syrienne, à partir de 1197 et de la reconquête de Beyrouth, allait se trouver, de Tortose à Yebnâ, presque continûment aux mains des Francs. Tel fut en somme le résultat de la Troisième Croisade : la côte retombée au pouvoir des Francs, l'intérieur restant à l'empire syro-égyptien des Aiyûbides. Les Francs, grâce surtout aux marines italiennes, gardaient l'empire de la mer ; les Musulmans conservaient la domination de la terre, encore qu'au point de vue purement militaire les exploits du roi Richard aient rétabli pour de longues années la supériorité tactique de la « gent de fer », – de la chevalerie et de la sergenterie franques.

Caractère du nouvel État franc : un royaume d'Acre.
Dépendance excessive envers les puissances occidentales.
Priorité des intérêts économiques.

Le royaume de Jérusalem, en dépit de ce titre dont se paraient ses princes et des espérances dont ils se berçaient, n'était donc plus qu'un royaume d'Acre. Mais, en dépit des apparences, ce royaume, réduit aux échelles syriennes, ne manquait pas de solidité. Tel que la Troisième Croisade l'avait restauré, il bénéficiait à certains égards de son appauvrissement territorial. Territorial, à vrai dire, il ne l'était plus guère. Ne mordant plus sur l'intérieur, il ne se composait désormais à peu près que de comptoirs maritimes, mais par cela même il échappait aux surprises venues de l'arrière-pays. Réfugié sur la côte, il bénéficiait de la protection des marines occidentales, de plus en plus maîtresses de la mer. À la première alerte, les escadres de Gênes, de Venise et de Pise lui apportaient un concours d'autant plus empressé que les villes maritimes franco-syriennes constituaient pour les républiques italiennes autant de factoreries, de colonies commerciales où l'intérêt économique primait de plus en plus l'intérêt religieux et même politique[7].

Cela, c'était le bénéfice net de la Troisième Croisade, bénéfice tel qu'après leur restauration les colonies franques eurent une survie plus longue que la durée de l'ancien royaume. Le royaume créé par Baudouin Ier, *le royaume de Jérusalem*, au sens territorial du mot, avait duré quatre-vingt-sept ans (1100-1187). Le nouveau royaume restauré par Philippe Auguste et Richard Cœur de Lion, *le royaume d'Acre*, durera exactement un siècle (1191-1291).

Mais ces avantages présentaient leur revers. Les colonies franques n'étaient plus effectivement que des colonies ou plutôt que des comptoirs, des escales, des débarcadères pour le pèlerinage et surtout pour le négoce. Sans base territoriale suffisante, le royaume d'Acre n'était plus un royaume. Il ne pouvait plus vivre de sa vie propre, il cessait de compter comme être autonome, il dépendait trop des puissances occidentales, ses protectrices, dont l'intervention l'avait ressuscité ; il ne dépendait pas moins, chose plus grave, des républiques maritimes italiennes, de leurs escadres et de leurs associations de commerce dont l'assistance lui était trop indispensable pour qu'elles n'en abusassent pas.

Toutefois ces causes de faiblesse et même de mort ne triomphèrent pas tout de suite. Au début il sembla que l'ancienne royauté hiérosolymitaine allait être restaurée de fait comme de nom, gage de toutes les autres restaurations, territoriales et morales. Sans doute l'homme fort qu'était Conrad de Monferrat, le nouveau Baudouin Ier que la clairvoyance des barons avait imposé à l'hostilité de Richard, avait disparu au moment même où on pouvait tout espérer de lui. Mais, à défaut de Conrad, Henri de Champagne allait faire œuvre royale selon les mêmes principes que les Baudouin, les Foulque et les Amaury du douzième siècle.

Henri de Champagne et la restauration de l'autorité monarchique : action contre les Pisans, le parti Lusignan et les chanoines du Saint-Sépulcre.

Si le comte Henri II de Champagne, que le vœu des barons palestiniens et l'amitié de son oncle Richard avaient appelé à gouverner le royaume d'Acre, n'avait pas la personnalité débordante du marquis de Montferrat, son gouvernement fut cependant sage, ferme, énergique et réparateur. Au reste, du jour où, ayant, comme on l'a vu, épousé la princesse Isabelle, veuve de Conrad et héritière de la dynastie hiérosolymitaine, il succéda à Conrad comme chef élu du royaume, il désavoua les tendances et les amitiés qui avaient été celles de Richard – tendances dissolvantes, amitiés dangereuses – pour adopter intégralement la politique générale de l'ancien parti Montferrat, c'est-à-dire du parti « poulain », du parti « colon », comme nous dirions aujourd'hui. C'est ainsi que dès 1193 on le vit se brouiller avec les anciens amis du parti Plantagenet, les Lusignan et les Pisans qui méconnaissaient son autorité, puis agir vigoureusement contre eux.

Guy de Lusignan, dépossédé du royaume de Jérusalem par l'hostilité irréductible de la noblesse franque, semblait définitivement écarté des affaires de Syrie par son acceptation de la seigneurie de Chypre (mai 1192). Cependant, malgré l'élection de Henri de Champagne par les barons d'Acre, Guy n'avait sans doute pas perdu tout espoir de reprendre pied sur le continent. Il pouvait compter sur l'appui de la marine pisane, alors prépondérante dans les eaux du Levant. Les Pisans, depuis longtemps alliés au parti Lusignan et ayant reçu de Guy de grands avantages commerciaux à Chypre, formèrent le dessein de s'emparer de Tyr et de la lui livrer. Henri de Champagne eut vent du complot. Il spécifia qu'il ne pourrait y avoir à la fois plus de trente résidents pisans dans Tyr (mai 1193). Les Pisans ripostèrent en laissant leurs corsaires ravager les côtes du royaume jusque dans les eaux d'Acre. Henri, furieux, les fit expulser d'Acre et de tout le royaume, ajoutant que s'ils y reparaissaient, « il les pendrait par la gueule[8] ».

Amaury de Lusignan, frère de Guy et qui était connétable du royaume de Jérusalem, essaya d'intervenir en faveur des

Pisans. Henri de Champagne retourna son courroux contre lui : « Vos les volés maintenir contre mei, por ce qu'il veulent rendre Sur (= Tyr) à vostre frère ! » Et il fit sur-le-champ arrêter Amaury. Sur l'intervention pressante des grands maîtres du Temple et de l'Hôpital, il consentit cependant à relâcher son prisonnier. Mais Amaury jugea prudent de déposer sa connétablie et de se retirer à Chypre. C'est là d'ailleurs que l'attendait la fortune. En avril 1194 Guy de Lusignan mourait et Amaury lui succédait comme seigneur de l'île[9].

Quant aux Pisans, Henri de Champagne, après la sévère leçon qu'il leur avait administrée, consentit à leur pardonner et leur rendit leur quartier d'Acre, avec la propriété de leur bain, de leur four et de leur tour qui fut alors restaurée (1194).

De même qu'à l'égard des turbulentes colonies marchandes italiennes, Henri de Champagne sut maintenir les droits de la royauté envers le clergé. Le patriarche de Jérusalem Raoul, qui avait succédé au triste Héraclius étant mort peu après celui-ci, les chanoines du Saint-Sépulcre, réunis à Acre, désignèrent pour le patriarcat l'archevêque de Césarée, Aymar le Moine, l'auteur du poème sur la conquête d'Acre[10]. Ils le firent sans consulter Henri, en rappelant que, d'après la coutume du royaume, le choix du patriarche leur revenait tout d'abord. Mais Henri n'était pas homme à se laisser jouer. Il se fit renseigner sur les droits de la couronne et, comprenant les empiétements du chapitre, fut « durement courroucé », d'autant qu'Aymar le Moine penchait vers le parti pisan et lusignan. Surtout le chapitre avait à dessein négligé de demander l'approbation de Henri en alléguant que celui-ci n'avait jamais été régulièrement couronné roi de Jérusalem. C'était remettre en question l'autorité même du comte de Champagne qui, effectivement, les Lieux Saints étant occupés par les Musulmans, n'avait pu y recevoir le sacre de ses prédécesseurs.

Henri de Champagne n'hésita pas. Il fit arrêter les chanoines, et « les menaça de noier en la mer, por ce que il voloient tolir (= enlever) le pooir que les reis de Jérusalem ont en l'élection dou patriarche ». Il les fit du moins jeter en prison sans plus de cérémonie « dont fut grand scandale[11] ». Du reste, sur le conseil de son chancelier, l'archevêque de Tyr oce, il les fit relâcher presque aussitôt. Quant à Aymar le Moine, il sut l'apaiser et se le concilier personnellement en donnant au neveu du prélat, Gratien, le casal de Quafarbole, près d'Acre, avec une riche prébende[12]. Il est vrai que les chanoines du Saint-Sépulcre avaient envoyé à Rome une délégation qui obtint du pape Célestin III, avec la confirmation de leur choix, une décrétale blâmant, non sans raison, il faut bien le reconnaître, la brutalité de Henri[13]. Celui-ci n'en avait pas moins, à la manière des premiers Baudouin, maintenu les droits de la royauté.

Les troubles de la Cour d'Antioche.
Le coup de main de Baghrâs :
Bohémond III prisonnier du prince arménien Léon II.

Le rétablissement de l'autorité monarchique par Henri de Champagne ne se limita pas au royaume d'Acre. Il fit également sentir sa salutaire influence dans la principauté d'Antioche pour préserver ce pays d'une mainmise arménienne, résultat de la lamentable politique du prince Bohémond III.

Nous avons déjà parlé du prince d'Antioche Bohémond III le Bègue (1163-1201), fils de Raymond de Poitiers. Les circonstances l'avaient plutôt favorisé. Malgré la perte de Jabala et de Lattaquié, conquises par les Aiyûbides en 1188, il avait reçu un remarquable accroissement de puissance du fait que son fils cadet, Bohémond IV, avait, à la mort du comte de Tripoli Raymond III, obtenu le riche comté provençal du Liban. Mais Bohémond III, caractère médiocre, déjà trop adapté au milieu levantin, créole voluptueux et léger, d'ailleurs sans autorité auprès des indigènes, n'avait su tirer aucun parti de ses avantages. Quelles diversions n'auraient pas essayées dans le Nord un Tancrède, un Roger d'Antioche, même un Raymond de Poitiers, à l'heure où Saladin consacrait toutes ses forces à la conquête de la Palestine ! Pendant ces heures tragiques de 1187-1189, Bohémond III était resté inerte. Sa politique aveuglément islamophile l'avait d'ailleurs desservi : son homme de confiance, le qâdî de Jabala, Mansùr ibn Nabîl, l'avait, nous l'avons vu, trahi en faveur de Saladin à qui il avait livré Jabala et Lattaquié[14].

164   *LA MONARCHIE MUSULMANE ET L'ANARCHIE FRANQUE*

La vie privée de Bohémond III lui enlevait toute autorité. Il avait, on s'en souvient, répudié vers 1168 sa première femme, la princesse byzantine Théodora Comnène[15], s'était dès avant 1170 remarié à Orgueilleuse, fille de Guillaume Fresnel, seigneur de Harenc[16], puis s'était avant 1183 séparé d'elle pour épouser, malgré l'excommunication et au prix d'une guerre ouverte contre le patriarche et le clergé, une certaine Sibylle, belle-sœur du sire de Bourzey. Cette Sibylle « qui estoit de mauvaise vie » paraît avoir fait de lui son jouet. Elle avait l'âme la plus basse et le vendait à ses ennemis. Lors de l'invasion musulmane de 1188, nous l'avons vu trahir et espionner les Francs au profit de Saladin, envoyer au sultan des messages secrets pour le tenir au courant des projets de l'armée chrétienne, et recevoir en échange de menus présents[17].

En 1194, Sibylle, qui avait la trahison dans le sang, « s'accointa » avec le prince arménien de Cilicie Léon (Livon) II le Grand[18]. Liaison dangereuse, car les Arméniens avaient singulièrement à se plaindre de Bohémond III qui en 1182 avait attiré dans un guet-apens et capturé leur prince Roupen III, frère et prédécesseur de Léon II[19]. L'objet du litige était, semble-t-il, la possession des districts de la frontière, au fond du golfe d'Alexandrette, depuis le château de Gaston ou Qal'at Baghrâs[20] et le défilé de la Portelle, entre Alexandrette et Saqaltutân, jusque vers la baie d'Aia (Lajazzo), à l'est de l'embouchure du Jihûn.

L'*Estoire de Éracles* laisse entendre qu'en relâchant Roupên III, Bohémond III avait retenu cette zone contestée[21]. La complicité de Sibylle allait permettre à Léon II de tirer vengeance du préjudice jadis subi par son frère.

Car cette complicité alla jusqu'à la trahison politique. Lasse de l'homme qui l'avait élevée jusqu'au trône, maintenant que cet homme, par suite des conquêtes aiyûbides, était « povre et en detes », elle n'hésita pas à le perdre dans l'espoir de trouver une situation plus brillante à la cour d'Arménie. Léon II, en effet, lui promettait de l'épouser si elle l'aidait à se débarrasser de son mari. À l'instigation de Sibylle une partie de plaisir fut donc organisée entre les deux cours d'Antioche et d'Arménie à la fontaine de Gaston, c'est-à-dire à la fontaine située en contre-bas de Qal'at Baghrâs, lieu charmants avec de beaux arbres et de belles prairies. Sibylle avait amené avec son mari la fleur de la chevalerie d'Antioche, le connétable Raoul des Monts, le maréchal Barthélemy de Tirel, Olivier le Chambellan, Richer de l'Erminet ou de Larminat, d'autres encore, de sorte qu'il ne resta à Antioche que le prince Raymond, fils aîné de Bohémond III, et le patriarche Aymeri[22]. Il est vrai que cette nombreuse assistance rendait plus difficile le coup de main préparé. Léon exprima le désir de causer plus intimement avec Bohémond dans le château même de Gaston où une collation leur fut servie. À peine la collation prise, Léon, qui, avec la complicité de Sibylle, avait aposté des soldats dans la forteresse, fit Bohémond prisonnier. « Et le prince, regardant la traison, li dist : "Que est-ce, Livon, suis-je 'pri ?' Et il li répondit que nill. « Et sur tout que vos sovieigne comment vos preistes mon frère Rupin, quant vos le semonsistes de mangier ou (avec) vos et venir ensemble ou (avec) vos en Antioche, et vos le preistes et le meistes en vostre prison ! ». Léon ajouta qu'il ne rendrait la liberté à Bohémond III que moyennant cession d'Antioche[23].

Tentative de mainmise arménienne sur Antioche (1194). Réaction de la population latine : le patriarche Aymeri de Limoges et la constitution de la commune d'Antioche.

Ce coup de surprise faillit réussir. Le lamentable Bohémond III, perdant tout sang-froid, chargea deux des barons présents, le maréchal Barthélemy de Tirel et Richer de l'Erminet, d'aller à Antioche faire opérer la remise de la ville aux troupes arméniennes que conduisait Héthoum de Sassoun, neveu de Léon. Voilà donc les deux messagers de Bohémond qui entrent dans Antioche avec les chefs arméniens pour faire livrer à ceux-ci les portes et la citadelle. Comme la troupe arrivait devant l'église Saint-Hilaire, jadis construite par Raymond de Poitiers, un des Arméniens présents de s'écrier que c'est là un saint inconnu et qu'on va dédier l'église à saint Sarkis (saint Serge).

Il n'en fallut pas davantage pour produire une révolte chez les barons latins tout à l'heure résignés à leur sort. Les unions de famille entre les deux cours leur faisaient presque regarder les Arméniens comme des compatriotes : le dernier prince arménien, Roupên III, frère et prédécesseur de Léon II n'avait-il pas épousé la princesse franque Isabelle, fille d'Onfroi de Toron ? Mais voici que la brusque évocation du problème religieux rappelait le fossé qui séparait les deux races : la prise de possession de Léon II à Antioche, c'était le rite arménien se substituant au rite latin, en d'autres termes la défrancisation du pays. Les deux barons francs avaient pu accepter de porter leur hommage de Bohémond III à Léon II. À l'idée de voir leur bon saint poitevin céder le pas à un saint levantin, ils s'insurgèrent. Un simple sommelier leur fit honte : « Seignors, coment soufrires-vos iceste honte et iceste vilté que Antioche soit ostée dou pooir dou prince et de ses heirs et qu'ele soit livrée à si vil come sont Hermins (les Arméniens) ? » Et il se mit à lapider l'Arménien qui s'était attaqué à Saint-Hilaire.

Du même coup tous les Latins d'Antioche coururent aux armes, se saisirent des portes et jetèrent dehors les gardes arméniennes ; puis ils se réunirent dans la cathédrale Saint-Pierre sous la présidence du patriarche Aymeri de Limoges et s'y constituèrent en commune « la quele devant (= auparavant) n'avoient point eu, qui despuis a duré jusques au jor de hui ». Ils allèrent chercher Raymond, le fils aîné de Bohémond III et le reconnurent pour seigneur en attendant la délivrance de son père. Quant à Héthoum de Sassoun qui, avec son armée, attendait dans la banlieue[24] l'heure de faire son entrée solennelle, il jugea prudent de ne pas insister : l'espèce de révolution qui venait de se produire dans la ville avec ce gouvernement de défense latine et ces communiers en armes prouvait que le coup de main était manqué. Léon II lui-même repartit de Baghrâs pour la Cilicie en traînant avec lui son prisonnier Bohémond III qu'il enferma dans la citadelle de Sis (1194).

Comme à tous les jours d'épreuve[25], le patriarcat latin avait été l'âme de la résistance franque. Le vieux patriarche Aymeri de Limoges, oubliant toutes les injures que lui avait naguère prodiguées Bohémond III, lorsqu'il avait voulu séparer ce prince de la perfide Sibylle, venait de sauver la principauté et la dynastie[26]. Le rétablissement franc était son œuvre. C'était lui qui devant la menace d'annexion arménienne avait pris l'initiative d'assembler les habitants dans la cathédrale ; lui qui, d'accord avec le maréchal Barthélemy de Tirel et avec Richer de l'Erminet, avait établi la commune, moyen décisif pour affirmer le caractère latin d'Antioche et sauver le pays d'une inévitable dénationalisation ; lui enfin qui avait inspiré à la commune la proclamation du prince héritier Raymond comme régent[27].

Intervention de Henri de Champagne dans la question d'Antioche. Son arbitrage entre Bohémond III et les Arméniens.

Comme à tous les jours d'épreuve aussi les Francs d'Antioche se tournèrent vers la royauté hiérosolymitaine. Le patriarche Aymeri, le prince régent Raymond et son frère cadet Bohémond IV, pour lors, comme on l'a vu, comte de Tripoli, s'adressèrent à Henri de Champagne, à Saint-Jean-d'Acre. Et comme ses prédécesseurs, les Baudouin et les Foulque, Henri répondit aussitôt à leur appel. Il se rendit d'abord par mer à Tripoli (l'enclave aiyûbide de Beyrouth coupant les communications par la corniche libanaise), y prit avec lui le jeune comte Bohémond IV et, accompagné de ce dernier, accourut à Antioche[28].

Henri de Champagne ne se contenta pas de venir à Antioche pour délibérer de la situation avec le patriarche, les barons et la commune. Comprenant qu'une guerre franco-arménienne ne ferait le jeu que des Musulmans, il entreprit de ramener les Arméniens par la persuasion. Il s'invita chez Léon II, entra en Cilicie et vint lui rendre visite à Sis, dans sa capitale. Son autorité en imposa au prince arménien. Non seulement celui-ci le reçut avec honneur, mais il consentit à un accommodement. Bohémond III fut relâché moyennant renonciation au territoire contesté, depuis Gaston (Baghrâs) et la Portelle jusqu'à Lajazzo[29].

Pour achever le rapprochement franco-arménien, Bohémond III maria son fils aîné Raymond à Alice, nièce de Léon II et fille du précédent prince arménien Roupên III (1195)[30]. Cette union, ménagée par Henri de Champagne, permit de régler la question de préséance entre le prince d'Antioche et le prince (bientôt roi) arménien. Bohémond III, qui jusque-là prétendait à l'hommage des Arméniens, accepta de reconnaître la primauté – Ernoul dit la suzeraineté – de Léon[31]. En revanche, comme ce dernier n'avait pas d'enfant mâle, on put espérer que le fils à naître de Raymond et d'Alice hériterait non seulement de la principauté d'Antioche, mais aussi de la principauté arménienne de Cilicie. Les chroniqueurs latins, désireux de masquer le succès de prestige remporté par le prince arménien, veulent que Léon II ait ensuite demandé à Henri de Champagne de le couronner roi ; en réalité Léon ne reçut la couronne royale que le 6 janvier 1198, des mains de l'archevêque de Mayence Conrad de Wittelsbach qui vint le sacrer dans la cathédrale de Tarse, au nom de l'empereur romain germanique Henri VI[32]. Mais si la subordination juridique de la principauté d'Antioche à l'État arménien de Cilicie, conséquence du « déjeuner » de Baghrâs, n'eut pas comme contre-partie une subordination analogue de l'État arménien au royaume franc d'Acre, il n'en est pas moins vrai que Léon II reconnaissait sans difficulté l'ascendant moral de la cour d'Acre.

En somme Henri de Champagne avait, au prix d'une simple concession protocolaire, réussi à empêcher l'arménisation d'Antioche et maintenu le caractère franc de la grande cité du nord. Huit ans après *Hatt*in, l'héritier des rois de Jérusalem pouvait de nouveau se rendre d'Acre à Antioche et même en Cilicie comme arbitre et pacificateur des petites cours chrétiennes. Rien ne montre mieux la restauration du prestige franc en Syrie.

Alliance de Henri de Champagne avec les Ismâ'îliens.
Sa visite au Grand Maître à al-Kahf.

Au cours de son voyage d'Acre à Antioche, Henri de Champagne avait noué des rapports d'amitié avec les Ismâ'îliens. Au nord de Tortose la route d'Acre à Antioche longeait le territoire de la petite principauté ismâ'îlienne des Monts Nosairi dont les forteresses, Qal'at al-Kahf, Qadmûs et 'Olleîqa[33], le Cademois et le Laicas des chroniqueurs, dominaient la corniche littorale[34]. Le grand maître Sinân, qui avait fait « assassiner » Conrad de Montferrat, le prédécesseur de Henri de Champagne, venait de mourir (1193). Son successeur, apprenant que Henri de Champagne passait dans son voisinage, vint à sa rencontre, lui fit l'accueil le plus courtois et l'invita à visiter ses châteaux.

Au château de Kahf, le grand maître, pour impressionner Henri, lui donna une démonstration de l'obéissance absolue qu'il obtenait du fanatisme de ses fidâ'îs. « En cel chastel avoit une haute tor, sus chascun crenel avoit deux homes tous blancs vestus. Li sires des Hassesis (Assassins) li dist (à Henri de Champagne) : "Sire, vos homes ne feroient pas por vos ce que li mien feroient por moi." – "Sire, dist-il, ce puet bien estre." Le sire des Hassesis s'écria (une autre leçon de la chronique dit qu'il se contenta d'agiter son mouchoir)[35] et deux de ses homes qui sus les créniaux estoient se laissèrent cheoir à val et se bruisièrent le cou. » Le bon Henri de Champagne tout ému avoua qu'en effet chez les Francs on ne trouverait personne pour donner une telle preuve d'obéissance. Mais le grand maître insistait, offrant de faire suicider tous les autres occupants des créneaux : « Sire, si vouz volés, je ferai touz ceus que vous véez là sus, saillir à val (sauter dans le ravin). » De plus en plus ému, Henri le supplia de n'en rien faire. Le chroniqueur ajoute qu'avant de laisser partir le prince franc, le grand maître le couvrit de cadeaux, lui jura une amitié éternelle et lui offrit galamment de faire assassiner pour lui qui il voudrait. « Le sire des Hassesis li dona grant plenté de ses joiaux, et le convoia hors de sa terre et au départir li dist que por l'onor qu'il li avoit fait de ce qu'il iert venus par sa terre, il l'asseuroit de lui à tous jors mès (à tout jamais). Et s'il estoit nus haus hons qui li feist chose dont il li pesast, feist-il à savoir, et il le feroit occirre[36]. »

Cette rencontre est symptomatique : les Ismâ'îliens, si désireux, pour conserver leur indépendance, de maintenir en Syrie l'équilibre entre Francs et 'Aiyûbides, recommençaient à se tourner du côté d'Acre pour contre-balancer la puissance de Damas. Rien ne montre mieux à quel point l'État franc avait repris sa place dans la politique orientale.

Avec Saladin lui-même la diplomatie de Henri de Champagne n'était pas moins habile. Ibn al-Athîr nous le montre écrivant au sultan pour lui demander l'envoi « d'une tunique et d'un turban d'honneur », insignes d'amitié entre cours musulmanes : « Je les revêtirai de ta main, par amitié pour toi ! » ajoutait son message. Saladin lui envoya un vêtement précieux avec tunique et *sharbûsh* et Henri s'en revêtit en effet solennellement à Acre[37]. Cette diplomatie porta ses fruits puisque Kemâl al-Dîn reconnaît que « le comte Henri fut un homme d'un caractère excellent, nullement enclin au mal, rempli de bonnes intentions à l'égard des Musulmans et d'affection pour eux[38]. » À défaut de la reconquête de Jérusalem que le refus d'attaquer du roi d'Angleterre avait rendue impossible, Henri de Champagne apportait, du moins aux colonies franques la détente franco-musulmane et l'apaisement.

Réconciliation de Henri de Champagne avec Amaury de Lusignan. Voyage de Henri à Chypre.

Une tâche plus délicate incombait à Henri de Champagne pour achever la consolidation du « royaume d'Acre » : sa réconciliation avec les Lusignan, seigneurs de Chypre.

La création d'un État franc à Chypre, au bénéfice des Lusignan, était un des résultats les plus considérables de la Troisième Croisade. Guy de Lusignan, évincé d'Acre, avait ainsi trouvé une compensation à ses malheurs (mai 1192). Il mourut peu de temps après son installation dans l'île (avril 1194). Amaury, lui aussi, trouvait là une compensation à ses déboires, car on vient de voir que peu auparavant, bien que connétable du royaume de Jérusalem, il avait été destitué et chassé par Henri de Champagne (1193). Politique prudent et ferme, singulièrement supérieur à son frère Guy, Amaury de Lusignan allait se montrer le véritable fondateur de l'État poitevin de Chypre. Le statut de ce nouvel État restait cependant si incertain que Henri de Champagne, en tant qu'héritier des rois de Jérusalem, allait jusqu'à réclamer aux Lusignan la remise de l'île[39]. À persévérer dans cette voie – cour d'Acre contre cour de Nicosie – on s'engageait dans une rivalité sans issue qui ne pouvait qu'affaiblir l'une par l'autre les deux dynasties françaises du Levant.

Ce fut le mérite de Henri de Champagne de comprendre le premier la nécessité d'un rapprochement. Depuis quelque temps il était sollicité en ce sens par plusieurs de ses barons dont les fiefs étaient répartis dans les deux royaumes, notamment par les sires de Beisan, vieille maison d'Artois établie en Galilée et dont un des représentants, Baudouin de Beisan, était devenu connétable de Chypre. Cédant sagement à ces conseils, Henri de Champagne, après avoir rétabli la paix entre la principauté d'Antioche et la principauté arménienne de Cilicie, décida, en quittant la Cilicie, de s'embarquer pour Chypre afin de s'y entendre avec le roi Amaury. Ce dernier l'accueillit avec empressement et une réconciliation complète intervint entre eux. Une série d'alliances de famille devaient sceller cet accord. De la reine Isabelle de Jérusalem, Henri de Champagne avait trois filles : Marie, Alix et Philippa. Il les fiança aux trois fils d'Amaury, Guy, Jean et Hugue, fiançailles qui, espérait-on, annonçaient pour une date plus ou moins prochaine l'union des deux couronnes sur la tête des Lusignan et la concentration de toutes les forces franques d'Orient[40].

L'État Lusignan de Chypre érigé en royaume indépendant (1196).

Ses rapports une fois réglés avec la cour d'Acre sur la base d'une collaboration amicale et d'alliances matrimoniales, Amaury de Lusignan se mit en devoir de consolider le statut juridique de sa seigneurie chypriote en obtenant la couronne royale. Il s'adressa pour cela au chef du Saint-Empire romain germanique, ou, comme pensaient les juristes du douzième siècle, à l'empereur d'Occident, Henri VI, fils de Frédéric Barberousse. En décembre 1195 l'envoyé d'Amaury, Rénier de Gibelet, arriva à la cour de Henri VI, à Worms. Par sa voix Amaury reconnaissait la suzeraineté de l'Empire et sollicitait de l'Empereur la création, en faveur de la maison de Lusignan, d'un royaume héréditaire à Chypre, royaume qui devait rester distinct et indépendant du royaume de Jérusalem[41].

Henri VI – il caressait des projets de monarchie universelle – dut être fort satisfait de cet hommage qui lui apparaissait comme marquant un premier pas vers l'établissement de la domination du Saint-Empire sur l'Orient. Il annonça l'intention de se rendre de sa personne en Chypre pour y consacrer la création du nouveau royaume, mais envoya en attendant les archevêques de Trani et de Brindisi pour apporter le sceptre au nouveau roi (février 1196). Amaury de Lusignan prit aussitôt le titre de roi de Chypre. Le couronnement devait avoir lieu dans la cathédrale de Nicosie, en septembre 1197 par les soins du chancelier Conrad assisté d'un légat du Pape[42].

Avantages et inconvénients de la création du royaume Lusignan de Chypre pour l'avenir de la Syrie franque.

La constitution à Chypre d'un second royaume latin, n'ayant juridiquement rien de commun avec celui d'Acre-Jérusalem, était pour ce dernier un fait nouveau, gros de conséquences. L'avantage évident était que, la domination latine définitivement consolidée à Chypre, les futures Croisades allaient trouver là un débarcadère, un point de concentration, un centre de ravitaillement et une place d'armes tout proches du champ de bataille syrien : Chypre sera désormais comme un môle avancé par où l'Occident pourra surveiller les échelles syriennes ; dans le même sens, grâce au privilège de l'insularité, ce sera pour les Francs de Syrie un refuge, un abri inexpugnable, où ils viendront se refaire avant de repartir au combat. À cet égard on a pu soutenir que la possession de Chypre leur permit de prolonger durant un siècle encore leur occupation des échelles syriennes.

Mais ces avantages présentaient leur revers. Précisément parce qu'ils trouvaient à Chypre une possession tranquille, défendue par la mer contre les remous du monde islamique, avec, comme indigènes, au lieu de Musulmans en état de perpétuelle révolte, des Grecs amollis, précisément à cause de ces avantages évidents, la noblesse franque allait avoir tendance à déserter pour l'île heureuse les champs de bataille de la Syrie. À quoi bon (surtout depuis que les Lieux Saints étaient perdus) vouloir s'accrocher à ces ports syriens dont l'existence était toujours celle de places assiégées, quand il suffisait de quelques heures de navigation pour trouver, presque à vue d'horizon, une Nouvelle Syrie paisible et fortunée ? Dès le règne de Guy, l'attraction de Chypre s'exerça sur les familles franques de Syrie, d'autant que les Lusignan leur distribuaient à foison fiefs et prébendes, tous les domaines de l'aristocratie byzantine expropriée. « Li rois Guis, écrit

Ernoul, envoia... en Antioche et à Acre ses messages qu'il venissent en l'ille de Cypre, à luy, et il lor donroit terres et garison, tant com il en oseroient demander. Li chevalier qui désireté estoient, cui (auxquels) li Sarrasin avaient lors terres tolues, et les dames cui lor mari estoient ocis, et les pucieles orfenines alèrent là. Et li rois Guis lor donna terre à grant plentés, ne nus n'i aloit qui n'en eust assez. Il maria les veves et les orfenines et lor donna avoir. Il fieva (fieffa) III cents chevaliers en la tière et II cents sergans à ceval aveuc les bourgois à cui il donna grans tières et grans garisons[43]. » Cette émigration acheva d'appauvrir la Syrie franque, de la vider de ses colons aux rangs déjà si clairsemés. Comment retenir les « Poulains » sur les casaux du Sahel syrien, sans cesse menacés de quelque subite algarade aiyûbide ou mamelûke, lorsque les paisibles plantations de la Messaria chypriote s'offraient à eux[44] ?

Mais même en dehors des contre-coups démographiques, la situation tranquille du nouveau royaume de Chypre par rapport au royaume d'Acre restauré allait avoir une inévitable conséquence morale : c'est qu'au bout de peu de temps Chypre, pour les Francs, deviendrait le principal, Acre l'accessoire. Satisfaits de ce beau domaine insulaire qui leur coûtait si peu de mal, les Latins se lasseraient de guerroyer sans trêve pour quelques misérables ports syriens. À quoi bon cette lutte épuisante, puisque la situation géographique de Chypre au point de vue du commerce du Levant, face à Alexandrie et à Acre, leur permettait de recueillir sans effort les mêmes bénéfices ? Peu à peu tout l'intérêt franc se concentrera de la sorte sur l'île, les ports de Syrie n'étant plus que des dépendances onéreuses et quelque peu inutiles. Ce fut ainsi que la conquête insulaire de Richard Cœur de Lion, destinée en apparence à assurer un bastion solide à la Croisade, habituera peu à peu les Francs à se dégoûter de la Syrie. Cela est si vrai que même lorsque les Lusignan auront définitivement réuni sur leur tête les deux couronnes de Chypre et de Jérusalem, dans la seconde moitié du treizième siècle, ils se désintéresseront pratiquement de leur royaume continental en faveur de leur royaume insulaire, au point de considérer d'un cœur léger la perte de Saint-Jean-d'Acre, précisément parce qu'ils conservaient Nicosie.

L'heureuse exploitation de Chypre aidera l'Europe à se laisser persuader que dans ses rapports avec le monde d'Islam, dans ce duel de deux civilisations, au terme duquel il y a la prise de Constantinople, le débarquement des Turcs à Otrante et le siège de Vienne, le point de vue commercial avait plus d'importance que le point de vue politique. La primauté du fait politique, je veux dire militaire, sur le fait mercantile, le commandement du politique sur l'économique sera oublié. Du point de vue des délices de Nicosie et de Famagouste, à quoi bon agir à Acre puisque les comptoirs d'Alexandrie restent toujours accessibles, où l'on peut trafiquer, et non seulement trafiquer, mais encore, pour apaiser les remords que cause l'abandon du Saint-Sépulcre, faire semblant de s'intéresser à l'activité des Ordres missionnaires ? L'installation confortable à Chypre, c'est déjà le remplacement de la colonisation et de l'effort chrétien par la politique des affaires ; c'est, par paliers et avec mille excuses honorables, l'abandon de la revanche.

1092 et 1193. La mort de Saladin présente pour l'Europe les mêmes chances que la mort de Malik-shâh. Partage de l'empire musulman.

Tandis que la sage politique de Henri de Champagne rétablissait la bonne harmonie entre les cours chrétiennes – Antioche et Arménie, Acre et Chypre –, et que la fondation du royaume Lusignan de Chypre offrait à l'Orient latin de nouvelles perspectives de développement économique, un événement venait de se produire qui pouvait remettre en cause la solidité et peut-être l'existence de l'empire musulman aiyûbide. Dans la nuit du 3 au 4 mars 1193 Saladin était mort à Damas, après une brève maladie, et sa succession s'annonçait comme singulièrement compliquée.

Le grand sultan ne laissait pas moins de dix-sept enfants, sans compter ses frères et neveux, si bien que l'unité de l'empire se trouvait, d'office, menacée de rupture. Égypte, Arabie, Transjordanie, Syrie musulmane et Jazîra étaient appelées à former, sous des branches aiyûbides particulières, autant de sultanats autonomes. L'étreinte qui étouffait la Syrie franque pouvait se desserrer. Tout redevenait possible, si entre les épigones aiyûbides les Francs savaient manœuvrer comme avaient su le faire les anciens rois de Jérusalem entre les épigones seljûqides.

À la mort de Saladin, son fils aîné Malik al-Afdal se trouvait auprès de lui, à Damas[45]. Al-Afdal conserva Damas, la Syrie méridionale et la Palestine (1193-1196). Deux autres des fils préférés du défunt eurent, Malik al-'Azîz l'Égypte dont il était déjà vice-roi (1193-1198) et Malik al-Zâhir Alep et la Syrie du Nord dont le gouvernement lui avait aussi été attribué déjà par Saladin (1193-1215). Un autre fils de Saladin, al-Zafar Khidr eut Bosrâ et le Haurân. Le frère de Saladin, al-Malik al-'Adil Saîf al-Dîn Abû-Bakr – le Saphadin des chroniqueurs –, l'ami de Richard Cœur de Lion, conserva la principauté du Krak (Kerak) ou de Transjordanie, plus la Jazîra et le Diyârbékir, tous fiefs secondaires et bien insuffisants pour l'importance du personnage que nous allons voir grandir au cours des années suivantes ; du reste Saladin ne lui avait donné ces fiefs écartés qu'après lui avoir retiré, par crainte de son ambition, le gouvernement de l'Égypte. Al-'Adil était l'homme qui avait joué avec Richard Cœur de Lion le jeu de l'amitié et même de la confiance, au point qu'on avait envisagé son mariage avec la reine Jeanne, sœur du roi d'Angleterre, et le règne de ce couple mixte sur Jérusalem apaisée...

D'autres membres moins importants de la famille aiyûbide conservèrent les fiefs subalternes dont le sultan les avait gratifiés. Dans ce partage basé sur l'état des gouvernements à l'heure de la mort du grand homme, Ba'albek échut à un de ses petits-neveux, Bahrâm-shâh ; Homs à Shîrkûh II (1185-1239), petit-fils du célèbre Shîrkûh, oncle de Saladin ; Hamâ à al-Mansûr Ier (1191-1220), fils du valeureux Taqî al-Dîn 'Omar, le héros de la contre-croisade. Enfin en Arabie le Yémen resta à Saîf al-Islâm Tughtekîn, quatrième frère de Saladin (1181-1196).

Naturellement, à la nouvelle de la mort de Saladin, les anciennes dynasties musulmanes, qui n'avaient subi qu'à contre-cœur la brusque ascension du parvenu kurde, essayèrent de secouer le joug[46]. Tel fut le cas des deux princes zengides, 'Izz al-Dîn Mas'ûd Ier, atâbeg de Mossoul (1180-1193), et son frère 'Imâd al-Dîn Zengî II, atâbeg de Sinjâr (1170-1197), neveux du grand Nûr al-Dîn ; tel, le cas aussi du Shâh-

Armèn de Khilât, Bektimur, et des gens de Mârdîn, toujours fiers du prestige de leur vieille dynastie ortoqide. Du reste le décès fortuit de l'atâbeg de Mossoul arrêta net cette suprême tentative de restauration zengide (1193).

Guerres de succession entre les fils de Saladin.
Le jeu de Malik al-'Adil.

Ce n'était pas du dehors que devait venir la dislocation de l'empire aiyûbide, mais des querelles de la famille régnante[47]. Saladin avait spécifié que son fils aîné al-Af*d*al, le sultan de Damas, aurait l'autorité souveraine. Or le nouveau maître de l'empire – il avait vingt-trois ans – était un jeune homme assez mal équilibré : « Il se mit à boire du vin, dit Abu'l Fidâ, et passait les jours et les nuits à entendre chanter et jouer des instruments à cordes. » Surtout il disgracia les ministres et les émirs de son père et donna toute sa confiance à son nouveau vizir, al-Ziyâ ibn al-A*th*îr (le frère de l'historien), lequel fut un piètre administrateur. Les fonctionnaires disgraciés se rendirent au Caire, à la cour d'al-'Azîz qui, naturellement, les accueillit à bras ouverts et qu'ils excitèrent contre son frère. À la fin de mai 1194, al-'Azîz entra en Syrie avec son armée et vint assiéger al-Af*d*al dans Damas. En ce péril al-Af*d*al, qui se sentait déjà abandonné par l'opinion publique, n'eut d'autre ressource que d'appeler à son aide leur oncle al-'Adil, pour lors établi à Édesse.

C'était l'instant qu'attendait al-'Adil. L'habile prince, – le plus remarquable des membres de la famille aiyûbide après Saladin, – était assez peu satisfait des fiefs disparates, les châteaux de Transjordanie d'une part, les pâturages de la Jazîra d'autre part, qui constituaient son lot. Son ambition était aussi vaste que celle de son frère Saladin, et sa souplesse supérieure : durant la Troisième Croisade, on vient de le rappeler, n'avait-il pas envisagé sans répugnance l'idée d'épouser la sœur du roi Richard et de régner avec elle sur une Palestine mixte, islamo-chrétienne ? Politique aussi expérimenté que ses jeunes neveux se montraient légers et vains, il forma le projet de les user les uns par les autres, de les amener à s'éliminer réciproquement, pour les supplanter progressivement et se substituer à eux.

À l'appel d'al-Afdal, il accourut à Damas. Se déclarant le protecteur d'al-Afdal, c'est-à-dire de la légitimité, il invita al-'Azîz à une entrevue à al-Mezzé dans la banlieue ouest de la grande ville et lui enjoignit d'avoir à renoncer à ses desseins. Docilement al-'Azîz obtempéra et s'éloigna, en attendant de regagner l'Égypte. En récompense, al-'Adil lui donna une de ses filles en mariage. Une réconciliation générale fut conclue sur ces bases (juillet 1194). Al-Afdal garda Damas avec la Syrie méridionale et la Galilée, mais il céda à al-'Azîz la Judée et à al-Zâhir Jabala et Lattaquié[48]. En réalité le prestige d'al-'Adil sortait seul intact et accru de cette affaire. C'était lui qui avait tout mené. « Cet homme prudent, au jugement sûr, rusé, plein d'artifice, patient, doux et temporisateur », comme le décrit Ibn al-Athîr, était devenu sans violence, par le seul ascendant de sa psychologie, l'arbitre de sa famille. Il s'était posé en sauveur du sultan officiel, son faible neveu. Quant à son autre neveu, le maître de l'Égypte, il l'avait morigéné comme un enfant, lui avait publiquement fait lâcher prise et, finalement, en avait fait son gendre.

Cependant, l'année suivante (1194-1195), al-'Azîz reprit ses projets contre al-Afdal. De nouveau, il partit du Caire avec une armée pour envahir la Syrie ; il était arrivé à Fawarâ et allait atteindre la rive orientale du lac de Tibériade, quand il eut la surprise de voir une partie de ses émirs déserter. C'est que, cette fois encore, al-Afdal avait obtenu l'appui de leur oncle al-'Adil, et ce dernier par ses intrigues avait ainsi arrêté sans combat la marche du jeune sultan, qui n'eut rien d'autre à faire que de rentrer précipitamment au Caire[49]. Al-Afdal, toujours appuyé par al-'Adil, se lança à la poursuite du fuyard et pénétra en Égypte. Il était parvenu à Bilbeis, dans le Delta, à mi-chemin du Caire, et comptait bien marcher sur cette capitale, lorsque son oncle, une fois encore, s'interposa : pas plus qu'il n'avait naguère voulu laisser écraser al-Afdal par al-'Azîz, l'habile aiyûbide n'entendait maintenant permettre à al-Afdal de détrôner al-Azîz. La rivalité de ses deux neveux faisait sa force. Arbitre de leurs querelles, il devenait leur maître[50].

Une fois rentré chez lui, à Damas, al-Afdal acheva de s'y perdre. De débauché devenu dévot, il laissait toujours toute l'autorité à son vizir Ibn al-Athîr dont la mauvaise administration le rendit universellement impopulaire[51]. Faisant pencher une fois de plus la balance de l'autre côté, al-'Adil s'était établi en Égypte auprès d'al-Azîz avec qui il finit par conclure un pacte pour spolier l'incapable al-Af*d*al[52]. En juin 1196 tous deux marchèrent du Caire sur Damas. Le 3 juillet suivant la ville fut prise, moins par les armes que grâce aux intelligences que al-'Adil avait dans la place. Conformément à l'accord intervenu entre les deux alliés, al-'Adil devint maître de Damas et de tout le territoire qui en dépendait (Syrie méridionale et Palestine), tandis que al-'Azîz bénéficiait de l'avantage, assez vain, de s'entendre proclamer sultan suprême, avec son nom prononcé dans la kho*r*ba et inscrit sur les monnaies. En réalité c'était le nouveau seigneur de Damas, al-'Adil, qui devenait le véritable maître de l'empire. Quant à al-Af*d*al, il alla tristement s'établir dans la petite ville de Salkhad ou Sarkhad qu'on voulut bien lui laisser, à l'est de Bo*s*râ, dans le *H*aurân[53].

Le rêve oriental de l'empereur Henri VI.
Projet de mainmise germanique sur la Syrie franque.

Le morcellement, au moins temporaire, de l'empire de Saladin et les querelles de plus en plus vives entre ses héritiers ne pouvaient que favoriser les Francs. Sans doute ils avaient intérêt à ne pas rompre prématurément la trêve conclue avec le grand sultan, mais cette trêve qui avait commencé à courir en septembre 1192 n'était valable que pour trois ans et trois mois. Elle expirait donc en décembre 1195. Or l'éventualité d'une reprise de la guerre sainte était depuis longtemps envisagée avec faveur par le plus puissant prince de la Chrétienté, l'empereur germanique Henri VI (1190-1197).

Fils et successeur de Frédéric Barberousse, Henri VI trouvait dans l'héritage paternel la tradition de la Croisade. Mais la Croisade pour lui ne se limitait pas à la délivrance de Jérusalem. Elle n'était qu'un des articles du vaste programme d'expansion germanique arrêté par lui, programme de *Weltpolitik* et de *Drang nach Osten* dans lequel l'absorption de l'Orient latin et la conquête de l'Orient byzantin devaient aboutir au rétablissement, en faveur du Hohenstauffen, de l'unité impériale « romaine ». Héritier, par sa femme Constance, des rois normands de Sicile, comme il était l'héritier de l'Allemagne, de la Lotharingie, du royaume d'Arles et de l'Italie lombarde, il avait, dans la succession normande, recueilli le vieux projet de Robert Guiscard et de Bohémond sur la conquête de Constantinople. Quand on le voit conférer la couronne royale aux Lusignan de Chypre et aux Roupéniens de l'Arménie cilicienne, il est évident que c'étaient là autant de gestes symboliques par lesquels il annonçait que le Saint-Empire romain germanique – l'Empire d'Occident – entendait aussi commander aux chrétientés orientales. Quand le 31 mai 1195 à la diète de Bari il prit solennellement la croix, ce nouveau geste dans sa pensée visait d'abord, avant Jérusalem, Constantinople, ou du moins ne visait Jérusalem qu'à travers Constantinople. C'était toute la Quatrième Croisade qui s'annonçait déjà.

Quant à Jérusalem, si reconquête de Jérusalem il devait y avoir, il était évident que ce ne serait plus là une expédition purement chrétienne, internationale et désintéressée pour restaurer les colonies franques, mais une expédition nationale, au sens que ce mot peut revêtir pour cette époque, je veux dire germano-italienne, une conquête centralisatrice qui rattacherait l'Orient latin – c'est-à-dire français – au Saint-Empire et le dénationaliserait profondément.

Il ne faut pas en effet, si l'on veut comprendre la nature de la civilisation « franque » de Syrie, se laisser duper par les étiquettes féodales. Au point de vue de la mouvance féodale le royaume de Jérusalem avait été fondé par un duc de Basse-Lotharingie (Brabant), dignitaire du Saint-Empire, il avait été restauré par un roi d'Angleterre. En réalité ce duc de Lotharingie était un Français de Boulogne en Artois, aussi Français que son frère Baudouin Ier ou que leur cousin Baudouin II de Rethel. Quant à Richard Cœur de Lion, le roi anglais en lui, au sens insulaire du mot, s'effaçait sans cesse devant le Plantagenet, comte d'Anjou, duc de Normandie, duc de Guyenne, baron indigène de l'Ouest français, et possesseur, depuis Dieppe jusqu'à Bayonne, de plus de terres de langue d'oïl et de langue d'oc que le Capétien lui-même. Son entourage – le texte d'Ambroise est significatif à cet égard – restait avant tout angevin, normand et aquitain et le récit vécu de sa Croisade, la chronique rimée du même Ambroise, se trouve une des plus belles épopées de notre langue. Son action n'avait nullement menacé de dénationaliser la France d'outre-mer.

Avec le programme de Henri VI et, par la suite, de son fils Frédéric II, il devait en aller tout autrement. Les deux Hohenstauffen étaient imbus d'une théorie néo-romaine de l'État et de l'Empire. Au fond de leur politique orientale, il y avait la volonté de rattacher, au profit de l'italo-germanisme, l'Orient latin à la centralisation impériale. Dans leur esprit la Syrie franque ne pouvait être qu'une étroite dépendance, une colonie du Saint-Empire. Elle devait disparaître comme royaume indépendant, la couronne de Jérusalem ne devant être, comme celle de Sicile, qu'un fleuron de plus ajouté à la couronne de Charlemagne.

Mais si cet empire se prétendait romain et international, il restait, en fait, germanique et italien. De sorte que, comme nous l'annoncions, la politique orientale des Hohenstauffen devait tendre à défranciser la Syrie latine pour la germaniser et l'italianiser, à supprimer le royaume franc en tant que royaume autonome et en tant que pays franc. Tel était, après le péril musulman incarné dans la reconquête aiyûbide, l'autre danger, le péril italo-germanique, avec lequel allait se trouver aux prises la Syrie franque.

Ce péril apparut à Henri de Champagne dès l'arrivée des premiers Croisés allemands en 1197.

Arrivée des Croisés allemands.
Brutalités envers la population franque.

Les Croisés allemands, rassemblés dans les ports de la Pouille, arrivèrent par groupes successifs. Le gros de leurs contingents ne débarqua à Acre que le 22 septembre 1197, les chefs qui les conduisaient – l'archevêque chancelier Conrad et le comte Adolphe de Holstein – ayant fait halte à Chypre pour y présider au couronnement d'Amaury de Lusignan. Mais précisément parce que les premiers contingents précédemment débarqués se trouvaient ainsi livrés à eux-mêmes, sans leurs chefs, ils se montrèrent d'une indiscipline et d'une brutalité révoltantes, se comportant à Acre comme en pays conquis. Avec une telle conduite, le fossé de race se creusa tout de suite entre eux et les barons francs. « De puis que il furent en la cité d'Acre, il mesprisoient les abitans de la terre, si que il les getoient (= chassaient) de lor ostels ; et encore plus, quant les chevaliers dou païs chevauchoient, il (les Allemands) aloient en lor maisons, et getoient hor les dames et si herbergeient (= installaient)[54]. »

Outrés de ces manières de soudards, les colons vinrent se plaindre à Henri de Champagne. Celui-ci ayant demandé l'avis des barons syriens, Hugue de Tibériade, parlant en leur nom, lui recommanda la seule attitude efficace, la force : « il connaissait bien, dit-il, les Allemands ; avec eux il fallait employer la force, ils ne comprenaient que cela[55]. » Il conseilla donc de mettre les femmes et les enfants à l'abri chez les Templiers et les Hospitaliers, puis d'appeler la population masculine aux armes et de chasser les Allemands. Mais, comme il l'avait prévu, il ne fut pas nécessaire d'en arriver là. Les chefs de l'armée germanique, ayant eu vent du projet, la firent d'eux-mêmes sortir de la ville et la cantonnèrent dans la banlieue, au « sablon d'Acre », vers le Nahr al-Na'mein.

Réoccupation de Gibelet (Jebail) par les Embriac (1197).

En attendant l'arrivée de la croisade allemande, Henri de Champagne s'était, fort sagement, gardé de rallumer la guerre générale contre les Aiyûbides. Il avait même, après la mort de Saladin, confirmé et étendu les trêves conclues avec eux[56]. Mais, dans l'affaiblissement du pouvoir central que causèrent chez les Musulmans les partages aiyûbides, la paix n'était guère respectée par les émirs locaux. L'émir qui commandait à Beyrouth, un certain Usâma, armait des corsaires qui, embusqués derrière le Râs Beyrouth, arrêtaient les navires francs et capturaient cargaisons et passagers. « Il a une pointe de montaigne devant Baruth qui fiert en la mer. Au pié de cele montaigne estoient tous jors des galies (= galères) armées. Desus la montaigne avoient gaites (= guetteurs) qui toz jors gaitoient en la mer les vassiaus qui venoient d'Ermenie, d'Antioche ou de Triple et aloient à Sur (Tyr) et à Acre. Quant les gaites les veoient, si le faisoient savoir as galies ; eles movoient, si les prenoient et occioient quan qu'il pooient[57]. »

Les Francs s'étaient plaints vainement à al-'Adil à Damas et à al-'Azîz au Caire[58]. Cependant, malgré ces actes de piraterie chronique qui enlevaient toute sécurité à la navigation côtière, les barons de Syrie, jusqu'à l'arrivée des Croisés allemands, s'abstinrent d'engager les hostilités. On ne peut en effet ranger sous cette rubrique la reprise toute pacifique de Gibelet (Jebail, Byblos) en 1197. De Tripoli, où elle s'était réfugiée, Étiennette de Milly, veuve du dernier seigneur de Gibelet, Hugue III Embriac, réussit à corrompre l'émir kurde qui commandait la petite place et la réoccupa sans combat au profit de son fils Guy Ier Embriac[59]. En même temps que la branche principale des Embriac à Gibelet, dut être restaurée la branche collatérale qui régnait à Beshmezîn (le Besmédin), entre Enfé et Amiyûn[60].

Invasion du territoire d'Acre par Malik al-'Adil.
L'armée franque sauvée par Hugue de Tibériade.

Ce furent les Allemands qui rompirent la paix de la Syrie chrétienne avec l'Islam en pénétrant en terre musulmane par une attaque brusquée, sans avoir même prévenu le chef responsable du royaume franc, Henri de Champagne[61]. Al-'Adil, qui, dans les derniers partages aiyûbides, avait obtenu, comme on le sait, Damas et la Palestine, appela aussitôt aux armes les autres princes aiyûbides et les émirs vassaux depuis la Jazîra jusqu'à l'Égypte. La concentration s'opéra à 'Ain-Jalûd, au sud-est de Nazareth, entre la Galilée et la Samarie. Le continuateur de Guillaume de Tyr raconte que les Allemands, qui s'étaient imprudemment avancés, faillirent être encerclés sur le territoire même d'Acre par un ennemi supérieur en nombre[62].

Le plus écouté des conseillers de Henri de Champagne, Hugue de Tibériade (Hue de Tabarié)[63] qui était ici l'interprète des autres barons syriens, nargua les Allemands : « Seignors, lui fait dire avec une mordante ironie l'*Estoire d'Éracles*, vés ci le reiaume de Jérusalem et celui de Domas, car la paienisme est toute devant vous, et ores i para (= paraîtra) qui sera chevaliers ! » Mais, ajoute le chroniqueur franc, « come les Alemans virent le poeir des Sarasins qui estoit si grant, il furent esmaié (ébahis), car l'on dit que le Hadel (al-'Adil) avoit o (avec) lui soixante mil homes. » La démoralisation était telle que les chevaliers parlaient de regagner Acre à franc étrier en abandonnant à leur triste sort les sergents à pied. Henri de Champagne lui-même se jugeait impuissant devant la panique qui s'emparait des Croisés : « Que me conseilliés-vos que je face ? Vos vées que ces seignors sont mis en desconfiture ! » Ce fut Hugue de Tibériade qui leur rendit courage à tous : « Coment volés-vos faire ceste honte à vostre leignage et au reiaume de Jérusalem ? Ne place Dieu que vos tel coardise ne faîtes en cest jor ! » Sur son conseil Henri de Champagne envoya chercher tous les hommes valides qu'on put trouver dans Acre, religieux et gens des communes, notamment des bourgeois pisans et florentins qui se comportèrent vaillamment.

Dès que ces renforts furent arrivés, Henri de Champagne, toujours sur le conseil de Hugue de Tibériade, fit former l'armée en bataillons serrés, les fantassins pisans et florentins avec le reste des sergents aux premiers rangs, les chevaliers au centre, avec ordre de rester impassibles et de briser les attaques sans se laisser entamer ni attirer. C'était la vieille tactique de Baudouin III et de Baudouin IV, la tactique aussi des premières heures de la bataille d'Arsûf. Elle réussit pleinement une fois de plus. L'armée aiyûbide, intimidée par cette ferme contenance, évacua la zone d'Acre. « Et enssi sauva Notre Seignor celui jor les Crestiens par le conseil de Hue de Tabarié[64]. » Tant il est vrai que l'expérience de « l'esprit poulain », chaque fois qu'on voulait bien y faire appel, tirait les Francs des folles aventures où les avait lancés « l'esprit croisé ».

Prise de Jaffa par Malik al-'Adil (septembre 1197).

La région d'Acre était trop bien gardée. Malik al-'Adil, avec son lieutenant Sonqor al-Kabîr, gouverneur de Jérusalem, résolut d'aller surprendre Jaffa, moins bien défendue.

Le comté de Jaffa avait jadis appartenu à Amaury de Lusignan, l'actuel roi de Chypre sur qui Henri de Champagne, au moment de leur brouille, l'avait confisqué. Mais Henri s'était depuis lors réconcilié avec Amaury et l'union des deux princes francs n'était pas de trop en présence de l'invasion aiyûbide. Dès qu'al-'Adil commença à menacer Jaffa (l'*Estoire d'Éracles* dit même : quand il eut commencé l'investissement du château et occupé le faubourg ouvert)[65], Henri offrit à Amaury de lui rendre Jaffa s'il la sauvait des Musulmans. Peut-être, comme le pense Mas Latrie, y avait-il là non seulement un sentiment instinctif de solidarité franque contre les Infidèles, mais aussi, chez le comte de Champagne, le désir de ne pas se trouver, pour sauver Jaffa, à la merci des dangereux Croisés allemands[66]. Amaury envoya aussitôt de Chypre à Jaffa un des principaux barons chypriotes, le Poitevin Renaud Barlais, avec un petit corps de troupes et des approvisionnements. Mais il semble bien que Barlais, comme l'en accuse l'*Estoire d'Éracles*, ait été au-dessous de son rôle[67]. Au lieu de mettre le château en état de défense et d'y appeler des renforts, il y alla comme en partie de plaisir, en se contentant des quarante chevaliers et des sergents chypriotes qu'il avait amenés, « mais il entendi plus à amener sa fame avec lui ». Quand l'attaque musulmane se précisa, il dut faire savoir à Henri de Champagne qu'à moins de renfort immédiat (notamment en arbalétriers), il ne pourrait tenir. Peut-être apercevons-nous ici une des premières manifestations de l'indifférence, plus haut signalée, des barons chypriotes pour le sort de la Syrie franque. L'île opulente et paisible constituait pour eux une compensation telle qu'ils pouvaient se résigner sans trop d'amertume à la perte des échelles du continent.

Henri de Champagne fut violemment irrité d'une telle incurie. Mais l'heure n'était pas aux récriminations. Il convoqua aussitôt à Acre tous les sergents et arbalétriers disponibles, pour les envoyer à Jaffa par la route de Caïffa et aussi les « borgeis et comunes » – en particulier la colonie pisane – pour faire partir en même temps une flotte au secours de la ville assiégée. Le 10 septembre 1197 il venait, des fenêtres de la salle haute, de passer en revue dans la cour de son palais d'Acre les fantassins en partance pour Jaffa. Il donnait audience aux Pisans pour l'envoi de la flotte, très préoccupé par les événements auxquels il avait à faire face, lorsque, en reculant machinalement, il tomba à la renverse d'une baie sans barreaux et se tua[68]. Son nain Escarlate, qui avait voulu le retenir par ses vêtements, fut entraîné dans sa chute et se tua avec lui. *L'Estoire d'Éracles* nous décrit en termes pathétiques la douleur de la reine Isabelle accourant aux cris des serviteurs : « La reine Ysabeau, qui ot oye la novele, fu venue en corant come desvée (folle) et criant et dépeçant son vis (visage) et arrachant ses cheveux. Si encontra à la montée dou chastel ceaux qui l'aportoient. Si tost come ele vi le cors, elle se laissa cheoir sur lui, si le comença à baiser en plaignant et regretant, et y estoient si grant li cri que tuit cil qui là estoient avoient pitié dou grant duel (= deuil) que ele faisoit[69]. » On enterra enri de Champagne à Acre même, dans l'Église Sainte-Croix.

Tandis que ce drame privait la Syrie de son chef, la citadelle de Jaffa succombait[70]. Elle fut prise par Malik al-'Adil précisément du côté de la mer, où la moindre escadre latine eût suffi à la sauver. Plusieurs des défenseurs s'étant réfugiés dans l'église Saint-Pierre où ils se croyaient à l'abri, les Musulmans firent écrouler la voûte sur eux. – Ajoutons que la seconde prise de Jaffa par les Aiyûbides ne devait être qu'un épisode éphémère, puisque, dès 1204, Jaffa allait, pour la troisième fois, rentrer dans la possession des Francs.

À la nouvelle de la prise de Jaffa et de la mort de Henri de Champagne les Croisés allemands et le duc Henri de Brabant rentrèrent dans la ville d'Acre pour la mettre en état de défense contre un coup de main de Malik al-'Adil[71].

La mort de Henri de Champagne était une perte sérieuse pour la Syrie franque. Ce prince, qui n'avait accepté le pouvoir qu'à son corps défendant et que la nostalgie de la douceur champenoise, autant que le désir de ne recevoir la couronne qu'au Saint-Sépulcre, avait empêché jusqu'au bout de prendre le titre de roi, avait pleinement fait œuvre royale. Dans des conditions particulièrement difficiles, sans argent et sans armée, puisque sans base territoriale suffisante, il avait su maintenir l'État franc. Le vide du trésor était cependant tel que souvent, en se levant le matin, il n'avait pas de quoi payer son dîner du soir. Mais son prestige obtenait chaque fois des banquiers italiens les avances nécessaires tant à l'entretien de la cour qu'à celui de l'ost. Avec fermeté au dedans comme au dehors, contre les Pisans, les partisans attardés des Lusignan, les chanoines du Saint-Sépulcre, les Croisés allemands, face à Saladin, aux Ismâ'îliens, à Léon d'Arménie, à Malik al-'Adil, « cet homme prudent, réservé et patient, » comme l'appelle Ibn al-A*th*îr, avait sans éclat mais sans faiblesse ressuscité la tradition des anciens rois. Ses accords avec Amaury de Lusignan comme avec Léon d'Arménie prouvent sa largeur de vues et sa conscience de l'intérêt supérieur de la chrétienté. Bien que désigné par le roi Richard, c'est-à-dire par le représentant le plus romanesque de l'esprit croisé, il avait, d'instinct, rejoint le parti des barons syriens, les Ibelin et les Tibériade. Politique sage, il avait su se tenir également éloigné du bellicisme brouillon des Croisés nouveaux venus (les Allemands avaient dû lui forcer la main pour rompre les trêves) et de la mollesse des Chypriotes, créoles déjà indifférents au sort de la Syrie.

Il avait suffi qu'arrivât au Levant un baron français sensé, suffisamment énergique – un chevalier moyen, dirions-nous – pour que les exigences historiques, la tradition monarchique déjà centenaire s'emparassent de lui et en fissent un prince excellent.

§ 2. — Règne d'Amaury II de Lusignan :
concentration des forces franques. Malik al-'Adil : regroupement des forces aiyubides.

*Choix d'Amaury de Lusignan, roi de Chypre,
comme roi de Jérusalem.*

L'accident mortel de Henri de Champagne, survenant après l'assassinat de Conrad de Montferrat, prenait les proportions d'un désastre. Par deux fois les princes énergiques que les barons de Syrie avaient placés à leur tête en leur faisant épouser la princesse Isabelle, héritière de leurs rois, disparaissaient tragiquement. Une sorte de fatalité semblait s'appesantir sur l'État franc de Syrie pour lui enlever chaque fois, aux heures décisives de son histoire, ses meilleurs défenseurs. Mais dans la forteresse assiégée qu'était le royaume d'Acre, les regrets devaient être brefs ; il fallait aviser sans retard et donner un quatrième époux à la reine Isabelle.

La princesse sur qui reposait la destinée du royaume n'avait, malgré les dramatiques événements qui l'avaient précocement mûrie, que vingt-six ans. Le poète Ambroise, qui la vit, nous dit qu'elle était fort belle. Plus d'un prétendant souhaitait sa main. Le parti des barons syriens avait alors pour principal représentant Hugue de Tibériade, dont la sagesse et la fermeté avaient, devant Acre, sauvé l'armée chrétienne du désastre ou du déshonneur[72]. Ce parti voulait précisément donner pour nouvel époux à Isabelle le frère de Hugue, Raoul de Tibériade, « à cui l'en conseilla que ele fust mariée, et que ele i seroit bien mariée, que le plus des gens dou pais se tenoient à lui[73]. » Les Tibériade étaient de fort bonne souche française, descendant des châtelains de Saint-Omer, en Artois. C'était là en même temps le mariage « poulain » qui eût valu au royaume un chef selon le cœur des colons francs, connaissant le pays, vivant de sa vie, capable d'y consacrer toute son activité.

Malheureusement la famille de Tibériade, depuis la perte de ses domaines de Galilée après le désastre de *Hatt*în, semblait trop appauvrie pour pouvoir subvenir aux besoins d'une cour et d'une armée. Les Templiers et les Hospitaliers en prirent prétexte pour faire écarter sa candidature[74]. Pour la même raison ils proposèrent d'offrir la couronne à Amaury de Lusignan, roi de Chypre. Il est permis de supposer qu'ils subissaient à cet égard l'influence de l'archevêque de Mayence.

Chef officiel de la Croisade allemande et chancelier du Saint-Empire, l'archevêque était le plus sûr confident du vaste programme oriental de Henri VI. Or il apporta tout son appui à la candidature d'Amaury de Lusignan. C'est qu'Amaury, qui venait de recevoir de ses mains, comme roi de Chypre, l'investiture de Henri VI, se trouvait désormais de ce fait l'homme-lige de l'empereur allemand. L'accession d'Amaury au trône de Jérusalem allait donc faire entrer la Syrie franque dans la mouvance des Hohenstauffen. C'est ce que spécifie en propres termes Roger de Hoveden : *Moguntius archiepiscopus, consilio et voluntate principuum Alemanniae, tradidit Aimerico, domino Cypræ, Accon et Tyrum et caeteras civitates ; deinde dedit ei uxorem quæ fuerat uxor Henrici comitis de Campania, et coronavit eos, et ipse Aimericus devenit homo Henrici Romanorum imperatoris...*[75] La volonté du chancelier, derrière laquelle on sentait toute la force du Saint-Empire, l'emporta sur les velléités d'indépendance des barons syriens et même sur l'opposition avouée du patriarche de Jérusalem, le Florentin Aymar le Moine[76]. Désavoué par son entourage, le patriarche laissa Isabelle épouser Amaury de Lusignan, et, peu après, les couronna lui-même[77].

Amaury de Lusignan et la double royauté de Chypre et de Jérusalem. L'union personnelle et la distinction des deux couronnes.

Comme Innocent III l'espérait, la concentration de toutes les forces latines dans les mêmes mains, la réunion sur la même tête des couronnes de Chypre et de Jérusalem présentaient des avantages évidents. L'élection comme roi de Jérusalem d'Amaury de Lusignan, devenu Amaury II, faisait cesser la rivalité entre les cours d'Acre et de Nicosie. Elle semblait assurer à la Syrie franque, pour sa défense, toutes les ressources du riche État chypriote. Malheureusement, dès le début, Amaury II déclara qu'il entendait ne faire fusionner les deux États, ni au point de vue juridique, ni au point de vue militaire et financier. Les deux États devaient vivre de leurs ressources propres, assurer l'entretien de leur armée, chacun sur son budget particulier : à peine reconnu par les barons d'Acre, Amaury II eut soin de bien spécifier ce point devant eux ; il invita les barons de Syrie à élire deux des leurs pour recueillir les « rentes d'Acre » et subvenir ainsi aux dépenses syriennes, sans avoir à recourir au budget chypriote[78]. On ne pouvait proclamer plus nettement qu'il y aurait seulement union personnelle et viagère, essentiellement temporaire, nullement, comme on aurait pu l'espérer à Acre, fusion des deux États francs.

Les raisons d'une telle conduite, déjà avouée chez Amaury de Lusignan, plus nette encore chez ses successeurs, sont d'ailleurs assez naturelles. La royauté chypriote allait être, dans sa famille, héréditaire et souveraine, tandis que la royauté syrienne, surtout depuis la mort de Baudouin IV et la disparition de la dynastie hiérosolymitaine, avait tendance à n'être qu'une royauté élective, d'autorité limitée, soumise au contrôle permanent des Ordres et des barons, et, de ce fait, ayant devancé dans la voie du parlementarisme féodal jusqu'à l'Angleterre de la Grande Charte. Il est évident que, rois à peu près absolus en Chypre, les Lusignan n'avaient aucun intérêt à soumettre leur royauté insulaire à toutes les limitations et difficultés de leur royauté continentale[79]. Dans ces conditions, la Syrie franque devait être loin de retirer de l'union des deux couronnes tout le bénéfice escompté.

Toutefois sur le terrain militaire, Amaury de Lusignan fit consciencieusement son métier de roi de Jérusalem.

Reprise de Beyrouth par Amaury de Lusignan (octobre 1197).

À peine débarqué à Acre, Amaury de Lusignan se concerta avec les Croisés brabançons et allemands pour une campagne sérieuse contre Malik al-'Adil. Puisqu'il était trop tard pour sauver Jaffa, on résolut d'aller prendre Beyrouth, ville restée au pouvoir des Aiyûbides comme une enclave dangereuse entre les places chrétiennes de Tripoli et de Tyr. L'expédition paraît avoir été bien préparée. Amaury de Lusignan fit venir de Chypre des renforts et du ravitaillement. Les Croisés lotharingiens et allemands furent placés sous les ordres du duc Henri Ier de Brabant, prince remarquable que l'histoire considère comme le véritable fondateur de la grandeur brabançonne[80]. Tandis que l'armée chrétienne s'avançait vers le nord, le long de la corniche libanaise, la flotte, portant le ravitaillement, suivait d'étape en étape, d'Acre à Tyr, de Tyr à Sidon (octobre 1197).

Sidon, on s'en souvient, bien que Saladin ait affecté en 1192 de rendre la moitié de son territoire au comte Renaud, était pratiquement restée au pouvoir des Musulmans, mais ceux-ci l'avaient systématiquement détruite pour éviter qu'elle ne redevînt un point d'appui de l'occupation franque. L'armée chrétienne trouva Sidon déserte et Arnold de Lubeck se fait l'interprète de la tristesse des Croisés quand ils pénétrèrent dans ces belles maisons aux poutres de cèdre, réduites à servir d'écurie aux voyageurs de passage[81]. Ajoutons que Sidon devait être restaurée et repeuplée par les Francs en 1228.

De Sidon l'armée chrétienne marcha sur Beyrouth. Entre ces deux villes elle se heurta à l'armée musulmane. Al-'Adil qui avait établi son poste de commandement au Marj 'Ayûn, derrière le coude du Lîtânî, survint à l'improviste et, dans la nuit du 22 au 23 octobre 1197, assaillit les Francs entre Sidon et le Râs Dâmûr, dans l'espoir de leur barrer la route ou de les jeter à la mer. Mais la résistance des Chrétiens fut telle – le comte Adolphe de Holstein et Bernard de Horstmar, parmi les Croisés allemands, se couvrirent de gloire – que le prince aiyûbide dut se retirer en laissant le passage libre[82]. Le lendemain même, 23 octobre, l'armée chrétienne passa le Nahr al-Dâmûr et atteignit Beyrouth.

Malik al-'Adil avait ordonné de détruire Beyrouth comme avait été détruite Sidon. Il s'agissait de faire le vide devant les Francs, de ne leur laisser aucune prise sur le Sahel syrien. De fait les Musulmans qui avaient repeuplé Beyrouth furent invités à l'évacuer en hâte. Dès le 21 octobre 1197 un détachement aiyûbide avait commencé à abattre les murailles et même à détruire les maisons de la citadelle. Mais le gouverneur à bail de Beyrouth, 'Izz al-Dîn Usâma, qui avait fait du port un nid de corsaires et en tirait grand profit, obtint de faire interrompre les travaux de démolition en se portant garant de la défense de la ville[83].

Le résultat fut que, lorsque les Francs se présentèrent, la démolition des murailles était trop avancée pour qu'elles pussent leur faire obstacle, sans que l'œuvre de destruction fût suffisante pour les empêcher, comme à Sidon, de s'installer. Quant au présomptueux Usâma, il semble s'être porté d'abord hors de la ville pour arrêter les Francs, comme il l'avait promis ; puis le cœur lui manqua et il ne songea qu'à revenir chercher refuge dans la citadelle, encore presque intacte et qui pouvait en effet offrir quelque résistance[84]. Mais il avait, en sortant au-devant de l'ennemi, commis l'imprudence de laisser seuls dans la citadelle un charpentier chrétien qu'il y employait et des esclaves, également chrétiens. Ces hommes résolus se saisirent des portes de la maîtresse tour et les fermèrent derrière eux pour ne les ouvrir qu'à l'armée franque. Ainsi joué, Usâma ne put que s'enfuir au Liban avec les siens, tandis que la flotte chrétienne, puis l'armée croisée arrivaient devant Beyrouth déserte. Du haut de la citadelle, la poignée d'esclaves chrétiens et le charpentier chrétien qui, à leur tête, s'en était rendu maître, cherchaient à se faire reconnaître par les navires francs. Mais les

Francs, pleins de défiance et craignant quelque trahison, hésitaient à s'engager dans les rues silencieuses. Enfin dix sergents envoyés en éclaireurs reconnurent la vérité ; toutefois l'héroïque charpentier ne voulut rendre la maîtresse tour qu'au roi Amaury en personne. Ce dernier le récompensa richement en lui donnant de bonnes rentes à Beyrouth, à lui et à ses héritiers[85].

La reconquête de Beyrouth qui n'avait pas coûté une goutte de sang constituait un très grand succès. En supprimant un nid de pirates, elle achevait de donner aux Francs la maîtrise paisible de la mer. Surtout elle les rendait, maîtres de toute la côte de Tripoli à Saint-Jean-d'Acre, constituant ainsi à l'occupation franque une base territoriale continue qui resta leur jusqu'à la fin du treizième siècle. À défaut de la Palestine perdue la civilisation française conservait le Liban.

Les Francs avaient trouvé à Beyrouth de grandes quantités d'armes et d'approvisionnements qu'Usâma, dans sa fuite précipitée, n'avait pu évacuer. Amaury laissa dans la place une bonne garnison de chevaliers et de sergents. La seigneurie de la terre fut donnée à un membre de l'illustre famille des Ibelin, Jean Ier d'Ibelin, fils de Balian II et de la reine Marie Comnène (Jean se trouvait ainsi le beau-frère du roi Amaury de Lusignan, puisque celui-ci avait épousé la reine Isabelle, fille, elle aussi, de Marie Comnène)[86]. Connu des chroniqueurs sous le nom de « vieux sire de Baruth », nous le verrons se conduire en chef de la noblesse franque de Syrie contre les tentatives d'annexion germanique au temps de Frédéric II.

Tentative de Bohémond III pour récupérer Lattaquié et Jabala.

Le retentissement de la reconquête de Beyrouth fut tel que l'indolent prince d'Antioche, Bohémond III, chercha à en profiter pour reprendre Lattaquié et Jabala, les deux ports que Saladin lui avait enlevés en 1188. Malik al-Zâhir, l'aiyûbide d'Alep, instruit de ses intentions, appliqua la même méthode qu'al-'Adil à Sidon et à Beyrouth : il envoya en hâte des équipes d'ouvriers détruire Lattaquié et Jabala. À Jabala, Mubâriz Akjâ, chargé de la besogne, fit sortir les habitants, renversa les murs et détruisit les maisons. À Lattaquié, Ghars al-Dîn Qilij et Ibn Tumân minèrent de même la citadelle, l'incendièrent, enlevèrent les munitions et détruisirent la ville[87]. Sur ces entrefaites, Bohémond III mit son projet à exécution. Il débarqua par mer sous Marqab (à Valénie) et, contrairement à ce que prétend Kemâl al-Dîn, il semble bien qu'il ait réoccupé les emplacements de Jabala et de Lattaquié évacués par leur population musulmane[88]. Il eut même une entrevue amicale avec les représentants aiyûbides, Ghars al-Dîn et Ibn Tumân[89].

Mais la destruction des deux forteresses avait atteint son but. Bohémond III, de cette promenade militaire parmi les décombres, ne tira aucun avantage réel. Après son départ le sultan al-Zâhir se rendit d'Alep à Lattaquié et fit reconstruire la forteresse (novembre 1197). En 1203 nous verrons Lattaquié constitué en fief au profit de l'émir Saîf al-Dîn ibn 'Alam al-Dîn, qui arrêta et détruisit la petite croisade de Renaud de Dampierre[90]. Au contraire l'émir de Jabala, bien que dépendant, lui aussi, du sultan d'Alep, se montra très favorable aux Croisés de Renaud, qu'il ravitailla, escorta à travers ses terres et chercha vainement à détourner de leur folle chevauchée[91]. Il semble du reste que dans Jabala un quartier ait été laissé aux commerçants chrétiens. Peut-être était-ce le résultat de l'opération de Bohémond III en 1197.

Siège du Toron (Tibnîn) par la Croisade allemande (28 novembre 1197-2 février 1198).

Après la reprise de Beyrouth, les Croisés brabançons et allemands et le roi Amaury entreprirent la reconquête de l'intérieur. Leur victoire sur Malik al-'Adil au nord de Sidon prouvait qu'ils avaient la supériorité tactique. À ce moment la délivrance de Jérusalem leur paraissait proche. Le 22 novembre 1197, le duc Henri de Brabant l'écrivait de Tyr à l'archevêque de Cologne[92]. Il allait jusqu'à prévoir qu'après la reconquête on favoriserait la colonisation en établissant sur place une partie des Croisés[93].

L'armée chrétienne cependant ne marcha pas immédiatement sur la ville sainte. Elle alla assiéger, à la frontière de la Phénicie et de la haute Galilée, la forteresse du Toron, ou Tibnîn, à mi-chemin entre Tyr et le lac de Hûlé. Le siège commença le 28 novembre 1197. On s'est étonné de ce parti. Le continuateur de *l'Estoire d'Éracles* prête sa désapprobation à l'empereur Henri VI lui-même, ce qui d'ailleurs est historiquement impossible, puisque Henri VI était mort le 28 septembre et que le siège de Tibnîn ne commença que le 28 novembre. « Cornent, dist l'emperères, n'avoient-il nule cité où il peussent entendre que assiégier cel chastel ? » À quoi l'envoyé des Croisés répond que leur armée n'était pas numériquement suffisante pour aller assiéger Jérusalem ou Damas. « Sire, il n'i avoit autre cité que Jérusalem ou Damas. Ne n'avions mie tant de gens por tenir siège et por conduire nos caravanes, car moult est grant la multitude des Sarrasins en icele partie »[94]. Sous cette forme l'anecdote ne peut être qu'apocryphe, puisque Henri VI était mort deux mois auparavant[95], mais elle explique après coup la déconvenue de l'Occident devant l'échec final des Croisés.

À défaut de la marche sur Jérusalem que Henri de Brabant avait annoncée comme imminente, le choix de l'ancien Toron comme objectif de l'armée chrétienne n'était pas si mauvais. Dressée sur une colline à pic, la forteresse dominait le pays depuis le Jebel Hûnin jusqu'à la côte tyrienne. Hugue de Saint-Omer, seigneur de Tibériade, l'avait construite en 1107 pour réduire Tyr, encore musulmane[96]. Il fallait la reprendre aujourd'hui pour permettre à Tyr chrétienne de respirer.

Au début le siège fut mené avec énergie, les mineurs chrétiens attaquant avec ardeur la muraille dont un pan s'effondra, ouvrant l'accès de la citadelle. Les défenseurs du Toron, craignant une prise d'assaut, résolurent de se rendre. Leurs représentants descendirent au camp chrétien pour demander l'amân, prêts à livrer la citadelle moyennant sauvegarde des vies et des biens. En même temps que la reconquête d'une place stratégiquement fort importante, la capitulation de Toron allait valoir aux Francs la liberté de 500 esclaves chrétiens, emprisonnés dans la forteresse. Enfin, comme le fait observer *l'Estoire d'Éracles*, la chute du Toron eût entraîné celle de Beaufort (Qal'at al-Shaqîf Arnûn), la forteresse jumelle située de l'autre côté de Nahr Lîtânî. Mais les Allemands ne voulaient entendre parler que d'une reddition à merci, avec possibilité de pillage et de butin. Ils rejetèrent les conditions des assiégés : « Quant les Alemans oïrent ceste euffre, il s'en orgueillirent plus et se tindrent moult durs, et lor distrent que il ne les recevreient mie en tel manière, se il ne se rendeient dou tout à faire et dire lor volonté. Après ce, les Alemans menèrent les messages (= messagers) des Sarasins dou chastel sur la mine et lor mostrèrent ce qu'ils avoient fait et lor distrent : "Coment vos recevrons nos à tel fiance ? Vos estes (déjà) tos nostres !" Après ce, lor donèrent congié ». Le chroniqueur souligne amèrement la faute ainsi commise : « les Alemans se fient moult en lor force et en lor fausse vertu, ne n'orent pitié des esclas (= esclaves) crestiens que l'on lor devoit rendre, ne ne conurent le bien et l'onor qui lor aveneit[97] ».

Prête à se rendre quelques heures plus tôt, la garnison musulmane, n'ayant désormais le choix qu'entre la résistance ou la mort, résista. Sur la brèche pratiquée par les mineurs chrétiens elle se défendit si énergiquement que les Croisés ne purent pénétrer dans la citadelle. Toutefois les assiégés renouvelèrent leur offre de capituler, renonçant même à emporter quoi que ce fût, à la seule condition d'avoir la vie sauve. Et déjà, assure *l'Estoire de Éracles*, ils offraient des otages. D'après *Éracles* le chancelier d'Allemagne, au lieu de conclure sur-le-champ, remit au lendemain l'occupation de la forteresse parce que c'était la veille de Noël et qu'il était tout à ses dévotions. Or le lendemain les assiégés avaient changé d'avis par peur, comme on l'a dit, de la brutalité des Allemands et aussi dans l'espoir d'un prompt secours du sultan al-'Adil[98]. Arnold de Lubeck et les autres chroniqueurs allemands imputent à une maladie du chancelier d'Empire le retard apporté à accepter la capitulation, retard qui provoqua un revirement dans l'armée allemande, exigeant une prise d'assaut, suivie de pillage, comme aussi dans les dispositions des assiégés, résolus en ce cas à se défendre à tout prix[99].

Tandis que *l'Estoire d'Éracles* attribue à la peur de la brutalité allemande l'hésitation des Musulmans à capituler, Ibn al-Athîr – dont la version ne contredit nullement la précédente – prétend que ce furent les barons syriens qui, sachant que les Allemands allaient violer les traités et perpétrer quelque massacre, avisèrent eux-mêmes les assiégés. Quelques-uns des Francs du littoral de Syrie dirent aux Musulmans : « Si vous livrez la citadelle, le chancelier des Allemands vous réduira en captivité et vous fera périr[100] ». *L'Estoire d'Éracles* ajoute simplement que « après que les Sarasins orent livrés les ostages, ils se repentirent tantost (= aussitôt), car il doutoient (= redoutaient) la cruautés des Alemans[101]. » Les deux textes se complètent assez bien et permettent d'imaginer les inquiétudes des Francs de Syrie. Malgré l'état de guerre résultant de la Croisade allemande, tout espoir d'entente n'était pas perdu entre les Francs de Syrie et Malik-al'Adil, comme l'événement devait le prouver[102]. Malik al-'Adil, désireux d'avoir les mains libres contre les autres princes aiyûbides, guerroyait assez mollement contre les chrétiens et, au fond, ne demandait qu'à traiter. Les barons de Syrie, satisfaits d'avoir recouvré l'importante place de Beyrouth, n'avaient aucun intérêt à le pousser à bout, surtout à laisser commettre par les Allemands quelque massacre révoltant qui eût instantanément provoqué l'union de tous les Musulmans dans un *jihâd* sans merci.

Débâcle de la Croisade allemande.

Du reste la Croisade allemande était en train de provoquer la concentration des forces aiyûbides. Malik al-'Adil avait demandé le concours de son neveu, le sultan d'Égypte, Malik al-'Azîz qui le 2 février 1198 arriva en Syrie avec une forte armée[103]. Les autres princes aiyûbides – même al-Af*d*al qu'al-'Adil avait réduit à la Transjordanie – venaient se ranger sous le drapeau commun. On devine dans ces conditions les sentiments du roi Amaury II. Connaissant le décès de l'empereur Henri VI, il pouvait en déduire le prochain rembarquement des Croisés allemands qui le laisseraient seul avec, sur les bras, la guerre sainte qu'ils avaient déclenchée. Qu'on ne s'étonne pas si lui et les barons syriens redoutaient plus que tout quelque massacre de la garnison de Tibnîn par les Allemands. La circonspection d'Amaury II en toute cette affaire a été remarquée par les Musulmans eux-mêmes[104].

D'après *Éracles* comme d'après les chroniqueurs arabes, l'approche des armées aiyûbides, jointe à la nouvelle de la mort de l'empereur Henri VI, détermina les Allemands à lever le siège du Toron[105]. En réalité, pour ce qui est de la mort de

Henri VI, elle devait être depuis longtemps connue puisqu'elle remontait à quatre mois, mais il est certain que sa disparition et surtout la guerre de succession qui éclata alors en Allemagne entre Philippe de Souabe et Otton de Brunswick enlevaient aux Croisés allemands tout espoir d'être secourus par l'empire germanique. Comme au lendemain de la mort de Frédéric Barberousse, toute leur ardeur guerrière et même toute leur valeur militaire disparurent du jour au lendemain ; ils levèrent précipitamment le siège et retournèrent à Tyr. À dire vrai, quand la troupe se préparait encore à recevoir courageusement l'armée aiyûbide, le chancelier d'Empire et les princes allemands avaient donné l'exemple de la fuite (2 février 1198). Dans ces conditions la retraite prit les allures d'une débandade, comme l'avoue Arnold de Lubeck : « Tandis que la troupe se préparait courageusement à la lutte, écrit l'annaliste allemand, voilà le bruit qui se répand que le chancelier et les autres princes, abandonnant le siège, ont secrètement fait leurs bagages, constitué un convoi et sont partis pour Tyr. Aussitôt l'armée en fait autant et qui à cheval, qui à pied, reprend dans le plus grand désordre et le plus grand abattement le chemin de Tyr[106] ». Le continuateur de Guillaume de Tyr, qui tout à l'heure nous montrait les Allemands prêts à tout massacrer, juge en deux lignes leur brusque effondrement moral : « Si se départirent come ciaus qui avoient perdu les cuers et la volenté par la mort de lor seignor... Si s'en allèrent à Sur tout ausi come se il fucent desconfit, que onques n'i atendi li unz l'autre »[107].

La Croisade allemande de 1197 avait causé un réel malaise dans l'Orient latin, d'autant qu'on sentait derrière elle la menace de tutelle germanique, le *Drang nach Osten* des Hohenstauffen. Amaury II lui-même avait dû, selon les termes de Roger de Hoveden, accepter de devenir « l'homme de l'empereur Henri VI ». Le ton de l'*Estoire d'Éracles* envers les Croisés allemands montre bien que ces projets de mainmise germanique éveillaient déjà l'inquiétude et rencontraient l'opposition sourde de la noblesse française coloniale, opposition qui éclatera au grand jour trente ans plus tard, lorsque l'empereur Frédéric II, fils de Henri VI, viendra à Chypre et en Syrie appliquer le programme oriental de son père. Il y avait là – si l'on peut employer le mot pour cette époque –

comme une question de tempérament. Les barons de Syrie qui s'entendaient si bien avec les Croisés de France, de Wallonie, d'Angleterre ou d'Italie, se trouvaient tout de suite en état de moindre amitié avec les Croisés teutons : la lecture des chroniques franques, d'*Éracles* aux *Gestes des Chiprois*, est édifiante à cet égard. Quand au désaccord des tempéraments viendront s'ajouter les visées impérialistes des Hohenstauffen, visées qui menaçaient tout simplement de défranciser Chypre et le royaume d'Acre, le péril germanique sera considéré par les barons de Syrie comme un danger presque aussi grave que le péril musulman. Du moins en 1197 la disparition prématurée de Henri VI et la débâcle de la Croisade allemande l'écartèrent pour plus de vingt ans.

Rétablissement de la paix entre Amaury II et Malik al-'Adil (1er juillet 1198).

Cependant la débâcle de la Croisade allemande laissait sur les bras d'Amaury II la guerre sainte, que les Allemands avaient rallumée. Par bonheur Amaury et les barons syriens avaient conduit cette guerre en évitant, malgré les Croisés germaniques, tout ce qui aurait pu attiser par trop le fanatisme du *jihâd*. Du reste Malik al-'Azîz fut rappelé en Égypte par des troubles. Quant à Malik al-'Adil, le principal intéressé, il souhaitait la paix pour avoir les mains libres dans les affaires musulmanes. Au lieu d'accabler les Francs de Syrie, maintenant privés de leurs alliés d'Occident, il consentit à renouveler les trêves avec Amaury II, aux conditions jadis convenues entre Richard et Saladin, mais en reconnaissant aux Francs leurs nouvelles conquêtes : Beyrouth et Gibelet (Jebail)[108]. Conquêtes précieuses d'ailleurs, dont il faut se garder de diminuer l'importance puisque leur possession assurait aux Francs la continuité entre le royaume d'Acre et le comté de Tripoli. À défaut du royaume palestinien des Baudouin et des Foulque, désormais perdu, c'était un État du Liban que les Francs reconstituaient à leur profit, un Liban englobant d'ailleurs au sud la côte du Carmel et du Saron.

Le traité de paix entra en vigueur le 1er juillet 1198.

Regroupement de l'Empire aiyûbide en faveur de Malik al-'Adil (février 1200).

Peu après la conclusion de la trêve avec les Francs, l'empire aiyûbide fut l'objet d'un nouveau regroupement. Le fait importe trop à l'histoire des colonies franques pour que nous ne le rappelions pas ici.

Dans la dernière dizaine de novembre 1198 le sultan d'Égypte Malik al-'Azîz, chassant le loup près des Pyramides, fit une chute de cheval si grave qu'il mourut peu après (29 novembre). L'aîné de ses fils, Malik al-Mansûr, n'avait que dix ans. Il fallait choisir un régent. Une partie des mamelûks égyptiens firent appel au frère du défunt, à Malik al-Afdal, l'ancien sultan de Damas, pour lors détrôné et réduit à la principauté du Haurân (chef-lieu Salkhad). Sur leur invitation, al-Afdal accourut en Égypte et s'empara du pouvoir (janvier 1199)[109].

L'oncle d'al-'Azîz et d'al-Afdal, le sultan de Damas al 'Adil, se trouvait alors occupé dans le nord, au Diyârbékir où il assiégeait Mârdîn, capitale, comme on le sait, des émirs ortoqides. Mais on redoutait son retour. Al-Afdal, une fois son autorité bien établie au Caire, se concerta avec son frère cadet al-Zâhir, prince d'Alep, pour en finir avec l'hégémonie de leur oncle. Il s'agissait de profiter de l'éloignement d'al-'Adil pour lui reprendre Damas. À ces nouvelles al-'Adil accourut de Mârdîn à Damas où il arriva le 8 juin 1199. Il mit hâtivement la ville en état de défense. Il n'était que temps. Le 14 juin apparaissait al-Afdal à la tête de l'armée égyptienne. Dans le premier élan celle ci parvint par Bâb al-Salam, jusqu'à la mosquée des Ommaiyades, mais elle dut reculer ensuite jusqu'au bourg de Kiswé. L'arrivée de l'armée d'Alep, conduite par al-Zâhir, qui vint renforcer l'armée d'Égypte, permit de reprendre le siège avec plus de vigueur. Pendant six mois les deux fils de Saladin tinrent ainsi leur oncle étroitement assiégé dans Damas, sans avoir d'ailleurs l'énergie de livrer contre lui un assaut décisif.

Profitant de leurs fautes, l'habile al-'Adil n'avait pas tardé à nouer des intelligences dans leur armée. Son prestige était tel que nombre d'émirs passèrent du camp des assiégeants aux défenseurs de Damas, notamment l'émir de Homs, al-Mujâhid

Shîrkûh. Il fit mieux : par une série de messages secrets il réussit à semer la méfiance entre al-Afdal et al-Zâhir. Les deux frères, mécontents l'un de l'autre et d'ailleurs impressionnés par la défection de leurs officiers comme par les renforts que Malik al-Kâmil, fils d'al-'Adil, amenait à son père du fond du Diyârbékir et de la Jazîra, levèrent le siège de Damas et se séparèrent, al-Zâhir rentrant à Alep et al-Afdal en Égypte (décembre 1199-janvier 1200)[110].

À peine délivré de la menace qu'avait fait peser sur lui la coalition de ses neveux, al-'Adil reprit ses projets sur l'Égypte. Al-Afdal, en rentrant au Caire, avait, sans méfiance, dispersé son armée. Al-'Adil arriva en Égypte sur ses pas, défit les forces égyptiennes à l'est de Bilbeîs, et poursuivit al-Afdal jusqu'au Caire. Cette fois encore nombre des émirs égyptiens étaient gagnés d'avance à l'habile al-'Adil. Découragé, al-Afdal renonça à la lutte. Il accepta de retourner dans son maigre fief du Haurân, tandis que l'Égypte se soumettait à al-'Adil (5 février 1200)[111].

L'année suivante, Malik al-'Adil eut encore à faire face à la coalition de ses neveux. Al-Zâhir, qu'al-Afdal était venu rejoindre, descendit d'Alep sur Damas qu'ils assiégèrent de nouveau. Al-'Adil, accouru d'Égypte, eut le temps de jeter des renforts dans la place, puis, comme le siège traînait en longueur, il sut, une fois de plus, semer habilement la discorde entre ses deux neveux. Al-Afdal, séduit par ses intrigues, commit la sottise de lâcher al-Zâhir. Ce dernier n'eut plus qu'à retourner à Alep en reconnaissant la suzeraineté d'al-'Adil[112]. Quant au naïf al-Afdal, al-'Adil triomphant ne lui donna pour tout dédommagement que Maiyâfâriqîn au Diyârbékir et Samosate en Commagène ; encore lui enleva-t-il bientôt Maiyâfâriqîn[113].

Malik al-'Adil resta ainsi maître de l'Égypte, de la Palestine musulmane (Jérusalem) et de Damas, sans compter les fiefs mésopotamiens. Ses deux neveux, al-Zâhir à Alep et al-Afdal à Samosate, vaincus et dépouillés de tout prestige, n'étaient plus que ses clients et ses vassaux[114]. Quant au jeune Malik al-Mansûr, son petit-neveu, fils d'al-'Azîz et héritier légitime de l'Égypte, on en fit un simple gouverneur d'Édesse en Mésopotamie[115]. À ces minimes exceptions près, tout l'empire aiyûbide se trouva de nouveau regroupé dans les mains de

Malik al-'Adil – substitution de la branche cadette à la branche aînée, justifiée par le génie politique du vainqueur et l'insignifiance de ses neveux. Al-'Adil procéda alors à une nouvelle distribution des gouvernements entre ses propres fils, al-Kâmil, al-Mu'azzam, al-Ashraf et al-Awhad : al-Kâmil reçut l'Égypte, al-Mu'azzam resta à Damas auprès de son père, al-Ashraf eut *H*arrân et al-Awhad Maiyâfâriqîn[116].

De nouveau, en face de la Croisade, l'Islam syro-égyptien avait un chef unique, et ce chef se trouvait une des plus fortes personnalités de son temps[117].

Amaury II et le maintien de l'autorité monarchique.
Bannissement de Raoul de Tibériade.

En face de l'Islam unifié à nouveau, l'Orient latin, où Amaury II de Lusignan réunissait sur sa tête les deux couronnes de Chypre et de Jérusalem, essayait, lui aussi, de concentrer ses forces.

Amaury II, depuis sa reconnaissance comme roi de Jérusalem, cherchait assidûment à rendre dans son royaume continental quelque vigueur à l'autorité monarchique. Jean d'Ibelin-Jaffa, au livre des *Assises*, laisse entendre qu'Amaury avait été très frappé des lacunes des institutions monarchiques hiérosolymitaines, lacunes rendues manifestes par la carence du pouvoir après la capture du roi Guy[118]. Une fois sur le trône, il voulut préciser la constitution du royaume, en délimitant les droits respectifs de la royauté et des barons. « Sans songer, écrit Mas Latrie, à restreindre directement les privilèges de l'aristocratie, il désirait réviser les dispositions des anciennes Assises ; il ne voulait pas laisser la législation dans un état incertain qui exposait le royaume à des commotions violentes si le roi agissait d'autorité et qui permettait aux hommes liges, quand ils voulaient se concerter, d'imposer au souverain leur volonté par voie d'interprétation et de record[119]. »

Dans ce but Amaury II avait escompté la collaboration d'un des chefs de la noblesse franque, Raoul de Tibériade « dont il appréciait l'expérience sans aimer le caractère ». « J'ai entendu raconter bien souvent, nous rapporte Philippe de Novare, comment le roi Amaury proposa à messire Raoul de Tibériade, avant d'être brouillé avec lui, de s'entendre ensemble, eux et dix vavasseurs, pour faire mettre en écrit et renouveler les us, les coutumes et les assises du royaume[120] ». La brouille d'Amaury II et de Raoul de Tibériade allait faire échouer ce projet en faisant éclater un grave conflit entre la royauté à peine restaurée et les barons qui, durant un long interrègne, avaient pris l'habitude de l'indépendance.

Au moment du rembarquement de la Croisade germanique, au commencement de mars 1198, un jour qu'Amaury II se promenait à cheval sur la plage de Tyr, il fut assailli à l'improviste par quatre chevaliers allemands qui le blessèrent grièvement et faillirent le tuer. Les gens de Tyr accoururent à son aide et les assassins prirent la fuite vers Acre. Là, sur l'ordre du chancelier d'Allemagne, trois d'entre eux purent être arrêtés et furent décapités, sans d'ailleurs avoir voulu avouer les mobiles de leur acte[121].

Amaury II accusa les seigneurs de Tibériade d'être les instigateurs du crime, plus particulièrement Raoul de Tibériade qui avait, en septembre 1197, prétendu à la main de la reine Isabelle et à la couronne de Jérusalem. L'agression de Tyr aurait été la vengeance d'un amoureux éconduit et d'un ambitieux déçu. L'accusation parut au contraire mal fondée à beaucoup de barons syriens qui tenaient en haute estime Hugue de Tibériade, frère de Raoul. Amaury II n'en persista pas moins à vouloir bannir Raoul sans même l'entendre.

Mais alors la noblesse franque fit opposition. Que Raoul fût coupable ou non, les Assises du royaume exigeaient qu'il fût jugé par ses pairs. Les barons chargèrent un des leurs, Jean Ier d'Ibelin, d'être leur porte-parole. Ils se rendirent sous sa direction auprès du roi et menacèrent ce dernier de suspendre leur service si l'affaire n'était pas instruite selon les formes régulières[122]. Amaury II refusa d'ailleurs de se laisser fléchir. Les barons n'osèrent passer aux actes et Raoul de Tibériade fut réduit à s'exiler à Tripoli, auprès de Bohémond IV.

Cet incident montre qu'Amaury II, roi à peu près absolu en Chypre, prétendait l'être aussi en Syrie et qu'en tout cas il n'entendait pas laisser péricliter dans ce pays l'institution monarchique ni laisser le royaume d'Acre devenir une « république des barons ». Le récit des *Lois* atteste malheureusement aussi que, même avec la consécration du temps, même avec un prince aussi prudent et ferme qu'Amaury II – en tout si supérieur au faible Guy – les Lusignan n'avaient peut-être pas entièrement réussi à devenir, aux yeux des barons syriens, de véritables rois nationaux[123]. Acceptés par nécessité, parce que leur établissement en Chypre semblait les rendre plus aptes que quiconque à défendre les colonies syriennes, ils étaient loin de bénéficier sur le continent de la même popularité et de la même autorité que dans leur domaine insulaire.

Cependant, en dépit de ces difficultés avec les barons syriens dans le domaine constitutionnel, Amaury II allait se montrer entièrement d'accord avec eux dans les délicates conjonctures de la Quatrième Croisade.

Innocent III et la prédication de la Quatrième Croisade.

L'Occident avait alors à sa tête le plus grand peut-être des papes du moyen âge, Innocent III (1198-1216). Du vaste programme que celui-ci s'était tracé, la reconquête de Jérusalem était un des principaux articles. Dès le milieu de 1198 il annonça une Quatrième Croisade[124]. En 1199 il chargea le patriarche de Jérusalem, Aymar ou Haymar le Moine, « d'envoyer à Rome un mémoire détaillé sur la situation de l'Orient latin, et notamment sur la position, la parenté et les forces des grands chefs de l'Islam »[125]. Aymar étant mort fin 1202, et son successeur, l'évêque Albert de Verceil qui devait détenir le patriarcat jusqu'en 1214, n'ayant occupé son siège que vers 1205, la préparation locale de la Croisade fut, pendant la vacance patriarcale, confiée aux cardinaux Soffredo et Pierre Capuano, envoyés comme légats au Levant, et qui cherchèrent, dans ce but, à apaiser les querelles entre chrétiens. Ce fut ainsi qu'ils réconcilièrent pour un temps résidents pisans et résidents génois[126].

En Occident la prédication de la Croisade fut méthodiquement conduite. Parmi les prédicateurs les plus ardents, l'histoire a retenu le nom du curé de Neuilly, Foulque, dont l'éloquence parut ressusciter l'enthousiasme de la Première Croisade[127]. Néanmoins la Quatrième Croisade ne devait pas être une Croisade populaire ; ce fut une expédition de barons français, flamands et piémontais, avec prépondérance de l'élément français. Les principaux seigneurs qui se croisèrent furent le comte de Flandre, Baudouin IX, de la maison de

Hainaut[128], et son frère Henri, le comte Thibaut III de Champagne[129], le comte Louis de Blois, le comte Geoffroi III du Perche, Hugue IV de Saint-Pol, Simon IV de Montfort, Jean de Nesle, Enguerrand de Boves, Renaud de Dampierre, Geoffroi de Villehardouin qui devait être l'historien de la Croisade, etc. ; enfin, du côté piémontais, le marquis Boniface de Montferrat. Le chef de la Croisade semblait devoir être le comte de Champagne, désignation toute naturelle, puisque Thibaut III était le frère de Henri de Champagne qui de 1192 à 1197 avait gouverné la Syrie franque[130]. Mais Thibaut étant mort sur ces entrefaites (24 mai 1201), on déféra le commandement pour les mêmes raisons à Boniface de Montferrat, frère du feu marquis Conrad qui, de 1190 à 1192, avait été l'animateur de la reconquête franque en Syrie[131] : les deux choix semblaient indiquer une heureuse continuité dans les expéditions au Levant.

Où se porterait la Croisade ? La petite noblesse et la masse des pèlerins ne pensaient qu'à un débarquement en Palestine pour marcher directement sur Jérusalem[132]. Les barons au contraire, se souvenant des enseignements du roi Amaury Ier et des derniers conseils de Richard Cœur de Lion, méditaient une attaque sur l'Égypte : projet évidemment préférable tant au point de vue politique qu'au point de vue militaire car, en présence de l'unité aiyûbide reconstituée sous Malik al-'Adil, il était dangereux d'aller entreprendre un siège en plein plateau de Judée, tandis qu'on pouvait, grâce à l'appoint des marines italiennes – la marine vénitienne notamment –, s'accrocher aux grands ports du Delta, Alexandrie ou Damiette, et y prendre des gages jusqu'à ce que le sultan ait consenti à lâcher Jérusalem pour délivrer l'Égypte. L'avis des barons, tel que le rapporte Robert de Clari, correspondait donc à l'expérience acquise : « Nous ne voulons pas aller en la terre de Syrie parce que nous n'y pourrions rien faire, mais nous sommes résolus à aller en Babylone (au Caire) ou à Alexandrie[133]. »

Détournement de la Quatrième Croisade.
Prise de Constantinople et fondation de l'empire latin.

Pour transporter leur armée sur les côtes d'Égypte, les chefs de la Quatrième Croisade s'adressèrent à la république de Venise. En avril 1201 fut signé entre eux et la Seigneurie un accord en ce sens. On connaît la suite : la concentration des Croisés à Venise à l'été de 1202 et comment la Seigneurie profita de leurs difficultés financières pour les entraîner à aller conquérir pour son compte la ville de Zara sur le roi de Hongrie (octobre-novembre 1202) ; puis la Croisade définitivement détournée de son but, les Vénitiens et Boniface de Montferrat l'ayant conduite à Constantinople pour restaurer l'empereur Isaac l'Ange (juin-juillet 1203) ; et finalement les Croisés s'emparant de Constantinople pour eux-mêmes, détruisant l'empire byzantin et établissant à la place un Empire latin d'Orient qui devait avoir Baudouin IX de Flandre comme empereur (12-13 avril 1204).

Le détournement de la Quatrième Croisade fut vivement ressenti en Syrie. Le continuateur de *l'Estoire de Éracles* en a formellement rendu responsables les Vénitiens. Il nous montre le sultan Malik al-'Adil, envoyant, dès l'annonce d'une nouvelle Croisade, des ambassadeurs au doge Dandolo. « Prist messages, lor charja grant avoir et grant richèces, les envoya au Duc (= Doge) et as Veniciens et lor manda que, se il pooient tant faire que il n'alassent mie en la terre d'Égypte, il lor donroit granz trésorz et granz franchises ou (= au) port d'Allissandre[134]. » L'expédition de Constantinople est présentée par le même auteur comme le résultat de l'accord ainsi conclu : « Il alèrent en Constantinople. Adonc orent bien fait li Venicien la requeste que li Sodanz (= le sultan) lor ot faite, que il destornassent les pèlerins d'aler en la terre de Surie »[135] « en Alixandre », spécifie Ernoul[136].

Il est certain que les Vénitiens ne devaient pas envisager sans inquiétude une rupture avec l'Égypte aiyûbide à laquelle les unissaient les intérêts commerciaux les plus étroits. Le sultan Malik al-'Adil en particulier était sur ce terrain en excellents rapports d'affaires avec la Seigneurie de Saint-Marc. On signale les concessions qu'il accorda (à une date d'ailleurs vraisemblablement postérieure, vers 1208) à l'ambassade de Marino Dandolo et de Pietro Michiel[137]. Par la suite al-'Adil devait accorder aux Vénitiens des traités de commerce encore plus avantageux, comportant notamment l'abaissement des droits de douane et la concession d'un second *fondaco* à Alexandrie[138]. On conçoit que les Vénitiens

– à moins d'une conquête assurée et définitive d'Alexandrie et de Damiette qui aurait eu pour eux les mêmes avantages commerciaux que celle de Constantinople – avaient plus à perdre qu'à gagner en se faisant les instruments d'une descente franque en Égypte[139].

Cela dit, il semble qu'il se soit agi chez eux plutôt d'un état d'esprit général que d'un accord précis avec la cour aiyûbide. En tout cas il n'a pas été retrouvé trace de l'ambassade que, d'après Ernoul et l'*Estoire de Éracles*, Malik al-'Adil leur aurait envoyée. Il est assez vraisemblable que leur trahison envers la Syrie franque leur fut inspirée, en même temps que facilitée par les événements, et, qu'une fois sur le Bosphore, ils y retrouvèrent tout naturellement les anciens projets latins pour la conquête de Constantinople.

Vieux projet en effet que celui de donner comme préface à la Croisade la conquête de l'empire byzantin. Cette tentation, les chefs de la Première Croisade l'avaient eue dès qu'ils avaient été aux prises avec les difficultés de l'administration grecque[140]. Bohémond Ier y avait cédé en 1107 et il avait été bien près de réussir. La même tentation avait traversé l'esprit de Conrad III à son passage durant la Deuxième Croisade, puis l'esprit de Frédéric Barberousse au cours de la Troisième Croisade. Le fils de Barberousse, Henri VI, avait ouvertement manifesté l'intention de conquérir l'empire byzantin et la mort seule l'avait empêché d'y donner suite. Le frère de Henri VI, Philippe de Souabe, avait du reste repris ce projet et il semble bien que ce fut lui qui, sous prétexte d'aider à la restauration de l'empereur Isaac l'Ange, eut l'idée de diriger la Quatrième Croisade sur Constantinople, opération qu'il aurait concertée avec Boniface de Montferrat, à l'entrevue de Haguenau le 25 décembre 1201. L'intérêt mercantile des Vénitiens ne fit que coïncider avec le vieux programme du *Drang nach Osten* germanique.

Le rêve : l'Empire latin de Constantinople comme appui du Royaume latin de Jérusalem.

Ce programme, notons-le, pouvait à priori se défendre, même au point de vue des intérêts de la Syrie franque. On sait toutes les difficultés que le gouvernement byzantin avait opposées au passage des Croisades. Les manifestations de défiance, les tracasseries, les vexations, parfois même les actes de véritable trahison comme la correspondance entretenue par la cour byzantine avec Saladin au moment de la Troisième Croisade, autant de mesures qui avaient de longue date exaspéré l'opinion publique en Occident. On pouvait, de bonne foi, se demander si la première mesure à prendre pour assurer le succès des Croisades futures n'était pas de s'assurer d'abord de Constantinople, pont entre l'Europe et l'Asie. La dynastie des Ange, notamment, s'était montrée contre les Latins l'alliée constante des Aiyûbides. Quel avantage si, au lieu de cet État hostile qui faisait obstacle au passage des Croisés et les trahissait auprès des Musulmans, l'Occident avait désormais affaire à une « Romanie » politiquement et culturellement alliée ! Tel fut bien le programme que les chefs de la Quatrième Croisade imposèrent dès l'abord au jeune Alexis l'Ange quand ils acceptèrent d'aller restaurer son père Isaac : « Il ira avec vos en la terre de Babiloine (en Égypte) ou envoiera, se vos cuidiez que mielz sera à toz, dix mille homes a sa despense. Et ce service vos fera par un an ; et à tos jorz de sa vie, tendra cinq cens chevaliers en la terre d'Oltre-mer (en Syrie), chi garderont la terre. » En d'autres termes il s'agissait de faire reprendre par l'empire byzantin, que les Ange avaient rendu singulièrement francophobe, la politique de Manuel Comnène dans ses dernières années, politique d'alliance étroite avec les Francs de Syrie, allant jusqu'à la conquête en commun de l'Égypte et de la Syrie musulmane.

Très vite, nous l'avons dit, le système du protectorat franc sur un empire grec ami et allié dut être abandonné devant la xénophobie de la populace byzantine, incarnée dans l'empereur Murzuphle. Et ce fut le saut dans l'inconnu, la fondation d'un empire latin d'Orient à Constantinople. Mais ici encore les Latins avaient un instant pu se faire illusion. S'ils réussissaient la conquête totale des terres byzantines, si le comte de Flandre arrivait à régner de l'Épire à la Phrygie, la Syrie franque allait sans doute bénéficier de l'événement. Au temps de Baudouin III et d'Amaury Ier l'appui diplomatique et militaire de Manuel Comnène n'avait-il pas été d'une réelle efficacité contre Nûr al-Dîn ? Que serait-ce si les Francs de Syrie pouvaient s'étayer du côté des Balkans et de l'Anatolie sur un nouvel État franc, disposant de toutes les forces des anciens basileis ?

La réalité : l'empire latin de Constantinople disperse l'effort colonial et intercepte la vie de la Syrie franque.

La réalité fut toute différente. La conquête de Constantinople fut pis que l'acte de brigandage dont Innocent III, dans le premier feu de son indignation, voulut excommunier les auteurs. Ce fut une faute irrémissible contre la Chrétienté, en l'espèce un crime historique au préjudice de cette Syrie franque qu'on prétendait secourir.

En effet, si la Quatrième Croisade brisa pour jamais la force byzantine – car en dépit de l'éphémère restauration de 1261, 1453 devait sortir de 1204 – elle ne la remplaça par rien, car ce ne devait pas être une force mais, tout au contraire, une cause de constante faiblesse pour la Latinité que cet empire artificiel, « en l'air », sans bases ethniques, ni naturelles, ni historiques, ni religieuses, improvisé au sein d'un monde grec et slave irréductiblement hostile. Pour accroître encore sa faiblesse, le nouvel empire franc se morcela tout de suite en un damier féodal : l'empire proprement dit avec sa dynastie flamande – mais ce n'était qu'un petit État de Thrace ; le royaume de Thessalonique avec sa dynastie Montferrat – mais ce n'était qu'une principauté de la Macédoine maritime ; le duché d'Athènes, la principauté de Morée, sans parler des seigneuries vénitiennes de l'Archipel, sans parler surtout de l'immédiate réaction byzantine qui avait réussi à installer deux solides États grecs à Nicée et en Épire. De sorte que, bien loin de pouvoir aider la Syrie franque (dont ils se trouvaient d'ailleurs séparés par l'empire grec de Nicée, le sultanat seljûqide d'Anatolie et le royaume arménien de Cilicie), les Francs de « Romanie » se virent tout de suite absorbés par leur propre défense et réduits à implorer sans cesse les secours de l'Occident.

Or ces secours ne pouvaient leur être accordés qu'au préjudice de la Syrie. Tous les éléments occidentaux qu'allait attirer le nouvel empire ne pouvaient l'être qu'au détriment de l'ancien royaume de Jérusalem, déjà si anémique. Tout défenseur de Constantinople latine serait un défenseur de moins pour Antioche, Tripoli, Tyr et Acre.

On comprend dans ces conditions que la Quatrième Croisade ait été la raison de l'échec final des Croisades. Alors que les malheureux barons syriens parvenaient à grand'peine à sauvegarder la banlieue de ces quatre villes, quelle folie que de disperser les renforts à eux destinés sur une aire allant de l'Adriatique à la mer Noire, du Balkan à l'Ionie ! On sacrifiait ainsi une colonie viable, où la race française avait, malgré tout, pris solidement racine, à la chimère d'un empire de l'Orient sans base et sans avenir[141].

« La Quatrième Croisade, conclut le marquis de Vogüé, décida sans doute du sort des établissements latins en Orient. Elle était destinée à la conquête de l'Égypte. Le pape comptait avec raison qu'en détruisant le centre de la puissance des sultans aiyoubites, la base de leurs opérations contre la Terre Sainte, elle fonderait définitivement la domination latine en Syrie. La valeur des moyens réunis prédisait le succès. Cette vaste combinaison échoua devant les visées personnelles de l'empereur Philippe de Souabe et les convoitises commerciales des Vénitiens, et une expédition chrétienne, dirigée contre les musulmans, aboutit à la destruction de l'empire chrétien d'Orient, au pillage de Constantinople, à l'éparpillement des forces occidentales par la création des inutiles et éphémères principautés franques de l'archipel. Elle consomma l'abandon plus ou moins déguisé de la Terre Sainte[142]. »

Enfin la fondation d'un empire latin en Romanie acheva de vider la Syrie franque d'une partie de ses défenseurs et de ses colons. Depuis la conquête aiyûbide de l'intérieur, la vie était terriblement dure pour les Francs du royaume d'Acre, vie à l'étroit, accrochée à la mince corniche libanaise, vie d'alertes incessantes, campement en pays ennemi, *settlement* toujours menacé d'être rejeté à la mer. Comment résister à la tentation de troquer cette existence pénible contre l'eldorado du Bosphore et de la Morée, terres faciles où les trésors des *basileis* étaient à prendre et où, au lieu des terribles guerriers turcs et kurdes, on n'aurait affaire qu'à des Byzantins efféminés ? Déjà la fondation du royaume Lusignan de Chypre avait attiré dans cette île bon nombre de chevaliers de Syrie. La fondation de l'empire latin eut le même résultat. La Syrie franque avait toujours manqué de colons. Pour cette colonie déjà anémique, le double courant d'émigration nobiliaire qui s'établit vers Nicosie et Constantinople fut un véritable fléau. Innocent III vit le péril et, avec la vigueur habituelle à son génie, donna l'alarme : « Non seulement les pèlerins mais les indigènes (= colons) de la Syrie, marchant sur vos traces, sont allés aussi à Constantinople. Voilà la Terre Sainte, par le fait de votre départ, vidée d'hommes et de moyens de défense ! Les Sarrasins ont beau jeu, maintenant, de violer la trêve !... Votre mission n'était pas de prendre Constantinople mais de protéger les débris du royaume de Jérusalem et de recouvrer ce qu'on avait perdu ![143] » La papauté se montrait une fois de plus la conscience de l'Europe, mais les bulles qu'Innocent III adressa à ce sujet ne pouvaient empêcher l'émigration de continuer.

La fondation de l'empire latin faisant négliger la Syrie franque, vieille histoire de tous les temps : les comptoirs de commerce et les occupations de magnificence faisant négliger les colonies de peuplement. La Nouvelle France libanaise du treizième siècle devait en mourir, comme sera perdue pour des fautes analogues la Nouvelle France canadienne du dix-huitième siècle[144].

Le pire, c'est que, en même temps qu'ils privaient la Syrie latine du renfort de la plus belle chevalerie française, flamande et piémontaise, les chefs de la Quatrième Croisade, avaient risqué, en inspirant aux Francs de Syrie une fausse confiance, d'induire ceux-ci à d'irréparables imprudences envers l'Islam.

En l'absence de la Quatrième Croisade, Amaury II oblige les pèlerins d'Occident à respecter la paix avec l'Islam.

Dès 1202, tandis que le gros de la Quatrième Croisade convergeait vers Venise, trois cents chevaliers s'étaient rendus directement à Acre. C'était d'abord une escadre flamande qui avait traversé le détroit de Gibraltar et qui amena, notamment, à Acre le châtelain héréditaire de Bruges, Jean de Nesle[145] ; puis arrivèrent directement de Marseille l'évêque Gautier d'Autun, Guigue IV, comte du Forez, qui malheureusement mourut dès son arrivée (1203), Hugue de Chaumont, Bernard de Mareuil, Jean de Villiers ; puis des membres de la

Croisade principale qui l'avaient quittée soit à Venise, comme Étienne du Perche et Rotrou de Montfort, soit à Zara, comme Renaud de Montmirail[146].

Parmi ces Croisés se signalait Renard II de Dampierre, un des plus actifs barons champenois[147]. À peine débarqué, il déclara au roi Amaury II qu'il voulait courir sus aux Musulmans « Cil quens vint al roi Haimeri et li dist qu'il voloit les trives (= trêves) briser et (que) tant estoient de gent que bien poroient gueroiier les Sarrasins. » Amaury II, qui était la circonspection même, lui rit au nez : ce n'était pas avec trois cents Croisés qu'on pouvait partir en guerre contre l'empire aiyûbide ! : « Li rois li respondi que il (= le sire de Dampierre) n'estoit mie hom qui deust les trives briser ; ains atendroient les haus homes qui en Venise estoient alé. » Devant ce refus, Renard de Dampierre insulta le roi : « Si parla mout laidement al roy, en tel manière c'on ne deust mie parler... Li rois fu sages, escouta et li laissa dire, (parce) qu'il ne voloit mie as pèlerins faire noise[148]. » Exemple frappant de l'opposition entre l'esprit croisé et l'esprit colonial. Devant l'impatience brouillonne du Croisé nouvellement débarqué, Amaury II, qui a au moins « vingt ans de colonie », hausse les épaules et ne répond même pas...

Pleins de mépris pour ce prince timoré qui se refusait à rallumer, pour leur être agréable, la guerre générale, Renard de Dampierre et ses partisans décidèrent d'aller occuper leurs épées dans la principauté d'Antioche. Comme nous le verrons, ce pays était en proie à une guerre de succession – la succession de Bohémond III –, guerre qui mettait aux prises le comte de Tripoli Bohémond IV d'une part, d'autre part le prince Raymond Roupèn, appuyé sur son oncle, le roi Léon II d'Arménie. Renard de Dampierre et ses compagnons, au nombre de 80 chevaliers, plus les sergents et piétons, partirent donc pour offrir leur concours à Bohémond IV. Mais les possessions franques du littoral souffraient maintenant, entre Tripoli et Saint-Siméon, d'une solution de continuité, coupées qu'elles étaient par les enclaves musulmanes de Jabala et de Lattaquié.

Jabala, on l'a vu, appartenait à un émir vassal du malik d'Alep, mais qui vivait, semble-t-il, en bonne intelligence avec les chrétiens. Il accueillit bien Renard de Dampierre. « Lor ala encontre (= au devant d'eux) por ce que il avoit trives as Crestienz, et les salua et lor fist grant honor et les fist loger dehors la cité. Après, lor fist venir grant planté de viandes à vendre de sa terre en l'ost et lor demanda où il voloient aler, et li chevalier li distrent que il voloient aler en Antioche. Et li sires de la cité lor dist que en Antioche ne porroient aler sans avoir l'assentement dou soudan de Halepe, parmi cui terre il lor convenoit à passer. Et se le voloient, il feroit assaver au prince (= au sultan)... et que il preigne seurté que vos puissés passer par sa terre. » L'assentiment préalable du sultan d'Alep Malik al-Zâhir était, en effet, d'autant plus indispensable que, dans la guerre de succession d'Antioche, il allait, lui aussi, prendre parti.

Avec la folle présomption et l'esprit impolitique de tant de Croisés fraîchement débarqués, Renard et ses compagnons se refusèrent à attendre le retour des messagers envoyés à Alep pour demander le passage. « Et distrent que il passeroient bien, que il estoient grant gent. » En vain l'émir les avertit du péril qu'ils couraient, sans parler des difficultés de ravitaillement pour traverser le massif du Jebel Aqra. Voyant que ni prière ni promesse n'avaient prise sur ces insensés, l'émir de Jabala tint loyalement à accomplir envers eux jusqu'au bout son devoir d'hospitalité : « Seignors, lui fait dire *Éracles*, je ai trives as Crestiens ; je ne vodroie mie avoir blasme de chose qui vos avenist. Par ma terre vos conduirai-je sauvement. Mais vos di-je que, si tost come vos istrez (sortirez) de ma terre, vos serez pris, que (car) l'on vos gaite (guette)[149]. »

Ce fut exactement ce qui arriva. Tant que le sire de Dampierre et ses compagnons furent sur la terre de Jabala et sous la protection de l'émir, ils chevauchèrent en paix. À peine sur le territoire de Lattaquié, ils tombèrent pendant la nuit dans un guet-apens et furent tous pris ou tués. Pris, notamment, Renard de Dampierre, Jean de Villiers, Guillaume de Neuilly. D'après Ernoul, Gilles de Tressignies put seul s'échapper[150].

Incident limité à la poignée de chevaliers qui n'avaient voulu tenir compte ni des conseils de prudence d'Amaury II, ni des avis désintéressés d'un émir loyal. À quels désastres de tels chefs n'eussent-ils pas conduit la colonie franque si le roi de Jérusalem les avait écoutés !

Tandis que ce contingent se faisait massacrer pour aller aider Bohémond IV d'Antioche contre Léon II d'Arménie, d'autres Croisés prenaient parti pour Léon. Tel fut le cas du châtelain de Bruges, Jean de Nesle, qui se rendit en Cilicie auprès du monarque arménien et l'aida à disputer Antioche à Bohémond IV, ce qui causa un beau scandale dans tout l'Orient latin[151].

*Réveil de l'action militaire franque :
les Francs en Galilée et devant Ba'rîn.*

Si Amaury II, en dépit des gens de la Quatrième Croisade, s'était sagement refusé à prendre l'initiative d'une rupture des trêves avec les Musulmans, il n'entendait nullement permettre à ceux-ci d'insulter le royaume. Or, en pleine paix, on venait de voir un émir égyptien, possesseur d'un château dans la terre de Sidon[152], armer des galères pour faire la course au détriment des chrétiens. Les réclamations adressées par Amaury à Malik al-'Adil n'eurent aucun succès, le sultan se déclarant incapable de se faire obéir de l'émir-corsaire. Le roi proclama qu'il se ferait rendre justice lui-même. Un convoi de vingt navires chargés de ravitaillement faisait voile d'Égypte vers les ports musulmans de Syrie : les Francs s'en emparèrent et le conduisirent à Acre avec la cargaison (la prise valait 60 000 besants) et les 200 Musulmans qui le montaient[153]. Puis, avec les chevaliers d'Acre, les Templiers et les Hospitaliers, Amaury II dirigea des incursions en Galilée. Ibn al-A*th*îr nous le montre poussant jusqu'à Kafr Kennâ, par delà Séphorie, sur la route d'Acre à Tibériade et ramenant des prisonniers et du butin[154] Malik al-'Adil, qui vint camper au mont Thabor, au sud de Kafr-Kennâ, refusa, malgré les conseils de ses émirs, d'entreprendre des opérations sérieuses[155]. De son côté *Éracles* nous raconte qu'al-Mu'azzam, le fils d'al-'Adil, exécuta cependant une pointe en direction d'Acre jusqu'au casal de Doc (Da'wuq) dans la grande banlieue sud-est de la ville ; mais Amaury II interdit formellement aux Francs d'engager le combat[156].

Tout se passait comme si Amaury et Malik al-'Adil, se bornant tous deux à des démonstrations et à des rezzous, évitaient soigneusement d'engager la lutte à fond. Le motif devait en être des deux côtés la pensée que la Quatrième Croisade, une fois sa besogne terminée à Constantinople, s'embarquerait enfin pour la Syrie. Amaury ne voulait rien risquer avant l'arrivée de ce renfort décisif ; et al-'Adil ne voulait pas non plus, par quelque victoire inopportune, attirer sur lui l'attention de la Quatrième Croisade et provoquer un débarquement vengeur de Baudouin de Flandre et de Boniface de Montferrat.

Le frère de Guy de Lusignan et le frère de Saladin qui avaient respectivement succédé à ces deux rois-chevaliers étaient deux rusés politiques, bien faits pour se comprendre. Dans l'incertitude de la situation, ils se trouvèrent tacitement d'accord pour temporiser, le premier refrénant l'ardeur des pèlerins impatients, le second fermant l'oreille aux excitations des émirs.

Amaury II se contenta de faire faire une démonstration navale au point le plus vulnérable de l'empire aiyûbide, sur les côtes du Delta. Une escadre franque de 20 navires, partie d'Acre le 20 mai 1204, pénétra à l'embouchure du Nil, par la branche de Rosette, pilla la ville de Fuwa (Fouah) et resta cinq jours embossée dans le fleuve, tandis que l'équipage ravageait les bourgs de la rive et faisait des captifs. Faute de vaisseaux, les troupes égyptiennes, campées sur l'autre rive, assistaient, impuissantes, à cette dévastation. L'escadre franque retourna ensuite, chargée de butin, à Saint-Jean-d'Acre. Le *Livre des Deux Jardins* fait observer que cette reconnaissance navale devait préparer l'expédition d'Égypte de 1218[157].

Dans le comté de Tripoli on guerroyait aussi, bien que le comte de Tripoli et prince d'Autriche, Bohémond IV, fût tout absorbé par sa lutte contre les Arméniens de Cilicie qui, sous le couvert de son neveu, Raymond-Roupên, lui disputaient Antioche. Mais les Hospitaliers du Krak (Qal'at al-*H*osn) et ceux de Marqab poursuivaient une guerre personnelle contre le prince aiyûbide de *H*amâ, Malik al-Man*s*ûr, pour lui reprendre l'ancienne forteresse de Montferrand ou Ba'rîn. La chronologie de ces opérations est assez embrouillée.

D'après Abu'l Fidâ, il y eut en 1203 deux tentatives franques pour reprendre Ba'rîn. En mai « les Francs du Château des Kurdes (= le Krak des Chevaliers), de Tripoli et d'autres lieux, se rassemblent et marchent sur Ba'rîn ». Al-Man*s*ûr, prince de *H*amâ, se porte à leur rencontre avec des renforts de Ba'albek et de *H*om*s* et les met en déroute (16 mai 1203). En juin, nouvelle tentative. « Les Hospitaliers sortent du

Château des Kurdes et de Marqab, et, avec les renforts des places maritimes franques, engagent la lutte contre Malik al-Mansûr campé à Ba'rîn. » Ils sont de nouveau repoussés et mis en fuite (3 juin 1203)[158]. Mais l'année suivante, (601 de l'hégire, août 1204 à août 1205), la chance tourna. Si la première campagne des Hospitaliers contre Ba'rîn et Hamâ est partout représentée comme un échec, on avoue que la seconde surprit entièrement les Musulmans et leur infligea un véritable revers. C'est l'aveu du *Kâmil al-tewârîkh* : « Les Francs marchèrent contre le prince de Hamâ. Il se porta bravement au-devant d'eux avec une poignée de soldats, mais fut mis en déroute et poursuivi jusqu'à la ville de Hamâ. La populace étant sortie à leur rencontre, ils tuèrent nombre de gens avant de s'en retourner[159]. » Plus explicite encore la continuation du *Livre des Deux Jardins* : « Les Francs arrivent à l'improviste devant Hamâ, et enlèvent les femmes qui lavaient leur linge au bord de l'Oronte, aux portes de la ville. Al-Mansûr s'élance et soutient leur choc. Ses troupes sont mises en déroute par les Francs, mais il tient ferme, depuis al-Raqît jusqu'aux portes de Hamâ. Sans son héroïque résistance, pas un Musulman n'aurait échappé[160]. » Enfin Maqrîzî répète qu'en 599 H. (1202-1203) une attaque des Hospitaliers du Krak et de Marqab fut repoussée par al-Mansûr, prince de Hamâ, mais qu'en 601 (1204-1205), ils firent une incursion contre le pays de Hamâ et le mirent à feu et à sang avant de s'en retourner. Le même auteur signale ensuite une expédition des Francs contre Homs, province où ils firent beaucoup de morts et de prisonniers. Il cite enfin, nous allons le voir, en 1204-1205, une agression des Francs de Tripoli contre Jabala et Lattaquié : « ils y tuèrent un grand nombre de Musulmans et s'emparèrent d'un butin considérable »[161]. Il indique en effet coup sur coup, d'abord (1203-1204) qu'al-Zâhir, sultan d'Alep, craignant de ne pouvoir défendre Lattaquié, la fit définitivement détruire[162] ; puis (1204-1205) que les Francs de Tripoli (sans doute les Hospitaliers de Marqab) dirigèrent une expédition contre Jabala et Lattaquié, d'où ils rapportèrent tout ce butin[163]. Pour en finir avec les incursions des Hospitaliers, al-Zâhir aurait envoyé une armée contre leur château de Marqab (1204-1205) ; les Musulmans auraient détruit certaines tourelles de l'enceinte, mais, leur chef ayant été tué par une flèche, ils se retirèrent au moment, peut-être, où leur attaque allait réussir[164].

En somme, dans la carence des princes d'Antioche-Tripoli, tout occupés à leurs guerres intérieures et à leurs luttes contre les Arméniens, les Hospitaliers du Krak, reprenant la tradition des anciens comtes provençaux, arrivaient, quinze ans après *Hatt*în, à reparaître de nouveau en vainqueurs dans la vallée du moyen Oronte, non seulement au pied des murailles historiques de Ba'rîn, mais jusqu'aux faubourgs de la ville inviolée de *H*amâ.

La paix franco-aiyûbide de septembre 1204. Récupération par les Francs des territoires de Sidon, Jaffa, Lydda et Ramla. Définition du nouveau royaume de Jérusalem : un Grand Liban, de Marqab à Jaffa.

La conquête de Constantinople par la Quatrième Croisade le 12 avril 1204 et la fondation de l'Empire latin enlevaient à Amaury II tout espoir de recevoir les renforts de l'Occident. Même le nouvel empereur latin Baudouin de Flandre offrait des terres aux chevaliers de Syrie et nombreux étaient ceux qui partaient à son appel. « Baudouins manda en la tiere d'Outre-mer et fist crier par toute la tiere que qui vauroit avoir tiere, qu'il venist à lui. Il i ala bien à cele voie dusques à cent chevaliers de la tiere (de Syrie) et bien d'autres dusques à dix mil[165]. » Non seulement, comme on l'a dit, la Quatrième Croisade n'apportait pas à la Syrie le secours escompté, mais elle risquait de priver le royaume de ses défenseurs. Amaury II comprit qu'il était opportun de rétablir la paix avec les Aiyûbides[166]. Comme le sultan al'Adil, de son côté, désirait renouer avec l'Occident des relations de tolérance religieuse et d'échanges commerciaux, on conclut en septembre 1204 une paix de six ans. Paix tout à l'avantage des Francs. Au témoignage d'Ibn al-A*th*îr, Malik al-'Adil leur abandonna la moitié qu'il avait conservée du revenu des territoires de Sidon, Lydda et Ramla, et leur céda même Nazareth, mais il semble qu'en ce qui concerne cette dernière ville il se soit agi surtout de privilèges religieux et de facilités pour les pèlerins[167]. Au témoignage d'Abu'l Fidâ et Maqrîzî, al-'Adil rétrocéda encore aux Francs Jaffa, qu'il occupait depuis 1197[168].

Mort d'Amaury II. Son œuvre : la royauté respectée.

Peu après cette paix réparatrice, Amaury II mourut à Acre, dans la force de l'âge, le 1er avril 1205.

La Syrie franque perdait en lui un guide sûr, un politique prudent et ferme, dur à l'occasion, ne cherchant pas la popularité, aussi différent que possible de son frère Guy. Son historien, Mas Latrie, qui envisage son règne au point de vue des institutions, à l'égard du fonctionnement des Assises, rend hommage à ce prince « instruit par une expérience personnelle de l'étendue des droits des hommes liges, mais ne leur sacrifiant jamais la dignité royale, disposé au contraire à leur résister et capable de réaliser, avec le temps, l'extension nécessaire du pouvoir souverain. Des règnes comme le sien, avec plus de durée, eussent peu à peu relevé la couronne et donné de l'unité aux différents corps de l'État, en subordonnant, sans la détruire, leur indépendance à la direction d'une autorité supérieure. Les Arabes ont dit que c'était un prince sage, ami du repos[169]. Ils ont pris sa circonspection pour un trop grand amour de la paix. Si les Vénitiens n'eussent empêché la Quatrième Croisade de se rendre en Syrie, Amaury, fortifié par une armée de 40 000 hommes, eût entrepris sans doute une guerre énergique contre Damas ou le Caire, et peut-être obtenu des succès décisifs[170]. »

Tel d'ailleurs était déjà le jugement des contemporains. « Maître des deux royaumes de Chypre et de Syrie, écrit Jean d'Ibelin-Jaffa dans le livre des *Assises*, il les gouverna jusqu'à sa mort parfaitement et avec une extrême habileté[171]. »

§ 3. — RÉGENCE DE JEAN Ier D'IBELIN.

Nouvelle séparation des couronnes de Chypre et de Jérusalem (1205). Rapports ultérieurs des deux cours.

Les deux royaumes de Chypre et de Jérusalem, unis sous le sceptre d'Amaury II, mais d'une union purement personnelle, se séparèrent après sa mort. Il avait épousé en premières noces Échive d'Ibelin et en avait eu une fille, Bourgogne, mariée à Gautier de Montbéliard, et un fils, Hugue Ier, âgé seulement de dix ans en 1205. Hugue Ier succéda à son père comme roi de Chypre sous la régence de son beau-frère Gautier de Montbéliard[172]. De sa seconde femme, Isabelle de Jérusalem, héritière de la dynastie hiérosolymitaine, Amaury II avait eu un fils mort avant lui et deux filles : Sibylle et Mélisende qui devaient épouser, la première (en 1210) le roi d'Arménie Léon II, la seconde (en 1218) Bohémond IV, prince d'Antioche et comte de Tripoli. Dans ces conditions, Amaury II ne laissant de la reine Isabelle de Jérusalem aucun héritier mâle, et Isabelle elle-même l'ayant suivi de peu dans la tombe[173], la couronne de Jérusalem revint à la fille qu'Isabelle avait eue de son précédent mariage avec Conrad de Montferrat, à la jeune Marie de Jérusalem-Montferrat. Mais comme Marie n'avait elle-même que treize ou quatorze ans, on constitua, ici encore, une régence, régence qui fut confiée à Jean Ier d'Ibelin, sire de Beyrouth, « le vieux sire de Barut », comme l'appellent les chroniques. Indépendamment de la grande sagesse de Jean d'Ibelin ce choix s'expliquait par les plus légitimes considérations familiales : On se rappelle que la reine douairière de Jérusalem, Marie Comnène, mère de la reine Isabelle, avait, après la mort de son époux Amaury Ier, épousé Balian II d'Ibelin. De ce second mariage elle avait eu Jean Ier d'Ibelin. Jean se trouvait donc le frère utérin de la reine Isabelle qui, à la mort d'Amaury II, le désigna, avant de mourir elle-même, comme bayle. « Le vieux sire de Barut » exerça avec honneur ces délicates fonctions durant la minorité de sa nièce Marie (1205-1210)[174].

Les deux royaumes français du Levant, Chypre et « Jérusalem » (c'est-à-dire Acre) allaient donc suivre de nouveau des destinées différentes. De plus une double minorité succédait, à Acre et en Chypre, au ferme gouvernement d'Amaury II. Cette passe délicate coïncidait heureusement, grâce aux sages accords d'Amaury II et d'Al-'Adil, avec une période de paix extérieure.

À Saint-Jean-d'Acre la régence de Jean d'Ibelin fut heureuse et calme. « Le vieux sire de Barut », comme tous les Ibelin, était un modèle de sagesse et de courtoisie et gouverna à la satisfaction de la noblesse franque. Dans le royaume de Chypre au contraire le régent Gautier de Montbéliard, encore qu'administrateur avisé et ferme, se montra dur et même cupide, si bien que le roi Hugue Ier, proclamé majeur à la fin de sa quinzième année (1210), le disgracia et qu'il dut se réfugier à Acre[175]. Ajoutons que Hugue Ier, durant son court gouvernement personnel (1210-1218) – il mourut prématurément à vingt-trois ans le 10 janvier 1218 – se montra, lui aussi, dur et vindicatif, quoique sérieux et appliqué. Comme Gautier de Montbéliard avait reçu le meilleur accueil à Tripoli et à Acre, Hugue Ier s'en montra froissé et une certaine tension se manifesta pendant quelque temps entre les cours d'Acre et de Nicosie[176]. Désaccord passager. À la mort de Hugue Ier, son fils, le nouveau roi de Chypre, Henri Ier, n'avait que neuf mois. La reine mère, Alix de Champagne, nommée régente, confia la baylie à son oncle, Philippe d'Ibelin, frère de Jean d'Ibelin, sire de Beyrouth, l'ancien bayle d'Acre. Philippe d'Ibelin resta bayle de Chypre de 1218 à sa mort, survenue en 1227 ou 1228. Il gouverna en étroit accord avec son frère Jean, chef de la noblesse de Syrie, ce qui garantit l'entente entre les deux cours françaises du Levant[177].

Régence de Jean Ier d'Ibelin à Acre (1205-1210).
Attaque des Hospitaliers du Krak contre Homs.
Démonstration de Malik al-'Adil. Maintien de la paix générale.

En Syrie la baylie de Jean Ier d'Ibelin fut heureuse et relativement paisible (1205-1210). Ernoul a résumé en une ligne ces années utiles pour la consolidation du royaume d'Acre : « Jehan d'Ybelin tint bien la tiere en pais envers les Sarrasins. » « Le vieux sire de Barut » continuait l'œuvre de l'ancienne dynastie hiérosolymitaine pour qui, au temps de Baudouin II, de Foulque et de Baudouin III par exemple, la politique coloniale, la politique indigène avait toujours primé l'esprit de croisade.

Toutefois en 1206-1207 les hostilités avec les Musulmans reprirent, localisées d'ailleurs au comté de Tripoli. Les auteurs de la guerre étaient les Francs de Tripoli et surtout les Hospitaliers du Krak (Qal'at al-*H*osn) qui voulaient s'emparer de *Hom*s. Ils vinrent assiéger la ville ; le *Livre des Deux Jardins*[178] semble même parler de deux tentatives contre *Hom*s : une première agression franque en 603 H. (1206-1207) au cours de laquelle les Francs firent des prisonniers jusque dans l'entourage du seigneur de *Hom*s ; et une seconde expédition placée par le compilateur à tort ou à raison sous la rubrique de 605 H. (1208-1209) où il nous montre les Francs arrivant devant *Homs* avec tout un matériel de pontonniers et de machines ; un convoi de chameaux portait notamment des charpentes avec lesquelles les ingénieurs francs jetèrent un pont sur l'Oronte. Ibn al-A*thî*r nous montre d'autre part le prince de *Homs*, l'aiyûbide Mujâhid Shîrkûh II réduit à faire appel à son cousin, le malik d'Alep al-Zâhir, dont l'armée sauva la place[179].

Vers la même époque des corsaires francs venus de Chypre avaient capturé des navires de commerce égyptiens. Le sultan Malik al-'Adil invita les gens d'Acre à lui faire rendre les marchandises. Étant venu d'Égypte en Syrie à la tête d'une armée, il fit une démonstration devant Acre. Mais Jean d'Ibelin lui ayant démontré que les Francs de Syrie n'avaient aucune responsabilité dans les brigandages des Chypriotes et que le royaume Lusignan était totalement indépendant de la cour d'Acre, le sultan, dont les sentiments pacifiques étaient bien connus, n'eut aucune peine à se laisser convaincre et la paix fut rétablie, moyennant libération ou échange de prisonniers[180] : pacifisme d'autant plus méritoire qu'il était en opposition avec le sentiment arabe, tout à la guerre sainte : voyez les scènes de fanatisme décrites par Ibn Jawzî et qui ont pour théâtre la grande mosquée de Damas et la mosquée de Naplouse[181].

Le comté de Tripoli et les chevaliers du Krak étaient restés en dehors de la trêve. Malik al-'Adil, désireux d'écarter la menace que le Krak faisait peser sur *Homs*, vint établir son quartier général près du lac de *Homs*, d'où il envahit le comté de Tripoli. D'après Abu'l Fidâ et Maqrîzî, il vint d'abord (après avril 1207 selon la chronologie d'Abu'l Fidâ, sans doute en juin) camper sous le Krak des Chevaliers, mais sans tenter, semble-t-il, un siège en règle : de leur formidable citadelle les Hospitaliers, qui avaient déjà bravé Saladin, défiaient tous les assauts[182]. Al-'Adil dut se contenter de prendre le fort d'Anaz, « situé à deux kilomètres (au sud-est) du Krak. Il fit prisonnière la garnison qui se composait d'environ 500 hommes ; il y trouva une assez grande quantité d'armes et de munitions. »[183]. De là il marcha contre Tripoli : « Il dressa des balistes contre la ville, pendant que ses troupes dévastaient le territoire et coupaient les aqueducs[184] » (vers juin-juillet 1207, d'après Abu'l Fidâ).

Ibn al-A*th*îr nous dit par ailleurs qu'en marchant sur Tripoli, le sultan s'empara du petit fort d'al-Qulaî'â*t*, le château de Coliath des Francs, situé dans la plaine de 'Arqa, à cinq kilomètres au nord de 'Arqa, et naguère donné (en 1127) aux Hospitaliers par le comte Pons[185]. Du reste, fidèle à sa politique modérée, al-'Adil se contenta de démolir le petit castel en renvoyant libre le gouverneur[186]. Cette démonstration dans le comté de Tripoli ne dura pas plus de douze jours. À la fin de juillet 1207, le sultan retourna à *H*oms et peu après, nous assurent Abu'l Fidâ et Maqrîzî, il conclut la paix avec le prince de Tripoli (Bohémond IV)[187].

Nouvelles fautes des Templiers : la trêve avec le sultan rompue malgré les barons (septembre 1210).

Dans les territoires directement soumis à la cour d'Acre, du Nahr al-Kalb à Jaffa, les trêves avec Malik al-'Adil devaient expirer en septembre 1210[188]. Al-'Adil offrit de les renouveler, ajoutant même qu'en ce cas il rendrait aux Francs dix casaux dans l'hinterland d'Acre. Un conseil des notables se réunit à Acre pour examiner ces propositions. Les barons syriens dans leur totalité – évidemment Jean d'Ibelin tout le premier, – les Hospitaliers avec leur grand maître Guérin de Montaigu[189] et les Teutoniques avec leur grand maître Hermann de Bardt[190] furent d'avis d'accepter les propositions du sultan. Mais le grand maître du Temple, Philippe du Plessiez[191], fidèle aux traditions néfastes de son ordre – sur qui planait décidément toujours l'esprit de *H*a*tt*în ! – et malheureusement beaucoup de prélats à son instigation réclamèrent la guerre et emportèrent la décision. L'*Estoire d'Éracles* juge sévèrement leur intervention : « Le conseil des prélats l'emporta, ce qui n'empêche pas que l'avis des barons valait mieux[192]. »

Nous voyons là, en effet, une nouvelle manifestation de la lutte entre l'esprit croisé – représenté une fois de plus par les néfastes Templiers – et l'esprit « colon », l'esprit « poulain », comme on disait, qui inspirait les barons syriens, au premier rang desquels les sires d'Ibelin, et leurs alliés ordinaires, les chevaliers de l'Hôpital. Une fois encore les décisions bellicistes prises sous l'inspiration de l'esprit croisé et templier, se révélaient particulièrement inopportunes. Le plus élémentaire sens politique conseillait de maintenir soigneusement la paix avec le sultan francophile Malik al-'Adil ; du moins tant qu'une Croisade à effectifs sérieux ne s'annoncerait pas en Occident. Que pouvaient contre les forces de l'empire aiyûbide, de nouveau unifié de la Nubie à la Jazîra, les faibles effectifs locaux des barons français de la côte libanaise et des trois Ordres militaires ? Al-'Adil par bonheur n'était animé contre les colonies franques d'aucune haine personnelle. L'ancien commensal de Richard Cœur de Lion, un instant presque fiancé à Jeanne d'Angleterre, avait eu trop de rapports de courtoisie avec les chevaliers pour partager les passions du *jihâd*. S'il avait failli se fâcher en 1207, c'est parce que les corsaires chypriotes coupaient les routes de commerce. Peut-être même faut-il chercher dans ces considérations économiques – l'imbrication des intérêts franco-musulmans aux échelles de Syrie comme à Alexandrie – la raison de la bienveillance générale des successeurs de Saladin pour les colonies franques...

CHAPITRE III

UN HÉROS FRANÇAIS : JEAN DE BRIENNE

§ 1ᵉʳ. — Avènement de Jean de Brienne.
Rétablissement de la paix avec l'empire Aiyûbide.

*Désignation d'un roi. La Cour d'Acre s'en remet
au choix de Philippe Auguste.*

En 1208 la reine Marie de Jérusalem-Montferrat, souveraine de la Syrie franque, allait atteindre ses dix-sept ans. Le bayle Jean d'Ibelin, sire de Beyrouth, et les autres barons du royaume songèrent à la marier. À cette colonie militaire il fallait plus que jamais un chef. Dans un conseil tenu à Acre chez le patriarche Albert[1] les prélats et les barons décidèrent de s'adresser à Philippe Auguste pour choisir l'époux de la jeune reine, le futur roi de Jérusalem. Décision remarquable qui tranchait sur des tendances toutes récentes. En 1196-1197 encore c'était à l'empereur d'Allemagne qu'avaient fait appel pour obtenir la couronne royale un Amaury de Lusignan et un Léon II d'Arménie. Mais la mort de l'empereur Henri VI, puis la guerre civile en Allemagne entre Philippe de Souabe et Otton de Brunswick, d'une part, l'habileté diplomatique de Philippe Auguste, de l'autre, avaient renversé la situation et permis au roi de Paris de reprendre naturellement la première place morale dans la France d'outre-mer. Certes le royaume français de Syrie n'était en droit rattaché par aucun lien juridique à la dynastie capétienne. Les chefs du Saint-Empire romain germanique – l'Empire d'Occident en droit international chrétien – semblaient avoir plus de titres au protectorat de la Syrie latine. Mais cette Syrie latine était en réalité une Syrie française. La communauté de langue et de culture établissait de tels liens moraux entre la cour d'Acre et celle de Paris que c'est au monarque capétien que s'adressaient spontanément les barons de Syrie quand il s'agissait de choisir un roi. Il n'est pas de meilleure preuve du caractère français de la Syrie latine que ces lignes de l'*Estoire d'Éracles* pour l'an de grâce 1208 : « Lor conseil fu que il manderoient au roi Phelipe de France que il les conseillast de un prodome qui peust et seust garder et maintenir le reiaume de Jerusalem »[2].

Désignation de Jean de Brienne. Son mariage avec Marie de Jérusalem et son couronnement (septembre-octobre 1210).

L'ambassade envoyée dans ce but de Saint-Jean-d'Acre à Philippe Auguste comprenait Aymar de Layron, seigneur de Césarée[3], et Gautier de Florence, évêque d'Acre. Ayant débarqué à Marseille, ils se rendirent auprès de Philippe Auguste. Sur leur requête, celui-ci leur désigna le baron de son choix : Jean de Brienne.

Jean de Brienne, cadet champenois sans grande fortune personnelle, avait déjà soixante ans. L'*Estoire d'Éracles* ne nous dissimule pas le désappointement de ceux qui espéraient voir arriver en Syrie quelque jeune baron richement renté... Mais Jean était encore plein de flamme, comme le prouve du reste l'insinuation recueillie par ce même *Éracles*, savoir que Philippe Auguste ne l'aurait désigné que pour le séparer de la comtesse Blanche de Champagne qui en était fort éprise[4]. Quoi qu'il en soit, ce chevalier accompli joignait à la bravoure des anciens Croisés une sagesse qui devait en faire un des meilleurs rois de son temps. Le royaume d'Acre avait besoin d'esprits pondérés, capables de continuer l'œuvre d'Amaury II. La sagesse et l'expérience du vieux chevalier valaient mieux que les brillantes qualités de paladins plus aventureux. Restait son impécuniosité. Elle ne put être compensée par les dons de ses protecteurs, Philippe Auguste et Innocent III, qui lui remirent chacun 40 000 livres tournois.

Jean de Brienne arriva en Syrie en septembre 1210. Le 13 septembre il fut reçu à Acre au milieu de la joie universelle par tous les éléments de la population, Latins, Grecs et Juifs, « à grand concert de chalumeaux et de tambours »[5]. Le lendemain même il épousa devant le patriarche Albert la reine Marie et le 3 octobre il fut sacré roi de Jérusalem dans la cathédrale de Tyr. L'*Estoire d'Éracles* énumère les barons syriens présents à cette cérémonie : Jean Ier d'Ibelin, sire de Beyrouth, bayle du royaume depuis cinq ans, son frère Philippe, Balian Ier de Sidon[6], Raoul de Tibériade, Aymar de Césarée, Gilles de Blanche-Garde, Rohard II de Caïffa, et Geoffroi de Cafran[7], tous noms où se retrouve la fleur de la colonisation française.

Rétablissement de la paix entre Jean de Brienne et Malik al-'Adil (v. juillet 1211).

Mais la guerre était là, puisque les Templiers et leurs partisans avaient exigé la rupture des trêves avec Malik al-'Adil. Tandis qu'on procédait à Tyr au couronnement de Jean de Brienne, le fils du sultan, Malik al-Mu'aẓẓam, vice-roi de Damas, apparut devant Acre, mais les Francs firent si ferme contenance que le malik se retira. Ibn Jawzî qui prit part à cette expédition aux côtés d'al-Mu'aẓẓam nous décrit l'enthousiasme qu'elle avait provoqué dans le public damasquin – les dames musulmanes coupant leurs cheveux pour en faire des cordes – et aussi les ravages que ses compagnons exercèrent dans la banlieue d'Acre, arbres arrachés, casaux saccagés, paysans réduits en esclavage[8]. Beau résultat de la rupture des trêves ! Quand l'étroite bande côtière à laquelle on était réduit ne pouvait nourrir qu'un nombre infime de chevalier et tandis qu'aucune croisade n'était en vue, comment les Francs pouvaient-ils songer à affronter les forces d'un empire qui s'étendait du Soudan au Diyârbekir ? Al-Mu'aẓẓam alla ensuite élever sur le Mont Thabor une puissante forteresse qui dominait la région de Nazareth et interdisait aux Francs toute reconquête de la Galilée. On ne signale aucune réaction de la part des Francs, du moins sur terre, car c'est en juin 1211 que le *Livre des Deux Jardins* place la croisière de Gautier de Montbéliard, l'ancien bayle

UN HÉROS FRANÇAIS : JEAN DE BRIENNE

le Chypre, sur les côtes d'Égypte : Gautier remonta le Nil par la bouche de Damiette jusqu'à hauteur d'al-Bûré, en faisant du butin[9]. Mais en Palestine, les derniers barons français venus en pèlerinage – le comte Milon III de Bar-sur-Seine, Renaud de Maulevrier, Barthélemy de Choiseul – se préparaient, leur vœu accompli, à se rembarquer à la fin juin, laissant les chrétiens de Syrie livrés à eux-mêmes.

Dans ces conditions le parti templier lui-même dut reconnaître la nécessité de faire la paix. Malik al-'Adil qui campait devant sa nouvelle forteresse du Thabor, en Galilée, ne partageait nullement, on l'a vu, la passion antichrétienne de son fils al-Mu'azzam. Il eut la générosité d'accueillir favorablement les ouvertures des Francs et conclut avec Jean de Brienne une nouvelle trêve de six années (1211-1217), période durant laquelle le royaume d'Acre, sagement administré par son nouveau prince, jouit d'une paix profonde à l'intérieur comme au dehors[10].

Jean de Brienne, les Templiers, les Hospitaliers et les affaires d'Arménie (1211-1217).

La paix avec l'empire aiyûbide laissait sans emploi l'ardeur belliqueuse des Ordres militaires. Les Templiers allèrent guerroyer dans la principauté d'Antioche contre le roi d'Arménie Léon II. L'objet de la querelle était le fort de Gaston, ou Baghrâs. On se rappelle que ce fort qui avait appartenu jadis aux Templiers leur avait été enlevé par Saladin sur qui Léon II l'avait repris en 1191, à la faveur de la Troisième Croisade ; depuis lors les Templiers le réclamaient au prince arménien qui, bien entendu, refusait de le leur rétrocéder. Les Templiers, comme on le verra plus loin, devaient finir par récupérer cependant Baghrâs[11].

Quant aux Hospitaliers, ils profitèrent, eux aussi, de la paix avec les Aiyûbides pour intervenir dans les affaires arméniennes, mais dans un sens plus chrétien. Ils allèrent aider ce même roi d'Arménie Léon II dans sa guerre contre Seljûqides de Qoniya. Avec leur concours Léon II enleva au sultan seljûqide 'Izz al-Dîn Kaikâwus Ier, les villes d'Héraclée (Ereğli) et de Laranda (Qarâmân), situées dans le sud-est de la Cappadoce, au nord du Taurus, au sud-ouest de Qoniya[12]

(1211). Cette politique arménophile, qui correspondait à l'intérêt le plus évident de la Syrie franque maintenant que l'empire byzantin avait malheureusement disparu, fut aussi celle de Jean de Brienne. Ayant, en 1212, perdu sa femme Marie de Montferrat, il se remaria en 1214 à Estéphémie ou Stéphanie, fille de Léon II[13].

Au point de vue juridique le décès de Marie de Montferrat de qui Jean de Brienne tenait sa couronne aurait pu apporter quelque trouble dans les affaires de Syrie. Mais de Marie de Montferrat Jean avait une fille, encore au berceau, la petite Isabelle ou Yolande qui se trouvait en droit l'héritière de Jérusalem[14]. Jean put donc, comme « bayle » du royaume durant la minorité de sa fille, conserver le gouvernement que nul, d'ailleurs, ne lui contesta.

Nous n'avons à mentionner pour cette période d'attente que l'assassinat par les Ismâ'iliens du jeune Raymond, fils aîné du prince d'Antioche-Tripoli Bohémond IV. Ce jeune homme, à peine âgé de dix-huit ans, fut poignardé par les sectaires dans la cathédrale de Tortose (1213)[15]. Bohémond IV, voulant venger son fils, alla ravager les terres ismâ'iliennes du Jebel Ansariyé et mit le siège devant un de leurs repaires, le fort de Khawâbî, le Coïble des Croisés, près de Rafaniya[16]. Les Ismâ'iliens implorèrent l'aide du sultan d'Alep, al-Zâhir, qui envoya un renfort de deux cents hommes relever la garnison de Khawâbî, tandis qu'un autre détachement alépin faisait une diversion du côté de Lattaquié. Les Francs firent tomber une partie de ce détachement dans une embuscade, puis, Bohémond IV, ne voulant pas provoquer une guerre générale, rendit à al-Zâhir ses prisonniers[17].

§ 2. — La Croisade hongroise de 1217.

Prédication d'une Cinquième Croisade en Europe.

C'était un devoir pour les Francs de Syrie de maintenir la paix avec l'empire aiyûbide tant qu'ils n'auraient pas reçu le renfort d'une croisade imposante. C'était le devoir de la papauté de provoquer cette croisade. Dès 1213, Innocent II adressait à la chrétienté un manifeste solennel. « Les Sarra-

...ins viennent de construire sur le mont Thabor, à l'endroit même où le Christ s'est montré dans sa gloire, une forteresse destinée à achever la ruine du nom chrétien. Elle menace la cité d'Acre. C'est par elle qu'ils espèrent venir à bout de ce qui reste du royaume de Jérusalem, car ce malheureux débris est dépourvu d'argent et de soldats[18]. » En ouvrant le Concile de Latran, le 11 novembre 1215, le grand pape annonça sa volonté inébranlable de recommencer, cette fois en faveur de la seule Syrie, le grand effort que les chefs de la Quatrième Croisade avaient si criminellement détourné sur Constantinople. Le nouveau patriarche de Jérusalem, Raoul de Mérencourt[19], l'évêque de Tortose, Baudin, et, pour le roi Jean de Brienne, Jean le Tor, représentèrent dans ces grandes assises de la Latinité les chrétiens de Syrie. Signalons qu'on vit également arriver au Concile de Latran le patriarche maronite Jérémie qui attestait ainsi aux yeux de toute l'Europe que l'union de l'Église maronite et de l'Église romaine était devenue effective[20]. Pour entraîner le monde chrétien, Innocent III songeait peut-être à se mettre lui-même à la tête de l'expédition quand la mort le terrassa le 16 janvier 1216.

La disparition de ce pontife de génie ralentit quelque peu le mouvement, car son successeur, Honorius III, par ailleurs si profondément estimable, était loin d'avoir en matière politique sa puissante personnalité.

Prédication de la Cinquième Croisade en Syrie :
la tournée de Jacques de Vitry et sa description du Levant.

En même temps que ses légats continuaient à prêcher la Croisade en Occident, Honorius III chargea de la même mission en Syrie Jacques de Vitry, qu'il venait de nommer évêque d'Acre. Dès son arrivée, en novembre 1216, l'ardent prédicateur se mit à la besogne. Les indications qu'il nous a laissées de cette tournée pastorale forment un tableau bien curieux, d'ailleurs poussé au noir, et qui nous montre une fois de plus l'écart croissant entre l'esprit croisé et l'esprit colonial, entre la société française et les mœurs créoles[21].

Jacques de Vitry, du reste, n'est pas sans sévérité pour les Occidentaux eux-mêmes que le commerce attirait aux

Échelles de Syrie, notamment pour les citoyens des républiques marchandes italiennes, Génois, Pisans, Vénitiens, dont la concurrence, les querelles et les rixes sanglantes troublaient sans cesse Acre et Tyr[22]. La Quatrième Croisade l'avait prouvé : la guerre sainte, en tant que telle, n'était guère le fait de ces marins et de ces banquiers qui n'y voyaient tout au plus qu'un prétexte pour accaparer le commerce du Levant. Au début ils se dérobèrent à la prédication de Jacques de Vitry ; toutefois son ardente éloquence finit par émouvoir leur piété italienne.

Mais c'est contre les chrétiens indigènes et contre les colons francs que se déchaîne surtout l'indignation de Jacques de Vitry. Des Syriens chrétiens, jacobites et autres, il note qu'élevés au milieu des Musulmans, ils en ont adopté les mœurs. Il nous dira ailleurs qu'au fond de leur cœur Jacobites, Nestoriens, Maronites et Coptes détestent les Latins. Par la langue – ils parlent l'arabe –, par le costume et le genre de vie ces chrétiens indigènes ne se différencient guère des Musulmans auxquels, à en croire notre censeur, ils servent trop souvent d'espions[23].

C'est bien pis encore avec les Francs créoles, descendants des premiers colons latins – les Poulains, comme on les appelle. À en croire Jacques de Vitry, les mœurs levantines en avaient fait des Orientaux, je veux dire des polygames. « Il n'y en a pas un sur mille qui respecte les lois du mariage. L'adultère pour eux n'est pas un péché mortel, leur éducation est efféminée et ils sont tous adonnés aux plaisirs charnels. » Dans son *Histoire Orientale*, le même prélat décrira de nouveau les Poulains comme une race fourbe, traîtresse, lascive et perverse qui exploitait les pèlerins et aussi qui leur apprenait le vice[24]. Suit, chez notre prédicateur, une diatribe contre le clergé latin de Syrie, avide de pouvoir et d'argent, « les Scribes et les Pharisiens » qui, non contents de tondre leur troupeau, donnent l'exemple de mœurs relâchées[25]. Quant aux laïcs, ils ont perdu tout sens moral. On voit les maris faire disparaître leurs femmes, les femmes empoisonner leurs maris pour se remarier avec leurs amants. À Acre même le commerce des poisons et des remèdes empoisonnés est courant, et chacun, à cet égard, se méfie de son voisin surtout Acre était rempli de filles qui bénéficiaient, prétend Jacques, de la faveur des clercs comme de celle des laïcs.

Enfin Acre était le refuge de tous les bannis et criminels en fuite qui y constituaient un foyer de contamination. Toute l'écume de la Méditerranée, tous les repris de justice de l'Occident venaient, sous couleur de croisade, se refaire une vie dans ce carrefour de sociétés et de civilisations. Le port était un coupe-gorge où on assassinait jour et nuit.

Que faut-il penser de cette peinture ? À coup sûr le grand port cosmopolite qu'était devenu Acre, avec sa population mélangée et flottante, partageait l'immoralité de toutes les Échelles du Levant. Les facilités de la vie créole, le contact et l'exemple de la vie musulmane, l'arrivée des flottes de toute la Méditerrannée, le passage incessant de marins « en bordée », l'afflux d'aventuriers, de déracinés, de bannis et de renégats de toute race, autant de causes de corruption trop faciles à comprendre[26]. Naguère sans doute, avant 1187, quand le royaume de Jérusalem avait une solide base territoriale et agricole, la démoralisation devait être moindre. Mais réduit, comme il l'était maintenant, à un chapelet de ports sur la plus belle corniche du Levant, tout orienté vers le trafic maritime, les affaires, la banque, le lucre, il faut bien nous le représenter sous les espèces des modernes Changhaï, Singapour ou Port-Saïd. Toutefois n'oublions point que nous avons ici affaire à la prédication d'un saint, d'emblée scandalisé par la vie du siècle et dans l'indignation sincère duquel il peut y avoir une bonne part d'inconsciente exagération. On n'a vraiment pas l'impression en lisant Philippe de Novare et Jean d'Ibelin, l'auteur des *Assises* – ces deux modèles de loyauté et de courtoisie chevaleresque (et il s'agit pourtant de deux authentiques représentants de l'esprit poulain), – que la noblesse franque vécût dans une Babylone. Et que de saints prélats nous rencontrerons encore dans le clergé franco-syrien ! Au fond des diatribes de Jacques de Vitry il y a sans doute avant tout la vieille opposition de l'esprit de croisade et de l'esprit colonial, opposition d'autant plus âpre maintenant qu'à la colonisation proprement dite, à la colonisation de la terre avait malheureusement succédé chez les Francs de Syrie, depuis *Hattîn*, la prépondérance de l'esprit de commerce.

La prédication de Jacques de Vitry eut d'ailleurs un grand succès, à Acre d'abord où il fit passer sur une population avant tout mercantile un peu du souffle de la Première Croisade ; puis dans les autres villes franques où il se rendit : à Tyr où ses exhortations à la Croisade atteignirent leur but, à Sarepta où les chrétiens étaient un peu perdus dans la majorité musulmane et où nombre d'habitants flottaient entre le christianisme et l'Islam[27]. À Sidon, où les Musulmans étaient en majorité, l'archevêque syrien fit bon accueil à Jacques de Vitry. Jacques continua sa prédication à Beyrouth, à Jebaï (Gibelet) où, malgré la corruption générale, on prit la croix, à Tripoli où Bohémond IV vint en grande pompe le recevoir. Notons que même dans une ville aussi nettement franque que Tripoli la langue dominante restait l'arabe, si bien que pour prêcher la Croisade Jacques de Vitry dut user d'un interprète. Il prêcha encore au Krak des Chevaliers, à Sâfîthâ, dans la cathédrale de Tortose, à Marqab et à Antioche[28]. Ce fut à Antioche qu'il reçut une lettre du patriarche lui annonçant le débarquement des premiers Croisés.

Le premier baron d'Occident qui débarqua en Syrie fut, au début de septembre 1217, le duc d'Autriche Léopold VI dont la navigation, de Spalato à Acre, n'avait pris que seize jours[29]. Le roi de Hongrie André II arriva peu après. Les Croisés germano-hongrois établirent leur camp au « sablon d'Acre ». Cette fois encore il y eut des difficultés entre les colons francs et les Germaniques. Les pèlerins bavarois, notamment, se signalaient par leur insolence et leur brutalité, saccageant les jardins, dépossédant les religieux et allant même jusqu'à tuer des chrétiens[30].

De leur côté les barons syriens arrivaient au rendez-vous général. Le roi de Chypre Hugue Ier, avec l'archevêque de Nicosie Eustorge de Montaigu et Gautier de Césarée, connétable de Chypre, conduisait la chevalerie du royaume Lusignan. Autour du roi Jean de Brienne se groupaient les barons du royaume d'Acre, l'ancien bayle Jean Ier d'Ibelin, sire de Beyrouth, son frère Philippe d'Ibelin, Gautier de Beisan et son neveu Gremond (ou Gormond) de Beisan, et les trois grands maîtres du Temple, de l'Hôpital et des Teutoniques, Guillaume de Chartres, Garin de Montaigu et Hermann von Salza. Le prince d'Antioche-Tripoli, Bohémond IV, se rendit ussi à Acre avec ses vassaux, Guy Ier Embriac, sire de Gibelet Jebail)[31], Guillaume Embriac, sire de Besmedin (Beshmezîn, ntre Enfé et Amiyûn), et le connétable de Tripoli, Gérard de Iam[32]. Naturellement les chefs de l'épiscopat latin étaient présents, Raoul de Mérencourt, patriarche de Jérusalem, Simon de Maugastel, archevêque de Tyr[33], Pierre de Limoges, archevêque de Césarée, et Jacques de Vitry, évêque d'Acre.

Un conseil de guerre se réunit à Acre entre chefs francs et chefs croisés à la fin d'octobre 1217. On décida d'aller attaquer la nouvelle forteresse que le sultan al-'Adil venait de construire sur le mont Thabor pour dominer la Galilée et la Samarie.

Campagne du roi de Hongrie d'Acre à Beîsân.
Incursion dans le Jaulân (novembre 1217).

Le 3 novembre 1217 l'armée croisée se mit en marche. D'une seule traite elle traversa la plaine d'Esdrelon, les champs historiques d'al-Fûla (la Fève) et de 'Ain Jalûd. À la nouvelle de cette marche, le sultan al-'Adil s'était porté en hâte de Jérusalem sur Naplouse, comptant de là aller s'établir dans le district de 'Ain Jâlûd et de 'Ain Tuba'ûn pour couper aux Croisés la route de l'intérieur. Mais ceux-ci l'ayant devancé, il battit en retraite sur Beisân, près du confluent du Nahr Jalûd[34]. L'*Estoire d'Éracles* raconte qu'à l'approche des chrétiens, le fils d'al-'Adil, al-Mu'azzam, vice-roi de Damas, voulait combattre. Des hauteurs de Naim (Nein) et du petit Hermon où l'armée musulmane commençait son mouvement de retraite, il proposait de tomber sur les colonnes franques s'avançant par la plaine d'Esdrelon. Al-'Adil refusa énergiquement. Son armée était dispersée entre les diverses garnisons palestiniennes, il n'avait avec lui que peu de monde, tandis que l'armée franque aurait compté deux mille chevaliers, mille sergents à cheval et vingt mille fantassins sans parler des irréguliers. Affronter avec une telle infériorité numérique ces troupes animées de tout l'enthousiasme des Croisés nouvellement débarqués eût été une folie. Mais l'ardeur de croisade n'était qu'un feu de paille qui tomberait bientôt : il suffisait de ne pas lui prêter d'aliment et de le laisser s'éteindre de lui-même[35]. À ces réflexions du continuateur de

Guillaume de Tyr qui montrent que les colons francs de Syrie connaissaient bien les défauts de l'esprit de croisade, il faut ajouter celles d'Ernoul qui fait remarquer que, faute d'être canalisé par une monarchie hiérosolymitaine solide, tout ce grand effort des Croisades restait anarchique, inefficace, voué à une dispersion rapide : « Vois com il sont grant gent, et si (= mais) n'ont point de segnor qui les gouverne, et vit chascuns del sien[36]. » Réflexions d'autant plus justes que le roi de Hongrie et les princes allemands avaient refusé de reconnaître le commandement du roi Jean de Brienne. De ce fait leur expédition allait garder l'aspect d'un pèlerinage armé, d'une chevauchée de paladins, de tout ce que l'on voudra, sauf d'une campagne de reconquête méthodique du sol.

Des approches de 'Ain Jalûd, al-'Adil avait donc reculé sur Beisân quand il constata que les Croisés marchaient droit sur cette ville. De nouveau il se déroba. Son fils al-Mu'azzam lui ayant encore demandé compte de sa retraite, le sultan « l'invectiva en langue persane »[37] et maintint ses ordres. À la vérité la détermination d'abandonner Beisân sans combat dut coûter au sultan, d'autant que, pour conserver le secret de ses mouvements, il fallut éviter de prévenir d'avance les malheureux habitants de la ville. « À l'approche des Francs, écrit Ibn al-A*th*îr, le sultan ne jugea pas à propos de les combattre avec les troupes insuffisantes qu'il avait, de peur d'essuyer une défaite, car il était très circonspect. Il quitta donc Beisân pour Damas afin d'y regrouper toutes les forces syriennes. Cependant lorsque les gens de Beisân et des environs avaient vu le sultan parmi eux, ils s'étaient tranquillisés et n'avaient plus pensé à abandonner leur territoire, s'imaginant que les Francs n'oseraient s'approcher du sultan. Or lorsque l'ennemi s'avança, al-'Adil battit en retraite sans prévenir la population. Le résultat fut qu'il n'y eut qu'un petit nombre d'habitants qui purent s'échapper[38]. »

Les Francs, trouvant Beisân vide de défenseurs, pillèrent sans obstacle la ville et le district. Le butin en blé et en troupeaux fut considérable. De là ils allèrent, toujours sous la conduite du roi de Hongrie, ravager la région du Ghôr. Al-'Adil, pendant que son fils, al-Mu'a*zz*am, courait mettre en état de défense Jérusalem, s'était mis à l'abri de l'autre côté du Jourdain, à 'Ajlûn, d'où il était reparti pour couvrir

Damas par le Jaulân. Tandis qu'il n'était encore qu'à l'étape de Râs al-Mâ – qu'on a voulu retrouver à l'actuel Kafr al-Mâ, dans le Jaulân, – les Croisés, marchant sur sa piste, traversèrent le Jourdain (10 novembre 1217) et pénétrèrent dans cette province, poussant de ce côté jusqu'à Fiq et même jusqu'à Khisfîn. Ibn al-A*th*îr les fait même arriver aussi loin que Nawa, à six kilomètres au nord de Sheikh Sa'd[39], pendant qu'al-'Adil reculait jusqu'à 'Aliqîn au sud de Damas, entre Kiswé et Sanamein[40]. Les Francs durent ensuite se rabattre sur la côte nord-est du lac de Tibériade puisque le *Livre des Deux Jardins* signale leur passage à al-Kursî[41]. De là ils remontèrent le Jourdain jusqu'au lac de *H*ûlé et marchèrent sur Panéas (Bâniyâs, Bélinas) qu'ils assiégèrent pendant trois jours[42]. Ils repassèrent le Jourdain entre le lac de *H*ûlé et le lac de Tibériade au Jisr Banât Ya'qûb et rentrèrent à Acre pour y déposer leur butin et leurs convois de captifs[43].

Pendant ce temps l'inquiétude était extrême en pays musulmans. À Damas al-'Adil donnait l'ordre de mettre en état les pistes du côté des vergers de la Ghû*t*a, de rentrer dans la citadelle les récoltes de Dâreiya, puis de se préparer à inonder toute la plaine du Baradâ, tant on s'attendait à voir les Francs surgir par la route de Panéas. En vain le sultan lui-même était-il venu se poster dans la plaine du Marj al-Soffar, au sud de Kiswé, « la meilleure position pour couvrir Damas vers le Sud »[44]. Les paysans fuyaient. Dans Damas la disette commençait à se faire sentir et les citadins eux-mêmes quittaient la ville. « La grande mosquée, à l'heure de la prière, retentissait de gémissements, de cris et de supplications. » L'émir de *H*oms, Mujâhid Shîrkûh qui arriva avec des renforts, fut accueilli comme un sauveur par la population affolée[45]. Mais déjà l'armée franque, repassant le Jourdain, avait repris le chemin d'Acre.

Siège de la forteresse du Thabor par les Croisés
(29 novembre – 7 décembre 1217).

Après s'être reposés un temps à Acre, les Croisés firent une autre chevauchée, d'ailleurs sans la présence du roi de Hongrie qui était resté à Acre « por soi aaiser ». Cette fois ils allèrent assiéger la forteresse que le sultan al-'Adil, ou plutôt son fils al-Mu'azzam, avait construite sur le mont Thabor (al-*Tûr*) pour dominer de là la Galilée[46]. Le siège dura du 29 novembre au 7 décembre 1217[47]. Les Croisés campaient dans la plaine, « sur le ruissel dou Cresson », une des sources du Wâdî al-Bira ou Wâdi al-Sherrâr. Chaque jour il leur fallait escalader la montagne avant de donner l'assaut ; dans ces conditions aucun engin de siège n'était utilisable. Cependant le 3 décembre au matin, à la faveur d'un brouillard intense, ils arrivèrent sans être vus jusqu'aux portes de la citadelle, à une telle proximité que, de leurs lances, ils en touchaient les murs, mais, malgré la bravoure personnelle du roi Jean de Brienne, une brusque sortie de la garnison les rejeta au bas de la montagne. Le 5 décembre ils firent une dernière tentative. « Toute l'armée franque gravit la montagne, munie d'une immense échelle qu'elle appliqua contre le mur. Déjà les compagnies de lanciers francs se répandaient dans toutes les directions, lorsqu'un artificier lança du feu grégeois contre l'échelle et l'incendia[48]. » Les Francs avaient perdu plusieurs des leurs, notamment un baron dont le *Livre des Deux Jardins* nous dit qu'en le voyant tomber ils se répandirent en cris et en sanglots. Démoralisés par cet échec, ils renoncèrent à un nouvel assaut. Cependant Ibn al-A*th*îr nous avoue que la garnison, elle aussi, avait fait de très lourdes pertes et que, malgré sa bravoure, elle était sur le point de succomber[49]. Le découragement prématuré des assiégeants la sauva. Le prince d'Antioche Bohémond IV préconisa l'abandon de l'entreprise. Le 7 décembre, à l'aube, l'armée chrétienne leva son camp et, par Séphorie, rentra à Saint-Jean-d'Acre[50]. Jacques de Vitry, non sans raison, accuse les Croisés d'avoir manqué de fermeté[51]. Toutefois la menace n'avait pas été inutile. Malik al-'Adil, comprenant combien la position de sa nouvelle forteresse était hasardeuse, la fit lui-même raser de fond en comble[52].

Échec de la Croisade hongroise.

Les Croisés hongrois opérèrent encore une autre marche militaire dans la montagne du Liban, à l'est de Sidon. Ils campèrent quatre jours dans « le Val de Jermain », c'est-à-dire dans le Marj 'Ayûn, auprès de la forteresse franque de Shaqîf Arnûn (Beaufort), qui appartenait depuis 1190 aux

Musulmans[53], mais on ne voit pas qu'ils aient rien tenté pour la reprendre[54]. Un neveu du roi de Hongrie, nous dit le *Livre des Deux Jardins*, organisa une petite expédition pour s'emparer de Jezzîn[55] et de là, par Meshgarâ, descendre dans la plaine de la Beqâ'. Mais les montagnards de ce coin du Liban, les Mayâ*dh*în, dévalant de leurs sommets, tombèrent sur la colonne et la taillèrent en pièces. Le prince hongrois aurait été tué (?). Les survivants, égarés dans la montagne par leurs guides, périrent de même. D'après le *Livre des Deux Jardins* sur 500 hommes trois seulement purent regagner Sidon[56]. Il est à remarquer que le seigneur de Sidon (Balian de « Sajette »)[57] avait formellement déconseillé cette expédition à effectifs trop faibles.

Le roi de Hongrie, malade, n'avait pris part ni au siège du Thabor, ni à la chevauché à l'est de Sidon. Rentré à Acre, il décida, malgré les objurgations du patriarche, de rentrer en Europe. Il emprunta la voie de terre, le long des côtes de la Syrie du Nord. D'Acre à Tripoli il fut accompagné par le roi de Chypre, Hugue Ier, et par le prince d'Antioche-Tripoli, Bohémond IV, aussi peu enthousiastes que lui pour la continuation de la Croisade. À Tripoli il assista au mariage de Bohémond IV[58] avec Mélisende, sœur de Hugue Ier, cérémonie qui fut d'ailleurs suivie de la mort subite de Hugue (10 janvier 1218) : le roi de Chypre disparaissait à vingt-trois ans, en ne laissant qu'un enfant de neuf mois, le futur Henri Ier le Gros. La régence devait être assumée par la reine mère, Alix de Champagne, et par l'oncle de celle-ci, Philippe d'Ibelin, qui devait se montrer un bayle plein de sagesse[59] ; mais la disparition du roi de Chypre n'en était pas moins, dans les circonstances présentes, une perte pour l'Orient latin.

Quant au roi de Hongrie, il alla, de Tripoli, rendre visite aux Hospitaliers au Krak et à Marqab[60], puis il monta vers Tarse, où il fiança son troisième fils à une des filles du roi d'Arménie, Léon II, et rentra en Europe par l'Anatolie[61].

Le grand effort de la Croisade hongroise, cette imposante démonstration militaire à travers la Galilée, n'avait abouti à rien, car on ne saurait considérer comme un résultat positif la démolition volontaire de la forteresse du Thabor par Malik al-'Adil. Résultat d'autant plus amer que des forces imposantes avaient été mises en jeu. La déception de l'Orient latin fut considérable[62].

Fortification de Césarée et construction du Château-Pèlerin.

Le roi Jean de Brienne avait fait œuvre autrement utile en allant avec le duc d'Autriche, les Ordres militaires et ce qui restait des Croisés français et allemands, fortifier solidement deux points importants du littoral palestinien, Césarée et 'A*thlîth*. Le 2 février 1218, avec Léopold d'Autriche et les Hospitaliers, il commença les travaux à Césarée. En même temps le baron flamand Gautier d'Avesnes, les Templiers et les Teutoniques fortifiaient 'A*thlîth*.

Le passage que commande 'A*thlîth*, au sud-ouest de l'arête du Carmel, entre Caïffa et Césarée, à un des points les plus étroits de la corniche littorale, avait déjà été occupé au douzième siècle par les Francs qui y avaient élevé, sur le dernier contrefort du Carmel, la tour de Destroit (arabe : Dustrey) ou Pierre-Encise. Gautier d'Avesnes, qui paya une partie de la nouvelle construction, élevée, celle-là, à 'A*thlîth* même, sur l'éperon rocheux en saillie dans la mer, déposa mille besants sarrazinois sur la première pierre. Il se déclara le parrain de la forteresse, et, comme tel, la baptisa Château-Pèlerin (Castrum Peregrinorum)[63]. En creusant les fondations, les Templiers eurent la surprise de découvrir des vestiges et des monnaies d'une ancienne installation phénicienne, ainsi que plusieurs sources d'eau potable[64]. Le Château-Pèlerin fut confié à la garde du Temple dont il fut un des principaux établissements. La valeur de cette forteresse devait se manifester à l'épreuve : elle devait être la dernière place des Francs en Syrie et ne succomber en 1291 qu'après la ville d'Acre elle-même[65].

§ 3. — JEAN DE BRIENNE ET L'EXPÉDITION D'ÉGYPTE.

Les clés de Jérusalem sont au Caire[66].

Malgré le départ du roi de Hongrie, les Croisés venus de tout l'Occident continuaient à affluer à Saint-Jean-d'Acre.

Jean de Brienne, instruit par l'expérience, n'avait pas été long à se convaincre de l'inutilité de nouvelles campagnes en Galilée ou en Judée. Jérusalem, surtout, était située trop loin à l'intérieur du massif judéen pour pouvoir être assiégée par une armée venue de la côte. Reprenant les plans de Richard Cœur de Lion, Jean résolut de profiter de la supériorité navale des Francs pour aller conquérir un des deux grands ports du Delta, Alexandrie ou Damiette. Non sans raison il était persuadé qu'une telle conquête constituerait ensuite le plus précieux des gages pour obtenir la rétrocession de la Terre Sainte : les clés de Jérusalem se trouvaient au Caire[67].

« Nous avons ci moult grans gens, fait dire Ernoul à Jean de Brienne, et moult i a de Croisés par Crestienté qui venront avant, et moult se croisera encore. Il m'est avis que nous ne porons mie grantment esploitier ceste tiere (de Syrie) sor Sarrasins. Et se vous véés qu'il fust boin à faire, jou iroie volentiers en la tiere d'Égypte, asségier Alixandre ou Damiete, car, se nous poons avoir une de ces cités, bien m'est avis que nous en poriemes bien avoir le roialme de Jhérusalem[68]. »

Les barons de Syrie et de Chypre[69], les Croisés présents à Acre, les Templiers et les Hospitaliers ayant approuvé ce plan, Jean de Brienne organisa l'expédition. Après avoir laissé dans Acre une forte garnison, dont cinq cents chevaliers, pour parer à une éventuelle diversion des Damasquins, il réunit tous les navires disponibles et s'y embarqua avec l'armée et un ravitaillement abondant. La flotte mit à la voile le 27 mai 1218. Deux jours après elle abordait devant Damiette. Malik al-'Adil, complètement trompé sur les intentions des Francs, avait laissé le passage libre[70].

Détail qui a son importance : les Croisés, sans doute instruits par l'échec des chevauchées hongroises, reconnurent pour l'expédition d'Égypte le commandement de Jean de Brienne. « Quant li Crestien furent herbergé à la boche dou flum, et furent toz assemblez, il eslurent cheveteine. Et par acort de toz, fu esleuz li roi Johans de Jérusalem, et li donnèrent la seignorie de l'ost et de la conqueste que il feroient, sauve les parties de ceaux qui seroient au conquerre[71]. » Comme nous allons le voir, si cette décision, qui assurait l'unité de commandement et réservait au roi, seul responsable, l'initiative des décisions, avait été jusqu'au bout maintenue, les Francs auraient, comme ils l'espéraient, trouvé à Damiette les clés de Jérusalem.

Il est à remarquer que pour la conquête de l'Égypte les Francs escomptaient l'appui du « Prêtre Jean », en l'espèce le négus d'Éthiopie. C'est ce que déclare en propres termes Jacques de Vitry, l'animateur de la Croisade[72]. D'après Olivier le Scolastique, autour du légat Pélage on comptait même sur le négus pour aller prendre La Mecque[73].

Les Croisés devant Damiette. Rupture de la chaîne du Nil.

La flotte franque remonta la branche du Nil jusqu'à hauteur de Damiette. L'armée prit terre en face de la ville, de l'autre côté du Nil, sur la plage (al-jîza) où elle établit un camp retranché[74]. Pour défendre l'accès de la ville et interdire la remontée du Nil, les Musulmans avaient construit dans le fleuve une tour dite la tour de la chaîne – Burj al-silsila – parce qu'elle était reliée aux murs de Damiette comme à la rive d'en face par de grosses chaînes qui barraient le Nil[75]. De plus Malik al-Kâmil, fils aîné de Malik al-'Adil et vice-roi d'Égypte, vint établir son camp dans la banlieue sud de Damiette, au bourg d'al-'Adiliya d'où il restait en contact avec la ville et empêchait les Croisés de traverser le fleuve[76]. Pendant plus de trois mois, les Croisés attaquèrent la tour de la chaîne au moyen de « maremmes », c'est-à-dire de navires cloués ensemble sur le pont desquels on avait construit des tours de bois et disposé des machines de siège[77]. La première « coque » ainsi construite par les Templiers et garnie de quarante d'entre eux et de deux cent soixante autres combattants fut emportée à la dérive vers Damiette ; les défenseurs de la ville s'élancèrent dessus par grappes, mais, au moment de succomber sous le nombre, les Templiers ouvrirent les voies d'eau et se firent couler avec les ennemis[78]. Pendant trois mois les attaques se succédèrent ainsi, infructueuses. Enfin le 24 août 1218, grâce à la bravoure des Croisés frisons, la tour de la chaîne fut enfin conquise et les chaînes qui interdisaient aux navires chrétiens la remontée du Nil purent alors être coupées[79]. Selon l'expression du *Livre des Deux Jardins*, c'étaient les clés de l'Égypte qui tombaient aux mains des Francs[80].

En apprenant cette nouvelle au fond de la Syrie, le vieux sultan Malik al-'Adil mourut de chagrin dans les huit jours (31 août 1218).

L'*Histoire des patriarches d'Alexandrie* nous a laissé de cet événement mémorable la plus vivante description : « Les Francs avaient construit des navires appelés *maremmes* se composant de deux navires de guerre que l'on accouplait et qu'on reliait solidement l'un à l'autre à l'aide de poutres de bois clouées de telle façon qu'ils ne formaient plus qu'un seul bâtiment. Ils y plantèrent quatre mâts à chacun desquels ils fixèrent une vigie de bois ; ils entourèrent ces navires d'une ceinture semblable aux murailles d'une ville et y pratiquèrent des sabords ; ils placèrent sur un de ces navires une grande passerelle mobile avec des câbles et des poulies. Ils s'avancèrent vers la tour de la chaîne le vendredi 1er jour épagomène de l'année des martyrs 934. Il y avait sur cette tour trois cents combattants musulmans. Les Francs firent tomber leur passerelle mobile sur la tour et y pénétrèrent ; ils s'emparèrent ainsi de l'étage supérieur et tuèrent tout ce qui s'y trouvait. Les Musulmans qui étaient à l'étage du milieu demandèrent à grands cris à capituler et les Francs les firent tous prisonniers. Le pont de bateaux qui reliait la tour à la terre fut rompu et aucun Musulman ne se sauva, sauf ceux qui se jetèrent dans le fleuve et gagnèrent la rive à la nage. Les Francs arborèrent leurs étendards sur la tour. Ils murèrent la porte qui donnait du côté de Damiette et ouvrirent celle qui se trouvait sur la rive (occidentale) où ils avaient établi leur campement ; ils lancèrent un pont de bateaux qui fit communiquer la tour avec la terre (de ce côté) »[81].

Cependant, pour remplacer la chaîne, al-Kâmil fit construire une grande levée destinée à barrer le Nil. Les Francs s'attaquèrent à cette levée et, au prix de combats acharnés, parvinrent à la couper. Al-Kâmil coula alors dans le Nil un certain nombre de gros navires chargés à fond, de manière à reconstituer le barrage. Jean de Brienne tourna la difficulté. « Il y avait un canal voisin du Nil, que l'on appelait al-Azraq (le canal Bleu), où le Nil avait autrefois coulé. Les Francs creusèrent ce canal, en approfondirent le lit, et, en amont des vaisseaux échoués, y firent couler l'eau du fleuve jusqu'à la mer. Ils y firent remonter leurs navires jusqu'à hauteur d'al-

Bûra[82], en face du camp d'al-'Adiliya, où se trouvait al-Kâmil[83]. » Les Croisés purent désormais attaquer par eau le camp du prince aiyûbide.

Le commandement unique de l'armée franque avait appartenu jusque-là au roi Jean de Brienne. À la fin de septembre 1218 on vit arriver devant Damiette le cardinal Pélage, évêque d'Albano et légat du Pape[84], qui revendiqua la direction supérieure de la Croisade. Cette dualité de pouvoir devait avoir les suites les plus funestes pour l'entreprise.

Diversions aiyûbides en Palestine : destruction de Césarée.

En Syrie, la garnison d'Acre, encouragée par la nouvelle de ces succès, n'hésita plus à se donner de l'air. Justement des coureurs aiyûbides pillaient la campagne. Les chevaliers au nombre de 120, – si nous en croyons le *Livre des Deux Jardins*, c'étaient principalement des Templiers –, avec des Turcoples, sortirent de la ville pour leur donner la chasse. Avec leur témérité habituelle, ils coururent d'une traite jusqu'à Caymont (Tell Qaîmûn), au pied du Carmel, à l'entrée de la plaine d'Esdrelon. Ils se croyaient suivis par le reste de l'armée franque d'Acre. Mais celle-ci, une fois arrivée à la Fauconnerie, à mi-chemin entre Recordane (Tell Kurdana, au nord-ouest de Shefâ 'Amr) et Caymont[85], fit demi-tour, par ordre du maréchal Jacques de Tournai que le *Livre de Éracles* accuse à ce sujet de pusillanimité. Il est fort probable qu'il y a lieu d'incriminer au contraire la folie des chevaliers qui couraient droit devant eux sans assurer leur liaison. Toujours est-il qu'à ce moment apparut près de Caymont une armée de 10 000 guerriers damasquins. Les 120 chevaliers firent bonne contenance, mais, écrasés par le nombre, ils furent presque tous tués ou pris (29 août 1218)[86]. Cent Templiers, nous dit le *Livre des Deux Jardins*, furent ramenés à Jérusalem, bannières renversées[87].

Malik al-Mu'azzam devait compléter par la suite la victoire des siens en allant attaquer à grand renfort de machines de siège le nouveau château de Césarée[88]. Garnier l'Aleman, lieutenant du roi à Acre, « assembla la commune » pour envoyer des secours à la place. Les Génois, qui étaient les amis de Gautier de Césarée[89], s'offrirent à la défendre, si

Gautier la leur cédait. Ils accoururent par mer et prirent livraison de la forteresse, mais au bout de quatre jours durent avouer leur impuissance à la sauver. Leurs vaisseaux profitèrent de la nuit pour opérer l'évacuation complète des chrétiens. Le lendemain l'armée musulmane occupa la place. Al-Mu'azzam la fit raser[90]. Il alla assiéger ensuite le Château-Pèlerin ('Athlîth), entendant lui faire subir le même sort ; mais les Templiers avaient rendu la forteresse inexpugnable ; elle était en outre garnie de toutes les provisions nécessaires à un long siège. Le prince musulman renonça à son entreprise[91].

Quelques mois auparavant (juin 1218), le troisième frère adilide, al-Ashraf, sultan de Mésopotamie, avait lui aussi tenté une diversion contre la Syrie franque, dans le comté de Tripoli. Il avait ravagé les faubourgs de Sâfîthâ et ceux du Krak des Chevaliers. Kémâl al-Dîn assure même qu'il faillit s'emparer de l'imprenable forteresse, évidemment parce que les chevaliers de l'Hôpital étaient presque tous au siège de Damiette, mais al-Ashraf, rappelé par sa lutte contre les Seljûqides d'Anatolie, dut abandonner le comté de Tripoli sans avoir rien fait[92].

Démantèlement préventif de Jérusalem par les Aiyûbides.

Quant à al-Mu'azzam, malgré son succès de Césarée, il avait si peu confiance dans la victoire finale qu'il faisait également raser – conformément d'ailleurs aux volontés de son père – ses meilleures forteresses de Palestine, non seulement la forteresse du Thabor, mais encore Tibnîn (le Toron), Panéas, et plus tard Safed, qu'il craignait de voir tomber aux mains des Francs[93]. Al Mu'azzam fit même procéder au démantèlement complet de Jérusalem afin que, si on ne pouvait empêcher les Francs de s'en emparer, ils la trouvassent ville ouverte et indéfendable. La destruction des murailles commença le 19 mars 1219. « Ce fut dans la ville une terreur comparable à celle du jugement dernier ; femmes et filles, vieillards, adolescents et enfants, tous se réfugièrent à la Sakhra et dans la mosquée al-Aqsâ, coupant leurs chevelures et déchirant leurs vêtements. Convaincus que les Francs allaient arriver, ces malheureux s'enfuyaient, abandonnant leurs biens et leurs effets. Ils encombraient les routes, les uns se dirigeant sur l'Égypte, les autres sur Kérak (de Moab) ou sur Damas. Des filles adultes déchiraient leurs robes pour envelopper leurs pieds ulcérés par la marche. Un grand nombre de fugitifs moururent de faim et de soif. Tout ce que les habitants de Jérusalem possédaient fut mis au pillage. Les poètes prodiguaient leurs satires contre al-Mu'azzam et maudissaient son règne[94]. »

La conduite d'al-Mu'azzam s'expliquait évidemment par sa conviction que bientôt les Musulmans seraient contraints de troquer Jérusalem contre les gages occupés par les Croisés en Égypte, et que mieux valait céder une ville déserte et ruinée qu'une place forte abondamment pourvue.

Attaque du camp chrétien de Damiette par les Égyptiens (9 octobre 1218). Vaillance de Jean de Brienne.

À Damiette en effet, Malik al-Kâmil était presque constamment malheureux. Le 9 octobre 1218, il essaya de reprendre l'offensive. Il fit passer le Nil à son armée – la cavalerie sur un pont jeté entre al-'Adiliya et al-Bûra, les fantassins en barque. Cette attaque, qui faillit bien surprendre le camp chrétien, fut brisée par la vaillance personnelle de Jean de Brienne. En apprenant que l'armée musulmane était en train de passer le fleuve pour attaquer le camp chrétien, Jean confia celui-ci au connétable Eude de Montbéliard, et, prenant avec lui le maréchal du Temple Aymar de Layron avec trente cavaliers, il courut aux avant-postes. Il tomba au milieu de l'infanterie musulmane en train de débarquer en nombre tel « que il en fu toz esbahis » ; toute la berge du Nil en était couverte : si ces bataillons musulmans pénétraient dans le camp d'un côté tandis que leur cavalerie débouchait du pont de l'autre côté, tout était perdu. Le roi Jean et ses trente héros n'avaient plus le temps de retourner au camp donner l'alarme. Jouant le tout pour le tout, Jean de Brienne chargea en renouvelant les exploits du roi Richard : « Lors issi dou fossé et se mist ès galos, et passa par mi les routes (= bataillons) des Sarrasinz à pié ; et ala tant qu'il vînt à un Sarrasin qui estoit si grant que il passoit touz les autres des espaules en à mont, et estoit armez de hauberc et de hauberjon et portoit en une moult grant et moult grosse lance un confanon dou calife bleu à un creissant d'or et à menues estoiles entor. Si tost come li rois fu près de celui, il hurta des esperons et alonga la lance, si le féri si durement que dou grant cop li creva le cuer et l'abati tout plat. Quant il ot ce fait, il torna as autres, et cil qui o (= avec) lui estoient ne fureut mie huisous (= oisifs). Quant li Sarrasin virent celui mort et l'estendart de lor calife abatu, il se mirent à desconfiture et s'en fuirent vers le flun à lor vaisseauz[95]. »

Cette tentative de contre-offensive aiyûbide est encore décrite avec beaucoup de mouvement par l'*Histoire des patriarches d'Alexandrie* : « Les Musulmans avaient décidé d'aller attaquer les Francs. Un corps de 4 000 cavaliers et d'autant de fantassins se mit en marche, tandis qu'une escadre comprenant des navires incendiaires appareillait sur le fleuve. Les cavaliers s'avançaient par le sud. Ils atteignirent le fossé des Francs, mais s'aperçurent qu'il était impossible de le forcer, car derrière ce fossé se trouvaient des retranchements. Les cavaliers ne purent donc rien faire. L'infanterie s'avançait le long du fleuve, à l'est du campement des Francs. Ceux-ci la laissèrent s'emparer du front de leur camp et rétrogradèrent devant elle. Les Musulmans, enhardis par leur faiblesse et leur petit nombre, s'avancèrent jusqu'au milieu du campement, mais tout à coup les Francs fondirent sur eux du côté sud, leur coupèrent la retraite et en tuèrent le plus grand nombre. Aucun musulman ne put se sauver, à l'exception de ceux qui se jetèrent dans le fleuve, et encore ceux qui agirent ainsi se noyèrent tous, comme ce fut le cas des Syriens qui ne savaient pas nager. Quant à l'escadre musulmane qui voyait cette catastrophe, elle ne fit aucune manœuvre et resta en panne. Le sultan ordonna à l'armée de battre en retraite et de gagner la rive de Damiette[96] ».

À la suite de ce succès, les Francs essayèrent de s'emparer de la rive orientale du Nil, devant Damiette, mais la double tentative de l'évêque d'Acre Jacques de Vitry échoua[97]. Ce fut alors aux Musulmans de recommencer leur attaque contre le camp chrétien de la rive occidentale, mais ils échouèrent à leur tour devant la vaillance des Francs (26 octobre 1218).

C'est ce que raconte de nouveau l'*Histoire des patriarches* : « La cavalerie de la garde du corps d'al-Kâmil était passée sur la rive occidentale avec des contingents arabes. Les Francs s'avancèrent contre eux, leur infligèrent une sanglante défaite, les acculèrent au fleuve et s'emparèrent de leurs chevaux et de leurs armes. Ne purent se sauver que ceux qui se jetèrent à l'eau et qui étaient bons nageurs. Cette défaite augmenta la terreur des Égyptiens et on craignait tellement les Francs qu'on n'osa plus rien entreprendre contre eux. L'hiver survenant, les choses en restèrent là. »

Attitude des Bédouins, des Coptes et des Melkites d'Égypte devant l'invasion franque.

Ce qui aggravait la situation du gouvernement égyptien c'était la conduite des Bédouins. Depuis le débarquement de l'armée franque, toutes les tribus nomades des confins égypto-sinaïtiques étaient accourues vers la région de Damiette pour profiter du désordre général et piller le pays. Coupant les chemins, dévastant tout, « ils se montraient, envers les Musulmans, pires que les Francs eux-mêmes[98]. « L'histoire de l'Orient latin nous montre sans cesse cette entente spontanée des Bédouins et des Francs contre l'Islam officiel.

Enfin il y avait la question copte et melkite, car les chrétiens égyptiens, qui formaient un élément considérable de la population urbaine, n'étaient pas sans inquiéter leurs compatriotes musulmans. Que serait l'attitude des communautés coptes et melkites, si les Francs s'installaient à demeure dans le Delta ? Les Francs trouveraient certainement là le même concours que chez les Maronites et chez les Jacobites de Syrie. À cette pensée, le fanatisme musulman s'agitait. L'*Histoire des patriarches d'Alexandrie* nous raconte qu'à la nouvelle des désastres musulmans devant Damiette, les Musulmans de Munyat-*ibn*-Selsébil attaquèrent leurs concitoyens chrétiens et en tuèrent un certain nombre[99]. Quant au gouvernement égyptien, qui opérait en ce moment une levée en masse, enrôlant de gré ou de force la moitié de la population du Caire pour renforcer l'armée de Damiette, il avait si peu de confiance dans les chrétiens indigènes qu'il ne songea pas un instant à les soumettre au recrutement. On se contenta de les taxer. Encore établit-on une discrimination entre Melkites et Coptes, les premiers plus suspects de francophilie. Le récit de *l'Histoire des patriarches d'Alexandrie* est bien savoureux : « À Mi*s*r, le gouverneur fit comparaître par devers lui les prêtres coptes et melkites et il leur dit : "Partez à la guerre avec les Musulmans" ; puis il ajouta, pour leur faire peur : "Il est vrai que vous ne serez pas arrivés avec eux à la porte de la ville qu'ils vous massacreront, et personne, dans les circonstances que nous traversons, ne pourra rien leur dire." En disant cela il entendait désigner spécialement les Melkites auxquels les Musulmans reprochaient d'aimer les Francs, de suivre leurs coutumes, de porter les cheveux comme eux, et autres choses semblables. Il leur fit ainsi une très grande peur et l'un d'eux se hâta de dire : "Nous possédons une somme de 1 000 dinars." – "C'est très bien, leur fut-il répondu, apportez cette somme." On dit ensuite aux prêtres coptes : "Ces gens-là sont des gueux à côté de vous, vous en valez vingt-quatre comme eux, mais nous mettrons que vous n'en valez que dix ; ainsi vous nous donnerez 10 000 dinars !" À la fin on se contenta de 3 000 dinars. On mit les scellés dans l'église d'al-Mu'allaqa, dans l'église des Melkites et aussi dans la synagogue des Juifs. Les gens furent roués de coups et on envoya chez eux des soldats qui les brutalisèrent et leur firent toutes sortes d'avanies. C'étaient les prêtres chrétiens qui tiraient au sort le nom de ceux qui devaient payer et qui répartissaient sur leurs ouailles les sommes fixées par les Musulmans. On se trouvait alors en carême et on eut à subir des vexations et des misères sans nombre. Les Melkites recueillirent parmi leurs coreligionnaires la contribution imposée, mais il leur manqua quelque chose pour parfaire cette somme et ils durent engager leurs vases d'argent. Les prêtres coptes pressèrent vivement leurs ouailles de donner leur contribution et personne ne put s'en dispenser. Ils exigèrent des contributions de toutes les églises et envoyèrent même en percevoir des monastères extérieurs, tels que les couvents de *T*amûh (Deir *T*amvaïh), Sham' (près de Jîzé), etc.[100]. »

L'Histoire des patriarches ajoute que les recrues du Caire, en se dirigeant vers le front de Damiette, saccagèrent toutes les églises coptes ou melkites qu'elles trouvèrent sur leur route[101]. À Alexandrie, un ordre du sultan ordonna d'abattre l'église de Saint-Marc sous prétexte qu'elle dominait le port, et que, si les Francs s'en emparaient, ils pourraient y placer des engins de guerre et commander la rade. Les chrétiens offrirent vainement 2 000 dinars pour sauver leur église. Elle fut entièrement rasée[102].

De tels faits en disent long sur l'inquiétude que le gouvernement égyptien ressentait de l'attitude éventuelle de ses sujets coptes ou melkites. La colonisation franque pouvait trouver là les plus précieux auxiliaires.

Ébranlement de l'empire aiyûbide à la mort du sultan al-'Adil. Avènement d'al-Kâmil. – Le complot de l'émir Ibn-Meshtûb.

Le sultan Malik al-'Adil, on l'a vu, était mort le 31 août 1218 à 'Aliqîn, village au sud de Damas, d'où il expédiait des renforts en Égypte. Le vieillard – il avait soixante-seize ans – n'avait pu survivre à la nouvelle de la prise de la tour aux chaînes qui ouvrait la vallée du Nil aux Croisés[103]. L'*Estoire d'Éracles* nous dit que, désespérant de « déraciner » les Francs des rives du Delta – le souvenir de la reprise d'Acre par la Troisième Croisade le hantait –, il conseilla, en mourant, à ses fils de rétrocéder la Palestine aux Francs en échange de Damiette. Tel était aussi, on le verra, le projet personnel du roi Jean de Brienne[104].

Le vieux sultan disparu, sa dynastie parut ébranlée. Nous avons vu l'impopularité que la nécessaire démolition des murailles de Jérusalem avait value à son fils cadet, le nouveau sultan de Damas, Malik al-Mu'azzam. L'aîné, Malik al-Kâmil, désormais sultan d'Égypte, jouait son trône. Sans doute, de son camp d'al-'Adiliya, au sud de Damiette et sur la même rive du Nil, il restait en contact direct avec la place menacée et, s'il n'avait pu surprendre le camp chrétien situé sur l'autre rive, vers al-Bûra, il empêchait à son tour les Francs de passer le fleuve. Mais cette défensive humiliée n'avait pas tardé à le rendre impopulaire parmi ses propres officiers. Le plus puissant émir de l'armée, le Kurde 'Imâd al-Dîn ibn Meshtûb, émir de Naplouse, fomenta un complot militaire d'autant plus dangereux qu'il s'appuyait sur l'élément kurde, particulièrement influent dans l'empire aiyûbide[105]. Il s'agissait de renverser al-Kâmil et de le remplacer par son jeune frère al-Fâ'iz, jugé plus souple. La situation d'al-Kâmil, pris entre ce complot de caserne et l'invasion franque, était si compromise qu'il songeait à s'enfuir d'Égypte pour se réfugier au Yémen[106].

Ne se sentant plus en sécurité au milieu de son armée, le sultan, durant la nuit du 4 au 5 février 1219, abandonna secrètement son camp de 'Adiliya et partit pour Ashmûn[107]. Au réveil ses soldats, dès qu'ils s'aperçurent de sa disparition, se dispersèrent, désertant leur camp avec tout ce qu'il renfermait de vivres et d'armes. Le plein jour arrivé, les Francs, dont les veilleurs, à leur grande surprise, ne découvraient plus d'ennemis en face d'eux, passèrent le Nil sans obstacle, prirent pied sur la rive de Damiette et pénétrèrent dans le camp abandonné où ils eurent l'étonnement de découvrir un ravitaillement considérable et un énorme butin[108]. D'abord sur le qui-vive dans la crainte de quelque piège, ils durent se rendre à l'évidence. Joyeux alors d'une telle aubaine, ils s'installèrent dans le camp d'al-'Adiliya, d'où ils purent enfin entreprendre vraiment le siège de Damiette. Jean de Brienne, avec les Français et les Pisans, prit position au sud de la ville, sur les bords du Nil ; puis venaient, à l'est, les Templiers, les Hospitaliers et les Provençaux ; enfin au nord de la ville, jusqu'au Nil, le légat Pélage avec les Romains, les Génois, et les autres contingents, italiens, ainsi que les Frisons, tandis que les Allemands gardaient, sur la rive occidentale, l'ancien camp latin[109]. L'*Estoire de Éracles* nous parle ici des exploits de Jean d'Arcis ou d'Arcy, le chevalier au casque orné d'une plume de paon, qui terrifiait les assiégés.

L'Égypte, à la veille d'une révolution, semblait livrée à l'envahisseur, son souverain ayant perdu la tête, lorsque deux jours après la fuite de celui-ci et la dispersion de l'armée, Malik al-Mu'azzam qu'al-Kâmil aux abois venait d'appeler à son secours arriva enfin de Syrie.

L'arrivée du sultan de Damas et de ses troupes de renfort sauva la situation. Il rendit confiance à son frère Kâmil et intimida Ibn Mesh*t*ûb qui se laissa éliminer sans protester au cours d'une scène bouffonne. En pleine nuit, al-Mu'azzam se présenta à l'improviste devant sa tente ; sans même lui laisser le temps de s'habiller, il l'obligea à monter à cheval en vêtements de repos, pour l'accompagner en promenade et l'expédia aussitôt sous bonne escorte en Syrie. Le drame de sérail prêt à éclater se résolvait en comédie[110].

L'armée musulmane revint alors prendre position au sud du camp chrétien de 'Adiliya, à Fâriskur, de sorte que les Francs eurent à faire face au nord aux défenseurs de Damiette, au sud à l'armée aiyûbide.

Grâce à ce rétablissement inattendu, Damiette, à la veille de succomber le 6 février 1219, allait tenir neuf mois encore contre tous les efforts des Croisés. Les deux sultans al-Kâmil et al-Mu'azzam adressèrent un appel général au monde musulman, notamment au khalife de Baghdâd, l'abbâside al-Nâsir, le pape de l'Islam, comme l'appelle pittoresquement Ernoul, « le callife de Baudas qui apostoiles est des Sarraçins »[111].

Arrivée des renforts chrétiens devant Damiette.

Cependant l'armée franque, elle aussi, recevait des renforts. Vers février 1219 était arrivée une compagnie de cent chevaliers chypriotes, avec leurs sergents d'armes sous les ordres de Gautier de Césarée, connétable de Chypre[112]. *Éracles* fait ensuite débarquer après Pâques 1219 tout un contingent de barons français, notamment Hugue X de Lusignan, comte de la Marche, Simon de Joinville, père de l'historien, Jean d'Arcis et son frère Guy, Érard de Chacenay, Milon de Nanteuil, évêque de Beauvais, et son frère André de Nanteuil, Jean d'Espeissis, Gautier de Nemours, chambellan de France. Beaucoup de ces barons, comme Jean d'Arcis et Gautier de Nemours, venaient de s'illustrer aux côtés de Philippe Auguste, à Bouvines. Mais pour la chronologie, il y a lieu de remarquer que l'*Éracles* place l'arrivée de ces barons peu après celle du légat Pélage et qu'il situe cette dernière vers Pâques 1219[113], alors que nous savons de source plus sûre que Pélage était arrivé dès septembre 1218[114]. Par ailleurs l'*Éracles* place peu après l'arrivée des renforts français le retour en Europe du duc d'Autriche Léopold VI. Or le duc quitta Damiette entre le 29 avril et le 5 mai 1219[115].

Si l'arrivée des renforts français accrut la force de l'armée, elle augmenta les difficultés de ravitaillement. En fait la disette ne tarda pas à se faire sentir. Un baron syrien, Guy Ier de Gibelet, de la maison d'Embriac[116], rendit un grand service à l'armée, en avançant les sommes nécessaires pour faire venir du ravitaillement de Chypre.

Propositions d'al-Kâmil : la levée du siège de Damiette contre la restitution de Jérusalem aux Francs.

Bien que renforcé par l'arrivée de son frère al-Mu'azzam et des contingents damasquins, le sultan d'Égypte Malik al-Kâmil désirait obtenir la retraite des Francs, fût-ce au prix de la rétrocession de Jérusalem. D'après *Éracles*, on l'a vu, tel aurait été déjà le conseil d'al-'Adil mourant : « car il convient de rendre le secondaire pour sauver le principal[117] ». D'après la même source, ce serait aussitôt après l'arrivée d'al-Mu'azzam auprès d'al-Kâmil, que le sultan de Damas, de qui dépendait la Palestine, aurait spontanément offert de rendre aux Francs cette dernière province pourvu qu'ils évacuassent le Delta ; sur quoi al-Kâmil aurait répondu qu'en ce cas il dédommagerait al-Mu'azzam de son sacrifice en lui donnant la Haute-Égypte (Saïd). De fait, toujours d'après *l'Éracles*, les deux sultans envoyèrent peu après au roi Jean de Brienne et au légat Pélage un messager demandant que des ambassadeurs francs vinssent s'aboucher avec eux en vue des conditions de paix. On désigna à cet effet Amelin de Riorte, chevalier angevin, et Guillaume de Gibelet qui, avec un drogman nommé Mostar[118] se rendirent au camp égyptien. Là al-Kâmil leur proposa formellement, contre évacuation de l'Égypte, la rétrocession de l'ancien royaume de Jérusalem, moins le Moab et l'Idumée – la Palestine sans la Transjordanie, – avec une trêve de trente ans. Les envoyés du sultan accompagnèrent les deux négociateurs francs au camp chrétien pour connaître la réponse[119].

Refus du légat Pélage d'accepter l'évacuation de l'Égypte pour la restitution de Jérusalem.

Un conseil fut aussitôt réuni. Le roi Jean de Brienne, les barons de Syrie et les Croisés français furent unanimes à vouloir accepter cette offre[120]. En opérant la diversion égyptienne, en attaquant l'empire aiyûbide à ce point sensible, avait-on eu un autre but que de délivrer par contre-coup Jérusalem ? Les propositions égyptiennes prouvaient que l'opération conçue par Jean de Brienne avait atteint son objectif. Nettement il fut d'avis d'accepter, et, avec lui, « ceux du royaume de France » et « tous ceux du pays », c'est-à-dire les Francs de Palestine, les seuls compétents et les seuls sérieusement intéressés à la réussite de la Croisade.

Mais on avait compté sans le légat Pélage, cardinal d'Albano, un Espagnol intransigeant, plein d'orgueil et de fanatisme, dont l'attitude hautaine avait déjà en 1213, trahissant les intentions d'Innocent III, fait échouer le programme du grand pape en vue de la réconciliation de l'Église byzantine avec l'Église romaine. Il se montra sous Damiette tel que l'avait vu dans les synodes de Constantinople l'historien George Acropolite, « dur de caractère, fastueux, insolent, se présentant comme investi de toutes les prérogatives du pouvoir papal, vêtu de rouge des pieds à la tête, avec jusqu'à la couverture et aux brides de son cheval de la même couleur, montrant une sévérité insupportable envers les Byzantins, emprisonnant les moines grecs, enchaînant les prêtres orthodoxes, fermant les églises... »[121]. Avec sa fougue et son intolérance habituelles, Pélage déclara, contre Jean de Brienne, repousser les propositions du sultan. Il entraîna naturellement l'adhésion des Croisés italiens et celle des Templiers chez lesquels l'esprit impolitique était de tradition, mais auxquels on est surpris de voir se joindre ici les Hospitaliers, d'ordinaire mieux inspirés[122]. Enfin les Italiens, qui avaient surtout en vue les avantages commerciaux de Pise, de Gênes et de Venise dans une Égypte colonisée, peuvent être soupçonnés d'avoir secrètement préféré la possession du Delta à la récupération de la Terre Sainte. Ainsi par l'orgueil d'un prélat étranger qui ne savait rien de la question d'Orient, et pour des considérations mercantiles, contre l'avis du roi de Jérusalem et des barons syriens autrement mieux placés pour connaître les affaires syriennes puisqu'ils y vivaient, l'offre de récupérer pacifiquement la Terre Sainte était brutalement repoussée. Les ambassadeurs de Malik al-Kâmil furent éconduits. D'après l'*Éracles*, ils revinrent encore, ajoutant à leurs propositions celle d'un tribut de quinze mille besants de rente. Nouveau refus[123]. C'était l'esprit de Renaud de Châtillon et des Templiers de *Hatt*în qui, avec Pélage, reprenait les Croisés.

Nouveaux accès de la démagogie de Croisade.
La folle offensive franque du 29 août 1219.

Pour ressusciter intégralement l'exemple de Renaud et des Templiers de 1187, il restait à entreprendre une grande chevauchée contre l'armée aiyûbide campée, semble-t-il, du côté de Fâriskûr. Jean de Brienne et les barons s'y étaient toujours refusés, estimant avoir assez à faire à presser Damiette tout en se maintenant sur la défensive contre les deux sultans. Mais le menu peuple de l'ost, les « sergents » et, avec eux, beaucoup de clercs, exigeaient, conformément à l'esprit du légat, qu'on allât attaquer les deux sultans dans leur camp retranché. En vain le roi Jean et les barons voulurent s'opposer à cette folie. On les accusa de trahison, on les couvrit d'injures.

Jamais la démagogie de Croisade ne s'était donné aussi libre cours que dans cette expédition où l'un des meilleurs rois qu'ait eus la Syrie franque voyait son autorité bafouée par la conjonction d'un Pélage et de la foule anonyme. Tout le passage de l'*Estoire d'Éracles* est à citer : « Li puebles de l'ost se esmurent en une foie volenté, car il crioient à une voiz : « Alons « combatre as Sarrasins ! » Et dou clergié en estoit li plus en ce, et des chevaliers une partie, et estoit lor dit (= leur discours) que il se alassent combatre as Turs en lor herberge (= au camp musulman). Li autre qui ne s'acordoient mie à ce, disoient : « Se nos volons combatre à eauz, si (= en ce cas) i « combatons devant nos lices (retranchements) où il vienent « moult sovent ». Li puebles venqui (= la foule l'emporta), car il laidissoient (huaient) les cheveteines et toz les chevaliers et les clamoient traitres, si que il ne le porrent plus soffrir[124]. »

Combien de fois, au cours de l'histoire des Croisades, n'aurons-nous pas vu ainsi les communiers, les sergents et les bas clercs imposer leurs impulsions irraisonnées, leurs exigences sentimentales aux rois et aux barons, et contraindre ceux-ci, sous menace d'émeute, à les conduire au désastre !

Les attaques recommencèrent donc. Celle que tentèrent le 8 juillet 1219 les Génois, les Pisans et les Vénitiens contre la ville de Damiette échoua comme toutes les autres parce que le sultan, averti par les signaux des assiégés, contre-attaqua en direction du camp chrétien[125]. On recourut alors à une autre tactique. Le 29 août 1219, l'armée franque, laissant Hugue de La Marche et Raoul de Tibériade (sénéchal du royaume de Jérusalem) à la garde du camp chrétien, se dirigea vers le camp musulman de Fâriskûr, les Templiers en avant-garde. Elle trouva les tentes ennemies encore debout, mais vides, les Musulmans ayant éventé l'attaque. Jean de Brienne conseilla de s'y installer pour la nuit, et déjà les Musulmans en prenaient leur parti et se retiraient plus loin, lorsque ces mêmes sergents et ces mêmes Croisés qui avaient à toute force voulu venir jusque-là, se sentant maintenant torturés par la chaleur et la soif, battirent en retraite dans le plus grand désordre : « Li sergens, qui avoient fait faire l'enprise de venir là, furent ausi angoisseus de retorner, come il avoient esté dou venir, si se mirent au repaire sans conroi qui mielz miex (= sans ordre à qui mieux mieux) »[126]. Les Italiens qui occupaient la rive du Nil prirent eux aussi là fuite et, malgré tous les efforts du légat et du patriarche Raoul de Jérusalem, ce fut bientôt une débandade générale.

L'armée musulmane, s'apercevant de cette situation, se lança à la poursuite des fuyards. Sans le roi Jean qui, avec les Hospitaliers et les Templiers, couvrit la retraite en contenant l'ennemi, toute l'armée eût péri[127]. Il parvint à ramener les chrétiens jusqu'au camp, mais, à l'estimation d'*Éracles*, quatre mille d'entre eux avaient trouvé la mort, plus trois cents des chevaliers qui, avec lui, formaient l'arrière-garde. Les Templiers perdirent cinquante des leurs, les Hospitaliers trente-deux, dont leur maréchal, l'héroïque Aymar de Layron, tué ou disparu[128]. L'*Éracles* cite parmi les prisonniers Milon de Nanteuil, évêque de Beauvais, et son frère André, Gautier le Chambellan, Jean d'Arcis, Philippe de Plancy et Milon de Saint-Florentin[129].

Ne croirait-on pas lire le récit de quelque équipée de Bohémond II ou de Renaud de Châtillon ? Tant il est vrai que toute cette histoire est bien l'éternel conflit de l'esprit colonial et de l'esprit croisé, du sens politique (généralement représenté par la monarchie hiérosolymitaine, qu'appuyaient les barons palestiniens) et de l'esprit d'aventure, de la politique positive et de la politique romantique. Nous dirions, sur un autre terrain, l'opposition entre l'esprit des Capétiens directs et l'esprit de Crécy et d'Azincourt.

Nouvelle offre de rétrocession de Jérusalem par le sultan. Nouveau refus du légat. Désaccord entre le légat et Jean de Brienne.

À la nouvelle de l'échec franc on avait pavoisé au Caire. Les prisonniers, au milieu de l'allégresse populaire, furent longuement promenés à travers la ville. Toutefois, malgré son succès, le sultan al-Kâmil s'empressa de renouveler ses propositions de paix en profitant pour cela de l'intermédiaire de barons tombés entre ses mains, André de Nanteuil et Jean d'Arcis. Sans doute espérait-il que l'échec des Francs les aurait rendus plus traitables. Il offrait toujours au roi et au légat, contre l'évacuation du Delta, la rétrocession de l'ancien royaume de Jérusalem, moins la Transjordanie et l'Idumée, mais avec licence de fortifier aussitôt Jérusalem, « Beauvoir » (Kawkab al-Hawa), Safed et Tibnîn, bref les principales forteresses du pays. L'*Éracles* affirme même que le sultan s'engageait à payer la reconstruction de ces places et des fortifications de Jérusalem[130].

Plus que jamais Jean de Brienne et les barons syriens, ainsi que les barons de France, leurs alliés naturels, et aussi les Teutoniques et quelques prélats furent d'avis d'accepter. Et de nouveau le légat Pélage, appuyé sur les Italiens, sur les Templiers et Hospitaliers et sur la majorité des prélats, fit rejeter l'offre salvatrice. « Et le légat fit dire aux envoyés du sultan de ne plus revenir[131] ».

Il n'est pas étonnant que la situation se soit tendue entre le roi Jean de Brienne et le légat. On sait à quel point Jean était un fils dévoué de l'Église romaine. Innocent III n'avait pas eu de chevalier plus fidèle et on verra le rôle de défenseur du Saint-Siège que le vieux roi assumera par la suite auprès de Grégoire IX. Mais le légat prétendait le réduire au commandement des seuls barons syriens, pour commander, lui, tout le reste de l'armée, tous les Croisés d'Occident ; ou plutôt Pélage entendait, comme légat, être le seul chef de la Croisade et le maître éventuel des territoires égyptiens prochainement conquis. « Li légaz diseit que les mouvement avoit esté fait par l'Iglise, et si metoit quan que il poeit. Li rois n'en faisoit semblant, ains (= mais) usoit corne seignor ; si que partie des gens se tenoient à l'un et partie à l'autre. » Dualité de commandement entraînant tous les inconvénients habituels : « par tel achoison empiroit moult le fait de l'ost (= la situation de l'armée) et en la fin en ala il à mal et en fu tout le fait perdu[132]. »

Prise de Damiette par les Croisés (5 novembre 1219).

La situation, il est vrai, était encore plus mauvaise pour les Musulmans. La famine et les épidémies décimaient les défenseurs de Damiette. En septembre 1219, d'après la chronologie de l'*Éracles*, arrivèrent au camp chrétien de nouveaux contingents, Croisés anglais avec le comte Rodolphe de Chester, le comte Guillaume d'Arundel et de Sussex, Guillaume Longue-Épée, comte de Salisbury, Croisés français avec Enguerrand de Boves, Guillaume de Saint-Omer et Savary de Mauléon[133]. Ainsi renforcés, les chrétiens pressèrent plus étroitement Damiette. La petite garnison, mourant de faim, était à bout de forces. Al-Kâmil essaya, à la fin d'octobre, de faire passer dans la place 500 mamelûks d'élite avec des vivres. Ils furent presque tous pris, massacrés et leurs têtes alignées sur le fossé[134].

Cependant, les machines de guerre des Hospitaliers avaient pratiqué une brèche dans une des maîtresses tours de Damiette. Tel était l'épuisement des assiégés que, la nuit venue, cette tour n'était même plus gardée. Quatre sergents de l'armée franque en eurent soupçon. « Il avint, un soir que il fist moult fort tens et obscur, que quatre sergenz pristrent une longue eschele et la mistrent au fossé, puis l'apuièrent à la tor et montèrent sus et entrèrent en la tor et ne trovèrent nului. Lendemain alèrent au roi et li firent assavoir le fait. Li rois le fist assavoir au légat que il poeit avoir la ville quant il vorroit, de quoi il furent tuit armé par l'ost en l'aube dou jor et li rois ot (= avait) la nuit (précédente) fait monter tant de gent en la tor, chevaliers et sergens que il la porent bien tenir. Si tost come fu esclarcis, li Crestien qui estoient sur la tor levèrent l'estendart dou roi Johan et s'escrièrent : "Dex aye Saint Sepucre !" Lors leva un mout grant cri par toute la herberge (= le camp) des Crestiens et corurent moult de gens à l'eschele et tant y en monta que il corurent par les rues...[135]. » D'après le *Livre des Deux Jardins* l'assaut avait été préparé par Jean de Brienne dans la nuit du 5 novembre 1219, et à l'aube la ville fut prise[136].

Restait la citadelle où s'était réfugiée la garnison. Le gouverneur la rendit après capitulation négociée entre les mains de Balian de Sidon avec lequel il avait voulu spécialement s'aboucher parce que sa propre famille était originaire de Sidon. « Quant li baillis (= le gouverneur) sot que li Crestien estoient entor le chastel, il fist dire que l'en feist venir Balian, le seignor de Saete. Quant il fu venus devant la porte, li baillis li manda dire que à lui rendroit il soi et le chastel, car il le tenoit à seignor come celui cui (= à qui) ses ancestres et son lignage estoient homes de lui et des suens[137]. » Curieux témoignage de la courtoisie régnante entre barons syriens et émirs aiyûbides qui malgré tant de luttes se reconnaissaient compatriotes, tant une cohabitation de plus d'un siècle avait créé de liens entre eux.

De son camp, le sultan al-Kâmil apprit la chute de Damiette en voyant flotter sur les tours les étendards des Francs. Il abandonna précipitamment ses positions de Fâriskûr et vint établir son camp à Talkhâ, en face de Mansûra, à une cinquantaine de kilomètres plus au sud[138].

Le *Livre des Deux Jardins* affirme que les Francs massacrèrent la population de Damiette ou la réduisirent en esclavage[139]. L'assertion ne peut être exacte sous cette forme, car la citadelle obtint une capitulation, si la ville même avait été prise d'assaut. Du reste le même texte nous apprend que, si les Francs convertirent immédiatement la grande mosquée en église, s'ils enlevèrent le minbar en bois d'ébène et les Corans précieux, ils se montrèrent singulièrement libéraux en certains cas : « Les Francs firent une enquête sur le compte du sheikh Abu'l Hasan ibn-Qufl et, apprenant qu'il était un des sheikhs musulmans les plus vertueux et d'une charité extrême envers les pauvres, ils ne lui firent aucun mal[140]. » Ibn al-Athîr dit de même que les habitants de Damiette s'exilèrent volontairement, preuve qu'ils avaient conservé leur liberté, et que la ville fut repeuplée par des immigrants francs. « Les Francs, dit l'*Histoire des patriarches d'Alexandrie*, s'installèrent dans Damiette comme chez eux et y établirent leurs coutumes[141]. »

Importance de l'occupation de Damiette par les Francs.

De fait les Francs entendaient faire de Damiette une possession aussi durable que Saint-Jean-d'Acre ou Tyr. Ils la fortifièrent puissamment et y appelèrent des colons latins, si bien que, deux ans après, Malik al-Kâmil lui-même jugeait la ville imprenable[142]. De ce point vital, accrochés au Delta et possédant en outre la supériorité navale, ils pouvaient en permanence menacer le Caire et couper les communications de l'Égypte avec la Méditerranée.

L'importance politique et commerciale de Damiette entraîna de graves compétitions entre les vainqueurs qui s'en disputèrent la possession, à commencer par le roi Jean de Brienne et le légat Pélage. Finalement la question fut laissée en suspens en attendant l'arbitrage du pape et l'arrivée de l'empereur Frédéric II. Puis éclata une querelle entre l'élément italien et l'élément français. Le 21 décembre 1219 les Italiens firent un coup de force pour chasser les Français de la ville. On accusait d'ailleurs le légat de partialité en faveur des revendications italiennes. Le 6 janvier le roi Jean, les Français, les Hospitaliers et les Templiers chassèrent à leur tour les Italiens. La querelle ne s'apaisa qu'au début de février. Le 2 février 1220 la réconciliation générale fut marquée par une grande procession à la mosquée-cathédrale de Damiette, transformée en église de la Vierge.

L'Islam encerclé : les Francs en Égypte, les Mongols en Perse.

Les Francs, nous allons le voir, devaient se maintenir à Damiette de novembre 1219 à septembre 1221. 1219-1221 ! C'était précisément l'époque où le conquérant mongol Gengiskhan était en train de détruire l'autre grand empire musulman, celui des shâhs de Khwârizm, alors maître de la Transoxiane et des trois quarts de l'Iran. Parti des bords de l'Irtish à l'automne de 1219, Gengis-khan s'empare en février 1220 de Bukhârâ où le *Tâ'rîkh-i Jahân kushâi* lui fait prononcer dans la grande mosquée un discours terrifiant pour l'Islam : « Je suis le fléau de Dieu, Dieu m'a lancé sur vos têtes ! » En mars il fait capituler Samarqand. Le shâh de Khwârizm Mu*h*ammed, en fuite devant les envahisseurs, gagne la Perse du Nord, mais les deux fameux capitaines mongols Jebe et Subutai, lancés à sa poursuite, entrent au Khorâsân, rançonnent Nîshâpûr (juin 1220), saccagent *Tûs*, et continuant au sud de la Caspienne leur fantastique raid, pénètrent en 'Irâq 'Ajemî, détruisent Reiy, saccagent Qûm, Hamadhân, Qazwîn, traversent l'Adharbaijân et vont hiverner au nord-est de ce pays dans les plaines de Mughân (décembre 1220-février 1221). Au printemps de 1221 ils reviendront en Adharbaijân rançonner Tauris, saccager Marâgha (30 mars) et brûler Hamadhân d'où, avant de prendre le chemin de la Russie, ils songeront un moment à descendre sur Baghdâd. On sait de quelles destructions radicales, de quelles tueries immenses cette invasion était accompagnée. Partout où elle s'étendait, l'Islam était bouleversé jusqu'en ses fondements. C'était la fin d'un monde[143].

Affolé, le khalife de Baghdâd, al-Nâsir, implorait le sultan Malik al-Ashraf, celui des trois frères aiyûbides qui régnait à Khilâ*t* et dans la Jazîra. Il le suppliait d'accourir à son secours, de sauver le Saint-Siège 'abbâside et tout l'Islam iranien d'une destruction inévitable[144]. Au lieu de se détourner, comme ils le firent, vers le Caucase et la Russie méridionale, les escadrons mongols pouvaient en effet à tout instant descendre sur Mossoul et Baghdâd. Mais al-Ashraf se trouvait appelé par des soucis plus impérieux encore. Il dut abandonner le khalife à ses angoisses pour courir lui-même en Égypte sauver son frère al-Kâmil de l'invasion de Jean de Brienne.

Notons que l'avance des Mongols de Gengis-khan qui terrifiait les Aiyûbides n'était pas inconnue des Francs. Ils avaient appris les foudroyants progrès de ce conquérant tartare qui se qualifiait lui-même, prétendait l'opinion musulmane, de fléau de Dieu et qui, de fait, était vraiment l'Attila de la civilisation islamique, le « Réprouvé » et le « Maudit » des chroniqueurs arabes. Les Francs avaient dû apprendre aussi que dans ses armées figuraient quantité de chrétiens – ces Turcs nestoriens qui, des Kéraït de la Mongolie orientale aux Uigur du Gobi moyen, constituaient une masse si imposante en

Asie centrale. Travaillant sur ces données, l'imagination franque n'était pas loin de faire de Gengis-khan un autre Prêtre Jean à la manière du feu roi des Kéraït qu'il avait vaincu et dont il avait enrôlé le peuple, ou même un autre « roi David », terme dans lequel nous discernons une curieuse confusion entre le conquérant mongol et les rois chrétiens de Georgie dont les armes venaient effectivement de délivrer la grande Arménie[145]. Olivier le Scolastique signale que des prisonniers chrétiens envoyés par le sultan d'Égypte au khalife de Baghdâd auraient été délivrés par les envoyés de ce « roi David »[146]. Le 20 juin 1221 le pape Honorius III annonçait que de l'Extrême Orient comme de l'Europe se levaient des forces nouvelles qui allaient dégager l'Orient latin[147].

Pris comme dans un étau entre Croisés et Mongols, l'Islam était menacé d'étouffement. C'est ce qu'a bien discerné le grand historien Ibn al-A*th*îr sous la rubrique de ces années tragiques : « L'Islamisme, tous ses sectateurs et toutes ses provinces furent sur le point d'éprouver la pire condition, tant à l'Orient qu'à l'Occident de la terre. En effet les Tartares s'avancèrent de l'Orient jusqu'à ce qu'ils fussent arrivés aux frontières de l'Irâq, de l'A*dh*arbaijân et de l'Arrân, et les Francs, s'avançant de l'Occident, s'emparèrent d'une ville telle que Damiette, au milieu des provinces égyptiennes dépourvues d'autres forteresses. Toutes les provinces en Égypte et en Syrie furent sur le point d'être conquises. Toutes les populations craignirent les Francs et elles attendaient, matin et soir, quelque nouvelle calamité. Les habitants de l'Égypte voulaient s'exiler de leur pays. Si al-Kàmil les en avait laissés libres, ils auraient abandonné leurs villes… » Le sultan de Damas, Malik al-Mu'a*zz*am, rentra précipitamment en Syrie pour achever de démanteler Jérusalem et mettre la Damascène en état de défense. En même temps le sultan de Khilât et de la Jazîra, son frère Malik al-Ashraf venait avec les contingents mésopotamiens le relayer en Égypte auprès de Malik al-Kâmil[148].

Jean de Brienne, devant les prétentions du légat Pelage, lui abandonne la direction de la Croisade.

Ce qui sauva l'empire aiyûbide ce fut l'orgueil impolitique du légat Pélage. Ses prétentions au commandement militaire se heurtaient à l'opposition sourde de l'armée. Malgré ses objurgations il ne put obtenir une nouvelle marche en avant, de sorte qu'exception faite d'une expédition de pillage des Templiers en direction de Borollos (Burlus), en juillet 1220[149], les Croisés restèrent dans l'inaction non seulement pendant tout le reste de l'année 1220, mais encore jusqu'en juin 1221. De plus, au point de vue administratif, dans Damiette conquise Pélage se conduisait en maître absolu, voulant ignorer les droits du roi Jean de Brienne. Rappelons que, Jean ayant reçu comme part de conquête un quartier de la ville, Pélage alla un moment jusqu'à excommunier tous les chrétiens qui s'établiraient dans ce quartier[150]. On croit facilement Ernoul lorsqu'il nous parle de l'irritation qu'une telle conduite causa chez le chevalier-roi, singulière récompense après l'effort qu'il avait fourni pour conquérir Damiette. Son amertume fut telle qu'il prit prétexte des affaires d'Arménie[151] pour quitter l'Égypte, puisque, aussi bien, le légat y commandait en roi (29 mars 1220).

Pélage, dont la conquête de Damiette avait encore enflé l'orgueil, mit alors le comble à ses prétentions. Une fois débarrassé de Jean de Brienne, il fit, de Damiette où il s'était installé, peser sur les Croisés une véritable tyrannie, leur interdisant d'emporter en se rembarquant quoi que ce soit, fût-ce leurs avoirs personnels, mettant l'embargo sur les navires, et cela non seulement dans le port de Damiette mais dans celui d'Acre, s'opposant à tout départ des Latins si les passagers n'avaient une autorisation signée de son sceau, brandissant l'excommunication dès qu'on contrevenait à ses règlements administratifs[152]. Avec cela d'une suffisance qui mit bientôt l'armée en péril. Les Égyptiens, voyant qu'il négligeait d'entretenir des navires devant Damiette, firent construire dix galères pour faire la course entre Damiette et Acre. Des espions prévinrent Pélage à temps. Possédant encore la maîtrise de la mer, il pouvait faire surprendre et détruire les constructions navales de l'ennemi. Mais il ne voulut pas croire ses informateurs, « se contentant de leur faire donner à manger ». Quelque temps après ses espions reviennent : « Seigneur, gardez-vous ! Les galères sont en mer ! » « Li cardinals dist : "Quant cil vilain voelent mangier, vienent dire novele !" Et il commanda qu'on les servît de nouveau. Cependant l'escadre musulmane avait bel et bien pris la mer, et en quelques mois elle captura, coula ou brûla entre Alexandrie, Chypre et Acre tant de navires de pèlerins que les chrétiens auraient perdu de ce fait plus de treize mille hommes[153].

Prédication de saint François d'Assise devant le sultan.

En face de ce personnage entier, al-Kâmil et al-Mu'azzam étaient toute souplesse et compréhension. Ernoul nous raconte à ce sujet l'histoire « de II clercs qui alèrent preschier au soudain », en l'espèce, comme il ressort de l'*Estoire d'Éracles*, saint François d'Assise et un de ses frères mineurs. Les deux moines avaient demandé au cardinal Pélage l'autorisation de se rendre auprès du sultan. Il la leur refusa d'abord assez rudement, puis finit par les laisser partir de mauvaise grâce. En les voyant, le sultan (ici soit al-Kâmil, soit al-Mu'azzam) leur demande s'ils viennent comme ambassadeurs ou comme renégats. Et les deux frères de lui répondre en l'invitant à se convertir, lui et tous les siens. Sur quoi les compagnons du prince aiyûbide – c'est-à-dire ici les docteurs de la loi coranique –, scandalisés d'entendre prêcher contre la doctrine du Prophète, incitent leur maître à faire exécuter le Poverello. Mais le sultan s'y refuse avec énergie et, après quelques mots affectueux, fait reconduire saint François et son compagnon sains et saufs jusqu'aux avant-postes chrétiens[154].

Nouveau refus du légat Pélage d'échanger le gage de Damiette pour la restitution du royaume de Jérusalem aux Francs.

Les Musulmans, on l'a vu, avaient d'abord pris saint François d'Assise pour un ambassadeur. En effet ils espéraient toujours voir reprendre les négociations, le sultan al-Kâmil ayant à diverses reprises renouvelé ses propositions de paix : « Les Musulmans, écrit Ibn al-A*th*îr, offrirent aux Francs de leur livrer Jérusalem, Ascalon, Tibériade, Sidon, Jabala, Lâdhiqiya (Lattaquié), et tout ce que Saladin avait conquis dans la Syrie maritime (al-Sâhîl), à l'exception du Krak (de Moab, al-Kerak) et, à condition que les chrétiens leur rendraient Damiette[155]. » Ernoul confirme cette assertion : « Quant li

Sarrasin orent perdu Damiete, si furent moult dolant. Si lor mandèrent (aux chrétiens) que, s'il voloient rendre Damiete, il (le sultan) lor renderoit toute la tiere de Jhérusalem, si comme li Crestien la tinrent, fors seulement le Crac, et tous les Crestiens qui en prison estoient[156]. » D'un seul coup, exception faite de la lointaine Transjordanie, les Francs avaient la chance inespérée de pouvoir effacer les désastres anciens, effacer *Hatt*în et faire refluer l'histoire jusqu'en 1186...

Pélage fit de nouveau rejeter la proposition.

Cette attitude constituait une faute historique irréparable. Qu'on ait au cours du siège de Damiette rejeté l'échange proposé, la chose peut à la rigueur se concevoir, les Francs désirant, pour ne pas être joués, posséder d'abord un gage tangible. Mais que, ce gage une fois obtenu, on se soit obstiné à dédaigner la récupération du royaume de Baudouin IV, c'est ce qui paraîtra toujours incompréhensible. Tel fut aussi l'avis du sage politique qu'était Philippe Auguste. « Quant li roi Phelippes de France oï dire qu'il povaient avoir un roialme por une cité, il les en tint à fols et à musars quant il ne la rendirent[157]. » Mais le légat et ses conseillers parlaient maintenant de conquérir toute l'Égypte : « Par Damiete poroient conquerre toute la tiere d'Égipte... » Ils comptaient pour cela – et c'est leur seule excuse – sur la venue prochaine de l'empereur Frédéric II, lequel, cependant, éludait d'année en année ses promesses de croisade. (C'était l'époque où le trop confiant Honorius III se laissait berner par le souverain germanique pour lequel il avait des trésors d'une indulgence bien mal placée.) Encore aurait-il fallut attendre cette problématique arrivée. Mais ayant, en mai 1221, reçu quelques renforts allemands – le duc Louis Ier de Bavière et le grand maître teutonique Hermann de Salza avec 500 chevaliers, – Pélage passa à l'action. Dans les derniers jours de juin 1221, il décida d'aller conquérir le Caire et anathématisa les opposants. Quant au roi Jean de Brienne, toujours retiré à Acre, Pélage lui manda d'avoir à venir pour cela rejoindre l'armée[158]. Jean lui répondit avec fermeté qu'il ne viendrait pas ; sans doute espérait-il par son refus forcer le prélat à abandonner son funeste projet. Mais Pélage passa outre, ordonna la mise en mouvement de l'armée de Damiette vers le Caire, puis, au dernier moment, avisa Jean de Brienne. Celui-ci fut désespéré. « Quant li messages dist le (au) roi que l'ost estoit mute pour aler al Chahaire, si fut moult dolans li rois de ce qu'en tel point estoit mus, qu'en grant aventure aloit de tout perdre, comme il firent ». Mais comprenant que, s'il ne rejoignait pas la Croisade, il encourrait le blâme universel, il s'embarqua pour Damiette, le cœur plein de sinistres pressentiments. Il y arriva le 7 juillet 1221.

La folie de Pélage : marche sur le Caire (juillet 1221).

Lorsque Jean de Brienne arriva, l'armée avait déjà plié bagage et campait dans les jardins de Damiette, en banlieue. Il semble qu'à cette heure suprême une dernière chance ait été offerte aux chrétiens. À la nouvelle de la marche prochaine des Francs sur le Caire, le sultan Malik al-Kâmil, inquiet malgré toutes les précautions qu'il avait prises, fit précipitamment évacuer la ville par toute la population en état de porter les armes, n'y laissant que les vieillards, les femmes et les enfants, tant il doutait encore de la victoire[159]. Renouvelant une dernière fois ses propositions, il offrit encore aux Francs le royaume de Jérusalem contre la paix : « Quant li Sarrasin, écrit Ernoul, oïrent dire que li crestien s'apareilloient por aller al Chahaire, si manda li soudans al Cardinal et as crestiens que, s'il li voloit rendre Damiete, il li renderoit toute la tiere de Jhérusalem, si comme il l'avoient tenue, fors le Crac (= Kérak) ; et si refremeroit (= redresserait les murs de) Jhérusalem à son coust et tous les castiaus qui estoient abatu ; et si donroit trives à XXX ans, tant qu'il poroient bien avoir garnie la tiere des crestiens. À cele pais s'acorda li Temple et li Ospitauz et li baron de la tiere (= les barons de Syrie). Mais li cardinal ne s'i acorda pas, ains mut et fist movoir tous les barons de l'ost, fors les garisons, por aler à la Chahaire (au Caire)[160]. »

Non seulement Pélage fit rejeter d'office les dernières propositions de paix du sultan, mais ce fut à peine s'il consentit à attendre quatre jours pour permettre au roi Jean de Brienne qui débarquait de se rendre à l'expédition[161]. Le cinquième jour, la marche sur le Caire commença en longeant la rive orientale du Nil, par Fàriskûr et Shâramsâh : « Cil qui ce conseil lor donnèrent, écrit énergiquement Ernoul, lor donnèrent conseil d'auls noier[162]. » En effet on approchait de la fin juillet. C'était, nous allons le voir, le moment où, comme chaque année, on ouvrait les écluses à l'inondation du Nil...

L'*Histoire des patriarches d'Alexandrie*, écrite sur les données des chrétiens indigènes, reconstitue un curieux dialogue entre le roi Jean et le légat Pélage, dialogue qu'elle place au moment de la marche sur le Caire, et qui traduit assez bien la position respective des deux chefs de la Croisade : « ... C'était le légat qui avait donné le conseil de sortir de Damiette et le prince d'Acre (= Jean de Brienne) ne put s'y opposer par crainte de passer pour un traître. Il avait dit dans cette circonstance : "Il ne faut pas que nous sortions de la ville avant d'avoir reçu les renforts que l'Empereur (Frédéric II) nous enverra. Resterions-nous derrière nos fossés pendant mille ans que nous n'aurions rien à redouter, quand nous serions attaqués par des armées aussi nombreuses que les grains de sable du désert. Le plus que les Musulmans pourront faire, sera de nous assiéger dans Damiette pendant un mois, deux mois, trois mois, mais ils ne pourront venir à bout de notre résistance, et chacun d'eux s'en retournera alors chez lui. Pendant ce temps nous nous fortifierons, nous dresserons nos plans avec certitude. Quand nous aurons conquis l'Égypte en vingt années, nous aurons encore mené rapidement les choses !" Ces paroles ne furent pas écoutées et le légat lui dit : "Tu es un traître !". Le roi d'Acre répliqua : "Je m'associerai à ta sortie, et Dieu fera ce qu'il voudra !". Ils sortirent de Damiette et arrivèrent à Shâramsâ*h*. Le prince d'Acre dit : "Je crois qu'il serait sage que nous en restions ici pour le moment, que nous creusions un fossé autour de nous et que nous ensemencions la terre qui s'étend d'ici jusqu'à Damiette ; notre flotte gardera le contact avec nous, et un oiseau ne pourra même pas voler (sans notre permission) entre nous et Damiette. Quand les troupes du sultan seront affaiblies et que nous aurons reçu des renforts (= de l'empereur Frédéric II), l'Égypte sera à nos pieds sans pouvoir faire la moindre résistance". Le légat lui répondit : "Tu es un traître ! nous ne nous emparerons jamais de l'Égypte si ce n'est maintenant[163]."

Le 19 juillet l'armée chrétienne en marche vers le sud rencontra pour la première fois les avant-gardes musulmanes, mais celles-ci se replièrent, de sorte que les Francs purent, le 21, occuper sans lutte Shâramsâ*h* abandonné. C'est que le sultan Malik al-Kâmil ne voulait pas engager l'action avant d'avoir reçu les renforts considérables que lui amenaient ses deux frères.

À ce moment en effet les Aiyûbides étaient en train de regrouper leurs forces. On a vu qu'après la chute de Damiette, le sultan de Damas al-Mu'a*zz*am était parti en Syrie pour achever le démantèlement de Jérusalem en vue de la réoccupation, jugée inévitable, de la ville par les Francs. Le refus de négocier de Pélage paralysant Jean de Brienne, al-Mu'a*zz*am revint en Égypte à l'été de 1221. Et non seulement il amenait à al-Kâmil toutes les forces de la Syrie musulmane, mais il avait réussi à se faire suivre de leur troisième frère al-Ashraf, sultan de Mésopotamie, dont l'indolence ou la légèreté s'était tenue jusque-là à l'écart de la guerre et qui, enfin rallié au *jihâd*, y apportait maintenant une ardeur de néophyte, sans parler du concours de son excellente armée[164]. Le 21 juillet 1221[165], les deux frères arrivèrent à la Mansûra où al-Kâmil avait établi son camp. Le groupement des trois frères aiyûbides et de leurs trois armées allait leur permettre de porter à l'armée franque le coup final, ou plutôt, tant le commandement du légat avait été funeste, d'en triompher sans coup férir.

L'armée franque cernée entre les canaux du Nil.

L'armée franque, engagée dans le triangle formé par le lac Menzalé, la branche de Damiette et le Ba*h*r al-Saghîr, se trouva bientôt dans une situation impossible. À la droite des Francs, sur le Nil, les galères égyptiennes, embossées entre l'escadre franque et Damiette, interceptaient leurs communications par eau avec cette ville et coupaient leur ravitaillement. Or le légat, assuré qu'on allait s'emparer des dépôts ennemis, n'avait fait emporter qu'une quantité insuffisante de vivres. En avant, à la bifurcation de la branche de Damiette et du Ba*h*r al-Saghîr ou, comme dit le *Livre d'Éracles*, vers « l'éperon » qui termine la pointe du triangle et qu'ils atteignirent le 24 juillet 1221, les Francs se heurtaient à la nouvelle forteresse qu'al-Kâmil venait de construire en face, de l'autre côté du fleuve, pour couvrir la route du Caire, et qu'il avait, par anticipation, appelée al-Mansûra, « la Victorieuse ». De plus, quand les Francs furent suffisamment engagés dans cette impasse, les Musulmans coupèrent les digues, et l'eau envahit la plaine, ne laissant aux Francs qu'une étroite chaussée au milieu de l'inondation. On songea alors à revenir à Damiette, mais le sultan, ayant jeté un pont sur le Ba*h*r al-Saghîr, vers Dekernès et Ashmûn, venait de lancer entre l'armée franque et Damiette un détachement qui coupait désormais la retraite des Francs[166].

Dans la nuit du 26 août ceux-ci se résignèrent enfin à battre en retraite en direction de Barâmûn[167]. « Les Francs, dit l'*Histoire des patriarches d'Alexandrie*, se décidèrent à la retraite. Ils incendièrent leurs bagages inutiles, comptant, après avoir levé le camp, écraser les troupes ennemies qui leur barraient le chemin du retour vers Damiette. Ils pensaient que l'ennemi ne pourrait leur résister et qu'ils parviendraient ainsi à rentrer dans la ville.

« Or on se trouvait au moment de la crue du Nil et les Francs n'avaient aucune connaissance des conditions hydrographiques du pays. Le sultan ordonna d'ouvrir les écluses des canaux qui se trouvaient sur leur chemin et d'éventrer ou de faire sauter les digues de tous côtés. Les Francs parvinrent au prix de difficultés inouïes jusqu'à Barâmûn, mais ils se virent alors assaillis par un véritable déluge sans trouver de chemin pour s'échapper[168] ». Ils auraient voulu combattre. Mais leurs soldats, de l'eau jusqu'aux genoux, glissaient dans la boue et ne pouvaient atteindre l'ennemi qui les criblait de flèches. Du reste, à l'invitation de Jean de Brienne qui proposait une bataille rangée, al-Kâmil, sûr maintenant de détruire l'armée ennemie par l'inondation et la famine, répondit par un refus.

La capitulation de Barâmûn : reddition de Damiette.

Le légat éperdu implora alors Jean de Brienne qu'il avait si cavalièrement traité jusque-là. La chronique d'*Éracles* nous a conservé l'écho de ce dramatique dialogue : « Li légas li dist :

"Sire, por Deu, mostrés à ce besoing vostre sen et vostre valor !" Li roi Johan li respondi : "Sire légaz, sire légaz, mal fussiez-vos onques issu d'Espaigne (= puissiez-vous n'être jamais sorti de votre Espagne), car vos avez les Crestiens destruis et mis à tout perdre. Si (= et maintenant) me venés dire que je y mete conseil, ce que nus (= nul) ne porroit faire, fors Deu, sanz honte et sanz damage, car vos vées bien que nos ne poons à eauz avenir por combattre (= nous ne pouvons arriver jusqu'à eux pour les combattre), ne de ci nos ne poons partir, ne héberger (= camper) por l'iaue, ne nous n'avons viandes (= ravitaillement) por les gens ne por les chevaus ![169]."

Il ne restait qu'à offrir au sultan la reddition de Damiette contre la possibilité pour l'armée franque de se retirer. Ce furent ces propositions que vint présenter le parlementaire de l'armée franque, Guillaume de Gibelet (28-30 août 1221[170]). « Al-Kâmil estimait qu'on pouvait accepter ces conditions, mais l'avis de ses frères était tout différent. Ils voulaient que, puisqu'on tenait les Francs ainsi acculés, on les anéantit jusqu'au dernier. Al-Kâmil craignait qu'en agissant ainsi, les Francs qui restaient dans Damiette ne se refusassent à la livrer aux Musulmans et que l'on ne fût obligé d'assiéger pendant longtemps cette place forte dont les Francs avaient encore accru le système de défense. Pendant ce temps on pouvait redouter que les rois francs d'outre-mer (= l'empereur Frédéric II), excités par le massacre de leurs coreligionnaires (à Barâmûn), n'envoyassent des renforts à la garnison de Damiette. D'ailleurs l'armée musulmane, fatiguée par trois ans de guerre, aspirait au repos »[171].

Ces dispositions, au premier rang desquelles figure la crainte de l'arrivée de l'escadre impériale qui cinglait en effet vers l'Égypte, expliquent l'accueil que fit al-Kâmil au parlementaire franc Guillaume de Gibelet, puis au roi Jean lui-même qui vint achever les négociations. L'*Histoire des patriarches d'Alexandrie* nous montre le sultan « comblant le roi et ses compagnons de marques d'estime telles qu'il n'en avait jamais témoigné de semblables. Il leur fit donner sans compter tout ce dont ils avaient besoin, pain, pastèques, grenades, etc., et les traita avec de grands honneurs »[172]. Le *Livre des Deux Jardins* nous montre de même al-Kâmil recevant royalement le prince franc. Dans une tente splendide, ayant à ses côtés ses deux frères al-Mu'azzam, sultan de Damas, et al-Ashraf, sultan de la Jazîra, on vit le sultan d'Égypte offrir à Jean de Brienne un festin magnifique[173].

Courtoisie d'al-Kâmil envers Jean de Brienne.

Il ne restait qu'à faire exécuter les conditions de la paix, reddition de Damiette au sultan contre permission accordée à l'armée franque de se retirer librement. Le légat Pélage, bien aise, dit Ernoul, de s'en tirer à si bon compte, avait souscrit à tout ce qu'on avait voulu. Quant à Jean de Brienne, bien que traité en roi par al-Kâmil, il restait comme otage au camp du sultan jusqu'à la remise de Damiette. (Il est vrai que le fils d'al-Kâmil, al-Sâli*h* Aiyûb, fut, de son côté, remis en otage à l'armée franque). Durant ce séjour de Jean de Brienne au camp aiyûbide, une réelle amitié s'établit entre lui et al-Kâmil, et l'*Histoire des patriarches* nous montre à nouveau les deux souverains se comblant mutuellement de cadeaux[174]. De son côté, Ernoul nous raconte une scène où se marque bien la haute courtoisie de ces relations entre Français et Aiyûbides : « Li Rois (Jean de Brienne) se séoit devant le soudan, si commencha à plorer. Li soudan regarda le Roi, se li demanda : "Sire, porcoi plorés-vous ? Il n'afiert pas à roi qu'il doie plorer". Li Rois li respondi : "Sire, j'ai droit que je pleure, car je vois le pueple que Dius (= Dieu) m'a cargié (= confié) morir de faim". Li tente le (= du) soudan estoit en un tertre si qu'il veoit bien l'ost des Crestiens qui estoient en plain par desous. Si ot li soudans pitié de çou qu'il vit le roi plourer, si li dist qu'il ne plorast plus, qu'il aroient à mangier. Il lor envoia XXX mil pains por départir entre als as povres et as rices. Et ensi lor envoia il IV jors, tant qu'il furent hors de l'ève (= jusqu'à ce qu'ils fussent hors de l'inondation). Si (= alors) lor envoia la marceandise del pain et de la viande à cels qui acater (= acheter) le poroient, qu'il l'acataissent ; et as povres envoia chascun jor del pain, tant qu'il furent illeuc (= là) XV jor[175]. » Mieux encore, à la demande de Jean de Brienne, al-Kâmil et al-Mu'azzam consentirent à libérer la totalité des prisonniers francs détenus en Égypte et en Syrie.

Autre cause de la perte de Damiette.
Le retard des secours de l'empereur Frédéric II.

L'excellent écolâtre de Cologne, Olivier, s'extasie sur l'humanité des Musulmans : « Ces mêmes Égyptiens dont nous avions naguère massacré les parents, que nous avions dépouillés et chassés de chez eux venaient nous ravitailler et nous sauver quand nous mourions de faim et que nous étions à leur merci ![176]. » On retrouve en effet là cette fleur d'humanité et de courtoisie qui, de Saladin et d'al-'Adil à al-Kâmil et à ses fils, est comme la marque propre de la famille aiyûbide. Mais il est évident que Malik al-Kâmil obéissait surtout à des mobiles politiques. À ce moment en effet une escadre italienne de quarante navires, celle du comte de Malte Enrico Pescatore, envoyé par l'empereur Frédéric II, arrivait à Damiette avec des renforts (fin août 1221). Que la garnison de Damiette, animée par ce secours, refusât de sanctionner le traité d'évacuation de l'Égypte, la cour du Caire perdait le bénéfice de sa victoire. Le prudent sultan avait tout intérêt à empêcher une telle éventualité en se conciliant l'amitié des chefs francs, ses otages.

De fait, la remise de Damiette aux autorités égyptiennes faillit, au dernier moment, ne pas avoir lieu. Les renforts italo-germaniques amenés par le comte de Malte avec l'évêque de Catane et le maréchal Anselme de Justingen s'opposaient d'autant plus violemment à la reddition de la place que le retard qu'ils avaient mis à arriver était pour beaucoup dans le désastre chrétien. Si l'empereur Frédéric II les avait envoyés quelques semaines plus tôt, leur intervention aurait sans doute pu dégager Jean de Brienne de sa position aventurée de Barâmûn. Aujourd'hui ils cherchaient à compenser leur retard en refusant de souscrire au traité franco-égyptien, dût l'armée franque, enveloppée par l'ennemi, être massacrée à cause de ce parjure. Naturellement les Génois, les Pisans et les Vénitiens faisaient corps avec eux : pour les citoyens des trois républiques maritimes le commerce primait tout, et ils ne pouvaient renoncer de gaieté de cœur à cette magnifique colonie de Damiette où ils avaient déjà installé comptoirs et banques. Comme les représentants de Jean de Brienne et, avec eux, les Croisés français, les barons syriens, les Hospita-

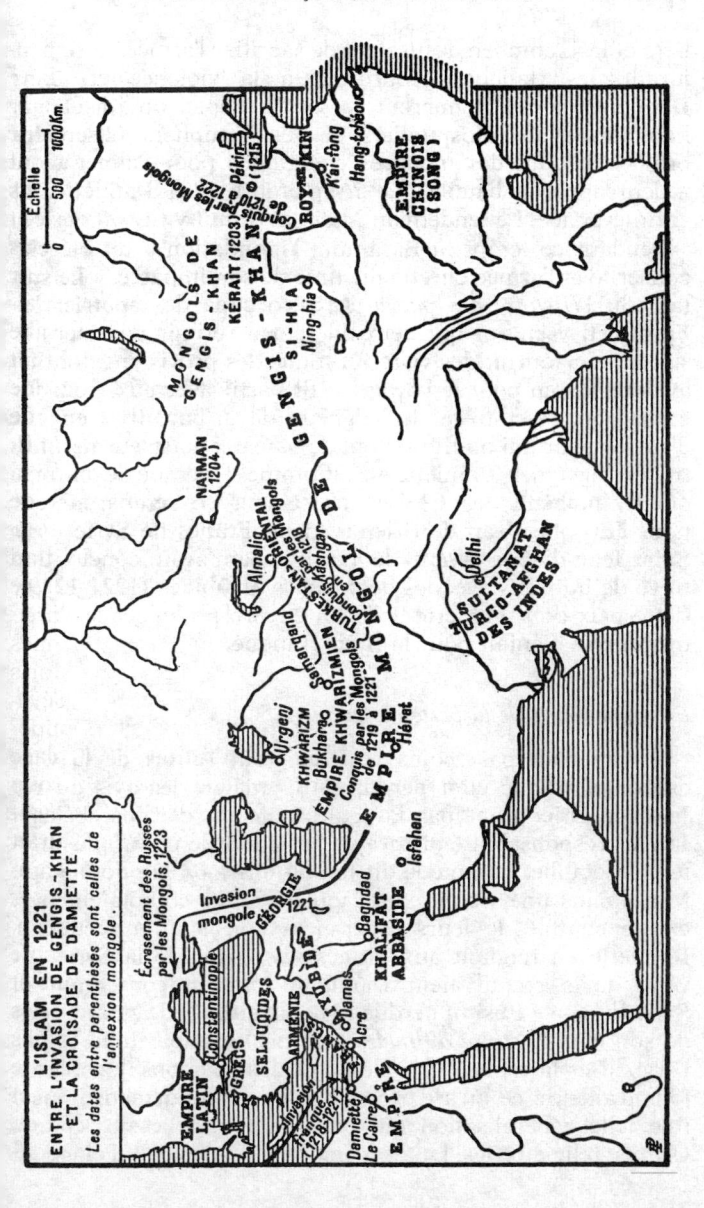

UN HÉROS FRANÇAIS : JEAN DE BRIENNE

269

liers et les Templiers refusaient de sacrifier l'armée en se parjurant, les Italiens recoururent à la violence et, dans Damiette même, donnèrent l'assaut à l'hôtel du roi et aux habitations des Hospitaliers et des Templiers (2 septembre)[177]. Il fallut des menaces énergiques pour calmer cette ardeur après la bataille. Le 7 septembre 1221 Damiette fut enfin évacuée. Le lendemain Malik al-Kâmil y fit son entrée.

Pendant ce temps, à Barâmûn, l'inondation avait été circonscrite et l'armée chrétienne tirée de son impasse. « Le sultan, dit l'*Histoire des patriarches*, s'occupa de rapatrier les Francs. Il y en eut qui demandèrent à revenir par mer ; le sultan leur fournit des vivres et toutes les provisions dont ils avaient besoin pour le voyage. Il fit partir avec eux, pour les embarquer, son frère, le seigneur de Ja'bar. Il y en eut d'autres pour qui on fit un pont de bateaux pour leur permettre de regagner Damiette »[178]. Comme l'indique le chroniqueur indigène, les Croisés d'Occident se rembarquèrent pour l'Europe, Jean de Brienne et les Francs de Syrie pour Saint-Jean-d'Acre. Avant de partir, Jean avait conclu une trêve de huit ans avec les deux cours aiyûbides (1221-1229). Cette paix dont Frédéric II devait encore prolonger la durée fut un réel bienfait pour la Syrie franque.

Enseignements de la perte de Damiette.

Il n'en était pas moins vrai que tout l'effort de la Cinquième Croisade était perdu, perdu malgré les avis du roi Jean de Brienne et par la seule faute du cardinal Pélage. Jamais responsabilité historique aussi lourde ne fut plus nettement établie. Comme le dit Ibn al-A*th*ir, « Allâh donna aux Musulmans une victoire sur laquelle ils ne comptaient pas, car le comble de leurs espérances consistait à récupérer Damiette en rendant aux Francs les places de la Syrie. Et voici qu'ils recouvraient Damiette tout en conservant la Syrie ![179] ». – « Ensi fu perdue la noble citée de Damiate, écrit de son côté *l'Estoire d'Éracles*, par péché et par folie et par l'orgueil et la malice dou clergé et des religions[180]. » Signalons d'ailleurs ce qu'a d'excessif et de profondément injuste une telle généralisation qui étend à tout le clergé et aux Ordres religieux les fautes personnelles du seul Pélage. Il reste qu'au cours de toute cette histoire nous n'avons pas rencontré d'illustration plus frappante de la lutte de l'esprit de croisade contre l'esprit colonial, ou, si l'on préfère, contre l'esprit des institutions monarchiques franco-syriennes. Mais que pouvait le roi de Jérusalem, eût-il la valeur de Jean de Brienne, contre les conceptions maintenant en vogue et qui avaient de plus en plus tendance à subordonner la royauté hiérosolymitaine à la chrétienté tout entière, à faire du royaume d'Acre une vague terre de mandat international sans politique propre ni valeur originale ? Nous allons voir cette fâcheuse tendance s'accentuer encore avec l'intrusion de l'empereur Frédéric II.

Mais avant de passer à cette nouvelle phase de l'histoire franque, il nous reste à dire pourquoi, pendant toute la période qui vient de nous occuper, dans la Syrie du Nord la principauté d'Antioche-Tripoli était restée à l'écart du mouvement général.

§ 4. — LA SUCCESSION DE BOHÉMOND III : ANTIOCHE FRANQUE OU ARMÉNIENNE ?

Bohémond IV, prince d'Antioche au détriment de Raymond-Roupên.

À la mort du prince d'Antioche Bohémond III, en 1201, s'était posée une délicate question de succession. Ce prince avait eu deux fils, Raymond et Bohémond IV. L'aîné, Raymond, son successeur désigné pour la principauté d'Antioche, était mort vers 1200 peu avant son père. Le cadet, Bohémond IV le Borgne avait, on s'en souvient, hérité depuis 1187 du comté de Tripoli, à lui légué par le dernier comte de la maison de Toulouse. En droit féodal, la couronne d'Antioche revenait au fils de Raymond, le jeune Raymond-Roupên.

On se rappelle que Raymond avait, en 1195, épousé la princesse Alix, nièce du roi d'Arménie (= Cilicie) Léon II le Grand. L'enfant Raymond-Roupên, Arménien par sa mère, était assuré de la protection de l'État arménien, voisin immédiat de la principauté d'Antioche. Léon II, du reste, s'était constitué son tuteur et l'élevait à sa cour. Aussitôt connu le décès de Bohémond III, Léon II, emmenant le jeune Raymond-Roupên, partit avec lui pour Antioche afin de l'y faire couronner, mais il fut gagné de vitesse : dans l'intervalle les chevaliers et les bourgeois d'Antioche avaient appelé au trône le fils cadet du défunt, le comte de Tripoli Bohémond IV.

L'attitude des Francs d'Antioche allait à coup sûr contre les règles du droit et de l'hérédité, mais elle était dictée par des considérations de race et de culture. Ils craignaient évidemment que le règne d'un enfant à demi arménien et régnant sous la protection de Léon II n'aboutit à la délatinisation du pays et à l'annexion d'Antioche par le royaume d'Arménie. Pendant la dernière maladie de Bohémond III ils avertirent donc Bohémond IV. Celui-ci arriva de Tripoli le jour même des obsèques, fit sonner la cloche de la « commune » et fut sur-le-champ reconnu prince d'Antioche par les barons et les bourgeois. « Si tost com il virent que li princes Beymonz se moroit, mandèrent Beymonz son fiz, le comte de Triple, et vint en Antioche le jor que son père fu mis en terre. Il sonna la campane de la comune et assembla toute la gent, chevaliers et autre bons homes et lor préa et requist que il le receussent à seignor[181]. » Bohémond IV fut donc reconnu prince d'Antioche sans difficulté, en dépit du droit féodal, mais par un sentiment instinctif de défense ethnique et culturelle (1201). Le roi d'Arménie Léon II, qui s'était mis en marche vers Antioche, trouva la place occupée et ne put que retourner en Cilicie pour y préparer la guerre.

Dans la lutte qui allait commencer, Bohémond IV pouvait en principe compter non seulement sur l'élément franc mais aussi (et peut-être plus encore) sur l'élément grec, ennemi juré des Arméniens. Il était également assuré de l'aide des Templiers à qui les Arméniens disputaient, comme on l'a vu, la possession de Baghrâs et des autres forts de la frontière syro-cilicienne et qui, pour cette raison, embrassèrent avec ardeur son parti[182].

*Les alliances étrangères : Léon II d'Arménie
pour Raymond-Roupên. Le malik d'Alep pour Bohémond IV.*

Le roi d'Arménie ne pouvait reconnaître le fait accompli. En 1203, agissant toujours comme protecteur de son neveu

Raymond-Roupên, il tenta un coup de main contre Antioche ; il parut sous les murs de la ville mais il fut repoussé par les Templiers auxquels Bohémond IV avait confié la garde de la citadelle (11 novembre 1203). De plus, Bohémond IV fit appel contre lui au sultan d'Alep, Malik al-Zâhir. Appel dicté sans doute par la nécessité de sauver Antioche de la défrancisation, mais qui n'en était pas moins assez dangereux. Rappelons-nous en effet que les Aiyûbides n'étaient pas voisins de la principauté d'Antioche seulement du côté de l'est où *H*ârim leur appartenait, mais aussi du côté du nord-est où – tandis que Baghrâs était disputé entre Arméniens et Templiers – ils occupaient, eux, l'autre forteresse de la région, Darbsâk ou Trapesac, avec les rives nord du lac de 'Amq où nomadisaient des clans turcomans, leurs vassaux. Dans ces conditions l'appel de Bohémond IV à Malik al-Zâhir constituait presque la reconnaissance d'un protectorat aiyûbide. Aussi le sultan s'empressa-t-il de faire droit à cette demande en envoyant une armée au secours de Bohémond. Intervention d'ailleurs décisive. Dès que cette armée, dépassant *H*ârim, eut atteint l'Oronte, le roi d'Arménie, renonçant à sa tentative, se replia sur l'Amanus[183].

Bohémond IV avait donc été sauvé par l'intervention des Aiyûbides. C'est ce que reconnaît expressément Ernoul : « Li quens (Bohémond IV) envoia à Halape, al Soudan ; se li cria merchi et le pria pour Dieu que il l'aidast, qu'ensi le voloit le sires d'Ermenie desireter. Li soudans li manda qu'il le secourroit car il n'aimoit point le seignor d'Ermenie. Et li soudans li tint bien ses couvenens, que (car) li quens de Triple ne peust mie (= n'eût jamais pu) avoir tenue Antioce se li soudans ne fust à s'aide[184]. »

Répercussions de la querelle d'Antioche. Guerre de Léon II d'Arménie contre le malik d'Alep. Victoire arménienne de 'Amq (1206).

Léon II ne put que se venger des Templiers en allant assiéger leur forteresse de la Roche de Russole ou Roche de Roissel, près de Port-Bonnel, au sud d'Arsûs[185]. À la Noël de 1205 il chercha à se venger de même du sultan d'Alep en essayant de surprendre la forteresse de Darbsâk, bastion avancé des Aiyûbides vers le nord-ouest. Les Arméniens pénétrèrent en effet durant la nuit dans le faubourg de la forteresse, mais ils furent repoussés par la population musulmane et par la garnison aiyûbide. Leur coup manqué de ce côté, ils se rabattirent le matin même sur les tribus turcomanes qui nomadisaient au nord et à l'est du lac de 'Amq, en firent un grand massacre et se replièrent dans l'Amanus avant que les troupes aiyûbides aient pu les rejoindre[186].

La querelle dynastique à Antioche ricochait donc en une guerre entre le roi d'Arménie Léon II et le malik aiyûbide d'Alep al-Zâhir, guerre d'abord limitée à un duel entre la garnison arménienne de Baghrâs et la garnison alépine de Darbsâk[187]. Au printemps de 1206, le général alépin Maîmûn al Qasrî campait dans la région de 'Amq, entre *H*ârim et Darbsâk, lorsqu'il reçut d'al-Zâhir l'ordre d'envoyer une partie de ses troupes renforcer la garnison de Darbsâk. Léon II, averti de cet éparpillement de l'armée alépine, réussit par une marche de nuit à se rapprocher du camp de Maîmûn, le surprit à l'aube et lui infligea une sanglante défaite. Le camp fut enlevé, Maîmûn perdit ses bagages et eut grand'peine à se sauver lui-même. Après quoi, Léon II courut rejoindre le détachement qui se dirigeait sur Darbsâk et le passa au fil de l'épée. Quand les renforts alépins arrivèrent, il avait regagné ses montagnes avec un riche butin[188].

À la nouvelle de cette défaite (que masque Kemâl al-Dîn, mais qu'avoue Ibn-al A*th*îr), Malik al-Zâhir vint s'établir avec une forte armée d'Alépins et de Turcomans dans le district de 'Amq (*H*ârim) ; mais les hostilités n'allèrent pas plus loin. Léon II qui désirait évidemment détacher les Alépins de l'alliance de Bohémond IV accepta de démolir un fort qu'il avait construit près de Darbsâk et rendit ses prisonniers. Il aurait même promis au prince aiyûbide de ne plus rien tenter contre Antioche, mais c'était assurément là une promesse qu'il était bien résolu à ne pas tenir[189].

Extension de la querelle dynastique aux confessions religieuses.
Le clergé grec pour Bohémond IV. Le patriarcat latin
pour Raymond-Roupên.

La querelle dynastique entre Bohémond IV et Raymond-Roupên, claire au début tant qu'il ne s'agissait que d'une compétition franco-arménienne, l'était déjà moins depuis que Bohémond IV était obligé de se placer sous la protection des Aiyûbides, tandis que le roi d'Arménie apparaissait, face à ces mêmes Aiyûbides, comme le protagoniste de la chrétienté. La question du « devoir latin » acheva de s'obscurcir par l'entrée en scène d'un nouveau facteur, – l'élément grec.

Les Latins, bien que fournissant les cadres religieux et politiques de la principauté d'Antioche, ne constituaient qu'un élément peu nombreux de la population, même de la population de la capitale. L'élément dominant à Antioche était surtout représenté par les Grecs et les Arméniens. N'oublions jamais, en effet, d'une part, qu'Antioche était restée jusqu'en 1084, à la veille même de la Croisade, un îlot grec, qu'elle avait en grande partie conservé ce caractère sous la brève domination seljûqide et même, en dépit de la subordination des éléments byzantins, qu'elle le conservait encore après la conquête franque de 1098[190] ; d'autre part, que toute la région avait été saturée au onzième siècle par l'immigration arménienne descendue de la Grande Arménie par la Cappadoce et la Commagène ou l'Osrhoène, immigration dont la création d'un puissant royaume arménien indépendant tout près de là, en Cilicie, n'avait pu que renforcer l'importance. Or nous avons vu quelle haine ethnique et confessionnelle irréductible séparait depuis le onzième siècle l'élément grec et l'élément arménien. Il suffisait que les Arméniens, à la suite de l'intervention de Léon II, se fussent prononcés en faveur de Raymond-Roupên, pour que l'élément grec se déclarât en faveur de Bohémond IV. Bientôt ce dernier s'appuya sur le clergé grec aussi nettement que Raymond Roupên sur les Arméniens, et la querelle de succession d'Antioche parut une lutte gréco-arménienne au milieu de laquelle on pouvait se demander où se trouvait le véritable intérêt franc. Entre ces deux éléments, rivaux acharnés sur le terrain religieux et politique, le patriarcat latin, arbitre naturel, était appelé à choisir.

Le patriarche latin était alors le Français Pierre d'Angoulême[191]. Prélat énergique qui, dans ces années troubles où la dynastie trahissait, sut se montrer l'âme de la colonie franque. « Rude besogne que la sienne et situation difficile, écrit Luchaire. Il lui fallait défendre Antioche contre les ennemis du dehors, lutter au dedans contre le pouvoir civil, c'est-à-dire contre le comte de Tripoli (Bohémond IV) et la municipalité, empêcher l'élément grec de prévaloir, et, par-dessus le marché, faire front à la cour de Rome[192]. » En effet, pour empêcher Bohémond IV de pourvoir à sa guise au siège vacant de Tripoli, Pierre d'Angoulême n'avait pas hésité à nommer d'office évêque de Tripoli l'archevêque d'Apamée, Laurent, ce qui lui avait valu, sur le moment, le blâme d'Innocent III[193]. Entre le parti arménien et le parti grec, ennemis acharnés l'un de l'autre, mais inégalement dangereux pour l'élément romain et français, Pierre d'Angoulême se prononça avec fermeté. Le clergé grec-orthodoxe était l'adversaire irréductible de l'Orient latin, contre lequel les Byzantins s'alliaient partout à l'Islam. Les Arméniens, au contraire, se sentaient beaucoup plus proches des Francs. C'était l'époque où l'archevêque arménien de Tarse, l'illustre Nersès de Lampron (1153-1198), venait, au Concile de Tarse (1196), d'opérer un sérieux rapprochement dogmatique avec le crédo de Chalcédoine[194]. À la suite de ce concile, le roi Léon II et le patriarche d'Arménie Grégoire VI Abirad avaient même reconnu la suprématie du pape Innocent III (1199)[195]. Puisque, par les divisions des Francs et l'insuffisance de la colonisation franque, l'affaire de la succession d'Antioche devenait, à l'intérieur de la ville, un litige gréco-arménien, Pierre d'Angoulême estima, sans doute avec raison, que le plus grand péril pour la latinité provenait des Grecs, et il s'attacha résolument le parti arménien. Bien qu'il eût, au début (1201), reconnu Bohémond IV, il ne tarda donc pas à se retourner contre lui pour favoriser Raymond-Roupên. Les Hospitaliers ne jugeaient pas autrement. « Avec un sens politique très juste, comprenant la nécessité de soutenir l'élément latin, ils s'étaient prononcés dès le début en faveur de Raymond-Roupên[196]. » Symptôme des sentiments de beaucoup de Latins, un détachement de Croisés flamands sous la conduite de Jean de Nesle avait, en novembre 1203, collaboré à la tentative du roi Léon II contre Antioche[197].

Si Bohémond IV, par suite de son alliance avec le clergé grec, avait contre lui les Hospitaliers et la grande majorité de l'élément latin, il pouvait cependant compter sur l'appui absolu des Templiers. C'est que contre son adversaire, le roi d'Arménie Léon II, les Templiers avaient un sujet personnel d'hostilité, la question de Baghrâs.

La question de Baghrâs : lutte des Templiers et des Arméniens.

Le château de Baghrâs, que les Francs appelaient Gaston, Gastoun ou Gastin et qui gardait les avancées de la passe de Beilân au nord-ouest du lac d'Antioche, sur la route d'Antioche à Alexandrette, avait naguère appartenu aux Templiers. En septembre 1188 Saladin s'en était emparé. Mais à l'approche de la Croisade de Frédéric Barberousse, les Musulmans évacuèrent Baghrâs et Léon II l'occupa (1190)[198]. Les Templiers, faisant état de leur ancienne propriété, réclamèrent la forteresse, et c'est parce que Léon II refusa de la leur rendre qu'ils prirent contre lui et contre Raymond-Roupên parti pour Bohémond IV. Mais le prince arménien, dans le moment où, sous le nom de son neveu, il cherchait à établir sa tutelle sur Antioche, ne pouvait renoncer à une forteresse qui commandait précisément le passage entre Antioche et la Cilicie. En vain, à la demande des Templiers, le pape Innocent III le somma-t-il de restituer Baghrâs à ceux-ci. Plutôt que de céder et quelque précieuse que pût lui être la bienveillance de la Papauté dans la succession d'Antioche, il préféra se laisser excommunier par Rome (1205)[199]. Naturellement, les Templiers resserrèrent leur alliance avec Bohémond IV au point d'accepter la mission de garder pour lui la citadelle d'Antioche.

Révolte féodale contre Bohémond IV dans le comté de Tripoli. Renouart de Néphin.

Ce qui compliquait la situation de Bohémond IV, c'est que, aux prises avec les Arméniens dans la principauté d'Antioche, il avait en même temps à faire face à une révolte féodale dans son comté de Tripoli[200].

Un des principaux barons du comté était Renouart, seigneur de Néphin, l'actuel Enfé ou Anafa (Anaf al-*H*ajar), à seize kilomètres au sud de Tripoli[201]. Ce Renouart épousa, sans avoir demandé le consentement du comte, son suzerain, Isabelle, héritière de la seigneurie de Gibelacar (Jebel 'Akkâr) au nord-est de Tripoli[202]. Les prérogatives du suzerain ayant été méconnues, Bohémond IV cita Renouart devant sa cour. Le sire de Néphin s'obstina, refusa de comparaître, se mit en état de révolte ouverte (1206). Comme on pouvait s'y attendre, il tira parti des compétitions antiochéniennes et obtint l'aide du roi d'Arménie Léon II, trop heureux, par cette alliance inespérée, de pouvoir encercler son rival. Le sire de Néphin obtint aussi, chose plus grave, l'appui moral du roi de Jérusalem Amaury II, ainsi que de deux des principaux barons palestiniens du temps, Raoul et Eude de Tibériade[203].

La guerre contre son vassal révolté ne fut pas heureuse pour Bohémond IV. Ses adversaires vinrent insulter les portes de Tripoli, il perdit un œil dans la bataille, d'où son surnom de Bohémond le Borgne, et son beau-frère Hugue de Gibelet, frère du sire de Gibelet Guy Ier, fut tué[204]. Bohémond IV, pressé par les Arméniens au nord-ouest, par la révolte du sire de Néphin au sud, chercha en vain à se concilier ce dernier. Mais bientôt la chance tourna. Le roi Amaury II qui favorisait ses ennemis, était mort (avril 1205), et le chef de la noblesse palestinienne, Jean Ier d'Ibelin, se montrait, en dépit de ses alliances de famille[205], hostile à Renouart. De plus Bohémond IV obtint l'appui des Génois dont trois navires de guerre, sous les ordres d'Alamanno et d'Alberto Gallina, croisaient dans les eaux de Syrie. Quatre cents Génois vinrent l'aider à assiéger Néphin[206]. Renouart essaya encore de résister, mais la ville fut prise et lui avec. On l'envoya dans les cachots de Tripoli, « en gros fers et en dure prison. » Il n'obtint sa liberté que contre reddition de son autre forteresse, Jebel 'Akkâr[207], et se réfugia à Chypre où il mourut.

En reconnaissance de l'appui que les Génois lui prêtaient, Bohémond IV avait concédé à leur amiral Enrico Pescatore, comte de Malte, la franchise commerciale absolue dans la principauté d'Antioche et dans le comté de Tripoli (juillet 1205)[208].

Lutte de Bohémond IV et du patriarche Pierre d'Angoulême. Intronisation d'un patriarche grec à Antioche.

Mais si Bohémond IV en avait fini avec la révolte à Tripoli, il n'en était pas de même à Antioche. Là le patriarche Pierre d'Angoulême prenait de plus en plus position contre lui, en faveur de la candidature de Raymond-Roupên et du parti arménien qui soutenait celui-ci ; et, naturellement, l'attitude du patriarche entraînait celle de la majorité de l'élément latin, exception faite, bien entendu, des Templiers. Sentant la désaffection des Latins à son égard, Bohémond IV acheva de se jeter dans les bras de l'élément grec. « Il lâcha si bien la bride au parti grec, écrit Luchaire, qu'en 1206 (fin 1206 ou début de 1207), un patriarche grec, Siméon III, fut intronisé et violemment opposé à Pierre d'Angoulême[209]. » Il semble même que Bohémond IV ait achevé de s'inféoder au parti grec en s'alliant au *basileus* de Nicée, Théodore Lascaris, le grand ennemi des Latins en Romanie[210].

Le pape Innocent III se rendit compte du péril. Le 4 mars 1207 il chargea le légat de menacer des foudres de l'Église Bohémond, le maire (maior) et les consuls de la ville d'Antioche, s'ils persistaient à soutenir le patriarche grec. L'avertissement étant resté sans effet, Pierre d'Angoulême réagit avec vigueur. Sous son inspiration directe et avec le concours des Hospitaliers et, semble-t-il, de la majorité des chevaliers, la commune d'Antioche se souleva contre Bohémond IV (1207-1208)[211]. En même temps Léon II et son neveu Raymond-Roupên se présentaient à la tête de l'armée arménienne et, aidés par les révoltés qui leur ouvrirent les portes, occupaient sans combat la ville basse. Raymond-Roupên fut reçu dans la cathédrale Saint-Pierre par le patriarche Pierre d'Angoulême auquel il prêta hommage et qui le proclama solennellement prince d'Antioche[212]. Léon II sous la protection de qui cette révolution s'était produite rétablit les victimes de Bohémond IV dans leurs droits et possessions et récompensa le patriarche latin de son appui en reconnaissant sa juridiction sur l'archevêché de Tarse.

Mais le triomphe de Raymond-Roupên et de Léon II fut éphémère. Le malik d'Alep, al-Zâhir, ne pouvait laisser un protectorat arménien se substituer au sien dans la ville franque de l'Oronte. Il semble d'ailleurs qu'il n'ait même pas eu le temps d'intervenir. Bohémond IV et ses fidèles, au premier rang desquels les Templiers, s'étaient enfermés dans la citadelle d'Antioche. Au bout de trois ou quatre jours, quand on les croyait réduits à l'impuissance, ils opérèrent à l'improviste une furieuse sortie, surprirent complètement les troupes arméniennes et les chassèrent de la ville. En quelques heures Bohémond IV – qui avait du reste conduit en personne la descente des Templiers – se trouva restauré, tandis que Léon II et Raymond-Roupên battaient en retraite sur Baghrâs.

On peut se demander pourquoi l'armée arménienne et les barons francs, ses alliés, ne résistèrent pas davantage à cette contre-attaque. La seule réponse plausible est qu'ils craignaient d'être encerclés entre les gens de Bohémond IV toujours maîtres de la citadelle et l'armée alépine que Malik al-Zâhir ne devait pas manquer de mettre en mouvement pour secourir ce même Bohémond[213].

Rey pense que Léon II et Raymond-Roupên, dans leur retraite, furent suivis par un certain nombre de chevaliers d'Antioche qui s'étaient compromis avec eux, par exemple les sires de Sermin, de l'Isle, de la Tour, de Mamendon, de Villebrun, Jaune, etc., tous gentilshommes qu'on trouve effectivement installés en Cilicie dans les premières années du treizième siècle[214]. Le connétable Sempad cite notamment, parmi les seigneurs francs qui sous le règne de Bohémond IV passèrent à la cour d'Arménie, le chambellan Olivier, le connétable Roger du Mont[215], sire Léonard, sire Thomas Malesbrun (= Villebrun), sire Bohémond Lair, sire Guillaume de l'Isle[216]. On a l'impression d'une véritable émigration de la noblesse d'Antioche à la cour de Sis.

Persécutions de Bohémond IV contre les patriarches Pierre d'Angoulême et Pierre de Locedio.

Le patriarche Pierre d'Angoulême et son neveu le chanoine Itier payèrent pour les absents. Bohémond IV restauré les fit arrêter, conduire à la citadelle et jeter en prison.

« A MCCVIII, notent laconiquement les *Gestes des Chiprois*, desconfist le prince Baymont d'Antioche les chevaliers et la coumune qu'il avéent faite, et prist le patriarche quy estoit lor cousentant et le mist en la prizon où il mourut, et vindrent les chevaliers à sa mercy »[217]. Ou encore : « En l'an MCCVIII se revela (= révolta) la commune d'Antioche contre le prince Buemont par le conseil dou patriarche Pierre d'Angolerme ; et deschendi de sen chastel li princes tous armés, et desconfist a commune et print le patriarche et le mist en prison »[218]. Et le passage d'*Éracles*, plus dramatique parce qu'il évoque la fin lamentable du grand prélat : « Si ala li princes en l'ostel dou patriarche et mena gents armées, et prist le patriarche, si l'en mena ou chastel et le mit en une tor, en prison. Et le fist là moult bien garder ; à manger li donoit l'en assés, mais il ne pooit avoir à boivre, si que la soif le destraist tant que il but l'uile de la lampe, et, par cele destrèce de la soif que il ot, fu morz en la prison[219] » (8 juillet 1208).

La fin tragique du patriarche qui avait cherché à empêcher la défrancisation d'Antioche excita une vive indignation dans le monde latin. Innocent III, toujours en éveil quand la défense de l'Occident était en jeu, avait protesté contre l'emprisonnement prolongé de Pierre d'Angoulême, acte, à la longue, d'autant plus odieux que Bohémond IV était le filleul de sa victime[220]. En apprenant la mort du prélat sous les mauvais traitements, le pape indigné fit excommunier Bohémond par le patriarche de Jérusalem. Non qu'Innocent III malgré ses sympathies personnelles pour Raymond-Roupên puisse être accusé de partialité. Par lettre du 4 juin 1210 il proposera encore que les deux compétiteurs s'en remettent à un arbitrage sans passion et qu'en attendant, la citadelle d'Antioche soit laissée au patriarche Pierre de Locedio et confiée à la garde des Templiers et des Hospitaliers. Comme le Temple et l'Hôpital militaient les premiers pour Bohémond IV, les seconds pour Raymond-Roupên, il y avait là toutes les garanties de neutralité avec le moyen de sortir de l'impasse où l'Orient latin se débattait sous les yeux de l'Islam, et de mettre fin à la guerre civile. Une fois encore la Papauté se révélait la conscience de l'Occident. Elle disait le droit, elle défendait les principes d'humanité ; à travers le cas d'espèce d'une compétition dynastique, où elle s'était d'abord refusée à se mêler, elle discernait lucidement où était, au-dessus des hommes, l'intérêt de l'Orient latin[221].

Pendant quelques mois l'Église d'Antioche resta plongée dans l'anarchie. Le doyen du chapitre et une partie des chanoines latins se réfugièrent au château patriarcal de Cursat (Qosair), dans la montagne au sud d'Antioche[222]. Au commencement de 1209 Innocent III nomma patriarche d'Antioche un de ses collaborateurs personnels, Pierre, abbé de

Locedio, ancien évêque d'Ivrée, devenu Pierre II[223]. Le 26 mai 1209 le pape notifia ce choix au doyen et au chapitre, toujours réfugiés à Qosair, ainsi qu'à Bohémond IV, en menaçant ce dernier d'ex-communication définitive s'il empêchait Pierre II de prendre possession de son siège.

Malgré l'appui direct que le pape prêta ainsi au nouveau patriarche, Bohémond IV refusa de s'incliner devant Pierre II. « Non seulement il continua plus ou moins ouvertement à soulever contre celui-ci la résistance du clergé grec, mais il persista toujours à refuser l'arbitrage de Rome et de ses légats dans le procès de la succession[224]. » Comme Innocent III le pressait de s'en remettre à l'arbitrage de la curie romaine, il déclara avec hauteur que la principauté d'Antioche ne relevait que de l'empereur de Constantinople[225] : curieuse réminiscence de la suzeraineté naguère reconnue aux Comnènes par Raymond de Poitiers et Renaud de Châtillon. Bohémond IV devait finalement mettre la main sur le château de Qosair, bien de la manse épiscopale.

En dépit des instances de la cour de Rome, la présence du patriarche grec Siméon III à Antioche paraît s'être prolongée jusque vers 1213, provoquant chaque jour de nouveaux différends entre le prince et le patriarche latin[226]. Nous voyons même Innocent III aller, pour empêcher la grécisation de l'Église d'Antioche, jusqu'à écrire une lettre amicale au sultan d'Alep, Malik al-Zâhir, en lui recommandant le patriarcat latin (7 juin 1211)[227].

Coalition des princes musulmans et des Templiers contre le royaume d'Arménie.

Le danger de cette querelle est qu'elle faisait des princes musulmans les arbitres des affaires chrétiennes. Les protecteurs musulmans de Bohémond IV en profitaient notamment pour attaquer le royaume d'Arménie, ce bastion de la défense chrétienne au nord-ouest. En 605 de l'Hégire (juillet 1208-juillet 1209), le sultan seljûqide de Qoniya, Kai-Khusrau, proposa au sultan d'Alep une action commune contre la Cilicie[228]. Joyeux de cet appui, al-Zâhir lui envoya une armée qui opéra sa jonction avec les Seljûqides devant Mar'ash. Les alliés enlevèrent aux Arméniens le château de Pertous ou Partounk près du défilé de Gaban, non loin du fleuve Jihûn[229]. Léon II qui pouvait craindre pour Vahka et pour Sis sollicita l'intervention du sultan d'Égypte et de Damas, Malik al-'Adil, oncle d'al-Zâhir. Al-'Adil intercéda en effet en sa faveur. Kai-Khusran et al-Zâhir accordèrent alors la paix au monarque arménien « à condition qu'il rendrait la forteresse de Baghrâs aux Chevaliers du Temple et qu'il ne tenterait aucune expédition contre Antioche »[230]. Il n'apparaît d'ailleurs pas que le traité ait été suffisant pour obliger Léon II à rendre Baghrâs aux Templiers. Le continuateur de Guillaume de Tyr nous parle en effet d'une expédition organisée dans ce but par les Templiers eux-mêmes en 1211 avec le concours de Bohémond IV et aussi avec un renfort de cinquante chevaliers envoyés par le roi Jean de Brienne sous le commandement de Geoffroi de Cafran et d'Aymon d'Ays, expédition qui réussit enfin : « Li Templier assemblèrent tant comme il porent de gent à pié et à cheval et s'en alèrent par la terre d'Ermenie por guerroier et forfaire. Et orent à ce fait en lor ayde le prince d'Antioche (Bohémond IV) et ses gens. Quant li rois d'Erménie vit cel effors qui grant damage li poeit fere, si fist pais au Temple et lor rendi le chastel de Gaston (= Baghrâs)[231]. »

La révolution franco-arménienne de 1216 à Antioche :
Raymond-Roupên, reconnu prince d'Antioche.

En 1216 l'affaire de la succession d'Antioche, que l'on pouvait croire close, rebondit. Nous avons vu qu'une partie de la noblesse franque de la ville, brouillée avec Bohémond IV, avait émigré à la cour du roi Léon II d'Arménie et du prétendant Raymond-Roupên. Ces émigrés, qui conservaient des intelligences à Antioche, continuaient à y intriguer en faveur de leur prétendant. Le patriarche Pierre II de Locedio, qui était toujours en querelle avec Bohémond IV, ne pouvait qu'être favorable au complot. Le prétendant Raymond-Roupên, qui savait déjà pouvoir compter sur l'appui des Hospitaliers, avait achevé de se les attacher en leur cédant par avance par acte du 22 mai 1207 la ville de Jabala ou Gibel[232], plus en septembre 1210 le château de la Vieille ou Castellum Vetulae[233]. Léon II lui-même donna en 1210 aux Hospitaliers Selefké, la principale place de la Cilicie occidentale ou Cilicie

Trachée, position des plus importantes que les Hospitaliers occupèrent de 1210 à 1226[234]. Léon donna encore aux Hospitaliers le Camard, fort élevé dans la passe du Demir Kapu ou l'actuel Kurt-Kulak, à l'angle nord-ouest du golfe d'Alexandrette, aux confins de la Syrie et de la Cilicie[235]. Enfin, nous affirme le connétable Sempad, l'argent arménien acheva de rallier les hésitants. « Léon gagna par la promesse de grandes libéralités quelques-uns des principaux de la ville qui lui en ouvrirent les portes pendant la nuit[236]. »

Nous savons par les *Gestes des Chiprois* que ce fut le sénéchal d'Antioche Acharie de Sermin[237] – en même temps maire de la commune d'Antioche *(major communis)* – qui ouvrit à Léon II et à Raymond-Roupên la porte Saint-Paul, au nord de l'enceinte (14 février 1216)[238]. Le complot avait été remarquablement organisé. On avait profité de l'absence de Bohémond IV retenu dans son comté de Tripoli. Les troupes arméniennes, introduites dans la nuit, étaient au point du jour maîtresses de la ville. Les derniers partisans de Bohémond IV – sans doute les Templiers – tinrent quelques jours encore dans la citadelle mais durent bientôt capituler[239].

Raymond-Roupên devint ainsi prince d'Antioche (1216-1219), tandis que Bohémond IV se voyait réduit à son comté de Tripoli. Les Hospitaliers qui avaient activement concouru à l'avènement de Raymond reçurent de lui la garde de la citadelle d'Antioche, comme les Templiers l'avaient naguère reçue de Bohémond IV. Feraud de Barras, châtelain des Hospitaliers à Sélefké, devint châtelain de la citadelle[240]. Bien entendu, les Hospitaliers furent également mis en possession des places que, comme prétendant, Raymond-Roupên leur avait promises. Nous savons que ce fut le sénéchal Acharie de Sermin qui, dès 1216, vint faire remise de Jabala à Joubert, châtelain des Hospitaliers à Marqab[241].

En même temps qu'aux Hospitaliers, la révolution de 1216 était due au suffrage de la noblesse franque d'Antioche – résidente ou émigrée en Arménie – et à l'intervention opportune de l'armée arménienne. Que la victoire de Raymond-Roupên ait été celle de la noblesse franque, c'est du reste ce qui semble attesté par les chartes : « À en juger par les noms des barons de la principauté d'Antioche qui le 31 mars 1216, peu de jours après la prise de la ville par Raymond-Roupên, souscrivirent les premiers actes de ce prince, il est facile de se convaincre que la noblesse latine s'était en grande partie ralliée à lui, car on y voit figurer les de l'Isle, de Hazart, le Jaune, de Laitor, de Mamendon, des Monts, de Malebrun, etc.[242]. »

La victoire de la noblesse franque se confondait forcément avec celle du clergé latin, gardien vigilant, comme elle, de la francisation. Le patriarche latin Pierre II de Locedio sacra en grande pompe Raymond-Roupên comme prince d'Antioche dans la basilique Saint-Pierre. Dans une lettre pontificale du 25 juillet 1217, le pape Honorius III recommanda aux fidèles d'obéir à Raymond-Roupên et de le défendre. Le 27 du même mois il écrivit dans le même sens au légat Pélage, en lui annonçant qu'il prenait Raymond-Roupên sous sa protection. Le 29 il écrivit encore au maire et à la commune d'Antioche[243]. Le pape espérait alors que Léon II reconnaîtrait Raymond-Roupên comme héritier et qu'ainsi, bien qu'Antioche fût placée sous le protectorat arménien, ce serait le royaume d'Arménie qui, par un heureux concours de circonstances, passerait à une dynastie franque[244].

Mais, bien entendu, Léon II n'avait aucune envie de franciser son royaume cilicien. Et ce fut alors que les difficultés commencèrent pour Raymond-Roupên, obligé de plaire à la fois à l'élément arménien et à l'élément franc. Il semble bien que, mal conseillé, il les ait mécontentés tous deux. L'*Estoire de Éracles* affirme qu'une fois maître d'Antioche il se conduisit avec la plus noire ingratitude envers son oncle Léon II et le força à quitter Antioche. « Li rois Livons estoit mal de lui por la honte que il li avait faite de lui faire chacer d'Antioche », affront que même à son lit de mort le monarque arménien ne voulut jamais pardonner[245]. Peut-être Raymond-Roupên redoutait-il que la protection arménienne ne dégénérât en tutelle et que, sous prétexte de le défendre, les Arméniens ne devinssent les vrais maîtres de la ville. Peut-être aussi craignait-il, en se montrant l'instrument trop docile du roi d'Arménie, de mécontenter la noblesse franque. Malheureusement il ne s'en attira pas moins, pour d'autres raisons, la désaffection de celle-ci. Le continuateur de Guillaume de Tyr nous dit « qu'il fu moult apovris et ot mauvais conseilleors, dont il se mist à faire enui et honte as genz de la cité, dont il le prirent moult sur le cuer[246] ».

Restauration de Bohémond IV (1219).

Il semble résulter de ce passage que, ruiné par ses engagements de prétendant, Raymond-Roupên, une fois sur le trône, trouva le trésor tellement appauvri par la guerre civile qu'il dut recourir à une fiscalité écrasante. Il mécontenta et s'aliéna ainsi la noblesse qui avait favorisé son élévation. Lâché par elle, n'ayant plus cette fois l'appui des Arméniens avec lesquels il avait rompu, il ne put se maintenir longtemps. En 1219 Guillaume de Farabel, chevalier de la famille des seigneurs du Puy, organisa un complot pour restaurer Bohémond IV[247]. Bohémond, accouru de Tripoli à l'appel de Guillaume qui avait préparé le terrain, apparut tout à coup dans la ville basse d'Antioche et fut acclamé par ce peuple versatile. Raymond-Roupên n'eut que le temps de courir s'enfermer dans la citadelle, sous la garde des Hospitaliers ; mais, craignant d'être pris par son compétiteur, il quitta bientôt la citadelle à la faveur de la nuit, eut la chance d'échapper aux ennemis et gagna l'Arménie à franc étrier. Le commandant de l'Hôpital, frère Féraud de Barras, ainsi abandonné par son prince, ne put que rendre la citadelle à Bohémond IV.

Bohémond IV, définitivement restauré, resta prince d'Antioche jusqu'à sa mort (1219-1233). Il se vengea de l'aide que les Hospitaliers avaient prêtée à son rival en séquestrant tous les biens de l'Ordre dans la principauté d'Antioche et le comté de Tripoli. Les Hospitaliers en appelèrent au Pape. Une série de bulles pontificales (1225, 1226) essayèrent vainement de ramener Bohémond IV à des idées de paix. À la fin, le 5 mars 1230, Grégoire IX excommunia le rebelle, mais en laissant, semble-t-il, au patriarche de Jérusalem, Gérold ou Giraud de Lausanne, le soin d'adoucir, le cas échéant, l'effet de la condamnation[248]. De fait Gérold qui comprenait, comme le souverain pontife, le danger de telles luttes pour la Chrétienté, s'employa à amener l'apaisement. Les Templiers se désintéressaient de la querelle depuis que leur adversaire le roi d'Arménie Léon II était décédé (1219). Déjà le 15 octobre 1221 un arbitrage du légat pontifical avait rendu possible un *modus vivendi* entre Templiers et Hospitaliers[249]. Bohémond IV se laissa à son tour réconcilier avec le grand maître de l'Hôpital Guérin, l'excellent patriarche Gérold de Lausanne servant de médiateur (27 octobre 1231). Les Hospitaliers renoncèrent à toutes les donations et concessions à eux consenties par Raymond-Roupên, à l'exception de Jabala et du Château de la Vieille, qui étaient du reste les plus importantes[250]. Bohémond IV, définitivement relevé de l'excommunication, mourut peu après (1233).

Quant au grand adversaire de Bohémond IV, le patriarche Pierre II de Locedio, il était décédé, semble-t-il, vers mars 1217[251], c'est-à-dire sous le gouvernement de son candidat Raymond-Roupên. La mort lui permit d'échapper aux vengeances de Bohémond IV restauré. Son successeur Pierre III de Capoue, docteur en théologie de l'Université de Paris, nommé patriarche par le pape Honorius III le 25 avril 1219, ne se rendit jamais en Orient et en novembre de la même année fut remplacé comme patriarche d'Antioche par un prélat toscan nommé Rénier sous le pontificat duquel (1219-1226) l'apaisement confessionnel paraît s'être enfin réalisé à Antioche[252].

*Résultat de la guerre de succession d'Antioche :
affaiblissement des Francs. Recul des Arméniens à Qarâmân.*

Le triomphe définitif de Bohémond IV avait assuré l'union personnelle des deux États francs du nord, Antioche et Tripoli, union qui devait se perpétuer jusqu'à la conquête mamelûke. Par ailleurs, la fermeté de la Papauté ayant obtenu l'éloignement du patriarche grec, et la mort de Léon II ayant mis fin aux tentatives de protectorat arménien sur Antioche, le caractère latin et français de la principauté restait intact. La longue querelle qui pendant vingt-huit ans (1203-1231) avait divisé tous les éléments chrétiens – branche aînée d'Antioche contre branche cadette, Templiers contre Hospitaliers, Grecs contre Arméniens – n'en avait pas moins dangereusement affaibli la chrétienté. Les Francs sortaient épuisés et démoralisés de cette longue lutte. Et les Arméniens eux-mêmes qui, sous leur grand roi Léon II, avaient failli en profiter un moment pour étendre leur suzeraineté, peut-être leur domination sur la principauté de l'Oronte, n'étaient finalement pas moins affaiblis par tant d'efforts : le résultat fut que, tandis qu'ils portaient toute leur attention sur la Syrie franque, les Turcs Seljûqides d'Anatolie leur enlevèrent toute la partie occidentale de leur patrimoine cilicien.

En 1211, Léon II, au faîte de sa puissance, avait attaqué les Seljûqides de Qoniya, les avait battus, grâce à son alliance avec l'émir d'Erzerum, et avait enlevé à leur sultan 'Izz al-Dîn Kaîkâwus Ier l'importante place de Laranda, l'actuel Qaramân, à une centaine de kilomètres sud-est de la capitale turque[253]. Mais en 1216 Kaîkâwus prit une éclatante revanche en taillant en pièces dans la région de Gaban l'armée arménienne commandée par le connétable Constantin. Constantin fut fait prisonnier ainsi que son homonyme, Constantin de Lampron, de la maison héthoumienne, et nombre de seigneurs arméniens. Pour obtenir la délivrance des captifs Léon II dut non seulement rendre Qaramân, mais encore céder au sultan le défilé de la région de Bozanti, ainsi que la haute vallée de l'Ermenek su, dans l'Isaurie ou Cilicie Trachée. Le sultan 'Alâ al-Dîn Kaîqubâd Ier (1219-1237), successeur de Kaîkâwus, compléta cette œuvre en enlevant aux Arméniens le reste de l'Isaurie à l'exception de Selefké[254].

Candidature de Raymond-Roupên au trône d'Arménie.
Son échec.

La mort de Léon II (2 mai 1219), au moment où son neveu et ancien protégé Raymond-Roupên venait d'être chassé d'Antioche, inspira à ce dernier l'espoir de se faire reconnaître comme héritier de la couronne d'Arménie[255]. À défaut d'Antioche perdue le prince franco-arménien pensait pouvoir recueillir la succession du roi roupénien. Certes, Léon II, à son lit de mort, avait éconduit ce neveu ingrat qui l'avait naguère chassé d'Antioche reconquise. Mais Raymond-Roupên, loin de se décourager, partit pour l'Égypte où les Croisés du cardinal Pélage assiégeaient Damiette, afin d'obtenir qu'une partie de la Croisade vînt l'aider à conquérir le royaume d'Arménie. Pendant ce temps la succession d'Arménie fut réglée par les Arméniens eux-mêmes.

Léon II ne laissait, de sa femme Sibylle de Lusignan, qu'une fille Zabel ou Isabelle. Le 1er mai 1219, Léon II avant de mourir avait fait proclamer Zabel reine d'Arménie sous la régence d'un chevalier franc vivant à son service, sire Adam de Gaston[256]. Adam ayant été « assassiné » deux ans plus tard à Sis par un ismâ'îlien[257], la régence passa au grand baron Constantin de Lampron, chef de la puissante maison héthoumienne fieffée à Lampron, l'actuel Nemrun dans le Taurus. Ce fut alors que Raymond-Roupên, revenu de Damiette où il avait obtenu des promesses du légat, pénétra en Cilicie avec une troupe de Francs pour faire reconnaître ses droits. Les chroniques arméniennes nous apprennent qu'un certain nombre de barons arméniens, notamment le connétable Vahram, châtelain de Gorigos, se rallièrent à lui et qu'il entra à Tarse[258]. À la vérité Vahram se fit payer cher son adhésion. C'est à Gorigos que Raymond avait débarqué. Or il avait amené avec lui sa mère, la princesse douairière Alice. Vahram s'éprit d'elle et ne consentit à aider Raymond-Roupên qu'à condition d'épouser sa mère. Malgré l'horreur d'un tel chantage, celle-ci se sacrifia. Se dévouant alors à la cause de son nouveau beau-fils, Vahram l'aida à s'emparer de Tarse et d'Adana[259]. Mais les succès du prétendant franc et de son protecteur n'allèrent pas plus loin. Le régent Constantin les battit, les força à se réfugier à Tarse et vint les y assiéger avec des forces supérieures. Raymond-Roupên implora alors le secours du cardinal-légat Pélage et des Hospitaliers qui assiégeaient toujours Damiette. Mais les renforts que ceux-ci lui envoyèrent d'Égypte par la route de Chypre, sous le commandement d'Aymar, neveu du maréchal de l'Hôpital Aymar de Layron, n'arrivèrent pas à temps. Dans l'intervalle les habitants de Tarse livrèrent à Constantin les portes de leur ville (1221) et celui-ci emprisonna Raymond-Roupên dans une forteresse du Taurus où le malheureux mourut l'année suivante, évidemment supprimé par ordre du régent[260].

Dramatique histoire de Philippe d'Antioche, roi d'Arménie.

Cependant les Arméniens devaient peu après faire appel à la famille d'Antioche. Fut-ce pour désarmer les vengeances que la mort de Raymond-Roupên pouvait provoquer de la part des Francs ? Toujours est-il que le tout-puissant régent, Constantin de Lampron, cherchant un époux pour la jeune reine Zabel, arrêta son choix sur le fils cadet de Bohémond IV d'Antioche-Tripoli, le prince Philippe, « pour la raison, écrit Sempad, que le prince d'Antioche, étant leur voisin, pourrait leur prêter une aide rapide chaque fois qu'il le faudrait[261]. » Les barons arméniens, continue Sempad, « posèrent comme condition que le jeune souverain vivrait à la mode arménienne, qu'il adopterait la foi et la communion des Arméniens et qu'il respecterait les privilèges de tous les nationaux ».

Philippe – qui devait penser que la couronne d'Arménie valait bien une messe grégorienne – dut promettre tout ce qu'on voulut. Il vint à Sis, épousa la jeune Zabel et fut accepté comme prince consort (1222). Mais il ne tarda pas à être soupçonné de vouloir franciser le pays. « Une fois devenu grand, écrit Sempad, et parvenu à sa vingtième année, cédant aux instigations de son père (Bohémond IV), il entreprit de chasser les chefs arméniens et de les remplacer par des gens à lui ». Bar Hebraeus complète ces renseignements[262] : Philippe, une fois roi, ne se gênait plus pour traiter les Arméniens comme une race inférieure. « Il les appelait non point *soldats* mais *paysans*. Il ne les admettait point à sa table et les laissait frapper au moins dix fois à sa porte avant de les recevoir. » Les barons arméniens – Constantin de Lampron à leur tête – formèrent un complot pour se débarrasser de lui (1224). « Une nuit leurs hommes d'armes pénétrèrent dans la chambre du roi et se saisirent de lui pendant son sommeil en l'arrachant aux bras de sa jeune femme. À cette vue Zabel se mit à fondre en larmes et à crier de toute sa force : "Sire, sire !", car elle aimait tendrement son mari. Mais les gens de Constantin, sans l'écouter, ni lui répondre, garrottèrent Philippe en sa présence et l'emmenèrent à Sis où il fut jeté en prison ».

Bohémond IV chercha aussitôt à sauver son fils, mais sans oser envahir la Cilicie, de crainte de provoquer l'exécution du captif. Après que celui-ci eut langui de longs mois dans les forteresses de Sis et de Partzerpert, Bohémond entama d'humbles négociations pour obtenir sa délivrance, Il était trop tard. Constantin de Lampron avait fait empoisonner le malheureux (1224-1225). Bohémond, désireux de se venger, s'adressa au Saint-Siège, mais le Pape, tout en ressentant une vive horreur du crime commis, se refusait à favoriser une guerre franco-arménienne, par trop nuisible à la chrétienté. Bohémond IV se tourna alors vers le sultan seljûqide de Qoniya 'Alâ al-Dîn Kaîqubâd Ier dont les troupes ravagèrent la haute Cilicie (1225). Constantin de Lampron, jouant le même jeu, s'adressa de son côté aux Aiyûbides d'Alep dont la pression força bientôt le prince d'Antioche à laisser les Arméniens en paix (1226)[263].

Dans ce douloureux conflit où chaque parti n'hésitait pas à en appeler à l'Islam, la Papauté s'était une fois de plus montrée la conscience de la chrétienté, cherchant d'abord à obtenir la libération de l'infortuné Philippe, puis à arrêter Bohémond IV et les Arméniens dans leur lutte impie.

Avènement de la dynastie héthoumienne sur le trône d'Arménie.

Cependant Constantin de Lampron touchait à ses fins. Sa maison, la maison héthoumienne était, après la maison royale roupénienne, la seconde de l'Arménie. Philippe d'Antioche une fois disparu, rien ne la séparait du trône. Dans une grande assemblée réunie à Tarse, Constantin fit décider que son propre fils Héthoum – devenu ainsi le roi Héthoum Ier – épouserait Zabel désormais veuve (1226). Mais la pauvre enfant – elle n'avait que douze ans – ne pouvait oublier le beau chevalier franc qu'on lui avait tué, après le lui avoir donné comme époux. Le sinistre régent qui avait commis ce meurtre lui faisait horreur. Abandonnant là la Cour et la couronne, elle s'échappa de Sis et courut se réfugier à Selefké, chez les Hospitaliers qui possédaient cette forteresse. La pauvrette avait compté sans la raison d'État. Le régent Constantin, son terrible futur beau-père, partit à sa poursuite à la tête d'un corps de cavalerie et arriva sur ses talons devant Selefké[264].

Le commandant des Hospitaliers de Selefké, Bertrand, fut très embarrassé. Il ne voulait pas entrer dans l'engrenage des affaires arméniennes. Mais comment, sans se déshonorer, livrer la fugitive ? « Le roi Léon, lui fait dire Sempad, nous a donné cette forteresse, nous ne pouvons répondre à sa fille : va-t-en ! ». Constantin finit par proposer aux Hospitaliers de leur racheter Selefké à prix d'or, Selefké qui les obligeait à une guerre sans issue avec les Seljûqides... Il paraît que le patriarche jacobite d'Antioche Ignace II s'entremit pour faire aboutir cette combinaison. Les Hospitaliers finirent par accepter l'offre. Ils évacuèrent la place et, dès lors, purent sans forfaire, laisser Constantin et Héthoum récupérer, avec la forteresse, la jeune Zabel[265]. Celle-ci se résigna alors à revenir à Tarse et à épouser Héthoum Ier (juin 1226).

Pendant quelque temps encore elle bouda à son époux, puis finit par se rendre compte de sa valeur. De fait, après tant de drames, elle eut la consolation de voir Héthoum Ier devenir un des plus grands rois de l'histoire arménienne (1226-1269).

CHAPITRE IV

FRÉDÉRIC II ET LA MAINMISE GERMANIQUE

§ 1ᵉʳ. — Frédéric II, roi de Jérusalem.

Le Pape donne raison à Jean de Brienne contre le légat Pélage.

Après l'évacuation de l'Égypte et la conclusion d'une paix de huit ans avec les Aiyûbides (1221-1229), le roi Jean de Brienne rentra en Syrie et resta un an à Acre. Mais la malheureuse issue de l'expédition d'Égypte avait épuisé le royaume. Devant « la pauvreté en quoi la terre (de Syrie) estoit », Jean résolut de se rendre auprès du pape et des souverains de l'Occident. Du reste le pape Honorius III et l'empereur Frédéric II l'invitaient à venir pour s'entretenir avec eux des intérêts de la Terre Sainte. Il confia la régence du « royaume d'Acre » au connétable Eude de Montbéliard et s'embarqua pour l'Italie avec le légat Pélage, le patriarche de Jérusalem Raoul, le grand maître de l'Hôpital Garin de Montaigu et le précepteur du Temple Guillaume Cadel. À la fin d'octobre 1222 il débarqua à Brindisi.

Au témoignage d'Ernoul, Jean de Brienne commença par se plaindre au pape et à l'empereur des empiétements du légat Pélage sur les droits de la couronne de Jérusalem, et des lourdes fautes commises à Damiette par ce prélat qu'il rendait avec raison responsable du désastre. Honorius et Frédéric lui promirent que le cas ne se renouvellerait plus et que les conquêtes des futures croisades reviendraient intégralement au roi de Jérusalem[1]. Mais un péril bien autrement redoutable allait fondre sur le malheureux Jean.

Mariage d'Isabelle de Jérusalem avec Frédéric II.
La France du Levant livrée à l'empire germanique.

Depuis des années le Saint-Siège espérait que l'empereur Frédéric II partirait pour la Croisade. Espoir bien illusoire, car la guerre sainte, on ne le verra que trop par la suite, n'intéressait que médiocrement Frédéric. Ses retards et ses atermoiements étaient en grande partie responsables du désastre final de l'expédition d'Égypte et de la perte de Damiette. Le vieux pape Honorius III, qui, dans sa paternelle bonté, était plein d'illusions sur son ancien pupille, et avec lui le grand maître de l'Ordre teutonique Hermann von Salza, dont le dévouement envers Frédéric n'avait d'égal que son zèle pour la Terre Sainte, pensèrent avoir trouvé un moyen décisif d'attacher l'empereur aux intérêts de la Syrie franque : lui assurer l'héritage de Jérusalem.

Jean de Brienne, de son mariage avec la reine Marie de Jérusalem-Montferrat maintenant décédée, n'avait eu qu'une fille, Isabelle ou Yolande, alors âgée de onze ans. C'était cette enfant qui, par sa mère, était l'héritière légitime de la couronne de Jérusalem, Jean de Brienne n'ayant été reconnu roi qu'à titre de prince consort. Or Frédéric II depuis quatre mois se trouvait veuf. Honorius III et Hermann von Salza eurent l'idée de lui faire épouser Isabelle et de lui assurer ainsi la succession des rois de Jérusalem[2].

Frédéric II accueillit ce projet avec empressement. Il y vit le moyen de réaliser d'un coup le programme oriental de son père Henri VI, la subordination, ou, mieux ici, l'annexion de l'Orient latin à l'Empire germanique. Jean de Brienne ébloui accepta. Avec sa loyauté de chevalier errant, franc comme son épée, sans arrière-pensée et sans malice, il ne vit que ce qu'on lui disait : l'empereur romain germanique, le maître de l'Allemagne, de l'Italie et de la Sicile devenait son gendre et allait engager toutes les forces de l'empire d'Occident dans la défense et la récupération de la Terre Sainte. Quelle perspective plus heureuse pouvait-on imaginer ? N'était-ce pas le salut assuré de l'Orient latin ?

En réalité c'était sa perte. Philippe Auguste ne s'y trompa point. Lorsque Jean de Brienne, en quittant l'Italie, vint lui rendre visite, le roi de France qui l'avait naguère désigné, cadet sans fortune, pour le trône de Jérusalem, le reçut « moult honoreement et li fist grant joie, mais moult le reprist et le blasma de ce que il avoit fait mariage de sa fille sanz son seu et sanz son conseil[3]. » Le grand politique avait vu juste. La Syrie latine, malgré son caractère théoriquement international, était, en fait, depuis longtemps, par la race comme par la culture, une colonie française. Le mariage de la dernière héritière de ses rois avec l'empereur Hohenstauffen ne pouvait que la dénationaliser, en faire une annexe de l'empire germanique et du royaume de Sicile, une vague dépendance sans vie propre, tour à tour négligée – négligée à l'égard du péril musulman – et durement régie – en ce qui concernait ses coutumes et son caractère – par les envoyés du pouvoir impérial. Le blâme de Philippe Auguste portait étrangement loin. Jean de Brienne, par le mariage de sa fille avec l'empereur germanique, aura été le dernier roi effectif de Saint-Jean-d'Acre. Après lui la royauté syrienne ne sera qu'un fleuron de plus dans la couronne impériale des Hohenstauffen, puis dans la couronne royale des Lusignans de Chypre ou des Angevins de Sicile. Sans chef réel et résidant sur place, sans pouvoir indigène au courant du milieu oriental, le royaume d'Acre se trouvera désormais incapable de jouer un rôle actif en Orient, de manœuvrer en temps utile à travers les divisions musulmanes, de profiter de l'occasion providentielle qu'allait constituer la conquête mongole. Défrancisation de la Syrie franque, réduction du glorieux royaume wallon-angevin à l'état de colonie germanique, c'était à la mort de la France du Levant que le vieux roi de Jérusalem venait de souscrire.

Il n'allait pas tarder du reste à récolter les fruits très amers de sa faute.

« *Adieu, douce Syrie, que jamais plus ne vous reverrai.* »

Ce fut en août 1225 qu'une escadre impériale de 14 navires sous le commandement de Enrico Pescatore, comte de Malte, se rendit de Brindisi à Saint-Jean-d'Acre avec l'évêque Jacques de Patti, chargé de célébrer par procuration le mariage d'Isabelle de Jérusalem et de Frédéric II. La jeune fille – elle avait maintenant quatorze ans – reçut l'anneau nuptial dans l'église Sainte-Croix d'Acre, puis fut couronnée impératrice dans la cathédrale de Tyr par l'archevêque de Tyr Simon de Maugastel, en présence du régent Eude de Montbéliard, de Gautier III de Césarée, de Balian de Sidon et de toute la noblesse franque[4]. Les *Gestes des Chiprois* et la *Chronique d'Amadi* nous décrivent avec complaisance les fêtes qui pendant quinze jours accompagnèrent cette cérémonie pleine de promesses, les rues pavoisées aux armes de Jérusalem et de Souabe, avec joutes, tournois, danses, distribution de vêtements de luxe aux seigneurs, représentations de romans de chevalerie[4] « come il convenoit de faire pour si haut mariage com est de si haute persone de l'empereor et de si haute rayne com est la rayne de Jérusalem »[5].

Quelques semaines après, la jeune impératrice-reine fit ses adieux à cette terre de Syrie où elle était née et que, dans un tragique pressentiment, elle n'espérait plus revoir : « La rayne Aallis, rayne de Chypre, et les autres dames l'acompaignèrent en la maryne, à lermes plourant, con seles qui penséent bien que jamais ne la cuidéent veïr (= revoir). Et au partir, ele regarda la terre et dist : "A Dieu vos comans (= je vous recommande), douce Syrie, que jamais plus ne vous verray !⁶." » L'archevêque de Tyr et Balian de Sidon s'embarquèrent avec elle. À son arrivée à Brindisi en octobre 1225 elle fut reçue en grande pompe par Frédéric II escorté de son père. Le mariage fut célébré à la cathédrale de Brindisi le 9 novembre 1225[7].

Le coup de traîtrise de novembre 1225. Frédéric II dépossède Jean de Brienne de la royauté syrienne.

Toute cette affaire de mariage reposait sur un malentendu entre Jean de Brienne et son nouveau gendre, malentendu soigneusement entretenu jusque-là par ce dernier, mais qu'une fois en possession de l'héritière il se chargea de dissiper. Le vieux Brienne croyait garder sa vie durant la couronne de Jérusalem. Frédéric entendait se la faire céder séance tenante. À peine le mariage célébré, avec ce cynisme brutal qui ponctuait chez lui les méandres d'une cauteleuse diplomatie, il leva le masque. « Le jor meisme des noces, nous dit l'*Éracles*, l'emperères mist le roi Johan à raison et le requist que il li deust saisir dou roiaume de Jérusalem et de toz les drois de sa fame. » Notons que juridiquement (et on sait qu'à défaut d'esprit chevaleresque l'empereur germano-sicilien était pétri d'esprit juridique) les prétentions de Frédéric II pouvaient se justifier. Jean de Brienne ne tenait ses droits que de sa défunte épouse et n'exerçait le pouvoir royal que comme bayle pour leur fille mineure Isabelle. Celle-ci étant considérée comme majeure le jour de son mariage, c'est à elle que la royauté revenait désormais, c'est-à-dire à son époux. Il n'en est pas moins vrai que, rien de tel n'ayant été annoncé pendant les longues négociations des fiançailles, le vieux roi-chevalier avait été indignement joué. « Quant li rois Johans oï ce, si en fut moult esbahis car Hermant (Hermann von Salza), li maistres de l'Ospital des Alemans, qui avoit porchacé le mariage, li avoit fait entendant que li empereres li lairoit (laisserait) tenir le roiaume de Jérusalem tote sa vie. » Mais il était trop tard pour protester. « Quant il vi que ensi aloit, si n'en pot plus faire ; ains saisi l'empereor do reiaume de Jérusalem et de toz les drois de sa fille. »

Le lendemain matin Frédéric, emmenant sa jeune épouse, quitta Brindisi sans prévenir Jean de Brienne, abandonné à ses réflexions. Le malheureux vieillard, dévorant ce premier affront, partit quand même pour les rejoindre à l'étape suivante, lamentablement ; mais là, il reçut de son gendre l'accueil le plus discourtois. En voyant arriver ce fâcheux, « l'empereor moult li fist po de semblant et dès lors commença à (le) grondoier ».

La pauvre petite impératrice-reine n'était guère moins malheureuse. Frédéric qui, malgré les quatorze ans de sa nouvelle épouse, avait hâté la consommation du mariage, la trompait déjà[8]. Un jour Jean de Brienne la trouva tout en larmes parce que Frédéric venait de violer une de ses cousines débarquée de Syrie avec elle. « Quant li rois l'oï, il en fu moult dolenz. Il conforta sa fille, puis s'en ala à l'empereor. Qant il i vint, l'empereres se leva et le bienveigna. Li rois dist qu'il ne le saluoit pas, que honi fussent tuit cil qui empereor l'avoient fait, fors seulement le roi de France, et que, se por péchié ne fust, il l'occirroit. Quant l'empereres oï ce, si ot grant poor. Dont comanda au roi qu'il vuidast sa terre. Li roi dist : "Volentiers" car en la terre à si desloial home ne demorrait (demeurerait) il mie ![9]. » Jean de Brienne indigné partit en effet pour Rome d'où le Saint-Siège devait l'envoyer gouverner une autre terre d'Orient, l'empire latin de Constantinople. Quant à la malheureuse petite Isabelle, l'adolescente précocement initiée aux douleurs de la vie, elle mourut de ses couches à seize ans, le 4 mai 1228. Comme elle laissait un fils, le futur empereur Conrad IV, héritier légitime du trône de Jérusalem, Frédéric II put continuer à administrer au nom de cet enfant les terres d'Outre-mer.

Pendant ce temps, Frédéric II, après avoir éliminé Jean de Brienne, s'était hâté de prendre possession de la Syrie franque. Des barons syriens qui avaient accompagné Jean en Italie, Balian de Sidon, Gautier de Césarée, Eude de Montbéliard, Frédéric exigea, séance tenante, le serment d'hommage. Et il envoya à Acre l'évêque de Melfi avec trois cents chevaliers siciliens pour recevoir de même l'hommage des autres barons de Terre Sainte. Jusqu'à nouvel ordre le connétable Eude de Montbéliard resta chargé de l'administration du royaume d'Acre, mais bientôt, comme son dévouement ne paraissait pas suffisant, Frédéric II envoya à Acre en qualité de « bayle » ou de lieutenant impérial l'Italien Thomas d'Aquin, comte d'Acerra, personnage énergique qui sut établir partout l'autorité des Hohenstauffen (1226).

Si le royaume d'Acre était annexé, l'autre État français du Levant, celui de Chypre, conservait son indépendance ; or l'empereur entendait soumettre l'île comme la terre ferme à son autorité. Les circonstances semblaient favorables, puisque le trône de Chype était occupé par un enfant de huit ans, Henri Ier de Lusignan : Frédéric revendiqua la régence. Mais le régent de Chypre, Philippe d'Ibelin, n'entendait nullement se laisser évincer. Appuyé sur les autres représentants de cette illustre maison et sur le gros de la noblesse française de Syrie et de Chypre, il se hâta par précaution de faire couronner le jeune Henri Ier par l'archevêque de Nicosie Eustorge de Montaigu (1225). « L'emperere Frederic, remarque Philippe de Novare, se couroussa mout dou bailliage et dou corounement, por ce que le roy Henry devoit estre son hom. Il disoit que le baillage estoit suens et que il devoit, par les us d'Alemaigne, tenir le baillage tant (jusqu'à ce) que le dit roy eust XV ans[10]. »

Les Impériaux réussirent cependant à détacher de la noblesse chypriote cinq barons influents : Amaury Barlais, Amaury de Beisan, Hugue de Gibelet, Guillaume de Rivet et Gauvain de Chenichy que leur jalousie à l'égard des Ibelin poussa à favoriser les desseins de Frédéric II. Néanmoins la conspiration ourdie par eux n'aboutit pas, et Philippe d'Ibelin put jusqu'à sa mort en 1228 exercer pacifiquement la régence du royaume insulaire[11] ; et après lui l'autorité passa, conformément à la volonté des barons loyalistes, au frère du défunt, Jean Ier d'Ibelin, seigneur de Beyrouth, ou, comme disent les chroniques, le Vieux Sire de Barut, administrateur ferme et libéral, sage, prudent et courtois, le modèle accompli de la chevalerie française de Syrie[12]. « Cestu seignor de Baruth fu vaillant et mout hardy et entreprenant et large et cortois et de bel acuell à toute gent, et por ce il estoit mout amé et renomé partout, et, parmy tout ce, il estoit sage et connoissant et preudome et léau enver Dieu[13]. » Toute la sagesse politique de ce grand baron n'allait pas être de trop pour faire obstacle aux visées annexionnistes de Frédéric II. C'était en effet le moment où l'empereur germanique allait entreprendre son voyage au Levant, bien moins pour combattre l'Islam que pour mater la noblesse française de Syrie et de Chypre.

Pour comprendre une telle conduite, il importe d'étudier l'attitude intellectuelle de Frédéric II envers la civilisation musulmane.

L'islamophilie de Frédéric II.

La hâte que Frédéric avait apportée à mettre la main sur son nouveau royaume asiatique faisait espérer à la Papauté qu'il allait enfin assumer la direction de la Croisade. Il y avait longtemps, on l'a vu, qu'à la demande du pape Innocent III – c'était en 1215 – il avait juré de prendre la croix. Depuis lors, nous le savons, il reculait indéfiniment l'exécution de son vœu. À toutes les objurgations de la Papauté, d'abord paternelles tant que vécut Honorius III, puis sévères et bientôt menaçantes depuis l'avènement de Grégoire IX, il répondait par des demandes de délai, tantôt sous des prétextes excellents, tantôt au moyen de misérables défaites. La comédie qu'il jouait depuis si longtemps finit par exaspérer Grégoire IX. Et il faut bien reconnaître qu'elle était étrange, l'attitude de ce chef de l'Occident, de ce roi de Jérusalem, si âpre quand il s'agissait de revendiquer tous les droits attachés à ce double titre et qui semblait si peu disposé à pratiquer les devoirs correspondants. La défense de l'Occident au treizième siècle s'assurait aux Marches de Syrie, face à l'Islam et à l'immense Asie, plus envahissante que jamais. Elle s'appelait la Croisade.

Mais Frédéric II n'était rien moins qu'un ennemi de l'Islam. L'Islam, il le connaissait bien. Élevé en Sicile, sur cette terre encore à demi musulmane où la domination normande était loin d'avoir effacé les traces de l'occupation arabe, tout dans la civilisation arabo-persane flattait ses goûts : la philosophie arabe, alors à son apogée, qui permettait à cet esprit curieux et presque libre penseur de s'échapper du cercle de la théologie chrétienne – l'exemple du khalifat héréditaire qui, nous le verrons, renforçait ses tendances au césaropapisme – le dévouement aveugle de ses sujets arabes de Sicile qui lui fournissaient des régiments qu'aucune menace d'excommunication ne pouvait émouvoir – les mœurs musulmanes enfin avec leur polygamie[14]. Il avait transporté de Sicile dans la région napolitaine, à Lucera, un certain nombre de familles arabes parmi lesquelles il s'était constitué une garde de mamelûks dévoués. « La population de Lucera, note Jamâl al-Dîn qui avait visité la ville, était tout entière musulmane. On y observait la fête du vendredi et les autres coutumes de l'Islamisme. L'empereur Frédéric y avait fait construire un collège où on enseignait les sciences astrologiques. Beaucoup de ses familiers et de ses secrétaires étaient musulmans. Dans son camp on faisait l'appel à la prière et la prière elle-même comme en pays musulman[15]. » Dans la ville orientale ainsi surgie en pleine Italie du treizième siècle, Frédéric faisait figure de sultan, un sultan auquel ne manquait même pas son harem.

Le *Manuscrit de Rothelin* nous a laissé un tableau indigné de ce qu'il appelle les mœurs musulmanes de Frédéric II. « Si grant amour et si grant familiarité avoit aus mescreanz et si grant acointance que, devant (= plus que) toutes genz, il honouroit il (= eux) et leurs choses. Il fist des mescreanz

Mahometoiz ses chambellanz et ses plus privez sergenz, et à celx qui estoient chastré faisoit garder ses fames. Et en plusourz choses tenoit la manière et la coustume as Sarrazins. Quant il povoit trouver aucunz mesaiges aus mescreanz (= des envoyés des princes musulmans), si grant faiste et si grant joie leur faisoit, que tuit s'en esmerveilloient, et leur donnoit biaux donz et riches. Souvent envoioit au soudant (= au sultan al-Kâmil) de biaux présanz et de riches, et tout autant faisoit li soudanz à lui. Par quoi li Apostole (= le pape) et tuit li autre Crestien qui ce savoient avoient grant doutance et grant soupeçon que il ne fust cheuz en la loi de Mahommet. Mès aucunes genz (= d'aucuns) afermoient certainment que il n'i creoit noiant et qu'il ne savoit mie encores laquele créance il vouroit abatre et laquele eslire et tenir[16]. » Si le manuscrit de Rothelin parle aussi crûment des eunuques musulmans du harem impérial, Matthieu Paris nous renseigne sur les femmes mauresques qui y figuraient : « et etiam quasdam meretriculas saracenas sibi fuisse concubinas[17]. »

Dans un domaine plus élevé, les historiens arabes attestent l'intérêt que Frédéric II portait à la science arabo-persane alors à son apogée. « Il se distinguait de tous les princes francs, note Jamâl al-Dîn, par son intérêt pour la philosophie, la logique et la médecine[18]. » « C'était un prince très savant en géométrie, en mathématiques et dans les sciences exactes, nous dit de même Maqrîzî. Il envoya au sultan Malik al-Kâmil plusieurs questions très ardues sur la théorie des nombres. Le sultan les montra au shaikh 'Alam al-Dîn Ta'sîf le Hanéfite ainsi qu'à d'autres savants. Il en écrivit les réponses et les retourna à l'empereur[19] ». Remarquons, par parenthèse, que nul, précisément, n'était mieux qualifié pour comprendre semblables préoccupations que le sultan al-Kâmil qui attirait et pensionnait richement historiens et philosophes et dont le goût pour la science était si connu qu'au Caire il faisait toujours coucher auprès de lui plusieurs savants pour discuter une partie de la nuit avec eux[20].

Ces dispositions allaient introduire dans les rapports entre Latins et Musulmans un facteur nouveau. Depuis le début des Croisades des relations d'estime personnelle, de courtoisie chevaleresque, de solidarité féodale, souvent de véritable amitié, avec, des deux côtés, une réelle note de tolérance religieuse, s'étaient établies entre princes francs et émirs, comme tel avait été le cas entre le roi Foulque d'Anjou et le régent de Damas Mu'în al-Dîn Unur ou plus récemment entre Richard Cœur de Lion et Malik al-'Adil. Plus récemment encore les bons procédés entre les sires d'Ibelin et les sultans aiyûbides illustraient cette détente franco-musulmane qui caractérise la période entre 1192 et 1249. Mais à ces sympathies politiques Frédéric II ajoute des sympathies intellectuelles, une curiosité philosophique inconnues jusque-là.

Malheureusement, ces sympathies intellectuelles étaient d'une nature très particulière. Comme un Montesquieu ou un Voltaire, Frédéric II ne s'intéresse à l'Islam que contre l'Église romaine. Son islamophilie n'est qu'une forme de son antipapisme, un antipapisme qui dissimule mal l'anticléricalisme, un anticléricalisme qui frisera l'antichristianisme. Chacun de ses éloges de la religion de Mahomet prend l'aspect d'un trait contre la religion chrétienne. Voici, dans Jamâl al-Dîn, une anecdote digne des *Lettres persanes* : « Un jour à Acre, raconte l'historien arabe, l'empereur Frédéric demanda à l'émir Fakhr al-Dîn des renseignements sur le khalife. "Le khalife, répondit l'émir, est le descendant de l'oncle de notre Prophète Muhammed. Il a reçu le khalifat de son père, et ainsi de suite, de sorte que le khalifat est resté sans solution de continuité dans la famille du Prophète." L'Empereur répliqua : "Voilà qui est très bien et très supérieur à ce qui existe chez ces imbéciles de Francs qui prennent comme chef un homme quelconque (le pape), n'ayant aucune parenté avec le Messie et qui en font une sorte de khalife pour le représenter. Cet homme n'a aucun droit à s'arroger un pareil rang, tandis que votre khalife y a tous les droits !"»[21]

Par de tels propos, par l'état d'esprit qu'ils trahissent, l'empereur germanique se mettait, qu'il le voulût ou non, hors la chrétienté. Il ne s'agissait plus de la défense des institutions monarchiques contre les empiétements théocratiques des Daimbert et des Pélage, telle que l'avaient pratiquée tous les rois de Jérusalem depuis Baudouin Ier. Il s'agissait, chez le chef politique de l'Occident, d'un divorce intellectuel et moral avec la civilisation chrétienne. Spécifions bien que les sympathies – en elles-mêmes si intéressantes – de Frédéric II pour la belle civilisation musulmane de l'époque aiyûbide sont ici hors de cause. Ce qui est infiniment plus grave, c'est que l'antipapisme, l'anticléricalisme du César germanique, dont il faisait le plus dangereux article d'exportation, devaient finir par le mettre en opposition avec les intérêts essentiels de la Chrétienté. Qu'on le voulût ou non, l'Église romaine était l'âme de la Latinité. Frédéric II, sinon au cours de sa croisade, du moins pendant toute la suite de son règne, allait être peu à peu amené, lui le chef temporel du monde latin, à adopter partout une politique antilatine. Dans les Balkans on le verra appuyer la reconquête byzantine contre la domination franque, en Égypte mettre la cour du Caire au courant des projets de débarquement de saint Louis. À la fin de son règne ce singulier Occidental se prononcera partout contre les idéaux, les intérêts, les raisons d'être de l'Occident, pour toutes les doctrines, pour tous les intérêts ennemis de la civilisation occidentale. En 1228, il est vrai, le duel à mort du Sacerdoce et de l'Empire n'avait pas encore fait de lui la bête traquée qui, pour abattre Rome, aurait renversé l'Europe. Il soutenait encore avec décence, sinon avec conviction, son rôle de roi de Jérusalem. Mais ce que nous savons de ses tendances nous annonce suffisamment que le voyage en Orient de cet étrange Croisé ne pourra être, aux yeux des Musulmans surpris et des Chrétiens scandalisés, que la visite du sultan de Sicile à son ami, le sultan d'Égypte.

Tel fut bien en effet l'aspect réel de la « Croisade » de Frédéric II, telle en fut la raison déterminante. Ce fut à l'appel du sultan que l'empereur germanique, si longtemps sourd aux objurgations du pape, entreprit enfin le voyage de Syrie. Mais pour comprendre ce chapitre inattendu de l'histoire des Croisades, un bref retour sur les querelles aiyûbides est ici nécessaire.

*Causes du rapprochement germano-musulman :
la rivalité entre les épigones aiyûbides et la menace
d'une invasion khwârizmienne.*

L'échec de la Cinquième Croisade avait été dû pour une bonne part à l'étroite entente entre les trois frères aiyûbides, fils et successeurs de Malik al-'Adil : Malik al-Kâmil, sultan d'Égyte, Malik al-Mu'azzam, sultan de Damas, et Malik al-Ashraf, sultan de Khilât et de la Jazîra[22]. Aux mauvais jours du siège de Damiette on avait vu al Mu'azzam, puis al-Ashraf venir en Égypte, le premier de Damas, le second de la Jazîra, pour sauver les États d'al-Kâmil.

Or cette harmonie se rompit vers la fin de 1223 et le commencement de 1224. Al Mu'azzam, sultan de Damas, ayant voulu enlever le fief de Hamâ à son cousin al-Nâsir Qilij-Arslân, chef de la branche des cadets aiyûbides qui régnait dans cette ville, al-Kâmil et al-Ashraf le forcèrent à lâcher prise[23]. Pendant les années suivantes l'hostilité entre al-Mu'azzam d'une part, al-Kâmil et al-Ashraf de l'autre ne fit que s'accentuer. Le sultan d'Égypte et celui de la Jazîra se trouvaient maintenant étroitement unis contre leur frère de Damas dont les visées à l'hégémonie étaient manifestes et l'unité de la famille 'adilide n'était plus qu'un souvenir. En 1226 la crise latente éclata, Al-Ashraf, caractère chevaleresque, fait de générosité, d'imprudence et de décousu, commit la folie de se rendre à Damas, auprès de son frère Mu'azzam pour tenter de le ramener au sentiment de la solidarité familiale, d'autant que, comme nous le verrons, l'invasion khwârizmienne menaçait directement al-Ashraf et, derrière lui, tout l'empire aiyûbide. Mais al-Mu'azzam, personnage dissimulé et ambitieux qui n'aspirait qu'à s'emparer des possessions de ses frères, ne laissa pas passer une aussi favorable occasion. Tout en accueillant al-Ashraf avec de grands témoignages d'amitié, il le retint auprès de lui dans une espèce de captivité dorée et exigea de lui l'engagement de l'aider à annexer les principautés aiyûbides de Homs et de Hamâ et surtout de seconder une attaque contre leur troisième frère al-Kâmil, sultan d'Égypte. Il est vrai qu'une fois libéré, al-Ashraf se hâta de répudier ses engagements et de prévenir al-Kâmil[24].

La discorde entre les trois frères aiyûbides était d'autant plus grave qu'ils n'hésitaient pas à chercher appui les uns contre les autres auprès des princes étrangers, Malik al-Mu'azzam, le sultan de Damas, auprès des Khwârizmiens, Malik al-Kâmil, le sultan d'Égypte, auprès du nouveau roi de Jérusalem : l'empereur Frédéric II[25].

L'apparition des Turcs du Khwârizm dans les affaires du Levant était un des contre-coups de l'invasion mongole qui, directement ou indirectement, bouleversait la face de l'Asie. On a vu que dans les années 1220-1222 le conquérant mongol Gengis-Khan avait détruit l'empire turc du Khwârizm (pays de Khiva) qui s'étendait à la Transoxiane et à l'Iran presque entier. L'héritier des shâhs du Khwârizm, le sultan Jelâl al-Dîn Manguberti, avait dû se réfugier dans l'Inde. C'était le type même du paladin musulman, un héros de cape et d'épée prestigieux, romanesque et un peu fou auquel il n'allait manquer pour faire œuvre durable qu'un minimum d'esprit politique et de suite dans les idées. Une fois la grande armée mongole rentrée en Extrême-Orient (on sait que les Mongols venaient d'entreprendre la conquête de la Chine)[26], Jelâl al-Dîn revint de l'Inde en Perse où les populations, tremblant encore des massacres mongols, l'accueillirent comme un sauveur (1223). Les Turcs Khwârizmiens, tous les anciens soldats de son père, accoururent à son appel et en quelques mois il se trouva de nouveau maître de la Perse (1225). Isfahân et Tauris lui servaient de capitales et, de l'Adharbaijan, qu'il venait d'enlever aux derniers atâbegs locaux et où il résidait de préférence, il dominait tant le Moyen Orient[27].

On pouvait croire que ce brillant capitaine allait y former le faisceau des forces musulmanes contre les nouvelles invasions mongoles prêtes à déferler. Mais Jelâl al-Dîn était si étranger à tout esprit politique qu'au lieu d'un principe de force il fut pour l'Islam, à la veille de la conquête mongole définitive, un agent de désorganisation et de discorde. Bien loin de mettre à profit le répit que lui laissaient les Mongols pour organiser la résistance musulmane, il attaqua le khalife de Baghdâd al-Nâsir et marcha sur Baghdâd, battit les troupes khalifales et les poursuivit jusqu'à la banlieue de la grande ville (1225). Du reste, avec le même décousu dans les idées, il abandonna la conquête de l'Irâq 'Arabî pour aller au nord dévaster la Géorgie (1226). Après quoi il se heurta à l'un des trois frères aiyûbides, à al-Ashraf.

Al-Ashraf, on l'a vu, avait reçu dans l'héritage de son père Malik al-'Adil, l'Arménie aiyûbide, avec Khilât comme capitale, plus la Jazîra. Entre lui et Jelâl al-Dîn, maintenant installé en Adharbaijân, le conflit éclata dès le printemps de 1226. Mais l'état de division des trois frères 'adilides favorisa les ambitions du conquérant khwârizmien, car il trouva contre al-Ashraf l'appui du frère de ce dernier, al-Mu'azzam, sultan de Damas[28].

En cette année 1226 où l'empereur Frédéric II était sommé par le Saint-Siège de tenir ses promesses de Croisade, l'Orient musulman était donc divisé en deux partis adverses : d'un côté deux des rois aiyûbides, Malik al-Kâmil, sultan d'Égypte, et Malik al-Ashraf, sultan de la Jazîra et de la Grande Arménie ; de l'autre le troisième frère aiyûbide Malik al-Mu'azzam, sultan de Damas, et le sultan turc-khwârizmien, maître de la Perse, Jelâl al-Dîn Manguberti. Ce fut même à la demande du sultan de Damas que Jelâl al-Dîn vint assiéger Khilât, capitale d'al-Ashraf (juin 1226)[29].

Dans son désir de réunir entre ses mains tout l'héritage de son père al-'Adil et de son oncle Saladin, le sultan de Damas n'hésitait donc pas à faire appel aux Khwârizmiens. Il alla jusqu'à reconnaître la suzeraineté de Jelâl al-Dîn qui lui envoya une pelisse d'investiture. Malik al-Mu'azzam s'en revêtit publiquement et, sûr de l'appui des vieilles bandes khwârizmiennes – les seules troupes de l'Asie qui eussent quelque peu tenu tête à Gengis-Khan, – il supprima dans la prière le nom de son frère al-Kâmil[30].

Al-Kâmil et al-Ashraf furent très émus par ce péril. Non seulement le second qui voyait sa ville de Khilât étroitement assiégée par les Khwârizmiens, mais même le sultan d'Égypte redoutait plus que tout l'invasion de ces derniers. Personnellement Jelâl al-Dîn se montrait tantôt d'une rigueur impitoyable, tantôt chevaleresque et magnanime, mais ses vieilles bandes khwârizmiennes, formées de Turcs à demi barbares, se conduisaient en tout état de cause avec une férocité inouïe, digne, nous disent les historiens arabes, des Mongols eux-mêmes. En s'alliant aux Khwârizmiens, al-Mu'azzam jouait proprement avec le feu. C'était l'appel aux Barbares. Al-Kâmil ne s'y trompa point. Dans un éclair le sultan philosophe et lettré vit sa belle terre d'Égypte envahie par les féroces escadrons turkmènes, la civilisation tout entière en péril, péril d'autant plus grave que les Khwârizmiens n'étaient que les avant-coureurs de l'invasion mongole et que derrière Jelâl al-Dîn se profilait l'ombre terrible de Gengis-Khan. Jelâl al-Dîn avait beau être musulman comme al-

Kâmil, ce dernier, aussi accommodant au point de vue islamique que Frédéric II pouvait l'être au point de vue chrétien, se sentait beaucoup plus en sécurité avec le sceptique empereur d'Occident qu'avec le sanguinaire sabreur turc. Contre la menace khwârizmienne, pour la défense de la civilisation, al Kâmil commençait à penser qu'il n'y avait de recours que dans un rapprochement sérieux avec les chrétiens.

L'appel d'Al-Kâmil à Frédéric II.

Au début de septembre 1227, la guerre générale entre Musulmans était sur le point d'éclater. Al Kâmil concentrait l'armée égyptienne pour marcher sur Damas. Une réponse menaçante d'al-Mu'azzam, qui lui révéla qu'une partie des émirs égyptiens trahissaient, fit hésiter le sultan d'Égypte. Surtout il redoutait l'arrivée en avalanche des terribles bandes khwârizmiennes, appelées par son frère. Il fit alors ce qu'avaient fait avant lui tant de princes musulmans : l'appel aux Francs, en l'espèce, à leur nouveau roi, l'empereur Frédéric II.

« Quand al-Kâmil eut la certitude que son frère al-Mu'azzam avait obtenu l'appui au Khwârizm-shâh Jelâl al-Dîn, il prit peur et écrivit à l'empereur *(al-anberûr)*, roi des Francs. Il demanda à celui-ci de se rendre à Acre et lui promit, s'il s'occupait son frère al-Mu'azzam, de lui donner la ville de Jérusalem avec plusieurs places du Sâhel »[31]. L'ambassadeur chargé d'apporter ce message était l'émir Fakhr al-Dîn ibn al-Sheikh[32]. Il semble d'ailleurs que Fakhr al-Dîn ait fait deux fois le voyage de Sicile pour entretenir Frédéric II des demandes de son maître, une fois dès l'automne de 1226, une seconde fois vers octobre 1227. Frédéric se lia d'amitié avec l'émir auquel, nous dit Joinville, il conféra la chevalerie et qui depuis porta sur sa bannière les armes de l'empereur[33]. Entre temps, Frédéric II avait lui-même envoyé à al-Kâmil, au Caire, deux ambassadeurs, Thomas d'Aquin comte d'Acerra et l'évêque Bérard de Palerme[34]. « Cette année, note Maqrîzî, arriva (au Caire) l'ambassadeur du roi des Francs ; il apportait au sultan Malik al-Kâmil des cadeaux très précieux et de riches présents ; il lui offrit entre autres plusieurs chevaux, parmi lesquels le propre cheval de ce roi avec une selle d'or incrustée de pierreries. Al-Kâmil se rendit en personne au-devant de l'ambassadeur auprès du Caire, le combla de grandes marques d'honneur, et lui donna comme demeure la maison du dernier vizir. Il s'occupa ensuite d'envoyer des présents au roi des Francs parmi lesquels se trouvaient des cadeaux venant de l'Inde, du Yémen, de l'Irâq, de Syrie, d'Égypte, de l'Irâq 'Ajemî, de valeur encore plus considérable »[35].

De la cour d'Égypte, Bérard de Palerme se rendit à celle de Damas pour inviter al-Mu'azzam à rendre Jérusalem à Frédéric II. L'accueil y fut, on le devine, tout différent. « Dis à ton maître, répondit durement al-Mu'azzam, que je ne suis pas comme certains autres et que pour lui je n'ai que mon épée ! »[36].

Ainsi, tandis que la papauté enjoignait à Frédéric II de partir en Orient pour y diriger la guerre sainte contre l'islamisme, le sultan d'Égypte l'invitait à y venir en ami et en allié pour défendre la domination aiyûbide en Égypte et dans la Jazîra contre les invasions khwârizmiennes et tous les remous de barbarie propagés du fond de l'Asie Centrale par la tourmente mongole. Cette double invite allait permettre à l'empereur sicilien de jouer un jeu diplomatique subtil, encore qu'assez compliqué et contradictoire, voire dangereux, où il ne réussit que par un véritable tour de force.

En attendant Frédéric II.
Construction de Montfort et réoccupation de Sidon (1227).

Frédéric, il est vrai, s'était fait devancer en Syrie par un premier contingent de croisés germaniques sous le commandement du duc Henri IV de Limbourg (début d'octobre 1227). En même temps qu'eux, se trouvèrent réunis à Acre des Croisés français et anglais – ces derniers sous le commandement des évêques Guillaume d'Exeter et Pierre de Winchester (octobre 1227). Mais l'absence de l'empereur, l'incertitude où l'on se trouvait sur ses intentions interdisaient au duc de Limbourg toute initiative d'ensemble. Le délai se prolongeant, et les Croisés commençant à s'impatienter, leurs chefs résolurent, en attendant Frédéric II, de les employer à fortifier Césarée, Jaffa et les autres places de la côte. Les Croisés français se rendirent à Sidon, ville dont le territoire était partagé de moitié entre les Francs et les Musulmans (ces derniers relevant du malik de Damas). Ils chassèrent les Musulmans de leur secteur et décidèrent de relever les fortifications de l'ancienne ville. Se trouvant sans doute en trop petit nombre pour mener à eux seuls cette entreprise, ils fortifièrent, à l'entrée nord-est du port, l'îlot de Qal'at al-Ba*h*r, en y construisant un château composé de deux tours réunies entre elles par une muraille (novembre 1227)[37]. De cette Sidon insulaire, dont la maîtrise de la mer assurait la possession aux Francs, ceux-ci pourraient à leur gré dominer la ville de terre ferme[38]. Pendant ce temps les Croisés allemands allèrent élever ou reconstruire dans la montagne au nord-est d'Acre, sur le cours supérieur du Wâdî al-Qurain, la forteresse de Montfort ou Franc-Chastiau (Qal'at al-Qurain) (10 novembre 1227). Le grand maître Hermann von Salza y établit le siège principal de l'Ordre teutonique. Les Croisés allemands passèrent dans cette forteresse le mois de décembre, puis, au printemps 1228, après Pâques, vinrent reconstruire de même le château de Césarée, précédemment ruiné par al Mu'a*zz*am[39]. En avril 1228 Frédéric II devait envoyer encore en Syrie un petit renfort de 500 chevaliers sous le commandement du maréchal Ricardo Filanghieri.

Ces premiers contingents qu'on croyait être l'avant-garde d'une grande armée impériale ne pouvaient rien sans la présence de l'empereur lui-même. Aussi Musulmans comme Chrétiens, tous s'attendaient à quelque débarquement formidable. En ces années 1227-1228 le Levant était dans l'espoir ou la crainte de l'arrivée d'un nouveau Barberousse.

§ 2. — Un pèlerinage sans la foi.
L'étrange Croisade de Frédéric II.

Conditions défavorables du voyage de Frédéric II au point de vue de la Chrétienté comme de l'Islam.

Le retard de Frédéric II à partir pour la Syrie s'explique sans doute par les exigences de sa négociation avec le sultan d'Égypte. Mais il semble que, comme notre Louis XI, l'empereur germano-silicien ait voulu être trop habile. À force d'atermoyer pour ne partir qu'au moment le plus favorable, il laissa passer ce moment et cela tant au point de vue de l'effet moral dans le monde chrétien qu'à l'égard de son pacte avec le sultan al-Kâmil. D'une part le nouveau pape Grégoire IX, qui n'avait pas pour lui les trésors de patience d'Honorius III, exigea son départ immédiat et, comme Frédéric, retardé par la mort de son ami le landgrave de Thuringe et par sa propre maladie, ajournait encore son départ, le pape, se refusant à croire à ses explications, l'excommunia (28 septembre 1227). Décision grave qui rendait moralement impossible la croisade de l'empereur ; du reste Grégoire IX le comprit ainsi puisqu'il lui interdit formellement de partir pour la Terre Sainte. Mais Frédéric, dont le voyage devait avoir si peu le caractère d'une croisade, passa outre. Malgré les objurgations de la Papauté il avait d'année en année différé son départ. Malgré la défense du pape, une fois excommunié, il s'embarqua pour la Syrie (de Brindisi, le 28 juin 1228).

Seulement, même au point de vue de ses tractations avec le sultan d'Égypte, il avait réellement trop tardé. Si al-Kâmil avait sollicité son alliance, s'il lui avait envoyé une seconde fois dans ce but l'émir Fakhr al-Dîn, c'était pour obtenir son aide contre son frère le sultan de Damas al-Mu'azzam qui menaçait de provoquer une invasion khwârizmienne. Or, pendant la seconde ambassade de Fakhr al-Dîn, al-Mu'azzam mourut (11 novembre 1227). Le fils de Mu'azzam, al-Nâsir Dâwûd, un jeune homme inexpérimenté de vingt et un ans qui lui succéda à Damas, était beaucoup trop faible pour constituer un péril. Le danger passé, le sultan d'Égypte n'avait plus aucun intérêt à faire venir Frédéric. Regrettant ses invites et ses promesses (pourquoi eût-il à présent maintenu l'offre de rétrocéder aux chrétiens Jérusalem ?), il n'eut plus désormais qu'un désir : éviter le voyage de l'empereur.

Là encore il était trop tard. Frédéric II s'était trop avancé pour reculer. Il partait donc, mais il partait dans les conditions les moins favorables, Croisé excommunié, mis au ban de la Chrétienié par le Saint-Siège, et en même temps – au lieu d'arriver en allié du sultan d'Égypte – il survenait, aux yeux de ce dernier, comme le plus indésirable des voyageurs.

Pour avoir voulu louvoyer trop habilement entre l'Islam et la Chrétienté, il avait laissé passer l'heure et il se voyait désavoué par la Chrétienté comme par l'Islam.

Frédéric II et la France de Chypre.
Le coup de force de Limassol.

La première partie de la « Croisade » de l'empereur germanique se présenta comme une tentative pour assujétir à sa domination le royaume français de Chypre.

Comme on l'a vu, le trône de Chypre était alors occupé par un enfant de onze ans, Henri Ier de Lusignan, au nom duquel l'autorité était exercée par le chef des barons syriens, Jean Ier d'Ibelin, seigneur de Beyrouth. Frédéric débarqua à Limassol le 21 juillet 1228. Reçu avec déférence par Jean d'Ibelin, il affecta d'abord la plus franche amitié pour lui et l'invita avec toute la noblesse chypriote à un banquet magnifique à Limassol même. En réalité Amaury Barlais et les autres barons dissidents qui s'étaient rendus auprès de lui[40] l'avaient engagé à se débarrasser du bayle et de tout le parti des Ibelin. Le sire de Beyrouth n'était pas sans se douter de ce qui se tramait, mais à ses amis qui le dissuadaient de se rendre au banquet il répondit noblement « qu'il voloit meaus (= préférait) estre pris ou mors que consentir que l'on peüst dire que par luy ne par son lignage ne par les gens desà mer (= par les barons syriens) fust remés ne destornés le servize (de) Deu ne le conquest dou reyaume de Jérusalem, car il ne voloit pas mesfaire à Nostre Seignor ne que l'on peüst dire par le siècle : l'empereor de Rome ala outremer à grans esfors, et eüst tout conquis, mais le sire de Baruth et les autres desloyaus d'Outremer aiment plus les Sarrasins que les Crestiens et por ce se revelerent (rebellèrent) à l'empereor et ne vostrent que la Terre Sainte fust recovrée ».

Jean d'Ibelin avec un beau courage se rendit donc au banquet impérial, mais tout se passa comme il ne l'avait que trop prévu. Dans la nuit qui précéda le festin Frédéric avait secrètement garni les issues du château de Limassol de ses hommes d'armes ; à la fin du festin ils surgirent brusquement derrière les convives et lui-même leva le masque. Sans préambule il somma Jean d'Ibelin de lui rendre des comptes pour sa gestion des finances de Chypre et, sur le continent, de lui remettre la place de Beyrouth, (« que vos me rendés la cité de Baruth, car vous ne l'avés ni tenés raisonablement »). La première demande tendait à faire reconnaître implicitement la suzeraineté de l'empereur sur Chypre et même à lui conférer la régence du royaume insulaire ; la seconde à dépouiller le chef des Ibelin de son fief syrien personnel. À l'appui de ses prétentions, Frédéric invoquait le droit impérial germanique « car ce est mon dreit, selon l'usage d'Alemaigne »[41]. Il était impossible de signifier plus nettement que les droits et coutumes des deux royaumes français du Levant se trouvaient abolis par l'annexion germanique ; et la menace suivait : « L'empereor mist la main sur sa teste et dist : Par cest chef que maintes fois a couroune portée, je feray mon gré des II choses que j'ay demandé, ou vous estes pris[42] ! » Derrière les convives, apparaissaient les satellites de l'empereur « les uns as poumeaus des espées, les autres as couteaus ».

La force et le droit. Fermeté de Jean d'Ibelin.

Avec courtoisie mais fermeté Jean d'Ibelin répliqua en invoquant les lois du royaume français : il ne répondrait de ses titres de propriété sur Beyrouth que devant la Cour du royaume de Jérusalem, à Saint-Jean-d'Acre ; des revenus de Chypre que devant la cour de Nicosie. Contre les projets d'annexion impériale il proclamait les droits de la noblesse française, héritière de l'ancien royaume hiérosolymitain et qui n'entendait pas laisser traiter la France du Levant comme une simple marche germanique : « Je ay et tien Baruth come mon droit fié, et madame la reyne Yzabeau (Isabelle Ire) qui fu ma seur de par ma mère et fille dou roy Amaury (Ier) et son seignor le roy Amaury (II) ensemblement me dounèrent Baruth quant la crestienté l'ot recouvrée toute abatue et l'ay fermée (= fortifiée) et maintenue de mon travaill, et se vous entendés que je la tiens à tort, je vous en fourniray raison et droit en la court dou reyaume de Jérusalem !... Et soiés certains que pour doute (= crainte) de mort ou de prizon, je ne feray (pas) plus, se jugement de bonne court et loyale ne le me faisoit faire[43]. »

Devant l'argument du droit opposé à la force, le César germanique se laisse aller à toute sa brutalité : « Je ay oï (dire) de là la mer que vos paroles sont mout belles et polies et que vous estes mout sages et mout soutils (= subtil) de paroles, mais je vous mostrerai bien que vostre sens et vostre soutilèce ne vaudront rien contre ma force ! »

Dans ce dialogue dramatique dont le fin parler de Philippe de Novare nous fait sentir toutes les nuances, le sire de Beyrouth, interprète du sentiment des barons français, répondit à l'empereur allemand avec une franchise directe qui fit trembler pour lui ses compagnons : « Sire, vous avès oï parler de mes paroles polies, et (moi) je ray bien oy parler souvent et lonc tens de vos euvres, et quant je mui à venir sà, tout mon conseil me dist à une vois ce meisme que vous me faites ores, et je ne vos croire nuluy (= personne). » Suivait la magnifique déclaration précédemment faite par le vieux chevalier aux conseillers de prudence : quand il était venu se fier à la loyauté de l'empereur germanique, il n'ignorait rien des trahisons auxquelles l'exposait le caractère bien connu de celui-ci, mais il avait préféré courir ce risque que pouvoir être accusé de ne pas être venu se joindre à la croisade de l'empereur pour la délivrance du Saint Sépulcre, « ne que deist l'on : "Ne savés, l'emperere de Rome ala outre mer et eust tout conquis, se ne feussent ceus d'Ybelin qui ne vostrent sivre l'empereor, et por ce est tout perdu. Tout ce meisme dis-je à mon conseil quant je party au venir à vous de Nicossie et vins tous apencés de soufrir quanque (tout ce qui) peust avenir proprement par amor de Nostre Seignor Jehsu Crist qui souffri passion et mort pour nous, qui nous en délivrera, se à lui plaist, et se il veaut et deigne soufrir que nous recevons mort ou prison, je l'en mercy, et à luy me tien dou tout." Atant se taist et s'assist. » Discours d'une admirable éloquence, un des plus beaux de notre français médiéval, et où toute l'émotion est faite de la noblesse d'âme du vieux chevalier. Dans le souffle puissant qui l'anime, comment ne pas sentir l'expression même de ce patriotisme de Terre Sainte auquel « le vieux sire de Beyrouth » subordonnait tout, même sa fortune, sa liberté et sa vie ?

L'empereur, poursuit Novare, « fu mout courouscié et chanja couleur », mais il n'osa aller jusqu'au bout, d'autant que Jean d'Ibelin, après avoir donné des otages, courut s'enfermer dans la puissante forteresse de Dieu-d'Amour (Hagios Hilarion), dans la chaîne de montagnes qui sépare Nicosie de Cérines, où Frédéric n'osa l'attaquer. Les hostilités furent cependant bien près d'éclater. Comme Frédéric essayait d'attirer Jean d'Ibelin dans un nouveau guet-apens, deux jeunes chevaliers, Anseau de Brie et Jean de Césarée (fils du connétable Gautier) offrirent au seigneur de Beyrouth de poignarder l'empereur, mais le loyal capitaine s'y refusa avec indignation. De même, quand Frédéric se rendit de Limassol à Nicosie, plusieurs barons chypriotes, voyant qu'il n'avait que peu de monde avec lui, proposaient de diriger contre lui une attaque brusquée, mais, de nouveau, Jean d'Ibelin, avec son loyalisme inébranlable, s'y opposa : bien que perfide et tyrannique, Frédéric restait, en droit, son suzerain et le maître légitime du royaume de Jérusalem : « Il est mon seignor ; que qu'il face, nous garderons nos henors ! »

Quant à Frédéric, les mauvaises nouvelles qu'il recevait de Syrie l'engageaient à ne pas pousser les choses à l'extrême. Un accord intervint donc entre lui et les barons chypriotes, y compris Jean d'Ibelin. Les barons chypriotes consentirent à reconnaître l'empereur comme suzerain de leur roi, suzeraineté qui, d'ailleurs, découlait juridiquement de l'investiture jadis conférée par l'empereur Henri VI à Amaury de Lusignan. En revanche ils refusèrent d'ajouter à cette reconnaissance globale une prestation d'hommage direct et personnel à Frédéric. La netteté de cette distinction juridique, telle que l'établit Philippe de Novare, ne laisse rien à désirer. Se plaçant avec une courtoise mais inébranlable fermeté sur le terrain de la légalité constitutionnelle et du droit féodal, la noblesse française de Chypre avait finalement réussi à écarter les prétentions absolutistes et annexionnistes du César germanique[44].

Frédéric II et Bohémond IV.

Le prince d'Antioche Bohémond IV était venu à Chypre avec Guy Ier de Gibelet et Balian de Sidon pour faire sa cour à l'empereur. Lui aussi se vit traité en sujet et conçut aussitôt de vives inquiétudes : Frédéric, qui avait voulu déposséder

Jean d'Ibelin du fief de Beyrouth, n'allait-il pas vouloir se saisir pareillement de Tripoli et d'Antioche en s'assurant, comme gage, de la personne même de Bohémond ? Celui-ci prit peur. Il « se tint à mort et à dezérité ». Pour donner le change et se tirer du guêpier, il simula la démence : « contrefit le malade et le muet, et crioit trop durement (= à tue-tête) : "A ! a ! a !" et tant se tint ainsi que... s'en fuy en une galée, et arriva à un suen chastel quy a nom Néfin..., mais si tost come il fu à Néfin, il fu gary. Là rendy grâces à Deu que il estoit eschapé de l'empereur[45]. » Excellente comédie, savoureuse comme un fabliau, grâce à laquelle la vieille terre normande, poitevine et toulousaine d'Antioche-Tripoli échappa à la tentative de défrancisation de l'empereur germanique.

Il n'est pas besoin d'insister, à la lumière de tels faits, sur l'impression produite au Levant par Frédéric II. Impression de crainte, mais d'une crainte à laquelle ne se mêlait aucun respect et qui inspirait au contraire à « la nostre gent » une révolte irrévérencieuse et goguenarde. Que nous sommes loin de la majesté encore carolingienne d'un Barberousse, ou du respect qu'inspirera la valeur morale d'un saint Louis ! Ici la majesté impériale la plus authentique, chez l'héritier de Charlemagne et des Césars, se rabaisse à des expédients de condottiere, à des déloyautés d'aventurier. C'est un tyran de la Renaissance italienne égaré dans la belle société chrétienne du treizième siècle. Les actes mêmes par lesquels l'empereur germanique essaie de réaliser son rêve d'État centralisé à la manière antique (ou déjà moderne) se présentent comme de mauvais coups. Au lieu de fédérer la chrétienté autour de lui, comme son titre d'empereur d'Occident lui en imposerait le devoir, il apparaît dès ses premiers pas comme un Croisé de guerre civile, cette guerre anticléricale qui, par sa faute, va déchirer la chrétienté et dont il fait au Levant le plus dangereux article d'exportation.

Ce fut donc précédé de la plus fâcheuse réputation que, le 3 septembre 1228, Frédéric II s'embarqua à Famagouste pour Saint-Jean-d'Acre. Cependant, à la suite de l'accord précédemment intervenu, les barons chypriotes et le jeune roi de Chypre Henri Ier lui-même l'accompagnèrent sur le continent. Quant à Jean d'Ibelin, il se rendit d'abord directement dans sa ville de Beyrouth, « et il y fu mout volentiers veü, car nul seignor ne fu onques plus amé de ses homes ». Puis, après s'être assuré que la garnison était à l'abri d'un coup de surprise, il rejoignit correctement l'empereur à Tyr...

À l'arrière-plan de la Croisade frédéricienne :
guerre du sultan d'Égypte contre le malik de Damas.

Comme on l'a dit, Frédéric II, en débarquant à Saint-Jean-d'Acre (7 septembre 1228), n'y trouvait plus la situation escomptée. Toute sa politique syrienne reposait sur l'opposition du sultan d'Égypte, al-Kâmil, et du frère de celui-ci, le sultan de Damas, al-Mu'a*zz*am. C'était à l'appel d'al-Kâmil qu'il s'était enfin décidé à entreprendre cet ennuyeux voyage. Il comptait, en arrivant, aider le sultan d'Égypte à annexer Damas et recevoir en échange la Palestine.

Le décès du roi de Damas al-Mu'azzam, le 12 novembre 1227, avait rendu caduque cette combinaison. La disparition du prince contre lequel s'était nouée l'alliance germano-égyptienne enlevait à celle-ci la majeure partie de son intérêt aux yeux de la cour du Caire. Le fils du défunt, l'héritier de Damas et de Jérusalem, Malik al-Nâ*s*ir Dâwud, âgé de vingt et un ans, ne constituait une menace pour personne ; tout au contraire, sa faiblesse permettait à ses deux oncles, al-Kâmil, sultan d'Égypte, et al-Ashraf, prince de la Jazîra, d'escompter un partage prochain du royaume de Damas[46]. Au moment même où Frédéric II s'apprêtait à passer de Chypre en Palestine, al-Kâmil quittait l'Égypte à la tête d'une armée et occupait sans combat, sur les terres de son neveu, Jérusalem et Naplouse[47]. Le malheureux al-Nâsir implora alors l'aide de son autre oncle, al-Ashraf. Celui-ci descendit aussitôt de la Jazîra à Damas et affecta de prendre son neveu sous sa protection (août 1228). Alors s'engagea entre les deux frères un jeu d'hypocrisie diplomatique que nous rapporte avec admiration Ibn al-A*th*îr et dont l'héritier de Damas allait faire tous les frais. « De Damas, al-Ashraf envoya un message au sultan (al-Kâmil) pour tenter de le fléchir et l'assurer que si lui, al-Ashraf, était venu à Damas, c'était uniquement par déférence pour le sultan, afin de le seconder dans ses desseins et de s'unir à lui pour défendre le pays contre les Francs. » Al-

FRÉDÉRIC II ET LA MAINMISE GERMANIQUE

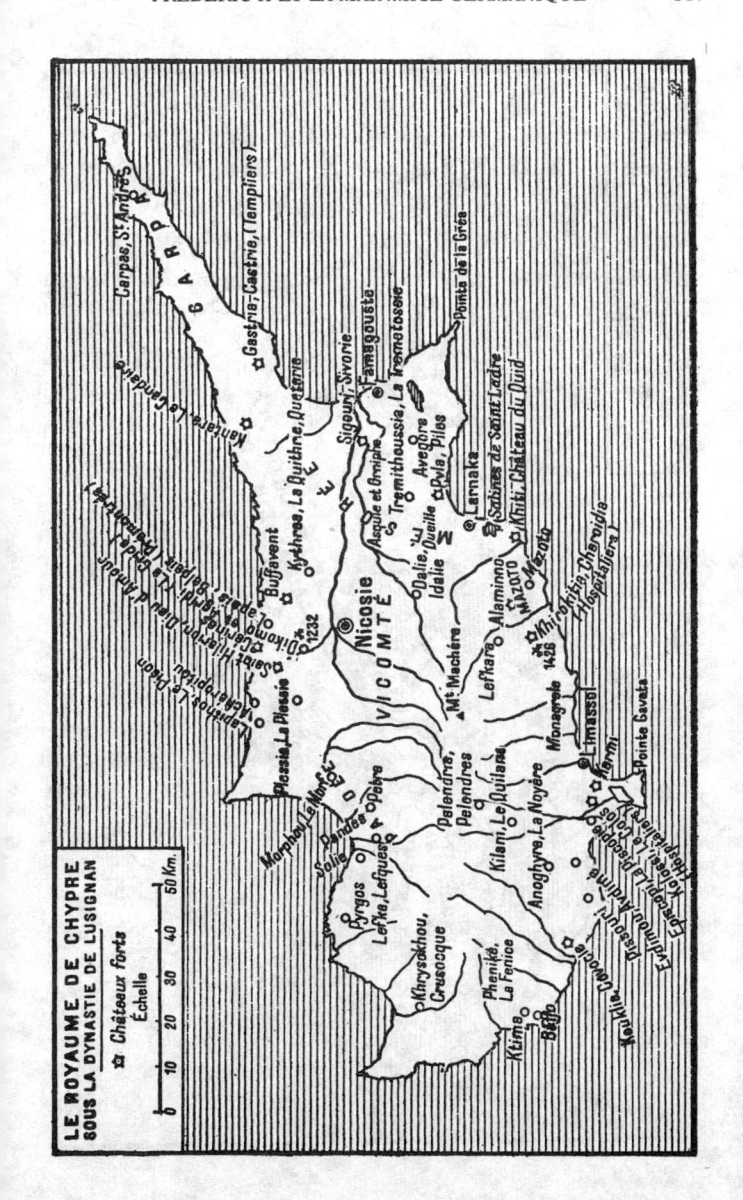

LE ROYAUME DE CHYPRE SOUS LA DYNASTIE DE LUSIGNAN

☆ Châteaux forts
Échelle: 0 10 20 30 40 50 Km.

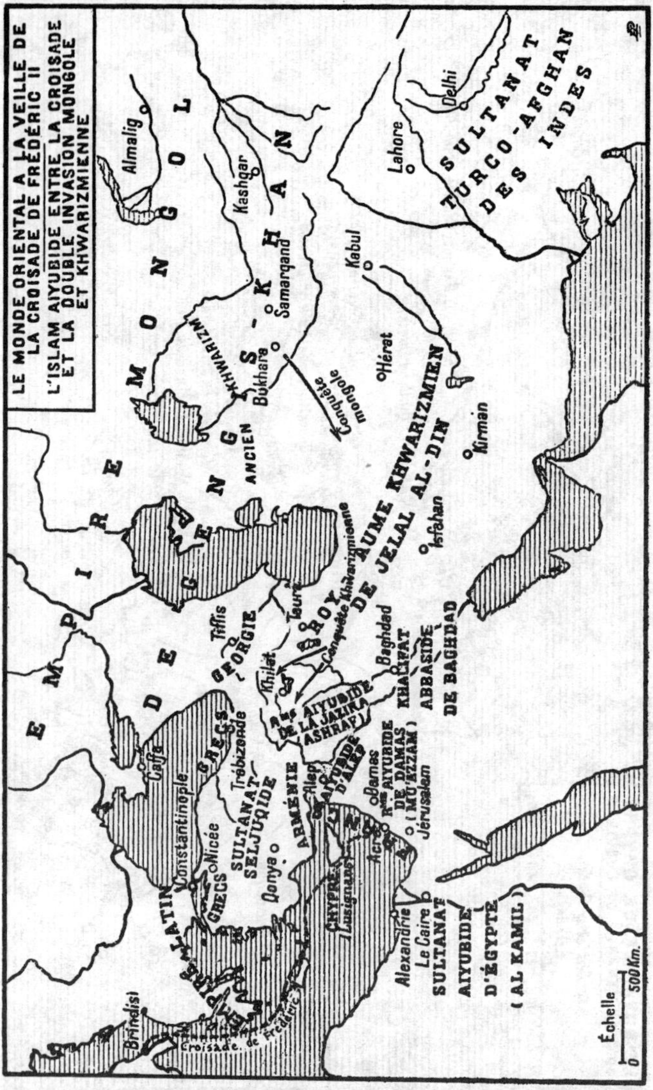
LE MONDE ORIENTAL A LA VEILLE DE LA CROISADE DE FRÉDÉRIC II
L'ISLAM AIYUBIDE ENTRE LA CROISADE ET LA DOUBLE INVASION MONGOLE ET KHWARIZMIENNE
EMPIRE MONGOL DE GENGIS-KHAN
SULTANAT TURCO-AFGHAN DES INDES
ANCIEN KHWARIZM
Conquête mongole
ROYAUME KHWARIZMIEN DE JELAL AL-DIN
Conquête khwarizmienne
KHALIFAT ABBASIDE DE BAGHDAD
SULTANAT AIYUBIDE D'ÉGYPTE (AL KAMIL)
SULTANAT SELJUQIDE
GEORGIE
GRECS
ARMÉNIE
CHYPRE (Lusignan)
Croisade de Frédéric
Almalig
Kashgar
Samarqand
Bukhara
Kabul
Hérat
Lahore
Delhi
Kirman
Isfahan
Baghdad
Tauris
Tiflis
Khilat
Trébizonde
Caffa
Constantinople
Nicée
Qonya
Alep
Damas
Acre
Jérusalem
Le Caire
Alexandrie
Brindisi
Échelle
0
500 Km.

Kâmil répond dans les mêmes termes : « Je ne suis venu moi-même en ces contrées qu'à cause des Francs. Personne n'a pu résister à leurs entreprises. Ils ont, sans qu'on ait pu les en empêcher, réoccupé et repeuplé Sidon et une partie de Césarée. Tu sais que notre oncle, le sultan Saladin, a conquis Jérusalem et que cette victoire nous a valu une gloire immortelle. Or la reconquête de cette ville par les Francs ternirait si bien notre réputation et nous attirerait de si méchants propos que toute la gloire amassée par notre oncle s'évanouirait et que nous ne saurions de quel visage affronter Allâh et les hommes. D'ailleurs les Francs ne se contenteront pas de ce qu'ils auront pris... Ils iront plus loin... Quant à moi, je vais retourner en Égypte, car je ne suis pas de ceux – à Dieu ne plaise ! – dont on peut dire qu'ils ont combattu leur frère ou l'ont assiégé. » « Al-Kâmil, poursuit l'historien arabe, s'éloigna donc de Naplouse, se dirigeant vers l'Égypte, et alla camper à Tell al-'Ajûl (au sud de Gaza). Al-Ashraf et tout le peuple de Syrie furent saisis de crainte. Ils redoutaient que, si al-Kâmil rentrait en Égypte, les Francs ne s'emparassent de Jérusalem et de tout le pays voisin sans qu'on pût les en empêcher[48]. »

On voit le jeu diplomatique, singulièrement complexe, qui, dans le monde aiyûbide, servait d'arrière-plan à la croisade germanique. La défense de Jérusalem, que tout le monde avait à la bouche, servait de prétexte à toutes les rivalités de famille, bien que les propos d'al-Kâmil prouvent que ses promesses antérieures à Frédéric II pour la rétrocession de la ville sainte n'avaient plus de valeur depuis la mort d'al-Mu'azzam. En réalité on jouait dans les deux camps de la menace allemande comme d'un moyen de chantage.

Le jeu continue. Dans les derniers jours de novembre 1228, al-Ashraf vient conférer à Tell-'Ajûl avec al Kâmil. Le résultat de cet entretien est un projet de partage des États de leur neveu. Al-Ashraf se rendit donc auprès du jeune homme (il campait alors près de Beisân) dans le dessein de le capturer en trahison, mais celui-ci fut alerté et courut s'enfermer dans Damas. Aussitôt la place fut investie par les forces combinées d'al-Ashraf et d'al-Kâmil. Le siège dura trois mois, avec quelques attaques très sérieuses, comme celle du 20 avril 1229, mentionnée par les chroniqueurs[49], siège au cours duquel la banlieue de Damas fut cruellement ravagée, les assiégeants détournant les canaux, saccageant les jardins, détruisant les moulins, incendiant le quartier de Bâb-Tûmâ et commettant autant de dégâts que jadis la Deuxième Croisade. Durant ces semaines tragiques furent incendiés plusieurs édifices musulmans comme la madrasa d'Asad al-Dîn, le couvent de la Khâtûn, le couvent des Paons. Ces événements, notons-le, coïncident avec le séjour de Frédéric II en Palestine (7 septembre 1228-1er mai 1229) et rien ne montre mieux combien leurs querelles de famille primaient, chez les Aiyûbides, les devoirs de la soi-disant guerre sainte. C'est pour mener à bien la conquête de Damas sur son neveu que le sultan al-Kâmil consentira à rendre Jérusalem à l'empereur. Ajoutons qu'à peine délivré de l'inquiétude que lui causait malgré tout la présence de Frédéric, al-Kâmil viendra prendre part en personne au siège de Damas (5 mai 1229) et qu'au cours de quelques semaines d'efforts il finira par se rendre maître de la place. Le 12 juillet 1229 il fera son entrée à Damas aux côtés de son frère Ashraf, auquel il abandonnera d'ailleurs le royaume damasquin, en échange des possessions de la Jazîra (Édesse et *H*arrân). Quant au déplorable al-Nâsir ses oncles lui laisseront comme consolation la Transjordanie (Kérak et Shawbak)[50].

La gageure de 1228. Une croisade excommuniée, islamophile et antifranque.

Les sentiments du sultan al-Kâmil à l'arrivée de Frédéric II étaient donc assez complexes. Évidemment il regrettait maintenant d'avoir fait appeler l'empereur. Abu'l Fidâ résume d'un mot la situation : « Malik al-Kâmil n'avait appelé l'empereur que pour donner de l'embarras à al-Mu'azzam. Celui-ci une fois décédé, l'arrivée de l'empereur fut pour al-Kâmil *comme une flèche qui reste dans une blessure*[51]. » Et Maqrîzî : « Le sultan était dans le plus grand embarras, car il ne pouvait repousser la demande de l'empereur (rétrocession de Jérusalem) sans lui déclarer la guerre, après la convention qu'ils avaient auparavant conclue ensemble[52]. » Du reste, au milieu des querelles de sa maison, en pleine guerre de Damas, al-Kâmil n'avait pas intérêt à pousser les chrétiens à bout, car Frédéric aurait pu prendre parti pour le malik de Damas.

Enfin à elle seule la menace des bandes khwârizmiennes et, derrière elles, d'une nouvelle avalanche mongole, obligeait déjà le sultan aiyûbide à une grande souplesse envers les chrétiens. Mais en même temps, al-Kâmil sentait bien que toute concession trop voyante faite aux Croisés susciterait dans l'Islam un mouvement de réprobation dont les gens de Damas seraient les premiers à profiter contre lui...

La situation de Frédéric II n'était pas moins délicate. Traité en réprouvé par le clergé, en suspect par la majorité des barons chypriotes et syriens, il s'était, comme à plaisir, par son anticléricalisme, ses prétentions absolutistes et ce qu'il faut bien appeler sa francophobie, aliéné d'avance toutes les sympathies. Entreprendre un voyage au Levant sous le signe d'un gibelinisme qui devenait vraiment de l'anticléricalisme, voire même de l'antichristianisme, s'y présenter en César absolutiste, décidé à détruire les libertés des barons palestiniens, en souverain italo-allemand inconsciemment disposé à dénationaliser les vieilles colonies françaises de Chypre et de Syrie : ce cours nouveau était à la rigueur possible, à condition toutefois que la « croisade islamophile » de Frédéric II pût rester jusqu'au bout, comme le lui avait fait espérer l'émir Fakhr al-Dîn, sur le terrain de l'islamophilie. Mais voilà qu'il avait trop tablé sur les sentiments d'al-Kâmil, sentiments qui ne pouvaient plus aller, maintenant que la menace d'al-Mu'azzam avait disparu, jusqu'à une rétrocession spontanée de Jérusalem. Restait la méthode de l'intimidation militaire, méthode que nul n'était mieux à même d'employer que l'empereur germanique, roi de Sicile et d'Arles, roi de Jérusalem, le plus puissant souverain latin qui se fût vu depuis Charlemagne. Malheureusement Frédéric, dans son désir d'éviter à tout prix la guerre avec ses amis musulmans, dans sa coquetterie à vouloir tout obtenir par voie de négociation, ne s'était embarqué d'Italie qu'avec des forces insignifiantes : pas plus de cent chevaliers, et sans ressources financières ; il dut emprunter 30 000 besants à Guy de Gibelet. Sans doute s'était-il fait précéder en avril 1228 par les 500 chevaliers du maréchal Ricardo Filanghieri ; sans doute aussi retrouvait-il en Palestine les premiers contingents allemands, italiens et anglais partis d'Otrante en juillet 1227 et qui, groupés autour du duc Henri de Limbourg, formaient avec les Templiers, les Hospitaliers et les barons syriens une masse de 800 chevaliers et de 10 000 fantassins[53]. Mais, comme le fait remarquer Röhricht, l'excommunication dont Frédéric s'était fait frapper lui enlevait le concours non seulement des Hospitaliers et des Templiers, mais aussi de nombreux Italiens (les Vénitiens entre autres) et rendait même douteuse la fidélité d'une partie des Allemands.

En somme, quoi qu'en aient dit les apologistes du César germanique, l'entreprise se présentait dans les plus défavorables conditions aussi bien matérielles que morales. Au point de vue matériel, en effet, les amis mêmes de l'empereur, les Croisés allemands qui l'attendaient depuis plus d'un an, furent surpris de le voir arriver sans les renforts escomptés, d'autant que même et surtout pour pouvoir traiter amicalement avec al-Kâmil, une démonstration de force était indispensable. Mais il s'agissait d'une croisade bâclée après avoir été indéfiniment retardée, ce qui ajoutait l'improvisation militaire au désastre moral de l'excommunication.

Même en admettant que Frédéric n'ait voulu entreprendre qu'une démonstration pacifique et, comme on l'a dit, une « croisade diplomatique », il est difficile d'excuser la légèreté avec laquelle il s'était embarqué sans troupes ni argent. Toutes les forces de l'empire germanique et du royaume de Sicile aboutissant à une expédition de 11 000 hommes, quelle dérision ![54] Toute idée de guerre sainte écartée, en se limitant à une parade militaire en demi-complicité avec al-Kâmil, il était néanmoins de simple prudence d'amener avec soi des effectifs plus imposants pour éviter de donner aux Musulmans la tentation d'un coup de main (coup de main qui, en effet, faillit bien se produire). Mieux encore. Si le kaiser islamophile n'était venu en Orient que pour rattacher étroitement à son joug les barons français de Syrie et de Chypre, ce sont encore d'autres effectifs qu'il eût fallu pour dompter cette vaillante noblesse. Avouerons-nous que toute cette politique frédéricienne, souvent déclarée si savante et si moderne, nous paraît singulièrement artificielle, inconséquente, faite d'à-coups, d'improvisations et d'expédients, décousue et sans lendemain ? Du côté des barons français du Levant comme du côté musulman, l'empereur côtoya le désastre. Il fallut, on l'a dit, l'esprit chrétien et le loyalisme chevaleresque de Jean d'Ibelin pour que Frédéric ne payât pas de la vie le guet-apens de Chypre. Et ce ne fut que parce que le sceptique al-Kâmil voulait dépouiller en paix son neveu de Damas et aussi éviter toute grande guerre contre la chrétienté tant que planait vers le nord-est la double menace des hordes khwârizmiennes et des armées mongoles, ce ne fut qu'à ces chances tout occasionnelles que Frédéric dut de ne pas payer par un désastre militaire l'imprudente insuffisance de ses effectifs...

Premières négociations de Frédéric II avec Malik al-Kâmil.

Dès son arrivée à Acre, Frédéric II envoya à Malik al-Kâmi Balian de Sidon et Thomas d'Acerra avec de riches présents, issus de soie et de laine, vases d'or et d'argent. Les deux ambassadeurs demandèrent au sultan, conformément aux promesses de l'émir Fakhr al-Dîn, la rétrocession amiable de Jérusalem. *Dh*ahabî nous révèle le sens de cette lettre dans laquelle, d'homme à homme, l'empereur le suppliait de lui sauver la face :

« Je suis ton ami, écrivait-il à Kâmil. Tu n'ignores pas combien je suis au-dessus de tous les princes de l'Occident. C'est toi qui m'as engagé à venir ici. Les rois et le pape sont instruits de mon voyage. Si je m'en retournais sans avoir rien obtenu, je perdrais toute considération à leurs yeux. Après tout, cette Jérusalem, n'est-ce pas elle qui a donné naissance à la religion chrétienne ? N'est-ce pas vous qui l'avez détruite[55] ? Elle est maintenant réduite à la dernière misère. De grâce, rends-la-moi dans l'état où elle est, afin que je puisse lever la tête devant les rois. Je renonce d'avance à tous les avantages que je pourrais en retirer[56]. »

Al-Kâmil s'excusa sur les changements survenus, sur la disparition d'al-Mu'a*zz*am qui modifiait complètement le problème et sur l'impossibilité de procéder à des rétrocessions de territoire en heurtant le sentiment de toute la famille aiyûbide comme l'opinion publique musulmane. L'émir Fakhr al-Dîn Yûsuf, l'ami de Frédéric qu'al-Kâmil lui envoya une fois de plus comme négociateur avec Shams al-Dîn ibn al-Jawzî, qâ*d*î de Naplouse, ne lui dissimula point la difficulté. Dans l'entrevue que l'émir eut avec l'empereur au casal de Recordane[57], l'*Estoire de Éracles* lui fait dire que Jérusalem est aussi une ville sainte pour l'Islam : « Ce que vos messages requirent au sodan, trop li seroit grant chose, et non mie por le cost, mais por le blasme ; car l'on set bien que ausi grant devocion ont li Sarrasin au Temple *Domini* (= la Qubbat al-Sakhra) qui est maison de Deu, corne ont li Crestien au Sepulcre de Jhesu Crist. Por quoi toute la paenisme (= l'Islam) li corroit sus, et li caliphes meismes le tendroit à mescréant de la loi[58]. »

Au milieu de ces pourparlers, Frédéric II et al-Kâmil continuaient à se traiter avec les plus grands égards. Les Aiyûbides avaient toujours apporté une fleur de courtoisie dans leurs rapports avec les monarques occidentaux. On avait vu Saladin et Malik al-Adil faire assaut de prévenances envers Richard Cœur de Lion qui avait cependant à son actif le massacre des prisonniers musulmans d'Acre. À plus forte raison al-Kâmil tint-il à honorer particulièrement l'empereur sicilien dont les sympathies musulmanes n'étaient un secret pour personne. Il envoya à Frédéric « granz présenz de dras de soie et d'or de diverses colors, et de diverses choses d'Orient, un olifant et dix chameaus corsiers et dix jumens arabes ». L'empereur répondit par d'autres cadeaux.

Fortification de Jaffa par Frédéric II.

Malgré ces échanges de bons procédés, Malik al-Kâmil cherchait à gagner du temps ; il savait que le Pape venait d'excommunier Frédéric, qu'une révolte s'organisait en Italie contre ce prince qui serait très prochainement dans l'obligation de se rembarquer. Quand Frédéric lui envoya, pour conclure, Balian de Sidon et Thomas d'Acerra, il les fit courir de Naplouse à Herbiyâ au nord de Gaza « por esloigner l'empereor et ses paroles[59] ».

Si Frédéric voulait obtenir un résultat, il était dans l'obligation de faire la preuve de sa force. Finissant par où il aurait sans doute dû commencer, il rassembla tous les barons du royaume d'Acre[60], tous ses contingents allemands et italiens, tous les pèlerins de passage, et entreprit à leur tête une promenade militaire d'Acre à Jaffa. Le grand maître du Temple, Pierre de Montaigu, et celui de l'Hôpital, Bertrand de Thessy[61] refusèrent tout d'abord de s'associer à un monarque excommunié ; mais bientôt angoissés à la vue de cette poignée d'hommes qui se hasardaient en rase campagne dans un pays tenu par plusieurs armées musulmanes, ils suivirent les impériaux à une journée de distance pour les protéger en cas d'attaque. Arrivé à hauteur du casal de Mondidier, près de Cachon (Qâqûn), entre Césarée et Arsûf, Frédéric II se rendit compte du péril : qu'une mauvaise tentation traversât l'esprit de Malik al-Kâmil campé près de là, devant Gaza, la petite armée impériale risquerait d'être surprise et écrasée sous le nombre. Frédéric attendit donc les deux Ordres militaires pour continuer sa marche jusqu'à Jaffa. Templiers et Hospitaliers, pour lui épargner un désastre, acceptèrent de se joindre à sa colonne, mais, toujours désireux d'éviter le contact de l'excommunié, ils chevauchèrent indépendamment, sans se mêler directement à sa troupe. Une fois à Jaffa, Frédéric fit relever les anciennes fortifications de la ville, « et fu là tant que li chasteaus fu fermez » (mi-novembre 1228)[62]. Besogne excellente, qui complétait les travaux de fortification exécutés l'année précédente par les Impériaux à Sidon, à Montfort et à Césarée et qui achevait de rendre aux chrétiens la moitié de la côte. Mais, tandis qu'il séjournait à Jaffa, l'empereur reçut les plus fâcheuses nouvelles d'Italie : le parti guelfe venait de faire envahir ses possessions napolitaines. Le propre beau-père de Frédéric, Jean de Brienne, punissait l'empereur excommunié de ses anciennes perfidies en conduisant à l'attaque les troupes ennemies.

Des historiens ecclésiastiques se sont demandé si Grégoire IX fut, au temporel, bien conseillé quand son entourage laissa attaquer les possessions impériales d'Italie au moment même où l'empereur s'efforçait de faire rendre Jérusalem à la chrétienté. Certes l'irritation du Pape ne se comprend que trop. Frédéric II avait pendant plus de dix ans joué le Saint-Siège et la chrétienté en annonçant son départ pour une croisade qu'il différait toujours ; c'était à ses éternels atermoiements, nous l'avons dit, qu'était due, avec l'échec de la Cinquième Croisade, la perte du gage inestimable de Damiette ; et ce jeu était devenu sans excuse le jour où son accession au trône de Jérusalem avait fait à Frédéric un devoir personnel d'aller délivrer la ville sainte. La conduite de l'empereur en tout cela avait été celle d'un mauvais Européen, et il ne semble pas douteux que, du point de vue de la défense de l'Occident qui fut toujours le point de vue des grands papes du treizième siècle, le Hohenstauffen méritait vraiment l'excommunication. Il n'en est pas moins indéniable que l'invasion de ses possessions napolitaines par l'armée de Jean de Brienne en cet hiver de 1228-1229 se présentait malgré tout comme une opération inopportune dont la Terre Sainte risquait de payer tous les frais...[63].

Frédéric II se trouvait en effet dans la situation la plus périlleuse. S'il s'attardait en Syrie, pour récupérer Jérusalem, il perdait son royaume de Sicile, peut-être même la couronne impériale. S'il abandonnait l'Orient sans avoir délivré Jérusalem, il se déshonorait et fournissait de nouveaux griefs à Jean de Brienne. Comme on pouvait le craindre, son premier mouvement fut pour abandonner séance tenante la Croisade, rentrer en Italie et châtier ses agresseurs. Par bonheur la mauvaise saison l'en empêcha. Reconnaissons d'ailleurs que de cette impasse – où l'avaient acculé quatorze années de fausses promesses et de duplicité – il sut, après avoir côtoyé des précipices, se tirer avec élégance.

Rétrocession de Jérusalem au royaume franc (18 février 1229).

Malgré son infériorité numérique, Frédéric, par sa marche sur Jaffa, avait fait preuve d'une énergie qui ne put manquer d'impressionner les Musulmans ; du reste, des renforts pouvaient toujours lui arriver de Sicile, qui renverseraient en sa faveur la balance des forces. D'autre part, on l'a vu, à l'époque où l'empereur fortifiait Jaffa (mi-novembre 1228-mi-février 1229), le sultan al-Kâmil et son frère al-Ashraf, roi de la Jazîra, n'avaient pas encore réussi à abattre leur neveu al-Nâsir, roi de Damas, et à lui enlever la capitale syrienne[64]. Il leur tardait d'autant plus d'en finir avec al-Nâsir qu'ils pouvaient craindre, si l'empereur leur déclarait la guerre, de se trouver pris entre deux ennemis, sans parler du redoutable shâh de Khwârizm, Jélâl al-Dîn Manguberdi, toujours menaçant du côté de la Grande Arménie et qui pouvait brusquement prendre sous sa protection le jeune malik de Damas.

Frédéric II profita habilement de ces circonstances redevenues favorables. Sur le conseil de son ami l'émir Fakhr al-Dîn, il envoya de nouveau en mission auprès du sultan

Thomas d'Acerra et Balian de Sidon, et le 11 février 1229, au moment où les fortifications de Jaffa s'achevaient, un accord fut enfin conclu, accord qui fut ratifié solennellement le 18 février par l'empereur et par les envoyés du sultan, Fakhr al-Dîn et Salâ*h* al-Dîn al-Arbelî, en présence du grand maître teutonique Hermann von Salza et des évêques anglais Pierre de Winchester et William d'Exeter.

Par ce traité de paix, conclu pour dix ans et naturellement renouvelable, le sultan al-Kâmil rendit au royaume franc les trois villes saintes : Jérusalem, Bethléem et Nazareth, plus, en Haute Galilée, la seigneurie du Toron (Tibnîn) et, en Phénicie, la partie du territoire de Sidon que les Musulmans détenaient encore. À la suite de ce traité le royaume de Jérusalem recouvra donc, en plus du ruban côtier depuis le Nahr al-Kalb au nord jusqu'à la banlieue méridionale de Jaffa au sud, tout d'abord sa capitale, rétrocession inestimable, puis, avec elle, du côté de l'intérieur, trois bandes longitudinales. Il récupérait tout le territoire de Sidon et s'arrondissait autour de Tyr pour englober le Toron (Tibnîn)[65], à quoi les Templiers ajouteront en 1240, dans l'hinterland entre Sidon et Tyr, le château de Beaufort, ou Shaqîf Arnûn. Entre Tyr et Acre, les Francs fortifiaient à nouveau Montfort, ou Qal'at Qurain. (Plus à l'est, en Haute Galilée, les Templiers ne recouvreront Safed qu'en 1240). À l'est d'Acre et de Caïffa, en Basse Galilée, si les Musulmans gardaient Tibériade, ils rendaient à Frédéric II toute la région de Séphorie et de Nazareth. La Samarie, avec Naplouse, restait, il est vrai, tout entière aux Musulmans. Mais en Judée Frédéric II se faisait rétrocéder une longue bande de terre réunissant Jaffa aux villes saintes, y compris Lydda ou Saint-Georges, Ramla (Rames), Emmaüs, Betenoble ou Beit-Nûbà et, bien entendu, Jérusalem et Bethléem. Seules, la Judée méridionale, avec Hébron, et la Philistie méridionale, avec Ascalon, restaient tout entières musulmanes. Toutes les places rétrocédées aux Francs pouvaient être fortifiées, à l'exception de Tibnîn. Les cantons de la région hiérosolymitaine laissés aux Musulmans, qui naturellement relevaient jusque-là des autorités aiyûbides de la ville sainte, furent placés sous la juridiction d'un fonctionnaire aiyûbide spécial, résidant à al-Bîra, à quinze kilomètres au nord de Jérusalem[66].

Notons que la paix ainsi conclue n'était valable que pour le royaume de Jérusalem proprement dit. Frédéric II, qui venait de se brouiller, comme on l'a vu, avec Bohémond IV, refusa d'y inclure la principauté d'Antioche-Tripoli[67]. En revanche il fit spécifier que tous les prisonniers chrétiens encore au pouvoir des Musulmans seraient libérés.

Comme on le voit, ce n'était pas la restauration pure et simple de l'ancien royaume de Jérusalem, tant s'en fallait, puisque les Musulmans conservaient Tibériade, capitale de la Galilée, toute la Samarie et la Judée méridionale. Et il est évident que, si Frédéric II s'était décidé à entreprendre plus tôt le voyage du Levant, s'il était apparu en Syrie quand al-Kâmil réclamait son appui, du vivant d'al-Mu'azzam, les conditions eussent été meilleures. Elles eussent été meilleures également si Frédéric ne s'était pas délibérément placé dans l'absurde et paradoxale situation d'un Croisé excommunié, s'il avait pu réunir sous ses ordres le faisceau des forces chrétiennes, et, à vrai dire, s'il s'était donné la peine d'amener avec lui, au lieu d'une poignée d'hommes, une armée imposante.

Il n'en est pas moins vrai – et le devoir de l'historien est de le reconnaître impartialement – que la récupération de Jérusalem et de Nazareth constituait en soi un magnifique succès, surtout si l'on considère la médiocrité des moyens mis en œuvre pour y parvenir. Les rétrocessions que Richard Cœur de Lion, dans tout l'éclat de sa supériorité militaire, avait vainement sollicitées de l'amitié de Malik al-'Adil, Frédéric II, sans tirer l'épée, les obtenait de l'amitié de Malik al-Kâmil. C'est ce que Frédéric lui-même faisait ressortir avec orgueil : « Miraculose potius quam virtuose negotium illud feliciter est peractum, quod a longis retroactis temporibus multi potentes et diversi principes orbis in multitudine gentium nec per metum aut quodlibet aliud facere potuerunt[68]. »

Notons du reste que le sultan al-Kâmil faisait preuve d'un esprit de tolérance vraiment exceptionnel, car, comme il l'avait prévu, la rétrocession de Jérusalem aux Francs, consentie par lui sans combat, provoqua dans les cercles musulmans piétistes une tempête d'indignation. Cette ville sainte que le grand Saladin avait eu tant de mal à reconquérir, voilà que son neveu la rendait bénévolement aux « polythéistes » ! Le malik de Damas, al-Nâsir Dâwud, qu'al-Kâmil tenait étroitement assiégé et qu'il devait détrôner quelques semaines plus tard, eut beau jeu de crier à la trahison. À sa demande le prédicateur Shams al-Dîn Yûsuf ibn al-Jawzî monta dans la chaire de la mosquée des Ommeiyades pour soulever l'opinion musulmane. Devant une foule immense il dénonça comme une trahison et une infamie l'acte d'al-Kâmil, évoquant avec douleur à propos de Jérusalem livrée les vers du poète Di'bil :

Dans ses médréssés on n'entend plus réciter les versets du Qor'ân,
Dans ce séjour de la Révélation les porches des mosquées sont
[maintenant déserts.

« À ces mots, ajoute Abu'l Fidâ, les Damasquins fondirent en larmes et remplirent l'air de leurs lamentations[69]. » Dans l'entourage même d'al-Kâmil, les imams et les muezzins chargés de faire l'appel à la prière vinrent le faire à la porte de la tente du sultan à contretemps, injure gratuite qui blessa vivement celui-ci. « Le sultan ordonna de leur arracher tout ce qu'ils avaient avec eux de candélabres et d'instruments du culte et les chassa violemment[70]. » Il suffit d'ailleurs de voir la colère contenue d'Ibn al-A*th*îr qui clôt son *Kâmil al-tewârîkh* sur cette rétrocession de Jérusalem, pour comprendre quelle opposition le sultan avait dû briser avant de pouvoir donner satisfaction à son ami Frédéric II[71]. Voyez d'autre part dans Maqrîzî les laborieuses excuses qu'al-Kâmil doit prodiguer aux Musulmans intransigeants : « Je n'ai rien cédé aux Francs que des églises et des maisons en ruines, tandis que la mosquée (du *H*aram al-Sherif, la *S*akhra) reste dans son état et qu'on y observe toujours les pratiques de l'Islamisme ; de plus les Musulmans restent maîtres de la province et des places qui en dépendent...[72] »

Conditions de la rétrocession de Jérusalem aux Francs.
La pacification religieuse et le partage des Lieux Saints.

On comprend que Frédéric II ait eu à tenir compte de cet état d'esprit. L'histoire musulmane enseignait la prudence. Ce n'était pas la première fois que des princes musulmans avaient pacifiquement cédé aux demandes franques. Alep au temps de Baudouin II, Damas au temps de Baudouin III étaient un moment tombées dans la clientèle franque : le résultat avait toujours été une vague d'indignation islamique qui avait balayé les gouvernants coupables de pactiser avec l'ennemi. Si Frédéric II voulait épargner un sort aussi fâcheux à son ami al-Kâmil, force lui était d'apporter la plus grande modération dans son succès diplomatique et d'éviter tout ce qui aurait pu provoquer un sursaut de fanatisme dans le monde de l'Islam. Le traité de 1229 porte nettement la trace des préoccupations des deux souverains à l'égard de leur opinion publique respective. Ce fut avant tout un compromis qui atteste l'inquiétude d'al-Kâmil par rapport aux réactions du monde musulman, de Frédéric II par rapport aux réactions de la chrétienté.

Jérusalem était politiquement rendue aux Francs ; mais, reconnue ville sainte pour les deux cultes, elle se voyait soumise à une sorte de condominium religieux, d'ailleurs assez intelligemment compris. Les chrétiens recouvrèrent le Saint-Sépulcre, mais les Musulmans gardèrent la Qubbat al-Sakhra et le Masjid al-Aqsâ, naguère propriété des Templiers, c'est-à-dire l'ensemble du Haram al-Sherîf[73]. En même temps qu'il ménageait le sentiment religieux musulman, intraitable quand il s'agissait du Haram, Frédéric II punissait les Templiers de son hostilité à leur égard. Le Haram, où les Musulmans eurent licence d'entretenir une garde de fidèles (mais de fidèles sans armes, uniquement affectés au culte), constitua ainsi une enclave religieuse musulmane dans Jérusalem redevenue chrétienne, tandis que Jérusalem et Bethléem devenaient une enclave chrétienne dans l'ensemble de la Judée restée musulmane[74]. Et de même que les populations musulmanes du plateau judéen devaient laisser toute liberté aux pèlerins chrétiens circulant sur la route de Jaffa à Jérusalem, de même les nouveaux maîtres chrétiens de Jérusalem devaient accorder toute liberté aux Musulmans désireux de venir faire leurs dévotions au Haram al-Sherîf. Mais dans la Sakhra et al-Aqsâ ainsi conservés à l'Islamisme, les chrétiens pouvaient eux-mêmes venir prier[75]. Pour éviter toute contestation, la communauté musulmane de Jérusalem resta placée sous la juridiction d'un qâdî résidant dans la ville et servant d'intermédiaire entre elle et les autorités chrétiennes.

En somme, Frédéric II et al-Kâmil semblent avoir à dessein imbriqué le plus étroitement possible les intérêts musulmans, pour clore le *jihâd* comme la Croisade par un accord amiable tant au point de vue religieux qu'au point de vue territorial. Quelque opinion que l'on ait sur le caractère et la politique générale de Frédéric II – et nous croyons, avoir assez sévèrement jugé l'un et l'autre – il faut reconnaître qu'un tel accord révélait un esprit de tolérance remarquable. Esprit en avance sur le temps, a-t-on dit. Nous pensons au contraire que dans l'ensemble la politique frédéricienne se présentait ici comme l'héritière directe de la politique traditionnelle des anciens rois de Jérusalem. C'était la reprise – évidemment dans de moins bonnes conditions parce que Frédéric II, au lieu d'être un fédérateur de chrétienté, restait un empereur de guerre civile – de cette patiente diplomatie des Baudouin et des Foulque dont il portait la couronne et qui avaient toujours tendu, au sein même de la guerre, à se ménager dans le milieu musulman des amitiés, des alliances, une place reconnue. Tranchons net. Le mérite de Frédéric II était double, car recouvrer Jérusalem n'était rien ; le principal était d'avoir fait accepter cette rétrocession par l'Islam comme une tractation quelconque. Les Templiers qui protesteront âprement contre le maintien du culte musulman à la mosquée al-Aqsâ n'étaient-ils pas ces mêmes hommes qui avaient trouvé tout naturel qu'Usâma ibn Munqi*dh*, au temps du roi Foulque, y fit ses dévotions, tourné vers la Mecque ?[76]. En vérité la politique musulmane de Frédéric II, celle qu'il pratiquait avec le sultan al-Kâmil, c'était, avec la différence des temps, celle-là même que le bon roi Foulque avait inaugurée naguère avec le vizir de Damas Mu'în al-Dîn Unur[77]. Plût au ciel que Frédéric se fût contenté de cette entente salutaire avec l'Islam, sans persécuter en même temps comme en Chypre la noblesse française et comme dans tout le Levant les éléments fidèles à la Papauté !

L'interdit sur Jérusalem.

Mais dans les luttes civiles, la passion appelle la passion. L'âpre hostilité de Frédéric II provoqua celle des Guelfes et les amena, par contre-coup, à désavouer son œuvre au moment précis où il était en train de réaliser, comme il l'écrit dans une de ses lettres, le programme même de la chrétienté au Levant. Que les Templiers se soient signalés dans cette opposition, nul ne saurait s'en étonner. Ils se montraient, hélas, fidèles à la tactique d'intransigeance qui les avait périodiquement opposés à toute politique de pacification. L'esprit de juillet 1187, le fatal esprit de *Hattîn*, était sur eux, et, après avoir naguère contribué plus que quiconque à la perte de Jérusalem, ils entravaient aujourd'hui sa récupération. Beaucoup plus surprenante est l'intransigeance du patriarche Gérold qui, sans tenir compte des circonstances, envoya l'archevêque de Césarée sur les pas de Frédéric pour jeter l'interdit sur Jérusalem délivrée[78]. Encore une fois nous ne prétendons nullement disculper Frédéric II de ses fautes anciennes. Il n'en est pas moins évident qu'au point de vue des intérêts supérieurs de l'Église, Gérold fut mal inspiré en renouvelant l'anathème contre l'empereur au moment précis où celui-ci venait d'obtenir la rétrocession de Jérusalem. Ce fut du reste ainsi qu'en jugea le pape Grégoire IX lui-même. Quand il eut en main tous les éléments d'information, Grégoire adressa au patriarche un blâme sévère en lui reprochant de s'être conduit comme un agent de discorde entre l'Église et l'empereur ; pour lui marquer son mécontentement, il lui retira même les fonctions de légat en Terre Sainte[79].

Entrée de Frédéric II à Jérusalem.
Son couronnement au Saint-Sépulcre.

Il est évident que Frédéric II avait espéré que la récupération de Jérusalem le réconcilierait avec Gérold, sinon avec le Temple. De Jaffa, après la conclusion du traité négocié dans cette ville, il se rendit à Jérusalem. Il fit son entrée dans la ville sainte le samedi 17 mars 1229 et la reçut des mains du qâdî Shams al-Dîn de Naplouse, représentant du sultan al-Kâmil. Le lendemain dimanche, il monta au Saint-Sépulcre. Comme il était excommunié, la cérémonie fut purement laïque. « Au seul bruit des armes », il prit sur le maître-autel et posa sur sa tête une couronne royale. Le grand maître de l'Ordre teutonique, Hermann von Salza, lut en allemand d'abord, puis en français ou en italien une proclamation justifiant la politique impériale. Notons que ce dernier détail montre que sous les Hohenstauffen – si leur œuvre en Orient avait le temps de se consolider – le caractère jusque-là purement français du royaume de Jérusalem était menacé d'une germanisation croissante. Comme pour accentuer cette tendance, Frédéric donna à l'Ordre teutonique l'ancien château royal, le « Manoir-le-Roi » au sud de la Tour de David (al-Qal'a)[80].

Au sortir du Saint-Sépulcre, après avoir tenu sa cour dans la maison de l'Hôpital[81], Frédéric II semble bien s'être préoccupé de fortifier la ville sainte, comme (du moins d'après l'affirmation des sources chrétiennes) son traité avec le sultan lui en donnait officiellement le droit. Il chercha dans tous les cas à conférer à ce sujet avec les prélats anglais qui l'avaient suivi, ainsi qu'avec le grand maître de l'Hôpital et le précepteur du Temple, sans parler du grand maître teutonique Hermanu von Salza, tout dévoué à sa politique. Il semble – toujours au témoignage de certaines sources chrétiennes – avoir donné notamment des instructions pour la mise en état de défense de la Tour de David (al-Qal'a) et de la Porte de Saint-Étienne[82] ou, du moins, comme dit l'*Éracles*, il parut se préoccuper de la question, même s'il n'y eut là, comme le pensent les Guelfes, qu'une manifestation de pure forme : « Fist semblant que il vosist fermer (= fortifier) la cité, si que il fist metre main à descovrir les fondemens et à asseir[83]. » – Mais c'est là un problème que, devant les affirmations contradictoires de nos sources, il importe d'examiner plus en détail.

Les divers aspects de la paix frédéricienne. « Je suis venu pour entendre monter dans la nuit l'appel du muezzin. »

Frédéric II est un personnage trop complexe pour qu'il soit possible de porter sur lui des jugements absolus. Chacun de ses actes est susceptible de plusieurs interprétations selon le point de vue auquel on se place. Sa conduite durant son si bref séjour à Jérusalem n'échappe pas à cette règle, et en particulier son attitude à l'égard des autorités musulmanes.

Montrer à l'égard de l'Islam des sentiments d'estime et même de sympathie, c'est, rappelons-le une fois de plus, ce que n'avaient cessé de faire la plupart des anciens rois français de Jérusalem. L'autobiographie d'Usâma, le récit de voyage d'Ibn Jubair nous apportent des exemples fréquents de l'intimité franco-musulmane sous Foulque d'Anjou ou sous Baudouin IV. Mais une telle intimité, venant de ces deux princes, ne pouvait choquer les chrétiens les plus austères, précisément parce qu'ils étaient l'un et l'autre de fervents chrétiens. De même la sévérité de saint Louis envers les chevaliers-moines sera acceptée de tous, précisément parce qu'il s'agira de saint Louis. Chez Frédéric II, au contraire, l'islamophilie paraissait suspecte aux « Poulains » eux-mêmes, parce que, nous l'avons vu, elle se doublait d'un gibelinisme allant jusqu'à l'anticléricalisme, d'un anticléricalisme qui frisait par moment l'antichristianisme. Notons que les Musulmans, à qui s'adressaient ses prévenances, ne tardaient pas eux aussi à éprouver devant ses manifestations de haute tolérance et d'islamophilie un certain sentiment de malaise quand ils s'apercevaient que chez lui ces louables sentiments étaient à base d'irréligion.

C'est dans le *Collier de perles* de Badr al-Dîn al-'Aînî qu'on discerne le mieux l'impression curieuse et complexe que laissa à cet égard dans l'esprit des Musulmans la visite de Frédéric à Jérusalem. « Cet homme roux, au visage glabre et à la vue faible, dont, s'il avait été esclave, on n'eût pas donné deux cents dirhems », ne ressemblait décidément pas aux chefs francs de jadis. Il inquiétait les Musulmans, autant qu'il les attirait. « À en juger par ses discours, note Badr al-Dîn, il était athée et se jouait de la religion chrétienne[84] ».

De ce scepticisme Badr al-Dîn et Maqrîzî citent des traits caractéristiques. Quand l'empereur se rendit à Jérusalem, al-Kâmil, on l'a vu, lui avait envoyé le qâ*d*î de Naplouse, Shams al-Dîn, chargé de lui faire les honneurs des monuments musulmans de la ville sainte. Sous la direction de ce guide, Frédéric visita les édifices du *H*aram al-Shérîf ; « il admira le Masjid al-Aqsâ, le dôme de la Sakhra et gravit les degrés du minbar. » Dans cette même Sakhra, poursuit le *Collier de perles*, il aperçut un prêtre chrétien qui venait d'entrer et de s'asseoir près de l'empreinte du passage de Mahomet et qui, déjà, quêtait pour le culte auprès des pèlerins francs. Dans Jérusalem recouvrée de la veille et avec le statut très particulier reconnu au Haram al-Sherîf, Frédéric II estima-t-il qu'il y avait là manque de discrétion ? « L'empereur, assure Badr al-Dîn, s'avança vers ce prêtre comme pour recevoir sa bénédiction, puis le souffleta et le renversa par terre en disant : O porc, le sultan nous a accordé gratuitement le droit de venir en pèlerinage en cet endroit, et toi tu agis de la sorte ! Si l'un de vous pénètre dorénavant ici dans le même dessein, je le ferai sûrement mettre à mort ![85] ». Les traits sont peut-être ici un peu forcés car Maqrîzî nous donne une version moins déplaisante de la même anecdote : « L'empereur aperçut un prêtre chrétien tenant en main les Évangiles, qui se disposait à pénétrer dans le Masjid al-Aqsâ. Il l'apostropha violemment et lui reprocha d'être venu en cet endroit. Il jura que si un des Francs cherchait à entrer dans ces lieux sans en avoir reçu la permission, il le ferait mettre à mort, et ajouta : "Nous sommes ici les vassaux (*mamelûks*) du sultan al-Kâmil et ses serviteurs ; c'est par pure bienveillance qu'il nous a gratifiés, ainsi que vous, de ces églises ; que pas un de vous ne dépasse les limites qui ont été fixées !"[86]. L'anecdote, sous cette dernière forme, s'explique, on le voit, par le désir de respecter les clauses du traité de Jaffa relatives au partage des Lieux Saints. Dans Jérusalem politiquement rendue aux chrétiens, le Haram al-Sherîf avait été expressément réservé au culte musulman et Frédéric II ne voulait pas que, dès le premier jour, cette clause essentielle de l'accord fût violée sous ses yeux. Il n'en est pas moins vrai que le désir de plaire à l'Islam conduisait l'empereur allemand à faire presque figure de renégat.

Sur la coupole de la Sakhra on lisait l'inscription apposée par Saladin après la reconquête de Jérusalem : « Cette demeure sacrée, Salâh al-Dîn l'a purifiée des polythéistes », nom que les Musulmans prétendaient appliquer aux adorateurs de la Sainte Trinité. Frédéric qui devait avoir appris un peu d'arabe en Sicile déchiffra ou se fit déchiffrer l'inscription et demanda, sans doute en souriant, quels étaient ces « polythéistes »...[87]. Autre détail caractéristique : au moment de la prière de midi, comme le muezzin entonnait son appel, les assistants furent très frappés de voir un des conseillers de

Frédéric s'associer à la prière : c'était un philosophe arabe de Sicile « qui enseignait la logique à l'empereur »[88].

Le sultan al-Kâmil, ne pouvant croire à tant d'indifférence, avait fait recommander aux muezzins d'éviter, pendant le séjour de l'empereur à Jérusalem et par courtoisie pour lui, de paraître sur les minarets. Mais, dès l'aube, un des muezzins qu'on avait oublié d'avertir, se mit à réciter les versets du Qor'ân, notamment ceux qui nient implicitement la divinité du Christ. Le qâdî lui ayant adressé des reproches, le muezzin s'abstint de faire la prière du soir[89]. L'empereur s'en aperçut, fit appeler le qâdî et lui interdit de rien changer aux appels coraniques : « O qâdî, vous changez vos rites religieux à cause de moi ? Quelle erreur ! »[90]. Jusque-là, rien que de normal, l'intervention de Frédéric rentrant dans le cadre de sa politique de détente et d'apaisement religieux et le *H*aram al-Shérîf étant laissé par le traité au culte musulman. L'empereur dilettante a-t-il même ajouté, comme le veut Maqrîzî : « Mon principal but, en venant à Jérusalem, était d'entendre les Musulmans, à la prière, invoquer Allâh pendant la nuit » ? Ce n'étaient évidemment là que politesses de diplomate, avec la sensibilité d'un précurseur de Loti[91]. Ce qui est plus grave, ce sont les confidences intimes qu'au témoignage de Badr al-Dîn Frédéric II prodiguait à son ami l'émir Fakhr al-Dîn : « Si je n'avais craint de perdre mon prestige aux yeux des Francs, je n'aurais jamais imposé au sultan de rendre Jérusalem[92]. »

Les côtés obscurs de la paix frédéricienne.
La question des fortifications de Jérusalem.

Il n'est pas moins troublant de remarquer le désaccord entre sources chrétiennes et sources musulmanes sur le sujet capital des murailles de Jérusalem. Pour les chroniqueurs latins Frédéric avait obtenu d'al-Kâmil l'autorisation de fortifier la ville sainte et, dans l'unique journée qu'il y passa pour son couronnement, il avait manifesté la volonté ou, tout au moins, comme le dit l'*Éracles*, fait le simulacre de commencer les travaux. Pour plusieurs historiens arabes, au contraire, comme Nowairi et l'auteur de la *Chronique de Baibars*[93], il se serait engagé à ne point restaurer les fortifications de Jérusalem, précédemment abattues par ordre d'al-Mu'azzam et d'al-Kâmil, engagement qui eût été fort grave, car il eût livré Jérusalem sans défense au premier rezzou musulman. Peut-être cette discordance entre témoins francs et témoins arabes révèle-t-elle simplement la situation délicate d'al-Kâmil envers l'opinion musulmane comme de Frédéric envers l'opinion chrétienne. Al-Kâmil ne put, sans risquer de provoquer une émeute piétiste, rétrocéder Jérusalem aux chrétiens qu'en laissant entendre à l'opinion musulmane que la ville resterait ville ouverte. Et Frédéric ne put apaiser l'inquiétude des Francs qu'en leur promettant de faire fortifier la place. Les deux souverains ne tenaient sans doute ni l'un ni l'autre à trop préciser la question.

Ce fut sur ces entrefaites, quand Frédéric II n'était peut-être pas encore très fixé sur la conduite à tenir, que survint un incident déplorable qui lui fit brusquement abandonner ses velléités de fortifications.

Comme on l'a vu plus haut, le patriarche Gérold, outrepassant les instructions du Saint-Siège – qui devait l'en blâmer – avait envoyé à Jérusalem, sur les talons de Frédéric II l'archevêque Pierre de Césarée qui jeta l'interdit sur la ville sainte. Les prétextes mis en avant, il faut le reconnaître, n'étaient pas très bons. Ce fut ainsi que Frédéric s'entendit reprocher de ne pas avoir obtenu pour la récupération de Jérusalem l'assentiment du malik de Damas al-Nâsir, considéré comme le souverain légitime de Jérusalem... Et le geste fut franchement inopportun. Quels que fussent les torts du César germanique envers la Latinité, l'interdit solennellement jeté sur le Saint-Sépulcre au moment même où le Saint-Sépulcre venait d'être, grâce à lui, rendu aux chrétiens, scandalisa de nombreux fidèles et nuisit gravement aux intérêts francs. Si l'intention de fortifier la ville n'était chez Frédéric qu'un simulacre, le geste du patriarche lui fournit un prétexte valable pour abandonner le travail. Et s'il désirait réellement relever les murs, comme il était de son devoir, l'affront que Pierre de Césarée vint lui infliger le fit immédiatement changer d'avis. L'archevêque était arrivé à Jérusalem le lundi 19 mars. Le même jour Frédéric, abandonnant tous les travaux entrepris, repartit pour Jaffa avec une telle hâte que ses serviteurs eurent peine à le suivre. Et de Jaffa, il regagna presque aussitôt Saint-Jean-d'Acre avec l'intention de se rembarquer. Il était ulcéré.

Que l'interdit lancé par le patriarche Gérold ait été la cause ou simplement le prétexte de ce départ, la maladresse du prélat eut des résultats déplorables. Frédéric II allait quitter la Palestine sans avoir assuré la mise en état de défense de Jérusalem, négligence qui diminuait singulièrement la valeur de la reconquête. Le jugement, par ailleurs exagérément hostile, de l'*Estoire d'Éracles*, reprend ici tout son poids : « En grant péril laissa Frédéric les crestiens en la seinte cité de Jérusalem, car elle estoit toute desclose sans fermeure. Li Sarrazin avoient abatues toutes les forteresses de la cité, fors seulement la Tor de David. Frédéris l'emperieres ne si baillif n'i metoient nul conseil par quoy elle fust refermée[94] ». Blâme motivé, hélas, par les plus solides raisons : Jérusalem restée ville ouverte faillit, nous le verrons bientôt, être reperdue au lendemain même du départ de l'empereur.

À la veille d'une révolution à Saint-Jean-d'Acre.

Frédéric II, malgré l'urgente nécessité de fortifier Jérusalem, n'avait pas passé trois jours dans la ville sainte. Il s'attarda cependant ensuite un mois à Saint-Jean-d'Acre (23 mars-1er mai 1229), retenu par les embarras intérieurs auxquels l'avaient inévitablement exposé ses impolitiques brutalités envers la noblesse franque de Chypre.

Acre, à son retour de Jérusalem, respirait une atmosphère de guerre civile. Tristes effets de la querelle des Guelfes et des Gibelins que Frédéric avait apportée avec lui en Syrie et qui, jusqu'à la catastrophe finale de 1291, devait empoisonner la France du Levant. Pour protester contre l'attitude du patriarche Gérold, l'empereur allemand, le lendemain de son retour à Acre, réunit les prélats, les pèlerins et les bourgeois et présenta l'apologie de sa politique, notamment du traité conclu avec al-Kâmil. Avec l'appui de ses soldats lombards et aussi de la colonie pisane (les Pisans étaient passionnément attachés à la cause gibeline), il recourut ensuite à la force. Il fit fermer les portes d'Acre, s'assura des murs et plaça des gardes autour de la maison du Temple, même devant le palais du patriarche, qui, pendant cinq jours, se trouva ainsi aux arrêts, voire assiégé dans sa propre demeure. Le résultat fut que pour le dimanche des Rameaux (8 avril 1229), les prédicateurs fulminèrent contre l'empereur, sur quoi les satellites impériaux les chassèrent de leurs chaires et les poursuivirent jusque dans la rue. Ernoul prétend même que Frédéric vint assiéger le Château-Pèlerin, forteresse des Templiers située sur le promontoire de 'A*thlîth*, au sud-ouest du Carmel, entre Caïffa et Césarée. « Quant il (Frédéric) fu dedens, si trouva le castel bien garni et moult fort... Il dist qu'il voloit avoir le castel et qu'il le vuidaissent, et manda ses homes por garnir. Li Templier coururent as portes et les fermèrent et disent que, s'il ne s'en aloit, il le meteroient en tel liu dont il n'isteroit (= sortirait) jamais. Li emperere vit qu'il n'estoit mie bien amés ou (= au) païs, si vuida le castel et ala (= retourna) à Acre ». C'est alors du reste qu'Ernoul place la tentative de Frédéric contre le Temple d'Acre : « (Frédéric) fist armer ses gens et ala à la maison del Temple si la vaut prendre et abatre, (mais) li Templier la défendirent bien[95]. » Au témoignage de Philippe de Novare, Frédéric médita même de s'emparer par surprise de Jean d'Ibelin et du grand maître du Temple et de les déporter en Pouille, mais ceux-ci, prévenus à temps, se firent si bien garder qu'il n'osa donner suite à son projet[96]. Ces projets ou ces tentatives de coups de force, machinés « à grant traïson », achevèrent d'aliéner à l'empereur les sympathies franco-syriennes.

En réalité, Frédéric avait trop présumé de ses forces. Cet homme adroit s'était conduit avec la plus insigne légèreté d'abord, en entreprenant sa « croisade » sous le signe de l'anticléricalisme, avec la plus brutale maladresse ensuite, en s'attaquant, dès son arrivée en Chypre, à la noblesse française du Levant. Comprenant trop tard son imprudence, il consentit, avant de se rembarquer, à remettre aux représentants de cette noblesse la gérance du royaume : Jean d'Ibelin, sire de Beyrouth, qu'il avait si traîtreusement cherché à dépouiller lors du guet-apens de Limassol, fut cependant, avec Garnier l'Aleman, investi par lui du gouvernement du royaume de Jérusalem, tandis qu'il confiait la forteresse de Tyr à Balian de Sidon. Il est vrai qu'il laissa à Acre, la véritable capitale du royaume, une forte garnison lombarde, qui tint solidement la ville en son nom.

Départ de Frédéric II : « Une conduite d'Acre. »

Le 1er mai 1229 Frédéric II se rembarqua à Acre pour rentrer en Occident. Son départ donna lieu à des scènes pénibles, la haine de la population franque et aussi des éléments italiens guelfes s'étant donné, ce jour-là, libre cours. Conscient de son impopularité, il était allé s'embarquer à l'aube, presque furtivement, accompagné des seuls barons. Mais son passage fut éventé. Comme il traversait le quartier de la Boucherie en descendant vers le port, la populace l'injuria, allant jusqu'à lancer des entrailles d'animaux sur son escorte. « L'empereor, conte Novare, apareilla son passage (= son embarquement) priveément et le premier jor de may, en l'aube, sans faire assavoir à nuluy, il se recuilli en une galée devant la Boucherie. Dont il avint que les bouchers et les vieilles (= les vieilles femmes) de cele rue qui mout sont enuiouses (= grossières) le convoyèrent et l'arochèrent (= le lapidèrent) de tripes et de froissures (fressures), mout vileinement[97]. » Jean d'Ibelin, sire de Beyrouth, et le connétable Eude de Montbéliard durent se précipiter pour imposer respect à la foule. Quand la barque s'éloigna, Jean adressa du rivage un dernier adieu à Frédéric. Novare relate que Frédéric répondit en murmurant entre ses dents quelques paroles de malédiction et de haine contre le vaillant baron dont la courtoise fermeté avait fait obstacle à l'impérialisme germanique.

Frédéric relâcha quelques jours en Chypre, à Limassol, où il fiança le jeune roi Henri Ier de Lusignan à la marquise Alix de Montferrat, nièce de Conrad, le héros de la Troisième Croisade. Mais surtout il confia la tutelle de Henri et la régence du royaume à cinq barons chypriotes dévoués à sa politique, Amaury Barlais, Gauvin de Chenichy, Amaury de Beisan, Hugue de Gibelet et Guillaume de Rivet, qui lui achetèrent cette charge pour cinq cents marcs d'argent. Ces cinq dissidents du corps des barons français de Chypre étaient connus pour leur hostilité contre la maison d'Ibelin. Leur désignation prouve que, si en Syrie, en raison du péril musulman, Frédéric II avait été obligé de composer avec les Ibelin, il entendait du moins saper leur autorité dans l'île, et, grâce à la dissidence des cinq seigneurs ralliés à sa cause, rattacher étroitement Chypre à l'État germano-sicilien. Après ce règlement il se rembarqua pour l'Italie où il fut de retour le 10 juin 1229.

Jugement sur la Croisade de Frédéric II.

Quel jugement final porter sur la Croisade de Frédéric II ? Somme toute elle avait réussi, et même réussi brillamment, puisque, seule d'entre toutes les expéditions similaires depuis 1190, elle avait rendu Jérusalem aux chrétiens. Croisade paradoxale, il est vrai, et qui mérite à peine ce nom, puisque c'est à l'amitié des Musulmans que l'empereur sicilien, presque musulman lui-même, devait la rétrocession des Lieux Saints. Certes, il ressemblait bien peu aux Croisés de naguère, l'étrange pèlerin qui déclarait n'avoir entrepris le voyage de Terre Sainte que pour entendre, durant les nuits d'Orient, monter l'appel du muezzin. Voyage, avons-nous dit, du sultan d'Italie chez son ami, le sultan d'Égypte, mais voyage heureux puisque le sultan d'Égypte, pour lui éviter de perdre la face auprès des « polythéistes » d'Occident, lui avait fait cadeau de ce Saint-Sépulcre auquel tenaient tant les Occidentaux.

Frédéric II avait donc réussi auprès des Musulmans, mais il avait échoué auprès des Francs, c'est-à-dire auprès de la chevalerie française de Syrie et de Chypre, maîtresse des deux royaumes. Comme d'autres chefs d'État germaniques au cours de l'histoire, s'il avait pénétré la psychologie musulmane, il n'avait rien compris à la psychologie de l'élément français. Cet élément, si facile à conquérir avec un peu de bonne grâce chevaleresque (Richard Cœur de Lion en est la preuve), il l'avait heurté de front par un mélange de brutalité et de duplicité qui avait cabré l'opinion. C'est par là que cet homme si séduisant et si adroit avait finalement manqué son but. Malgré sa dévorante activité, les ressources de la plus souple diplomatie, ses qualités d'homme supérieur, la richesse d'une des personnalités les plus complexes de l'histoire, l'universalité d'un esprit en avance sur son temps, les éclairs d'un génie qui, en plein treizième siècle, entrevit la synthèse de la Chrétienté et de l'Islam, la réconciliation de l'Orient et de l'Occident, il quittait la Syrie sous les huées en ne laissant après lui qu'une traînée de haine et une semence de guerres civiles. Il avait rendu au monde chrétien le tombeau du Christ et le monde chrétien le maudissait. Saint Louis viendra, perdra tout et ne recueillera que respect et bénédiction. Qu'avait-il donc manqué à cette brillante intelligence, à ce précurseur des temps modernes ? Sans doute un peu de bonté chrétienne, de détente et d'amour.

Épilogue de la Croisade frédéricienne :
Jérusalem, ville ouverte, à la merci d'un rezzou.

Quand l'*Éracles* reproche à Frédéric II d'avoir négligé la mise en état de défense de Jérusalem, ce n'est pas là procès de tendance. Faute d'une occupation militaire effective, la route de Jaffa à Jérusalem, bien que rendue aux Francs par le traité de 1229, était sans cesse coupée par les pillards arabes qui détroussaient ou massacraient les pèlerins[98]. Avant la fin de 1229, devant la négligence apportée par les autorités impériales à fortifier la ville sainte, les populations musulmanes du voisinage résolurent de mettre fin à une domination militaire si mal appuyée. Les « vilains », c'est-à-dire les fellahs de la Samarie et de la Judée méridionale (de Naplouse et d'Hébron, nous dit l'*Éracles*), se rassemblèrent au nombre d'une quinzaine de mille hommes en déclarant ne plus vouloir tolérer que les chrétiens fissent la loi dans la ville sainte et approchassent de la Qubbat al-Sakhra. Au témoignage de l'*Éracles*, ils affirmaient d'ailleurs agir en dehors de Malik al-Kâmil, à la seule instigation de leurs « faquis »[99]. Les murailles de Jérusalem n'ayant pas été relevées, ils n'eurent aucune peine à pénétrer dans la ville, se répandirent en armes dans les rues, pillant boutiques et maisons et tuant même quelques chrétiens. Il y eut cependant plus de dégâts matériels que de meurtres, car, à l'approche des envahisseurs, les chrétiens, tant Syriens que Latins ou fidèles des autres rites, s'étaient réfugiés avec leurs familles et leurs richesses dans la Tour de David (al-Qal'a), seule partie des fortifications qui n'eût pas été démolie par al-Mu'azzam.

Le bailli de Jérusalem, Renaud de Caïffa, demanda du secours à Saint-Jean-d'Acre, aux deux barons investis par Frédéric II du gouvernement du royaume, Balian de Sidon et

FRÉDÉRIC II ET LA MAINMISE GERMANIQUE

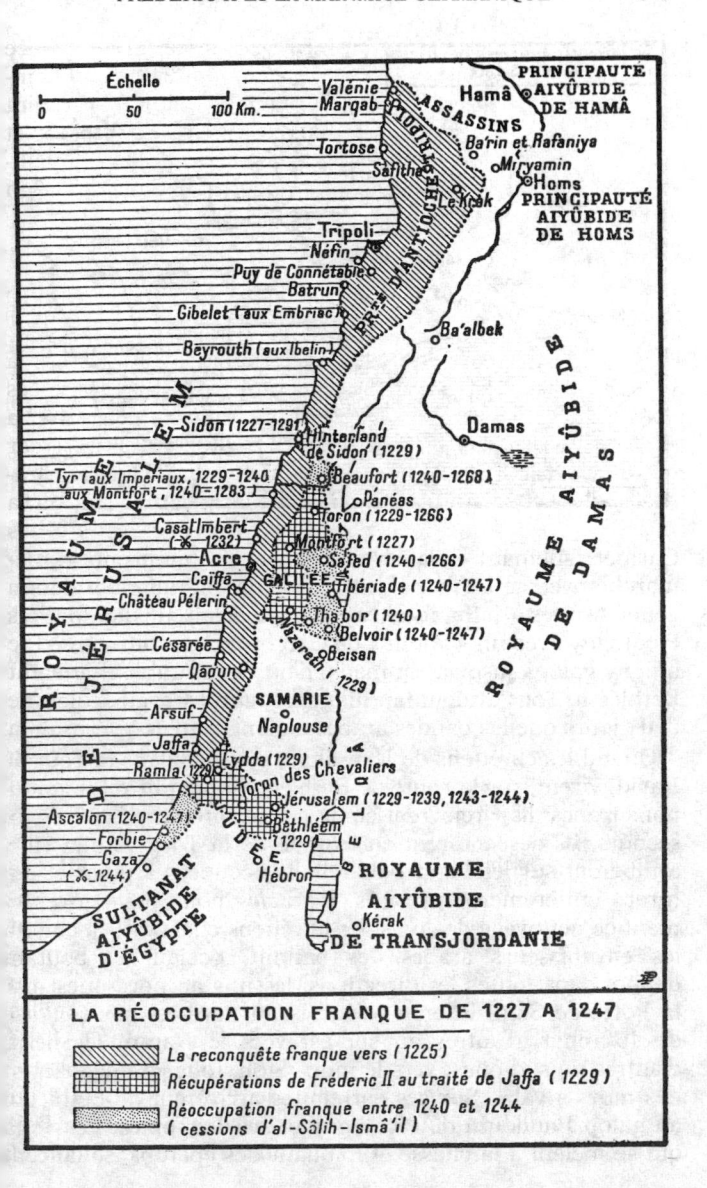

LA RÉOCCUPATION FRANQUE DE 1227 A 1247

- ▨ La reconquête franque vers (1225)
- ▦ Récupérations de Frédéric II au traité de Jaffa (1229)
- ▩ Réoccupation franque entre 1240 et 1244 (cessions d'al-Sâlih-Ismâ'il)

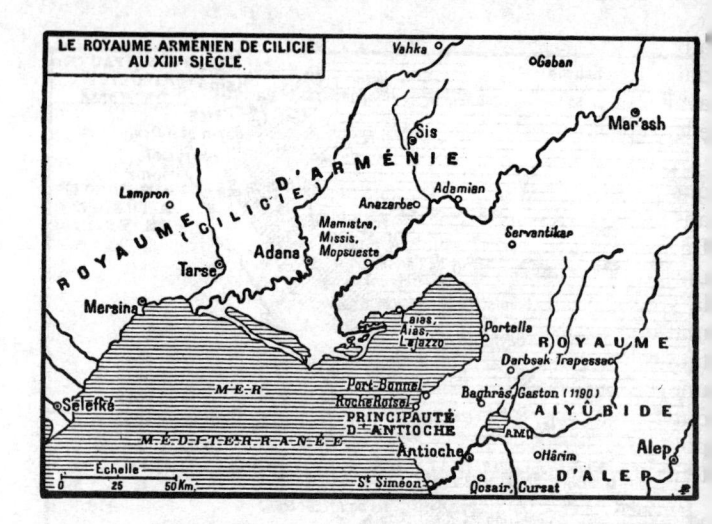

Garnier l'Aleman[100]. Balian et Garnier se mirent aussitôt en marche avec ce qu'ils purent réunir de chevaliers et de sergents. Arrivés à Jaffa, ils envoyèrent en éclaireur Baudouin de Picquigny avec un « goum » de Turcoples. Le soir même Picquigny galopa jusqu'à Emmaüs, d'où, vers l'aube, il atteignit Bethléem. Tous avaient fait diligence, car il y avait seulement deux jours que les bandes arabes étaient entrées à Jérusalem.

Quand les chrétiens de Jérusalem, réfugiés dans la Tour de David, virent, sur la route de Bethléem, apparaître les gonfanons francs, ils « reprirent cœur ». Sans attendre l'arrivée du secours, ils descendirent en trombe de la Tour vers la ville, tombèrent sur les bandes de fellahs occupées à piller et qui furent entièrement surprises. L'*Éracles* nous peint joyeusement ce nettoyage des rues, les chrétiens chassant « à corre » les envahisseurs arabes, les battant, occiant et boutant dehors dans toutes les directions, les uns au nord-ouest par la Porte de Saint-Étienne, d'autres au nord-est par la Porte de Josaphat, d'autres au sud-est vers le Haram al-Shérîf, d'autres au sud-ouest vers le mont Sion, tous « se dégolinant des murs à val ». Sur ces entrefaites arrivèrent de Bethléem au galop Baudouin de Picquigny et ses Turcoples. Les voilà qui se mêlent à la chasse et, piquant des éperons, se lancent aux trousses des fuyards. Deux mille de ces derniers restèrent dans les ravins. Pendant ce temps, le gros de l'armée franque avait atteint le Toron des Chevaliers ou Natron (al-Lâ*r*run) : elle n'eut qu'à retourner joyeusement à Acre sans coup férir[101].

Avertissement instructif. Le coup de main n'avait échoué que parce qu'aucun prince musulman ne l'avait appuyé. Dix ans plus tard, quand le malik de Transjordanie al Nâsir Dâwûd prendra l'initiative d'un mouvement analogue, ce sera un jeu pour lui d'occuper la ville sainte et de faire capituler la Tour de David. Tant il est vrai que toute la virtuosité diplomatique de Frédéric II et ce tour de force du traité de Jaffa, tant admiré des historiens modernes, ne remplaçaient point une bonne et solide conquête et occupation militaire, telle que le maître de l'Allemagne, de l'Italie et du royaume d'Arles pouvait la réaliser. Il y a, quoi qu'on pense, plus de sûreté à tenir son droit de sa force que de l'amitié de ses ennemis.

À la nouvelle de ces événements dont les suites auraient pu être fatales, Frédéric II fit partir d'Italie (de Brindisi) trois cents chevaliers et deux cents sergents et arbalétriers, avec les chevaux et approvisionnements nécessaires. Chacun était persuadé que ces troupes, comme il l'affirmait au Pape, étaient destinées à la défense de Jérusalem. Or, comme on va le voir, elles ne devaient servir qu'à lutter à Chypre et en Syrie contre la noblesse française. Il y eut là de la part de l'empereur germanique une nouvelle preuve de son indifférence au salut de la Terre Sainte[102]. Pour lui, l'ennemi au Levant, ce n'était plus l'Islam, c'était le parti français, et pour briser la résistance de ce parti, il n'allait pas hésiter à plonger l'Orient latin dans la guerre civile.

§ 3. — Révolte de la France du Levant
contre la domination germanique.

Guerre des régents de Chypre contre Jean d'Ibelin (1229-1230). Philippe de Novare et le Roman du Renard.

En quittant Chypre pour regagner l'Italie, Frédéric II, nous l'avons vu, avait confié la tutelle du jeune roi Henri Ier de Lusignan et la régence du royaume insulaire à cinq barons chypriotes ralliés au parti gibelin : Amaury Barlais, Gauvain de Chenichy, Amaury de Beisan, Hugue de Gibelet, Guillaume de Rivet. Ou, plus exactement, il leur avait vendu ces fonctions pour 10 000 marcs d'argent.

Les cinq régents se mirent aussitôt à pressurer les populations chypriotes pour pouvoir payer à Frédéric II l'arriéré des 10 000 marcs, « et firent prendre le bestail gros et menu des terres et des casaus »[103]. Hostiles comme ils l'étaient au parti des Ibelin, ils profitèrent de la circonstance pour grever spécialement les propriétés du sire de Beyrouth et des autres barons de son entourage. Jean et presque tous ses partisans résidaient pour lors en Syrie où Frédéric lui-même leur avait confié la garde du pays ; seul de ce groupe, le chevalier-poète Philippe de Novare se trouvait à Chypre. Ce fut lui qui paya pour tous. Les cinq régents le convoquèrent devant la haute-cour, à Nicosie, et, sur son refus de trahir les Ibélin[104], ils le mirent aux arrêts dans une chambre du palais royal. Ils le laissèrent partir le lendemain, mais avec l'intention de le faire assassiner dans la nuit ; seulement Philippe, au lieu de rentrer chez lui, courut se barricader dans la Maison des Hospitaliers où il appela tous ses partisans – il réunit ainsi cent hommes d'armes – et qu'il mit le jour même en état de défense, après y avoir recueilli les familles des chevaliers du parti Ibelin alors en Syrie. Bien lui en prit, car dans la nuit même des sicaires étaient allés fouiller son hôtel : « en cele nuit meisme fu assailli et pris l'ostel où Philippe estoit devant herbergié, et trovèrent son lit tout fait, et l'esprevier dessus le lit fut passé de plusors lances et de dars, et il y avoit deus suens homes qui gardoient l'ostel : l'un fu ocis et l'autre nafré malement. » Voyant leur coup manqué, les cinq régents vinrent assiéger Philippe de Novare dans la Tour des Hospitaliers. Le vaillant chevalier tint bon en attendant l'aide du sire de Beyrouth qu'il venait d'aviser de sa situation par une lettre en vers d'un tour charmant :

« Je suy li rocignol, puis qu'il m'ont mis en cage[105] ! »

Lettre pleine de joyeuses plaisanteries, malgré le tragique de la situation et où le chevalier-poète comparait malicieusement ses adversaires aux plus vilains personnages du *Roman de Renart*, Amaury Barlais à messire Renart lui-même,

Amaury de Beisan à Grimbert le blaireau, Hugue de Gibelet « qui avoit la bouche torte » à compère le singe.

À l'appel de Philippe de Novare, Jean d'Ibelin, sire de Beyrouth, et les autres barons de son parti s'embarquèrent en hâte à Saint-Jean-d'Acre pour l'île de Chypre. Débarqués à la Castrie (Gastria), ils enlevèrent ce port de vive force sur les gens des cinq régents et arrivèrent à la plaine de Nicosie. Devant cette capitale ils se heurtèrent de nouveau à l'armée des régents. Ce fut une des batailles les plus disputées du temps, avec tout l'acharnement des guerres civiles (14 juillet 1229). Le beau-frère de Jean d'Ibelin, Gautier III de Césarée, connétable de Chypre, fut tué dans la mêlée par Gauvain de Chenichy et le parti des Ibelin perdit encore Gérold de Montaigu, gendre de Gautier de Montbéliard et neveu de l'archevêque de Nicosie, Eustorge de Montaigu[106]. Cependant à la fin les Impériaux ne purent tenir. Hugue de Gibelet, qui commandait leur arrière-garde, s'enfuit le premier ; mais, tandis que les chevaliers du parti Ibelin se lançaient à la poursuite des vaincus, Jean d'Ibelin lui-même se trouva un moment séparé des siens ; cerné par un parti d'Impériaux, il se réfugia dans la cour d'un petit monastère où il se défendit comme un lion avec l'aide du vaillant Anseau de Brie, jusqu'à ce que son fils Balian d'Ibelin, s'apercevant de son absence, vînt le délivrer. Dans la débâcle de leurs troupes, trois des régents, Amaury Barlais, Amaury de Beisan et Hugue de Gibelet, allèrent s'enfermer dans le château de Dieud'amour (Hagios Hilarion), près de Cérines, Guillaume de Rivet dans Buffavent, Gauvain de Chenichy à la Candare (Kantara), toutes forteresses de la chaîne septentrionale[107]. Le sire de Beyrouth entra en vainqueur dans Nicosie (15 juillet), après quoi il alla mettre le siège devant Cérines, tandis que ses fils Balian et Hugue d'Ibelin allaient assiéger Dieud'amour et Anseau de Brie Kantara. Les Lombards qui tenaient Cérines se rendirent les premiers et les défenseurs de Kantara imitèrent cet exemple lorsque leur chef, Gauvain de Chenichy, eut été tué par un arbalétrier du jeune comte de Césarée qui vengeait son père ; mais Dieud'amour où s'étaient enfermés les trois principaux régents avec le jeune roi, leur otage, résista pendant dix mois, avec des fortunes diverses, le siège ayant été transformé en simple blocus pendant la mauvaise saison[108]. Au cours de ce long siège, Philippe de Novare fut un jour « navré » devant la porte du bourg, d'une lance qui lui traversa le bras et dont le fer lui resta dans la plaie. Les assiégés se réjouissaient : « Mort est nostre chanteor, tué est ! » Mais le soir même la voix du bon poète s'éleva dans la nuit pour infliger une de ses plus ironiques chansons à Barlais, son ennemi, ou, comme il disait, à messire Renard,

> Car Renart fait plus de traïson faire
> Que Guenelon dont France fu traïe.

Enfin à la mi-mai 1230 Amaury Barlais et les défenseurs de Dieud'amour, réduits à la famine et désespérant de se voir secourus par Frédéric II, se résignèrent à rendre la forteresse avec la personne du jeune roi Henri Ier à Jean d'Ibelin. Avec sa sagesse coutumière, le sire de Beyrouth traita d'ailleurs généreusement ses ennemis, qui durent seulement lui laisser le pouvoir en jurant de ne plus porter les armes contre lui. Il refusa donc d'écouter ses plus fougueux partisans qui, avec Philippe de Novare, eussent voulu tirer vengeance des anciens régents. Philippe dut se contenter de leur décocher une de ses plus mordantes satires, « la rime de Renart, comme Yzengrin le déconfist », affabulation du célèbre « roman » dans lequel le sire de Beyrouth devenait Ysengrin, Anseau de Brie, l'Ours, leur ami Toringuel, Timbert le Chat, et le bon poète lui-même Chantecler le Coq, face à Amaury Barlais, le traître Renard dont la félonie avait ruiné la belle terre de Chypre :

> Tant a esté Renart en guerre
> Qu'arse (= brûlée) et destruite en est la terre.

Jean d'Ibelin au contraire avait à cœur de pacifier l'Orient latin en étouffant les ferments de haine déposés par la politique fréréricienne et en refaisant l'unité morale de la noblesse franque. « Après la pais, le bon seigneur de Baruth et ses enfans firent grant bien et grans honors et grant révérence à leur enemy et leur donnèrent chevaus, robes et armes et autres présens et ne tenoyent rien au cuer qui eust esté (= de ce qui s'était passé). » Peut-être en son for intérieur le vieux sire de Beyrouth n'était-il pas plus que Chantecler-Novare, dupe des protestations de ralliement d'Amaury Barlais. Mais dans son respect scrupuleux de la légalité, dans son loyalisme de raison envers l'empereur-roi, il tenait à ne pas donner à la victoire de la noblesse franque sur les cinq régents le caractère d'une révolte contre le possesseur légitime de la couronne de Jérusalem.

Expédition des Impériaux contre Jean d'Ibelin :
Occupation de Beyrouth par Filanghieri.

Mais Frédéric II, qui, comme le dit crûment Philippe de Novare, « mout hayoit Chipre et Surie », ne pouvait pardonner au sire de Beyrouth l'éviction des régents impériaux de Chypre. S'il évita toute manifestation de son mécontentement tant que sa guerre contre le Saint-Siège absorba ses forces en Italie, il changea d'attitude, avant même que sa paix avec Grégoire IX lui ait rendu l'entière liberté de ses mouvements (été 1230). Il déclara Jean d'Ibelin, ses fils et leurs amis déchus de tous leurs fiefs[109] et réunit à Brindisi un corps expéditionnaire de 600 chevaliers avec 100 sergents montés, 700 fantassins et 3 000 marins, sous le commandement du maréchal Riccardo Filanghieri, chargé des pouvoirs de bayle du royaume de Jérusalem et de légat impérial au Levant[110]. Dès janvier 1230 un premier convoi de dix-huit navires partit de Brindisi pour Chypre, tandis que Filanghieri se préparait à suivre avec quinze autres galères[111].

Ce corps expéditionnaire avait pour mission de s'emparer de Chypre, entreprise qui semblait facile, parce que Jean d'Ibelin se trouvait pour lors en Syrie, dans sa terre de Beyrouth. Mais Jean, avisé par un émissaire, eut le temps de revenir en Chypre avec ses chevaliers. Là il alerta la noblesse chypriote, et, quand la première escadre impériale apparut au cap de Gavata, au sud de Limassol, toutes les forces de l'île, rangées autour du sire de Beyrouth et du jeune roi Henri Ier offraient un spectacle si imposant que les Impériaux n'osèrent débarquer[112]. Ils essayèrent du moins de l'intimidation diplomatique. L'évêque de Melfi, Aymo l'Aleman, et Jean de Bailleul, porte-parole de Frédéric II, se rendirent à Larnaka pour sommer Henri Ier de chasser les Ibelin : « Li empereres vos mande, come à celui qui estes son home, que vos faciez partir de vostre terre Johan d'Ybelin et ses enfanz et ses nevos et ses parens, car il li ont meffait ». À cette sommation qui prétendait transformer le royaume français de Chypre en une simple province de l'Empire germanique, le jeune roi fit répondre en affirmant son affection pour le chef des Ibelin à qui l'unissaient les liens de parenté les plus étroits : « Li rois s'esmerveille moult se vostre sire l'empereor li a fait tel comandement, car li sires de Baruth est oncle de sa mère ». Sur cette réponse l'escadre impériale leva l'ancre et cingla droit sur Beyrouth où elle arriva à la faveur de la nuit.

Le coup de surprise qui avait échoué à Chypre réussit à Beyrouth, Jean d'Ibelin ayant dégarni son fief syrien pour la défense de l'île. La petite garnison qu'il y avait laissée n'eut que le temps de se réfugier dans la citadelle, tandis que l'évêque ouvrait la ville basse aux Impériaux. Quelques jours après, le maréchal Riccardo Filanghieri arriva à Beyrouth avec la seconde escadre impériale et le siège de la citadelle commença aussitôt à grand renfort de machines, comme nous le dit Philippe de Novare : « Le chasteau estoit bien garny de viandes et de vins et d'armeures, mais poy i avoit de gens. Les Languebars[113] avoyent planté de gens de marine et d'engineors et de marein et fer et plomb et de ce que mestier lor estoit as engins faire. Si en firent de grans et de petis et combatirent fortement le chasteau, des engins. Le focé dou chasteau fu pris qui est un des beaus dou monde et au fons dou focé firent une rue coverte tout en tour à gros marain (= poutres) et minèrent le chasteau en plusors leus, et par dehors le chasteau, en une place que l'on apeloit le Chaufor firent les Longuebars un chasteau de pierres et de fust qui surmontoit et descouvroit tout le chasteau et faisoit trop grant damage à ceaus (de) dedens[114]. »

Les libertés franques et le césarisme frédéricien.

Tandis que se poursuivait le siège de la citadelle de Beyrouth, Riccardo Filanghieri envoyait son frère Enrico prendre possession de Tyr qu'Aymar de Layron lui remit sans résistance, après quoi il se rendit lui-même à Acre où il assembla les chevaliers et les bourgeois dans le château royal pour leur donner lecture des lettres de Frédéric II, « scellées d'or et en quoi se contenoient moult de beles paroles et aimables... ; et entre les autres paroles disoit : "Je vos ai envoié le mareschal de l'empire Richart Filangier por estre bail dou reaume et por maintenir dret et justice." – Quant les letres furent leues, Richart se dreça et dist : "Seignors, vos avez entendues les letres de mon seignor l'empereor, et tout ensi come eles devisent, le me a il comandé. Et je suis prest dou faire par le conseil des prodomes de la terre." C'était en effet de la part de l'empereur-roi et de son représentant l'engagement de gouverner en accord avec la population franque et selon les franchises et coutumes du royaume. Mais, comme le fait ironiquement remarquer l'*Éracles*, il y avait loin de ce manifeste de libéralisme aux intentions purement dictatoriales du nouveau bayle impérial : "Se li contenement et les ovres eussent esté tels come estoient les paroles et les letres, les gens dou païs s'en fussent bien tenus apaez (= apaisés) et le eussent receu à bail, mais après ce, il n'en ot gaires esté que il descovri son cuer et sa pensée", pensée qui, ajoute l'*Éracles*, "estoit de tout destruire et metre à néant", – entendez de détruire les franchises, le statut et jusqu'à la culture traditionnelle de la France d'Outre-mer[115]. De fait, ce respect des *Assises* et coutumes françaises de Syrie n'était qu'une feinte. Filanghieri allait se comporter en podestat gibelin dont le seul but était l'asservissement de la vieille colonie française à l'autorité germanique.

C'était tout le problème de la Syrie franque qui se posait, sous le double aspect de son statut juridique et de sa culture française. La réponse des notables de Saint-Jean-d'Acre à l'invite de Filanghieri, telle que la donne l'*Éracles*, est à cet égard capitale. Ce fut Balian de Sidon qui fut leur porte-parole[116], et le passé de ce modéré, de ce représentant du tiers-parti à qui on avait pu longtemps reprocher sa docilité excessive aux ordres impériaux, ne donnait que plus de poids à sa déclaration : « Il m'ont enchargé que je vos die por eauz et por moi une parole ; il vos font assaver que, quant ceste terre fu conquise, ele ne (le) fu par nul chef seignor, ains fu conquise par croiserie et par pèlerins. Et quant il l'orent conquise, il firent seignor par acort et par eslicion, et li donèrent la seignorie dou roiaume, et après firent par acort et à la conoissance des preudes homes establissemens et assises, lesquels il voudrent que fussent tenues et usées, et puis le jurèrent à tenir et le firent jurer au seignor. Et dès lors en ça toz les seignors qui ont esté dou roiaume l'ont juré tres que à ores, et tout ausi l'a juré l'empereor. De quoi, entre les autres establissement et assises, y est ceste assise que seignor ne puet ne ne doit dessaisir son home sanz esgart de cort. Et il est bien seu que li sires de Baruth, Johan d'Ybelin, est home de l'empereor. Et sur ce vos, qui estes en lue de l'empereor por la terre garder et por droit maintenir, l'avez asségé en son chastel, sanz esgart de cort et sanz jugement. Por quoi nos vos requerons por droit et por raison et por sauver le sairement et la foi de nostre seignor l'empereor, que vos et vos gens vos partez de Baruth. ». Balian de Sidon terminait en disant que, si le légat impérial avait quelque grief à faire valoir contre Jean d'Ibelin, il n'avait qu'à traduire celui-ci devant la cour des barons[117].

Nous avons tenu à citer intégralement cette harangue parce qu'aucun texte n'éclaire aussi nettement la situation juridique et morale de la Syrie franque au treizième siècle. Notons tout de suite qu'une doctrine aussi entière eût été difficilement soutenable au siècle précédent, du moins avec cette intransigeance. Tant qu'il y avait eu une dynastie héréditaire et locale résidant à Jérusalem, les droits des barons avaient été, en fait, sinon en droit, beaucoup plus restreints et cela pour le plus grand bien du royaume dont les institutions monarchiques constituaient la principale garantie de durée. Mais, depuis que l'extinction de la lignée des rois avait donné le trône à une série de princes étrangers, la cour des liges qui constituait le seul élément de continuité dans le gouvernement du pays avait pris une importance croissante. Du jour, surtout, où le coup de surprise du mariage d'Isabelle de Brienne avec Frédéric II eut fait passer la couronne sur la tête de l'empereur germanique, les privilèges des barons indigènes, tels que les définissent les *Assises*, devinrent la seule garantie de salut pour la Syrie franque. À défaut de roi indigène, c'était désormais la cour des barons qui maintenait et continuait l'œuvre de la dynastie éteinte. En empêchant le légat de violer les coutumes, Balian de Sidon empêchait du même coup les éléments italiens et germaniques de dénationaliser la colonie française. Dans son savoureux français du treizième siècle, le plaidoyer de Balian pour le respect des

Assises retentit ainsi comme une défense et illustration de la langue et de la race. Comme le dira peu après Jean d'Ibelin au roi Henri Ier, il s'agissait de défendre la terre d'oil contre les empiétements des « gens estranges d'autre terre[118] ».

Filanghieri, accoutumé à la monarchie absolue, telle que Frédéric II l'avait instituée dans ses possessions italiennes, fut stupéfait d'un pareil langage : « Se merveilla moult coment il li osoient ce dire. » Il sut pourtant dissimuler son courroux, remit sa réponse à plus tard et partit le lendemain même pour Beyrouth, afin de presser le siège du château. Alors la menace des barons se précisa. Les principaux d'entre eux, Balian de Sidon, Jean de Césarée[119], Eude de Montbéliard et Garnier l'Aleman, envoyèrent à Beyrouth deux chevaliers – le chambellan Renaud de Caïffa et son gendre Daniel de Malenbec[120] – pour obtenir la réponse de Filanghieri.

Mis au pied du mur, Filanghieri ne put qu'invoquer l'absolutisme impérial : « Je vos faz assavoir que je sui home de l'emperor et sui tenus de faire ses comandemens. »

Quand « les gens du royaume » entendirent cette réponse, ils ne doutèrent plus que l'heure ne fût venue de défendre « les raisons, droits et franchises du pays ». Il existait à Acre une vieille confrérie de piété, « la Frarie de Saint-André », qui fournit ses cadres au mouvement antigibelin. Les chevaliers et les bourgeois y entrèrent en masse, y firent entrer le peuple, et, sous le couvert de cette association, s'organisèrent contre les Impériaux[121]. Puis on demanda des instructions en Chypre à Jean d'Ibelin, le chef respecté de la France d'Outre-mer.

Jean d'Ibelin et la défense de Beyrouth.

À la nouvelle du coup de force des Impériaux sur sa seigneurie de Beyrouth, Jean d'Ibelin avait réuni la haute cour de Chypre et, en présence de tous les barons, avait demandé à son jeune souverain et neveu, le roi Henri Ier, dans une grave et noble harangue, de lui prêter son appui pour sauver Beyrouth : « Sire, vous savez que je sui vostre home. Si, vos fais assavoir que gens estrange (= des étrangers) m'ont fait et font encores grant otrage et grant tort, car il ont prise et saisie ma cité de Barut et ma terre entor, et mon chastel de Barut assis (= assiégé). Dont je vos pri, come à mon seignor, que vos me aidez à délivrer et rescourre ma cité et mon chastel et ma terre[122]. » Henri Ier et l'unanimité des barons insulaires se déclarèrent solidaires du sire de Beyrouth. La décision fut prise vers la Noël de 1231 ; toutefois, en raison du mauvais temps, ce ne fut qu'à la fin février 1232 que l'armée chypriote rassemblée à Famagouste put s'embarquer pour le continent sous les ordres de Jean d'Ibelin et du jeune roi.

Le 25 février les Chypriotes débarquèrent au Puy du Connétable, l'actuel Héri, à l'est du Râs Shaqqâ, entre Ba*t*rûn et Enfé[123]. De là, dans la nuit même, Amaury Barlais, Amaury de Beisan, Hugue de Gibelet et les autres barons chypriotes du parti impérial firent défection avec quatre-vingts chevaliers et allèrent rejoindre l'armée de Filanghieri. Bien qu'affaibli par cette perte, Jean d'Ibelin et le roi de Chypre n'en continuèrent pas moins leur route. De Héri, en suivant la corniche phénicienne, par Ba*t*rûn, Gibelet (Jebail) et « le Pas du Chien » (le défilé du Nahr al-Kalb), ils descendirent sur Beyrouth et vinrent camper au tertre de Sinesfil, ou mieux Sinelfil[124], l'actuel Sinn al-Fil, sur la rive droite du Nahr-Beyrouth, en face de la ville. « Ceaus dou chasteau de Baruth firent merveillouse joie et grant luminaire, quant il les virent ; grant mestier (= besoin) avoient de secors, car le chasteau estoit si miné que il chéoit par pièces, et les engins et le chasteau dou Chaufor les guerreoyent mout. »

Mais l'armée chypriote était inférieure en nombre comme en cavalerie aux troupes impériales. Jean d'Ibelin adressa un appel émouvant aux barons d'Acre, notamment à Balian de Sidon et à Jean de Césarée qui étaient ses neveux. Sa situation ne laissait pas d'être délicate. Le pape Grégoire IX s'étant réconcilié avec Frédéric II, le grand maître du Temple Armand de Périgord, celui de l'Hôpital, Guérin ou Garin et le patriarche de Jérusalem Gérold penchaient maintenant du côté des Impériaux. Ce fut donc uniquement sur le terrain des libertés franques que se plaça le sire de Beyrouth. « Seignors, je vos faz assavoir que gent estrange d'autre terre m'ont coru sus et ont saisi ma cité et asségé mon castel. En quoi je vos pri et requier et semong come mes frères et amis, que vos me maintenés à droit selonc les us et coustumes dou roiaume de Jérusalem, et que vos m'aidiez à rescorre et à délivrer ma cité. » Sans attendre la décision de Balian de

Sidon et d'Eude de Montbéliard, une partie de la jeune noblesse franque, avec Jean de Césarée, Rohart de Caïffa et son frère Renaud, Geoffroi le Tor, Geoffroi d'Estrueni, Baudouin de Bonvoisin, en tout quarante-trois chevaliers quittèrent Acre pour venir se joindre à l'armée chypriote. Au passage ils repoussèrent jusqu'aux portes de Tyr la garnison impériale de cette ville. Ainsi renforcés, les Chypriotes quittèrent leur position de Sinn al-Fil, pour venir camper à « la Ros », c'est-à-dire près du Râs Beyrouth[125].

Sur ces entrefaites arrivèrent devant Beyrouth le patriarche Gérold, avec l'archevêque Pierre de Césarée, Balian de Sidon, Eude de Montbéliard et les deux grands maîtres du Temple et de l'Hôpital, le bayle vénitien, enfin les consuls génois et pisan, tous désireux de ménager un accommodement entre Jean d'Ibelin et les Impériaux. Mais la médiation échoua.

Cependant l'armée chypriote ne parvenait pas à renforcer la petite garnison qui défendait le château de Beyrouth contre les Impériaux confortablement installés dans la ville. Elle réussit cependant à rejeter ceux-ci à l'intérieur de la ville, en deçà du fossé. Pour empêcher les Ibelin de parvenir jusqu'au château les Impériaux, non contents de le bloquer par terre, l'avaient isolé en fermant le port du côté de la mer au moyen d'une rangée de bateaux liés entre eux par une chaîne de fer[126]. Pour renforcer la garnison, Jean d'Ibelin faisait pendant la nuit plonger ses gens sous les navires ; ils gagnaient à la nage la tour du château : « plonjoyent desous les galées et venoyent tous nus ; laens au chasteau trovoyent robes et armeures à grant planté. » Mais ce n'étaient pas ces renforts individuels qui pouvaient sauver le château. À la fin Jean d'Ibelin se décida à lancer vers le château un vaisseau chargé de troupes. Un de ses fils, appelé aussi Jean (Jean d'Arsûf, le futur bayle) en avait pris le commandement et cent hommes d'élite, qui s'étaient disputé cet honneur, y avaient pris place : telle avait été l'émulation et si chargé de volontaires était le bateau qu'il faisait eau jusqu'au bord. Dans la muraille de navires dont ils avaient fermé le port, les Impériaux n'avaient ménagé qu'un étroit chenal pour leur propre ravitaillement. Le vaisseau des Ibelin s'élança à la faveur des ténèbres dans le passage et réussit à le forcer. L'arrivée de cette vaillante troupe, qui réconforta les défenseurs du château, enleva à Filanghieri l'espoir de faire capituler ceux-ci.

Si les Impériaux ne pouvaient s'emparer du château de Beyrouth, Jean d'Ibelin ne pouvait pas davantage leur arracher la ville elle-même. Le vieux baron essaya de rallier autour de lui toute la noblesse franque de Syrie. Il chercha à obtenir l'aide du prince d'Antioche-Tripoli Bohémond IV en faisant conclure le mariage du plus jeune fils de ce prince, Henri, avec Isabelle de Lusignan, sœur du roi Henri Ier de Chypre. Jean d'Ibelin envoya dans ce but à Tripoli son fils Balian[127] avec Guillaume Vesconte et Philippe de Novare. Bohémond IV fit d'abord le meilleur accueil aux barons chypriotes, mais l'insuccès relatif de leur armée devant Beyrouth ne tarda pas à refroidir son zèle. Balian d'Ibelin était descendu au casal de Monscucul, au sud-est de Tripoli, qui appartenait aux Templiers[128]. Un jour il trouva la porte close, les Templiers déclarant ne vouloir pas se mettre mal avec les Impériaux. Il reçut successivement la même réponse des Hospitaliers et des Cisterciens du voisinage. Finalement Bohémond IV lui-même prit peur et traita Balian d'Ibelin en suspect. Ne pouvant plus emprunter les routes chrétiennes pour rentrer à Acre, Balian dut demander un sauf-conduit au malik de Damas al-Ashraf qui « le lui octroya moult volontiers ».

Jean d'Ibelin, maire de la commune d'Acre.

Pendant ce temps, Jean d'Ibelin, abandonnant le siège de Beyrouth, conduisit l'armée chypriote à Sidon, où il la laissa sous le commandement du roi Henri Ier, tandis que lui-même se rendait à Acre pour soulever l'opinion franque. Dans la carence des institutions monarchiques, Acre, la capitale de l'ancien royaume, avait tendance à se transformer en une véritable république franco-italienne, groupée autour de la Confrérie de Saint-André. En arrivant, Jean d'Ibelin réunit dans la cathédrale « les chevaliers, les bourgeois et le peuple » et, devant tous, donna son adhésion et jura fidélité à la puissante confrérie. En retour les assistants « le firent maire de la commune d'Acre. » Ce fut à partir de ce moment et grâce à son impulsion que la ville d'Acre resta constituée en commune autonome à la manière des communes de Lombardie ou de Toscane[129].

Les serments une fois échangés, Jean d'Ibelin harangua le peuple, lui exposa les projets liberticides des Impériaux et le moyen d'y mettre obstacle : il suffisait pour cela de s'emparer des vaisseaux de Filanghieri, dix-huit « chalandres », précisément amarrées dans le port d'Acre. « Il parla à tout le pueple et lor fist sa plainte et leur dist que les chalandres, en quoi lor enemis estoient venus, estoient encores au port, et que encore lor porroient-il faire grant damage. Si tost come il ot ce dit, un cri leva par l'iglise, que chascun dist et cria : "As chalandres !" Lors s'esmurent et corurent à la mer et se mistrent en barches et en vaisseaux et alèrent as chalandres et en prirent XVII et l'un eschapa[130]. » Le roi Henri Ier et toute l'armée chypriote se rendirent alors de Sidon à Saint-Jean-d'Acre où ils furent accueillis avec enthousiasme.

Bataille de Casal Imbert.

La perte de son escadre et le ralliement de la commune d'Acre au parti chypriote étaient un coup très dur pour le maréchal Filanghieri. Jean d'Ibelin avec l'armée chypriote et la commune d'Acre, se sentant maintenant en force, décidait d'aller enlever aux Impériaux la place de Tyr. Jean pouvait compter pour cela sur l'entier concours des résidents génois et de leurs vaisseaux, les Génois étant aussi attachés au parti guelfe qu'hostiles à Frédéric II. À ces nouvelles Filanghieri se hâta de faire évacuer Beyrouth pour consacrer toutes ses troupes à la défense de Tyr[131].

Dans sa marche d'Acre sur Tyr, l'armée franque – Chypriotes, communiers d'Acre et leurs alliés génois – était arrivée à Casal Imbert, l'actuel al-Zîb, à quelque six kilomètres au sud du Cap Nâqûra[132] lorsque Jean d'Ibelin vit se présenter à lui le patriarche d'Antioche Albert de Rezato, légat pontifical. Ce prélat d'attaches lombardes (il avait été évêque de Brescia) avait, semble-t-il, des sympathies pour la cause impériale[133]. Nommé patriarche d'Antioche en 1228, c'était lui qui, après la réconciliation pontifico-impériale de San Germano (23 juillet 1230), avait levé l'interdit du Saint-Sépulcre[134]. En se rendant à Casal Imbert, il avait passé par le camp impérial de Tyr et apportait à Jean d'Ibelin les propositions de paix de Filanghieri. On a vu les scrupules juridiques du sire de Beyrouth – resté légitimiste dans le moment même où il se trouvait en état de guerre contre les Impériaux. Il accepta avec empressement les offres d'accord. « Le preudome qui onques ne refusa pais covenable et plus volentiers quant il estoit audessus », revint donc avec le patriarche à Saint-Jean-d'Acre pour discuter de la paix. Il laissait son armée à Casal Imbert sous le commandement nominal du jeune roi Henri et, sous l'autorité effective du bon chevalier Anseau de Brie[135].

Or les propositions de paix des Impériaux n'étaient qu'un piège pour amuser les Chypriotes et différer l'investissement de Tyr. Tandis que Jean d'Ibelin, confiant l'armée chypriote à des capitaines inexpérimentés, se laissait attirer sans méfiance à Saint-Jean-d'Acre, le maréchal Filanghieri, avec vingt-deux galères et toute l'armée impériale, descendait en hâte de Tyr sur Casal Imbert. Pendant la nuit du 2 au 3 mai 1232 il s'approcha en silence du camp chypriote. Le général chypriote, Anseau de Brie, vaguement averti de l'avance ennemie, refusa d'y croire. Dans le camp chypriote tous les soldats dormaient, ayant déposé leurs armes. Un poste de garde avait bien été constitué sous le commandement du futur sire de Jaffa, neveu et homonyme de Jean d'Ibelin. Mais ce jeune homme (il avait dix-sept ans), au lieu d'établir son bivouac au nord, du côté de Tyr, s'était installé au sud, vers Acre.

Dans ces conditions, l'attaque des Impériaux réussit pleinement. Assaillie dans l'obscurité, vers la fin de la nuit, la chevalerie chypriote fut entièrement surprise. Tant que durèrent les ténèbres, elle résista cependant de son mieux. Anseau de Brie et Jean le Jeune d'Ibelin-Jaffa, désespérés de leur imprudence et se sentant responsables du désastre, firent des prodiges de valeur, ainsi que les trois fils présents du sire de Beyrouth, Baudouin, Hugue et Guy d'Ibelin. Mais quand parut l'aube, leurs troupes, se rendant compte de leur situation, se virent vaincues. « Les Chiprois estoient à pié, les uns sur les chevaus sans selle, les uns armés de lor haubers tous nus, les autres tous désarmés. Tel estoit à cheval qui n'avoit frein, qui n'avoit lence ne espée. À l'aube dou jour descendirent ceaus (les marins impériaux) des galées et la clarté dou jour descovry la petite quantité des Chiprois. » Tout le camp, tous les chevaux de remonte, une bonne partie des armes des Chypriotes tombèrent aux mains des vainqueurs. Les vaincus, après une belle défense, se retirèrent sur une hauteur du voisinage. Quant au jeune roi Henri Ier, un chevalier de sa garde, nommé Jean Babin, le fit monter sur un coursier avec des serviteurs qui lui firent gagner Acre à franc étrier. Jean Babin, en couvrant sa retraite, fut grièvement blessé au visage et fait prisonnier.

L'arrivée à Saint-Jean-d'Acre du roi de Chypre et des autres fuyards de Casal Imbert jeta l'angoisse dans la ville. Mais le sire de Beyrouth fut admirable. Il ne tremblait que pour le roi. Quand il le vit sauvé, il reprit toute son impassibilité, bien qu'on lui affirmât que tous ses fils avaient péri. « Tout premièrement encontra le roy, dont il rendy grâces à Dieu ; après trova autres gens qui fuyoient. Quant il le virent, eschivèrent le chemin. Un suen sergent dist qu'il ireit veir se aucuns des enfans de son seignor fust en cele route. Il s'écria : "Ne faire ! aillors les troverons. Il n'osèrent pas si loins fuir ne venir là où je fusse !" Un poy avant il encontra un suen sergent vieil qui fuoit ; celuy ploura et li dist : "Tous vos beaus enfans avés perdus, et mors sont." Le preudome respondy : "Et qu'en est, sire vilain punais ? Ensi doivent morir chevaliers, défendant lor ennors !{[136]}." »

Devant la victoire des Impériaux, Balian de Sidon, Eude de Montbéliard, les modérés de la noblesse franco-syrienne, ceux qu'on pourrait appeler le tiers-parti, Jean de Césarée, Rohart de Caïffa et les autres chevaliers d'Acre, faisant d'instinct cause commune avec Jean d'Ibelin, coururent aux armes et dévalèrent avec lui vers Casal Imbert. Ils galopèrent jusqu'à Passe Poulain, l'actuel Râs Nâqûra, mais les Impériaux ne les avaient pas attendus et avaient, avec leur butin, battu en retraite vers Tyr (3 mai 1232).

Le désastre était moins grand qu'on ne l'avait craint. Les pertes étaient surtout en matériel. Jean d'Ibelin retrouva ses trois fils et ses lieutenants qui avaient racheté par leur héroïsme leur folle imprudence et ramena tous les siens à Saint-Jean-d'Acre.

Conquête du royaume de Chypre par les Impériaux.

Toutefois les Chypriotes, ayant perdu presque tout leur campement, leur armement, leurs chevaux et leur trésor de guerre, semblaient pour longtemps hors de combat. Filanghieri, avec un remarquable esprit de décision, en profita pour porter aussitôt la guerre en Chypre. Le royaume insulaire était le foyer du parti Ibelin. S'il arrivait à s'en rendre maître, Acre et Beyrouth ne pourraient longtemps tenir. Il y envoya d'abord avec un fort contingent les transfuges de la noblesse chypriote, Amaury Barlais, Amaury de Beisan, Hugue de Gibelet, qu'il ne tarda pas d'ailleurs à rejoindre lui-même avec le gros de son armée. Jean d'Ibelin en partant pour la défense de Beyrouth avait commis la faute de laisser Chypre sans garnisons. Amaury Barlais et les Impériaux n'eurent aucune peine à occuper le port de Famagouste avec la tour qui le défendait, les châteaux de Cérines et de Kantara et toutes les autres places sauf Dieud'amour et Buffavent. Dieud'amour où s'étaient réfugiées les deux sœurs du roi Henri Ier, Marie et Isabelle de Lusignan, fut malgré tout défendu par Henri de Gibelet – un membre de cette famille gibeline resté fidèle aux Guelfes – et par le châtelain Philippe de Caffran. Quant à Buffavent, la défense en fut l'œuvre d'une héroïne, Échive de Montbéliard, femme de Balian (III) d'Ibelin et belle-fille, par conséquent, du sire de Beyrouth. En apprenant l'invasion germanique, la vaillante jeune femme se vêtit en capucin et, sous ce déguisement, parvint à gagner Buffavent. Son arrivée donna du cœur au vieux châtelain, Guinart de Conches ; elle parvint même à ravitailler la forteresse et la rendit imprenable. Mais, à ces deux exceptions près, tout le pays dut subir l'invasion. Philippe de Novare nous peint en termes indignés les violences de la soldatesque impériale envers les plus nobles maisons françaises, les châtelaines obligées de gagner le maquis, déguisées en paysannes : « Se vestirent les dames comme bergières et lor enfans comme bergerons et aloyent glaner épis chéans, et de ce vivoyent entr'eles et leur enfans auci, à si très grant doulor que pitié seroit de retraire (= raconter)[137]. »

Bataille d'Agridi. Délivrance du royaume français de Chypre.

Cependant en Syrie, Jean d'Ibelin ne s'abandonnait pas. Affectant après la défaite de Casal Imbert un visage impassible, il s'occupa d'abord de reconstituer son trésor de guerre.

Ses deux neveux, Jean de Césarée et Jean d'Ibelin le Jeune (le futur comte de Jaffa et auteur des *Assises)*, lui procurèrent des fonds en vendant le premier aux Hospitaliers le casal de Cafarlet[138], le second aux Templiers le casal d'Arames[139]. Avec les 31 000 besants qu'ils en retirèrent, le sire de Beyrouth put rééquiper l'armée. C'est ici que Philippe de Novare place le coup de main, déjà raconté, sur la flotte impériale, mouillée près d'Acre. D'après le bon poète, le sire de Beyrouth, dénonçant les violences de Filanghieri en Chypre, avait demandé au patriarche de Jérusalem, Gérold, l'autorisation de procéder à cette saisie. Gérold qui avait lui-même peu de sympathie pour les Impériaux, aurait donné l'autorisation à demi-mot : « Le bon patriarche respondy qu'il ne s'entremetoit (point) dou fait d'armes, mais il avait veu en son païs, quant li veneour (= les chasseurs) venoyent à la proye et la beste estoit dedens, qu'il semenoient lor bersiers et s'escrioient et mostroient à la main et disoient : "Or pren-le !" – Lors corurent chevaliers et sergens et les Polains dou port as barches et as autres petis vaisseaus que il trovèrent au port et vindrent as salandres. Si en prirent XIII par force...[140] ».

L'armée chypriote avec Jean d'Ibelin et le roi Henri Ier mit alors à la voile d'Acre vers le nord (30 mai 1232). On passa devant Tyr, où la garnison impériale n'osa bouger ; on arriva à Sidon où rejoignit Balian d'Ibelin, fils de Jean, enfin rentré de sa périlleuse mission à Tripoli ; puis, de Sidon, on cingla vers Chypre.

L'escadre chypriote, en arrivant devant Famagouste, trouva le rivage occupé par les Impériaux. Ceux-ci, au témoignage de Novare, comptaient 2 000 cavaliers, tandis que Jean d'Ibelin, n'en avait que 233. Mais, après avoir pris terre sur un îlot – sans doute près de Torrione del Diamante – il envoya au milieu de la nuit ses avant-gardes jusque dans les rues de Famagouste. Dans le tumulte, au milieu des appels du parti Lusignan, les Impériaux se crurent cernés ou trahis. Filanghieri, perdant la tête, évacua la ville et se retira avec toute son armée vers Nicosie[141].

Quand le jour se leva, le roi Henri Ier et Jean d'Ibelin se trouvèrent, sans coup férir, maîtres du grand port chypriote. Presque aussitôt les défenseurs de Kantara se rendaient spontanément à Philippe de Novare. Après être restés trois jours à Famagouste et avoir, par des privilèges commerciaux, récompensé les Génois de leur aide (10 juin 1232)[142], Henri Ier et Jean d'Ibelin reprirent leur marche de Famagouste sur Nicosie. La retraite des Impériaux devant eux fut marquée par une série de dévastations stupides : incendie des récoltes de la Messorée, destruction des hameaux, destruction des moulins de la Queterie (Kythrea). Reculant toujours devant l'armée chypriote, Filanghieri évacua même Nicosie et remonta vers le Nord, en direction de Cérines. Il campait à mi-chemin des deux villes, près d'Agridi (« la Gride »), c'est-à-dire au nord-ouest du bourg de Dikomo, lorsqu'il fut rejoint par l'armée chypriote (15 juin 1232). Jean d'Ibelin faisait diligence car les vaillants défenseurs de Dieud'amour n'avaient que pour deux jours de vivres et le chemin de Nicosie à ce château par les monts du Karpasos passait précisément par Agridi.

Sous les ordres de Jean d'Ibelin marchaient, à côté des barons chypriotes, de nombreux barons syriens, comme son neveu, Jean de Césarée. Les troupes de Filanghieri étaient surtout composées de Lombards et de Napolitains (« gens des Pouilles »), sans parler des transfuges chypriotes, comme Amaury Barlais, Hugue de Gibelet et Amaury de Beisan. Philippe de Novare, qui fut un des bons artisans de cette journée, en donne bien la physionomie. Dans leur hâte d'aller délivrer les jeunes princesses assiégées dans Dieud'amour, les Chypriotes arrivèrent en deux échelons, si bien que le premier était déjà parvenu au casal d'Agridi que le second suivait encore. Quand les Impériaux, des hauteurs qui dominent Dikomo, virent arriver leurs ennemis « à si pauvre harnais », (Jean d'Ibelin avait peu de cavalerie), ils eurent honte de reculer encore, « crièrent à une vois : À eaus ! à eaus ! alons les prendre ! », et descendirent follement des hauteurs dans le défilé, « les eschèles devisées », c'est-à-dire par pelotons dispersés, époumonés et sans ordre. En les voyant abandonner leurs excellentes positions de la montagne pour se jeter sur ses piques, le sire de Beyrouth, comprenant que c'était leur perte, se jeta à genoux pour remercier Dieu.

Les fils du vieux baron se couvrirent de gloire. À l'aîné, Balian d'Ibelin, eût dû revenir l'honneur de commander la première « bataille » de l'armée chypriote, mais il était en difficulté avec l'Église pour son mariage, et Jean, en cette heure solennelle où la France du Levant implorait le secours de Dieu, lui retira ce commandement pour le donner à son cadet, Hugue. Le vaillant Anseau de Brie eut la deuxième « bataille », Baudouin d'Ibelin la troisième, et le jeune seigneur de Césarée la quatrième, tandis qu'avec l'arrière-garde le vieux sire de Beyrouth dirigeait le combat. Mais, malgré les ordres paternels, Balian d'Ibelin galopa en première ligne, au milieu du défilé, « et tant fist d'armes que l'on ne poeit entrer ne issir en celuy pas et tant y soufry que tuit cil qui le virent disoient que il ne porroyent cuider c'un soul home peüst ce faire et plusors fois tu apoié de tant de lances que chascun cuidoit que jamais il peust eschaper. »

Le succès définitif, au témoignage de Novare, fut dû à l'infanterie chypriote. « Une chose i ot quy mout aida as Chiprois, de ce qu'il avoient sergens à pié dont il avint que, quant un de luer chevaliers estoit abatus, que ly sergens le relevoient et le remontoient à cheval et quant un des chevaliers languebars estoit abatus, piestant l'ocyoient ou le menoient pris et par ce y ot mout ocis et pris de ceaus de Puille en cele bataille ».

Les Impériaux finirent par lâcher pied, poursuivis l'épée dans les reins par l'armée chypriote jusqu'aux portes de Cérines, forteresse puissante où ils pouvaient soutenir un long siège. Filanghieri, après avoir mis la place en état de défense, s'embarqua pour la Cilicie où il espérait que le roi arménien Héthoum Ier, toujours théoriquement vassal du Saint-Empire, lui fournirait des secours. Il n'en reçut que de belles paroles et se résigna à retourner en Italie pour rendre compte de son échec à Frédéric II et y chercher des renforts. Pendant ce temps, le siège de Cérines par l'armée chypriote traînait en longueur (juin 1232-avril 1233). En effet le royaume de Chypre n'avait pas de marine, tandis que, de Tyr, les escadres impériales venaient sans cesse ravitailler la place. Enfin, une escadre génoise de treize galères ayant abordé à Limassol, Jean d'Ibelin obtint des capitaines génois qu'ils concourussent au blocus de Cérines[143]. Les assiégés résistèrent encore et blessèrent d'un carreau d'arbalète le vaillant Anseau de Brie, qui mourut après quelques mois de souffrance, non d'ailleurs sans avoir eu la suprême satisfaction de voir capituler la place. Les derniers défenseurs de Cérines se rendirent en effet peu après Pâques (3 avril 1233). Ce fut précisément notre chroniqueur, Philippe de Novare, qui négocia avec eux les termes de la reddition, comportant leur évacuation sur Tyr et la restitution de tous les prisonniers chypriotes faits à Casal Imbert.

Ce fut la fin de la suzeraineté impériale sur le royaume français de Chypre ; mais, comme le dit Novare, « en Syrie demeura un mauvais nid », car les Impériaux du maréchal Filanghieri tenaient toujours la place de Tyr.

CHAPITRE V

LE ROYAUME SANS ROI.
GOUVERNEMENT DE LA MAISON D'IBELIN.

§ 1er. – LA RÉPUBLIQUE DE SAINT-JEAN-D'ACRE
CONTRE LE RÉTABLISSEMENT DE L'AUTORITÉ MONARCHIQUE.

Conséquences de la défaite de Filanghieri.
L'envers de la victoire libérale : la Syrie, royaume sans roi.

La victoire des Ibelin sur les Impériaux à Chypre délivrait le royaume insulaire de la domination germanique, mais ruinait par contre-coup l'autorité de l'empereur-roi, c'est-à-dire – il faut bien le reconnaître – le dernier vestige de l'institution monarchique et du pouvoir central dans la Syrie franque. Nous sommes en 1233. Frédéric II ne mourra qu'en 1250, il sera remplacé sur le trône impérial par son fils Conrad IV (1250-1254) dont les droits passeront ensuite au jeune Conradin (1254-1268). Durant ces trente-cinq années, la royauté hiérosolymitaine continuera à appartenir juridiquement aux souverains germaniques. Mais comme ceux-ci se trouveront entièrement absorbés en Italie et en Allemagne par leur terrible lutte contre le Saint-Siège et le parti guelfe, lutte dans laquelle leur dynastie finira par sombrer, la Syrie franque, abandonnée à elle-même, restera une terre sans maître, sans pouvoir central, sans unité politique, sans union morale, un pays aussi inorganique, anarchique et impuissant que l'Allemagne du grand interrègne ou la Pologne du *liberum veto*.

Si encore la royauté nominale des Hohenstauffen avait disparu en droit comme dans la réalité ! Mais le fait qu'ils subsistaient théoriquement encore, que juridiquement ils étaient toujours rois de Jérusalem allait empêcher les barons syriens (dont les *Assises* attestent le rigoureux esprit constitutionnel) d'appeler au pouvoir une nouvelle dynastie. En même temps l'absentéisme de ces soi-disant rois de Jérusalem, leur foncière indifférence pour leurs possessions d'Outre-mer achevaient d'habituer les colonies franques de Syrie à se passer de l'institution monarchique ou, plus précisément, à s'installer dans les commodités de l'anarchie. Anarchie d'abord subie comme une disgrâce, tant que des chefs de la trempe du vieux sire de Beyrouth maintenaient, en pleine guerre contre Filanghieri, le principe du loyalisme envers la couronne ; anarchie bientôt aimée pour elle-même, quand les institutions ou plutôt l'absence d'institutions eurent corrompu les mœurs politiques et que les mœurs politiques eurent à leur tour corrompu les hommes.

Or ces trente-cinq années durant lesquelles son anarchie organique réduisit l'ancien royaume franc à l'impuissance, furent précisément celles où les révolutions de l'Asie lui offraient des chances inespérées de relèvement ; 1233-1268 : c'est le moment où l'extension et en même temps l'assagissement de la domination mongole présentaient aux Francs une occasion unique de renverser la situation à leur profit, d'encercler l'Islam, de rétablir l'œuvre des premiers rois de Jérusalem dans des conditions que ceux-ci n'eussent jamais osé imaginer. Mais l'offre du destin allait se présenter à un régime sourd et aveugle. Il faut voir la lamentable réalité qui se cache sous les nobles théories constitutionnelles des *Assises*. Sur le parchemin, nous avons affaire, avec la fiction, jusqu'au bout maintenue, d'une monarchie constitutionnelle, voire parlementaire, à une sorte de république de Dieu. Dans la réalité cette soi-disant fédération ne sera qu'un perpétuel antagonisme de pouvoirs locaux : seigneuries féodales, d'ailleurs sans grande assiette territoriale et limitées chacune à quelque port ; Ordres militaires se haïssant mutuellement et ayant chacun leur politique étrangère propre, commandée par leurs intérêts bancaires ; colonies marchandes italiennes dont toute l'activité politique restait dictée par les intérêts économiques – d'ailleurs opposés – de Gênes, de Pise et de Venise[1]. Toute cette anarchie interne à la base, en Syrie, et, comme couronnement, sous le couvert de la royauté légitime, la participation à l'anarchie italo-allemande des trois derniers Hohenstauffen. Comment une telle société aurait-elle été capable de mettre à profit d'abord les guerres civiles entre derniers Aiyûbides, puis la providentielle diversion mongole ?

Quant au résultat final, on l'entrevoit déjà. L'histoire nous apprend le sort des États qui s'abandonnent à un régime de ce genre : l'Allemagne du grand interrègne ou de la guerre de Trente Ans, la Pologne du dix-huitième siècle. À plus forte raison pour une colonie chrétienne aventurée en plein monde musulman...

Dernières tentatives d'accord entre la république franque et Frédéric II : mission de l'évêque de Sidon.

Tout le mal venait de la « captivité » de la couronne de Jérusalem, exilée au fond du Saint-Empire, de la non-résidence du souverain titulaire. Les barons syriens, « les gens de la terre », comme les appelle l'*Éracles*, n'avaient pas été sans se rendre compte de ce péril. Ils avaient trouvé, pour le conjurer, une solution élégante, respectant leurs scrupules légitimistes. Dès 1230, au lendemain du départ de Frédéric II, ils avaient fait remarquer à ce prince qu'il n'était que régent du royaume au nom de son fils Conrad IV, Conrad se trouvant, du fait de sa mère Isabelle de Brienne-Anjou, seul détenteur légitime de la couronne de Jérusalem. Ils avaient en conséquence demandé à Frédéric de leur envoyer le jeune Conrad comme roi national résidant, car les coutumes du royaume exigeaient que l'héritier de Godefroi de Bouillon résidât en Syrie. Deux délégués de la noblesse d'Acre, le chevalier poulain Geoffroi le Tor et le chevalier flamand Jean de Bailleul, étaient allés en Italie porter ces desiderata à l'empereur-roi[2]. « Por ce que il (les barons de Syrie) ne avoient onques veu celui sien fiz Conrad, ne que il n'avoit esté présent au roiaume, il mandèrent al empereor que il, dedenz un an, lor envoiast son fiz Conrad ; et, se il l'envoioit, il le garderoient come lor seignor ; se non, il feroient vers lui ce que il devroient...[3]. »

À cette invite, aussi irréprochable au point de vue du loyalisme dynastique que des intérêts de la Terre Sainte, Frédéric II avait répondu par un refus déguisé (février-mars 1230). Conrad IV ne devait jamais venir prendre possession de son héritage syrien...

À défaut du principe fédérateur qu'eût constitué la présence du jeune Conrad, l'autorité impériale n'était donc représentée en Syrie que par le maréchal Riccardo Filanghieri, qui, depuis sa défaite en Chypre, avait perdu tout prestige. Son pouvoir se limitait d'ailleurs à la ville et au territoire de Tyr, où, en partant chercher des renforts en Italie, il avait laissé comme gouverneur son frère Lotario. Beyrouth était revenue au pouvoir de son seigneur, Jean d'Ibelin, l'ennemi personnel de Filanghieri. Quant à Acre, la véritable capitale du royaume de Jérusalem (car Jérusalem elle-même, malgré sa rétrocession, restait une possession par trop aventurée et précaire), la confrérie de Saint-André s'y était organisée en commune autonome, commune qui, on l'a vu, avait en avril 1232 élu comme « maire » le sire de Beyrouth, Jean d'Ibelin. « Les chevaliers et les bourgeois, note Mas Latrie, unis par la nécessité d'une mutuelle défense, organisèrent au sein de la confrérie et sous son nom une véritable commune, telle qu'il en existait en Europe et particulièrement en Italie... La confrérie de Saint-André usa complètement du pouvoir politique et municipal. Elle régla et surveilla la garde de la cité, elle nomma des consuls pour l'administration civile et des capitaines pour le commandement des hommes d'armes. Elle établit une cloche au son de laquelle les chevaliers et les bourgeois se réunissaient pour délibérer en commun des affaires[4]. » Les autres villes du royaume n'étaient pas moins indépendantes de l'autorité impériale. Sidon et Césarée appartenaient aux deux seigneurs de ce nom, tous deux étroitement alliés aux Ibelin : Balian de Sidon et Jean de Césarée étaient les neveux de Jean d'Ibelin[5].

Dès le lendemain de la défaite des siens à Agridi, avant même la capitulation de Cérines, Frédéric II, comprenant l'impossibilité de réduire par la force la noblesse française du Levant et finissant par où il aurait dû commencer, avait essayé de rétablir son autorité par une entente amicale avec les Ibelin. L'évêque de Sidon, qui voyageait alors en Italie, en revint porteur de propositions impériales d'un ton doux et bénin, ou, comme dit Philippe de Novare, « de lettres mout amyables et lozengeresses, disant (à Jean d'Ibelin et aux barons de Syrie) que il ne lor savoit nul maugré de ce qu'il avoyent fait et qu'il lor pardonoit et lor rendoit sa grace et que il se tenissent bien et loyaument à lui et à son fis ».

Il s'agissait pour Frédéric d'obtenir par la douceur la dissolution de la confrérie de Saint-André, c'est-à-dire de la commune autonome de Saint-Jean d'Acre. Frédéric offrait d'ailleurs de retirer les pouvoirs de bayle à Riccardo Filanghieri dont la brutalité avait soulevé la population et de les confier à un chevalier syrien, Philippe de Maugastel, qui appartenait, semble-t-il, à ce qu'on pourrait appeler le tiers-parti. L'empereur espérait, cette fois, obtenir le ralliement de l'élément créole, puisque, au lieu du dur podestat lombard, il désignait pour la régence un poulain tellement assimilé au milieu oriental qu'on lui reprochait de se parer et de se farder comme une petite maîtresse[6]. Et il faut bien reconnaître qu'autant les barons syriens s'étaient trouvés naguère en état de légitime défense devant l'agression imméritée de l'empereur, autant, une fois repoussée cette tentative de germanisation, il eût été souhaitable qu'ils pussent se rallier autour du principe monarchique. Si l'empereur germanique consentait réellement à n'être dans la Syrie franque qu'un roi franc, il y avait tout à gagner à s'entendre avec lui pour empêcher les progrès de l'anarchie. C'est ce que pensaient les chefs du tiers-parti comme Balian de Sidon et le connétable Eude de Montbéliard.

Le « parlement » de Sainte-Croix et l'émeute de la commune d'Acre.

Ces deux hauts barons qui, visiblement, entendaient conserver au pays l'armature et le bénéfice des institutions monarchiques, prirent en considération les propositions conciliantes de Frédéric. Ils convoquèrent dans ce but un « parlement » général dans l'église Sainte-Croix d'Acre. Mais les représentants de la jeune noblesse, encore sous le coup de l'indignation causée par l'agression allemande, refusèrent d'écouter les conseils d'apaisement des politiques. Le porte-parole des jeunes barons, Jean de Césarée, avait évidemment des raisons infiniment respectables de poursuivre les Impériaux de son hostilité, puisque son père, Gautier III, était tombé sous leurs coups[7]. Sur les conseils de Balian d'Ibelin et d'Eude de Montbéliard, les notables d'Acre, réunis dans l'église Sainte-Croix, allaient prêter le serment sollicité par Frédéric II, lorsque Jean de Césarée, accourant à cette nouvelle, empêcha la mesure : « Il rappela à l'assemblée que l'empereur avait (lui-même) juré d'observer les *Assises* et les usages du royaume » et qu'ayant violé ses serments, on ne devait plus prêter l'oreille à ses propositions[8]. Et comme les modérés maintenaient leur point de vue, Jean de Césarée fit sonner le tocsin de la commune de Saint-André. Les bourgeois accoururent en armes, avec les résidents génois, ennemis jurés du nom gibelin. Ils envahirent l'église et au cri de « muire ! muire ! (tue ! tue !) » faillirent mettre en pièces l'évêque de Sidon qui n'eut que le temps de se réfugier à l'évêché d'Acre et y fut assiégé dans la chapelle. De l'aveu de Philippe de Novare, sans l'intervention de Jean de Césarée qui calma ses propres partisans, non seulement l'évêque, mais Balian de Sidon et le connétable Eude de Montbéliard auraient été massacrés.

Cette émeute populaire avait sans doute obéi à des sentiments explicables. Il s'était créé, notamment dans la jeune noblesse, une sorte de nationalisme franco-syrien que la tentative de domination germanique avait violemment heurté : il suffit de lire Philippe de Novare pour s'en apercevoir. Il n'en est pas moins vrai que le mouvement démagogique soulevé par le tocsin de Sainte-Croix rendait impossibles l'apaisement moral et le sauvetage de l'institution monarchique, si nécessaires au salut du pays.

La fable du cerf attiré dans l'antre du lion.

L'évêque de Sidon essaya alors de gagner directement le chef du parti français, le sire de Beyrouth lui-même, Jean d'Ibelin. Absent au moment de l'émeute de Sainte-Croix, Jean était revenu précipitamment de Chypre à Acre. L'évêque lui promit au nom de Frédéric II paix et amitié, s'il consentait à sauver la face en venant, dans la ville impériale de Tyr, faire acte de soumission envers l'empereur. « L'empereur vous mande que il se repent mout de ce quy a esté entre vous et luy. Mais il veaut que vous ly faites un poi ennor, por ce que les gens ne puissent dire que vous l'avés vencu. L'enour qu'il vous requiert est que vous venés en (un) leu où il semble que il ait poer, et que vous dites simplement : Je me met en la mercy de l'empereor come de mon seignor. »

Mais le sire de Beyrouth avait gardé une impression trop vive du coup de surprise de Famagouste, dans lequel il avait failli perdre la liberté et la vie. Il répondit avec une joyeuse ironie par la fable du cerf qui s'était laissé attirer dans l'antre du lion : « le lion manda au serf, que il venist à lui parler, car il estoit si malades que il moroit. Le serf y ala volentiers come à son seignor. Si tost come il vint à l'entrée de la cave, le lion se hasta de luy prendre ; si l'atainst de la paute à la chière et ly avala la peau jusque sur le museau. Le serf fu (= était) fort et sain et le lion faible et malade : si chey (= aussi le lion tomba) en arière de son cop meisme. Li serf s'en ala, la chière sanglantée et di que jamais en sa court n'en entreroit... Et je vous di, sire evesque que je pues bien dire de l'empereur et de moy cest essample. Il est le lion et je suy le serf. Deux fois m'a deceu (= trompé), la première fois à Limesson (Limassol) dont je os bien sanglante chère, la seconde quant je party de Deudamor et vins à luy : encontre les covenances (= conventions) il retint les fortereces et toute Chipre et puis vendy le roy et Chipre à mes enemis. Et se ores (je) vieng en la tierce fois en sa mercy, je otroye que je soye mort... Dont je vous di, sire evesque, et veuill qu'il sache qu'en sa manaye ne me tenra il jamais, et, se maugré mien (= malgré moi) par meschéance (je) deusse estre devant luy, et (qu') il eust tout son pooir et que je ne eusse pooir plus que dou petit doit de ma main, o (= avec) celuy me défenderoie jusques à la mort ! »[9].

Loin de se fier aux garnisaires impériaux de Tyr, Jean d'Ibelin se fit confirmer comme maire par les communiers d'Acre, et les affermit dans leur résistance. Il devait rester jusqu'à la fin, comme chef de la confrérie de Saint-André, le véritable maître de la capitale franque.

Ce fut un grand malheur pour la Syrie franque que les anciens coups de force et de trahison de Frédéric II aient empêché le loyal chevalier qu'était Jean d'Ibelin de se fier à lui. Car il faut bien avouer que, malgré tout, le prestige de l'empereur d'Occident, roi de Jérusalem, était encore la meilleure sauvegarde pour la Terre-Sainte contre le monde musulman. Ce n'étaient plus les barons de Syrie et de Chypre, malgré toute leur vaillance, qui pouvaient, le cas échéant, arrêter une nouvelle poussée musulmane...

*Démarches de la Papauté pour l'apaisement général.
Leur échec.*

Cette fois encore, la Papauté se montra la conscience de l'Europe. La défense de l'Occident qui était son objectif politique exigeait l'oubli des anciennes injures et l'atténuation des luttes de parti. Certes, nul n'avait montré plus d'énergie que le pape Grégoire IX contre les fautes et les tendances anti-européennes de Frédéric II : l'excommunication lancée contre le César germanique en était la preuve. Les éléments français de Syrie et de Chypre n'avaient pas eu, contre les tentatives de germanisation du Hohenstauffen, de défenseur plus résolu que le Saint-Siège. Mais, une fois Jérusalem délivrée par les soins de Frédéric, une fois l'impérialisme germanique brisé au Levant par la bataille d'Agridi, Grégoire IX, avec une hauteur de vues dont on ne lui a pas su assez de gré, chercha à rétablir la bonne harmonie entre Frédéric et les barons syriens, puisque de ces derniers Frédéric restait malgré tout le souverain légitime, comme il était, contre toute revanche musulmane, leur protecteur naturel. Malgré l'échec de la mission de l'évêque de Sidon, le pape ne se découragea point. D'une part il empêcha par la persuasion l'empereur d'envoyer après Agridi une nouvelle armée attaquer les Francs de Chypre et de Syrie (juillet 1232). D'autre part, quand il supposa les esprits un peu calmés, il envoya lui-même comme légat à Acre l'archevêque Théodoric de Ravenne, chargé de rétablir l'ordre et l'union des Francs autour du pouvoir « royal » (août 1234). Le programme de l'archevêque comportait malheureusement la reconnaissance du maréchal Filanghieri, comme bayle impérial, ce qui était sans doute une maladresse, étant donné les rancunes que cet officier avait suscitées parmi les Poulains. Du reste il faut bien convenir que Théodoric manquait d'esprit politique. Comme les partisans des Ibelin s'étonnaient de ce qu'ils croyaient une volte-face, il les prit à partie, ordonna la dissolution de la Confrérie de Saint-André, c'est-à-dire de la commune d'Acre, la suppression de leur fameuse cloche, symbole et voix de leurs libertés, et, comme les communiers résistaient, il jeta l'interdit sur Saint-Jean-d'Acre. Il est évident qu'une telle mesure dépassait de beaucoup les intentions du

Saint-Siège et allait même contre le programme pontifical de pacification, car les éléments syriens, traditionnellement guelfes, se voyant excommuniés, précisément parce que guelfes, par le légat pontifical devenu gibelin, ne comprenaient plus du tout...

Les citoyens d'Acre en appelèrent du légat au pape. Ils avaient déjà envoyé en mission à Rome Philippe de Troyes et Henri de Nazareth. Mais les deux ambassadeurs, circonvenus, dit l'*Eracles*, par le grand maître teutonique Hermann von Salza, rapportèrent un projet de pacification qui comportait la restauration de l'autorité impériale et le rétablissement de Filanghieri à Acre sans les garanties constitutionnelles correspondantes ; la commune de Saint-André devait être dissoute. Quand Philippe de Troyes et Henri de Nazareth rapportèrent ces propositions à Acre, on les accusa de trahison et on faillit leur faire un mauvais parti[10]. Les gens d'Acre et ceux de Chypre envoyèrent alors auprès du Pape un nouvel ambassadeur, le chevalier-juriste Geoffroi le Tor qui, reçu par Grégoire IX à Viterbe, lui exposa les desiderata des colonies franques (fin 1235-début 1236). Or à cette époque Grégoire était obligé de s'éloigner de nouveau de Frédéric II dont les attaques contre les communes lombardes n'étaient que le prélude d'une attaque générale contre le domaine temporel du Saint-Siège. Le régime absolutiste que l'empereur prétendait établir en Italie était le même contre lequel protestaient les colonies franques de Syrie et de Chypre. Grégoire IX, constatant à regret que sa tentative de pacification morale avait partout échoué et que l'impérialisme germanique n'abandonnait aucune de ses prétentions, fut le premier à autoriser les Francs de Syrie à maintenir leurs droits et franchises. Dans les audiences qu'il accorda à Geoffroi le Tor, il préconisa l'union étroite des Francs de Chypre et des Francs d'Acre, une telle union pouvant seule les défendre les uns et les autres à la fois contre l'impérialisme germanique et contre la reconquête musulmane : « Il lor mandoit que il voloit que li dui roiaume fussent une meisme chose, et manda à Acre à treis religions (= aux trois Ordres militaires) et à toutes les comunes que il au roi de Chipre fussent aidans à (= pour) garder et deffendre eaus et lor choses[11]. »

La pacification générale un moment préconisée par Grégoire IX avait échoué devant les anciennes méfiances suscitées par Frédéric II, devant aussi l'absolutisme mal dissimulé du César germanique. Dans ces conditions, la seule chance de salut pour les colonies franques consistait, comme l'indiquait le pontife, dans l'union intime du royaume de Chypre et du royaume de Jérusalem, c'est-à-dire de tous les éléments français du Levant, appuyés sur la Papauté. Quant à la royauté théorique de Conrad IV, il n'y était toujours pas porté atteinte, mais ce n'était plus qu'une fiction constitutionnelle[12].

Mort du « Vieux Sire de Beyrouth ».
Jugement sur sa personnalité.

Sur ces entrefaites mourut le véritable chef de la Syrie franque, Jean d'Ibelin, « le Vieux Sire de Beyrouth » (1236). Blessé dans une chute de cheval, il vit venir sa fin avec sérénité. « Reconnoissant les grans graces que Nostre Seignor ly avoit faites », il régla sa succession, puis se fit recevoir dans l'Ordre du Temple pour y passer ses derniers jours. « Ses tors amenda de maintes choses, ses detes paia et tout douna por Deu et por l'ame de luy, de sa main, à boune mémoire, et plusors fiés douna à ses enfans et comanda que il fussent homes (= vassaux) de lor aihné frère. Après, se rendy-il frère dou Temple et se fist porter à Acre ; poy dura frère, et très bele fin fist à sa mort. Et quant il dut l'ame rendre, requist il que l'on ly aportast le crucefis. Phelippe de Nevaire ly aporta devant luy, et il tendy ses mains et baisa les piés de Nostre Seignor Jhésus Crist et dist si come il pot : *In manus tuas, Domine, commendo spiritum meum*. Et ensi rendy l'esperit à Deu[13]. »

La disparition du Vieux Sire de Beyrouth fut une perte grave pour l'Orient français. Oncle et conseiller très écouté du jeune roi Henry Ier de Chypre, reconnu comme chef naturel par la noblesse française de Chypre et de Syrie, « maire » élu de la commune d'Acre, Jean d'Ibelin bénéficiait d'une situation morale hors de pair. Sa parfaite dignité de vie, son sentiment de l'honneur et du droit, ses qualités de juriste non moins remarquables que ses vertus chevaleresques, cette haute sagesse, cette loyauté avisée, cette fleur de courtoisie qui se dégagent encore de l'histoire de sa vie dans Philippe de Novare, tout contribue à faire de lui un des représentants les plus accomplis de la civilisation française du treizième siècle. La France du Levant lui devait d'avoir préservé son âme de la mainmise germanique. Malheureusement cette vigoureuse défense n'avait pu s'organiser qu'en sacrifiant les derniers avantages de l'institution monarchique et cela précisément à l'heure où cette institution, même aux mains d'un souverain étranger, aussi secrètement indifférent, voire hostile à la France du Levant que Frédéric II, venait encore et malgré tout de récupérer Jérusalem. Et sans doute, sur le moment, la forte personnalité de Jean d'Ibelin avait pu suppléer à l'absence de royauté. Sous ses titres modestes de bayle ou de maire de la commune d'Acre, le Vieux Sire de Beyrouth avait été, en fait, un véritable souverain, dans la grande tradition des anciens rois. Ainsi Périclès avait été le maître effectif d'Athènes. Seulement ce sont là des cas exceptionnels après lesquels l'anarchie reprend ses droits.

Le Vieux Sire de Beyrouth laissait quatre fils, Balian (III), Baudouin (II), Jean (II) et Guy (Ier). Balian lui succéda comme seigneur de Beyrouth. Baudouin devait devenir (1247) sénéchal de Chypre. Jean eut la seigneurie d'Arsur, c'est-à-dire Arsûf, en Palestine. Guy devint connétable de Chypre. Quant au neveu du Vieux Sire de Beyrouth, nommé comme lui Jean et fils de son frère Philippe, il reçut par la suite le comté de Jaffa[14] ; comme son oncle, Jean d'Ibelin-Jaffa fut un juriste remarquable dont le livre des *Assises de Jérusalem* atteste la valeur[15]. Dans le portrait que tracent d'eux Novare, l'*Éracles* ou les *Lois*, tous ces barons nous apparaissent comme des chevaliers preux et courtois, eux aussi fleur d'une société raffinée et diserte. Il ne semble pas, toutefois, qu'aucun d'eux ait eu la forte personnalité du Vieux Sire de Beyrouth. Dans tous les cas, aucun d'eux, dans cette république de barons qui fut la leur, ne se montra de taille à restaurer la notion de l'État.

L'anarchie franque et la situation de Jérusalem recouvrée.

On conçoit que, dans l'état d'anarchie où se trouvaient les établissements francs de la côte, Jérusalem, bien que rendue aux chrétiens par le traité de Jaffa, soit restée quelque peu à l'abandon. Qui se serait occupé sérieusement de la ville sainte ? Les Ibelin ? Filanghieri ? Le connétable Eude de Montbéliard ? Chacun d'eux n'était que le petit seigneur d'une ville côtière, ayant bien du mal à la conserver contre ses voisins. Aucun n'avait l'autorité suffisante pour envisager une politique générale. La république des barons qui avait succédé à l'ancienne monarchie était condamnée, par sa constitution même, à subir l'initiative du monde musulman. Elle ne se montrait même pas capable de reprendre sérieusement en main les villes désannexées, Nazareth et Jérusalem. Quelles qu'aient pu être les lacunes du traité de Jaffa, cette paix « fausse et mauvaise », comme dit Ernoul[16], si les Francs ne tirèrent pas de la récupération de Jérusalem tout le parti qu'on eût attendu, la faute n'en incombe qu'à eux-mêmes. À peine recouvrée cette Jérusalem pour laquelle ils luttaient depuis quarante et un ans, ils la négligèrent entièrement pour se plonger dans les délices des luttes intérieures, dans cette querelle des Guelfes et des Gibelins, des partisans ou des adversaires de la laïcité frédéricienne, qui devait achever de disloquer la France d'outre-mer.

Mais là encore c'était le vice des institutions qui expliquait les faiblesses des hommes. Nul doute que si, au lieu du lointain empereur-roi, résidant au delà des mers, c'est-à-dire inexistant, les Francs avaient eu à leur tête, à Saint-Jean-d'Acre, un prince de leur race ou simplement, comme ils l'avaient demandé, un kronprinz hohenstauffen bien à eux, le premier souci de ce prince ou de ses *bayles* eût été de mettre en valeur et de consolider les récentes désannexions en tenant cour à Jérusalem et en rendant la ville sainte imprenable. Mais qui songeait à Jérusalem au milieu de la « Guerre des Lombards » ? Qui pensait même que le péril musulman, pour l'heure en apparence assoupi, pourrait bientôt se réveiller ? Le sultan Malik al-Kâmil se disait personnellement l'ami des chrétiens, et il suffisait. Prenons même un auteur comme le charmant chroniqueur-poète Philippe de Novare, type accompli de loyauté chevaleresque et de valeur chrétienne, juriste éminent et grand théoricien constitutionnel par surcroît[17]. Quelle place chez lui tient Jérusalem recouvrée ? Exactement aucune. Est-ce parce que la désannexion de la ville a été l'œuvre du parti adverse ? En tout cas, dans cette brillante chronique de la chevalerie d'outre-mer il n'est question que de luttes civiles, et tous ces beaux coups d'estoc sont des coups entre Latins.

*Ralliement progressif des chrétientés orientales
à l'Église romaine.*

Et cependant, le bénéfice de la récupération de Jérusalem commençait, malgré l'indifférence des Francs, à se faire sentir. En 1237 se produisit un événement qui aurait pu être gros de conséquences, si la domination franque avait duré. Le patriarche jacobite d'Antioche Ignace II se rendit dans la ville sainte pour les fêtes de Pâques. « Le jour des Rameaux, il fit, entre les mains de Frère Philippe, provincial des Dominicains, acte d'adhésion à la doctrine romaine, acte qu'il renouvela par lettre au pape Innocent IV, en 1247[18] ». Ainsi la persistance des colonies franques dans la Syrie-Palestine continuait, même quand la conquête militaire était depuis longtemps déclinante, à assurer la progression de la conquête morale. En 1182 le clergé maronite avait adhéré à l'Église romaine. En 1199, le roi arménien Léon II avait également provoqué un ralliement temporaire de l'Église arménienne. Voici que s'amorçait maintenant le ralliement des Jacobites. Plus tard viendraient celui d'une partie des Grecs sous le patriarche melkite d'Antioche, David (1246), celui même des Nestoriens lors de la visite de Rabban Cauma à Rome (1288). Et comme la foi romaine était ici associée à la civilisation franque, le ralliement religieux signifiait l'adhésion politique des chrétientés orientales à la France du Levant.

§ 2. — LA PRINCIPAUTÉ D'ANTIOCHE-TRIPOLI SOUS BOHÉMOND V.

*En marge de la paix générale : expéditions
des Hospitaliers du Krak contre Ba'rîn (1229-1233).*

On se rappelle que la principauté d'Antioche-Tripoli et nommément les possessions de l'Hôpital et du Temple dans cette région n'avaient pas été comprises dans la paix de Jaffa entre Frédéric II et le sultan al-Kâmil. Les Hospitaliers en avaient profité pour aller, à l'automne de 1229, piller la ville et le canton de Ba'rîn, l'ancien Montferrand, en capturant une troupe de Turcomans campée aux environs[19]. Le malik de Hamâ, l'aiyûbide Muẓaffar Taqî al-Dîn II, s'était engagé à payer une redevance aux chevaliers du Krak (Qal'at al-Hosn)[20]. Mais, comme ensuite il ne s'acquitta point de ce paiement, les Hospitaliers du Krak marchèrent de nouveau contre lui, avec un corps de Templiers, en tout 500 cavaliers et 2 700 fantassins. Seulement, cette fois, ils furent mis en déroute par Taqî al-Dîn à Afyûn ou mieux Afnûn, entre Ba'rîn et Hamâ[21] (août 1230). Taqî al-Dîn rentra à Hamâ avec de nombreux prisonniers. Les poètes arabes opposèrent sa conduite à celle du sultan al-Kâmil dont le pacifisme les scandalisait.

« Lorsque les autres princes se plongent dans les plaisirs de la chasse, ce roi poursuit les hommes blonds, et c'est là son gibier ![22]. »

La lutte reprit en 1233, vers le mois d'octobre, sur ce même point, toujours pour obliger le malik de Hamâ à payer sa redevance. Le prince d'Antioche-Tripoli Bohémond IV le Borgne venait de mourir (mars 1233), remplacé par son fils Bohémond V, qui s'associa à la lutte. Les Hospitaliers avaient en effet demandé le concours de tous les autres Francs. Le grand maître de l'Hôpital, Guérin[23], avait mis sur pied 100 chevaliers, 400 sergents à cheval et 1 500 fantassins. Vinrent se joindre à lui les Templiers avec leur grand maître Armand de Périgord, 30 chevaliers de la principauté d'Antioche-Tripoli sous les ordres de Henri, frère cadet de Bohémond V, 80 chevaliers du royaume de Jérusalem, sous les ordres de Pierre d'Avalon, neveu du connétable Eude de Montbéliard, 100 chevaliers de Chypre sous les ordres du Vieux Sire de Beyrouth, Jean d'Ibelin, et de Gautier de Brienne, beau-frère du roi de Chypre Henri I[er 24].

Les Hospitaliers et leurs alliés opérèrent leur concentration dans la plaine de la Boquée (Buqai'a al Hosn), au sud du Krak. Après une marche de nuit, ils arrivèrent à l'aube devant Ba'rîn ; ils occupèrent et pillèrent le bourg, tandis que la population se réfugiait dans le château. Ils se rendirent ensuite à Miryamîn, à 7 kilomètres au sud-est de Ba'rîn, où ils restèrent deux jours, en envoyant des détachements piller le canton ; puis, après être allés achever la mise au pillage de la région de Ba'rîn, ils firent subir le même sort au casal de la Somaquié, point que M. Dussaud identifie avec le village de Bismaqiya, sur la route de Sâfîthâ à Rafniya[25]. L'armée regagna le Krak des Chevaliers sans avoir rencontré d'ennemi. La campagne n'avait duré que huit jours (vers octobre 1233.)

Ce grand déploiement de forces paraît n'avoir abouti qu'à des résultats insignifiants. En fait, on a l'impression que les Francs voulaient éviter de provoquer, pour une simple question d'arrérages impayés, la reprise de la guerre générale. Or, précisément, l'expédition franque tombait on ne peut plus mal : au moment où les forces franques, groupées au Krak, se préparaient à une nouvelle razzia, on apprit l'approche d'une grande armée aiyûbide, formée des contingents du sultan d'Égypte Malik al-Kâmil et du sultan de Damas Malik al-Ashraf, auxquels s'étaient joints tous les autres princes aiyûbides comme al-Nâsir Dâwud, l'ancien roi de Damas, maintenant malik de Transjordanie, et al-Mujahid Shîrkûh, malik de Homs. Le péril, pour les Francs, était d'autant plus grand que leur adversaire, le malik de Hamâ Muzaffar Taqî al-Dîn II, se trouvait le gendre d'al-Kâmil qui pouvait écraser sous le nombre la petite armée franque. En réalité tous ces princes aiyûbides remontaient vers le nord pour une guerre entre musulmans. Le sultan al-Kâmil, venu tout exprès d'Égypte, les avait convoqués pour aller défendre la ville de Khilât, en Grande Arménie, fief de son frère al-Ashraf, contre les attaques du sultan seljûqide de Qoniya, 'Alâ al-Dîn Kaiqobâd I[er][26] (mai-juin 1234 ?).

Al-Kâmil désirait à la fois avoir les mains libres contre les Seljûqides et maintenir la paix avec son ami Frédéric II[27]. Au lieu de châtier les Hospitaliers, il amena son neveu, le malik de Hamâ, à verser bénévolement aux Chevaliers du Krak la redevance réclamée[28].

La frontière du Nord-Ouest. Difficultés de Bohémond V avec le roi d'Arménie Héthoum Ier : la question de Baghrâs.

Dans le nord, le nouveau prince d'Antioche-Tripoli, Bohémond V (1233-1251)[29], et le nouveau roi arménien de Cilicie, Héthoum Ier (1226-1269), se trouvaient aux prises. On a vu que la dynastie héthoumienne n'était parvenue au trône d'Arménie qu'en écartant un cadet de la maison d'Antioche, le jeune Philippe, frère de Bohémond V[30]. Pendant toute la durée de son règne, Bohémond V ne pardonna pas aux Arméniens le sort tragique de son frère qu'ils n'avaient appelé au trône que pour le faire périr. Les Templiers, de leur côté, s'étaient également de nouveau brouillés avec les Arméniens qui convoitaient toujours la forteresse de Gaston ou Baghrâs, entre le lac d'Antioche et Alexandrette[31]. Héthoum Ier et son père Constantin ayant fait prisonniers quelques Templiers, Constantin, qui avait la main lourde (on a vu le sort qu'il avait infligé au malheureux Philippe d'Antioche), les fit « escorcher et pendre »[32]. Bohémond V et les Templiers, unissant leurs griefs, résolurent d'entreprendre une expédition punitive en Cilicie. Une marche sur Tarse fut décidée. L'*Éracles* nous raconte sous la rubrique de 1233 qu'à cette nouvelle Héthoum Ier et son père Constantin prirent peur. Ils parvinrent à apaiser par des concessions le grand maître du Temple et l'amenèrent à conclure avec eux une paix séparée. Bohémond V, abandonné par ses alliés, dut renoncer à envahir la Cilicie, mais ce ne fut que la dernière année de son règne, en 1250, qu'il se laissa réconcilier par saint Louis avec le roi Héthoum[33].

La frontière du Nord-Ouest. Difficultés des Templiers avec le malik d'Alep : la question de Darbsâk.

Si les Templiers conservaient avec Baghrâs une des clés de la frontière syro-cilicienne, les Musulmans d'Alep en possédaient l'autre : le château de Darbsâk, le Trapezac ou Trapessac des chroniqueurs francs, situé plus au nord-est, près du point où le Qara-su va se jeter dans le marais qui précède le lac d'Antioche[34]. Ancienne forteresse des Templiers, Darbsâk avait été conquis par Saladin en novembre 1188, et était resté depuis au pouvoir des Aiyûbides d'Alep[35]. Entre Baghrâs aux Templiers et Darbsâk aux gens d'Alep – les deux forts n'étant séparés que par une quinzaine de kilomètres – la guerre de guérilla était permanente. En 1226, le malik d'Alep, al-'Azîz avait attaqué – inutilement d'ailleurs – Baghrâs[36]. La menace parut s'éloigner lorsque al-'Azîz mourut en 1236, en ne laissant qu'un fils de sept ans, al-Nâsir, qui régna sous la régence de sa grand'mère, *Dh*aîfa Khâtûn, et de son oncle, al-Mu'a*zz*am Tûrân-shâh. Il n'en fut rien. Tûrân-shâh inaugura au contraire sa régence en allant assiéger les Templiers de Baghrâs, qui, affirme Kemâl al-Dîn, s'étaient rendus coupables d'incursions en terre musulmane. Les Templiers de Baghrâs avaient épuisé leurs approvisionnements et l'armée d'Alep était sur le point de s'emparer de la forteresse, lorsque Bohémond V « envoya intercéder en faveur des Templiers, non sans s'être violemment emporté contre ceux-ci. À sa demande les Alépins accordèrent une trêve aux Templiers et rentrèrent à Darbsâk[37] » (1236).

Ce furent les Templiers qui rompirent la trêve dans l'espoir de s'emparer de Darbsâk. À la fin du mois de juin 1237 une chevauchée de Templiers – 120 chevaliers avec des archers et des Turcoples – sous le commandement du « précepteur d'Antioche », l'Auvergnat Guillaume de Montferrat, partit du Mont Pèlerin, près de Tripoli, pour Darbsâk qu'ils comptaient surprendre. Ils pénétrèrent en effet dans la ville basse, l'actuel Ala Beyli, mais les soldats aiyûbides qui s'y trouvaient, renforcés par une partie de la garnison de la forteresse, leur opposèrent une résistance telle qu'il ne put être question de donner l'assaut à la forteresse elle-même. Des prisonniers francs qui étaient détenus dans la forteresse crièrent aux Templiers de se méfier et de battre en retraite, sans perdre un instant. Les Templiers les traitèrent de renégats. Au même instant la cavalerie d'Alep, alertée, arriva ventre à terre et tomba sur les chevaliers. « Les Templiers étaient fatigués et leurs chevaux fourbus. Les Alepins tombèrent sur eux et les mirent en fuite dans un désordre inexprimable ». Sur 120 Templiers, 100 furent pris ou tués, dont le porte-bannière Raymond d'Argentan et le « précepteur d'Antioche ». Les vainqueurs rentrèrent à Alep avec un trophée de têtes coupées. « Cette bataille découragea les Templiers et ils ne s'en relevèrent jamais », écrit Kemâl al-Dîn, qui ajoute curieusement : « Ces gens-là aspiraient à dominer à la fois les Musulmans et les Francs ». Toutefois le gouvernement d'Alep ne chercha pas à exploiter sa victoire en leur enlevant Baghrâs. La paix qui régnait entre lui et Bohémond V dut, cette fois encore, sauver la place[38].

L'inertie des princes aiyûbides devant l'anarchie franque, leur bonne volonté pour excuser les incursions des Ordres militaires, la loyauté avec laquelle ils repoussèrent longtemps toute tentation de réoccuper Jérusalem alors que, à l'exception de la Tour de David, la ville restait toujours sans fortifications, toute leur conduite durant la décade 1229-1239 ne s'explique que par la situation générale du monde musulman, en particulier par les graves soucis que leur causaient la menace khwârizmienne et l'invasion mongole. L'histoire de l'Orient latin est désormais conditionnée, au moins indirectement, par celle des Mongols. Un retour sur ces derniers est ici indispensable.

§ 3. — À L'ARRIÈRE-PLAN DE LA SYRIE FRANQUE. FIN DU RÈGNE DU SULTAN AL-KÂMIL.

Guerre de Malik al-Ashraf contre Jélâl al-Dîn de Khwârizm. Siège de Khilât. Bataille d'Erzinjân (1230).

Si l'invasion mongole avait terrorisé l'Islam, l'installation, en Perse, de Jélâl al-Dîn Manguberdi à la tête de ses redoutables bandes khwârizmiennes, pour musulmans que fussent chef et soldats, n'avait guère moins effrayé le monde arabe. Non seulement Jélâl al-Dîn n'avait pas craint de s'attaquer au khalife de Baghdâd (dévastation de Khûzistân, 1225), mais, selon la remarque unanime des historiens arabes, son passage en terre musulmane se signalait partout par des ravages aussi affreux que s'il se fût agi des « païens » mongols eux-mêmes. On a vu qu'une fois en possession de l'A*dh*arbaijân, il avait voulu chasser les Aiyûbides de la Grande Arménie où l'un d'eux, Malik al-Ashraf, possédait la région de Khilâ*t*, au nord-ouest du lac de Van. Intervenant dans les querelles entre les princes aiyûbides, il avait, on l'a dit, promis son appui au sultan de Damas al-Mu'a*zz*am qui luttait contre ses propres frères, al-Kâmil, sultan d'Égypte et al-Ashraf, malik de Khilâ*t*. On a également vu comment cette alliance, qui menaçait de précipiter sur la Syrie et l'Égypte aiyûbides les féroces bandes khwârizmiennes, avait causé un tel effroi à al-Kâmil et à al-Ashraf qu'ils avaient appelé à leur aide le chef de la chrétienté, l'empereur Frédéric II (1228)[39].

L'événement prouva combien al-Kâmil et al-Ashraf avaient vu juste en concluant à l'ouest la paix avec les Francs, car, au nord-est, la menace khwârizmienne se précisait. Le 2 avril 1230[40] Jélâl al-Dîn après six mois de siège finit par enlever aux soldats d'al-Ashraf la ville de Khilât, conquête après laquelle le vainqueur massacra, à la manière mongole, une partie de la population et réduisit le reste en esclavage. La femme d'al-Ashraf, une princesse géorgienne, se trouvait parmi les captifs : Jélâl al-Dîn la viola le soir même[41]. Ces excès finirent par provoquer contre lui la coalition des princes voisins. Depuis Saladin, les Aiyûbides avaient pour rivaux et souvent pour ennemis déclarés les sultans seljûqides de Qoniya, en Anatolie. Devant la menace de la barbarie khwârizmienne, on vit les anciens adversaires se réconcilier. Non seulement al-Ashraf et al-Kâmil consolidèrent leur entente cordiale avec Frédéric II, mais ils formèrent une coalition avec le sultan de Qoniya, 'Alâ al-Dîn Kaiqobâd Ier. Al-Ashraf avec l'armée aiyûbide de Syrie (il était devenu, comme on le sait, sultan de Damas) et Kaiqobâd avec toutes les forces seljûqides opérèrent leur jonction à Sîwâs d'où ils marchèrent sur Khilât. Ils rencontrèrent Jélâl al-Dîn près de d'Erzinjan et lui infligèrent un complet désastre (10 août 1230). Le prince khwârizmien s'enfuit à franc étrier jusqu'en *Adh*arbaijân. Al-Ashraf recouvra alors Khilât et Jélâl al-Dîn fut trop heureux d'obtenir la paix[42].

Réapparition du péril mongol.
Conquête de la Perse par les Mongols (1231).

Mais l'empire aiyûbide était à peine délivré de la menace khwârizmienne qu'un danger encore plus redoutable, le péril mongol, qu'on avait cru un moment dissipé, reparut. Jélâl al-Dîn, assagi par la leçon d'Erzinjân, était retourné à Tauris, sa résidence favorite, lorsqu'il apprit l'approche d'une armée mongole de 30 000 hommes sous le commandement du général Tshurmaghun qui avait reçu du grand-khan Ogodaï, fils et successeur de Gengis-Khan, mission de conquérir la Perse.

Telle était la terreur qu'inspiraient les Mongols que Jélâl al-Dîn, n'osant même pas tenir tête à l'envahisseur, quitta précipitamment Tauris et s'enfuit vers la Transcaucasie, du côté de l'Arrân, puis, revint en *Adh*arbaijân, mais quand les escadrons mongols apparurent, il perdit de nouveau la tête et se jeta dans les montagnes du Diyârbékir où il fut obscurément assassiné par un Kurde (15 août 1231)[43].

Les Mongols, vainqueurs sans combat, n'eurent plus qu'à cueillir l'une après l'autre les provinces de la Perse. De 1231 à 1241, leur général Tshurmaghun occupa ainsi l'*Adh*arbaijân (1231), l'Arrân (1235), Ani et Kars, capitales de la Grande Arménie (1239)[44].

Lutte du sultan al-Kâmil contre les Seljûqides d'Asie Mineure (1233-1235).

L'apparition des Mongols sur le haut Euphrate remplit de consternation la Syrie musulmane. La Perse tout entière étant virtuellement en leur pouvoir, on pouvait s'attendre d'un instant à l'autre à ce qu'ils envahissent le petit domaine pontifical 'abbâside de l'Irâq 'Arabî, la Jazîra aiyûbide ou l'Anatolie seljûqide. Cependant, malgré l'effroi qu'ils inspiraient aux souverains musulmans, ces derniers n'arrivaient pas à s'unir. Le sultan seljûqide de Qoniya, 'Alâ al-Dîn Kaiqobâd Ier (1219-1237), heureux d'être débarrassé de Jélâl al-Dîn, en profita pour disputer aux Aiyûbides Khilâ*t*, Édesse et *H*arrân (1233-1235)[45]. Il prit même à sa solde les débris des bandes khwârizmiennes. Le sultan d'Égypte al-Kâmil forma alors contre lui une coalition de tous les princes aiyûbides et marcha à leur tête contre l'Anatolie (1234) ; mais l'armée aiyûbide ne réussit pas à forcer les passes du Taurus, et ce fut le Seljûqide qui, après la retraite de ses adversaires, leur enleva un moment *H*arrân et Édesse (1235), places qu'ils reprirent d'ailleurs peu après[46]. On comprend que le sultan al-Kâmil, à ce point absorbé au nord par ses luttes contre les autres puissances musulmanes, ait tenu à maintenir en Syrie la paix avec les Francs.

Dernières luttes du sultan al-Kâmil contre les révoltes de sa famille (1237-1238).

Puis ce furent les deux principaux princes aiyûbides, al-Kâmil, sultan d'Égypte, et al-Ashraf, roi de Damas, jusque-là si unis, qui se brouillèrent entre eux. Al-Ashraf prépara une révolte générale contre son frère aîné et suzerain. Il obtint notamment l'adhésion de Shîrkûh, malik de *Hom*s, et de la régente d'Alep, *Dh*aîfa Khâtûn. Une lutte fratricide semblait inévitable lorsque al-Ashraf mourut (27 août 1237)[47].

Le défunt avait désigné, pour lui succéder comme roi de Damas, son frère al-Malik al-*Sâli*h Ismâ'îl. À peine en possession de la capitale syrienne, al-*Sâli*h renoua contre le sultan al-Kâmil la coalition des autres Aiyûbides, coalition à laquelle ils adhérèrent tous, à l'exception d'al-Muzaffar Taqî al-Dîn II, roi de *H*amâ, et d'al-Nâ*s*ir Dâwud, roi de Transjordanie. Le sultan al-Kâmil vint d'Égypte châtier cette révolte et mit le siège devant Damas (décembre 1237-janvier 1238). Cette fois encore, il l'emporta. Le 29 décembre 1237 al-*Sâli*h Ismâ'îl lui abandonna Damas et reçut en échange un petit apanage à Ba'lbek et dans la Béqâ'[48].

Mort du sultan Malik al-Kâmil. Son génie et son œuvre.

Le sultan al-Kâmil mourut deux mois après ce dernier triomphe, le 8 mars 1238, âgé de soixante ans seulement. L'éloge que lui consacre Abu'l Fidâ a été sanctionné par l'histoire : « C'était un grand roi. » Ajoutons : un politique habile, un souverain éclairé, un administrateur appliqué et sévère sous lequel l'Égypte prospéra[49]. Maqrîzî, après avoir loué son goût pour les sciences – goût qui le rapprochait de son ami Frédéric II, – ajoute que, bien qu'il n'aimât pas à verser le sang, il était si redouté comme justicier que, sous son règne, un voyageur chargé d'or ou de tissus précieux, pouvait traverser seul et sans crainte des Bédouins le désert du Sinaï[50]. Enfin le neveu de Saladin fut un esprit tolérant – plus tolérant peut-être que Frédéric II – qui sut jeter avec lui les bases d'un *modus vivendi* acceptable pour les Francs comme pour les Musulmans. Sans avoir eu les qualités brillantes de son oncle Saladin et de son père al-'Adil, il les égale par le sérieux avec lequel il fit son métier de roi. Il mérite en tout cas une place à part dans l'histoire pour la largeur de vues avec laquelle, sans idéologie ni utopie – sans non plus l'indifférence confessionnelle d'un Frédéric II, mais tout en restant un musulman croyant et sincère, – il travailla, sur le sol même de la Croisade et du *Jihâd*, à une pacification religieuse dont la chrétienté comme l'Islam ressentit, tant qu'il vécut, le bénéfice.

La mort de ce grand souverain n'allait d'ailleurs pas tarder à être suivie de la rupture de l'entente franco-aiyûbide, avec, comme conséquence proche, la chute presque simultanée de la dynastie aiyûbide et de la colonisation franque.

Querelles des successeurs d'al-Kâmil.
Démonétisation de la dynastie aiyûbide.

Le sultan al-Kâmil laissait comme héritier son fils, al-'Adil II, déjà vice-roi d'Égypte. Al-'Adil fut reconnu sultan suprême et garda sa résidence au Caire ; mais en dehors de l'Égypte, dans le reste de l'empire et de la famille aiyûbide, son avènement fut le signal de l'anarchie. En Syrie le malik de Homs, Shîrkûh, fit la guerre à son cousin, le malik de Hamâ, Muzaffar Taqî al-Dîn II[51]. Quant à Damas, toutes les compétitions s'y déchaînèrent. En 1239 la grande ville syrienne échut un moment à al-Malik al-Sâlih Aiyûb, frère d'al-Adil II[52]. La mésentente éclata aussitôt entre les deux frères. Chacun obtint des alliances parmi les autres Aiyûbides, al-'Adil II s'appuyant sur Shîrkûh, malik de Homs, et al-Sâlih sur Muzaffar Taqî al-Dîn II, malik de Hamâ. De plus les uns et les autres cherchaient à enrôler les redoutables bandes khwârizmiennes, laissées sans chef ni emploi depuis la mort de Jélâl al-Dîn Manguberdi et qui erraient aux confins de la Syrie et de l'Asie Mineure, pillant le pays pour le compte du plus offrant.

À la fin de 1239, un autre prince aiyûbide, al-Sâlih Ismâ'îl, oncle d'al-Adil II et d'al-Sâlih Aiyûb, et qui, on se le rappelle, avait été naguère dépossédé de Damas par le sultan al-Kâmil, réussit à recouvrer cette dernière ville en dépossédant à son tour al-Sâlih Aiyûb[53]. Ismâ'îl devait rester maître de Damas de 1240 à 1245. Quant à Aiyûb, il fut, peu après son éviction, capturé par le malik de Transjordanie, al-Nâsir Dâwud[54]. Après quoi Aiyûb et Dâwud se réconcilièrent et organisèrent de concert une expédition pour enlever l'Égypte au sultan al-'Adil II[55].

Or al-'Adil II, aiyûbide de décadence, avait gravement mécontenté ses plus fidèles mamelûks, en réservant les meilleures places à ses mignons. Un jeune esclave nègre, son favori, faisait la loi aux émirs. Dans la nuit du 31 mai 1240, ceux-ci, exaspérés, cernèrent la tente du sultan, se saisirent de sa personne et, le lendemain, le déposèrent[56]. Puis ils appelèrent al-Sâli*h* Aiyûb qui fit son entrée au Caire (19 juin 1240)[57].

Le sultan al-Sâli*h* Aiyûb, porté au trône d'Égypte par ce pronunciamento, devait l'occuper jusqu'à sa mort (1240-1249). Au début il chercha – en vain – à trouver un terrain d'entente avec son oncle al-Sâli*h* Ismâ'îl, le nouveau malik de Damas. Leur rivalité, compliquée par l'ambition personnelle d'al-Nâ*s*ir Dâwud, malik de Transjordanie – sans parler des antagonismes entre Aiyûbides secondaires, tels que les princes de *H*om*s* et de *H*amâ – plongeait l'ancien empire de Saladin et de Malik al-Kâmil dans un état d'anarchie qui rendait inévitable sa chute prochaine : conquête de la Syrie par les bandes khwârizmiennes, par les Mongols ou par une nouvelle Croisade ?

§ 4. — La Croisade française de 1239.

La Croisade de Thibaut de Champagne et l'attitude de Frédéric II.

Le pape Grégoire IX était depuis longtemps préoccupé de la situation de **la** Terre-Sainte. La paix, ou plutôt la trêve conclue par Frédéric II avec le sultan al-Kâmil venait à expiration en juillet 1239. En prévision d'une nouvelle attaque musulmane contre Jérusalem le pape avait fait prêcher, notamment en France et en Angleterre, une nouvelle Croisade. Au nombre des barons qui répondirent à son appel figurèrent Thibaut IV, comte de Champagne et roi de Navarre[58], le duc de Bourgogne Hugue IV, le comte de Bretagne Pierre Mauclerc, Amaury VI de Montfort, le comte Guigue V de Nevers, le comte Henri de Bar (Bar-le-Duc), Guillaume II de Joigny, Henri VI de Grandpré, Louis Ier de Sancerre, Simon II et Raoul de Clermont, Raoul de Soissons, Robert de Boves, Mathieu de Montmorency, Guillaume de Senlis, Philippe de Nanteuil, Richard de Beaumont : une fois de plus toute la fleur de la noblesse française[59]. Le chef de l'expédition, Thibaut de Champagne, était un beau seigneur généreux et chevaleresque, poète avec cela et qui, comme soupirant de la reine Blanche de Castille, nous a laissé d'assez jolis vers :

> Cele que j'aim est de tel seignorie
> Que sa biautez me fait outrecuidier.

Mais si sa conduite durant la minorité de Louis IX avait attesté sa loyauté et sa noblesse d'âme, elle avait prouvé aussi que ce poète facile à jouer n'était guère un politique.

La mise en mouvement de cette Croisade embarrassa beaucoup l'empereur Frédéric II. Ici encore son attitude est susceptible de plusieurs interprétations. Il ne suffit évidemment pas de dire comme le manuscrit de Rothelin : « Li emperieres ne vouloit mie que li pèlerin passassent oultre mer pour guerroier les mescreanz Mahommetoiz qui estoient si ami[60]. » Ou plutôt, ayant en effet obtenu de l'amitié personnelle du sultan Malik al-Kâmil la récupération de Jérusalem, il pouvait considérer comme un acte de déloyauté, doublé d'une imprudence, toute expédition entreprise sans une négociation préalable avec la cour aiyûbide en vue de la reconduction des trêves. Il était à craindre que la première réaction des Musulmans à l'annonce de la nouvelle Croisade ne fût de ressaisir Jérusalem. Aussi l'empereur demanda-t-il que l'expédition fût différée d'un an jusqu'à ce que la trêve de Jaffa eût expiré. À cette condition il promettait soit de se joindre à la Croisade, soit de s'y faire représenter par son fils, le roi Conrad (Conrad IV). Peut-être, s'il était sincère, pensait-il, à la tête des pèlerins français, pouvoir recommencer la Croisade diplomatique de 1229 et obtenir des fils d'al-Kâmil le renouvellement, l'amélioration même du traité de Jaffa. Dans tous les cas la nouvelle lutte qu'il venait d'entreprendre contre le Saint-Siège et qui lui valut en mars 1239 une nouvelle excommunication l'empêcha bientôt de donner suite à ce projet.

Les Croisés, de leur côté, empêchés par la lutte de Frédéric II et de Grégoire IX de s'embarquer, selon la coutume, à Brindisi, prirent la mer en Provence ou en Languedoc, la plupart à Marseille, quelques-uns à Aigues-Mortes en août 1239. En vue des côtes de Syrie une tempête dispersa l'escadre et rabattit plusieurs navires sur Chypre et même sur la Sicile. Néanmoins le roi de Navarre Thibaut de Champagne aborda heureusement le 1er septembre 1239 à Acre où toute l'armée se concentra. Elle comptait de 1 000 à 1 500 chevaliers, sans parler des sergents.

Si la Croisade de Frédéric II en 1228 avait péché par la négligence des préparatifs militaires, toute l'entreprise ayant été risquée sur la seule préparation diplomatique, la Croisade de Thibaut de Champagne, dix ans plus tard, pécha par le défaut inverse. Elle mit en mouvement la plus belle chevalerie de France, prête aux plus magnifiques prouesses, mais négligea entièrement de préparer le terrain dans le milieu musulman. On a vu que le sultan d'Égypte et de Syrie Malik al-Kâmil qui en 1229 avait signé une trêve de dix ans avec les chrétiens et leur avait rétrocédé Jérusalem, était mort le 8 mars 1238 et que son empire était disputé entre ses fils, ses frères et ses neveux. Il eût été de prudence élémentaire pour les Croisés de chercher à tirer parti de ces querelles, de rassurer préalablement sur leurs intentions une partie au moins des épigones aiyûbides, d'offrir leurs services aux uns contre les autres pour se faire payer en avantages territoriaux. Le seul mérite de Frédéric II consistait à avoir compris l'intérêt de cette tactique, inspirée par toute l'expérience coloniale des anciens rois de Jérusalem. Or il semble bien que de cette expérience les brillants Croisés de 1239 n'aient pas eu le moindre souci. Éternelle légèreté de notre race qui croit, par les improvisations militaires de la dernière heure, compenser l'impréparation générale ! En ce qui concerne l'histoire qui nous occupe, il est en outre à remarquer qu'à mesure que nous avançons, le réalisme colonial de l'ancienne monarchie hiérosolymitaine fait de plus en plus place au romantisme de Croisade, à la guerre d'idéologie remplaçant la guerre du pré carré, évolution qui, des expéditions âprement utilitaires de Baudouin Ier, de Baudouin II ou de Baudouin III, nous amènera aux nobles folies de la Croisade de Nicopolis.

C'est précisément en cela que la Croisade française de 1239 justifiait, il faut bien le reconnaître, les réserves de Frédéric II. Cette expédition militaire sans préparation diplomatique empêchait toute reconduction de la trêve de Jaffa et rompait *ipso facto* la paix franco-aiyûbide. Une des premières conséquences en fut la perte de Jérusalem.

Le premier résultat d'une croisade sans préparation :
reconquête de Jérusalem par les Musulmans.

Plusieurs historiens arabes, comme Jamâl al-Dîn et Abu'l Fidâ, veulent que la réoccupation de Jérusalem par les Aiyûbides n'ait eu lieu qu'après la défaite des Croisés à Gaza, en novembre 1239[61]. Pour le manuscrit de Rothelin au contraire, c'est dès le débarquement des Croisés en septembre de cette année, que le malik de Transjordanie, al-Nâsir Dâwud, aurait procédé, pour premières représailles, à cette réoccupation[62]. Quoi qu'il en soit de la question de date, il est certain que la chute de Jérusalem fut une réplique presque immédiate (mais était-il difficile de la prévoir ?) des Musulmans à l'attaque franque.

Jérusalem, on l'a vu, était presque une ville ouverte. Ses habitants ne pouvaient avoir d'illusions. Abandonnés par Frédéric II qui eût craint, en élevant des fortifications, de contrister ses amis musulmans, et sans doute également délaissés par la république d'Acre qui ne s'intéressait, hélas, qu'à sa lutte civile contre les Impériaux de Tyr, les chrétiens de Jérusalem n'avaient pu rééditifer, « au moyen des aumônes qu'ils recevaient », que quelques défenses discontinues du côté de l'ancienne porte de Saint-Étienne (Bâb al-'Amûd), « un pou del mur et ne sai quantes tornelles »[63]. Le seul point réellement fortifié restait la Tour de David ou citadelle (al-Qal'a) dont le système avait peut-être été quelque peu renforcé[64], mais que les fonctionnaires impériaux (en l'espèce le connétable Eude de Montbéliard et au-dessus de lui le maréchal Filanghieri) avaient négligé de munir d'une garnison suffisante : « Li bailliz (de) l'empereour Fedric avoient malvaisement garni le chastel de genz et de viandes et d'armeures et d'enginz. »

Aussi quand le malik de Transjordanie al-Nâsir Dâwud vint de Kérak avec une petite armée, il n'eut aucune peine à réoccuper Jérusalem et à abattre les quelques fortifications de la Porte de Saint-Étienne[65]. Des témoignages convergents de Maqrîzî et du manuscrit de Rothelin, il apparaît cependant que la petite garnison de la Tour de David se défendit bien et repoussa tous les assauts. Renonçant à emporter la citadelle de haute lutte, al-Nâsir la fit bombarder par ses mangonneaux et surtout la bloqua étroitement. Or, on l'a vu, Filanghieri avait négligé de la doter des réserves en vivres et de la troupe nécessaires. Au bout de vingt-sept jours, al-Nâsir promit aux défenseurs, s'ils capitulaient de bonne grâce, de les faire reconduire sains et saufs jusqu'à la côte. Ils acceptèrent, les vivres se trouvant épuisés et aucun secours n'étant en vue. Le prince aiyûbide, fidèle aux traditions chevaleresques de sa famille, tint son serment[66].

Après l'évacuation de la garnison franque, al-Nâsir fit démolir de fond en comble, à grand renfort de mines, et raser jusqu'au sol la Tour de David. C'était, on s'en souvient, la seule partie des anciennes fortifications qu'al-Mu'azzam eût naguère exceptée dans l'œuvre de destruction générale. Désormais Jérusalem était entièrement une ville ouverte où aucune croisade ne pourrait s'accrocher...

De cette catastrophe trop prévue l'historien ne sait s'il doit rendre davantage responsables les Croisés de 1239 ou Frédéric II : Frédéric, pour avoir systématiquement négligé, pendant dix ans, de faire, comme roi de Jérusalem, relever les murailles de la ville, négligence qui, à s'être prolongée de la sorte, prend les allures d'une véritable complicité avec l'Islam ; les Croisés, parce qu'il était fou, dans une situation pareille, d'aller, pour une expédition de magnificence, pour une parade de chevalerie, reperdre la ville sacrée. Notons, en ce qui concerne Frédéric, que ses sympathies musulmanes et son esprit de tolérance avaient pu, en 1229, servir les intérêts de la Terre-Sainte. Il n'en est pas moins évident que, depuis, les engagements secrets de l'empereur avec la cour du Caire avaient fini par rendre son attitude équivoque et suspecte. Quant aux Croisés de 1239, le déploiement de leurs forces à Saint-Jean-d'Acre aurait pu avoir un effet utile. En inspirant du respect aux Musulmans, une telle parade aurait pu contribuer au renouvellement ou même à l'amélioration des clauses du traité de Jaffa. Encore aurait-il fallu que cette démonstration fût accompagnée d'un minimum de manœuvre diplomatique préalable, manœuvre que les querelles entre épigones aiyûbides ne rendaient sans doute pas très difficiles...

Depuis qu'elle avait perdu sa monarchie nationale, la Syrie franque était-elle donc condamnée à osciller entre le défaitisme, la xénophilie si suspecte de trahison d'un Frédéric II, et le bellicisme sans discernement de Croisés sans expérience ?

Croisade contre Damas ou contre l'Égypte ?
La marche sur Ascalon.

Les Croisés français venaient à peine de débarquer à Acre lorsque, si nous nous en tenons au manuscrit de Rothelin, leur arriva la nouvelle de la perte de Jérusalem. Leurs chefs, à commencer par le comte de Champagne et roi de Navarre Thibaut IV, se réunirent aussitôt en conseil avec les chefs de la Syrie franque, parmi lesquels on remarquait l'archevêque de Tyr[67], remplaçant le patriarche de Jérusalem, l'évêque Raoul d'Acre, le grand précepteur du Temple, le maître teutonique Conrad de Thuringe, et Gautier IV de Brienne, comte de Jaffa[68].

Les barons de Syrie proposaient d'attaquer l'Égypte, point sensible de l'empire aiyûbide, et de mettre la main sur Alexandrie ou Damiette, traditionnelle monnaie d'échange pour recouvrer Jérusalem. D'autres proposaient une diversion plus directe, contre Damas. D'autres songeaient à aller reprendre et fortifier l'ancien château franc de Safed, au nord-ouest du lac de Tibériade. D'autres enfin étaient d'avis d'aller réoccuper Jérusalem et en relever les murailles. Toute la question était de choisir ses amis et ses ennemis parmi les princes aiyûbides qui se disputaient l'héritage du sultan al-Kâmil : le fils d'al-Kâmil, al-'Adil II, sultan d'Égypte ; l'oncle d'al-'Adil, al-Sâli*h* Ismâ'îl qui venait, précisément à l'heure du débarquement des Croisés (septembre 1239), d'enlever Damas à al-Sâli*h* Aiyûb, frère d'al-'Adil ; enfin al-Nâsir Dâwud, malik de Transjordanie, qui peu après (22 octobre) fit prisonnier près de Naplouse ce même al-Sâli*h* Aiyûb dépouillé et fugitif, – en attendant de s'entendre avec lui et de donner à Aiyûb les armes nécessaires pour aller enlever l'Égypte à al-'Adil (mai 1240). Tous ces princes étant plus ou moins brouillés entre eux et chacun rêvant de reconstituer au détriment des autres l'empire d'al-Kâmil, les Croisés n'avaient qu'à se mettre à la disposition du plus offrant, selon le précédent de Frédéric II. Mais, comme on l'a dit, si Frédéric II avait peut-être péché par excès de ruse diplomatique, Thibaut de Champagne fit preuve, en ces matières, d'une insouciance de poète. Ce fut ainsi que les Croisés décidèrent d'aller d'abord occuper l'emplacement d'Ascalon pour relever les fortifications de la ville, après quoi on irait s'emparer de Damas. Ce double projet, à peine connu, aliéna à la fois aux Croisés le sultan d'Égypte, al-'Adil II, de qui dépendait le territoire d'Ascalon, et le nouveau malik de Damas, al-Sâli*h* Ismâ'îl. La Croisade française réussissait ce tour de force de réconcilier entre eux les princes aiyûbides. Tandis qu'Ismâ'îl mettait Damas en état de défense, al-'Adil envoya une puissante armée égyptienne à Gaza pour empêcher la reconstruction d'Ascalon[69].

Cependant les Croisés, renforcés par les barons syriens de Saint-Jean-d'Acre, quittèrent Acre le 2 novembre en direction d'Ascalon, *via* Jaffa. À ce moment, des espions prévinrent le comte de Bretagne, Pierre Mauclerc, qu'une riche caravane, convoyant vers Damas de grands troupeaux de bêtes à cornes pour le ravitaillement de la ville, était signalée à portée de rezzou. Pierre Mauclerc, prenant avec lui Raoul de Soissons et deux cents cavaliers d'élite, partit au soir tombant, et, après une marche de nuit, vint se poster en une double embuscade – à l'entrée, semble-t-il, et à la sortie de quelque oued, où devait passer la caravane. Celle-ci, du reste, était très fortement convoyée et le premier détachement qui barrait la route aux Musulmans, faillit avoir le dessous. Le comte de Bretagne lui-même aurait été pris ou tué sans la vaillance de Raoul de Soissons. Il fit alors sonner du cor pour prévenir son second détachement qui attendait, caché, à l'autre extrémité du défilé. L'arrivée de ce renfort décida de la victoire. Les soldats musulmans prirent la fuite en abandonnant tout le bétail (4 novembre). Pierre Mauclerc ramena son butin à Jaffa où l'armée, qui commençait à souffrir de la disette, se trouva tout à coup dans l'abondance[70].

Le comte de Bar et la folle chevauchée de Gaza
(13 novembre 1239).

Cet heureux coup de main rendit jaloux le comte Henri de Bar qui résolut d'aller, de son côté, surprendre le premier détachement égyptien arrivé à Gaza sous les ordres de l'émir Rokn al-Dîn. Les espions affirmaient que le détachement en question ne comprenait qu'un millier d'hommes. Se joignirent aux Lorrains du comte de Bar le duc Hugue de Bourgogne, le comte Amaury de Montfort, Gérard d'Auberville, Robert de Bove, Philippe de Nanteuil, Eude d'Arcis, Guillaume et Raoul de Senlis, Richard de Beaumont et Mathieu de Montmorency, et aussi plusieurs des barons syriens, comme Balian de Sidon, Jean d'Ibelin-Arsûf, Gautier de Brienne, comte de Jaffa, et le connétable Eude de Montbéliard, en tout 500 chevaliers. La participation des barons syriens à cette équipée est d'autant plus surprenante qu'eux du moins auraient dû en comprendre la folie. Rencontre curieuse : ce fut au contraire le croisé-poète Thibaut de Champagne qui, avec les grands maîtres des Templiers, des Hospitaliers et des Teutoniques et avec le comte de Bretagne, représenta le parti de la prudence.

Dans la soirée du 12 novembre, le comte de Bar et ses amis avaient préparé en grand secret leur expédition, sans prévenir les autres barons, afin de se réserver tout le butin escompté. Rien ne montre mieux que le récit de Rothelin l'anarchie de ces croisades féodales, sans chef et sans roi. Au soir du 12, le comte de Bar avait fait donner l'avoine aux chevaux et ses chevaliers montaient en selle pour aller « gaaingnier et conquerre sur les mescréanz ». Comme ils allaient s'ébranler on vit arriver au galop Thibaut de Champagne, le comte de Bretagne et les trois grands maîtres qui, ayant appris ce qui se préparait, accouraient aux nouvelles :

« Il (Thibaut, Pierre Mauclerc et les grands maîtres) montèrent isnellement suer leur chevaux et alèrent grant aleure, là où cil (Bar et les siens) estoient assemblé et les trouvèrent où il s'atiroient. Moult durement les blasmèrent de ce qu'il vouloient chevauchier en tel point, car li mescréant avoient leur espies par touz les destroiz et par toz les passaiges, et que li soudanz de Babiloinne (= d'Égypte) avoit semont un grant ost... Mes s'il (Bar et les siens) vouloient atendre jusques à lendemain, touz li olz se deslojeroit et s'en iroient tuit ensemble jusques à Escalonne : là seroient plus prez de leurs ennemis, et miex sauroient leur couvinne, et selonc ce auroient conseil que il feroient. Bien leur distrent que, se il chevauchoient, ausi com il avoient empris, qu'il doutoient (= craignaient) que il ne ne fussient malement seurpris des mescreanz et que il ne fussient tuit ou mort ou priz, en tel manière que la Crestientez en recevroit grant honte et grant doumaige. Cil (Bar et les siens) respondirent que il n'en feroient noiant (= rien), car il estoient venu pour guerroier les mescreanz et il ne vouloient plus targier de mouvoir la guerre, mès il iroient jusques à Gadres (= Gaza) et lendemain revendroient en l'ost à Escalonne. »

Devant tant de folle obstination Thibaut de Champagne essaya de les arrêter par la force, en vertu de cette préséance théorique que les autres barons lui avaient reconnue (comme roi de Navarre) : « Il leur deffendi de par Dieu et de par touz les Crestienz et de par lui, suer le sairement et suer la feauté que il li avoient faite, quant il le firent chevetainne de l'ost à Acre, qu'il ne se meussent, et qu'il atendissent jusqu'à lendemain que li olz deslogeroit, et iroient tuit ensemble[71]. » Mais pas plus ce ton d'autorité que les pathétiques adjurations de tout à l'heure ne firent revenir Henri de Bar et ses associés sur leur décision. S'ils attendaient le gros de l'armée, il leur faudrait partager le butin escompté. Ils refusèrent. Devant Thibaut désespéré, leurs escadrons s'ébranlèrent en direction de Gaza (soir du 12 novembre 1239). Thibaut, rentré au camp, tint un conseil de guerre et décida de faire mouvement vers Ascalon, dès le lendemain matin, pour essayer de les protéger. Mais ses efforts devaient être vains.

Le comte de Bar, galopant toujours droit au sud, le long de la côte, était arrivé en pleine nuit, par delà Ascalon, jusqu'aux environs de Gaza. « La nuiz estoit moult bele et moult soef. La lune et les estoiles luisoient, et randoient moult grant clarté. » Gautier de Brienne, comte de Jaffa, qui avait cru devoir accompagner le raid, avertit Henri de Bar que ce serait folie de pousser plus avant. Henri n'en persista pas moins à s'enfoncer dans les collines sablonneuses de la côte, avec l'espoir de razzier les troupeaux qui se cachaient dans les herbages, de l'autre côté du Wâdi Ghaza. Sans aucune précaution, sans envoyer des éclaireurs pour se renseigner sur le voisinage de l'ennemi, la folle chevalerie française mit pied à terre pour se reposer dans une dépression de sable abritée entre les dunes. C'était le plein jour. « Li riches homes si firent mestre les napes et s'assistrent au mangier, car il avoient assez fait porter pain et gélinnes et chaponz et char cuite et froumaige et fruit et vin en bouciaux et en bariz, suer sommiez (= bêtes de somme) et seur voiturez. Les unz manjeoient et les autrez dormoient et li autrez atiroient (soignaient) leur chevaux. » Tant, ajoute le manuscrit de Rothelin, ils avaient de folle insouciance et de « bobant », après s'être aventurés si avant dans la terre de leurs ennemis qui, cependant, étaient si près d'eux ![72].

Le commandant des forces aiyûbides de Gaza, qui les faisait épier, ne pouvait croire ses yeux de tant d'imprudence. Il fit silencieusement garnir les dunes environnantes d'archers, d'arbalétriers, de frondeurs et de piquiers ; puis, après avoir, avec sa cavalerie, fermé les issues du vallon, il démasqua sa présence. Le manuscrit de Rothelin nous décrit le tumulte de cette surprise, accru par le vacarme des fanfares sarrasines : « Tel noise i avoit de tamburs, de tymbres, de cornes, de cris de genz et de chevaux que l'en n'i povoit oïr autre chose. »

Le comte de Jaffa, Gautier de Brienne, qui jugeait mieux que les Croisés nouveaux venus la situation, conseilla sur le champ la retraite : la cavalerie franque ne pouvait se battre dans les dunes « où li cheval et les genz féroient (= tombaient) en sablon jusqu'an mi la jambe. » Le duc de Bourgogne l'approuvait. Mais le comte de Bar et Amaury de Montfort refusèrent, non sans noblesse d'ailleurs, pour ne pas abandonner leurs fantassins qu'ils avaient follement entraînés jusque-là. Gautier et le duc de Bourgogne, au contraire, repartirent à franc étrier vers Ascalon et furent assez heureux pour échapper à la poursuite. Quant aux comtes de Montfort et de Bar, d'abord criblés de flèches tant qu'ils restèrent immobiles, ils voulurent ensuite charger les Égyptiens. Ceux-ci firent semblant de fuir, les attirèrent dans la lande et les accablèrent sous le nombre. Après une défense héroïque, le comte de Bar fut tué avec Jean des Barres, Richard de Beaumont, Anseaux de Lille, en tout 1 200 hommes. Amaury de Montfort fut fait prisonnier ainsi que Guillaume de Senlis et Eude d'Arcis avec 600 compagnons qui furent tous conduits en captivité en Égypte (13 novembre 1239). Balian de Sidon, Jean d'Ibelin-Arsûf, Eude de Montbéliard et Philippe de Montfort avaient réussi à s'échapper.

Au nombre des captifs, se trouva un poète, Philippe de Nanteuil, qui dans les prisons du Caire composa de touchantes élégies pour pleurer la douce France :

> « Ha, France, douce contrée
> Que touz seulent honnorer,
> Vostre joie est atornée
> De tout en tout en plorer !
> Tel douleur est avenue,
> Qu'à la première venue
> Avez vos contes parduz !

> Ha ! Quens de Bar, quel soufreite,
> De vous li François auront !
> Quant il sauront la nouvelle,
> De vous grant duel (deuil) en feront,
> Quant France est deshéritée
> De si hardi chevalier,
> Maudite soit la journée
> Dont tant vaillant chevalier
> Sont esclave et prisonnier ![73] »

Après quoi le captif ne pouvait s'empêcher de maudire ceux des Francs qui avaient refusé de s'associer à la folle équipée. Rejetant sur eux toute la responsabilité du désastre, il s'écriait amèrement :

> Se l'Ospitaus et li Temples,
> Et li frère chevalier
> Eussent donné example
> A nos genz de chevauchier,
> Nostre grant chevalerie
> Ne fust or pas en prison,
> Mais ainsi nel firent mie,
> Dont ce fu grant mesprison
> Et semblant de traïson[74].

Il y aurait de la cruauté à réfuter trop vigoureusement l'accusation du poète captif. La vérité, c'est qu'à mesure que s'oubliait l'expérience de la guerre musulmane, telle que l'avaient pratiquée les anciens rois de Jérusalem, depuis qu'avait disparu la tradition militaire coloniale, les nouvelles croisades imposaient sans contrepoids leur fol esprit d'offensive inconsidérée, l'esprit de Damiette, de Gaza et de la Mansûra, qui est aussi l'esprit de Crécy, d'Azincourt et de Nicopolis...

Quand la nouvelle du désastre parvint, à Ascalon, au comte Thibaut, au comte de Bretagne et aux trois grands-maîtres, ils galopèrent d'Ascalon à Gaza, les Teutoniques en tête, pour essayer de délivrer les captifs. Ils ne purent que se venger sur les détachements égyptiens isolés. Mais, comme le firent remarquer à Thibaut de Champagne « les genz du païs » – Poulains, Templiers et Hospitaliers –, à poursuivre plus loin l'armée égyptienne en retraite, on eût risqué de faire massacrer les prisonniers chrétiens. Ces conseils de prudence, pourtant fondés sur la connaissance des précédents, furent mal accueillis des Croisés, Thibaut de Champagne tout le premier. Le résultat de cette mésentente entre Croisés et chevaliers de Syrie fut que l'on renonça à relever les murailles d'Ascalon. Dès le lendemain, 14 novembre, toute l'armée repartit d'Ascalon à Jaffa d'où elle regagna Acre. Le manuscrit de Rothelin trahit bien la déception des Francs : « Par tous les leuz où il passoient, avoit granz pleurs et granz cris pour ce que si granz pueples de Crestienz s'en revenoient senz rienz faire[75]. »

Négociations des Croisés avec le malik de Hamâ.

Passant d'une folle présomption à un abattement excessif, les Croisés s'imaginèrent qu'après la journée de Gaza les Musulmans allaient les poursuivre. En réalité, les princes aiyûbides, de nouveau plus divisés que jamais, avaient des soucis bien différents[76].

La révolution intérieure qui avait fait passer le royaume de Damas des mains d'al-Sâlih Aiyûb à celles de son oncle al-Sâlih Ismâ'il n'était pas entièrement liquidée. Un des princes secondaires de la famille aiyûbide, le malik de Hamâ Muzaffar Taqî al-Dîn II[77], se trouvait menacé de représailles par plusieurs autres princes aiyûbides, ses voisins, parce que, dans la lutte pour le trône de Damas, il avait soutenu jusqu'au bout Aiyûb, maintenant vaincu et remplacé par Ismâ'îl. Ismâ'il une fois installé à Damas, le malik de Hamâ se trouva en très fâcheuse posture[78]. Son ennemi intime, le chef de la maison aiyûbide de Homs, Shîrkûh, qui avait au contraire pris parti pour Ismâ'il, triomphait. Bien qu'Abu'l Fidâ soit forcément ici un peu partial puisqu'il nous parle des griefs de sa maison contre un voisin abhorré, nous pouvons l'en croire quand il nous dépeint Shîrkûh comme un personnage cruel et perfide, le mauvais génie de la famille aiyûbide[79]. Enfin le prince de Hamâ avait aussi contre lui la régente d'Alep, Dhaîfa Khâtûn, autre ennemie qui venait de lui arracher Ma'arrat al-Nu'mân[80].

Encerclé par tant d'adversaires et comme mis au ban par tous les autres Aiyûbides de Syrie, Muzaffar II se tourna vers les Francs. Peu après la campagne de Gaza, comme Thibaut de Champagne et les autres chefs croisés étaient rentrés à Acre, ils reçurent la visite d'un franciscain originaire de Tripoli, Guillaume Champenés, qui, lié d'amitié avec Muzaffar, leur apportait les propositions de ce dernier[81]. À en croire l'*Éracles* et Philippe de Novare, le malik de Hamâ aurait été jusqu'à promettre aux Francs, si ceux-ci l'aidaient contre la régente d'Alep et contre le malik de Damas, de recevoir une garnison chrétienne, voire de se faire chrétien. « Li soldan de Haman, lor mandoit que, se il voloient venir vers sa terre, par quoi il peust avoir la force et l'aide des Crestiens, il lor metroit en main ses forteresses et devendroit crestiens[82]. » Sous cette dernière forme l'assertion est évidemment fausse, mais Abu'l Fidâ à son tour (qui ne se vante pas de ces tractations de son grand-père avec les Francs) nous avoue cependant que Muzaffar, luttant d'intrigues avec le malik de Homs, faisait lui-même courir le bruit qu'il allait livrer Hamâ aux Francs[83]. Sans doute les Croisés eurent-ils tort de prendre trop au pied de la lettre ces demi-promesses orientales. Tout ce que voulait le malik de Hamâ, c'était intimider « la dame d'Alep » qui, de concert avec le nouveau malik de Damas, menaçait de le déposséder. Quand les Croisés, s'avançant à son appel, furent arrivés à Tripoli, comme ils campaient devant le Mont Pèlerin, ils renvoyèrent le franciscain Guillaume à Hamâ, pour savoir si Muzaffar persistait dans son projet d'alliance. Mais la marche des Francs jusqu'à Tripoli avait sans doute suffi à délivrer le prince aiyûbide des menaces qui pesaient sur lui. Satisfait du résultat ; il se garda de se lier davantage avec eux.

Thibaut de Champagne et ses compagnons, fort mécontents d'avoir été joués par Muzaffar, restèrent quelque temps à Tripoli où Bohémond V leur faisait le meilleur accueil. Ils regagnèrent ensuite Acre d'où ils conduisirent leurs chevaux se refaire dans la plaine de Caïffa, puis près des sources de Séphorie, en Galilée.

La révolution égyptienne de mai 1240 :
al-Sâlih Aiyûb, sultan d'Égypte.

Tandis que les Croisés piétinaient, assez inoccupés et quelque peu démoralisés de leur inaction entre Caïffa et Séphorie, une nouvelle révolution de famille se produisait, comme nous l'avons indiqué plus haut, dans l'empire aiyûbide.

Nous avons vu qu'après son expulsion de Damas où al-Sâli*h* Ismâ'îl l'avait remplacé, al-Sâli*h* Aiyûb avait été capturé par son cousin, le malik de Transjordanie al-Nâsir Dâwud (22 octobre 1239). Après avoir gardé quelque temps Aiyûb prisonnier dans sa résidence de Kérak, al-Nâsir se réconcilia avec lui. Les deux princes vinrent à la Sakhra de Jérusalem (on se rappelle qu'al-Nâsir avait réoccupé la ville l'année précédente) y échanger leurs serments pour un nouveau partage de l'empire : Aiyûb, avec l'aide de Nâsir, s'emparerait de l'Égypte sur son frère, le sultan 'Adil II, et Nâsir, avec l'aide d'Aiyûb, reconquerrait ensuite Damas sur Ismâ'îl (fin avril 1240)[84].

À la suite de cet accord, Aiyûb et Nâsir vinrent avec leur armée se poster à Gaza pour envahir l'Égypte. Sur quoi, de son côté, le sultan 'Adil II concentra son armée à Bilbeis pour couvrir le Delta, non sans avoir demandé l'aide de son oncle Ismâ'îl, malik de Damas, aussi menacé que lui par ses ennemis. Entre l'armée de Damas qui descendait du nord et l'armée égyptienne concentrée à Bilbeis, Aiyûb et Nâsir se trouvèrent un moment en fâcheuse posture. Mais alors survint un coup de théâtre. Les mameluks égyptiens étaient las du jeune sultan 'Adil II, cet Aiyûbide de décadence, livré à d'indignes favoris. Le 31 mai 1240, ils s'emparèrent de la personne du sultan et le déposèrent, après quoi ils appelèrent à sa place son frère Aiyûb. Le 19 juin 1240 Aiyûb fit au Caire une entrée triomphale, passant en quelques mois des cachots de Kérak au sultanat d'Égypte[85].

Alliance du malik de Damas avec les Francs.
Rétrocession de Beaufort et de Safed aux Francs.

Cette révolution plongea dans l'inquiétude le malik de Damas Ismâ'îl. Lui qui avait jadis dépouillé son neveu de la capitale syrienne, voyait aujourd'hui ce même Aiyûb à la tête de l'empire égyptien. De plus Aiyûb, pour récompenser de son appui le malik de Transjordanie, al-Nâsir, avait formellement promis à ce dernier de l'aider à conquérir Damas sur Ismâ'îl. En présence d'une telle coalition, Ismâ'îl, affolé, n'hésita pas à s'allier aux Francs[86].

La belle armée croisée de Thibaut de Champagne qui, depuis des mois, n'avait pas eu l'occasion d'agir, se trouvait précisément à pied d'œuvre dans la plaine de Séphorie, en Galilée. Ce fut là que Thibaut, le comte de Bretagne et le duc de Bourgogne reçurent les propositions d'Ismâ'îl. Le malik de Damas demandait aux Francs de conclure avec lui une alliance ferme contre le nouveau sultan d'Égypte et de défendre contre ce dernier la frontière méridionale de la Palestine : « que il ne feroient trives ne fin sanz lui et sanz son acort au soldan de Babiloine (= le Caire), et il seroie en s'aide contre celui soldan, et il s'en iroient herberger (= camper) à Escalone ou à Jafe à (= avec) tout lor pooir, por deffendre que le soldan de Babiloine ne passast la berrie (= le désert) et entrast en la terre de Surie.... Toutes ces covenances (= conventions) furent jurées de tous les barons de l'ost et dou soldan (de Damas)[87]. »

En retour de cette aide militaire qui lui garantissait, contre la coalition du sultan d'Égypte et du malik de Transjordanie, la possession du royaume de Damas, Ismâ'îl promit aux Francs de leur rétrocéder tout l'ancien royaume de Jérusalem jusqu'au Jourdain[88]. En attendant l'exécution de cette promesse subordonnée à l'exécution des clauses de l'alliance et aussi à l'éviction du malik de Transjordanie, al-Nâsir, de qui dépendait la Judée, Ismâ'îl rendit immédiatement aux Francs une vaste étendue de territoire depuis Sidon jusqu'à Tibériade, – « la terre de Sajette et celle de Thabarie, » écrit Novare[89], – y compris l'importante forteresse de Beaufort (Shaqîf Arnûn), le massif du Jebel 'Amila[90] et le château de Safed qui redevint une des citadelles des Templiers. La forteresse de Safed, reconstruite par le Temple à l'instigation de l'évêque de Marseille Benoît d'Alignan, allait de nouveau commander à 260 casaux et à une population rurale de plus de 10 000 personnes et assurer la sécurité des routes de pèlerinage vers Nazareth et les autres sanctuaires de la Galilée[91]. Enfin les Francs, devenus les alliés des Damasquins recevaient toute licence de venir se fournir d'armes et de matériel de guerre dans la grande ville musulmane.

Il suffit de regarder une carte pour être frappé par l'importance de ces rétrocessions. Les Francs récupéraient d'un seul coup avec l'ensemble de la Phénicie méridionale – y compris l'hinterland, – toute la haute Galilée. Comme ils possédaient déjà Séphorie et Nazareth, c'était presque tout le territoire galiléen qui leur était rendu. De plus, au point de vue stratégique, Beaufort et Safed constituaient des positions de premier ordre.

Comme lors du traité entre Frédéric II et al-Kâmil, les milieux musulmans piétistes accueillirent l'accord franco-damasquin avec un vif sentiment d'indignation. « Les Musulmans, écrit Abu'l Fidâ, trouvèrent la conduite d'al-Sâli*h* Ismâ'îl abominable. » Deux des principaux docteurs de l'Islam à Damas, le sheikh shâfa'ite Ibn 'Abd al-Salâm, prédicateur de la Mosquée des Omaiyades, et le théologien al-*H*âjib, éclatèrent en reproches contre l'Aiyûbide francophile. Telle fut la violence de leur prédication qu'Ismâ'îl les fit arrêter et destituer. Le premier se réfugia au Caire, à la cour du sultan al-Sâli*h* Aiyûb, le second à Kérak, auprès du malik de Transjordanie, al-Nâsir Dâwud[92]. Cette protestation du panislamisme contre la rétrocession de la haute Galilée aux Francs se marqua plus énergiquement encore par le refus de la garnison damasquine de Beaufort de leur rendre la place. En vain al-Sâli*h* Ismâ'îl envoya-t-il de Damas des ordres exprès pour que remise fût faite de la forteresse au sire de Sidon[93]. Les mamelûks de la garnison crièrent à l'apostasie du malik et tinrent bon : « Encores disoient tout apartement que li soudanz (Ismâ'il) n'estoit mie fermement créanz en la loi de Mahommet quant il vouloit tel chastel rendre sens cop férir à ces porciaux, chiens, crestiens, mescréans, desloiaux qui ne croient en Dieu[94]. ». Ismâ'îl, prévenu, se rendit devant Beaufort. Sa présence n'y fit pas davantage. Contre ces obstinés il dut entreprendre un siège en règle. Quand ils se décidèrent à capituler, Ismâ'îl, furieux, les punit sévèrement ; nombre d'entre eux furent bannis, après avoir été dépouillés de leurs biens ; plusieurs – peine infamante – eurent la barbe rasée.

En échange de ces récupérations territoriales, l'armée franque, toujours commandée par Thibaut de Champagne, alla se poster entre Jaffa et Ascalon pour défendre la Syrie musulmane contre une attaque du sultan d'Égypte. L'*Éracles* nous rapporte que le malik de Damas, al-Sâli*h* Ismâ'îl, et son vassal, le prince de *H*oms, al-Mansûr Ibrâhîm[95], vinrent camper, eux aussi, près de Jaffa, en liaison avec l'armée franque[96]. Ce n'est pas un des spectacles les moins intéressants de l'histoire des Croisades que cette coalition du roi musulman de Syrie avec les Francs pour défendre le pays contre le sultan d'Égypte.

Paix d'Ascalon avec le sultan d'Égypte.
L'imbroglio franco-musulman de 1240.

Fort de l'alliance franque, Ismâ'îl semblait sûr du succès. Il venait déjà de tailler en pièces dans le Belqâ un de ses deux adversaires, le malik de Transjordanie al-Nâsir qui avait dû s'enfuir jusqu'à Kérak. Ismâ'îl, ayant opéré sa jonction avec les Francs, se porta ensuite sur Gaza, pour barrer la route à une armée égyptienne. Malheureusement l'alliance franque répugnait à ses troupes comme une trahison. Sur le champ de bataille elles passèrent d'un seul bloc sous les drapeaux égyptiens, puis, de concert avec l'armée d'Égypte, attaquèrent leurs alliés francs[97]. Les Francs durent battre en retraite sur Ascalon où ils s'installèrent et dont ils se mirent à relever les fortifications. L'échec était du reste peu important, puisque nous voyons aussitôt après Ismâ'îl proposer aux Croisés une expédition commune en Égypte, avec attaque contre le Caire ou Damiette[98].

L'alliance franco-damasquine, si précieuse pour les Francs et qui leur avait déjà valu de si belles récupérations territoriales, se heurtait donc, dans l'entourage même du malik de Damas, à l'instinct de solidarité panislamique. Pour comble de disgrâce, elle se heurtait aussi à des résistances inattendues dans le camp chrétien. L'alliance damasquine était en partie l'œuvre des Templiers qui devaient à ce pacte la récupération de la forteresse de Safed. Il n'en fallut pas davantage pour que l'alliance rencontrât l'hostilité des Hospitaliers. Ce système naturel, renouvelé du roi Foulque et de Baudouin III, la monarchie hiérosolymitaine en avait naguère tiré les plus substantiels profits pour le maintien du *statu quo* syrien. C'est que les anciens rois, ayant à leur service un État relativement fort, pouvaient manœuvrer. Comment pouvait-on demander maintenant semblable unité d'action à la république chrétienne où tous, barons, croisés, grands maîtres d'Ordres militaires, avaient leur politique musulmane particulière ? Le Temple favorisant l'alliance damasquine, les Hospitaliers se prononcèrent donc pour l'alliance égyptienne[99]. Ils firent valoir qu'un rapprochement avec le sultan d'Égypte permettrait seul d'obtenir la délivrance d'Amaury de Montfort et de ses compagnons, captifs, depuis la première bataille de Gaza, dans les prisons du Caire.

Cet argument sentimental, qui était aussi celui du moindre effort, l'emporta. Thibaut de Champagne et les autres chefs croisés, repoussant les propositions de la cour de Damas en vue d'une expédition commune en Égypte, conclurent la paix avec la cour du Caire. L'*Éracles* spécifie que l'armée se divisa, les barons de Syrie restant, comme les Templiers, fidèles à l'alliance damasquine, tandis que Thibaut et les autres chefs croisés décidaient la paix avec l'Égypte[100].

La paix avec l'Égypte fut donc conclue, mais cet acte, notons-le, constituait presque une trahison envers le malik de Damas qui n'avait rendu Beaufort et Safed qu'en vue d'une collaboration militaire efficace. C'est ce que remarque explicitement le loyal Philippe de Novare, interprète des barons de Syrie : « Iceste trive (avec Damas) avoit esté faite par l'atrait dou Temple et sans l'acord de l'Ospitau, dont il avint que l'Ospitau de Saint Johan reporchassa ensi que le soldan de Babiloine (= du Caire) fist trives à partie de Crestiens, et la jurèrent le roy de Navare (Thibaut de Champagne) et le conte de Bretaigne et mout d'autres pèlerins, ne onques ne regardèrent au sairement que il avoient fait au soudan de Damas...[101] ». Toute cette négociation avec la cour d'Égypte fut d'ailleurs conduite dans le secret, comme un mauvais coup, à l'insu des opposants.

Sans doute heureux de se voir à si bon compte délivré d'une coalition redoutable, le sultan d'Égypte al-Sâli*h* Aiyûb ne tarda pas à libérer Amaury de Montfort, Philippe de Nanteuil et les autres prisonniers de Gaza. Du reste il faisait coup double. Non seulement il séparait les Francs de son ennemi le malik de Damas, mais il divisait les Francs eux-mêmes. En effet, dans les conditions ténébreuses et brusquées où la paix venait d'être conclue avec l'Égypte, une partie des Francs avaient juré cette paix, tandis que les autres restaient liés par leur alliance avec Damas. C'était ainsi que le grand maître de l'Hôpital, Pierre de Vieille Bride (ou Brioude), signa la paix avec l'Égypte, tandis que le grand maître du Temple restait lié à l'alliance damasquine, et cela quand l'Égypte et Damas se trouvaient en guerre. Jamais depuis la chute de la royauté franque l'anarchie de la république chrétienne n'avait produit de résultats plus incohérents[102].

Cependant, à l'exception des Hospitaliers, les Francs de Syrie étaient unanimes à protester contre le renversement des alliances et la paix bâclée. « Quant li Crestien de la terre sorent ces choses, il contredistrent tout apertement ces trives et distrent qu'il ne vouloient mie estre en trives vers le soudant de Babiloine. Adonques avoit grant murmure à val l'ost contre le roi de Navare (Thibaut).

Dissolution de la Croisade française (1240).
Les gains de la campagne : Beaufort, Safed et Ascalon.

Le poète égaré dans la politique que fut toujours Thibaut de Champagne avait si maladroitement manœuvré, son impopularité était maintenant telle qu'une sédition était à craindre. « Il s'aperçut bien qu'il n'avoit mie la grâce de l'ost, et que il n'obéissoient mie à son comandement. Il douta (= craignit) moult que l'en ne li feist honte et annui de son corz »[103]. Perdant la tête, il abandonna précipitamment le camp, courut faire ses dévotions à Jérusalem (le traité avec l'Égypte lui en donnait les facilités), et se rendit de là à Acre pour se rembarquer (fin septembre 1240). Son départ fut suivi de celui des autres Croisés. Seul, avec une belle constance, le duc de Bourgogne Hugue IV déclara vouloir rester à Ascalon jusqu'à ce que la forteresse fût reconstruite : il tint parole et ne rentra qu'une fois la tâche achevée, au bout d'un an[104]. Quant aux chevaliers de Syrie, ils s'étaient, eux aussi, divisés. Au témoignage de Philippe de Novare, les barons de Syrie avec les Templiers, et aussi un autre Croisé attardé, le comte de Nevers, restèrent quelque temps à Jaffa pour garder la Syrie musulmane contre toute attaque égyptienne, par fidélité à leur serment au malik de Damas. Au contraire les Hospitaliers « qui n'avaient rien juré aux gens de Damas » rentrèrent à Saint-Jean-d'Acre[105]. Ainsi, comme le remarque l'*Éracles*, cette Croisade, conduite par une chevalerie anarchique, se termina dans la discorde.

Il serait cependant très injuste de ne pas noter à son actif la récupération des importantes forteresses de Beaufort et de Safed ainsi que la reconstruction de la forteresse d'Ascalon. Si la « désannexion » de Beaufort et de Safed rendait les Francs de nouveau maîtres de la Galilée, la reconstruction d'Ascalon achevait de leur rendre la Philistie. En Philistie, également, Jean II d'Ibelin fortifia peu après la place d'Arsûf (1241)[106]. De tels résultats étaient loin d'être négligeables, encore qu'avec un minimum de discipline et d'esprit politique on eût pu faire beaucoup mieux.

Pèlerinage de Richard de Cornouailles. Restauration territoriale de l'ancien royaume de Jérusalem (1240-1241).

Au moment où Thibaut de Champagne venait de se rembarquer pour l'Europe, on vit arriver à Acre, le 11 octobre 1240, le comte Richard de Cornouailles, frère du roi d'Angleterre Henri III et beau-frère de l'empereur Frédéric II. Dès son débarquement le prince anglais se vit tiraillé entre les Hospitaliers qui voulaient le faire adhérer à la paix avec l'Égypte, et les Templiers qui cherchaient à l'attirer dans l'alliance damasquine. Dans une de ses lettres, il nous a laissé le tableau saisissant de cette république chrétienne, Pologne du *liberum veto* vouée depuis la disparition de la monarchie au plus lamentable chaos, voire à la guerre civile. « En Terre Sainte la paix a été remplacée par la discorde, l'unité par la division, la concorde par la haine civique. Les deux Ordres fraternels, naguère constitués pour la défense de leur mère commune, maintenant enflés d'orgueil par l'excès de leurs richesses, se disputent dans son sein[107]. »

Refusant de se laisser embrigader dans les querelles locales, Richard décida d'aller concourir à la reconstruction de la forteresse d'Ascalon, œuvre que le duc Hugue IV de Bourgogne poursuivait avec beaucoup de zèle. La reconstruction d'Ascalon, barrière destinée à fermer la Palestine aux armées d'Égypte, servait d'ailleurs la politique d'alliance damasquine des Templiers et des barons de Syrie. Les uns et les autres se joignirent donc à Richard dans sa descente vers la Philistie. En mars 1241 la forteresse se trouva enfin achevée. Cependant des ambassadeurs du sultan d'Égypte, al-Sâliḥ Aiyûb, étaient venus solliciter le prince anglais de souscrire à la paix conclue avec Thibaut de Champagne. Sur les conseils du duc de Bourgogne, du grand maître de l'Hôpital[108] et de Gautier de Brienne, comte de Jaffa, Richard ratifia la paix, acte de sagesse, d'ailleurs, au point où on en était[109]. En effet Aiyûb, heureux de voir écarté le péril d'une attaque franco-damasquine contre l'Égypte, ratifia de son côté les rétrocessions territoriales faites ou promises aux Francs par la cour de Damas. L'*Histoire des patriarches d'Alexandrie* nous apprend que le vizir d'Aiyûb, Kemâl al-Dîn ibn-Sheikh, s'était rendu à diverses reprises auprès des Francs, évidemment auprès du parti hospitalier, – pour conclure cette paix définitive dont Thibaut de Champagne n'avait eu le temps que d'arrêter les préliminaires. Ce fut alors qu'Amaury de Montfort et les autres prisonniers francs furent effectivement libérés : « Le sultan rendit la liberté au comte et aux autres chevaliers et leur remit à tous des vêtements d'honneur. Ils traversèrent tout le Caire à cheval et retournèrent chez eux. De son côté le Qâdî reçut les prisonniers musulmans rendus par les Francs ». C'était, on le voit, le retour à l'apaisement moral naguère voulu par al-Kâmil et Frédéric II (23 avril 1241). Au point de vue territorial, c'était mieux encore. En effet la cour d'Égypte, d'après le témoignage de l'*Histoire des patriarches*, reconnaissait aux Francs 1° tout l'hinterland de Beyrouth, dans la montagne ; 2° tout l'hinterland de Sidon, y compris Beaufort (Shaqîf Arnun) ; 3° toute la Galilée y compris Tibnîn (Toron), Hûnîn, Tibériade, le Thabor et Kaukab (Belvoir) ; 4° Jérusalem et Bethléem, avec la bande de terrain entre les villes saintes et Jaffa (y compris, au nord-est de Jaffa, Mejdel Yâbâ, l'ancien Mirabel) ; 5° enfin, toute la Philistie y compris Ascalon, mais sauf Gaza. C'était à peu près la restitution de l'ancien royaume de Jérusalem, exception faite d'une part de la Samarie, puisque Naplouse resta aux Musulmans, d'autre part de la Judée méridionale où ils gardèrent Hébron[110]. En somme les Francs se réinstallaient très solidement en Galilée, tout au moins en haute Galilée où ils recouvraient de formidables citadelles : nous savons par l'*Éracles* que la citadelle de Tibériade elle-même fut reconstruite par le connétable Eude de Montbéliard[111]. Au contraire, restant privés de la Samarie, leur réinstallation à Jérusalem s'avouait encore plus précaire qu'en 1229, puisqu'ils n'y retrouvaient même plus le point d'appui de la Tour de David, rasée par al-Nâsir.

Après avoir fortifié Ascalon, Richard avait nommé gouverneur de la forteresse reconstruite un chevalier nommé Gautier de Pennenpié qui, chose curieuse, se trouvait à ce moment à Jérusalem comme bayle de l'empereur-roi Frédéric II « Richart... manda en Jérusalem à un chevalier quy avoit nom Gauter Pennenpié, quy en estoit baill de par l'empereor Fédéric et tenoit la cité de Jérusalem par la fiance et la trive dou soudan de Babiloine[112]. » Texte assez curieux car il atteste qu'en dépit de l'expulsion de la garnison franque de Jérusalem par al-Nâsir Dâwud à l'automne de 1239, un bayle impérial était déjà revenu résider dans la ville sainte, comme représentant de Frédéric II, bien que sans grand pouvoir effectif et seulement par la « fiance » du sultan d'Égypte : en somme, situation de résident ou d'agent consulaire, plutôt que de commandant de place et qui était considérée comme moins importante que le poste de gouverneur d'Ascalon. Rappelons-nous que Thibaut de Champagne avait pu, avant son départ, venir pèleriner à Jérusalem. Sans doute l'installation de Pennenpié dans la ville sainte datait-elle de ce pèlerinage et des préliminaires de paix signés par Thibaut.

Notons qu'indépendamment du désir de la cour du Caire de détacher les Francs de l'alliance damasquine, le maintien ou le rétablissement de l'autorité de Frédéric II à Jérusalem était dicté au sultan al-Sâlih Aiyûb par son désir de conserver, à l'exemple de son père al-Kâmil, l'amitié personnelle de l'empereur. *L'Histoire des patriarches d'Alexandrie* nous parle, précisément pour les années 1240-1241, d'une grande ambassade envoyée par Frédéric à Aiyûb. D'Alexandrie, les deux ambassadeurs se rendirent au Caire où, montés sur les chevaux du sultan, ils firent dans les rues pavoisées une entrée magnifique, l'armée égyptienne leur rendant les honneurs et toute la population cairote étant sortie pour les voir. « Le sultan leur envoya plus de présents et de cadeaux qu'on ne l'avait jamais fait à aucune ambassade. Les ambassadeurs restèrent dans le pays à cause de l'hiver, chassant et tirant à l'arbalète en qualité d'hôtes du sultan qui les traita avec toute sorte de prévenances[113]. »

Quoi qu'il en soit, le voyage de Richard de Cornouailles au Levant avait eu les plus heureux résultats. Beau-frère de Frédéric II, il s'était conduit en délégué officieux de l'empereur-roi, mais en refusant, au contraire de celui-ci, de prendre parti dans les querelles locales et en se comportant en arbitre plein de sagesse et en justicier. De ce fait, il avait, sans le titre, temporairement ressuscité et exercé la fonction royale. Quand il se rembarqua à Acre, le 3 mai 1241, il avait, par sa diplomatie prudente et avisée, complété l'œuvre de Thibaut de Champagne et du duc de Bourgogne, tiré au mieux parti des rivalités entre princes aiyûbides et restauré, pour plus de la moitié, la base territoriale de l'ancien royaume de Jérusalem. Restauration du royaume à laquelle il ne manquait qu'une chose, celle de la royauté elle-même. Le tableau si pessimiste que Richard traçait dans ses lettres de l'anarchie où se débattait la république chrétienne de Syrie ne permettait guère d'espérer que la Syrie franque pût tirer profit de cette restauration inespérée. Précisément, au lendemain du départ du comte de Cornouailles, une nouvelle guerre civile allait éclater en Syrie entre Guelfes et Gibelins, qui amènerait la disparition des derniers vestiges de l'autorité royale.

§ 5. — Chute de la domination germanique à Tyr.

Provocations des Templiers envers l'Islam.
Le sac de Naplouse (30 octobre 1242).

La guerre civile dans la Syrie franque commença, à peine Richard de Cornouailles était-il reparti, par une lutte entre Hospitaliers et Templiers. Les Templiers allèrent jusqu'à assiéger la maison des Hospitaliers à Saint-Jean-d'Acre[114]. En même temps, le parti templier, lequel avait refusé d'approuver la paix avec l'Égypte, faisait tout ce qui était en son pouvoir pour rompre cette paix. Ce fut ainsi que les Francs, violant au sud de Bethléem la frontière reconnue par le traité d'Ascalon, vinrent molester les Musulmans du district d'Hébron. Sur quoi le malik de Transjordanie, al-Nâsir Dâwud, qui avait toujours détesté les chrétiens, usa de représailles contre leurs pèlerins et leurs marchands. Sur quoi les

Francs – Templiers en tête – vinrent de Jaffa saccager Naplouse, démolirent la mosquée et, au dire de l'*Histoire des patriarches d'Alexandrie*, n'épargnèrent même pas les chrétiens indigènes (30 octobre 1242)[115]. Le sultan Aiyûb envoya alors d'Égypte un corps de 2 000 cavaliers qui se réunit devant Gaza aux forces d'al-Nâsir Dâwud et vint avec elles bloquer Jaffa. Toutefois il ne s'agissait là que d'un simple avertissement dirigé contre le parti templier. Le sultan, qui ne désirait nullement déplaire à Frédéric II, rappela presque aussitôt ses troupes en Égypte.

Ces provocations du parti templier envers les Musulmans, au lendemain de la paix qui avait rendu aux Francs Jérusalem et la Galilée, constituaient une criminelle folie. Les efforts de Richard de Cornouailles risquaient d'être annihilés. On eût dit que les Templiers et leurs amis voulaient persuader au monde musulman que toute cohabitation avec les Francs était impossible.

Filanghieri, gouverneur impérial de Tyr,
et Philippe de Montfort, seigneur de Toron.

Dans la ruine de l'autorité impériale au Levant, après sa défaite d'Agridi, le maréchal Riccardo Filanghieri, l'homme de confiance de Frédéric II, avait toujours conservé la place de Tyr. De ce solide réduit, il ne désespérait pas de sortir un jour pour rétablir le pouvoir de l'empereur-roi sur le reste de la Syrie franque, à commencer par la capitale, Acre, où la commune de Saint-André, appuyée sur la famille d'Ibelin, constituait le principal obstacle à une telle restauration.

Or, peu après le départ du comte de Cornouailles, les sires d'Ibelin, jugeant Filanghieri réduit à l'impuissance dans sa retraite de Tyr, s'étaient dispersés dans leurs fiefs respectifs. Jean II d'Ibelin se trouvait dans sa place d'Arsûf dont il relevait les fortifications. Balian III, qui avait succédé à leur père Jean Ier dans la seigneurie de Beyrouth, avait regagné cette ville. Les autres membres de la famille vivaient à Chypre. Le connétable Eude de Montbéliard demeurait à Césarée[116]. Restait seul à Saint-Jean-d'Acre, comme représentant du parti des Ibelin, un baron français, arrivé avec la croisade de Thibaut de Champagne et fixé dans le pays, Philippe de

Montfort, qui allait assumer un rôle de premier plan dans la suite de cette histoire.

– Philippe de Montfort, neveu du célèbre chef de la Croisade des Albigeois, se trouvait étroitement apparenté aux Ibelin, puisque sa mère, Helvis ou Héloïse, était la propre sœur du Vieux Sire de Beyrouth[117]. Vers juillet 1240 il avait lui-même épousé une dame franque, Marie d'Antioche-Arménie, héritière de la riche seigneurie du Toron (Tibnîn en Haute Galilée), seigneurie que les traités conclus avec les cours de Damas et d'Égypte venaient précisément de rendre aux Francs[118]. Philippe de Montfort, nous allons le voir, était un personnage particulièrement entreprenant et énergique qui allait reprendre, dans cette famille d'Ibelin à laquelle il appartenait par sa mère, le rôle de premier plan naguère joué par son oncle, le Vieux Sire de Beyrouth. Par sa nouvelle seigneurie du Toron, il se trouvait le voisin immédiat de la ville impériale de Tyr qu'il guettait du haut de ses montagnes. Par son caractère viril, par la position géographique de sa terre, par ses alliances de famille, il était voué à devenir l'adversaire principal du maréchal Filanghieri.

Ce fut Filanghieri qui, ignorant la valeur d'un tel ennemi, précipita la lutte en voulant mettre la main sur Acre.

Tentative de Filanghieri contre la commune d'Acre.
Le complot de l'Hôpital.

Pour la restauration impériale qu'il méditait, Filanghieri avait commencé par tirer un heureux parti de la rupture entre les Hospitaliers et les Templiers. Le parti guelfe, maître de Saint-Jean-d'Acre, avait supporté, on l'a vu, que les Templiers assiégeassent la maison de l'Hôpital. De plus, tandis que les Templiers étaient partisans de l'alliance damasquine, les Hospitaliers s'étaient déclarés pour l'amitié égyptienne, conformément à la vieille politique de Frédéric II. Cette communauté de vues en politique étrangère et sa rancune contre le Temple amenèrent le grand maître de l'Hôpital, Pierre de Vieille Bride, à se rallier au parti gibelin. En même temps que les Hospitaliers, deux « grans borjois d'Acre, quy mout avoyent grant pooir sur le pueple de la ville », Jean Valin et Guillaume de Conches, se détachèrent du parti guelfe et entrèrent en rapport avec Filanghieri[119]. Ayant ainsi dissocié le faisceau du parti guelfe et de la commune de Saint-André, Filanghieri se rendit incognito de Tyr à Acre pour y arrêter, avec les Hospitaliers et les bourgeois ralliés, les derniers détails du coup de main qui devait le rendre maître de la ville. « Messire Richart Philanger, dit Novare, vint coyement de nuit à Acre et entra, par une fauce posterne quy est au borc, en un jardin de l'Ospital, et de là ala droit à l'Ospital de Saint Johan, et laens fu recuillis et demora un jour et une nuit. Les deux borgès dessus noumés alèrent à l'Ospital et parlèrent à lui. Il alèrent après par la ville, requérant ceaus de lor jure, et faisoient jurer tous ceaus qui les voloyent croire, d'estre au comandement dou baill qui estoit venu de Sur[120]. »

Réaction de Philippe de Montfort : Filanghieri chassé d'Acre.

Mais le secret du complot ne put être gardé. Philippe de Montfort qui se trouvait à Acre eut vent de ce qui se tramait... Sans perdre de temps, il donna l'alarme, fit armer ses amis et, avec l'aide des Génois et des Vénitiens, ennemis naturels du parti gibelin, s'empara des rues. Séance tenante, il fit arrêter les deux bourgeois traîtres à la commune, décapitant ainsi le complot. En même temps, il manda de Beyrouth le seigneur de cette ville, son cousin Balian III, chef de la famille d'Ibelin, qui accourut avec toutes ses forces « et grand planté de sergents de la Montagne »[121]. Filanghieri n'attendit pas l'approche de son ennemi. Voyant son coup manqué, il quitta Acre à la faveur de la nuit et regagna précipitamment Tyr. L'arrivée de Balian, puis celle du connétable Eude de Montbéliard, accouru de Césarée, achevèrent de rendre le parti guelfe maître de Saint-Jean-d'Acre.

Les Hospitaliers s'étaient dangereusement compromis avec Filanghieri puisque c'était dans leur maison que celui-ci était descendu pour organiser son coup de main. Balian d'Ibelin vainqueur vint les y assiéger. Leur situation était d'autant plus délicate qu'ils n'avaient que peu de frères à Acre, leur grand maître, Pierre de Vieille-Bride, se trouvant retenu à Marqab avec le gros de ses chevaliers pour une guerre locale contre le malik d'Alep.

Le sire de Beyrouth tint l'Hôpital d'Acre bloqué pendant six mois[122]. Puis il finit par se laisser fléchir. Pas plus que son glorieux père, Balian d'Ibelin n'aimait la discorde entre Francs. Le grand maître Pierre lui jura avoir tout ignoré du complot des Impériaux et désavoua ceux des Frères qui pouvaient y avoir trempé. La paix fut ainsi rétablie dans Acre, restée plus que jamais une république guelfe au pouvoir des Ibelin[123].

Après son échec, Filanghieri fut rappelé en Italie par l'empereur Frédéric II, qui, se rendant enfin compte de la maladresse du personnage, allait le remplacer par Thomas d'Acerra. En attendant l'arrivée de celui-ci, Filanghieri, en quittant Tyr, avait laissé la place sous le commandement de son frère Lotario.

Le « parlement » d'Acre et la régence d'Alix de Champagne (juin 1243).

La première pensée des gens d'Acre fut de répondre à la tentative des Impériaux par une contre-attaque sur Tyr. Ils y étaient poussés par les Poulains de Tyr eux-mêmes qui supportaient impatiemment la domination impériale. Quatre envoyés des gens de Tyr vinrent trouver secrètement Balian d'Ibelin, pour lui offrir de l'aider à s'emparer de leur ville. L'opération semblait facile, le départ du maréchal Filanghieri achevant d'affaiblir la garnison lorsque, par un dernier scrupule légitimiste, les Ibelin eux-mêmes hésitèrent. Balian avait demandé l'avis de Philippe de Montfort et de Philippe de Novare. Ce fut Novare, juriste disert autant que courtois chevalier et charmant poète, qui trouva le moyen de concilier l'intérêt « poulain » avec le droit. Novare nous raconte lui-même comment, cherchant une issue juridique à la situation, « il s'apensa une nuit » que le jeune Conrad – Conrad IV –, fils de Frédéric II et de la dernière reine de Jérusalem, était en train d'atteindre sa majorité (il devint majeur le 25 avril 1243) : or, c'était Conrad qui était le seul roi légitime de Jérusalem, Frédéric II n'en était juridiquement que le régent à sa place ; avec cette majorité, la régence de Frédéric prenait fin et les barons syriens se trouvaient *ipso facto* déliés de tout devoir d'obéissance envers le dangereux empereur. De plus la « coutume » du royaume spécifiait que, si l'héritier de la couronne ne venait pas en prendre possession, le gouvernement revenait à l'héritier le plus proche après lui, qui faisait acte de présence. Or il était bien douteux que Conrad, engagé comme son père dans une guerre terrible en Italie, acceptât de venir résider en Orient[124]. Philippe de Novare conseillait en conséquence de se cantonner sur le terrain constitutionnel en tirant les conséquences légales de la majorité de Conrad et de surseoir jusque-là à toute mesure brutale ou inconsidérée qui eût fait retomber sur les barons la responsabilité juridique de la rupture.

Balian d'Ibelin et Philippe de Montfort se rallièrent d'autant plus volontiers à cette tactique qu'on tenait la personne dûment qualifiée pour exercer, en l'absence de Conrad, l'autorité royale : la reine Alix de Champagne.

Alix était la fille du comte Henri de Champagne, qui avait gouverné le royaume de Jérusalem de 1192 à 1197, et de la reine Isabelle de Jérusalem, fille elle-même du roi Amaury Ier (maison de Jérusalem-Anjou). Alix avait épousé successivement le roi de Chypre Hugue Ier, mort en 1218, et (en 1222) le futur prince d'Antioche-Tripoli Bohémond V dont elle se sépara vers 1227[125]. En 1240-1241, quoique fort près de la cinquantaine, elle venait d'épouser en troisièmes noces un seigneur français, Raoul de Soissons, qui était venu avec la croisade de 1239 et était resté dans le pays. Mariage purement politique, du moins chez Raoul, sensiblement plus jeune que son épouse : la perspective de la couronne de Jérusalem l'avait fait passer sur la disproportion d'âge. C'est d'ailleurs pour la même raison que leur union avait été favorisée par le parti des Ibelin, heureux de posséder à la fois une prétendante légitime et (du moins pour le moment) un prince-consort assez actif.

Philippe de Novare, qui était l'animateur de toute l'entreprise, en dirigea l'exécution. « Il fallait faire attribuer la régence à Alix et à son mari jusqu'à l'arrivée problématique de Conrad, ce qui permettrait de s'emparer très légitimement de Tyr[126]. » Dès sa majorité (25 avril 1243) Conrad avait réclamé l'hommage de ses sujets de Syrie. En réponse à cette demande, Balian III qui, comme chef de la famille d'Ibelin et seigneur de Beyrouth, était le principal personnage du royaume, convoqua à Acre le 5 juin 1243 un parlement général du royaume. Cette assemblée se réunit dans la maison du patriarcat. Y figurèrent les barons de Syrie et de Chypre, les prélats, au premier rang desquels l'archevêque de Tyr Pierre II de Sargines[127], les bourgeois de la commune de Saint-André, les Génois, les Pisans, les Vénitiens – ces derniers avec leur bayle, Marsilio Giorgio. Philippe de Novare, prenant la parole au nom des Ibelin, proposa de différer l'hommage au roi Conrad jusqu'à ce que celui-ci, conformément aux lois du royaume, fût venu en Terre Sainte ; et, en attendant, toujours d'après le même droit, de confier la régence à la reine Alix de Champagne et à son époux Raoul de Soissons. Le vieux connétable Eude de Montbéliard, qui avait toujours représenté le tiers-parti, aurait voulu qu'on ne créât pas de régence sans avoir, par une ambassade expresse, convié Conrad à venir. Mais les Ibelin, Balian de Beyrouth et son cousin Jean, le futur sire de Jaffa, l'auteur du livre des *Assises*, écartèrent cette démarche comme inutile et, faisant considérer comme acquise l'absence de Conrad, firent déléguer la régence à Alix et à Raoul. « Por ce que le roi Conrat n'estoit présent ne n'avoit esté, il la (= Alix) recevroient à dame et li bailleroient le roiaume à garder, et li seroient tenus, sauves les raisons et les droitures (= droits) dou roi Conrat[128]. »

Balian III d'Ibelin chasse les Impériaux de Tyr (juillet 1243).

Une fois le serment de fidélité prêté par l'assemblée à Alix et à son époux, et le droit étant cette fois de leur côté – Balian d'Ibelin et Philippe de Montfort se mirent en devoir, au nom de la régente, d'arracher Tyr aux Impériaux[129]. Par chance pour eux, on vient de le voir, le maréchal Riccardo Filanghieri, l'âme de la politique frédéricienne au Levant, venait de s'embarquer pour l'Italie et son frère Lotario, qui le remplaçait à la tête de Tyr, était loin d'avoir son énergie. D'Acre, l'armée franque, conduite par Balian et Montfort « monsegnor de Baruth et le seignor dou Toron », se mit en marche à la tombée de la nuit et courut d'une seule traite jusqu'à Tyr où elle arriva à l'aube. Les Vénitiens et les Génois avec leurs navires s'associaient à l'opération. À la sommation de rendre la ville, les Impériaux répondirent naturellement par un refus

(9 juin 1243). Les partisans que les Ibelin avaient dans la bourgeoisie tyrienne conseillèrent à ceux-ci de diriger leur attaque du côté de l'Hôpital des Allemands, vers la poterne de la Boucherie, près de la mer, point qui, passant pour imprenable, était mal surveillé. Le 12 juin, tandis que, dans la ville, les conspirateurs guelfes se rassemblaient en armes de ce côté, Balian d'Ibelin et ses chevaliers, accourant aux signaux qu'on leur faisait, entraient à cheval dans la mer et contournaient les remparts jusqu'à la poterne. « Le seignor de Baruth et sa gent férirent des esperons et s'en alèrent par la mer rés à rés des murs de la ville, delès l'Ospital des Alemans où ses amis l'atendoyent vers la posterne de la Boucherie. La mer estoit groce et les chevaus cheoyent por les pieres ». Mais, après cette périlleuse traversée, la porte de la Boucherie s'ouvrit devant eux (12 juin 1243)[130].

S'engouffrant dans la ville, les barons syriens, avec leurs alliés vénitiens et génois, coururent se saisir de la maison des Hospitaliers et de celle des Teutoniques qui auraient pu devenir des centres de résistance. La population, lasse de la tyrannie des Impériaux, faisait cause commune avec Balian. Lotario Filanghieri n'eut que le temps de se réfugier avec ses soldats lombards dans la citadelle.

Un événement imprévu devait le réduire à merci. Son frère, le maréchal Riccardo, qui s'était embarqué tout récemment pour l'Italie, fut rejeté par la tempête sur la côte tyrienne. Il se dirigea vers le port de Tyr qu'il croyait toujours aux mains des siens. Quand il s'aperçut de sa méprise, il était trop tard : les barons syriens le firent prisonnier. On eut grand'peine à le préserver de la vengeance des habitants qui voulaient le lapider. Balian d'Ibelin le fit conduire devant le château qui résistait depuis vingt-huit jours. Comme Lotario Filanghieri refusait encore de se rendre, on dressa des fourches patibulaires face au donjon en annonçant à l'obstiné que son frère allait être « pendu par la goule ». Déjà Riccardo, les yeux bandés, la hart au col, sentait la corde se tendre, quand Lotario, ne pouvant supporter un tel spectacle, capitula. Il accepta toutes les conditions que vint lui énoncer Philippe de Novare. Conditions assez douces, d'ailleurs. Les deux frères Filanghieri et toute la garnison purent se rembarquer librement avec leurs familles et leurs biens, voire avec paiement de l'arriéré de solde pour la troupe (10 juillet 1243). Mais, quand Riccardo arriva en Italie, Frédéric II, furieux de la perte de Tyr, le fit jeter en prison. Plus prudent, Lotario s'était retiré à Antioche où Bohémond V l'accueillit amicalement[131].

« Ainsi, conclut joyeusement Philippe de Novare, cette venimeuse plante des Lombards (c'est le nom qu'il donne toujours aux Impériaux) fut déracinée à jamais du pays d'outre-mer[132] ». Cri qui rappelle celui des compagnons de Jeanne d'Arc, boutant l'Anglais hors de France. De même le César germanique avait été bouté hors de la France du Levant. Malheureusement le fatal mariage de la dernière reine française de Jérusalem avec l'empereur allemand avait brouillé les données de l'histoire, et c'est là le drame qu'il nous reste à raconter. La civilisation française du Levant, menacée depuis 1229 d'une mainmise germanique était bien sauvée par les événements de 1243. La prise de Tyr, la capitulation de Lotario Filanghieri assuraient bien le triomphe de ces parfaits chevaliers français qu'étaient Balian et Jean d'Ibelin, Philippe de Montfort et le courtois poète Philippe de Novare. Mais, comme le prince allemand se trouvait, malgré tout, roi de Jérusalem, héritier légitime de la vieille dynastie d'Ardenne-Anjou, son élimination équivalait à la chute définitive de la monarchie hiérosolymitaine et à la constitution de la Syrie franque en une république anarchique, vouée, par le vice même de ses institutions, à disparaître à plus ou moins brève échéance devant la reconquête musulmane.

Éviction de la régence de Raoul de Soissons.

La preuve que l'expulsion des Impériaux avait comme contrepartie l'installation de la société franque dans l'anarchie politique – une anarchie, d'ailleurs, parfaitement voulue, réglementée et constitutionnelle – fut donnée au lendemain même de la reprise de Tyr. Alix de Champagne et son époux Raoul de Soissons, pensant de bonne foi que le parti Ibelin n'avait travaillé que pour eux et prenant au sérieux cette régence qu'il venait de leur conférer, demandèrent à être mis en possession de Tyr. Mais Philippe de Montfort avait déjà jeté son dévolu sur la ville qui complétait admirablement son fief du Toron. Sûr de l'appui de son cousin Balian III d'Ibelin-

Beyrouth, il était en train de s'installer solidement dans la place, se taillant ainsi un beau domaine continu, depuis Tyr jusqu'au Jebel Hûnîn et au haut Jourdain. Maître de Tyr, il entendait si peu la partager que déjà il supportait avec peine les privilèges concédés à ses alliés vénitiens, qu'il devait finir en 1256, par chasser de leur quartier. Quand le naïf Raoul de Soissons, au nom de la « régence », lui demanda Tyr, Philippe de Montfort lui rit au nez, et, avec Philippe, le chef de la noblesse franque, Balian III lui-même. En écrivant ses mémoires, Philippe de Novare s'amuse encore à la pensée que le bon Raoul avait pu prendre au sérieux le rôle qu'on lui avait fait jouer dans l'élimination des Impériaux. Le pauvre garçon n'avait servi que de prête-nom pour maintenir la fiction constitutionnelle ; le tour était joué, il n'avait plus qu'à disparaître, la jeune république franque n'ayant aucune envie de se donner un chef. « Raoul de Saissons requist por luy et pour la royne Alis, sa espouze, la cité de Sur, que il voloient avoir en la manière que il avoyent les autres choses dou royaume de Jérusalem *(sic)*. Ceaus (Balian et Montfort) ly respondirent que il ne (la) bailleroyent point, ains la garderoyent tant que il seussent à quy la devroyent rendre ». Ce dernier scrupule juridique, après les protestations de fidélité à la baylie de Raoul et d'Alix, était d'une belle ironie.

Raoul de Soissons s'aperçut alors du rôle qu'on lui avait fait tenir. « Messire Raoul vit lors que il n'avoit pooir ne comandement et qu'il estoit auci come une ombre. » Furieux d'avoir été joué, il quitta là la terre de Syrie et sa vieille épouse, et rentra en France[133]. Le récit de Philippe de Novare se termine sur cet éclat de rire[134].

Résultat des événements de 1243 :
constitution de la Syrie franque en république féodale.

En réalité la portée de cette leçon dépassait de beaucoup la personnalité, sans doute assez pâle, du pauvre Raoul et les bonnes plaisanteries de Novare témoignent d'une philosophie bien courte. En même temps qu'était écartée l'autorité de Conrad IV – pourtant roi légitime de Jérusalem – la régence solennellement conférée à Raoul de Soissons était aussitôt bafouée. Cette régence d'un prince français qui aurait pu donner au pays au moins un chef « constitutionnel », restaurer un embryon de pouvoir central, rétablir, face à l'Islam, un minimum d'unité d'action, était encore trouvée trop gênante à supporter. Symptôme grave. Dans le long interrègne de fait qui durait depuis l'avènement de Frédéric II – depuis 1225 –, les barons syriens avaient pris goût à cette anarchie organisée, si commode pour leurs intérêts personnels. Sous la royauté purement fictive de Frédéric II et de son fils Conrad, la Syrie franque, telle que nous la décrivent les *Assises* et Novare, était pratiquement devenue une véritable république féodale, sans unité et sans chef[135].

Et cela dans un pays encerclé par l'empire musulman, quand les sultans aiyûbides avaient toutes les peines du monde à retenir leurs brutaux mamelûks, avides de se partager les richesses de la Syrie franque. L'établissement, sur cette terre convoitée, environnée d'ennemis, d'une république de barons et de communiers, tout orientée vers d'académiques discussions constitutionnelles, bientôt vers les luttes de partis, puis vers la guerre civile, reste une des stupéfactions de l'historien. Que l'on ne croie pas de notre part à je ne sais quel parti pris. L'illustre Gaston Paris a stigmatisé en traits de feu ce suicide politique de la Syrie franque : « On n'a pas idée, en lisant *le conte de la guerre qui fut entre l'empereur Frédéric et Mgr Jean d'Ibelin*, que ces dissensions se passent entre des chrétiens enserrés de tous côtés par les Musulmans et dont le seul souci semblerait devoir être de s'unir pour se défendre contre leurs ennemis... Philippe de Novare ne se doutait assurément pas que, comme *plaideor* subtil en droit féodal..., il travaillait à avancer sa ruine[136] ».

§ 6. — Premiers résultats de l'anarchie franque : la perte définitive de Jérusalem.

Resserrement de l'alliance des Francs avec le malik de Damas. Rétrocession du Haram al-shérîf au culte chrétien (1243-1244).

La France du Levant aurait eu d'autant plus besoin de bénéficier d'un État fort et d'une monarchie résidante que les querelles entre princes aiyûbides recommençaient, faisant naître pour elle, suivant son degré de cohésion politique et ses possibilités de manœuvre, de nouvelles chances d'agrandissements ou de nouveaux périls.

Le sultan d'Égypte al-Sâli*h* Aiyûb et son oncle le malik de Damas al-Sâli*h* Ismâ'îl avaient un moment paru s'entendre sur la base du *statu quo* territorial, le second reconnaissant la suzeraineté du premier[137]. Puis la lutte avait repris entre eux. Se voyant menacé d'une invasion égyptienne, le malik de Damas, qu'appuyait maintenant le malik de Transjordanie, al-Nâsir Dâwud, sollicita de nouveau l'alliance des Francs. Comme prix d'un concours militaire effectif, Ismâ'îl et al-Nâsir abandonnaient aux Francs la possession intégrale de Jérusalem, c'est-à-dire non seulement la ville elle-même, conformément aux traités de Jaffa et d'Ascalon, mais aussi le *H*aram al-Sherîf, l'ensemble du *Templum Domini* (la *S*akhra) et du *Templum Salomonis* (al-Aq*s*â), jusque-là réservé au culte musulman. À cette nouvelle, le sultan Aiyûb offrit aux Francs, s'ils lui accordaient leur alliance, des conditions identiques. Ce fut donc avec le triple assentiment du sultan d'Égypte, du malik de Transjordanie et du malik de Damas que les Francs de Jérusalem, en cette année 1243-1244[138] reprirent possession du *H*aram al-Sherîf. Abu'l Fidâ, Badr al-Dîn al-'Aînî et Maqrîzî citent tous trois le témoignage du qâ*d*i Jemâl al-Dîn ibn-Wâ*s*il qui traversa la ville sainte entre janvier et juin 1244 : « Je vis les moines et les prêtres francs tout autour du Rocher (la *S*akhra). Ils y avaient déposé des burettes de vin pour dire la messe. Je pénétrai dans la mosquée al-Aq*s*â. On y avait suspendu une cloche. Dans tout le *H*aram al-Sherîf, on avait cessé de faire l'appel à la prière et de pratiquer les offices musulmans, tandis qu'on y accomplissait toutes les cérémonies des Infidèles[139]. » Une lettre du grand maître du Temple Armand de Périgord, de 1243, débordante d'enthousiasme, se félicite en effet que les Lieux Saints tout entiers aient pu être rendus sans partage aux chrétiens[140]. Manifestations de joie peut-être dangereuses, tant que Jérusalem restait une ville ouverte. Il est vrai que les Templiers entreprirent aussitôt la construction d'un château fort dans la ville sainte[141].

Jusque-là, les Francs gagnaient sur les deux tableaux, le sultan d'Égypte et le malik de Damas ayant, pour se les concilier, rivalisé de concessions à leur égard. Mais il fallait choisir. L'éviction des Impériaux et le triomphe des Ibelins, et l'avantage assuré du même coup aux Templiers sur les Hospitaliers firent pencher la balance en faveur de l'alliance damasquine contre l'alliance égyptienne (juin 1244). Il faut convenir qu'indépendamment des sentiments amicaux que le maître de Damas, Ismâ'îl, témoignait envers les Francs[142], il pouvait paraître à ceux-ci un allié particulièrement solide, puisqu'il avait l'appui du malik de Transjordanie al-Nâsir Dâwud, et du nouveau malik de Homs, al-Mansûr Ibrâhîm[143]. Quand ils eurent obtenu l'alliance franque, les trois Aiyûbides de Syrie se préparèrent à envahir l'Égypte. La concentration de leurs forces devait s'opérer à Gaza. Le malik de Homs vint à Acre inviter les Francs à se joindre à eux, comme convenu dans le traité récemment signé. Pour achever de décider les barons, il leur offrit, en plus des récupérations très substantielles déjà obtenues en Palestine, plusieurs districts de l'Égypte, après la conquête en commun de ce dernier pays[144]. Nous trouvons dans Joinville l'écho du magnifique accueil fait par les Francs à al-Mansûr, « le soudanc de la Chamelle (= Homs), l'un des meilleurs chevaliers qui fust en toute paiennime, auquel il firent si grant honnour en Acre que il estendoient les dras d'or et de soie par où il devoit aler. Il en vindrent jusques à Jaffe, nostre gent et li soudanc (= le malik de Homs) avec eus[145]. » Les Templiers, qui avaient toujours été partisans de l'alliance damasquine, se signalèrent par leur empressement auprès d'al-Mansûr[146]. Mais la cour d'Égypte, menacée par cette coalition avait appelé à son aide les Khwârizmiens.

Un rapide retour sur les aventures des bandes khwârizmiennes en Syrie est ici indispensable.

Retour sur l'histoire des Khwârizmiens en Syrie depuis 1241.

Depuis la mort de leur maître, Jélâl al-Dîn Manguberdi, en août 1231 et la conquête de l'Adharbaijân et de la Grande Arménie par les Mongols, les vieilles bandes qui avaient suivi le dernier shâh de Khwârizm depuis l'Iran Oriental jusqu'à l'Euphrate, se trouvant désormais sans chef, erraient sur les confins de la Jazîra et de la Syrie du Nord, en quête d'occasions de bataille et de pillage. Telles les « Grandes Compagnies » dont Du Guesclin débarrassera la France. La terreur que leur inspiraient les Mongols, elles l'inspiraient elles-mêmes aux paisibles populations musulmanes de ces régions. Et sans doute, tandis que les Mongols restaient « païens » (c'est-à-dire, ici, shamanistes, bouddhistes et nestoriens), les Khwârizmiens étaient des Turcs depuis longtemps islamisés. Mais ces bandes rompues, chassées si loin de leur propre patrie (depuis 1221, le Khwârizm ou pays de Khiva et la Boukharie étaient ployés sous la domination mongole), ne connaissaient plus ni foi, ni loi.

S'étant récemment installés dans la Jazîra, autour d'Édesse (Orfa), de Harrân et de Nîsîbîn dont ils avaient fait leur repaire, les Khwârizmiens partaient de là pour de périodiques expéditions de pillage. Au commencement de 1241, on les avait vus envahir à l'improviste le royaume aiyûbide d'Alep. Ils avaient écrasé sous les murs mêmes de la ville l'armée alépine commandée par Shams al-Dîn Tûrân-shâh[147]. Systématiquement ils avaient alors massacré une partie des prisonniers, afin d'obliger les autres à se racheter plus cher. S'étant postés à Haîlân, au nord d'Alep, ils commirent tant de ravages et de forfaits dans la région que les habitants des campagnes terrorisés se réfugiaient dans Alep, comme s'il s'agissait des Mongols eux-mêmes. « Les meurtres et les viols auxquels ils se livraient étaient si abominables que les Tartares eux-mêmes n'auraient pu faire plus[148]. » En quittant la banlieue d'Alep, ils allèrent piller Menbij et Ma'arra. Les princes aiyûbides de Syrie, al-Sâlih Ismâ'il, malik de Damas, al-Mansûr Ibrâhîm, malik de Homs et la khâtûn Dhaîfa, régente d'Alep, unirent alors leurs forces contre eux. Al-Mansûr se rendit à Alep où la régente lui confia le commandement des forces coalisées. (À noter que, dans un curieux sentiment de solidarité en face du péril khwârizmien, on libéra les Templiers prisonniers dans la citadelle d'Alep.) La bataille décisive se livra près d'Édesse le 5 avril 1241. L'énergie d'al-Mansûr changea la défaite des Khwârizmiens en déroute, si bien qu'ils reperdirent d'un coup tous les fiefs qu'ils s'étaient taillés dans la Jazîra, les Alépins leur enlevant Édesse, et Badr al-Dîn Lûlû, seigneur de Mossoul, leur reprenant Nîsîbîn[149].

Les Khwârizmiens, réduits à errer dans la steppe mésopotamienne, semblaient annihilés et la Syrie musulmane se croyait délivrée de leurs ravages, lorsqu'une protection inattendue leur arriva : celle du sultan d'Égypte, al-Sâli*h* Aiyûb (1244).

Le sultan, on vient de le dire, se voyait, en cette année 1244, menacé par une redoutable coalition réunissant son oncle, le malik de Damas al-Sâli*h* Ismâ'îl, ses cousins, al-Nâ*s*ir Dâwud, malik de Transjordanie, et al-Man*s*ûr Ibrâhîm, malik de *H*om*s*, enfin les Francs de Syrie. Contre ces adversaires, qui réunissaient presque toutes les forces tant musulmanes que franques de la Syrie[150], il eut l'idée « diabolique » de déchaîner les sauvages Khwârizmiens[151].

Jérusalem définitivement perdue par la Chrétienté (23 août 1244).

À l'appel de la Cour du Caire, les Khwârizmiens, au nombre de 10 000, descendirent joyeusement sur la Syrie franque. Ils se gardèrent d'ailleurs d'attaquer les imprenables forteresses de la côte et se contentèrent d'aller piller les villes de la Palestine intérieure, tout récemment recouvrées par les Francs. Ils n'eurent aucune peine à conquérir la ville de Tibériade, sinon le château lui-même[152] et ravagèrent la campagne de *S*afed, mais sans oser assiéger la forteresse, déjà trop solide. De là ils montèrent vers Jérusalem. La ville – résultat très amer de la criminelle légèreté ou du calcul plus criminel encore de Frédéric II – n'avait toujours pas de fortifications. Les habitants épouvantés implorèrent l'aide du prince d'Antioche-Tripoli Bohémond V, du roi de Chypre Henri Ier et de la coalition franco-musulmane qui se concentrait vers Gaza pour envahir l'Égypte : les malik de *H*om*s* et de Damas, les Francs d'Acre. Vains appels. Les gens d'Antioche et de Chypre étaient trop loin. Du reste, il n'était plus là, le chef né, le défenseur naturel, toujours prêt à grouper les barons pour les conduire au secours de ses vassaux en péril : depuis qu'il n'y avait plus de roi des Francs, il n'y avait plus de politique franque. Restait, il est vrai, la république féodale, la fédération des barons et bourgeois d'Acre, de Beyrouth, de Tyr et de Jaffa ; mais, sans nier la valeur individuelle de ses membres (ils allaient à Gaza bien mourir), elle paraît avoir, comme organisme politique, fait preuve, dans ces circonstances décisives, d'une merveilleuse incapacité. Quant aux malik de Damas et de Homs, on ne pouvait vraiment leur demander, malgré toute leur francophilie, d'agir à la place de la république chrétienne, quand celle-ci s'abandonnait...

Comme toujours, l'Église seule vit clair et seule agit. Mais que pouvait-elle ? Le nouveau patriarche de Jérusalem, Robert, se rendit dans la ville sainte avec les deux grands maîtres du Temple et de l'Hôpital, pour encourager les habitants, mais il dut ensuite rentrer à Acre[153]. Le 11 juillet 1244 les Khwârizmiens firent irruption dans la ville. Fait mémorable, les chrétiens, malgré les déplorables conditions où Frédéric II d'abord, la république franque ensuite les avaient laissés, repoussèrent une première fois l'ennemi. Les Khwârizmiens se vengèrent de sauvage manière en allant saccager le couvent arménien de Saint-Jacques où la colonie arménienne s'était réfugiée et en y massacrant jusqu'au dernier ces malheureux. Courageusement la petite garnison franque de Jérusalem fit une sortie, mais son chef, le « châtelain impérial » – sans doute, pense Röhricht, Gautier de Pennenpié, nommé plus haut – fut tué dans cette action, ainsi que le précepteur de l'Hôpital. La mention de ce fonctionnaire impérial et des Hospitaliers, pour lors plus ou moins ralliés à la politique frédéricienne, permet de se demander si, tandis que les villes franques de la côte étaient passées à la république des Poulains, Jérusalem, ville royale, n'était pas restée au pouvoir exclusif des Impériaux : auquel cas l'indifférence manifestée par les barons d'Acre pour le sort de la ville sainte proviendrait de vieilles rancunes politiciennes, maintenues en pleine invasion turque. En tout cas, au suprême appel des défenseurs de Jérusalem la république d'Acre paraît être restée indifférente : elle ne s'émouvait que pour des combats de rue entre Ibelins et Impériaux, Templiers et Hospitaliers...

Abandonnés de tous, les Francs de Jérusalem firent demander au prince aiyûbide le plus proche, le malik de Transjordanie al-Nâsir Dâwud – qui faisait d'ailleurs partie de la coalition franco-musulmane – d'assurer leur libre sortie. Le dominicain Simon qui vint alors remonter leur courage y réussit un moment et peut-être, s'ils avaient en effet eu l'audace de rester, auraient-ils été secourus par le malik de Damas dont la francophilie ne faisait pas de doute. Mais ils se jugèrent abandonnés et le 23 août 1244, au soir, six ou sept mille d'entre eux, après avoir peut-être obtenu un laissez-passer par l'intermédiaire d'al-Nâsir, quittèrent la ville pour gagner Jaffa. À peine s'étaient-ils éloignés qu'ils virent les drapeaux francs hissés de nouveau sur les murailles. Croyant à quelque secours inespéré, ils firent demi-tour vers Jérusalem. Or l'épisode des drapeaux n'était qu'une ruse de guerre pour les faire revenir à portée des Khwârizmiens qui en massacrèrent plus de 2 000. Ceux des émigrants qui avaient poursuivi leur route furent assaillis dans la plaine de Ramla par les fellahs arabes. Il n'en rentra pas trois cents à Jaffa[154]. Il est impossible de ne pas penser que le malik de Transjordanie, le plus antichrétien des princes aiyûbides, avait agi en tout cela de demi-complicité avec les Khwârizmiens. La haine religieuse avait été, chez lui, plus forte que son alliance politique avec les barons d'Acre[155].

Les Khwârizmiens entrèrent dans Jérusalem déserte. Quelques vénérables prêtres avaient refusé de quitter le Saint-Sépulcre. Les Barbares les décapitèrent en pleine célébration de la messe, puis ils souillèrent les Lieux Saints, ruinèrent toutes les constructions du Saint-Sépulcre et allèrent jusqu'à ouvrir les sépultures des rois de Jérusalem dont les os furent dispersés[156]. De telles abominations, succédant à l'humanité de Saladin, d'al-'Adil et d'al-Kâmil, sont un signe des temps. L'époque des grands Aiyûbides constitue une oasis de tolérance dans l'histoire de l'Islam. L'heure approche où la chevaleresque dynastie kurde va être remplacée par de grossiers mamelûks turcs. L'irruption des soudards à demi barbares du Khwârizm annonce que l'équilibre toujours instable qu'on appelle une civilisation va céder devant le retour des forces brutales.

Quant aux Khwârizmiens, après avoir pillé Jérusalem, ils se rendirent à Gaza pour opérer leur jonction avec l'armée égyptienne que leur allié, le sultan al-Sâli*h* Aiyûb, venait d'y envoyer sous le commandement du mamelûk Rukn al-Dîn Baîbars (début d'octobre 1244)[157].

Un second Hattîn : *désastre de Gaza (17 octobre 1244).*

Pendant ce temps la coalition franco-musulmane, qui n'avait pas su sauver Jérusalem, avait groupé ses forces autour d'Acre, d'où le 4 octobre 1244, elle descendit, par Césarée et Jaffa, vers Gaza. Le 17 les coalisés rencontrèrent près de Gaza l'armée égyptienne commandée par Baîbars et renforcée par les Khwârizmiens.

Du côté des coalisés les Francs occupaient l'aile droite, avec six cents chevaliers, sans compter de nombreux fantassins et Turcopoles. À leur tête figuraient Philippe de Montfort, seigneur du Toron et de Tyr, Gautier de Brienne, comte de Jaffa, Armand de Périgord, grand maître du Temple, Guillaume de Château-neuf, grand maître de l'Hôpital, Robert, patriarche de Jérusalem, Pierre de Sargines, archevêque de Tyr, et le vaillant évêque Raoul de Ramla. Bohémond V, prince d'Antioche-Tripoli, était représenté par Jean et Guillaume de Boutron (Ba*t*rûn)[158] et par Thomas de Ham, connétable de Tripoli.

Au centre des coalisés commandait le malik de *H*om*s*, le valeureux al-Man*s*ûr Ibrâhîm, avec les forces à lui confiées par le malik de Damas et ses propres contingents. Enfin à la gauche, les contingents envoyés par le malik de Transjordanie, al-Nâ*s*ir Dâwud. Maqrîzî est scandalisé de la bonne entente qui régnait entre cette armée aiyûbide syrienne et les Francs. « Les Francs élevaient des croix au-dessus des troupes damasquines, au-dessus même de la tête d'al-Man*s*ûr[159]. »

Avant la bataille, un conseil de guerre avait été tenu à Ascalon entre les chefs coalisés. Sagement al-Man*s*ûr conseillait l'expectative. Les reîtres khwârizmiens – vétérans aguerris dans vingt batailles au cours de leur randonnée depuis la mer d'Aral jusqu'au ruisseau d'Égypte, les seuls guerriers qui eussent quelquefois fait reculer les terribles Mongols –, étaient des adversaires redoutables. Chassés de partout, sans patrie et sans biens, n'ayant plus rien à perdre et tout à gagner, ils se battaient avec une énergie sauvage. Du reste, l'armée franco-damasquine, appuyée sur les places fortes d'Ascalon et de Jaffa, facilement ravitaillée par mer, adossée à son propre pays, se trouvait dans l'abondance, tandis que les Égyptiens et les Khwârizmiens, aventurés entre le désert de Juda et le désert du Sinaï, ne devaient pas tarder à souffrir de la famine. Les Khwârizmiens surtout ne pouvaient subsister longtemps au milieu de l'hostilité générale, et s'ils partaient pour l'Égypte, auprès du sultan, leur allié, la Syrie en serait délivrée à bon compte. Le malik de *Homs* conseillait donc à ses amis francs de se contenter d'une défensive vigilante pour fermer la Palestine à l'ennemi[160].

Une partie des barons francs se rangèrent à cet avis, mais le reste, entraîné par le fatal esprit de *Hattîn*, voulut combattre. Joinville cite même le comte de Jaffa, Gautier de Brienne, au gré de qui l'attaque des coalisés ne fut pas assez rapide[161].

La bataille se livra dans la plaine sablonneuse qui s'étend entre Ascalon et Gaza, près du village d'Herbiyâ, la Forbie des chroniqueurs[162]. Certains historiens arabes comme Ibn al-Jawzî et Jamâl al-Dîn prétendent que les Damasquins marchaient à contre-cœur, honteux de combattre leurs coreligionnaires aux côtés des chrétiens[163]. Il semble cependant que nous puissions en croire le manuscrit de Rothelin qui nous fait un très bel éloge de la bravoure d'al-Mansûr et des siens « lesquels, nous dit-il, combattirent l'armée du sultan avec autant de cœur que s'ils n'avaient pas été de la même religion »[164]. Toutefois, du rapprochement de Maqrîzî et de l'*Éracles*, il résulte que ce furent bien les contingents damasquins, émésiens et transjordaniens qui les premiers lâchèrent pied[165]. Sans doute ces Musulmans trop civilisés de Syrie n'étaient-ils pas de taille à soutenir longtemps le choc des Turcs sauvages du Khwârizm. Ils prirent la fuite, laissant leurs alliés francs « en l'air » au milieu des forces ennemies.

Au témoignage d'al-Jawzî, les Francs, dans ces circonstances désespérées, se conduisirent admirablement. Leurs alliés musulmans les avaient abandonnés, qu'eux résistaient toujours. À la fin, encerclés et écrasés sous le nombre entre Égyptiens et Khwârizmiens, ils furent presque tous tués ou pris. Ce fut un second *Hattîn*. La perte des chrétiens est évaluée par les chroniqueurs entre 5 000 et 16 000 hommes, – chiffres énormes pour la petite colonie franque – dont 312 Templiers et 325 Hospitaliers. Des Templiers il ne réchappa que 36, des Hospitaliers que 26, des Teutoniques que 3.

Furent faits prisonniers Gautier de Brienne, comte de Jaffa, Guillaume de Châteauneuf, grand maître de l'Hôpital[166], et Thomas de Ham, connétable de Tripoli. Furent tués Armand de Périgord, grand maître du Temple, Hugue de Montaigu, maréchal du Temple, Pierre de Sargines, archevêque de Tyr, l'évêque Raoul de Lydda, Jean et Guillaume de Boutron. Certains des prisonniers ne devaient jamais revoir la Syrie, comme Gautier de Brienne, massacré en captivité[167]. Plus de 300 chevaliers d'Antioche et de Tripoli, et tout le contingent des chevaliers chypriotes – 300 hommes également – restèrent parmi les morts. Philippe de Montfort et le patriarche Robert, avec les rares combattants échappés à la captivité ou à la mort, réussirent à se jeter dans Ascalon, d'où ils gagnèrent Jaffa par mer. L'armée égyptienne mit alors le siège devant Ascalon ; ne pouvant emporter la place de vive force, elle en entreprit le blocus. Les Khwârizmiens vainqueurs coururent même jusqu'à Jaffa, dont ils essayèrent d'intimider la garnison en suspendant à une fourche, au pied des murailles, le seigneur de la ville, leur prisonnier, Gautier de Brienne. Mais celui-ci, au lieu de donner des conseils de lâcheté, cria aux défenseurs de ne rendre la place à aucun prix, quelque supplice qu'on lui infligeât[168].

Les Khwârizmiens avaient espéré, après le service qu'ils venaient de rendre, que leur allié, le sultan al-Sâli*h* Aiyûb, leur permettrait de s'établir en Égypte, mais celui-ci, redoutant l'arrivée d'aussi sauvages défenseurs, les invita à se payer sur la Syrie franque, et, en attendant, établit une forte armée à Bilbeïs, pour leur interdire l'accès du Delta. Les bandes khwârizmiennes se rabattirent donc sur les possessions franques, pillant les campagnes et les bourgs ouverts jusque dans la banlieue d'Acre.

*Conséquences de la seconde défaite de Gaza :
la restauration du royaume de Jérusalem annihilée.*

La défaite de Gaza du 17 octobre 1244 fut pour les Francs un événement très grave. Survenant quelques mois à peine après la restauration inespérée du royaume de Jérusalem par la bienveillance d'al-Sâli*h* Ismâ'îl, elle en annihila les résultats. Elle rendit définitive la reconquête tout accidentelle de Jérusalem par l'Islam, lors du rezzou khwârizmien d'août 1244. Dans la famille aiyûbide, elle voua à une chute rapide l'allié des Francs, le malik de Damas al-Sâli*h* Ismâ'îl, au profit de leur ennemi, le sultan d'Égypte al-Sâli*h* Aiyûb.

*Annexion de Damas par le sultan al-*Sâli*h Aiyûb.*
Restauration de l'unité aiyûbide.

Au lendemain de la bataille de Gaza, l'armée égyptienne, laissant ses alliés khwârizmiens piller le littoral franc, alla occuper Jérusalem déserte. Mais le sultan d'Égypte entendait exploiter plus complètement sa victoire en réunissant sous sa domination la totalité du domaine aiyûbide. Le malik de Transjordanie al-Nâsir Dâwud fut, malgré sa francophobie et son attitude équivoque, puni de s'être allié aux Damasquins. Les Égyptiens lui enlevèrent la région d'Hébron et celle de Naplouse et ne lui laissèrent que Kérak, le Belqâ et le 'Ajlûn[169]. Puis le sultan envoya du Caire, avec une nouvelle armée, le général Mu'în al-Dîn, « le fils du sheikh-des-sheikhs », chargé de marcher sur Damas. Choix sans doute assez habile, ce religieux arabe étant plus à même que quiconque d'émouvoir en faveur de son maître le piétisme sunnite de la grande ville syrienne. Aussi à son approche, nous conte Maqrîzî, le malik de Damas envoya-t-il à ce général improvisé le bâton et le tapis à prière des derviches. À quoi Mu'în al-Dîn répondit par l'envoi d'une flûte et d'une tunique de courtisane, allusion aux mœurs efféminées du malik damasquin.

Le siège de Damas par les Égyptiens, renforcés des bandes khwârizmiennes, dura d'avril au début d'octobre 1245. Ismâ'îl avait essayé de rendre la position intenable pour les assiégeants en détruisant les jardins de la Ghû*t*a et en tendant des inondations autour de la ville. Les digues du Baradâ ayant été coupées près de Bâb Tûmâ, les eaux se répandirent en marécages dans les faubourgs[170]. Mais quand l'armée égyptienne eut entrepris un blocus rigoureux, Ismâ'îl comprit que les gens des souks, qui faisaient l'opinion damasquine, ne tiendraient pas longtemps. « Cil de la cité, remarque à ce propos *l'Estoire d'Éracles*, sont mole gent, come cil qui sont tuit marcheant et gent de mestier, et y a po de gent d'armes[171]. » – Connaissant cet état d'esprit, Ismâ'îl rendit Damas à la cour d'Égypte à la condition de conserver Ba'albek et aussi le Haurân (premiers jours d'octobre 1245).

Ainsi al-Sâlih Aiyûb, comme son glorieux prédécesseur Saladin, régnait à la fois sur l'Égypte et sur Damas. Il y eut encore quelques remous, du fait des Khwârizmiens. Ces sauvages auxiliaires espéraient recevoir de Aiyûb vainqueur une portion de la Syrie damasquine. Frustrés dans leurs calculs, ils abandonnèrent le parti égyptien pour se donner à Ismâ'îl. Ce fut alors au tour d'Ismâ'îl de venir, avec leur concours, assiéger Damas. Il pressait vivement la place, où une partie de la population mourut de faim, lorsque la peur des Khwârizmiens provoqua contre eux un regroupement des forces aiyûbides. La régence d'Alep et le malik de Homs, al-Mansûr, envoyèrent contre ces barbares une armée dont l'approche les força à lever le siège de Damas et qui les écrasa quelques mois après entre Ba'albek et Homs[172]. Ce fut la fin de la horde khwârizmienne (vers le 20 mai 1246). La tête du principal capitaine khwârizmien, Béréké-khan, fut portée en triomphe à Alep. Les débris de ses bandes se dispersèrent, la plupart allant rejoindre les Mongols en Perse.

Tous les historiens arabes saluent comme une délivrance la destruction de cette « grande compagnie » turcomane. « Allâh délivra son peuple de leur méchanceté ». Leur passage dévastateur n'en avait pas moins été plus catastrophique encore pour la Syrie franque, puisqu'ils avaient, en se jetant au travers du jeu diplomatique oriental, écrasé la coalition franco-damasquine et fait disparaître à jamais la fragile restauration territoriale du royaume de Jérusalem.

Perte définitive de Tibériade et d'Ascalon par les Francs.

La reconquête musulmane ne s'en tint pas là. Le 17 juin 1247, l'émir Fakhr al-Dîn ibn al-Sheikh, commandant des forces égyptiennes, s'empara du château de Tibériade, en Galilée, récemment reconstruit par Eude de Montbéliard, et tua ou fit prisonniers tous les défenseurs[173]. Puis il vint assiéger Ascalon, la grande place frontière franco-égyptienne, fortifiée par le duc de Bourgogne et par Richard de Cornouailles. Pour empêcher les escadres italiennes de ravitailler la place, vingt-deux galères égyptiennes vinrent d'Alexandrie et de Damiette assurer le blocus. Les Hospitaliers, à qui était confiée la garde d'Ascalon, supplièrent les barons d'Acre et le roi de Chypre Henri Ier d'envoyer une expédition de secours. Henri Ier fit aussitôt partir de Famagouste pour Acre huit galères et deux galions avec un corps de cent chevaliers sous le commandement du sénéchal de Chypre Baudouin d'Ibelin[174]. Les Francs de Syrie, principalement les colonies italiennes, armèrent de leur côté tout ce qu'ils purent trouver de navires, si bien qu'une armada chrétienne de quinze galères et de cinquante vaisseaux légers réussit à mettre à la voile d'Acre vers Ascalon. L'escadre égyptienne n'osa se porter en haute mer à la rencontre des Francs, néanmoins il s'éleva une violente tempête qui la détruisit tout entière en épargnant l'escadre latine. Cette péripétie assurait la maîtrise de la mer aux Francs et permettait à leur flotte de ravitailler tranquillement Ascalon.

Malheureusement le mauvais temps obligea ensuite les navires chrétiens à regagner le port d'Acre. Or les galères égyptiennes brisées par la tempête avaient été jetées à la côte. L'armée égyptienne s'empara de leurs carcasses et construisit, avec, les engins de siège et chemins de sape qui lui faisaient défaut et dont elle aurait vainement cherché les matériaux dans un pays aussi déboisé. Les mineurs de Fakhr al-Dîn réussirent alors à creuser et à étayer dans ce sol sablonneux un long boyau souterrain qui s'ouvrit en pleine cour du château d'Ascalon. Les Égyptiens parvinrent ainsi à déboucher par surprise au cœur de la place. Tous ceux des défenseurs qui ne purent s'enfuir par mer furent massacrés ou réduits en esclavage (15 octobre 1247). Pour empêcher les Francs de s'accrocher de nouveau à ce point stratégique, les fortifications d'Ascalon furent rasées par ordre de Fakhr al-Dîn. Du coup, la frontière franque recula jusqu'aux portes de Jaffa[175].

La chute d'Ascalon, survenant après celle de Jérusalem et de Tibériade, l'inutilité de la résistance qu'y avaient opposée les Hospitaliers marquèrent l'échec définitif de l'éphémère restauration du royaume de Jérusalem que la bonne volonté de plusieurs princes de la dynastie aiyûbide avait permis aux Francs d'opérer. Notons que cette restauration, bien que fragmentaire et coupée de catastrophes, avait duré, dans l'ensemble, entre quinze et dix-huit ans, de 1229 à 1244 ou 1247. Nous croyons avoir montré la série de fausses manœuvres, – due à l'absence d'un pouvoir central chez les Francs, et, pour tout dire, d'une monarchie résidante, – qui avait fait avorter cette renaissance[176].

Mort de Balian III d'Ibelin. Triomphe politique et ruine territoriale de la république franque.

La république franque, au surplus, se dissociait chaque jour. Les derniers fantômes de pouvoir central disparaissaient. En 1246 était morte la vieille régente de Jérusalem, Alix. La régence avait été ensuite assumée par le seigneur de Beyrouth, Balian III d'Ibelin, chef de la puissante famille, type accompli du chevalier franc de Terre Sainte, ou, comme dit Novare, « personnage moult courtois, aimable et gracieux », mais celui-ci décéda à son tour le 4 septembre 1247[177].

La carrière de Balian III est pleine d'enseignements. Le fils aîné du « vieux sire de Beyrouth » avait certes mené à bien l'œuvre intérieure de son père. Il avait expulsé de Syrie les derniers représentants de l'empereur-roi, fait disparaître les derniers vestiges de l'autorité monarchique : et pas seulement l'autorité du souverain étranger qu'était Frédéric II, mais aussi celle du régent national qu'aurait pu être Raoul de Soissons. Balian III avait fait triompher intégralement la cause des libertés féodales et communales. Il n'était pas, en l'an de grâce 1247, – l'année de sa mort –, de gentilshommes ou de bourgeois plus libres que ceux de la république d'Acre. Plus d'empereur-roi pour les tyranniser, plus d'État central pour les importuner. Leurs *Assises*, dont Jean d'Ibelin-Jaffa sera l'impeccable théoricien, présentaient, mieux qu'aucune Grande Charte, le code de toutes les libertés médiévales, le modèle d'un parlementarisme ayant en soi sa propre fin. Seulement, dans le moment même où la république des Ibelin réalisait ainsi son idéal politique, sa base territoriale commençait à faire défaut. La monarchie, l'État central, qui n'étaient plus là pour gêner barons et communiers, n'étaient plus là non plus pour les fédérer, leur prêter une armature, les sauver. Balian III était, à l'intérieur, le victorieux représentant des libertés franques. Mais le jour de sa mort, le pays franc était à peu près perdu[178].

Pendant ce temps l'empire aiyûbide célébrait sa revanche. Le sultan d'Égypte al-Sâli*h* Aiyûb vint du Caire tenir sa cour dans Damas et Jérusalem réannexées. Il resta à Damas du 19 novembre 1248 au 19 avril 1249[179]. Il y reçut l'hommage des princes syriens de sa famille, le jeune malik de *H*amâ, al-Man*s*ûr II, et le nouveau malik de *H*oms, al-Ashraf[180]. Il visita complaisamment Jérusalem redevenue musulmane et en fit relever les fortifications[181].

Décadence de la principauté d'Antioche-Tripoli. Abâtardissement d'une dynastie créole ?

Tandis que l'ancien royaume de Jérusalem régressait vers une république anarchique de féodaux, de communiers, d'Ordres et de compagnies de commerce, régime acéphale qui empêchait le pays de profiter des occasions extérieures favorables et qui le livrait passivement à toutes les agressions, un rôle de premier plan aurait pu revenir à la seule dynastie qui ait conservé quelque autorité, celle des princes d'Antioche et de Tripoli, de la maison normanno-poitevine. Malheureusement, outre que le prince régnant Bohémond V (1233-1251) ne paraît pas avoir possédé une personnalité bien riche, la maison d'Antioche-Tripoli n'avait pas échappé aux tendances centrifuges favorisées par la disparition de la royauté hiérosolymitaine. En droit pur – et Dieu sait si la société franque du treizième siècle se complaisait à la métaphysique constitutionnelle –, la principauté d'Antioche, sinon le comté de Tripoli, n'avait jamais été formellement vassale de la couronne de Jérusalem, mais, dans la pratique, les circonstances avaient sans cesse amené les princes à faire, à titre personnel, hommage aux rois. Nul doute que la disparition de la dynastie royale n'ait paru à Bohémond V une occasion excellente de recouvrer en fait comme en droit et pour Tripoli comme pour Antioche une totale indépendance[182]. Aussi le voit-on, roi chez lui, se mêler aussi peu que possible des affaires de la république franque de Saint-Jean-d'Acre.

Du moins la politique particulariste de la principauté d'Antioche-Tripoli semblait l'avoir mise à l'abri d'une part des tentatives de défrancisation intérieure, analogues à celles dont Frédéric II avait été l'inspirateur en Syrie, d'autre part des grands conflits avec l'Islam. En réalité l'État de Bohémond V n'échappa à aucun de ces deux dangers.

On a vu que Bohémond V avait d'abord épousé en premières noces l'ex-reine Alix de Champagne, veuve du roi de Chypre Hugue Ier. Ce mariage ayant été annulé vers 1227, il s'était remarié en 1235 à Lucie ou Lucienne, fille de Paolo Ier de Conti, comte de Segni, chef d'une des principales familles de l'aristocratie romaine qui comptait parmi ses membres le pape Innocent III[183]. La princesse Lucienne était la propre nièce du pape. Ayant pris un grand ascendant sur Bohémond V, elle peupla la principauté d'Antioche-Tripoli de ses parents et de ses clients, tous assurés des plus hauts postes, à commencer par son frère, le comte Paolo II de Segni à qui elle fit donner l'évêché de Tripoli.

Cette camarilla romaine, qui dépouillait des meilleurs bénéfices la noblesse franque, finit par provoquer l'hostilité des barons, hostilité qui devait troubler la fin du règne de Bohémond V († 1251) et la première partie du règne de son fils Bohémond VI (1251-1268). Ainsi la menace de défrancisation du pays par une pénétration italienne continue était aussi nette dans la principauté d'Antioche-Tripoli que dans l'ancien royaume de Jérusalem.

Le péril des invasions musulmanes n'était pas non plus écarté. Sous la rubrique de 1247 l'*Éracles* nous raconte les ravages commis dans la région d'Antioche par les Turcomans, en l'espèce un de ces clans de pâtres nomades qui, poussant leurs troupeaux devant eux, venaient planter leurs yourtes de feutre tantôt sur les plateaux de l'Anatolie seljûqide, tantôt sur les terres du malik d'Alep, tantôt enfin dans les pâturages de la principauté d'Antioche. Excellente leçon d'ethnographie dans l'*Éracles*. « Cil Turqueman sont unes gens sauvages qui n'ont ni viles ni chastel, ains sont tozjors herbergez (= campés) en tentes de feutres, et ont bestes à grant foison, si corne moton et brebis et chèvres, et meismes bues et vaches, et vivent come bergiers et ne s'entremetent de nul gaaingnage (= culture des terres)[184]. » Le caractère même de ces tribus gênantes, mais en soi inoffensives, poussa les gens d'Antioche à les expulser de leur territoire. Jugeant ces bergers incapables de résistance, les chevaliers leur donnèrent la chasse sans s'être suffisamment armés et en s'égaillant à leur poursuite. Mais le pâtre turc est soldat d'instinct. Les Turcomans se retournèrent contre leurs poursuivants dispersés, en tuèrent plusieurs et se vengèrent en ravageant le pays.

Notons d'ailleurs que Bohémond V, résidant de préférence dans son beau comté de Tripoli, laissait quelque peu à l'abandon sa principauté d'Antioche qu'il faisait administrer par un simple bayle et où la commune même d'Antioche, à l'exemple de celle d'Acre, s'était adjugé une croissante autonomie[185]. Le royaume de Jérusalem rejeté sur Saint-Jean-d'Acre, la principauté d'Antioche se recroquevillant sur Tripoli : les anciennes colonies franques, refoulées sur l'étroite corniche littorale, n'étaient plus qu'un chapelet de comptoirs maritimes. Il était temps que quelque grande croisade vînt de l'Occident tenter de rendre à la France du Levant ses bases territoriales.

Ce fut alors qu'apparut saint Louis.

CHAPITRE VI

SAINT LOUIS ET LA FRANCE DU LEVANT

§ 1er. — Saint Louis et l'expédition d'Égypte.

Croisade de Saint Louis.

Au lendemain même de la perte de Jérusalem et du désastre de Gaza en 1244, le patriarche de Jérusalem Robert avait envoyé Galéran, évêque de Beyrouth, en ambassade auprès des princes de l'Occident pour leur signaler la nécessité d'une croisade générale, faute de quoi la Syrie franque était condamnée[1]. Galéran s'embarqua à Acre le 27 novembre 1244. Avec le patriarche d'Antioche, Albert de Rezato, il assista au concile de Lyon (28 juin-17 juillet 1245), où fut donnée lecture de l'appel à la Croisade. Mais la lutte que l'empereur Frédéric II venait d'entreprendre contre l'Église paralysait les forces de l'Occident, celles, en tout cas, de l'Allemagne et de l'Italie. Comme le proclame le manuscrit de Rothelin, la France seule répondit à l'appel des chrétiens d'Orient. « Pou ou noiant trouvèrent d'aide et de secors, fors seulement au roi de France et ès Françoiz[2]. »

De fait dès le mois de décembre 1244, deux mois après le désastre de Gaza, Louis IX, au cours d'une grave maladie, avait fait vœu de se croiser[3]. Aucun autre souverain chrétien ne l'imita. Il partit de Paris le 12 juin 1248 et alla s'embarquer à Aigues-Mortes pour l'île de Chypre où était fixée la concentration générale des troupes. Il mit à la voile le 25 août.

Attitude de l'empereur Frédéric II.
Il tient la Cour d'Égypte au courant des projets de la France.

Il est intéressant de connaître l'attitude de l'empereur Frédéric II envers la Croisade française. Roi titulaire de Jérusalem ou, tout au moins, père du roi Conrad, il aurait dû à priori favoriser une entreprise qui tendait à restaurer ses États du Levant. Empereur d'Occident, chef théorique de la Chrétienté, c'était pour lui un devoir officiel d'aider Louis IX. Ce dernier lui avait d'ailleurs rendu de grands services dans la querelle du sacerdoce et de l'empire, évitant de lancer la France dans la lutte et cherchant à réconcilier les deux partis[4].

Frédéric II ne pouvait donc se prononcer ouvertement contre les projets du roi de France. Il affecta même de faire ravitailler l'expédition française quand elle fit escale en Sicile. En réalité, conservant jusqu'au bout avec la Cour du Caire ses rapports d'intimité, il fit prévenir celle-ci de ce qui se préparait. Il prit même soin d'envoyer au sultan al-Sâli*h* Aiyûb une ambassade secrète pour l'instruire de la marche et des objectifs de la Croisade. Les textes arabes sont formels à cet égard et défient toute tentative de réhabilitation : « Al-Sâli*h* recevait de fréquents renseignements sur la marche du roi de France. Ces renseignements lui étaient fournis par l'empereur, roi de la Lombardie et de la Pouille, qui avait conservé avec lui les relations d'amitié qu'il avait eues avec son père al-Kâmil[5]. » On lit de même dans Jamâl al-Dîn ibn-Wâsil : « Le grand maréchal du palais de Manfred [fils de Frédéric II] m'a fait le récit suivant : "L'empereur m'envoya en secret en ambassade au sultan al-Sâli*h* Aiyûb pour lui faire savoir que le roi de France avait l'intention d'attaquer l'Égypte. Il le prévenait de cette éventualité pour qu'il se tînt sur ses gardes. Je me rendis au Caire et j'en revins, habillé en marchand. J'eus mes entrevues avec le sultan dans le secret le plus complet, de peur que les Francs ne vinssent à apprendre que l'empereur avertissait les Musulmans de leurs desseins[6]." »

De tels textes achèvent de nous édifier sur l'attitude du César germanique. Soutenant sur le Bosphore la reconquête grecque contre l'empire latin, soutenant en Syrie la reconquête islamique contre la Croisade française, ce chef de l'Occident trahissait systématiquement et partout les intérêts de l'Occident. Le reproche qu'on lui fit au concile de Lyon d'avoir cherché à attirer sur la Chrétienté l'invasion mongole repose évidemment sur une erreur ; mais ce qui est certain, c'est que, dans les affaires du proche Orient, il se conduisait en mauvais Européen.

Par ailleurs la république de Venise, qui était la première puissance navale du temps, voyait d'un mauvais œil le projet français contre l'Égypte. Liés à l'Égypte par de solides traités de commerce, possédant un actif comptoir à Alexandrie, les Vénitiens craignaient qu'un débarquement français dans le Delta n'entraînât par représailles la dénonciation des traités et la fermeture du marché égyptien[7].

Caractère purement français de la septième Croisade.

La Croisade de saint Louis se trouva, de ce fait, revêtir un caractère purement français. Et c'est ce qui la caractérise entre toutes. Bien que la plupart des Croisades précédentes eussent compris une majorité de Français, elles n'en avaient pas moins conservé le caractère d'expéditions internationales, organisées en principe par la chrétienté tout entière. La Croisade de Louis IX, malgré le caractère profondément religieux que lui imprima la sainteté de son auteur, se présente au contraire à nous comme la première expédition coloniale du royaume de France. Lorsqu'elle prit la mer à Aigues-Mortes le 25 août 1248, c'était vraiment l'État capétien, tel que Philippe-Auguste l'avait fait triompher à Bouvines, qui allait essayer de relayer aux marches de Syrie les colonies franques agonisantes. Cet effort, Philippe Auguste lui-même avait naguère refusé de s'y laisser distraire trop longtemps, parce que sous son règne la puissance capétienne restait trop discutée à son berceau pour se permettre le luxe d'expéditions coloniales prolongées. C'était assez que le fondateur de la France eût, par la reprise de Saint-Jean-d'Acre et l'appui prêté à Conrad de Montferrat, donné l'impulsion décisive à la reconquête chrétienne en Syrie ; le Plantagenet et l'Allemand ne permettaient pas au grand roi d'en faire davantage. Saint Louis, au contraire, bénéficiait du patient labeur de son aïeul, pouvait se consacrer à la France extérieure, parce que le royaume, solidement assis, ne devait, quelle que fût l'issue de l'entreprise, qu'y gagner un surcroît de prestige.

Avec le roi, toute la France se croisa. Au premier rang, toute la famille des fleurs de lys : ses trois frères, Robert d'Artois, Alphonse de Poitiers, Charles d'Anjou. Puis les grands barons : le duc de Bourgogne, Hugue IV[8], le comte de Flandre Guillaume de Dampierre[9], Hugue V, comte de Saint-Paul, Hugue X le Brun, comte de la Marche, et les seigneurs de moindre importance : Jean de Joinville, sénéchal de Champagne, l'historien de la Croisade, et son cousin Jean d'Apremont, comte de Sarrebrück, Geoffroi de Sargines ou Sergines, Philippe de Nanteuil, etc.

Le caractère purement capétien de cette croisade explique son succès moral dans l'Orient latin, succès qui contraste avec l'hostilité soulevée naguère par un Frédéric II. L'Orient latin, au treizième siècle, se trouvait en presque totalité un Orient français[10]. Ce ne sera qu'aux quatorzième et quinzième siècles, avec l'éclipse capétienne de la guerre de Cent ans, qu'il deviendra un Orient italien. Pour le moment la noblesse de France l'emportait encore, même dans les ports libanais, sur la bourgeoisie marchande de Gênes, de Pise et de Venise. C'étaient des barons angevins, champenois, bourguignons, normands, poitevins, toulousains et provençaux, wallons ou flamands, qui régnaient à Constantinople, en Morée, en Chypre, à Antioche et à Tripoli, à Beyrouth, à Tyr, à Sidon, à Saint-Jean-d'Acre, à Jaffa. Le voyage du Capétien eut l'avantage de grouper toutes ces Frances d'outre-mer autour de la France royale. Ce fut – sans serment d'allégeance ni presssion d'aucune sorte (combien la manière d'un Louis IX se distingue à cet égard de celle d'un Frédéric II !) – le faisceau instinctif de tous les pays de langue française autour de « l'enseigne Saint-Denis ». Le roi de Chypre Henri Ier de Lusignan et le prince d'Achaïe Guillaume de Villehardouin allaient suivre le roi à la Croisade, le premier avec mille chevaliers, le second avec quatre cents, sans oublier, naturellement, les barons de Syrie, avec, eux aussi, mille chevaliers. On verra même apparaître à Nicosie l'impératrice franque de Constantinople, Marie de Brienne, femme de l'empereur Baudouin II, accourue pour solliciter des

Hivernage de l'armée française à Chypre.
Avantages et inconvénients.

Quand les galères aux beaux noms – la *Reine*, la *Damoiselle*, la *Montjoie* – qui portaient Louis IX et son armée jetèrent l'ancre à Limassol, sur la côte méridionale de Chypre, le 17 septembre 1248, les Croisés français purent se croire de nouveau dans leur patrie. Le roi de Chypre Henri Ier offrit au Capétien la plus franche hospitalité dans sa capitale de Nicosie « à mout grant henour et à mout grant joie ». Rappelons-nous l'accueil plein de légitime méfiance qu'avait réservé à Frédéric II, vingt ans plus tôt, cette même cour chypriote : quel contraste avec l'abandon témoigné maintenant envers le roi de France et ses barons ! Le rapprochement, dans les mêmes *Gestes des Chiprois*, entre le texte de Philippe de Novare parlant de Frédéric II et celui du Templier de Tyr pour saint Louis suffit à montrer à quel point le royaume insulaire des Lusignan était devenu une Nouvelle France, en défiance instinctive devant l'empereur germanique, en confiance spontanée quand il s'agissait du sire des fleurs de lys[12].

Avec l'aide des autorités chypriotes, l'intendance française, qui avait précédé l'armée en Chypre, avait sérieusement travaillé. D'après l'*Éracles*, Louis IX avait envoyé un an à l'avance dans l'île une équipe de fournisseurs commandés par un sergent nommé Nicolas de Sousi[13] « por lui faire atrait de viandes et d'autres choses qui mestier (= de besoin) li pooient avoir[14] ». Des approvisionnements considérables en blé et en vin furent ainsi constitués dans l'île : « Quant nous venimes en Chypre, note Joinville,... trouvames grant foison de la porvéance le roy (= des approvisionnements du roi), c'est à savoir les celiers et les deniers et les garniers (= greniers). Li celier le (= du) roy estoient tel que sa gent avoient fait, en mi les chans, sur la rive de la mer, grans moyes (tas) de tonniaus de vin que il avoient achetei de dous ans devant que li roys venist ; et les avoient mis les uns sus les autres, que, quant on les veoit devant, il sembloit que ce fussent granches (= granges). Les fourmens

(= froments) et les orges, il les ravoient mis par monciaus en mi les chans ; et, quant on les veoit, il sembloit que ce fussent montaignes[15]. » Cette réussite de l'intendance montre à la fois avec quel soin méthodique l'expédition avait été préparée et le concours que les envoyés français avaient trouvé dans le gouvernement chypriote.

Non seulement l'armée française fut bien reçue à Chypre, mais il semble qu'elle y ait été reçue trop bien. Durant le long hivernage qu'elle y fit – de septembre 1248 à mai 1249 –, dans le désœuvrement et les délices de cette molle terre levantine, elle s'énerva quelque peu... L'escale à Chypre avait ses avantages pour permettre le groupement, autour du roi, de toutes les forces de l'Orient latin et préparer plus soigneusement de là l'attaque contre l'Égypte. Elle avait aussi ses inconvénients. Pendant l'hivernage l'armée dépensa beaucoup et s'usa dans l'inaction. « Il s'amermèrent (= s'affaiblirent) moult en Chipre et de gens et de chevaus et de deniers ; et quant il vostrent aler à Damiate, le passage lur costa près autant come celui d'Aigue Morte en Chipre. D'autre part, erbage a il poi en Chipre, etc...[16] »

L'arrêt à Chypre permettait du moins d'élaborer en toute connaissance de cause un plan de campagne. Dès le départ, Louis IX avait marqué ses préférences pour une descente en Égypte. La Croisade de Thibaut de Champagne en 1239 semblait avoir prouvé le caractère décevant d'une marche militaire à travers le plateau de Judée : terre aride et ingrate où l'envahisseur chrétien ne pouvait trouver prise, accrocher l'ennemi, prendre pied. Ce n'était pas là, c'était en Égypte que l'empire aiyûbide était vulnérable. L'exemple d'Amaury Ier et de Jean de Brienne l'attestait, c'était du côté d'Alexandrie ou de Damiette qu'on pouvait le plus facilement se saisir de gages solides, capables de servir de moyens de pression et de monnaie d'échange. Prendre hypothèque sur les riches entrepôts de commerce du Delta, voire sur le Caire, pour contraindre les Musulmans à rétrocéder l'ancien royaume de Jérusalem, c'était précisément le programme qu'Innocent III avait tracé à la quatrième Croisade avant que celle-ci se laissât détourner vers Constantinople, c'était le même objectif que le grand pape avait ensuite proposé à l'activité de Jean de Brienne et du légat Pélage, objectif qui, d'ailleurs, avait été atteint, puisque les Francs étaient alors restés vingt mois maîtres de Damiette, que le sultan leur avait effectivement proposé en échange de leur rendre Jérusalem et que seule la sottise de Pélage avait empêché cette heureuse transaction[17].

C'est ce programme que Louis IX allait reprendre à son compte en apportant à son exécution toutes les forces du royaume de France.

Au témoignage de Joinville, Louis IX, redoutant peut-être les inconvénients d'un hivernage à Chypre et désirant profiter de l'effet de surprise, songea un moment à descendre immédiatement en Égypte. Ce furent les barons de Syrie et les chefs du Temple et de l'Hôpital, venus d'Acre en Chypre tenir avec lui conseil de guerre, qui durent lui proposer de remettre l'expédition au printemps[18]. Du reste la préparation de la campagne d'Égypte n'empêchait nullement le roi de songer à la défense de la Syrie ; ce fut ainsi qu'à la demande du prince d'Antioche Bohémond V, ainsi que du roi d'Arménie (Cilicie) Héthoum Ier, il envoya 600 archers à Antioche pour protéger le pays contre les rezzous turcomans[19]. Louis IX eut également à se préoccuper de la contestation survenue en cette même année 1249, vers le mois de mars, entre la colonie génoise et la colonie pisane d'Acre, contestation qui dégénéra en guerre ouverte : pendant vingt et un jours, Pisans et Génois se livrèrent dans la capitale franque des combats de rues, avec toutes sortes de machines de siège ; les Génois eurent le dessous et un de leurs consuls fut tué. À la fin la paix, ou plutôt une trêve de trois ans fut signée entre résidents génois et résidents pisans, grâce à l'entremise de Jean d'Ibelin, seigneur d'Arsûf[20]. Notons que cette guerre civile, scandaleuse à la veille de la Croisade, présentait pour les Croisés des inconvénients immédiats : saint Louis, durant son séjour en Chypre, fit demander à Acre des vaisseaux de transport en vue du débarquement en Égypte et ne put en recevoir, précisément en raison de la lutte que se livraient Pisans et Génois[21].

État du monde aiyûbide à la veille de la campagne d'Égypte.

Les Francs de Syrie et de Chypre n'avaient pas seulement conseillé à Louis IX d'hiverner dans l'île pour y faire reposer ses troupes, y attendre les retardataires, y opérer tranquillement la concentration générale des forces chrétiennes, afin de n'entreprendre la conquête de l'Égypte qu'avec le maximum de chances. Il semble bien en outre qu'avant de tenter la fortune des armes, ils eussent souhaité une manœuvre diplomatique. C'est ainsi que nous voyons le grand maître et le maréchal du Temple, Guillaume de Sonnac et Renaud de Vichier[22], mander au roi avec une insistance significative qu'un émir égyptien était prêt à entrer en négociation secrète avec eux. Un peu après c'était le maréchal de l'Hôpital (sans doute Pierre de Biaune)[23] qui mettait Louis IX au courant de la rupture survenue dans la famille aiyûbide entre le malik d'Alep, al-Nâsir Yûsuf, et le malik de *Homs*, al-Ashraf. En effet, les Alepins s'étant en 1248 emparés de *Homs*, le sultan al-Sâli*h* Aiyûb prenait fait et cause pour le vaincu et se rendait d'Égypte à Damas d'où il envoya ses lieutenants investir *Homs*. Le siège qui se poursuivait depuis l'hiver 1248-1249 durait encore lorsque la menace des Français sur l'Égypte obligea le sultan à conclure précipitamment la paix avec le malik d'Alep, par la médiation du khalife de Baghdâd[24].

La menace que faisait planer sur l'empire aiyûbide la concentration des forces franques à Chypre, coïncidant avec cette guerre entre le sultan et son cousin d'Alep, permettait peut-être aux Francs d'essayer d'obtenir pacifiquement certaines rétrocessions territoriales en Judée. Mais Louis IX refusa de s'engager dans cette voie. Il interdit expressément aux Templiers de poursuivre avec l'émir égyptien les pourparlers commencés[25]. Comment expliquer son attitude ? On pourrait répondre qu'à vouloir exercer une pression militaire sur les Aiyûbides pour obtenir la désannexion de Jérusalem, la position des Francs serait plus confortable si, avant de causer, ils pouvaient s'assurer en Égypte la possession d'un gage comme Alexandrie ou Damiette. Négocier avec les Égyptiens sans prise de gage préalable eût été se mettre dans la situation fausse de Frédéric II au début de sa « Croisade ». Il est vrai qu'en tout état de cause, à la veille du débarquement à Damiette, il y aurait eu peu à perdre et tout à gagner à soutenir diplomatiquement les Aiyûbides d'Alep contre l'Égypte...

Reconnaissons du reste que ces diverses considérations ne paraissent pas avoir beaucoup pesé sur les décisions de saint Louis. S'il avait infiniment plus de patriotisme latin que

Frédéric II, il ne possédait pas la souplesse diplomatique de celui-ci. Son attitude initiale à l'égard des Mongols, sur laquelle nous reviendrons[26], prouve en outre qu'il n'avait pas encore acquis cette expérience du milieu qui marquera la fin de son séjour en Orient. Notons qu'il ne pouvait guère en être autrement. C'était le malheur des Francs de Syrie de ne plus être assez forts pour conseiller, contrôler et diriger les Croisades venues à leur secours. Le fait est d'autant plus regrettable que seuls ils possédaient la « connaissance de l'Est », l'expérience de l'Islam. Mais cette incapacité à faire servir leur expérience indigène au bénéfice de la Croisade, cette infériorité congénitale qui les vouait désormais au rôle d'instruments passifs de décisions venues du dehors étaient une nouvelle conséquence de la disparition de leur vieille royauté. Les anciens rois de Jérusalem, de Baudouin Ier à Baudouin IV et même à Jean de Brienne, avaient fait l'histoire. La république féodale des Ibelin la subissait[27].

L'adversaire de Saint Louis : le sultan mulâtre al-Sâlih Aiyûb.

Du reste, pour mener la négociation d'un Frédéric II, il faut trouver en face de soi un al-Kâmil. Or, il convient de le dire à la décharge des Croisés de 1249, le sultan aiyûbide régnant, le maître de l'Égypte et de Damas, al-Sâli*h* Aiyûb – un mulâtre, fils d'une esclave soudanaise – ne rappelait en rien ses glorieux prédécesseurs, son grand-oncle Saladin, son grand-père al-'Adil, son père al-Kâmil. On chercherait vainement chez lui l'ouverture de cœur du premier, la curiosité d'esprit du deuxième, la souplesse diplomatique et la culture du dernier. Les historiens arabes ne nous dissimulent guère leur malaise devant ce demi nègre hautain et taciturne, dur et triste, héritier inattendu des brillants sultans kurdes et bien plus pareil à quelque tyran soudanais. « Il n'avait aucun penchant pour la science et n'aimait pas la lecture. Il était si cupide qu'il fit mettre à mort quantité d'émirs de son empire et confisqua leurs richesses et leurs biens. Il fit mettre à mort jusqu'à son frère al-'Adil. Plus de cinq mille personnes moururent dans ses prisons, sans compter celles qu'il fit tuer ou noyer[28]. » Tel, il ne se plaisait que dans la compagnie de sa garde ba*h*ride, composée de féroces mamelûks turcs auxquels il avait confié tous les commandements, au préjudice des vieux émirs de sa famille, par lui dépouillés et mis à mort – politique à courte vue qui préparait le renversement de sa dynastie par ces mêmes mamelûks. Un despote du Ouadaï ou du Darfour : « Personne n'osait lui parler, excepté pour répondre à une question. En sa présence, tous se taisaient. Les requêtes qu'on lui adressait étaient placées sous ses yeux par les eunuques de service. Sur chacune des pièces, il écrivait lui-même sa réponse et les envoyait ensuite aux bureaux. Aucun des ministres n'osait prendre la moindre décision avant de l'avoir consulté par écrit[29]. »

On ne voit pas comment ce monarque absolu, ponctuel et morne, avec son caractère renfermé et défiant, sorte de Philippe II ou d'Aurengzeb mulâtre, aurait eu assez de sympathie chevaleresque – comme Saladin et al-'Adil – ou de fantaisie politique, de dilettantisme et de sentiment d'une obscure solidarité culturelle – comme al-Kâmil – pour se laisser attirer par la civilisation franque. On ne voit pas non plus, dans l'état de l'Orient en 1249, contre quel ennemi il aurait pu vouloir s'appuyer sur les Francs. Les autres Aiyûbides étaient tous supprimés ou soumis, à l'exception du malik d'Alep contre lequel il guerroyait alors autour de *Homs*, mais l'invasion franque avait eu précisément pour résultat de réconcilier les deux cousins. Les Khwârizmiens, si redoutables à l'époque de la Croisade de Frédéric II, étaient maintenant détruits. Quant aux Mongols, ils ne devaient devenir une menace directe pour la Syrie musulmane que dix ans plus tard.

Embarquement de Saint Louis pour l'Égypte.

À Chypre, Louis IX attendait le printemps pour opérer sa descente en Égypte. La traversée fut retardée par la guerre que se livraient à Saint-Jean-d'Acre les Pisans et les Génois, guerre qui privait le roi de France des navires de transport escomptés. La paix revenue entre les deux colonies italiennes, le patriarche Robert de Jérusalem, le comte Jean d'Ibelin-Jaffa[30] et Geoffroi de Sargines[31], chevalier de la suite de Louis IX, réunirent les bateaux nécessaires (fin mars 1249). Le 13 mai eut enfin lieu à Limassol le rassemblement de l'escadre : cent vingt gros vaisseaux sans les galères, les embarcations de moindre tonnage et les bateaux plats. « Le samedi, note Joinville, fist li roys voile, et tuit li autre vessel (= vaisseaux) aussi, qui mout fu belle chose à veoir, car il sembloit que toute la mers, tant comme l'on pooit veoir à l'ueil, fust couverte de touailles, des voiles des vessiaus, qui furent nombrei à dix-huit cens vessiaus, que granz, que petiz[32]. » Malheureusement, une tempête dispersa la flotte près de la pointe de Limassol, de sorte que, quand le roi leva l'ancre le 30 mai 1249, sept cents chevaliers seulement sur deux mille huit cents suivirent sa nef. Le reste avait été dispersé jusqu'à la côte d'Acre et ne rejoignit que progressivement en Égypte[33]. Ce n'était d'ailleurs là qu'un contre-temps. Comme on l'a vu, le roi de France était suivi par toutes les forces de l'Orient latin : la majeure partie de la chevalerie franque de Syrie, avec Jean d'Ibelin, comte de Jaffa ; la chevalerie chypriote avec le roi Henri Ier de Lusignan, Baudouin II d'Ibelin, sénéchal, et Guy d'Ibelin, connétable de Chypre, ainsi que l'illustre prélat Eustorge de Montaigu, archevêque de Nicosie de 1217 à 1250, qui avait déjà pris part trente ans plus tôt à la croisade de Jean de Brienne[34] ; quatre cents chevaliers français de Morée sous leur prince Guillaume de Villehardouin, qui, avec le duc de Bourgogne, rejoignit l'escadre franque peu avant l'appareillage (24-30 mai)[35] ; enfin, bien entendu, les Ordres militaires, avec le grand maître du Temple Guillaume de Sonnac et le vice-maître de l'Hôpital, Jean de Ronay. Heures mémorables et dont toute l'histoire de la France conservera le bénéfice, où le roi de France devient en fait le roi des Francs, où l'autorité du Capétien s'étend, par la communauté de civilisation comme par l'éminente dignité morale du saint monarque, à la France du Levant tout entière. Frédéric II, malgré les titres juridiques les plus incontestables, roi légitime de Jérusalem, légitime suzerain de Chypre, n'avait récolté au Levant que crainte, mépris et révolte. L'homme était, malgré toute sa duplicité, trop brutal ; le monarque était, comme dira Philippe le Bel d'un de ses successeurs, « troup Allemand ». Sans droit féodal ou territorial, Louis IX réussit maintenant sans effort, sans même le vouloir, là où Frédéric a, malgré toute sa force et sa ruse, échoué. C'est qu'il s'agit de la France extérieure et qu'il est le roi de France. Ce roi est, par surcroît, un saint et un grand homme. Grâce à lui, grâce à son extraordinaire rayonnement moral, la France d'outre-mer se range d'instinct sous « la Bannière Saint-Denis » – le drapeau capétien – notre premier drapeau.

Avec l'armée française et la chevalerie franque, Louis IX fut également suivi de quelques chevaliers anglais, comme le comte de Salisbury. Abu'l Fidâ évalue l'ensemble de l'armée chrétienne à une cinquantaine de mille hommes, ce qui est évidemment un chiffre maximum[36].

Débarquement de Louis IX.
L'Enseigne Saint-Denis sur la terre d'Égypte.

Louis IX, avec la partie de la flotte qui n'avait pas été retardée par la tempête, arriva le vendredi 4 juin en vue du Delta, devant Damiette[37].

Les huit mois passés par les Croisés à Chypre avaient amplement laissé au sultan al-Sâli*h* Aiyûb le temps de se préparer. Cependant il semble que jusqu'au dernier moment il n'ait pas su si l'invasion se produirait en Égypte ou dans la Syrie musulmane, puisque à la veille de la descente franque il se trouvait encore à Damas. Bien que très malade (il était tuberculeux au dernier degré avec une fistule à la jambe), il en revint précipitamment en litière et s'installa à Ashmûn-*T*annâ*h*, l'actuel Ashmûn al-Rummân, entre Dékernès et Mît Salsîl[38], pour faire face aux Francs au moment de leur débarquement. Il s'était d'ailleurs préoccupé de la défense de Damiette, puisque l'expérience des Croisades antérieures laissait prévoir que tel serait l'objectif des Francs. « Le sultan avait amplement pourvu la place de munitions et d'approvisionnements et y avait installé une garnison fournie par la tribu arabe des Banû Kinâna, célèbre pour sa bravoure. » De plus il avait chargé l'émir Fakhr al-Dîn Ibn al-Sheikh, l'ancien ami de Frédéric II, de s'établir avec une nombreuse armée en face de Damiette pour s'opposer au débarquement des Francs. D'après le *Collier de perles*, c'était Frédéric II qui l'avait renseigné sur les intentions du roi de France[39].

En arrivant devant Damiette, Louis IX aperçut, de son navire, l'armée aiyûbide rangée en bataille. « Le jeudi après la Penthecouste, écrit Joinville, arriva li roys devant Damiette, et

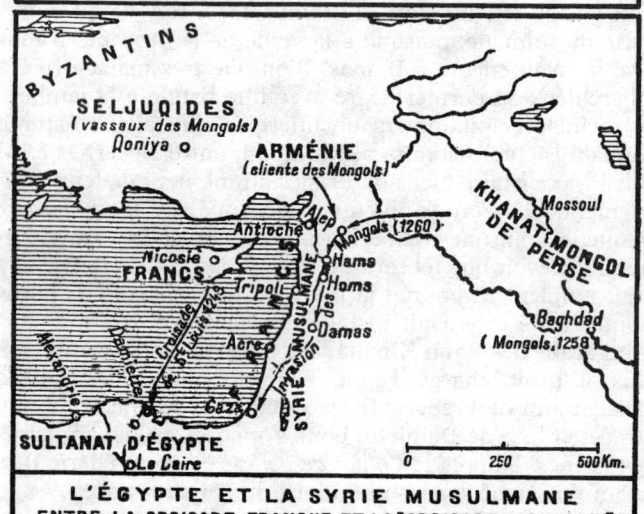

448 *LA MONARCHIE MUSULMANE ET L'ANARCHIE FRANQUE*

DELTA ORIENTAL
CAMPAGNES DE JEAN DE BRIENNE ET DE SAINT LOUIS

L'ÉGYPTE ET LA SYRIE MUSULMANE
ENTRE LA CROISADE FRANQUE ET LA "CROISADE MONGOLE"
(1249-1260)

trouvâmes là tout le pooir dou soudanc sur la rive de la mer, moult bèles gens à regarder, car li soudans porte les armes d'or, là où li solaus feroit (= où le soleil frappait), qui fesoit les armes resplendir. La noise (= le vacarme) que menoient de lour nacaire (= timbales) et de lour cors estoit espouentable à escouter ».

Sur la *Montjoie*, le navire amiral français, les barons conseillaient à saint Louis d'attendre, pour débarquer, l'arrivée des navires dispersés par la tempête. Il refusa, jugeant avec raison que ce délai « donnerait du cœur à l'ennemi » et que, du reste, la côte devant Damiette, manquait d'abris pour jeter l'ancre. Le samedi 5 juin 1249, à l'aube, le débarquement commença donc, les chevaliers se jetant en grappes dans les barques pour aller prendre pied sur la plage en face de Damiette sur l'autre rive (occidentale) du Nil[40]. Au cours de cette opération délicate, – un débarquement face aux bataillons ennemis qui garnissaient la rive – barons français et barons de Syrie rivalisèrent d'ardeur. « Li Roiz entra dans une guoge de Normandie et nous et nostre compaignon et li légaz aussi, si que il tenoit la Vraie Croiz. Li Roiz fist entrer en la barge d'au cantier mon seigneur Jehan de Biaumont, Mahieuz de Marli et Jeuffroi de Serginnes, et fist mestre le gonfanon (de) mon seigneur Saint Denis ovec elx[41]. »

À la tête des barons de Syrie, Jean d'Ibelin, comte de Jaffa, se signala par sa tranquille vaillance. Le récit de son débarquement est chez le bon chroniqueur une tapisserie aux couleurs merveilleuses : « Ce fu cil qui plus noblement ariva, écrit son cousin Joinville, car sa galie (= sa galère) ariva toute peinte dedens mer et dehors, à escussiaus de ses armes, lesquex armes sont d'or à une croiz de gueules patée. Il avoit bien trois cens nageours (= rameurs) en sa galie, et à chascun de ses nageours avoit une targe (= bouclier) de ses armes, et à chascune targe avoit un pennoncel de ses armes batu à or. Endementières (= tandis) que il venoient, il sembloit que sa galie volast, par les nageours qui la contreingnoient aus avirons et sembloit que la foudre cheist des ciex, au bruit que li pennoncel menoient et que li nacaire (= timbales), li tabour et li cor sarrazinois menoient, qui estoient en sa galie. Si tost comme la galie fu ferue ou sablon (= au sable de la grève), si avant comme l'on l'i pot mener, et il et sui chevalier saillirent de la galie moult bien arméi et moult bien atirié, et se vindrent arangier de coste nous[42]. »

La bataille commença sur le sable même de la plage et presque dans les flots. La cavalerie mamelûke, pour interdire le rivage, poussait ses chevaux dans la mer, tandis que les Francs sautaient des barques dès qu'ils pouvaient toucher le fond : « Quant nous aprouchames de terre, bien deux mille Turz, qui estoient à cheval, se férirent en la mer, bien avant, contre noz genz, et assez de ceux à pié. Quant nostre gent qui estoient es vessiaux virent ce, saillirent en la mer à pié tuit armé, les unz jusques as aiselles et les autres juesques as mamelles, les unz plus parfont et li autre mainz, selonc ce que la mer estoit plus parfonde en un lieu que en autre... Quant li Tur virent ce, si se ralièrent ensemble et vindrent seur noz genz si durement et si fièrement que il sembloit que il les deussent touz occirre et découper. Mès nos genz ne se murent de desuer le rivage, ainz se combatoient si vigueureusement que il sembloit que il n'eussent onques souffert ne perilz ne angoisses en la mer, par la vertu de Jhesu Crist et de la Vraie Croiz que li Légaz tenoit en haut desus son chief contre les mescréanz[43]. »

Récit non moins vivant chez Joinville : « Si tost comme il (les Égyptiens) nous virent à terre, il vindrent, férant des esperons, vers nous. Quant nous les veismes venir, nous fichâmes les pointes de nos escus ou sablon (dans le sable) et le fust de nos lances ou sablon, et les pointes vers aus. Maintenant que il les virent ainsi comme pour aler par mi (leurs) ventres, il tournièrent ce devant darières, et s'en fouirent[44]. »

Le roi de France n'avait pas voulu rester en arrière. « Quant li Roiz vist les autres descendre et saillir en la mer, il voult descendre avec euls, mais on ne li vouloit lessier, et toutesvoies descendi-il outre (= contre) leur gré et entra en la mer jusques à la ceinture, et nous tuit avec lui[45]. » « Quant li Roys, raconte de même Joinville, oy dire que l'Enseigne Saint-Denis estoit à terre, il sailli en la mer, dont il fu à l'yaue jusques aus esseles. Et ala, l'escu au col et le heaume en la teste et le glaive en la main, jusques à sa gent qui estoit sur la rive de la mer. Quant il vint à terre, et (qu') il choisi (= aperçut) les Sarrazins, il demanda quex gent c'estoient ; et on li dist que c'estoient Sarrazin ; et il mist le glaive dessous s'essele et l'escu devant li, et eust couru as Sarrazins, se si preudome li eussent souffert[46]. »

« L'Enseigne Saint-Denis » – l'oriflamme de France – avait pris possession de la terre d'Égypte. Parce que le roi capétien l'y avait plantée en ce matin d'été de 1249, l'influence de notre pays y est encore aujourd'hui moralement prépondérante et le parler de France y conserve, à travers les révolutions, les occupations étrangères et les siècles, sa primauté.

Prise de Damiette par le roi de France.

La bataille de la plage tourna à l'avantage des Francs. L'émir Najm al-Dîn, fils du sheikh al-Islâm, et un autre des principaux émirs, Uzbek al-Wazîrî, furent tués. À la tombée de la nuit, l'émir Fakhr al-Dîn qui commandait les forces égyptiennes, abandonnant la rive occidentale du Nil, passa en hâte le pont (Jisr al-Dumiyât) et se retira sur la rive orientale, du côté de Damiette ; mais il n'osa tenir près de la ville et recula plus au sud vers Ashmûn-*T*annâ*h*[47]. Les habitants de Damiette, saisis de panique, évacuèrent aussitôt leur ville à la faveur de la nuit, oubliant dans leur épouvante de rien emporter avec eux. Les Arabes Kinâna, à qui avait été confiée la défense de la place, furent entraînés dans le mouvement de retraite. Ils prirent, eux-aussi, la fuite vers Ashmûn, sans même penser à couper le pont de bateaux qui reliait les deux rives du Nil[48].

Au témoignage de Joinville comme du manuscrit de Rothelin, les Francs furent stupéfaits eux-mêmes de la rapidité de leur victoire. Quand des prisonniers leur annoncèrent que Damiette était évacuée, ils hésitèrent à le croire, craignant quelque guet-apens, « car la citez de Damiete estoit si forz de murz et de fossez et de grant planté de tourz forz et hautes qu'à painnes peust nus homz cuidier que ele peust estre prise[49]. » L'évacuation de Damiette se confirmant, Louis IX fit son entrée dans la ville ouverte, déserte et intacte (6 juin 1249). « Quand les Francs furent arrivés devant Damiette, raconte Maqrîzî, ils trouvèrent les portes ouvertes sans un seul homme pour les défendre. Craignant d'abord que ce ne fût un stratagème, ils suspendirent leur marche jusqu'à ce qu'ils se fussent aperçus que la population de la ville avait réellement pris la fuite et l'avait abandonnée. Ils entrèrent alors dans Damiette sans coup férir, sans avoir eu à courir les risques d'un seul assaut. Ils s'emparèrent de tout ce qui y avait été accumulé comme engins de guerre et armes en quantité considérable, équipements en stocks innombrables, vivres, provisions de bouche, munitions, sommes d'argent, etc[50]. » Toutefois Joinville signale que les habitants, avant de s'enfuir, avaient mis le feu au bazar, catastrophe équivalente, ajoute-t-il, « à celle qui adviendrait si on mettait, ce dont Dieu nous garde !, le feu au petit pont de Paris[51]. »

Si l'on se souvient des dix-huit mois d'efforts que, trente ans plus tôt, la prise de Damiette avait coûtés aux soldats de Jean de Brienne, on conviendra que la Croisade de Louis IX s'ouvrait par le plus brillant succès. Les Musulmans furent frappés les premiers par cette comparaison. « Du temps d'al-Kâmil, note Maqrîzî, quand les Francs étaient venus assiéger Damiette, il y avait dans cette ville bien moins d'approvisionnements et de munitions qu'il ne s'y en trouvait cette fois. Malgré cela, les Francs n'avaient pu alors s'en emparer qu'après un siège d'un an, quand la population eut péri de faim et de maladie. Maintenant au contraire, il y avait à Damiette une garnison composée d'excellents soldats Banû-Kinâna, mais cela ne servit à rien ![52] ». La stupeur de l'opinion musulmane se conçoit. Maîtres d'une place aussi puissamment fortifiée et dont les murailles ni les tours n'avaient aucunement souffert, les Francs pouvaient y défier toutes les contre-attaques ennemies. De plus c'était la deuxième place de commerce de l'Égypte, et l'énorme ravitaillement qu'on y avait trouvé, en dépit de l'incendie du bazar, permettait d'assurer pendant des mois la subsistance de l'armée.

Les Francs eurent à Damiette une autre surprise agréable. Tandis que la population musulmane s'enfuyait, l'élément chrétien indigène, de doctrine monophysite et de rite copte, était resté et s'empressa de faire cause commune avec eux. « L'en i trouva ne sai quanz Surienz Crestienz qui manoient laianz en subjection des Sarrazins. Quant cil virent les Crestienz entrer en la ville, il pristrent croiz et par ce n'orent garde (ne coururent aucun risque). L'en leur laissa leur maisonz et ce qu'il avoient[53]. » Cet élément copte pouvait apporter un précieux concours pour l'établissement de la domination franque dans le Delta.

À Damiette même les Francs se comportaient comme pour une installation définitive. La grande mosquée était consacrée à Notre-Dame par le patriarche Robert. Un archevêque latin y était nommé (ce fut Giles, depuis archevêque de Tyr). Templiers, Hospitaliers et Teutoniques, chanoines réguliers et Franciscains, barons de Syrie et de Chypre y recevaient des bénéfices. Damiette se transformait avec une rapidité merveilleuse en ville franque. « Les esglyses qui avoient esté establies des Mahomeriez fist li Roiz richement aorner de calices et d'ancencierz, de chandelabres et de cruxefiz, de chasubles, d'aubes, d'estolles, de draz à autel et d'ymaiges de Nostre Dame. » Mais sa piété ne faisait nullement oublier à Louis IX ses devoirs militaires. « La fermetez meismes de Damiete, qui estoit (déjà) trez forz, à grant merveille faisoit il encores renforcier, les fossez réparer, barbacanes faire...[54] »

Stationnement des Francs autour de Damiette (juin-novembre 1249).

L'installation des Francs à Damiette s'imposait d'autant que, pour le moment, les opérations se trouvaient suspendues. Damiette avait été prise au commencement de juin. Pour marcher sur le Caire il aurait fallu se mettre en mouvement tout de suite, car la date de l'inondation du Nil approchait. Mais, comme Louis IX attendait l'arrivée de son frère Alphonse de Poitiers avec des renforts, il jugea préférable de remettre la campagne à plus tard. Et, à partir de juillet, on devait s'immobiliser encore jusqu'à octobre, date de la fin de la crue.

Joinville gémit sur les résultats de cette inaction pour l'état économique et le moral de l'armée. Les agents du roi, naturellement à son insu, se mirent à spéculer, les Croisés à se livrer au plaisir, les seigneurs aux somptuosités de la table, tous aux amours faciles. « Les gens le (= du) roy, qui deussent débonnairement les gens retenir, leur loèrent les estaus (= boutiques) pour vendre lour danrées aussi chier comme il porent ; et pour ce la renommée couru en estranges terres, dont maint marcheant lessièrent (= renoncèrent) à venir en l'ost. Li baron qui deussent garder le lour (= leur avoir) pour bien emploier en leus et en tens, se pristrent à donner les grans mangiers et outrageuses viandes. Li communs peuples se prist aus foles femmes. » Le relâchement devint tel qu'au témoignage de saint Louis, certains Croisés se livraient à l'inconduite à deux pas de la tente royale : « tenoient cil lour bordiaus au giet d'une pierre menue, entour son paveillon[55]. »

Cette inaction forcée permit aux Égyptiens de se ressaisir. Le sultan al-Sâli*h* Aiyûb en profita pour reformer son armée. Condamné par la maladie, presque mourant, il fit preuve d'une énergie extraordinaire[56]. La chute de Damiette était due à la désertion des Arabes Banû Kinâna : il fit étrangler leurs chefs jusqu'au dernier, férocement. « Plus de cinquante émirs des Banû Kinâna furent ainsi pendus. Parmi eux se trouvait l'émir Hashîm qui avait un fils d'une grande beauté. Il dit aux bourreaux : "Par Allâh, pendez-moi avant mon fils !" Mais le sultan leur cria : "Non, pendez-le après !" Le fils fut donc pendu d'abord, le père ensuite[57]. » Cette énergie de fer pourrait-elle empêcher, au dehors et au dedans, la catastrophe ? Les mamelûks de la garde turque, qui déjà songeaient à se débarrasser de la famille aiyûbide à la faveur de la défaite musulmane, conspiraient. Le sultan les intimida en les traîtant de lâches, eux et son général Fakhr al-Dîn. Mais bientôt, redoutant ses fureurs, ils projetèrent de nouveau de l'assassiner. Fakhr al-Dîn, politique habile qui voyait que le mal du sultan empirait, les en dissuada, estimant plus facile de s'emparer du pouvoir avec eux, si al-Sâli*h* mourait de mort naturelle[58]. La situation d'al-Sâli*h* n'en était pas moins tragique. Phtisique au dernier degré, souffrant d'ulcérations, incapable de se déplacer autrement qu'en litière, vivant seul pour cacher la gravité de son mal, le sultan mulâtre se fit transporter en bateau à la forteresse de Man*s*ûra d'où il organisa fébrilement la résistance aux Francs. « Les soldats remirent en état les baraquements pour y séjourner ; on y installa des marchés, on remit en état les murs, on dressa des palissades. La flotte du Caire vint avec tout un approvisionnement de munitions et avec de l'infanterie. De tous côtés arrivèrent des irréguliers, des gens du peuple qui s'enrôlaient pour la guerre sainte et des renforts d'Arabes[59]. »

Pendant ce temps, l'armée franque, accablée par les chaleurs, s'immobilisait. Louis IX, laissant les dames et les impotents à l'abri des murailles de Damiette, était allé, avec la majeure partie des troupes, camper en face de la ville, de l'autre côté du Nil, dans la plaine circonscrite entre la branche de Damiette et le Ba*h*r al-Shibîn, « devant le pont de la cité, seur le flun du Nil, en celle ille meismes là où il estoient arrivez[60]. Il estoient logié seur la rive du flun, si que li flunz estoit entre l'ost et Damiete[61]. » Si l'armée s'était ainsi établie sur la rive gauche de la bouche de Damiette, c'est que sa cavalerie se trouvait trop à l'étroit sur la mince langue de terre où s'élève la ville, tandis qu'elle se sentait plus à l'aise dans « l'île de Mehalla », c'est-à-dire la grande île deltaïque à la pointe nord-est de laquelle le roi était venu camper, terre « planteureuse de moult de bienz », encore qu'on y souffrît « de la grant chaleur et de la grant planté de mouches et de puces granz et grosses qui estoient en l'ost ».

Les Égyptiens, dont le moral avait été rétabli par la sévérité du sultan, profitèrent de ce que l'armée franque n'était plus protégée par les murailles de Damiette pour lui infliger tous les tourments d'une guérilla. Tantôt ils dirigeaient contre le camp français des nuées de bédouins qui venaient en silence, pour gagner les primes promises – un besant par tête de chrétien, – décapiter les dormeurs jusque sous leur tente ; tantôt c'étaient les troupes égyptiennes régulières qui attaquaient les avant-postes francs, massacraient ou capturaient les isolés, harcelaient et tenaient en haleine l'armée royale tout entière. Maqrîzî signale à diverses reprises l'arrivée au Caire de soldats francs faits prisonniers de la sorte[62]. Pour en finir avec cette guérilla, Louis IX organisa une garde sévère autour du camp, avec des rondes de nuit méthodiques, et interdit aux siens de se laisser attirer hors de l'enceinte. Un jour que les escadrons aiyûbides tourbillonnaient autour du camp, Joinville, n'y tenant plus, vint demander à Louis IX l'autorisation de diriger une sortie. Il se fit vertement rabrouer par Jean de Beaumont qui, de par le roi, lui répéta « mout fort » de n'avoir pas à quitter sa tente sans ordre. Un jeune chevalier, Gautier d'Autrèche, fils de Guy de Nanteuil, n'y tint plus et passa outre. L'écu au col, le heaume en tête, il piqua des éperons contre les Turcs ; il fut renversé de cheval, se vit entouré d'ennemis et criblé de coups. Le connétable de France, Imbert de Beaujeu, réussit à le dégager et le ramena au camp, mais le malheureux expira le lendemain (mi-août 1249, d'après le manuscrit de Rothelin)[63]. À la suite de cette mésaventure, Louis IX fit renforcer la défense du camp par des fossés profonds défendus par une ligne d'arbalétriers[64].

L'objectif des Francs : Alexandrie ou le Caire ?

Malgré les inconvénients résultant de cette immobilité, Louis IX, fort sagement, était décidé à n'entreprendre d'opérations qu'à la décrue du Nil, et aussi quand il aurait été rejoint par son frère Alphonse de Poitiers qui lui amenait l'arrière-ban de France. Alphonse, longtemps attendu, aborda enfin le 24 octobre 1249. Un conseil de guerre fut alors réuni pour décider du plan de campagne. Le comte de Bretagne, Pierre Mauclerc, qui, depuis la croisade de 1239, avait une certaine expérience de l'Orient, proposait d'aller s'emparer d'Alexandrie. La supériorité navale des Francs leur rendait sans doute l'entreprise relativement facile. Alexandrie conquise après Damiette, non seulement c'était la mainmise sur tout le commerce égyptien, mais il y avait bien des chances pour qu'après ce coup, la Cour du Caire demandât grâce. De plus la conquête d'Alexandrie, en achevant de livrer aux Francs le littoral égyptien, assurerait leurs communications avec l'Occident et la facilité de leur ravitaillement. Joinville nous avoue qu'avec le comte de Bretagne la plupart des barons de l'armée se rangèrent à cet avis[65]. Mais le comte d'Artois qui devait être le mauvais génie de l'expédition fit écarter ce conseil et, déclarant qu'il fallait atteindre l'Égypte au cœur, fit décider la marche sur le Caire. Il fit repousser aussi, d'accord avec le patriarche Robert, les propositions du sultan qui, au témoignage de Matthieu Paris, offrait, pour recouvrer Damiette, de rendre aux Francs Ascalon, Jérusalem et Tibériade[66]. L'armée repassa tout entière sur la rive orientale du Nil, du côté de Damiette, et le 20 novembre 1249, la marche sur le Caire commença.

Mort du sultan al-Sâlih Aiyûb. Le désarroi égyptien.

La décision des Francs parut favorisée par le sort. Comme ils venaient de se mettre en mouvement, leur adversaire, le sultan al-Sâli*h* Aiyûb, rongé d'ulcères et de phtisie, mourut à Mansûra le 23 novembre 1249. Il n'avait que quarante quatre-ans[67].

La disparition d'al-Sâli*h* en ces heures tragiques laissait l'Égypte sans chef et presque sans gouvernement. Son seul fils, al-Mu'a*zz*am Tûrân-shâh, jeune homme sans expérience, résidait dans la lointaine place de *H*is*n* Kaîfâ, au fond du Diyârbékir. En l'absence de ce prince, le premier rôle fut assumé par la veuve du sultan (laquelle n'était d'ailleurs pas la mère de Tûrân-shâh), l'énergique Shajar al-Durr, « Bouche de perles », – une Turque d'après certaines sources, une Arménienne, selon d'autres. Cette femme, qui s'égala soudain aux meilleurs hommes d'État, sut tenir secrète la mort du sultan. On craignait en effet que les Francs ne profitassent de la vacance du trône aiyûbide pour s'emparer du Caire ou que les mamelûks turcs dont al-Sâli*h* avait démesurément accru le nombre et l'influence ne se saisissent du pouvoir. Une révolution de caserne – l'avenir prochain ne devant que trop le prouver – pouvait à tout instant se combiner avec l'invasion franque, et cela d'autant plus facilement que le défunt, convaincu de la nullité de son fils, n'avait pris aucune précaution pour lui assurer une succession régulière[68].

Shajar al-Durr mit dans ses intérêts l'eunuque Jamâl al-Dîn Mo*h*sen, qui lui répondait du palais, et l'émir Fakhr al-Dîn ibn al-Sheikh, qui commandait l'armée campée à Mansûra. D'accord avec eux, elle convoqua les émirs et, au nom du sultan al-Sâli*h* Aiyûb, supposé toujours malade, elle fit désigner Tûrânshâh comme héritier du trône et Fakhr al-Dîn comme atâbeg ou généralissime. Un eunuque qui savait imiter à s'y méprendre la signature du sultan défunt, rédigea les rescrits nécessaires. La continuité du pouvoir put ainsi être assurée, tandis que des courriers étaient expédiés au Diyârbékir pour ramener en toute hâte l'indispensable Tûrân-shâh[69]. Dans cette situation trouble le généralissime Fakhr al-Dîn comptait bien, d'ailleurs, se frayer un chemin vers le pouvoir définitif. Intelligent, bon administrateur, ayant le sens de l'autorité, avec cela généreux et populaire, on pouvait prévoir qu'avec l'appui de la sultane il annihilerait bientôt le jeune homme borné qu'était Tûrân-shâh. Éventualité qui eût d'ailleurs favorisé les Francs. Ancien homme de confiance du sultan francophile al-Kâmil, naguère choisi par lui comme ambassadeur auprès de Frédéric II dont il était devenu l'ami, le vieux Fakhr al-Dîn se trouvait le dernier représentant de cette prudente politique adilide pour laquelle un condominium franco-musulman sur la Syrie-Palestine restait toujours acceptable.

Cependant, malgré toutes les précautions prises, la nouvelle du décès du sultan finit par se répandre dans la population égyptienne et jusque dans l'armée franque. Louis IX entendit profiter de la faiblesse du gouvernement provisoire du Caire pour brusquer la conquête de la grande ville avant l'arrivée de l'héritier du trône aiyûbide[70]. Comment imaginer en effet concours de circonstances plus favorable ? La dynastie de Saladin (la lignée égyptienne du moins) presque éteinte. Le gouvernement aux mains d'une femme et de quelques eunuques. Les mamelûks turcs, qui constituaient la force de l'armée, se rendant dangereusement compte de leur puissance et songeant déjà à la révolution de caserne qui leur livrerait le pouvoir. Ces conditions révolutionnaires semblaient bien faites pour favoriser la conquête de l'Égypte par les Francs.

La marche de Damiette sur Mansûra.

L'armée franque s'était mise en mouvement de Damiette sur le Caire le 20 novembre 1249, trois jours avant le décès du sultan[71]. Elle remonta la rive orientale du Nil (branche de Damiette) par Fâriskûr et Shârimsâ*h*, le Sarensac des chroniqueurs[72]. Elle était suivie à vue par ses bateaux légers qui remontaient également le fleuve pour assurer son ravitaillement[73]. Une sérieuse difficulté résidait dans la nature même du Delta, coupé de canaux et de rivières[74]. La route suivie traversait l'espèce d'île, de forme triangulaire, ayant sa base au nord-est sur le lac Menzala, île bornée au nord-ouest par le Nil (branche de Damiette), au sud-est par la branche dite au treizième siècle branche d'Ashmûn-*T*annâ*h*, aujourd'hui le Bahr al-Saghîr, et qui a sa pointe au sud-ouest, au point où celui-ci se sépare du Nil, à Mansûra. C'est ce triangle entouré d'eau que le *Collier de perles* appelle fort justement « l'île de Damiette »[75]. Le Ba*h*r al-Saghîr se sépare en effet du Nil en aval de Mansûra et coule en direction nord-est à travers l'ancien district d'Ashmûn-*T*annâ*h* (il traverse les bourgs de Dékernès et d'Ashmûn al-Rummân, qui est l'ancien Ashmûn-*T*annâ*h*) et se jette, à Menzala, dans le lac de Menzala d'où les bouches mendésienne et tanitique le déversent en Méditerranée. Il coupait donc au sud-ouest la route de l'armée franque vers Mansûra et vers Le Caire[76]. Mansûra, citadelle de la défense égyptienne et premier objectif des Francs, avait été construite par le sultan al-Kâmil en 1219-1220, précisément en raison de l'importance stratégique du site, à l'abri du Ba*h*r al-Saghîr, au sud du point où cette branche secondaire se sépare de la branche de Damiette. Le Ba*h*r al-Saghîr d'abord, puis, derrière lui, la forteresse de Mansûra formaient un puissant système défensif protégeant le Caire contre tout envahisseur descendu du Nord[77].

L'adversaire de Saint Louis, l'émir Fakhr al-Dîn, utilisant ces défenses naturelles, avait disposé l'armée égyptienne derrière le Ba*h*r al-Saghîr, pour interdire aux Francs le passage du cours d'eau, les empêcher de sortir de « l'île » et couvrir Mansûra et le Caire. Lui-même s'était installé à Mansûra, d'où il lançait au nord du Ba*h*r al-Saghîr des contre-attaques soudaines pour harceler ou surprendre les envahisseurs. Le 7 décembre 1249 à l'aube un détachement de 600 cavaliers d'élite attaqua ainsi les Francs « en embuschement » entre Fâriskûr et Shârimsâ*h*[78]. Louis IX qui redoutait déjà les folles imprudences de ses chevaliers, leur avait sagement interdit de se laisser entraîner à poursuivre l'adversaire ; mais les Templiers qui formaient ce jour-là l'avant-garde, ayant vu un des leurs désarçonné et en péril, le maréchal du Temple Renaud de Vichiers prit sur lui de commander la charge à ses frères : « Courons-leur sus, de par Dieu, car je ne peux plus supporter cela ! » Les Égyptiens furent balayés ; d'après le manuscrit de Rothelin ils perdirent la moitié de leur effectif, dont l'émir-mejliss al-'Alânî[79]. Mais ce dangereux exemple d'indiscipline, commis en violation des ordres du roi de France, annonçait un état d'esprit qui allait entraîner le désastre de Mansûra...

Les ordres de Louis IX étaient au contraire tout à la prudence. La lenteur de sa marche en témoigne. Après le combat du 7 décembre, il vint camper à Shârimsâh, puis, le 14, à Baramûn[80] ; et ce n'est que le 21 décembre, d'après Maqrîzî, confirmé par le manuscrit de Rothelin, qu'il atteignit la pointe sud-ouest de « l'île », le point où, comme dit le manuscrit en question, « se fourchent les deux eaux », celle du Nil et celle du Bahr al-Saghîr[81]. Les Croisés étaient maintenant en face de Mansûra qu'ils pouvaient apercevoir sur l'autre rive du Bahr al-Saghîr, mais dont les séparait le cours de cette rivière défendu par toute l'armée ennemie. D'après le manuscrit de Rothelin, qui place l'événement au même 21 décembre, le généralissime égyptien Fakhr al-Dîn lança alors une nouvelle contre-attaque. Par des gués inconnus, il fit soudain passer au nord du Bahr al-Saghîr un détachement de cavalerie qui essaya de surprendre les Francs au moment où ceux-ci venaient à peine d'établir leur camp. Ni ce jour-là, ni le lendemain – car ils recommencèrent le lendemain leur tentative – les Égyptiens ne réussirent. Éventés et chargés par la chevalerie française, ils furent refoulés vers le Nil et culbutés dans le fleuve. Ceux d'entre eux qui voulurent le passer à la nage furent poursuivis par la flottille franque qui s'était embossée contre la rive orientale et furent assommés et noyés. « Il ne porent fouir vers le flun de Thanis (= ici le Bahr al-Saghîr), ainz s'en fouirent vers le flun du Nil, là où nostre navie estoit aencrée. Nostre Crestien les chascoient, occiant et abatant. Mes quant li Sarrazin vindrent au flun dou Nil, il se férirent enz, à pié et à cheval pour eschiver la mort. Mais pou leur valut. Car nostre gent qui estoient es nez (= sur les navires), si tost com il les aparçurent, leur coururent sus, et quant il veoient les Sarrazins qui nooient (= nageaient) à pié et à cheval, il les feroient des espées et des haches et de granz parches et einsint les occioient en l'yaue[82]. »

Joinville raconte une de ces attaques égyptiennes sous la date de la Noël 1249. Il était à table avec Pierre d'Avalon, quand tous deux faillirent être surpris par les cavaliers ennemis. Comme Pierre d'Avalon poursuivait ceux-ci hors du camp, il fut jeté à bas de son cheval et aurait été tué sans Joinville. Ce dernier à son tour fut poursuivi jusqu'au camp chrétien avec les Templiers accourus à son secours. À la suite de ces attaques, Louis IX fit protéger son camp du côté du nord-est par de profonds fossés allant du Nil au Ba*h*r al-Saghîr[83]. Comme il était déjà protégé au sud par le Ba*h*r al-Saghîr et à l'ouest par le Nil, le camp formait désormais, face à Damiette, un réduit complètement entouré d'eau. « Les Francs, confirme le *Collier de perles*, creusèrent un fossé autour de leur camp, s'entourèrent d'un rempart protégé par des palissades et dressèrent des mangonneaux. Leurs galères furent amarrées sur le Nil en face de leur camp[84]. » Ce camp retranché, avec sa pointe vers le sud-ouest, s'enfonçait comme un coin au cœur de l'Égypte.

Les raids de la cavalerie musulmane contre le camp chrétien devenaient difficiles. Les Égyptiens durent se contenter d'envoyer à la nage ou en barque des fantassins qui, à la faveur de la nuit, tentaient des coups de main isolés. « Ils s'ingéniaient à toutes les ruses possibles. En voici un exemple : Un musulman creusa un melon, y introduisit sa tête et, s'étant jeté à l'eau, nagea jusqu'à ce qu'il fût tout près des Francs. Ceux-ci crurent que c'était un melon qui descendait le courant et l'un d'eux se jeta dans le fleuve pour aller le chercher ; mais le musulman s'empara de lui et regagna avec son prisonnier la rive musulmane[85]. »

Louis IX redoubla de précautions. Il chargea ses trois frères de la surveillance des trois secteurs du camp. Robert d'Artois fut préposé à la garde des engins de guerre, au nord-est de la bifurcation du Nil et du Ba*h*r al-Saghîr ; Charles d'Anjou, avec le roi lui-même, garda la ligne du Ba*h*r al-Saghîr, vers le sud ; enfin Alphonse de Poitiers qu'accompagnaient les barons de Champagne, dont Joinville, défendait les fossés du côté du nord et de Damiette[86]. L'émir Fakhr al-Dîn tenta un dernier effort pour rompre l'étreinte. Un peu avant le 20 janvier 1250 (il se vantait de dîner pour cette date dans la tente du roi de France), il fit, par un vaste détour, transporter sa cavalerie sur la rive septentrionale du Ba*h*r al-Saghîr, et semble-t-il, attaquer les Français au nord, vers le point où leur camp se trouvait le plus faible, n'étant défendu que par une ligne de fossés. L'armée égyptienne, nous dit Joinville, s'étendait du Nil, au Ba*h*r al-Saghîr, mais une contre-attaque du comte d'Anjou la dispersa ; le frère de Louis IX fut, ce jour-là, digne des fleurs de lys et mérita l'admiration de l'armée. Parmi ses compagnons, le comte Guy de Forez qui traversa de part en part les escadrons turcs fut jeté à bas de cheval, mais s'en tira avec une jambe brisée. Dans le secteur nord, Alphonse de Poitiers, avec Joinville et les chevaliers de Champagne, fit de son côté tourner bride à la charge ennemie. « Nous donnâmes alors la chasse aux Turcs, écrit joyeusement Joinville ; nous les poursuivîmes longtemps et revînmes sans pertes ! » Beaucoup d'Égyptiens furent jetés dans l'un ou l'autre bras du fleuve et noyés[87]. Il semble que ce soit de la même action, puisqu'il la place également vers le 20 janvier 1250, fête de saint Sébastien, que nous entretienne le manuscrit de Rothelin à propos d'une tentative des Égyptiens pour interrompre la construction de la chaussée sur le Ba*h*r al-Saghîr dont nous parlerons tout à l'heure. Ici on nous dit que ce furent les Hospitaliers et les Teutoniques qui reçurent le choc, avec un courage hors de pair. Le résultat est d'ailleurs le même. Les Égyptiens sont repoussés et jetés dans le fleuve où la plupart se noient[88].

*Louis IX arrêté devant le Ba*h*r al-S*a*ghîr.*

Ce n'étaient encore là qu'actions défensives. Le but de Louis IX était d'obtenir la décision en passant sur la rive méridionale du Ba*h*r al-Saghîr pour s'emparer de Damiette. À cet effet, il entreprit de construire une chaussée sur le Ba*h*r al-Saghîr, à deux kilomètres environ à l'est de la séparation du Ba*h*r et du Nil[89]. « Li Roiz coumanda qu'an feist une chauciée de terre et de merrien (poutres) parmi le flun de Thannis (= ici le fleuve d'Ashmûn-Tannâ*h*, le Ba*h*r al-Saghîr), en tel manière que touz li flunz dou Thannis s'en courust par le channel du flun du Nil (c'est-à-dire refluât et se déversât dans la branche de Damiette du grand fleuve) au mainz que (= grâce à quoi), quant la chauciée seroit bien faite dedenz le flun dou Thannis et l'iaue seroit bien estroite, l'en feroit plus légièrement pont de la chauciée à la rive qui estoit devez les Sarrazins[90]. »

Cette expédition de Louis IX qu'on nous a représentée comme une entreprise purement mystique, voyez à quel point elle fut positive et organisée. Cette croisade du saint roi, c'est avant tout une campagne d'ingénieur. Il a attendu des mois en Chypre, des mois à Damiette pour que tout fût à point. En face de Man*s*ûra, il calcule, interdit, avec une sévérité que Joinville juge excessive, tout geste de paladin, toute prouesse de chevalerie. Morose en face des actions d'éclat si ce sont des imprudences, il se montre avare, comme un usurier, du sang de ses hommes, compte d'abord pour réussir sur les pelles de ses terrassiers, les plans de ses pontonniers et de ses architectes. C'est le Capétien très sage qui reste en campagne le même qu'en ses conseils et ne montrera d'insouciance, devant le danger qu'une fois passée l'heure des responsabilités politiques, quand il ne sera plus qu'un chevalier de France en face de l'ennemi vainqueur et de la mort.

C'était une des plus formidables entreprises des guerres médiévales que de faire refluer un canal du Nil et de construire cette chaussée face à toute l'armée musulmane massée sur l'autre rive. Pour permettre à ses terrassiers de travailler à l'abri des projectiles dont les Musulmans les criblaient de la rive méridionale, Louis IX fit construire deux « chats » ou galeries couvertes, en avant desquels, tout contre la berge du Ba*h*r al-Saghîr, il fit encore édifier autant de tourelles de bois, chargées de dominer le cours du Ba*h*r. « Cil qui aportoient le merrien et cil qui faisoient la chauciée se tapissoient desouz[91]. » Par surcroît, « pour giter contre les Sarrazins qui le passage deffandoient », dix-huit catapultes, pierrières et mangonneaux furent mis en batterie près de la berge, sous les ordres du maître-ingénieur Jocelin de Cornaut [Courtenay][92].

Mais dans le camp musulman, l'émir Fakhr al-Dîn ne s'abandonnait pas. Le vieil ami de Frédéric II – il portait sur sa bannière, nous dit Joinville, les armes de l'empereur qui l'avait fait chevalier – se montrait pour les chrétiens un adversaire redoutable. Sur la rive méridionale du Ba*h*r al-Saghîr, il concentra une formidable batterie d'engins qui contrebattit sans arrêt les ingénieurs et les terrassiers chrétiens. « Pierres, darz et saietes (flèches) et quarriaux d'arbalestes et feu gréjoiz voloient si espés comme pluie[93]. » Le travail des ingénieurs francs se révélait aussi décevant que pénible. Le manuscrit de Rothelin[94] nous explique avec précision que s'ils commençaient, par l'accumulation des charrois, à faire avancer les berges et à rétrécir le cours du Ba*h*r al-Saghîr, celui-ci devenait d'autant plus impétueux qu'il était plus endigué et s'opposait ainsi tout autant aux tentatives de détournement et de barrage, comme aux projets de traversée. De plus, sur la rive opposée les ingénieurs musulmans faisaient effondrer les berges, de sorte que le lit de la rivière récupérait sur la rive méridionale ce qu'il perdait sur la rive nord : « tout ce que nous avions fait en trois semainnes, écrit Joinville, il nous (le) deffesoient en un jour, pour ce que tout ce que nous bouchiens dou flum devers nous, il relargissoient devers aus[95]. »

Le pire danger restait la supériorité que conféraient aux ingénieurs égyptiens leurs batteries de feu grégeois. C'était, entre leurs mains, une véritable artillerie, dont le bombardement produisait sur les Croisés un terrifiant effet. « Si tost comme il getèrent le premier cop, écrit Joinville, nous nous meismes à coutes (= coudes) et à genouz, ainsi comme il[96] nous avoit enseigné... La manière dou feu grégois estoit teix que il venoit bien devant aussi gros comme un tonniaus de verjus, et la queue dou feu qui partoit de li estoit bien aussi grans comme uns grans glaives. Il faisoit tel noise (tel bruit) au venir que il sembloit que ce fust la foudre dou ciel ; il sembloit un dragon qui voloit par l'air. Tant getoit grant clartei que l'on veoit aussi clair parmi l'ost comme se il fust jours[97]. » À chaque « arrivée », Louis IX tremblait pour les siens « et tendoit ses mains vers Nostre-Signour et disoit en plourant : Biaus Sire Diex, gardez-moi ma gent ! »

Au bout de quelques jours de ce bombardement incendiaire, les « chats » et tourelles du roi – les « chas-chastiaus », comme écrit Joinville –, déjà gravement endommagés par le martelage des pierrières, furent détruits par le feu grégeois. De nouveaux chemins couverts de tourelles, construits par Louis IX, furent de même presque aussitôt incendiés. Le bon Joinville qui devait être de garde sur les tourelles la nuit suivante remercia Dieu que la catastrophe ait eu lieu le jour même, « grant courtoisie que Diex fist à moy et à mes chevaliers[98]. »

Passage du Bahr al-Saghîr par Louis IX.

Voici le plan des combats livrés par Saint Louis devant Mansûra en 1250.

BATAILLE DE MANSÛRA 1250

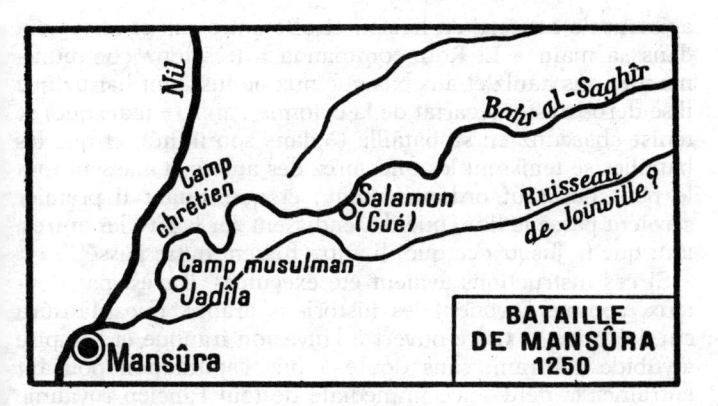

Le détournement du Bahr al-Saghîr s'avérant impossible, la marche sur Mansûra et le Caire paraissait arrêtée, lorsque Louis IX apprit enfin l'existence d'un gué. Ce gué était situé près du hameau de Salamûn. Qui en révéla aux Francs le point exact ? Joinville nous dit que ce fut un Bédouin qui s'était présenté au connétable Imbert de Beaujeu en offrant « d'enseigner le gué », si on lui versait au préalable 500 besants, condition qui fut aussitôt remplie. Dans le manuscrit de Rothelin, l'informateur de Louis IX est un déserteur de l'armée égyptienne, un « des Sarrazins traiteurs (= traîtres) qui estoient venu en nostre ost, de l'ost aus mescreanz ». Pour l'auteur du *Collier de perles*, il s'agirait « d'habitants de Salamûn qui n'étaient point musulmans », c'est-à-dire de Coptes[99]. Cette dernière version est intéressante, car elle confirmerait ce que nous avons déjà dit sur les sympathies déjà nouées entre Latins et Coptes[100].

Louis IX prépara avec la plus grande méthode le passage du Bahr al-Saghîr. Il confia la garde du camp au duc de Bourgogne Hugue IV et aux chevaliers de Syrie et de Chypre, chargés d'empêcher une contre-offensive égyptienne. Il disposa l'armée française en colonne de marche, le comte d'Artois conduisant l'avant-garde, avec les Templiers à l'extrême pointe. Le roi, comprenant que, dans une opération aussi délicate, le succès était une question de discipline, donna les ordres les plus sévères pour que tous les éléments de l'armée agissent de concert, en liaison étroite entre eux et restassent dans sa main. » Li Roiz commanda à très touz communément et aus haulz et aus bas que nuz ne fust tant hardiz que il se deroustast (= écartât de la colonne), ainz (= mais que) se tenist chascunz en sa bataille (= dans son unité), et que les batailles se tenissent les unes près des autres et alassent tout le petit pas tout ordonneément ; et que, quant li premier seroient passé le flun, que il atendissent sur la rive les autres, tant que (= jusqu'à ce que) li autre fussent outre passé[101]. »

Si ces instructions avaient été exécutées, il n'est pas douteux, comme l'avouent les historiens arabes, que Mansûra eût été prise, le Caire ouvert à l'invasion franque et l'empire aiyûbide contraint sans doute à une capitulation pouvant entraîner la délivrance immédiate de tout l'ancien royaume de Jérusalem.

Le mardi 8 février 1250, à l'aube, l'armée franque, conduite par son guide indigène, entreprit le passage. L'opération fut lente, le gué étant dangereux. « Les rives estoient durement hautes, plainnes de borbier et de betumes et de limon et l'iaue plus périlleuse et plus parfonde que li Sarrazin ne leur avoit dist[102]. » Le comte d'Artois atteignit le premier l'autre rive. Les Templiers, accoutumés aux guerres musulmanes, l'avertirent de l'imprudence et « grant vileinnie » qu'il commettrait en transgressant les ordres du roi. Sans écouter, il piqua des éperons, soit que sa fougue naturelle l'emportât, soit, comme le prétend Joinville, par la faute d'un chevalier, Foulque du Merle, qui, étant sourd, n'avait pas compris les consignes[103]. Les Templiers, ne pouvant le laisser s'aventurer seul, le suivirent à contre-cœur, et la bataille se trouva ainsi dès le début engagée en ordre dispersé, par petits paquets successifs, sans plan d'ensemble, sans commandement, alors que la moitié de l'armée n'avait pas encore passé la rivière, contre les instructions formelles du roi.

Le manuscrit de Rothelin, beaucoup moins indulgent pour Robert que Joinville, est ici formel : « Encontre (= malgré) le coumandement et l'ordonement que li roiz avoit fait, il (le comte d'Artois et les siens) s'en alèrent isnellement tout contre mont (= en amont) du flun (Ba*h*r al-*S*aghîr) jusques à tant qu'ils vindrent au leu où li enginz au Sarrazin estoient dréciés contre la devant dite chauciée. Moult matinnet et soudainnement se férirent en l'ost des Sarrazins qui là estoient logié et qui de ce ne prenoient garde : et de tiex i avoient qui estoient encores endormi et assez de tiex qui se gisoient en leur liz. » Il faut d'ailleurs convenir que, dans ces conditions, l'effet de surprise fut complet. Le camp aiyûbide en arrière du Ba*h*r al-Saghîr, au nord-est de Man*s*ûra fut forcé et rapidement conquis, la garde du camp, massacrée. Le manuscrit de Rothelin, après avoir blâmé le principe de l'action, nous décrit ce qui fut au début un brillant coup de main. « Cil qui eschagaitoient l'ost des Sarrazins (= les avant-postes musulmans) furent tout premièrement desconfit et presque tuit mis à l'épée. Nostre gent se féroient parmi les hesberges des Turs, tout occiant, senz espargnier nullui ». « Les Francs, dit de même le *Collier de perles*, attaquent les nôtres dès l'aube et les surprennent sous la tente[104]. »

L'émir Fakhr al-Dîn, le généralissime égyptien, fut, comme ses soldats, entièrement surpris. Il sortait du bain et se faisait teindre la barbe au henné, quand il apprit, par la clameur des premiers fuyards, que les Francs avaient passé le Ba*h*r al-Saghîr et enlevé le camp. « Il sortit du bain dans le plus complet ahurissement, sauta sur un cheval sans penser à revêtir son armure ni prendre aucune précaution et, suivi d'une poignée de Mamelûks, s'élança au galop au-devant de l'ennemi en essayant de regrouper ses gens[105]. » Il tomba dans un escadron de Templiers qui se précipitèrent sur lui. Les siens l'abandonnèrent. Un coup de lance lui perça le flanc et il roula, mort, criblé de coups de sabre.

Bien qu'opéré en violation des ordres de Louis IX, le coup de surprise du comte d'Artois avait donc réussi. La conquête du camp égyptien entre le Ba*h*r al-Saghîr et Man*s*ûra, la débandade de l'armée égyptienne, la mort du généralissime Fakhr al-Dîn constituaient une brillante victoire. Restait, pour en assurer l'exploitation, à savoir s'arrêter, à attendre l'arrivée du gros des chevaliers qui, avec saint Louis, n'avaient pas encore fini de franchir le Ba*h*r al-Saghîr, et de l'infanterie qui, elle, n'avait même pas commencé le passage. Opération difficile en effet. Plusieurs chevaliers étaient en train de se noyer, leurs chevaux ayant perdu pied et glissé dans la vase[106]. Ces difficultés ralentissaient le passage, de sorte que les premiers éléments de la cavalerie franque, avec le comte d'Artois, avaient depuis longtemps traversé le Ba*h*r al-Saghîr, que l'arrière-garde, avec toute l'infanterie, restait encore en deçà. Dans de telles conditions, il était plus que jamais indispensable, pour les éléments d'avant-garde, d'observer strictement les ordres du roi et d'attendre, avant de commencer la marche sur Man*s*ûra, le regroupement de toute l'armée.

*Désobéissance du comte d'Artois. Il engage le combat avant que le gros de l'armée ait franchi le Ba*h*r al-Saghîr.*

L'indiscipline de Robert d'Artois, répétons-le, changea en désastre une opération bien conçue et jusque-là bien menée. À peine eut-il, avec l'avant-garde, traversé le premier le Ba*h*r al-Saghîr, qu'au lieu d'attendre, comme le lui avait ordonné le roi, le reste de l'armée, il s'était lancé en direction du camp égyptien, situé plus à l'ouest sur le Ba*h*r, en face de la chaussée abandonnée[107]. Il avait attaqué d'abord les premiers postes ennemis, qu'à cette heure matinale il surprit complètement[108]. Après ce premier fait d'armes, qui déjà pouvait avoir l'inconvénient de donner l'éveil à toute l'armée égyptienne, il avait assailli les « batteries » ennemies qui garnissaient la rive méridionale, puis le camp de l'émir Fakhr al-Dîn lui-même, et cela, quand tout lui commandait de s'arrêter... S'arrêter ! C'était le conseil que donnaient impérieusement au frère du roi les Templiers, fougueux cavaliers s'il en fut, mais que la double expérience de *H*attîn et de Gaza avait sans doute fini par rendre plus circonspects. « Frères Giles, li granz commanderrez du Temple, bonz chevalierz preuz et hardiz et saiges de guerre et clerveanz en tiex afaires, dist au conte d'Artoiz qu'il feist sa gent arester et ralier ensamble, et que on atendist le roi et les autres batailles qui n'avoient mie encores le flun passé » Robert d'Artois n'avait-il pas fait assez pour établir sa réputation de chevalerie en s'emparant du camp égyptien ? Ce brillant fait d'armes devait, pour le moment, lui suffire. L'expérience des guerres musulmanes commandait impérieusement de faire halte, car, si on se laissait aller à une poursuite en ordre dispersé, avec les seuls éléments de l'avant-garde, les Égyptiens ne manqueraient pas de se reformer et d'accabler les Francs sous le nombre. C'est ce que faisait encore valoir le commandeur du Temple : « Bien disoit encores frères Giles, qu'il avoient fait un des plus granz hardemenz (= coups d'audace) et une des plus granz chevaleries qui fut faite granz tenz avoit (= depuis longtemps) en la terre d'Outre-mer, et looit encore que l'en se traissist (= se portât) devant la chauciée, car, se il chasçoient (= s'ils chargeaient) einsint esparpilliée et devisé, li Sarrazin se ralieroient ensemble et légièrement les desconfieroient, car il n'estoient c'un pou de gent au regart des Sarrazin[109]. »

Mais déjà les compagnons du comte d'Artois élevaient contre les Templiers et contre les autres « gens du pays » les accusations habituelles des Croisés nouveaux venus contre l'esprit timoré des « Poulains ». Éternel malentendu entre l'esprit croisé et l'esprit colonial, la fougue souvent brouillonne et toujours inexpérimentée du premier ne comprenant rien aux sages atermoiements du second. « Se li Templier et li Hospitalier et li autre qui sont de cest païz vousissent (= avaient voulu), la terre (de Jérusalem) fust ore grant pièce (depuis longtemps) toute conquise. » C'est avec des propos aussi désobligeants que les barons de l'avant-garde accueillirent les conseils de prudence des Templiers. D'après le manuscrit de Rothelin, le comte d'Artois lui-même aurait insulté les chevaliers du Temple en les traitant de couards « et dist à frère Giles que, se il avoit poour, il demourast ! »

Devant de tels arguments les Templiers n'avaient qu'à marcher. « Frère Giles respondi : "Sire, ne je ne mi frère n'avonz pas paour. Ne nous ne demorrons pas (en arrière). Ainçois ironz avecques vous. Mes sachez bien vraiement que nous doutons que nous ne (= ni) vous n'en revenons ja (= jamais) !" »[110].

Cette grave réponse nous reporte à soixante-trois ans plus tôt. C'était celle que le comte Raymond III de Tripoli avait faite à Guy de Lusignan et aux Templiers qui le pressaient de s'associer à la marche de Séphorie sur *Hatt*în et Tibériade. Maintenant les rôles étaient renversés. C'étaient les Templiers qui, instruits par la leçon de tant de guerres malheureuses et par toute leur expérience coloniale, préconisaient une stratégie méthodique prudente. Et contre eux se dressait, par une étrange ironie du sort, ce même esprit de folle offensive sans préparation qu'ils avaient répudié et qui allait ramener malgré eux les anciens désastres. L'heure était aussi solennelle qu'en 1187. En dépit du cadre différent, c'était de nouveau le sort des colonies franques qui se jouait. Et Mansûra allait recommencer *Hattîn*.

Désastre de Mansûra. Mort du comte d'Artois (matin du 8 février 1250[111]).

Un instant encore, avant que la suprême folie fût consommée, une occasion se présenta de conjurer le destin. Louis IX, qui, dans toute cette affaire, se comporta en sage capitaine et qui reste entièrement irresponsable du désastre provoqué en violation de ses ordres, pressentant, semble-t-il, la faute que son frère était en train de commettre, lui enjoignit de s'arrêter. C'est ce qu'affirme formellement le manuscrit de Rothelin, après avoir narré l'altercation entre les Templiers qui voulaient attendre le roi et le comte d'Artois qui les traitait de lâches. « En demantrez que il parloient einsint, dix chevaliers vindrent là tôt acourant au conte d'Artois, et li distrent, de par le Roi, que il ne se meust (= qu'il ne bougeât) et que il atandist tant (jusqu'à ce) que li Roiz fust venuz. ». À cet ordre formel, Robert répondit par un acte de révolte ouverte. « Il leur respondi et dist que li Sarrazin estoient desconfist et que il ne demorroit mie (= ne resterait pas là), ainçois, (= mais) les chasceroit[112] ».

Et, reprenant la poursuite, au galop de leurs montures déjà épuisées, sans attendre aucun renfort, sans liaison avec le gros de l'armée royale, sans prendre soin de s'éclairer ni de se couvrir, par petits groupes égaillés au hasard de leur charge, lui et les siens s'élancèrent sur les talons de l'armée égyptienne dans les rues de Mansûra. « Li Sarrazin povoient à painne croire que li nostre enchauçassent (= les poursuivissent) si folement, ne que il se fussent embatu (= lancés) si périlleusement et espandu par les rues[113]. »

À l'heure où Robert d'Artois commettait cette folie stratégique, les Musulmans avaient la fortune de trouver un chef – non plus un général simplement estimable, comme l'émir égyptien Fakhr al-Dîn, mais un des meilleurs hommes de guerre de tous les temps, le mamelûk turc Baîbars Bundukdârî, Baîbars l'Arbalétrier, dont l'intervention contre les Francs, comme dix ans plus tard contre les Mongols, allait changer le cours de l'histoire. Il suffit de l'entrée en scène de ce soldat de race pour rallier les fuyards musulmans, les regrouper, mettre à profit l'incroyable faute du comte d'Artois et faire de Mansûra sauvée le point de départ d'une irrésistible contre-attaque.

La cavalerie franque, dit Maqrîzî, arrivait au cœur de Mansûra, devant la porte même de la forteresse du sultan (qasr al-sultân), lorsque Baîbars, à la tête de la brigade des mamelûks bahrides, la chargea à l'improviste. « Les cavaliers turcs se ruèrent sur les Francs, les ramenèrent, les dispersèrent et les chassèrent de devant la porte du palais ; quand les Francs eurent tourné bride, les Turcs mirent sabre au poing et saisirent leurs masses d'armes. Ils tuèrent aux Francs dans cet engagement environ quinze cents de leurs hommes les plus connus et les plus vaillants[114]. » Joinville, de son côté, nous montre les chevaliers du comte d'Artois s'engageant d'abord, à la poursuite des Égyptiens, dans les rues de Mansûra ; mais quand ils veulent retourner en arrière, les Turcs leur coupent la route en lançant des poutres et des palissades au travers des rues « qui estoient estroites », et Robert d'Artois se trouve pris au piège[115]. Le manuscrit de Rothelin donne du drame un récit plus détaillé : « Li Sarrazin firent sonner corz et buisinnes et tambours, isnellement se rasemblèrent et avironnèrent noz genz de toutes parz. Moult (se) trouvèrent noz genz à grant meschief, car il n'estoient mie ensemble, et leur cheval estoient si lassé que il défailloient tuit, tant avoient couru et racouru par les hesberges (= camps) des Turs que il ne se povaient aidier. Li Sarrazin les trouvèrent espanduz par tropiaux ; légièrement (= facilement) en firent leur volantez, touz les détranchièrent et découpèrent. » Quelques-uns des chevaliers francs cherchèrent à se sauver du côté du fleuve ; « mais li Sarrazin les sivoient de si prèz, occiant et abatant de haches dennoises et de maces et d'espées ; et quant il venoient au flun qui estoit granz et roides et parfonz, il estoient tuit noié[116]. » Ce récit, comme on le voit, confirme de tout point celui de Maqrîzî. Il est facile avec cela d'imaginer la scène dont la Mansûra fut le théâtre : dans cette cité sarrazine, aux ruelles étroites, les indigènes accablant sous une grêle de projectiles, du haut des moucharabiehs, les malheureux chevaliers que les mamelûks turcs contre-attaquaient, à cent contre un, au tournant de chaque rue.

La Mansûra devint ainsi le tombeau de toute l'avant-garde franque. Citons parmi les morts Robert d'Artois, Raoul de Coucy, Érard II de Brienne, Roger de Rozoy-sur-Serre, Jean de Cherisy, Guillaume de Salisbury, et presque tous les Templiers (ils perdirent 285 chevaliers et quatre ou cinq seulement en réchappèrent). Quant aux derniers instants du comte d'Artois, nous savons seulement par Joinville qu'il dut se barricader et se défendre quelque temps dans une maison de Mansûra. La nouvelle en fut rapportée au roi par le connétable Imbert de Beaujeu[117]. C'est la dernière mention qui soit faite de lui.

Héroïsme et victoire personnelle de Louis IX devant Mansûra (soir du 8 février 1250). Le roi de France couche sur le champ de bataille.

Louis IX venait à peine, avec le centre de son armée, de passer à son tour le Ba*h*r al-Saghîr, quand les Mamelûks, victorieux de son avant-garde et enivrés de leur succès, s'élancèrent contre lui. Situation tragique. En présence de cet assaut, il se trouvait entièrement isolé, sans nouvelles de son avant-garde (elle était déjà à peu près détruite, mais il l'ignorait encore) et coupé de son arrière-garde qui, sous les ordres du duc de Bourgogne, était restée sur la rive septentrionale du Ba*h*r al-Saghîr avec l'infanterie et les arbalétriers sans lesquels le roi ne pouvait se débarrasser des archers montés de la garde turque. Le moindre manque de sang-froid chez le chef de l'armée pouvait tout perdre.

Ce fut alors qu'on vit ce qu'était le roi de France. Le Capétien et le saint, chez Louis IX, s'unirent en effet pour donner en ces heures tragiques le plus magnifique exemple de roi-chevalier. Joinville, qui, blessé dès le début de l'action, le vit passer avec son corps d'armée, à grands cris et à grand bruit de trompettes et de timbales, a gardé la vision inoubliable

« du héros, à lui seul, plus grand que la bataille. »

« Il s'arrêta sur un chemin en chaussée. Jamais je ne vis si beau chevalier. Il paraissait au-dessus de tous ses gens, les dépassant des épaules, un heaume doré sur la tête, une épée d'Allemagne à la main[118]. »

À l'acharnement joyeux des Mamelûks, Louis IX se doutait déjà que malheur était arrivé au comte d'Artois qui avait transgressé ses ordres. Plein de sang-froid, il réitéra ceux-ci à ses compagnons : se serrer étroitement, éviter toute dispersion, toute charge isolée : « Quant le Roiz vi ce, bien se pansa que cil, qui devant estoient alé, avoient mise la Crestienté en mauvaiz point. Il coumanda à tous ceux qui ovec lui estoient, que il se tenissent tuit ensamble et tuit serré. » Puis l'appel aux forces morales – et on devine leur puissance surhumaine quand c'était un Louis IX qui parlait : « Mout leur amonestoit et disoit que il ne devoient pas douter (= redouter) cele grant planté de mescreanz qui venoient encontr'elx, car Nostre Sires Jhésu Criz, pour cui il estoient là alé, estoit plus forz et plus poissanz que touz li mondes[119]. »

Cependant l'assaut des Turcs déferlait. « Li Sarrazin s'aprouchièrent de nostre gent, la noise (= le vacarme) i fu si granz de corz et de buissinnes et de taborz et de criz de genz et de chevaux que c'estoit granz hideurz à oïr. Il aceintrent (entourèrent) les nostres tout entor et traistrent (= tirèrent) si grant planté de saietes (= flèches) et de quarriaux (= d'arbalètes) que pluie ne grelle ne feist mie si grant oscurté, si que moult i ot de navrez de nos genz et de leur chevaux. Quant les premières routes (= ici escadrons) des Turz orent vuidié touz leur carquoiz, il se retraistrent arrières, mès les secondes routes vindrent tantost (= aussitôt) après, où il avoit encore plus de Turz. Cil traistrent (= tirèrent) encore plus espessement que n'avoient fait li autre[120]. »

Le tragique de la situation était que, pour donner la réplique à ces terribles archers montés de la garde turque dont les escadrons tourbillonnant et se relayant harrassaient la chevalerie, franque, celle-ci, qui n'était qu'une arme de choc, ne pouvait compter sur son excellente infanterie d'arbalétriers, restée avec le duc de Bourgogne à la garde du camp, au nord du Ba*h*r al-Saghîr.

Louis IX, voyant sa chevalerie fondre sous le tir des Mamelûks, ordonna la charge et le corps à corps où les siens recouvreraient la supériorité. « Quant li Roiz et nostre gent virent que il pardoient einsint leur chevaux et elx meismes, il férirent des esperonz tuit ensemble encontre les Turz pour eschiver leur saietes (= éviter leurs flèches). » C'est à cette phase de la bataille – la « fuite en avant » – que fait allusion Joinville qui, à un demi-siècle d'intervalle, s'émeut encore au souvenir de ce magnifique spectacle : « Et sachez que ce fut un très beau fait d'armes, car nul n'y tirait de l'arc ni de l'arbalète, mais c'était une mêlée à la masse et à l'épée entre les Turcs et nos gens. Un mien écuyer me bailla un mien roussin flamand sur lequel je montai et j'allai vers le Roi tout côte à côte[121]. »

Au jeu des épées les chevaliers de France eurent d'abord l'avantage sur les Mamelûks : « Assez en occistrent et abatirent en leur venue aus glaives et aus épées ». Mais la supériorité numérique de l'armée turque finissait, là aussi, par les étouffer. « La plantez des Turz estoit ja si granz que pou ou noiant i paroient. Quant il i avoit aucun Tur occis et abatu, tantost (= aussitôt) revenoient autres en son leu, touz frez et toz nouviaus. » Maintenant, c'étaient les Turcs eux-mêmes qui renonçaient au tir pour achever les Francs sous leurs charges massives. « Li Tur virent que nostre gent et leur chevaux estoient moult blécié et à grant meschief ; si pandirent leur arz aus senestres braz desouz leur rouelles, et leur coururent sus moult cruelment as masces et as espées[122]. »

Le salut de l'armée franque dépendit alors du roi seul, son rôle de capitaine s'identifiant à cette heure avec ses devoirs de soldat. Dans ce double rôle il fut prodigieux. « C'estoit une merveille à veoir. Assez i ot de nos gens, qui furent en cele bataille, qui puis (= depuis) distrent et afermèrent certeinnement que, se li Roiz ne se fust maintenuz si hardiement et si vigueureusement, il eussent esté tuit mort ou priz. Onques li Roiz ne retorna son visaige en cele bataille, ne n'eschiva son corz des Turz. Il confortoit et amonestoit nostre gent de bien faire, si que il en estoient tuit rafreschi[123]. »

Je ne connais pas, dans les annales de nos vieilles guerres, de plus magnifique « citation » ; citation qui, en cette heure tragique, sur cette terre étrangère, est comme celle de la Maison de France tout entière, depuis Bouvines jusqu'à Fontenoy.

Le combat qui n'était plus qu'un perpétuel assaut des masses turques contre l'inébranlable résistance du roi de France dura sans arrêt du matin jusqu'à « la neuvième heure » (trois heures de l'après-midi). Louis IX, comprenant le danger de l'immobilité, essaya de manœuvrer. Sur le conseil de Jean de Valéry, il songea d'abord à rétrograder vers le nord-ouest en amont du Ba*h*r al-Saghîr jusqu'en face du camp pour donner la main au duc de Bourgogne et à l'infanterie qu'on avait laissés en réserve dans le camp et aussi pour permettre aux siens et à leurs chevaux de boire au fleuve, car la chaleur était déjà lourde. Le récit oculaire de Joinville prend ici l'allure d'une chanson de geste : « Li Roys commanda à ses serjans que il alassent querre ses bons chevaliers que il avoit, entour li, de son conseil ; et les nomma touz par lour nom. Li serjant les alèrent querre en la bataille où li hutins (= la lutte) estoit grans d'aus et des Turs. Il vindrent au roy, et lour demanda conseil. » Tous furent d'avis de rétablir la liaison avec la réserve en rétrogradant vers le camp. « Et lors commanda li Roys au gonfanon-Saint-Denis et à ses banières qu'il se traisissent à main destre vers le flum. » En bon ordre, au bruit des trompettes, des timbales et des cors sarrasinois, l'armée capétienne repartit vers le Ba*h*r al-Saghîr.

Mais les Mamelûks se ruèrent aussitôt sur l'arrière-garde royale pour la couper de Louis IX. À peine celui-ci avait-il commencé son mouvement qu'il reçut des estafettes de son frère, le comte de Poitiers, et du comte de Flandre, qui, pressés par les Turcs et ne pouvant le suivre, le suppliaient, de s'arrêter. Après un nouveau conseil de guerre, on décida, malgré tout, de revenir à proximité du camp[124]. Mais alors survint le connétable Imbert de Beaujeu, porteur de graves nouvelles : le comte d'Artois était encerclé dans une maison de Mansûra, accablé sous le nombre, et on avait à peine le temps de le secourir. Louis IX commanda alors au connétable de courir au secours de son frère, lui-même se préparant à les suivre. Joinville qui se joignit noblement avec quatre autres chevaliers à Imbert de Beaujeu, partit avec eux pour Mansûra[125].

La vaillante petite troupe ne put aller bien loin... À peine s'était-elle éloignée qu'un « sergent à masse » appela le connétable, et « touz effraez », lui annonça que le roi ne pouvait les suivre, étant arrêté par une multitude de Turcs. « Nous nous retournâmes, écrit Joinville, et vîmes qu'il y avait bien mille et plus entre lui et nous et nous n'étions que six ! »[126]. Toutefois la folle audace de ces braves les sauva, car les Turcs, ne pouvant imaginer qu'ils appartinssent à l'armée chrétienne, les prirent pour un groupe des leurs.

À ce moment, Louis IX, malgré son héroïsme, était à deux doigts du désastre. « Tandis, poursuit Joinville, que nous revenions en aval sur la rive du fleuve, entre le ruisseau et le fleuve[127], nous vîmes que le roi était venu près du fleuve et que les Turcs ramenaient les autres corps de bataille du roi, frappant à grands coups de masse et d'épée ; et il rejetèrent sur le fleuve tous les autres corps avec le corps du roi. La déconfiture fut alors si grande que plusieurs de nos gens pensèrent repasser à la nage du côté du duc de Bourgogne (= vers le camp, sur la rive nord du Ba*h*r al-Saghîr), ce qu'ils ne purent faire, car les chevaux étaient fourbus, en sorte que nous voyions, pendant que nous venions en aval, que le fleuve étoit couvert de lances et d'écus, de chevaux et de gens qui se noyaient et périssaient[128]. » Cette fois encore l'héroïsme de Louis IX sauva l'armée de France. « Nous estiens trestuit perdu dès cette journée, se li cors le roy ne fust (= sans le roi en personne). Car li sire de Courtenay et mes sires Jehans de Saillenay me contèrent que sis Turc estoient venu au frain le (= du) Roy et l'emmenoient pris ; et il tous seuz s'en délivra, aus grans cos qu'il lour donna de s'espée. » La vaillance du roi-chevalier rendit du cœur aux siens. Plusieurs, nous dit Joinville, renonçant à fuir au nord du Ba*h*r al-Saghîr, se portèrent vers lui pour l'assister.

Joinville, lui, avec ses camarades de combat, s'était établi sur un « ruisseau », c'est-à-dire sur un canal secondaire parallèle au Ba*h*r al-Saghîr, au sud de ce dernier cours d'eau[129] ; il s'était imposé la tâche de défendre sur ledit « ruisseau » un petit pont dont la possession était indispensable aux mouvements de l'armée et par lequel les Mamelûks, s'ils s'en étaient rendus maîtres, auraient pu couper ou tourner le corps d'armée du roi. Tandis qu'il gardait ce passage, il vit refluer vers lui plusieurs des autres corps repoussés par l'ennemi, notamment celui du comte de Bretagne Pierre Mauclerc qui venait tout droit de Man*s*ûra. « Il était blessé d'un coup d'épée au visage, en sorte que le sang lui tombait dans la bouche. Il avait jeté ses rênes sur l'arçon de sa selle et le tenait à deux mains. » Le comte de Soissons, Jean II de Nesle, qui chevauchait à l'arrière-garde de l'escadron breton, était le cousin de Joinville. Celui-ci le réquisitionna pour assurer avec lui la défense du petit pont[130]. Dans cette garde terrible, parmi les cris de mort et les assauts de la cavalerie mamelûke, la pluie des flèches et du feu grégeois, les deux bons chevaliers plaisantaient, en évoquant les soirées de leur terre champenoise : « Li bon cuens de Soissons, en ce point là où nous estions, se moquoit à moy et me disoit : "Seneschaus, lessons huer ceste chiennaille ; que, par la Quoife Dieu (ainsi comme il juroit) encore en parlerons-nous, entre vous et moi, de ceste journée, ès chambres des dames ![131]."

Pendant ce temps, l'infanterie franque, les sergents à pied et les arbalétriers dont la présence eût été indispensable pour contrebattre les Mamelûks, étaient restés au camp, de l'autre côté du Ba*h*r al-Saghîr, au nord du fleuve qui, à peine guéable pour la cavalerie, demeurait infranchissable pour des piétons. Toute cette infanterie était réduite à contempler impuissante, de l'autre rive, le désastre de la chevalerie que l'obstacle du fleuve, maintenant défendu par des nuées d'archers musulmans, l'empêchait d'aller secourir. « Tuit braioient et plouroient et esrachoient leur cheveux et disoient : "Las, las, li roiz et si frères et toute leur compaignie sont tuit pardu !". Cependant la résistance obstinée de Louis IX donna à ces braves gens le temps d'entrer en scène. Joinville nous montre le connétable Imbert de Beaujeu le quittant pour aller chercher du renfort. Ce renfort, à l'heure où toute la chevalerie était sur le point de succomber, ce ne pouvait être que les compagnies d'arbalétriers restées en deçà du Ba*h*r al-Saghîr. Mais il fallait leur faire traverser le fleuve. Au prix de mille efforts, elles réussirent enfin à jeter dessus un pont de fortune. "Adont coururent la gent à pié et li communs pueples de l'ost hardiement et très hastivement au merrien (= aux pièces de bois), aus engynz, aus autres instruments de l'ost et coumancièrent à essaier se il porroient faire aucune voie par desuer cel pas par quoi il peussent passer pour aler aidier le Roi. Par grant painne et par granz travaux firent une voie de merrien (= un pont de bois) assez périlleuse par desuz le pas, car l'iaue estoit si roide par desouz et si parfonde et si périlleuse que nus n'i chéist qui tantost (= aussitôt) ne fust parduz[132]".

Enfin le pont fut terminé et "vers le soir, au soleil couchant", les arbalétriers de l'infanterie royale, conduits par le connétable Imbert de Beaujeu, apparurent sur le champ de bataille. Leur entrée en scène détermina le sort de la journée. "Quant li Sarrazin lour virent mettre pié en l'estrier des arbalestes, ils s'enfuirent et nous laissièrent[133]." Ils avaient perdu beaucoup plus d'hommes que l'armée franque et tous leurs efforts pour entamer la division du roi avaient échoué. Abandonnant à saint Louis leur ancien camp, ils se retirèrent sur la Mansûra.

Le roi de France, qui combattait depuis l'aurore, était épuisé mais tenait toujours. "Alors, écrit Joinville, le connétable me dit : Sénéchal, voilà qui est bien. Maintenant allez-vous-en vers le roi, et ne le quittez plus jusqu'à ce qu'il soit descendu dans sa tente. Pendant que nous nous y rendions, je lui fis ôter son heaume et lui baillai mon chapeau de fer, pour qu'il eût de l'air[134]."

Le soleil se couchait sur le Nil et ses canaux. Les Égyptiens étaient en retraite. L'armée du roi de France restait maîtresse du champ de bataille. Elle eut l'orgueil de dresser ses tentes près de l'ancien camp de Fakhr al-Dîn, trop fatiguée cependant pour profiter du butin. Ce furent les Bédouins qui vinrent piller les bagages de leurs coreligionnaires[135].

En somme, comme le remarque Joinville, la bataille de la Mansûra, commencée par l'indiscipline, la folle imprudence et le véritable suicide de l'avant-garde, se terminait, au soir de cette terrible journée, par une victoire. Victoire chèrement achetée, grosse de redoutables lendemains, victoire quand même. Et due à la valeur personnelle, au sang-froid et à l'héroïsme du roi de France. Le vice-maître de l'Hôpital, Jean de Ronay, qui vint en féliciter Louis IX "eut le triste privilège d'annoncer au roi la mort de son frère[136]". Il s'approcha du roi, nous dit Joinville, "et li besa la main tout armée". "Et il (le roi) li demanda se il savoit des nouvelles dou conte d'Artois, son frère. Et il (Jean de Ronay) li dist que il en savoit bien nouvelles, car estoient certeins que ses (= son) frère, li cuens d'Artois, estoit en paradis...". Ce fut alors que chez le roi-chevalier, chez le guerrier de fer qui avait tout un jour soutenu sans faiblir le choc de toute une armée, affronté sans émotion les plus redoutables périls, fait face aux situations les plus désespérées, l'homme se révéla. En vain Jean de Ronay essayait-il d'adoucir sa douleur par l'évocation de sa glorieuse victoire. Ce victorieux n'était plus qu'un pauvre homme en deuil qui pleurait son frère. "Hé, sire, dist le prévoz, vous en ayez bon réconfort ; car si granz honnours n'avint onques à roy de France, comme il vous est avenu. Car, pour combattre à vos ennemis, avez passei une rivière à nou (= à la nage), et les avez desconfiz et chaciez du champ et gaaingniés lour engins et lour herberges (= leur camp) où vous gerrez (= coucherez) encore en (cette) nuit !". Et li Roys respondi que Diex (= Dieu) en fust aourez (= adoré) de tout ce que il li donnoit ; et lors li chéoient les lermes des yex, mout grosses[137]. » Larmes du héros chrétien, de notre héros capétien au soir d'une victoire, – montées du cœur le plus tendre peut-être qu'ait connu ce siècle après François d'Assise.

Seconde victoire de Louis IX devant le Bahr al-Saghîr (11 février 1250).

Mais le roi de France n'avait le temps ni de s'attarder à pleurer ses morts, ni de savourer l'orgueil de coucher sur le champ de bataille[138]. Les lendemains s'annonçaient menaçants. L'armée égyptienne qui avait trouvé des chefs parmi les capitaines mamelûks entendait reprendre l'offensive. Dans la nuit même du 8 au 9 février, comme Joinville harassé et blessé prenait quelque repos dans la tente que ses gens avaient dressée près de la tente du roi, devant l'« artillerie » égyptienne conquise, il dut courir aux armes devant une attaque de la cavalerie turque. « Mes chevaliers me vinrent tout blessés. Je me levai et jetai une veste rembourrée sur mon dos et un chapeau de fer sur ma tête et nous repoussâmes les Sarrasins hors des engins jusque devant un gros corps de Turcs à cheval qui étaient tout contre les engins que nous avions pris. Je mandai au roi qu'il nous secourût, car ni moi ni mes chevaliers ne pouvions vêtir nos haubers, à cause des blessures que nous avions reçues... ». Louis IX fit dégager Joinville par Gaucher de Châtillon[139].

L'essentiel pour l'armée était de maintenir ses communications avec le camp chrétien, au nord du Bahr al-Saghîr et avec Damiette. Dès le lendemain 9 février Louis IX fit doubler le pont de fortune jeté sur cette rivière. « Le jor des Cendres, qui fu à landemain, coumanda li Roiz que l'en feist pont de nés (= de bateaux), si que l'en peust aler par deseure, par desuz le flun seurement et senz péril, et fist passer de nostre gent qui estoient par de là le flun et les fist logier delez lui... Ainsi li ponz fu bien atiriez et moult bien parfaiz de gran fuz et de gros merrien (= poutres et pièces de bois), si que l'en povoit aler seurement par deseure de l'une ost à l'autre (= du roi à l'ancien camp). » En même temps Louis IX se préoccupait de fortifier son nouveau camp au sud du Ba*h*r : « Et coumanda li Roiz que li XIV enginz (catapultes) qu'il avoient gaaingnié fussent despéciez (= démontées) et que l'en en feist bones lices (= enceinte) tot entor l'ost. »

Ces mesures défensives étaient sages. Dès le surlendemain – vendredi 11 février – la cavalerie mamelûke, l'infanterie égyptienne et les irréguliers bédouins se lançaient à l'assaut du camp français, les Mamelûks assaillant le nouveau camp sur la rive méridionale du Ba*h*r al-Saghîr, tandis que les Bédouins allaient harceler l'ancien camp, gardé par le duc de Bourgogne sur la rive septentrionale.

Ce fut, au témoignage des barons de Syrie, une des plus rudes batailles de l'histoire des Croisades. « Li Sarrazin vindrent à si grant planté de genz que toute la terre en estoit couverte. Il environnèrent les lices (= l'enceinte du camp) de toutes parz. Quant il aprouchièrent de nostre gent, si grant plantez traistrent de saietes (= flèches) et de quarriaux (d'arbalète) lancièrent que aucuns de cex qui là furent distrent que il n'avoient onques ausi espessement veu grésillier nul jour. En tant de manières espouvantables et orribles (ils) assaillirent noz genz que cil du païz (= les barons de Syrie) distrent qu'il n'avoient onques mès (= jamais) ès parties d'Outre-mer veu si cruelment assaillir. » Assaut incessamment renouvelé par de nouvelles vagues : « tantost comme les unz estoient las, li autres revenoient en leur leuz, qui estoient tuit frez et tuit nouvel. Il ne sembloit pas que il fussent homme, mais bestes sauvages et toutes enraigiées. »

Cette fois encore ce fut le roi de France qui donna à tous l'exemple du sang-froid et du courage inébranlé. Le manuscrit de Rothelin le qualifie ici, d'après les témoins oculaires, de roi sans peur et sans reproche : « Bien distrent aucuns qui en l'ost estoient que onques en cel bataille ne en toutes les autres qui devant avoient esté ne qui furent après, ne virent le roi faire nul mauvais semblant ne couart ne esbahi, et qu'il sembloit bien à sa chière (= à sa physionomie) que il n'eust en son cuer paour ne doutance ne esmoi[140]. »

Ce fut le roi qui rétablit personnellement la situation partout où elle était compromise. Le corps d'armée de Charles d'Anjou qui était le plus avancé en direction du sud (« sur la route du Caire ») se trouva un moment sur le point de succomber ; ce fut Louis IX qui le dégagea. « L'on dist au roy, écrit Joinville, le meschief où ses (= son) frères estoit. Quant il oy ce, il feri des esperons parmi les batailles (de) son frère, l'espée au poing, et se féri entre les Turs si avant que il empristrent la crouppière de son cheval de feu grégeois. Et par cele pointe que le roy fist, il secouri le roy de Sezile[141] et sa gent et en chassièrent les Turs de lour ost[142]. »

Les autres divisions de l'armée se défendirent elles-mêmes. Joinville les « cite » l'une après l'autre, en une énumération d'épopée – : Après le corps de Charles d'Anjou, venaient celui des barons de Syrie et de Chypre, commandé par Guy Ier d'Ibelin et son frère Baudouin II, deux fils du Vieux Sire de Beyrouth, qui étaient le premier connétable, le second sénéchal de Chypre[143] ; puis celui de Gautier de Châtillon. Ces deux corps d'armée, nous dit Joinville, présentèrent un front impénétrable qu'aucune charge turque ne put ébranler. Ensuite venaient les Templiers ou ce qui en restait après l'hécatombe de la Mansûra, sous leur grand maître Guillaume de Sonnac. Celui-ci s'était abrité derrière des palissades formées avec les débris des pierrières égyptiennes ; mais les Mamelûks incendièrent cette défense avec le feu grégeois et chargèrent les Templiers au milieu des flammes. Guillaume de Sonnac qui avait perdu un œil à la Mansûra perdit l'autre ce jour-là et mourut de cette nouvelle blessure ; derrière les Templiers, note Joinville, il y avait, levant de terre, comme une moisson de flèches – les flèches lancées sur eux par les Turcs. Après eux le front était tenu par Guy Mauvoisin, sire de Rosny, que les Turcs ne purent ébranler, mais, les Turcs l'ayant inondé de feu grégeois, ses compagnons eurent grand'peine à « l'éteindre ».

À partir du corps de Guy Mauvoisin, dit Joinville, l'enceinte du camp descendait vers le canal. De ce côté s'étendait le secteur du comte de Flandre Guillaume de Dampierre.

Comme les escadrons mamelûks chargeaient la division du comte, Joinville, qui tenait le secteur voisin, les fit prendre en flanc par un tir bien réglé d'arbalètes qui provoqua leur débandade ; les Flamands sortirent alors des retranchements pour une vigoureuse contre-attaque qui acheva dans ce secteur la déroute des Turcs. Notons là le rôle précieux joué par l'infanterie. Plus curieux encore est le cas d'Alphonse de Poitiers qui se trouvait encerclé et déjà prisonnier quand l'intervention des valets d'armée, voire des cantinières le délivra : « La bataille dou conte, li Turc desconfirent tout à net et enmenoient le conte de Poitiers pris. Quant li bouchier et li autre home de l'ost, et les femmes qui vendoient les danrées, oïrent ce, il levèrent le cri en l'ost, et, à l'aide de Dieu, il secoururent le comte et chacièrent de l'ost les Turs[144]. » Notons du reste que la plupart des barons avaient démonté leur chevalerie, de sorte que c'était contre un mur de chevaliers à pied que vinrent se briser les charges de la cavalerie mamelûke. Le récit de Joinville évoque ici par avance celui de la bataille des Pyramides[145]. Tel était le cas notamment pour Josserand de Brancion, oncle de Joinville, qui avait fait mettre pied à terre à ses compagnons, étant seul resté à cheval avec ses fils pour aller prendre à revers les Mamelûks quand ceux-ci devenaient trop agressifs. Malgré ces précautions le corps d'armée de Brancion n'échappa au désastre que parce que, de l'autre côté du Ba*h*r al-Saghîr, dans le camp du duc de Bourgogne, les arbalétriers du roi criblèrent les Mamelûks de leurs carreaux. Encore le sire de Brancion devait-il mourir des blessures reçues dans ce combat, conformément du reste au vœu qu'il avait formé, un jour qu'avec le comte de Chalon et Joinville il guerroyait contre des pillards allemands : « Seigneur, retire-moi de ces guerres entre chrétiens et octroie-moi de pouvoir mourir à ton service[146]. »

Cette armée de héros et de saints eut raison de la fougue de la cavalerie mamelûke. Au soir de la journée, les Musulmans, découragés et ayant de nouveau subi de lourdes pertes, battirent en retraite vers Man*s*ûra. L'admirable roi de France à qui, plus qu'à tout autre, était due la victoire manda alors ses barons auprès de lui et dans un noble discours exalta l'œuvre accomplie, remerciant Dieu du double honneur qu'il leur avait fait de s'emparer du camp égyptien, « là où nous sommes logié », et, ce vendredi, de repousser tous les assauts de l'ennemi, « nous à pié et il à cheval ! » Et mout d'autres beles paroles lour dist pour aus reconforter[147]. »

L'armée franque décimée par l'épidémie.

Il est donc très vrai que sur le terrain militaire, grâce à la vaillance et aux qualités de commandement de Louis IX, l'avantage restait aux Francs. Mais les vainqueurs du 8 et du 11 février n'allaient pas tarder à succomber sans nouvelle bataille, devant les difficultés de ravitaillement et les épidémies.

Dans le camp adverse, les Égyptiens avaient trouvé un chef. Au moment du décès du sultan al-Sâli*h* Aiyûb, son fils al-Mu*azz*am Tûran-shâh se trouvait à l'autre extrémité de l'empire aiyûbide, au Diyârbékir[148]. Il partit, au galop régulier d'un méhari et, après avoir fait une halte d'un mois à Damas où il prit le titre de sultan (7 janvier-1er février 1250), il arriva à la Man*s*ûra le 28 février. Sa présence (quelque médiocre qu'il se montrât aussitôt) acheva d'élever le moral des Égyptiens, déjà rétabli du reste depuis la défaite du comte d'Artois et la reprise en main de l'armée par Baîbars et les autres chefs mamelûks.

La sagesse commandait aux Francs de ne pas s'obstiner, de se retirer sur la côte, tandis qu'il en était temps encore. S'il leur fallait renoncer à la conquête du Caire, la possession de Damiette restait pour eux une excellente monnaie d'échange. Mais Louis IX crut que son devoir de soldat lui interdisait de battre en retraite. Faute analogue à celle qu'eût commise Napoléon s'il s'était obstiné à rester à Moscou après l'incendie. Pendant cinquante-cinq jours, du 11 février au 5 avril, l'armée se cramponna aux rives du Ba*h*r al-Saghîr, dans l'espoir, désormais vain, de recommencer l'attaque contre Man*s*ûra. Peut-être l'aurait-elle pu, mais durant cette longue immobilité une terrible épidémie, sortie des cadavres en décomposition dans le Ba*h*r al-Saghîr empuanti, décima les croisés. La dysenterie, la fièvre, l'enflure des muqueuses buccales affaiblissaient les survivants au point de les empêcher de combattre. Événement encore plus grave, les communications par eau avec Damiette furent coupées.

Jusque-là, les bateaux francs, restés maîtres du Nil, faisaient la navette entre Damiette et le Ba*h*r al-Saghîr pour ravitailler le corps expéditionnaire. Mais le sultan Tûrânshâh fit construire une escadrille de bateaux démontables qu'on transporta à dos de chameaux sur le cours inférieur du Nil, en aval de la bifurcation du Ba*h*r al-Saghîr. Cette flottille intercepta entièrement le ravitaillement envoyé de Damiette à l'armée franque Le 16 mars, d'après le *Collier de perles*, eut lieu près de Masjidal-Na*s*r un combat naval au cours duquel les Égyptiens enlevèrent un convoi de 32 navires francs remplis de blé et de provisions de toute sorte[149]. Plus de 80 galères chrétiennes – chiffre donné à la fois par Joinville et par Maqrîzî – chargées de vivres et qui tentaient de remonter le fleuve furent ainsi, les unes après les autres, capturées. Ce fut là – plus peut-être que la malheureuse chevauchée du comte d'Artois – le véritable désastre de la croisade française. Ne recevant plus de ravitaillement par eau et depuis longtemps encerclés du côté de la terre par l'armée égyptienne, les Francs se virent bientôt réduits à la plus cruelle famine. Cette famine, joignant ses effets à ceux de l'épidémie meurtrière qui les décimait, acheva d'abattre leur moral.

*La retraite du Ba*h*r al-Saghîr vers Damiette.*
Héroïsme de Louis IX.

Louis IX se résigna alors à battre en retraite. Il commença par ramener l'armée sur la rive septentrionale du Ba*h*r al-Saghîr, dans l'ancien camp toujours occupé par le duc de Bourgogne. Opération délicate, car à peine les têtes de colonne étaient-elles engagées sur le pont que les Égyptiens dirigèrent un assaut général contre le gros de l'armée. Mais le roi était resté avec celle-ci et, une fois de plus, sa ferme contenance sauva les siens. « Ni le roi ni sa gent ne bougèrent jusques à tant que tous les bagages furent portés outre, et alors le roi passa et son corps de bataille après lui, excepté Mgr Gautier de Châtillon qui fit l'arrière-garde[150]. » Cette arrière-garde, restée un moment encore dans un réduit fortifié sur la rive sud, faillit du reste périr, mais elle fut dégagée par Charles d'Anjou qui la ramena saine et sauve sur la rive nord[151]. Ce passage du Ba*h*r al-Saghîr par une armée en retraite, épuisée par la fièvre et la dysenterie, reste encore une opération tout à l'honneur du roi de France.

Mais c'était le dernier effort qu'on pouvait demander à la troupe. Louis IX ouvrit des négociations avec les Égyptiens. Comme le lui conseillaient sans doute les barons de Syrie, il proposa à Tûrân-shâh de restituer Damiette contre rétrocession de Jérusalem[152]. Proposition excellente et qui eût été accueillie avec empressement quelques mois plus tôt, surtout si on l'avait accompagnée d'une menace navale sur Alexandrie ; proposition qui eût encore pu être prise en considération, après la preuve de valeur que venait de donner Louis IX en retraversant le Ba*h*r al-Saghîr, si l'épidémie n'avait achevé d'abattre l'armée franque. Or le gouvernement égyptien n'ignorait rien de l'état sanitaire et de la détresse physique de celle-ci. Il la savait mourant de faim et de fièvre, décimée par le typhus. Tûrân-shâh et son entourage amusèrent donc leur interlocuteur par des réponses dilatoires. Le sultan n'avait aucun intérêt à traiter, même pas à combattre : le temps travaillait pour lui. Il n'avait qu'à attendre que la situation des Francs fût désespérée pour les acculer à une capitulation pure et simple. Les détails que donne Joinville sur l'état sanitaire de ses compagnons, leur effroyable détresse physique – dysenterie générale, maladies cutanées, muqueuses attaquées, gencives enflées – et la mortalité qui en résultait montrent que l'armée franque s'affaiblissait et fondait à vue d'œil. Les magnifiques soldats qui, la veille encore, avaient brisé tous les assauts des Mamelûks n'étaient plus qu'une troupe lamentable de typhiques et de moribonds.

Dans un suprême conseil de guerre, les fidèles de Louis IX lui proposèrent de se sauver, soit sur le Nil, à force de rames, soit par terre, sur un coursier rapide. « Aucunz des baronz vindrent au roi et li distrent priveément et conseillièrent que il montast sur le meilleur cheval que l'en porroit trouver en l'ost, et que il s'en alast au férir des esperonz par terre. Li autre disoient que il entrast en une galie bien armée et que il s'en alast à force de naigeeurs (= rameurs) contre val le flun, pour venir à sauveté à Damiete, se il povoit eschaper, car li remanenz (= le reste) estoit parduz. Li autre disoient que il emmenast touz ses frères ovec lui. » Le roi de France refusa avec indignation d'abandonner les siens. Il ferma la bouche aux barons. « Li Roiz et si frère leur retranchèrent tantost (= aussitôt) la parolle et distrent que ce ne feroient-il en nule manière, ainçoiz demorroient ovec elx, fust à mort, fust à vie ![153] » Cette union du Capétien et de son peuple, proclamée « à la vie et à la mort », dans la mauvaise comme dans la bonne fortune, ce chef qui entend rester avec les siens pour partager leur sort, la captivité et le massacre, quel plus bel exemple de grandeur humaine et royale ?

On décida alors la retraite générale vers Damiette, les malades par voie d'eau, en descendant le Nil, les hommes valides suivant par terre, le long de la rive droite (5 avril 1250). On espérait, en laissant le campement intact, donner le change aux Égyptiens. Mais, malgré l'ordre formel du roi, l'ingénieur Jocelin de Cornaut négligea de couper les cordes qui maintenaient le pont de bateaux du Ba*h*r al-Saghîr[154]. Aussi, à peine l'armée avait-elle quitté les bords de ce même Ba*h*r al-Saghîr, que tous les Mamelûks étaient à ses trousses. Leur cavalerie l'encerclait de tous côtés, la harcelant d'une pluie de flèches, cherchant à la rompre sous des charges furieuses. Mais, par un miracle de force morale, l'admirable roi de France, bien que grelottant de fièvre et épuisé par l'entérite, réussit à maintenir la discipline dans sa colonne qu'il conduisit, hérissée de piques, inentamée, résistant à toutes les charges avec un héroïsme qui surprit les Mamelûks eux-mêmes, jusqu'au canton de Shâramsâ*h*, à mi-chemin de Damiette. Cette retraite, on ne l'a pas assez remarqué, est une des plus belles pages de l'histoire militaire française au moyen âge. « Li Tur les grevant en toutes manières que il les povoient grever, et apetissoit li nombres des nostres et li Tur croissoient. Saietes (= flèches) aplouvoient ausint seur nostre gent, que leur escuz et leur targes et les arçonz de leur selles et leur armeures en estoient toutes couvertes... Li Roiz les reconfortoit et amonestoit de bien faire, si que il en estoient plus entalenté et encouraigiés d'elx deffandre. À tel meschief s'en alèrent tant qu'il vindrent prez de Damiete à cinq liues[155]. »

Louis IX terrassé par la maladie.
Trahison de Marcel et capitulation de l'armée.

Que l'armée franque, dans les conditions sanitaires où elle se trouvait, ait pu, grâce à lui, fournir une telle étape, est, répétons-le, un des plus beaux titres de gloire de Louis IX.

Mais le roi et les siens avaient dépassé la limite des forces humaines. « Le soir, [li roys] se pasma par plusours foiz, et pour la fort menuison que il avoit, li couvint coper le font de ses braies, toutes les foiz que il descendoit pour aler à chambre[156]. » L'armée avait presque atteint son but, l'avant-garde, comme l'atteste Maqrîzî, ayant même gagné Fâriskûr, quand la maladie triompha du roi et de l'armée[157]. L'héroïque Capétien chevauchait péniblement à l'arrière-garde, monté sur un petit roussin, avec pour compagnon et pour défenseur le vaillant Geoffroi de Sargines. « Geffroys de Sargines le deffendoit des Sarrazins, aussi comme li bons vallez deffent le hanap (= la coupe de) son signour des mouches. Car, toutes les foiz que li Sarrazin l'aprochoient, il prenoit son espié, que il avoit mis entre li et l'arçon de sa selle, et la metoit dessous s'essele et lor recouroit sus, et les chassoit en sus dou roy[158]. »

Les Musulmans qui ne pouvaient laisser la colonne atteindre Damiette, où elle eût été sauvée, opérèrent alors une attaque en masse. Ce fut le désastre final. Les Francs, épuisés d'inanition et d'entérite, tombaient par milliers sous le cimeterre. Le roi lui-même ne pouvant plus se tenir sur son cheval, Geoffroi de Sargines le conduisit, pour l'y cacher, dans la bourgade de Munyat Abû 'Abdallâh, canton de Shâramsâ*h*[159] ; « et le descendirent en une maison et le couchièrent au giron d'une bourjoise de Paris, aussi comme tout mort, et cuidoient que il ne deust jà veoir le soir. »

Les derniers coups d'épée furent donnés, dans ce même village de Munyat Abû 'Abdallâh où gisait le roi de France, par Gaucher de Châtillon qui défendit un moment le village à lui tout seul. Le passage de Joinville atteint ici le ton de nos plus belles chansons de geste. Gaucher de Châtillon s'était posté dans la rue principale « et passoit cele rue toute droite parmi le casel, si que on véoit les chans d'une part et d'autre. En cele rue estoit messires Gauchier de Chasteillon, l'espée au poing, toute nue. Quant il véoit que li Turc se metoient parmi cele rue, il lour couroit sus, l'espée au poing, et les flatoit (= rejetait) hors dou casel ; et au fuir que li Turc faisoient devant li, le couvrirent tuit de pilez (= de traits). Quant il les avoit chaciez hors dou casel, il se desflichoit de ces pylés (= il se débarrassait de ces traits) qu'il avoit sur li, et remetoit sa cote à armer desus li, et se dressoit sur ses estriers et estendoit les bras atout (= avec) l'espée, et crioit : "Chasteillon, chevalier ! où sont mi preudome ?" Quant il se retournoit et il véoit que li Turc estoit entrei par l'autre chief (= bout), il lor recouroit sus, l'espée au poing et les enchaçoit ; et ainsi fist par trois foiz en la manière desus dite[160] ». Ce ne fut qu'en voyant un Turc qui ramenait le cheval du héros, la croupière rouge de sang, que les prisonniers francs apprirent l'épilogue de ce prodigieux fait d'armes.

Dans le désarroi général, les barons syriens conservèrent leur sang-froid. Habitués aux tractations avec les princes musulmans, ils cherchèrent à obtenir de ceux-ci des conditions honorables. Un de leurs chefs, Philippe de Montfort, seigneur du Toron et de Tyr, se hâta, pendant que l'armée franque résistait encore, d'aller trouver le général égyptien le plus proche pour obtenir la paix contre la reddition de Damiette. La trêve était déjà conclue en ce sens, Montfort et l'émir ayant échangé leurs anneaux comme gage de leur foi, lorsque la trahison d'un simple sergent perdit l'armée. Ce sergent, nommé Marcel, peut-être soudoyé par certains chefs égyptiens, se présenta aux barons comme envoyé de Louis IX, pour les inviter à se rendre séance tenante et sans conditions. Croyant ainsi exécuter l'ordre du roi et sans doute lui sauver la vie, toute l'armée se rendit aussitôt (6 avril 1250). Méprise qui ne s'explique que par le désarroi général et surtout par l'absence de Louis IX, presque agonisant à Munyat Abû 'Abdallâh. Joinville l'atteste en effet : si le roi de France n'avait été terrassé par la maladie, il y aurait eu bien des chances pour que l'armée, déjà parvenue tout près de son but, entre Shâramsâh et Fâriskûr, ait pu atteindre Damiette[161].

La trahison de Marcel rendit inutiles les pourparlers de Philippe de Montfort avec les émirs égyptiens. En même temps la flottille franque qui descendait le Nil avec les malades et les blessés, voyait sa route interceptée par l'escadre égyptienne. Impuissants à forcer ce barrage, les navires francs furent tous capturés.

Les vainqueurs furent embarrassés eux-mêmes du nombre de leurs prisonniers. Ils s'en tirèrent à la vieille manière turco-mongole. Joinville, qui figurait parmi les blessés et les malades sur un des bateaux francs capturés par l'escadre ennemie, rapporte que tous les Francs qui se trouvaient trop affaiblis par la maladie pour pouvoir marcher étaient méthodiquement abattus et jetés au Nil[162]. Maqrîzî de son côté avoue que, sur l'ordre exprès du sultan Tûrân-shâh, on faisait chaque nuit sortir de prison, pour les décapiter, de trois à quatre cents prisonniers dont on jetait ensuite les cadavres au fleuve[163]. Louis IX lui-même fut un moment en danger. Il avait été conduit, chargé de chaînes, à Mansûra, où la maison du secrétaire du dîwân, Fakhr al-Dîn Loqmân, lui servit un instant de prison, sous la surveillance de l'eunuque Sabî al-Mu'azzamî. Dans l'ivresse de leur triomphe, les Égyptiens ne se contentaient plus de demander la reddition de Damiette. Ils exigeaient maintenant que Louis IX leur fît céder les possessions franques de Syrie. Le roi de France répondit qu'il n'avait aucun titre juridique pour disposer de l'ancien royaume de Jérusalem dont les débris, légalement, appartenaient toujours à l'empereur Frédéric II. Les officiers égyptiens menacèrent alors de mettre l'auguste prisonnier à la torture[164].

Ouvrons cependant ici une parenthèse pour remarquer le rôle que joua dans toute cette affaire le nom de Frédéric II. Ce fut sans doute le fait que la Syrie franque appartenait théoriquement à leur vieil allié Frédéric, qui empêcha les Égyptiens d'insister sur la rétrocession de Saint-Jean-d'Acre. La sympathie que suscitait l'islamophilie de l'empereur germanique était restée très vivace depuis 1229, comme l'atteste le récit de Joinville à qui plusieurs émirs égyptiens parlèrent de lui en termes pleins de respect. Ce fut d'ailleurs un Arabe de Sicile, « un Sarrazin qui estoit de la terre (de) l'empereour », qui sauva Joinville en se jetant à la nage dans le Nil pour venir le chercher dans son bateau menacé d'abordage, puis en le faisant sauter sur la proue d'une galère égyptienne et, une fois là, en lui faisant un rempart de son corps[165]. Quelques heures plus tard, la première question que posa à Joinville l'amiral égyptien fut pour savoir s'il était apparenté à Frédéric II ; et, sur la réponse affirmative de notre chroniqueur, « il me dist que de tant m'en amoit-il miex[166] ».

Hâtons-nous d'ajouter que, plus encore que l'ombre de Frédéric II, l'héroïque résistance de Louis IX empêcha les Musulmans d'abuser de leur victoire pour expulser les Francs de Syrie. En vain menaça-t-on de le faire mettre à la torture. « À ces menaces lour respondi li Roys que il estoit lour prisonniers et que il pouvoient faire de li lour volentei[167]. » Devant cette inébranlable douceur, le sultan Tûrân-shâh renonça à revendiquer la Syrie franque. Il fut entendu que le roi rendrait Damiette comme rançon pour lui-même et qu'il verserait 500 000 livres (tournois) – un million de besants d'or – pour la rançon de l'armée, laquelle, après les pertes causées par la guerre, les épidémies et le massacre des malades, est évaluée par le manuscrit de Rothelin à environ 12 000 hommes[168]. Le traité grevait d'une dette énorme les finances royales, mais il avait le mérite de laisser intact le territoire de la Syrie franque. Il allait recevoir son exécution quand une révolution grosse de conséquences vint en remettre en question les clauses et le principe, remettre même en question le salut du roi : la dynastie aiyûbide venait d'être renversée par ses propres mamelûks.

§ 2. — La révolution mamelouke.

Le sultan Tûrân-shâh et l'hostilité des Mamelûks[169].

Depuis Saladin, les sultans aiyûbides, comme, avant eux, les atâbeg sortis du démembrement de l'empire seljûqide, n'avaient cessé de recruter leur armée parmi les esclaves turcs achetés sur tous les marchés de la Transoxiane ou du Qiptshaq. Amenés jeunes à la cour des princes aiyûbides, ces soldats-nés qui avaient perdu tout lien avec leur patrie d'origine se vouaient avec d'autant plus d'ardeur au service de leurs nouveaux maîtres qu'ils y trouvaient honneur et profit. En récompense de sa fidélité et de sa bravoure, l'esclave d'hier devenait général, gouverneur de province, haut dignitaire à la cour du Caire, de Damas ou d'Alep.

Tant que la famille aiyûbide conserva l'énergie de ses origines kurdes, les Mamelûks furent entre ses mains de merveilleux instruments de règne. Ce fut grâce à eux que la dynastie de Saladin, d'al-'Adil et d'al-Kâmil conquit sur les Francs la supériorité militaire. Mais lorsque la dynastie aiyûbide se fut usée en luttes fratricides, quand les Mamelûks sentirent qu'ils étaient devenus indispensables comme arbitres entre les fils de leurs maîtres, leurs prétentions crûrent en même temps que leur importance politique. À partir du règne du sultan al-Sâli*h* Aiyûb (1240-1249), leur insolence ne connut plus de bornes. N'était-ce pas à eux, au complot par eux préparé contre le précédent sultan al-'Adil II, qu'al-Sâli*h* Aiyûb devait le trône[170] ? Aussi ce prince leur accorda-t-il une confiance sans limites. « Il avait réuni plus de mamelûks turcs qu'on ne l'avait fait jusque-là dans sa famille, remarque le *Collier de perles*. La plupart des émirs de l'armée étaient choisis parmi ces esclaves. Il constitua avec ces mamelûks turcs une garde du palais et donna aux soldats qui la composaient le nom de ba*h*rides[171]. » La récompense fut qu'aux heures tragiques de l'invasion française, quand al-Sâli*h* Aiyûb agonisant défendait pied à pied le sol du Delta, les Mamelûks songèrent à l'assassiner. Ils ne renoncèrent, on l'a vu, à leur projet qu'en s'apercevant que la maladie du sultan allait leur épargner cette peine[172]. Lorsque leur vaillance à la Man*s*ûra et l'énergie de leur chef Baîbars Bundukdârî eurent sauvé l'Égypte, vaincu les Francs et valu à l'Islâm un triomphe incomparable, leur insolence s'accrut encore.

Par malheur pour la dynastie aiyûbide ainsi menacée, Tûrân-shâh, le nouveau sultan qui arrivait de Mésopotamie pour régner au Caire, était un inconnu pour le peuple égyptien. Maqrîzî le décrit d'un mot, c'était un sot, et, qui pis est, un sot lettré. On lui avait fait étudier la jurisprudence, la dialectique, la théologie, etc., et au début son grand-père al-Kâmil prenait plaisir à encourager ces exercices, jusqu'au jour où le vieux sultan s'aperçut que la fréquentation des savants ne corrigeait chez le jeune homme ni sa lourdeur ni son absence de jugement[173]. Dès le début de son règne, il se montra maladroit. Il avait amené avec lui de la Jazîra des favoris auxquels il distribua toutes les places. Il nomma émir un bellâtre, ancien esclave, qu'il combla de fiefs et de gratifications. En faveur de cette camarilla, il dépossédait de leurs fiefs les mamelûks ba*h*rides, les redoutables prétoriens turcs qui avaient fait la fortune de son père. Il commit la folie de les menacer. « La nuit quand il était bien ivre, il faisait rassembler devant lui tous les flambeaux qu'il pouvait trouver et il les abattait à coups de sabre en criant : "Voilà comment je traiterai les mamelûks ba*h*rides", et en nommant chacun de ceux-ci par son nom »[174]. La colère des mamelûks grondait.

Pour comble de folie, il inquiéta la sultane douairière Shajar al-Dorr à l'appel de laquelle il devait cependant le trône, et lui fit réclamer avec menaces les biens qu'elle avait gardés du feu sultan. Shajar al-Dorr effrayée écrivit aux émirs mamelûks pour leur demander de la défendre. Dès lors la perte de Tûrân-shâh fut résolue[175].

Meurtre du sultan Tûrân-shâh :
La chasse à l'homme du 2 mai 1250[176].

Après la capitulation de l'armée franque et tandis que s'achevaient les pourparlers pour la rançon des captifs, Tûrân-shâh s'était installé à Fâriskûr afin de mieux surveiller Damiette dont la reddition n'était plus qu'une question de jours. Ce fut là que le 2 mai 1250, comme il venait de présider un repas offert aux émirs, les Ba*h*rides, sabre au clair, firent irruption dans sa tente. Le sultan, qui sortait du festin, para les premiers coups avec son sabre et fut blessé à la main (il eut plusieurs doigts tranchés). Celui qui l'atteignit le premier n'était autre que Baïbars, le vainqueur de la Mansûra. Le sultan se réfugia alors dans une tour de bois qui dominait le Nil. Les Mamelûks y mirent le feu. Il se jeta du haut de la tour et courut vers le fleuve dans l'espoir de se sauver sur une chaloupe amarrée au rivage. Une pluie de flèches l'empêcha d'atteindre l'embarcation. Il plongea alors dans le Nil, mais, quand il eut de l'eau jusqu'au cou, il revint sur la berge, suppliant qu'on le laissât retourner dans son petit fief du Diyârbekir. Pitoyable imploration ! « Je ne veux plus de l'empire, laissez-moi retourner à *His*n Kaîfâ. Ô Musulmans, n'y a-t-il donc parmi vous personne qui me défendra et me sauvera ? » « Toute l'armée était là, qui voyait ce spectacle lamentable, mais pas un homme ne bougea et les flèches pleuvaient de tous côtés sur le sultan... » Ou plutôt, sur la berge, Baïbars, pour toute réponse, lui asséna un coup de sabre qui le rejeta dans l'eau. Un second coup à l'épaule, pénétrant jusqu'à l'aisselle, découpa le bras. Le corps fut ensuite traîné dans l'eau à l'aide d'un harpon. Un homme monté sur un bateau, le harpon à la main, tira le cadavre, comme un poisson, sur le bord opposé. « Le corps resta abandonné trois jours sur le bord du fleuve, complètement tuméfié, sans que personne eût le courage de lui donner la sépulture. À la fin l'ambassadeur du khalife de Baghdâd demanda la permission de le faire[177]. »

Ce drame sauvage, digne des originelles barbaries, marque la fin de la dynastie de Saladin en Égypte. Il annonce aussi que l'ère aiyûbide est bien close. La glorieuse dynastie kurde, jusqu'au jour où, avec al-Sâli*h* Aiyûb, son sang fut contaminé d'un apport nègre, avait apporté sur les trônes de l'Orient un sentiment d'humanité, une courtoisie chevaleresque et aussi, dans la mesure des mœurs de l'époque, un esprit de relative tolérance qui contrastent avec le milieu. La hideuse chasse à l'homme du 2 mai 1250 annonce qu'à cette époque privilégiée va succéder le règne d'une soldatesque sauvage, sans frein ni loi. L'assassinat du dernier Aiyûbide sera suivie d'une longue suite d'assassinats officiels dont chaque général mamelûk sera tour à tour le bénéficiaire et la victime, car, une fois débarrassés de la légitimité aiyûbide, ces rois de hasard resteront incapables de fonder une dynastie véritable, et le meurtre deviendra entre eux, bien plus que l'hérédité, le chemin régulier du trône. Une ère de sang s'ouvre pour l'Islâm, qui le fera régresser jusqu'au temps de Sennachérib et d'Assourbanipal. C'est l'historien égyptien Maqrîzî qui constate que les Mamelûks vainqueurs « commirent de tels excès que les Francs eux-mêmes, s'ils l'avaient emporté, n'en auraient pas commis de semblables »[178].

La condotte victorieuse improvisa un gouvernement. Comme il fallait un semblant de légitimité, elle conféra la royauté à la veuve d'al-Sâli*h* Aiyûb, la khâtûn Shajar al-Dorr. Mais tout le pouvoir, avec le titre de chef de l'armée, fut confié à un ancien mamelûk de Sâli*h* Aiyûb, l'émir 'Izz al-Dîn Aibeg al-Turkomânî. Chef énergique et homme de gouvernement, comme tant de capitaines turcs, Aibeg, qui ne tarda pas à épouser la sultane Shajar al-Dorr, dirigea avec adresse les affaires égyptiennes, d'abord comme atâbeg de la sultane, puis comme sultan lui-même (31 juillet 1250)[179].

Les Mamelûks régicides devant Louis IX.

La révolution mamelouke faillit entraîner le massacre collectif des prisonniers francs. Joinville rapporte qu'après le meurtre de Tûrân-shâh, un des assassins, le mamelûk Aq*t*âi, « le poulain blanc » ou Ogho*t*ai, les mains encore toutes rouges du sang de son maître, vint trouver Louis IX dans sa prison : « Il vint au roy sa main toute ensanglantée, et li dist : "Que me donras-tu, que je t'ai occis ton ennemi ?" Et li roys ne li respondi onques rien. » Silence aussi éloquent d'héroïsme que les appels guerriers de tout à l'heure, silence royal où la majesté du saint monarque accable de son tranquille mépris la barbarie des hordes victorieuses ; sérénité devant les régicides, par laquelle le Capétien se montre plus grand encore que sur le champ de bataille[180]. – Trente autres mamelûks, le sabre au poing, escaladèrent le ponton où étaient gardés Joinville, le comte de Bretagne Pierre Mauclerc et les barons chypriotes, Baudouin II et Guy d'Ibelin[181]. Après avoir failli égorger les captifs, ils se contentèrent de les jeter à fond de cale.

De fait, les Mamelûks, encore tout chauds du meurtre de leur sultan, paraissent avoir songé à l'égorgement des captifs ; puis ils durent se raviser, en pensant qu'ils manqueraient ainsi l'occasion de se faire rendre Damiette, plus une énorme rançon. La cupidité l'emportant chez eux sur le goût du sang, ils renouvelèrent avec les deux frères Ibelin, Baudouin II et Guy, respectivement sénéchal et connétable de Chypre, et aussi avec le comte de Flandre et le comte de Soissons l'accord conclu par Louis IX avec le sultan assassiné[182]. Badr al-Dîn al-'Aînî ajoute que, du côté égyptien, les négociations furent conduites par l'émir *H*usâm al-Dîn ibn Abû 'Alî al-Hadabânî « qui avait acquis une grande influence auprès du roi de France[183]. » Finalement les Mamelûks déclarèrent que, pour la reddition de Damiette, ils ne libéreraient sur-le-champ que le roi et les barons ; quant au gros de l'armée franque qui avait été conduite en captivité au Caire, elle ne devait être relâchée qu'après paiement de la rançon, laquelle était ainsi échelonnée : 200 000 livres à payer séance tenante et 200 000 quand le roi serait arrivé à Acre[184].

Signalons la noble conduite du patriarche de Jérusalem, Robert, ancien évêque de Nantes. Ce vénérable prélat – il avait quatre-vingts ans – n'avait pas hésité à se rendre de Damiette au camp mamelûk pour hâter la conclusion de la paix. Mais comme le sauf-conduit qu'on lui remit portait encore le sceau de l'ancien sultan Tûrân-shâh, les Mamelûks en profitèrent pour faire subir au vieillard d'indignes traitements. « Ils le lièrent à une perche de tente, les mains derrière le dos ; si étroitement que les mains lui devinrent aussi enflées et aussi grosses que la tête et que le sang lui jaillissait sous les ongles[185]. »

Notons aussi ce que nous dit Joinville d'un renégat chrétien ; originaire de Provins, fixé en Égypte et devenu musulman depuis la croisade de Jean de Brienne et qui vint apporter à Louis IX prisonnier du lait et des fleurs « de la part de *Nasac* qui avait été soudan de Babylone[186]. » Faut-il voir là quelque tentative de prétendant aiyûbide pour amorcer une entente avec les Francs contre les Mamelûks ?

La garde de Damiette. Héroïsme de la reine de France.

L'accord si péniblement obtenu avait failli être rendu inutile par les événements de Damiette.

Quand Louis IX était parti avec l'armée pour Mansûra, sa femme la reine Marguerite de Provence, qui était enceinte, était restée à Damiette. Au moment où le roi fut capturé par les Mamelûks, elle mettait au monde un fils. Un vieux chevalier de quatre-vingts ans, serviteur dévoué de sa famille, l'assistait en ces terribles instants. Les Mamelûks pouvaient attaquer d'un moment à l'autre. Ce fut alors qu'eut lieu le dialogue cornélien rapporté par Joinville. « Avant qu'elle fust accouchie, elle fist vuidier hors toute sa chambre, fors que le chevalier et s'agenoilla devant li et li requist un don (= une promesse) ; et li chevaliers li otroia par son sairement. Et elle li dist : Je vous demant, fist-elle, par la foy que vous m'avez baillie, que, se li Sarrazin prennent ceste ville, que vous me copez la teste avant que il me preignent. » Et li chevaliers respondi « Soiés certeinne que je le ferai volentiers, car je l'avoie jà (= déjà) bien enpensei, que je vous occiroie avant qu'il nous eussent pris ![187] »

La malheureuse femme n'était pas au bout de ses angoisses. Depuis que l'armée royale avait quitté Damiette, la défense de la ville était principalement confiée aux marins italiens, Génois, Pisans et autres, dont l'escadre surveillait la côte. À la nouvelle de la capitulation de l'armée, ils résolurent d'évacuer la place. Or la possession de Damiette était la seule monnaie d'échange par laquelle on pût obtenir la délivrance de Louis IX. La menace de défection des marins équivalait à la perte de celui-ci. La reine de France fut admirable. C'était le lendemain même de ses couches. Elle fit appeler auprès de son lit les chefs de l'escadre et, dans une scène pathétique que nous rapporte Joinville, elle les ramena au sentiment du devoir. « L'endemain que elle fu acouchie, elle les manda touz devant son lit, si que la chambre fu toute pleinne, et lour dist : "Signour, pour Dieu merci, ne laissiés pas ceste ville, car vous véés que mes sires li Roys seroit perdus et tuit cil qui sont pris, se elle estoit perdue. Et si ne vous plait, si vous preigne pitié de ceste chiétive qui çi gist, que vous atendés tant (= jusqu'à ce) que je soie relevée." Finalement il ne s'agissait que d'un chantage. Les marins voulaient être entretenus aux frais de la reine. L'énergique femme fit aussitôt acheter pour eux toutes les denrées qu'elle put trouver dans Damiette – 360 000 livres, dit Joinville – et la ville fut sauvée[188].

Reddition de Damiette. Avarice des Templiers.
« Je ferai de cette cognée la clé du roi ! »

Conformément aux accords conclus par Louis IX avec les Mamelûks, Geoffroi de Sargines se rendit le 6 mai au matin à Damiette et en fit opérer la reddition. Mais une fois en possession de la place, les Mamelûks commencèrent à violer leur serment en égorgeant tous les malades de l'armée franque qu'ils y trouvèrent. Les émirs mirent même en délibération le massacre du roi et de tous les prisonniers. « Nostre mors fu presque acordée », note Joinville. Puis, de nouveau, les émirs se ravisèrent. L'appât des monceaux d'or promis pour la rançon sauva les captifs. Il suffit de comparer le texte poignant de Joinville[189] à ce que l'*Éracles* nous a rapporté de la conduite chevaleresque de Saladin après *Hattîn*, pour mesurer l'effroyable régression produite par le détrônement des Aiyûbides et la révolution mamelouke.

Le 6 mai, dans la soirée, Louis IX fut donc remis en liberté avec plusieurs des principaux barons. Au dernier moment la délivrance des autres faillit être compromise car les gens du roi ne purent trouver les dernières 30 000 livres de la rançon.

Faute de ce versement, les Mamelûks refusaient de relâcher Alphonse de Poitiers. C'était le samedi 8 mai. Joinville conseilla d'emprunter l'argent aux Templiers, puisque l'Ordre faisait ouvertement la banque et avait apporté en Égypte même de solides capitaux. Louis IX manda donc le commandeur du Temple, Étienne d'Otricourt, et le maréchal de l'Ordre, Renaud de Vichiers (le grand maître, Guillaume de Sonnac, avait été tué à la Mansûra), et sollicita d'eux une avance. Les deux dignitaires refusèrent formellement, sous prétexte que l'argent qu'ils avaient en banque n'était qu'un dépôt de tiers, dont ils n'avaient pas le droit de disposer. Le prétexte était peut-être valable en droit pur. Il paraissait étrange dans les circonstances où on se trouvait et étant donné que les Templiers pouvaient toujours sur leurs énormes capitaux de Syrie rembourser les déposants.

Pour respectueux que Louis IX fût du droit, pour dévoué qu'il restât aux Ordres religieux, il fut suffoqué par le *non possumus* des chevaliers-banquiers. Mandaté par lui, Joinville se rendit dans la maîtresse galère du Temple où se trouvaient les caisses de l'Ordre. « Si tost comme je fu là où li trésors estoit, je demandai au trésorier dou Temple que il me baillast les clez d'une huche qui estoit devant moy. Et il dist que il ne m'en bailleroit nulles. Et je regardai une coignie (= une cognée) qui gisoit ilec ; si la levai et dis que je (= j'en) feroie la clef le (= du) roy ! » Ce langage direct convainquit les durs Templiers. Joinville n'eut pas à transformer la cognée en « clé du roi. » Le maréchal du Temple céda. « Il me prist par le poing et me dist : "Sire, nous véons bien que c'est force que vous nous faites, et nous vous ferons baillier les clefs !" Joinville put enfin puiser dans le coffre les sommes nécessaires. « Quant nous venimes vers la galie le (= du) roy, je commençai à huchier (= crier) au roy : "Sire, sire, esgardés comme je sui garniz !" Et li sainz hom me vit mout volentiers et mout liément (= avec grande joie) »[190].

Grâce à cet emprunt forcé à la banque du Temple, les 200 000 livres immédiatement exigibles de la rançon purent être intégralement versées. Louis IX put s'embarquer le 8 mai 1250 sur un navire génois. Le 13 il aborda à Saint-Jean-d'Acre.

§ 3. — Louis IX en Syrie.

Arrivée de Louis IX à Saint-Jean-d'Acre.

Le roi de France reçut à Acre l'accueil le plus émouvant. « Tuit cil de la cité alèrent encontre (= à la rencontre) le roi à grant procession. Li clerc estoient revestu sollempnement et portoient filliatières et croiz et eve beneoite et encenssiers. Li chevalier, li borjoiz, li serjant, les dames, les pucelles, et toutes les autres genz estoient plus bèlement vestuz que il povoient. Toutes les cloiches de la ville sonnoient et avoient jà sonné toute jour de si loing come il le porent aparcevoir premièrement en la mer. Mout honorablement alèrent encontre lui jusques au port où il ariva. Tout droit le menèrent, lui et les autres qui avecques lui estoient, à la mestre esglyze de la cité. Assez i ot à cele foiz de lermes plorées de joie et de pitié de ce que li roiz et ses frères et ceux qui ovec lui estoient furent délivré de la grant meschéance qui estoit avenue à la Crestienté. Aprèz ce, il emmenèrent le roi à son ostel ; tuit li haut homme de la cité li firent moult biaux présenz, granz et précieus[191]. »

L'accueil fait par les Francs de Saint-Jean-d'Acre au roi de France s'explique assez. Le désastre de Shâramsâ*h* plaçait la Syrie franque dans une situation tragique. Non seulement la grande armée de secours venue de France avait été prise et détruite, mais, avec elle, le meilleur de la chevalerie syrienne et chypriote, les contingents des Ibelin et de Philippe de Montfort, les bataillons des Templiers et des Hospitaliers avaient été cruellement décimés. « Tuit li grant home et presque tuit li mellor estoient mort en la grant guerre d'Égypte ; par quoi li Crestien estoient en si faible estat, si chaitiz et si piteuz et si douloureux que cil qui demouré estoient n'avoient povoir de la terre tenir ne deffandre[192]. »

Devant l'Islam enorgueilli de sa victoire, que pouvait la Syrie chrétienne ? Des bandes turcomanes ravageaient la terre d'Antioche, les barons de Tripoli s'étaient fait battre, la ville de Sidon allait être surprise par les Damasquins. Restait, il est vrai, la protection lointaine de l'empereur Frédéric II et de son fils Conrad IV, toujours roi titulaire de Jérusalem. Et, de fait, Frédéric II venait d'envoyer au Levant des messagers officiellement chargés d'obtenir la délivrance de Louis IX et des Français. Mais le Hohenstauffen devait rester jusqu'au bout (il ne mourra qu'en décembre 1250) l'allié des Égyptiens. Sa position paraissait si équivoque que Joinville se demande si les émissaires impériaux n'étaient pas porteurs d'instructions secrètes pour brouiller les cartes et accroître les difficultés des Français. « Car l'on cuidoit que li Emperes eust envoié ses messaiges plus pour nous encombrer que pour nous délivrer[193]. » Enfin les colonies franques de Syrie étaient encore épuisées par les récentes guerres civiles. En 1249 notamment la ville d'Acre avait été dévastée par une guerre de rues entre Pisans et Génois, guerre qui avait duré trente-deux jours et qui, en raison des pierrières et catapultes mises en batterie par les deux partis, avait abattu un grand nombre de maisons[194].

Prolongation du séjour de Louis IX en Syrie.

Dans ces conditions la seule garantie de salut pour la Syrie franque résidait dans la présence de Louis IX en Syrie. Que le roi rentrât en France, comme l'y invitait à ce moment même la régente Blanche de Castille et comme le lui conseillaient la plupart de ses barons, le royaume d'Acre risquait d'être balayé par les Mamelûks ; pis encore, les derniers prisonniers de Shâramsâ*h* – ils étaient encore près de 14 000 – passeraient leur vie dans les prisons du Caire. On comprend la gravité du dilemme soumis à la conscience du roi. S'il restait en Syrie, sa mère lui faisait savoir que les Anglais en profiteraient pour attaquer le royaume. S'il quittait la Syrie, les chrétiens seraient balayés par les Mamelûks.

Joinville nous fait assister au conseil réuni autour du roi pour délibérer de la question (26 juin 1250)[195]. D'abord les graves paroles du roi : « Signour, ma dame la royne ma mère m'a mandei et prié, tant comme elle puet, que je m'en voise en France, car mes royaumes est en grant péril, car je n'ai ne paiz ne trêves au roy d'Angleterre. Cil de ceste terre (les barons de Syrie) à cui j'en ai parlé m'ont dit que, se je m'en voi, ceste terre est perdue car il s'en venront tuit après moy, pour ce que nulz n'i osera demourer à (= avec) si pou de gent ». À la question ainsi posée, une partie des barons français répondirent comme Guy Mauvoisin en faisant remarquer la fonte des effectifs (sur 2 800 chevaliers français débarqués l'année précédente en Chypre, il n'en restait pas cent) et en conseillant, dans ces conditions, de rentrer en France, quitte à y lever une nouvelle croisade. Tel fut également l'avis de Charles d'Anjou, d'Alphonse de Poitiers et du comte de Flandre Guillaume de Dampierre. Consulté à son tour, Jean d'Ibelin, comte de Jaffa, s'excusa chevaleresquement : son fief était sur les marches musulmanes et son avis eût paru intéressé.

Ce fut alors que Joinville, qui pouvait parler librement sans être accusé de songer à son intérêt personnel, prit la parole pour supplier le roi de ne pas abandonner la Syrie. « Par sa demourée (du roi) seront délivréi li povre prisonnier qui ont estéi pris au service (de) Dieu ou au sien, qui jamais n'en istront, se li Roys s'en va. » C'était prendre les barons par le point sensible car, dit Joinville, il n'y avait aucun d'eux qui n'eût des parents dans les prisons du Caire. – Quant aux effectifs, il suffirait, pour les reconstituer séance tenante, de faire appel à la chevalerie française de Morée : « si envoit li roys querre chevaliers en la Morée et outre-mer ; et quant l'on orra nouvelle que (il) donne bien et largement, chevalier li venront de toutes parts[196]. » Malgré l'adresse de cet exposé, la plupart des barons, en fin de séance, opinèrent pour le retour immédiat en France. Joinville fut vivement apostrophé : « Est fous li roys, se il vous croit contre tout le conseil dou royaume de France ! »

« Plutôt poulain que roussin fourbu ! »

Louis IX, avec ce sentiment du devoir qui faisait le fond de sa personne morale, préféra l'avis de Joinville à celui de ses autres conseillers. Il avait entendu la supplication muette des chevaliers syriens – les Poulains, comme les appelaient avec quelque mépris les Français de France : « On appelle les païsans dou païs *poulains* », écrit à ce propos Joinville qui reçut pour sa défense des intérêts syriens le même surnom : « Mes sires Pierre d'Avalon, qui demouroit à Sur (Tyr), oy dire que on me appeloit poulain, pour ce que j'avoie conseillié au roy sa demourée avecques les Poulains. » À quoi Joinville répondit « que j'amoie miex estre poulains que roncins recreus (= que roussin fourbu), aussi comme il estoient[197]. »

Ce que, sous ce méprisant jeu de mots, dénonce ici le bon chevalier, ce contre quoi s'insurgea à son exemple la droiture de saint Louis, c'est la défaillance habituelle de l'esprit croisé qui, après avoir, par aveugle jactance, périodiquement entraîné les colonies franques à la catastrophe, tombait vite dans le défaitisme ; la folle chevauchée se terminait, comme dit Joinville, en dérobade de roussin fourbu.

Dans la magnifique, ferme et royale allocution que le 3 juillet Louis IX prononça à ce sujet devant ses barons et dont Joinville nous a conservé l'esprit, éclatent ces vérités. « Je me sui avisiez que, se je demeur, je n'i voy point de péril que mes royaumes se perde, car ma dame la royne a bien gent pour la deffendre. Et ai regardei aussi que li baron de cest païs (les Francs de Syrie) dient, se je m'en vai, que li royaumes de Jérusalem est perdus. Si (= aussi) ai regardei que à nul fuer (= à aucun prix) je ne lairoie (= je ne laisserai) le royaume de Jérusalem perdre, lequel je sui venuz por garder et pour conquerre. » Au reste, Louis IX n'obligeait aucun des siens à rester, puisque ses frères Charles d'Anjou et Alphonse de Poitiers furent les premiers à se rembarquer, mais il prit à sa solde tous ceux qui, comme Joinville, voulurent bien se joindre à lui. Et dans une lettre admirable aux barons restés en France, il les invitait à se croiser à leur tour et à venir le rejoindre en Syrie[198].

Louis IX resta quatre ans en Syrie, exactement du 13 mai 1250 au 24 avril 1254. Durant ces quatre années, il fut, sinon en droit, du moins en fait, du consentement unanime des barons syriens, le véritable souverain du royaume de Jérusalem. Instruit par l'expérience, il pratiqua une politique de « poulain », patiente, méthodique, ne négligeant aucune des occasions que présentait le milieu musulman. Précisément les luttes provoquées dans l'ancien empire aiyûbide par la révolution mamelouke étaient si âpres que, pour les Francs, la manœuvre redevenait possible.

Réaction du légitimisme aiyûbide contre les Mamelûks.
al-Nâsir Yûsuf, roi de la Syrie musulmane.

Dès que les Mamelûks ba*h*rides, conduits par leurs chefs Aibeg, Baîbars et Aq*t*âi, eurent renversé dans la vallée du Nil l'autorité de la dynastie aiyûbide, ils sollicitèrent l'adhésion de la Syrie musulmane. Mais la Syrie, où l'attachement à la famille de Saladin et d'al-'Adil restait très vivace, refusa de reconnaître le fait accompli. Plutôt que de s'incliner devant l'autorité d'Aibeg, les Mamelûks de Damas, qui appartenaient pour la plupart aux formations qaîmarides, invitèrent le malik aiyûbide d'Alep, al-Nâsir Yûsuf, à venir prendre possession de leur ville[199]. Appel du plus pur légitimisme : al-Nâsir Yûsuf était, en ligne directe, l'arrière-petit-fils de Saladin[200]. Le malik d'Alep fit son entrée à Damas (9 juillet 1250). La Syrie aiyûbide se trouva ainsi unifiée, et le nouveau pouvoir, appuyé sur le légitimisme saladinien et sur la fidélité des troupes qaîmarides que tous leurs intérêts opposaient aux mamelûks ba*h*rides, parut de taille non seulement à résister à ces derniers, mais à écraser leur révolte et à ramener l'Égypte dans l'obéissance. Nul doute qu'à ce moment au Caire, Aibeg et les autres auteurs du coup d'État mamelûk n'aient senti leur situation singulièrement compromise. La preuve en est que ce fut précisément alors que, pour donner satisfaction au sentiment légitimiste, les chefs mamelûks éprouvèrent le besoin d'inventer pour quelques mois un fantôme de sultan aiyûbide, emprunté à la branche yéménite et au nom duquel Aibeg affecta pendant quatre ans de gouverner (août 1250).

L'opinion arabe favorisait ouvertement la restauration aiyûbide incarnée dans al-Nâsir Yûsuf. Les troupes de ce dernier occupèrent sans combat Gaza, la clé du Delta, abandonnée par sa garnison égyptienne. À cette nouvelle l'inquiétude au Caire fut telle qu'Aibeg, pour trouver une couverture à son usurpation, proclama l'Égypte possession du khalife de Baghdâd[201]. Ce ne fut qu'après cette adroite parade juridique qu'il envoya en Philistie deux mille cavaliers mamelûks commandés par Fâras al-Dîn Aq*t*âi qui réoccupèrent Gaza (octobre 1250)[202].

La bataille de 'Abbâsa et ses conséquences : rivalité de la Syrie aiyûbide et de l'Égypte mamelûke.

Ce n'étaient là que des escarmouches. Le 11 décembre 1250, la grande armée syrienne aiyûbide quittait Damas, pour aller reconquérir l'Égypte sur la soldatesque turque. Autour d'al-Nâsir Yûsuf, sultan d'Alep et de Damas, presque tous les autres princes aiyûbides s'étaient groupés. L'illustre dynastie semblait à la veille de couper court, comme à un cauchemar sans lendemain, à l'étrange aventure d'une domination de sultans-esclaves. De fait, l'armée syrienne traversa le désert sinaïtique, pénétra en Égypte à hauteur de l'actuel Ismâ'îliya et, marchant droit sur le Caire, atteignit al-'Abbâsa, localité qui était alors une des premières villes égyptiennes sur la route de la Syrie, à l'entrée du Wâdî Tûmîlât dans le Delta[203]. Ce fut là, le 2 février 1251, que se livra la bataille qui décida du sort de l'Égypte. Dans la première partie de l'action, dans la matinée, les Syriens furent vainqueurs. L'aile gauche des Mamelûks fut rompue et leurs fuyards coururent jusqu'au Caire où l'on s'empressa aussitôt de rétablir la khurba au nom d'al-Nâsir. Cependant Aibeg, avec son centre et son aile droite, tenait bon. Tout à coup, dans les rangs des Syriens, une défection se produisit. Leur armée, parmi les escadrons venus de Damas, comptait tout un corps de mamelûks turcs appelés les 'Azîziens, du nom d'un ancien sultan qui les avait enrôlés. L'appel du sang turc et le goût de la libre aventure parlant en eux plus fort que le loyalisme aiyûbide, ils abandonnèrent les drapeaux d'al-Nâsir pour aller rejoindre leurs frères bahrides. Cette défection rendit l'avantage aux soldats d'Aibeg qui, dans l'après-midi du même jour, remportèrent une victoire complète. Le sultan al-Nâsir était, du reste, personnellement responsable de son échec. Cet Aiyûbide de décadence était resté en seconde ligne, évitant de se mêler à l'action ; puis, devant la charge des Bahrides, il avait pris la fuite, laissant l'armée sans ordres et sans chef[204].

Aibeg, après cette victoire inespérée, fit au Caire une rentrée triomphale (5 février 1251). Il traînait derrière lui plusieurs princes aiyûbides prisonniers. Il fit exécuter quelques-uns d'entre eux et garda les autres dans une étroite captivité comme otages pour la suite.

La bataille de 'Abbâsa est une des plus importantes de l'histoire arabe. On peut dire qu'elle trancha pour deux siècles et demi le sort de l'Égypte. De 1251 à 1517 la vallée du Nil va appartenir aux régiments de soldats-esclaves, Turcs d'abord, Tcherkesses ensuite, dont les chefs se disputeront le pouvoir par les révolutions de caserne et l'assassinat. Pendant tout ce temps l'Égypte sera très exactement possédée par une armée. Domination de soudards, ne vivant que pour la guerre, la conquête, le pillage. Aucun voisinage ne devait à la longue être plus dangereux pour la Syrie franque, les brutaux Mamelûks ne pouvant avoir pour les colonies chrétiennes l'esprit de tolérance et la haute courtoisie d'un Saladin, d'un al-'Adil, d'un al-Kâmil.

*Avantages, pour les Francs,
de la lutte entre Aiyûbides et Mamelûks.*

Pour le moment toutefois, le malik aiyûbide al-Nâsir Yûsuf, malgré sa défaite, conservait la Syrie musulmane, avec Alep, Damas et Jérusalem ; et, à condition que ce royaume musulman de Syrie pût durer, séparé, comme il l'était, du sultanat mamelûk d'Égypte par une haine mortelle, la révolution mamelouke pouvait présenter des avantages immédiats pour les Francs. De nouveau l'Islam syro-égyptien se trouvait divisé. Entre les deux partis les Francs pouvaient manœuvrer.

Dès son arrivée à Acre, Louis IX avait commencé à ressentir le bénéfice de cette situation. Tout d'abord le péril que faisait peser sur le jeune pouvoir mamelûk la menace d'une reconquête aiyûbide permit au roi de France de parler haut à la cour du Caire. Une fois Louis IX parti d'Égypte, les Mamelûks avaient violé tous leurs serments ; ils maltraitaient les 12 000 prisonniers francs encore irrédimés, dont plusieurs périrent, victimes des fantaisies sanguinaires de leurs geôliers[205]. Louis IX envoya à deux reprises comme ambassadeur en Égypte Jean de Valenciennes, chargé de protester contre l'inexécution du traité. Il obtint d'abord la délivrance de Guillaume de Châteauneuf, grand maître de l'Hôpital, avec 25 Hospitaliers, 15 Templiers, 10 Teutoniques, 100 chevaliers et 600 autres captifs. Un peu plus tard il obtint encore la liberté de 90 chevaliers et de 2 200 autres captifs, contre libération de 300 Musulmans, prisonniers dans la Syrie franque. Tels sont du moins les chiffres donnés par le manuscrit de Rothelin[206]. Joinville se contente de dire qu'après les ambassades de Jean de Valenciennes Louis IX finit par obtenir à la longue et par groupes successifs la libération de tous les chevaliers captifs[207]. Les relations s'amélioraient donc entre Louis IX et le dictateur mamelûk Aibeg. Ce dernier joignit même à son dernier envoi de prisonniers un éléphant et un zèbre, cadeaux personnels destinés au roi[208].

*La manœuvre diplomatique de Louis IX :
alliance aiyûbide ou alliance mamelouke ?*

Ces avances s'expliquent. Si les Mamelûks tenaient tant à plaire au roi, c'était pour neutraliser l'action de la cour aiyûbide d'Alep-Damas qui cherchait à obtenir son alliance contre eux. Au témoignage de Joinville, Louis IX venait à peine de s'installer à Acre que le maître de la Syrie aiyûbide, al-Nâsir Yûsuf lui envoya une ambassade avec les plus intéressantes propositions. « Tandis que li Roys estoit en Acre, envoia li soudans de Damas ses messaiges au Roy, et se plainst mout à li des amiraus (= émirs) de Égypte, qui avoient son cousin le soudanc (= Tûrân-shâh) tuéi ; et promist au Roy que, se il vouloit aidier, que il li deliverroit le royaume de Jérusalem qui estoit en sa main. »

En somme, la rétrocession de Jérusalem, but de toute croisade et qu'on avait manqué l'occasion d'obtenir en temps utile contre remise de Damiette, pouvait maintenant être acquise moyennant une collaboration franco-damasquine organisée contre les Mamelûks en vue d'une restauration aiyûbide sur le trône d'Égypte.

Malheureusement Louis IX n'avait pas les mains libres pour accueillir franchement une offre aussi intéressante. Le sort des prisonniers francs encore détenus dans les geôles égyptiennes lui interdisait toute action trop énergique contre la cour du Caire, action dont les malheureux captifs eussent été les premières victimes. Le roi de France, d'ailleurs, se garda de rejeter les propositions aiyûbides. Il envoya une ambassade à la cour de Damas avec, comme interprète, un dominicain expert en langue arabe, nommé Yves le Breton[209]. Avec une franchise non exempte d'habileté, cette ambassade fit savoir à Malik al-Nâsir que, comme lui, le roi de France avait gravement à se plaindre du gouvernement égyptien qui n'exécutait pas les engagements conclus au sujet des prisonniers ; les envoyés ajoutaient que, si la cour du Caire ne donnait pas satisfaction aux plaintes du roi, celui-ci n'hésiterait plus à s'allier à al-Nâsir pour venger l'assassinat de Tûrânshâh et restaurer les Aiyûbides en Égypte[210].

L'habile diplomatie de Louis IX : libération des prisonniers.

En même temps, comme nous l'avons annoncé, Louis IX envoyait ou renvoyait Jean de Valenciennes au Caire pour inviter le gouvernement d'Aibeg à relâcher les prisonniers francs[211]. La démarche, à cette heure, prenait presque l'allure d'un ultimatum. Fort de la division provoquée dans le monde musulman par la rupture égypto-aiyûbide, le roi de France pouvait maintenant jouer sur les deux tableaux. Il se retrouvait en mesure de parler ferme. C'est ce que comprirent Aibeg et les autres chefs mamelûks, car leur ton, soudain, baissa. Aux réclamations de Louis IX, ils se déclarèrent prêts à libérer les derniers prisonniers, à condition, seulement, que le roi renonçât à l'idée de l'alliance aiyûbide. Contre la simple promesse du roi de ne pas s'associer à une tentative de restauration aiyûbide, ils relâchèrent d'un seul coup, nous dit le manuscrit de Rothelin, « très tuit li Crestien qui estoit en chetivoisonz (= captivité) par toutes les forteresces à celx d'Égypte, et quita li noviaus soudanc (d'Égypte) au roi quatre mile besanz sarrazinois qu'il disoit que li roiz li devoit de sa raençon[212] ». Clause qu'on n'avait vue dans aucune des trêves antérieures, les prisonniers francs qui avaient été contraints d'embrasser l'islamisme eurent eux-mêmes la permission de rentrer chez eux. Comme on le voit, Louis IX avait su parfaitement manœuvrer en mettant à profit les divisions des Musulmans.

L'alliance franco-mamelouke de 1252.
Promesse de restitution de Jérusalem à Louis IX.

Il chercha à faire mieux encore, puisqu'il se fit promettre par les Mamelûks, si ceux-ci s'emparaient de la Syrie musulmane, la rétrocession de Jérusalem à la chrétienté[213].

Ces promesses ne devaient être jamais tenues, les Mamelûks d'Égypte ne s'étant pas emparés en temps utile de la Syrie aiyûbide. Faut-il en faire grief à Louis IX ? Et faut-il lui reprocher d'avoir penché pour l'alliance mamelûke plutôt que pour l'alliance aiyûbide ? Remarquons honnêtement qu'il n'avait pas eu le libre choix. Les quelque douze mille prisonniers francs restés en Égypte avaient constitué entre les mains des Mamelûks un gage, un moyen de chantage qu'il ne pouvait négliger. Sans doute le roi d'Alep-Damas possédait Jérusalem. Mais cet Aiyûbide dégénéré était en train de prouver son incapacité : sa conduite à 'Abbâsa avait été lamentable. En misant sur cette autorité branlante, Louis IX eût recommencé la faute d'octobre 1244, aboutissant à quelque nouveau désastre de Gaza. Tranchons net. La révolution mamelûke représentait forcément à ses yeux l'anarchie, propice aux récupérations franques, tandis que la restauration aiyûbide ne pouvait qu'évoquer pour lui la redoutable puissance qui, tant de fois, avait vaincu les chrétiens. Qui aurait pu prévoir que de cette anarchie allait sortir Baîbars ? La sagesse diplomatique, il faut bien le reconnaître, conseillait au roi de France de prolonger la révolution mamelûke, comme, six siècles plus tard, elle devait conseiller aux Anglo-Indiens de prolonger l'apparente anarchie russe de 1919. Un impossible instinct de divination eût seul pu faire pressentir que la révolution mamelûke portait en ses flancs la mort de la France du Levant, comme, de nos jours, la révolution bolchévique, la ruine de l'empire anglo-indien. Enfin, surtout, Louis IX n'avait presque pas de troupes. Le récit de Joinville montre la peine qu'eut le roi de France dans la fureur de démobilisation de ses compagnons d'armes – ses frères eux-mêmes l'abandonnaient ! – pour recruter quelques dizaines de chevaliers. C'est merveille que, dans ces conditions, il ait encore su, pour la récupération des prisonniers, qu'il obtint, et pour celle de Jérusalem, qu'il faillit obtenir, négocier en vue de toutes les éventualités.

Le traité obtenu des Mamelûks par Louis IX marquait en effet un remarquable renversement des situations. Le vaincu de Shâramsâ*h* en arrivait à dicter ses volontés à ses vainqueurs. « Par ceste trive, dit le manuscrit de Rothelin, fu tenuz li noviaux soudanz (d'Égypte) à randre la Sainte Terre de Jhérusalem au roi et à la Crestienté, et la cité de Bethléem et la terre de Saint Abraham (Hébron) et la cité de Naples (Naplouse) et la terre de Galilée et toute la terre de ça le flun Jourdain, forz aucunes villes qui n'estoient mi fermées, que li soudanz détint (= retenait) pour que il pouïst par là passer el roiaume de Damas[214]. »

Ces clauses étaient, bien entendu, subordonnées à la conquête de Damas par les Mamelûks. Les négociations à ce sujet furent poussées si avant qu'un plan de coopération militaire fut esquissé (fin mars 1252). Rendez-vous était pris en Philistie pour la jonction des armées égyptiennes et de l'armée franque au mois de mai, les premières devant monter jusqu'à Gaza, la seconde descendre à leur rencontre vers Jaffa. C'est ce qu'avoue pour l'année suivante le *Collier de perles*[215] : « En 651 (année commençant le 3 mars 1253) les troupes égyptiennes tentèrent de se rapprocher des Francs en promettant de leur livrer Jérusalem s'ils prenaient parti pour elles contre les Syriens. » Et Joinville nous dit dans les mêmes termes, bien que sous la rubrique de 1252 : « Tandis que li roys fermoit la cité de Cézaire (Césarée), revindrent li messaige d'Égypte à li, et li aportèrent la trève. Et furent les convenances (conventions) tiex (telles) dou roys et d'aus que li roys dut aler, à une journée qui fut nommée, à Japhe, et à cele journée, li amiral (émirs) d'Égypte devoient estre à Gadre (Gaza) pour lour sairements pour délivrer au roi le roiaume de Jérusalem. La trive, tel comme li messaige l'avoit apportée, jura li roys et li riche home de l'ost, et que, par nos sairements, nous lour deviens aidier encontre le soudanc de Damas[216]. »

Effrayé de la coalition qui se nouait contre lui, le malik de Syrie al-Nâsir Yûsuf envoya en hâte quatre mille hommes occuper Gaza pour empêcher la jonction de s'opérer entre Égyptiens et Francs. Mais Louis IX comptait si bien tenir parole que vers mai 1252 il vint avec sa petite troupe, 1 400 hommes, se poster à Jaffa où il resta jusqu'en juin 1253[217]. L'alliance franco-égyptienne était si bien réalisée que le piétisme musulman s'alarma. Le khalife de Baghdâd al-Musta'sim envoya en Syrie le sheikh Najm al-Dîn al Qâdirî, qui réussit à éviter une lutte fratricide dont les Francs eussent été les bénéficiaires[218]. Ce délégué réconcilia, au moins provisoirement, le gouvernement de Damas et celui du Caire (vers le 1er avril 1253). Le malik de Syrie al-Nâsir reconnut la domination des Mamelûks en Égypte et leur abandonna même la Palestine jusqu'au Jourdain, la Transjordanie restant aux Aiyûbides[219]. Les efforts de saint Louis échouèrent donc finalement, mais il n'avait fallu rien de moins que l'intervention du Khalifat 'abbâside pour enrayer les résultats de sa patiente diplomatie.

Louis IX fortifie Acre, Césarée et Jaffa.

Si Louis IX ne réussit pas à obtenir par la diplomatie la rétrocession de l'ancien royaume de Jérusalem, la Cour 'abbâside étant au dernier moment intervenue pour réconcilier entre eux Aiyûbides et Mamelûks, l'œuvre du roi de France en Syrie n'en reste pas moins considérable. Tout d'abord il réorganisa et mit méthodiquement en état de défense ce qui restait du royaume d'Acre. Dès son arrivée en mai 1250, il avait « fermé le bourg d'Acre »[220]. Pendant l'année 1251 et le commencement de 1252, il fortifia Caïffa et Césarée[221]. De mai 1252 à la fin de juin 1253, il alla s'installer à Jaffa pour fortifier de même cette ville, si souvent saccagée par les Aiyûbides. Joinville nous décrit la réception joyeuse que son cousin, le comte de Jaffa Jean d'Ibelin, fit au roi de France[222]. « Quant li cuens de Jaffe vit que li roys venoit, il atira (arrangea) son chastel en tel manière que ce sembloit bien estre ville deffendable ; car à chascun des carniaus (créneaux), dont il y avoit bien cinq cens, avoit une targe (bouclier) de ses armes et un panoncel, laquex chose fu bele à regarder, car ses armes estoient d'or à une croiz de gueles patée. » Si le « château » de Jaffa, l'actuel al-Qal'a était défendable, la ville proprement dite, le Bourg-neuf qui l'entourait, restait ouverte, situation singulièrement dangereuse en présence des razzias musulmanes. Louis IX entoura le bourg de Jaffa d'une solide muraille aboutissant des deux côtés à la mer, flanquée de vingt-quatre tours et défendue par un double fossé[223].

L'utilité de ce travail apparut aussitôt. La paix venait d'être conclue, comme on l'a vu, entre le sultan de Syrie, l'aiyûbide al-Nâsir Yûsuf, et les Mamelûks d'Égypte. L'armée damasquine, longtemps postée à Gaza pour défendre la Syrie musulmane contre les Mamelûks, rentrait vers le nord, forte, dit Joinville, de vingt-quatre mille réguliers et dix-huit mille Bédouins. Le 6 mai 1253 elle passa devant le camp chrétien de Jaffa que saint Louis avait fait garder par des avant-postes d'arbalétriers. Les Damasquins escarmouchèrent contre les arbalétriers, mais sans oser en venir à une action générale. Nul doute que, sans la présence de Louis IX et sans les travaux de défense qu'il venait d'effectuer, le bourg de Jaffa n'eût été saccagé et le château même, assiégé.

Voyant Jaffa trop bien défendue, les troupes aiyûbides remontèrent vers Saint-Jean-d'Acre. Elles abattirent au passage les casaux de Recordane (Tell Kurdâna) et de Doc (al-Dâwuk)[224]. Le commandant de la garnison d'Acre était le sire d'Arsûf, Jean d'Ibelin-Arsûf, connétable du royaume de Jérusalem[225]. Les Damasquins le sommèrent de leur remettre une rançon de 50 000 besants (2 500 000 francs), faute de quoi ils détruiraient les autres casaux et les plantations de la banlieue. Loin d'obtempérer, Jean d'Arsûf vint se poster hors de la ville, au Mont Saint-Jean, près du cimetière Saint-Nicolas[226], pour défendre les jardins. Joinville nous parle du rôle utile joué par les arbalétriers francs et des prouesses d'un chevalier génois qui pourfendit trois Sarrasins, « et ces trois biaus cos fist-il devant le signour d'Arsur et les riches homes qui estoient en Acre et devant toutes les femmes qui estoient sus les murs pour veoir celle gent ». Intimidés par cette ferme contenance, les Damasquins, là aussi, après une simple escarmouche d'avant-postes, se retirèrent[227].

Faute d'avoir pu surprendre Jaffa ou Acre, l'armée damasquine, en remontant vers le nord, alla attaquer Sidon. Le château de Sidon était imprenable, construit qu'il était sur l'îlot de Qal'at al-Ba*h*r. Mais la ville continentale était ouverte. C'est pourquoi saint Louis venait de charger son maître des arbalétriers, Simon de Moncéliart, d'en reconstruire le mur d'enceinte. Malheureusement le travail était à peine commencé, quand l'armée damasquine arriva. Simon de Moncéliart se retira dans le château insulaire avec tout ce qu'il put y faire entrer de gens, « mais pou en y ot, car li chastiaus estoit trop estrois ». Les Musulmans, se ruant dans la ville, massacrèrent une foule de chrétiens, pillèrent les maisons et rentrèrent à Damas, avec des cortèges de prisonniers et un butin considérable (fin juin 1253)[228].

Attaque des Francs contre Panéas.

À la nouvelle de cette catastrophe, Louis IX, qui d'ailleurs avait achevé de fortifier Jaffa, quitta cette ville pour remonter vers le nord. Par Arsûf, Acre et Passe-Poulain (Nâqûra) l'armée franque atteignit Tyr où elle se divisa. Tandis que Louis IX lui-même allait relever Sidon, une partie de ses lieutenants, dont Joinville, allèrent attaquer la place forte damasquine de Bâniyâs, l'ancienne Panéas ou Bélinas des Francs, avec la forteresse haute de Subaiba.

L'expédition contre Panéas s'explique par l'entente, récemment conclue, entre Mamelûks et Aiyûbides, avec cession de la Palestine cisjordanienne aux premiers par les seconds. Louis IX, en quittant Jaffa, avait d'abord songé à aller s'emparer de Naplouse, chef-lieu de la Samarie. Les Templiers, les Hospitaliers et les barons syriens l'en détournèrent[229]. Notons que Naplouse devait se trouver dans le lot cédé aux Mamelûks d'Égypte, adversaires que les « Poulains » jugeaient imprudent de provoquer. Au contraire Panéas relevait des Aiyûbides d'Alep-Damas, dont la bataille de 'Abbâsa avait révélé la faiblesse et au détriment desquels il était encore possible aux Francs de s'agrandir. Panéas, on se le rappelle, était le bastion de la Damascène du côté de la Galilée. Or, à l'ouest de Panéas, les Francs possédaient toujours la Phénicie méridionale et la Galilée septentrionale, avec Beaufort (Shaqîf Arnûn), le Toron (Tibnîn), Montfort (Qal'at Qarn) et Safed. Avec les faibles effectifs dont disposaient les chrétiens, il était plus sage de compléter dans cette direction le noyau territorial existant que d'aller tenter une aventure « en l'air » dans les districts, tout musulmans, de la Samarie.

Les barons, du reste, empêchèrent le roi d'accompagner personnellement l'expédition. La direction en fut confiée, du côté syrien, à Philippe de Montfort, seigneur du Toron et de Tyr, le principal intéressé dans l'affaire, aux grands maîtres du Temple et de l'Hôpital (le Temple possédait Safed) et, du côté français, au comte Jean d'Eu (de la maison de Brienne) et au maréchal de France Gilles de Trasegnies, dit Gilles le Brun. L'expédition avait été bien conçue. L'armée, partie de Tyr, se transporta par une marche de nuit dans la plaine de Panéas qu'elle atteignit à l'aube. Le détachement royal, dont faisaient partie Joinville et Geoffroi de Sargines, devait se glisser entre le bourg de Panéas et la forteresse de Subaiba, les chevaliers de Syrie devaient attaquer le bourg par la gauche, les Hospitaliers par la droite, et les Templiers de front, par la route de Tyr[230].

Du premier élan les Francs pénétrèrent dans la ville même de Panéas, les fantassins d'abord qui faillirent y être victimes de leur ardeur, les chevaliers ensuite qui les sauvèrent, tandis que les Musulmans s'enfuyaient vers la forteresse de Subaiba, qui, sur sa croupe étroite, haute de 200 mètres, domine le site. Conformément aux instructions données, les chevaliers français, dont Joinville, vinrent s'établir entre Panéas et Subaiba, mais une troupe de chevaliers teutoniques qui servait dans la « bataille » du comte d'Eu, se lança follement, malgré les admonestations de Joinville, à la poursuite des fuyards musulmans jusqu'au pied de Qal'at Subaiba. Repoussés par une contre-attaque musulmane et obligés, sur ces pentes raides, de dévaler précipitamment vers Panéas, ils jetèrent la panique chez les sergents à pied du contingent de Joinville. Il fallut que ce dernier, pour rendre courage aux siens, mît pied à terre et leur donnât l'exemple du sang-froid. La situation n'en était pas moins critique, la liaison n'ayant pu être maintenue entre les divers corps de l'armée chrétienne, si bien que Joinville se trouvait isolé de l'autre côté de Panéas, au pied des croupes qui grimpent vers Subaiba. Un chevalier languedocien, Olivier de Termes, suggéra une ruse de guerre pour donner le change aux Musulmans : Joinville et les siens feignirent d'opérer un mouvement tournant vers le sud-est, sur la route de Damas, après quoi ils se rabattirent vivement vers l'ouest et rejoignirent le reste de l'armée sur la route de Tyr[231]. Les chrétiens rentrèrent à Tyr sans autre incident.

L'expérience de ce coup de sonde, comme celle du sac de Sidon, prouvait qu'avant de s'agrandir dans l'hinterland, il fallait achever de mettre en état de défense les villes de la côte. Louis IX entreprit de relever Sidon de ses ruines et de la fortifier solidement. « Il fist venir ouvriers de toutes pars et se remist à fermer la citée de haus murs et de grans tours[232]. »

Louis IX, roi, sans le titre, de la Syrie franque.

Louis IX ne se contenta pas, comme chef de Croisade, de restaurer les postes stratégiques de la Syrie franque. Comme roi, il restaura, dans toute la mesure du possible, la notion morale de l'État franc. Cet État avant lui et, hélas, après lui n'existait plus que comme fiction constitutionnelle. Louis IX lui rendit pour un moment l'existence, l'unité, la cohésion. C'est que, tant que le roi de France resta en Syrie, de mai 1250 à fin avril 1254, il y fit réellement fonction de roi de Jérusalem. Souveraineté sans titre juridique, puisque le titulaire officiel de la couronne des Baudouin restait toujours le lointain Hohenstauffen. Souveraineté cependant bien plus effective que ne l'avait jamais été la souveraineté juridiquement incontestable d'un Frédéric II, parce que fondée sur une autorité morale respectée de tous. La communauté de culture du roi de Paris et des barons franco-syriens, sa conscience du devoir et sa droiture foncière, sa loyauté absolue, son dévouement, poussé jusqu'au sacrifice, aux intérêts de la Terre Sainte, son aimable et ferme courtoisie, sa sainteté, tels furent ses titres véritables au gouvernement de la France du Levant. Les barons syriens qui, depuis l'expulsion des Impériaux, avaient perdu toute notion d'un pouvoir central, toute notion de l'obéissance, s'inclinèrent spontanément devant le Capétien et le reconnurent tacitement pour chef.

Louis IX dompte l'insubordination des Templiers.

Ceux qui refusèrent, il leur tint tête aussitôt, avec cette fermeté dont le récit de Joinville nous montre tant d'exemples, et les ploya. Le cas des Templiers est caractéristique.

Depuis la disparition de fait de la royauté hiérosolymitaine, les Ordres militaires, nous le savons, avaient pris l'habitude de se considérer comme pratiquement indépendants. C'étaient autant d'États – des États singulièrement forts et concentrés – dans l'État central – inexistant. Ils avaient non seulement leur armée et leurs finances propres, mais leur politique étrangère particulière qui se souciait assez peu de celle des autres Francs. Ce fut ainsi que, pendant le séjour de Louis IX à Césarée (mars 1251-mai 1252), le grand maître du Temple, le Champenois Renaud de Vichier, se permit, sans en aviser le roi, d'engager des négociations personnelles avec le souverain aiyûbide de Damas, al-Nâsir Yûsuf[233]. Les Templiers, dont on connaît assez le goût pour la banque, souffraient dans leurs intérêts de la politique royale qui tendait, pour obtenir la libération des prisonniers, à un rapprochement avec les Mamelûks d'Égypte, de préférence à la conclusion d'une alliance franco-damasquine. Ils souffraient en particulier de l'état de guerre avec Damas, qui les empêchait de toucher les revenus de certains cantons-frontières (peut-être à l'est de leur forteresse de Safed, vers le Gué de Jacob). Ils prirent donc sur eux, sans en avertir le roi de France, d'envoyer à Damas leur maréchal, Hugue de Jouy, qui en revint avec un plénipotentiaire damasquin et un accord en bonne forme : les revenus des districts contestés seraient partagés entre le trésor du Temple et le fisc damasquin.

Le roi de France fut profondément irrité de ce qu'on eût engagé une telle négociation sans son aveu, dans le moment même où il essayait d'obtenir des Mamelûks la rétrocession de Jérusalem contre une rupture avec Damas. Il jugea indispensable d'infliger aux Templiers une leçon sévère. « Li roys fist lever les pans de trois de ses paveillons et là fu touz li communs de l'ost qui venir y vout (= voulut). Et là vint li maistres dou Temple et touz li couvenz, touz deschaus, parmi l'ost. Et dist li roys au maistre dou Temple tout haut : "Maistre, vous direz au messaige le (du) soudanc, que vous avez fait trèves à li sans parler à moy ; et pour ce que vous n'en aviés parlei à moy, vous le quitiés de quanque il vous ot couvent (convenu) et li rendés toutes ses couvenances (conventions)." Li maistres prist les couvenances et les bailla à l'amiral (à l'émir, ambassadeur damasquin) et dist : "Je vous rent les couvenances que j'ay mal faites." Et lors dist li roys au maistre que il se levast et que il feist lever touz ses frères, et si fist-il. "Or, vous agenoilliés, et m'amendés ce que vous y estes alei contre ma volenti." Li maistres s'agenoilla et abandonna au roi quanque (tout ce que) il avoient à penre, pour s'amende (son amende). "Et je di, fist li roys, tout premier que frère Hugues, qui a fait les couvenances soit bannis de tout le royaume de Jérusalem." Ni le grand maître – un chevalier français parrain du comte d'Alençon – ni la reine ni aucun baron ne purent fléchir la rigueur du roi. Hugue de Jouy dut s'expatrier[234].

Cette humiliation publique infligée aux orgueilleux Templiers montre à quel point Louis IX avait rétabli l'autorité du pouvoir central dans la Syrie franque[235].

Les affaires d'Antioche à l'arrivée de Louis IX.
Affaiblissement du patriarcat latin. La menace de grécisation.

L'action de Louis IX ne fut pas moins heureuse dans la principauté d'Antioche-Tripoli.

Le prince d'Antioche et comte de Tripoli Bohémond V (1233-1251) était mort pendant le séjour de Louis IX en Palestine. Son fils Bohémond VI, surnommé le Beau Prince, lui succéda. Comme il n'avait que quatorze ans, le pouvoir fut exercé par la princesse douairière, sa mère, l'Italienne Lucienne ou Lucie de Conti, de la famille romaine des comtes de Segni, nièce du feu pape Innocent III. Mais Lucienne, résidant en permanence à Tripoli, négligeait totalement la principauté d'Antioche. La grande ville du Nord, abandonnée à elle-même, devenait le théâtre de nouvelles luttes politiques, ethniques et religieuses. L'élément grec, resté très puissant parmi la population indigène, disputait la prééminence aux résidents latins. Un fait nouveau le favorisait. Entre 1240 et 1246, le patriarche grec titulaire d'Antioche, David, était rentré dans le giron de l'Église romaine. La Cour de Rome, dont le ralliement des patriarcats grecs était, depuis Innocent III, le grand objectif, permit alors à David de s'installer à Antioche aux côtés du patriarche latin.

Le pape Innocent IV, qui pensait ce ralliement sincère, avait fondé de grandes espérances sur les résultats. Une lettre de lui, datée du 9 août 1246 et adressée, semble-t-il, à David, lui annonce l'arrivée à Antioche du dominicain Laurent, « envoyé par le Saint-Siège en Orient, avec mission de faciliter l'union, avec Rome, des évêques de rite grec des patriarcats d'Antioche et de Jérusalem ». En même temps, le Pape chargeait son envoyé « de mettre un terme aux mauvais procédés des Latins à l'égard des Grecs et, en cas de difficulté, d'en référer directement à Rome »[236]. En août 1247 nous voyons encore Innocent IV écrire au frère Laurent en vue du ralliement amical du clergé de Syrie.

Ces instructions témoignaient une fois de plus de la hauteur de vues vraiment œcuménique de la Papauté. Malheureusement les vieilles rivalités ethniques et culturelles vinrent empêcher la pacification. L'élément grec d'Antioche donna aux succès du patriarche grec, malgré le ralliement de ce dernier à la cour romaine, la signification d'une victoire politique de la Grécité sur la Latinité. La situation de David, à la fois en règle avec Rome et en étroite sympathie avec la population grecque indigène, devint vite très supérieure à celle du patriarche latin dont l'autorité se trouva singulièrement diminuée. Du reste les patriarches latins avaient maintenant tendance à ne plus résider en Syrie. Albert de Rezato, patriarche de 1228 à 1245 et qui vit, vers la fin de son pontificat, se produire le ralliement et l'installation du patriarche grec, semble avoir tiré la leçon de l'événement en partant pour l'Occident où il mourut[237]. Son successeur, le dominicain Elie (environ 1247-1253), bien que résidant, paraît n'avoir joué qu'un rôle assez effacé. Quant au Génois Opizo Fieschi qui occupa ensuite le patriarcat (1254-1292), nous verrons qu'il ne tarda pas à retourner en Occident en faisant administrer la latinité d'Antioche par de simples vicaires, d'abord Barthélémy, le futur évêque de Tortose (attesté en 1264), puis le dominicain Chrétien qui devait être tué lors de la prise d'Antioche par Baîbars, en 1268[238].

Régence de la princesse Lucienne de Segni.
Absentéisme de la Cour.

L'affaiblissement du patriarcat latin à Antioche était d'autant plus grave qu'il coïncidait avec la désertion de la cour princière, retenue par le charme de Tripoli. En l'absence de ses princes établis en permanence dans la cité maritime phénicienne, la ville de l'Oronte était gouvernée par le bayle qui les représentait légalement, mais aussi par la « commune d'Antioche ». Toutefois la commune elle-même était en décadence. L'institution communale, fondée, on s'en souvient, en 1194 par le patriarche Aymeri de Limoges et depuis traditionnellement dirigée par le patriarcat latin, perdait beaucoup de sa force depuis que les titulaires de ce siège laissaient la place libre à un grec-uniate[239]. Antioche se trouvait ainsi dans une sorte d'interrègne ou d'anarchie qui ne pouvait que favoriser la reconquête grecque-orthodoxe dans le domaine spirituel, l'invasion musulmane au temporel. De toute manière la colonisation franque était gravement menacée. La princesse régente Lucienne, qui ne se plaisait qu'à Tripoli, négligeait entièrement cette situation. Très autoritaire avec cela, elle maintenait dans une étroite tutelle son fils, le jeune Bohémond VI.

Appel de Bohémond VI à Louis IX.

Or Bohémond (il avait quinze ans en 1252) était un adolescent remarquablement doué, le plus intelligent à coup sûr de sa dynastie (il le prouvera en sachant conclure et utiliser l'alliance mongole), énergique et ayant, au milieu de tous ces créoles quelque peu décadents, le goût de l'action. Il profita d'une visite que sa mère et lui firent à Louis IX à Jaffa[240], pour mettre fin à cette situation. Le roi de France apprécia la valeur du jeune homme et l'arma chevalier de sa main. « Li roys, note Joinville, (lui) fist grant honnour et le fist chevalier mout honorablement. Ses aages n'estoit pas de plus que seize ans, mais onques si saige enfant ne vi. » Une fois chevalier, il s'ouvrit au roi du péril que l'indifférence de sa mère faisait courir à Antioche et réclama le droit d'aller sauver la ville. « Sire, lui fait dire Joinville, il est bien voirs (= vrai) que ma mère me doit encore tenir quatre ans en sa mainbournie (tutelle), mais, pour ce, n'est il pas drois qu'elle doive lessier ma terre perdre ne décheoir ; et ces choses dis-je, sire, pour ce que la cité d'Antioche se pert entre ses mains. Si vous pri, sire, que vous li (=la) priez que elle me baille de l'argent par quoy je puisse aler secourre ma gent qui là sont, et (les) aidier[241]. »

Bohémond VI, chevalier aux armes de France.
Redressement de la principauté d'Antioche.

Louis IX fut visiblement ému et conquis par le sérieux et la précoce vaillance de l'adolescent. Il amena Lucienne à faire droit aux demandes de son fils. Tandis qu'elle continua à résider à Tripoli, Bohémond VI, muni d'un trésor de guerre suffisant, se rendit à Antioche qu'il mit en état de défense. Du reste il n'oublia jamais ce qu'il devait à Louis IX : « par le grei dou roy, il escartela ses armes, qui sont vermeilles, aus armes de France, pour ce que li roys l'avoit fait chevalier[242]. »

Ajoutons que le pape Innocent IV ratifia pleinement la décision de Louis IX. Le 7 novembre 1252 nous le voyons écrire au patriarche latin d'Antioche, le dominicain Elie, ainsi qu'à l'évêque de Tripoli, le dominicain Guillaume, « pour leur prescrire de prêter aide au jeune Bohémond VI, qui venait d'être émancipé à la demande du roi de France et de veiller à ce qu'il fût investi du pouvoir à Antioche et à Tripoli, mais aussi à ce que le douaire de la princesse Lucienne de Segni fût régulièrement payé[243] ».

Louis IX réconcilie les Arméniens et la principauté d'Antioche. Constitution d'un bloc franco-arménien.

Louis IX avait rendu un autre service majeur à la principauté d'Antioche en la réconciliant avec les Arméniens. On a vu que pendant presque tout le règne de Bohémond V (1233-1251) la Cour d'Antioche avait été brouillée à mort avec la Cour d'Arménie à la suite du meurtre de Philippe d'Antioche par les Arméniens[244]. Cette longue hostilité, qui faisait le jeu des seuls Musulmans, avait grandement nui aux deux États chrétiens. Dès 1248, à son arrivée en Chypre, Louis IX y mit fin en réconciliant le prince d'Antioche Bohémond V et le roi d'Arménie Héthoum Ier. Selon le mot du P. Tournebize, le roi de France, ce jour-là, avait bien mérité de l'Arménie comme de la Principauté d'Antioche[245]. Le jeune Bohémond VI, une fois au pouvoir, entra pleinement dans les vues de son protecteur. Aussitôt installé à Antioche, il accentua le rapprochement avec Héthoum Ier, si bien qu'en 1254 Bohémond VI épousa Sibylle fille de Héthoum[246].

L'ancienne rivalité – et il convient de reporter à Louis IX le mérite initial de ce nouveau cours – fit dès lors place à une étroite alliance politique et militaire entre le royaume arménien de Cilicie et la principauté franque du bas Oronte. Il n'est pas de service que, depuis, le grand monarque arménien n'ait rendu à son gendre. La Cour d'Antioche était toujours en litige avec les chevaliers de l'Hôpital, notamment pour la possession du château de Maraclée. En avril 1256 un premier accord fut conclu entre Bohémond VI et le grand maître Guillaume de Châteauneuf[247]. En avril 1259 l'initiative du roi Héthoum amena une réconciliation complète entre Bohémond VI et le nouveau grand maître Hugue Revel, le prince d'Antioche ayant accepté de restituer à l'Ordre toutes les terres usurpées depuis Bohémond IV[248].

Cette même année 1259, Héthoum Ier interviendra encore entre Bohémond VI et ses vassaux révoltés du comté de Tripoli pour amener leur soumission et une pacification générale. Le roi d'Arménie aidera même son gendre à se débarrasser de la menace de grécisation d'Antioche en éloignant de la ville le patriarche grec Euthyme (vers 1263)[249].

Cette intime alliance entre les Cours d'Antioche et de Sis, la constitution de ce bloc franco-arménien sur le golfe d'Alexandrette, c'était l'obstacle le plus sérieux qu'on pût dresser contre l'Islam. Et c'était l'œuvre propre et durable de Louis IX.

La politique du roi de France dans la Montagne.
Entente de Louis IX avec les Ismâ'îliens.

Louis IX ne se contentait donc pas de mettre en état de défense la Syrie franque. Il jetait les bases d'une vaste politique asiatique, comportant tout un système d'alliances avec le shi'isme ismâ'îlien comme avec les Mongols, alliances destinées à contre-balancer l'accord des Mamelûks d'Égypte avec les derniers Aiyûbides de Syrie.

En apprenant l'arrivée du roi de France à Saint-Jean-d'Acre, le chef des Ismâ'îliens du Jebel Nosaîri, le Shaikh al-Jabal ou Vieux de la Montagne, comme traduisaient les Francs, lui avait envoyé des fida'is qui cherchèrent tout d'abord à l'impressionner en lui laissant entrevoir les sinistres symboles dont leurs suivants étaient porteurs : les couteaux de l'assassinat et le linceul[250]. Le texte de Joinville montre que les Ismâ'îliens essayèrent aussi de profiter de l'affaiblissement des Francs après le désastre d'Égypte pour obtenir de Louis IX un tribut de sauvegarde, analogue aux tributs que nombre de princes musulmans ou chrétiens leur payaient déjà, ou tout au moins la suppression de la redevance que le Temple et l'Hôpital prélevaient sur certaines terres ismâ'îliennes. Mais si les Ismâ'îliens tenaient les dynasties régnantes par la menace du régicide, les Ordres militaires échappaient à cette terreur. « Li Viex de la Montaingne n'i puet riens gaaignier, se il fesoit tuer le maistre dou Temple ou de l'Ospital, car il savoit bien que, se il en feist un tuer, l'en y remeist tantost (= aussitôt) un autre aussi bon[251]. » Du reste les Hospitaliers et les Templiers surveillaient étroitement la Montagne ismâ'îlienne, les premiers par leur Krak (Qal'at al-*H*osn) et Marqab, les seconds par S*â*fî*th*â, si bien que, comme on l'a vu, les Ismâ'îliens, qui rançonnaient la vie de tant de princes, payaient eux-mêmes, pour la sécurité de leurs communications, une redevance aux deux Ordres. Aussi fut-ce entouré des deux Grands Maîtres – Renaud de Vichier pour le Temple et Guillaume de Châteauneuf pour l'Hôpital – que Louis IX accorda leur seconde audience aux ambassadeurs ismâ'îliens. Les deux grands maîtres menacèrent les Ismâ'îliens de représailles si ceux-ci ne renonçaient sur-le-champ à leurs prétentions[252].

Les Ismâ'îliens n'insistèrent pas. Tout au contraire, la nouvelle ambassade que, quinze jours plus tard, ils envoyèrent à Louis IX manifesta le plus grand désir d'entente. Il est évident que, devant la situation nouvelle créée dans l'Islam par la révolution mamelûke, la secte ismâ'îlienne tenait à se ménager l'amitié des Francs. Le « Vieux de la Montagne » envoya à Louis IX « sa chemise et son anneau », avec divers cadeaux et curiosités, un éléphant et une girafe en cristal, un jeu d'échecs, de cristal et d'ambre. Louis IX répondit par d'autres cadeaux, « grant foison de joiaus, escarlates, coupes d'or et frains d'argent ». C'était une véritable alliance qui se nouait. Louis IX la scella en envoyant aux Ismâ'îliens, en leurs châteaux du Jebel Nosairi, une ambassade dont fit partie, comme interprète, le dominicain Yves le Breton, qui connaissait bien l'arabe.

Yves le Breton fut frappé de l'opposition absolue entre le shî'isme extrémiste de la secte et l'islamisme officiel. « Yve le Breton, nous confesse Joinville, trouva que li Viex de la Montaingne ne créoit pas en Mahommet, ainçois creoit en la loy de Haali. » L'antagonisme du Sunnisme et du Shî'isme est fortement souligné par notre chroniqueur.

« Tuit cil qui croient en la loy (de) Haali dient que cil qui croient en la loy (de) Mahommet sont mescreant ; et aussi tuit cil qui croient en la loy (de) Mahommet dient que tuit cil qui croient en la loy (de) Haali sont mescreant. » Joinville, parlant toujours d'après Yves le Breton, mentionne ensuite chez les Ismâ'îliens la croyance à la métempsycose, avec réincarnations particulièrement heureuses pour les fidâ'is morts en exécutant les ordres donnés par leur sheikh. « Quant un hom se fait tuer pour le commandement (de) son signour, l'ame de li en va en plus aisié cors qu'elle n'estoit devant. » Puis une allusion non moins intéressante au syncrétisme philosophique et religieux qui était à la base des croyances ismâ'îliennes. Yves le Breton ne fut pas médiocrement étonné de découvrir dans la bibliothèque du « Vieux de la Montagne » un soi-disant discours du Christ à saint Pierre, plus surpris encore lorsque le sheikh lui expliqua que, dans la doctrine ismâ'îlienne, saint Pierre était une réincarnation d'Abel, de Noé et d'Abraham[253].

§ 4. — Louis IX et l'alliance mongole.

Les Mongols et le monde latin au moment de la Croisade de Louis IX.

Plus intéressante encore est la politique de Louis IX envers les Mongols[254].

À l'époque de la croisade de Louis IX, l'empire mongol était en pleine expansion. Sous le règne du grand-khan Guyuk, petit-fils de Gengis-khan – août 1246-avril 1248 –, les armées mongoles tenaient la Chine du Nord, les deux Turkestans, l'Iran, la Géorgie et la Russie méridionale. Depuis qu'en juin 1243 leur général Baiju avait écrasé au Közädâgh près d'Erzinjan l'armée du sultan Kai Khosrau II, l'Anatolie seljûqide – le sultanat de Rûm ou de Qoniya – leur payait humblement tribut[255]. Baiju, qui avait installé ses campements dans les prairies du Moghân et du Shirwân, sur l'Araxe inférieur, entre la Transcaucasie et l'A*dh*arbaijân persan, commandait en maître aux Seljûqides d'Anatolie comme aux derniers atâbegs de la Perse et aux rois géorgiens. Quant au roi d'Arménie, Héthoum Ier, il sut, en acceptant spontanément la suzeraineté mongole, transformer avec beaucoup d'adresse les terribles Tartares en protecteurs et en amis de son royaume cilicien.

Remarque intéressante pour l'histoire des Croisades : le grand-khan Guyuk qui, de Pékin à Tauris, régnait sur cet immense empire, bien que fort éclectique, comme tous les Mongols, en matière religieuse, se montrait particulièrement favorable au christianisme nestorien. Ses deux principaux ministres, son ancien précepteur Qadaq et son chancelier Chinqai étaient des adeptes de l'Église nestorienne qui, on le sait, avait, depuis le septième siècle de notre ère, fait tant de prosélytes parmi les tribus turco-mongoles du Gobi[256]. Cependant quelles que fussent les sympathies chrétiennes de Guyuk, il ne concevait les rapports avec les États de l'Occident que sous la forme d'une vassalisation de ceux-ci, comme le prouve sa réponse à l'ambassade de Plan Carpin. Le franciscain Jean du Plan Carpin, envoyé du pape Innocent IV et parti de Lyon le 16 avril 1245, s'était rendu par la Russie au pays mongol et « avait atteint le 22 juillet 1246 le campement impérial de Sira Ordo, situé à une demi-journée de Karakorum où il resta jusqu'au 13 novembre »[257]. La réponse de Guyuk, retrouvée par M. Pelliot dans les archives du Vatican et datée des 3-11 novembre 1246, invite le pape et les princes de l'Occident à reconnaître, préalablement à toute négociation, la suzeraineté mongole[258]. En même temps, Innocent IV avait envoyé, au général mongol Baiju, commandant de l'armée campée en Transcaucasie, un autre ambassadeur, le dominicain Ascelin de Lombardie qui joignit Baiju le 24 mai 1247. Malgré les rapports personnellement assez désagréables qu'Ascelin eut avec Baiju, le général mongol peut avoir envisagé une coopération avec Louis IX – dont la Croisade était dès ce moment annoncée – contre les Aiyûbides de Syrie. « L'idée d'une coopération entre Francs et Mongols contre les Musulmans, née sans doute parmi les chrétiens [nestoriens] de Mésopotamie et d'Asie Centrale, était vraisemblablement dans l'air autour de Baiju[259]. » Quand Ascelin quitta le campement mongol de Transcaucasie pour retourner auprès du pape, le 25 juillet 1247, il ramenait avec lui deux envoyés « mongols », Aïbäg et Särgis, dont le second était à coup sûr un chrétien nestorien[260]. Le 22 novembre 1248, Innocent IV congédia Aïbäg et Särgis en leur remettant pour Baiju une réponse dans laquelle il déplorait les retards apportés à une entente générale des Mongols et de la Chrétienté.

Le chef mongol Aljigidäi et Louis IX.

Cette entente, Louis IX, dès son arrivée au Levant, en reprit le projet. Le roi de France venait de débarquer en Chypre d'où il préparait l'expédition d'Égypte, lorsque, le 20 décembre 1248, il reçut à Nicosie la visite de deux nestoriens de Mossoul, David et Marc, qui se disaient envoyés par le dignitaire mongol Aljigidäi, commissaire du grand-khan dans la Transcaucasie et la Perse. L'authenticité de cette ambassade avait été mise en doute. M. Pelliot, à la suite d'une critique serrée des textes, lui a restitué son importance historique. Il s'agissait pour le général mongol de préparer une coopération militaire franco-mongole contre les Aiyûbides et contre le khalifat de Baghdâd. Il semble même que le grand-khan Guyuk avait, de Mongolie, « lancé Aljigidäi vers l'Ouest, avec l'intention de le rejoindre par la suite ». « Il est bien probable qu'Aljigidäi méditait déjà en 1248 cette attaque du califat de Bagdad que Hulagu devait mener à bien quelques années plus tard. Pour ce faire, une diversion franque sur l'Égypte empêcherait le sultan du Caire de venir en aide au calife[261]. »

Envoi d'André de Longjumeau à la cour mongole.

Aux propositions du dignitaire mongol Louis IX répondit par l'envoi d'ambassadeurs adressés d'abord à Aljigidäi lui-même, mais dont certains avaient mission de pousser jusque chez le grand-khan, en Mongolie. C'étaient les trois dominicains André de Longjumeau, son frère Guy ou Guillaume (tous deux parlant l'arabe) et Jean de Carcassonne, plus maître Jean Goderiche, un clerc de Poissy qui doit être le chantre de Chartres Robert, Herbert le Sommelier et Gilbert de Sens[262]. Parmi les présents royaux qu'ils emportaient figurait une tente-chapelle d'écarlate confectionnée à la demande même des envoyés mongols[263]. Cette ambassade quitta Nicosie en Chypre le 27 janvier 1249. Elle passa par Antioche, la région de Mossoul, et atteignit, sans doute vers l'A*dh*arbaijân, le camp d'Aljigidäi. Celui-ci envoya les ambassadeurs à la cour du grand-khan, en Mongolie, par la rive sud de la Caspienne et le Turkestan. Mais, dans l'intervalle, le grand-khan Guyuk était mort (entre le 27 mars et le 24 avril 1248). Le pouvoir, quand les ambassadeurs arrivèrent, était détenu par sa veuve, la régente Oghul Qaïmish, qui les reçut dans sa résidence de la vallée de l'Emil, dans la Mongolie occidentale, au Tarbagataï[264]. M. Pelliot a établi que, contrairement à l'opinion courante, Oghul Qaïmish fut loin de faire un mauvais accueil à André de Longjumeau et aux autres envoyés de Louis IX. Elle se contenta de considérer leurs présents comme un tribut et le roi de France comme un vassal, attitude d'ailleurs normale et conforme au protocole mongol et qu'accompagnait l'envoi de présents. Il n'en est pas moins vrai que lorsque, vers avril 1251, André de Longjumeau et ses compagnons, enfin de retour, rejoignirent Louis IX à Césarée et lui firent part de la réponse de la régente Oghul Qaïmish, le roi de France, choqué des sommations d'hommage que cette réponse paraissait contenir, se repentit fort, dit Joinville, d'avoir envoyé son ambassade[265].

De fait, et indépendamment de ce qu'avaient de désagréable pour le roi de France, « empereur en son royaume », les prétentions de suzeraineté des protocoles mongols, il y avait loin des offres d'alliance et de collaboration militaire transmis par les envoyés nestoriens d'Aljigidäi au message vague et inefficace de la régente Oghul Qaïmish. Louis IX put à bon droit – et la postérité après lui – se demander si les ambassadeurs nestoriens de 1248 n'avaient pas été des imposteurs. Ce qu'il ne pouvait savoir, c'est qu'au moment où la régente reçut André de Longjumeau, elle était mise dans l'impossibilité de tenter aucune action extérieure contre les Musulmans d'Irâq ou de Syrie, son autorité étant battue en brèche à l'intérieur par l'hostilité d'une partie de la famille gengiskhanide qui ne devait d'ailleurs pas tarder à la chasser du pouvoir (juin-juillet 1251), puis à la faire périr (mai-juillet 1252).

Louis IX et le grand-khan Mongka. Ambassade de Rubrouck.

On ne doit savoir que plus de gré à Louis IX de son obstination à ne pas se laisser décourager par les résultats, en apparence négatifs, de cette première ambassade. Si la réponse de la régente Oghul Qaïmish restait décevante, la puissance mongole était un facteur trop décisif en Asie pour qu'on n'essayât pas, une fois encore, de se la concilier.

Louis IX avait entendu parler des dispositions, particulièrement favorables au christianisme, du prince Sartaq, fils du khan mongol Batu, khan de la Russie méridionale. Il décida de lui envoyer le cordelier Guillaume de Rubrouck. Rubrouck, qu'accompagnait un autre franciscain, Barthélémy de Crémone, dut quitter la Palestine au début de 1253[266]. Il se rendit à Constantinople, s'y embarqua (7 mai 1253) et arriva le 21 mai à Soldaia (Soudak), en Crimée[267]. Voyageant en chariot à travers la Russie méridionale, il atteignit le 31 juillet le camp de Sartaq, à trois journées en deçà de la Volga[268]. Bien que Sartaq fût entouré de chrétiens nestoriens (il y avait même auprès de lui, comme interprète, un Templier de Chypre), il se déclara personnellement incompétent pour traiter avec Rubrouck et envoya celui-ci à son père, le khan Batu, dont l'ordu ou campement se trouvait sur la rive orientale de la Volga. L'accueil de Batu fut d'ailleurs courtois. Dans sa relation à Louis IX, Rubrouck insiste sur l'intérêt que les Mongols prenaient aux Croisades : « Il (Batu) me dit encore qu'il avait entendu que Votre Majesté était sortie de son pays avec une armée pour faire la guerre. » Finalement Batu envoya Rubrouck et ses compagnons au khan suprême Mongka, qui avait renversé et remplacé la régente Oghul Qaïmish à la tête de l'empire mongol.

De la basse Volga, Rubrouck partit donc vers l'Est. Il passa au nord de la mer d'Aral, traversa la région de Talas (Aulié-Ata), de Tokmak, de Qayâlîgh (la Cailac de Rubrouck) et la vallée de l'Ili, dans l'ancien pays uigur. Puis, par l'Emil et l'ancien pays naïman de l'Altaï, il arriva le 27 décembre 1253 au campement du grand-khan Mongka, situé à quelques journées au sud de Qaraqorum. Le 4 janvier 1254, l'envoyé de Louis IX fut reçu en audience par Mongka. L'attitude de celui-ci fut nettement bienveillante. Comme tous les premiers

Gengiskhanides, il protégeait au même titre le chamanisme, le bouddhisme, l'islam et le christianisme : son ordu était pleine de prêtres nestoriens de race turque qui officiaient en sa présence. Rubrouck trouva d'ailleurs à la cour mongole de nombreux représentants du monde chrétien : des ambassadeurs de l'empereur grec de Nicée, Jean III Vatatzès ; un chrétien de Damas, de rite syriaque, venu comme ambassadeur du malik aiyûbide de Transjordanie ; un moine arménien nommé Serge venu de Palestine et qui rendit à notre Franciscain plusieurs services ; même une Lorraine de Metz nommée Pâquette, mariée à un Russe et entrée au service d'une des épouses nestoriennes du grand-khan ; enfin un orfèvre parisien nommé Guillaume Boucher dont le frère était encore établi « sur le Grand Pont, à Paris », et qui était devenu lui-même un des artistes préférés de Mongka.

Avant Pâques 1254, Rubrouck suivit la Cour mongole à Qaraqorum, où il fit son entrée le 5 avril. « Nous allâmes à l'église [nestorienne], et les Nestoriens, sachant notre venue, vinrent au-devant de nous en procession, et, étant entrés dans l'église, nous les trouvâmes prêts à célébrer la messe. » Rubrouck fut reçu et fêté chez l'orfèvre Guillaume Boucher, qui avait épousé une comane de Hongrie laquelle « parlait bon français et coman ». Rubrouck rencontra à Qaraqorum, en plus de la masse des nestoriens turco-mongols, « un grand nombre de chrétiens de toutes nations, hongrois, alains, russes, géorgiens et arméniens » auxquels il distribua les sacrements pour la fête de Pâques. « Guillaume l'orfèvre, qui avait quelque connaissance des bonnes lettres, faisait fonction de clerc en l'église. Il avait fait faire aussi une image de la Vierge en sculpture à la façon de France, et à l'entour toute l'histoire de l'Évangile bien et artistement gravée. La veille de Pâques plus de soixante personnes furent baptisées en très bel ordre et cérémonie. »

Rubrouck resta cinq mois à la Cour de Mongka. Il eut personnellement l'occasion de constater le respect de ce prince pour le christianisme. « Le moine et moi allâmes à sa rencontre avec le crucifix et lui, se ressouvenant de nous pour être venu quelquefois à notre oratoire, nous tendit la main en faisant le signe de la croix à la façon de nos évêques. » Le 30 mai 1254, Mongka présida même une controverse philosophique et religieuse entre docteurs chrétiens, musulmans et bouddhistes. La discussion porta sur la transcendance de Dieu et l'origine du mal. Rubrouck fut le héros de la journée ; prenant la parole au nom des doctrines : théistes, il confondit l'athéisme et le polythéisme bouddhiques et entraîna l'approbation des musulmans comme des nestoriens.

Réponse du grand-khan Mongka à Louis IX.

Toutefois, il en allait autrement en politique étrangère. Là, Mongka considérait que les puissances musulmanes étaient ses principales ennemies. C'est ainsi qu'en dépit des ambassades du khalife de Baghdâd, du sultan de Delhi et du sultan seljûqide de Qonya qui se pressaient à sa Cour, le grand-khan se préparait à envoyer son frère cadet Hulagu en Perse et en Irâq, pour détruire la puissance des Assassins et celle du khalifat, comme Rubrouck en apprit la nouvelle à Qaraqorum. La lettre que Mongka remit à Rubrouck pour Louis IX put paraître insolente et inadmissible à la Cour de France, car elle débutait par les prétentions de suzeraineté œcuménique habituelles à la diplomatie mongole. Sous ces clauses de style en quelque sorte protocolaires, qui transformaient le roi de France en un vassal dont le grand-khan exigeait l'hommage, Mongka n'en proposait pas moins un échange d'ambassades officielles. S'il n'allait pas. plus loin, s'il ne parlait pas d'une action commune contre les communs ennemis de la Chrétienté et de l'empire mongol, les Musulmans de Baghdâd et de Syrie, c'est que Rubrouck, limitant sa tâche à celle d'un informateur et d'un missionnaire, s'était refusé à aborder le problème politique. Ajoutons du reste que Rubrouck terminait le compte rendu de sa mission en demandant l'envoi en Mongolie d'ambassadeurs véritables.

Rubrouck, porteur des lettres du grand-khan, quitta Qaraqorum le 18 août 1254. Il revint chez le khan de Russie Batu (16 septembre), y visita la nouvelle capitale de ce prince, Saraï sur la basse Volga, traversa la Caucasie par le pas de Derbend (17 novembre) et la région du Moghan où le général mongol Baiju lui fit bon accueil. L'intrépide franciscain traversa encore la grande Arménie jusqu'à Erzinjan, puis le sultanat seljûqide d'Anatolie, qui n'était plus qu'un protectorat mongol (il en visita paisiblement les capitales, Sîwâs et Qonya). Il atteignit ainsi le royaume cilicien de Petite Arménie d'où il s'embarqua à Laias (Lajazzo) pour Chypre (mi-juin 1255), d'où il regagna Antioche (29 juin), Tripoli (août) et Acre. À ce moment, Louis IX n'était plus en Syrie : sa mère, la régente Blanche de Castille étant morte, il avait dû retourner en France. Le roi s'était embarqué à Acre le 25 avril 1254 et avait débarqué à Hyères le 17 juillet. Rubrouck lui envoya le compte rendu de sa mission avec la lettre du grand-khan Mongka.

Vers une croisade mongole.

Il n'est pas douteux que la forme impérative de la réponse du grand-khan, la hautaine suzeraineté que ses protocoles prétendaient imposer aux Francs préalablement à la conclusion de tout accord politique et militaire n'étaient guère faites pour faciliter la suite des négociations. Toutefois il est permis de se demander si Rubrouck avait bien compris sa mission. Voyageur intrépide certes, et plein d'intelligence (sa relation géographique est une merveille de sagacité), mais politique sans initiative, uniquement préoccupé de ne pas donner prise, en ce qui concerne le roi de France, aux prétentions de suzeraineté universelle de la Cour mongole, Rubrouck avait volontairement réduit son rôle à celui d'un observateur et refusé constamment d'être traité en ambassadeur proprement dit. Il avait appris sans réagir que le grand-khan Mongka venait de décider une grande expédition mongole en Perse et en Irâq, expédition confiée à son frère cadet Hulagu et qui avait pour but de tout soumettre « depuis l'Amû-daryâ jusqu'à l'Égypte » et singulièrement de détruire le khalifat 'abbâside de Baghdâd. Une telle expédition prenant l'Islam à revers, c'était pour les Francs de Syrie la possibilité de respirer, de recouvrer Jérusalem, la revanche. On devait bien le voir, quand l'opération, annoncée à Rubrouck au quartier général même des armées mongoles et décidée par Mongka dès 1252, se réalisa en 1258-1260[269]. Ce qui se préparait à Qaraqorum tandis qu'y séjournait Rubrouck, ce n'était rien de moins qu'une grande croisade mongole, une croisade nestorienne destinée à jeter contre l'Islam irâqi, syrien et égyptien tous les nomades de la Haute Asie, depuis la Chine jusqu'à la Caspienne. Quelle que fût leur rudesse, quelle que fût l'insolence de leurs prétentions à la suzeraineté universelle, les Mongols se présentaient pour l'Orient latin comme des alliés naturels et des sauveurs providentiels. Il est douloureux que l'envoyé de Louis IX, par ailleurs observateur si perspicace des mœurs et de la psychologie tartares n'ait rien compris à ces formidables événements...

Voyage du connétable arménien Sempad à la Cour mongole.

Ce que Rubrouck ne discerna point, le roi d'Arménie (Cilicie) Héthoum Ier le devina d'emblée[270]. Cet habile monarque qui avait compris toute l'importance de l'intervention des Mongols dans la lutte de la Croix et du Croissant, avait franchement accepté leur protectorat pour bénéficier de leur protection. Dès 1247, il avait envoyé en Mongolie son frère le connétable Sempad, le même qui devait nous laisser la célèbre chronique[271]. Sempad fut reçu à la cour du grand-khan Guyuk qui l'accueillit avec bienveillance et lui remit un diplôme assurant le roi Héthoum de sa protection et de son amitié. Nous possédons la lettre qu'au cours de ce voyage, le 7 février 1248, le prince arménien écrivit de Samarqand à son beau-frère le roi de Chypre Henri I[er272] ; Sempad y montre l'importance du facteur nestorien à la cour et dans l'empire mongols : « Nous avons trouvé moult de crestiens dispers et espandus par la terre d'Orient et moult de églizes hautes et beles... Li crestien d'Orient sont venu au roi Cham (= khan) des Tartarins qui maintenant règne (= Guyuk), lesquels il a reçu à grant honneur et leur a donné franchize et fait crier partout que nulz ne soit si hardis qui les courouce, ne de fait ne de paroles[273]. »

Voyage du roi d'Arménie Héthoum Ier à la Cour mongole.
L'alliance arméno-mongole.

En 1254 Héthoum Ier sentit la nécessité de se rendre lui-même à la cour mongole où Mongka avait succédé comme grand-khan à Guyuk. Le monarque arménien se dirigea d'abord vers le camp de Baiju, commandant de l'armée mongole de l'ouest, dans les plaines de l'Araxe et du Moghân. Il franchit ensuite le Caucase par le pas de Derbend, alla sur la basse Volga saluer Batu, khan de la Russie méridionale, et Sartaq, fils de Batu, qui était, semble-t-il, nestorien. Puis, reprenant l'itinéraire qu'avait suivi quelques mois auparavant Rubrouck, à travers l'Altaï, il parvint à la cour de Mongka près de Qaraqorum où il fut reçu en audience solennelle le 13 septembre 1254 par le grand-khan en personne « siégeant dans la splendeur de sa gloire ».

L'empereur mongol fit le meilleur accueil à son fidèle vassal. « Il lui remit un diplôme revêtu de son sceau et portant défense absolue de rien entreprendre contre la personne ou les États du monarque arménien. Il lui donna aussi un diplôme affranchissant partout les églises[274]. »

Le moine Hayton, en *la Flor des Estoires de la terre d'Orient*, confirme de son côté que le grand-khan Mongka manifestait beaucoup de sympathie pour le christianisme (la confession nestorienne d'une partie de son entourage explique ce détail), et que, sur la prière du monarque cilicien, il octroya des privilèges et sauvegardes aux églises et aux clercs, qu'il prit l'État et le peuple arméniens sous sa protection, ajoutant – assertion d'une importance capitale – qu'il allait envoyer en Asie Occidentale son frère Hulagu pour prendre Baghdâd, détruire le khalifat, « son mortel ennemi », et rendre la Terre Sainte aux chrétiens. Tout le passage serait à citer : « L'empereor (Mongka) le resceut mult bénignement et cortoisement (et lui fist) tantes de graces et honours qe homes en parle jesqe au jour de hui. Après ce que le roy d'Ermenie ot séjorné aucuns jors, il fist ses peticions à l'empereor des Tartares... Requist que perpétuel pais e amor feust fermé entre les Tartars e les Crestiens. Après requist que en toutes les terres que les Tartars avoient conquises e que ils aquerroient, les églises des Crestiens et les prestres e les cliers et les persones religioses feussent frans et délivrés de tot servaige. Après requist le roi que pleut à Mango Can doner aide e conseil à délivrer la Terre Sainte des mains des Sarrazins, e rendre cele as Crestiens. Après requist que deüst doner commandement as Tartars qui estoient en la Turquie que deüssent aler à destruire la cité de Baldach (Baghdâd) et le chalif qui estoit chalif e ensegneors de la fause loi de Mahomet. Après requist privileige e commandement de poer aver aide de ceaus Tartars qui seroient plus près du roiaume d'Erménie, quant il les requerroit...

« Quant Mango Can ot entendues les requestes du roy d'Ermenie, il fist venir le roy d'Erménie en sa présence et devant ses barons et toute sa cort, respondit et dist : "Por ce que li rois d'Ermenie, de tant de longues terres est venuz à nostre empire de sa bone volenté, digne chose est que nous faceons acomplir totes ses proières... Nous volons que pais e perpétuel amistié soit entre les Crestiens et les Tartars, mès nous volons que soiez plege que les Crestiens tenront bone pais et loial amistié vers nous, si corne nos ferons vers eaus. E volons que totes les églises des Crestiens et les clers, de queque condicion qu'ils soient, séculers ou religieus, soient frans et délivrés de tout servage e soient gardez e sauvés sans moleste, en persone e en avoir. Sur le faict de la Terre Sainte, dirons que nous irons volentiers en persone. Mès por ce que nous avons molt à faire en ces parties, nous commanderons à nostre frère Haloon (= Hulagu), que il deige aler e acomplir ceste besoigne e délivrer la Terre Sainte du pouer des Sarazins e rendre la als Crestiens... E il ira à prendre la cité de Baldach (Baghdâd) et destruire le calif come nostre mortel enemi. Du priveleige que le roy d'Ermenie requiert sur ce fait d'avoir aide des Tartars, nous le confermerons. E des terres que le roy d'Ermenie requiert que li soient rendues, nous l'otroions volentiers et commanderons à nostre frère Haloon, que li doie (faire) rendre toutes les terres qui furent de sa seignorie, et li donons toutes celes qu'il porra conquerre contre les Sarrazins[275]." »

Les Mongols jettent leur épée dans la balance.
Déclenchement de la « croisade jaune ».

Même en faisant la part de l'exagération dans ces prédictions après coup et en ce qui concerne le rôle du facteur arménien dans l'expédition qui consomma la ruine de Baghdâd, il est difficile de ne pas voir là les bases d'une alliance mongolo-chrétienne ferme et précise. Remarquons d'ailleurs la restriction du grand-khan qui, aux propositions du roi d'Arménie sollicitant cette alliance comme mandataire de l'Orient chrétien tout entier, répond qu'elle reste subordonnée à l'adhésion de tous les autres princes chrétiens, lisez des Latins eux-mêmes. Pourquoi les barons de Syrie n'eurent-ils pas assez de clairvoyance pour suivre l'exemple de l'habile Arménien ? Ce qui s'offrait pour eux à Qaraqorum, c'était le salut, l'affermissement définitif de la Syrie franque !

Si Héthoum n'avait pouvoir de traiter fermement qu'en ce qui concernait son royaume cilicien, il ne s'en était pas moins conduit en bon ambassadeur de la chrétienté. Muni des assurances que lui avait prodiguées le grand-khan, il quitta Qaraqorum le 1ᵉʳ novembre 1254. Il passa cette fois par Beshbâligh (Gutshen), Almâligh (Kulja), l'Amû-daryâ et la Perse, et fut de retour en Cilicie en juillet 1255. L'étroite alliance qu'il avait contractée avec les Mongols et qui ne devait plus se dissoudre allait assurer la sauvegarde du royaume arménien de Cilicie pendant près de trois quarts de siècle. Et la Croisade mongole dont Mongka lui avait annoncé la formation, la grande expédition de Hulagu vers l'Asie Occidentale allait se mettre en branle un an après, détruire le khalifat de Baghdâd (février 1258), emporter d'un élan Alep et Damas et pousser sa marche victorieuse jusqu'aux portes de l'Égypte (1260).

Le sourire du destin et la carence des institutions.

Ces événements prodigieux qui allaient changer la face de l'Orient prouvent que lorsque, à deux reprises, Louis IX avait cherché à entrer en rapports personnels avec le grand-khan, il avait, malgré l'insuffisance de son information, discerné l'importance de l'intervention mongole et le rôle que ce facteur nouveau pouvait jouer dans la défense de l'Orient latin. Le voyage et le succès du roi Héthoum montrent quels résultats heureux de telles négociations pouvaient entraîner pour la Chrétienté ; l'envoi, pour gouverner la Perse et, en cas de succès, la Syrie musulmane, d'une famille de cadets gengiskhanides à moitié nestorienne, comme ce fut le cas pour Hulagu et les siens, constituait une révolution d'une importance mondiale qui pouvait renverser au profit des Latins l'équilibre des forces au Levant.

Cette occasion unique, ce sourire du destin aux colonies franques, nul doute que les grands rois de Jérusalem du douzième siècle si appliqués, si manœuvriers, ne l'eussent pas laissé passer. Avec quel empressement un Baudouin III, un Amaury Ier, si à l'affût de toutes les occasions que présentaient les révolutions de l'Asie, auraient accueilli ces nouvelles aussi formidables qu'inattendues : les peuples de l'Asie centrale et septentrionale unifiés sous des princes non seulement non-musulmans, mais encore traditionnellement sympathiques au christianisme et en partie nestoriens ; ces Mongols invincibles prenant l'Islam à revers, lui enlevant la Perse, subjuguant l'Anatolie, annonçant leur résolution de détruire le khalifat de Baghdâd, le sultanat de Damas, le sultanat même d'Égypte. À la place des sultans seljûqides et des khalifes 'abbâsides de naguère qui envoyaient régulièrement contre la Syrie franque de nouvelles vagues d'assaut, voici que la Perse, cette réserve de l'Islam, se trouvait à la veille de devenir un royaume bouddhico-nestorien où les chrétiens nestoriens, pendant des années, feraient la loi ! Comment ne pas imaginer tout le parti que l'ancienne dynastie franque de Jérusalem aurait tiré de ces bouleversements mondiaux qui semblaient providentiellement survenir pour sauver à la onzième heure l'Orient latin ? Mais il n'y avait plus de dynastie hiérosolymitaine, plus d'État franc, et rien, pas même la présence momentanée d'un Croisé aussi consciencieux que Louis IX, ne pouvait suppléer à cette carence des institutions.

CHAPITRE VII

L'ANARCHIE FRANQUE ET LA GUERRE DE SAINT-SABAS

§ 1ᵉʳ. — Baylie de Jean d'Ibelin-Jaffa.

Le sénéchal Geoffroi de Sargines. Victoire de Jaffa (17 mars 1256).

Louis IX, rappelé en France par d'impérieux devoirs (sa mère, la régente Blanche de Castille, était morte depuis novembre 1252), s'embarqua à Acre le 24 avril 1254. Pendant quatre ans, il avait joué le rôle de roi de Jérusalem. Après son départ, l'État franc, un instant ressuscité par lui, disparut de nouveau. La Syrie franque ne fut plus qu'une juxtaposition sans cohésion de baronnies françaises, de communes marchandes italiennes et d'ordres militaires internationaux qu'aucun lien fédérateur ne groupait, pas même le plus élémentaire instinct de conservation en présence du péril mamelûk.

En quittant la Terre Sainte, Louis IX y avait pourtant laissé comme lieutenant personnel, avec cent chevaliers et cent sergents à pied, le vaillant Geoffroi de Sargines, déjà nommé sénéchal du royaume de Jérusalem[1]. En même temps la baylie du royaume passait au comte de Jaffa, Jean d'Ibelin, le rédacteur des *Assises*[2]. Les deux nouveaux chefs de la Syrie franque se trouvaient abandonnés à eux-mêmes, car peu avant que Louis IX rentrât en France, le roi de Chypre Henri Iᵉʳ le Gros était mort prématurément à Nicosie le 18 janvier 1253, âgé de trente-cinq ans seulement[3]. Le destin semblait s'acharner sur tous les princes qui auraient pu rendre l'unité de commandement aux colonies franques. La veuve de Henri, Plaisance d'Antioche[4], fut nommée régente de Chypre au nom de leur fils Hugue II, – Huguet comme l'appellent les chroniqueurs –, âgé de quelques mois. La longue minorité qui commençait dans l'île acheva d'affaiblir l'Orient latin à une heure décisive. Lorsque les Mongols de Hulagu offriront leur alliance aux Francs pour une grande Croisade franco-tartare contre l'Égypte, il n'y aura, pour accueillir leurs propositions, ni roi de Chypre ni roi de Jérusalem...

Ainsi livrés à eux-mêmes Geoffroi de Sargines et Jean d'Ibelin-Jaffa, le sénéchal et le bayle du royaume franc, se conduisirent avec énergie et adresse. Profitant de la tension qui s'était de nouveau produite entre les Mamelûks d'Égypte et le sultan aiyûbide de Damas al-Nâsir Yûsuf, Jean d'Ibelin conclut avec les Musulmans une trêve de dix ans étendue au littoral franc depuis Beyrouth jusqu'à Arsûf, mais non compris le comté de Jaffa[5]. Le vaillant Geoffroi de Sargines prit pour base Jaffa, exclue de la paix, pour tenter de là, le 5 janvier 1256, une razzia à travers la marche-frontière mamelûke d'Ascalon-Gaza, razzia qui réussit pleinement puisqu'il ramena à Jaffa 1 000 chameaux ou autres têtes de gros bétail et 10 000 têtes de menu bétail[6]. Le gouvernement mamelûk du Caire chargea l'émir de Jérusalem d'exercer des représailles. L'émir vint bloquer Jaffa, dévasta la région et rentra chez lui avec une centaine de prisonniers, Templiers, Hospitaliers ou sergents, et 40 000 têtes de bétail. Mais comme les Musulmans conduisaient de nouvelles expéditions de pillage dans la banlieue de Jaffa, Jean d'Ibelin-Jaffa et Geoffroi de Sargines, bien que n'ayant avec eux que 200 chevaliers et 300 sergents et arbalétriers, opérèrent une brusque sortie et infligèrent à l'ennemi un complet désastre où il perdit 2 000 hommes, dont le gouverneur de Jérusalem (17 mars 1256)[7].

La paix franco-musulmane de 1256.

La victoire de Geoffroi de Sargines survenait à une heure où, au Caire, l'autorité du sultan mamelûk Aibeg paraissait ébranlée. L'année précédente Aibeg avait dû faire face à la révolte d'une partie des mamelûks ba*h*rides ; les mécontents, dont le futur sultan Baïbars, se réfugièrent en Syrie auprès du sultan de Damas, al-Nâsir Yûsuf[8]. Aibeg, sentant le besoin de jeter du lest, accepta la médiation du khalife de Baghdâd qui le réconcilia définitivement avec al-Nâsir. Aibeg accepta même de rétrocéder au sultan de Damas toute la Palestine musulmane, la frontière entre la Syrie aiyûbide et l'Égypte mamelûke étant désormais fixée à al-Arish[9].

Devant l'union des deux puissances musulmanes, Geoffroi de Sargines et Jean d'Ibelin-Jaffa durent juger sage de cesser définitivement la lutte. Ils conclurent donc avec les Musulmans une paix de dix ans (1256-1266), paix où le territoire de Jaffa était cette fois inclus et qui concernait aussi bien le sultan de Damas que les Mamelûks d'Égypte[10].

1256-1266 : reportons-nous à l'histoire de l'Asie. C'est précisément l'époque des grandes campagnes mongoles contre le khalifat 'abbâside et la Syrie musulmane. Un tel rapprochement explique la hâte apportée par les sultans de Damas et d'Égypte d'abord à se réconcilier entre eux, puis à conclure la paix avec les Francs. En cette même année 1256, le khan mongol Hulagu venait de franchir l'Amû-daryâ pour prendre possession du trône d'Iran, en attendant les trônes du Levant que son général nestorien Kitbuqa s'apprêtait à lui conquérir. À cet égard, si on comprend la hâte des cours du Caire et de Damas à conclure la paix avec les Francs, l'acceptation de cette paix par les Francs fut peut-être une faute. Elle leur liait les mains au moment où l'intervention mongole allait leur apporter un appui inespéré.

Il est vrai que les Francs avaient autre chose à faire qu'à utiliser les bouleversements de l'Asie pour se sauver du péril mamelûk : ils se plongeaient dans la politique intérieure et les délices de la guerre civile.

Ce fut aux colonies marchandes de Saint-Jean-d'Acre que la Syrie franque dut ce surcroît de malheurs.

§ 2. — La guerre de Saint-Sabas.

Rôle des colonies marchandes dans la désagrégation de la Syrie franque.

Les colonies marchandes, en grande majorité italiennes, mais aussi provençales, languedociennes et catalanes, établies dans les ports du Sahel syro-palestinien avaient été longtemps une force pour le royaume de Jérusalem. Tant que la monarchie hiérosolymitaine avait subsisté, contenues par elle dans les limites de leur rôle économique, elles s'étaient montrées pour les souverains d'utiles collaboratrices. Les marines des républiques italiennes, intéressées par l'existence même de ces comptoirs à la conquête, puis à la défense du littoral, n'avaient pas marchandé leur concours. Mais tout avait changé depuis que la monarchie avait disparu. Les colonies italiennes s'étaient alors transformées en communes pratiquement autonomes à l'égard de la soi-disant cour royale d'Acre et ne dépendant que de leur métropole, Pise, Gênes ou Venise. Étendant leur activité du terrain commercial au domaine politique, se querellant entre elles sans tenir compte des barons francs, leurs suzerains, elles devinrent autant d'États dans l'État. La protection des flottes génoises, vénitiennes ou pisanes leur conférait une puissance bien supérieure à celle des derniers seigneurs francs et leur assurait, quels que fussent leurs empiétements ou leurs violences, l'impunité. Avec cela, subordonnant tout, leur politique musulmane comme leur politique latine, à la poursuite d'objectifs purement mercantiles, elles en arrivèrent à oublier totalement l'intérêt supérieur du pays, au point de se consoler de la chute prochaine de la Syrie franque, pourvu que les Mamelûks vainqueurs permissent la continuation du trafic, si bien que, dans la Syrie du treizième siècle comme dans l'Achaïe féodale du quatorzième, les progrès des républiques d'affaires aux dépens des baronnies françaises furent autant d'étapes vers la chute de l'Orient latin.

Les colonies italiennes et, secondairement, provençales, languedociennes ou catalanes se comportèrent ainsi comme un puissant élément de décomposition pour l'État franc. Chose curieuse, à mesure que cet État s'affaiblissait, à l'heure où l'institution monarchique disparaissait définitivement, ces colonies allogènes avaient renforcé leur organisation. Jusqu'à l'époque du désastre de *Hattîn* chacun des comptoirs italiens avait vécu isolé, sous la direction de son vicomte. Dans la dernière décade du douzième siècle, les seigneuries de Venise, de Gênes et de Pise éprouvèrent le besoin de centraliser l'administration de leurs colonies syriennes respectives sous l'autorité d'une sorte de consul général ou plutôt de résident supérieur[11]. Dès 1192-1198 Venise a ainsi créé un *bajulus Venetorum in tota Syria* en résidence à Acre, fonction dont le premier titulaire fut Pantaleone Barbo. De 1240 à 1244 nous voyons le poste occupé par l'énergique Marsilio Giorgio dont nous raconterons tout à l'heure la lutte contre les barons de Tyr et d'Acre. De même depuis 1192 Gênes a créé à Acre deux consuls généraux pour toute la Syrie[12]. Enfin Pise, après avoir institué de son côté et vers le même temps (1191) deux consuls généraux, réunit en 1248 leurs pouvoirs entre les mains d'un seul consul *(consul communis Pisanorum Accon et totius Syriœ)*.

Premières batailles entre Génois et Pisans à Saint-Jean-d'Acre.

Ainsi centralisées et étroitement rattachées à leurs métropoles respectives, les colonies pisanes, génoises et vénitiennes, que l'autorité royale n'était plus là pour contrôler, participaient à toutes les haines qui en Italie séparaient Pise et Gênes, Gênes et Venise. Par elles les trois grandes républiques maritimes italiennes transportèrent dans les eaux et sur le littoral syriens leurs guerres fratricides, et cela à quelques kilomètres de la frontière musulmane. Dès 1222, on l'a vu, s'est engagée dans les rues d'Acre une bataille entre Pisans et Génois. Ayant le dessous, les Pisans mettent le feu au quartier génois où une tour très importante est détruite. Les Génois ayant couru sauver leurs biens, les Pisans en profitent pour reprendre l'avantage et écraser leurs rivaux. Pendant plusieurs années les Génois boycottèrent le port d'Acre[13].

En 1249, tandis que, de Chypre, Louis IX se préparait à descendre en Égypte, nous avons vu encore une nouvelle guerre éclater dans les rues d'Acre entre Génois et Pisans. « Et fu en Acre la guerre des Pisans et des Genevois qui dura XXVIII jors, et getèrent les uns as autres de XII manières d'engins, perrières, trébuches et mangouniaus[14]. » Pendant ce temps Louis IX faisait demander à Acre tous les vaisseaux disponibles pour opérer son débarquement à Damiette. En vain : les escadres chrétiennes étaient trop occupées à s'entre-détruire. Cette fois encore les Génois eurent le dessous et un de leurs consuls fut tué. À la fin Jean d'Ibelin, seigneur d'Arsûf et bailli du royaume, réussit à ménager entre les deux colonies italiennes une trêve de trois ans. Vers la même époque on signale à Acre la brouille de la colonie montpelliéraine et de la colonie marseillaise[15].

Origines de la guerre de Saint-Sabas.

L'anarchie légale qui constituait désormais le statut officiel des colonies franques portait partout ses fruits. Les Francs, sans chef, sans guide, sans politique de quelque envergure, venaient de se lier les mains par un pacte d'amitié durable avec l'Islam à l'heure où la « Croisade mongole » accourait à leur rencontre. Pour comble d'aberration, la paix extérieure ainsi obtenue, ils allaient l'employer à la guerre civile.

L'origine du conflit, qui allait s'étendre à la Syrie franque tout entière, fut cette fois la rivalité des Génois et des Vénitiens à Saint-Jean-d'Acre. Déjà vers 1249-1250 une bataille avait eu lieu dans la ville entre les résidents des deux républiques. Un Génois avait été assassiné par un Vénitien. Les Génois, sous leur consul, Simone Malocello, coururent aux armes, envahirent le quartier vénitien et en maltraitèrent les occupants. La lutte prit fin sous l'influence de la croisade de Louis IX, mais la tension persista[16].

Le quartier vénitien, à Acre, qui ne comprenait pas moins de cent sept immeubles, était situé sur le port, au centre même de la rade, avec une tour crénelée, un palais et une église de Saint-Marc[17]. Le quartier génois, qui possédait également sa tour fortifiée, nommée Turris Muzoia ou Monzoia, Amuzoia ou Amonzoia (Montjoie)[18], était situé au nord-ouest du quartier vénitien. Il en était séparé, à son angle sud-est, par la butte nommée colline de Montjoie, sur laquelle s'élevait un antique monastère dédié à saint Sabas. Vénitiens et Génois revendiquaient ce monastère avec d'autant plus d'âpreté que sa position sur la butte permettait de dominer le port[19]. Un beau jour de 1256 les Génois s'en emparèrent, puis firent irruption à main armée dans le quartier vénitien et coururent à travers le souk de la nation ennemie jusqu'à l'église Saint-Marc[20]. Aidés par les Pisans, « ils serrèrent leurs adversaires de si près que ceux-ci se virent sur le point d'être jetés hors de la ville[21]. » Portant aussi la lutte sur mer, les Génois s'emparèrent de tous les vaisseaux vénitiens à l'ancre dans le port.

Philippe de Montfort chasse de Tyr les Vénitiens.

Jusque-là la lutte restait circonscrite entre les résidents italiens. Elle allait bientôt s'étendre aux barons francs eux-mêmes. Le seigneur de Tyr, Philippe de Montfort, avait une vieille contestation de propriété avec les Vénitiens qui possédaient un tiers de la ville et de nombreux casaux dans la campagne[22]. Trouvant l'occasion bonne pour se débarrasser d'eux, il s'allia à leurs adversaires et, à l'instigation de ces derniers, expulsa de Tyr les Vénitiens en les déclarant déchus de tous leurs privilèges et propriétés[23]. L'outrage dut paraître d'autant plus grand aux Vénitiens que c'étaient eux qui, en 1124, avaient aidé à enlever Tyr aux Musulmans et que depuis, maîtres du tiers de la ville, ils s'en considéraient comme les co-seigneurs[24].

Comme le fait remarquer Mas Latrie, Philippe de Montfort, en même temps qu'il se débarrassait ainsi d'un condominium gênant, manifestait du même coup son indépendance à l'égard de la baylie d'Acre, « sa résolution de posséder allodialement Tyr[25]. » Ainsi double manifestation d'émiettement féodal. Les Génois, pour l'instant appuyés par les Pisans, entendent se réserver avec ceux-ci le monopole du commerce d'Acre et de Tyr ; et Philippe de Montfort s'affirme comme seigneur indépendant de Tyr et du Toron, sans permettre d'intervention du soi-disant pouvoir central.

Extension du conflit vénéto-génois à toute la société franque.

Aussitôt chacun prit parti. L'Ordre de l'Hôpital, les commerçants de Barcelone et d'Ancone se rangèrent du côté de Philippe de Montfort et des Génois. Naturellement le parti génois reçut aussi l'adhésion des seigneurs de Gibelet (Jebail) qui, on s'en souvient, appartenaient à la famille des Embriaci, originaire de Gênes. D'où, par la suite, hostilités locales entre Bertrand II de Gibelet et son suzerain Bohémond VI, prince d'Antioche et comte de Tripoli, qui était, au contraire, favorable aux Vénitiens[26]. En dépit des ordres de Bohémond VI, le sire de Gibelet, fidèle à ses origines, envoya à Acre, pour y combattre aux côtés des Génois, un corps d'archers, recrutés parmi les Syriens chrétiens de « la montagne de Gibelet », sans doute des Maronites[27].

Les Vénitiens, de leur côté, obtinrent de précieuses alliances. Ils détachèrent du parti génois les Pisans et conclurent avec eux une alliance offensive et défensive de dix ans pour tous les pays d'outre-mer (1257)[28]. Le bayle du royaume de Jérusalem, Jean d'Ibelin-Arsûf, avait été d'abord favorable aux Génois. Le consul général vénitien de Syrie, l'habile Marco Giustiniani, réussit à le gagner, lui aussi, à sa cause[29]. Quant à l'ancien bayle Jean d'Ibelin-Jaffa (« le comte de Jaffa ») qui avait eu, pendant son gouvernement, maille à partir avec le consul de Gênes à propos du châtiment d'un malfaiteur génois, il se déclara publiquement pour Venise[30]. Le parti vénitien fut aussi embrassé par les Templiers, les Teutoniques, les marchands provençaux[31].

La société latine de Syrie se trouva ainsi tout entière partagée en deux camps ennemis, Vénitiens et Pisans contre Génois, Provençaux contre Catalans, Templiers et Teutoniques contre Hospitaliers, Ibelin contre Montfort, comtes de Jaffa et d'Arsûf contre seigneur de Tyr, prince d'Antioche-Tripoli contre sires de Gibelet. L'obscure querelle de quelques marins pour la possession d'une « Notre-Dame de la Garde » acconitaine était devenue une affaire d'État, « l'Affaire », dirait notre époque habituée à de semblables folies. La rixe de Saint-Sabas dégénéra ainsi en guerre générale, « et dura la guerre prez d'un an, et occioient et découpoient et se fesoient tout le mal qu'il povoient les unz les autres, tout ausint comme il feissent aus Sarrazins »[32].

La guerre de rues dans Acre.

Tout d'abord les Génois d'Acre punirent les Pisans de leur défection en démolissant la tour du quartier pisan (à l'entrée du port, dans le renfoncement ouest). Puis ils fermèrent le port, après y avoir concentré leur flotte, pour empêcher l'entrée des vaisseaux vénitiens. Mais l'amiral Lorenzo Tiepolo, qui arrivait avec l'escadre vénitienne, lança ses vaisseaux à toute vitesse sur la chaîne, qui se brisa ; il pénétra dans le port, s'y empara des vaisseaux génois et y mit le feu, « puis il débarqua des troupes, enleva l'ouvrage fortifié construit par les Génois en avant de l'église de Saint-Sabas et le livra également aux flammes. Le lendemain, renforcé par les Vénitiens d'Acre que lui avait amenés le bayle Marco Giustiniani, il continua l'attaque du quartier génois et s'empara d'une rue couverte, prise par les Génois aux Vénitiens au commencement de la guerre. Maître du quartier génois, il étendit encore sa conquête jusqu'au Montmusard[33]. » Montmusard formait le faubourg nord-ouest d'Acre. Selon la remarque de Heyd, si les Vénitiens, partis du port, traversèrent ainsi la ville de part en part, les armes à la main, c'est qu'après avoir écrasé le quartier génois, ils pourchassèrent dans toute la ville ceux des Acconitains qui paraissaient suspects de sympathies génoises. Ce ne fut qu'ensuite que Tiepolo consentit à accorder à ses ennemis un armistice de quelques jours. « La flotte génoise, poursuit Heyd, résumant les chroniques génoises et vénitiennes, profita de cet armistice pour se concentrer à Tyr sous le commandement de Pasquetto Mallone. À l'expiration de l'armistice, Tiepolo se mit à sa poursuite, l'attaqua en vue de Tyr et prit le vaisseau amiral et trois galères. Pendant ce temps, à Acre, les Vénitiens donnaient l'assaut à une tour fortifiée défendue par les Génois et s'en rendaient maîtres[34]. »

Ainsi la guerre coloniale entre les deux grandes républiques maritimes italiennes avait embrasé tout le Levant. Le Templier de Tyr nous apprend qu'un des barons francs les plus respectés, le comte de Jaffa Jean d'Ibelin (« Ibelin-Jaffa ») qui avait embrassé le parti vénitien et pisan, faillit être parmi les premières victimes. Un jour qu'avec le consul de Pise il se trouvait sur la Tour des Pisans, il fut aperçu de la Tour des Génois, toute voisine, et déjà le meilleur arbalétrier génois apprêtait un carreau pour l'abattre lorsque le consul génois Ansaldo Inseba arrêta à temps le meurtrier : on était en période d'armistice et il importait de respecter les lois de la guerre[35].

Tentative de médiation du prince Bohémond VI d'Antioche.

Quelle autorité supérieure aurait pu ramener le calme au milieu des passions déchaînées ? Il n'y avait plus de roi de Jérusalem. Le dernier titulaire du trône, l'empereur Conrad IV, fils de Frédéric II, était mort en 1254. Le fils de Conrad, « Conradin », ramené au rang d'un simple duc de Souabe, n'était qu'un enfant sans appui. De même le roi de Chypre, Henri Ier de Lusignan, mort à la fleur de l'âge en 1253, n'avait, on l'a vu, laissé qu'un héritier de quelques mois, Hugue II ou Huguet. Les derniers espoirs de l'État franc reposaient sur la veuve de Henri Ier, la régente de Chypre Plaisance d'Antioche, et sur le frère de celle-ci, le prince d'Antioche-Tripoli Bohémond VI[36].

Bohémond VI est le dernier des princes francs qui, par delà les querelles de clocher, ait conçu une politique générale. Son étroite entente avec son beau-père le roi d'Arménie Héthoum Ier et l'intime alliance militaire que tous deux conclurent peu après avec les Mongols de Perse révèlent chez lui un remarquable sens politique et une claire vision des nécessités de l'heure, en même temps qu'un goût de l'action que semblait avoir éteint chez les barons d'Acre le parlementarisme féodal, tel que nous le montrent les *Assises*. Si quelqu'un pouvait refaire l'unité du malheureux pays franc, restaurer l'État, c'était lui. C'est ce que se disaient tous ceux qu'effrayait l'anarchie où se débattait la Syrie franque, notamment le comte de Jaffa Jean d'Ibelin – l'auteur des *Assises* – et le grand maître du Temple Thomas Bérard. À leur demande « pour metre pès en la terre » Bohémond VI se rendit donc à Acre, accompagné de sa sœur Plaisance, reine douairière de Chypre et de son jeune neveu, le fils de celle-ci, l'enfant-roi Hugue II – « Huguet » – (1er février 1257)[37]. Pour commencer, Bohémond réunit les notables et leur proposa de reconnaître Plaisance comme régente et Huguet comme « héritier et seigneur du royaume de Jérusalem » : seigneur du royaume et non roi, car Conradin était petit-fils de la reine Isabelle II de Jérusalem-Brienne, tandis que Huguet n'était que l'arrière-petit-fils, par les femmes, de la reine Isabelle Ier de Jérusalem-Anjou et du comte Henri de Champagne. Le comte Jean d'Ibelin-Jaffa, les Templiers et tout le parti vénitien reconnurent la régence de Plaisance et la lieutenance de l'enfant Huguet. Mais il n'en fallut pas davantage pour que tous les tenants du parti génois – Génois, Catalans et Hospitaliers – se déclarassent contre la dynastie chypriote, en faveur des droits, déclarés imprescriptibles, de Conradin. Toutefois, dans la haute-cour d'Acre, le parti guelfe et vénitien, grâce à l'influence prépondérante de Jean d'Ibelin-Jaffa, détenait la majorité. Les barons, malgré l'opposition de l'Hôpital, reconnurent donc les droits de Huguet, représenté par sa mère, à la « seigneurie du royaume de Jérusalem ». Plaisance d'Antioche se vit ainsi investie de la régence de Jérusalem, comme elle l'était déjà de celle de Chypre. Les Hospitaliers et leurs amis génois ou catalans eurent beau lui refuser le serment de fidélité, ce serment ne lui fut pas moins prêté par la majorité des notables[38].

Au début de la querelle de Saint-Sabas, le bayle du royaume, Jean d'Ibelin-Arsûf, qui conservait des sympathies pour les Génois, avait, on l'a dit, hésité entre les deux partis. De plus, il était en assez mauvais termes avec la maison d'Antioche (son fils Balian s'était pourtant fiancé en 1254 à la sœur de Bohémond VI, la reine douairière Plaisance d'Antioche, dont il se sépara d'ailleurs par consentement mutuel, précisément en 1258)[39]. Mais l'habile agent vénitien Marco Giustiniani avait déjà, nous l'avons vu, modifié ses sentiments et Bohémond VI fit le reste : le prince d'Antioche qui, dans toute cette affaire, se conduisit avec beaucoup de sagesse, se réconcilia entièrement avec Jean d'Ibelin-Arsûf au point de faire de lui le meilleur appui de sa sœur Plaisance[40]. Le seigneur d'Arsûf, confirmé dans sa baylie par la nouvelle régente, se mit alors franchement à la tête du parti poulain, vénitien et templier contre les Génois, désormais considérés comme ennemis publics. Bohémond VI recruta une petite armée de huit cents hommes d'armes parmi les anciens compagnons de saint Louis restés en Terre Sainte et chargea Jean d'Ibelin-Arsûf de rétablir coûte que coûte avec leur aide l'ordre et l'autorité dans Acre. « Li princes fist bail de la terre le seigneur d'Arsur et li bailla VIII C Françoiz qui estoient el païz, un an à ses soudées (= à sa solde) et li coumanda que, se li Hospitalier et la coumune de Gennes et li Espaingnol ne venoient à merci, qu'il leur feist tout le mal qu'il porroit[41]. »

Échec de la tentative de pacification de Bohémond VI.

Ce n'était malheureusement là qu'un pis-aller. Tel était l'acharnement des belligérants que même l'intervention de Bohémond VI n'avait pas réussi à leur imposer un arbitrage pacifique. Elle avait seulement renforcé le parti vénitien, devenu désormais le parti officiel. Mais Jean de Montfort à Tyr, les Hospitaliers, les Catalans et les Génois dans Acre même restaient, malgré les défaites subies par ces derniers, en opposition et révolte ouvertes. On ne se battait plus seulement pour la possession de la butte de Saint-Sabas, devenue le symbole de l'hégémonie maritime de Gênes ou de Venise en Méditerranée. On se battait pour les droits de l'enfant Huguet ou du jeune Conradin, pour le Lusignan ou pour le Hohenstauffen, pour les Guelfes ou les Gibelins. Toute l'idéologie politique du temps était, des deux côtés, mise au service des partis en lutte, pour aider – en présence du Mamelûk surarmé – la France du Levant à se suicider.

Bohémond VI lui-même paraît avoir été découragé par une telle anarchie. Après avoir installé ou confirmé Jean d'Ibelin-Arsûf dans la baylie du royaume, il quitta Acre pour retourner en son comté de Tripoli avec sa sœur, la régente Plaisance, et son neveu, le petit roi Huguet. Derrière lui, la guerre reprit de plus belle. « Li princes s'en ala en sa terre, car il ne povoit mestre pès entre les Crestienz qui si villainnement s'entre-guerroioient. Quant li princes se fu partiz d'Acre, la guerre fu plus griez et plus honteuse que ele n'avoit esté devant[42]. »

La folie franque : guerre civile à tous les degrés.

Le quartier génois proprement dit (Locus Januensium), dans la partie sud-ouest de la cité d'Acre, au nord-ouest du port, bien qu'à diverses reprises razzié par les incursions ennemies, tenait toujours. Depuis l'intervention de Bohémond VI, c'était comme une place assiégée, ayant contre elle l'immense majorité de la population. Mais il restait aux Génois l'aide des Hospitaliers. Or le très vaste quartier de l'Hôpital, avec sa puissante maison fortifiée donnant au nord sur Montmusart, était, au sud, contigu au quartier génois. Par là le quartier génois échappait au blocus et se trouvait régulièrement ravitaillé. « Depuis que le Prince (Bohémond VI) fu venu à Acre, toute la gent lor fu encontre (aux Génois) et lor failly la vitaille à venir en lor rue, sauve que por l'Ospitau de Saint Johan quy avoit II portes, l'une ver le

Seignor, l'autre vers la rue de Jenne ; et por l'Ospitau pasèrent la vitaille, quy lor veneit[43]. » Ce fut par l'intermédiaire des Hospitaliers, par le détour de leur quartier, que l'allié des Génois, Philippe de Montfort, seigneur de Tyr, put également faire passer au quartier génois d'Acre vivres et troupes de renfort.

Le quartier génois, ainsi mis en état de défense, regorgeait de défenseurs : « la rue de Jenne avoit bien huit cent homes d'armes, sans femes et anfans[44]. » Le quartier génois et le quartier vénitien (n'oublions pas qu'ils étaient contigus !) se transformèrent donc, pour le plus grand dommage de la ville d'Acre, en forteresses hérissées de machines de siège, pierriers, catapultes et mangonneaux : « Les Jenevés avéent II mout grans (mangonneaux) que l'un s'apelet Bonerel et l'autre se nomoit Vincheguerre et l'autre Peretin, et Venesiens avéent un mout grant quy se nomoit Marquemose et damagèrent mout les uns à les autres et abatirent plusors maisons et dura seste guerre autour de XIV mois[45]. » Note confirmée par l'*Estoire d'Éracles :* « En tout cel an (1258) ot bien LX angins qui tuit gitoient à val la cité d'Acre sur les mesons et sur les torz et seur les tornelles et abatoient et fondoient jusques en terre, car il i avoit tiex X engyns qui ruoient si grosses pierres et si pesanz que eles pesoient bien XV cent livres. Dont il avint que prezque toutes les torz et les forz maisons d'Acre furent toutes abatues, forz que tant seulement les maisonz de religion, et i ot bien morz de cele guerre XX mille homes que d'une part que d'autre... Et fu la cité d'Acre si fondue par ceste guerre comme se ce fust une cité destruite par guerre des Crestienz et de Sarrazinz[46]. » C'était pour ce beau résultat que Philippe Auguste avait reconquis Saint-Jean-d'Acre sur Saladin, que Louis IX avait débarqué à Damiette, souffert la captivité, prolongé quatre ans son séjour en Syrie. Tout l'effort de reconstruction des deux grands Capétiens se trouvait annihilé par la passion de guerre civile et le goût de suicide des derniers Francs. Comme l'avoue le manuscrit de Rothelin, les Mamelûks n'eussent pas fait mieux, et c'était pour eux qu'on travaillait.

Les chroniques nous racontent quelques épisodes de cette guerre de rues qui ruina la capitale de la Syrie franque. Un jour, ce sont les Génois qui, de leur quartier, font une incursion à travers la rue de la Reine-Alix et arrivent jusqu'à la rue de la Carcasserie. C'était l'époque où le prince d'Antioche Bohémond VI résidait à Acre. Il s'élance avec ses chevaliers pour arrêter les Génois. Justement dans son escorte se trouve Bertrand de Gibelet dont nous connaissons les origines – et les sympathies – génoises. C'est lui que Bohémond somme de « poindre premier » contre les Génois. En vain Bertrand le supplie-t-il de lui épargner cette extrémité. Comme le prince insiste, il y va, mais « le fer de sa lance derrière sa selle » et en criant de loin aux communiers de Gênes : « Je suis Bertrand de Gibelet ! » D'où brouille définitive entre le prince et son vassal indocile et, de ce fait, rebondissement de la guerre dans le comté de Tripoli sous forme d'une lutte à mort entre Bohémond VI et ses vassaux de Jebail[47].

Bataille navale d'Acre (24 juin 1258).
Triomphe du parti vénitien.

Mais c'était sur mer que la décision devait être obtenue. La seigneurie de Gênes équipa une puissante escadre de quarante-huit navires auxquels les Vénitiens ne purent d'abord en opposer que trente-quatre[48]. L'escadre génoise, après avoir doublé l'île de Chypre à hauteur de Limassol, vint jeter l'ancre dans le port de Tyr, ville où l'alliance de Philippe de Montfort assurait aux Génois une entière protection. Philippe et l'amiral génois Rosso della Turca arrêtèrent leur plan de campagne. Il fut convenu que Philippe avec sa chevalerie descendrait le long de la côte jusqu'à Acre pour prendre la ville du côté de la terre, en donnant la main aux Hospitaliers d'Acre en banlieue vers la Vigne-neuve, tandis que l'escadre génoise attaquerait le port[49].

La première partie de ce plan fut correctement exécutée. Philippe de Montfort descendit de Tyr avec quatre-vingts chevaliers et trois cents archers et vint à la Vigne-neuve opérer sa jonction avec le grand-maître de l'Hôpital, Guillaume de Châteauneuf, accouru de son côté avec tous ses chevaliers et ses turcoples (juin 1258)[50]. Ainsi concentrés dans la banlieue, chevaliers de Tyr et Hospitaliers n'attendaient que l'apparition des navires génois victorieux pour donner l'assaut aux quartiers vénitien et pisan[51]. Pendant ce temps l'escadre génoise, forte d'une cinquantaine de navires, quittait Tyr et cinglait vers Acre (23 juin 1258). Le Templier de Tyr nous affirme que, si l'amiral génois Rosso della Turca avait opéré une attaque brusquée contre le port d'Acre, il aurait remporté la victoire, car dans la ville Vénitiens et Pisans, sachant leurs quartiers menacés par l'armée de Philippe de Montfort et de l'Hôpital, se trouvaient dans une cruelle alternative : devaient-ils, pour garnir leur flotte, laisser leurs quartiers sans défense, ou, pour défendre leurs quartiers, laisser leurs navires sans équipages, à la merci de l'escadre ennemie ?

Dans cette extrémité, le consul de Pise et le bayle vénitien s'adressèrent au comte de Jaffa, Jean d'Ibelin (Ibelin-Jaffa). Tous trois vinrent demander l'aide du grand-maître du Temple, Thomas Bérard, qui était allé habiter dans les dépendances de son Ordre, à la pointe nord du faubourg de Montmusart, tant la maison principale du Temple située sur la mer, au sud-ouest de la cité, recevait de projectiles génois, parce que contiguë au quartier pisan[52]. Le grand-maître rassura ses alliés : il s'engagea, tant que durerait le combat naval, à garder avec tous ses chevaliers le quartier vénitien et le quartier pisan. « Et tout ensy com il dist, ensy fy, et piéстant (= séance tenante) les Frères (du Temple) montèrent à chevaus covers, et alèrent, au confanon levé, guarder les II rues des Pizans et des Venesiens[53]. »

Rassurés sur la sécurité de leurs foyers, les Vénitiens et les Pisans, et avec eux les Provençaux, coururent à leurs navires. « Quant il eurent quy garda lor rues, si firent crier lor banc par la sité et montèrent sur lor guallées quy furent XL et armèrent d'autres barques quy furent plus de LXX[54]. » Ainsi accrue, renforcée par tous les mercenaires d'Acre qu'on avait embarqués pour dix-neuf besants par jour, soutenue enfin par les marins pisans que commandait le comte Guillaume de Capraria et par les marins provençaux, l'escadre vénitienne dont Lorenzo Tiepolo et Andrea Zeno prirent le commandement se trouva bénéficier de la supériorité numérique. Quand avec ses alliés elle sortit du port d'Acre pour aller au-devant des Génois – c'était le 24 juin 1258, – ceux-ci, au lieu de surprendre l'ennemi, se trouvèrent eux-mêmes surpris par ce déploiement de forces inattendu. « Après une bataille acharnée, ils durent fuir en désordre, laissant aux mains de l'ennemi la moitié de leurs galères. Ils avaient perdu plus de 1 700 hommes, tués ou prisonniers, et leur désastre eût été encore plus complet si leur fuite n'avait été favorisée par le vent. Tandis que la flotte combattait sur mer, le bayle vénitien repoussait victorieusement dans Acre une attaque des Génois. Quand ceux-ci, du haut de leur tour, virent le désastre de leur flotte, ils comprirent que leur situation était désespérée[55]. »

De leur embuscade de la Ville-neuve, Philippe de Montfort et le grand-maître de l'Hôpital comprirent, eux aussi, que le coup était manqué. Philippe de Montfort regagna sa seigneurie de Tyr, « mout déjuglé et courroucé ». Quant à Guillaume de Châteauneuf, il n'osa retourner à Acre. Resté à la Vigne-neuve, il tomba malade de chagrin et mourut. Il fut remplacé comme grand-maître de l'Hôpital par le commandeur Hugue Revel[56].

Les Génois d'Acre, comprenant qu'après la destruction de leur flotte et le départ de leurs alliés, ils ne pouvaient plus défendre leur quartier (où la disette était devenue extrême), l'évacuèrent pour se réfugier au quartier des Hospitaliers, en attendant de passer, de là, à Tyr. Cette fois en effet, Gênes se reconnaissait vaincue, sinon pour l'ensemble de la Syrie franque, du moins en ce qui concernait Acre. Ses ressortissants transférèrent à Tyr, chez leur ami Philippe de Montfort, leur consulat avec le centre de leur activité au Levant. En quittant Acre, ils durent passer « par desouz les espées à ceux de Venice et de Pise » et voir occuper par les Vénitiens et les Pisans leur fondaco, leur tour consulaire de Montjoie, l'église fortifiée de Saint-Sabas, prétexte de toute cette guerre. Les Vénitiens ruinèrent le fondaco ennemi, en démolirent les maisons, en murèrent la rue marchande et transportèrent triomphalement chez eux, comme prisonniers de Saint-Marc, deux des piliers du fort de Saint-Sabas.

La guerre ne fut d'ailleurs pas terminée pour cela. À l'été de l'année suivante (1259), les Génois envoyèrent à Tyr vingt galères, commandées par Benedetto Zaccaria et un autre amiral. Aussitôt les Vénitiens armèrent de leur côté vingt-quatre galères, qu'ils concentrèrent à Acre ; puis, prenant à leur tour l'offensive, ils vinrent attaquer l'escadre ennemie devant Tyr. Zaccaria fut d'abord vainqueur à son aile, mais n'étant pas secondé par son collègue, il fut finalement accablé et fait prisonnier[57]. Tout espoir de recouvrer Acre fut ainsi perdu pour les Génois. Les Vénitiens vainqueurs tolérèrent par la suite que quelques vaisseaux génois entrassent encore parfois dans le port d'Acre, mais en leur imposant la honte de baisser pavillon[58].

Les Génois se consolèrent de leur expulsion définitive d'Acre en concluant avec Philippe de Montfort, seigneur de Tyr, un traité d'étroite alliance, aboutissant à une véritable union douanière. « Tyr devint non seulement la résidence des consuls généraux génois pour toute la Syrie, mais encore l'unique entrepôt approvisionné pour leurs flottes marchandes. Non seulement Philippe de Montfort leur confirma le droit à un tiers des revenus du port, mais il leur concéda encore une partie des taxes levées sur les marchandises qui traversaient Tyr en transit pour être exportées en Occident. Les capitaines de navires génois et même les marchands génois étaient exemptés à l'avenir de toute taxe à acquitter tant à l'arrivée qu'au départ, de tout droit d'accise sur les ventes et les achats[59]. »

Les ferments de haine laissés par la guerre de Saint-Sabas : Francs de Tyr contre Francs d'Acre.

Les débris du royaume franc se trouvèrent ainsi partagés en deux moitiés ennemies : le territoire d'Acre, placé en fait sous la protection des escadres vénitiennes, et le territoire de Tyr que Philippe de Montfort avait placé sous un véritable protectorat génois. La France du Levant, divisée contre elle-même, manœuvrée du dehors, en voie de dénationalisation, ne formait plus, en ses divers partis, qu'un appoint dans le jeu des grandes puissances maritimes qui choisissaient son territoire comme champ de bataille ; le tout en attendant la suprême ruée des Mamelûks dont les escadrons, conduits par des hommes de la valeur de Baîbars et de Qutuz, guettaient aux frontières l'heure où tous ces Francs, frénétiques de guerre civile et de suicide national, seraient mûrs pour l'invasion finale.

Seule, une fois encore, la Papauté avait vu le péril. Le pape Innocent IV envoya comme légat à Acre le dominicain Thomas Agni de Lentino, évêque de Bethléem, et par la suite patriarche de Jérusalem[60], chargé de réconcilier Vénitiens et Génois, Templiers et Hospitaliers, parti Ibelin et parti Montfort (avril 1259)[61]. Après de laborieuses négociations, le légat finit par obtenir la comparution des parties adverses devant une assemblée de dignitaires ecclésiastiques et laïcs réunis à Acre en janvier 1261. Les consuls génois de Tyr mirent comme condition à la paix la restitution de l'ancien quartier génois d'Acre. Invités à opérer cette rétrocession, le bayle vénitien Jean Dandolo et le consul pisan Jean Drapperio se dérobèrent, et la tentative de pacification échoua. Les Génois continuèrent à considérer Acre comme une colonie vénitienne, les Vénitiens à ne voir dans Tyr qu'une colonie génoise – et la France du Levant perdit à tous les coups.

Les Vénitiens cherchèrent alors à en finir avec la citadelle génoise du Levant. Le 7 septembre 1264 leurs navires apparurent devant Tyr et faillirent emporter la place, mais la présence d'esprit du consul génois Milian de Marin donna le temps à Philippe de Montfort d'appeler à lui des renforts, notamment ses partisans d'Acre (sans doute le parti Hospitalier) et jusqu'aux archers musulmans que les Chrétiens n'hésitaient plus à faire intervenir dans leurs querelles fratricides. Le coup ayant échoué, les navires vénitiens se retirèrent à Acre[62].

La Syrie franque entre l'invasion mamelouke et les attaques génoises.

Les représailles des Génois semblent être allées jusqu'à la trahison envers la Chrétienté. D'après le chroniqueur arabe Ibn Furât, eux et Philippe de Montfort auraient amorcé des négociations avec le chef mamelûk Baîbars en vue d'une attaque concertée contre Saint-Jean-d'Acre[63]. De fait Baîbars, comme nous le verrons, apparut devant Acre en avril 1263, mais le parti génois, craignant sans doute la réprobation universelle, n'osa lui donner la main. En tout cas, le 16 août 1267, tandis que Baîbars méditait plus que jamais la conquête d'Acre, une escadre génoise de vingt-six galères sous les ordres de Luccheto Grimaldi apparut devant la ville, s'empara de la Tour des Mouches qui défendait le port et bloqua étroitement la ville pendant douze jours en obligeant tous les navires neutres qui se présentaient, à se détourner sur Tyr. Quand Luccheto Grimaldi repartit pour Tyr, il laissa son collègue Pasquetto Mallone continuer le blocus d'Acre jusqu'au jour où l'arrivée d'une grande flotte vénitienne commandée par Jacopo Dandolo et Marino Morosini rétablit la liberté de la mer (28 août 1267)[64].

On conçoit ce que pouvait être la vie de la Syrie franque, menacée sans cesse par la reconquête mamelouke du côté de l'est, quand du côté de la mer ses capitales étaient toujours à la merci de quelque attaque des escadres italiennes, génoises devant Acre, vénitiennes devant Tyr. Même quand Louis IX, dont ces criminelles folies détruisaient l'œuvre syrienne, eut réussi en 1270 à faire signer par les deux républiques italiennes une trêve de quelque durée, les haines civiles allumées en Syrie continuèrent à brûler. Le principal animateur de la guerre de Saint-Sabas, le seigneur de Tyr, Philippe de Montfort, l'irréductible ennemi des Vénitiens, était cependant décédé, comme nous le verrons, à la fin de 1269. Mais son fils Jean de Montfort qui gouverna Tyr de 1269 à 1283 poursuivit, malgré la paix générale, la politique d'hostilité contre les Vénitiens et, partant, contre les gens d'Acre. Les esprits étaient de nouveau si montés qu'en 1273, comme il se trouvait un jour à Acre, le bayle vénitien Pietro Zeno protesta contre sa présence et le fit expulser[65]. La paix locale n'intervint qu'en 1277, à la suite d'un laborieux accord entre Jean de Montfort et le bayle vénitien d'Acre, Alberto Morosini. Jean rendit enfin aux Vénitiens leur ancien quartier de Tyr avec leurs privilèges consulaires et l'arriéré des revenus séquestrés[66]. Mais déjà on était à la veille de la conquête mamelouke, préparée à plaisir par tant de criminelles dissensions.

Extension de la guerre civile au comté de Tripoli.
Brouille de Bohémond VI et de Bertrand de Gibelet.

La querelle de Saint-Sabas n'avait pas seulement allumé la guerre dans les débris de l'ancien royaume de Jérusalem, à Acre et à Tyr. Elle avait aussi, nous l'avons annoncé, provoqué une autre guerre civile dans la principauté d'Antioche-Tripoli. Le prince d'Antioche-Tripoli Bohémond VI le Beau était, à ce propos, entré en lutte avec son vassal Bertrand de Gibelet, lutte qui, avec des épisodes divers, ne devait plus cesser jusqu'à l'épuisement et à la disparition des deux familles.

La ville de Gibelet, l'ancienne Byblos, l'actuel Jebail, avait été, on s'en souvient, conquise sur les Musulmans en 1109 pour le comte de Tripoli, Bertrand de Toulouse, avec l'aide de Croisés génois[67]. La seigneurie de Gênes (en l'espèce la cathédrale de San Lorenzo) avait alors reçu du comte de Tripoli le fief de Gibelet[68]. Le gouvernement génois concéda ce fief à un de ses concitoyens, Guglielmo Embriaco, qui avait participé à la Première Croisade. Le fils de Guglielmo, Ugone ou Hugue Ier, attesté entre 1127 et 1135, puis Guillaume II, fils de Hugue Ier, attesté depuis 1135 jusqu'en 1157, réussirent à constituer leur domaine de Gibelet en un solide fief héréditaire, ne relevant que des comtes de Tripoli. Quant aux redevances dues à la Seigneurie de Gênes, Guillaume II commença à en négliger le paiement, et Hugue II, son fils (il est attesté entre 1163 et 1179 environ), refusa, malgré l'intervention du Saint-Siège, à se conduire plus longtemps en tributaire des Génois[69]. De reste la maison « d'Embriac » se francisait rapidement grâce à une série de mariages avec les autres familles créoles, venues pour la plupart du royaume capétien, si bien que l'assimilation paraissait complète lorsque la guerre de Saint-Sabas vint réveiller les anciennes attaches génoises des sires de Gibelet.

Ceux-ci étaient, on le sait, vassaux du comté de Tripoli. Or, si l'ancienne dynastie provençale des comtes de Tripoli avait été très favorable aux Génois, la dynastie normanno-poitevine d'Antioche, qui, à l'extinction des Provençaux, hérita de Tripoli, gardait toutes ses sympathies aux Vénitiens. Quand le prince d'Antioche-Tripoli Bohémond VI intervint dans la guerre de Saint-Sabas, quand il vint à Acre en février 1257 pour arbitrer le différend, il prit rapidement parti pour les Vénitiens et traita les Génois en ennemis publics. Dans ces conjonctures délicates, la maison de Gibelet, fidèle à ses origines génoises, se sentait d'instinct portée vers l'autre parti. Irrité de cette opposition chez ses vassaux,

Bohémond VI voulut les contraindre. Nous avons parlé de la scène rapportée par le Templier de Tyr. Elle se situe dans la guerre de rues qui ensanglantait Acre : « Il avint un jour que les Jenevés coururent par une rue qui se disoit la rue de la Roïne et passèrent en une autre rue quy se disoit la Carcaisserie, et s'arestèrent là ; et le cry se leva en selui leuc, dont le prince (Bohémond VI) vint là à chevau covert, et chevaliers armés o (= avec) luy, et entre les autres y fu messire Bertrand de Gibelet. Et le prince coumanda au dit messire Bertran de poindre premier contre les Jenevés, dont messire Bertran le pria de luy espargner, pour se qu'il estoit d'iaus (= des Génois). Mais le prince le fist aler, vozist-il ou non (= bon gré, mal gré), et quant il y ala, si mist le fer de sa lance derier sa selle, disant as Jenevés, quant il lor fu près : "Je suy Bertran de Giblet". Et pour ce, le prince ly sot trop (= très) mavais gré[70]. »

Bertrand de Gibelet n'était que le chef d'une branche cadette des Embriac[71]. Mais le chef de la maison, le seigneur de Gibelet régnant en 1258, Henri[72], ne devait guère être en meilleurs termes avec son suzerain puisque, dès octobre 1252, il ne peut se rendre à Tripoli sans un sauf-conduit que lui fait obtenir le grand maître du Temple Thomas Bérard. Du reste lui aussi secourut ouvertement les Génois : *les Gestes des Chiprois* nous le montrent sur sa galère à cent rames *le Poindor*, venant ravitailler le quartier génois d'Acre, ce qui acheva d'irriter Bohémond VI[73].

Révolte de la chevalerie de Tripoli contre Bohémond VI.

Le plus grave était qu'en dépit de leurs origines italiennes, les sires de Gibelet cristallisaient autour d'eux l'opposition des barons français du comté de Tripoli contre la maison d'Antioche, héritière de ce comté. Bohémond V, prince d'Antioche et comte de Tripoli, avait, on l'a vu, épousé vers 1235 Lucie ou Lucienne, noble dame romaine, de la grande famille des Conti, comtes de Segni, à laquelle appartenait Innocent III (Lucienne était la propre nièce de ce pape[74]. À la suite de ce mariage, la famille de Segni peupla la principauté d'Antioche-Tripoli de ses membres ou de ses clients, tous assurés de la faveur de la cour et appelés aux plus hautes fonctions. Ce fut ainsi que le propre frère de la princesse Lucienne, le comte Paul II, beau-frère par conséquent de Bohémond V, fut nommé évêque de Tripoli. La faveur du clan romain ne fit que croître lorsque, Bohémond V étant mort, Lucienne devint régente (1251). Même lorsqu'en 1252 elle dut, sur l'invitation de Louis IX, laisser son fils, le jeune Bohémond VI, gouverner Antioche, le clan romain paraît avoir conservé une influence prépondérante à Tripoli, ce qui excita un mécontentement croissant chez les anciens vassaux du vieux comté provençal. Au nombre des opposants se trouvèrent un cadet de la maison princière d'Antioche, Guillaume de Boutron[75], et, naturellement, les sires de Gibelet à la tête desquels se signala Bertrand II, déjà nommé, « chevalier preu et hardy et fort et bien menbrant »[76], qui fut l'animateur de toute l'affaire[77].

Attaque de Bertrand de Gibelet contre Tripoli.
Bohémond VI blessé.

Nommé chef de la chevalerie tripolitaine révoltée, Bertrand de Gibelet vint attaquer Bohémond VI jusque dans la banlieue de Tripoli –. Comme presque tous ses vassaux avaient suivi Bertrand, Bohémond VI se trouvait dans une situation fort difficile ; il bénéficiait bien de l'amitié des Templiers, de même que la maison de Gibelet de l'appui des Hospitaliers, mais le Temple ne semble pas avoir eu le temps d'intervenir. Bertrand put donc impunément investir Tripoli où Bohémond VI se trouva comme assiégé. Ramassant ses derniers fidèles le prince tenta une sortie, mais il fut défait et eut grand'peine à regagner Tripoli. Bertrand le poursuivit jusqu'aux portes de la ville et le blessa de sa propre main : « Bertran ly courut après et l'atainst à l'espaule et li fist une plaie, criant : "Le vil et mauvais, retornés arière et ne foiés mie"[78] !

Meurtre de Bertrand de Gibelet.

C'étaient injures qui ne se pardonnent point. Quand Bohémond fut rétabli de sa blessure, il chercha par tous les moyens à se défaire de son vassal révolté. Un jour que Bertrand de Gibelet visitait sans méfiance un sien casal, une douzaine de « vilains », embusqués derrière le mur bas d'une vigne, l'assaillirent à l'improviste. Son cheval glissa, s'abattit sur lui. Ne pouvant se dégager, l'épée nue à la main, il empêcha quelque temps ses agresseurs d'approcher, mais ceux-ci finirent par le tuer à coups d'arbalète. Ils lui coupèrent la tête et l'apportèrent à Bohémond VI[79].

Ce drame décapita le parti des chevaliers tripolitains. Découragés, ils firent leur soumission à Bohémond VI, à l'exception de Henri, seigneur de Gibelet qui, avec l'aide des Génois, se maintint en état de rebellion dans son fief, et de Guillaume de Boutron qui se retira à Acre. Mais la lutte du clan romain et du parti poulain, des princes d'Antioche-Tripoli et de la maison de Gibelet était loin d'être terminée à Tripoli. Nous la verrons se ranimer sous le règne de Bohémond VII et ensanglanter le pays jusqu'à la catastrophe finale.

Ce qu'il faut retenir de ces douloureux événements, c'est l'incroyable inconscience qu'ils attestent chez les dirigeants de la France d'outre-mer. Un chevalier de la valeur de Bertrand de Gibelet périssait dans une révolte contre son prince, à l'heure où l'invasion mamelouke n'était plus qu'une question de mois. Ordres militaires et barons n'avaient plus de forces que pour s'entre-détruire. Acre restait à moitié démolie par la guerre de catapultes que s'y étaient faite Génois et Vénitiens ; elle ne voyait d'ennemis que dans les Génois, Tyr que dans les Vénitiens, Tripoli que dans les sires de Gibelet. Le prince d'Antioche-Tripoli Bohémond VI, le seul homme qui aurait pu restaurer l'État franc, était réduit à se défendre dans sa capitale libanaise contre sa noblesse révoltée. À Acre et à Tyr noblesse et bourgeoisie franques s'entre-tuaient pour Gênes ou pour Venise ; à Tripoli, c'était pour le clan romain ou pour le parti génois. La France du Levant se dénationalisait et se dissolvait. Tout ce que l'ancienne royauté franque avait fédéré et unifié, la république anarchique des barons et des marchands d'Acre le dissociait. Et cela, face à la revanche musulmane de l'aveu de tous imminente, sous le regard joyeux de Baïbars l'Arbalétrier. N'est-ce pas une satisfaction pour l'esprit, que cette société en folie de suicide ait, à brève échéance, tout entière disparu, massacrée ?

§ 3. — LA RÉPUBLIQUE FÉODALE ET LE PÉRIL EXTÉRIEUR.

Geoffroi de Sargines, représentant de Louis IX en Syrie, tente de rétablir l'ordre.

Le dernier personnage qui ait essayé de rétablir en Syrie la notion de l'État et du devoir chrétien, c'est-à-dire du patriotisme franc, fut Geoffroi de Sargines, que Louis IX avait en 1254 laissé en Syrie avec cent chevaliers comme son représentant personnel, avec le titre de sénéchal du royaume. « Le bon chevalier et prudhomme » qui, lors du désastre de la croisade d'Égypte, « avait défendu le roi contre les Sarrasins, ainsi que le bon valet défend la coupe de son seigneur contre les mouches[80] », avait trop le sentiment de la discipline capétienne pour se complaire en quoi que ce fût aux luttes civiles auxquelles les meilleurs barons syriens – même un Jean d'Ibelin-Jaffa, même un Bohémond VI – avaient pris goût. Le bayle du royaume de Jérusalem, Jean d'Ibelin-Arsûf, étant mort avant la fin de l'année 1258, ce fut Geoffroi de Sargines que la régente Plaisance revêtit de la baylie[81]. Geoffroi se trouva ainsi concentrer dans sa personne le pouvoir exécutif du royaume de Jérusalem et les fonctions de représentant du roi de France.

Un tel renforcement de l'autorité n'était pas de trop. L'anarchie, résultant de la guerre de Saint-Sabas, était partout. À Tyr, Philippe de Montfort, appuyé sur les Génois et sur les Hospitaliers, se comportait en prince souverain, révolté contre la Cour d'Acre. Chaque seigneurie franque, chaque colonie italienne, chaque Ordre militaire, au bref chacun de ces États dans l'État qui avaient remplacé la maison des Baudouin se considérait comme autonome. Comme en mer les corsaires génois ou vénitiens, des bandes de détrousseurs sévissaient dans la campagne, coupant les routes de commerce. Les Italiens, Provençaux et Catalans, protégés par leurs privilèges consulaires, se conduisaient en maîtres dans les ports. À Acre, notamment, Vénitiens et Pisans, se sachant indispensables pour protéger la ville contre les corsaires génois, se mettaient au-dessus des lois.

Dans cette anarchie Geoffroi de Sargines essaya, à force de sévérité impartiale, de rétablir l'ordre. « Cestuy messire Jofrey, note le Templier de Tyr, fu mout fort justizier et, en son tens, pendy mout de larons et de murtriés, ni onques ne vost esparaigner (quiconque) pour lingnage ny por aver que l'en peust doner ni por amistié, ni por autre chose[82]. » Un chevalier, Jean Renia ou Orenia, ayant assassiné à Acre l'évêque de Famagouste, crut s'assurer l'impunité en se réfugiant dans le quartier pisan. Malgré les protestations des Pisans, Sargines vint lui-même, avec ses hommes d'armes, l'y appréhender de force, et le fit pendre sans miséricorde. Exemple salutaire pour ramener chevaliers et Italiens dans l'obéissance[83].

Malheureusement toute l'énergie d'un Geoffroi de Sargines ne pouvait redresser la situation internationale. « L'autorité de Geoffroi, écrit Mas Latrie, efficace pour réprimer le vagabondage et les délits privés à l'intérieur, était insuffisante quand il fallait agir contre des forces navales et imposer la paix aux belligérants sur son propre territoire. Quoiqu'il y eût alors à Acre une garnison française et un corps de chevalerie d'Orient, la nation maritime qui avait la flotte la plus nombreuse dans les eaux du Carmel était la puissance prépondérante dans le pays. Depuis la guerre de Saint-Sabas durant laquelle les Italiens s'étaient outrageusement placés au-dessus des lois et de la souveraineté du pays, Venise s'arrogeait habituellement ce rôle. Saint-Jean-d'Acre, d'après ce qu'on lit dans les chroniques vénitiennes de l'époque, semble n'être alors qu'une colonie de la nation de Saint-Marc. Le bayle vénitien y parle en maître dès qu'il a quelques vaisseaux à sa portée[84]. » La Syrie franque s'était mise entre les mains de la banque et du négoce – car Venise, Gênes et Pise n'étaient que des maisons de commerce et le Temple lui-même n'était plus qu'une banque – et le négoce et la banque ne géraient la Syrie franque qu'en fonction de leurs intérêts. L'horizon des Vénitiens ne dépassait pas le bazar d'Acre, celui des Génois le bazar de Tyr. Et comme c'étaient eux qui, disposant du nerf de la guerre et d'un gouvernement fort, dictaient la politique les premiers des Ibelin à Acre, les seconds de Philippe de Montfort à Tyr, toute la valeur d'un Geoffroi de Sargines se trouvait annihilée. Il ne pouvait même pas mettre à profit, nous le verrons, l'occasion providentielle que constituait pour les Francs l'invasion des Mongols dans la Syrie musulmane.

Régence d'Isabelle de Lusignan.

Du reste, Geoffroi de Sargines ne devait pas conserver longtemps le pouvoir. Dans cette *societas perfecta* du monde féodal, véritable république de suicide, l'instabilité gouvernementale allait de pair avec les progrès de l'anarchie (comptez les baylies qui se sont succédé à Acre dans la seconde moitié du treizième siècle !)[85]. La régente Plaisance qui avait confié la baylie à Sargines mourut le 27 septembre 1261[86]. Ce décès rendait simultanément vacantes la régence du royaume de Chypre (régence au nom de l'enfant-roi Hugue II de Lusignan ou Huguet) et la régence du royaume de Jérusalem (au nom du jeune Conradin de Hohenstauffen). À Chypre, la cour de Nicosie nomma régent le cousin germain du roi Huguet, Hugue (III) d'Antioche-Lusignan dont la mère, Isabelle de Lusignan, était la sœur du feu roi de Chypre Henri Ier le Gros, et dont le père, Henri d'Antioche, était un cadet de la maison d'Antioche-Tripoli, frère du feu prince d'Antioche Bohémond V[87]. La mère de Hugue d'Antioche-Lusignan, la princesse Isabelle, revendiqua pour elle-même la régence du royaume de Jérusalem. Toutefois ce ne fut qu'en 1263 qu'elle et son mari Henri d'Antioche se rendirent à Acre pour faire valoir leurs droits[88]. Les barons, pris d'un scrupule juridique, lui refusèrent le serment requis parce qu'aux termes des *Assises* il aurait fallu pour cela que l'héritier du royaume, Conradin de Hohenstauffen, fût présent[89]. Cependant ils acceptèrent qu'Isabelle reçût la régence de fait. Satisfaite de ce compromis, elle repartit pour Chypre en laissant comme bayle à Acre son mari, Henri d'Antioche[90]. Et il est certain que toutes ces dispositions étaient irréprochables au point de vue constitutionnel, qui chez les derniers Francs primait tout. L'esprit et la lettre des *Assises* étaient à la fois respectés et tournés, ce qui constituait le fin du fin pour nos subtils théoriciens du droit féodal. Quant à Geoffroi de Sargines, il avait spontanément résigné la baylie pour faciliter l'union : c'était le seul homme d'action de la Syrie franque, et on l'écartait[91].

Régence de Hugue d'Antioche-Lusignan.

Donc, dans ce royaume en état de siège (nous verrons les catastrophes militaires qui se succédaient sans arrêt en ces années 1260-1270), la régence du pays avait été confiée à la vieille princesse Isabelle de Lusignan. L'année suivante Isabelle mourut et le problème constitutionnel se posa de nouveau (1264)[92]. Son fils Hugue (III) d'Antioche-Lusignan revendiqua alors à son tour la régence du royaume de Jérusalem. Il avait déjà la régence du royaume de Chypre, et une telle concentration des forces franques à une heure aussi grave ne pouvait qu'être unanimement approuvée. Il n'en fut rien et le parlement d'Acre examina soigneusement les droits d'un autre prétendant, Hugue de Brienne. Bien qu'on fût sous la menace d'une nouvelle invasion des Mamelûks conduits par le terrible Baîbars, les titres des deux prétendants furent discutés avec le plus méticuleux formalisme, un esprit juridique irréprochable et, n'en doutons pas, une remarquable éloquence. C'étaient jeux de politique pure et les barons francs s'y délectaient, tant le parlementarisme féodal qu'était précisément en train de codifier en virtuose Jean d'Ibelin-Jaffa dans les *Assises*, avait fait perdre à cette brillante société tout sentiment du péril extérieur et jusqu'à l'instinct de conservation. Finalement, après de longs débats, Hugue d'Antioche-Lusignan fut reconnu comme régent de Jérusalem. Geoffroi de Sargines, toujours dévoué à l'intérêt du pays, avait été le premier à lui prêter hommage (1264)[93].

La concentration des pouvoirs en Chypre et en Syrie entre les mains de Hugue d'Antioche-Lusignan d'une part, le maintien à Acre, sous le commandement de Geoffroi de Sargines[94], d'une petite garnison française, régulièrement payée par Louis IX d'autre part représentaient les dernières chances de salut pour la Syrie chrétienne. Mais il était désormais trop tard. La guerre civile de Saint-Sabas avait brisé l'unité politique et le moral de la société franque. Dans la division des partis – Génois et Vénitiens, Hospitaliers et Templiers, Montfort et Ibelin, Hohenstauffen et Lusignan, bientôt Lusignan et Angevins – partis dont chacun avait sa politique étrangère propre, aucune initiative d'ensemble n'était possible. Au milieu de l'impuissance, des divisions et de l'incompréhension générales, l'offre inestimable de l'alliance mongole allait se présenter, sans trouver personne à Acre pour en comprendre la valeur et l'accueillir.

À l'heure précise, en effet, où l'anarchie féodale franque et l'égoïsme mercantile des républiques maritimes italiennes annihilaient l'Orient latin, voici qu'arrivait en trombe, du fond de l'Iran, pour relayer et sauver la Croisade latine, la Croisade nestorienne des Mongols gengiskhanides. Les héritiers de ce fabuleux Prêtre Jean auquel avaient rêvé Brienne, saint Louis et Joinville, accouraient, le Khalifat détruit, au galop de leurs escadrons.

L'intérêt des Croisades, dès lors, se déplace. Il n'est plus dans les belles discussions parlementaires des *Assises*, dans les comptoirs enfiévrés d'Acre ou de Tyr. Il se concentre sous la tente des souverains mongols de la Perse, Hulagu Khan et la Doquz Khatun.

CHAPITRE VIII

LA « CROISADE MONGOLE »

§ 1er. — Fondation du khanat mongol de Perse.
L'il-khan Hulagu et le milieu nestorien.

*L'Égypte et les révolutions mameloukes. Meurtre d'Aibeg,
exécution de Shajar al-Dorr, déposition de 'Alî,
avènement de Qutuz.*

Tandis que la Syrie franque, minée par l'anarchie, démoralisée par les partis politiques, épuisée par les luttes fratricides entre barons d'Acre et barons de Tyr, Templiers et Hospitaliers, Vénitiens et Génois, se voyait réduite à l'impuissance, l'occasion se présentait à elle – inespérée – d'une totale revanche sur l'Islam avec l'aide des Mongols[1].

Tout d'abord dans l'Islam égyptien, la redoutable puissance des Mamelûks semblait à la veille de se détruire elle-même. Le premier sultan mamelûk, Aibeg le Turcoman, avait, on l'a vu, pour affirmer son pouvoir, épousé la sultane douairière Shajar al-Dorr, veuve de l'avant-dernier souverain ayûbide. Mais en mars-avril 1257, l'orgueilleuse sultane, apprenant qu'Aibeg voulait lui donner une rivale, résolut de se venger. Un jour qu'il se baignait après une partie de mail à cheval, elle le fit assassiner par ses eunuques (11 avril 1257). « Cette même nuit, écrit Abu'l Fidâ, elle envoya le doigt et la bague d'Aibeg à l'émir 'Izz al-Dîn l'Alépin en lui offrant le pouvoir, mais il n'osa pas accepter. » À la nouvelle du crime, les mamelûks d'Aibeg demandèrent le châtiment de la meurtrière dont les anciens mamelûks d'al-Sâlih Aiyûb firent mine de prendre la défense. Finalement les divers corps de l'armée s'entendirent pour mettre sur le trône le fils d'Aibeg, âgé de quinze ans, Mansûr Nûr al-Dîn 'Alî. Shajar al-Dorr fut transférée du palais du sultanat à la Tour Rouge, et les eunuques qui avaient comploté avec elle la mort d'Aibeg furent mis en croix. Le 2 mai 1257 on la tua (elle fut assommée à coups de socques par les jeunes esclaves du palais) et son cadavre fut jeté au bas de la tour[2]. »

La personnalité de la sultane avait permis jusque-là de maintenir, au milieu du régime de caserne qu'était au fond le gouvernement mamelûk, une fiction de légitimité. Elle disparue, le trône d'Égypte fut l'objet de toutes les compétitions entre prétoriens, sans que jamais le soldat heureux à qui ses victoires ou ses crimes valaient le trône pût se vanter de pouvoir léguer à ses fils une autorité de quelque durée. Le fait se vérifia pour le fils d'Aibeg tout le premier. En 1259, ce jeune homme fut déposé par un des compagnons de son père, le mamelûk Qu*t*uz, qui se proclama sultan à sa place (12 novembre 1259). Le coup d'État n'avait d'ailleurs eu lieu que parce qu'il fallait un chef de guerre énergique pour arrêter l'invasion mongole qui menaçait la Syrie musulmane et l'Égypte. Il n'en est pas moins vrai que le régime mamelûk, ballotté de révolution de palais en révolution de caserne, semblait singulièrement fragile à l'heure où les Mongols arrivaient. En effet le 2 janvier 1256 le prince mongol Hulagu, petit-fils de Gengis-Khan, avait passé l'Amû-daryâ pour venir gouverner la Perse et, au delà, tous les pays musulmans à conquérir jusqu'à l'Égypte[3]. Il avait depuis lors détruit le khalifat de Baghdâd et se préparait à subjuguer de même l'ancien sultanat aiyûbide et l'empire des Mamelûks.

Sympathies du khan mongol Hulagu pour le Christianisme. Rôle de son épouse Doquz-Khatun.

C'est en termes solennels qu'au témoignage de Rashîd al-Dîn, le grand-khan Mongka, envoyant son frère cadet Hulagu dans l'Asie Occidentale, lui avait tracé le programme de sa mission : « Les usages, les coutumes et les lois de Gengis-Khan, établis-les depuis les bords de l'Amû-daryâ jusqu'à l'extrémité du pays d'Égypte. Tout homme qui se montrera soumis et obéissant à tes ordres, traite-le avec bonté, comble-le de témoignages de bienveillance. Quiconque te sera indocile, plonge-le dans l'humiliation[4]. » Programme, on le voit, singulièrement favorable aux princes chrétiens qui, comme le roi d'Arménie Héthoum Ier ou le prince d'Antioche Bohémond VI, auraient l'adresse, en acceptant la suzeraineté mongole, de se faire, des invincibles Tartares, des protecteurs et des alliés.

Les instructions du grand-khan à son frère spécifiaient encore : « En toute circonstance, ne manque pas de consulter Doquz-Khatun et de prendre ses avis[5]. » Or Doquz-Khatun, l'épouse principale de Hulagu, la petite-fille du fameux Wang-Khan, roi des Kerait de la Mongolie orientale – le Prêtre Jean de la légende –, était, comme tous ceux de sa nation, une chrétienne nestorienne très fervente. « Comme les Kerait avaient depuis longtemps embrassé le Christianisme, Doquz-Khatun s'attacha constamment à protéger les chrétiens qui, durant toute sa vie, furent dans une situation florissante. Hulagu, pour faire plaisir à cette princesse, comblait les chrétiens de ses bienfaits et des témoignages de sa considération. C'était au point que dans toute l'étendue de l'empire (le Khanat de Perse) on élevait journellement de nouvelles églises et qu'à la porte de l'*ordu* de Doquz-Khatun une chapelle était constamment établie et qu'on y sonnait des cloches[6]. » – « Les Tartares (de Perse), confirme le moine arménien Vartan, transportaient avec eux une tente en toile ayant la forme d'une église. Le jamahar (= la crécelle) appelait les fidèles à la prière. Les offices et la messe étaient célébrés chaque jour par des prêtres et des diacres. Il y avait là des écoles pour les enfants qui s'y rendaient en toute liberté. Là vivaient tranquillement des ecclésiastiques accourus de chez les chrétiens de toute langue. Venus pour demander la paix, ils l'obtenaient et s'en retournaient avec des présents[7]. » – La nièce de Doquz-Khatun, Tuqiti-Khatun, qui fut, elle aussi, une des épouses de Hulagu, était non moins dévouée au christianisme nestorien.

Il y avait chez Doquz-Khatun plus que des sympathies ancestrales : une politique méthodiquement suivie. « Elle espérait, note le moine Vartan qui fut son confident, voir le christianisme prendre de plus en plus d'éclat. Tous les progrès qu'il fit, c'est à elle qu'il faut les attribuer. » On verra la faveur qu'après la prise de Baghdâd elle fit accorder par son époux au katholikos nestorien Makikha. Mais cette faveur ne se limitait pas chez la princesse mongole à ses coreligionnaires nestoriens. Elle s'étendait aux autres rites chrétiens, comme le montre le cas du moine arménien Vartan. « Elle avait, nous dit Vartan, une affection sincère et une considération particulière pour les chrétiens, de quelque nation qu'ils fussent, et sollicitait leurs prières. Il en était de même de Hulagu[8]. » Rien de plus significatif à cet égard que le récit de l'audience qu'accorda Hulagu au même Vartan : « En 1264, écrit le saint religieux arménien, l'il-khan Hulagu nous fit appeler, moi, les vartabeds Sarkis (Serge) et Krikor (Grégoire), et Avak, prêtre de Tiflis. Nous arrivâmes auprès de ce puissant monarque au commencement de l'année tartare, en juillet, époque de l'assemblée solennelle du kuriltai. Là se trouvaient tous les princes, rois et sultans que les Tartares avaient soumis, apportant de magnifiques présents. Dans le nombre, j'aperçus Héthoum, roi d'Arménie (Cilicie), David, roi de Géorgie, le prince d'Antioche (Bohémond VI)[9] et une foule de sultans (= atâbegs) venus de Perse. Lorsque nous fûmes admis devant Hulagu, on nous dispensa de fléchir le genou et de nous prosterner suivant l'étiquette tartare, les chrétiens ne se prosternant que devant Dieu. Ils nous firent bénir le vin et le reçurent de nos mains. Les premières paroles que m'adressa Hulagu furent celles-ci : "Je t'ai fait appeler pour que tu fasses connaissance avec moi et pour que tu pries pour moi de tout ton cœur." Après qu'on nous eut fait asseoir, les frères qui m'accompagnaient chantèrent des hymnes, les Géorgiens célébrèrent leur office, les Syriens et les Romains en firent autant. Comme les Tartares remarquaient que des ecclésiastiques étaient accourus de tous côtés, l'il-khan se mit à dire : "Comment ces moines sont-ils venus de partout en même temps pour me visiter et me bénir ? Je crois que c'est une preuve que Dieu est incliné en ma faveur[10]."

Pour se montrer sympathique au christianisme, Hulagu n'avait du reste qu'à se rappeler l'exemple de sa propre mère, la grande khatun Sorgaqtani, une nestorienne de bonne race puisqu'elle était, de son côté, la propre nièce du Wang-Khan Toghril, le « Prêtre Jean » des Turcs Kéraït. Ces souvenirs hantaient toujours le gengiskhanide à qui venait d'échoir l'empire de l'Iran, comme, en une heure d'abandon, il le confia au moine Vartan : « Un jour il fit reculer tous les gens de sa cour et, en compagnie de deux personnes seulement, il causa longuement avec moi des événements de sa vie à partir de son enfance, et de sa mère, qui était chrétienne. » Non que Hulagu ait jamais été personnellement chrétien. Nous savons qu'il restait plutôt bouddhiste et, en particulier, dévot au bodhisattva Maitreya. Mais son royaume iranien ne renfermait pas de bouddhistes, tandis que les chrétiens, tant nestoriens que jacobites, tant arméniens que géorgiens, y étaient nombreux, et il était naturel qu'à défaut de ses propres coreligionnaires il favorisât ceux de sa mère et de son épouse. Dans l'entretien particulier qu'il accorda au moine Vartan, il avoua à celui-ci que ses sympathies pour le christianisme commençaient à créer un fossé entre lui et ses cousins, les Khans gengiskhanides de la Russie méridionale (Qipchaq) et du Turkestan (Jaghataï), qui penchaient au contraire vers l'islamisme : « Nous, nous aimons les chrétiens, lui fait dire Vartan, tandis qu'eux sont favorables aux musulmans[11]. »

Fondation du royaume mongol de Perse.

De telles dispositions étaient d'autant plus intéressantes que le gouvernement de Hulagu en Perse allait affecter un caractère autrement stable que celui des précédents gouverneurs mongols dans ce pays. Ceux-ci, Chormaghan, Aljigidaï, Baïju, n'avaient été que des commandants militaires, campés, avec leur cavalerie toujours à demi nomade, dans les plaines du bas Araxe pour faire vivre leurs chevaux, percevoir l'impôt et l'envoyer à Qaraqorum. Hulagu, au contraire, venait instituer en Iran un gouvernement régulier, établir une dynastie officielle, encore que vassal du grand-khan de Qaraqorum, fonder un véritable royaume mongol de Perse.

Lorsqu'il franchit l'Amû-daryâ, en janvier 1256, les atâbeg ou gouverneurs turcs de Perse, derniers survivants des anciens empires seljûqide et khwârizmien, ne s'y trompèrent pas. Tous vinrent ou envoyèrent leurs ambassadeurs battre du front devant l'épigone gengiskhanide, depuis Shams al-Dîn Kurt, malik de Hérat, jusqu'aux deux Seljûqides d'Anatolie, 'Izz al-Dîn Kaikâwus II et Rukn al-Dîn Qilij-Arslân IV. Non seulement une dynastie mongole s'installait en Iran, mais elle allait, en y restaurant la notion de l'État, abolie depuis Nizam al-Mulk, y établir la plus puissante centralisation que ce pays ait connue ; centralisation inspirée à la fois de la discipline gengiskhanide et de la bureaucratie chinoise. La preuve de ce fait fut administrée séance tenante à propos de la secte des Ismâ'îliens ou Assassins et de leur repaire d'Alamût en Mazendéran.

Destruction de l'État ismâ'îlien d'Alamût par Hulagu.

Aucune dynastie musulmane, on s'en souvient, n'avait pu extirper de Perse et de Syrie la terrible secte ismâ'îlienne. Les Seljûqides de Perse, au temps de leur plus grande puissance, sous le sultan Malik-shâh, l'avaient vainement essayé. De leur nid d'aigle d'Alamût au nord de Qazwîn, les successeurs de Hassan i-Sabbâh défiaient le monde et, sous la menace de l'« assassinat », forçaient les plus hauts potentats à leur payer tribut (1090-1256). Le grand-maître des Ismâ'îliens régnant à l'arrivée de Hulagu, Rukn al-Dîn Khûrshâh, essaya en vain de gagner du temps. Hulagu en personne vint assiéger la citadelle. Le 20 décembre 1256 Khûrshâh, découragé, se rendit et « fut admis à l'honneur de baiser la terre devant Sa Majesté ». Hulagu exigea de lui – fait qui intéresse directement cette histoire – l'engagement de faire remettre aux Mongols les forteresses ismâ'îliennes de Syrie ; des courriers furent même expédiés dans ce but au Liban[12]. Hulagu envoya ensuite son prisonnier au grand-Khan, en Mongolie. Mais Mongka, moins tolérant que son frère, déclara qu'il n'y avait pas lieu de fatiguer les chevaux de poste pour un chef d'assassins et fit exécuter ce dernier en cours de route.

§ 2. — Destruction du khalifat de Baghdad par Hulagu.

Le khalife al-Musta'sim et la menace mongole.

Après le chef de la terrible secte shî'ite, ce fut le tour du khalifat sunnite lui-même. Le trône de Baghdâd était alors occupé par l'abbâside al-Musta'sim, le 37e khalife de la dynastie (1242-1258). Tous les historiens arabes s'accordent à nous représenter ce mulâtre (c'était le fils d'une esclave éthiopienne) comme un homme sans énergie, faible et lâche. Ses prédécesseurs, depuis un siècle, avaient su, avec autant de patience que d'habileté, restaurer leur pouvoir temporel en Irâq 'Arabi, en se créant une armée suffisante pour se faire respecter par les maîtres successifs de l'Iran. Les shâhs de Khwârizm eux-mêmes, bien qu'en fort mauvais termes avec le khalifat, n'osèrent attaquer Baghdâd. Mais, à l'heure où le péril devenait autrement grave, puisqu'il s'agissait maintenant des implacables Mongols, al-Musta'sim avait inauguré une politique imbécile de pacifisme et de désarmement. Tandis que l'orage s'amassait au nord-est, il avait, par la suppression des bénéfices militaires, réduit les effectifs de la cavalerie khalifale de 120 000 hommes à moins de 20 000[13]. Avec les économies ainsi réalisées, il avait essayé, par un tribut volontaire, de se concilier l'amitié des terribles Mongols. Cet aveu de richesse et sa politique de désarmement concoururent à exciter davantage leurs désirs d'agression.

Il manquait à la préparation du désastre les luttes de factions et la guerre civile. On les eut. Sous le règne du même Musta'sim, tandis que l'invasion mongole ne faisait plus de doute, un conflit éclata entre les Sunnites de la ville de Bahgdâd et les Shî'ites du faubourg d'al-Karkh, ces derniers soutenus par le vizir Muwaiyad al-Dîn ibn al-'Alqamî. Abu'l Fidâ nous dit qu'à la suite d'un de ces conflits fréquents entre les Sunnites de la cité et les Shî'ites du faubourg, Abû Bekr, fils du khalife, lança ses troupes sur al-Karkh. Les soldats saccagèrent le faubourg, insultant les femmes et attentant à leur honneur. Le vizir Muwaiyad al-Dîn, qui était shî'ite, fut tellement courroucé de cette opération que, dans sa colère, il aurait écrit aux Mongols pour les engager à marcher sur

Baghdâd sans plus de retard. Il aurait même dans ce but envoyé son frère auprès d'Hulagu. Telle est du moins la version sunnite qui cherche à rendre les Shî'ites responsables de la catastrophe de 1258[14].

Au contraire pour Rashîd al-Din qui nous apporte la version persane shî'ite, la responsabilité du désastre incomberait au dewâtdâr ou secrétaire Aibeg. Ce fonctionnaire, appuyé sur la populace sunnite et qui connaissait la faiblesse du khalife, l'intimida en le menaçant de le déposer, puis accusa calomnieusement le vizir de conspirer avec les Mongols. Tout le récit de l'historien persan tend à imputer la chute du khalifat aux machinations de ce personnage[15]. La discordance des deux sources atteste dans tous les cas le désaccord profond qui à cette heure suprême divisait dans Baghdâd les églises musulmanes, désaccord qui allait faire le jeu des Mongols, comme il avait si longtemps, à l'époque des Seljûqides et des Fâtimides, fait le jeu des Croisés.

L'opposition des deux principes :
Le panmongolisme contre le khalifat musulman.

Adroitement Hulagu invita le khalife à lui reconnaître sur Baghdâd les prérogatives temporelles dont avaient jadis bénéficié les émirs Buwaides, puis les sultans Seljûqides. « Tu as appris le sort que, depuis Gengis-Khan, ont fait subir au monde les armées mongoles. De quelle humiliation, grâce aux secours du Ciel Éternel, ont été frappées les dynasties des shâhs de Khwârizm, des Seljûq, des rois du Deilem et des divers atâbegs ! Et cependant la porte de Baghdâd n'avait jamais été fermée à aucune de ces races qui, toutes, y avaient établi leur domination. Comment donc l'entrée de cette ville nous serait-elle interdite, à nous qui possédons tant de force et de pouvoir ? Garde-toi de vouloir lutter contre l'Étendard[16] ! »

À ce solennel avertissement du Gengiskhanide le khalife répondit par un refus. Le domaine temporel 'abbâside reconquis par ses aïeux sur les derniers sultans Seljûq, il ne voulait pas y renoncer. Et il opposait aux revendications d'empire universel de la maison gengiskhanide la souveraineté spirituelle, non moins universelle, de la « papauté » musulmane : « Ô jeune homme à peine entré dans la carrière, qui, dans l'ivresse d'une prospérité de dix jours, vous croyez supérieur au monde entier, ignorez-vous que, depuis l'Orient jusqu'au Moghreb, tous les adorateurs d'Allâh, depuis les rois jusqu'aux mendiants, sont tous esclaves de cette cour ? et que je peux leur donner l'ordre de se réunir ? » En même temps la populace de Baghdâd se jetait sur les ambassadeurs mongols et les accablait d'injures.[17].

Hulagu annonça aussitôt sa détermination de conquérir Baghdâd. Le khalife affolé, se repentant déjà de sa réponse, voulut sur les conseils du vizir, c'est-à-dire du parti shî'ite, acheter à prix d'or la retraite du prince mongol. Il songeait maintenant, comme on l'avait fait jadis pour les sultans seljûqides, à faire faire la khu*r*ba et à frapper monnaie au nom du gengiskhanide. Mais le déwâtdâr Aibeg, appuyé sur le parti sunnite et sur l'armée, fit décider la résistance. De nouveau le khalife se flattait qu'à sa voix Aiyûbides de Syrie et Mamelûks d'Égypte accourraient sous le drapeau noir, que l'Iran et le Turkestan se soulèveraient contre les Mongols[18].

Ces espérances devaient être déçues. Damasquins et Égyptiens avaient trop à faire chez eux pour songer à secourir Baghdâd. Quant aux atâbegs turco-persans, ils ne bougèrent pas, ployés sous la terreur gengiskhanide. Toutefois la cour de Baghdâd réussit au dernier moment à recruter parmi les Persans et les Turcs d'Irâq une armée de mercenaires, mais le khalife, dans sa légendaire avarice, oublia de payer la solde de ces troupes. Il comptait sur l'accomplissement des prophéties dont il faisait menacer Hulagu. Si le khan attaquait la capitale de l'Islamisme, le soleil ne se lèverait plus, la terre tremblerait, l'armée mongole serait détruite par la peste. Et le khalife de rappeler la mort misérable de tous les imprudents qui avaient jadis voulu porter sur Baghdâd une main sacrilège, Ya'qûb et 'Amr, les frères *S*affarides, le Turc Besâsîrî, châtié par *T*ughril beg, Mu*h*ammed le Seljûqide, enfin, tout dernièrement encore le shâh de Khwârizm, abattu par Gengis-Khan. Vaines menaces ! Hulagu et son entourage étaient personnellement trop bouddhistes ou nestoriens pour se laisser émouvoir par ces prophéties sunnites. Y eussent-ils été exposés qu'ils auraient été rassurés par les devins shî'ites qui encourageaient le prince gengiskhanide à détruire le khalifat sunnite en lui promettant une pleine victoire[19].

Prise de Baghdâd par les Mongols.

La descente des armées mongoles sur Baghdâd commença (novembre 1257). L'armée qui opérait en Asie Mineure sous le commandement de Baiju descendit par la route de Mossoul pour prendre Baghdâd à revers sur la rive occidentale du Tigre. De son côté le meilleur lieutenant de Hulagu, le noyan Kitbuqa – un Turc naiman de confession nestorienne – se dirigea avec l'aile gauche sur la capitale 'abbâside par la route du Luristân. Enfin Hulagu lui-même descendit de Hamadhân sur le Tigre par Kirmânshâh et Holwân. Le 18 janvier 1258 le regroupement des forces mongoles était achevé et Hulagu établissait son camp dans la banlieue est de Baghdâd. L'armée khalifale, aux ordres du déwâtdâr, étant sortie de Baghdâd pour essayer de prévenir la concentration mongole, les Mongols coupèrent les digues et tendirent une inondation derrière elle, puis, le lendemain matin, attaquèrent l'ennemi et l'écrasèrent (17 janvier). Douze mille khalifiens restèrent sur le champ de bataille, le reste s'enfuit dans le désert de Syrie.

Le 22 janvier les généraux mongols Baiju, Buqa Timur et Sugunjaq ou Sunjaq vinrent prendre position dans le faubourg de Baghdâd situé à l'ouest du Tigre. En même temps Kitbuqa et Hulagu pressaient l'investissement de l'autre côté. Pour essayer d'apaiser les Mongols, le khalife leur envoya son vizir, qui, shî'ite zélé, était peut-être de cœur avec eux, et aussi le katholikos des chrétiens nestoriens, Makikha. Ce dernier détail a son importance. On a vu l'influence qu'exerçait auprès de Hulagu l'élément nestorien turco-mongol. En envoyant comme plénipotentiaire la plus haute autorité du nestorianisme, le dernier khalife espérait sans doute se concilier l'époux de Doquz Khatun.

Le petit-fils de Gengis-Khan n'était pas homme à se laisser fléchir. Avant toute réponse il exigea qu'on lui livrât les chefs du parti de la guerre, dont le déwâtdâr. Mais déjà de furieux assauts avaient donné aux Mongols tout le secteur oriental des fortifications (5-6 février). En amont et en aval de la ville, Hulagu avait établi sur le Tigre de solides barrages qui coupaient aux assiégés toute chance d'évasion. Ceux-ci n'avaient plus qu'à se rendre.

Extermination de la population musulmane de Baghdâd.

La populace de Baghdâd était passée de la xénophobie à l'abattement le plus profond. Quant aux soldats de la garnison, un grand nombre essayèrent de s'échapper. Les Mongols les rattrapèrent, les répartirent entre leurs compagnies et les égorgèrent jusqu'au dernier, avec le calme et la méthode mis en honneur par Gengis-Khan. Le dimanche 10 février 1258, le khalife en personne vint se rendre à Hulagu. Celui-ci lui enjoignit de donner des ordres pour que toute la population sortît de la ville en livrant ses armes. La consigne une fois exécutée, le massacre commença tout à l'aise. « Les habitants désarmés venaient par troupes se livrer aux Mongols qui les massacraient immédiatement[20]. » « Des flots de peuple sortaient de Baghdâd, cherchant à qui accourrait le premier se livrer à Hulagu, note de même Kirakos. Il les distribua à ses troupes et ordonna de les exterminer tous[21]. » Toutefois une partie du peuple baghdâdi n'avait pas exécuté la consigne. Les Mongols, entrant alors dans la ville, y procédèrent à un nouveau massacre collectif, suivi d'un incendie (13 février). Le sac dura sept jours. « Hulagu, dit Kirakos, commanda à celles de ses troupes qui avaient occupé le rempart, d'en descendre et de massacrer les habitants, depuis le plus grand jusqu'au plus petit. Les Tartares, pareils à des moissonneurs qui font tomber les épis sous la faux, tuèrent successivement une multitude immense d'hommes, de femmes et d'enfants. Le carnage dura quarante jours. Les égorgeurs s'étant lassés et leurs bras tombant de fatigue, ils reçurent un salaire pour exterminer ce qui restait et qui fut immolé sans miséricorde[22]. » Quatre-vingt mille habitants auraient été ainsi massacrés.

Quant au khalife imbécile dont le pacifisme et la politique de désarmement avaient appelé la catastrophe, Hulagu se joua cruellement de lui. « Le vendredi 9 safar (15 février 1258), écrit Rashîd al-Dîn, Hulagu entra dans la ville, afin de visiter le palais khalifal, et y donna un festin aux émirs. Par son ordre on amena devant lui le khalife auquel il dit : "C'est toi qui nous reçois, nous sommes tes hôtes. Viens, et vois quel présent digne de nous tu as à nous offrir !" Le khalife, qui prit ce discours au sérieux, tremblait de peur, au point de ne pouvoir reconnaître les différentes clés de ses trésors. Il fit briser plusieurs serrures et présenta au monarque mongol 2 000 vêtements, 10 000 pièces d'or, des pierreries et des joyaux de toute espèce. Hulagu reçut ces dons avec dédain et les distribua aux assistants ; puis il dit au khalife : "Ceux de tes trésors qui se trouvent au jour sont faciles à découvrir et appartiennent à mes serviteurs. Ce que je veux, c'est que tu déclares les richesses que tu as enfouies et que tu m'indiques leurs cachettes !" Le khalife convint qu'au milieu du palais était une citerne remplie d'or. On creusa dans cet endroit et on y trouva un amas de lingots d'or, dont chacun pesait 100 mithkals. On fit ensuite le dénombrement de tout le harem du khalife. On découvrit 700 femmes ou concubines et 1 000 eunuques. Les richesses que les khalifes avaient amassées depuis cinq cents ans (750-1258), on les amoncela comme des montagnes autour de la tente du khan. On livra aux flammes la plus grande partie des édifices de la ville, notamment la mosquée jâmi' des 'Abbâsides et leurs tombeaux. » Au bout de quarante jours, le charnier était tel que Hulagu dut s'éloigner de Baghdâd pour en éviter la pestilence. Il daigna alors proclamer une amnistie pour les rares survivants, devenus ses sujets[23].

Quant à al-Musta'sim, il avait été massacré à son tour, vers le 20 février, sans que les sources s'accordent sur le genre de supplice à lui infligé. Il est possible que, par égard pour sa dignité, les Mongols aient évité de verser son sang et, dans ce but, l'aient enfermé dans un sac où ils le firent fouler aux pieds par les chevaux[24]. Tous les membres de la famille 'abbâside qu'on put saisir furent égorgés sans pitié. Ce fut la fin d'une race.

Régime de faveur accordé aux églises chrétiennes par les Mongols.

À propos de ces exécutions, Rashîd al-Dîn a un mot curieux. Lui, chantre de la gloire gengiskhanide, historien officiel de Hulagu et de ses fils, il ne peut s'empêcher de murmurer que le khalife Musta'sim et la cour khalifale dont il n'a cependant dissimulé ni les défauts ni les vices, ont péri en martyrs de la foi coranique[25]. Ce qu'il insinue là, on le devine. La prise de Baghdâd et la destruction du khalifat, encouragées sinon inspirées par l'entourage nestorien de Hulagu, depuis la

Doquz-khatun jusqu'au noyan Kitbuqa, avaient affecté à certains égards les allures d'une croisade nestorienne. Rien de plus significatif que le choix du patriarche nestorien Makikha comme ambassadeur du khalife. Par ailleurs nous savons par Kirakos que parmi les troupes de Hulagu figuraient sous Baghdâd des contingents géorgiens commandés par Hasan Brosh, prince arméno-géorgien de Khatshên, de qui Kirakos tenait précisément le récit du massacre.

Non seulement très nombreux étaient dans l'armée mongole qui s'empara de Baghdâd les éléments chrétiens – nestoriens comme tant de Turcs Kérait ou Naiman, comme le général Kitbuqa, ou géorgiens comme plusieurs corps auxiliaires –, mais les chrétiens de Baghdâd eux-mêmes furent, par la volonté expresse des autorités mongoles, sauvés du massacre général. « À la prise de Baghdâd, écrit Kirakos, l'épouse de Hulagu, Doquz-khatun, qui était chrétienne, réclama les chrétiens de la confession nestorienne ou de toute autre confession qui se trouvaient dans la ville et implora pour eux la vie sauve. Hulagu les épargna et leur laissa ce qu'ils possédaient[26]. » De fait tous les chrétiens de Baghdâd, au moment de la prise de la ville, s'étaient, sur les instructions du patriarche nestorien Makikha, enfermés dans une église : les Mongols vainqueurs respectèrent le monument et tous les fidèles[27].

Une autre source arménienne ou plutôt franco-arménienne, *la Flor des Estoires d'Orient* du moine Hayton, donne la même note. Pour elle aussi la conquête de l'Irâq par les Mongols marque l'abaissement de l'Islam et la revanche de l'élément chrétien, tant arménien et jacobite que nestorien. « Quant Haloou (Hulagu) ot pris la cité de Baldach e le calif ou (= avec) toutes les contrées entour, molt fist honorer les Crestiens ; et les Sarrazins mist en grant servage. Une molier (= femme) avoit Haloou, Dacos Caton (Doquz-Khatun), qui estoit bone crestiene, e fu du lignage des III Roys qui vindrent a(d)orer la Nativité de Nostre Seignor[28]. Ceste dame fist reédifier toutes les églises des Crestiens, e fist abatre les temples des Sarazins, et les fist metre en tel servage que il n'osoient apparer[29]. » Hulagu, après sa victoire, fit même donner au patriarche nestorien Makikha un des palais khalifaux, celui du petit-déwâtdâr ou vice-chancelier[30].

La chute de Baghdâd sous les coups des Mongols dont un si grand nombre étaient nestoriens, dont la souveraine était une nestorienne fervente, fut saluée avec joie, sinon par les Latins, malheureusement trop absorbés dans leurs stupides guerres civiles pour réaliser la signification de ce grand fait historique, du moins par les chrétiens d'Orient, Arméniens, Géorgiens, Syriaques de toute confession. Pour eux tous, c'était, après tant de siècles d'oppression, après l'immense déception des Croisades, la revanche de la Chrétienté sur l'Islam. Écoutons le ton de Kirakos de Kantzag pour chanter la chute de la nouvelle Babylone : « Il y avait cinq cent quinze ans que cette ville avait été fondée. Pendant tout le temps qu'elle conserva l'empire, pareille à une sangsue insatiable, elle avait englouti le monde entier. Elle rendit alors tout ce qu'elle avait pris. Elle fut punie pour le sang qu'elle avait versé, pour le mal qu'elle avait fait, lorsque la mesure de ses iniquités fut comble devant Dieu. La domination violente des Tajiks (= des Musulmans) avait duré six cent quarante-sept ans[31]. »

Les terribles Mongols apparaissaient ainsi comme les vengeurs de la chrétienté opprimée, les sauveurs providentiels envoyés du fond du Gobi pour prendre l'Islam à revers et l'ébranler jusqu'en ses fondements. Qui eût dit que les humbles missionnaires nestoriens, partis au septième siècle de Séleucie du Tigre ou de Beit Abé pour semer l'Évangile dans les terres ingrates du Turkestan oriental et de la Mongolie, feraient un jour lever moisson pareille ? Successivement, depuis lors, les Uighur de Kutsha et de Turfan, les Naiman du grand Altai, les Kerait du Gobi oriental, les Ongut de la Mongolie sud-orientale, au bord de la Grande Muraille, à la frontière de la Chine propre, avaient accepté, à côté de leur shamanisme natal ou de la propagande bouddhique, la prédication nestorienne, et voici qu'aujourd'hui les chrétiens se comptaient par milliers parmi les guerriers de ces tribus qui suivaient Hulagu, disciples inattendus du katholikos de Chaldée, unissant dans leur culte la croix nestorienne des cimetières de Pishpek à l'Étendard gengiskhanide[32].

À cet égard, remarquons-le, se trouvait justifié l'espoir instinctif placé par Louis IX dans la maison du Prêtre Jean, ce fabuleux monarque chrétien, situé à l'extrémité de la terre et dont les Mongols, après avoir abattu son empire, avaient adopté les sujets et, dans une certaine mesure, les croyances. Le rôle joué dans ces événements par l'épouse de Hulagu, Doquz-Khatun, n'est pas sans raison souligné par les chroniqueurs. C'était bien la petite-fille du dernier Prêtre Jean qui, inspirant le Gengiskhanide son époux, l'avait poussé à détruire le khalifat. Et c'était si bien une Croisade mongole, une Croisade nestorienne qui commençait, que, moins de deux ans après la prise de Baghdâd, le khan Hulagu et son général le Naiman nestorien Kitbuqa allaient entreprendre, avec le concours du roi d'Arménie Héthoum Ier et du prince d'Antioche Bohémond VI, une grande expédition contre la Syrie musulmane.

§ 3. — La Croisade mongole de 1260. Prise d'Alep et de Damas.

Abaissement des Seljûqides d'Anatolie et de l'atâbeg de Mossoul devant Hulagu.

Si la chute de Baghdâd avait rendu l'espérance aux chrétientés orientales, elle avait plongé le monde musulman dans la terreur. Par la destruction du khalifat l'Islam se trouvait décapité. Mais telle était l'épouvante qu'inspiraient les terribles Mongols que les dynasties musulmanes encore debout se hâtèrent d'exprimer leurs félicitations au vainqueur. L'atâbeg de Mossoul, Badr al-Dîn Lûlû, alors âgé de plus de quatre-vingts ans, non content d'exposer, malgré sa douleur, sur les murs de sa ville les têtes des ministres baghdadis que lui avait envoyées Hulagu, vint en personne faire sa cour à ce dernier, à l'urdu mongol, alors campé près de Marâgha, en Adharbaijân[33]. Puis, ce fut l'atâbeg du Fârs qui vint de même congratuler le khan pour la prise de Baghdâd. Enfin arrivèrent les deux sultans seljûqides d'Anatolie, les deux frères 'Izz al-Dîn Kaîkâwus II et Rukn al-Dîn Qilij-Arslân IV[34]. 'Izz al-Dîn tremblait, car en 1256 ses troupes avaient essayé de tenir tête au général mongol Baiju qui les avait écrasées à Aqsara. Il apaisa Hulagu par une flatterie inédite. Ayant fait peindre son propre portrait sur les semelles d'une paire de bottes, il les offrit au khan irrité : « Votre esclave ose espérer que son roi voudra bien honorer la tête de son serviteur en posant sur elle son pied auguste. » Un tel trait montre le degré d'abaissement auquel l'Islam était réduit[35].

L'orage s'approchait de la Syrie musulmane. Pris de peur, le sultan aiyûbide de ce pays, al-Nâsir Yûsuf, qui régnait à Alep et à Damas, fit lui aussi acte d'hommage. Dès 1258 il envoya à la cour mongole son propre fils al-Azîz[36]. Ainsi l'arrière-petit-fils de Saladin, comme le descendant de Seljûq, ployait à son tour le genou devant le petit-fils de Gengis-Khan. De ses campements de Marâgha et de Tauris, le prince mongol était l'arbitre de l'Orient.

Conquête de Maiyâfâriqîn par l'armée mongole.
Rôle des contingents géorgiens.

Malgré ces témoignages de vassalité trop tardifs, Hulagu n'allait pas tarder à tourner ses armes contre les Aiyûbides. La campagne commença par une expédition locale contre l'émirat de Maiyâfâriqîn, au Diyârbékir, possession d'un cadet aiyûbide nommé al-Kâmil Muhammed. Notons qu'un des griefs des Mongols contre le prince aiyûbide était que ce dernier, musulman fanatique, avait fait crucifier un prêtre syrien (jacobite), venu dans le pays avec un passeport mongol[37]. Hulagu fit assiéger Maiyâfâriqîd par un de ses lieutenants que secondait un corps géorgien et arménien sous le chef géorgien Hasan Brosh. Le rôle de ce contingent chrétien paraît avoir été important. Un prince arménien, Sévata de Khatshèn trouva la mort dans ses rangs et l'éloge funèbre que consacre à ce héros la chronique arménienne de Vartan est d'un ton significatif : « Là périt un beau jeune homme, Sévata de Khatshèn, fils du grand prince Grégoire. Après avoir fait des prodiges de valeur, il gagna la couronne immortelle, toujours fidèle à Dieu et à l'il-khan. Il sera associé au triomphe de ceux qui versèrent leur sang pour le Christ[38]. » Cette association de la Croix et de l'Étendard gengiskhanide est à retenir. Tous ces chrétiens d'Orient avaient l'impression qu'en suivant les Mongols contre les Musulmans de Syrie ils participaient vraiment à une nouvelle croisade.

Après un long siège, Maiyâfâriqîn finit par être pris et l'aiyûbide al-Kâmil périt dans les supplices[39] : les Mongols lui arrachèrent des morceaux de chair qu'ils lui enfoncèrent dans la bouche jusqu'à ce qu'il eût expiré. Sa tête, plantée au bout d'une lance, allait être portée en triomphe par les Mongols à travers toute la Syrie musulmane, d'Alep à Damas. « Elle fut promenée dans les rues de Damas, précédée de chantres et de tambourins, et on finit par la suspendre, dans un filet, au mur attenant à la porte al-Farâdîs[40]. » Toute la population musulmane de l'émirat de Maiyâfâriqîn avait été massacrée. Seuls, ici encore, furent respectés les chrétiens, particulièrement nombreux dans la région, car l'antique Martyropolis était un très ancien évêché jacobite et aussi un centre arménien. « Les églises furent respectées, note Kirakos de Kantzag, ainsi que les innombrables reliques de saints que le bienheureux Maruta avait rassemblées là de tous les pays[41]. Les chrétiens qui combattaient aux côtés des Tartares (les Géorgiens et les Arméniens) leur firent connaître la vénération que méritaient ces reliques en leur racontant les nombreuses apparitions de saints qui s'étaient fait voir sur le rempart, de lumières éclatantes qu'on avait aperçues, de personnages qui s'étaient manifestés avec des corps lumineux[42]. »

Le siège de Maiyâfâriqîn n'avait été que le prélude de la guerre générale entre Mongols et Musulmans de Syrie. Quand la place fut enfin prise, le petit-fils de Gengis-Khan, avec ses auxiliaires arméniens et francs, était déjà maître des capitales inviolées de la Syrie musulmane.

Le sultan de Syrie al-Nâsir Yûsuf et l'invasion mongole.

La Syrie musulmane, on l'a vu, appartenait à un arrière-petit-fils de Saladin, le sultan al-Nâsir Yûsuf à qui les Mamelûks d'Égypte venaient, au moment de l'invasion mongole, de rétrocéder la Palestine[43]. Si les usurpateurs du Caire lui avaient ainsi rendu d'importants territoires, s'il avait réussi à regrouper sous son sceptre la moitié de l'ancien empire aiyûbide, ce dernier descendant de Saladin n'en était pas moins un personnage sans valeur : on l'avait bien vu quand, avec tous les atouts en main, il s'était fait battre en voulant reconquérir l'Égypte sur les Mamelûks (1251). Épouvanté par l'approche de la tourmente mongole, il avait, au lendemain de la chute de Baghdâd, envoyé à Hulagu, en témoignage de vassalité, son propre fils al-'Azîz. Mais Hulagu, qui voulait en finir avec les Aiyûbides, reprocha au sultan de ne pas être venu en personne « battre du front » devant lui. Al-Nâsir fit alors une démarche plus humiliante encore. Il se décida, lui, l'héritier de la glorieuse maison aiyûbide, à se rapprocher du chef mamelûk Qu*t*uz, que les autres Mamelûks venaient d'élever sur le trône d'Égypte. Al-Nâsir, ayant fait les premiers pas, reçut du Caire la promesse d'un secours contre l'ennemi commun. Début du glissement qui, sous la menace de l'invasion mongole, allait subordonner en Syrie le légitimisme aiyûbide au militarisme mamelûk.

Malgré cette alliance avec les usurpateurs du Caire, le sultan al-Nâsir n'osa attendre de pied ferme les Mongols dans Alep. Il se trouvait alors à Damas. Il alla, il est vrai, se poster en observation dans la banlieue septentrionale de Damas, à Berzé où vinrent le rejoindre les représentants de la plupart des branches aiyûbides collatérales, notamment son cousin Mansûr II, prince de *H*amâ. Mais pendant que l'armée aiyûbide campait à Berzé, les officiers turcs au service d'al-Nâsir formèrent le projet de l'assassiner pour s'emparer directement du pouvoir. L'exemple égyptien devenait contagieux. Al-Nâsir, prévenu, eut le temps de courir s'enfermer dans la citadelle de Damas. Quant aux conspirateurs, ils partirent pour Gaza où ils proclamèrent sultan un frère de Nâsir, en attendant de se donner aux Mamelûks d'Égypte[44]. Cette défection affaiblit encore l'armée aiyûbide à l'heure de l'invasion mongole. La lâcheté personnelle d'al-Nâsir fit le reste. Au lieu d'aller animer par sa présence la garnison d'Alep, il laissa à son grand-oncle al-Mu'a*zz*am Tûrânshâh la défense de cette place dont le sort devait entraîner celui de toute la Syrie musulmane.

Invasion de la Syrie musulmane par les Mongols.
Conquête d'Alep.

La conquête de la Syrie musulmane par les Mongols en 1260 fut une opération bien conçue et bien exécutée, selon les meilleurs principes de la stratégie gengiskhanide. D'après *la Flor des Estoires d'Orient*, le plan de campagne aurait été décidé dans une entrevue du roi d'Arménie Héthoum Ier avec Hulagu. Le khan avait demandé à son allié de venir le rejoindre avec toute l'armée arménienne à hauteur d'Édesse, « car il voleit aler en Jérusalem, a ceo qu'il délivrast la Terre Sainte des mains des Sarazins et la rendist as Crestiens. Le roy Hayton fu molt lez (joyeux) de cestui mandement, e assembla grant ost à cheval et à pié de vaillans homes, car, en celui tens, le roiaume d'Erménie estoit en si bon estat que il faisoit bien XII mille homes à cheval et LX mille à pié. Quant le roi d'Erménie fu venuz, il ot parlement e conseil à Haloou sur le fait de la Terre Sainte. E dit le roy à Haloou : "Sire, le soudan de Halape (al-Nâsir Yûsuf) tient la seignorie du roiaume de Surie ; et puisque nous volons recovrer la Terre Sainte, à moi semble le meillor d'asségier premièrement la cité de Halape qui est mestre cité du roiaume de Surie, car, si l'on puet prendre Halape, les autres terres seroient tost ocupées." Molt plout à Haloou le conseil du roy d'Erménie, dont fist asségier la cité de Halape[45]. »

Un autre écrivain arménien, contemporain, celui-là, des événements et familier de la cour mongole, le moine Vartan, nous apprend qu'au moment où Hulagu envahit la Jazîra, « le katholikos d'Arménie vint le trouver et le bénit. Hulagu lui témoigna beaucoup d'amitié[46] ». Ainsi l'expédition du petit-fils de Gengis-Khan achevait de prendre l'allure d'une croisade arméno-mongole.

Ajoutons, à certains égards, croisade franco-mongole. En effet, comme on l'a vu, le roi arménien Héthoum, dans ses rapports avec les Mongols, ne traitait pas seulement pour lui-même, mais aussi pour son gendre Bohémond VI, prince d'Antioche et comte de Tripoli. C'est ce qu'atteste expressément le Templier de Tyr dans *les Gestes des Chiprois* : « Haiton, roy d'Erménie ala au puissant Halaou (= Hulagu) et se fist son home, et tout l'enorta (exhorta) et conseilla que il (Hulagu) se mist à venir à grant host. Et ci fist et porchassa le bon roy d'Erménie pour mau (= pour le malheur) des Sarazins et par le pourchas le (= dans l'intérêt du) prince Baimont ; et (Bohémond) fu mout en la grace de ce haut seignor Halaou, car ledit prince estoit gendre dou roy d'Erménie[47]. »

La grande armée mongole se mit en marche de l'A*dh*arbaijân vers la Syrie dans les premiers jours de septembre 1259. Le noyan Kitbuqa, le Naiman nestorien dont nous avons vu le rôle dans la conquête de Baghdâd, partit avec l'avant-garde.

L'aile droite était commandée par le vieux Baiju et par Sonqor, l'aile gauche par Sunjaq, le centre par Hulagu en personne qu'accompagnait son épouse chrétienne, Doquz-Khatun[48]. Descendant par le Kurdistan dans la Jazîra, le khan prit Nisîbîn, reçut la soumission de *H*arrân et d'Édesse, massacra les gens de Sarûj qui avaient voulu résister[49]. Après s'être emparé de même d'al-Bîra, il passa l'Euphrate près de cette place. Menbij fut mis à sac et l'avant-garde mongole apparut devant Alep. Le sultan al-Nâsir, au lieu de tenir tête dans cette ville, était allé s'établir à Damas. Cependant une partie de la garnison d'Alep tenta une sortie ; elle se laissa attirer dans la plaine par une fuite simulée des Mongols et fut taillée en pièces. Ce fut à grand'peine que les survivants purent regagner l'enceinte, non sans s'écraser aux portes dans leur débandale affolée. Simple reconnaissance d'ailleurs, à la suite de laquelle les avant-gardes mongoles allèrent s'emparer de 'Azâz. Notons que le métropolite jacobite d'Alep, l'illustre historien Bar Hebraeus, était venu au-devant des généraux mongols pour rendre ses hommages à Hulagu.

Enfin la grande armée mongole, commandée par Hulagu en personne et renforcée par les Arméniens du roi Héthoum et par les chevaliers francs du prince d'Antioche Bohémond VI, arriva devant Alep. Avec l'esprit pratique des Gengiskhanides, Hulagu, désireux d'éviter un siège inutile, proposa à la garnison d'accepter à titre provisoire la présence d'un commissaire mongol, en attendant que le sort des armes en rase campagne eût tranché entre lui et les Musulmans. Mais l'orgueil d'al-Mu'a*zz*am Tûrân-shâh, un vétéran des vieilles guerres aiyûbides, se révolta contre cette capitulation déguisée. Le sang de Saladin ne pouvait céder à celui de Gengis-Khan ! D'après Abu'l Fidâ, Tûrân-shâh fit à la sommation de Hulagu la réponse historique : « Je n'ai pour vous que du fer ! »[50].

Les Mongols, bravés, procédèrent méthodiquement. Le 18 janvier 1260, ils commencèrent le siège, leurs généraux se partageant les secteurs : Arqatu Noyan devant la Porte des Juifs, au nord, Sunjaq devant la Porte de Damas au sud, Hulagu lui-même devant la Porte d'Antioche (Bab An*t*âqiya) à l'ouest. Ils mirent en batterie vingt catapultes et le dimanche 24 janvier ils pénétrèrent dans Alep du côté du Sud.

Toute la ville fut occupée d'un seul élan, à l'exception de la citadelle qui tint encore un mois. Le massacre, copieux et méthodique, suivant les méthodes de guerre gengiskhanides, dura six jours pleins, jusqu'au 30 janvier où le khan lui-même, d'un mot, le fit cesser. Tout ce qui parmi la population musulmane, ne fut pas massacré, fut vendu sur les marchés du royaume arménien de Cilicie ou dans les ports de la Syrie franque[51]. En même temps que ce détail, notons que les Mongols, qui ne semblaient faire la guerre qu'à l'Islam sunnite, avaient, sur l'ordre de Hulagu, voulu respecter les édifices des autres rites ou cultes, notamment le couvent du *s*ufi Zaîn al-Dîn et la synagogue juive[52]. Toutefois, dans la violence de la prise d'assaut, il y eut quelques épisodes regrettables. L'église jacobite fut respectée, mais dans l'église grecque les troupes victorieuses massacrèrent plusieurs fidèles et réduisirent les autres en captivité. Enfin un prêtre arménien, frère du katholikos Mar Constantin, intervint, délivra les captifs et les réunit dans l'église jacobite[53]. Quant à la grande mosquée, le feu y fut mis le 26 janvier (à la partie méridionale de l'édifice) par le roi d'Arménie Héthoum qui combattait dans les rangs mongols[54].

La citadelle, où al-Mu'a*zz*am Tûrânshâh tenait toujours, capitula le 25 février[55]. Hulagu qui y fit un immense butin put se montrer clément. Tûrân-shâh fut épargné en raison de son grand âge et on autorisa les survivants à rentrer dans leurs foyers sous l'autorité de préfets mongols. Mais la citadelle fut démantelée.

Elle était donc tombée, la forteresse invincible qui avait résisté à Tancrède, à Roger d'Antioche et à Baudouin II, la ville inviolée qui avait défié tous les efforts des Croisés et de laquelle était parti le mouvement victorieux de la contre-Croisade. Ce que n'avaient pu ni les grands basileis byzantins du dixième siècle, ni les barons francs du douzième, voici que les capitaines nestoriens de l'armée mongole l'obtenaient en quelques semaines. Dans toute la Syrie musulmane ce fut une immense panique. Devançant l'arrivée des terribles Mongols, plusieurs princes musulmans vinrent faire leur soumission. Sous Alep même, Hulagu reçut ainsi la visite de l'aiyûbide al-Ashraf Mûsâ, l'ancien malik de *H*om*s*, que son cousin, le sultan al-Nâ*s*ir Yûsuf, venait de déposséder.

Hulagu le rétablit, comme vassal, dans la possession de son fief héréditaire[56]. Mais malheur à qui résistait ! La garnison de la forteresse alépine de *H*ârim, entre Alep et Antioche, refusa de se rendre si elle n'avait, comme garantie de la parole de Hulagu, la parole d'un musulman, en l'espèce l'ancien commandant de la citadelle d'Alep, Fakhr al-Dîn Sâqî. La capitulation obtenue, Hulagu, furieux de l'insulte, fit égorger toute la garnison de *H*ârim à l'exception d'un orfèvre arménien.

La politique mongole et les Francs d'Antioche.

À *H*ârim, l'ancien Harenc des Croisés, les Mongols arrivaient sur la frontière de la principauté d'Antioche dont le souverain, Bohémond VI, était leur allié. D'une lettre adressée peu après (22 avril 1260) à Charles d'Anjou par les notables d'Acre, il résulterait que les fourrageurs mongols pénétrèrent dans la principauté, et qu'entrés à titre d'alliés, ils s'y conduisirent avec leur brutalité habituelle, enlevant le bétail dans les casaux, commettant même des meurtres isolés[57]. À Antioche la cour mongole aurait exigé de Bohémond VI la restauration du patriarche grec Euthyme, que le patriarcat latin avait naguère fait bannir[58]. Faut-il voir là une partialité des Mongols en faveur du clergé grec contre le clergé latin ? Voyons-y plutôt la sympathie personnelle des chefs mongols envers Euthyme qui devait être *persona grata* auprès d'eux comme de la cour byzantine, puisque c'est lui qui, en 1265, sera chargé d'accompagner à Tauris la *despina* Marie, fille de l'empereur byzantin Michel Paléologue, fiancée au khan Abaga, fils de Hulagu[59]. La restauration d'Euthyme est aussi une manifestation de cette politique d'universelle tolérance des Mongols que loue la biographie syriaque du patriarche nestorien Mar Yahballaha III à propos du khan Kaîkhatu : « Conformément à la tradition de ses pères, il honora tous les chefs de religion, chrétiens, arabes, juifs ou païens (= ici bouddhistes et shamanistes), sans acception de personne[60]. »

La lettre des notables d'Acre à Charles d'Anjou prétend encore que le prince d'Antioche Bohémond VI, après s'être spontanément fait le client des Mongols, dut se rendre en personne au camp de Hulagu avec des présents considérables et qu'il « eut alors l'occasion de sentir toute la honte du joug tartare[61] ».

Toute cette lettre, qui respire l'esprit de parti, prouve surtout à quel point les factions franco-italiennes qui se disputaient le royaume d'Acre étaient incapables de rien comprendre à la politique extérieure. Ou plutôt elles ramenaient les bouleversements prodigieux de l'Asie au niveau de leurs petites guerres civiles et ne jugeaient le monde extérieur que sous cet angle étroit. Les Mongols, conduits par une cour et un état-major en grande partie nestoriens et, dans tous les cas, tout à fait favorables au christianisme, étaient en train d'abattre l'Islam syrien ; ils tendaient partout la main aux princes chrétiens ; mais les Francs d'Acre, enfoncés dans la politique intérieure et à qui leur passion pour la guerre civile avait enlevé tout jugement, ne retenaient dans la destruction de l'ancien émirat d'Alep – le pire ennemi des Croisades – que les excès de quelques fourrageurs tartares qui avaient enlevé du bétail, voire mis à mal le fermier, et que l'intrusion de la chancellerie mongole qui avait invité les chrétiens d'Antioche à accepter un patriarche grec à côté du patriarcat latin. Sans aller jusqu'à dire que l'écrasement de l'Islam syrien valait bien une messe byzantine, ne peut-on rappeler que le maintien, à Antioche, d'un patriarcat grec pour l'élément grec était une solution qu'avaient préconisée et fait prévaloir en leur temps Bohémond IV, Bohémond V et surtout le pape Innocent IV[62] ? Les notables d'Acre reprochaient à Bohémond VI de n'avoir pas pris les armes pour sauver Alep de la conquête mongole : « Après la chute d'Alep (qu'ils semblaient déplorer), voici, ô honte, la chrétienne Antioche qui, sans même avoir élevé son bouclier et agité sa lance, se soumet à l'envahisseur ! » Ainsi dans le moment même où les Mongols faisaient la besogne de la Chrétienté, les beaux esprits de la Cour d'Acre, les subtils discoureurs des *Assises* auraient voulu que la Chrétienté tombât sur les Mongols pour sauver l'Islam.

Combien mieux inspiré étaient Bohémond VI et le roi d'Arménie en adoptant une politique inverse ! Quant à « l'humiliation » acceptée par Bohémond, il était tout naturel que, devenu le client et l'allié de Hulagu, ce dernier le convoquât à son état-major au moment d'entreprendre la conquête de Damas. Les chroniqueurs arméniens, bien placés pour juger des résultats de la chute d'Alep, ne s'y sont pas trompés : « Haloou, dit *la Flor des Estoires d'Orient*, départi grans richesces entre ses gens ; e au roy d'Erménie en dona grant partie, e si li dona de celes terres e chastiaus, qu'il avoit (a)quis, plusors, et nomeement qui estoient plus près de la (t)erre d'Erménie, dont li roi (Héthoum) fist ceaus chastiaus garnir de sa gent. Après ce, Haloou manda le prince d'Antioche, qui estoit gendre du roi d'Erménie, e li fist honor e gra(c)es assés e lui fist rendre toutes les terres de sa princée qu'il (Hulagu) avoit tolues (enlevées) as Sarazins[63]. »

Ce texte est formel. La conquête du royaume aiyûbide d'Alep par les Mongols avait pour conséquence immédiate la récupération, par les Francs d'Antioche et par les Arméniens, des cantons et places frontières perdus.

Occupation de Damas par les Mongols.

La chute d'Alep entraîna celle de Hamâ. Le malik de Hamâ, l'aiyûbide Mansûr II, était allé, on l'a vu, rejoindre à Damas son cousin, le sultan al-Nâsir Yûsuf. Les notables de Hamâ, voulant éviter à leur ville le sort d'Alep, vinrent dans Alep même offrir leurs clés à Hulagu. Celui-ci leur accorda l'amân et nomma commissaire chez eux (shihna) un Persan nommé Khosrau-shâh[64].

Le sultan al-Nâsir Yûsuf ne défendit pas plus Damas qu'il n'avait défendu Alep. À la nouvelle de la chute d'Alep, lui et son cousin Mansûr II quittèrent Damas avec ce qui leur restait de troupes, et, par Naplouse, gagnèrent Gaza et al-'Arîsh, prêts à s'enfuir de là jusqu'en Égypte. Une telle fuite était, pour les deux Aiyûbides, plus qu'une abdication personnelle. C'était l'abdication de leur dynastie, soit entre les mains des Mamelûks d'Égypte, soit entre les mains des Mongols.

Damas, abandonnée par son roi, sans capitaine et sans garnison, se donna aux Mongols. Les notables se rendirent au camp de Hulagu, près d'Alep, et lui offrirent, avec des présents précieux, les clés de leur ville. Hulagu reçut la députation avec bienveillance et nomma son chef, Muhî al-Dîn ibn al-Zakî, grand qâdî de Syrie. Muhî al-Dîn revint à Damas revêtu de son nouveau titre mongol et avec un édit assurant la vie sauve aux habitants. Il fut suivi par deux commissaires impériaux, l'un mongol, l'autre persan. Enfin le général mongol Kitbuqa arriva à Damas avec un corps d'occupation mongol (1er mars 1260). Nous savons par le Templier de Tyr que le roi d'Arménie Héthoum Ier et le prince d'Antioche Bohémond VI accompagnèrent Kitbuqa dans cette chevauchée : « Le roy d'Arménie et le prince d'Antioche alèrent en l'ost des Tatars et furent à prendre Domas[65]. »

La population damasquine, se sachant désarmée, envoya en suppliants à la rencontre de Kitbuqa une députation de sheikhs et de notables. Les Mongols, satisfaits de cette soumission, traitèrent les Damasquins avec bienveillance. L'administration de Damas fut confiée à un gouverneur mongol, assisté de trois secrétaires persans, Alâ al-Din al Jâshi, Jamâl al-Dîn de Qazwîn et Shams al Dîn de Qûm. La citadelle résistait encore. Kitbuqa en commença le siège le 21 mars avec une vingtaine de catapultes. Le 6 avril, elle capitula[66]. « Les Mongols la pillèrent, en brûlèrent les édifices, démolirent la plupart de ses tours et y détruisirent toutes les machines de guerre. » Sur l'ordre exprès de Hulagu, Kitbuqa décapita de sa propre main le gouverneur et le vice-gouverneur de la citadelle.

Dans les semaines qui suivirent, Kitbuqa compléta la conquête de la Syrie musulmane. Un de ses lieutenants, Qushlugkhan pénétra en Samarie et arriva devant Naplouse dont la garnison aiyûbide osa tenter une sortie : elle fut passée au fil de l'épée. Les Mongols s'avancèrent jusqu'à Gaza sans rencontrer d'obstacle. Cependant le sultan al-Nâsir Yûsuf, qui fuyait devant eux, était arrivé aux frontières de l'Égypte où il comptait chercher un refuge lorsque, craignant de se confier aux mains des Mamelûks, il se ravisa et rebroussa chemin vers la Transjordanie ; mais, parvenu dans le district du Belqâ, il fut livré par ses serviteurs kurdes aux coureurs mongols. Kitbuqa qui se trouvait précisément en train d'assiéger la forteresse de 'Ajlûn, à l'est du Jourdain, se servit de son prisonnier pour obliger la garnison à se rendre. Le général mongol envoya ensuite al-Nâsir Yûsuf à Hulagu. Ce dernier fit au descendant de Saladin un accueil libéral et promit de le rétablir sur le trône, comme vassal, quand les Mongols auraient conquis l'Égypte. Pendant ce temps les derniers foyers de résistance musulmane succombaient l'un après l'autre. Ba'albek qui avait tenu jusque-là fut emporté et sa citadelle en fut démolie. Le cadet aiyûbide qui régnait à Panéas et à Subaiba, al-Sa'îd, petit-fils du grand sultan Malik al-'Adil, n'hésita pas, après avoir remis son fief aux mains des Mongols, à se joindre à eux « et à verser le sang des Musulmans »[67]. Toutefois Maqrîzî note que Panéas fut mis à sac par les Mongols[68]. C'était la place devant laquelle, sept ans auparavant, avaient échoué Joinville et ses compagnons. Partout les Mongols se présentaient, qu'ils y songeassent ou non, comme les vengeurs des Francs.

La domination mongole s'appesantissait, lourde, sur l'Islam syrien. Tout d'abord, nous l'avons vu, les Mongols avaient entrepris la destruction systématique des fortifications, murs et citadelles des places conquises, Alep, Hamâ, Homs, Ba'albek, Damas, Panéas, toutes ces villes fameuses qui avaient si souvent résisté aux Francs. Puis, s'ils pratiquaient une neutralité assez indifférente – ou également déférente – à l'égard de tous les cultes, s'ils nommaient gouverneurs des villes musulmanes syriennes des musulmans ralliés (à la vérité, le plus souvent des Persans shî'ites, étrangers à la confession locale), leur domination n'en gardait pas moins, du fait qu'ils étaient eux-mêmes des non-musulmans – bouddhistes, shamanistes ou nestoriens –, l'aspect d'une domination antimusulmane. L'élément nestorien, si nombreux dans leur armée et, en l'occasion, prépondérant, puisque leur généralissime, le naiman Kitbuqa, professait le nestorianisme, imprimait à leur action un caractère très marqué. Cet élément fraternisait spontanément avec les communautés arméniennes, jacobites, melkites ou autres, toujours importantes dans les grandes agglomérations comme Alep et Damas, sans parler des Nestoriens eux-mêmes, encore nombreux du côté de Malatya, d'Alep, de Damas et dans le Liban tripolitain[69].

Prépondérance de l'élément chrétien à Damas sous le régime mongol.

À Damas, l'entrée des Mongols parut aux chrétiens indigènes une véritable revanche sur une oppression six fois séculaire. Se sentant soutenus par le généralissime mongol Kitbuqa, leur coreligionnaire, ils organisaient dans les rues des processions publiques en chantant des psaumes et en portant des croix devant lesquelles ils forçaient les Musulmans à se lever. Ils osèrent même « faire sonner les cloches et faire couler du vin jusque dans la Mosquée des Omeiyades[70] ». Qu'il s'agisse là d'un simple outrage aux interdictions musulmanes ou de la célébration de la messe dans certaines mosquées de Damas, en une alternance de cultes tout à fait conforme à la tolérance mongole, la révolte des chrétientés indigènes n'est pas moins évidente. C'est du reste ce que confirment les textes chrétiens. Le Templier de Tyr, dans les *Gestes des Chiprois*, nous dit en effet que le roi d'Arménie Héthoum Ier et son gendre le prince d'Antioche Bohémond VI, après avoir aidé les Mongols à soumettre Damas, obtinrent de Kitbuqa la désaffectation d'une mosquée. « Le roi d'Erménie et le prince d'Antioche furent à prendre Domas. Et quant Domas fu prise, le prince, pour despit des Sarazins et pour lor honte, si fist netéer et ensenser une mout bele iglise, quy fu, dou tens des Gre(c)s, des (= aux) Crestiens ; en laquele yglize aourèrent par dedens (= prièrent, depuis) les Sarazins à Mahomet ; et fist laens (= là) chanter messe des Frans et soner campane (= cloches) ; et en les autres mesquylées (= mosquées) de Mahomet, là où Sarrazins aouroient, si fist faire metre ronsins et ahnes et espandre vin par les murs et oindre de char de porc frèche et salée. Et, si commandoit à sa gent de faire une ordure, il en faisoient dix[71]. » Les Musulmans se plaignirent à Kitbuqa. Mais celui-ci qui donnait libre cours à sa piété, visitant les églises, les prélats des diverses confessions chrétiennes, refusa de faire droit à ces réclamations[72].

L'enthousiasme des chrétientés orientales se comprend assez. Que l'on s'arrête un instant sur ces journées du printemps 1260 où une ère nouvelle semblait se lever pour elles. La Perse et l'Irâq, jadis bastions de la défense musulmane contre les Francs, une cour à demi chrétienne y régnait maintenant, et, au lieu du Khalife disparu, le patriarche nestorien, devenu un des principaux personnages de l'État mongol, y exerçait une influence considérable. Damas, la capitale de la Syrie musulmane, Damas, la cité inviolée dont Louis VII après Baudouin II avait vainement tenté la conquête, voici qu'elle obéissait à un conquérant chrétien, Kitbuqa, voici que les alliés de ce vainqueur, le roi d'Arménie et le prince d'Antioche, y chevauchaient en maîtres et que l'élément syriaque ou « grec » de la population s'y sentait lui-même assez sûr de l'appui des préfets mongols pour transformer, dans la capitale des Omeiyades et de Saladin, une mosquée en église. Revanche inattendue de six siècles de domination islamique ! Ce qu'aucune croisade n'avait pu, ce que la politique tenace des rois de Jérusalem avait été impuissante à réaliser, le sabre du guerrier naiman, venu du Grand Altaï, l'imposait d'un seul coup. En cette année cruciale de 1260, la Syrie musulmane, toujours contenue à l'ouest par la ligne des places fortes franques, prise à revers vers l'est par l'invasion mongole, s'effondrait. Le Mongol nestorien, maître de toute la Syrie intérieure, tendait sa rude main au Franc, toujours maître de la côte.

Voyez la carte historique de la Syrie franque en cet instant solennel. Kitbuqa, au nom de son maître, le khan gengiskhanine, commandait à Édesse, à Alep, à *H*amâ, à *H*oms, à Damas, à Naplouse, à Gaza. Ses alliés, le roi arménien Héthoum Ier, le prince d'Antioche Bohémond VI étaient toujours en possession, le premier, de la Cilicie, le second, d'Antioche et de Tripoli, sans parler des châteaux des Ordres dans la montagne, comme Marqab et le Krak des Chevaliers. La sœur de Bohémond VI, la reine douairière Plaisance d'Antioche, était régente du royaume de Chypre et du royaume de Jérusalem, lequel, à défaut de sa capitale perdue, comprenait encore la ligne des forteresses côtières, Beyrouth, Tyr, Acre, Jaffa. Le bon sénéchal Geoffroi de Sargines, l'ancien compagnon de Louis IX, était encore bayle à Acre. En Égypte, le sultan mamelûk Qu*t*uz, roi de hasard, qui venait de s'emparer du trône, restait à la merci des autres capitaines turcs, ses émules, qui ne devaient pas tarder à l'assassiner. L'Islam syrien, pris dans un étau, était sur le point de disparaître comme puissance politique, pour peu que les barons francs d'Acre, oubliant un instant leurs guerres civiles, comprissent l'importance du secours inespéré, quasi miraculeux, à eux venu de l'Extrême-Orient.

L'étau franco-mongol et l'écrasement de l'Islam.

L'intervention mongole en faveur de la Syrie franque, deux hommes, nous l'avons vu, en avaient mesuré le prix : le sage roi d'Arménie Héthoum Ier, et son gendre, Bohémond VI, prince d'Antioche et comte de Tripoli, « le Beau Prince » des chroniqueurs. Tous deux avaient donné la mesure de leur esprit politique en mettant fin à la longue querelle de leurs maisons, grâce au mariage de Bohémond avec Sibylle, fille de Héthoum (1254). Un peu plus tard, nous l'avons vu, Héthoum avait poursuivi l'œuvre de pacification chrétienne en réconciliant avec son gendre les vassaux tripolitains de celui-ci et les Chevaliers de l'Hôpital. Maintenant le roi arménien et le prince franc combattaient tous deux dans les rangs de la grande armée mongole. Avec elle ils avaient collaboré à la conquête d'Alep et de Damas. Hulagu comblait de faveurs ces alliés d'autant plus sûrs qu'ils étaient liés à lui par leur intérêt le plus évident. Il accroissait, on l'a vu, leurs territoires respectifs de toutes les places à eux récemment enlevées par la conquête aiyûbide[73].

Circonstance curieuse, si Damas se trouvait, grâce aux Mongols, sous l'influence de l'élément chrétien, Jérusalem, où les Mongols n'avaient pas encore pénétré, restait aux mains de l'élément musulman. Mais l'occupation de la ville sainte par l'armée de Kitbuqa n'était plus qu'une question de semaines. « Après ce, Haloou (= Hulagu) entendoit entrer au roiaume de Jérusalem, por délivrer la Terre Sainte e rendre cele as Crestiens[74]. » Un accord entre Hulagu et la régence de Chypre-Jérusalem suffisait pour régler la récupération des Lieux Saints, accord, semblait-il, d'autant plus facile à conclure que la régente Plaisance était, on le sait, la propre sœur de Bohémond VI d'Antioche, lui-même l'allié et le compagnon d'armes des Mongols.

L'imprévisible en histoire : la mort du grand-khan Mongka et ses conséquences. – Guerres entre Gengiskhanides et retour de Hulagu en Perse.

À ce moment un événement imprévu arrêta net le déroulement de l'histoire. Tandis que Hulagu partait pour la conquête de la Syrie, son frère aîné, le khan suprême, l'empereur mongol Mongka qui faisait, de son côté, la conquête de la Chine, était mort dans ce dernier pays (11 août 1259). L'empire était disputé entre les deux frères du défunt – et de Hulagu, – Khubilai et Ariqbuqa, le premier, commandant l'armée de Chine, le second, gouverneur de la Mongolie. Nous n'avons pas à exposer ici les graves divisions que cette compétition entraîna entre les diverses branches de la famille gengiskhanide[75]. Qu'il nous suffise de rappeler que, tandis que Khubilai pouvait compter sur l'appui moral de Hulagu, à qui le lia toujours une réelle conformité de tendances politiques, Ariq-buqa avait pour lui la plupart des autres Gengiskhanides, notamment, 1° Qaidu, petit-fils de l'ancien grand-khan Ogodai et qui régnait au Tarbagatai, du côté du Grand Altai, 2° Berké, khan du Qipchaq ou Horde d'Or, dans l'actuelle Russie méridionale, et 3° Algu, chef de la maison de Jaghatai, dans les deux Turkestans (Turkestan russe et Turkestan chinois actuels). Bien que Khubilai disposât de l'armée mongole de Chine et bientôt, par suite de ses conquêtes, de la Chine ellemême, bien qu'il se fût proclamé khan suprême près de Pékin, la question ne devait être définitivement tranchée en sa faveur qu'en 1264.

La guerre civile qui éclata ainsi dans l'empire gengiskhanide et au cours de laquelle Khubilai pouvait être amené à faire, contre leurs cousins du Turkestan, appel à son frère Hulagu, obligea ce dernier à interrompre le cours de ses conquêtes en Syrie pour rentrer en Perse avec le gros de son armée. N'oublions pas, pour comprendre une telle décision, que, d'une part, la conquête de la Syrie était pratiquement achevée ; que, d'autre part, Hulagu se savait menacé, à la faveur de la guerre générale entre Gengiskhanides, par l'hostilité personnelle de son cousin, le khan de la Russie méridionale, Berké, d'autant que Berké, aussi favorable à l'islamisme que Hulagu l'était au christianisme, ne devait pas hésiter à s'allier contre Hulagu aux Mameluks d'Égypte et à envahir le khanat de Perse par le Caucase[76]. En conséquence, Hulagu laissa en Syrie-Palestine un corps d'occupation réduit – 20 000 hommes d'après Kirakos, 10 000 seulement d'après le moine Hayton – sous les ordres de Kitbuqa, et rentra en Perse[77].

Ce brusque départ du conquérant gengiskhanide et de la grande armée mongole devait avoir pour les Mongols et pour la chrétienté les conséquences les plus funestes. Si le khan protecteur des chrétiens avait pu, avec le gros de ses armées, prolonger de quelques mois son séjour dans la Syrie musulmane, la domination mongole en ce pays aurait eu le temps de s'asseoir solidement ; la revanche mamelûke, si elle avait essayé de se produire, aurait été écrasée sous le nombre. L'autorité du petit-fils de Gengis-Khan, jointe à l'esprit politique du roi Héthoum et de Bohémond VI, aurait sans doute eu le moyen de sceller et de généraliser les accords franco-mongols. La conquête gengiskhanide, génératrice de paix, aurait été vraisemblablement poursuivie jusqu'aux limites que le grand-khan Mongka lui avait assignées, jusqu'à la Nubie et à la Libye, tandis que la domination franque aurait pu être restaurée à Jérusalem, comme Hulagu lui-même, au témoignage du moine Hayton, l'avait promis au roi d'Arménie et au prince d'Antioche.

Kitbuqa le nestorien, gouverneur mongol de Syrie.

Après le départ de Hulagu et de la majeure partie de l'armée mongole, le sort de la conquête mongole en Syrie ne reposait plus que sur la valeur de Kitbuqa, commandant du petit corps d'occupation laissé par le khan. Ce vétéran des guerres gengiskhanides était, il est vrai, d'autant plus apte à gouverner la Syrie que, chrétien lui-même, il semblait tout désigné pour achever la conclusion de l'alliance franco-musulmane. Hulagu avait déjà fait du roi d'Arménie et du prince d'Antioche des clients et des alliés. Il appartenait aux barons d'Acre, de Tyr et de Chypre de conclure une alliance analogue avec Kitbuqa. L'intérêt le plus évident des deux peuples semblait indiquer la nécessité d'une telle politique. Francs et Mongols avaient les mêmes ennemis : les Mamelûks d'Égypte qui avaient, dix ans plus tôt, vaincu et capturé le roi de France et qui, seuls dans l'Orient vaincu, maintenaient, à l'abri de l'Isthme, un bastion de résistance musulmane. Quel obstacle pouvait empêcher l'alliance franco-mongole ? Les sentiments chrétiens de Kitbuqa étaient connus de toutes les Églises. Dans la Syrie musulmane subjugée, il faisait régner un ordre sévère, fait de têtes coupées, à la manière mongole, mais particulièrement favorable à l'élément chrétien. « Guiboga, lequel (= que) Haloou avoit laissé avec X mille Tartars au roiaume de Surie et ès parties de Palestine, écrit le moine Hayton, tint la terre en pais et en repos. E moult amoit et honoroit les Crestiens[78]. » Le même texte ajoute que « Guiboga se travailloit de recovrer la Terre Sainte[79]. »

Un autre Renaud de Châtillon. Attaque de Julien de Sidon contre les possessions mongoles.

Tout semblait pousser à une totale alliance franco-mongole, quand se produisit, du fait de certains barons francs, un coup de folie qui vint tout détruire, coup de folie si inexplicable que le moine arménien Hayton voit dans l'événement une intervention de Satan. En l'espèce Satan prit l'apparence de Julien, comte de Sidon.

Julien, sire de Sidon et de Beaufort (Shaqîf Arnûn) était le fils de Balian Ier de Sidon, que nous avons déjà mentionné à propos des luttes entre Francs et Impériaux sous Frédéric II, et le petit-fils du célèbre Renaud de Sidon, le trop souple adversaire de Saladin[80]. Lui-même, « de sa personne grant et membru, et de gros os et fournis », était un « chevalier prou et hardy et vygourous », mais moralement assez décrié. Les *Gestes des Chiprois* le disent « mout estordy et légier de la teste », en même temps que « mout lussirious de sa char et grant joueur de hazart, et y se mist por le jeuc à nient (= sur la paille)[81] ». À jouer et à s'amuser, il s'était peu à peu si bien endetté auprès des Templiers (lesquels lui prêtaient, d'ailleurs, à un taux usuraire), que le moment devait venir où, débiteur insolvable, il serait obligé de leur abandonner jusqu'à sa seigneurie de Sidon. En attendant, ce lourd baron à la tête légère s'était déjà signalé par une folie en se brouillant avec son oncle et voisin, Philippe de Montfort, seigneur de Tyr et du Toron (Tibnîn)[82] et en allant, avec ses chevaliers et ses Turcoples, ravager la banlieue de Tyr. C'est à de pareilles prouesses que les barons syriens, à la veille de la conquête mamelûke, employaient le répit que leur laissaient les Musulmans[83].

Quand les Mongols eurent détruit la puissance aiyûbide et conquis la Syrie musulmane, Julien de Sidon, plus « estordy et légier de la teste » que jamais, estima l'occasion bonne pour conduire une expédition de pillage dans ce pays désorganisé. La forteresse de Beaufort (Shaqîf Arnûn) qu'il possédait à l'angle du grand coude du Lîtâni et qui dominait la vallée du Marj 'Ayûn jusqu'en vue de Panéas, fournissait un excellent point de départ pour de telles razzias. De fait, Julien put impunément piller et massacrer dans toute la zone frontière à l'est et au sud-est de Beaufort et rentra à Sidon chargé de prisonniers et de butin[84]. Il n'avait oublié qu'une chose, c'est que l'ancienne Syrie aiyûbide était maintenant possession mongole, oubli d'autant plus incompréhensible qu'il était le gendre du roi d'Arménie Héthoum Ier, le promoteur de l'alliance franco-mongole[85]. Or – une fois terminées les exécutions et dévastations systématiques qui faisaient partie de la politique terroriste des Mongols, – ces massacreurs sans pitié se retrouvaient des administrateurs vigilants et sévères qui imposaient partout la rigoureuse observation du *yassaq*, la discipline militaire gengiskhanide, mise désormais au service d'une conception très centralisée de l'État, à la manière chinoise. Les anciens cantons damasquins à l'est de Shaqîf Arnûn n'échappaient pas plus que tout le reste de la Syrie à la vigilance des commissaires mongols. Ceux-ci ne pouvaient tolérer qu'on vînt razzier sur les terres du khan. Un neveu de Kitbuqa prit aussitôt avec lui une petite troupe de cavaliers et se lança à la poursuite des Francs de Sidon pour leur faire rendre leur butin. Mais il avait trop peu de monde avec lui. Les chevaliers de Sidon se retournèrent contre lui et le tuèrent[86].

Représailles de Kitbuqa contre les Francs de Sidon.

Si chrétien que fût Kitbuqa, il ne pouvait tolérer ni cette injure personnelle ni cet attentat à la majesté gengiskhanide. – À la nouvelle de la mort de son neveu, il galopa avec toutes ses forces droit vers Sidon. Julien, surpris par l'avalanche mongole avant d'avoir pu mettre la ville en état de défense, essaya de résister. Avec une poignée de chevaliers, il défendit l'entrée de la grande porte, assez longtemps pour permettre à de nombreux habitants de se réfugier au château de terre à défaut du château de mer, ce dernier (Qal'at al-Ba*h*r) construit sur un îlot au nord du grand port, et plus sûr. Après avoir eu deux chevaux tués sous lui, Julien dut se réfugier lui-même dans la forteresse. L'arrivée opportune de deux galères génoises, commandées par Franceschino Grimaldi, permit de recueillir une partie de la population dans la forteresse insulaire où la cavalerie mongole ne pouvait l'atteindre. Dans la ville elle-même, les Mongols massacrèrent tout ce qu'ils trouvèrent. Ils ne se retirèrent qu'après avoir incendié les habitations et rasé les murailles[87].

Châtiment mérité, reconnaissons-le. L'exécution de Sidon n'était que la réponse à l'acte de banditisme de Julien. Mais les justiciers mongols avaient la main rude. Sidon fut si bien ruinée que Julien, désespérant de trouver jamais les capitaux nécessaires à sa reconstruction, vendit peu après sa seigneurie (Sidon et Beaufort) aux Templiers auprès desquels il était déjà, on l'a vu, dans la situation d'un débiteur insolvable[88]. Ce sera d'ailleurs l'occasion d'une brouille grave entre les Templiers et le beau-père de Julien, le roi d'Arménie Héthoum Ier. Héthoum accusera, non sans raison, les Templiers d'avoir, par leurs prêts usuraires, acculé Julien à la débâcle, et Julien d'avoir, sans le prévenir, aliéné son héritage. Il est vraisemblable que le sage Arménien était surtout furieux de la folie de son beau-fils dont la stupide agression avait détruit d'un seul coup l'alliance franco-mongole.

La même année que la folle razzia de Julien de Sidon à l'est de Shaqîf Arnûn, les Francs d'Acre tentèrent une expédition de même caractère, et non moins désastreuse, en Galilée. Le sire de Beyrouth (Jean II d'Ibelin-Beyrouth)[89], Jean de Gibelet, maréchal du royaume de Jérusalem[90] et les Templiers d'Acre, de Safed, de Château-Pélerin ('A*th*lîth) et de Beaufort (Shaqîf Arnûn), avec une bonne partie de la chevalerie d'Acre, allèrent attaquer des campements de Turcomans nomades du côté de Tibériade. Ils furent battus, et laissèrent aux mains des Turcomans la plupart de leurs chefs, notamment le seigneur de Beyrouth, Jean de Gibelet, et de nombreux Templiers, qu'il fallut racheter fort cher[91]. Ces razzias décousues – et malheureuses – représentaient tout le profit que les barons d'Acre songeaient à tirer de la destruction du sultanat aiyûbide par les Mongols. Au lieu d'accepter la main que leur tendaient les Mongols et de profiter des favorables dispositions d'un Hulagu et d'un Kitbuqa pour se faire reconnaître, dans une négociation à visière ouverte, des droits sur Jérusalem, ils ne savaient que chercher de menus profits de lucre dans ces coups de main, organisés comme de mauvais coups. Mais, depuis qu'il n'y avait plus de roi à Saint-Jean-d'Acre, il n'y avait plus chez les Francs ni notion de l'État, ni longs espoirs, ni vastes pensées.

Inintelligence des Francs dans la question mongole.

Tant d'imbécillité devait amener, à bref délai, son châtiment. L'amitié franco-mongole, savamment préparée par le roi Héthoum et par Bohémond VI, ne résista pas à l'agression de Julien de Sidon et de ses émules. Comme le remarque avec tristesse le moine Hayton, le charme était rompu, jamais plus Kitbuqa et ses Mongols ne se fièrent aux Francs, « ne onques puis n'ot Guiboqa fiance des crestiens de Surie, ne ceaus (= ceux-ci) de lui »[92]. L'instinctive sympathie qui portait vers leurs coreligionnaires francs les guerriers nestoriens venus du fond du Gobi faisait place à de l'hostilité. La folie de Julien de Sidon et, il faut bien le dire, la cécité de la république des barons d'Acre avaient transformé des alliés naturels, des sauveurs providentiels en adversaires pleins d'une légitime rancune ; et cela, pour le seul profit de leurs ennemis communs, les Mamelûks d'Égypte qui, au lieu de se trouver pris comme dans un étau entre les Croisés et les Mongols coalisés, allaient avoir tout le loisir de vaincre séparément les Mongols d'abord, les Croisés ensuite, de rejeter d'abord, grâce à la neutralité bienveillante des Croisés, les Mongols à l'est de l'Euphrate, puis, grâce à l'absence des Mongols, les Croisés à la mer.

Le fait est trop grave pour que l'histoire – au risque de se répéter – n'insiste pas sur les responsabilités politiques d'une semblable catastrophe. Un tel avortement ne fut possible qu'en raison de l'invraisemblable situation intérieure de la Syrie franque, de cette anarchie légale qui était devenue le statut officiel de la république des Ibelin. L'acte de Julien de Sidon rompant, pour une expédition de pillage privée, l'entente franco-mongole était pire de conséquences que naguère le pillage des caravanes aiyûbides par Renaud de Châtillon, car Renaud ne s'était attaqué qu'à un ennemi comme Saladin, tandis que le sire de Sidon s'en prenait maintenant aux alliés naturels de la Chrétienté. Encore est-il que la folle équipée de Julien, voulant ignorer la domination mongole et allant razzier en terre mongole, est peut-être moins à incriminer que l'état d'esprit général des barons d'Acre, tel que le révèle leur fameuse lettre à Charles d'Anjou, en date du 22 avril 1260. Dans le duel de l'Islam et des Mongols, toutes les sympathies de la république d'Acre allaient aux Musulmans. C'est avec douleur que la lettre du 22 avril raconte la prise d'Alep, de *H*amâ et de *H*oms par les Mongols, le désastre survenu aux Aiyûbides[93]...

Le résultat de cette cécité diplomatique fut que les Francs se virent réduits à s'appuyer contre les Mongols sur les Mamelûks, à aider contre le chrétien Kitbuqa les champions de la défense musulmane Qu*t*uz et Baîbars, à collaborer à l'installation en Syrie des vainqueurs de saint Louis, des futurs destructeurs de la Syrie franque. Le moine Hayton n'a pas tort de qualifier toute cette politique des barons d'Acre d'œuvre proprement diabolique[94].

Le sultan Qutuz.
Contre-attaque des Mamelûks contre les Mongols.

Hulagu avait envoyé au Caire une ambassade chargée de réclamer l'hommage des Mamelûks. À ces esclaves turcs auxquels le hasard des révolutions avait donné la royauté de l'Égypte, le petit-fils de Gengis-Khan rappelait que tous les Turcs comme tous les Mongols et tous les Tongous répandus sur la surface de l'Eurasie depuis le golfe de Petchili jusqu'au Danube avaient reconnu la souveraineté gengiskhanide. « Le Dieu suprême[95] a élevé en honneur Gengis-Khan et sa famille, et il nous a concédé la totalité des empires de la surface du monde. Tout homme qui a voulu se soustraire à notre autorité a été anéanti. Si tu te soumets, comme l'esclave de Notre Majesté, envoie-moi un tribut, viens en personne et demande-nous un gouverneur. Sinon, prépare-toi à la guerre[96]. »

Le sultan mamelûk Qu*t*uz, à qui était adressée cette sommation, réunit ses généraux pour délibérer. C'étaient, comme lui, des mamelûks turcs venus de la Russie méridionale (Qipchâq), du Turkestan ou du Khwârizm, car parmi les mercenaires qui composaient l'armée d'Égypte les débris des dernières bandes khwârizmiennes étaient venus s'enrôler en nombre. Nul doute que, malgré ce renfort, la condotte mamelûke eût été incapable de défendre l'Égypte si Hulagu et la grande armée mongole étaient restés en Syrie. C'est ce que fait avouer au sultan Qu*t*uz la chronique de Rashîd al-Dîn : « Si Hulagu n'avait reçu la nouvelle de la mort de son frère (Mongka), l'Égypte aurait partagé le sort de Baghdâd et de la Syrie. » Mais le départ de Hulagu et de la grande armée mongole pour la Perse modifiait l'équilibre des forces. Le noyan Kitbuqa, que Hulagu avait laissé comme gouverneur en Syrie, ne conservait avec lui, nous l'avons vu, que des contingents très réduits, une dizaine de mille hommes. Ces effectifs auraient été peut-être suffisants si les Francs avaient prêté leur concours aux Mongols. Les barons d'Acre se montrant hostiles, Kitbuqa était en état d'infériorité absolue.

Qu*t*uz et ses Mamelûks, reprenant confiance, résolurent de profiter de cette situation pour tomber sur le corps d'occupation mongol. Ils agirent avec rapidité. Dans la nuit même qui suivit le conseil de guerre tenu à ce sujet, les ambassadeurs mongols furent pendus et, le lendemain, la cavalerie mamelûke se mettait en marche vers l'isthme, avec, en avant-garde, le corps de l'émir Baîbars (26 juillet 1260).

Le général mongol Baidar, que Kitbuqa avait posté à Gaza pour garder la frontière, envoya en hâte un courrier prévenir son chef. Kitbuqa, qui se trouvait à Ba'albek, ordonna à Baidar de tenir ferme à Gaza jusqu'à l'arrivée de renforts. Mais la supériorité numérique des Mamelûks était trop grande. Baidar fut battu par Qu*t*uz qui occupa Gaza[97].

*L'alliance folle : accord des Francs d'Acre
avec les Mamelûks contre les Mongols.*

À la nouvelle que l'armée mamelûke approchait, la population musulmane de Damas se jeta sur les chrétiens indigènes et mit leurs maisons au pillage. La grande église syrienne, l'église de la Theotokos, fut saccagée et détruite[98]. Sans attendre la victoire des Mamelûks, l'Islam syrien se vengeait de la faveur dont l'élément chrétien avait bénéficié sous le régime mongol. La victoire des Mongols avait été accueillie à Damas comme une victoire chrétienne. Leur défaite escomptée y prenait la signification d'une revanche musulmane. Tant il est vrai que, par la force même des choses, les intérêts de la Chrétienté se trouvaient solidaires de ceux des Mongols de Perse, comme les Musulmans le comprenaient d'instinct.

La république féodale d'Acre ne le comprit pas. Pour elle, depuis le sac de Sidon, l'ennemi, c'était le Mongol. En l'absence d'un pouvoir dynastique fort, capable d'embrasser l'horizon asiatique, les vues des barons de la côte ne dépassaient pas leurs querelles locales. Querelle de Saint-Sabas avec la guerre civile qui en était résultée à l'intérieur, malentendu franco-mongol de Sidon à l'extérieur, c'était tout ce que les légistes des *Assises* de Jérusalem, en cette année cruciale de 1260, percevaient des affaires du monde. Le clocher de Saint-Sabas retournerait-il aux marchands de Gênes ou resterait-il à ceux de Venise ? Les clients et la banque du Temple continueraient-ils à primer ceux de l'Hôpital ? Et quelle régence de régence se manifesterait assez inexistante, quelle vieille douairière – Plaisance d'Antioche ou Isabelle de Lusignan – se montrerait assez inagissante pour que les barons et les bourgeois d'Acre fussent pleinement rassurés sur le sort de leurs chères franchises et libertés ? Voilà les préoccupations dominantes que les *Gestes des Chiprois* nous révèlent chez les chefs politiques de la Terre Sainte à l'heure où le petit-fils du Conquérant du Monde leur offrait son appui, à l'heure aussi où la stature formidable du mamelûk Baîbars se dressait à l'horizon.

Qutuz, Baîbars et les autres chefs mamelûks, aventuriers sans foi ni scrupule, hommes de sang aux mœurs atroces, mais esprits lucides et hommes d'action, avaient discerné l'état d'aveuglement dans lequel les querelles politiques plongeaient la république franque. Avant de marcher contre les Mongols, ils avaient demandé au gouvernement d'Acre l'autorisation de traverser le territoire franc. Pour tourner Kitbuqa qui, de Ba'albek, s'apprêtait à descendre vers la Judée, le chemin le plus sûr passait en effet par la côte palestinienne, c'est-à-dire par le territoire franc.

Les barons d'Acre, tout au ressentiment du sac – pourtant mérité – de Sidon et à leur crainte de la violence mongole, accordèrent sans hésiter l'autorisation. « Lor otroièrent volentiers et ce fu por ce que les Crestiens furent couroucés as Tatars, por le mau que il aveent fet[99]. » La lettre des notables d'Acre à Charles d'Anjou nous fait deviner les beaux prétextes qui servaient à colorer ces rancunes : il s'agissait de défendre la civilisation pour la protection de laquelle Francs et Musulmans se sentaient solidaires contre la barbarie mongole. D'après le manuscrit de Rothelin, l'aveuglement des barons d'Acre était tel que le sultan Qu*t*uz osa leur proposer de se joindre à lui contre les Mongols. Dans le conseil qui fut tenu, la majorité des notables penchait pour l'acceptation. Seul le chef de l'Ordre teutonique montra quelque prudence[100]. « Il dist que ce ne seroit pas bon, car il avoient esprouvé assez de foies que li Sarrazin ne tenoient mie ne trives ne convenances aus Crestienz ; et, se il se combatoient (de concert) avec les Sarrazins encontre les Tartarins et (que) li Tartarin estoient desconfit et vaincu, et (que) li Crestien qui ne seroient mie mort en la bataille seroient tuit las il et leur chevaux, se cele grant planté de Sarrazins leur couroit sus, seroient tuit li Crestien ou morz ou priz. En ceste manière seroit toute la terre que li Crestien tenoient, toute pardue[101]. »

Ce rappel au plus élémentaire instinct de conservation convainquit les notables. Il fut entendu que les Francs, pour éviter une trahison toujours possible, ne joindraient pas leurs forces à celles des Mamelûks, mais qu'ils accorderaient à ceux-ci le libre passage, avec ravitaillement assuré, à travers le territoire chrétien. De fait les Mamelûks furent reçus en amis dans le royaume d'Acre. Le sultan Qu*t*uz vint, en toute sécurité, camper avec son armée sous les murs d'Acre. Mieux encore, plusieurs des principaux émirs mamelûks profitèrent de l'occasion pour venir visiter Acre où ils reçurent le meilleur accueil. Parmi ces singuliers visiteurs figurait Baîbars Bundukdâri, le plus redoutable ennemi de la Chrétienté. Les barons d'Acre ne surent pas qu'à l'heure même où leur alliance permettait ainsi à l'armée mamelûke d'entrer en Syrie en tournant les positions mongoles, Baîbars proposait au sultan Qu*t*uz de profiter de leur naïveté pour s'emparer d'Acre par surprise. Seul un dernier scrupule empêcha cette perfidie[102]. Toutefois, s'ils ignoraient les arrière-pensées de Baîbars, les gens d'Acre éprouvèrent un certain malaise à voir se multiplier le nombre des visiteurs mamelûks. Ils finirent à grand'peine par s'en débarrasser : « por ce que il entrèrent tant de Sarazins que siaus d'Acre doutèrent (= redoutèrent) d'estre traïs, il les boutèrent hors par force et par amour[103] ».

Les auteurs de l'alliance mamelûke devaient aller de déception en déception, sur le terrain commercial tout d'abord. Les Francs d'Acre avaient conclu avec les Mamelûks un accord pour acheter à bas prix tous les chevaux qui seraient capturés sur les Mongols. Ce misérable calcul d'intérêt devait être déçu. Après la victoire les Mamelûks refuseront d'exécuter le contrat[104].

Désastre de 'Ain Jâlûd. Mort héroïque de Kitbuqa.

L'autorisation de longer le littoral franc et d'y refaire leur armée grâce au ravitaillement préparé par les Francs constituait pour les Mamelûks un sérieux avantage initial dans leur lutte contre Kitbuqa. Leur supériorité numérique fit le reste. Le général mongol, confiant dans l'invincibilité des vieilles bandes gengiskhanides, avait cru pouvoir négliger ce facteur. « Enflammé de zèle, il se mit en marche, plein de confiance dans sa force et son courage. » Les Mamelûks, après s'être regroupés devant Acre sous la protection des Francs, se dirigeaient – toujours à travers le territoire de la Galilée franque, *via* Nazareth – vers le Jourdain, sans doute pour remonter de là vers Damas. Kitbuqa avec sa cavalerie et quelques contingents géorgiens et arméniens[105] se porta au-devant d'eux. La rencontre se produisit à 'Ain Jâlûd, près de Zerîn, le 3 septembre 1260. Pour donner confiance à l'adversaire, Qu*t*uz avait dissimulé le gros de ses forces dans les ravins, ne découvrant que son avant-garde commandée par Baîbars. Le vieux général mongol qui aurait dû se méfier de ce genre d'embuscade, emprunté à la stratégie gengiskhanide, fonça sur l'avant-garde, la dispersa et tomba dans le gros de l'armée mamelûke. Il fut enveloppé, écrasé sous le nombre, mais sauva l'honneur de la Bannière. Le récit de Rashîd al-Dîn prend ici une allure d'épopée : « Kitbuqa noyan, entraîné par son zèle et son courage, courait à droite et à gauche, portant des coups terribles. On voulut en vain l'engager à la retraite. Il repoussa ce conseil disant : "Il faut absolument mourir ici ! Quelque soldat se présentera devant le Khan disant : Kitbuqa s'est refusé à une retraite honteuse et à sacrifié sa vie à son devoir[106]. Du reste il ne faut pas que la perte d'une armée mongole cause trop d'affliction au Khan. Qu'il se figure que, durant une année, les femmes de ses soldats n'ont point été enceintes, que les chevaux de ses haras n'ont pas produit. Heureuse vie au Khan !"

« Quoiqu'il se vît abandonné par ses soldats, il soutint le combat contre mille ennemis, mais enfin, son cheval s'étant abattu, il fut fait prisonnier ». On lui lie les mains et on le conduit en présence de Qu*t*uz qui insulte le conquérant vaincu : « Après avoir renversé tant de dynasties, te voilà enfin pris au piège ! » La réponse du héros mongol et chrétien est digne de l'épopée gengiskhanide : « Si je péris par ta main, je reconnais que c'est Dieu et non toi qui est l'auteur de ce fait. Ne te laisse pas enivrer par un succès d'un instant ! Dès que la nouvelle de ma mort parviendra aux oreilles de Hulagu-Khan, sa colère bouillonnera comme une mer agitée. Depuis l'A*dh*arbaijân jusqu'aux portes de l'Égypte tout le pays sera foulé aux pieds des coursiers mongols ! » Et, dans un dernier cri, au nom du loyalisme mongol, de la majesté et de la légitimité gengiskhanides il soufflette ces sultans-esclaves, ces rois de hasard, pour lesquels le meurtre de leur prédécesseur était le chemin ordinaire du trône : « Depuis que j'existe, j'ai été l'esclave du Khan. Je ne suis pas, comme vous, meurtrier de mon maître ! » Sur ces mots, on lui trancha la tête[107].

Ainsi périt le Mongol chrétien qui avait un instant rendu ses coreligionnaires syriaques maîtres de Damas. Ainsi finit la grande croisade mongole qu'avait conduite des frontières chinoises en Syrie le petit-fils de Gengis-Khan, conseillé par son épouse nestorienne et secondé par le bon Naiman nestorien Kitbuqa. Elle avait, cette croisade nestorienne, pris Baghdâd et détruit le Khalifat 'abbâside, pris Alep et détruit le sultanat aiyûbide, placé la Syrie musulmane sous le contrôle de l'élément syriaque et arménien, fait alliance avec le roi d'Arménie. La dernière dynastie franque encore survivante, celle d'Antioche-Tripoli, avait discerné l'intérêt immense de ce secours inespéré. Mais la république d'Acre, toute à ses déchirements intérieurs, paralysée par les habitudes d'un féodalisme anarchique, dominée par l'égoïsme économique des colonies marchandes, n'avait rien compris à la mission d'un Kitbuqa. Contre le héros nestorien, elle avait passé contrat avec les ennemis-nés de la Chrétienté, un Qu*t*uz, un Baîbars. La défaite et la mort du vieux chrétien naiman étaient pour une part l'œuvre de ces barons et de ces communiers d'Acre qui avaient, contre lui, livré libre passage aux Mamelûks. Si Qu*t*uz et Baîbars s'étaient sentis pris à revers par une Latinité hostile, il est douteux qu'ils se fussent engagés sur le chemin de 'Aîn Jâlûd. C'était la république franque qui avait fait échouer la croisade mongole.

Conséquences du désastre mongol :
la Syrie franque condamnée.

Les barons et les communiers d'Acre recueillirent sur-le-champ les fruits très amers de leur faute. La carte de l'Orient se trouva bouleversée, l'équilibre des forces fut rompu au seul profit des Mamelûks. Jusqu'en 1259, les Francs avaient bénéficié de la division de l'ancien empire de Saladin entre les Mamelûks, déjà maîtres de l'Égypte, et les derniers Aiyûbides, encore maîtres de la Syrie. Entre ces deux pouvoirs ennemis la Cour d'Acre pouvait manœuvrer. La victoire des Mamelûks à 'Aîn Jâlûd, succédant à la destruction du sultanat aiyûbide de Syrie par les Mongols, fit cesser cette heureuse division. Libérateurs de la Syrie musulmane, les Mamelûks l'annexèrent d'autant plus facilement qu'ils y trouvaient table rase. Ils n'eurent pas à y renverser la dynastie aiyûbide : les Mongols s'étaient chargés de ce soin. L'invasion mongole qui, si les Francs d'Acre avaient su l'utiliser, comme les y engageaient le roi d'Arménie et le prince d'Antioche, se fût transformée en une grande croisade jaune, libératrice de la Terre Sainte, n'avait finalement servi, par l'inintelligence des barons d'Acre, qu'à unifier Égypte et Syrie musulmane sous l'autorité de la redoutable *condotte* mamelûke. Barons et bourgeois d'Acre auraient voulu compléter l'encerclement et assurer la perte de la Syrie franque, qu'ils ne s'y seraient pas pris autrement. C'étaient les mêmes gens, pourtant, qui, dans leurs *Lois* et *Assises*, cette *Magna Carta* de l'Orient latin, parachevée vers cette époque, apportaient une intelligence merveilleuse à établir inébranlablement les franchises, libertés et droits respectifs de tous et de chacun. Mais, tandis qu'ils raffinaient sur la constitution idéale d'une société parfaite, la base territoriale qui les supportait, eux, leurs *Assises* et leurs libertés, par leur faute s'effondra.

§ 4. — Avènement de Baîbars L'impérialisme mamelûk.

Triomphe du sultan Qutuz.
Soumission de la Syrie musulmane aux Mamelûks.

Au lendemain de la journée de 'Aîn Jâlûd, le sultan mamelûk Qutuz, devenu maître de la Syrie musulmane jusqu'à l'Euphrate, se trouva l'arbitre de la famille aiyûbide. Les derniers descendants de cette illustre famille devinrent les humbles vassaux de l'ancien esclave turc. Le malik de Homs al-Ashraf Mûsâ, qui s'était naguère rallié aux Mongols, obtint de lui son pardon et son maintien dans la cité de l'Oronte. Un autre aiyûbide, al-Sa'îd, émir de Panéas et de Subaiba, qui s'était davantage compromis avec les Mongols, fut amené devant Qutuz et décapité. Un troisième aiyûbide, al-Mansûr II, malik de Hamâ, avait au contraire combattu dans les rangs des Mamelûks. Il fut, bien entendu, restauré.

Qutuz fit à Damas une entrée triomphale. Triomphe d'autant plus grand qu'il succédait à une situation presque désespérée. « On avait désespéré de vaincre les Tartares en les voyant maîtres de la plus grande partie des provinces musulmanes. Jamais ce peuple n'avait envahi un pays sans le subjuguer, attaqué une armée sans la mettre en déroute[108] ! » La journée de 'Aîn Jâlûd, en dissipant ce cauchemar, semblait un miracle d'Allâh. Qutuz plaça des gouverneurs à Damas, à Alep et en Palestine, et, quand il reprit le chemin de l'Égypte, ce fut couvert de plus de gloire que jadis Saladin lui-même.

Mais Saladin, grâce à la noblesse de son génie et au caractère profondément moral de son pouvoir, avait fondé une dynastie stable. La soldatesque mameluke, recrutée sur tous les marchés à esclaves de la mer Noire et de la Caspienne, sans autre idéal que le pillage et la jouissance, était incapable de respecter aucune légitimité. Au lendemain même de son triomphe, le libérateur de la Syrie musulmane, le vengeur de l'Islam fut assassiné par son lieutenant Baîbars[109].

Assassinat de Qutuz par Baîbars.

Devenu un des principaux dignitaires de l'empire égyptien, Baîbars pouvait avec orgueil se remémorer sa prodigieuse carrière. Originaire du Qipchâq ou de la grande Bulgarie, sur la Kama, en tout cas de la Russie mongole, ce Turc aux yeux bleus, au teint brun, à la puissante stature, à la voix tonnante, se rappelait-il dans quelles circonstances humiliantes il avait débuté en Syrie ? Amené comme esclave au malik aiyûbide de Hamâ, celui-ci l'avait examiné comme une tête de bétail, « le tournant dans tous les sens », et finalement, avait refusé de l'acheter. Un mamelûk arrivé, Bundukdar, « l'Albalétrier », ayant mieux apprécié ce bel animal humain, l'avait acquis. Le reste, on le connaît, l'ascendant pris par l'ancien esclave au milieu de ses compagnons de guerre, et finalement le rôle prépondérant qu'il avait joué dans la victoire de 'Aîn Jâlûd. Mais son élévation rapide ne le satisfaisait pas. Ce qu'il voulait maintenant, c'était la couronne, dût-il la ramasser dans le sang de son bienfaiteur Qutuz. Depuis longtemps il avait comploté avec trois de ses camarades la mort du sultan et il n'attendait que l'occasion d'exécuter son projet.

Qutuz, après avoir réglé les affaires de Syrie, avait repris le chemin de l'Égypte. Baîbars l'accompagnait avec les autres conjurés. « Ils étaient arrivés à al-Qoseir, point situé au bord des sables, à une journée de Sâlihiyé (à l'entrée du Delta). Qutuz avait envoyé en avant jusqu'à Sâlihiyé la tente impériale et les troupes. En route il se mit à poursuivre au galop un lièvre qui s'était levé devant lui et les mamelûks dont nous avons parlé l'accompagnaient. Quand il se fut éloigné de la route, un des conjurés s'approcha et sollicita de lui la grâce d'un prisonnier. Qutuz l'accorda, et le mamelûk, mettant pied à terre, courut lui baiser la main. Il tenait encore Qutuz par la main, quand Baîbars se jeta sur ce dernier et lui porta un coup d'épée. Les autres conjurés entourèrent le sultan, le renversèrent de cheval et l'achevèrent à coups de flèches » (22 ou 24 octobre 1260)[110].

Sultan Baîbars.

« Après ce forfait, continue Abu'l Fidâ, Baîbars poussa en avant, suivi de ses complices, et, arrivé à Sâli*h*iyé, il se rendit à la tente impériale. Aq*t*âi, lieutenant de Qu*t*uz dans le sultanat, qui se trouvait auprès de la tente, leur demanda : "Lequel d'entre vous l'a tué ?" – "Moi," répondit Baîbars. "Monseigneur, reprit le lieutenant, veuillez vous asseoir sur le siège du sultanat." Baîbars s'y plaça et l'armée, obéissant aux ordres qu'elle reçut, vint lui prêter le serment de fidélité. Cela se passa le jour même de l'assassinat de Qu*t*uz. »

Cette scène sauvage résume toute l'histoire du sultanat mamelûk. Régime de sang d'autant plus barbare qu'il succédait au gouvernement humain et libéral des Aiyûbides. D'un Saladin, d'un al-'Adil et d'un al-Kâmil à un Baîbars, quelle régression historique ! La république d'Acre qui avait préféré de tels voisins au loyal nestorien Kitbuqa put bientôt s'apercevoir que chez les nouveaux chefs de l'Islam toute considération de foi jurée et d'honneur chevaleresque avait désormais pris fin. Dès l'avènement de Baîbars les chrétiens qui s'étaient rendus en pèlerinage à Jérusalem furent, au mépris des traités et malgré les redevances considérables qu'ils avaient payées, retenus prisonniers et molestés de mille façons. Quand enfin le gouverneur mamelûk les laissa partir, il s'arrangea pour les faire assaillir sur la route de Jérusalem à Jaffa par les Bédouins qui en massacrèrent plusieurs et pillèrent leur caravanne (1261)[111]. Comme le dit le manuscrit de Rothelin, dès l'avènement de Baîbars « la trive fu failliée et fu touz li païz en guerre ». Cette guerre, la république d'Acre n'avait pas voulu l'entreprendre avec l'appui des Mongols. Il lui fallut la subir sans eux.

L'œuvre de Baîbars. Suppression de la féodalité aiyûbide.
Création d'un État et d'une armée unitaires.

Au début quelques chances de manœuvre semblaient encore laissées aux Francs. Tandis que Baîbars, par la consécration de l'assassinat, était reconnu sultan en Égypte, un autre capitaine mamelûk, Sinjar al-*H*alabî, prenait le même titre à Damas[112]. Grâce à cette division des forces mamelukes, les Mongols reprirent un moment l'offensive. Dans la haute Jazîra, un de leurs généraux marcha sur Bîra (Bîrejik), défit un détachement de la garnison d'Alep et, à la fin de novembre 1260, reprit Alep, où, pour venger la mort de Kitbuqa, il massacra une bonne partie de la population[113]. Les Mongols s'avancèrent jusqu'aux environs de Hamâ et de Homs. Mais Hulagu, occupé sur un autre front, du côté du Caucase, par sa rupture avec son cousin Berké, khan de Qipchâq[114], n'avait pu, malgré la colère que lui avait causée la mort de Kitbuqa, envoyer en Syrie une armée fraîche. Les troupes qui venaient de reprendre Alep ne représentaient que les garnisons de la Jazîra. Aussi les deux malik aiyûbides de Hamâ et de Homs, Mansûr II et Mûsâ, suffirent-ils à arrêter cette nouvelle invasion. Le 10 décembre ils remportèrent près de Homs une victoire qui consolida les résultats de 'Aîn Jâlûd et rejeta les Mongols à l'est de l'Euphrate[115]. Ce fut encore le loyalisme des deux princes aiyûbides de Hamâ et de Homs qui permit à Baîbars d'abattre son rival Sinjar, sultan de Damas. Une victoire des troupes de Baîbars près de cette ville le 17 janvier 1261 lui livra la capitale syrienne et le laissa seul maître de l'empire mamelûk, du Soudan à l'Euphrate.

Pour légitimer son pouvoir, Baîbars lui donna la plus haute consécration religieuse qui pût exister en terre d'Islam, celle du khalifat. La famille 'abbâside, il est vrai, avait été à peu près entièrement exterminée lors de la prise de Baghdâd par Hulagu. Mais le rude manieur d'hommes qu'était Baîbars n'était jamais en défaut. Il n'y avait plus d'Abbâsides ? On en fabriquerait ! Écoutons le récit assez dédaigneux d'Abu'l Fidâ : « En novembre 1262 Baîbars tint une séance publique, présenta à l'assemblée un membre de la famille 'abbâside dont il avait fait vérifier la généalogie et le reconnut pour khalife. Cet homme, qui s'appelait Ahmad, reçut le titre d'al-Hâkim. Du reste, Baîbars se borna à faire prononcer la prière au nom du nouveau khalife qu'il tenait enfermé sous bonne garde[116]. » Par le meurtre et le légitimisme religieux combinés, l'ancien esclave était maître de l'empire musulman.

Quant aux branches collatérales de la famille aiyûbide que Baîbars avait d'abord tolérées en Syrie à titre de vassales, il les élimina peu à peu malgré les services rendus, malgré leur servilité apeurée. Le malik de Transjordanie, al-Mughîth, avait naguère offensé Baîbars en ne respectant pas une des femmes du futur sultan. Comme, en son château de Kérak, il était imprenable, Baîbars ne négligea aucune promesse, aucune flatterie, aucun serment, aucune perfidie pour lui inspirer confiance et l'attirer à lui. Quand le malik de Transjordanie se fut livré, nul n'entendit plus parler de lui (1263)[117]. Au contraire le malik de Homs, al-Ashraf Mûsâ, s'était toujours montré un vassal docile. À sa mort, Baîbars n'en devait pas moins annexer Homs (septembre-octobre 1263). Finalement le seul fief aiyûbide qui subsista quelque temps encore fut celui de Hamâ, protégé par l'étroite allégeance du malik Mansûr II envers Baîbars[118]. Ces annexions transformèrent complètement l'ancien empire aiyûbide, devenu l'empire mamelûk. L'empire aiyûbide, même sous des souverains aussi énergiques que Saladin, al-'Adil ou al-Kâmil, avait été un empire féodal, avec une armée féodale que le sultan ne pouvait longtemps garder sous les armes, chaque émir conservant le contrôle de ses contingents personnels. Au contraire l'empire mamelûk, tel que le repétrit Baîbars, va être un empire centralisé et unitaire, avec une armée vraiment homogène et permanente dont le sultan est le maître absolu. Les conséquences sautent aux yeux. Saladin, après avoir vaincu les chrétiens, avait dû s'arrêter en pleine victoire, sans pouvoir exploiter jusqu'au bout son succès, parce que les émirs, ses vassaux, estimaient avoir dépassé la durée de service exigible d'eux. Baîbars, du premier au dernier jour de son règne, n'interrompra pas un instant l'exploitation de ses victoires, parce que, de la Nubie à l'Euphrate, les anciennes seigneuries héréditaires ont été remplacées par ses serviteurs, que les émirs ne sont que ses préfets et qu'au lieu de levées féodales il n'a plus affaire qu'à une armée toujours encasernée, mobilisée et sienne[119].

Premières attaques de Baîbars contre Antioche.
Antioche sauvée par les Mongols.

À peine en possession de la Syrie musulmane, Baîbars entendit se venger du prince d'Antioche-Tripoli Bohémond VI, pour l'aide prêtée par celui-ci aux Mongols. Dès octobre-novembre 1261, il ravagea le territoire d'Antioche d'où il rapporta un énorme butin. À l'été de 1262 il fit à nouveau marcher contre Antioche son lieutenant Sonqor al-Rûmi, assisté des malik de *H*amâ et de *H*om*s*, Man*s*ûr II et Mûsâ. L'armée mameluke pénétra jusqu'au port de Séleucie, brûla les vaisseaux à l'ancre, saccagea la banlieue d'Antioche et assiégea cette ville. Antioche ne fut sauvée que par l'intervention du roi d'Arménie Héthoum Ier qui était, on s'en souvient, le beau-père de Bohémond VI, ou plutôt par l'appel que Héthoum adressa à ses amis les Mongols en faveur de Bohémond[120]. Les *Gestes des Chiprois* semblent même dire que le monarque arménien alla en personne chercher les forces mongoles les plus voisines – sans doute du côté d'Édesse ou de Qoniya – et qu'il les conduisit en toute hâte vers Antioche. En tout cas leur approche intimida les Mamelûks, peu soucieux de se voir pris entre deux adversaires, et les amena à lever le siège d'Antioche[121]. Aucun exemple ne prouve plus clairement qu'à cette date l'alliance mongole était la seule planche de salut pour la Syrie franque.

L'intervention mongole paralysée.
Alliance du khan de Qipchaq avec Baîbars contre Hulagu.

Malheureusement le concours des Mongols ne pouvait plus, pour le moment, dépasser des opérations limitées. Non, comme on l'a prétendu, que leurs défaites de 'Ain Jâlûd et de *H*om*s* les aient réellement abattus. Simples meurtrissures qui n'atteignaient pas les forces vives du colosse gengiskhanide, qui l'eussent au contraire excité à la revanche. Et tel était bien le désir de Hulagu, furieux de la mort de Kitbuqa. Mais c'étaient les divisions de l'ancien empire mongol qui paralysaient le souverain de la Perse. Cet empire, depuis la mort du grand khan Mongka, s'était divisé en autant de khanats, pratiquement indépendants, que de membres apanagés de la famille gengiskhanide : le khanat de Perse, à Hulagu ; l'empire mongol de Chine, à Khubilai, frère de Hulagu ; un khanat de l'Altai et de la Mongolie occidentale, appartenant à Qaidu, petit-fils du grand khan Ogodai et ennemi juré de Khubilai ; le khanat du Turkestan, à la maison de Jaghatai ; enfin le khanat de la Russie mongole ou Qipchaq. Khubilai, le souverain mongol de la Chine, revendiquait le titre de khan suprême, mais seul son frère Hulagu avait pris parti en sa faveur. Le khan du Turkestan, le jaghataide Algu, et le khan Qipchaq, Berké, s'étaient (au moins au début en ce qui concerne Algu) prononcés contre lui et montraient la même hostilité à Hulagu. Hostilité fort désagréable à ce dernier, surtout en ce qui concernait Berké dont le séparait seulement la frontière du Caucase.

De plus, tandis que Hulagu, sous l'influence de son épouse nestorienne, Doquz-Khatun, se faisait le protecteur du christianisme, Berké, en Russie, favorisait ouvertement l'Islam. Les sympathies musulmanes du khan de Qipchaq étaient si vives que les victoires de son cousin lui faisaient horreur. « Il a saccagé toutes les villes des Musulmans, fait dire Rashîd al-Dîn à Berké en parlant de Hulagu ; il a précipité du trône les rois de l'Islamisme ; il a, sans consulter aucun de ses parents, fait périr le khalife. Si Allah me seconde, je lui demanderai compte de tant de sang innocent[122] ! »

Avec de telles dispositions, le khan de Russie ne tarda pas à se rapprocher des Mamelûks, ennemis du nom mongol, mais défenseurs de la foi musulmane, contre son cousin le khan de Perse, protagoniste de la conquête mongole, mais protecteur des chrétiens. Baîbars qui, précisément, était originaire de la Russie méridionale, sut mettre à profit les dispositions inattendues du souverain mongol de ce pays. Dès 1262-1263, on le voit échanger lettres et ambassades avec Berké[123]. Dans le même temps la guerre éclatait entre Hulagu et Berké. En novembre-décembre 1262, c'est Hulagu qui prend l'avantage ; il franchit le pas de Derbend et s'avance au nord du Caucase jusqu'au Terek, en plein khanat de Qipchaq ; mais peu après il est surpris sur les bords du Térek par l'armée de Berké et rejeté en Adharbaijân[124].

L'islamisation de la Russie mongole et bientôt du Turkestan mongol et la formation du puissant empire mamelûk de Baîbars en Syrie et en Égypte rendaient assez délicate la situation de la Perse mongole, précisément dans la mesure ou les khans de Perse restaient fidèles – et restaient seuls fidèles – à l'ancienne politique mongole favorable au christianisme et opposée à l'Islam. Entre les Mongols de Russie, passés, avec Berké, à l'Islam, les Mongols du Turkestan, chez lesquels le milieu musulman l'emportait aussi de plus en plus, et Baîbars qui se posait en champion de l'Islamisme dans le monde, la maison de Hulagu était comme encerclée. Sur le Sir-daryâ, le Caucase et le moyen Euphrate, elle rencontrait partout des adversaires. Désormais Hulagu et ses successeurs ne pourront renouveler l'expédition de Kilbuqa, lancer de nouvelles « croisades mongoles » vers Alep et Homs, se porter au secours des Arméniens et des Francs, sans risquer d'être pris à revers par quelque diversion de leurs cousins de Russie descendant en horde par le Caucase, sans parler d'autres diversions de leurs cousins du Turkestan les prenant également à revers du côté du Khorassan. La « Croisade mongole » se trouvera dès lors paralysée.

Cette situation nouvelle, dont les conséquences seront désastreuses pour les Arméniens et pour les Francs, est remarquablement mise en lumière par le moine Hayton à propos d'Abagha, fils et successeur de Hulagu : « Le soldan d'Egipte manda par mer ses messagés as Tartars qui estoient au roiaume de Comaine (l'ancien pays coman, c'est-à-dire le Qipchaq, ou Russie méridionale) e de Roussie, e fist avec eus compaignie et amistei, et ordena que, se Abaga Can vousist entrer en la terre d'Egipte, que ceaus corrussent sa terre et (y) meussent guerre. E por ceste composicion, le soldan ot grant baudor (= fut mis en goût) d'envaïr les terres des Crestiens de la Surie, et, por ce, perdirent les Crestiens la cité d'Antioche[125] et autres terres plusors[126]. »

1260 : l'occasion qui ne se représentera plus.

Ainsi l'occasion de 1260 que les Francs ont négligée ou repoussée ne se représentera plus. En 1260 Hulagu et Kitbuqa incarnaient encore la force mongole intacte, l'empire gengiskhanide unitaire, la majesté de l'Étendard indiscutée, comme aux jours du Conquérant du Monde. Après 1260, Hulagu et ses descendants ne représenteront plus qu'un royaume d'Iran, puissant encore à coup sûr, mais neutralisé dans ses sympathies pour la Chrétienté par les sympathies des autres États gengiskhanides pour l'Islamisme, une Perse incapable, de ce fait, d'engager une guerre à fond contre l'Égypte des Mamelûks. Et cela en attendant que la Perse mongole à son tour cède à la lente pression du milieu et redevienne, comme la Russie mongole et le Turkestan mongol, un pays purement musulman, aussi indifférent qu'eux à l'âme mongole et au programme gengiskhanide.

Curieuse ironie de l'histoire et qu'a bien sentie un Abu'l Fidâ. L'unité mongole s'est brisée et, par contre-coup, la conquête mongole s'est arrêtée au moment précis où, contre l'Islam syro-égyptien, cette conquête prenait les allures d'une croisade. Les quelques mois de battement qui s'étendent entre l'entrée de Hulagu en Syrie et la bataille de 'Ain Jâlûd, cette offre du destin durant laquelle tout était possible, la république franque n'avait pas su l'utiliser. Et déjà l'Islam qui avait failli périr et qui ne pardonnait pas ces heures de mortelle angoisse, préparait contre les Francs comme contre les Mongols une revanche illimitée.

CHAPITRE IX

LE SUICIDE D'UNE FÉODALITÉ ANARCHIQUE

§ 1er. — L'ANARCHIE FRANQUE ET L'AVÈNEMENT DE HUGUE III.

L'anarchie franque au lendemain de la guerre de Saint-Sabas.

Pour comprendre l'incompréhensible inertie des chefs francs d'Acre en présence de l'offre mongole, il faut se souvenir des dates : 1259-1260, c'est le moment où la guerre de Saint-Sabas vient de diviser à mort les barons d'Acre et les barons de Tyr, Jean d'Ibelin-Jaffa et Philippe de Montfort, les Templiers et les Hospitaliers, les Vénitiens et les Génois, les Marseillais et les Catalans. Cette affaire de clocher est devenue pour les Francs l'Affaire principale, devant laquelle le péril extérieur, l'invasion prochaine, tout est oublié. Chacun embrasse soit le parti génois, soit le parti vénitien et, avant de songer à la défense de la Chrétienté, ne pense plus qu'à sa haine contre le parti adverse. Pour nuire au parti génois, les gens du parti vénitien ont ruiné tout un quartier d'Acre. La capitale franque, qui a été le siège d'une guerre de rues de plus d'un an, est comme une ville dévastée par l'ennemi. Pour nuire au parti vénitien, les Génois n'hésiteront pas à s'entendre à demi avec les Mamelûks qui rôdent autour d'Acre, en quête d'un mauvais coup. C'est la guerre civile à l'état endémique, la division de la société franque en deux factions violemment ennemies, à l'heure où l'impérialisme de caserne des Mamelûks concentre tous les pouvoirs du monde musulman – de la Nubie à l'Euphrate – entre les mains de dictateurs d'une énergie exceptionnelle.

En face de ces Césars mamelûks, bêtes de proie traîtresses et féroces, mais soldats de génie, connaisseurs et manieurs d'hommes, un Qu*t*uz, un Baîbars, un Qalâwun, que voyons-nous du côté latin ? Des barons francs courtois, poètes et dilettantes – lisez dans les *Gestes des Chiprois* les vers charmants de Philippe de Novare, – des jurisconsultes libéraux et diserts, comme Jean d'Ibelin, comte de Jaffa, l'auteur des *Assises*, théoriciens des franchises seigneuriales et bourgeoises, dont tout le souci, à cette heure suprême, est de limiter le pouvoir central, ou ce qui en reste, pour dilater d'autant les droits de chacun. Cela pour l'élément français. Et pour l'élément italien une étrange obnubilation, sous l'empire des affaires, de ce sentiment de Chrétienté que nous appellerions aujourd'hui le sentiment européen. L'exemple des Génois est à cet égard typique. Nous tenons de faire allusion à leurs tractations avec Baîbars, tractations qui faillirent bien aboutir à un coup de main en commun contre Saint-Jean-d'Acre. Mais, ulcérés de leur éviction du marché d'Acre, c'est dans toute la Méditerranée orientale qu'ils faisaient maintenant une politique antilatine. Tous les ennemis du nom latin, depuis Baîbars au Caire jusqu'à Michel Paléologue sur le Bosphore, étaient leurs amis[1]. Chez Venise elle-même, en apparence protectrice de la cause latine en Syrie comme à Constantinople, le patriotisme latin n'était trop souvent qu'une façade. Profondément engagés par l'engrenage des intérêts commerciaux dans une politique de solidarité économique inavouée avec les Mamelûks, les Vénitiens ménageaient tant qu'ils pouvaient le gouvernement du Caire de la bienveillance duquel dépendait la prospérité de leurs comptoirs d'Alexandrie. Le génie de proie d'un Baîbars avait aussi beau jeu en présence de l'égoïsme mercantile à courte vue des colonies italiennes qu'en face de l'anarchie congénitale des barons francs de Saint-Jean-d'Acre.

À Acre le pouvoir reste en déshérence. Le roi titulaire de Jérusalem, le jeune Conradin de Hohenstauffen, qui n'est même pas en mesure de faire reconnaître son autorité en Allemagne et en Sicile, est encore plus incapable de faire valoir ses droits en Syrie. Toutefois les juristes d'Acre affectent, ces droits, de les respecter ou plutôt de les réserver, justement parce que, tant que vit le jeune homme[2], aucune autre autorité légitime ne peut s'établir sur le trône des Baudouin et que cet interrègne de fait assure l'indépendance aux barons. L'extrême scrupule légitimiste est ici, n'en doutons pas, le voile hypocrite d'une hostilité inavouée au rétablissement de l'autorité monarchique[3].

Hugue III, régent, puis roi de Chypre et de Jérusalem.

Toutefois les circonstances allaient obliger les barons d'Acre à accepter un chef. La vieille régente du royaume de Jérusalem, Isabelle de Lusignan, mourut en 1264. La régence fut revendiquée par son fils Hugue d'Antioche, cadet de la maison princière de ce nom, le futur roi de Chypre Hugue III, déjà régent de Chypre pour son cousin, l'enfant-roi Hugue II ou Huguet[4]. Mais les droits de Hugue d'Antioche à la régence de la Terre Sainte furent contestés par le comte Hugue de Brienne, neveu de la feue régente Isabelle. La cour d'Acre, avant de se prononcer enfin pour Hugue d'Antioche, consacra de longues séances à examiner au point de vue du droit pur les titres des deux prétendants[5]. « À voir le calme et la lenteur de ces délibérations, observe Mas Latrie, on aurait pu se croire dans le pays le plus heureux et le plus paisible de la chrétienté[6]. » C'était cependant l'époque où Baîbars, ayant les mains libres du côté des Mongols, cherchait à s'emparer d'Acre par surprise, où chaque jour pouvait voir la catastrophe finale.

Contre tous ces périls – le verbalisme et le formalisme juridiques à l'intérieur, l'impérialisme mamelûk au dehors –, le choix de Hugue d'Antioche, auquel la haute cour d'Acre finit par s'arrêter, était sans doute le moyen le plus efficace de salut, à supposer que cette société anarchique voulût être sauvée ou pût l'être malgré elle-même. Du moins avait-elle enfin à sa tête, un prince énergique et adroit, soucieux de restaurer l'autorité monarchique, capable de coordonner – puisqu'il était régent des deux pays – les forces militaires du royaume de Chypre et celles du royaume d'Acre. La preuve en est dans sa tentative pour obliger les chevaliers de Chypre à venir servir sur le continent[7]. Le destin, jusque-là, avait paru se plaire à priver chaque fois à l'heure décisive la Syrie franque de ses chefs les plus qualifiés, un Conrad de

Montferrat, un Henri de Champagne, un Amaury II, prolongeant ainsi indéfiniment les régences féminines et les baylies de baylies. Cette fois le sort semblait offrir à ce malheureux pays la suprême chance d'une direction continue, sous un prince digne de ses anciens rois. Hugue, en effet, allait administrer comme régent les deux royaumes de Chypre et de Jérusalem (Chypre depuis 1261, Jérusalem depuis 1264), puis la mort successive de son neveu le jeune roi de Chypre Hugue II (5 décembre 1267) et de Conradin de Hohenstauffen (29 octobre 1268) allait, comme nous le verrons, lui donner coup sur coup la couronne de Chypre (25 décembre 1267) et celle de Jérusalem (24 septembre 1269)[8].

Pendant neuf ans, de 1268 à 1277, Hugue d'Antioche, Hugue III, comme nous l'appellerons désormais, allait, avec toutes les ressources de la grande île voisine, régner sur le littoral chrétien de Syrie. Il semblerait pour l'observateur superficiel qu'en même temps que cessait *l'exil de la couronne* – je veux dire le règne purement titulaire des souverains allemands de la maison de Hohenstauffen – dût cesser aussi l'état d'anarchie qui paralysait, depuis le départ de Frédéric II, le royaume de Jérusalem. On pourrait imaginer que la Syrie franque, devenue par la force des choses et en l'absence de rois résidant, une anarchie féodale, allait reprendre quelque cohésion sous l'influence de la monarchie restaurée.

La restauration monarchique et ses difficultés.

Reste à savoir ce que l'on restaure dans une restauration. Si c'est, comme tel devait être le cas dans la France encore voltairienne et déjà romantique de 1815-1830, la dynastie sans l'esprit monarchique, le changement n'est qu'apparent et provisoire. De même, dans la Syrie franque de 1264 à 1284 les habitudes d'autonomie féodale et communale étaient si bien implantées que le pouvoir central, en dépit de la valeur personnelle de Hugue III, resta pratiquement annihilé. Hugue III est le premier roi de Jérusalem digne de ce nom depuis Jean de Brienne. Mais qui oserait comparer son autorité effective à celle de Jean de Brienne ? En Syrie, il n'avait aucun pouvoir à Tyr, la seconde ville du royaume, où la maison de Montfort s'était rendue indépendante. À Acre même, il ne pouvait que ce que toléraient la commune, la Haute Cour, les Templiers, les Vénitiens. Pis encore, à Chypre où il avait également la régence, mais où, depuis Amaury de Lusignan, l'autorité monarchique était mieux établie, le corps des chevaliers protesta, au nom des libertés féodales, contre la prétention de Hugue de les faire servir sur le continent. « Il y allait de leur honneur, écrit Mas Latrie, résumant leur thèse juridique, de ne pas porter les armes hors dû royaume [insulaire], même en Palestine, quand on voulait considérer la guerre sainte comme une conséquence obligée du service féodal. » L'orateur de la noblesse chypriote, Jacques d'Ibelin, spécifia à cette occasion que « la limite du service dû par les liges, c'est la frontière même du royaume », entendez du royaume de Chypre, à l'exclusion de la Syrie[9]. La protestation de Jacques d'Ibelin à ce sujet, en 1271, en présence de Hugue, devenu le roi Hugue III, et du prince Édouard d'Angleterre est un des témoignages les plus savoureux de la déformation mentale développée chez les barons francs par l'esprit des *Assises*. Les Mamelûks étaient en train de détruire l'Orient latin, mais le Lusignan, roi de Chypre et de Terre Sainte, n'avait pas le droit, pour sauver la Terre Sainte, de demander le service militaire aux barons de Chypre ! Si tel était l'état d'esprit dans le royaume héréditaire de Chypre, quel pouvait-il être dans le royaume électif, dans l'anarchie royale de Syrie ?

Là la restauration monarchique tentée par Hugue d'Antioche arrivait trop tard. Depuis plus de trente ans que le trône y était pratiquement vacant, barons et bourgeois d'Acre avaient trop pris goût à l'indépendance pour s'accoutumer de nouveau à obéir. Jamais monarque constitutionnel contemporain n'aura été aussi ligoté par son Parlement que le fut le malheureux Hugue III par la Haute Cour d'Acre. Elle ne dépendait pas de lui ; c'est lui qui dépendait d'elle, puisque aussi bien c'est elle qui le fit roi, non sans difficulté d'ailleurs, car lorsqu'en 1268, déjà régent de Terre Sainte depuis quatre ans, il revendiqua enfin la couronne royale, il dut de nouveau longuement plaider ses droits devant l'Assemblée : cette dernière – tel était le formalisme parlementaire du temps – éprouva le besoin de mettre les titres de ce chef nécessaire en balance avec ceux d'une ridicule prétendante, Marie d'Antioche, une vieille fille qu'on ne voit pas très bien, dans cette place en état de siège, tenant tête à Baîbars[10]. Cette belle controverse juridique et parlementaire en pleine invasion mamelûke est un des traits les plus tristement comiques de l'agonie franque.

Hugue III l'emporta cependant, comme nous l'avons annoncé, sur sa vieille tante et fut reconnu maître du royaume par la Cour[11]. Il reçut l'hommage de Geoffroi de Sargines, sénéchal du royaume, représentant de Louis IX, de Philippe de Montfort, seigneur de Tyr, de Balian d'Arsûf et des autres barons de la famille d'Ibelin, toujours prépondérante à Acre, des chefs des Ordres militaires et du clergé. Une seule difficulté subsistait encore : Conradin de Hohenstauffen était toujours vivant en Allemagne. La disparition de ce jeune homme, mort sans enfant sous la hache angevine le 29 octobre 1268, en marquant l'extinction de la lignée des Hohenstauffen-Jérusalem, permit à Hugue III de se faire enfin couronner roi de Jérusalem dans la cathédrale de Tyr, suivant le rituel séculaire (24 septembre 1269)[12].

Mais l'union des partis arrivait bien tard. La conquête de la Syrie franque par les Mamelûks était depuis longtemps – depuis cinq ans déjà – commencée.

§ 2. — Baîbars et la rafle des possessions franques.[13]

Commencement de la grande guerre. L'avarice des Templiers fournit un prétexte humanitaire à Baîbars.

Bien avant l'avènement de Hugue III, alors que ce prince n'était encore que simple régent de Chypre, le sultan Baîbars avait commencé la grande guerre pour l'expulsion définitive des Francs. C'était un an après la bataille de 'Ain Jâlûd. Les Francs, qui avaient opté contre les Mongols, pour l'alliance des Mamelûks, croyaient pouvoir compter sur la reconnaissance de ces derniers. Baîbars les détrompa rudement. Les négociations qu'engagèrent avec lui Jean d'Ibelin, comte de Jaffa[14], et Jean d'Ibelin, comte de Beyrouth[15], échouèrent. Les Ibelin ne purent s'entendre avec lui pour l'échange des prisonniers. Comme ils demandaient la rétrocession de Zer'în en Galilée, ou une indemnité, conformément à d'anciens accords, Baîbars leur fit comprendre brutalement que le temps des accords était passé et envoya les prisonniers francs aux plus durs travaux (fin 1261, début de 1262). Un des barons de la marche de Philistie les plus directement menacés, Balian d'Ibelin, sire d'Arsûf, désespérant sans doute de pouvoir défendre à lui seul ce fief, en commença la vente aux Hospitaliers (avril 1261)[16]. Ou, plus exactement, comme l'a montré Delaville Le Roulx, il loua d'abord à l'Ordre, pour une rente fixe de 1 000 besants, une perception de 4 000 besants sur divers casaux, puis la levée du service féodal des vassaux de la seigneurie, etc. ; pratiquement cette location équivalait à la cession d'Arsûf à l'Hôpital[17].

En février 1263, Baîbars revint en Syrie pour attaquer les Francs. Jean d'Ibelin, comte de Jaffa, et Balian d'Ibelin, comte d'Arsûf, ou peut-être les Hospitaliers chargés de la défense de cette dernière place, se résignèrent à accepter, avec l'échange des prisonniers, les autres conditions exigées par le sultan, ce qui valut à Jaffa et à Arsûf une trêve temporaire[18]. Le 8 avril les représentants du gouvernement d'Acre vinrent discuter avec lui, à son camp du Mont Thabor, de l'extension de la trêve à tout le pays, avec échange intégral des prisonniers. Mais le Temple et l'Hôpital, sans pitié pour les malheureux captifs chrétiens, se refusèrent à cet échange qui les eût privés de la main-d'œuvre gratuite des esclaves musulmans. Ce n'est pas seulement Baîbars qui dans l'apostrophe cinglante, rapportée par Maqrîzî, reproche cette cupidité inhumaine au Temple[19]. Ce sont les *Gestes des Chyprois* qui confirment expressément le fait : « Bendocdar (Baîbars) volait changer les esclas crestiens par les esclas sarazins. Mais le Temple et l'Ospitau dissent que lor esclas estoient lor grant profit, car il estoient tous gens de mestier, et que trop l'or cousteroit à tenir à sodées (= s'il fallait payer) autres gens de mestier[20]. » Ce refus cynique, qui maintient les prisonniers chrétiens dans la dure servitude des travaux forcés de Damas ou du Caire, montre bien le caractère férocement égoïste du Temple et de l'Hôpital, ces soi-disant institutions de défense chrétienne et de charité, devenues deux banques cupides et sans cœur. Mais saint Louis et Joinville n'étaient plus là pour obliger, comme devant Damiette, les Templiers à rendre gorge[21].

Le monstrueux refus du Temple et de l'Hôpital permit à Baîbars de commencer la guerre générale en ayant pour lui le beau rôle et les sentiments humains. Il s'attaqua d'abord à la Galilée franque. Un de ses lieutenants vint saccager Nazareth et détruire l'église de la Vierge[22]. Le 14 avril 1263 Baîbars en personne arriva avec 30 000 hommes devant Acre et essaya d'emporter par surprise un élément avancé des fortifications[23]. Il échoua, se retira, revint le lendemain, prit d'assaut le retranchement qui couronnait la butte de Tell al-Fu*dh*ul, saccagea le cimetière Saint-Nicolas, à l'est de la ville, et les plantations voisines. Les Francs ayant tenté une sortie, il les tailla en pièces. Leur chef, le vaillant sénéchal Geoffroi de Sargines, fut grièvement blessé dans cette rencontre[24]. Mais le sultan, après s'être avancé jusqu'aux portes, se rendit compte de l'impossibilité d'emporter Acre pour le moment. Il se contenta d'aller enlever la tour de Doc (al-Da'wuq), au sud de la ville, et reprit le chemin de la Judée. Le 28 avril, il était de retour à Jérusalem[25].

Un accord entre Baîbars et le parti génois ?

Ce qui avait rendu tragique la situation d'Acre, c'est que, menacée du côté de la terre par le sultan, elle était guettée du côté de la mer par la marine génoise. C'était en effet l'époque où la république de Gênes, furieuse d'avoir été évincée d'Acre à la suite de la guerre de Saint-Sabas, ne songeait qu'à la vengeance. Elle comptait pour cela sur l'aide de son allié, Philippe de Montfort, seigneur de Tyr, qui aspirait, lui aussi, à une revanche. De là à s'entendre avec Baîbars il n'y avait qu'un pas[26]. D'après certains chroniqueurs arabes, comme Ibn Furât, Montfort et les Génois auraient même conclu une alliance secrète avec Baîbars pour l'aider à s'emparer d'Acre. Au dernier moment ils n'auraient pas osé consommer leur trahison et Baîbars, déçu, aurait tenté seul le coup de main qui, faute de concours naval, échoua.

Au début de l'année 1264, on ne signale comme faits d'armes qu'un coup de surprise heureux des Hospitaliers et des Templiers sur la petite forteresse de Lejjûn, le Lizon, Ligon ou Lion des Croisés, l'ancien Mégiddo, entre Caïffa et Jenîn (16 janvier 1264)[27]. Vers mars-avril, Gérard de Picquigny, châtelain de Jaffa, fut fait prisonnier, tandis qu'il se rendait à Ramla, capture commise par trahison, en violation de la trêve locale conclue l'année précédente entre Jean d'Ibelin-Jaffa et Baîbars. Le 15 juin les chevaliers d'Acre, les Templiers et les Hospitaliers organisèrent une expédition de représailles qui ravagea la région d'Ascalon et surprit un corps de 300 Mameluks[28]. En juillet contre-représailles des Mamelûks qui vinrent ravager les territoires de Césarée et de 'Athlîth. Le 5 novembre, les Francs d'Acre, renforcés par un corps de troupes françaises, récemment arrivées à Acre sous le commandement d'Olivier de Termes, exécutèrent une chevauchée à travers la plaine d'Esdrelon jusqu'à Beisân, d'où ils revinrent avec un riche butin[29].

Prise de Césarée, de Caïffa et d'Arsûf par Baîbars.

Ces escarmouches, il faut bien le reconnaître, étaient dangereuses, un adversaire comme Baîbars n'ayant pas besoin d'être provoqué. Le 9 février 1265, celui-ci arrivait à Gaza à la tête d'une puissante armée. Après avoir trompé les chrétiens en feignant de s'amuser à des chasses près d'Arsûf, il apparut soudain devant Césarée (27 février). La ville même fut emportée du premier élan. Mais la citadelle avait été puissamment fortifiée par Louis IX. Les habitants s'y réfugièrent. Baîbars la fit bombarder par des salves de feu grégeois et des balistes établies sur des tours roulantes. Le 5 mars 1265 il obtint la capitulation des défenseurs et rasa la ville et la citadelle[30].

Baîbars lança ensuite une de ses divisions contre Caïffa. La plupart des habitants évacuèrent la ville et la citadelle pour s'enfuir sur des bateaux ancrés dans la rade. Tous ceux qui étaient restés furent capturés ou massacrés. La ville fut radicalement détruite. Baîbars en personne vint attaquer Château-Pèlerin ('Athlîth), forteresse construite par les Templiers en 1218 et qui gardait la route de Caïffa à Césarée, dans l'étroite corniche entre la mer et le Carmel. La ville basse fut prise, mais la citadelle résista[31].

Le 21 mars 1265, Baîbars vint attaquer Arsûf, l'« Arsur » des Francs. Nous avons vu que le sire d'Arsûf, Balian d'Ibelin, sentant venir l'orage, avait confié la défense de la ville aux Hospitaliers, en leur abandonnant les revenus du fief[32]. Ceux-ci avaient sérieusement garni la place d'hommes – 270 de leurs chevaliers – et de ravitaillement. Ils firent une très belle résistance. Il fallut quarante jours d'attaques incessantes, la mise en jeu de mines et de machines formidables et l'action personnelle de Baîbars, qui se battit comme un simple soldat, pour que les Mamelûks pussent s'emparer de la ville basse (26 avril). La citadelle résista encore jusqu'au 29. Deux mille Francs avaient péri, dont quatre-vingt-dix Hospitaliers. Les derniers Hospitaliers – ils étaient cent quatre-vingts – obtinrent de se retirer librement, mais Baîbars, violant sa parole, les fit enchaîner[33].

Un détail qui montre bien le caractère éminemment anti-franc, anti-européen des factions gibelines. Aussitôt après la prise d'Arsûf sur la Chrétienté, le sultan en fit porter l'heureuse nouvelle à son ami Manfred, fils et successeur de Frédéric II dans l'Italie méridionale[34]. Baîbars, le khan de Qipchâq Berké, l'empereur grec Michel Paléologue, Manfred, le dernier Hohenstauffen de Sicile, la république de Gênes enfin, c'était toute la coalition des ennemis de l'Occident. Toute défaite de l'Occident, à Arsûf comme à Constantinople, était une victoire pour eux.

Il semblait que le tour de Saint-Jean-d'Acre fût venu. Mais la capitale franque fut secourue à temps par Hugue III, pour lors régent de Chypre et de Jérusalem[35]. Il se trouvait en Chypre quand il apprit la soudaine agression de Baîbars. Le 23 avril 1265 il abordait à Acre sur une belle escadre avec cent trente compagnons, chevaliers ou sergents, de cette chevalerie chypriote qui était alors célèbre par sa vaillance[36]. Faibles effectifs ? Mais il semble que l'arrivée d'un chef ait suffi à détourner les Mamelûks d'une tentation de coup de main. Baîbars regagna l'Égypte.

La situation n'en était pas moins très grave. La frontière du royaume franc reculait jusqu'à la banlieue méridionale d'Acre, car, maintenant que Caïffa, Césarée et Arsûf étaient tombées, Jaffa, au sud, n'était qu'un îlot coupé des terres franques, maintenu au-dessus de la marée par la seule habileté de Jean d'Ibelin et destiné à être submergé au lendemain de sa mort[37].

Conquête de Safed par Baîbars.

En mai 1266, Baîbars revint d'Égypte pour une nouvelle campagne. Le 1er juin il fit une démonstration contre Acre. Mais la ville était bien gardée, ayant reçu les renforts envoyés de France par Louis IX, avec le comte Eude de Nevers (arrivé le 20 octobre 1265), Érard de Valéry et Érard de Nanteuil (arrivés au début de 1266)[38]. Le sultan n'insista pas. Après une marche sur Montfort (Qal'at Qur'ain), forteresse des Teutoniques située à une douzaine de kilomètres au sud-est du Cap Nâqûra, entre Acre et Tyr, et qu'il dut trouver également bien gardée, il alla de là mettre le siège devant Safed, le « Saphet » des Francs. Depuis qu'en 1240 elle avait été entièrement reconstruite et confiée aux Templiers, la puissante forteresse de Safed dominait toute la haute Galilée, depuis le lac de Hûlé et le lac de Tibériade à l'est jusqu'à la plaine d'Acre à l'ouest. « Cent soixante villages, habités par plus de 10 000 paysans, en dépendaient. Sous son abri, tout le pays arabe conquis par les chrétiens était tranquillement cultivé, du Jourdain à la Méditerranée. Depuis que les Francs l'avaient achevée, les Sarrazins de Damas n'osaient plus se hasarder au delà du fleuve qu'en forces supérieures[39]. »

L'attaque commença le 7 juillet 1266. « Pour encourager ses soldats, le sultan avait promis trois cents pièces d'or aux dix premiers pionniers qui arracheraient une pierre des murs. Là-dessus, une lutte acharnée s'engagea, mais malgré l'intrépidité que déployaient les assaillants, stimulés à la fois par les promesses du sultan et par l'exemple qu'il leur donnait personnellement, ils durent se retirer sans avoir rien effectué. L'assaut fut recommencé le 13 et le 19 juillet sans plus de succès[40]. » Plusieurs émirs, épuisés, demandaient la cessation de la lutte, et Baîbars dut en faire arrêter quarante.

Le Safed s'avérait imprenable. Pour en venir à bout, Baîbars eut l'adresse de diviser les défenseurs en opposant aux chevaliers du Temple les chrétiens syriens qui servaient comme sergents. Il venait enfin, grâce à la puissance de ses machines de siège, de prendre la barbacane, mais les pertes qu'il avait éprouvées étaient telles qu'il doutait encore du succès final. Il fit alors crier qu'il accorderait l'*amân* à tous les chrétiens indigènes – sergents ou archers – à l'exclusion des Francs. Cette discrimination porta ses fruits. Les Syriens mollirent, les Francs les accusèrent prématurément de trahison et les deux éléments en vinrent aux injures, puis aux coups. Alors le sultan ordonna l'assaut. Écoutons les *Gestes des Chiprois* : « Le soudan fist crier son banc que tous les Suriens, sergans, archiers, puissent issir hors dou chasteau, à sa fiance ; et ce fist il pour metre descorde entre les Frans e les Suriens ; si que les Frans distrent as Suriens qu'y les avoient traïs, et firent donc bataille entre yaus. Et adons le soudan lor fist doner fort asaut[41]. »

Les Templiers, démoralisés et paralysés par leurs suspicions à l'égard de leurs auxiliaires indigènes, demandèrent à envoyer un parlementaire. Pour se concilier le sultan, ils choisirent précisément un de ces chrétiens indigènes qu'il paraissait affectionner, un certain sergent syrien nommé Léon qui avait obtenu le grade de casalier, c'est-à-dire d'économe chargé de la gestion des fermes et casaux dépendant de Safed[42]. Quand ce parlementaire se fut rendu au camp mamelûk, Baîbars, moitié par l'intimidation et la terreur, moitié par des caresses et des promesses, l'amena à trahir. D'accord avec Baîbars, le Syrien rentra au Safed, promettant au nom du sultan que les Templiers, comme tout le reste de la garnison pourraient se retirer librement à Acre. La promesse fut solennellement confirmée par un des émirs envoyés par Baîbars et ajoutent les *Gestes*, qui, de loin, lui ressemblait. Se fiant à la parole du sultan, les Templiers capitulèrent (vers le 25 juillet 1266). Quand Baîbars les tint en son pouvoir, il les fit, malgré ses promesses, décapiter jusqu'au dernier. Léon, le traître syrien, se convertit à l'Islamisme[43].

Ces parjures et ces trahisons annonçaient de la part de Baîbars une lutte sans merci. Avec le sultan-esclave, les chevaliers ne combattaient plus à armes égales, comme jadis avec le loyal Saladin. C'était une guerre d'extermination. Un « prudhomme » comme Jean d'Ibelin, comte de Jaffa, l'auteur des *Assises* – au joli sens que saint Louis attachait à la prudhomie[44] – n'avait plus aucune commune mesure avec la bête de proie, d'ailleurs mille fois mieux taillée pour l'action qu'était Baîbars. C'était la guerre à mort qui commençait, non pas de manoir franc à gentilhommière turco-arabe, comme au début du douzième siècle, non pas d'État franc à

État musulman, comme dans la seconde moitié du douzième siècle et la première partie du treizième, mais une guerre de race à race, une guerre d'extermination collective, ne comportant d'issue que l'émigration ou le massacre du dernier Franc. Et à cette heure tragique des incidents comme ceux de la capitulation de Safed annonçaient une redoutable désagrégation des forces chrétiennes, l'élément syrien indigène – peut-être pas toujours traité avec une suffisante fraternité – tendant à se désolidariser d'avec les colons francs. Ces fissures dans l'association franco-syrienne allaient assurer le triomphe de l'Islam avec, comme inévitables conséquences, l'expulsion des Francs et l'esclavage des chrétiens indigènes.

Derniers jours de Jean d'Ibelin, comte de Jaffa.

Signe plus grave encore de désagrégation dans la société franque elle-même : au cours du siège de Safed, on avait vu Philippe de Montfort, seigneur de Tyr, et le comte de Jaffa envoyer des présents à Baîbars[45]. Philippe suivait en cela l'aveugle ressentiment de tout le parti génois et hospitalier contre les Templiers, alliés des Vénitiens. Quant à Jean d'Ibelin, si c'est encore de lui qu'il s'agit ici – il mourut en cette même année 1266, mais seulement en décembre[46] –, il désespérait sans doute du sort de son fief de Jaffa et de toute la Syrie franque. Mélancolique destinée que celle de ce haut baron, cousin de Joinville et aimé de saint Louis, type accompli du chevalier français dans l'âge d'or du treizième siècle. Après s'être brillamment comporté sur tous les champs de bataille de Terre Sainte, de Chypre et d'Égypte, il avait consacré ses loisirs à rédiger, en son livre des *Assises*, la charte constitutionnelle du royaume franc. Royaume si parfaitement soumis aux droits, franchises et coutumes de tous et de chacun, que c'était une sorte de république chrétienne et chevaleresque idéale, surgie hors du temps, en un pays de raison pure, d'entretiens diserts, de courtoisie et d'élégance, loin des contingences du siècle et du heurt des événements ; loin surtout d'une marche-frontière sous la menace quotidienne de l'invasion et du massacre. Et à l'heure où se parachevait ce monument de sagesse constitutionnelle, *magna carta* autrement en avance sur l'époque que celle d'Angleterre, le terrain qui devait supporter l'édifice s'effondrait sous le vieux baron et sous toute la brillante société des siens. Aussi bien, au lieu de légiférer dans l'absolu, pour on ne sait quel royaume de table ronde, n'eût-il pas été inutile de se rappeler que les Mamelûks se massaient à la frontière toute proche, qu'un galop de leurs escadrons les conduirait aux portes de Jaffa et d'Acre et qu'un roi autoritaire, bénéficiant d'institutions monarchiques fortes, à la manière capétienne, aurait sauvé le pays.

Les boucheries de Qara et d'Acre. Arrivée de Hugue III.

Quant aux chrétiens indigènes, s'ils avaient espéré rentrer dans la faveur des Mamelûks en se désolidarisant d'avec les Francs à l'heure du péril, ils devaient être vite déçus. Un terrible exemple montra le sort qui les attendait sous le Mamelûk triomphant. Les Musulmans avaient respecté jusque-là le village de Qara, situé entre Homs et Damas, et dont la population était entièrement syriaque. En 1266 Baîbars, sous prétexte que les habitants avaient entretenu des intelligences avec les Francs, les massacra en masse, réduisit leurs enfants en esclavage pour en faire de futurs Mamelûks, livra le bourg au pillage, convertit l'église en mosquée et égorgea tous les moines syriens dont le corps fut partagé en deux[47].

Le sultan vainqueur avait des jeux de bête féroce. Au lendemain du massacre des Templiers de Safed, des envoyés d'Acre vinrent demander à ensevelir les corps des victimes. « Le sultan leur accorda audience, sans leur donner pour le moment de réponse, mais, la nuit même, il fit une incursion sur le territoire d'Acre et tua un grand nombre de chrétiens. À son retour, il répondit aux députés : "Vous veniez chercher ici des martyrs ? Vous en trouverez suffisamment à Acre : Nous en avons ajouté là-bas plus que vous n'en voudriez[48] !"

La chute de Safed, à laquelle il faut ajouter pour cette même année 1266 la ruine du Toron (Tibnîn)[49], montrait l'impuissance des Chypriotes à secourir les places franques éloignées de la côte. Cette fois encore le régent de Chypre-Jérusalem Hugue III, malgré son activité, était arrivé de Chypre trop tard pour prévenir la catastrophe. Il est vrai que les dispositions de la noblesse chypriote, si peu décidée à servir sur le continent (rappelons-nous les protestations de Jacques d'Ibelin) ne facilitaient guère la rapidité des secours[50]. Ce ne fut qu'en août 1266 que Hugue put débarquer à Acre avec la chevalerie de Chypre. Ayant réuni en outre les Templiers, les Hospitaliers, les Teutoniques et la garnison française d'Acre commandée par Geoffroi de Sargines, il dirigea à la fin d'octobre 1266 une chevauchée de 1 500 hommes en direction du lac de Tibériade, peut-être dans l'espoir de reprendre le Safed. Mais l'armée que Baîbars avait laissée devant Safed (lui-même se trouvait alors à Damas) restait trop forte. Pendant le retour de la colonne franque vers Acre, l'avant-garde, formée des Hospitaliers, des Teutoniques et des chevaliers français de Geoffroi de Sargines, au nombre de 500, commit l'imprudence de se séparer de plus de trois lieues du gros de la troupe. Les Mamelûks de Safed coururent se poster en embuscade au Carroublier ; la même nuit les paysans arabes vinrent encore surprendre le camp. De nombreux chevaliers, dont Geoffroi, fils du comte d'Auvergne, et le grand précepteur de l'Hôpital Étienne de Meses périrent dans cette équipée (28 octobre) 1266[51].

La campagne mamelûke de 1266 ne fut pas seulement cruelle aux Francs du royaume d'Acre, mais aussi à ceux de la principauté d'Antioche-Tripoli et au royaume arménien de Cilicie.

Tandis que Baîbars attaquait en personne Montfort, puis Safed, une de ses armées, concentrée à *Homs*, envahit le comté de Tripoli et enleva les trois châteaux de Qulai'ât ou Qlê'ât (la Colée), *H*albâ et 'Arqâ. Ces trois places « formaient un triangle stratégique défendant Tripoli contre une attaque du nord ou du nord-est (par *Homs*) : leur chute était le prélude indispensable à celle de Tripoli »[52]. C'était une sérieuse brèche dans les États de Bohémond VI.

*Le roi d'Arménie Héthoum I*er
et le blocus économique de l'Égypte.

Plus au nord, les Mamelûks s'attaquèrent au royaume arménien de Cilicie. Contre le roi arménien Héthoum Ier leur rancune était violente. C'était lui qui, par ses voyages à la cour des khans mongols, par son étroite alliance avec le khan Hulagu, avait provoqué en 1259-1260 l'intervention mongole dans les affaires syriennes. Lui et son gendre, le prince d'Antioche Bohémond VI, avaient accompagné l'armée de Hulagu dans l'invasion de la Syrie musulmane et nul doute que, si les stupides barons de Sidon et d'Acre les avaient imités au lieu de faire le jeu des Mameluks contre les Mongols, la domination musulmane aurait pu être balayée de la Syrie maritime. Seul le roi d'Arménie avait vu clair et discerné l'intérêt chrétien. Baîbars avait sans doute plus de considération pour cet ennemi habile et lucide – le seul homme, avec lui, qui ait jugé d'ensemble le problème oriental – que pour les politiciens à courte vue d'Acre, de Tyr ou de Nicosie. Du reste Héthoum restait un adversaire redoutable. La croisade mongole, qu'il avait suscitée, avait, il est vrai, tourné court, d'abord par le rappel de Hulagu en Iran, puis grâce à la diversion du khan de Qipchâq sur le Caucase. Mais une nouvelle expédition mongole était toujours à craindre (et, de fait, ne pouvait manquer de se produire). Au reste, l'intervention mongole étant, pour le moment, différée, l'habile Arménien venait, en attendant, d'imaginer contre les Mamelûks une guerre économique qui pouvait mettre l'Égypte aux abois.

L'Égypte, on le sait, ne possède ni bois ni fer. Elle devait importer de l'Asie Occidentale toutes ces matières premières. Les bois de construction, notamment, après lui avoir été longtemps fournis par le Liban, lui provenaient, depuis le déboisement de la « montagne », des forêts du Taurus cilicien. Héthoum interdit aux habitants de la Cilicie tout commerce avec l'Égypte. Comme, d'autre part, les Mongols de Perse, ennemis jurés des Mamelûks, restaient maîtres de tout le pays à l'est de l'Euphrate et qu'enfin les marines latines dominaient sans conteste la Méditerranée, l'Égypte et la Syrie mamelûkes se voyaient menacées par le roi d'Arménie d'un blocus économique total[53].

L'aide mongole paralysée. Mort de Hulagu.
Difficultés d'Abagha.

Malheureusement pour faire respecter ce blocus, il aurait fallu que les Arméniens pussent compter, contre toute vengeance de Baîbars, sur l'immédiate entrée en scène d'une armée mongole. Or le khan de Perse Hulagu venait de mourir en ses quartiers d'hiver de l'Adharbaijan, près de Maragha

(8 février 1265). Les oraisons funèbres que lui consacrent prélats jacobites et prélats arméniens montrent toute l'étendue de la perte que ce décès causait au christianisme. « Au commencement du carême, écrit Bar Hebraeus, mourut Hulagu, dont la sagesse et la magnanimité ne souffrent point de parallèle. L'été suivant, la reine très fidèle Doquz-Khatun quitta ce monde. Par la disparition de ces deux grands astres, qui étaient les protecteurs de la foi chrétienne, les chrétiens, sur toute la terre, furent plongés dans le deuil. » Quant aux écrivains arméniens et géorgiens, ils saluent, eux aussi, dans le petit-fils de Gengis-Khan et dans la Doquz-Khatun un autre Constantin et une autre Hélène, dont la perte était un désastre pour toutes les églises[54].

Il est vrai que le fils et successeur de Hulagu, le nouveau khan de Perse Abagha[55] (1265-1282) était aussi favorable que son père aux communautés chrétiennes – arméniennes ou syriaques – à l'intérieur, à l'alliance avec la Chrétienté contre les Mamelûks, au dehors. Il épousa, l'année de son avènement, la *despina* Marie, fille de l'empereur grec Michel Paléologue. Nous savons que la jeune princesse byzantine fut conduite à la cour d'Adharbaijan par le patriarche grec titulaire d'Antioche, Euthyme, qui était particulièrement *persona grata* auprès des Mongols[56] et qu'elle eut une grande influence religieuse sur son époux[57]. Le bruit court, écrit le moine arménien Vartan, qu'elle voulut, avant de célébrer son union avec Abagha, faire baptiser celui-ci[58]. Du côté syriaque, nous savons qu'Abagha fut le protecteur du patriarche nestorien Mar Denha, avant de devenir l'ami personnel du successeur de ce prélat, l'illustre pèlerin sino-mongol Marcos, le futur patriarche Mar Yahballaha III.

Malheureusement pendant plusieurs années – les années décisives en Syrie – Abagha se trouva paralysé non seulement par les diversions de ses cousins les khans du Qipchaq ou Russie méridionale passés à l'Islamisme, mais aussi par les attaques de ses autres cousins, les khans du Jaghatai, c'est-à-dire du Turkestan, qui prenaient la Perse à revers sur sa frontière nord-est, au Khorassan[59]. Baîbars allait avoir le temps de se venger des Arméniens,

L'enjeu était la principauté d'Antioche que le roi arménien Héthoum, beau-père de Bohémond VI, s'efforçait de protéger. On a vu qu'en 1262, quand les Mamelûks avaient pillé Séleucie, incendié les navires francs dans le port et qu'ils commençaient le blocus d'Antioche, c'était Héthoum qui avait sauvé la ville en allant chercher à son secours les garnisons mongoles de la frontière[60]. Au printemps de 1264, une armée mamelûke étant venue, de *H*oms, ravager la frontière de la principauté d'Antioche-Tripoli, les Arméniens, pour tromper l'ennemi, déguisèrent leurs soldats en Mongols ; mais ils furent défaits et la razzia mamelûke courut jusqu'aux portes d'Antioche[61]. Quant au prince d'Antioche lui-même, à Bohémond VI, il ne restait pas inactif. En novembre 1265 nous le voyons entreprendre avec les Hospitaliers et les Templiers une contre-attaque contre *H*oms ; malheureusement le gouverneur mamelûk de la ville le devança et le surprit au gué de l'Oronte (19 novembre 1265)[62]. Baîbars se rendit compte du danger que constituait pour lui cette étroite coalition du roi d'Arménie et du prince d'Antioche, étayés sur la Perse mongole. L'année suivante, il s'attaqua à eux.

Le désastre arménien de 1266.
Invasion de la Cilicie par les Mamelûks.

Le conquérant mamelûk somma Héthoum d'avoir à renoncer au blocus commercial, à renoncer aux anciennes places-frontières alépines dont les Mongols avaient fait cadeau aux Arméniens, et à transférer son allégeance de la cour de Perse à celle d'Égypte. Devant cette menace, Héthoum courut chercher l'aide des troupes mongoles les plus voisines, celles qui tenaient garnison dans le royaume seljûqide d'Anatolie[63]. Mais, tandis qu'il faisait ce voyage, l'armée mamelûke marchait sur la Cilicie, sous les ordres du malik de *H*amâ, Mansûr II, et du chef mamelûk Qalâwun, le futur sultan. Les Arméniens, commandés par les deux fils du roi Héthoum, les princes Léon et Thoros, essayèrent d'interdire aux ennemis l'entrée de la Cilicie en occupant fortement les défilés entre le golfe d'Alexandrette et Darbsâk[64]. Mais les Mamelûks tournèrent la position du côté des montagnes et le 24 août 1266 tombèrent près de Darbsâk sur les Arméniens qui furent vaincus. Le prince royal Léon fut fait prisonnier. Son frère Thoros fut tué[65].

Les Mamelûks vainqueurs pénétrèrent en Cilicie. L'émir Qalâwun saccagea les trois grandes villes de la plaine cilicienne, Mamistra, Adana et Tarse, ainsi que le port d'Aias, Laias ou Lajazzo, alors si important comme point de départ du commerce vénitien et génois dans l'empire mongol. Mansûr, avec un autre détachement mamelûk, alla s'emparer, en haute Cilicie, de Sis, la capitale arménienne. « Sis et sa cathédrale furent livrées aux flammes ; les tombeaux des anciens rois et princes furent violés, leurs ossements arrachés de ce dernier asile et brûlés, leur cendre jetée au vent[66]. » Le pillage de la Cilicie dura vingt jours. Les Mamelûks rentrèrent alors en Syrie avec un énorme butin et 40 000 prisonniers.

À ce moment le roi Héthoum arrivait en Cilicie avec quelques troupes mongoles et seljûqides ramenées d'Anatolie, mais le désastre était consommé. Pour recouvrer son fils, Héthoum dut, après de laborieuses négociations, céder à Baîbars plusieurs places-frontières importantes dont les Mongols, après les avoir enlevées au royaume d'Alep, avaient fait cadeau aux Arméniens : il abandonna ainsi Darbsâk, le Trapezac des Croisés, qui dominait le défilé d'Alexandrette et assurait les communications du royaume arménien avec Antioche[67], Gaban (Geiben) et Behesni qui, dans la haute région de Mar'ash, commandait les pistes entre Sis et Samosate sur le haut Euphrate, c'est-à-dire les communications entre la Cilicie et la Perse mongole. Ce traité (il fut signé fin mai 1268) démantelait le royaume arménien de Cilicie et le coupait de ses alliés francs et mongols[68].

Héthoum eut à ce prix la consolation de revoir son fils, mais il était brisé par le désastre de son œuvre. En 1269 il laissa le trône à Léon, devenu le roi Léon III, et abdiqua pour se faire moine.

*Échec de l'œuvre du roi Héthoum. Son génie.
Sa place dans l'histoire.*

L'échec du grand monarque arménien est l'échec même des Croisades, l'échec de l'Europe. Comme Baîbars domine l'Islam du treizième siècle, Héthoum avait dominé la chrétienté de son temps, embrassé dans ses calculs toute l'Asie de Pékin à Saint-Jean-d'Acre, discerné dans le vaste remous mongol où était le salut de l'Occident. Et nul n'avait compris son génie. Les Francs, qu'il avait essayé de rapprocher des Mongols, n'avaient pas saisi l'intérêt capital pour eux d'un tel rapprochement. Les Mongols, dont il avait un instant su faire les protecteurs, les sauveurs de la Chrétienté orientale, se détournaient de ce rôle ingrat où ils n'avaient trouvé chez les Latins que défiance et hostilité. Mais qu'importe l'inintelligence des hommes ! En prenant congé du prince arménien qui n'avait pas craint de faire le voyage de Karakorum pour canaliser au profit de la Chrétienté l'énorme force gengiskhanide, l'histoire doit saluer en lui un des plus lucides, un des plus puissants génies politiques du moyen âge. Le roi Héthoum Ier restera l'homme qui aurait pu, si l'Occident l'avait écouté, détourner sur d'autres versants le cours de l'histoire générale à l'heure où le tremblement de terre mongol, bouleversant la face de l'Asie, permettait aux fleuves millénaires de couler dans un sens nouveau. Ce que le grand Arménien avait entrevu, c'était un empire mongol étendu jusqu'au Soudan et à la Tunisie, protecteur du royaume de Jérusalem comme du royaume arménien, se christianisant peu à peu à ce contact sous l'influence conjuguée de ses nationaux nestoriens et des moines arméniens ou latins, un empire mongol de l'Ouest devenu syriaque, comme l'empire mongol de Chine devenait bouddhiste, comme le khanat mongol de Turkestan devenait musulman. Et cette adaptation-là n'était peut-être pas plus difficile que celles-ci, quand on songe à Hulagu, époux de la nestorienne Doquz-Khatun ou à Abagha, époux de la Grecque Despina-Khatun, protecteur du patriarche nestorien Mar Yahballaha.

C'était ce rêve d'un monde perdu que le roi Héthoum, devenu le moine Macarius, devait poursuivre dans le cloître de Trazargh, à l'ouest de Sis, où il s'était réfugié. Et tandis que ces possibles de la veille s'évanouissaient comme un songe, le terrible Baîbars, ramenant l'histoire dans son cours ancien, allait – moins de dix ans après l'éphémère transformation des mosquées de Damas en églises par le mongol chrétien Kitbuqa – rendre à l'Islam, et pour toujours, la cathédrale d'Antioche.

L'écrasement de l'armée arménienne, seule sauvegarde des Francs, annonçait en effet la chute de la domination franque dans la Syrie du Nord.

Au temps de Sennachérib et d'Assourbanipal.

Chaque année voyait maintenant une nouvelle campagne du sultan mamelûk dans la Syrie franque. Le 2 mai 1267 il était de nouveau en Syrie et essayait de surprendre Acre par un stratagème. Ses soldats s'approchèrent de la ville en portant des bannières aux armes du Temple et de l'Hôpital. Ayant endormi la méfiance des veilleurs, ils parvinrent jusqu'au rempart et furent sur le point de forcer une des portes. Repoussés à la dernière minute, ils se vengèrent sur les chrétiens qu'ils trouvèrent hors des murs et en massacrèrent plus de 500. Pendant ce temps des ambassadeurs francs étaient venus demander audience au sultan. Il leur exhiba ces hideux trophées, fit massacrer d'autres prisonniers sous leurs yeux, après quoi les têtes coupées allèrent former une guirlande humaine autour du donjon de Safed. « La guirlande y resta jusqu'à ce que la corde fût pourrie. » Depuis que les esclaves turcs avaient remplacé la glorieuse dynastie aiyûbide, l'histoire de l'Orient régressait jusqu'aux temps d'Assour et de Babylone. Une odeur abominable de charnier nous est de nouveau apportée du fond des siècles. Voyez, après le passage de Baîbars, les habitants d'Acre sortant pour ensevelir tous ces corps décapités, si méconnaissables « que à peine poiet-on conoistre son parent par aucun signiau qu'il eust en sa char »[69].

Baîbars n'en avait pas moins échoué dans son embuscade. Il revint le 16 mai et se vengea en changeant en désert la campagne d'Acre. « Il fist abatre les molins et les jardins et tayllier les arbres et les vignes qui estoient hors d'Acre[70]. » À cheval, la lance en arrêt, le conquérant mamelûk présidait au meurtre de la terre.

Entre l'escadre génoise et l'armée mameluke.

Ce fut le moment que choisirent les Génois, tout à leur haine contre les Vénitiens et contre les barons d'Acre, alliés de ceux-ci, pour venir, comme on l'a vu plus haut, attaquer la capitale franque. Le 16 août 1267, leur amiral, Luccheto Grimaldi, se présenta devant le port d'Acre avec 28 galères, s'empara de la Tour des mouches, qui commandait le port, et, pendant douze jours, resta maître du port. Il fallut l'arrivée de la grande flotte vénitienne, sous Jacopo Dandolo et Marino Morosini, pour obliger les Génois à lâcher prise. Une bataille navale livrée en vue d'Acre donna la victoire aux Vénitiens. L'escadre génoise se retira à Tyr chez l'ami des Génois, Philippe de Montfort[71].

De tels faits – j'ai tenu à les rappeler à cette place – expliquent mieux que toute considération la chute de l'Orient latin. Comment les Francs de Syrie auraient-ils pu résister à la reconquête musulmane, pris comme ils l'étaient entre les furieux assauts de Baîbars du côté de la terre et les attaques d'une des deux plus grandes puissances navales sur mer ? Par le traité de Nymphaeon, Gênes venait de concourir de tout son pouvoir à la chute de la domination latine à Constantinople[72]. Par leurs agressions répétées contre Acre à l'heure où Baîbars rôdait autour de la malheureuse cité, quand les cadavres chrétiens décapités empuantissaient encore la banlieue, les Génois allaient concourir de même à la chute de la domination chrétienne en Syrie. La politique de la grande république ligure n'est, dans cette lutte suprême entre l'Occident et l'Asie, qu'une trahison envers l'Occident.

Prise de Jaffa et de Beaufort par Baîbars.

En décembre 1266 était mort Jean d'Ibelin, comte de Jaffa, le savant auteur du livre des *Assises*. Jusqu'à la fin, il avait réussi, à force de prudence et de haute courtoisie dans ses rapports avec Baîbars, à faire à peu près respecter par le terrible sultan son beau domaine de Jaffa. Son fils, Guy, ne semble pas avoir eu une telle personnalité[73]. Du reste, depuis la chute d'Arsûf et de Césarée, Jaffa ne constituait plus qu'un îlot chrétien dont la submersion était inévitable. Le 7 mars 1268 Baîbars apparut à l'improviste devant la place, l'attaqua sans avoir dénoncé les trêves, ce qui, dans le droit des gens franco-arabe, constituait une véritable trahison, et, le même jour, en moins de douze heures, s'en empara. Il massacra une partie du peuple, mais fit reconduire les défenseurs du château à Acre, peut-être en souvenir de Jean d'Ibelin. Le château de Jaffa fut démoli, le bois et les marbres qu'on y trouva furent, par l'ordre du sultan, transportés au Caire pour servir au minbar et au mi*h*râb de sa mosquée. La côte philistine où avaient si longtemps vécu des colons de France fut repeuplée avec des tribus turcomanes[74].

De là, remontant vers le nord, Baîbars alla, dans le comté de Sidon, au Liban méridional, attaquer à l'improviste, suivant sa tactique habituelle, la forteresse de Beaufort (Shaqîf Arnûn) (4-5 avril 1268.) Beaufort, on se le rappelle, ancienne dépendance de la seigneurie de Sidon, conquise naguère par Saladin, avait été rétrocédé au comté de Sidon en 1240 par le sultan aiyûbide al-Sâli*h* Ismâ'îl[75]. En 1261 Julien de Sidon, incapable de défendre ses places contre les Mamelûks, avait cédé Beaufort en même temps que Sidon aux Templiers[76]. Il semblait que les Templiers, particulièrement groupés dans cette région, dussent offrir derrière les murs de Beaufort une énergique résistance. Il n'en fut rien. Beaufort, bombardé par 26 machines de siège, dut bientôt capituler (15 avril 1268.) « Les habitants furent répartis entre les soldats ; les femmes et les enfants purent se retirer à Tyr. Le château fut réparé et le sultan y plaça une forte garnison[77]. »

Conquête de la principauté d'Antioche par Baîbars.

Après la conquête de Beaufort, Baîbars alla attaquer la principauté d'Antioche.

Nous avons vu la rancune du sultan contre le prince d'Antioche et comte de Tripoli Bohémond VI qui, seul des princes francs, avait, comme son beau-père le roi d'Arménie Héthoum Ier, joint ses forces en 1260 à l'armée mongole. Les Mongols avaient récompensé Bohémond VI en lui rendant les anciennes places frontières de la principauté. Restauration éphémère ! La défaite des Mongols à 'Ain Jâlûd avait rejeté le territoire d'Antioche dans ses étroites limites, coupé qu'il était du comté de Tripoli par toute la côte entre l'embouchure de l'Oronte et Marqab, à l'exception du port de Lattaquié[78]. Quelque temps encore Antioche avait pu respirer du côté nord-ouest, communiquant avec ses alliés arméniens par le pas d'Alexandrette et Darbsâk. Le désastre arménien de 1266, en livrant Darbsâk aux Mamelûks, avait achevé d'encercler la capitale franque du Nord.

Dans son expédition contre Bohémond VI, Baîbars avait projeté de prendre d'abord Tripoli. Vers le 1er mai 1268 il apparut devant la ville, saccagea la banlieue, démolissan les églises et massacrant les paysans. Mais le Liban maronit – et la Montagne était encore couverte de neige, – gênait se communications pour un siège en règle[79]. Il se rabattit su Antioche. Un de ses corps d'armée alla ravager la côte e s'emparer, à l'embouchure de l'Oronte, du port de Sain Siméon (Suwaidiya). Un autre passa par Darbsâk, pou empêcher tout secours arménien. La concentration se fi autour d'Antioche qui fut investie le 14 mai 1268, en pré sence du sultan[80]. Il est pénible de constater que les com mandeurs du Temple à Tortose et à Chastel Blanc (Sâfîthâ étaient venus devant Tripoli faire leur cour au sultan pou obtenir que leurs territoires restassent à l'abri de la guerre Ainsi Bohémond VI était livré à ses propres forces, les Tem pliers, chargés de la défense des routes entre Tripoli et Antio che, pactisant avec les Mamelûks.

Complètement bloquée, coupée de la mer, comment Antio che aurait-elle pu tenir ? Le connétable de la principauté Simon Mansel, qui, avec un détachement de chevaliers essayait de donner de l'air à la place, tomba aux mains du sultan qui le chargea d'aller offrir la capitulation au: habitants[81]. Les négociations n'ayant pas abouti, l'assaut fu donné le 15 mai. Interrompu par de nouveaux pourparlers, i reprit le 18. Cette fois les assaillants escaladèrent le mur du côté du Mont Silpios, près du château, et pénétrèrent dans l partie haute de la ville. La rapidité de la catastrophe a indui les chroniqueurs francs en erreur. Baîbars aurait pris l place « sans nulle défense » prétendent l'*Éracles* et les *Geste des Chiprois* qui placent l'événement le premier le 27 mai, le seconds le 19. Abu'l Fidâ affirme au contraire qu'Antioche fu prise d'assaut et Maqrîzî spécifie que les Francs avaien refusé de capituler, qu'ils se défendirent bien et qu'un com bat acharné fut nécessaire[82]. Après avoir escaladé le mur du Silpios, les Mamelûks se précipitèrent dans la ville dont les habitants cherchèrent un refuge dans le château.

« Alors commencèrent le meurtre et le pillage ; le sabre n'épargna personne. Les émirs ordonnèrent de garder les por tes de la ville afin que personne ne pût échapper. Huit mille hommes, sans compter les femmes et les enfants, avaient pu trouver asile dans le château Ils demandèrent et obtinren avoir la vie sauve. Le sultan monta au château et y fit porter les cordes. On prit le nom et le signalement des prisonniers, que les émirs se partagèrent. Le lendemain le sultan commanda de mettre à part le butin. Les objets d'orfèvrerie en or et en argent formèrent des monceaux. L'argent monnayé, ne pouvant être pesé, fut distribué au moyen d'écuelles. Les hommes jeunes furent répartis entre les vainqueurs et il n'y eut point de valet qui n'eût un esclave. Les garçons étaient vendus pour 12 dirhems, et les filles pour 5[83]. »

Par ailleurs l'*Éracles* et les *Gestes des Chiprois* nous disent que les Mamelûks massacrèrent à Antioche 17 000 personnes et qu'ils firent plus de 100 000 prisonniers[84].

Il y avait cent soixante et onze ans qu'Antioche appartenait aux Francs (1097-1268).

Nous ne croyons pas qu'il y ait lieu d'accuser à ce propos Bohémond VI d'inertie. L'attaque avait été si brusquée qu'il n'avait pas eu le temps d'accourir de Tripoli, et, du reste, la feinte préalable des Mamelûks sur Tripoli avait eu précisément pour but de donner le change et de retenir dans cette ville Bohémond et ses chevaliers.

Antioche une fois prise, les Templiers ne songèrent pas à défendre leurs châteaux de la région, Gaston ou Baghrâs, sur la route d'Antioche à Alexandrette par le pas de Baylân, le Port-Bonnel ou Porbonel qui pourrait être l'actuel Port des Francs (Minat al-Franj) près du Râs al-Khanzir, et la Roche de Russole ou Roche de Roissel qui peut être le Qal'a au-dessus du même Râs al-Khanzir[85]. À l'approche de Baïbars, Guiraud de Sauzet, commandeur du Temple en terre d'Antioche, s'était rendu à Baghrâs, puis à la Roche de Russole, mais il dut juger les deux positions intenables, puisqu'il les fit évacuer sans combat[86].

Baîbars triomphait. Il avait détruit cette principauté d'Antioche, la plus vieille des possessions franques, bastion des Croisés dans le nord, par où ceux-ci pouvaient jusque-là donner la main aux Arméniens et aux Mongols. La grande coalition franco-arméno-mongole qu'avaient un moment mise sur pied le roi Héthoum et le prince Bohémond VI, restait son cauchemar, et c'est elle qu'il poursuivait furieusement dans le dernier. Écoutons contre Bohémond vaincu son insultante missive : « Où te sauveras-tu maintenant ? Par Allâh ! il faut absolument que je t'arrache le cœur et que je le fasse rôtir Abagha – (le khan mongol) ne te sera d'aucun secours ! »[87] Ce chant de triomphe, c'est l'impossibilité, désormais, d'une intervention mongole efficace pouvant donner la main aux Francs[88]. La lettre désespérée, écrite quelques jours après la chute d'Antioche par le grand maître de l'Hôpital Hugue Reve au prieur de Saint-Gilles, est l'écho de cette situation[89].

§ 3. — La tentative de redressement franc sous Hugue III.

Hugue III et la tentative de paix avec Baîbars.

La Syrie franque s'en allait par morceaux. À défaut de la « croisade mongole » qui, désormais, manquerait de points d'appui, à défaut d'une grande croisade occidentale que la Papauté prêchait désespérément mais que Louis IX était de nouveau seul à vouloir, le salut ne pouvait venir que des Français de Chypre.

Nous avons vu qu'à la mort du jeune roi de Chypre Hugue II ou Huguet (décédé à quatorze ans, le 5 décembre 1267), son cousin Hugue d'Antioche-Lusignan (d'une branche cadette de la maison d'Antioche), déjà régent durant la minorité de Hugue II, avait été proclamé roi de Chypre sous le nom de Hugue III (couronnement dans la cathédrale de Nicosie le 25 décembre de la même année). Nous avons vu aussi qu'après avoir obtenu la régence du royaume de Jérusalem, c'est-à-dire la direction du gouvernement d'Acre depuis 1264, Hugue III put, grâce à la mort du roi titulaire Conradin de Hohenstauffen, recevoir également la couronne royale de Jérusalem dans la cathédrale de Tyr, le 24 septembre 1269, sans susciter d'autre compétition que celle d'une vieille cousine insignifiante.

Hugue III n'avait pas attendu son couronnement pour essayer d'obtenir de Baîbars une trêve de quelque durée. Au lendemain de la chute d'Antioche il avait envoyé une ambassade au sultan devant cette ville (fin mai 1268). Le 3 juillet des plénipotentiaires de Baîbars se présentèrent à Acre dans le même but. Les négociations furent orageuses. Le qadi Mu*h*î al-Dîn, un des envoyés de Baîbars, nous en a laissé le récit : « Le roi (Hugue III) parlait avec humeur, mais je lui répondais sur le même ton. Tout à coup, il me regarda avec colère et il me fit dire par l'interprète de regarder derrière moi. Je tournai la tête et je vis sur la place toutes les troupes du roi, rangées en bataille. L'interprète eut même soin de m'en faire remarquer le nombre et l'allure martiale... Je répondis au roi qu'il y avait en effet beaucoup de soldats chrétiens dans la place, mais qu'il y en avait encore plus dans les prisons du Caire. À ces mots il changea de couleur, fit un signe de croix et remit l'audience à un autre jour[90]. »

Pour conserver son comté de Tripoli, Bohémond VI dut, lui aussi, demander la paix. « En rédigeant le traité, conte Mu*h*î al-Dîn, nous n'avions donné à Bohémond que le titre de comte, sans faire mention de celui de prince, puisqu'il avait perdu Antioche. Il se fâcha et demanda qu'on lui restituât son titre. Je répondis que le titre de prince appartenait au sultan, puisqu'il était maintenant maître d'Antioche[91]. »

Mais à la différence de celle d'un Saladin ou d'un al-Kâmil, la parole du conquérant mamelûk n'avait aucune valeur. La trêve à peine conclue avec les Francs est aussitôt violée. Le 23 mai 1269 il vient saccager la campagne de Tyr. En décembre 1269-janvier 1270, il fait – sans succès, il est vrai, – deux tentatives contre Marqab, la forteresse des Hospitaliers dans le Nord. Le 28 janvier 1270 il vient insulter leur autre grande forteresse, le Krak des Chevaliers (Qal'at al-*H*osn), en escaladant la butte avec quarante compagnons, jusqu'au pied des murs[92]. Cependant il évitait de s'engager à fond. D'une part les projets de nouvelle croisade de Louis IX l'inquiétaient. D'autre part ce réaliste n'était pas sans tenir compte du redressement qui grâce au roi Hugue III commençait à s'opérer dans le royaume franc – ou dans ce qui en subsistait.

Accord de Hugue III et de Philippe de Montfort.

Récapitulons ce bilan territorial. Le domaine royal de Jérusalem, à cette date, ne comprenait guère que Saint-Jean-d'Acre, sa capitale. Des trois fiefs subsistant, Sidon avait été depuis 1261 vendu par le comte Julien de Sidon aux Templiers qui possédaient aussi au sud-ouest du Carmel le Château Pèlerin ('A*th*lîth). Les deux autres fiefs étaient Tyr et

Beyrouth. Beyrouth appartenait à l'héritière du dernier seigneur local, Isabelle d'Ibelin, fille de Jean II d'Ibelin-Beyrouth, décédé en 1264[93]. Beyrouth était bien menacée, tombant en quenouille à une heure aussi grave… Tyr, au contraire, paraissait toujours solide. Elle formait, du reste, entre les mains de Philippe de Montfort, une principauté autonome, autonomie d'autant plus jalousement affirmée que Philippe tenait toujours pour les Génois, contre le gouvernement d'Acre, partisan des Vénitiens. Telles étaient les divisions politiques entre ces derniers Francs si menacés, déjà condamnés, que, lorsque, Hugue III vint s'établir à Acre, Philippe de Montfort se mit d'instinct sur la défensive, convaincu que le nouveau roi allait vouloir le dépouiller de Tyr[94].

En réalité Hugue III, qui paraît avoir été un politique fort sage, digne de temps meilleurs, songeait au contraire à faire cesser les vieilles divisions pour unir contre Baîbars le faisceau des forces franques. Loin d'attaquer Tyr, il donna en mariage à Jean de Montfort, fils de Philippe, sa propre sœur, Marguerite d'Antioche. Indépendamment de l'intérêt que représentait l'alliance de la famille royale, la princesse Marguerite était la plus célèbre beauté de Terre Sainte, comme nous le confie avec enthousiasme le Templier de Tyr qui lui servit de page : « Cele dame fu la plus belle dame ni damoisele qui fu de sà mer (outre-mer) à son tens et espéciaument de visage (et si le peus bien dire serteinement, car je la vis mout sovent, con sil quy fus un des IV vallés quy la servimes le premier an) ». Le mariage fut d'ailleurs des plus heureux : « et fu mout bone dame et mout sage et mout amohnière, et s'aimèrent mout, elle et mon seignor, son espous[95] ».

Le mariage fut célébré à Nicosie avec une pompe magnifique en présence du roi Hugue III qui accompagna ensuite les jeunes époux jusqu'à Famagouste d'où ils s'embarquèrent pour Tyr. En réalité, derrière ces pompes qui font l'émerveillement du bon Templier, on sent la joie de l'unité morale restaurée. La guerre civile de Saint-Sabas qui depuis 1256 empoisonnait Acre et Tyr était enfin close, les deux villes franques se réconciliaient. En même temps Hugue III cherchait à réconcilier Philippe de Montfort avec les Vénitiens. S'il ne put y parvenir sur-le-champ – trop de haine avait été accumulée des deux côtés – « sa présence empêcha du moins de nouvelles hostilités » et il prépara les voies à l'arrangement que devait conclure en 1277 son nouveau beau-frère, Jean de Montfort, avec la république de Venise. « Le roi paraît avoir ménagé aussi vers ce temps et obtenu peu après la rentrée des Génois dans la ville d'Acre qu'ils avaient été obligés d'abandonner depuis dix-sept ans à la suite de la guerre de Saint-Sabas[96]. » La monarchie rétablie accomplissait partout, comme au temps des Baudouin et des Foulque, sa mission pacificatrice.

L'étroite entente de Hugue III et de Philippe de Montfort, les deux derniers hommes de gouvernement que possédât la Syrie franque, marquait un redressement réel. L'état de guerre permanente entre la France d'Acre et la France de Tyr, avec ce qu'il entraînait de discordes entre Templiers et Hospitaliers, Vénitiens et Génois, Marseillais et Catalans, avait singulièrement facilité l'œuvre de Baïbars. L'union du roi et du vieux comte de Montfort rendait désormais difficile au sultan un coup de main soit sur Acre, soit sur Tyr. Car, aussitôt que réconcilié avec la Haute Cour d'Acre et admis de nouveau dans les conseils royaux, Philippe y avait légitimement pris une place prépondérante. C'était, avec le roi, le politique le plus expérimenté du pays. Son autorité était considérable. Il pouvait suppléer Hugue III chaque fois que ce dernier aurait affaire en Chypre. Il unissait à ce moment ses efforts à ceux de Hugue pour provoquer une grande croisade en Occident.

Ce fut alors que Baîbars résolut de le faire assassiner.

Assassinat de Philippe de Montfort.

Le texte du Templier de Tyr est formel : « Bondocdar, soudan de Babiloine, savet bien que messire Philippe de Montfort, seignor de Sur esteit mout sage seignor et que riens ne se faisoit entre Crestiens de Surie que par son sens, et saveit meismes comment il mandeit letres et mesages as rois et seignors d'outre-mer (= d'Europe) por faire les (= eux) meuvre à venir desà. Dont ledit soudan le vost occire[97]. » Le sultan, poursuit notre chronique, s'aboucha avec le grand maître des Ismâ'iliens ou Assassins du Liban auxquels il avait rendu service en les délivrant du tribut jusque-là payé aux Hospitaliers[98].

Deux Ismâ'îliens déguisés en guerriers arabes se rendirent à Tyr et demandèrent le baptême. Philippe de Montfort les accueillit, les fit baptiser et accepta de servir de parrain à l'un d'eux. Cependant un valet du comte découvrit un jour dans les bagages des deux néophytes « un coutyau oint de venin, enveloupé d'un drap, et, par ce, counut que il estoient Hassisins ». Mais, au lieu de les dénoncer, le valet, un Syrien chrétien, se laissa acheter par eux et n'hésita pas à se faire leur complice. Le dimanche 17 août 1270[99], comme Philippe de Montfort se trouvait dans sa chapelle, à Tyr, un des Ismâ'îliens se présenta devant lui et, tandis que le comte lui remettait un denier pour l'offrande, le misérable lui planta en pleine poitrine son poignard empoisonné. Puis il se jeta sur l'héritier du comte, Jean de Montfort, qui était en oraison près du chœur. Mais le jeune homme eut le temps de s'échapper, tandis qu'un chevalier, Guillaume de Picquigny, désarmait le meurtrier. Quant à Philippe, frappé à mort, il avait eu l'énergie d'appeler au secours de son fils. « Le grant seignor de Montfort issi de sa chapelle et ala bellement sur ses piés et jeta le cry as sergens : "Alés ayder mon fis à la chapele que le Sarrazin le tue !" Et tous corurent à la chapele et tuèrent le Hassisi et délivrèrent le jeune seignor de Sur qui vint vers son père, et le père ovry les ziaus et le vy sain et sauf et si leva les deus mains vers le siel, mersiant Dieu, sans parler plus, et l'ame li party et fu mort[100]. »

Baîbars avait atteint son but. La Syrie franque avait, à la veille du combat final, perdu son plus énergique baron.

Pourparlers du khan Abagha avec la papauté en vue d'une coalition franco-mongole.

Pour sauver la Syrie franque, il fallait une grande croisade latine ou une intervention mongole massive ; ou plutôt pour que la croisade et l'intervention mongole réussissent l'une et l'autre, il était nécessaire qu'elles conjuguassent leurs efforts. C'est à quoi songeait sans doute le pape Clément IV lorsqu'en 1267 il envoya Jayme Alarich de Perpignan en mission auprès du khan de Perse Abagha. De son côté le roi d'Arménie Héthoum Ier n'avait jusqu'à la dernière heure cessé de supplier la cour mongole de Perse de lui envoyer une armée de secours ; à la fin de 1268, avant de se faire moine, Héthoum s'était encore rendu à la cour d'Abagha, alors à Baghdâd, pour solliciter l'appui mongol en faveur de son fils Léon III. L'année suivante, c'est Léon III qui vient lui-même recevoir l'investiture du khan.

Les sympathies chrétiennes d'Abagha, nous l'avons vu, n'étaient pas douteuses. Mais il continuait à être aux prises avec de graves difficultés sur ses autres frontières. Dès son avènement, en 1265, il avait dû lutter contre les empiétements de ses cousins, les Gengiskhanides de la Russie méridionale ou Qipchaq qui cherchaient à envahir la Transcaucasie[101]. Puis il se trouva menacé par les Gengiskhanides du Turkestan ou khanat de Jaghatai, dont le chef, le khan Buraq, envahit en 1270 la Perse orientale ou Khorassan. Il fallut une grande bataille près de Hérat pour délivrer le Khorassan de l'invasion (22 juillet 1270), après quoi ce fut au tour d'Abagha de tirer vengeance de ses cousins du Turkestan en détruisant Bukhârâ (janvier 1273). Ces guerres contre les autres souverains gengiskhanides paralysaient le khan de Perse à l'heure où son intervention aurait été indispensable pour défendre le royaume d'Arménie, son vassal, et sauver la principauté d'Antioche, sa fidèle alliée.

Abagha ne répondit pas moins d'une manière encourageante à la mission dont Jayme Alarich de Perpignan vint l'entretenir en *Adh*arbaijân, au milieu de 1267, de la part du pape Clément IV et du roi Jayme Ier d'Aragon. Jayme Alarich revint en Europe l'année suivante avec des envoyés mongols[102]. Le khan de Perse était en effet disposé à concourir à une nouvelle guerre contre les Mamelûks, mais à condition que les Puissances occidentales y prissent part. Une lettre de Clément IV à Abagha (datée de Viterbe, 1267) annonce d'ailleurs au souverain mongol la croisade imminente de Louis IX : « Voici que les rois de France et de Navarre, prenant à cœur l'affaire de la Terre Sainte, décorés du signe de la croix, se préparent à attaquer l'ennemi de la croix. Vous nous avez écrit que vous aviez l'intention de vous joindre à votre beau-père (l'empereur grec Michel Paléologue) pour assister les Latins. Nous vous en rendons d'abondantes actions de grâces, mais nous ne pouvons pas vous faire savoir, avant de nous en être enquis auprès des souverains, quelle route les nôtres se proposent de suivre. Nous leur communiquerons votre conseil, afin qu'ils puissent éclairer leurs délibérations, et nous instruirons Votre Magnificence, par un message sûr, de ce qui aura été résolu[103]. »

La croisade des infants d'Aragon.

Le prince qui s'était le plus directement intéressé à ces négociations était le roi d'Aragon Jayme Ier (1213-1276). Ce puissant souverain qui avait naguère enlevé aux Musulmans d'Espagne les Baléares (1229) et Valence (1238), voulait, avant d'achever son long règne, aller relancer l'Islam jusqu'en Asie. Il s'embarqua pour la Croisade le 1er septembre 1269 à Barcelone, mais rebroussa chemin à la suite d'une tempête. Ses deux bâtards, Fernando Sanchez et Pedro Fernandez, poursuivirent leur route avec une partie de la flotte et de l'armée aragonaises et abordèrent à Acre à la fin d'octobre 1269[104].

Vers la mi-décembre, Baïbars reprit ses courses sur le territoire d'Acre. Avec 15 000 hommes – le gros de sa cavalerie – il vint se mettre en embuscade derrière une hauteur – sans doute les buttes de Meshiya – et lança dans la plaine, devant les murs d'Acre, trois mille cavaliers pour provoquer et attirer jusqu'à l'embuscade la garnison. Les barons d'Acre firent sonner les cloches, appelèrent la population aux armes et rangèrent l'armée franque au pied des remparts, mais sans se hasarder en rase campagne. Les bâtards d'Aragon, en voyant les trois mille coureurs mamelûks dévaster impunément la plaine, voulurent entraîner l'armée franque à une action générale. Ils injurièrent les Templiers et les Hospitaliers qui, d'instinct, se méfiant de quelque ruse du sultan, refusaient de s'éloigner des murailles. Mais l'esprit des pèlerins fraîchement débarqués avait causé trop de catastrophes pour que les « gens de la terre », instruits par une terrible expérience, se départissent de leur prudente expectative. Comme l'observe le Templier de Tyr, si les deux Ordres militaires avaient cédé à l'entraînement des infants, l'armée tombait dans l'embuscade de Baïbars et Acre était perdue.

Les imprudences vinrent d'ailleurs. Par une coïncidence malheureuse, la nuit précédente un corps de 130 chevaliers, plus les écuyers et turcoples, était sorti d'Acre sous la direction de Robert de Crésèques, chevalier picard qui venait de remplacer Geoffroy de Sargines comme sénéchal du royaume de Jérusalem, et d'Olivier de Termes, qui commandait à Acre un corps entretenu par Louis IX[105]. Cette troupe venait d'exécuter un raid entre Acre et la forteresse teutonique de Montfort (Qal'at Qurain), au nord-est. Elle revenait, après avoir ravagé les villages musulmans, lorsqu'en arrivant près d'Acre, elle vit sa retraite coupée par les 3 000 coureurs mamelûks qui battaient la plaine. Devant l'inégalité des forces, le bon sens commandait d'esquiver le combat et de se défiler pour rentrer à Acre du côté des jardins. C'est ce que recommanda et fit Olivier de Termes « qui estoit sages chevaliers ». Mais Robert de Crésèques déclara « que il estoit venu desà la mer pour morir pour Dieu en la Terre Sainte et que il yroit en toutes manières en la bataille » ; il chargea donc au plus épais des trois mille Mamelûks, fit avec ses compagnons des prodiges de valeur, mais succomba sous le nombre. D'après l'*Éracles* ce furent cette fois les infants d'Aragon qui empêchèrent les gens d'Acre de se laisser entraîner dans ce combat inégal (19 décembre 1269)[106].

Baîbars put retourner d'Acre à Damas avec une moisson de têtes de chrétiens.

Nous avons mentionné les pourparlers engagés les années précédentes par le Pape et par le roi Jayme Ier d'Aragon pour obtenir le concours militaire des Mongols de Perse. L'heure en décembre 1269 était bien mal choisie pour une intervention de cet ordre : c'était le moment où le khan de Perse Abagha allait avoir à défendre le Khorassan contre une invasion de ses cousins les Mongols de Turkestan conduits par leur khan Buraq[107]. Néanmoins Abagha tint à faire une démonstration en liaison avec la croisade aragonaise Nous savons par les historiens arabes qu'à la mi-octobre 1269 des troupes mongoles menaçaient la Syrie d'une invasion. Mais il ne s'agissait que de régiments des provinces-frontières que l'approche de Baîbars, arrivé d Égypte à Damas le 9 décembre, suffit à contenir[108].

Détournement de la 8e Croisade. L'erreur de Tunis.

La croisade aragonaise avait été trop partielle pour se montrer efficace. Une espérance plus sérieuse était apparue depuis que le 24 mars 1267, dans une séance solennelle de son conseil, le roi de France Louis IX avait annoncé sa volonté de diriger une nouvelle croisade. Nous savons par Joinville que les partisans les plus zélés jadis de la guerre sainte (et l'exemple de ce héros de Mansûra, devenu un des réfractaires de 1270 est typique) ne montraient plus aucun enthousiasme pour repartir. Néanmoins l'héroïque exemple du Capétien entraîna ou intimida son entourage. Son gendre Thibaut V de Champagne, roi de Navarre, son neveu Robert d'Artois, fils du héros de la Mansûra, l'héritier de Flandre, Guy de Dampierre, les comtes de Bretagne, de la Marche, de Soissons, de Saint-Paul se croisèrent avec lui. Le 1er juillet 1270 l'expédition mit à la voile à Aigues-Mortes, mais, au lieu de se diriger vers la Syrie, elle cingla vers Tunis.

Cette détermination parut à beaucoup inexplicable. Tunis était alors au pouvoir de la dynastie berbère des Hafsides (1228-1574) L'émir hafside régnant, Abû 'Abd Allâh al-Mostansir billâh (1249-1277), était un monarque brillant, éclairé, qui entretenait des relations amicales avec les princes chrétiens[109]. Louis IX crut-il vraiment qu'il avait manifesté l'intention de se convertir au christianisme[110] ? À défaut de cette raison, d'où peut provenir le détournement de la Croisade vers un but aussi secondaire ? Sans doute la conquête de la Tunisie pouvait couper l'Islam en deux, séparer l'Islam espagnol et moghrébin de l'Égypte mameluke. Mais l'heure n'était pas à de telles improvisations, alors que sous le sabre de Baîbars la Terre Sainte agonisait, qu'Antioche venait de succomber (1268), que le Krak des Chevaliers allait tomber (1271), que Tripoli et Saint-Jean-d'Acre même étaient condamnés. Pourquoi se détourner de la Syrie quand les Mongols, comme le savait bien la Papauté, étaient disposés à seconder par une intervention en nombre un débarquement latin ? Mais il semble bien, au ton même des lettres du Pape, que le Saint-Siège, pour toute cette croisade, ait été mis en présence du fait accompli[111].

On a souvent expliqué le détournement de la 8e croisade par la politique personnelle de Charles d'Anjou. Devenu roi de Sicile par la conquête de l'Italie méridionale sur les derniers Hohenstauffen, Charles d'Anjou pouvait reprocher à l'émir de Tunis de prêter asile aux réfugiés gibelins et d'avoir interrompu le versement du tribut payé par la dynastie hafside à la cour de Sicile sous les Hohenstauffen. Surtout il pouvait voir dans la Tunisie une zone de protectorat ou tout au moins une dépendance commerciale de son État sicilien. L'âpre cadet dont on connaît l'esprit d'intrigue, l'ambition démesurée et la dureté de cœur était certes homme à sacrifier l'intérêt du royaume de France et le salut de la Terre Sainte à ses intérêts personnels. Or ceux-ci s'opposaient à une attaque franque contre l'Égypte. Comme avant lui Frédéric II et pour les mêmes raisons commerciales, le nouveau maître de Naples et de Palerme tenait à se ménager l'amitié du sultan d'Égypte, du maître d'Alexandrie. De plus Charles d'Anjou, qui méditait la conquête de l'Empire grec et destinait toutes ses forces à ce dessein, devait considérer comme une catastrophe toute croisade orientale qui détournerait ses préparatifs de Constantinople sur le monde musulman[112]. Toutefois il faut convenir avec M. Bréhier que les preuves matérielles manquent pour attribuer formellement au roi de Sicile le détournement de la Croisade et que l'expédition de Tunis (bien que moins gênante pour lui qu'une attaque sur Alexandrie ou un débarquement à Acre) était encore pour Charles un contretemps qui lui faisait ajourner son grand projet sur Constantinople[113].

Quels que soient les auteurs du détournement de la Croisade (de ce détournement saint Louis ne fut, hélas, que la victime), il faut reconnaître que c'était l'énorme faute historique de 1204 qui se renouvelait. En détournant de Jérusalem sur Constantinople la 4e Croisade, les Vénitiens et leurs complices avaient naguère irrémédiablement compromis la reconquête de la Terre Sainte en même temps qu'ils brisaient la force byzantine sans la remplacer par rien, ouvrant ainsi l'Asie Mineure occidentale et les Balkans à la conquête turque. De même et pis encore du détournement de la 8e Croisade d'Acre sur Tunis. En cette année 1270 où le khan de Perse venait enfin, par la victoire de Hérat (22 juillet), de se débarrasser des attaques de ses cousins du Turkestan, une entente militaire entre lui et le roi de France, conformément aux vues du feu pape Clément IV, pouvait vraiment encercler les Mamelûks, venger d'un seul coup la Mansûra et 'Ain Jâlûd, la mort de Robert d'Artois et la mort de Kitbuqa. C'était bien la revanche des défaites françaises de 1250, la revanche du désastre d'Égypte. Au lieu d'un khalifat 'abbâside encourageant tout l'Islam à aider l'Égypte, Louis IX cette fois ne trouverait à l'est de l'Euphrate qu'une cour amie, à demi chrétienne, où l'épouse du khan était une Grecque pieuse, où le patriarche nestorien était un des premiers dignitaires de l'État. D'autre part les Mongols, maintenant – les lettres du Pape en témoignent – pouvaient compter que les Francs, enfin éclairés, ne renouvelleraient plus la faute de Julien de Sidon. Que ne pouvait, dans ces conditions, la croisade de 1249 reprise dans l'Asie de 1270 !

Ces magnifiques virtualités ont été entrevues par les meilleurs historiens de la Syrie franque. « Si le roi, écrit Mas Latrie, eût repris les projets prématurés de 1248 et débarqué en Chypre ou en Arménie en s'unissant aux Mongols, il est permis de croire que de grands événements et peut-être la conquête de la Palestine, promise par Abagha, eussent marqué cette guerre[114]. »

Le détournement de la Croisade sur Tunis détruisit ces possibilités sans limites. Louis IX débarqua le 18 juillet devant Carthage. Naturellement les espérances fondées sur la soi-disant conversion de l'émir de Tunis ne se réalisèrent pas. La chaleur était terrible. La peste se mit dans le camp français. Saint Louis, atteint par l'épidémie, expira le 25 août 1270 en murmurant le nom de Jérusalem. Comme le dit avec douleur le sire de Joinville, ils étaient criminels ceux qui lui avaient conseillé ce voyage.

Baîbars avait suivi avec une attention passionnée les mouvements de Louis IX. Dès mai 1270, apprenant que le roi réunissait une escadre considérable et croyant que le débarquement s'opérerait encore en Égypte, il était venu mettre le Delta en état de défense[115]. Apprenant ensuite que les Français avaient débarqué à Tunis, il écrivit à l'émir Abû 'Abd Allâh pour lui annoncer sa prochaine arrivée à la tête de l'armée mamelûke ; et, de tait, il ordonna aux tribus de la Libye de lui préparer les étapes. Il allait se mettre en marche vers la Tunisie quand il apprit la mort du roi[116].

Conquête de Chastel Blanc, du Krak des Chevaliers et de 'Akkâr par Baîbars.

Le détournement de la huitième Croisade et la mort de Louis IX, c'était pour les Francs de Syrie la perte de la dernière espérance.

Baîbars, un moment inquiet, reprit le cours de ses conquêtes. Revenu d'Égypte en Syrie au commencement de février 1271, il envahit le comté de Tripoli et vint assiéger Chastel Blanc ou *Sâfîth*â, forteresse des Templiers à l'est de Tortose. La garnison, de 700 hommes, ne se rendit qu'après en avoir reçu l'autorisation et le conseil des chefs Templiers de Tortose[117]. De là le sultan alla attaquer le Krak des Chevaliers (Qal'at al-*H*o*s*n).

Jusque-là aucun conquérant musulman n'avait osé s'attaquer à l'imprenable forteresse. Depuis que, vers juin 1110, Tancrède l'avait enlevée à l'émir de *H*om*s*, elle avait défié toutes les armées musulmanes, celles de Saladin, comme celles de Baîbars lui-même. Dominant « la trouée de *H*om*s* », la route naturelle qui, de l'Oronte à la côte de 'Akkâr, coupe transversalement la Syrie, elle se maintenait là « comme un os planté dans le gosier des Musulmans[118] ». Les Hospitaliers, surtout, depuis qu'en 1142 le comte de Tripoli Raymond II leur avait cédé le Krak, en avaient fait le boulevard de la défense franque dans la Syrie moyenne.

Le 3 mars 1271 Baîbars apparut devant le Krak avec une armée considérable[119]. Le malik aiyûbide de *H*amâ, al-Man*s*ûr II, et le grand maître des Assassins, Najm al-Dîn – les deux seuls seigneurs à demi autonomes qu'il tolérât encore dans la Syrie musulmane, vinrent le rejoindre avec leurs contingents devant la place (4 mars). L'attaque commença aussitôt, mais les pluies et le transport des mangonneaux ralentirent d'abord les opérations. « Le 15 mars la tour d'entrée de la deuxième enceinte fut forcée et le 29 mars on prit la troisième tour qui défendait l'entrée du château même... Alors le chemin fut ouvert. Les soldats s'élancèrent dans la cour du château, tuèrent les chevaliers qui s'y trouvaient, firent prisonniers les montagnards qui avaient aidé à la défense et ne laissèrent libres que les villageois. La plupart des chevaliers s'étaient réfugiés dans les grandes tours du sud de la seconde enceinte. Pour les prendre, le sultan fit transporter les mangonneaux dans la cour et on les dirigea contre le donjon, forçant ainsi les chevaliers à se rendre. Ils obtinrent de se rendre sous sauvegarde à Tripoli. Le donjon fut rendu le 8 avril[120] ».

Au témoignage d'auteurs arabes, comme Nuwairi et Ibn Furât, Baîbars, pour venir à bout de la résistance des Hospitaliers, avait eu recours à un faux. Il fit fabriquer « au nom du commandant des Francs à Tripoli » un message enjoignant aux derniers défenseurs du Krak de se rendre[121].

Une fois en possession de l'imprenable forteresse, Baîbars adressa au grand maître de l'Hôpital, Hugue Revel, un message d'une sanglante insolence : « Tu avais fortifié cette place, tu en avais confié la défense à l'élite de tes Frères. Tout cela n'a servi à rien, tu n'as fait qu'avancer leur mort ! [122]. »

Après le Krak des Chevaliers, Baîbars alla enlever aux Hospitaliers une forteresse secondaire, Gibelacar, c'est-à-dire 'Akkàr dans la montagne de ce nom[123]. Attaquée le 29 avril 1271, la garnison capitula le 11 mai et obtint de se retirer à Tripoli[124]. Une nouvelle lettre insultante du sultan fut adressée à Bohémond VI : « Nous avons transporté notre matériel de siège, malgré le temps défavorable et des pluies contraires, par-dessus des montagnes escarpées où les oiseaux même ne s'élèvent qu'avec peine pour y construire leur nid à l'abri de toute atteinte ; nous avons dressé nos machines sur un sol où glisserait une fourmi. Nos drapeaux jaunes ont refoulé tes drapeaux rouges et le son des cloches a été remplacé par l'appel : Allâh akbar ! [125]. » Et plus loin cette menace directe contre Tripoli : « Annonce à tes murs et à tes églises que bientôt nos machines de sièges vont avoir affaire à eux, à tes chevaliers que nos épées s'inviteront bientôt chez eux, car les habitants de 'Akkàr n'ont pas suffi à contenter leur (= notre) soif de sang ! Tiens tes navires prêts pour la fuite, car nous tenons déjà à la main les chaînes que nous te destinons[126]. » Et toujours, motivant cette haine furieuse, le souvenir de l'alliance franco-mongole dont Bohémond VI avait été en 1260 le partisan le plus clairvoyant : « Nous verrons à quoi te servira ton alliance avec Abagha[127] » !

Le sultan poursuivait de la même haine et pour la même raison un des vassaux de Bohémond VI, Barthélémy, seigneur de Maraclée (Khrab Marqiya), petite ville de la côte entre Bâniyâs et Tortose. La ville même avait été prise par Baîbars, mais Barthélémy s'était réfugié chez les Mongols de Perse qu'il excitait à intervenir en Syrie. Si grand était l'esprit de vengeance de Baîbars qu'il envoya à sa recherche des Ismâ'îliens, avec mission de l'assassiner ; mais ceux-ci ne purent accomplir leur tâche[128]. Du reste depuis 1260 un des sires de Maraclée, Meillor II de Ravendel, avait construit sur un flot en face du rivage une tour qui défia la rage de Baîbars[129].

Désespoir héroïque de Bohémond VI.
Paix de Baîbars avec le comté de Tripoli.

Baîbars semblait vouloir réserver à Tripoli le sort d'Antioche. À Bohémond VI qui n'osait sortir de la ville il envoyait ce billet insultant : « Le bruit court que tu n'oses, craignant pour ta vie, sortir de la ville, et que tu as renoncé au divertissement de la chasse ? Nous t'envoyons ce gibier pour te consoler ! » Enfin comme Bohémond se plaignait que le sultan eût envahi les belles campagnes tripolitaines : « C'est afin de recueillir vos moissons et de vendanger vos vignes. Par Allâh ! j'espère bien chaque année vous faire semblable visite![130] » Et comme condition de la paix, il exigeait le paiement de tous les frais de guerre, mille autres conditions exorbitantes.

Bohémond VI eut un sursaut d'héroïsme. À cette bête féroce il répondit avec une dignité triste et grave : « Quand j'ai perdu Antioche, du moins, aux yeux de mon peuple, l'honneur m'est resté. Mais comment justifierais-je maintenant une telle bassesse ? Je sais bien que je ne suis plus en état de résister au sultan, mais non ! j'aime mieux tout perdre que laisser un nom déshonoré à mes descendants[131] ! » Et encore « que si le sultan lui refusait la paix, lui et son peuple étaient prêts, avec l'aide de Dieu, à combattre jusqu'à la mort[132]. »

Cette fière réponse où se retrouvait l'âme des anciens Bohémond, des Tancrède et des Roger de Salerne donna sans doute à réfléchir au sultan. L'arrivée de la croisade anglaise d'Édouard Ier dut faire le reste. Vers mai 1271 il accorda au « prince de Tripoli » une paix de dix ans[133].

Chute de Montfort.

Mais la guerre avec le royaume d'Acre continuait toujours. En descendant du comté de Tripoli en Palestine, Baîbars vint assiéger au nord-est d'Acre le château de Montfort, ou Qal'at Qurain, qui était la principale forteresse de l'Ordre Teutonique, depuis qu'en 1229 le seigneur de Mandelée l'avait cédé au grand maître Hermann von Salza. Au bout d'une semaine de siège les Teutoniques capitulèrent (12 juin 1271). Ils obtinrent de se retirer sains et saufs à Acre[134].

L'armada égyptienne contre Chypre. Son désastre.

Après cette série ininterrompue de conquêtes qui réduisaient les possessions franques de Syrie à une dizaine de places côtières, Baïbars songea à un coup d'une audace inouïe : la conquête de Chypre. Il fit équiper dans les ports du Delta dix-sept galères camouflées aux couleurs franques et portant un corps de débarquement. Entre le 13 mai et le 4 juin 1271, cette escadre cingla vers Chypre en profitant de ce que le roi Hugue III avait quitté l'île pour sa résidence d'Acre. Les navires égyptiens surent déjouer la surveillance des flottes italiennes et parvinrent en vue de Limassol. Mais par suite d'une fausse manœuvre onze d'entre eux s'échouèrent à la côte et l'équipage – de 1 800 à 3 000 hommes – tomba aux mains des Chypriotes (8 juin)[135].

§ 4. — La croisade d'Édouard Ier d'Angleterre et le khan de Perse Abagha.

Édouard Ier et le trafic des armes avec l'Égypte.

Vers ce temps était arrivé en Terre Sainte un croisé illustre, le prince Édouard d'Angleterre, le futur Édouard Ier, un des meilleurs esprits politiques du moyen âge. Édouard Ier aborda à Acre le 9 mai 1271, avec un millier d'hommes d'armes. Son frère cadet Edmond le rejoignit en septembre.

La Croisade d'Édouard Ier, si elle n'eut pas le côté brillant et romanesque de tant d'expéditions analogues, se présente à nous comme une entreprise conduite avec beaucoup de sérieux, d'application et d'intelligence, bien qu'avec des moyens matériels trop réduits[136]. Dès son arrivée le prince anglais fut frappé d'une situation qui constituait un véritable scandale. Les marines chrétiennes, et tout particulièrement les Vénitiens, fournissaient régulièrement à l'Égypte, c'est-à-dire aux Mamelûks, non seulement du bois de construction et du fer pour leurs machines de siège, leurs navires et leurs armes, mais jusqu'à des esclaves turcs pour le recrutement de leur armée[137]. Ni les protestations des Croisés, ni les excommunications du Saint-Siège ne pouvaient détourner Venise et Gênes de ce commerce avec Alexandrie. Les deux plus grandes puissances maritimes de la Chrétienté ravitaillaient et armaient de leurs mains – pourvu que les bénéfices en valussent la peine – les massacreurs de la Chrétienté. Ainsi de nos jours les usines de munitions de l'Occident arment contre l'Occident la révolte des autres races. Édouard Ier eut beau protester contre ce mortel trafic, le bayle vénitien d'Acre, Filippo Beligno, exhiba les diplômes et immunités concédés à sa nation par la cour d'Acre et réduisit le prince au silence[138].

Édouard Ier et l'alliance mongole.

Seul des princes de l'Occident aussi, Édouard comprit la valeur de l'alliance mongole. Dès son arrivée à Acre, il envoya au khan de Perse Abagha une ambassade comprenant Reginald Rossel, Godefroi de Waus et Jean de Parker, « por querre secors[139] ». Dans sa réponse datée du 4 septembre 1271, Abagha promettait sa coopération et proposait que ses officiers se concertassent avec le chef des troupes franques au sujet de la date précise – « le mois et le jour » – où les alliés attaqueraient les Mameluks[140]. « Revindrent en Acre li message que mi sire Odouart et la Crestienté avoient envoies as Tartars, et firent si bien la besoigne qu'il amenèrent les Tartars[141]. »

En attendant que l'aide mongole arrivât, Édouard, avec sa petite troupe, organisa quelques marches autour d'Acre. Dans les derniers jours de juin ou au début de juillet 1271, il s'avança avec les Hospitaliers, les Templiers et les chevaliers d'Acre jusqu'à Saint-Georges de Labaène, l'actuel al-Bana, près de Deir al-Asad, à mi-chemin entre Acre et Safed[142]. Le village fut détruit et la petite troupe revint avec un gros butin.

Sur ces entrefaites, le roi Hugue III, qui se trouvait alors en Chypre, revint à Acre pour se concerter avec Édouard. L'ancien prince d'Antioche Bohémond VI, qui n'était plus à cette date que comte de Tripoli, se rendit également à ce conseil. « Le roi Hugue de Jérusalem et de Chipre passa de Chipre à Acre et fist grant honor à messire Odoart et orent grant amor ensemble, et ausi meymes i vint Baymont, prince d'Antioche et conte de Triple qui estoit couzin germain dou roy Hugue[143]. » Les trois princes discutèrent évidemment d'un plan de campagne en liaison avec les Mongols. Hugue III demanda aux chevaliers chypriotes de prendre part, avec Édouard, à une expédition contre les Musulmans, mais ceux-ci se récusèrent, alléguant ne devoir le service qu'à Chypre même « et l'on s'engagea à ce sujet dans de savantes discussions de droit[144]. »

La démonstration mongole de 1271 et la chevauchée de Qâqûn.

Vers la fin d'octobre 1271, les troupes mongoles, dont Édouard avait sollicité la venue, arrivèrent en Syrie. Mais Abagha, absorbé sur la frontière du Khorassan par la lutte contre ses cousins du Turkestan, n'avait pu envoyer qu'un groupe de 10 000 cavaliers mongols sous les ordres du général Samagar, commandant du corps d'occupation de l'Anatolie seljûqide, plus des troupes auxiliaires seljûqides. L'avant-garde mongole, sous les ordres d'Amal, fils de Baiju, entra dans la province d'Alep par la route de 'Aintâb, surprit et passa au fil de l'épée une tribu de Turcomans gardes-frontière, campés entre *H*ârim et Antioche. La garnison mamelûke d'Alep, évacuant la ville, se retira précipitamment sur *H*amâ. Les coureurs mongols battirent le territoire d'Outre-Oronte depuis *H*ârim, le district de Rûj (à l'est de Jisr al-Shughr) et Ma'arrat al-Nu'mân jusqu'à Apamée (Qal'at Mudîq)[145]. Les populations arabes, croyant à une lame de fond comme en 1260, fuyaient vers le Sud : le prix d'un chameau atteignit mille pièces d'argent. À Damas même la terreur tartare était telle que beaucoup d'habitants, pensant voir apparaître les vengeurs de Kithuqa, s'enfuirent jusqu'en Égypte[146].

Baîbars se trouvait à Damas, quand le 24 octobre lui arriva la nouvelle de l'incursion mongole. Il expédia aussitôt des ordres au Caire et le 9 novembre les renforts égyptiens arrivaient à Damas. Le 12 il partait à leur tête pour Alep. Mais les Mongols s'étaient déjà repliés à l'est de l'Euphrate avec leur butin[147].

Pendant ce temps, le prince Édouard et Hugue III avaient, de leur côté, et sans doute d'accord avec les généraux mongols, opéré une attaque en terre mamelûke. Mais même en réunissant, comme ils le firent, la chevalerie de Chypre et d'Acre, le Temple et l'Hôpital, leurs effectifs étaient trop modestes pour leur permettre de donner la main aux Mongols. Ils se contentèrent de diriger une marche d'Acre sur Cachon ou Quaquo (Qâqûn), bourg situé de l'autre côté du Carmel, au sud-ouest de Césarée et jadis défendu par une tour des Templiers que Baîbars venait, en 1266, de faire reconstruire. Les Francs surprirent des tribus turcomanes que Baîbars avait établies comme gardes du pays. Ils firent un butin considérable, notamment en troupeaux, mais n'osèrent s'attarder au siège de la tour de Cachon, ce qui excita la verve du sultan : « Li soudan dist as mesages du roi Charles (d'Anjou) que, puisque tant de gens avoient failli à prendre une maison, il n'estoit pas semblant qu'il deussent conquerre le roiaume de Jérusalem ![148] »

La Croisade d'Édouard Ier restait donc, malgré l'entente avec les Mongols, sans résultat, faute d'effectifs. Cette crise d'effectifs, la Syrie franque en souffrait déjà cruellement, comme l'atteste la lettre du grand maître de l'Hôpital Hugue Revel au prieur de Saint-Gilles en mai 1268, parce que, la base territoriale faisant défaut, les ressources manquaient pour entretenir les hommes d'armes : « Ces lieux où l'Hôpital entretenait plus de 10 000 hommes sont maintenant désertés et il n'y reste que 300 frères de l'Ordre[149]. » Édouard, de son côté, n'avait pu amener avec lui qu'un millier de Croisés, l'échec de la Croisade de Tunis ayant d'avance annihilé tous ses efforts de propagande. Enfin les Mongols de Perse eux-mêmes, forcés de conduire une guerre de masses entre Hérat et Bukhârâ, n'avaient pu envoyer en Syrie qu'une dizaine de mille hommes tirés des garnisons d'Anatolie, et ce n'était pas avec une force aussi réduite qu'ils pouvaient submerger l'armée permanente de Baîbars[150]. Toutes ces considérations expliquent que la croisade d'Édouard Ier, une des plus intelligemment conçues du treizième siècle tant au point diplomatique qu'au point de vue stratégique, n'ait abouti à aucun résultat. Mais l'Europe prétendait à la fois sauver ses colonies d'Asie et éviter les envois d'effectifs indispensables. Ces dispositions étaient contradictoires. L'état d'esprit narquoisement pacifiste et l'aimable souci de bien-être dont Joinville se fait l'interprète à la fin de son livre impliquaient la mort de la France du Levant[151].

Quand Édouard Ier se rembarquera à Acre le 22 septembre 1272, celle-ci sera condamnée.

Le dernier sursis : la paix de Césarée (22 mai 1272).

Dans ces conditions, il ne restait qu'à faire la paix à tout prix ; ce fut le but que poursuivit Hugue III dès l'échec de la démonstration mongole et de la chevauchée de Qâqûn. Notons qu'il bénéficiait pour cela du respect que n'avait pu manquer d'inspirer à Baîbars l'activité politique d'Édouard Ier. Le sultan avait beau plaisanter sur l'incapacité des Croisés à prendre même une bicoque comme Qâqûn. Les accords, même si peu efficaces, établis entre le prince anglais et le khan de Perse lui avaient donné à réfléchir. La preuve en est dans la tentative d'assassinat qu'il avait fait diriger contre Édouard en pleine ville d'Acre le 16 juin 1272, par le ministère d'un Ismâ'îlien déguisé en néophyte chrétien[152] : l'assassinat, chez le sultan mamelûk, était un hommage rendu à la valeur de ses adversaires. (L'attentat ayant échoué, le sultan s'empressa du reste de complimenter le prince.) Un autre hommage c'est que la Croisade d'Édouard Ier marqua l'arrêt des conquêtes de Baîbars en terre franque. Avant même le départ des croisés anglais, la paix entre Baîbars et Hugue III fut conclue par l'entremise du roi de Sicile Charles d'Anjou et d'accord avec Édouard[153].

Devenu roi de Sicile par l'extermination des Hohenstauffen, Charles d'Anjou avait repris envers l'Égypte mamelûke la politique amicale naguère pratiquée envers l'Égypte aiyûbide par ces mêmes Hohenstauffen : l'intérêt du commerce entre les ports siciliens et Alexandrie explique cette politique traditionnelle. Il ménageait Baîbars et Baîbars le ménageait. Aussi dans l'état de la situation en Syrie au lendemain de la croisade anglaise n'eut-il pas grand'peine à faire négocier entre le sultan et le roi Hugue III un traité de paix, valable pour dix ans et dix mois et qui fut conclu à Césarée le 22 avril 1272. La paix, il est vrai, ne visait que le territoire d'Acre, plus la route de pèlerinage de cette ville à Nazareth[154] ; mais le territoire d'Acre, à cette date, c'était, à peu de chose près, tout ce qui subsistait de l'ancien domaine royal de Jérusalem.

§ 5. — ÉCHEC DE LA RESTAURATION MONARCHIQUE DE HUGUE III. RETOUR AUX LUTTES INTÉRIEURES ET À LA POLITIQUE DE SUICIDE.

Limitation de la durée de service militaire de la chevalerie chypriote.

À peine conclue la trêve de dix ans avec Baîbars, la France du Levant qui, quelques mois plus tôt, se voyait sur le point de périr tout entière, mit à profit le sursis qui lui était accordé pour revenir au jeu de la politique pure, savantes discussions de droit constitutionnel, haines de partis, guerre civile. Plus que jamais la royauté se trouva ligotée dans le réseau des libertés féodales, communales et commerciales soigneusement tendu par les *Assises*. « La stricte observation du droit féodal qui ne fut nulle part poussée aussi loin que dans l'Orient français des douzième et treizième siècles, dit Gaston Paris, enlevait toute force efficace à la royauté qui aurait dû, au contraire, pour remplir son rôle essentiellement militaire, être dotée de pouvoirs étendus, d'une armée régulière et d'une centralisation solide[155]. »

Hugue III se trouva notamment aux prises avec les réclamations de la noblesse chypriote qui, forte de ses droits et franchises, se refusait à servir en Syrie. Thèse, notons-le, fondée en droit constitutionnel franc. Mas Latrie, interprétant l'esprit des *Lois* et *Assises*, nous affirme que « les motifs les plus élevés provoquaient cette résistance. Ce n'étaient, chez les chevaliers chypriotes, ni lâche désir de repos, ni affaiblissement de la foi religieuse. Il y allait de leur honneur de ne pas porter les armes hors du royaume (de Chypre), même en Palestine, quand le roi voulait considérer la guerre sainte comme une conséquence obligée du devoir militaire[156]. » Il est possible ; mais le résultat d'une telle conception fut qu'à chaque attaque mamelûke en Palestine, les secours chypriotes arrivaient trop tard, au lendemain du désastre.

Un accord finit par intervenir en 1273, par lequel les chevaliers chypriotes acceptaient de servir en Syrie quatre mois par an, à la condition expresse que le roi ou son fils fût présent à l'armée[157].

Ces textes ont leur saveur. Nous sommes à la veille de la destruction finale de la Syrie franque, au lendemain de la terrible guerre qui vient d'amputer ce pays des trois quarts de lui-même. La préoccupation dominante de la chevalerie chypriote – et, comme le dit Mas Latrie, elle y met « son honneur » – c'est de diminuer sa durée de service militaire en Palestine, d'imposer à ce sujet au roi des limitations qui rendaient impossible toute campagne de quelque importance. Or c'est précisément l'époque, nous l'avons vu, où Baîbars et les autres chefs mamelûks, subordonnant tout à leurs fins militaires, font de l'ancienne armée féodale à service temporaire des Aiyûbides une armée unitaire et permanente, toujours en main, encasernée et mobilisable. La foule des muluk ou émirs aiyûbides, Baîbars l'a, dans ce but, balayée et remplacée par de simples commandants de garnisons, toujours à ses ordres[158]. De la Libye à l'Euphrate, sur une simple dépêche de ses méharistes, il fait accourir en quelques journées cette armée permanente dont il est le chef absolu. Ce n'est, du reste, que pour cette armée mamelûke que travaillent l'Égypte et la Syrie musulmane. Elle est leur unique but. À elle sont consacrées toute la richesse, toute la vie du pays. Et l'État mamelûk tout entier, État totalitaire s'il en fut, a tous ses ressorts tendus vers la guerre, l'agression, la conquête.

Cependant la chevalerie franque, fatiguée de la guerre, réduit sa durée de service. En vérité le destin de la France du Levant est déjà écrit. Elle est lasse de persévérer dans l'être.

La succession de Beyrouth. La dernière des Ibelin se réclame de Baîbars contre le roi.

L'affaire de la succession de Beyrouth montra l'indiscipline congénitale des barons francs. La lignée mâle des sires de Beyrouth s'était éteinte en 1264 dans la personne de Jean II d'Ibelin[159]. Sa fille et héritière, Isabelle, avait été mariée, sans consommation, au jeune roi de Chypre, Hugue II ou Huguet, décédé à quatorze ans. En 1272 elle se remaria à un seigneur anglais nommé Edmond que l'*Éracles* appelle Edmond l'Estrange (l'Étranger)[160]. Désespérant de détendre Beyrouth contre Baîbars, Edmond qui sans doute sentait sa fin prochaine, ne trouva rien de mieux que de placer sa femme et leur ville sous la protection du sultan. Edmond étant mort peu après, Baîbars se serait donc trouvé légalement régent de Beyrouth.

Hugue III, pour sauver la ville, réagit énergiquement. Il ne pouvait du reste, sans abdiquer les droits de la couronne, renoncer à la tutelle que les institutions monarchiques lui attribuaient en pareil cas sur un fief comme Beyrouth. Il se rendit dans la ville, la prit sous sa garde et emmena Isabelle en Chypre. Ainsi s'étaient naguère comportés Baudouin II et Foulque d'Anjou, quand la princesse Alix d'Antioche avait voulu placer la cité de l'Oronte sous la protection de Zengî. Mais Baîbars refusa de renoncer au bénéfice du traité passé avec la maison de Beyrouth : « Il existe, manda-t-il à Hugue III, un traité d'alliance entre moi et la princesse. Quand son mari était en voyage, c'était moi qui devais la protéger. Tu as agi sans mon aveu. Je veux que mon ambassadeur voie la princesse, et ce sera à elle de décider ce qu'elle veut faire ; sinon j'occuperai le pays de force[161]. »

Fait monstrueux et qui montre bien la décomposition politique et morale de la Syrie franque : les Templiers, dans leur désir de briser la tentative de restauration monarchique de Hugue III, prirent parti contre lui pour Isabelle de Beyrouth et pour Baîbars. « Hugue III fut donc contraint de replacer sous la garde musulmane une dame chrétienne, sa vassale immédiate, assurée désormais de l'indépendance et de l'impunité, s'il lui convenait de s'en prévaloir[162]. » Nous avons suivi pas à pas les progrès de l'esprit d'anarchie chez ces seigneurs d'Ibelin, théoriciens de toutes les libertés et franchises contre l'autorité royale. L'héritière de l'illustre famille achevait l'évolution en plaçant ces libertés sous la protection de l'ennemi.

Mauvaise volonté de la bourgeoisie et des Ordres envers l'œuvre de restauration de Hugue III.

Comme la noblesse, les « frairies » de bourgeois et de communiers qui constituaient la ville d'Acre, supportaient mal la restauration monarchique. Habitués pendant les quelque quarante années de la fictive royauté des Hohenstauffen à s'administrer en commune autonome, les bourgeois d'Acre ne pouvaient, eux non plus, se plier à l'effort de discipline qu'exigeait Hugue III. « Les confréries de bourgeois d'Acre, écrit Mas Latrie, entravaient par leur mauvais vouloir l'exécution des ordres du roi[163]. » Mais c'étaient surtout les Templiers qui se montraient ouvertement hostiles à l'œuvre de restauration de Hugue III.

Les deux Ordres du Temple et de l'Hôpital grandissaient dans la ruine de l'État franc et de sa ruine. Chacun d'eux, à la fois association politique, puissance territoriale et banque, État dans l'État, ayant son administration propre, sa hiérarchie pratiquement indépendante du Saint-Siège comme de la couronne, son esprit, ses traditions, sa clientèle, sa politique étrangère, son secret, ses alliances, sa fin en soi, était devenu une puissance internationale dont la défense de la Terre Sainte n'était plus – il s'en fallait – l'unique objectif. Ou du moins leur politique syrienne se subordonnait de plus en plus à leur politique internationale, et celle-ci avait des raisons que la raison d'État du royaume franc ne connaissait point.

Le grand maître du Temple Guillaume de Beaujeu contre le roi Hugue III.

Le grand maître du Temple Thomas Bérard avait encore eu une politique loyaliste. Durant son long magistère (1256-1273), il avait dans l'affaire de Saint-Sabas soutenu la cause de Bohémond VI et des gens d'Acre, qui se trouvait, en somme, la cause de l'État franc. Mais après son décès (25 mars 1273), son successeur Guillaume de Beaujeu (1273-1291) adopta une politique bien différente. Guillaume de Beaujeu nous est décrit par le Templier de Tyr comme un chef prestigieux, « moult gentil home, parent dou roy de France, mout large et lybéral, mout aumonier, dont il fu mout renomé, et fu le Temple, à son tens, mout honoré et redouté[164]. » Politique habile (on le verra par son entente avec l'émir-silâ*h* Baktash al-Fakhri), soldat héroïque (il devait se faire tuer à la suprême défense de Saint-Jean-d'Acre), il avait toutes les qualités d'un meneur d'hommes.

Réaliste d'ailleurs, comme il le montra dès le début. Quand il fut élu grand maître, le 13 mai 1273, il se trouvait en Pouille où il était commandeur. Il resta deux ans encore en Europe, visitant les couvents de l'Ordre en France et en Angleterre « et y amassant grand trésor », et ce ne fut qu'ensuite, avec ce solide trésor de guerre, qu'il se rendit à Acre où il arriva en septembre 1275.

C'était donc une des plus fortes personnalités du temps qui venait prendre le commandement des Templiers en ces années décisives. Malheureusement ce grand seigneur allié aux maisons royales ajoutait à la morgue traditionnelle des Templiers son orgueil personnel, à leur humeur indomptable son caractère impérieux. Au lieu d'apporter son concours à la tentative de restauration monarchique du roi Hugue III, il s'en montra tout de suite l'adversaire résolu. Dès son arrivée à Acre il n'entreprit rien de moins que de chasser Hugue III de Syrie et de donner la couronne de Jérusalem au roi de Sicile Charles d'Anjou.

Guillaume de Beaujeu et le projet angevin.

Sauver la Syrie franque en la rattachant au royaume angevin de Sicile, alors en pleine période d'expansion, c'était, notons-le, un projet capable de tenter un esprit hardi. Projet grandiose, inspiré par un curieux impérialisme des fleurs de lys, dont la réalisation eût concentré entre les mains du cadet capétien toutes les forces de la France extérieure, depuis Naples jusqu'à Saint-Jean-d'Acre, en attendant la restauration, en sa faveur, de l'empire latin de Constantinople. Il est certain que les ménagements que Baîbars lui-même témoignait à Charles d'Anjou, rappelant le ton des derniers Aiyûbides envers Frédéric II, prouvaient que l'Islam n'était pas sans s'intimider par avance devant une telle concentration des forces franques. Et on a pu se demander si, sans les Vêpres siciliennes, Acre n'eût pas été sauvée, aussi bien que Constantinople reconquise. Nous aurons l'occasion d'examiner le problème et de conclure peut-être que, tout au contraire, l'ampleur des visées angevines était telle qu'elles devaient aboutir à une dispersion d'efforts qui rendrait toute l'entreprise stérile. Nous nous demanderons si le nouveau roi de Sicile pouvait, sans tout compromettre – même sa royauté sicilienne –, poursuivre à la fois la protection de la Syrie franque et la restauration de l'empire latin de Constantinople. Impérialisme angevin aussi ruineux que l'impérialisme des Hohenstauffen auquel il succédait et qui, en associant la Syrie franque à son rêve démesuré, devait être amené, lui aussi, à la sacrifier...

De fait le beau programme angevin que Guillaume de Beaujeu apportait en Syrie devait avoir comme premier résultat de faire échouer la restauration monarchique du roi Hugue III et de replonger le pays dans l'anarchie.

L'affaire de la Fauconnerie. Hugue III se retire en Chypre.

Depuis sa reconnaissance comme roi de Jérusalem en 1268, Hugue III, pour mieux défendre la Terre Sainte, s'était presque continûment astreint à résider à Acre, au milieu de toutes les difficultés intérieures et de tous les périls extérieurs, alors que son royaume de Chypre lui offrait un séjour autrement agréable et tranquille. Pendant huit ans, avec une ténacité que n'abattait aucun revers, il avait lutté pour le salut de l'État franc (1268-1276). On l'avait vu s'épuiser à donner un mininum de cohésion à cette société anarchique à laquelle l'imminence, les premiers symptômes de la catastrophe définitive ne rendaient même pas la sensation du péril. La bourgeoisie à Acre et l'héritière des Ibelin à Beyrouth, la chevalerie chypriote (qui refusait de servir en Palestine) et le nouveau grand maître du Temple, c'était à qui ferait preuve de mauvaise volonté à l'égard du roi. Guillaume de Beaujeu surtout affectait envers lui une indépendance totale. Hugue était las de lutter contre tant d'anarchie. « Brouillé avec les Templiers, à peine souffert dans cette ville d'Acre, peuplée alors d'un million d'habitants, presque tous Italiens, dont rien n'égalait la turbulence »[165], il désespérait de sauver ces gens malgré eux, lorsqu'une dernière manifestation d'hostilité de la part du Temple vint en octobre 1276 combler la mesure. L'Ordre, en achetant à un chevalier d'Acre nommé Thomas de Saint-Bertin le casal de la Fauconnerie entre Caïmont et Recordane[166], négligea sciemment de demander l'agrément du roi, comme l'exigeait le droit du temps.

Outrage voulu qui rendait patente la décision de Guillaume de Beaujeu de ne pas reconnaître l'autorité de Hugue III[167].

Hugue fut exaspéré. L'affaire de la Fauconnerie n'était qu'une entre cent de ces difficultés quotidiennes que lui suscitait l'esprit d'anarchie de la société franque. « Et sa departie ne fut pas seulement por cet achayson, mais por plusors autres quereles qu'il avoit as religions (avec les Ordres) et as comunes et as fraeries (= confréries) qu'il ne pooit seignorer ne mener à sa volenté[168]. » Abandonnant à leur sort ces foules ingouvernables, ces associations obstinées à se perdre, ces Ordres qui avaient déjà une première fois conduit le pays au désastre de 1187, il résolut de quitter définitivement Acre. En ce même mois d'octobre 1276, il se retira donc à Tyr et de là en Chypre, en se refusant à désigner pour le remplacer ni régent, ni bayle, ni magistrats d'aucune sorte. Dans des lettres solennelles, il fit savoir au Pape que l'insubordination des gens d'Acre et principalement des Ordres militaires l'avait mis dans l'impossibilité de gouverner : « et manda lettres au pape coment il ne poiet plus gouverner la terre por le Temple et l'Ospitau[169] ». Grave déclaration par laquelle en cette veillée d'armes, avant l'assaut final des Mamelûks, la royauté qui avait fait la France du Levant dégageait ses responsabilités devant l'histoire en avouant que nul ne peut sauver un peuple qui veut mourir.

L'échec de la restauration monarchique de Hugue III, le retour à l'anarchie féodale des années 1230-1268, c'était en effet la condamnation sans rémission de la Syrie franque. Par une revanche des faits, le principal responsable de l'échec du redressement, le grand maître du Temple Guillaume de Beaujeu verra de ses yeux et paiera de sa vie l'inévitable résultat de tant de criminelles divisions, quand quinze ans plus tard, sur le rempart d'Acre forcé, il tombera avec tous les siens, massacré par les Mamelûks.

Réaction curieuse, mais naturelle aux foules. Les mêmes communiers d'Acre qui, par leur insubordination invétérée, avaient provoqué l'espèce de démission du roi, se rendirent compte, dès qu'il les eut abandonnés, des périls dans lesquels les plongeait son départ. Dans un obscur pressentiment du tout proche avenir, soudain ils eurent peur. Leurs délégations vinrent à Tyr, où il se trouvait encore, le supplier de revenir : « Par plusours fois fu requist qu'il meist conseil en la cyté d'Acre et qu'il revenist, qu'il n'estoit pas leu ne saison d'abandoner la terre en tel manière, por lor henemis qui estoient fort et près. À ceste requeste faire, furent plusors prélaz, religious et autres chevaliers, Hospitaliers, Alemans, Pisans, borjois de la terre, Genevois (= Génois), fraeries (confréries) et toutes autres manières de gens. » Hugue III se fût sans doute rendu à ces instances, si les Templiers et les Vénitiens, ses principaux adversaires, n'avaient refusé de se joindre à la requête générale[170]. Leur réponse à l'invite des autres Francs prouva qu'ils ne désarmaient pas : « S'il veaut venir, si (qu'il) viegne ; et s'il ne veaut pas, si le laist (qu'il reste). » Hugue l'apprit et s'en tint à son refus[171].

Lui parti, dans le royaume sans roi, l'anarchie ne fit que croître. Il y eut à Acre des combats de rues entre les marchands de Mossoul qui faisaient partie de la clientèle du Temple et les marchands de Bethléem qui se réclamaient de la clientèle de l'Hôpital. Des marchands de Mossoul furent tués. Le parti Templier accusa les royalistes d'avoir fomenté l'émeute. Le désordre était à son comble[172].

Cependant il fallait instituer un gouvernement légal ; et de la légalité Hugue III restait seul dépositaire. Les chefs des notables revinrent donc le supplier dans sa retraite, à Tyr, de leur donner un gouvernement. Le patriarche de Jérusalem, Thomas de Lentino[173], le grand maître de l'Hôpital Hugue Revel et Guillaume de Roussillon, commandant de la garnison française entretenue à Acre par Philippe le Hardi, « et les autres bones gens de la terre, prélaz, religious et partie des comunes virent que li maistres ne voloit revenir. Il s'en alèrent à Sur où li rois estoit. Tuit li prièrent moult doucement de revenir, mais onques n'en voust oyr parole ». À force de supplications, il consentit enfin à désigner comme bayle à Acre Balian d'Ibelin, l'ancien sire d'Arsûf qui avait déjà occupé une première fois, en 1268, la baylie[174]. Hugue III désigna encore Guillaume de Fleury comme vicomte d'Acre pour la Cour des bourgeois et consentit à nommer des baillis pour la Cour de Fonde et la Cour de Chaîne (tribunal de douane et tribunal maritime). Après avoir ainsi constitué des pouvoirs légaux, Hugue, bien résolu à laisser les Francs de Syrie se débrouiller eux-mêmes au milieu de l'anarchie qu'ils chérissaient, se déroba pendant la nuit aux instances de leurs représentants et rentra dans son royaume insulaire : « et sur ce, se parti par nuit sanz congié prendre et s'en ala en Chypre. »

§ 6. — L'empire angevin et la Syrie franque.

Charles d'Anjou, roi de Jérusalem.

Le départ de Hugue III faisait le jeu de Charles d'Anjou dont nous avons indiqué les prétentions à la couronne de Jérusalem.

Prétentions d'abord plus géographiques que juridiques. Successeur de Frédéric II dans le royaume de Sicile, le monarque angevin entendait lui succéder aussi dans le royaume de Jérusalem. Dans l'héritage ramassé sur le champ de bataille de Grandella il avait recueilli tout le rêve oriental des derniers Hohenstauffen. La Sicile et la Calabre n'étaient-elles pas un embarcadère vers les terres franques du Levant ? Ce rêve oriental, ces réminiscences du rôle de Frédéric II en Syrie manquaient encore de fondement juridique. La base en fut trouvée lorsqu'une vieille prétendante au trône de Jérusalem, Marie d'Antioche, tante de Hugue III et dont nous n'avons pas oublié les protestations contre le couronnement de ce dernier à Tyr en 1269, eut fait cession de tous ses droits à Charles d'Anjou, moyennant une considérable rente viagère (janvier 1277)[175]. De ces négociations juridico-financières, les Templiers avaient été les intermédiaires intéressés ; ils avaient servi de banquiers à la transaction, la rente de 4 000 livres tournois, gagée sur les revenus de l'Anjou, devant être payée à Marie d'Antioche par la maison du Temple de Paris.

Charles d'Anjou prit alors le titre de roi de Jérusalem et nomma comme représentant ou bayle en Syrie le comte de Marseille Roger de San Severino qui aborda à Acre avec une escadre de six galères le 7 juin 1277[176]. Roger de San Severino invita aussitôt la noblesse franque à lui remettre le pays.

C'était l'aventure de Filanghieri, envoyé par Frédéric II, qui recommençait. Alors que le salut de la Syrie franque exigeait de toute évidence la présence d'un chef local et résidant, elle allait de nouveau avoir un roi nominal, habitant l'Italie, un roi pour lequel elle ne serait qu'une possession lointaine et secondaire, qui ne verrait dans son nouveau titre qu'un fleuron de plus ajouté à sa couronne et n'envisagerait jamais la terre elle-même, en tant qu'entité vivante, souffrante, menacée, en péril de mort. Et, comme au temps de Frédéric II, de Conrad IV et de Conradin, la royauté d'un roi non résidant allait refaire de cette royauté une institution purement nominale et fictive, du royaume une république féodale, c'est-à-dire, dans les mœurs politiques du temps, une anarchie. Tout le bénéfice de la restauration monarchique de Hugue III était perdu. Et cela, en face de la dictature militaire des Mamelûks, entre le règne de Baîbars et celui de Qalâwun.

L'histoire, à tous égards, recommençait. La possession du royaume de Sicile inspirait à ses maîtres allemands ou français, Hohenstauffen ou Angevins, le même impérialisme décoratif et verbal, les mêmes visions de mirage oriental, si décevantes pour eux, si peu conformes aux réalités de l'Orient latin. Et chaque fois l'Orient latin était sacrifié à ces chimères.

Gouvernement de San Severino à Acre (1277-1282).

Dans l'application les Angevins, il faut le reconnaître, eurent la main plus légère que les Allemands. En arrivant à Acre, Roger de San Severino ne chercha pas à s'imposer par un coup de force, comme l'avait fait jadis, dans des circonstances analogues, Riccardo Filanghieri. En attendant que le bayle du royaume, Balian d'Ibelin-Arsûf, lui ouvrît les portes du château d'Acre, il descendit tranquillement chez les Templiers, ses amis. Il est vrai qu'il n'avait amené avec lui qu'une poignée de chevaliers, et cette suite dérisoire prouve combien se trompaient ceux qui, comme le grand maître du Temple, Guillaume de Beaujeu, espéraient trouver dans le royaume angevin de Sicile un appui plus solide pour la Syrie franque que le royaume Lusignan de Chypre. Quelque faibles que fussent les secours envoyés de Nicosie à Acre, ils devaient toujours être supérieurs à ceux qui parviendraient de Naples. Aussi bien le programme angevin, démesuré, embrassant à la fois, avec l'Italie, la Tunisie, la Syrie et Constantinople, l'Orient tout entier, était-il destiné, précisément par l'insuffisance des moyens mis en œuvre, à échouer partout.

La question de droit entre Hugue III et Charles d'Anjou plongeait les barons de Syrie dans un grand embarras. Le plus embarrassé de tous était le bayle du royaume, Balian d'Ibelin-Arsûf, qui tenait le château d'Acre comme représentant de Hugue III. « Il appela auprès de lui, dit Mas Latrie, quelques hommes prudents : Balian Anthiaume, d'une influente famille bourgeoise, le comte Jacques Vidal, Jean de Fleury, maréchal de Tibériade, Jean de Troyes. Il s'adressa au patriarche, il demanda conseil à Guillaume de Roussillon, capitaine des Français, et au grand maître de l'Hôpital[177]. » L'héritier des Ibelin était sans doute prêt, s'il se sentait appuyé par les liges, à résister aux Angevins et à défendre le château d'Acre, bien qu'il ne pût se dissimuler qu'en ce cas les Templiers et aussi les Vénitiens prendraient de leur côté les armes pour Roger de San Severino. Ce fut cette dernière considération qui arrêta les velléités de résistance. Malgré les sentiments de loyalisme envers Hugue III, dans le conseil réuni par Balian nul n'osa donner un avis catégorique. Pendant ce temps les Templiers agissaient. Il semble bien qu'ils profitèrent de la nuit tombante pour faire entrer San Severino dans le château et que devant le fait accompli Balian n'eut plus autre chose à faire qu'à se retirer avec dignité. Dans tous les cas, Balian, dans la soirée du 7 juin, se décida à abandonner le château d'Acre à San Severino[178].

Restait à obtenir l'hommage des liges à la royauté de Charles d'Anjou. La tâche était plus difficile et San Severino se heurta à leur loyalisme. « Li chevalier d'Acre furent requis plusors foiz par le conte Rogier de Saint Séverin qui estoit bail d'Acre de par le roi Charle, qu'il li feissent homage. Lor respons estoit qu'il ne le pooient faire, quar il avoient homage au roy de Chypre qui se tenoit par roy de Jerusalem, jusque tant qu'il lor fust défaillans de ce qu'il lor devoit faire selonc les usages dou reaume de Jerusalem[179]. »

San Severino patienta quelque temps. À la fin il mit les barons de Syrie dans l'alternative de rendre hommage à Charles d'Anjou ou de renoncer à leurs fiefs et bénéfices. « À la parfin lor dist tout destroussement qu'il lui vuidassent la terre et laissassent lor fiez et lor herberges et tous lor biens, ou qu'il li feissent ce qu'il li devoient faire come à seignor en leu dou roy Charle qui estoit roy de Jérusalem. » Plus embarrassés que jamais, les barons et chevaliers d'Acre envoyèrent une délégation à Chypre pour prendre l'avis de Hugue III lui-même. Mais Hugue, toujours irrité contre les gens d'Acre, refusa de rien faire pour les tirer d'embarras et les délégués – Jean de Troyes, Guillaume de Villiers, Richard de Torquigny – revinrent sans instructions. De guerre lasse les liges firent enfin hommage à Charles d'Anjou.

San Severino créa alors des dignitaires. Il nomma sénéchal, à la place de Balian d'Ibelin-Arsûf, un seignor français de Naples, Eude Poileçhien[180] ; connétable, Richard de Noblans ; maréchal, Jacques Vidal ; et vicomte d'Acre (chef de la bourgeoisie), Gérard le Raschas[181]. Enfin Miles de Caïffa fut nommé capitaine de la petite garnison française d'Acre à la place de Guillaume de Roussillon, qui décéda cette même année 1277[182].

Il faut reconnaître qu'après avoir assez ténébreusement machiné la semi-abdication de Hugue III et la reconnaissance de Charles d'Anjou comme roi de Jérusalem, le grand maître du Temple Guillaume de Beaujeu fit tous ses efforts pour pacifier et unifier la Syrie franque autour du pouvoir angevin. La principale cause de trouble résidait dans les vieux ferments de haine laissés par l'affaire de Saint-Sabas, dans la mésentente entre les Vénitiens, prépondérants à Acre, et Jean de Montfort, seigneur de Tyr. Les Vénitiens d'Acre voulaient profiter de la prise de pouvoir de leur ami San Severino pour aller avec lui à Tyr obliger Jean de Montfort à leur rendre leurs anciennes possessions. Mais Guillaume de Beaujeu arrangea l'affaire. Sous ses auspices une entrevue eut lieu à Casal Imbert entre Jean de Montfort et le bayle vénitien d'Acre, Alberto Morosini[183]. La paix fut enfin conclue le 1er juillet 1277 à la Sommellerie du Temple[184], casal appartenant à l'Ordre dans la banlieue nord d'Acre, et sous la propre tente de Guillaume de Beaujeu. Par cet accord, dont le patriarche Thomas de Lentino[185] fut l'arbitre, Jean de Montfort rendait aux Vénitiens leur ancien quartier de Tyr, soit le tiers de la ville[186]. Remarquons d'ailleurs que la réconciliation de la Sommellerie ne fut que la conclusion des pourparlers entrepris sous le règne de Hugue III par le précédent bayle vénitien Jean Dandolo[187].

L'unité des forces franques de Syrie fut ainsi reconstituée sous le patronage de Charles d'Anjou. À la fin de 1277, le comte de Tripoli Bohémond VII fit, lui aussi, acte d'adhésion au nouveau régime en envoyant porter son hommage à San Severino[188].

Tentative de restauration de Hugue III (1279).

La prise de possession de la Syrie franque par Charles d'Anjou n'avait pu se produire que parce que Hugue III, découragé par l'indiscipline des habitants d'Acre, les avait abandonnés pour se retirer en Chypre. Une fois les Angevins installés à Acre, Hugue regretta son désistement et, dès 1279[189], essaya de recouvrer la Syrie. Il débarqua avec une assez forte armée à Tyr, chez son beau-frère Jean de Montfort, et y attendit qu'un mouvement en sa faveur se produisît à Acre, notamment dans l'élément poulain et chez les Pisans qui lui étaient toujours restés très favorables. Mais l'opposition irréductible du grand maître du Temple Guillaume de Beaujeu empêcha le parti chypriote de bouger[190]. Déçu dans son espérance après quatre mois d'attente vaine à Tyr, il regagna Chypre où il se vengea de l'hostilité des Templiers. « Il fit saisir leurs revenus dans tous les districts de l'île ; il ruina leurs couvents de Paphos et de Limassol ; il démantela leur fort de Gastria, dans le Karpas. Les exhortations du Pape ne purent le fléchir. Jusqu'à la fin de son règne, le roi Hugue maintint contre l'Ordre les rigueurs qu'une aveugle inimitié n'avait que trop méritées[191]. »

Effondrement de la domination angevine.
Gouvernement d'Eude Poilechien.

Guillaume de Beaujeu, en maintenant hors d'Acre le roi de Chypre, avait placé toutes les espérances de la Syrie franque dans la grandeur angevine. Or le 30 mars 1282 le drame des Vêpres siciliennes brisait la puissance de Charles d'Anjou. La perte de la Sicile, passée à la maison d'Aragon, l'obligea à rappeler précipitamment ses forces du Levant.

San Severino quitta Acre en confiant la ville au chef du contingent français et sénéchal du royaume de Jérusalem, Eude Poilechien[192].

Retour de Hugue III en Syrie (1283). Sa mort.

Hugue III ne mit pas immédiatement à profit l'effondrement des Angevins pour recouvrer Acre. Ce ne fut qu'à l'été de 1283 qu'il se rendit de nouveau de Chypre en Syrie. Le vent le poussa vers Beyrouth où il aborda le 1er août 1283. De là il gagna par mer la ville de Tyr où son beau-frère Jean de Montfort et toute la population le reçurent comme leur roi. Mais ses troupes qui, de Beyrouth, rejoignaient Tyr par la voie de terre, furent attaquées près du Nahr al-Dâmûr (« le fleuve d'Amor ») et perdirent quelques hommes, agression que Hugue attribua aux intrigues des Templiers de Sidon[193]. Il semble d'ailleurs que l'hostilité persistante des Templiers ait, cette fois encore, empêché Hugue de marcher immédiatement sur Acre. De fait, nous le voyons s'attarder à Tyr. Tandis qu'il y résidait auprès de Jean de Montfort, ce dernier mourut le 27 novembre 1283, pleuré par toute la population[194]. L'héritier du défunt était son frère Onfroi de Montfort, déjà seigneur de Beyrouth comme mari de l'héritière de cette ville, Échive d'Ibelin[195]. Hugue III manda Onfroi à Tyr et l'investit de cette seigneurie, sous réserve de pouvoir la lui racheter dans les six mois pour 150 000 besants sarrasinois, réserve que les événements allaient rendre caduque[196].

Onfroi de Montfort, le nouveau seigneur de Tyr, nous est décrit par le Templier de Tyr, qui l'a bien connu, comme le plus élégant chevalier de son temps, « biau chevalier de grant manière, que, quant il vy le roy de France, il (= ce dernier) li douna tesmoin que il estoit le plus biau chevalier que il onques vit jusques à sel jour[197]. » Malheureusement Onfroi mourut presque aussitôt, le 12 février 1284, ne laissant que des enfants en bas âge qui ne devaient pas avoir le temps de régner[198].

Le malheur semblait s'acharner sur la Syrie franque. Hugue III venait d'enterrer coup sur coup son beau-frère et le jeune Onfroi. Pendant qu'il séjournait à Tyr, il perdit encore son fils cadet, Bohémond. Frappé dans ses affections les plus chères, il mourut lui-même à Tyr le 26 mars 1284, « et fu grant damage à la Crestienté, pour le grant sens et bonté de luy. Et si fu biaus et si noble que, s'il fust entre mille chevaliers, l'eust on coneu pour le Roy[199]. »

Hugue III et son destin.

Hugue III fut en effet le dernier grand roi de la Syrie franque. Dès le moment où, comme simple bayle, il avait assumé l'administration d'Acre, il avait entrepris une œuvre de réconciliation des partis et de redressement qui, poussée jusqu'à la restauration monarchique intégrale, aurait pu, en face de la concentration des forces musulmanes, reformer le faisceau des forces franques et sauver le pays. Mais après huit années de patience, il avait dû s'avouer vaincu par la coalition de toutes les intrigues politiciennes, de toutes les autonomies locales qui faisaient de la Syrie chrétienne, sous le couvert du parlementarisme des *Assises*, une pure anarchie. Chevaliers d'Acre, chevaliers de Chypre et confréries de bourgeois, Vénitiens et Templiers, tous avaient fait à Hugue une telle opposition, tantôt sournoise et constitutionnelle, tantôt insolente et ouvertement affichée, que le dernier héritier des rois qui avaient fait la France du Levant désespéra un moment de sauver malgré elle une société assoiffée de suicide. Mais il restait le roi, et le sentiment de sa mission lui imposa finalement, dès que les circonstances extérieures le permirent, un effort suprême, effort marqué de nouvelles désillusions et de deuils de famille si cruels qu'il devait mourir, non sans noblesse, sur cette terre syrienne, sourde à ses appels.

Hugue III disparu, il n'y eut plus rien. Son fils aîné Jean, reconnu roi en Chypre – mais en Chypre seulement, – ne fit que passer sur le trône. Couronné dans la cathédrale de Nicosie le 11 mai 1284, il mourut sans alliance le 20 mai 1285. Le frère cadet de Jean, Henri II, lui succéda comme roi de Chypre (1285-1324). Le nouveau roi n'avait que quatorze ans[200]. Il était trop jeune et sans doute aussi trop édifié par les efforts inutiles de son père pour ne pas s'être quelque peu désintéressé de ces Syriens ingouvernables autant qu'acharnés à leur propre perte. En juin 1286 ceux-ci le rappelleront cependant *in extremis* sur le trône d'Acre, mais cet adolescent débile, annihilé par ses crises d'épilepsie, ne pourra sauver le pays. Ce sera sous son règne que les Mamelûks s'empareront d'Acre (1291).

§ 7. — La guerre civile jusqu'au dernier jour dans le comté de Tripoli.

Minorité de Bohémond VII. Régence de Sibylle d'Arménie. Gouvernement de l'évêque de Tortose.

Bohémond VI le Bel, prince d'Antioche et comte de Tripoli, réduit depuis 1268 au comté de Tripoli, était mort le 11 mai 1275[201]. Sa disparition était une lourde perte pour la Syrie franque. Ce dernier représentant de la dynastie normande et poitevine avait fait preuve d'une réelle énergie en même temps que d'une vision très lucide de la politique extérieure. Son système d'alliance étroite avec le roi d'Arménie Héthoum Ier, son beau-père, sa collaboration militaire, aux côtés de Héthoum, avec les Mongols auraient pu, si les barons d'Acre avaient suivi son exemple, sauver l'Orient latin. Enfin après la défaite des Mongols et des Arméniens, quand il était resté seul en butte à la vengeance des Mamelûks, quand ceux-ci, non contents de lui arracher la principauté d'Antioche, s'étaient acharnés sur son comté de Tripoli, il avait montré dans le malheur une fierté d'âme qui en avait imposé à Baîbars lui-même.

La mort de ce dernier paladin donna libre cours à l'anarchie féodale dans le comté de Tripoli. Son fils, Bohémond VII (1275-1287) était encore mineur. Il semblait que la régence aurait dû être attribuée au roi Hugue III, d'autant que ce monarque, issu de la dynastie d'Antioche, était le cousin germain de Bohémond VI[202]. Hugue III se rendit donc à Tripoli « avec grant compaignie de gent d'armes, por conseillier et aidier l'enfant » et organiser le gouvernement[203]. Mais la mère de Bohémond VII, la princesse Sibylle d'Arménie[204], secondée par l'évêque de Tortose Barthélemy [Mansel ?][205], avait déjà mis la main sur le pouvoir. Elle conduisit le jeune Bohémond VII dans sa propre famille, en Cilicie, pour le placer sous la protection de son frère à elle, le roi d'Arménie

Léon III. Léon III arma son neveu chevalier, geste qui plaçait en quelque sorte le jeune comte de Tripoli dans la clientèle arménienne[206]. En même temps, l'évêque de Tortose, mandé par Sibylle, s'installait à Tripoli et y prenait avec elle la direction des affaires. « Cestu Beymont (Bohémond VII), pour ce que il estoit mout jeune, sa mère fist venir à Triple un prélat quy estoit évesque de Tourtouze, qui avoit nom Berthélémé, et fu nés d'Antioche, mout grant clerc. À sestu dona la princesse tout son poier et le fist governeor de Triple[207]. » Quand le roi Hugue III arriva à Tripoli, il se trouva en présence du fait accompli et mis par l'évêque de Tortose dans l'impossibilité d'assumer la régence[208]. Ne voulant pas se livrer à des représailles qui n'eussent profité qu'à Baïbars, il revint de Tripoli à Acre. Partout, dans le comté de Tripoli comme dans le royaume d'Acre, la politique locale empêchait le regroupement des forces franques.

Notons que, malgré l'hostilité de la cour de Tripoli, Hugue III lui rendit contre les Mamelûks un signalé service. Le sultan Baïbars avait profité de la mort de Bohémond VI pour réclamer au jeune Bohémond VII la moitié de la ville de Lattaquié (Laodicée), la seule place qui restât aux gens de Tripoli de l'ancien comté d'Antioche. Quoique les fortifications de Lattaquié eussent été considérablement renforcées depuis peu, les habitants implorèrent l'aide de Hugue III. Celui-ci intervint auprès de Baïbars et obtint le désistement du sultan moyennant un tribut annuel de 20 000 dinars (accord du 4 juillet 1275[209]). Ainsi la royauté franque accomplissait envers ses vassaux sa mission salvatrice et tutélaire jusqu'à la fin, jusque dans le moment où ceux-ci la payaient de la pire ingratitude.

Le parti poulain contre le parti romain.
L'évêque de Tortose contre l'évêque de Tripoli.

Mais le comté de Tripoli, affranchi de la suzeraineté royale, tombait dans la guerre civile.

Le prince d'Antioche-Tripoli Bohémond V (1233-1251) avait, on se le rappelle, épousé vers 1235-1237 la princesse Lucie ou Lucienne de Segni, de la grande famille romaine des comtes de Segni, à laquelle avait appartenu le pape Innocent III : Lucienne était la nièce de ce pontife. Lucienne, nous l'avons également signalé, avait fait nommer évêque de Tripoli son propre frère, le comte Paul II de Segni, et le règne du clan romain avait commencé. Paul et Lucienne avaient attiré auprès d'eux un grand nombre de leurs compatriotes, tant clercs que laïcs, auxquels ils avaient distribué places et faveurs au détriment des Poulains. Le parti romain avait ainsi acquis à Tripoli une situation prépondérante qu'il avait conservée pendant toute la suite du règne de Bohémond V, ainsi que sous Bohémond VI, de 1237 à 1275[210]. Contre la prépondérance des Romains la chevalerie tripolitaine, qui avait trouvé un chef dans Bertrand II de Gibelet, était vainement passée à la révolte ouverte. Bertrand était bien venu assiéger Bohémond VI dans Tripoli ; il avait même blessé Bohémond devant la ville (1258), mais il avait péri peu après dans un guet-apens tendu par ce prince et sa mort avait étouffé la révolte[211].

À l'avènement de Bohémond VII, la situation changea. L'élément poulain de Tripoli était excédé de l'hégémonie de la faction romaine. « Li Romain, qui avoient tot le pooir de la cort au tans de l'autre prince, avoient moult fait de déplaisirs et d'ennui as chevaliers de la terre[212]. » L'évêque de Tripoli était toujours le vieux prince romain Paul II de Segni, grand-oncle du jeune Bohémond VII. Contre lui le parti poulain, le parti des chevaliers de la terre, comme dit l'*Éracles*, était soutenu par l'évêque de Tortose, Barthélemy, que la comtesse douairière Sibylle d'Arménie avait appelé auprès d'elle à Tripoli et à qui elle avait confié le gouvernement[213]. La lutte des « Romains » et des « Poulains » se concrétisa ainsi dans la rivalité des deux prélats.

Au début la chevalerie tripolitaine avait accepté avec quelque impatience le gouvernement de l'évêque de Tortose, « si que les chevaliers eurent à grant desdain d'estre governés par un clerc » et toutefois, ajoute le Templier de Tyr, « le souffryrent et ne firent semblant »[214]. Si la noblesse prit son parti de cette régence ecclésiastique, c'est que l'évêque de Tortose servait ses rancunes contre le clan romain.

L'administration de l'évêque de Tortose fut en effet marquée par une violente réaction contre la faction romaine, réaction qui alla jusqu'au meurtre : « fu tués Johan Pierre et deux autres Romains avec lui »[215]. Se voyant soutenus par l'évêque de Tortose « qui avoit le prince et tot le fait de Triple en sa main » et qui était du reste un créole comme eux (« né à Antioche »), les chevaliers de Tripoli se vengeaient de leurs humiliations passées. C'était le réveil des vieilles passions que Bohémond VI avait naguère étouffées dans le sang de Bertrand II de Gibelet[216]. Devant le triomphe de l'évêque de Tortose, son rival, Paul de Segni, chef du clan romain et évêque de Tripoli, menacé du reste dans sa personne, se réfugia avec ses biens chez les Templiers de la ville, s'affilia étroitement à leur Ordre et se fit d'eux des protecteurs déterminés : « Les gens dou prince (Bohémond VII) maumenoient l'evesque de Triple qui estoit confrère dou Temple (et il et ses choses estoient en la garde de la Maison) si que il lui convint, por paour de son cors, guerpir (de) sa mayson et se recueilli dedenz la mayson dou Temple[217]. »

Les Templiers contre Bohémond VII.

Les partisans de l'évêque de Tortose et le jeune Bohémond VII lui-même, qui avait embrassé avec ardeur ce parti, se mirent alors à traiter les Templiers en ennemis, comme ils traitaient l'évêque de Tripoli réfugié dans leur maison. « En cele meisme saison, note l'*Éracles* sous la rubrique de 1277, sourdi une discorde entre le prince [titulaire] d'Antioche, comte de Triple, et le Temple, por ce que les gens dou prince et il meismes, qui juenes estoit, faisoient mult d'ennuis as homes dou Temple, et as frères meismes disoient laides paroles qu'il n'avoient pas aprises à oyr, et les confrères de la Maison menoient mal et proprement l'évesque de Triple qui estoit confrère dou Temple maumenoient (= le malmenoient)[218]. »

Il était toujours imprudent, comme dit le bon chroniqueur, de faire entendre au puissant Ordre des insultes « qu'il n'avait pas appris à ouïr ». D'autant que le grand maître du Temple était alors Guillaume de Beaujeu, brutal politique s'il en fut, dont nous avons déjà vu l'action victorieuse dans les affaires d'Acre. Les dynasties établies pesaient peu pour le dur Templier. Il allait apporter à lutter contre Bohémond VII à Tripoli la même énergie qu'il avait mise à briser à Acre la restauration monarchique de Hugue III. Notons que, dans les deux cas, les Templiers malgré toutes leurs qualités de bravoure, de ténacité et leur esprit politique (et justement dangereux en l'espèce en raison de ces qualités) se comportaient, à Tripoli comme à Acre, là contre la dynastie des Bohémond, ici contre la dynastie des Lusignan, comme les pires agents de désorganisation à la veille de la ruée finale des Mamelûks.

Guy II de Gibelet contre Bohémond VII.

Le gouvernement du jeune Bohémond VII et de son mentor l'évêque de Tortose semblait, malgré tout, assez solidement établi à Tripoli, lorsque la rupture des deux hommes avec le seigneur de Gibelet vint remettre leur autorité en question et provoquer la guerre civile.

La seigneurie de Gibelet (Jebail) constituait, nous l'avons vu, le principal fief du comté de Tripoli. Nous savons également que les seigneurs de Gibelet, de la famille génoise des Embriaci, s'étaient à maintes reprises mis à la tête de la noblesse tripolitaine contre la maison des Bohémond. À la génération précédente, le chef d'une branche cadette de cette famille, Bertrand II, avait, on vient de le rappeler, conduit la chevalerie révoltée à l'attaque de Tripoli (1258), mais, surpris ensuite dans un guet-apens par les gens de Bohémond VI, il avait payé son insubordination de sa vie. À cette époque la famille de Gibelet était plutôt dans le clan anti-romain. Le seigneur de Gibelet contemporain de Bohémond VII, Guy II (c. 1271-1282) fut d'abord très attaché à ce prince avec qui le parti poulain triomphait des Romains. Il était d'ailleurs devenu le cousin germain de Bohémond VII, depuis qu'il avait épousé Marguerite de Sidon, fille de Julien de Sidon[219]. Ce Guy II nous est présenté par le Templier de Tyr comme un chevalier accompli, « mout bel home de grant manière, grant et bien menbru et blanc et blond et vair et couloury d'une vive couleur, et prou et hardy », encore que quelque peu « estout (outrecuidant) et de fière volenté »[220]. Notons que ce descendant de la vieille famille génoise des Embriaci avait à cœur de se fondre entièrement dans la noblesse des

Franco-Poulains. Fils d'une dame d'Ibelin[221], il adopta, pour se franciser davantage, le blason de l'illustre famille franco-syrienne[222].

Guerre de Guy de Gibelet et des Templiers contre Bohémond VII.

Guy II de Gibelet avait sollicité pour son frère cadet Jean, de l'amitié de Bohémond VII, la main d'une riche feudataire du comté de Tripoli, appartenant à la famille d'Aleman[223]. Bohémond VII promit d'abord de favoriser cette union. Mais l'évêque de Tortose, chef du gouvernement de Tripoli, convoitait pour son propre neveu l'héritière et l'héritage ; tout-puissant sur l'esprit du jeune Bohémond, il l'amena à se dédire. Sur quoi Guy de Gibelet, outré d'un tel manque de parole, brusqua la décision et maria d'office la jeune fille à son frère Jean.

Pour échapper à la vengeance de Bohémond et du tout-puissant évêque, Guy de Gibelet se jeta dans les bras des Templiers, ennemis de ses deux ennemis. « Le seignor de Giblet ala à Acre et se fist confrère dou Temple et eust grant amistié au maistre, frère Guillaume de Biaujeu quy ly promist de luy aider de quant que il porroit ». Sûrs de l'appui des Templiers, Guy et son frère se mirent par la force en possession des biens appartenant à la jeune femme du second. Bohémond VII et l'évêque de Tortose citèrent alors Guy devant la Haute Cour. Au lieu d'obtempérer, il courut de nouveau à Acre, chercher secours auprès du grand maître Guillaume de Beaujeu qui lui confia une garde de trente Templiers pour défendre Gibelet.

C'était une fois de plus la guerre civile sous les yeux des Mamelûks. Bohémond VII fit abattre la maison du Temple à Tripoli, et couper le bois que les Templiers possédaient à Monscucul ou Montcoqu[224]. Sur quoi le grand maître Guillaume de Beaujeu vint avec toutes les forces de l'Ordre d'Acre à Gibelet d'où il alla mettre le siège devant Tripoli, « et l'asega pluzors jours, dont ne fu nul quy nisit (= sortit) contre luy ny à chevau ni à pié ». Fait non moins grave, Guillaume de Beaujeu, en se retirant, rasa le manoir du

Boutron (Bâ*t*rûn), château maritime du comté entre Tripoli et Gibelet.

Les Templiers auraient agi pour le compte des Mamelûks qu'ils ne se seraient pas comportés autrement. Après 1271, il restait si peu de forteresses aux Francs sur la terre syrienne, et c'étaient les Ordres chrétiens qui, dans la guerre civile, les démantelaient[225] !

Les Templiers assiégèrent également le château de Néphin (Enfé), forteresse de la corniche tripolitaine, à 16 kilomètres au sud-ouest de Tripoli et d'accès particulièrement difficile[226]. Douze d'entre eux, avec le chevalier Paul de Teffaha[227], cherchaient à forcer l'entrée de la forteresse, quand la porte, manœuvrée d'en haut, se referma sur eux ; capturés, ils furent envoyés à Tripoli, où Bohémond VII « les tint en prison en sa cour »[228].

Ce n'était encore là qu'escarmouches. Peu après[229] eut lieu une bataille en règle. Le grand maître Guillaume de Beaujeu était retourné à Acre, en laissant à Guy, à Gibelet, trente de ses Templiers, sous les ordres du frère Massé Goulart. Bohémond VII profita de son départ pour venir attaquer Gibelet, mais Guy et les Templiers s'étaient portés à sa rencontre. Le choc eut lieu entre le Puy du Connétable (Héri) et Boutron (Ba*t*rûn)[230]. Les effectifs étaient insignifiants comme toujours dans cette Syrie franque du treizième siècle finissant, où la terre, réduite à une étroite corniche littorale, ne pouvait nourrir qu'une poignée d'hommes : cent cavaliers, sans les écuyers, du côté de Guy de Gibelet et des Templiers, 200 hommes à pied ou à cheval du côté de Bohémond VII. Mais dans ces lamentables guerres, à la fois lilliputiennes et fratricides, l'acharnement était impitoyable. L'armée de Bohémond VII fut complètement battue, sans doute en raison de la valeur militaire des trente Templiers de l'armée byblite. Un membre de la famille de Mansel, neveu de l'évêque de Tortose, reçut deux coups d'épée et fut fait prisonnier par les gens de Gibelet. Deux autres chevaliers illustres de Tripoli, Roger de la Colée[231] et Guillaume Trabuc, fils du maréchal de Tripoli, furent décapités. Balian de Sidon, fils de Julien, l'héritier sans terre de la noble famille des comtes de Sidon, fut tué dans la mêlée. Détail qui montre bien le caractère fratricide de ces luttes insensées : Balian était à la fois le cousin germain de Bohémond VII pour la défense duquel il se faisait tuer et le beau-frère de Guy de Gibelet contre lequel il portait les armes[232].

Après cette effusion de sang chrétien, une trêve d'une année fut conclue entre Bohémond VII et Guy de Gibelet. La lutte recommença ensuite (1278). Le grand maître Guillaume de Beaujeu envoya douze galères armées en guerre au secours de ses amis de Gibelet. De Gibelet, les Templiers allèrent attaquer le casal fortifié de Dôme (al-Dûmâ) situé à seize kilomètres à l'est de Ba*t*rûn. Ils rencontrèrent près de là les contingents tripolitains et furent de nouveau vainqueurs : « et les Frères se combatirent as chevaliers dou prince, et les desconfirent et en ot aucuns (= quelques) mors. » Puis les galères du Temple vinrent menacer le port de Tripoli, mais elles furent dispersées par la tempête. Trois d'entre elles furent jetées à la côte vers Néphin (Enfé) ; elles furent d'ailleurs sauvées par les contingents du Temple et de Guy de Gibelet qui, dans le même temps, étaient revenus assiéger Néphin[233].

Bohémond VII, brûlant de se venger, envoya à son tour quinze galères attaquer Sidon qui était, on s'en souvient, une possession des Templiers « et robèrent et damagèrent une yhle qui est là devant (Qal'at al-Ba*h*r) et prirent aucuns frères et lor mehnée, et retornèrent à Triple à (avec) tout lor guaign »[234]. Ce ne fut qu'après ces cruelles dévastations réciproques que le grand maître de l'Hôpital Nicolas Lorgne, s'étant rendu à Tripoli, parvint à faire conclure la paix entre Bohémond VII et le Temple, c'est-à-dire entre Bohémond et Guillaume de Beaujeu (5 septembre 1278), puis entre Bohémond et l'évêque de Tripoli, Paul de Segni (18 septembre)[235].

Seconde guerre de Guy de Gibelet contre Bohémond VII.
Supplice des frères de Gibelet.

Mais officiellement en paix avec Bohémond VII, le grand maître du Temple Guillaume de Beaujeu, qui avait la rancune tenace, n'en continuait pas moins contre lui une lutte sourde en soutenant en sous main Guy II de Gibelet, son vassal toujours révolté. Ce fut de complicité avec les Templiers qu'en janvier 1282 Guy essaya de s'emparer de Tripoli par surprise[236]. Ayant équipé trois vaisseaux de transport, avec une petite armée – 25 cavaliers, 400 fantassins – armée recrutée surtout parmi ses compatriotes génois (« pour ce que il estoit d'yaus, si s'en fioit le plus »), il partit en secret de Gibelet le 12 janvier pendant la nuit et arriva avant le jour sans avoir donné l'éveil, devant Tripoli, du côté de la maison du Temple, située, semble-t-il, à l'angle sud-est de la ville, près de la mer. Il entra aussitôt chez les Templiers, pensant y trouver, comme convenu, le commandeur du Temple. Par suite d'un malentendu dans l'exécution des plans, le commandeur – frère Reddecœur – était absent. Guy de Gibelet se crut trahi. De fait certaines complicités sur lesquelles il croyait pouvoir compter dans l'entourage même de Bohémond VII lui firent au dernier moment défaut. Il jugea tout perdu et courut se réfugier dans la maison des Hospitaliers, tandis que Bohémond VII et la chevalerie tripolitaine s'éveillaient, donnaient l'alerte et couraient aux armes. Guy se vit bientôt assiégé dans une des tours de l'Hôpital par toute la population. Par l'entremise du commandeur de l'Hôpital Guy consentit enfin à capituler en acceptant une condamnation de cinq ans de prison, peine au terme de laquelle on lui rendrait sa terre.

Dès que les assiégés se furent rendus, Bohémond VII viola son serment. Tous les Génois qu'il trouva parmi eux eurent les yeux crevés. Quant à Guy de Gibelet, son sort fut plus atroce encore. Guy, ses deux frères Jean et Baudouin, son cousin Guillaume de Gibelet[237] furent conduits à Néphin (Enfé) et murés vivants dans une fosse : « et les fist metre en une foce et masouner et clore dedens, et mourrurent de fain »[238] (fin février 1282).

Jean de Montfort, seigneur de Tyr, le vieil allié des Génois, songea aussitôt à les venger, ou tout au moins à empêcher Gibelet de tomber au pouvoir de Bohémond VII. Il marcha donc avec tous ses chevaliers sur cette ville, mais, en arrivant à hauteur de Beyrouth, il apprit que les troupes tripolitaines l'avaient devancé à Gibelet. « Si tost con monseignor de Sur fu à Barut et cuyda metre conseill de défendre Giblet, sele nuit fu veü sur les murs de Giblet le feuc dou luminaire qu'y faisseent de la ville, quy estoit rendue à la gent dou prince[239]. »

Parvenues à ce degré d'acuité, les haines entre Latins étaient telles qu'ils préféraient l'écrasement sous les coups de l'Islam à l'union nationale. Les *Gestes des Chiprois* nous décrivent sous cette même rubrique de 1282 – neuf ans avant la prise d'Acre par les Mamelûks ! – la joie débordante des Pisans d'Acre à la nouvelle que le sire de Gibelet, le Génois abhorré, tombé aux mains de Bohémond VII, était enterré vivant. Une sorte de représentation dramatique ou de tableau vivant fut organisé pour fêter l'événement : « Les Pisans d'Acre firent mout grant feste de la prise dou seignor de Giblet et firent grant lumynaire par la rue et sur lor maisons, et trombes et chalemiaus et nacares et mout d'estrument, et firent danses et beveries et autres festes ; et vestirent un home richement de belle robe, sainture d'argent et espée argentée et l'acistrent en une chayere et le contrefirent au prince ; et prirent un home grant de persone et le vestirent d'unes espaulières et un mantiau forré de bone forrure de vair sur ly, et le contrefirent au seignor de Giblet, et le fayssoient prendre as sergans et mener devant le prince, et s'agenoilla par devant luy, et le prince ly disoit : "Guy, me counustu ? Ne suy-je le prince ton seignor ?" Et seluy respondy : "Oïl, sire." Et puis li disoit : "Je te feray 'morir come traïtre.' Et enssi firent celle nuit III fois ou IV[240]." »

Cette sauvage guerre civile entre Francs de Tripoli est de 1282 ; la conquête de la ville par les Mamelûks, de 1289.

CHAPITRE X

LE REJET DE L'ALLIANCE MONGOLE ET LA CHUTE D'ACRE

§ 1er. — La « Croisade mongole » de 1280-1281[1].

Ambassades du khan de Perse Abagha aux cours de l'Occident.

L'état d'anarchie dans lequel se débattaient les Francs de Syrie – lutte du roi Hugue III de Chypre et de Jérusalem contre les représentants angevins et les Templiers, lutte de Bohémond VII de Tripoli contre les Templiers et les seigneurs de Gibelet, – cet esprit de faction et de guerre civile devenu congénital chez tous les habitants de la France du Levant enlevaient tout espoir de voir ce malheureux pays échapper par lui-même à la conquête mamelûke. S'il pouvait encore être sauvé, ce ne serait que par une ultime croisade bien hypothétique, hélas ! – depuis la mort de saint Louis il n'y avait plus d'Europe, la défense de l'Occident n'intéressait plus les puissances occidentales – ou par une intervention mongole poussée à fond, plus précisément par une intervention mongole et une croisade occidentale étroitement conjuguées.

De cette politique nécessaire deux princes chrétiens avaient encore la notion. L'un était le roi d'Arménie Léon III dont nous verrons les efforts pour obtenir l'intervention du khan de Perse Abagha[2]. L'autre était le roi d'Angleterre Édouard Ier, l'ancien croisé de 1271, un des rares chefs d'État de l'Occident qui aient compris l'importance de l'alliance mongole, puisque, une fois rentré en Europe, il continuait à correspondre dans ce but avec Abagha[3].

Le khan Abagha, de son côté, n'était pas sans discerner l'intérêt d'une entente militaire avec les Latins contre leurs ennemis communs, les Mamelûks. Comme nous l'avons vu, Abagha avait, dès la fin de 1273, adressé des propositions en ce sens au Pape et aux souverains de l'Occident. Ses lettres furent apportées à Édouard Ier par le dominicain David, chapelain du patriarche de Jérusalem Thomas Agni ou Thomas de Lentino. Dans sa réponse à Abagha, datée du 26 janvier 1274, le roi d'Angleterre s'excusait de ne pouvoir fixer la date précise de son débarquement en Syrie[4]. Au Concile de Lyon, en mai-juillet 1274, les franciscains Jérôme d'Ascoli et Bonagrazia de Persiceto présentèrent au pape Grégoire X deux ambassadeurs d'Abagha venus l'entretenir de nouveau du projet de collaboration franco-mongole[5]. Les envoyés mongols reçurent le baptême catholique des mains de l'archevêque d'Ostie, mais les projets de croisade furent encore ajournés. L'influence de Charles d'Anjou était alors prépondérante, et sa politique, tout orientée vers la conquête de Constantinople sur les Grecs, tenait à se ménager en Syrie l'amitié de Baîbars et ne redoutait rien tant que la proclamation de la guerre sainte contre le sultan. En novembre 1276 on vit encore arriver en Italie Jean et Jacques Vasellus, chargés de mission de la cour mongole et aussi de la cour d'Arménie auprès du Pape, d'Édouard Ier et des autres princes chrétiens[6]. Enfin le 28 mars 1277, six envoyés d'Abagha vinrent en Angleterre s'excuser auprès d'Édouard de l'aide insuffisante prêtée à ce dernier durant sa croisade de 1271, en promettant, évidemment, un concours plus efficace en cas de croisade ultérieure[7].

Invasion de Baîbars dans l'Anatolie mongole.

Tandis que l'Occident restait indifférent aux propositions d'alliance des Mongols, les Mamelûks agissaient. Déjà en mars-avril 1275, le sultan Baîbars avait envahi à l'improviste le royaume arménien de Cilicie, pillé Mamistra, Sis, Adana, Tarse et Layas, sans que le roi Léon III ait pu lui résister. Se sentant désormais assez fort pour prendre sa revanche intégrale des précédentes invasions mongoles en Syrie musulmane, le sultan porta ensuite directement la guerre en pleine

Anatolie seljûqide, pays qui était alors un protectorat mongol. Le 18 avril 1277, il tailla en pièces à Albistân, sur le haut Jihûn, à l'entrée de la Cappadoce, l'armée mongole d'Anatolie. Le 23 avril, il occupa Qaisariya (Césarée de Cappadoce) où il se proclama l'héritier des sultans seljûqides. Toutefois, satisfait de cette manifestation, il évacua l'Anatolie dans les derniers jours d'avril et rentra en Syrie[8].

À la nouvelle de la défaite des siens, Abagha accourut en Anatolie (juillet 1277). « De quarante journées, fist quinze », écrit Hayton. Les Turcs d'Anatolie, à commencer par le gouverneur lui-même ou perwâné, plus fidèles à la communauté de foi islamique avec les Mamelûks qu'à leurs devoirs envers leurs suzerains mongols, avaient défendu très mollement sinon trahi l'étendard gengiskhanide. Abagha les fit châtier sévèrement et ne regagna la Perse qu'après avoir rattaché solidement l'ancien sultanat seljûqide à son empire[9]. Il considérait tellement l'islamisme comme son adversaire, le christianisme comme son allié que dans les représailles qu'il ordonna contre les habitants de la Cappadoce, suspects de complaisances pour les Mamelûks, il ne fit exécuter que des musulmans – même des qâdis et docteurs de la loi, – mais n'inquiéta aucun chrétien. Comme des méprises s'étaient produites, il mandata un prêtre et un moine chrétiens pour parcourir l'armée et délivrer, le cas échéant, leurs coreligionnaires[10].

Entente étroite du khan Abagha et du roi d'Arménie Léon III.

L'agression de Baîbars contre les possessions mongoles d'Anatolie contribua à resserrer les liens du khan de Perse avec la Chrétienté. Hayton nous assure même que, dans sa colère, il offrit au roi d'Arménie Léon III la vice-royauté de la Turquie anatolienne. « Quant Abaga ot ordené du roiaume de Turquie tout son plaisir, il fist apeler devant soi le roi d'Erménie et li offrit le roiaume de Turquie à avoir et à tenir, porce que le roi d'Erménie et ses ancessors avoient esté tousjors loiaus envers la seignorie des Tartars ». Mais depuis l'invasion mamelûke de 1266 en Cilicie, les portes de ce pays appartenaient à Baîbars et, devant le risque d'attirer de nouvelles catastrophes sur les malheureux Arméniens, Léon III dut décliner l'offre du khan. Il se contenta de conseiller à Abagha de ne plus nommer un Turc musulman gouverneur de l'Anatolie, mais d'appeler à ce poste des Mongols authentiques. « Le roi d'Erménie mercia molt Abaga de si grand don et s'escusa que il ne porroit sofire au governement des deux roiaumes, car le soldan d'Egipte se pênoit molt à grever le roiaume d'Erménie. E conseilla le roi à Abaga que il ne donast seignorie du règne de Turquie à aucuns Sarrrazins. Cestui conseil plot à Abaga[11]. »

Tandis qu'en cette année 1277 les Francs de Syrie ne songeaient qu'à leurs misérables querelles, le khan mongol de Perse et le roi arménien de Cilicie se préoccupaient de les sauver. « Après ce, le roi d'Erménie requist e pria Abaga que li pleust aler ou mander son frère pour délivrer la Terre Sainte des mains des Sarrazins, e que la rendist as Crestiens. Abaga promist que il feroit volentiers, e conseilla au roi d'Erménie que il deust mander au Pape et as autres rois e seignors des Crestiens d'Occident que venissent ou mandassent de leur gent à l'aide de la Terre Sainte, à ce que ilz tenissent e gardassent les cités e les terres puis que il les conquerroient. Dont le roi d'Erménie manda messaiges au Pape et as rois d'Occident[12]. »

Passage capital qui contient tout un plan de campagne. L'avalanche de la cavalerie mongole pouvait en effet emporter d'un élan des provinces entières, faire même tomber de grandes villes. On l'avait vu en Syrie en 1260, on devait le revoir en 1280. Toutefois pour que l'invasion mongole ne fût pas une chevauchée sans lendemain, pour assurer aussi une utile diversion et paralyser la défensive mamelûke, la présence d'un corps de débarquement chrétien à Saint-Jean-d'Acre était indispensable. Mais qui, à cette date, se trouvait là pour entendre l'appel du khan mongol et du roi d'Arménie ? De politique indigène, il n'y en avait plus chez les Francs de Syrie depuis que s'était éteinte la dynastie des Baudouin, des Foulque et des Amaury. En cette même année 1277 l'héritier des rois de Jérusalem, Hugue III devait quitter Acre devant l'hostilité des Templiers et de Charles d'Anjou, et ce dernier, qui tenait avant tout à conserver l'amitié de Baîbars, se montrait nettement hostile à l'alliance mongole.

Mort de Baîbars. Guerres civiles entre Mamelûks.

L'occasion semblait cependant favorable. En cette même année cruciale 1277, le hasard avait débarrassé les Francs de leur plus redoutable ennemi, Baîbars.

Baîbars désirait se défaire d'al-Qâhir, fils de l'ancien malik aiyûbide de Transjordanie, al-Nâsir Dâwud, qui, cependant, l'avait servi avec fidélité. Il l'invita à un festin, à Damas, et lui fit boire du qumiz empoisonné. Mais, après Qâhir, le sultan, par distraction, trempa ses lèvres dans la même coupe[13]. Il mourut quelque jours après, le 30 juin 1277, et aussitôt, comme il arrivait chaque fois dans l'empire mamelûk, le pouvoir fut remis en question. Une tentative fut faite, il est vrai, pour fixer la couronne dans la famille du défunt et créer une véritable dynastie mamelûke. On proclama sultan au Caire son jeune fils Baraka. Mais le jeune homme n'avait aucune qualité de gouvernement. En août 1279 il dut abdiquer devant la révolte de l'armée de Syrie, commandée par Qalâwun.

Qalâwun prit le pouvoir d'abord sous le nom du fils cadet de Baîbars, un enfant de sept ans, puis (9 décembre 1279) comme sultan lui-même. Turc du Qipchâq comme Baîbars et ancien esclave comme lui (on l'avait acheté mille dînars), Qalâwun était également un soldat de race et un administrateur vigilant. Les troupes de Syrie lui opposèrent cependant le gouverneur de Damas, Sonqor al-Ashqar, qu'elles proclamèrent anti-sultan dans cette ville le 26 avril 1280. Mais Sonqor ne put tenir devant l'armée d'Égypte. Battu devant Damas le 17 ou le 20 juin 1280, il gagna la Syrie du Nord, en l'espèce Sahyûn, l'ancien « château de Saone » des Francs, d'où il appela les Mongols à son aide[14].

Campagnes des Mongols et des Hospitaliers dans la Syrie musulmane en 1280.

Le terrain semblait donc particulièrement favorable pour une invasion mongole. Elle devait avoir le concours des Arméniens de Cilicie et, sans doute aussi, des Hospitaliers. Les forces mamelûkes étaient divisées par la guerre de Qalâwun contre Sonqor al-Ashqar. Ce fut sous les meilleurs auspices que le khan de Perse Abagha envoya à la fin de septembre 1280 une armée de reconnaissance dans la Syrie du Nord. Cette armée occupa sans grande difficulté 'Aintâb (18 octobre), Baghrâs, Darbsâk et enfin (le 20 octobre) Alep dont la garnison et une partie de la population s'étaient enfuies jusqu'à Damas et qui fut une fois de plus saccagée. Les mosquées et les madrassas d'Alep furent incendiées, tous les habitants qu'on put trouver massacrés ou réduits en esclavage[15].

Les Hospitaliers de Marqab – ceux des Francs qui étaient les plus proches du théâtre des opérations – exécutèrent en même temps et en liaison avec les Mongols une chevauchée orientée vers leur ancienne forteresse du Krak « et firent grant domage, car il trovèrent la terre bien guarnie, et firent grant guain de bestial et d'autre ». Chevauchée importante, puisqu'ils étaient au nombre de deux cents. À leur retour, ils furent rejoints à hauteur de Sâfîthâ, l'ancien Chastel Blanc, par 5 000 cavaliers mamelûks et turcomans qui les harcelèrent jusqu'à Maraclée (Khrab Marqiyé). Là les Hospitaliers se retournèrent contre leurs poursuivants et, malgré la disproportion du nombre, les taillèrent en pièces (fin octobre 1280)[16]. D'autres sources parlent de dévastations des Francs dans la Beqâ'[17].

De la part des Mongols, la marche d'octobre 1280 sur Alep n'était qu'une simple reconnaissance. Après avoir saccagé cette ville, ils se retirèrent et le sultan Qalâwun, accouru à Gaza pour défendre la Palestine, ne put que reprendre le chemin du Caire. Il chargea seulement son lieutenant Balbân al-Tabbakhi, gouverneur de Hosn al-Akrâd (l'ancien Krak des Chevaliers) d'aller exercer des représailles contre les Hospitaliers de Marqab. Balbân vint assiéger Marqab avec 7 000 hommes. Mais une brusque sortie des Hospitaliers – et ils n'étaient que 600 – mit cette armée en fuite et délivra la forteresse. Ce fut un des derniers exploits des Francs en Syrie (février 1281)[18].

La coalition franco-mongole dont les Hospitaliers donnaient l'exemple semblait à la veille de devenir générale. Une lettre adressée par l'évêque Geoffroi à Édouard Ier le 5 octobre 1280 nous apprend qu'un envoyé mongol s'était à cette date présenté à Acre, qu'il promettait pour la campagne prochaine l'entrée en Syrie de 50 000 cavaliers et de 50 000 fantassins mongols, et qu'il demandait aux Francs un concours en hommes et en munitions[19].

*Le sultan mamelûk Qalâwun obtient contre les Mongols
la neutralité bienveillante des Francs.*

Le sultan Qalâwun sentit la nécessité de dissocier la coalition. Revenu en Syrie, il se réconcilia avec son compétiteur, le mamelûk Sonqor al-Ashqar en lui laissant comme gouvernement la région d'Antioche et d'Apamée (24 juin 1281). Mais son triomphe diplomatique fut de séparer les Francs des Mongols en concluant le 3 mai 1281 une paix de dix ans avec les Hospitaliers et les Templiers, paix étendue le 16 juillet à Bohémond VII de Tripoli. Quant aux gens d'Acre, alors gouvernés par le bayle angevin San Severino, ils firent mieux encore. Plusieurs émirs de l'entourage même de Qalâwun avaient fait secrètement déconseiller aux notables d'Acre de conclure la paix avec le sultan, attendu que celui-ci ne tarderait pas à être victime d'un complot. L'avis était bon et annonçait chez les Mamelûks de nouvelles convulsions qui ne pouvaient que faire le jeu des Francs comme des Mongols. Stupidement le gouvernement d'Acre, c'est-à-dire de Charles d'Anjou, envoya des députés prévenir Qalâwun, qui fit aussitôt arrêter les conspirateurs (33 émirs et mamelûks furent arrêtés, 10 émirs et 200 cavaliers réussirent à fuir)[20].

Ainsi, au moment où l'armée mongole, venue pour leur donner la main, allait apparaître en Syrie, les Francs se liaient les bras par un traité de paix brusquée avec le sultan. Tels étaient les beaux résultats de la politique égyptophile de Charles d'Anjou. Telles étaient les conséquences de sa mainmise sur Acre. Il est vrai que San Severino pouvait se vanter d'avoir assuré dix ans de paix à la Terre Sainte et que l'évêque de Sidon avait l'agréable surprise de pouvoir aller dire la messe à Jérusalem[21]. Il importait de contenter les Francs tant que les Mongols n'étaient pas battus.

*Nouvelle campagne des Mongols en Syrie.
Bataille de Homs (30 octobre 1281[22]).*

Les Mongols se dirigèrent vers la Syrie en deux groupes en septembre 1281. Le khan Abagha en personne, venu par la Jazîra, alla avec un détachement assiéger la place de Raheba sur le moyen Euphrate. Le gros des forces mongoles, sous le commandement de son frère Mangu Timur, descendit de la Cappadoce sur la région de 'Aintâb. Le roi d'Arménie Léon III le rejoignit avec un corps de cavalerie. Car sur les 80 000 hommes de son effectif, l'armée mongole comptait 50 000 Mongols et 30 000 Arméniens, Géorgiens, Grecs et Francs[23]. Mais il est clair que, du fait de la paix séparée des autorités franques, les Francs ici mentionnés (« aucuns chevaliers frans de Surie ») n'étaient qu'une exception. Et cependant c'étaient bien les Francs qui, cette fois encore et plus même qu'en 1260, auraient été les bénéficiaires d'une victoire mongole. Écoutons le moine Hayton, si bien informé : « Abaga... comanda que les Tartars occupassent le règne de Surie, les terres et les cités et les livrassent à garder et à tenir aux Crestiens. »

L'armée mongole, remontant la vallée du moyen Oronte, dépassa Hamâ et arriva devant Homs où elle se heurta le 30 octobre 1281 à l'armée mamelûke, commandée par le sultan Qalâwun[24]. Le centre mongol était commandé par le prince Mangu Timur ; à l'aile droite figurait le roi d'Arménie Léon III avec les Arméniens, les Géorgiens et les quelques chevaliers francs.

Du côté mamelûk la droite était commandée par le malik aiyûbide de Hamâ, al-Mansûr II ; puis venaient l'armée d'Égypte et l'armée de Syrie, cette dernière sous les ordres du mamelûk Lâjîn qui, quinze ans plus tard, sera aussi sultan ; à gauche figurait Sonqor al-Ashqar, hier révolté contre Qalâwun, aujourd'hui rallié à lui pour défendre l'Islam. Aux deux ailes extrêmes, les auxiliaires nomades, à droite les Arabes du désert de Syrie, à gauche les Turcomans.

La droite mongole, où figuraient, nous venons de le voir, le roi Léon III avec ses Arméniens, les Géorgiens, les chevaliers francs et les Mongols Oïrad, mit en déroute la gauche mamelûke qui s'enfuit dans toutes les directions – jusqu'au delà de Hamâ, dit Hayton, jusqu'à Damas, dit Abu'l Fidâ, voire jusqu'à Gaza[25]. Malheureusement les Mongols de cette aile, dans leur poursuite victorieuse, s'éloignèrent de la bataille et coururent jusqu'à Homs où ils mirent pied à terre pour piller le camp ennemi. Pendant ce temps, le centre mongol, où Mangu Timur fut blessé et renversé de cheval, était enfoncé et mis en fuite, ce qui décida du sort de la journée.

La défaite mongole était directement imputable au prince Mangu Timur. Ce Gengiskhanide dégénéré, ayant reçu une légère blessure, avait pris la fuite vers l'Euphrate, entraînant la dispersion des siens. « Se mist en grant paour, come celui qui onques n'avoit bataille veue. Sanz raison se départi du champ de la victoire et laissa le roi d'Erménie et son conestable qui estoit alez après les enemis. Quant le roi d'Erménie retorna de la desconfiture (= de la poursuite de la gauche mongole), et ne trova Mangodamor, il fu molt abaïs[26]. »

Cependant l'armée mamelouke avait été si éprouvée (toute sa gauche en fuite !) que Qalâwun n'osa poursuivre les Mongols. Ceux-ci se retirèrent derrière l'Euphrate, fleuve destiné à rester leur frontière occidentale. Les plus malheureux furent les Arméniens du roi Léon III qui, après s'être si vaillamment comportés, après avoir même remporté la victoire à leur aile, durent, pour regagner la Cilicie, entreprendre à travers la Syrie musulmane une pénible retraite au cours de laquelle ils furent décimés dans des embuscades par les Turcomans et les Kurdes[27].

Les Francs d'Acre persistent dans l'alliance mamelûke (1283).

Jusqu'au bout, San Severino, le lieutenant de Charles d'Anjou à Acre, s'était cantonné dans la neutralité la plus bienveillante envers les Mamelûks. Comme, après la bataille, l'armée de Qalâwun, pour regagner l'Égypte, passait dans la plaine d'Esdrelon, San Severino vint en personne à Lejjûn complimenter le sultan et lui offrir de riches cadeaux (novembre 1281)[28].

En tout Charles d'Anjou recommençait Frédéric II. L'impérialisme gibelin, en exilant la monarchie hiérosolymitaine, avait commencé la ruine de la Syrie franque ; l'impérialisme angevin, en paralysant celle-ci à l'heure des suprêmes redressements, l'achevait.

Bien que la campagne mongole de 1281 eût échoué, Qalâwun n'était rien moins que rassuré. Non seulement il n'avait pas poursuivi les Mongols dans leur retraite de *Homs* à l'Euphrate, mais, comme le remarque Mas Latrie, il abandonna ses anciens projets de conquête sur les États chrétiens, notamment sur le royaume arménien de Cilicie, cependant coupable d'alliance avec les Mongols : « La campagne de *Hom*s lui avait montré, durant le cours même de ses succès, les dangers de l'union encore possible des Occidentaux et des Mongols ». Les Francs d'Acre, paralysés par leur bayle angevin, avaient beau repousser obstinément le secours mongol ; les Mamelûks, ne pouvant croire à tant d'aberration, se méfiaient.

De fait, même après la bataille de *Hom*s, tout n'était peut-être pas encore perdu. Les Mongols, qui avaient leur échec à venger, qui avaient été si près de tenir la victoire, pouvaient d'un moment à l'autre revenir donner la main aux Arméniens et aux Francs. Le prieur de l'Hôpital, Joseph de Cancy, en écrivant au roi Édouard Ier le récit de la bataille de *Hom*s, ajoutait que jamais la Croisade n'avait eu un terrain si bien préparé : « Sachez, sire, la Terre Sainte ne fut onques si légère à conquérir, si bonnes gens y venissent et viandes (= avec de bonnes troupes bien ravitaillées), come elle est hui au jor. Vaille vostre majesté et plaise à Dieu, sire, que ce peust estre fait par vos ! »[29]. C'est ce que les Mamelûks n'ignoraient pas. Pour éviter de provoquer l'alliance des Francs et des Mongols – leur cauchemar –, Qalâwun accepta de signer le 3 juin 1283 un renouvellement de trêve de dix ans avec le sénéchal Eude Poilechien qui avait après les Vêpres siciliennes remplacé San Severino à la tête du gouvernement d'Acre (mai 1283).

Comme le fait observer, Mas Latrie, Eude Poilechien dut être assez embarrassé dans la rédaction de ce traité : il ne reconnaissait pas la royauté de Hugue III et celle de Charles d'Anjou en Syrie avait été plus qu'ébranlée par les Vêpres siciliennes et par le départ de San Severino. Il ne traita du reste avec Qalâwun qu'au nom de la commune d'Acre et des Francs de Sidon et de 'A*th*lîth. Le traité engloba donc la ville d'Acre véritable confédération de confréries marchandes et chevaleresques, avec soixante-treize cantons annexes dont le district (ruiné) de Caïffa, momentanément rétrocédé par les Mamelûks aux Francs, les treize cantons du Mont Carmel, la forteresse des Templiers à Château-Pèlerin ou 'A*th*lîth, les cultures des Hospitaliers dans l'ancien territoire de Césarée, enfin au nord d'Acre la moitié du district d'Iskanderûna et de Nâqûra. Le château des Templiers à Sidon était compris dans le traité, mais non la seigneurie de la famille de Montfort, à Tyr. Enfin les chrétiens conservaient le droit de pèlerinage à Nazareth, avec la propriété de quatre maisons dans cette ville, près de l'église de l'Annonciation[30].

Ce qui montrait le mieux le caractère du traité, c'étaient les clauses par lesquelles le sultan Qalâwun avait su prévenir d'avance toute coalition franco-mongole. Il y était spécifié en effet que, si les Francs apprenaient la préparation d'une invasion mongole, ils devaient avertir à l'avance la cour du Caire. En cas d'invasion mongole effective, Francs et Mamelûks devaient unir leurs armes.

Conquête de Marqab par Qalâwun (mai 1285).

Les chefs francs qui, se fiant à ce traité, s'endormaient dans un pacifisme anachronique, ne se rendaient pas compte que les bonnes dispositions du sultan ne provenaient que de la crainte d'une nouvelle intervention mongole. Or sur ces entrefaites le khan Abagha, l'ami des chrétiens, étant mort et son successeur ayant passé à l'Islamisme, les Mamelûks se sentirent rassurés. Le sultan Qalâwun recommença la guerre en attaquant les Hospitaliers dont la clairvoyance au sujet de l'alliance mongole lui avait quatre ans plus tôt inspiré de sérieuses inquiétudes. Ils étaient, il est vrai, couverts par la trêve de dix ans et dix mois conclue avec lui par leur grand maître Nicolas Lorgne le 13 mai 1281. Mais le sultan n'hésita pas à se parjurer. Au printemps de 1285 il vint mettre le siège devant leur puissante forteresse de Margat ou Marqab, située au nord du comté de Tripoli[31]. Le 17 avril 1285 il apparut à l'improviste devant la place et commença aussitôt les travaux d'approche. Il disposait d'une puissante artillerie de machines de siège, notamment d'un nombre inaccoutumé de mangonneaux dont il stimulait les servants par sa présence constante. Cependant les mangonneaux de la défense réussirent, par un contre-bombardement désespéré, à briser une partie de l'artillerie assiégeante. Le sultan fit alors pratiquer par ses mineurs une sape « et, malgré le tir meurtrier des assiégés, ils entassèrent le bois dans la galerie. Le 23 mai ils y mirent le feu près de la tour qui s'élevait à l'angle saillant de la bâshûra (la tour de l'Espérance). Les Musulmans montent à l'assaut de cet ouvrage, mais ils sont arrêtés par la chute de la tour dont les débris, sans doute, bouchent la brèche. Cependant les Hospitaliers, s'étant aperçus que les galeries de mine pénétraient, par-dessous les fossés, jusques sous le pied des tours et ne voyant plus aucune chance de salut, demandèrent à capituler dès le lendemain. Le sultan, qui désirait sauver la forteresse, leur accorda l'amân. Son étendard y fut hissé le même jour et le 25 mai Qalâwun en personne entra dans la place[32] ».

Les vingt-cinq dignitaires de l'Hôpital furent autorisés à sortir de Marqab à cheval et en armes. Le reste dut évacuer la forteresse sans rien emporter. Tous se retirèrent à Tortose ou à Tripoli (27 mai).

Qalâwun compléta la conquête de Marqab en faisant détruire la tour carrée que Barthélemy de Maraclée avait fait élever en mer au sud-ouest de la montagne de Marqab, à l'actuel Khrab Marqiyé, sur un haut-fond situé à quelque distance du rivage, en face de l'ancien bourg de Maraclée, ruiné en 1271 par les Mamelûks[33]. Le château, par son insularité, était imprenable, mais le sultan menaça le comte de Tripoli Bohémond VII d'aller assiéger Tripoli si Maraclée n'était pas abattu. Le malheureux Bohémond dut lui-même persuader au seigneur local, Barthélemy, de laisser démolir son donjon[34]. Notons que Barthélemy de Maraclée, plus encore que les Hospitaliers, s'était montré partisan de l'alliance mongole : on a vu qu'en 1271, dépossédé par les Mamelûks, il s'était réfugié à la cour du khan de Perse. Qalâwun commençait donc par supprimer tous les points d'appui qu'une nouvelle intervention mongole aurait pu trouver en Syrie. Pour cela, il s'attaquait d'abord au parti chypriote et hospitalier. Le parti angevin et templier, qu'il affectait de ménager encore, se félicitait sans doute d'avoir repoussé les offres mongoles pour conserver l'amitié du sultan. Tragique erreur de ces pacifistes de la Syrie franque. En réalité leur tour allait venir.

Mais avant la catastrophe finale le destin offrit une dernière chance de salut aux Francs. Les Mongols de Perse, sous un prince avérément dévoué au christianisme, le khan Arghun (1284-1291) proposèrent aux cours de l'Occident une action commune pour sauver Acre et délivrer Jérusalem.

§ 2. — LE KHAN ARGHUN, LA MISSION DE RABBAN ÇAUMA ET LA CHRÉTIENTÉ.

*La Perse mongole sous le règne de Tékuder :
tentative d'islamisation du khanat hulagide (1282-1284).*

Le khan mongol de Perse Abagha, jusqu'au bout l'ami et le protecteur des chrétiens, était mort le 1er avril 1282. Sans qu'il faille, comme le fait Hayton, attribuer le décès aux machinations de la cour du Caire qui l'aurait fait empoisonner par un traître[35], sa disparition avait été à l'avantage des Mamelûks. En effet, son frère Tékuder, qui lui succéda (6 mai 1282), changea complètement l'orientation de la politique ilkhanienne. Bien que fils d'une nestorienne (la princesse Qutuikhatun) et baptisé dans sa jeunesse sous le nom de Nicolas, il adopta, une fois sur le trône, la foi musulmane, prit le nom musulman de A*h*med, le titre de sultan, et laissa commencer la réislamisation du khanat de Perse. « Il metoit tout son entendement à faire convertir les Tartars à la fausse loi de Mahomet, écrit Hayton, e ceaus as quels il ne poeit faire force, il les atraoit par dons. E au temps de cestui can furent convertis à la loi de Sarrazins grant moltitut de Tartars[36]. » Renonçant à la politique traditionnelle de ses prédécesseurs, il envoya aux Mamelûks des propositions de paix et d'amitié (août 1282)[37]. Ses ambassadeurs se rendirent à cet effet auprès du sultan Qalâwun. La réponse amicale de la cour du Caire partit en décembre. Elle envisageait la lutte « contre les ennemis communs », c'est-à-dire contre les chrétiens[38].

C'était le renversement complet des alliances. Les Mamelûks auraient les mains libres en Syrie...

*Réaction anti-musulmane dans le khanat de Perse.
Règne d'Arghun (1284-1291).*

Cependant l'élément vieux mongol, bouddhiste ou nestorien, ne tarda pas à réagir. Ce parti se savait assuré de l'appui du grand khan de Chine, Khubilai, oncle de Tékuder, suzerain traditionnel du khanat de Perse. Hayton comme Marco

Polo nous atteste le mécontentement de Khubilai contre l'islamisation de la branche cadette de sa famille. Le parti vieux mongol, en Perse, était d'ailleurs dirigé par un personnage énergique, le prince Arghun, fils du feu khan Abagha. Bientôt la guerre civile commença. L'enjeu, fort important, était la question de savoir si la Perse mongole resterait mongole ou si elle deviendrait un simple sultanat musulman, si elle continuerait à favoriser les Nestoriens et les Jacobites à l'intérieur, les Arméniens et les Francs au dehors, ou si elle entrerait dans l'alliance des Mamelûks : question capitale pour la Syrie franque dont, à cette date, la vie ou la mort ne tenait plus qu'à un fil et dont les Mamelûks ne respectaient les débris que dans la crainte d'une nouvelle invasion mongole.

Les opérations tournèrent d'abord au désavantage d'Arghun. Il s'était révolté dans son gouvernement du Khorassan, d'où il marcha sur l'Iraq Ajemi, mais il fut battu par les lieutenants de Tékuder à Aq-Khoja, près de Qazwin, le 4 mai 1284, et obligé de se livrer à Tékuder. Toutefois une conspiration de généraux provoqua peu après une révolution de palais. Tékuder, abandonné par ses troupes, fut mis à mort le 10 août 1284 et le lendemain Arghun monta sur le trône[39].

Arghun arrêta l'islamisation du khanat de Perse. Personnellement plutôt bouddhiste, il confia plusieurs des principaux postes civils à des chrétiens ou à des juifs, notamment dans l'administration des finances. Il prit comme ministre des finances et principal conseiller le médecin juif Sa'd al-Dawla qui, de 1288 jusqu'à la dernière maladie d'Arghun (février 1291), garda l'entière confiance du prince. Administrateur remarquable, Sa'd al-Dawla ne rétablit pas seulement l'ordre dans les finances, mais dans l'ensemble de l'État[40].

Nous savons par Bar Hebraeus l'attachement que les Juifs et les Syriens jacobites témoignèrent au gouvernement d'Arghun et de son ministre. Le moine Hayton, de son côté, porte témoignage au nom des Arméniens : « Cestui Argon governa saigement sa seignorie. Molt ama e honora les Crestiens. Les églises des Crestiens que Mahomet Can (= Tékuder) avoit fait abatre, Argon les fit reédifier. Donc vint à lui le roi d'Erménie e le roi de Jorgie e les autres Crestiens des parties d'Orient, e prièrent Argon que deüst mettre conseil à recovrer la Terre Sainte des mains des Sarrazins. Argon fu molt liez de ceste prière, e promist à mettre conseil à délivrer la Terre Sainte[41]. » Dans ce but le khan mongol envoya en ambassade auprès des cours de l'Occident le moine nestorien Rabban Çauma.[42]

Un pèlerinage de Pékin vers Jérusalem au treizième siècle.

Rabban Çauma († 1294) et son compagnon Rabban Marcos (1245-1317) étaient deux nestoriens sino-mongols, originaires de la Chine du Nord, soit Turcs Uigur, soit plus probablement, tout au moins en ce qui concerne Marcos, Turcs Ongut[43]. La famille de Marcos habitait la ville de « Koshang », identifiée par M. Pelliot avec Tong-cheng, dans la province chinoise du Chan-si. Ayant reçu les ordres à Khan-baligh (Pékin), des mains du métropolite Mar Nestorius, Çauma et Marcos résolurent de se rendre en pèlerinage aux tombeaux des saints nestoriens, en Perse, et de là à Jérusalem Grâce à la « Paix mongole » qui étendait alors ses bienfaits à la moitié de l'Asie, ils purent sans encombre traverser le Turkestan oriental, depuis le Tangut, ou Kan-sou, jusqu'à Khotan et à Kashgar[44]. Les luttes entre le grand-khan de Chine Khubilai et son cousin Qaidu, khan du Tarbagatai, que les deux pèlerins allèrent visiter à Talas près de Toqmaq, obligèrent ceux-ci à un détour, et ce ne fut qu'ensuite qu'ils purent redescendre sur l'Iran par le Khorassan et l'A*dh*arbaijan, dans la seconde partie du règne du khan de Perse Abagha (1265-1281). En A*dh*arbaijan, ils rencontrèrent à Maragha le katholikos ou patriarche nestorien Mar Denha, prélat très en faveur auprès de la cour mongole puisqu'il devait son siège à la reine nestorienne Doquz-Khatun, veuve de Hulagu. « Ils tombèrent à terre devant lui et le vénérèrent en pleurant, comme s'ils voyaient Notre Seigneur Jésus-Christ dans la personne du katholikos[45]. »

Le patriarche, touché du zèle des deux pèlerins, leur donna des lettres patentes pour aller faire leurs dévotions dans les sanctuaires de l'Irâq 'Arabi. Ils vénérèrent dans la région de Baghdâd l'église de Mar Kôka, près de Séleucie-Ctésiphon, qui était l'église patriarcale du nestorianisme, puis les autres sanctuaires et monastères de leur foi, à Arbèle, Mossoul, Sinjar, Nisibe et Mardin. Comme ils voulaient ensuite se cloîtrer dans le couvent de Tar'el, près d'Arbèle, ils en furent empêchés par le patriarche Denha qui comprenait les avantages que l'Église nestorienne pouvait tirer, auprès de la dynastie mongole de Perse, de la présence de ces chrétiens mongols. « Il ne Nous plait pas que vous entriez dans un monastère, car vous obtiendriez la paix pour vous, et ce serait tout, tandis qu'auprès de Nous, vous servirez l'intérêt général. Aidez-nous donc auprès du roi Abagha et rendez-vous vers lui[46]. »

Rabban Çauma et Marcos se rendirent ainsi au camp du souverain mongol[47] qui leur réserva le meilleur accueil. On sait l'étroite alliance qui unissait alors les deux dynasties mongoles de Chine et de Perse, Khubilai et son neveu Abagha. Les pèlerins mongols qui arrivaient de Chine à la cour du khan de Perse ne pouvaient être que les bienvenus. Abagha leur donna des lettres pour faciliter leur pèlerinage à Jérusalem. Mais, bien entendu, l'état de guerre entre la cour de Perse et les Mamelûks ne leur permit pas de traverser la Syrie musulmane. Ils songèrent à faire le tour par la Grande Arménie, la Cappadoce et l'Arménie cilicienne ou plus probablement à s'embarquer à Trébizonde pour Saint-Jean-d'Acre, mais avant d'avoir dépassé la Transcaucasie, ils durent rebrousser chemin.

Quand ils furent de retour auprès du katholikos, celui ci nomma Rabban Marcos métropolite du pays Ongut, au nord de la province chinoise du Chan-si, et du pays K'i-tai, dans la Chine du Nord (Pékin)[48]. Le nouveau métropolite reçut le nom de Mar Yahbhallâhâ. Rabban Çauma fut nommé visiteur général pour les mêmes contrées (1280).

Les deux nouveaux dignitaires se préparèrent alors à reprendre le chemin de l'Extrême-Orient. Mais les routes de l'Asie Centrale étaient barrées par la guerre que faisaient au grand-khan de Chine Khubilai le prince Qaidu, petit-fils de l'ancien grand-khan Ogodai et qui régnait du côté de l'Hi et du Tarhagatai, et, à la suite de Qaidu, les khans de Turkestan, de la famille de Jaghatai, autre branche gengiskhanide[49]. Mar Yahbhallâhâ et Rabban Çauma durent renoncer à rentrer en Chine et allèrent habiter le monastère de Tar'el près de Nisibe.

Patriarcat de Mar Yahbhallâhâ III.

Quelques mois après, le 24 février 1281, le katholikos nestorien Mar Denha mourut à Baghdâd, dans le palais que le khan Hulagu avait donné à son prédécesseur. Dans le concile qui se réunit pour élire un nouveau patriarche, les deux prélats chinois siégèrent aux côtés des métropolites de Susiane, de l'Irâq Ajemi[50] et du *Tûr* 'Abdin, au Kurdistan, « avec les magnats, les notables, les scribes, les juristes et les médecins de Baghdâd »[51]. À sa grande surprise (et bien qu'il ne sût pas le syriaque, langue canonique de l'Église nestorienne), Mar Yahbhallâhâ fut élu patriarche[52]. Le concile avait ses raisons pour préférer aux prélats de race arabe ou iranienne ce Turco-Mongol venu de Chine. L'Église nestorienne entendait consolider par là son influence auprès des khans gengiskhanides d'Iran, si dociles aux directions de leurs parents de la branche aînée qui régnaient à Pékin. De plus l'Église nestorienne prenait de la sorte aux yeux du khan figure d'Église mongole, d'Église nationale, par opposition aux communautés musulmanes considérées – avec raison d'ailleurs – comme acquises aux Mamelûks, c'est-à-dire à l'ennemi.

De fait, l'élection fut particulièrement agréable au khan Abagha. Quand le clerc ongut, devenu le patriarche Mar Yahbballâhâ III, vint en *Ad*harbaijân lui demander l'investiture, le souverain mongol l'accueillit comme un ami. « Il lui mit le manteau qui était sur ses épaules et lui donna son propre fauteuil qui était un petit trône. Il lui donna encore un parasol d'honneur et une *paiza* ou tablette d'or portant les insignes royaux avec le grand sceau des patriarches[53]. » Le 2 novembre 1281, le prélat né en Chine fut consacré patriarche de l'Église nestorienne dans la cathédrale de Mar Kôka, près de Séleucie-Ctésiphon, en présence des dignitaires de cette Église répandus dans le vaste monde, depuis Mar Abraham, métropolite de Jérusalem et de Tripoli, jusqu'à Mar Jacques, métropolite de Samarqand et à Mar Jésusabran, métropolite du Tangut, c'est-à-dire de la province de Kan-sou, en Chine[54].

La mort d'Abagha (1ᵉʳ avril 1282) et l'avènement de son frère Tekuder, acquis, comme on l'a vu, à l'islamisme, amenèrent presque la disgrâce de Mar Yahbhallâhâ. Celui-ci fut soupçonné « d'avoir dénoncé Tékuder à l'empereur Khubilai (grand-khan et empereur de Chine), comme ayant abandonné les lois de ses pères et étant devenu musulman[55] ». L'avènement d'Arghun (10 août 1284) ramena les conditions du temps d'Abagha. Comme le vizir juif Sa'd al-Dawla, le patriarche nestorien devint un des principaux personnages de l'État mongol. Il recouvra toute la faveur de la cour, à la fois comme chrétien et comme représentant du parti vieux-mongol. « Son affection pour le roi Arghun était extrême, écrit son biographe, car ce prince aimait beaucoup les chrétiens et songeait à marcher sur la Syrie et la Palestine pour s'en emparer. Mais il se disait : "Si les rois de l'Occident qui sont chrétiens ne m'aident pas, je ne pourrai accomplir mon dessein[56]." »

Première ambassade envoyée par le khan Arghun à la Papauté. L'offre de coopération militaire (1285).

Il est inutile de souligner l'importance de ce texte pour l'histoire de la Syrie franque. Ce fut certainement d'accord avec le patriarche nestorien venu de Chine que le khan Arghun envoya au pape Honorius IV en mai (ou plutôt en ramadhan) 1285 une lettre dont la traduction latine a été conservée au Vatican. Dans ce document célèbre, Arghun, après avoir évoqué le nom de « Gengis-Khan, l'ancêtre de tous les Tartares », et mentionné le grand-khan Khubilai, empereur de Chine, son grand-oncle, suzerain et allié, rappelait les liens qui unissaient au christianisme la dynastie gengiskhanide : sa mère, chrétienne ; son grand-père, Hulagu, son père Abagha, protecteurs, tous deux, des chrétiens ; enfin le grand-khan Khubilai le chargeant de délivrer et de prendre sous sa protection « la terre des chrétiens ». Et il terminait en proposant à cet effet au Pape une expédition combinée contre les Mamelûks, les Francs envoyant une armée en Égypte, tandis que les Mongols reconquerraient la Syrie. « Comme la terre des Sarrasins, c'est-à-dire la Syrie (al-Sham) et l'Égypte, est placée entre nous et vous, nous l'encerclerons et l'étreindrons (estrengebimus). Nous vous envoyons nos messagers pour vous prier d'envoyer une armée sur l'Égypte, afin que nous, venant d'un côté, et vous, de l'autre, nous puissions, avec de bons guerriers, nous en emparer. Faites-nous savoir, par un messager sûr, où vous voulez que la chose soit exécutée. Nous chasserons ces Sarrasins, avec l'aide du Seigneur, du Pape et du grand-khan »[57].

Il n'apparaît pas que le pape Honorius IV (1285-1287) ait rien pu faire pour réaliser dans le domaine militaire ce projet de coalition franco-mongole. C'était l'époque où l'impérialisme angevin, après avoir abouti aux Vêpres siciliennes, obligeait le roi de France Philippe III à partir en « croisade » contre le roi d'Aragon (mai-septembre 1285), lamentable expédition à l'issue de laquelle le roi de France mourut à Perpignan (5 octobre). Son fils Philippe le Bel, qui n'avait que dix-sept ans, avait sur les bras la liquidation de cette guerre qui avait divisé tout l'Occident[58]. Grâce à la médiation du roi d'Angleterre Édouard Ier, une trêve fut conclue en juillet 1286, puis un congrès réuni à Tarascon en 1291, mais la paix définitive, avec partage officiel de l'Italie méridionale entre les Angevins à Naples et les Aragonais en Sicile, ne devait intervenir qu'en 1295. Dans l'intervalle, nous allons le voir, la Syrie franque avait eu le temps de mourir.

Deuxième ambassade envoyée par Arghun en Occident. Mission de Rabban Çauma (1287).

Devant l'inertie de la Chrétienté, le khan Arghun envoya en 1287 au Pape et aux princes de l'Occident une nouvelle ambassade, chargée de renouveler ses propositions de coalition franco-mongole contre les Mamelûks. Le patriarche Mar Yahbhallâhâ, à qui il demanda de lui désigner un ambassadeur, lui proposa son ami Rabban Çauma[59].

Rabban Çauma, muni des *yarlighs* ou diplômes du khan et du katholikos, s'embarqua sur la mer Noire, sans doute du côté de Trébizonde, et toucha terre à Constantinople où il rendit visite à l'empereur byzantin Andronic II qui lui fit le meilleur accueil, d'autant que l'Anatolie seljûqide, contiguë à l'empire byzantin, était sous le protectorat des Mongols de Perse[60]. Après avoir fait ses dévotions à Sainte-Sophie et dans les autres églises de la capitale, Rabban Çauma remit à la voile pour l'Italie et aborda à Naples où il fut témoin d'un combat naval entre les flottes angevine et aragonaise, livré dans la baie le 23 juin 1287[61]. De Naples l'ambassadeur mongol se rendit à cheval à Rome pour soumettre au pape l'offre de coopération militaire du khan de Perse. Malheureusement Honorius IV venait de mourir (3 avril 1287) et le conclave tardait à se réunir. Rabban Çauma se présenta devant les douze cardinaux résidant alors dans la ville sainte et leur fit part de sa mission. Le récit de l'audience aide mieux que tout commentaire à comprendre l'incompréhension de l'Occident envers l'alliance mongole.

« *Le khan demande votre concours pour délivrer Jérusalem.* »

Dès la première audience, l'ambassadeur du khan de Perse, tout plein de son projet de croisade franco-mongole, exposa sa mission : « Les Mongols et le katholikos m'ont envoyé auprès de notre seigneur le Pape à propos de Jérusalem. » À la question ainsi posée sur le terrain diplomatique et militaire, certains cardinaux répondent sur le terrain confessionnel : « Quelle foi professe votre katholikos ?[62]. » Et cette remarque qui atteste une fois de plus l'ignorance de l'Occident sur les affaires mongoles : « Il est étonnant que toi, chrétien et serviteur du siège patriarcal, tu sois venu en ambassade de la part du roi des Mongols[63]. » À quoi Rabban Çauma répond : « Sachez que beaucoup de nos pères (les missionnaires nestoriens, depuis le septième siècle) sont entrés dans les contrées des Turcs, des Mongols et des Chinois et les ont instruits. Aujourd'hui beaucoup de Mongols sont chrétiens ; il y a des enfants de rois et de reines qui ont été baptisés et confessent le Christ. Ils ont, avec eux, des églises dans leur camp. Ils honorent grandement les chrétiens et ont beaucoup de fidèles parmi eux. Comme le roi (Arghun) est uni d'amitié avec monseigneur le katholikos, qu'il a la pensée de s'emparer de la Syrie et de la Palestine, il demande votre aide pour prendre Jérusalem[64]. »

Déclaration capitale. Nous sommes en 1287. Jérusalem est perdue pour les Francs depuis 1244, Antioche depuis 1268. Il ne reste pratiquement plus que Tripoli, Tyr et Acre. Et, si le secours n'arrive pas, si l'expédition franco-mongole n'a pas immédiatement lieu, Tripoli va succomber dans deux ans (1289), Acre et Tyr dans quatre (1291). Or l'alliance mongole

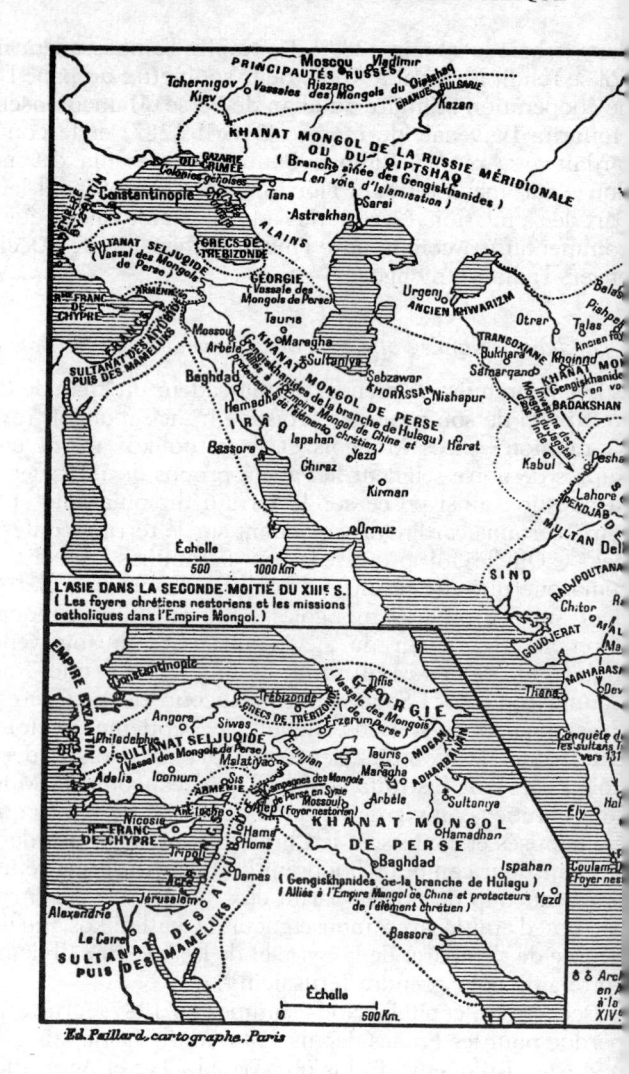

702 LA MONARCHIE MUSULMANE ET L'ANARCHIE FRANQUE

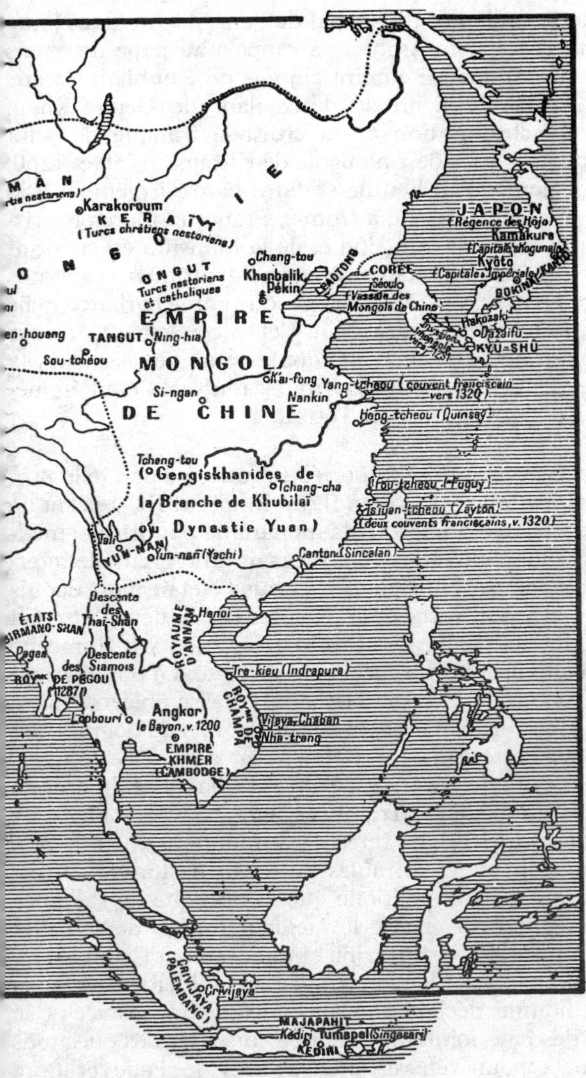
Karakoroum
K E R A Ï T
(Turcs chrétiens nestoriens)
O N G U T
Turcs nestoriens et catholiques
Chang-tou
Khanbalik
Pékin
LEAOTONG
CORÉE
Séoul
(Vassale des Mongols de Chine)
JAPON
(Régence des Hôjo)
Kamakura
(Capitale shogunale)
Kyôto
(Capitale impériale)
GOKINAÏ-KAÏDO
Hakozaki
Dazaifu
KYU-SHU
EMPIRE MONGOL DE CHINE
TANGUT
Ning-hia
Sou-tchéou
Si-ngan
K'ai-fong
Yang-tchéou (couvent franciscain vers 1320)
Nankin
Hang-tchéou (Quinsay)
Tcheng-tou
(Gengiskhanides de la Branche de Khubilaï ou Dynastie Yuan)
Tchang-cha
Fou-tchéou (Fuguy)
Ts'iuan-tchéou (Zayton)
(deux couvents franciscains, v. 1320)
Tali
YUN-NAN
Yun-nan (Yachi)
Canton (Sincalan)
Descente des Thaï-Shan
ÉTATS BIRMANO-SHAN
Pagan
Descente des Siamois
ROYAUME DE PÉGOU (1287)
ROYAUME D'ANNAM
Hanoï
Tra-kieu (Indrapura)
ROYAUME DE CHAMPA
Vijaya, Chaban
Nha-trang
Lopbouri
Angkor
le Bayon, v. 1200
EMPIRE KHMER (CAMBODGE)
ÇRIVIJAYA (PALEMBANG)
Çrivijaya
MAJAPAHIT
Kédiri
Tumapel (Singasari)
KÉDIRI

est là, offerte, l'alliance du khanat de Perse encore dans toute sa puissance, appuyé (Arghun l'a rappelé au pape deux ans plus tôt) sur l'immense empire chinois de Khubilai. Ce que proposait à la chrétienté le descendant de Gengis-Khan, c'était la synchronisation de la croisade franque de saint Louis et de la « croisade » mongole de Kitbuqa, 1250 et 1260, coïncidant pour qu'au lieu de se faire battre isolément à la Mansûra et à 'Ainjâlûd (ou à *Homs*), Francs et Mongols prissent leur revanche de 'Ainjâlûd et de la Mansûra en écrasant les Mamelûks dans un étau. « Terram Egypti inter vos et nos estrengebimus », avait dit, dans son latin barbare mais expressif, le traducteur d'Arghun. Cet encerclement, terreur de Baïbars et de Qalâwun, cette double attaque, assaillant la puissance mamelûke sur deux fronts, tout cela était immédiatement réalisable : Arghun l'ofrait.

Mais pour comprendre la portée salvatrice d'une telle proposition, il eût fallu un Urbain II, un Innocent III, jugeant de haut, en décisions rapides. Or la monarchie pontificale, intelligence et volonté de l'Europe, traversait un regrettable interrègne, prolongé par l'intrigue. Honorius IV était mort depuis le 3 avril 1287. Son successeur, Nicolas IV, ne devait être élu que le 20 février 1288. Les cardinaux présents à Rome ne pouvaient suppléer à l'absence de la papauté. Là où un grand pape eût renouvelé le geste d'Urbain II, l'assemblée se mit à discourir avec l'envoyé mongol sur des points de dogme, non négligeables, certes, mais qui étaient en dehors de la question posée. Comme réponse à l'offre d'alliance militaire, de coopération immédiate (Tripoli et Acre n'avaient plus que quelques mois à vivre), on interrogea minutieusement le prélat sinomongol sur les formules du *Credo* nestorien[65]. Insistance d'autant plus impolitique que la pratique de l'alliance franco-mongole était encore le meilleur moyen de ramener les nestoriens à l'Église romaine et que Rabban Çauma semble avoir été personnellement acquis à ce ralliement. À la fin l'excellent homme déclara non sans quelque impatience : « Je suis venu des pays lointains, non pour discuter des questions de foi, mais pour vénérer monseigneur le Pape et faire connaître les propositions du khan. Si vous le voulez bien, laissons les discussions[66]. »

Rabban Çauma à la cour de Philippe le Bel.

Après avoir fait ses dévotions dans les diverses églises de Rome, l'envoyé mongol, voyant que le conclave ne se réunissait pas et que les cardinaux, en l'absence d'un pape, ne pouvaient conclure, entreprit une tournée diplomatique auprès des principales puissances de l'Occident. À Gênes, qu'il dut atteindre dans la première moitié d'août 1287, il fut reçu en grande pompe par la Seigneurie : les Génois qui avaient des intérêts commerciaux considérables à Trébizonde et en Petite Arménie, sans parler de leurs colonies de Crimée, connaissaient l'importance de l'alliance mongole[67]. Rabban Çauma se rendit ensuite à Paris, auprès de Philippe le Bel, et à Bordeaux, auprès du roi d'Angleterre Edouard I[er68]. Il dut arriver à Paris vers le 10 septembre au plus tard[69].

Philippe le Bel et ses conseillers étaient trop politiques pour ne pas apprécier à sa valeur la puissance mongole. Le roi réserva à l'ambassadeur du khan de Perse l'accueil le plus aimable. « Il envoya au-devant d'eux une escorte nombreuse qui les conduisit dans la ville de *Pariz* avec honneur et en grande pompe. On leur assigna une demeure et, après trois jours, le roi de France envoya un de ses *émirs* appeler Rabban Çauma. Lorsque celui-ci arriva, le roi se leva devant lui et le traita avec honneur. Il lui dit : "Pourquoi es-tu venu ? Qui t'envoie ?" Rabban Çauma répondit : "C'est le roi Arghun et le katholikos qui m'ont envoyé au sujet de Jérusalem." Il fit connaître au roi tout ce qu'il savait, lui donna les lettres qu'il avait avec lui et les présents qu'il avait apportés. Le roi de France reprit : "Si les Mongols, qui ne sont pas chrétiens, luttent contre les Arabes pour s'emparer de Jérusalem, à plus forte raison convient-il que nous combattions, et, s'il plaît à Notre Seigneur, nous irons avec une forte armée[70]."

Rabban Çauma, après cette audience, consacra plus d'un mois à visiter Paris. Il est savoureux de connaître l'impression que la capitale capétienne produisit sur le voyageur venu de Pékin. C'est tout d'abord l'Université « où 30 000 écoliers étudient les sciences ecclésiastiques et profanes, l'explication des livres saints, la philosophie et la rhétorique, la médecine, la géométrie, l'arithmétique, la science des planètes et des étoiles : ils sont constamment occupés à écrire et tous reçoivent du roi la nourriture[71]. » Puis Saint-Denis, « une grande église où se trouvent les cercueils des rois défunts et leurs images en or et argent, placées sur leurs tombeaux. » Quant à la Sainte-Chapelle, ce fut Philippe le Bel en personne qui la fit visiter à ses hôtes mongols. « Ils se rendirent auprès de lui, à l'église. Ils le virent qui se tenait du côté de l'Orient et ils le saluèrent. Le roi demanda à Rabban Çauma : "Avez-vous vu tout ce qu'il y a chez nous ?" Rabban Çauma lui rendit grâces. Et il monta avec le roi vers un tabernacle d'or que le roi ouvrit. Il en tira un reliquaire de cristal dans lequel se trouvait la Couronne d'épines placée sur la tête de Notre Seigneur lors du Crucifiement. La Couronne se voit à l'intérieur du reliquaire grâce à la transparence du cristal. Il y avait aussi dedans une partie du bois de la Croix. Le roi leur dit : "Quand nos ancêtres ont pris Constantinople et Jérusalem, ils en ont rapporté ces objets de bénédiction[72]." »

En prenant congé des ambassadeurs mongols, Philippe le Bel leur annonça qu'il enverrait avec eux « un des principaux émirs de son palais pour aller rendre réponse au roi Arghun[73]. » Cet « émir » fut le chevalier Gobert de Helleville mentionné comme partant en ambassade chez les Mongols à la date du 2 février 1288 et qu'accompagnaient les deux clercs Robert de Senlis et Guillaume de Bruyères et l'arbalétrier Odard ou Odin de Bourges. Gobert de Helleville et ses compagnons durent rejoindre Rabban Çauma à Rome, lors de son retour, et l'accompagnèrent jusqu'à la cour de Perse[74].

Rabban Çauma à la cour d'Édouard Ier.

De Paris, Rabban Çauma se rendit auprès du roi d'Angleterre Édouard Ier qui séjournait alors dans ses terres de Guyenne, à Bordeaux (départ de Paris vers le 10 octobre 1287, arrivée à Bordeaux au commencement de novembre). Édouard qui, comme prince royal, avait conduit à Saint-Jean-d'Acre la croisade de 1271, pouvait comprendre beaucoup plus directement que Philippe le Bel la valeur de l'alliance mongole pour le salut d'Acre et la récupération de Jérusalem. « Le roi fut très content (de recevoir Rabban Çauma), mais sa joie s'accrut vivement quand on lui parla de la question de Jérusalem : "Nous avons, dit-il, pris le signe de la croix sur nos corps et nous n'avons d'autre préoccupation que cette affaire. Mon cœur s'est dilaté en apprenant que ce que je pense, le roi Arghun le pense aussi." Le roi ordonna à Rabban Çauma de célébrer la messe. Celui-ci célébra donc les glorieux mystères ; le roi et la cour y assistèrent. Le roi communia et donna ce jour-là un grand festin[75]. »

La « 9ᵉ croisade »
paralysée par les affaires de Sicile et d'Aragon.

En somme l'ancien croisé qu'était Édouard Iᵉʳ, comme le prince très pieux qu'était Philippe le Bel, avait paru faire le meilleur accueil non seulement à la personne, mais aux propositions de l'ambassadeur mongol. D'où vient donc que ces bonnes dispositions n'aient été suivies d'aucun effet et que la coalition franco-mongole ne se soit pas traduite sur le terrain militaire ?

En ce qui concerne Philippe le Bel, la réponse nous est fournie par le dernier historien de ce prince, M. le duc de Lévis-Mirepoix[76]. Philippe le Bel, qui n'avait que dix-neuf ans, se trouvait toujours aux prises avec l'imbroglio italien et espagnol, résultat des Vêpres siciliennes et de la déplorable croisade d'Aragon. L'impérialisme démesuré de Charles d'Anjou avait abouti à une totale faillite, faillite qui allait jusqu'à compromettre l'œuvre capétienne en France même. Non seulement la Croisade d'Aragon dans laquelle l'intérêt des Angevins a entraîné Philippe le Hardi a échoué, mais la guerre franco-aragonaise risque, comme le fait remarquer le duc de Lévis-Mirepoix, d'ébranler la domination française en Languedoc, domination toute récente sur un pays dont les sympathies aragonaises sont avérées. « Moins d'une année avant la visite de Rabban Çauma, l'amiral génois Roger Doria, agissant pour le roi d'Aragon, débarque des troupes au grau de Sérignan, fait des dégâts jusqu'à Béziers, puis emporte d'assaut Agde et y massacre en partie la population. Philippe le Bel renforce alors contre les Génois et les Aragonais les fortifications d'Agde et vient inspecter lui-même ses villes du Languedoc maritime[77]. » Comme on le voit, malgré la trêve ménagée en 1286 par le roi d'Angleterre entre la France et l'Aragon, la question de Sicile maintenait en France, en Espagne et en

Italie un état de tension diplomatique qui laissait peu de place aux considérations coloniales. L'apaisement ne se produira pas avant le congrès de Tarascon en 1291, mais alors il sera trop tard pour sauver Saint-Jean-d'Acre.

Quant au roi d'Angleterre Édouard Ier, que ses souvenirs de Terre Sainte hantaient toujours, il venait de soumettre le pays de Galles (1284), mais sentait la révolte y gronder et le terrible soulèvement des Gallois en 1294 devait donner raison à ses craintes. Il ne se trouvait pas moins engagé dans les affaires d'Écosse. La mort, l'année précédente, du roi d'Écosse Alexandre III (1286) allait permettre au monarque anglais d'asseoir son autorité sur ce pays en fiançant à son fils aîné l'héritière d'Écosse (1290), en attendant les complications de 1292 et la révolte écossaise de 1295.

Les affaires de Sicile et d'Aragon immobilisant le Capétien, les affaires galloises et écossaises immobilisant le Plantagenet, l'Occident allait se trouver paralysé à l'heure où la reconquête musulmane entreprendrait l'assaut final contre la Syrie franque.

« *Ceux de qui relève la Syrie franque se désintéressent de son sort.* »

N'ayant réussi ni à Paris ni à Bordeaux à provoquer la coalition militaire franco-mongole, Rabban Çauma reprit le chemin du retour par l'Italie. Il repassa par Gênes vers la mi-décembre 1287. Il était découragé. Tel était donc le peu d'intérêt que les puissances occidentales portaient au sort de leurs colonies d'Orient ! Au cardinal-légat Jean de Tusculum qui, de passage à Gênes, vint lui rendre visite, il confia son amertume : « Que te dirai-je, cher et vénérable ? Je suis venu en ambassade près de Monseigneur le Pape de la part du roi Arghun et du katholikos à propos de Jérusalem. Voici une année entière d'écoulée. Le siège papal est vacant... Que dirai-je, que répondrai-je aux Mongols à mon retour ? Ceux qui ont le cœur plus dur que le roc (= les Mamelûks) veulent s'emparer de Jérusalem (= de Saint-Jean d'Acre) et ceux à qui elle appartient ne se préoccupent pas de cette affaire. Ils n'y attachent aucune importance ! Que dire à notre retour[78] ? »

Voix de l'histoire que celle de ce fils de la lointaine Chine, venu de la cour de Perse pour offrir à l'Occident menacé le concours de la force mongole, et qui devant l'indifférence des cours occidentales ne pouvait que leur annoncer la catastrophe toute prochaine.

Rabban Çauma et Nicolas IV.

Cependant, un nouveau pape, Nicolas IV, venait enfin d'être élu (20 février 1288). Il reçut l'envoyé mongol avec beaucoup d'intérêt et d'affection. « Rabban Çauma fut introduit près du pape qui siégeait sur son trône. Il s'approcha de lui avec révérence, lui baisa les pieds et les mains et se retira à reculons, les mains croisées sur sa poitrine. Il dit à Monseigneur le Pape : "O père, que ton trône soit exalté à jamais, qu'il soit béni au-dessus de tous les rois et de tous les peuples !" Il lui offrit les présents et les lettres du roi Arghun et du katholikos[79]. »

Nicolas IV associa Rabban Çauma aux fêtes et aux cérémonies de la Semaine Sainte. Le prélat mongol célébra la messe devant un grand concours de peuple. « Ce jour-là il y eut une affluence considérable. Ils virent et se réjouirent en disant : "La langue est différente (les Nestoriens disaient la messe en syriaque), mais la cérémonie est la même." – Le dimanche des Rameaux le Pape lui-même donna la communion à Rabban Çauma. "Il la reçut avec des larmes et des sanglots, en rendant grâces à Dieu pour les miséricordes répandues sur lui." Après les fêtes de Pâques (28 mars 1288), Rabban Çauma prit congé de Nicolas IV, comblé d'amitiés, de cadeaux et de reliques, avec des lettres pontificales pour Arghun et pour le patriarche Mar Yahbhallâhâ. À ce dernier Nicolas IV envoya une de ses tiares "en or pur, couverte de pierres précieuses", un de ses anneaux "et une lettre patente qui contenait l'autorité patriarcale sur tous les Orientaux[80]".

Retour de Rabban Çauma à la cour de Perse (1288).

Rabban Çauma quitta donc l'Italie pour rentrer en Perse, avec des lettres pontificales datées du 7 avril 1288 et adressées au khan Arghun, – au patriarche Mar Yahbhallâhâ III,

– à la princesse mongole « Tuktan » ou Nukdan, veuve d'Abagha et qui était devenue chrétienne, – à une autre princesse mongole nommée « Elagag » (?), peut-être une des filles d'Arghun, – enfin à un évêque de Tauris nommé Denys, sans doute grec ou jacobite[81]. La lettre à Arghun est particulièrement intéressante car nous y apprenons que, d'après ses ambassadeurs, le khan de Perse aurait manifesté l'intention de recevoir le baptême à Jérusalem, quand cette ville aurait été arrachée par lui et par ses alliés francs à la domination des Mamelûks[82]. Mais les affaires de Sicile et d'Aragon ne permettaient pas au pape, malgré son ardent désir, de répondre d'une manière positive aux offres d'alliance offensive du khan de Perse.

Rabban Çauma emprunta pour rentrer en Orient le même itinéraire qu'à l'aller : la route maritime par Constantinople et la mer Noire. Il dut être de retour à la cour de Perse vers la fin de l'été de 1288. Arghun lui fit le plus reconnaissant accueil et l'attacha à son *ordu* comme chapelain nestorien[83]. Le katholikos Mar Yahbhallâhâ III vint à la résidence royale pour recevoir, lui aussi, les lettres du pape. De grandes fêtes furent célébrées à cette occasion. « Arghun fit dresser une église très proche de la tente royale, au point que les cordes de celle-ci s'enchevêtraient avec celles de l'église. Il donna un grand festin qui dura trois jours. Lui-même personnellement servit à manger au katholikos et lui présenta la coupe, ainsi qu'à ceux qui l'accompagnaient. Beaucoup d'évêques, de pères saints, de prêtres, de diacres, de moines persévéraient dans les veilles et l'office sacré, car le roi Arghun avait ordonné que le son de la cloche ne cessât pas dans cette église (l'église de l'*ordu* royale)[84]. »

Rabban Çauma, nous l'avons vu, avait ramené avec lui des ambassadeurs de Philippe le Bel : Gobert de Helleville, Robert de Senlis et Guillaume de Bruyères. Malheureusement il semble que la grande préoccupation de ces envoyés ait été d'éviter de donner prise dans leur attitude à la prétention des souverains gengiskanides à la suzeraineté universelle. D'où, des difficultés protocolaires qui durent choquer Arghun, mais sur lesquelles il passa, dans son désir de hâter la mise sur pied de la coalition franco-mongole[85]. Toutefois ces ambassadeurs avaient apporté de la part de Philippe le

Bel des assurances certaines, puisque, dans une lettre à ce roi, Arghun lui-même en fait état : le roi de France avait promis de partir pour la Croisade dès que les troupes mongoles se mettraient en marche[86].

Troisième ambassade envoyée en Occident par Arghun : Mission de Buscarel de Gisolf (1289).

Arghun ne perdit pas de temps. Après les fêtes de Pâques (10 avril) de l'an 1289, il envoya au Pape, à Philippe le Bel et à Édouard Ier une nouvelle ambassade pour faire préciser la date de l'entrée en campagne des armées alliées. Son ambassadeur était cette fois un Génois fixé en Perse, Buscarel de Gisolf.

Buscarel arriva à Rome entre le 15 juillet et le 30 septembre 1289[87]. Reçu par le pape Nicolas IV, il lui remit les lettres d'Arghun dans lesquelles celui-ci confirmait que, conformément aux désirs de la Cour romaine, il marcherait au secours de Saint-Jean-d'Acre dès que la Croisade débarquerait. De Rome Buscarel se rendit à Paris où il séjourna vers novembre-décembre 1289. La lettre qu'il remit à Philippe le Bel de la part d'Arghun, datée, semble-t-il, des 10-11 mai 1289, est un document capital. Écrite en langue mongole et en caractères uigur, elle ne s'embarrasse pas de circonlocutions et va droit au fait : à quelle date les cours de Paris et de Londres veulent-elles que la coalition franco-mongole attaque les Mamelûks ? Voici ce document naguère traduit par J. J. Schmidt et amendé par l'abbé Chabot.

« Par la puissance du Dieu éternel, sous les auspices du khan suprême (= Khubilai, empereur de Chine), voici notre parole :

« Roi de France ! Par l'envoyé Mar Bar (= Rabban) Çauma, tu m'as mandé : "Quand les troupes de L'il-khan se mettront en campagne contre l'Égypte, alors nous partirons d'ici (de Paris) pour nous joindre à lui." Ayant agréé ce message de ta part, j'ai dit que nous nous proposions, confiants en Dieu, de partir le dernier mois d'hiver de l'année de la panthère (= janvier 1291) et de camper devant Damas vers le 15 du premier mois du printemps (= vers le 20 février 1291). Si tu tiens parole et envoies les troupes à l'époque fixée et que Dieu nous favorise, quand nous aurons pris à ce peuple (= aux Mamelûks) Jérusalem, nous te la donnerons. Mais manquer au rendez-vous serait faire marcher inutilement les troupes : cela siérait-il ? Et si ensuite on ne sait que faire, à quoi bon ?[88] »

Cette lettre, dont la gravité solennelle n'a pas besoin d'être soulignée, était accompagnée d'une note diplomatique en français, remise à Philippe le Bel par Buscarel de Gisolf, pour expliquer les intentions du khan de Perse. C'est également un document d'un intérêt capital et, en ce qui concerne l'histoire des Croisades, vraiment pathétique : « Premièrement Argon fet assavoir au roy de France, comme à son frère que, en toutes les parties d'Oriant entre Tartars, Sarrazins et toute autre langue, est certainne renomée de la grandesse, puissance et loiauté du royaume de France et que les rois de France qui ont été, o (= avec) leurs barons, leurs chevaliers et leur puissance, sont venuz plusseurs foiz en l'aide et conqueste de la Terre Seinte à l'oneur du filz de la Vierge Marie et de tout le pueple crestien. Et fet assavoir le dit Argon au dit roy de France, comme à son frère, que son cors et son host est prest et appareillié d'aler au conquest de ladite sainte terre, et de estre ensemble avec le roy de France en cest beneoit service.

« Et je, Busquarel, devant dit message d'Argon, di que, se vous rois de France, venez en persone en cest beneoit service, que Argon i amenra deux rois crestiens jorgiens qui sont souz sa seignourie et qui ont bien pooir d'amener avecques eus XX mille homes de cheval et plus[89].

« Encore di je que, porce que Argon a entendu que grieve chose est au roy de France et à ses barons de passer par mer tant de chevaus comme mestier (= besoin) est à eus et à leur gent, le dit roy de France porra recouvrer d'Argon XX ou XXX mille chevaus en don ou en convenable pris.

« Item, se vous, monseigneur le roy de France, voulez, Argon vous fera appareillier, por cest beneoit service, par toute la Turquie (= Anatolie seljûqide) bestial menu et bues, vaches et chameus, grain et farine et toute autre vitaille que l'en porra trouver à vostre volenté et mandement[90]. »

Ces deux textes, la lettre d'Arghun et la note jointe de Buscarel de Gisolf, sont d'une précision qui ne laisse rien à désirer. Le khan de Perse, rentrant dans tous les détails, proposait au roi de France une action commune contre les Mamelûks, se déclenchant en janvier 1291. Tout était calculé. Quand la chevalerie française débarquerait à Acre, les Mongols lui amèneraient 30 000 chevaux de remonte. Les contingents géorgiens de l'armée mongole à eux seuls, qui, sous leurs rois chrétiens, participeraient aux opérations, représentaient 20 000 cavaliers. Tout le ravitaillement nécessaire à une longue campagne aurait été amené de l'Anatolie seljûqide à la disposition du corps expéditionnaire français. Le khan de Perse en personne, à la tête de la grande armée mongole, s'engageait à se trouver le 20 février 1291 sous les murs de Damas à condition que la Croisade ait, à la même époque, débarqué à Saint-Jean-d'Acre.

Ce furent évidemment les mêmes propositions que Buscarel de Gisolf alla porter ensuite en Angleterre au roi Édouard Ier. Parvenu à Londres le 5 janvier 1290, il remit en outre à Édouard une lettre de recommandation du pape Nicolas IV, datée du 30 septembre 1289[91].

Si la réponse de Philippe le Bel est perdue, nous avons celle d'Édouard Ier. Le roi d'Angleterre y félicite le khan de Perse de vouloir faire la guerre au sultan d'Égypte et de venir en aide aux chrétiens de Terre Sainte. Il remercie Arghun de l'offre des chevaux de remonte pour la Croisade[92]. Mais pour ce qui est de la mise en mouvement effective de celle-ci, il se répand en protestations vagues, s'en rapporte au Pape et ne conclut pas. Or une date précise, un plan de campagne concret, un programme d'action commune bien établi, c'est justement ce que demandait Arghun. Tout le reste n'était qu'amabilités protocolaires et eau bénite de cour.

Autre projet de coalition franco-arméno-mongole.

Notons que le plan de campagne d'Arghun et de Buscarel de Gisolf était assez voisin de celui que, vers la même époque (antérieurement au 26 avril 1289), un Latin établi en Orient rédigeait à l'adresse des cours d'Occident. Ce dernier projet, parfaitement documenté, comportait un débarquement dans le royaume arménien de Cilicie, avec l'aide du roi d'Arménie et de ses suzerains mongols. « Le réaume d'Erménie est moult fort et avironé de moult hautes montaignes, ne nus ne peut entrer en la terre que par certains pas, et les pas sont tous garnis de bons chasteaus et de fors. Port a il un des meilliors dou monde, là où tous les naves (= navires) dou monde porroient yverner, c'est à savoir le port de Paus (Portus Palorum) qui est à une liues de Laias (Lajazzo)... Il (les Croisés) s'acrestroient dou roi d'Ermenie et de sa gent, qui est grant chose, ce qu'il ne feroient point se il estoient arivés autre part. Le roi de Chipre et sa gent venroient trop legièrement (= viendraient très facilement), car de l'un chief de Chipre jusques en Erménie n'a que LX millies. Et si les seignors de l'ost veissent et coneussent que l'acorder et le complater aveuc les Tatars leur fust profitable, laquel chose à moi semble que bone seroit, il porroient meaus (= mieux) traitier cest fait d'Erménie que de nul autre leu, car Erménie si est veisine des Tatars. Le roi d'Erménie porroit aussi moult aidier en ce fait, car il se tient por lur home et il les conut, et eaus lui, et il a eu à faire à eaus sovent[93]. » Un débarquement de cet ordre en Cilicie avec l'aide des Arméniens et en donnant la main aux Mongols qui amèneraient au corps expéditionnaire le ravitaillement de l'Anatolie seljûqide, c'est exactement ce que proposait, de son côté, le khan de Perse.

Quatrième ambassade envoyée par Arghun en Occident. Mission de Chagan (1290).

Il est admirable qu'Arghun, dans son désir d'abattre les Mamelûks et de sauver la Syrie franque, ne se soit pas laissé rebuter par l'indifférence de l'Occident. En 1290 il accrédita encore auprès du pape Nicolas IV, du roi Édouard Ier, sans doute aussi de Philippe le Bel une quatrième ambassade comprenant un certain Chagan ou Zagan baptisé sous le nom d'André, le Génois Buscarel de Gisolf dont c'est ici la seconde mission, et, peu après ou simultanément, un autre chrétien (*archaon*), « Sabadin » que nous avons également vu figurer dans les ambassades antérieures. Après avoir reçu cette nouvelle ambassade, Nicolas IV la recommanda à Édouard Ier par lettres des 2 et 31 décembre 1290[94]. Les envoyés mongols durent prolonger assez longtemps leur séjour en Occident puisque le 21 août 1291 Nicolas IV écrit encore à leur sujet au khan Arghun[95].

Malheureusement tandis que les cours de l'Occident tergiversaient, l'irréparable était accompli. Le 4 mars 1291 Saint-Jean-d'Acre avait été pris par les Mamelûks, et, par surcroît, le 10 mars le khan Arghun était mort.

§ 3. — L'ANARCHIE FRANQUE À LA VEILLE DE LA CATASTROPHE FINALE.

La vacance du pouvoir à Acre, à Tyr et à Beyrouth (1284).

À l'heure suprême, la Syrie franque s'en était allée en quenouille et en régence.

À Tyr l'énergique Jean de Montfort était décédé, on l'a vu, le 27 novembre 1283, suivi dans la tombe par son frère Onfroi de Montfort, déjà sire de Beyrouth (12 février 1284). Onfroi ne laissant que des enfants trop jeunes, une double régence fut instituée : à Beyrouth, celle de sa veuve Échive d'Ibelin, à Tyr celle de Marguerite d'Antioche-Lusignan, veuve de Jean de Montfort. Les deux princesses se hâtèrent de demander au sultan Qalâwun le renouvellement des trêves. Il y consentit pour le moment (1285)[96].

À Saint-Jean-d'Acre, situation non moins précaire. Après les Vêpres siciliennes (1282), Roger de San Severino, commandant de la place au nom de Charles d'Anjou, avait évacué le pays avec ses troupes pour regagner l'Italie, mais, comme nous l'avons déjà vu, le roi de Chypre Hugue III, qui était aussi le roi légitime de Jérusalem, était mort à Tyr avant d'avoir pu se faire restaurer à Acre (26 mars 1284). Son fils aîné Jean, reconnu seulement à Chypre n'avait fait que passer sur le trône (il mourut le 20 mai 1285). Le pouvoir à Acre était exercé, dans la deshérence générale, par le sénéchal Eude Poilechien (ou Pelechien), commandant de la petite garnison capétienne et qui prétendait encore maintenir la royauté de Charles d'Anjou. Mais Charles d'Anjou mourut le 7 janvier 1285 sans avoir pu arracher la Sicile aux Aragonais et dès lors en Orient comme en Occident le pouvoir de sa maison s'effondra. De ce grand rêve brisé, comme de celui de Frédéric II, il ne restait en Syrie comme en Italie que des ruines. D'instinct les gens d'Acre se tournèrent vers la royauté chypriote, seule capable de leur prêter quelque appui.

Le roi de Chypre Henri II, reconnu roi de Jérusalem (1286).

Après la mort du roi Jean, la couronne de Chypre était passée à son frère cadet Henri II, âgé de quatorze ans seulement (1285-1324). C'était ce jeune homme qu'une restauration de la dernière heure allait ramener sur le trône de Jérusalem. Pour la préparer il fallait désarmer l'hostilité des Templiers, les ennemis irréductibles de son père et obtenir le ralliement de leur grand maître, le hautain Guillaume de Beaujeu. Le Templier de Tyr nous raconte que pendant l'année 1285 la cour de Chypre envoya à Acre le chevalier Julien le Jaune qui, après être descendu chez les Hospitaliers, engagea des pourparlers en ce sens avec Guillaume de Beaujeu. Un accord intervint enfin, « lequel acort fu premier escrit par ma main », nous dit le Templier de Tyr, notre chroniqueur[97].

Le Temple ayant donné son assentiment à la restauration projetée, la réalisation devenait facile. Le lundi 24 juin 1286, le jeune Henri II débarqua à Acre avec sa chevalerie commandée par son oncle, le connétable Baudouin d'Ibelin, « et fu reseu de toute gens à grant henor et grant joie ; et li vint à l'encontre (= à sa rencontre) la prosesion et tout le pueple et le menèrent à la mère yglise qui a nom Sainte Crus[98] ».

Cette restauration chypriote, la seconde en vingt ans, ralliait donc l'assentiment des diverses communautés marchandes ou religieuses qui constituaient la ville d'Acre. Mais le gouverneur français, le sénéchal Eude Poilechien, ne connaissait que sa consigne. Il avait juré fidélité à Charles d'Anjou[99]. Charles était mort, ses héritiers étaient incapables de recouvrer seulement la Sicile, les Templiers eux-mêmes les abandonnaient ; Poilechien n'en restait pas moins irréductible. Surpris par l'événement, il s'enferma avec sa petite troupe dans le château d'Acre et déclara vouloir s'y défendre jusqu'au bout. Joignant l'acte à la parole, il faisait déjà mettre en batterie les pierrières et mangonneaux. En vain les conseillers de Henri II lui envoyèrent-ils deux parlementaires, Mathieu, évêque de Famagouste, et Martin, abbé titulaire du Templum Domini, pour l'inviter à rendre le château à l'amiable. Le vieux soldat s'y refusa. Henri II fit alors cerner le château et les traits commencèrent à voler.

Le grand maître du Temple, Guillaume de Beaujeu, le grand maître teutonique[100] et le lieutenant de l'Hôpital[101] avaient affecté de rester neutres entre les deux camps. Bien que d'accord pour la restauration chypriote, ils n'avaient donc pas paru auprès de Henri II et restaient retirés dans la maison du Temple en attendant que l'adhésion de Poilechien eût fait l'unanimité autour du roi de Chypre[102]. L'intransigeance inopportune du sénéchal, qui menaçait d'amener la guerre civile, les obligea à sortir de leur réserve. Après être allés présenter leur hommage à Henri II dans la cathédrale de Sainte-Croix, ils se rendirent auprès de Poilechien et arrivèrent à lui faire comprendre la folie de son attitude. Un accommodement intervint. Henri II, qui avait d'abord déclaré ne vouloir loger qu'au château, consentit à habiter provisoirement l'hôtel que les seigneurs de Tyr, ses cousins, possédaient dans Acre. Le « bombardement » fut arrêté des deux côtés. Resta le blocus pacifique du château où l'obstiné Poilechien se trouva bientôt à court de vivres. Sur le conseil de l'Hôpital et du Temple, Henri II trouva les mots qu'il fallait pour satisfaire l'honneur du vieux capitaine. Le 27 juin, ayant convoqué les notables dans son hôtel, le roi déclara ne pas considérer les défenseurs du château comme des rebelles puisqu'ils étaient tous Français et qu'il avait la plus grande déférence pour le roi de France : qu'on lui remît le château, et il ferait lui-même Philippe le Bel arbitre du différend. Poilechien put ainsi, sans forfaire, rendre le château au roi de Chypre (29 juin 1286)[103].

« Jeux délectables et plaisants ».

Henri II fut alors couronné roi de Jérusalem. Cette cérémonie – la dernière de notre histoire – se déroula le 15 août 1286 dans la cathédrale de Tyr, traditionnellement choisie à cet effet. Le jeune roi reçut la couronne de Baudouin Ier des mains d'un dominicain créole, Bonacours de Gloire, archevêque de Tyr[104]. Dans les fêtes qui se déroulèrent ensuite à Acre la jeune chevalerie française de Syrie et de Chypre monta dans l'hôtel des Hospitaliers un théâtre où elle joua des scènes empruntées aux romans de la Table Ronde, les damoiseaux tenant les rôles féminins. « Et contrefirent la Table Ronde et la reine de Féménie, c'est à saver chevaliers vestus come dames, et jostèrent ensemble ; puis firent nounains (religieuses) qui estoient avec moines, et beordoient (= joutaient avec des lattes) les uns as les autres. Et contrefirent Lanselot, et Tristan, et Pilamèdes et mout d'autres jeus biaus et délitables et plaissans[105]. »

Derniers jeux à la veille de la catastrophe finale, jeux d'une société brillante et raffinée, chevaleresque et courtoise qui avait vraiment acclimaté aux rives de Syrie une France nouvelle, en ce merveilleux treizième siècle qui vit, pour la première phase de notre histoire, l'apogée de notre race. Même fleur de civilisation à Saint-Jean-d'Acre que dans l'Île de France, à une différence près : c'est qu'à la brillante France du Levant manquaient les vertus capétiennes, un sol politique ferme, des institutions solides qui pussent garantir la continuité dans l'être.

Un pauvre Louis XVI chypriote.

Aussi bien la restauration monarchique de 1286 venait trop tard. Ce n'était pas à cinq ans de l'invasion finale qu'elle pouvait réparer les conséquences de plus de cinquante ans d'anarchie jalousement sauvegardée. Il n'y avait plus rien. La royauté restaurée *in extremis* n'était elle-même qu'une présidence honorifique, sans cesse soumise au bon vouloir des Ordres, des confréries et des barons, des Vénitiens et des Génois. Henri II l'aurait-il voulu, il ne pouvait oublier le sort de son père Hugue III, naguère, comme lui, accueilli en triomphe, puis chassé par la mauvaise volonté générale et obligé de retourner à Chypre sous les risées du Temple et des Vénitiens. À cette royauté précaire, soumise aux agitations de la rue, aux émeutes de boutiques, comment ne pas préférer le royaume de Chypre, ordonné et obéissant – jusqu'à maintenant du moins ?...

Car pour la dynastie aussi la restauration arrivait trop tard. Le roi Henri II – il n'avait que quinze ans – était bien jeune pour les accablantes responsabilités que lui léguaient les ennemis de sa maison. Et ses épaules étaient bien faibles. Certes il ne manquait ni d'intelligence ni de finesse ni d'un sens supérieur du bien de l'État : ses interventions au conseil étaient toujours judicieuses et les lois et règlements dont il est l'auteur le montrent administrateur averti et clairvoyant[106]. Mais de tristes infirmités le diminuaient. Il était sujet à de terribles crises d'épilepsie. On voulut néanmoins en 1318 le marier à Constance d'Aragon, mais le malheureux malade n'osa jamais consommer le mariage. Ce « pauvre Louis XVI chypriote », comme l'appelle Iorga[107], sera toute sa vie le lamentable jouet de sa famille. Son frère Amaury le séquestrera, puis l'exilera en Arménie (1309) ; mais le malheureux prince supportera ces avanies et ces épreuves avec une résignation de saint et un tel sentiment de la dignité royale qu'à sa mort le peuple le pleurera en lui laissant le surnom de Henri « le bon roi »[108]... C'est peut-être à la suite d'une de ses crises d'épilepsie que, peu après son couronnement comme roi de Jérusalem, il dut rentrer à Chypre en confiant la baylie d'Acre à son oncle Philippe d'Ibelin (novembre 1286)[109]. Et la guerre civile recommença.

Nouvelle guerre navale entre Pisans et Génois dans les eaux d'Acre (mai 1287).

La Syrie franque subissait le contre-coup d'une nouvelle guerre entre les républiques maritimes italiennes. Gênes et Pise se disputaient la possession de la Corse. Les Pisans ayant essuyé à Meloria une grande défaite navale (6 août 1284), les Génois vainqueurs les pourchassèrent jusque dans les eaux du Levant. Les amiraux génois Orlando Ascheri et Thomas Spinola opérèrent au printemps de 1287 une descente sur les côtes de la Syrie franque pour ravager les comptoirs pisans. Tandis que Spinola se rendait à Alexandrie pour s'assurer la bienveillance du sultan Qalâwun, transformé en arbitre des dissensions latines, Ascheri se présenta devant le port d'Acre, chassant, brûlant ou capturant les navires de Pise et de Piombino et traitant en ennemis non seulement les Pisans proprement dits, mais aussi les « Poulains Pisans », c'est-à-dire les créoles d'origine pisane établis en Syrie (24 mai 1287)[110]. Il fallut que le commandeur du Temple à

Acre, frère Thibaut Gaudin, sollicitât la grâce des malheureux pêcheurs capturés de ce fait[111]. Après ce coup de main Ascheri gagna Tyr, ville où les Montfort étaient les amis traditionnels des Génois.

La première surprise passée, les Vénitiens d'Acre (on sait que Venise était l'alliée traditionnelle de Pise contre les Génois) s'unirent aux Pisans de la ville pour armer tout ce qu'ils purent trouver de navires – onze en tout – et défendre le port contre une nouvelle attaque. De fait, le 31 mai, l'escadre génoise reparut devant Acre. Le grand maître du Temple, Guillaume de Beaujeu, essaya d'obtenir de l'amiral génois Orlando Ascheri le respect de la neutralité de la capitale franque. Malgré ses efforts une bataille ne put être évitée, la flotte pisane étant sortie pour chasser les Génois. Mais cette fois encore les Génois remportèrent la victoire. Ascheri pénétra dans le port et en resta maître pendant trois jours, délai au bout duquel il regagna Tyr.

L'arrivée de Spinola, revenu d'Alexandrie à Tyr, acheva d'assurer la maîtrise de la mer aux Génois. Lui et Ascheri retournèrent alors devant Acre avec leur escadre au complet, établissant contre tout navire pisan ou vénitien un blocus total du port. Ils avaient la prétention de faire expulser d'Acre tous les Pisans. C'était la guerre de Saint-Sabas qui menaçait de recommencer, « chose layde à la crestienté et pereliouse », car les Mamelûks, ayant rompu les trêves, se préparaient à lancer sur Acre l'attaque finale. Il fallut l'intervention pressante des barons d'Acre, des Templiers et des Hospitaliers pour déterminer l'escadre génoise à regagner Tyr[112].

Conquête du fort maritime de Lattaquié par les Mamelûks (avril 1287).

Tandis que les flottes italiennes se battaient entre elles, elles laissaient les Mamelûks conquérir le dernier port et la dernière place de l'ancienne principauté d'Antioche, Laodicée, la Liche des chroniqueurs, notre Lattaquié. La défense consistait en une tour construite à l'entrée du port sur un récif rattaché au continent par une étroite digue[113]. Un tremblement de terre ayant sérieusement endommagé la construction (22 mars 1287), le sultan Qalâwun fit attaquer la tour par son lieutenant *Husâm al-Dîn Turuntâi*. Celui-ci, après avoir élargi la digue (Abu'l Fida dit que ce fut lui qui la construisit), força les derniers défenseurs à se rendre (20 avril 1287)[114]. Les escadres pisanes, vénitiennes ou génoises qui se disputaient Saint-Jean-d'Acre n'étaient pas intervenues.

Mort de Bohémond VII.
Constitution de Tripoli en commune indépendante.

Le dernier prince d'Antioche-Tripoli, Bohémond VII, qui voyait ainsi s'écrouler l'ultime débris de son ancienne principauté d'Antioche, mourut quelques mois après, le 19 octobre 1287, prématurément et sans laisser d'héritier. La disparition de ce baron énergique, encore que trop violent et assez brouillon, fut en soi un nouveau malheur, car le formalisme constitutionnel de la société féodale ne permit pas de confier le comté de Tripoli à un soldat. Tout au contraire, la succession resta circonscrite entre deux femmes, Sibylle d'Arménie, mère de Bohémond VII, et la sœur de ce prince, Lucie d'Antioche, épouse de Narjot II de Toucy, grand amiral de Sicile[115].

En droit féodal la succession aurait dû revenir à Lucie et à Narjot de Toucy. Mais à ce couple non résidant (ils vivaient en Pouille), inféodé aux Angevins de Naples, les gens de Tripoli préférèrent la vieille princesse douairière créole, Sibylle d'Arménie, qui les avait si longtemps gouvernés durant la minorité de Bohémond VII. Aussitôt après le décès de ce dernier, au lieu de rappeler d'Italie le sire de Toucy et son épouse, les chevaliers de Tripoli se réunirent donc et invitèrent Sibylle à désigner un bayle. Malheureusement le choix de cette princesse se porta encore sur son ancien fondé de pouvoir, l'évêque de Tortose Barthélemy[116], dont la poigne avait jadis, au début du règne de Bohémond VII, provoqué une guerre civile. Sans en parler aux chevaliers, elle lui adressa des lettres l'invitant à accourir. Ces lettres furent interceptées par les chevaliers qui revinrent signifier à la princesse qu'ils n'accepteraient jamais de retomber sous l'autorité d'un tel bayle. La scène, chez le « Templier de Tyr », a un caractère nettement révolutionnaire. « Elle lor respondy que elle manderoit querre tel persone qui bien governeroit eaus et la terre, et yaus li respondirent que bien lor plaisoit. Quant vint aucuns jours après, il entendirent que elle devoit faire venir l'evesque de Tourtouse, por lequel il avoient eu contens et ryote (discordes et querelles) et grant escandale entr'iaus, et trovèrent letres comment la princesse (fist) por luy faire venir. Si distrent entre iaus qu'y ne le souferoient et alèrent à la princesse et li mostrèrent les letres et li distrent que ce vesque estoit lor henemy et quy ne seroit jà (= jamais) lor governeor et se partirent et alèrent à conseil[117]. »

Après ce refus catégorique d'obéissance, les chevaliers de Tripoli se constituèrent avec les bourgeois en commune autonome, à la manière italienne. « Et adons ordenèrent une coumune à l'hénor de la béate Virge Marye, mère de Dieu, et ordenèrent chevetaines et prevost et se qu'il lor sembla à faire et se maintindrent par yaus (= par eux-mêmes)[118]. » Le *chevetain* ou maire de la nouvelle commune fut Barthélemy de Gibelet, chef d'une branche cadette (la troisième branche) de la célèbre maison. N'oublions pas que le père de Barthélemy, Bertrand II de Gibelet, qui avait été le chef de la noblesse révoltée contre Bohémond VI et qui avait même blessé de sa main Bohémond, avait péri dans un guet-apens préparé par ce prince. Pour une nouvelle révolte, Guillaume, le propre frère, semble-t-il, de Barthélemy, avait été enterré vivant à Néphin avec Guy II de Gibelet, le chef de la famille (1282). Le maire de la nouvelle commune avait de terribles injures à venger sur la maison d'Antioche-Tripoli[119].

On le vit bien quand Lucie d'Antioche et son mari Narjot de Toucy arrivèrent de Naples pour faire valoir leurs titres à la couronne.

La déclaration des droits de la commune de Tripoli.
« *Pour maintenir chacun en son droit et en sa raison.* »

Cherchant des alliés, Lucie s'adressa naturellement aux Hospitaliers qui avaient été les amis de son frère Bohémond VII, comme les Templiers avaient été ses mortels ennemis. Elle descendit à leur maison de l'Hôpital, à Acre, d'où ils l'escortèrent à Néphin (Enfé) sur la terre de Tripoli « et se tenoient par ladite dame comme celle qui estoit dame et heir dou princé (= héritière de la principauté) ». Mais à la sommation qu'elle adressa aux habitants de Tripoli d'avoir à la reconnaître, les chefs de la nouvelle commune (on sent ici les haines héréditaires de Barthélemy de Gibelet) lui répondirent en proclamant la déchéance de sa dynastie. « Et mandèrent siaus de Triple une lettre à la dame, par laquelle yaus li faisoient saver que à elle n'estoit mie chose selée (= on ne lui cachait pas) comment elle devoit saver les outrages que son frère le prince (Bohémond VII) lor avoit fait, et encore li faisoient saver que son père le prince (Bohémond VI) et son ayol (Bohémond V) lor avéent tousjours fait mout de maus et d'outrages et de force (= de violences) à chevaliers et as bourgeois et as autres gens, que il ne voléent plus soufrir à ce que yaus et lor ansestres qui furent au conquest de la terre de Triple avoient soufert et pacé (= supporté) ; et, pour non venir plus à celle condecion, avéent ordené et fait un commun (une commune) entr'iaus ; et que il ne l'ont fait pour dézériter nule arme (= personne) ny contre Sainte Yglise, ains (mais) estoit fait pour maintenir chascun en son droit et en sa raison[120]. »

Magnifique déclaration de foi républicaine à laquelle rien ne manque, ni les justes griefs contre la dynastie[121] ni la révolte de la dignité humaine résolue à ne plus souffrir pareilles injustices, ni la noblesse et la gravité solennelle des principes, non pas même l'hommage de forme aux droits anciens et le respect du sentiment religieux, la nouvelle commune étant d'ailleurs placée sous le signe de l'Église, sous l'invocation de la Vierge.

« Pour maintenir chacun en son droit et en sa raison... Et qu'ils se maintiendraient par eux-mêmes ! » Fières paroles qui nous apportent en plein moyen âge un écho des républiques antiques. Toutefois, après avoir chassé la dynastie qui les avait si longtemps défendus, les communiers de Tripoli sentirent le besoin d'une aide, d'un protectorat étrangers. Ainsi Étienne Marcel, après avoir rompu avec le dauphin de France, appellera les Navarrais et les Anglais. De même la République de Tripoli se plaça sous la protection des Génois. Sans doute les Génois, depuis la guerre de Saint-Sabas, se comportaient partout en adversaires de l'Orient latin, en complices des Mamelûks. Mais dans la guerre civile, pour fonder les libertés populaires, on n'a pas toujours le choix des moyens. Puis la commune de Tripoli n'avait-elle pas accepté comme maire Barthélemy de Gibelet, descendant de la vieille famille génoise des Embriaci ? Or, les Embriaci avaient eu beau s'allier à la fleur de l'aristocratie française, devenir les sires d'Embriac, leur sang, à chaque occasion décisive, avait parlé plus haut que leur prétendue adoption par les Ibelin... Et, au bout de deux siècles de soi-disant adaptation franque, ils n'avaient finalement chassé, sous couleur de défense des libertés civiques, la vieille dynastie française d'Antioche, que pour livrer Tripoli aux Génois.

L'appel de la commune de Tripoli au protectorat génois.

Donc, la commune de Tripoli, après avoir prononcé la déchéance de la dynastie française, envoya à Gênes un notaire de race génoise nommé Pietro de Bergamo. D'après l'auteur arabe Abu'l Ma*h*âsin, Barthélemy de Gibelet serait allé plus loin dans cette voie : il ne serait pas entré en pourparlers seulement avec la Seigneurie de Gênes, mais aussi avec le sultan Qalâwun ; il aurait demandé l'aide des Mamelûks, leur offrant, si ceux-ci le faisaient comte de Tripoli, de partager avec eux le territoire du comté[122]. Si l'assertion de l'annaliste égyptien est exacte, elle constitue un singulier accompagnement aux nobles déclarations républicaines de la commune de Tripoli.

Quoi qu'il en soit de cette dernière question, la Seigneurie de Gênes répondit avec empressement à la demande de protectorat des citoyens de Tripoli. Dans la lutte engagée par elle avec les Vénitiens pour l'hégémonie commerciale au Levant, quelle fortune inespérée de pouvoir s'établir sur le Gibraltar d'al-Mîna ! L'amiral génois Benedetto Zaccaria accourut d'Italie avec cinq galères. En arrivant à Tripoli, il y fut reçu « à grand joie », mais il y trouva du nouveau. Les trois grands maîtres de l'Hôpital, du Temple et des Teutoniques[123] l'y avaient précédé avec le bayle vénitien pour y ménager un accord entre la princesse Lucie et la commune. Mais les communiers de Tripoli tenaient bon. Aux Hospitaliers et aux autres défenseurs des droits de Lucie ils faisaient répondre qu'ils toléreraient celle-ci comme suzeraine nominale à condition « qu'elle jurast à la coumune de soustenir et maintenir ladite coumune ». Sans quoi ces républicains se défendraient jusqu'à la mort : « et, se elle ne vyaut jurer, bien ly faisoient à saver que il ne la souferoient d'entrer à Triple à nul tens, si deussent enguager ou vendre tout se qu'il ont, jusques à la chemise de lor femes et de lor enfans[124] ! » Fiers accents, dignes encore une fois des républiques antiques, avec même une âpreté de civisme qui annonce de plus modernes tragédies. Mais toute cette passion contre l'héritière des princes qui avaient créé la France du Levant, toute cette énergie pour se défendre d'une femme, quand on était à douze ou quinze mois de la conquête mamelûke !

Les trois grands maîtres, éconduits de la sorte, regagnèrant Acre, leur entreprise de conciliation ayant échoué. La princesse Lucie les y rejoignit tristement. Les Génois restèrent donc les bénéficiaires de la situation. Leur amiral Benedetto Zaccaria conclut avec le chef de la nouvelle commune de Tripoli, Barthélemy de Gibelet, un traité qui la plaçait sous la protection ou plutôt sous le protectorat de la Seigneurie de Gênes. Comme gage visible de cette dépendance, la commune accorda aux commerçants génois plusieurs rues marchandes et le fonctionnaire que Gênes envoya à Tripoli prit le titre significatif de podestat[125]. En revanche, les chevaliers et bourgeois de Tripoli reçurent du commissaire génois garantie pour le maintien et l'extension de leurs libertés, franchises et privilèges. Quant à Barthélemy de Gibelet, il cherchait à assurer aux siens l'héritage de la branche aînée de sa maison, la seigneurie même de Gibelet (Jebail) en mariant sa fille Agnès à Pierre, héritier de Guy II de Gibelet (branche aînée) et son fils Bertrand III à une sœur de Pierre[126].

Les chefs de la commune de Tripoli ayant reçu satisfaction, ils s'avisèrent qu'il n'y aurait désormais que des avantages à faire sanctionner leurs accroissements par l'héritière légitime du comté. Ils écrivirent en ce sens à Lucie, à Acre, sans aviser leurs protecteurs génois, dont la protection commençait peut-être à leur peser. Estimant sans doute ne pouvoir rien conclure si les Génois lui restaient hostiles, Lucie laissa, semble-t-il, un de ses familiers communiquer copie de la missive à Benedetto Zaccaria qui se trouvait alors en Arménie (Cilicie) où il était en train (23 décembre 1288) de conclure un traité de commerce avec le roi Léon III[127]. Quoi qu'il en soit, l'amiral génois fut mis au courant de la démarche. Il accourut et proposa aussitôt à Lucie une entrevue à Tyr. Elle savait que, si elle refusait, les Génois occuperaient définitivement Tripoli et qu'elle ne recouvrerait jamais en ce cas le comté paternel. Elle se rendit donc auprès de Zaccaria et contresigna tous les privilèges des Génois, ainsi d'ailleurs que toutes les libertés de la commune, moyennant quoi elle fut enfin reconnue comme comtesse de Tripoli[128].

Mais il était trop tard. Les Mamelûks attaquaient.

L'abominable démarche de 1288 :
l'appel au sultan Qalâwun contre les Génois de Tripoli.

Toute cette histoire des baronnies et républiques franques de Syrie au treizième siècle n'est que l'histoire d'un suicide.

L'accord conclu entre Benedetto Zaccaria et Lucie d'Antioche faisait l'affaire des deux parties, puisqu'il amenait la restauration de la princesse à Tripoli et consacrait le protectorat genois sur cette ville. Mais il lesait Barthélemy de Gibelet par-dessus la tête duquel les contractants s'étaient entendus et qui, de chef tout puissant d'une commune indépendante, se voyait, malgré tout, ramené au rang de sujet. C'est bien ce que nous permet de deviner l'historien égyptien Abu'l Ma*h*âsin quand il nous dit que Barthélemy entra alors en rapport avec le sultan Qalâwun[129]. D'autre part si l'ancien chef de la révolution communale de Tripoli se jugeait frustré par la réconciliation des Génois et de la princesse Lucie, les résidents vénitiens ou pisans d'Acre ne l'étaient pas moins par le rattachement du port de Tripoli à la thalassocratie génoise. Ces deux considérations expliquent la révélation exceptionnellement grave que va nous faire le Templier de Tyr. Il s'agit de la démarche abominable de deux Latins, dont il ne veut pas nous donner le nom, qui se rendirent au Caire auprès du sultan Qalâwun pour démontrer à celui-ci que, s'il laissait les Génois installer une base navale à Tripoli, la république de Gênes dominerait la mer d'Égypte et contrôlerait tout le commerce d'Alexandrie.

Voici ce texte : « Quant les Jénevés (Génois) furent venus à Triple, con vos avés oÿ, deux persones montèrent d'Alisandre

(= d'Alexandrie) au soudan – que je porée dire qui il sont, si je vorée – et li mostrèrent comment Triple, par elle (= même), sans les Jenevés, armeroit légierement (= facilement) de X a XV leins (vaisseaux) ; et ores (maintenant) que les Jenevés l'ont à lor main, il en armeront XXX, car Jenevés de toutes pars veront (viendront) à Triple ; et s'il ont Triple, il seront seignors de ses aigues, et convenra que siaus qui venront en Alisandre (= Alexandrie) seront à lor mercy, alant et venant et dedens le port, laquel choze tourne à grant péril des marchans quy huzent en vostre royaume[130]. »

Ce dernier trait semble bien indiquer que l'infâme démarche provenait des milieux pisans et vénitiens d'Acre ou d'Alexandrie, bien que l'attestation d'Abu'l Ma*h*âsin permette d'y associer aussi Barthélemy de Gibelet.

§ 4. — LA FIN. CHUTE DE TRIPOLI (1289) ET DE SAINT-JEAN-D'ACRE (1291).

L'inutile avertissement de Guillaume de Beaujeu et la réponse des communiers de Tripoli : « Qu'on cesse de leur faire un épouvantail avec ces bruits de guerre ! »

Le sultan Qalâwun n'avait pas besoin de ces arguments économiques. Comme avant lui, Baîbars, il conservait une rancune tenace contre cette maison d'Antioche-Tripoli dont l'avant-dernier prince, Bohémond VI, avait en 1260 appelé et guidé les armées mongoles en Syrie musulmane. « Il avoit grant volenté contre Triple pour le prince qui fu à Domas quant les Tatars le (= la) prirent[131]. » Tout ce qui évoquait le cauchemar de l'alliance franco-mongole, de la politique d'encerclement, excitait sa crainte et sa fureur. Et l'heure était bonne pour se venger. L'insurrection qui avait donné naissance à la commune de Tripoli, la violence des passions politiques que la déclaration des droits communaux nous a révélées et qui, à l'heure du danger extérieur, n'étaient dirigées que contre les autorités sociales franques, tout ce désordre matériel, toute cette anarchie des esprits constituaient un terrain tout prêt pour l'invasion. Après avoir rassemblé toutes les forces de l'Égypte, Qalâwun, en février 1289, entra en Syrie pour mettre le siège devant Tripoli.

Quelqu'un veillait cependant dans le camp chrétien, le grand maître du Temple Guillaume de Beaujeu, qui, malgré ses duretés et ses passions politiques, restait le seul homme d'État de la Syrie franque. Il avait corrompu un des principaux dignitaires mamelûks, l'émir-silâ*h* Badr al-Dîn Baktâsh al-Fakhri, qui le renseignait sur les projets de la Cour du Caire[132]. Ce fut ainsi que Guillaume connut à l'avance les intentions du sultan contre Tripoli. Il prévint en hâte les habitants, mais ceux-ci, tout à leurs luttes de partis, à leur révolution communale, à leurs haines intestines, refusèrent de croire au péril extérieur. Ils se moquaient des avertissements du grand maître ou y voyaient le résultat de quelque manœuvre politique. « Le maistre manda à siaus de Triple coment le soudan venoit sur yaus, dont il ne le vostrent (voulurent pas) croire ; et diséent qu'y venoit prendre Néfin (Enfé) et autres diséent laides paroles dou maistre : que ce faisoit il pour eaus esfréer, porce que il eussent bezoing de faire le meenier (= de le prendre comme intermédiaire) vers le soudan et sembleroit que il l'eust fait retorner, mais (que) il (Qalâwun) ne venoit mie[133]. » Qalâwun, avec la grande armée mamelûke, était déjà en vue de Tripoli, que les citoyens de la commune discutaient encore pour savoir si le grand maître avait dit vrai.

L'union devant l'évidence, à la douzième heure.

Quand les Mamelûks furent sous les murs, l'union de la douzième heure se fit entre les habitants. La princesse Lucie fut investie par la commune elle-même de l'autorité suprême. De Chypre le roi Henri II envoya en hâte son frère Amaury, connétable de Jérusalem, avec un corps de chevaliers chypriotes. Accoururent aussi des contingents de Templiers avec leur maréchal Geoffroi de Vendac et leur commandeur d'Acre, Pierre de Moncade. Les Hospitaliers, malgré leur vieille hostilité contre les gens de Tripoli, vinrent aussi sous les ordres de leur maréchal Matthieu de Clermont[134], ainsi que les sergents du roi de France en garnison à Acre, sous les ordres de Jean de Grailly[135]. La défense maritime fut assurée par les Génois avec quatre galères dans le port, par les Vénitiens avec deux galères. Les Pisans eux-mêmes, malgré leur haine des Génois, prirent part aux opérations.

Prise de Tripoli par Qalâwun (26 avril 1289).

D'après la chronique de Terre Sainte, l'armée de Qalâwun se montait à 40 000 cavaliers et plus de 100 000 fantassins[136]. La date du commencement du siège est discutée. Les sources égyptiennes citées par M. Wiet donnent le 24 février 1289[137] ; certaines sources occidentales disent le 10 mars[138] ; les *Gestes des Chiprois* proposent le 17 mars[139] et Abu'l Fidâ le 25 mars. Le sultan mit en batterie dix-neuf catapultes qui bombardèrent sans arrêt la place, tandis que 1 500 soldats spécialisés minaient la base des murailles ou lançaient le feu grégeois. Deux des tours de la défense, la vieille Tour de l'Évêque et la Tour de l'Hôpital, cette dernière de construction récente, furent démantelées par le bombardement ; « si fu meymes si fendue que chevaus peust passer par my[140]. » La supériorité numérique des assiégeants était écrasante, mais il semble que ce fut à la défection des Vénitiens d'abord, des Génois ensuite, que fut due la chute de la place. L'attitude des Vénitiens avait toujours été suspecte. S'ils étaient venus correctement prendre part à la défense (comment auraient-ils pu s'y refuser ?), il semble bien que c'étaient leurs émissaires qui, en haine des Génois, étaient allés suggérer à Qalâwun l'idée d'attaquer Tripoli. Dans tous les cas, les résidents vénitiens de Tripoli, jugeant la ville perdue, songèrent à mettre à l'abri leurs biens et marchandises et commencèrent à les charger sur leurs vaisseaux pour les transporter dans les ports de Cilicie. En voyant cet exode vers le port, l'amiral génois Benedetto Zaccaria, craignant que les Vénitiens ne lui dérobassent ses navires, s'y retira de son côté avec ses compatriotes, pour lever l'ancre avant la chute de la ville[141]. Qalâwun s'aperçut du vide que la défection des Vénitiens et des Génois causait parmi les défenseurs. Il ordonna l'assaut général et emporta la place (26 avril 1289).

La princesse Lucie, le connétable Amaury, frère du roi Henri II, le maréchal du Temple Geoffroy de Vendac et le maréchal de l'Hôpital Matthieu de Clermont purent s'échapper, ainsi que Jean de Grailly. Mais le commandeur du Temple Pierre de Moncade fut tué, ainsi que Barthélemy de Gibelet, le maire de l'éphémère commune de Tripoli. Il y eut, du reste, pour tout ce qui ne put s'embarquer à temps, massacre en règle : « Les habitants, dit Abu'l Fidâ, s'enfuirent du côté du port et un petit nombre d'entre eux purent s'embarquer sur les navires. La plupart des hommes de la ville furent tués, les enfants furent emmenés en captivité et le butin fut immense. Quand les Musulmans eurent fini de tuer les habitants et de saccager la ville, le sultan la fit raser jusqu'au sol. Près de la ville était une île séparée par le port et où s'élevait une église de Saint-Thomas. Après la prise de Tripoli, une foule énorme, hommes et femmes, s'enfuirent dans l'île et dans l'église. Les Musulmans se précipitèrent dans la mer à cheval et atteignirent l'île à la nage. Tous les hommes qui s'y étaient réfugiés furent tués, les femmes et les enfants furent réduits en captivité. Après le sac de la ville, je me rendis en bateau dans l'île et je la trouvai couverte de cadavres en putréfaction. Il était impossible d'y rester à cause de la puanteur[142]. »

Pour avoir une idée de ce que purent être le massacre et la destruction, rappelons-nous que Tripoli était alors une des principales villes industrielles et commerçantes de la Méditerranée. C'était le centre de l'industrie de la soie, et Burkhard du Mont-Sion qui l'avait visitée en 1283 n'estime pas à moins de 4 000 le nombre des métiers de tisseurs d'étoffe de soie, cendes et camelots qui s'y trouvaient en activité[143]. Les écoles de Tripoli étaient non moins célèbres, notamment l'école de médecine où avaient enseigné Michel, l'ancien évêque jacobite d'Alep[144], et le nestorien Jacob de Tripoli. Toute cette bourdonnante population de marchands, d'ouvriers d'industrie et de professeurs dont nous avons vu quelques mois auparavant l'agitation politique intense, toute cette bruyante « commune de Triple » qui, en 1288, faisait entendre si impérieusement la revendication de ses « droits et raisons », tout ce peuple si merveilleusement en avance sur son temps périt tout entier, massacré par l'ennemi. Rien ne resta de lui que, pendant quelques mois, la putréfaction de ces cadavres qui, une vingtaine d'années plus tard, obsédait encore les souvenirs d'Abu'l Fidâ. Épilogue lamentable, mais trop aisé à prévoir de tant de passions partisanes et d'aveuglement politique.

La ville même de Tripoli fut presque entièrement détruite. Cette ville qui est l'actuel al-Mînâ, « ou la Marine », constituait dans sa presqu'île un débarcadère trop commode pour les Francs de Chypre qui auraient facilement pu s'y accrocher de nouveau. Le sultan Qalâwun, abandonnant le site, fit construire la nouvelle ville sur l'emplacement et autour du Mont-Pèlerin de Raymond de Saint-Gilles (*H*osn-Sanjil) qui est ainsi devenu la Tripoli actuelle[145].

Le reste du comté fut évacué par les Francs et soumis sans combat par Qalâwun. Tel fut le cas du bourg de Néphin (Enfé) et de Boutron (Ba*t*rûn). On discute pour savoir si Pierre, chef de la famille de Gibelet (Jebail), obtint du sultan un sursis de quelques années, sous condition d'un étroit vasselage[146]. Les Francs ne possédaient plus, avec Saint-Jean-d'Acre, leur capitale, que Beyrouth, Sidon, Tyr et Château-Pèlerin ('A*th*lîth).

L'Europe renonce à sa maîtrise mondiale.
Traités de commerce octroyés par le sultan.

La chute de Tripoli ne réveilla pas l'Europe. En ces années 1289-1291, comme l'a bien montré le duc de Lévis-Mirepoix, toute l'attention des cours et seigneuries d'Italie, de France, d'Angleterre et d'Espagne était absorbée par la question de Sicile et les affaires d'Aragon[147]. Les offres précises du khan de Perse Arghun en vue d'une coalition franco-mongole contre les Mamelûks restaient sans réponse et Rabban Çauma, en rentrant de son inutile ambassade, se lamentait au spectacle de ces Occidentaux qui avaient perdu jusqu'au sentiment de la défense de l'Occident. En vain le roi de Chypre Henri II envoya-t-il en Europe Jean de Grailly, commandant de la petite garnison française d'Acre, pour faire connaître la situation désespérée de cette ville. Jean de Grailly n'obtint que des encouragements verbaux. Seuls partirent pour la Palestine des contingents isolés comme, en juillet 1290, celui du valeureux Otton de Grandson, gentilhomme suisse au service de l'Angleterre, qui vint, avec son neveu Pierre d'Estavayer et une troupe de chevaliers, participer à la défense d'Acre[148]. Aucun royaume ne répondit à la Croisade que fit alors prêcher le pape Nicolas IV. La république de Gênes, qui se trouvait la principale victime de la perte de Tripoli, manifesta bien un instant quelque velléité de représailles. Ce fut ainsi que son amiral Benedetto Zaccaria, en cette même année 1289 qui avait vu la chute de la ville, alla enlever en vue des côtes de Candelore (sud Anatolie) un vaisseau égyptien chargé de sucre et d'épices, et qu'un autre marin génois vint attaquer la petite ville de Tineh, à l'ouest du Delta. Mais devant les représailles économiques de Qalâwun, le gouvernement de Gênes céda et en décembre 1289 envoya Alberto Spinola faire amende honorable, restituer aux Égyptiens les marchandises saisies et finalement signer avec le sultan le traité du 13 mai 1290 par lequel les Génois, moyennant de sérieux avantages commerciaux sur le marché d'Alexandrie, concluaient avec lui un pacte d'amitié[149].

Le retour de Pierre l'Ermite. La Croisade populaire de 1290.

Il est vrai que, par compensation, Venise, qui avait tant de responsabilités secrètes ou avouées dans la chute de Tripoli, adopta pour la défense de Saint-Jean-d'Acre une attitude nettement loyaliste, attitude qui se comprend du reste car, si Tripoli avait été dans la clientèle génoise, Acre, qu'il s'agissait maintenant de sauver, était dans la clientèle vénitienne. La Seigneurie de Saint-Marc favorisa donc la prédication de la Croisade sur le littoral adriatique et, à l'été de 1290, vingt galères quittèrent Venise sous le commandement de Nicolo Tiepolo, fils du doge, avec des troupes de Croisés originaires des régions de Trévise, Parme et Modène, Bologne, Ancone, et aussi de la Lombardie et de la Toscane. Le capitaine français Jean de Grailly qui se joignit à cette armada reçut encore cinq autres navires de Jacques d'Aragon, roi de Sicile[150]. Mais comme le sultan eut l'habileté de ne pas attaquer Acre à ce moment-là et que les Croisés qui s'y étaient rendus ne recevaient pas de solde, beaucoup d'entre eux, sans attendre celle que Nicolas IV leur envoyait, rentrèrent en Italie.

Après la chute de Tripoli le roi Henri II s'était rendu de Chypre en Acre pour engager en hâte des négociations de paix avec Qalâwun, car, dans l'état de faiblesse où se trouvait l'Orient latin, devant l'indifférence de l'Occident, il n'y avait rien d'autre à faire que de maintenir soigneusement la paix. L'ambassade que Henri II envoya au sultan à Damas finit par obtenir un renouvellement de trêve de dix ans et dix mois (mai-août 1289)[151]. Le dernier roi de Jérusalem avait ainsi sauvé dans toute la mesure du possible ce qui pouvait l'être encore : dix ans, c'était laisser à la question de Sicile le temps de s'apaiser, aux royaumes de l'Occident le temps de se réconcilier. C'était peut-être le salut.

La démagogie de Croisade à la veille de la catastrophe finale. Massacre des marchands musulmans par les pèlerins.

Henri II avait compté sans la démagogie de Croisade. La Croisade prêchée en 1290 avait, nous l'avons vu, amené à Acre une foule de « mout menues gens d'Italie », pèlerins sans préparation militaire comme sans discipline, dont le zèle dangereux rappelait celui des bandes de Pierre l'Ermite et de Gautier-sans-Avoir en 1096 ou encore la regrettable Croisade lombarde d'Anatolie en 1101[152]. Ces foules déchaînées allaient, au crépuscule des Croisades, provoquer les mêmes catastrophes qu'à leur début. Elles avaient naguère failli faire avorter l'expansion franque en un massacre de Juifs et de paysans hongrois ou grecs. Et ce fut par un non moins abominable massacre de paysans arabes qu'elles provoquèrent la ruine finale de la France du Levant.

À la faveur des trêves si heureusement obtenues du sultan Qalâwun par le roi Henri II les relations commerciales avaient repris entre les Francs d'Acre, de Tyr ou de Beyrouth et les marchands arabes de l'intérieur. Les caravanes de Damas recommençaient à affluer dans les *fondachi* de Beyrouth, de même que les paysans musulmans des villages galiléens recommençaient à apporter leurs récoltes au marché d'Acre. Or un jour de l'année 1290 (en août, dit Maqrîzî), les pèlerins italiens fraîchement débarqués, populace fanatique qui se plaignait à la fois d'être mal payée et de ne pas faire la guerre aux infidèles, se répandirent dans la campagne d'Acre et se mirent à détrousser et à tuer les paysans arabes qui portaient leurs denrées en ville. Puis, rentrant à Acre, ils y organisèrent des « Vêpres musulmanes », parcourant en émeute le bazar et massacrant tous les marchands mahométans qu'ils y trouvaient. Dans leur aveuglement ils allèrent jusqu'à mettre à mort les Syriens chrétiens qu'ils prirent pour des Musulmans. « Ses (= ces) cruyssés, écrit avec amertume le Templier de Tyr, qui estoient venus, pour bien feire, au secours de la sité d'Acre, si vindrent à sa destrussion, car ils coururent par la terre d'Acre et mirent à l'espée tous les povres vilains qui portéent les biens à Acre à vendre, forment (= froment) et autres choses, qui estoient Sarazins des cazaus dou pourpris d'Acre ; et ausi meimes tuèrent pluissors Suriens qui portéent barbe et estoient de la ley de Gresse (= des Syriens melkites), que, pour lor barbes, les tuèrent en change de Sarrazins. Et ce fu la chose por coy Acre fu prise[153]. »

Les chevaliers d'Acre, accourus au bruit, ne purent soustraire à la fureur de l'émeute une partie des marchands musulmans qu'en les conduisant sous leur protection au château royal.

Refus d'accorder satisfaction au sultan. – Avertissement de Guillaume de Beaujeu : « et ne le vostrent croire ».

On devine l'embarras des barons syriens devant ce coup de folie d'éléments irresponsables. Par le massacre des marchands musulmans, perpétré en pleine paix, les chrétiens avaient violé le droit public, mis tous les torts de la rupture de leur côté. On comprend aussi à la fois la colère du sultan Qalâwun et son désir de ne pas laisser perdre une occasion juridiquement aussi favorable pour la lutte finale qu'il méditait. On exhiba devant lui les chemises des victimes du massacre, noires de sang. Soucieux de conserver le droit pour lui, il somma la cour d'Acre de lui livrer les meurtriers. Dans le conseil qui fut tenu entre les chefs chrétiens, le grand maître du Temple Guillaume de Beaujeu, politique énergique qui savait prendre ses responsabilités, conseilla de réunir tous les prisonniers et condamnés chrétiens qui, pour un délit grave, se trouvaient dans les cachots de la ville et de les livrer au sultan en les donnant comme les responsables du massacre. Ce conseil réaliste, qu'appuyaient les grands maîtres de l'Hôpital et des Teutoniques, souleva malheureusement l'opposition de la foule et fut écarté comme immoral. La cour d'Acre se contenta de présenter des excuses au sultan : quant aux coupables, c'étaient des croisés étrangers, échappant à la juridiction du royaume et pour les actes desquels le gouvernement d'Acre déclinait toute responsabilité[154]. Refus qui faisait le jeu de Qalâwun. Le sultan déclara la guerre. Tandis qu'il mobilisait l'armée d'Égypte, son lieutenant Rukn al-Dîn Toqsu vint s'établir entre Césarée et 'A*th*l*ì*th (Château Pèlerin) pour préparer les machines de siège. Pour donner le change il prétendit que ces machines étaient destinées à l'Afrique. Il est vrai que, dans l'entourage même de Qalâwun, l'émir-silâ*h* Badr al-Dîn Baktâsh al-Fakhri fit prévenir, comme à l'ordinaire, son ami, le grand maître du Temple Guillaume de Beaujeu. Guillaume s'empressa d'alerter les gens d'Acre, mais ceux-ci, avec l'aveuglement stupide des peuples que Zeus veut perdre, répondirent à Guillaume comme les Athéniens à Démosthène, « et ne le vostrent croire ».

Avènement du sultan al-Ashraf Khalîl.

Qalâwun, ayant terminé ses préparatifs, allait quitter l'Égypte pour la Syrie, quand la mort le surprit le 10 novembre 1290[155]. Ce décès faillit sauver Acre, car la guerre civile fut sur le point d'éclater entre Mamelûks. Un des émirs du défunt, le lieutenant général *T*urun*t*âi, avait formé un complot pour renverser le fils de Qalâwun, le jeune al-Ashraf Khalîl. Mais al-Ashraf savait de naissance jouer le jeu mamelûk. Il éventa le complot, fit arrêter l'émir, le tortura savamment et le fit exécuter. Après cette entrée en matière, nul ne s'avisa de lui disputer le trône et il reprit à pied d'œuvre la campagne projetée contre Saint-Jean-d'Acre.

Les barons d'Acre essayèrent d'arrêter le sultan par une ambassade. Mais les ambassadeurs, Philippe Mainebeuf, chevalier d'Acre, « quy savoit mout bien le lengage sarazinés », un Templier originaire de Chypre nommé Barthélemy Pizan, un Hospitalier et un scribe, furent jetés en prison sans avoir obtenu audience. Un envoyé du grand maître du Temple, Guillaume de Beaujeu, reçut un meilleur accueil à cause des relations amicales que celui-ci avait généralement entretenues avec la cour du Caire. Mais ce fut pour s'entendre formuler un refus de causer définitif, bien qu'exprimé en termes courtois. Voici ce texte, traduit de l'arabe en vieux français par le « Templier de Tyr », tel qu'il le remit au grand maître et qu'il nous l'a laissé : « Le soudan des soudans, le roy des roys, le seignor des seignors, Melec el-Esseraf, le puissant, le redouté, le chasteours des rebels, le chasseour des Frans et des Tatars et des Ermins, aracheour des chastiaus des mains des mescreans, seignor des II mers, serveour des II sains pelerinages, à vous le noble maistre dou Temple, le véritable et sage, salus et nostre boune volenté. Pour ce que vos avés esté home véritable, si vous mandons letres de nostre volenté, et vos faisons à saver que nous venons en vos parties por amender les tors fais, pour quey nos ne volons que la comunauté d'Acre nous dée mander letres ny prézent, car nos ne le reservrons point[156]. »

Siège d'Acre par al-Ashraf.

Le soin avec lequel la lutte avait été préparée du côté musulman, notamment en ce qui concerne les machines de siège, nous est exposé par l'historien Abu'l Fidâ qui, membre de la petite dynastie aiyûbide de *H*amâ, nous raconte tout au long ce qui fut fait dans cette principauté sur les ordres d'al-Ashraf. « Al-Ashraf, se dirigeant vers Acre avec l'armée d'Égypte, envoya aux troupes de Syrie l'ordre de venir le rejoindre avec leurs catapultes. Mon cousin al-Muzaffar, prince de *H*amâ[157] et mon père se mirent en marche avec toutes les troupes de la principauté de *H*amâ, et, en passant par *H*osn al-Akrâd, nous nous fîmes remettre une grande catapulte appelée la mansourienne qui formait la charge de cent chariots. On en distribua les pièces aux troupes de *H*amâ. Je reçus pour ma part la charge d'un chariot, car j'étais alors émir de dix hommes. Notre marche avec les chariots eut lieu vers la fin de l'hiver. Depuis *H*osn al-Akrâd jusqu'à Damas nous eûmes de la pluie et de la neige, de sorte que nous éprouvâmes beaucoup de difficulté à faire avancer les chariots, les bœufs n'ayant pas assez de force pour les traîner et une partie de ces animaux étant morts de froid. Nous mîmes, à cause des chariots, un mois à faire la route de *H*osn al-Akrâd à Acre, alors qu'à cheval on met d'ordinaire huit jours. Le sultan avait également ordonné qu'on amenât de toutes les places fortes les catapultes et autres machines de siège, de manière qu'on vit arriver devant Acre un plus grand nombre de catapultes, grandes ou petites, qu'il ne s'en était jamais vu[158]. » L'armée musulmane s'élevait, d'après les estimations les plus plausibles, à soixante mille cavaliers et cent soixante mille fantassins environ.

Le jeudi 5 avril 1291 le sultan al-Ashraf vint s'établir devant Acre et investit complètement la place. Six jours après, ses machines, rapidement remontées, commençaient à battre la muraille. Ses grandes catapultes, « la Mansourienne », la « Furieuse », avaient chacune comme objectif une des principales tours du mur d'enceinte, sans parler des engins plus légers, « les taureaux noirs » (qara bugha) qui, par leur martelage incessant, faisaient encore plus de mal.

Organisation de la défense d'Acre.

En réunissant toutes les forces chrétiennes, Francs de Syrie et de Chypre, croisés et pèlerins nouveaux venus, marins italiens en escale, la place d'Acre comptait de 30 000 à 40 000 habitants, dont 800 chevaliers ou sergents montés et 14 000 combattants à pied, pèlerins compris[159]. Les Ordres militaires dont la politique égoïste et les querelles étaient en grande partie responsables de l'effondrement de l'État franc, se retrouvèrent, à l'heure suprême, dignes de leurs origines. On pouvait beaucoup reprocher à ces hommes, mais ils surent noblement mourir. Il ne faut pas faire exception pour les Teutoniques, bien que leur grand maître, Burchard de Schwanden, ait, à peine arrivé, résigné ses fonctions, malgré les instances de ses chevaliers, au début de 1290, à la veille de la bataille[160]; il fut brillamment remplacé par le commandeur de Franconie, Conrad de Feuchtwangen, qui montra la bravoure allemande traditionnelle[161].

Voici quelle fut la répartition des secteurs de défense. Les Templiers, sous leur grand maître Guillaume de Beaujeu, dont la conduite fut admirable, et les Hospitaliers, sous leur grand maître Jean de Villiers, non moins héroïque, assumèrent la défense de toute la partie septentrionale du rempart, c'est-à-dire du mur extérieur qui, au nord, couvrait le fau-

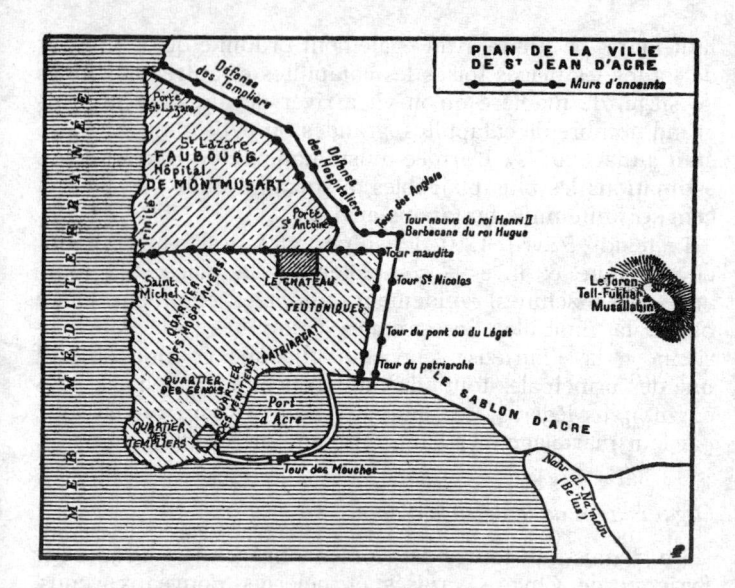

bourg de Montmusart, les Templiers dans le secteur nord-ouest, depuis la mer, les Hospitaliers leur faisant suite jusqu'au saillant du double mur allant vers la Tour Maudite et vers la Tour Neuve du roi Henri II. Le frère du roi Henri II, Amaury, qui commandait les chevaliers de Syrie et de Chypre, avait comme secteur le saillant central que défendaient, pour le second rempart, la Tour Maudite, pour l'avant-mur la Tour Neuve du roi Henri II, tour ronde récemment construite à 80 mètres en avant de la précédente et, plus en avant encore, la Barbacane du roi Hugue, reliée à la Tour Neuve par un pont de fust[162]. Le commandeur teutonique Conrad de Feuchtwangen se joignit aux chevaliers chypriotes pour la défense de ce secteur. Enfin la partie sud-est du mur qui se dirigeait en ligne droite, suivant une direction nord-sud, depuis la Tour Neuve et la Tour Maudite jusqu'au port, et qui était jalonnée par les Tours de Saint-Nicolas, des Bouchers, du Pont ou du Légat et du Patriarche, était défendue par Jean de Grailly, commandant des gens d'armes du roi de France, et par Otton de Grandson, commandant des gens d'armes du roi d'Angleterre qui avaient également avec eux les Croisés et pèlerins récemment arrivés et aussi les gens de la « commune d'Acre »[163]. À l'exception des Génois, qu'on ne voit guère mentionnés (leur récent traité d'amitié avec le sultan explique peut-être cette absence), les communiers italiens participèrent vaillamment à la défense. Les Pisans avaient notamment construit près de la Rue des Allemands, c'est-à-dire au voisinage de la Tour Saint-Nicolas et de la Tour du Pont, une grande catapulte qui contrebattit efficacement les machines musulmanes.

Tentatives de sortie des défenseurs d'Acre.

Pendant la nuit du 15 avril, – nuit où « la lune luyseit come le jour » – le grand maître du Temple Guillaume de Beaujeu, aidé par Otton de Grandson, tenta une sortie par la porte Saint-Lazare, c'est-à-dire dans le secteur des Templiers, à l'extrême nord du faubourg de Montmusart, près de la mer. Avec 300 chevaliers, il surprit le contingent de *H*amâ qui campait en face. Les Templiers massacrèrent les veilleurs, enlevèrent les avant-postes et parvinrent jusqu'aux tentes ennemies, mais leurs chevaux s'embarrassèrent dans les cordages des tentes, l'éveil fut donné, et Guillaume de Beaujeu, accablé sous le nombre (il y avait 2 000 cavaliers dans le camp de *H*amâ), dut rentrer dans Acre sans avoir pu incendier les machines adverses[164]. Pendant ce même mois d'avril les Francs tentèrent une autre sortie, mais, cette fois, en profitant au contraire d'une nuit obscure. On avait choisi pour cette nouvelle tentative le secteur de la Porte Saint-Antoine, à l'angle sud-est du quartier de Montmusart[165]. « Encore fu ordené que tous les seignors et le poier d'Acre à cheveu deussent yssir à demy nuit de la Porte Saint-Antoine et férir subitement sur les Sarazins, et fu ce fait ordené si privéement que nul ne le sot tant que l'on coumanda : "Montés à chevau !" Et la lune à sele oure ne rayeit mie, ains estoit mout oscure[166]. » Mais les Musulmans étaient sur leurs gardes. Ils « firent un si grant luminaire de fanons quy sembloit estre jour entre yaus ». Dix mille Mamelûks montaient en selle. Il fallut rentrer précipitamment dans Acre sous une furieuse charge ennemie.

Le 4 mai le roi Henri II arriva de Chypre avec 200 chevaliers et 500 fantassins et un ravitaillement considérable. On n'a pas assez signalé combien la venue de ce malheureux épileptique au milieu des secousses du bombardement était en soi méritoire et héroïque[167]. Du reste, sa présence rendit courage aux défenseurs[168]. Il essaya aussitôt de la diplomatie et envoya à al-Ashraf le chevalier Guillaume de Villiers et le Templier Guillaume de Cafran pour essayer d'obtenir la paix. Mais al-Ashraf fut intraitable : « M'avez-vous apporté les clés de la ville ? » Il ajouta seulement que, par pitié pour la jeunesse et la maladie de Hugue II, il consentirait à accorder la libre sortie de toute la population avec tous ses biens[169].

Prise de la Tour du roi Henri par les Mamelûks.

Le travail des mineurs musulmans portait principalement sur les défenses du saillant confié aux chevaliers de Syrie et de Chypre. D'après Bar Hebraeus, al-Ashraf avait assigné à la destruction de chaque tour une équipe de mille sapeurs se relayant sans cesse[170]. Le 8 mai, d'après Sanudo, les chevaliers chypriotes incendièrent eux-mêmes la barbacane du roi Hugue, ouvrage avancé devenu intenable[171]. Les mineurs ennemis concentrèrent alors leur effort sur la Tour Neuve du roi Henri II, dont, le 15 mai, tout un pan de façade s'écroula dans le fossé[172]. Le lendemain matin mercredi 16 les Mamelûks s'emparèrent de la tour. Ils commençaient à combler le fossé et à escalader le mur, à la faveur d'une forte brèche, devant la Porte Saint-Antoine, quand les Templiers accourent au secours du secteur attaqué. De son côté le maréchal de l'Hôpital Matthieu de Clermont fit des prodiges de valeur, rendit courage aux siens et empêcha, pour ce jour-là, la prise de la ville[173].

Mort héroïque de Guillaume de Beaujeu.

Le vendredi 18 mai à l'aube, al-Ashraf lança l'assaut final. « Et quant vint le jour dou vendredy, avant jour, une grande nacare (batterie de cymbales) souna mout fort, et au son de celle nacare quy avoit mout oryble vois, les Sarazins assaillièrent la cité d'Acre de toutes pars[174]. » Les Mamelûks, s'avançant à pied, en colonnes profondes, submergèrent tout. Pénétrant, grâce à la possession de la Tour du roi Henri, entre le mur extérieur et le mur intérieur[175], ils occupèrent d'un seul élan la fameuse Tour Maudite qui leur livrait le saillant le plus redoutable du mur intérieur[176]. De là une partie d'entre eux s'élancèrent vers la Porte Saint-Antoine, au rentrant formé par l'intersection du mur de Montmusart et du mur intérieur. Ce fut ici que se concentra la suprême résistance. Le maréchal de l'Hôpital Matthieu de Clermont y fit un instant reculer l'ennemi[177]. Les Templiers, eux aussi, tinrent dans la tempête. Le bon chroniqueur, qui fut un des héros de cette journée terrible, nous montre leur grand maître Guillaume de Beaujeu courant avec une douzaine des siens et le grand maître de l'Hôpital arrêter les milliers d'assaillants : « Le maistre dou Temple prit X ou XII frères et sa mehnée et vint vers la Porte de Saint-Antoine tout par entre les deux murs et passa par la garde de l'Ospitale et mena le maistre de l'Ospitau o (= avec) luy, lequel mena aucuns (= quelques-uns) de ses frères et vindrent à la Porte de Saint-Antoine et trouvèrent les Sarazins venant à pié... »[178]. N'est-elle pas digne de l'épopée chrétienne qu'elle va clore, cette démarche du vieux grand maître qui à l'heure suprême, en une réconciliation bientôt scellée par leur sang, vient chercher le chef de l'Ordre ennemi – deux siècles de politique adverse, de passions rivales, de haine – pour, tous deux, aller ensemble à la mort ?

Ce que cette poignée d'hommes de fer voulaient, c'était aveugler la voie entre les deux enceintes, sauver l'enceinte intérieure, reconquérir la Tour Maudite. Mais devant les masses musulmanes sans cesse déferlantes, « riens ne valut », les deux héros semblaient « férir sur un mur de pierre ». Aveuglés par la fumée du feu grégeois, ils ne se voyaient plus l'un l'autre. Tels, dans ces tourbillons et ces jets de flamme, au milieu de la pluie de carreaux d'arbalètes, tout le reste des Francs ayant cédé, eux, pied à pied, résistaient encore. Il était trois heures quand le grand maître du Temple reçut le coup mortel. À ce moment il levait le bras gauche. L'arme lui entra sous l'aisselle, profondément. « Et quant il se senty féru à mort, si se mist à aler, et l'on cuyda que il s'en alast volentiers pour soy sauver ; et XX des

Crussés d'Espolète (vingt Croisés de Spolète) li vindrent devant et ly distrent : "Pour Dieu, sire, ne vous partés, car la ville sera tant tost perdue !" Et il lor respondy hautement, que chacun l'oÿ : "Seignors, je ne peus plus, car je suy mort : vées le cop !" Et adons veymes le pilet clavé (= le trait fiché) en son cors ». Ses fidèles le portèrent au Temple où il expira[179]. Récit saisissant d'un témoin oculaire où achève de se dessiner en traits inoubliables la physionomie de ce dur politique, si semblable à bien des égards à son cousin, le roi de France Philippe le Bel, et qui, à l'heure suprême, fut un des héros de notre race.

Mort de Matthieu de Clermont.

Le maréchal de l'Hôpital Matthieu de Clermont n'eut pas une fin moins belle. Après s'être couvert de gloire devant la Porte Saint-Antoine, il avait un instant trouvé refuge dans la maison-forteresse du Temple qui pouvait longtemps encore défier les assauts. Mais à peine y eut-il salué la dépouille de Guillaume de Beaujeu qu'il retourna au combat. « Et vy le maistre dou Temple qui estoit mort, et retourna à la bataille et mena o (= avec) luy tous ses frères, que nul ne le vost abandonner, et vindrent en la rue des Jenevés, et là se combaty vigoureuzement et osist (occit), luy et ses compagnons, mout de Sarazins, et en la fin il fu mort, luy et les autres, come chevaliers preus et hardis, bons crestiens, et Dieus ait l'arme de yaus (= leur âme) ![180] » Quand au grand maître de l'Hôpital, Jean de Villiers, il fut grièvement blessé, mais put être sauvé par les siens.

Tandis que les Mamelûks, malgré le sacrifice des Templiers et des Hospitaliers, s'engouffraient dans la ville par la Porte Saint-Antoine, Jean de Grailly et Otton de Grandson qui, avec les Français et les Anglais, avaient longtemps défendu la Porte Saint-Nicolas et la Tour du Pont ou Tour du Légat, finissaient par être écrasés sous le nombre. Jean de Grailly était grièvement blessé, et Grandson refoulé sur le port avec les survivants. De plus les bataillons mamelûks qui avaient emporté la Tour Maudite se ruaient au cœur de la ville, dans le quartier des Allemands, la rue de Saint-Romain où ils s'emparaient des catapultes des Pisans, et le quartier

Saint-Léonard, jusqu'au quartier génois où, comme on vient de le voir, ils arrêtaient le retour offensif du maréchal de l'Hôpital. Du moins Grandson réussissait-il à faire embarquer sur les vaisseaux vénitiens tout ce qu'il avait pu ramener de blessés, notamment Jean de Grailly qui, avec le grand maître de l'Hôpital, Jean de Villiers, fut conduit en sûreté à Chypre[181].

*Les tentatives d'embarquement ;
massacre de la population d'Acre.*

Mais les bateaux disponibles étaient insuffisants. Plusieurs coulèrent à pic sous les grappes humaines qui les surchargeaient. Ce fut, d'après plusieurs sources, le cas du patriarche de Jérusalem, Nicolas de Hanapes. Ce vaillant prélat, dominicain du diocèse de Reims, après avoir, pendant le siège, soutenu avec un zèle admirable le courage des chrétiens, se dirigeait, blessé, vers le port. Ayant trouvé refuge sur un bateau, il voulut avec lui sauver le plus grand nombre possible de malheureux ; mais il n'eut pas le courage de repousser les derniers arrivants, si bien que l'embarcation sombra avec tous ses occupants[182].

La masse de la population resta livrée aux fureurs des Mamelûks. Dès la prise de la Tour Neuve du roi Henri par les troupes musulmanes, le mercredi 16, un grand nombre de femmes et d'enfants étaient montés à bord des navires en rade, mais le lendemain une tempête les obligeait à retourner dans leurs maisons, comme pour les livrer au massacre du 18. « Sachés que seluy jour fu oryble à veyr, écrit le Templier de Tyr, témoin oculaire, car les dames et les bourgoizes et damoizelles et autre menue gens aloyent, fouyant par les rues, lor enfans en lor bras, et estoient ploureuzes et esperdues et fouyéent as marines (= vers le port) pour yaus garantir de mort. Et quant Sarazins les encoutréent, l'un pernoit la mère et l'autre l'enfant, et les portoient de leuc en leuc, et les départoient l'un de l'autre ; et tel fès estoit que il estoient en tenson (= querelle) l'un Sarazin et l'autre pour la feme, que elle estoit tuée par yaus ; et aucunes fois (parfois) la femme estoit emmenée et l'enfant alaitant en estoit geté à terre, que chevaus le fouloient ; et

CHUTE DE LA SYRIE FRANQUE

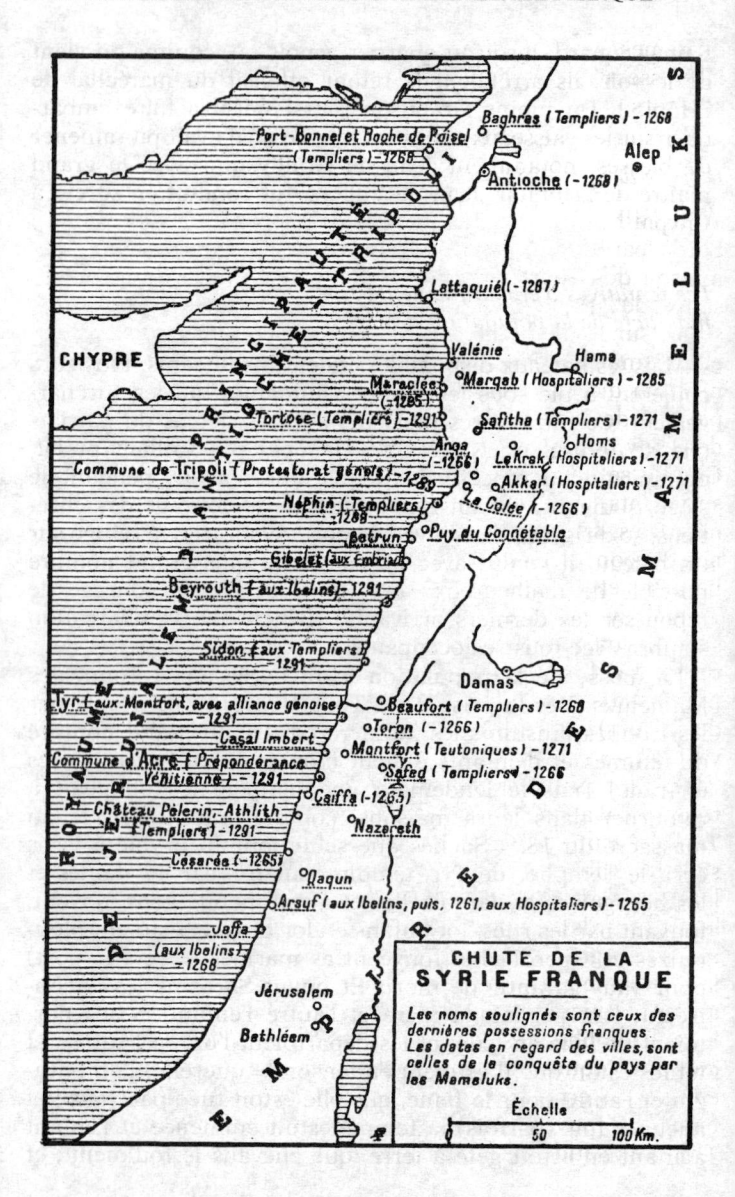

Les noms soulignés sont ceux des dernières possessions franques.
Les dates en regard des villes, sont celles de la conquête du pays par les Mameluks.

Échelle
0 — 50 — 100 Km.

- Baghras (Templiers) - 1268
- Alep
- Port-Bonnel et Roche de Poisel (Templiers) - 1268
- Antioche (-1268)
- CHYPRE
- Lattaquié (-1287)
- Valénie
- Hama
- Maraclée (-1285)
- Marqab (Hospitaliers) - 1285
- Tortose (Templiers) - 1291
- Safitha (Templiers) - 1271
- Anja (-1266)
- Homs
- Le Krak (Hospitaliers) - 1271
- Commune de Tripoli (Protectorat génois) - 1289
- Akkar (Hospitaliers) - 1271
- Néphin (-Templiers) - 1289
- La Colée (-1266)
- Batrun
- Puy du Connétable
- Gibelet (aux Embriaci)
- Beyrouth (aux Ibelins) - 1291
- Sidon (aux Templiers) - 1291
- Damas
- Beaufort (Templiers) - 1268
- Tyr (aux Montfort, avec alliance génoise) - 1291
- Toron (-1266)
- Casal Imbert
- Montfort (Teutoniques) - 1271
- Commune d'Acre (Prépondérance Vénitienne) - 1291
- Safed (Templiers) - 1266
- Château Pèlerin, Athlith (Templiers) - 1291
- Caiffa (-1265)
- Nazareth
- Césarée (-1265)
- Qaqun
- Arsuf (aux Ibelins, puis, 1261, aux Hospitaliers) - 1265
- Jaffa (aux Ibelins) - 1268
- Jérusalem
- Bethléem

de dames avet qui estoient grosses et estoient si desreites en la presse qu'y moroient estaintes et la créature qui estoit en son cors aussi[183]. »

Défense de la maison du Temple.

Parmi les nombreuses maisons fortifiées et castilles dont Saint-Jean d'Acre était rempli, une seule pouvait tenir : la maison des Templiers, non seulement à cause de la puissance de ses murailles et de ses tours, mais parce que, située sur la pleine mer, dans la partie sud-ouest de la cité, elle formait comme une forteresse particulière en communication directe avec le large. Le soir de la prise des remparts et de la mort du grand maître, le Bourguignon Pierre de Sevry, maréchal du Temple, et le commandeur Thibaut Gaudin se barricadèrent dans ce réduit avec les chevaliers survivants, après avoir fait réunir sur le rivage, au pied des murailles, les embarcations disponibles, génoises, vénitiennes ou pontificales. Tout ce qui dans la population d'Acre, hommes et femmes, put se réfugier dans cette forteresse du Temple, y trouva le salut et, de là, avec le roi Henri II, s'embarqua pour Chypre. « Et quant tous ces leins (= navires légers) firent velles (= mirent à la voile), siaus du Temple qui là s'estoient recullis (dans leur forteresse, au bord de la mer) jetèrent un mout haut cry, et se partirent les vasiaus... »

Pendant plusieurs jours la forteresse du Temple défia toutes les attaques. Le sultan al-Ashraf offrit alors aux Templiers une capitulation honorable, avec autorisation de se retirer librement à Chypre, en emmenant toute la population réfugiée chez eux. L'accord fut conclu sur ces bases ; les étendards sultaniens furent, en signe d'armistice, arborés sur la grande tour, tandis qu'un émir était admis dans la forteresse avec une centaine de mamelûks, pour présider à l'embarquement des chrétiens[184]. Mais dans l'ivresse de leur triomphe ces Mamelûks se mirent à violenter les dames franques. À ce spectacle, les chevaliers se jettent sur eux, les exterminent, abattent le drapeau du sultan et ferment de nouveau les portes. Tandis que le commandeur Thibaut Gaudin s'embarque pour Sidon et de là pour

Chypre avec le trésor et les reliques de l'Ordre, le maréchal Pierre de Sevry se prépare à soutenir jusqu'à la mort un nouveau siège.

Les funérailles des Templiers.

Le château, avec ses défenseurs réduits au désespoir, semblait imprenable. Le sultan al-Ashraf recourut à une félonie. De nouveau il offrit à Pierre de Sevry une capitulation pleine d'honneur avec évacuation à Chypre. Pierre eut l'imprudence de se fier à de tels serments. Il se rendit auprès du sultan avec une partie des siens. À peine al-Ashraf les tint-il qu'il les fit tous décapiter. Alors ceux des Templiers qui étaient encore restés dans leur forteresse, les blessés, les malades, les vieillards, résolurent de résister jusqu'à la mort. Le sultan dut recommencer le siège de la forteresse à coups de mines. La base était sapée, des pans entiers du mur s'effondraient. Les Templiers résistaient toujours. Le 28 mai la brèche étant suffisamment large, al-Ashraf lança l'assaut final, mais le poids des masses ennemies fit céder les étançons des sapes et tout le bâtiment s'effondra, ensevelissant sous ses décombres, avec les derniers Templiers, les colonnes d'assaut mameloukes. Le « Temple de Jérusalem » eut pour ses funérailles deux mille cadavres turcs.[185]

Évacuation des dernières places franques.

La chute d'Acre provoqua l'abandon des places franques qui tenaient encore. Adam de Caffran, bailli de Tyr pour le roi Henri II, regagna précipitamment Chypre. La ville « qui estoit une des (plus) fortes cités dou monde » fut occupée sans opposition par les Mamelûks le 19 mai[186]. Les Templiers songèrent à défendre Sidon qui leur appartenait. Le commandeur du Temple Thibaut Gaudin s'y était réfugié avec le trésor de l'Ordre. Il y réunit les frères échappés au massacre et y fut élu grand maître à la place de Guillaume de Beaujeu. Sidon se composait de la ville de terre ferme et du château insulaire ou Qal'at al-Ba*h*r. Quand arrivèrent les Mamelûks, commandés par l'émir al-Shujâ'i, les habitants avaient évacué la ville et s'étaient réfugiés avec les Templiers dans le château, d'où ils gagnèrent Chypre. Thibaut Gaudin se rendit aussi à Chypre, promettant de ramener des secours. Mais là, soit inertie, soit mésentente avec les Templiers chypriotes, il ne fit rien pour les défenseurs du château de Sidon. Comme al-Shujâ'i construisait une chaussée entre la terre ferme et l'îlot, ceux-ci, par une nuit obscure, s'embarquèrent à leur tour pour Chypre. Les Mamelûks occupèrent le château de Sidon qui fut détruit (14 juillet 1291)[187].

Les Francs de Beyrouth, se fiant à des trêves particulières avec les Mamelûks et à la parole de l'émiu Shujâ'i, sortirent, sur les conseils de ce dernier, pour venir le complimenter au passage. Il les fit tous prisonniers et occupa la ville (21 juillet)[188]. Le district franc de Caïffa fut de même occupé sans difficulté et les monastères du Carmel furent détruits (30 juillet). Restaient encore Tortose et Château-Pèlerin, possessions des Templiers. Ils évacuèrent Tortose le 3 août et Château-Pèlerin le 14 août. Les Templiers ne conservèrent (jusqu'en 1303) que l'îlot de Ruad, au sud de Tortose, par où un jour – en 1914 – les « Francs » devaient reprendre pied en Syrie.

FIN DU TOME TROISIÈME

NOTES

Préface

1. Je me rallie définitivement à cette date, de préférence à celle du recueil des historiens des croisades que j'ai citée avec point d'interrogation, tome I, p. 339.

2. Voyez, à côté de tant d'actions sublimes, les abominables massacres de Juifs par les bandes croisées de 1096.

3. Je ne saurais dire tout ce que l'histoire des Croisades doit au savant auteur de *Crusaders in the East* et suis heureux de rappeler ici l'importance de cet ouvrage essentiel qui, sans apporter la masse de faits de Röhricht, dégage avec tant de lucidité les idées générales et rectifie si utilement la chronologie par une critique admirable des sources arabes et latines.

4. Notons que tel aurait été sans doute le sort de la France en 1793 si l'anarchisme de la Constituante et le fédéralisme girondin n'avaient devant la menace étrangère été jugulés à temps par les hommes d'action du Comité de Salut Public.

Avertissement du tome III

1. CARCOPINO, *La république romaine de 133 à 44 avant J, C., II, César* (Histoire Générale Glotz), Presses Universitaires, 1936.

Chapitre premier

1. *Kâmil al-tewârîkh*, 694-695.

2. ERNOUL (p. 181) nous dit que si les représentants de Saladin firent cette offre à Conrad de Montferrat, c'est qu'ils prenaient son navire pour un bateau marchand. Le fait n'en est que plus curieux. Il tendrait à prouver que Saladin, tout en arrachant la Syrie à la

domination franque, entendait maintenir les relations commerciales habituelles avec l'Occident.

3. *Éracles*, II, p. 75-76.

4. ERNOUL, p. 183 et 237.

5. *Voyage d'Ibn Jubair*, *Hist. Orient.*, III, p. 452.

6. *Kâmil al-tewârîkh*, p. 707.

7. HEYD, trad. Furcy Raynaud, *Histoire du commerce du Levant*, I, p. 334 ; SCHAUBE, *Handelsgeschichte der romanischen Völker des Mittelmeergebiets bis zum Ende der Kreuzzüge*, p. 177.

8. SCHAUBE, *Handelsgeschichte der romanischen Völker*, p. 170 (Pisans), 174 (Génois), 176 (Vénitiens).

9. IBN AL-A*th*îR, p. 709 ; *Deux Jardins*, I, p. 342-343 ; BEHÂ AL-DÎN, p. 103.

10. *Éracles*, II, p. 107-108 ; ERNOUL, p. 240-243.

11. *Kâmil al-tewârîkh*, II, p. 3.

12. *Éracles*, II, p. 119-120.

13. IBN AL-A*th*IR, p. 720-721 (juillet 1188).

14. Ce croisé normand est connu des chroniqueurs sous le nom de *Chevalier vert* (ERNOUL, p. 251).

15. Cf. CROUTHER-GORDON, *Sicile* in *Encyclopédie de l'Islam*, G, p. 416.

16. Chiffre, d'ailleurs, évidemment approximatif. Sur la croisade de Barberousse, cf. *Historia de expeditione Frederici imperatoris, et quidam alii gestarum fontes ejusdem expeditionis*, éd. Chroust, Berlin, 1928 ; *Mon. Germ. Hist., Scriptorum germanicorum nova series*, t. V.

17. *Kâmil al-tewârîkh*, II, p. 22.

18. *Deux Jardins*, I. p. 471.

19. *Vie du sultan Yûsuf*, *Hist. Orient.*, III, p. 299.

20. BEHÂ AL-DÎN, *Deux Jardins*, I, p. 471.

21. *Deux Jardins*, I, p. 437.

22. *Ibid.*, I, p. 471.

23. *Ibid.*, I, p. 389.

24. Qilij Arslân II, sultan d'Anatolie de 1155 à 1192. Il avait, on l'a vu, réussi à détruire la dynastie turque rivale, celle des Dânishmendites de Cappadoce, et écrasé à Myriokephalon l'empereur Manuel Comnène (1176). Mais à la fin de son règne il fut aux prises avec la révolte de ses fils entre lesquels il avait partagé les provinces de l'Anatolie turque. L'aîné, Qu*t*b al-Dîn Malikshâh, à qui il avait donné Sîwâs, venait de forcer son père à le reconnaître comme héritier du trône (1189) et se conduisait en souverain quand la Croisade allemande envahit le sultanat. Sur les rapports de Qilij Arslân II et de ses fils, cf. *Kâmil al-tewârîkh*, II, p. 68-70.

25. *Deux Jardins*, I, p. 452.

26. BEHÂ AL-DÎN, p. 159.

27. Cf. lettre du *katholikos* arménien de Rûmqal'a à Saladin, *in* Behâ al-Dîn, *Vie du sultan Yûsuf*, p. 161-162.

28. D'après Ibn al-A*th*îr, Qu*t*b al-Dîn qui, devant Qoniya, avait marché contre Barberousse, n'osa même pas engager le combat. Il prit la fuite devant l'empereur et se réfugia précipitamment dans Qoniya. Cf. *Kâmil al-tewârîkh*, II, p. 23.

29. Cf. *Deux Jardins*, p. 454-455.

30. *Deux Jardins*, I, p. 434-435.

31. *Éracles*, II, p. 136.

32. *Hist. Orient.*, I, p. 62.

33. *Deux Jardins*, I, p. 462.

34. *Kâmil al-tewârîkh*, II, p. 5.

35. Remarque, on va le voir, faite par les historiens arabes.

36. *Deux Jardins*, I, p. 459.

37. *Deux Jardins*, I, p. 458.

38. Ambroise, v. 2615-2619.

39. *Éracles*, II, 124 ; Ernoul, p. 256-257.

40. *Deux Jardins*, I, p. 400.

41. *Kâmil al-tewârîkh*, II, p. 5.

42. Ambroise, éd. Paris, p. 364.

43. Cf. tome II, p. 832-834.

44. C'est le « Mont du Caroubier » des Occidentaux. Cf. Röhricht, *Archives de l'Orient latin*, II, 1, p. 387, et *Gesch. d. Kön. Jer.*, 500.

45. Behâ al-Dîn. ap. *Deux Jardins*, I, p. 406-407.

46. *Kâmil al-tewârîkh*, II, p. 6-7.

47. Sur l'identification Tell al-Fukhâr-Toron de Saint-Nicolas et la position de cette butte, cf. Rey, *Colonies franques*, 451-452 et Guérin, *Galilée*, I, 515. Cette butte, haute de 30 mètres, longue de 600, large de 300, est à 800 mètres de la ville médiévale, à 1500 de la ville actuelle. Voir notre carte, page 22.

48. Behâ al-Dîn, in *Deux Jardins*, 407-408. Le 24 septembre 1189, Saladin déplaça son quartier général de Tell Keîsân à Tell 'Ayâdiya (*Deux Jardins*, p. 411).

49. Ubaldo, archevêque de Pise de 1174 à 1209.

50. Heyd, *Histoire du commerce du Levant*, I, p. 312 ; Schaube, *Handelsgeschichte*, p. 170-171.

51. Heyd, p. 312 ; Schaube, p. 173-174.

52. Heyd, *ibid.* ; Schaube, p. 176.

53. Ambroise, p. 365. Cf. Kervyn de Lettenhove, *Histoire de Flandre*, I, p. 180-181.

54. Cf. Riant, *Expéditions des Scandinaves en Terre Sainte*, p. 284-285.

55. Le quartier de Montmusart était le faubourg nord-ouest d'Acre, depuis la hauteur de la Tour Maudite jusqu'à la mer. Compris dans

56. Behâ al-Dîn, 136. *Kâmil al-tewârîkh*, II, p. 9.

57. D'après Diceto, II, 70, l'armée franque était divisée en quatre « batailles », la 1re commandée par le roi Guy avec les Hospitaliers, la 2e par Conrad de Montferrat, la 3e par le landgrave de Thuringe avec les Allemands, les Pisans et les Scandinaves, la 4e par les Templiers, les Catalans et le reste des Allemands. Au contraire, l'*Estoire d'Éracles* (II, p. 129) raconte que le roi Guy était resté à la garde du camp avec son frère Geoffroi, que l'avant-garde était commandée par le grand-maître du Temple Gérard de Ridefort et l'arrière-garde par André de Brienne.

58. On pressait Gérard de Ridefort, accablé sous le nombre, de s'échapper. Il refusa. « Ne plaise à Dieu qu'on me revoie jamais ailleurs et qu'on puisse reprocher au Temple de m'avoir trouvé fuyant ! » (Ambroise, v. 3029-3032). Mais à notre sens, ce passage signifie seulement que le grand maître était las de s'entendre reprocher sa conduite à Séphorie et à Tibériade où, tandis que ses chevaliers se faisaient massacrer, il avait deux fois sauvé sa vie, la première fois par la fuite, la seconde fois en se rendant.

59. Récit très vivant dans le poème d'Ambroise, v. 2967-3054, éd. Paris, p. 366-367, et aussi chez Behâ al-Dîn, témoin oculaire, p. 140-147 ; cf. Kemâl al-Dîn, *Histoire d'Alep*, Rev. Or. lat., 1896, p. 194-195 ; et Ibn al-Athîr, *Kâmil al-tewârîkh*, II, p. 11-13. Ce dernier parle de trois femmes franques qui combattaient à cheval, habillées en hommes. On ne reconnut leur sexe que quand elles eurent été faites prisonnières (p. 13).

60. *Kâmil al-tewârîkh*, II, p. 14.
61. *Deux Jardins*, I, p. 441.
62. *Ibid.*, p. 427-428.
63. *Kâmil al-tewârîkh*, II, p. 17.
64. *Éracles*, II, p. 131.
65. Behâ al-Dîn, *Deux Jardins*, I, p. 412.
66. *Deux Jardins*, p. 433.
67. *Deux Jardins*, II, p. 9.
68. *Ibid.*, II, p. 6.
69. *Ibid., II*, p. 18.
70. *Deux Jardins*, 1, p. 430.
71. Behâ al-Dîn, p. 153, 157.
72. *Deux Jardins*, I, p. 503.
73. Ambroise, p. 369-370.
74. *Kâmil al-tewârîkh*, II, p. 18.
75. *Kâmil al-tewârîkh*, II, p. 18-21 ; Behâ al-Dîn, p. 155-156 ; Ambroise, p. 370-371.

76. Behâ al-Dîn, p. 164-165.

77. Rey, *Colonies franques*, p. 477.

78. Behâ al-Dîn, p. 167-168 ; *Kâmil al-tewârîkh*, II, p. 26-27.

79. Ambroise, p. 371.

80. Ernoul, p. 266 ; *Éracles*, II, p. 150.

81. Behâ al-Dîn, in *Deux Jardins*. I, p. 464-465.

82. L'attitude de Guy de Lusignan dans cette affaire nous montre que la leçon de *Hatt*în avait porté. De fait, dans la seconde partie de sa carrière, il montrera en général beaucoup de prudence et de sagesse. L'épreuve l'avait mûri, mais le souvenir de *Hatt*în ne le rendait pas moins impossible comme roi.

83. Behâ al-Dîn, p. 169.

84. D'Arbois de Jubainville, *Histoire des comtes de Champagne*, IV, p. 29.

85. Cf. Ambroise, éd. Paris, p. 457.

86. *Deux Jardins*, I, v. 467-469.

87. *Kâmil al-tewârîkh*, II, p. 28.

88. Ambroise, p. 4463-4512.

89. Behâ al-Dîn, p. 178.

90. Behâ al-Dîn, p. 183 ; *Deux Jardins*, p. 476 ; Ambroise, v. 3909-3960.

91. Ambroise, v. 374-375 ; *Itinerarium*, p. 109 ; Behâ al-Dîn, p. 184 ; *Deux Jardins*, p. 483.

92. Behâ al-Dîn, p. 188 ; *Deux Jardins*, p. 478-479.

93. *Deux Jardins*, p. 480-481.

94. Ambroise, v. 375-376.

95. Ambroise, v. 377 ; *Deux Jardins*, p. 513-514.

96. *Deux Jardins*, p. 514 ; Ambroise, v. 4004-4008.

97. Cf. V. Guérin, *La Galilée*, I, 427-428.

98. *Deux Jardins*, p. 512 ; Ambroise, v. 4039-4040.

99. Al 'Imâd (*Deux Jardins*, p. 513), suivi par Röhricht (*G. K. J.*, p. 537), croit que ce furent les chrétiens qui détruisirent le pont de Doc pour retarder la marche des Musulmans qui les talonnaient. Ambroise (v. 4066-4090) affirme que c'étaient au contraire les Musulmans qui voulaient le détruire et Geoffroi de Lusignan qui les en empêcha. Il suffit de regarder une carte pour voir que c'est Ambroise qui a raison.

100. Date donnée dans le *Livre des deux jardins*, 518.

101. *Kâmil al-tewârîkh*, II, p. 33.

102. *Deux Jardins*, p. 520.

103. Cf. Dodu, *Institutions monarchiques du royaume de Jérusalem*, p. 120-121.

104. Cf. Mas-Latrie, *Chronique d'Ernoul*, p. xxvi.

105. Ernoul, p. 267.

106. « J'eus l'occasion de voir ce jeune homme, note Behâ al-Dîn. Il était vraiment beau, bien qu'il eût la barbe rasée, selon la mode des gens de sa nation. » *(Vie du sultan Yûsuf*, p. 256-257.)

107. Ernoul, p. 267.

108. *Éracles*, II, 152.

109. D'autant que, par son long séjour à Constantinople, Conrad devait avoir acquis une mondanité byzantine qui ne pouvait que plaire à la nièce de l'empereur Manuel.

110. *Éracles*, II, p. 152.

111. *Ibid.*, II. p. 154.

112. Ernoul montre que l'action de l'évêque de Beauvais fut déterminante : « Li evesque de Biauvais... parla as arcevesques et à evesques et as barons de l'ost et lor moustra la malvaisté de Hainfroi... Dont dist li evesque de Biauvais qu'il parleroit à Hainfroi et fit tant vers lui qu'il clama quite sa feme et qu'il s'en departi » (Ernoul, p. 268).

113. *Éracles*, II, p. 153-154.

114. Ernoul dit même qu'il la vendit : « Il clama quite sa feme al marchis, par deniers donans » (Ernoul, p. 267-268).

115. Voir l'opinion du parti anglais chez le poète normand Ambroise qui accuse Conrad de bigamie et même de trigamie (Ambroise, v. 4127-4140).

116. Cf. Rigord, *Œuvres de Rigord et de Guillaume le Breton*, I, 99.

117. Voire, le cas échéant, pour l'abattre : les chroniques anglaises accusent le roi de France d'avoir comploté avec le roi de Sicile, Tancrède de Lecce, la destruction de l'armée anglaise et la perte de Richard. Cf. A. Luchaire, *Histoire de France* (Lavisse), III, i, 106-107.

118. Le point de vue « capétien » dans l'histoire de la Troisième Croisade nous est présenté par Rigord, *Gesta Philippi Regis*, et *Philippide (Œuvres* de Rigord et de Guillaume le Breton, éd. Delaborde, 2 vol., Paris, 1882, Société de l'Histoire de France). Le point de vue anglo-normand est présenté, comme on l'a vu, par Ambroise, *Estoire de la Guerre sainte*, éd. G. Paris, 1897 ; Richard de Caen, *Itinerarium peregrinantium et gesta regis Ricardi*, éd. Stubbs, Londres, 1864, Rolls Series ; Richard de Devizes, *De rebus gestis Ricardi I* (éd. Howlett, Londres, 1886, Rolls series) ; Haymar le Moine, *Carmen tetrastichum de expugnata Accone* (éd. Riant, Lyon, 1866).

119. Ambroise, p. 423-424, v. 8479-8519.

120. Cf. Rigord, p. 33. Le comte de Flandre devait mourir peu après son arrivée au siège d'Acre *(Éracles*, II, p. 179). Notons que sa mort à la guerre sainte racheta noblement les fautes de son pèlerinage de 1175. – Cf. Kervyn de Lettenhove, *Histoire de Flandre*, I, p. 183.

121. *Deux Jardins*, II. p. 6.

122. Allusion sans doute au fait que le roi d'Angleterre était, comme duc de Normandie, comte d'Anjou et duc d'Aquitaine, vassal du Capétien.

123. *Éracles*, II, p. 155-156.

124. Mas Latrie, *Hist. de Chypre*, II, p. 11 ; Ambroise, p. 351-357.

125. *L'Estoire de la Guerre sainte* par Ambroise nous dit expressément que Guy de Lusignan venait demander secours à Richard contre Philippe Auguste qui avait pris le parti de Conrad de Montferrat (v. 1710, p. 46 et 353 de l'éd. Gaston Paris).

126. D'après l'*Éracles* (p. 168), Isaac fut fait prisonnier à la bataille de Tremithoussia. D'après Ambroise (v. 1789 2064) il réussit à s'échapper et se réfugia au château de Kantara. Pendant ce temps, Richard occupait Nicosie, mais y tombait malade. Guy de Lusignan s'empara alors, pour le compte de Richard, des châteaux de Cérines et de Saint-Hilarion. Richard, bientôt rétabli, vint de son côté assiéger Buffavent. Mais à Cérines, Guy avait capturé la fille d'Isaac. Désespéré par cette nouvelle, Isaac ouvrit enfin les portes de Kantara et se rendit à Richard. Cf. Mas Latrie, *Hist. de l'île de Chypre*, I ; Jorga, *France de Chypre*, p. 16-19, 82-84 ; Schlumberger, *Récits de Byzance et des Croisades*, I, p. 131.

127. « On envoyait aux Francs qui assiégeaient Acre des primeurs et des légumes frais de l'île de Chypre, et ils les recevaient le surlendemain. » (Kemâl al-Dîn, *Rev. Or. lat.*, 1896, p. 195).

128. Haymarus Monachus, p. 184-186.

129. Cf. *Deux Jardins*, I, p. 10 ; Behâ al-Dîn, p. 218.

130. Ambroise, v. 3625-3660.

131. Behâ al-Dîn, p. 221 ; Kemâl al-Dîn, *Histoire d'Alep, Rev. Or. lat.*, 1896, p. 199 ; *Kâmil al-tewârîkh*, p. 43.

132.   « Se fust en Acre la nef mise
      « Ja meis ne fust la cité prise. »

(Ambroise, v. 2277.)

133. Ambroise, v. 2367.

134. Benoît de Peterborough, II, 170 ; Roger de Hoveden, III, 114.

135. Mas Latrie, *Histoire de l'île de Chypre*, I, p. 27.

136. *Kâmil al-tewârîkh*, II, p. 42 ; Behâ al-Dîn, 217-218.

137. Behâ al-Dîn, p. 221-225 ; Ambroise, p, 383-384.

138. Ambroise, p. 385.

139. Behâ al-Dîn, p. 230.

140. *Ibid.*, p. 231.

141. *Ibid.*, p. 233.

142. Ambroise, p. 386 ; Rigord, p. 35.

143. Ambroise, p. 387, v. 4927 et sq.

144. Ambroise, p. 388, v. 4989-5040.

145. Behâ al-Dîn, p. 233 ; *Kâmil al-tewârikh*, II, 44.
146. Behâ al-Dîn, p. 234-235.
147. Behâ al-Dîn, p. 238.
148. Lettre d'al-Fadl aux ambassadeurs aiyûbides au Maroc, citée dans le *Livre des Deux Jardins*, II, p. 28.
149. Al-marqîs.
150. Sans doute la Tour Maudite des chroniqueurs latins.
151. *Deux Jardins*, II, p. 26.
152. Ambroise, v. 5225-5244.
153. Ernoul, p. 276-277.
154. *Éracles*, II, p. 175-176.
155. Roger de Hoveden, III, 124 ; Benoît de Peterborough, II, 184.
156. Version anglaise du départ de Philippe Auguste, considéré comme une défection, chez Ambroise, v. 5272, 5289, 5329. Version française avec plaidoyer pour Philippe Auguste et insinuations contre Richard dans *l'Estoire de Éracles*, II, p. 179-181.
157. Sur Hugue III, cf. Drouot et Calmette, *Histoire de Bourgogne*, p. 102-103.
158. Détail curieux, Saladin avait demandé comme garantie pour cet accord la parole d'honneur des Templiers qu'il haïssait cependant, mais dont il reconnaissait que le serment était sacré. Eux, craignant que Richard ne les rendît parjures, refusèrent *(Kâmil al-tewârîkh*, II, 47).
159. Ambroise, v. 5538.
160. *Deux Jardins*, p. 32, d'après Behâ al-Dîn, 243. Le chiffre de 16 000 victimes donné par *Éracles* (II, 178) est invraisemblable.
161. Ambroise, v. 5613. Cf. Behâ al-Dîn, p. 242-243.
162. Behâ al-Dîn, p. 234.
163. Behâ al-Dîn signale, d'après le témoignage de prisonniers francs interrogés, que « c'était le roi (Richard) seul qui avait voulu et ordonné cet acte abominable » (*Vie du sultan Yûsuf*, p. 249).
164. *Deux Jardins*, II, 33.
165. *Ibid.*, II, 34.
166. Cf. tome I.
167. Ambroise, v. 5678.
168. Ambroise, v. 5695.
169. Casal, situé au sud de Nahr Na'mein et du bourg de Doc (Tell Da'wuk), en direction du Nahr al-Muqatta'. L'*Éracles* le place à 2 lieues d'Acre.
170. *Éracles*, II, p. 183.
171. Behâ al-Dîn, p. 245 ; Ambroise, v. 5800.
172. Behâ al-Dîn, p. 251 ; *Deux Jardins*, II, p. 34.
173. *Ibid.*, p. 251 ; *Ibid.*, II, p. 34.
174. Ambroise, v. 6329.

175. AMBROISE, v. 6201 et sq.
176. BEHÂ AL-DÎN, p. 253.
177. Cf. HARTMANN, A*thlith*, *Encycl. de l'Islam*, I, p. 513 ; REY, *Études sur les monuments de l'architecture militaire des Croisés en Syrie*, p. 93-100 ; DESCHAMPS, *Le Crac*, p. 71, fig. 14.
178. Cf. REY, *Périples de Syrie et d'Arménie*, Arch. Or. lat, II, I, p. 343.
179. C'est le Flumen Crocodilorum de Pline. La végétation et la faune de cette zone marécageuse rappellent le Delta égyptien. Deux soldats de Richard qui se baignaient dans le Nahr al-Zerqâ furent happés par les crocodiles (AMBROISE, p. 398). Cf. GUÉRIN, *Samarie*, II, 341 ; ABEL, *Géographie de la Palestine*, 471.
180. Cf. CLERMONT-GANNEAU *in* AMBROISE, p. 555 ; ABEL, *Géographie de la Palestine*, 471.
181. AMBROISE, p. 398 ; BEHÂ AL-DÎN, p. 253.
182. AMBROISE, p. 399.
183. CLERMONT-GANNEAU *in* AMBROISE, p. 362.
184. BEHÂ AL-DÎN, p. 256-257.
185. AMBROISE, p. 399-400.
186. A. LUCHAIRE, *Histoire de France* (LAVISSE), III, I, p. 190 ; A. HADENGUE, *Bouvines*, Plon, 1935.
187. AMBROISE, p. 400-401.
188. *Vie du sultan Yûsuf*, p. 258.
189. « Le maître de l'Hôpital, frère Garnier de Naplouse, vint au roi, au galop de son cheval, et lui dit : « Sire, nous perdons tous nos chevaux. » Le roi répondit : « Patience, maître, on ne peut pas être partout ! » (AMBROISE, p. 402). (Garnier de Naplouse, grand maître de l'Hôpital, mentionné depuis le 6 décembre 1190, mort probablement le 31 août 1192. Cf. DELAVILLE LE ROULX, *Hospitaliers*, p. 105-117.)
190. AMBROISE, p. 170, v. 6368-6370.
191. *Vie du sultan Yûsuf*, Hist. Or., III, p. 258-259.
192. AMBROISE, v. 6438-6514.
193. BEHÂ AL-DÎN, p. 259.
194. AMBROISE, v. 6539.
195. *La vie du sultan Yûsuf*, Hist. Or., III, p. 260-261.
196. *Kâmil al-tewârîkh*, p. 50-51. D'après BEHÂ AL-DÎN, p. 263, « le sultan savait que les Musulmans étaient incapables de défendre la place, tant le souvenir d'Acre et du sort de la garnison était récent, et que ses soldats refuseraient d'aller s'enfermer dans la ville. »
197. *Vie du sultan Yûsuf*, Hist. Or., III, p. 264-265 ; *Deux Jardins*, II, p. 41.
198. AL 'IMÂD, in *Deux Jardins*, II, p. 44.
199. BEHÂ AL-DÎN, p. 269.

200. *Kâmil al-tewârîkh*, II, p. 51-52. Naturellement Ambroise rejette sur le duc de Bourgogne et sur les Français la faute d'avoir préféré la reconstruction de Jaffa à l'occupation d'Ascalon avant que cette dernière place ait été détruite par Saladin (AMBROISE, 6989-7031). Mais Richard était le chef de la Croisade...

201. « Guillaume de Preaux se mit à dire : "Sarrasins, je suis *Melec* !" Or *Melec*, c'est roi. Les Turcs le saisirent aussitôt et l'emmenèrent dans leur ost » (AMBROISE, v. 7122-7124).

202. AMBROISE, v. 6941-6951.

203. *Ibid.*, v. 7031-7051.

204. *Vie du sultan Yûsuf*, p. 265.

205. BEHA AL-DÎN, 280.

206. Cf. AMBROISE, p. 410-411 ; ROGER DE HOVEDEN, III, p. 133.

207. AMBROISE, v. 7251.

208. *Ibid.*, v. 7311-7326.

209. BEHÂ AL-DÎN, p. 284-285 ; AMBROISE, v. 7233-7236 ; *Itinerarium peregrinantium*, p. 291-294.

210. AMBROISE, v. 7479-7570.

211. Lâtrûn est la déformation arabe de *Turo militum*.

212. AMBROISE, v. 7628-7647 ; *Itinerarium*, p. 303 ; ROGER DE HOVEDEN, III, p. 179.

213. AMBROISE, v. 7630 et sq.

214. BEHÂ AL-DÎN, p. 273.

215. AMBROISE, p. 415-416.

216. *Deux Jardins*, II, p. 50-51.

217. AMBROISE, v. 7707-7715.

218. *Deux Jardins*, II, p. 48.

219. AMBROISE, p. 416-417.

220. ERNOUL, p. 278-279 ; *Éracles*, II, p. 186.

221. AMBROISE, v. 7843-7868, p. 417.

222. Interprétation concordante de Gaston PARIS, édition d'AMBROISE, p. 548, 2e colonne, lignes 1-2.

223. AMBROISE, p. 412-413 ; *Itinerarium*, p. 296-297.

224. *Itineriarum*, p. 297.

225. *Vie du sultan Yûsuf*, p. 275 ; *Deux Jardins*, II, p. 47.

226. BEHÂ AL-DÎN, *Vie du sultan Yûsuf*, p. 277-278 et 290.

227. *Vie du sultan Yusuf*, p. 293.

228. *Ibid.*, p. 277-278.

229. *Ibid.*, p. 279.

230. *Vie du sultan Yûsuf*, p. 286.

231. *Kâmil al-tewârîkh*, II, p. 53.

232. AMBROISE, v. 7758.

233. AMBROISE, v. 7795-8088.

234. *Ibid.*, v. 9195.

235. *Ibid.*, v. 9335-9373 ; *Itinerarium*, p. 352-356 ; *Kâmil al-tewârîkh*, II, 60 ; Abu Shâma, 1, p. 186.

236. Röhricht (*G. K. J.*, p. 621, note 3) localise le Figuier à Shaqîf al-Tîn, à l'est de Rentîs, au sud sud-est de Mejdel-Yabâ. Comme le montre Clermont-Ganneau (Ambroise, éd. Paris, p. 539), le Figuier était situé bien plus au sud. Tout le contexte d'Ambroise (p. 433) le prouve.

237. Rey, *Colonies franques*, p. 408.

238. Clermont-Ganneau *in* Ambroise, édit. Paris, p. 534.

239. Description très vivante de ces chevauchées dans la steppe, au petit matin, *in* Ambroise, p. 433.

240. Balian II et sa femme Marie Comnène résidaient alors à Tyr auprès de Conrad de Montferrat : n'oublions pas que Marie Comnène était la mère de la princesse Isabelle de Jérusalem, la nouvelle épouse de Conrad.

241. Cf. Ambroise, v. 8712-8713.

242. Behâ al-Dîn, p. 283-284.

243. Ambroise, p. 425-426.

244. *Ibid.*, v. 8686-8687 : « (Conrad) aveit tel pais asseurée – à Salebadin et jurée – que il devoit à lui venir – et qu'il devoit de lui tenir – de Jérusalem la moitié – ...et si devoit aveir Barut – et si deveit aveir Saete ».

245. Behâ al-Dîn, p. 289-290.

246. Ambroise, v. 8157-8234 ; *Itinerarium*, p. 320-323.

247. *Ibid.*, v. 8235-8270.

248. *Ibid.*, v. 8450-8468.

249. *Itinerarium*, p. 333-334.

250. Ambroise, v. 8601-8647.

251. *Ibid.*, v. 8647-8665.

252. *Kâmil al-tewârîkh*, II, p. 51.

253. Ambroise, v. 8726-8733.

254. Ambroise, v. 8879-8908.

255. *Kâmil al-tewârîkh*, II, p. 58. Au contraire, Behâ al-Dîn prétend que les assassins, après leur crime, avouèrent avoir agi pour le compte du roi d'Angleterre (*Vie du sultan Yûsuf*, p. 297).

256. *Éracles*, II, p. 192. Version légèrement différente chez Ernoul, p. 288-289.

257. Sa mère, la comtesse douairière Marie de Champagne, veuve du comte Henri Ier, était fille de Louis VII (père de Philippe Auguste) et d'Éléonore d'Aquitaine (mère de Richard).

258. *Éracles*, II, p. 193.

259. L'enfant de Conrad de Montferrat dont Isabelle était enceinte devait être la reine Marie de Jérusalem, reine en 1205 et qui épousa

en 1210 Jean de Brienne à qui ce mariage devait valoir la couronne de Syrie.

260. *Éracles*, II, p. 193.

261. AMBROISE, v. 8909-9063.

262. AMBROISE, v. 9040-9055.

263. De son mariage avec Isabelle de Jérusalem, Henri de Champagne eut deux filles, Alix qui épousa en 1208 le roi de Chypre Hugue de Lusignan, et Philippine qui épousa en 1214 Érard de Brienne (sur cette dernière, cf. *Éracles*, II, p. 208 et 319).

264. Cf. AMADI, éd. Mas Latrie, p. 83 ; MAS LATRIE, *Histoire de l'île de Chypre sous le règne des princes de la maison de Lusignan*, I, p. 97 et sq. ; JORGA *France de Chypre*, p. 85. Sur l'amitié de Guy et des Pisans, voir HEYD, *Hist. du commerce du Levant*, I, p. 360, et SCHAUBE, *Handelsgeschichte*, p. 215.

265. AMBROISE, v. 9481-9508.

266. Cf. *Vie du sultan Yûsuf*, p. 303. Cf. CLERMONT-GANNEAU index d'AMBROISE, p. 549.

267. AMBROISE, v. 9553-9720.

268. VAN BERCHEM, in *Journal Asiatique*, mai-juin 1902, p. 435-436 ; CLERMONT-GANNEAU, index d'AMBROISE, p. 568.

269. AMBROISE, p. 437 : *Itinerarium*, p. 367-369 ; BEHÂ AL-DÎN, p. 303-304.

270. Le *Kamil al-tewârîkh* (II, p 60) et le *Livre des Deux Jardins* (II, p. 54) attestent que le 13 juin 1192 les Francs s'avancèrent jusqu'à Qolûniya, à huit kilomètres au nord-ouest de la ville sainte.

271. HAGENMEYER, *Chronologie de la Première Croisade*, R. O. L., 1899-1900, 3-4, p. 462, 463 ; AMBROISE, p. 438.

272. AMBROISE, p. 438.

273. *Vie du sultan Yûsuf*, p. 305.

274. Sans doute s'agit-il du couvent Deir Mâr Elyâs, à cinq kilomètres de Jérusalem, sur la route de Bethléem.

275. AMBROISE, p. 440.

276. *Ibid.*, p. 438-439.

277. *Vie du sultan Yûsuf*, p. 305.

278. AMBROISE, p. 439-440.

279. BEHÂ AL-DÎN, p. 305.

280. AMBROISE, p. 441-442.

281. Écho de cette manière de voir chez IBN AL-A*th*îr : « Le roi d'Angleterre dit aux Francs de Syrie : Tracez-moi un plan de la ville de Jérusalem, car je ne l'ai point vue. On lui dressa ce plan. Il aperçut la vallée qui l'entoure, sauf au nord, et les interrogea sur la profondeur de cette vallée. Il déclara alors : « Il est impossible d'assiéger une telle ville tant que Saladin sera vivant et que les Musulmans seront unis entre eux, car nous ne pouvons investir entièrement la

ville et en même temps faire face aux diversions de Saladin. » (*Kamil al-tewârikh*, II, p. 55-56.)
282. *Vie du sultan Yûsuf*, p. 315.
283. Ces détails, donnés par l'honnête Ambroise, pourtant sujet plantagenet dans l'âme, montrent, une fois pour toutes, le caractère tendancieux de la tradition selon laquelle ce seraient les fondés de pouvoir de Philippe Auguste, à commencer par le duc de Bourgogne Hugue III, qui auraient empêché Richard de reprendre Jérusalem.
284. *Éracles*, II, p. 196.
285. AMBROISE, v. 10267.
286. *Deux Jardins*, p. 56.
287. *Éracles*, II, p. 196.
288. Ou Khuwaîlifa. Cf. CLERMONT-GANNEAU, éd. d'AMBROISE, p. 535.
289. BEHÂ AL-DÎN, p. 306-307 ; *Deux Jardins*, p. 55-56 ; *Éracles*, II, p. 197 ; AMBROISE, p. 442.
290. Identification de CLERMONT-GANNEAU, éd. d'AMBROISE, p. 541.
291. AMBROISE, v. 10329-10578.
292. La *berruie* d'Ambroise est en effet ici le Négeb, la zone méridionale de la Judée, zone pierreuse et desséchée, à la flore buissonneuse et grise, qui s'étend du sud d'Hébron à Cades et de l'Araba à la Philistie. Cf. Mgr LEGENDRE, *Le pays biblique*, p. 79-82 (Bloud, 1928).
293. AMBROISE, v. 10376-10508.
294. AMBROISE, v. 10509-10557. Cf. BEHÂ AL-DÎN, p. 306-309. Notons que le célèbre voyageur arabo-persan Alî al-Herewî ou al-Herasî, originaire de Mossoul faisait partie de la caravane. Richard, ayant appris qu'il avait perdu ses livres dans le pillage, voulut l'indemniser au double de ses perles. (Cf. *Extraits des voyages d'Aly el Herewy, Archives de l'Orient latin*, I, p. 606).
295. *Vie du sultan Yûsuf*, p. 313 ; AMBROISE, v. 11364.
296. AMBROISE, p. 453-454.
297. *Vie du sultan Yûsuf*, p. 312-313 ; *Deux Jardins*, p. 59-60.
298. *Vie du sultan Yûsuf*, p. 313.
299. Il s'agit du canton actuel de Suk Wâdî Baradâ, l'ancienne Abila, sur le haut Baradâ, au nord-ouest de Damas.
300. *Vie du sultan Yûsuf*, p. 314 ; *Deux Jardins*, p. 84.
301. BEHÂ AL-DÎN, p. 314.
302. *Ibid.*, p. 315.
303. « Enfermée dans de solides murailles, écrit Mgr Legendre, Jérusalem forcera l'ennemi à entreprendre un long siège et l'étranger n'aura pour s'établir qu'un désert sans eau. » (LEGENDRE, *Le pays biblique*, p. 74.)
304. AMBROISE, v. 10639-10682.
305. *Ibid.*, v. 10683-10718.

306. *Ibid.*, v. 10743.
307. Behâ al-Dîn, p. 316.
308. *Vie du sultan Yûsuf*, p. 318 ; *Deux Jardins*, p. 63-64.
309. Behâ al-Dîn, *ibid.*, p. 334.
310. Ibn al-Athîr, *Hist. Orientaux*, II, p. 73.
311. Behâ al-Dîn, p. 318, 321.
312. *Vie du sultan Yûsuf*, p. 326.
313. *Ibid.*, p. 327.
314. Ambroise,, v. 11203-11238.
315. *Vie du sultan Yûsuf*, p. 333-334.
316. Ambroise, v. 11345-11691.
317. Behâ al-Dîn, p. 338.
318. Ambroise, v. 11543-11564. Pour le continuateur de Guillaume de Tyr, ce serait au débarquement du roi d'Angleterre devant Jaffa que Saladin et Malik al-'Adil lui auraient envoyé ce cheval (*Éracles*, II, p. 196-197). Pour d'autres chroniqueurs le cadeau aurait comporté un piège, ce cheval étant vicieux et capable, dans l'action, de désarçonner son cavalier. Mais Richard, après avoir essayé l'animal, l'aurait fait rendre à Malik al-'Adil. Ce dernier, quelque peu honteux, aurait alors envoyé à Richard un coursier irréprochable (*Éracles*, II, p. 195-196). Même leçon dans Ernoul (p. 281-282) qui attribue l'offre du cheval à Saladin lui-même.
319. Behâ al-Dîn, p. 341.
320. *Éracles*, II, p. 199.
321. Behâ al-Dîn, p. 342-348.
322. Behâ al-Dîn, p. 347 ; Maqrizi, *R. O. L.*, 1902, p. 61-62.
323. Ambroise,, v. 11899-12012.
324. *Ibid.*, v. 12101-12194.
325. Behâ al-Dîn, p. 350 ; *Deux Jardins*, p. 81. Cf. Ambroise, v. 12101-12095.
326. Behâ al-Dîn, p. 349.
327. Behâ al-Dîn, p. 350.
328. On se rappelle que, tandis que Bohémond III régnait à Antioche, son fils cadet Bohémond IV gouvernait Tripoli.
329. Behâ al-Dîn, p. 274.
330. Behâ al-Dîn, p. 356 ; *Deux Jardins*, p. 89. Sur Arzaghân, Dussaud, *Topographie historique*, p. 158.

Chapitre II

1. Ernoul, p. 293 ; *Éracles*, II, p. 199 ; Rey, *Colonies franques*, p. 431.
2. Ernoul et *Éracles, loc. cit.*
3. Ernoul, p. 311-312.

4. Ernoul, p. 311-315 ; Arnold de Lubeck, p. 205.

5. Ernoul, p. 305 ; *Éracles*, p. 216-217 ; *Annales de Terre Sainte*, p. 434-435 ; Heyd, *Hist. du commerce du Levant*, I, p. 321 ; Rey, *Les seigneurs de Giblet*, Rev. Or. lat., 1895, III, p. 402.

6. Heyd, *Commerce du Levant*, I, p. 321-322.

7. Cf. Heyd, *Histoire du commerce du Levant*, I, p. 310-359 ; Schaube, *Handelsgeschichte der romanischen Völker des Mittelmeergebiets bis zum Ende der Kreuzzüge*, p. 169-210, 210-222.

8. *Éracles*, II, p. 202 ; Heyd, *Commerce du Levant*, I, p. 315-316 ; Schaube, *Haudelsgeschichte*, p. 172.

9. *Éracles*, p. 202-203. Mas Latrie, *Histoire de Chypre*, I, 53, 120.

10. Haymari Monachi, *De expugnata Accone liber tetrastichus*, éd. Riant, Lyon, 1866.

11. *Éracles*, II, p. 203.

12. *Éracles*, p. 204 ; *Haymarus monachus*, p. xxxix. Aymar le Moine occupa le siège patriarcal de 1194 à octobre 1202 environ.

13. *Éracles*, p. 204-205.

14. Voir tome II.

15. Appelée Theodora par Guillaume de Tyr, p. 1069, et Irène par les *Lignages*, p. 446. Bohémond III l'avait épousée vers 1161.

16. Rey, *Princes d'Antioche*, R. O. L., 1896, 2-3, p. 380.

17. Voir tome II. Cf. *Hist. Or.*, IV, p. 373-374.

18. *Éracles*, II, p. 207. Tournebize, *Histoire de l'Arménie*, p. 183.

19. *Éracles*, p. 208., Voir notre tome II.

20. « Le château de Gaston avait été enlevé aux Templiers par Saladin le 26 septembre 1188. À la nouvelle de l'arrivée de la Troisième Croisade, los Musulmans l'avaient abandonné ; Léon l'occupa et malgré les réclamations du grand maître du Temple appuyées par le prince d'Antioche, il s'obstina à le garder » (Rey, *R. O. L.*, 1896, 2-3, p. 382).

21. *Éracles*, p. 208.

22. Sur les dignitaires ici nommés : le connétable Raoul des Monts, le maréchal Barthélemy de Tirel, Olivier le Chambellan, cf. Rey, *Dignitaires de la principauté d'Antioche*, Revue de l'Orient latin, 1900-1901, p. 119, 121, 127. Remarquons à ce sujet que ces hautes dignités se transmettaient en général dans les mêmes familles. C'est ainsi que la connétablie passa de Raoul des Monts (attesté en 1186 et 1194) à son fils Roger des Monts (attesté dès fin 1194 et jusqu'en 1216), et plus tard de Robert Mansel (attesté depuis 1207 jusqu'en 1219) à son fils Simon Mansel (attesté en 1262 et en 1268). On trouve de même les maréchaux Guillaume de Tirel (attesté de 1149 à 1169), Barthélemy Ier de Tirel, fils du précédent (attesté de 1186 à 1194) et Barthélemy II de Tirel (attesté en 1262). – Notons que, tandis qu'un des manuscrits d'*Éracles* (p. 207) mentionne Richer de

l'Erminet parmi les seigneurs qui accompagnèrent Bohémond III à Gaston, un autre manuscrit (p. 214) dit que Richer, qui avait deviné le guet-apens et vainement prévenu Bohémond, refusa de le suivre au fatal rendez-vous.

23. Telle est du moins la version de l'*Estoire de Éracles* (p. 207-208) qui impute la préméditation du guet-apens à Léon II, aidé de la princesse Sibylle. Pour Ernoul, au contraire (p. 319), c'était Bohémond III qui avait projeté de capturer Léon en l'attirant à un rendez-vous ; Léon ne consentit à s'y rendre qu'avec la plus grande méfiance, au point qu'il avait fait cacher dans le bois de la fontaine de Baghrâs près de deux cents soldats arméniens avec ordre de venir à son secours dès qu'il sonnerait du cor. De fait Bohémond, le croyant sans défense, chercha tout de suite à s'emparer de sa personne. Léon sonna alors du cor ; ses soldats surgirent, et ce fut Bohémond qui fut pris. Quant à la date du guet-apens de Baghrâs, les *Annales de Terre Sainte* le placent en 1194 (*Arch. Or., lat.*, II. 2, 434) ainsi que les *Gestes des Chiprois*. (§ 52).

24. À Saint-Julien, l'Amus ou Amis des textes syriaques (DUSSAUD, *Topographie*, p. 428, note 10).

25. Voir tome Ier et tome II.

26. Cf. tome II.

27. Cf. REY, *Histoire des princes d'Antioche*, Rev. Or. lat., 1896, p. 384-385.

28. *Éracles*, p. 209 et 214.

29. *Éracles*, II, p. 210-211 et 215. Les *Annales de Jérusalem* (p. 434) et les *Chiprois* (§ 52) placent la délivrance de Bohémond III en 1195.

30. *Annales de Terre Sainte*, Archives de l'Orient latin, II, II, p. 434 ; DU CANGE, éd. Rey, *Familles d'outremer*, p. 120 et 156 ; ERNOUL, p. 321 ; SEMPAD, *Chronique de Petite Arménie*, p. 631-632.

31. ERNOUL. p. 321.

32. Ou plutôt, rectifient les auteurs arméniens, Léon fut couronné par le patriarche arménien Grégoire Abirad, en présence de l'archevêque de Mayence (*Chronique de* SEMPAD, p. 634-638).

33. Cf. DUSSAUD, *Topographie historique*, p. 139, 140 et 512. M. Dussaud a établi notamment que « le Rast », nom sous lequel *Éracles* (II, p. 210) désigne al-Kahf (ou al-Kaht), est une mauvaise lecture pour « le Kaft » (*Topographie*, p. 512).

34. L'autre château des Ismâ'îliens, Ma$s$yât, Ma$s$iyâth ou Ma$s$yâf sur le versant oriental des Monts Nosairi, dominait le pays musulman du moyen Oronte, entre Hamâ et Homs.

35. *Éracles*, II, p. 210.

36. *Éracles*, II, p. 231 ; ERNOUL, p. 323-324.

37. *Kâmil al-tewârîkh*, II, p. 59.

38. *Ibid.*, II, p. 67.

39. *Éracles*, II, p. 203.

40. En fait, si Hugue de Lusignan épousa bien Alix de Champagne-Jérusalem, ils ne régnèrent tous deux que sur le royaume de Chypre, la Syrie franque ayant, comme on le verra, suivi d'autres destinées. Cf. *Éracles*, II, p. 208, 213 ; MAS LATRIE, *Hist. de Chypre*, I, p. 143.

41. Cf. MAS LATRIE, *Histoire de l'île de Chypre*, I, p. 126-128.

42. *Ibid.*, I, 127 et sq.

43. ERNOUL, p. 286-287.

44. C'est ainsi que – toutes proportions gardées – aux dix-septième et dix-huitième siècles, la pénible conquête et le laborieux peuplement du Canada – lutte contre le climat, les Iroquois, les colons de la Nouvelle-Angleterre – seront malheureusement sacrifiés à l'exploitation, si facile, de la Louisiane et des Îles. Cf. Jean ROULLIER, *Apostrophe au peuple welche*, p. 69-78.

45. Cf. *Kâmil al-tewârikh*, II, p. 75-76.

46. *Kâmil al-tewârikh*, II, p. 77.

47. KEMÂL AL-DÎN, *Hist. d'Alep*, trad. Blochet, *Rev. de l'Orient latin*, 1896, 1896, p. 205 ; *Kâmil al-tewârikh*, II, p. 77 et sq. ; MAQRÎZÎ, *Hist. d'Égypte*, trad. Blochet, *Reb. Or. lat.*, 1902, p. 69 et sq. ; *Deux Jardins*, II, p. 101.

48. *Kâmil al-tewârikh*, II, p. 78.

49. MAQRIZI, *Hist. d'Égypte*, R. O. L.*, 1902, p. 81.

50. ABU'L FIDÂ', *Hist. Orient.*, I, p. 72 ; KEMÂL AL-DÎN, trad. Blochet, *Rev. Or. lat.*, 1896, p. 209 ; MAQRÎZÎ, p. 85.

51. MAQRÎZÎ, *Histoire d'Égypte*, trad. Blochet, *Rev. Or. lat.*, 1902, p. 73-74, 86.

52. MAQRÎZÎ, p. 85.

53. KEMÂL AL-DÎN, trad. Blochet, *Rev. Or. lat.*, 1896, II-III, p. 211 ; MAQRÎZÎ, p. 91.

54. *Éracles*, II, p. 216.

55. *Ibid.* Aussi les chroniqueurs allemands Arnold de Lubeck et Otton de Freisingen poursuivent-ils de leur vindicte la mémoire de Henri de Champagne dont la mort leur paraîtra un châtiment du ciel (ARNOLD DE LUBECK, 205).

56. *Kâmil al-tewârikh*, II, p. 85.

57. *Éracles*, II, p. 228 ; ERNOUL, p. 315-316.

58. *Kâmil al-tewârîkh*, p. 85.

59. *Éracles*, II, p. 217-218 ; *Deux Jardins*, II, p. 111. On se rappelle que la seigneurie de Gibelet avait été fondée par le Génois Ugone Embriaco. Sous son petit-fils Hugue II, la francisation du petit fief génois était déjà si complète qu'il refusa le paiement des rentes dues à la république de Gênes (HEYD, *Commerce du Levant*, I, p. 162). Hugue III avait épousé Étiannette de Milly, fille de Henri de Milly,

dit Henri le Buffle, et d'Agnès de Sidon. Cf. REY, *Les seigneurs de Giblet, Rev. Or. lat.*, 1895, III, p. 402.

60. Le fondateur de cette branche était Guillaume Ier de Besmédin (1165-1199), quatrième fils de Guillaume II de Gibelet. Cf. REY, *Les seigneurs de Giblet*, p. 412.

61. « Inconsulto Henrico, comite Campaniæ » (REINERUS LEOD. *Mon. Germ.*, S. S. XVI, p. 653 ; aussi ROGER DE HOVEDEN, IV, p. 26) Cf. *Éracles*, II, p. 218, note *c*.

62. S'agit-il, comme le pense Röhricht, de la rencontre qu'Abû Shâma localise à Ras al-Mâ, au sud-est d'Acre ? (*Deux Jardins*, II p. 115-116).

63. Il s'agit du beau-fils de Raymond III de Tripoli. Cf. tome II, et DU CANGE-REY, 455.

64. *Estoire d'Éracles*, II, p. 217-218.

65. *Éracles*, II, p. 218-219.

66. MAS LATRIE, *Histoire de l'île de Chypre*, I, p. 144, tenant compte de ARNOLD DE LUBECK, V, II-III.

67. *Éracles*, p. 219.

68. Version de *l'Estoire de Éracles*, p. 219-220. Pour ERNOUL (p. 306), Henri de Champagne se lavait les mains devant la fenêtre avant d'aller dîner lorsqu'il tomba par cette baie et se tua.

69. *Éracles*, p. 221.

70. Il semble que la chute de Jaffa ait précédé, de peu, la mort de Henri de Champagne qui n'eut pas le temps d'en être instruit (cf. RÖHRICHT, *G. K. J.*, p. 670, note 8).

71. ROGER DE HOVEDEN, p. 439.

72. Hugue de Tibériade était étroitement apparenté aux Ibelin et même à la famille royale. Il avait en effet épousé Marguerite d'Ibelin, fille de Balian II d'Ibelin et de l'ex-reine Marie Comnène. Sa femme était donc la sœur utérine de la reine Isabelle de Jérusalem, veuve de Henri de Champagne, celle-là même qu'il allait essayer de remarier à son frère Raoul de Tibériade. Cf. DU CANGE-REY, 455-456.

73. *Éracles*, p. 222-223.

74. ERNOUL, p. 309-310. Et notre tome II, p. 850.

75. ROGER DE HOVEDEN, p. 439, v°. Et aussi ARNOLD DE LUBECK, V, III, 440.

76. LUCHAIRE, *Innocent III et la question d'Orient*, p. 29.

77. MAS LATRIE, *Histoire de Chypre*, I, p. 146. Amaury, à cette époque, était veuf d'Échive, fille de Baudouin d'Ibelin, seigneur de Rames (Ramla).

78. *Éracles*, II, p. 224 ; ERNOUL, p. 311. Il déclara ne vouloir « rien prendre ni rien mettre » au budget de Syrie, et que la Syrie eût à assurer son entretien et sa défense par ses propres ressources.

79. MAS LATRIE, *Archives des Missions scientifiques*, I, 1844, p. 526.

80. Cf. Pirenne, *Histoire de Belgique*, I, p. 199-214. Henri Ier régna sur le Brabant de 1190 à 1235.
81. Arnold de Lubeck, 205.
82. Arnold de Lubeck, 205 ; Roger de Hoveden, IV, 28 ; *Kâmil al-tewârîkh*, p. 86.
83. *Kâmil al-tewârîkh*, II, p. 86.
84. Ce point ressort du récit de la chronique d'Ernoul, p. 313 (*Éracles*, II, p. 226).
85. Ernoul, p. 311-314 ; *Éracles*, p. 225-227. La date de la reconquête de Beyrouth par les Francs est donnée par Ibn Khallikan, II, 36 : 24 octobre 1197.
86. Ernoul, p. 407 ; Du Cange-Rey, 231.
87. Kemâl al-Dîn, *Histoire d'Alep*, trad. Blochet, *Rev. Or. lat.*, 1896, II-III, p. 214.
88. Arnold de Lubeck, 207 ; Roger de Hoveden, IV, 28 ; *Chron. regia Colon.*, 161.
89. Kemâl al-Dîn, *loc. cit*. En 1217-1218, Lattaquié est encore mentionné par Ibn al-Athîr comme une des places musulmanes qu'on propose de céder aux Francs en échange de Damiette (*Kâmil al-tewârikh*, II, p. 122).
90. Kemâl al-Dîn, *Hist. d'Alep, R. O. L.*, 1897, I-II, p. 39.
91. Ernoul, p. 341-342 ; *Éracles*, p. 247-248. Voir plus bas, p. 178.
92. « Sic per auxilium superni regis, fugatis Saracenis, qui nusquam comparere audent, sanctam civitatem Jerusalem in brevi capiendam esse speramus » (*Chron. regia Colon.*, p. 161).
93. « Si qui etiam in terra promissionis manere voluerint, reditus ei sufficientes in eadem terra assignari faciemus » *(ibid.).* Même confiance chez Roger de Hoveden, IV, p. 28.
94. *Éracles*, II, p. 220.
95. Et la réflexion prêtée à l'empereur ne paraît s'appliquer ni à Philippe de Souabe ni à Otton de Brunswick.
96. Cf. tome II.
97. *Éracles*, II, p. 221.
98. *Éracles*, p. 222.
99. Arnold de Lubeck, 208-210.
100. *Kamil al-tewârikh*, p. 87-88.
101. *Éracles*, p. 222.
102. Voir même les illusions que se faisaient toujours les Occidentaux sur les possibilités de conversion des princes aiyûbides au christianisme (Roger de Hoveden, IV, 28).
103. *Deux Jardins*, p. 117 ; Maqrîzî, *R. O. L.*, 1902, p. 97 ; Abu'l Fidâ, p. 74.
104. *Kâmil al-tewârikh*, II, p. 88.
105. *Éracles*, p. 222 ; *Deux Jardins*, p. 117.

106. « Subito sermo exivit quod tota familia cancellarii et aliorum principum, omnibus rebus suis jumentis impositis, versus Tyrum iter arriperet. Qua novitate omnes exterriti, cœperunt et ipsi properanter sua colligere, jumentis imponere, certatim post ipsos equitando vel peditando properare. Fiunt igitur tumultationes fugientium, de tali mutatione moerentium et rerum suarum distractione dolentium. » ARNOLD DE LUBECK, 447.

107. *Éracles*, p. 222, 227.

108. *Éracles*, p. 228.

109. MAQRÎZÎ, *Hist. d'Égypte*, R. O. L., 1902, p. 102-103 ; *Deux Jardins*, p. 119-122.

110. *Deux Jardins*, p. 122-129 ; KEMÂL AL-DÎN, *Hist. d'Alep, R. O. L.*, 1896, p. 217-220 ; MAQRÎZÎ. *Hist. d'Égypte, ibid.*, 1902, p. 105-108.

111. Pour le détail et aussi pour la psychologie de ces guerres civiles entre les héritiers de Saladin, je ne puis que renvoyer le lecteur au lumineux ouvrage de M. G. WIET, *l'Égypte arabe*, tome V de l'*Histoire de la nation égyptienne* de M. HANOTAUX (Plon éditeur, 1936). MAQRÎZÎ (p. 109) fait renvoyer al-Afdal à Salkhad, au Haurân. Le *Livre des Deux Jardins* (p. 131-132) le fait déjà partir pour Maiyâlâriqîn, au Diyârbékir, ce qui est une erreur.

112. MAQRÎZÎ, *loc. cit.*, p. 116-123.

113. MAQRÎZÎ, p. 128.

114. Al-Zâhir épousa successivement deux filles d'al-'Adil, d'abord Ghâziya Khâtûn, puis (1212) Dhaîfa Khâtân, mariages qui achevèrent de le placer dans la dépendance de son oncle et beau-père. Il devait y gagner de voir sa lignée conserver le trône d'Alep jusqu'à l'invasion mongole (1186-1260). L'État d'Alep fut ainsi la seule partie un peu importante de l'empire de Saladin qui resta à la descendance directe du grand homme. Cf. KEMÂL AL-DÎN, *Hist. d'Alep*, trad. Blochet, *R. O. L.*, 1896, p. 221 et sq. ; ABU'L FIDÂ, p. 86 ; MAQRÎZÎ, *Hist. d'Égypte*, trad. Blochet, *R. O. L.*, 1902, p. 151.

115. MAQRÎZÎ, p. 114.

116. Al-Awhad étant mort en 1210, son frère al-Ashraf réunit sous son gouvernement toutes les possessions aiyûbides dans la Mésopotamie et le Diyârbékir. Cf. ABU'L FIDÂ, p. 86.

117. ABU'L FIDÂ, p. 79-80.

118. Du paiement de la rançon du roi, *Lois*, I, 398.

119. MAS LATRIE, *Histoire de l'île de Chypre*, I, p. 168.

120. NOVARE, *Assises*, I, 518, 523, 528.

121. *Éracles*, II, p. 228-230.

122. JEAN D'IBELIN, *Lois*, I, p. 327. Voir l'Appendice du présent tome.

123. Rappelons-nous que Hugue et Raoul de Tibériade étaient les beaux-fils de Raymond III de Tripoli, le rival – et la victime – de Guy de Lusignan. Cf. tome II, p. 850.

124. LUCHAIRE, *Innocent III et la question d'Orient*, p. 4-7.

125. *Ibid.*, p. 15.

126. LUCHAIRE, *Innocent, III*, p. 27 ; DU CANGE-REY, 724-726- ; MAS LATRIE, *Patriarches de Jérusalem*, R. O. L., 1893, I, 19 ; RÖHRICHT, *G. K. J.* 696. – Le cardinal Soffredo fut un moment élu patriarche de Jérusalem par les chanoines du Saint-Sépulcre en 1203. Mais, malgré les instances d'Innocent III, il refusa finalement ce titre.

127. VILLEHARDOUIN, éd. Wailly, p. 2-9.

128. KERVYN DE LETTENHOVE, *Histoire de Flandre*, I, p. 193-206 ; PIRENNE, *Histoire de Belgique*, I, p. 202-203.

129. LUCHAIRE, *Innocent III*, p. 83.

130. *Éracles*, II, p. 195, notes *b* et *c*.

131. *Éracles*, p. 246, note *b*.

132. Lettre du comte de Saint-Pol dans BOUQUET, XVIII, p. 517 ; VILLE-HARDOUIN, c. 59.

133. ROBERT DE CLARI, 5, 11.

134. *Éracles*, p. 251-252 ; ERNOUL, p. 345.

135. *Éracles*, p. 265.

136. ERNOUL, p. 362.

137. HEYD, *Histoire du commerce du Levant*, I, p. 401-403 ; SCHAUBE, *Handelsgeschichte*, p. 179.

138. HEYD, I, p. 404.

139. Cf. *Chronique d'Ernoul*, p. 345, 346, 362 ; *Gestes des Chiprois*, p. 663.

140. Cf. tome I.

141. Cf. RIANT, *Le changement de direction de la Quatrième Croisade, Rev. des questions historiques*, 1878.

142. Marquis DE VOGÜE, *Revue de l'Orient latin*, 1893, 1, p. 4.

143. Lettre adressée par Innocent III au légat Pierre de Saint-Marcel qui, avec son collègue Soffredo, avait abandonné sa légation de Terre Sainte pour courir à Constantinople : « De Jerosolimitana provincia tam peregrinis quam indigenis Constantinopolitanas partes adeuntibus, remanet illa terra viris et viribus pene penitus destitua » (Bulle d'Innocent III, in *R. H.*, n° 808). De même : « Quam plures incolæ Jerosolimitani regni Constantinopolim properarunt ibidem habitacula eligentes. Unde illas maritimas partes quas adhuc retinent christiani, non possumus a Saracenorum incursibus defensare atque regnum Cypri pro paucitate hominum vix retinere valemus » (BONCOMPAGNUS, livre III, titre 15, chap. 8). Ce texte ne laisse rien à désirer comme condamnation des résultats de la Quatrième

Croisade. Cf. Röhricht, *G. K. J.*, p. 693 ; Luchaire, *Innocent III et la question d'Orient*, p. 136.

144. Cf. Jean Roullier, *Apostrophe au peuple welche*, p. 69-78.
145. Kervyn de Lettenhove, *Histoire de Flandre*, I, p. 196.
146. Villehardouin, chap. 27, 28, 30, 41, 52 ; *Éracles*, p. 246 ; Ernoul, p. 340.
147. Cf. Anatole de Barthélémy, *Chartes des comtes de Dampierre*, Arch. Or. lat., II, 2. 188.
148. Ernoul, p. 341 ; *Éracles*, p. 247.
149. *Éracles*, II, p. 248.
150. *Éracles*, p. 248-249 ; Ernoul, p. 342 ; Villehardouin, chap. 117 ; Kemâl al-Dîn, trad. Blochet, *R. O. L.*, 1897, p. 39.
151. *Éracles*, p. 257.
152. Et non « l'émir de Sidon », comme l'écrit Röhricht. Sidon, ruinée par ordre de Malik al-'Adil, n'avait pas été reconstruite. Du reste, *Éracles* (II, p. 528) dit simplement : « Un amirail qui en la terre d'Égypte estoit et avoit chasteau en la terre de Saete ».
153. *Éracles*, p. 259 ; Ernoul, p. 355.
154. *Kamil al-tewârîkh*, II, p. 95-96.
155. *Ibid.*, p. 26.
156. *Éracles*, p. 262 ; Ernoul, p. 357-359.
157. Cf. *Kâmil al-tewârîkh*, II, p. 96 ; *Deux Jardins*, II, p. 153 ; Abu'l Fidâ, p. 83 ; Maqrîzî, *R. O. L.*, 1902, p. 132 ; *Éracles*, p. 263. Le *Kâmil al-tewârîkh* nous dit que les Francs pillèrent Fuwa. Le *Livre des Deux Jardins* donne la même indication mais en ajoutant que Fuwa est sur la branche de Damiette, ce qui est une erreur. *Éracles* dit simplement que l'escadre franque alla piller « la terre de Damiette ».
158. Abu'l Fidâ, p. 81. Maqrîzî, trad. Blochet *R. O. L.* 1902, 126-128. – Jamâl al-Dîn spécifie que les Hospitaliers étaient au nombre de 400 cavaliers et 1400 fantassins, plus les Turcoples, et qu'ils perdirent le chef des Turcoples (*R. O. L.* 1902, 126, note 4.)
159. *Kâmil al-tewârîkh*, II, p. 96.
160. *Deux Jardins*, p. 154.
161. Maqrîzî, *R. O. L.*, 1902, I-II, p. 126-128, 134-135. Et notes de Blochet dans sa traduction de Kemâl al-Dîn, *R. O. L.*, 1897, I-II, p. 41, n. 1, 42, n. 1, 44, n. 2.
162. Maqrîzî, *ibid.*, p. 40.
163. Maqrîzî, *Histoire d'Égypte*, *R. O. L.*, 1902, 1-2, p. 135.
164. Jamâl al-Dîn, trad. Blochet, *R. O. L.*, 1902, 1-2, p. 136, n. 1 ; Van Berchem, *Voyage en Syrie*, p. 299.
165. Ernoul, p. 378 ; *Éracles*, p. 277.
166. Ernoul, p. 360.
167. *Kâmil al-tewârîkh*, II, p. 96.

168. Abu'l Fidâ, p. 83 ; Maqrîzî, trad. Blochet, *R. O. L.*, 1902, 1-2, p. 134.

169. *Kâmil al-tewârîkh*, I, p. 381.

170. Mas Latrie, *Histoire de Chypre*, I, p. 167-168.

171. *Lois*, I, p. 429-430.

172. Cf. Du Cange-Rey, *Familles d'Outre-mer*, p. 55, 57. 379.

173. La date de la mort de la reine Isabelle de Jérusalem, veuve du roi Amaury II, n'est pas connue. On sait qu'elle ne survécut guère à Amaury (décédé lui-même le 1er avril 1205). L'*Éracles* (p. 305) dit simplement qu'« elle survécut peu à son époux ». Du Cange (éd. Rey, p. 32) suppose qu'elle mourut vers ou avant 1208 (avant les démarches entreprises par les barons en 1208 pour trouver un fiancé à sa fille, la jeune reine Marie). En réalité Isabelle peut être morte beaucoup plus tôt, puisque l'*Éracles* lui-même mentionne son décès sous la même rubrique de 1205 que le décès d'Amaury II. Dès 1205 elle avait fait choisir comme bayle son demi-frère Jean d'Ibelin.

174. Cf. Du Cange, édit. Rey, *Familles d'Outre-mer*, p. 33 et 639 ; *Éracles*, p. 305 ; Amadi, p. 93 ; Mas Latrie, *Histoire de Chypre*, I, p. 166-171.

175. *Éracles*, 315-316 ; Mas Latrie, *Histoire de Chypre*, I, 171-196.

176. Entre Jean de Brienne et Hugue Ier. Voir p. 190 et suivantes.

177. Mas Latrie, *Histoire de Chypre*, I, p. 197-236. Notons qu'à partir de 1223, la reine douairière de Chypre Alix de Champagne, s'étant brouillée avec le bayle Philippe d'Ibelin, dut se résigner à lui abandonner le pouvoir. Elle se retira en Syrie où elle épousa le prince héritier d'Antioche-Tripoli, le futur Bohémond V (en 1222 ou 1223 d'après Rey, Du Cange-Rey, 59-60 ; en 1224 d'après Novare, *Chiprois*, § 114, et les *Annales*, p. 438).

178. *Deux Jardins*, p. 155-156.

179. *Kâmil al-tewârîkh*, p. 106 (604 H. = 1207-1208).

180. *Ibid.*, p. 106-107.

181. *Deux Jardins*, p. 156-158.

182. Abu'l Fidâ, p. 83 ; Maqrîzî, *R. O. L.*, 1902, I, p. 137.

183. Deschamps, *Le Crac*, 125-126, d'après Abu'l Fidâ, 83, et Maqrîzî, 137.

184. Abu'l Fidâ, *loc. cit.*

185. Rey, *Colonies franques*, p. 365 ; Van Berchem et Fatio, *Voyage en Syrie*, p. 133-134 (Van Berchem a prouvé qu'il s'agit du Qulaî'at ou Qlê'ât situé près de 'Arqa, et non du Qulaî'ât ou Qubai'ât, situé à deux heures au nord de 'Akkâr) ; Dussaud, *Topographie*, p. 85-90.

186. *Kâmil al-tewârîkh*, p. 106.. Événements situés par ce texte en 604, c'est-à-dire après le 28 juillet 1207.

187. Abu'l Fidâ, p. 84 ; Maqrîzî, *loc. cit.*, p. 137.

188. Röhricht, *G. K. J.*, p. 694, n. 1, et 699, n. 2.

189. Guérin de Montaigu, chevalier auvergnat, grand maître de l'Hôpital, mentionné du 1ᵉʳ octobre 1207 à octobre 1227. Cf. Delaville Le Roulx, *Hospitaliers*, p. 137-159.

190. Hermann Bart, ou de Bardt, grand maître teutonique de 1208 à 1210. Cf. Röhricht, *Zusätze und Verbesserungen zu Du Cange*, p. 12.

191. Philippe du Plessiez, grand maître du Temple de 1201 à 1209. C. Du Cange-Rey, 883.

192. *Éracles*, p. 309.

Chapitre III

1. Albert de Verceil et mieux Albert Avogadro, dit aussi Albert de Castel Gualterio, d'une noble famille de Parme, nommé patriarche en 1205. C'est lui qui, en 1209, réunit sous un prieur commun les ermites du Mont Carmel, ce qui serait l'origine des Carmes. Il fut poignardé à Acre le 14 septembre 1214, en pleine procession, soit par un Italien dont il avait blâmé l'inconduite, soit par un Ismâ'ilien. Cf. Du Cange-Rey, 724-727. Mas Latrie, *Patriarches de Jérusalem. R. O. L.*, 1893, 1, p. 19-21.

2. *Éracles*, II, p. 306.

3. Aymar de Layron était devenu seigneur de Césarée en épousant Julienne ou Juliane, sœur et héritière de Gautier de Césarée (veuve de Guy de Beyrouth), Cf. Ducange-Rey, 279-280.

4. *Éracles*, p. 307.

5. *Éracles*, p. 310.

6. Fils de Renaud de Sidon et d'Helvis d'Ibelin. Cf. Du Cange-Rey, p. 434.

7. Cafran est l'actuel Kafr 'Anâ, à l'est de Jaffa.

8. *Deux Jardins*, p. 158.

9. *Éracles*, 316 ; *Patriarches*, R. O. L., 1902, 148 ; *Deux Jardins*, 158.

10. Paix conclue après la Saint-Jean = vers juillet 1211 : *Éracles*, 317.

11. *Ibid.*, p. 317-318.

12. Tournebize, *Histoire... de l'Arménie*, p. 190.

13. Cette princesse est appelée, suivant les chroniqueurs, Estéphémie (ou Stéphanie) ou Isabelle. *Éracles*, p. 320, l'appelle Stéphanie. Cf. *Documents arméniens des croisades*, I, p. cxiv ; Tournebize, *Histoire... de l'Arménie*, p. 193.

14. Isabelle-Yolande devait, en 1225, épouser l'empereur Frédéric II.

15. Héthoum, p. 482 ; Jacques de Vitry, 1142 ; *Annales de Terre Sainte*, p, 436.

16. Dussaud, *Topographie*, p. 139-140.

17. Kemâl al-Dîn, *Hist. d'Alep*, trad. Blochet, *Rev. Or. lat.*, 1897, p. 48-49.

18. Cf. Luchaire, *Innocent III et la question d'Orient*, p. 282.

19. Raoul de Merencourt, évêque de Sidon, nommé patriarche après l'assassinat (14 septembre 1214) d'Albert de Verceil. Sacré à Rome au Concile de Latran en novembre 1215. Décédé en 1225 (Mas Latrie, *Patriarches de Jérusalem*, *Rev. Or. lat.*, 1893, I, p. 21).

20. Olivier le Scolastique, c. 64 ; Jacques de Vitry, *Epist.*, II, 118.

21. Lettres de Jacques de Vitry, in Röhricht, *Zeitschrift für Kirchengeschichte*, XIV, p. 97-118 ; XV, p. 568-587 ; XVI, p. 71-114, 1894-1895. Voir dans ce recueil, pour le tableau de la Syrie franque en 1216-1217, la lettre II de Jacques, *l. c* XIV (1894), 109-112. Jacques de Vitry est aussi, on l'a vu, l'auteur de l'*Historia Orientalis* (éd. Bongars, *Gesta Dei per Francos*, t. I, et Martène, *Thesaurus*, t. III), ouvrage qui, pour son livre 1 (jusqu'en 1193), a bénéficié des *Gesta Orientalum principum* de Guillaume de Tyr, aujourd'hui perdus. Cf. Funk, *Jacob von Vitry Leben und Werke*, Leipzig, 1909.

22. Cf. Jacques de Vitry, *Historia Orientalis*, § 73. – Il est bien entendu qu'aux Italiens il faut ajouter ici les Catalans et les Provençaux.

23. Jacques de Vitry, *Historia*, § 74-79.

24. *Ibid.*, § 72.

25. *Ibid.*, § 70-71.

26. Cf. Jacques de Vitry, *Historia Orientalis*, § 82.

27. « Quidam eorum, quasi inter legem christianorum et sarracenorum hesitantes, claudicabant ». (Jacques de Vitry, *Epistolae*, éd. Röhricht, lettre II, p. 115.)

28. Cf. Jacques de Vitry, *Epistolae l. c.*, où on voit comment Jacques, dans la dangereuse traversée du Jebel Ansariyé, se servait de pigeons voyageurs pour avertir les chrétiens de son approche.

29. Pour la Cinquième Croisade, se reporter aux publications de Röhricht qui l'a particulièrement étudiée : *Studien zur Geschichte des fünften Kreuzzuges*, Innsbruck, 1891 ; Röhricht, *Quinti belli sacri scriptores minores*, Genève, 1879. Lettres d'Olivier le Scolastique in *Westdeutsche Zeitschrift für Geschichte und Kunst*, X, p. 162-207. Trèves, 1891. Lettres de Jacques de Vitry in *Zeitschrift für Kirchengeschichte*, XIV, p. 97-118 ; XV, p. 568-587 ; XVI, p. 71-114. Les lettres d'Olivier le Scolastique ont été en outre publiées par H. Hoogeweg, *Schriften des koelner Domscholasters Oliverius*, Tubingue, 1894, 283-316 (et *ibid.*, 159-282 l'*Historia Damiatina* du même Olivier).

30. « Bavari insolenter et contra legem peregrinorum se habuerunt, hortos et pomeria christianorum destruendo, ejicientes etiam

de hospitiis suis religiosos nec his contenti christianos interfecerunt » (OLIVERIUS SCHOLASTICUS, c. 1).

31. Guy Ier de Gibelet, époux d'Alix d'Antioche, sœur de Bohémond IV.

32. Gérard de Ham, venu en Syrie en 1205, épousa Marie de Beyrouth, veuve de Guillaume de Tibériade.

33. DU CANGE-REY, 547 et 752.

34. *Kâmil al-tewârikh*, p. 111-112. Cf. OLIVIER LE SCOLASTIQUE, c. 2.

35. Cf. *Éracles*, 323-324.

36. ERNOUL, p. 411-412.

37. *Deux Jardins*, p. 162. Ce détail montre que la dynastie kurde des Aiyûbides continuait à parler dans l'intimité persan ou kurde, quand elle ne voulait pas être comprise de son entourage arabo-turc.

38. *Kâmil al-tewârîkh*, p. 112.

39. ABU'L FIDÂ, p. 88 ; *Kâmil al-tewârîkh*, II, p. 112.

40. *Deux Jardins*, p. 163 ; DUSSAUD, *Topographie*, p. 319 et carte II, A, 1.

41. *Deux Jardins*, p. 163. Cf. DUSSAUD, *Topographie*, p. 385. Les données des sources arabes et franques ne permettent ici de reconstituer que très approximativement les mouvements d'al-'Adil. On peut même se demander si le Râs al-Mâ dont il vient d'être question ne serait pas Râs al-Mâ près de Dili, au sud de Sanamein. Cf. DUSSAUD, *Topographie*, p. 343.

42. *Kâmil al-tewârikh*, p. 113.

43. *Éracles*, p. 324.

44. DUSSAUD, *Topographie*, p. 314.

45. *Deux Jardins*, II, p. 161.

46. *Kâmil al-tewârîkh*, II, p. 108 ; *Deux Jardins*, p. 165-166.

47. RÖHRICHT, *G. K. J.*, p. 725, n. 3, et 726, n. 2.

48. *Deux Jardins*, p. 163.

49. IBN AL-A*th*îR, II, p. 113-114 ; *Deux Jardins*, p. 163-164.

50. *Deux Jardins*, 164.

51. JACQUES DE VITRY *Epistolae*, III, 569.

52. *Kâmil al-tewârîkh*, II, p. 114.

53. Beaufort ne devait être rendu aux Francs qu'en 1240.

54. *Éracles*, p. 324.

55. Et non *Hazzîn*, comme l'a établi M. DUSSAUD, *Topographie*, p. 56.

56. *Deux Jardins*, p. 164-165.

57. Cf. DU CANGE-REY, p. 434.

58. Bohémond IV était veuf de Plaisance de Gibelet. Cf. DU CANGE-REY, 204, et REY, *R. O. L.*, 1896, 392.

59. Cf. PHILIPPE DE NOVARE, *Gestes des Chiprois*, p. 670.

60. André fut reçu au Krak par le châtelain du Krak, frère Raymond de Pignans. En partant il attribua cent marcs de rente à la défense de cette forteresse qu'il appelait à juste titre « la clé de la terre chrétienne », « terræ clavem christianæ » (DESCHAMPS, *Le Crac*, 127).

61. Le duc Léopold VI d'Autriche resta en Palestine, mais le sire de Gibelet Guy Ier, qui était fort riche, dut lui prêter 50 000 besants (*Éracles*, p. 332 ; REY, *Les Seigneurs de Giblet*, Rev. Or. lat., 1895, III, p. 403).

62. *Éracles*, p. 325 ; JACQUES DE VITRY, *Epistolæ*, III, 569.

63. *Éracles*, p. 325-326 ; ERNOUL, p. 121-122.

64. OLIVIER LE SCOLASTIQUE, chap. 6.

65. Cf. DESCHAMPS, *Le Crac*, p. 71 et 79 ; REY, *Architecture militaire des croisés*, p. 93. – Des fouilles récentes ont été pratiquées à Athlîth. Cf. *Excavations at Pilgrim's Castle*, in *Quarterly of the Department of Antiquities in Palestine*, I, n° 3, 111-129 (Jérusalem, 1931). Sur la construction du Château-Pèlerin, voir aussi JACQUES DE VITRY, *Epistolæ, loc. cit.*, p. 569-571.

66. On trouvera à la fin du présent volume une carte de la région de Damiette pour servir à la fois à l'expédition de Jean de Brienne et à celle de saint Louis.

67. Cf. OLIVIER LE SCOLASTIQUE, chap. 10 ; JACQUES DE VITRY, *Lettres*, III, p. 570.

68. ERNOUL, p. 414-415.

69. La noblesse et l'épiscopat chypriotes furent en effet brillamment représentés à l'expédition d'Égypte, notamment par l'archevêque de Nicosie Eustorge de Montaigu, qui assista à la prise de Damiette (cf. MAS LATRIE, *Archevêques de Chypre*, Arch. Or. lat., II, p. 214-229) et par Philippe de Novare, le chevalier-poète, alors tout jeune (cf. GASTON PARIS, *Les mémoires de Philippe de Novare*, Rev. Or. lat., 1902, p. 167). – Eustorge de Montaigu, d'une famille noble d'Auvergne, occupa le siège archiépiscopal de Nicosie de 1217 à 1250. Sur son œuvre, comme bâtisseur d'églises et propagateur de l'art gothique en Chypre, voir ENLART, *l'Art gothique et la renaissance en Chypre*, I.

70. D'après d'autres évaluations (arabes), ce serait le 31 mai que la flotte franque aurait mouillé devant Damiette. *Éracles*, p. 326.

71. *Éracles*, p. 329.

72. « Multi autem reges christiani, habitantes in partibus Orientis usque in terram presbyteri Johannis, audientes adventum crucesignatorum, ut eis veniant in auxilium, movent guerram cum Saracenis » (JACQUES DE VITRY, *Epist.*, II, p. 117).

73. « Predixit quemdam regem Nubianorum Mecham civitatem debere destruere et ossa Mahometi pseudoprophetæ dispersa proji-

cere » (OLIVIER LE SCOLASTIQUE, chap. 35). En 1177 la Papauté avait déjà cherché à entrer en rapport avec le roi chrétien d'Éthiopie Keddous-Harbé ou Chenouda à qui fut envoyée (septembre 1177) une lettre en ce sens : il s'agissait d'obtenir de ce prince une diversion pour prendre l'Égypte musulmane à revers. En 1170 il aurait lui-même écrit à Frédéric Barberousse. Le négus suivant, Lalibela (1182-1220) – celui-là même sur qui comptait Pélage – recueillit en 1218 dix mille Coptes qui, au moment de l'invasion franque en Égypte, fuyaient les représailles musulmanes. – Cf. COULBEAUX, *Histoire d'Abyssinie*, 1929, p. 256 et 266.

74. Évidemment près du terminus actuel de la ligne Tanta-Damiette.

75. *Kâmil al-tewârîkh*, II, p. 114. Mêmes détails dans *Éracles*, p. 326-327.

76. *Kâmil al-tewârîkh*, p. 115.

77. *Kâmil al-tewârîkh*, p. 114.

78. *Éracles*, p. 327.

79. *Éracles*, p. 328 ; *Kâmil al-tewârîkh*, p. 115.

80. *Deux Jardins*, p. 167.

81. *Histoire des patriarches d'Aloxandrie*, trad. Blochet, *Revue de l'Orient latin*, 1907, p. 243.

82. Près de l'actuel Kafr al-Battikh. Cf. MASPERO et WIET, *l.* c., 52.

83. *Kâmil al-tewârîkh*, p. 115-116.

84. *Gesta obsidionis*, p. 77.

85. REY, *Colonies franques*, p. 482.

86. *Éracles*, p. 330-331.

87. *Deux Jardins*, p. 168.

88. D'après Olivier le Scolastique, c. 41, ce ne fut pas avant de se rendre en Égypte, mais à son retour d'Égypte, après la prise de Damiette par les Francs (5 novembre 1219) et pour faire diversion à cet événement, qu al-Mu'azzam alla enlever Césarée. Ce système chronologique est accepté par Rôhricht.

89. Nous avons déjà mentionné plus haut Gautier, sire de Césarée, fils de Guy de Beyrouth et de Juliane de Césarée, marié à Marguerite, fille de Bilian II d'Ibelin et de Marie Comnène. Il était connétable de Chypre. C'est Gautier III de Rey. Cf. Du CANGE-REY, 280.

90. *Éracles*, p. 334.

91. ERNOUL, p. 423. À l'automne de 1220 al-Mu'azzam organisa une nouvelle attaque contre 'A*th*lîth. L'intervention de Bohémond IV, descendu d'Antioche-Tripoli, ainsi que de Jean d'Ibelin, sire de Beyrouth, de Guy de Gibelet et d'autres barons syriens ou chypriotes revenus tout exprès de Damiette, obligea de nouveau le prince aiyûbide à lâcher prise (début de novembre 1220) (OLIVIER LE SCOLASTIQUE, c. 53).

92. *Deux Jardins*, p. 166 ; KEMÂL AL-DÎN, *Hist. d'Alep*, trad. Blochet, *Rev. Or. lat.*, 1897, p. 55.

93. Quant à Kaukab, suivant Ibn al-A*th*îr (II, p. 108) et Abu'l Fidâ (p. 86), Malik al-'Adil et Malik al-Mu'a*zz*am l'avaient déjà fait raser en 1212. D'après Behâ' al-Dîn, al-'Adil ne la détruisit qu'en 1219, en même temps que Safed et les fortifications de Jérusalem. Cf. VAN BERCHEM, *Journal asiatique*, mai-juin 1902, p. 437.

94. *Deux. Jardins*, p. 174.

95. *Éracles*, p. 333-334 ; RÖHRICHT, *Gesch. d. Kön.* Jer., p. 733, tend à placer cet épisode au combat du 26 octobre, mais *Éracles* parle bien du 9 octobre.

96. *Histoire des patriarches d'Alexandrie*, trad. Blochet, *Rev. de l'Or. lat.*, 1907, p. 244.

97. Lettre de JACQUES DE VITRY, V, p. 580-581.

98. *Kâmil al-tewârîkh*, II, p. 118.

99. *Hist. des patriarches d'Alexandrie*, *Rev. de l'Or. lat.*, 1907, p. 247-248.

100. *Hist. des patriarches*, p. 249-250. Comme on l'a vu plus haut, plusieurs milliers de Coptes se seraient alors enfuis d'Égypte pour se réfugier dans le royaume chrétien d'Éthiopie (*supra*, page 209.)

101. *Hist. des patriarches*, p. 251.

102. *Patriarches*, p. 252.

103. *Deux Jardins*, p. 170 ; MAQRÎZÎ, *Hist. d'Égypte*, R. O. L., 1902, p. 469. Aliqîn est entre Kiswé et Sanamein (DUSSAUD, *Topographie*, 319.

104. *Éracles*, p. 330.

105. Le père de cet émir, al-Mesh*t*ûb, avait été le héros de la défense d'Acre contre la Troisième Croisade. Sur Ibn-Mesh*t*ûb, cf. MAQRÎZÎ, *Hist. d'Égypte*, R. O. L., 1902, p. 474.

106. *Kâmil al-tewârîkh*, p. 117. Cf. *Éracles*, p. 335-336.

107. *Kâmil al-tewârikh*, p. 117. Le Ashmûn dont il s'agit ici est sans doute l'actuel Ashmûn al-Rummân entre Dekernès et Mit Salsil sur le Ba*h*r al-Saghir. Cf. JEAN MASPERO et G. WIET, *Matériaux pour servir à la géographie de l'Égypte*, in *Mémoires de l'Institut français d'archéologie orientale*, t. 36, Le Caire, 1915-1919, page 17.

108. *Éracles*, p. 336-337 ; ERNOUL, p. 419-420 ; *Hist. des patriarches d'Alexandrie*, R. O. L., 1907, p. 246-247.

109. *Éracles*, p. 337.

110. MAQRÎZÎ, p. 475-476 ; *Deux Jardins*, p. 175-176.

111. ERNOUL, p. 421. « Qui est papa eorum », écrivait déjà Guillaume de Tyr. Je n'ai pas besoin de rappeler combien cette comparaison est artificielle, le khalifat, comme le faisait remarquer M. Wiet, n'ayant aucunement en matière de dogme la compétence d'une papauté.

112. *Éracles*, p. 339-340, et Olivier le Scolastique, c. 29.

113. « Au Pascor après, compli l'an que il arrivèrent en la terre d'Égypte » (*Éracles*, p. 331).

114. *Gesta obsid.*, p. 77. Et le cas de Jean d'Arcis déjà cité, p. 220.

115. *Gesta obsid.*, p. 90 ; Jean de Tulbia, p. 127.

116. De leurs origines génoises, les Embriac avaient gardé le sens des affaires. C'était une des familles les plus riches de l'Orient latin. Cf. Rey, *Les barons de Giblet*, R. O. L., 1895, III, p. 402-403.

117. *Éracles*, II, p. 330.

118. «... menèrent por durgeman un escrivain qui avoit nom Mostar » (*Éracles*, p. 339). Quant à Amelin, ne faut-il pas lire, avec Röhricht, Amelin de Niort ?

119. *Éracles*, II, p. 339.

120. *Éracles*, II, p. 339.

121. Luchaire, *Innocent III et la question d'Orient*, p. 249.

122. Hâtons-nous d'ajouter que par la suite, en 1221, les Hospitaliers et même les Templiers, se rangeant à la manière de voir des barons syriens, émirent l'avis qu'il y avait lieu d'accepter l'échange de Damiette contre Jérusalem et les autres villes de l'ancien royaume moins Kérak, « mais li cardenals ne s'i accorda pas » (Ernoul, p. 442).

123. *Éracles*, II, p. 339 : « Li message des sotans estoient venus en l'ost por avoir le respons. Il lor fu dit que il s'en alassent, que l'en n'en feroit rien. Il s'en alèrent... »

124. *Éracles*, p. 340.

125. *Gesta obsidionis*, p. 93 ; Olivier le Scolastique, c. 18.

126. « Les Francs pensaient que l'eau qui se trouvait dans le fossé des Musulmans était de l'eau douce, mais quand ils y furent arrivés du côté des dunes et des sables, c'est-à-dire à un endroit éloigné de la mer, ils goûtèrent cette eau et s'aperçurent qu'elle était salée. Ils s'en retournèrent alors par le même chemin. » *Histoire des patriarches d'Alexandrie*, R. O. L., 1907, p. 252.

127. *Éracles*, p. 341 ; Olivier, c. 29.

128. *Éracles*, p. 340 ; *Gesta obsidionis*, p. 101 ; Delaville Le Roulx, *Hospitaliers*, p. 144.

129. *Éracles*, p. 341.

130. *Éracles*, p. 342. Cf. Jacques de Vitry, *Epist.*, VI, p. 73.

131. *Éracles*, II, p. 342.

132. *Ibid.*, p. 343-344.

133. *Ibid.*, p. 342-343.

134. *Ibid.*, p. 345 ; *Deux Jardins*, p. 176-177.

135. *Éracles*, p. 345-346 ; Ernoul, p. 426.

136. *Deux Jardins*, p. 177.

137. *Éracles*, p. 346.

138. *Histoire des patriarches*, p. 254.

139. *Deux Jardins*, p. 177.
140. *Ibid.*, p. 177.
141. *Histoire des patriarches d'Alexandrie*, R. O. L., 1907, p. 255.
142. *Hist. des patriarches*, p. 257-258. Cf. *Kâmil al-tewârîkh*, II, p. 119.
143. BARTHOLD, *Turkestan*, p. 403-462 ; D'OHSSON, *Histoire des Mongols*, I, p. 216-330.
144. *Kâmil al-tewârîkh*, p. 158.
145. Rappelons en effet que le règne de George (Giorgi) III (1156-1184) et celui de la célèbre reine Thamar (1184-1211 ou 1212) venaient de marquer l'apogée du royaume géorgien qui avait arraché aux shâhs Armen et aux atâbegs d'Adharbaijân le nord de la Grande Arménie. Le 7 juin 1211, Innocent III avait écrit à la cour de Géorgie pour coordonner la croisade latine et la croisade géorgienne (POTTHAST, n° 4267). De Damiette, Pélage écrivit lui-même au roi de Géorgie pour lui demander une diversion (RÖHRICHT G. K. J., 760). Ce roi était George IV (1212-1223).
146. «... captivos christianos a nunciis regis David in Baldach (= Baghdàd) liberatos, quos captos in obsidione Damietæ rex Babyloniæ (= du Caire) Caliphæ miserat » (OLIVIER, c. 56).
147. « A partibus cismarinis et, ut dicitur, Orientis, se pluribus accingentibus ad subsidium erræ Sanctæ » (*Mon. Germ.*, *Ep.*, 123, n° 176).
148. *Kâmil al-tewârîkh*, p. 120.
149. Cf. OLIVIER LE SCOLASTIQUE, c. 48.
150. ERNOUL, p. 426.
151. On se rappelle que Jean de Brienne, veuf de la reine Marie de Jérusalem-Montferrat, s'était remarié à Estéphémie ou Stéphanie, fille du roi d'Arménie Léon II (*Éracles*, p. 310 ; *Documents arméniens*, I, p. CXIV) Léon II étant mort (1219), Jean songea à revendiquer le trône d'Arménie au nom de sa femme. Il quitta donc Damiette et se rendit en Cilicie, mais les barons arméniens refusèrent de le reconnaître, ajoutant toutefois qu'ils ne récusaient pas les titres de sa femme (bien qu'en réalité la princesse Zabel, sœur cadette d'Estéphémie, ait été déjà reconnue reine d'Arménie). Jean de Brienne repartit donc pour Acre chercher sa femme pour la ramener en Cilicie. Mais à Acre l'entourage du roi lui fit les plus graves révélations : on soupçonnait l'Arménienne de vouloir empoisonner sa belle-fille, la petite Isabelle-Yolande de Jérusalem, née du précédent mariage du roi avec Marie de Montferrat. Jean indigné aurait alors si vertement battu sa femme qu'elle en serait décédée peu après (ERNOUL, p. 427). Il est vrai que ce texte est amphibologique : « que sa feme voloit empoisonner sa fille dont il tenoit le roialme » [quel royaume celui d'Acre ou celui d'Arménie ?]. Certains, comme Rey (REY DU CANGE, 35), ont compris qu'Estéphémie était

accusée de vouloir supprimer sa propre fille à elle, pour priver Jean des droits qu'il pouvait tenir de cette enfant sur le trône d'Arménie. Il est même certain que cette lecture semble plus conforme au contexte. Mais l'accusation portée en ce cas contre Estéphémie paraît monstrueuse et invraisemblable, au lieu que le soupçon d'avoir voulu empoisonner la jeune Isabelle-Yolande, née du premier mariage de son mari, serait plus plausible.

152. ERNOUL, p. 428-429.

153. Chiffre sans doute fort exagéré. ERNOUL, p. 429-430.

154. ERNOUL, p. 434-435 ; *Éracles*, p. 348 ; JACQUES DE VITRY, *Epist.*, VI, 82. Cf. PAUL SABATIER, *Vie de saint François d'Assise*, p. 310-313. Sur l'attitude, généralement pleine de respect, de l'Islam en présence de l'ascétisme chrétien, cf. RENÉ BAZIN, *Charles de Foucauld, apôtre du Sahara*, Paris (Plon), 1921.

155. *Kâmil al-tewârîkh*, p. 122 ; MAQRÎZÎ, *Histoire d'Égypte, R. O. L.*, 1902, p. 490.

156. ERNOUL, p. 435.

157. *Ibid.*, p. 436.

158. ERNOUL, p. 443. Pour l'*Estoire d'Éracles*, au contraire, le légat et son entourage auraient voulu prendre le Caire en l'absence de Jean de Brienne et ce fut lui qui, averti à temps, accourut réclamer sa place dans la chevauchée. « Ceste enprise (= entreprise) firent-il por ce que il voloient que la chevauchée fust sanz le roi Johan, car il l'en voloient tolir le los (lui en enlever l'honneur) et la seignorie. Les gens dou roi Johan et ses bailli, quant il sorent ce et conurent la malice, si le mandèrent au roi. Li rois fist armer III galées et passa en Chipre et d'en qui à Damiette. » (*Éracles*, p. 349).

159. *Hist. des patriarches d'Alexandrie*, p. 256.

160. ERNOUL, p. 442.

161. *Éracles*, p. 350. Olivier le Scolastique cherche au contraire à justifier Pélage.

162. ERNOUL, p. 440.

163. *Histoire des patriarches d'Alexandrie*, trad. Blochet, *Rev. Orient lat.*, 1907, p. 259-260.

164. *Deux Jardins*, p. 179-182.

165. *Ibid.*, p. 183.

166. *Kâmil al-tewârîkh*, II, p. 123.

167. Barâmûn est aujourd'hui la première station de la ligne secondaire entre Mansûra et Damiette par Fariskûr.

168. *Histoire des patriarches d'Alexandrie*, *Rev. Or. lat.*, 1907, p. 257.

169. *Éracles*, II, p. 351.

170. Les sources arabes font varier la date de la capitulation officielle de Damiette entre le 27 et le 30 août.

171. Maqrîzî, *Histoire d'Égypte*, *Rev. Or. lat.*, 1902, p. 491-492. Même note dans l'*Histoire des patriarches d'Alexandrie*, également traduite par Blochet, *Rev. Or. lat.*, 1907, p. 257-258.

172. *Hist. des patriarches d'Alexandrie*, p. 258.

173. *Deux Jardins*, p. 183.

174. *Hist. des patriarches*, p. 259.

175. Ernoul, p. 446-447.

176. « Qui dubitare potuit, quin a Deo processerit tanta benignitas, mansuetudo et misericordia ? Illi, quorum parentes, filios et filias, fratres et sorores diversis cruciatibus occidimus, hii quorum substantiam distraximus et nudos de habitationibus suis ejecimus, nos fame morientes suo cibo reficiebant et multis beneficiis suis benigne nos pertractabant, cum in dominio et potestate eorum essemus constituti » (Olivier, append., 282).

177. « Hospitalarios S. Johannis et Templarios rebus suis spoliaverunt pirate, militem unum nobilem et religiosum fratrem Templi in defensione depositorum interfecerunt, alium fratrem Teutonicum vulnaverunt ad mortem » (Olivier, c. 80).

178. *Hist. des patriarches*, p. 258.

179. *Kâmil al-tewârikh*, p. 125.

180. *Éracles*, II, p. 352.

181. *Éracles*, p. 213 et 313. Cf. Rey, *Histoire des princes d'Antioche*, *Rev. Or. lat.*, 1896, p. 386.

182. *Éracles*, p. 213 et 313. Cf. Rey, *Histoire des princes d'Antioche*, *Rev. Or. lat.*, 1896, p. 386.

183. Kemâl al-Dîn, *Histoire d'Alep*, trad. Blochet, *Rev. Or. lat.*, 1897, I, p 41 ; Abu'l Fidâ, p. 82.

184. Ernoul, p. 322.

185. Cf. Dussaud, *Topographie*, p. 443. Il semble que Port-Bonnel corresponde à l'actuel Port des Francs *(Minât al-Franj)*, à quatre heures de cheval au sud du cap appelé Râs al-Khanzîr, qui s'avance à l'extrémité du Jebal al-A*h*mar et du Jebal-Mûsâ, à mi-chemin entre Alexandrette et l'embouchure de l'Oronte. La Roche de Roissel serait la forteresse *(al-Qal'a)* dont les ruines dominent au sud-est le Minat al-Franj, à vingt minutes à pied de ce point (Deschamps et Mouterde).

186. Kemâl al-Dîn, trad. Blochet, *R. O. L.*, 1897, p. 42-43.

187. Kemâl al-Dîn, *Histoire d'Alep*, *R. O. L.*, 1897, I-II, p. 43.

188. Kemâl al-Dîn, *ibid.* ; *Kâmil al-tewârikh*, II, p. 98-100 ; *Deux Jardins*, II, p. 154-155.

189. Kemâl al-Dîn, p. 43-44.

190. Le fait que l'élément grec conservait sous les Francs une place importante dans la bourgeoisie d'Antioche nous est attesté indirectement par Usâma qui nous dit que, de son temps, « le chef

de la municipalité *(al-ra'is)* à Antioche était un certain Ta'odoros ibn al-Safî – nom que Derenbourg restitue en Theodoros Sophianos, – un Grec évidemment, qui, lié d'amitié avec les Arabes de Shaîzar, faisait inviter à dîner leurs envoyés chez un des principaux chevaliers francs pour leur montrer comme une curiosité les coutumes franques (*Autobiographie d'Ousâma*, p. 465).

191. Les *Annales de Terre Sainte* nomment formellement le patriarche qui résista à Bohémond IV, Pierre d'Angoulême (*Archives de l'Orient latin*, II, 436). Mas Latrie a cru que Pierre d'Angoulême était mort à cette date et qu'on avait nommé pour le remplacer le légat de la Quatrième Croisade, Pietro Capuano, lequel aurait occupé le siège d'Antioche de 1204 environ à 1208 (MAS LATRIE, *Patriarches d'Antioche, Revue de l'Orient latin*, 1894, II, p. 194-196). En réalité Pierre d'Angoulême, qui avait succédé à Aymeri de Limoges en 1196, resta patriarche d'Antioche jusqu'au 8 juillet 1208, date où il mourut prisonnier de Bohémond IV au château d'Antioche. Cf. REY, *Dignitaires de la principauté d'Antioche, Revue de l'Orient latin*, 1900-1901, p. 138.

192. LUCHAIRE, *Innocent III et la question d'Orient*, p. 35.

193. *Ibid.*, p. 35.

194. TOURNEBIZE, *Histoire politique et religieuse de l'Arménie*, p. 259-274.

195. GUIRAGOS, *Doc. armén.*, I, p. 423.

196. DELAVILLE-LEROULX, *Hospitaliers*, p. 134.

197. *Éracles*, p. 257.

198. *Documents arméniens*, I, p. 171.

199. LUCHAIRE, *Innocent III*, p. 50.

200. *Éracles*, p. 314-315.

201. REY, *Colonies franques*, p. 370 ; DUSSAUD, *Topographie*, p. 77. Du Cange reconstituait ainsi la succession des sires de Néphin : 1° Renouart de Néphin qui avait accompagné en 1169 le roi Amaury Ier à Constantinople ; « il épousa, comme je le présume par la circonstance des temps, Douce, fille de Renaud Porcelet, gentilhomme de Provence » ; 2° Raymond de Néphin, fils du précédent et dont la fille, Églantine, épousa : 3° Rohart II de Caïffa, lequel Rohart serait, au lieu de Renouart, le héros de l'histoire ci-dessus. Mais REY (édition des *Familles d'Outre-mer*, p. 223, 413-414) complète ce tableau en établissant que Raymond de Néphin eut trois enfants : 1° Helvis, mariée à Jean d'Ibelin, « le Vieux Sire » de Beyrouth, dont elle fut la première femme ; 2° Églantine, qui épousa en effet Rohart II de Caïffa ; 3° Renouart – Renouart II, – qui semble être par conséquent le héros de la révolte contre Bohémond IV.

202. REY, *Colonies franques*, p. 367 ; DUSSAUD, *Topographie*, p. 88.

203. Rappelons que Raoul et Eude de Tibériade étaient les fils de Gautier de Saint-Omer, seigneur de Tibériade, prince de Galilée, et d'Échive de Tibériade, remariée depuis à Raymond III de Tripoli. Cf. Du Cange-Rey, *Familles d'Outre-mer*, p. 451-456.

204. Bohémond IV avait épousé Plaisance de Gibelet, sœur du sire de Gibelet Guy. Ier et de Hugue, tué en défendant la cause du comte contre le sire de Néphin. Cf. *Éracles*, p. 314-315 ; Rey, *Les seigneurs de Giblet, R. O. L.*, 1895, III, p. 402, et Du Cange-Rey, p. 319.

205. L'*Éracles* nous dit que Jean d'Ibelin était le beau-frère de Renouart de Néphin (p. 315). Rey a établi en effet que Jean Ier d'Ibelin, « le vieux sire de Beyrouth », épousa en premières noces Helvis de Néphin, sœur de Renouart II, avant de se remarier à Mélisende d'Arsur. Cf. *Familles d'Outre-mer*, p. 222.

206. Cf. Heyd, *Commerce du Levant*, I, 322.

207. *Éracles*, p. 315.

208. Rey, *Histoire des princes d'Antioche, R. O. L.*, 1896, p. 387 ; Heyd, I, p. 322-323.

209. Luchaire, *Innocent III et la question d'Orient*, p. 39. Ce ne fut qu'après 1214 que Siméon III, jugeant sans doute la situation intenable en présence de l'hostilité des Latins, abandonna Antioche pour se retirer à Nicée auprès de Théodore Lascaris. Cf. Rey, *Princes d'Antioche, R. O. L.*, 1896, p. 389.

210. Rey, *Hist. des princes d'Antioche, R. O. L.*, 1896, p. 389.

211. « En l'an MCCVIII se révéla (= révolta) la commune d'Antioche contre le prince Buémont par le conseil dou patriarche Pierre d'Angolerme » (*Annales de Terre Sainte, Arch. Or. lat.*, II, p. 436) ; Amadi, éd. Mas Latrie, p. 96-97 ; Marino Sanuto, *Secreta fidelium Crucis*, livre III, 2e partie, chap. III.

212. Léon II écrit à ce sujet : « Cum fortunato per Dei gratiam exercitu nostro accessimus usque ad portas civitatis, quæ apertæ sunt nobis, et cum pacis silentio introivimus Antiochiam sine aliqua persecutione illata, sine sanguinis effusione... Nepos noster venerabili patriarchæ tanquam domino suo ligio junctis manibus ligius fecit homagium. Quibus peractis, dominus patriarcha dedit ei vexillum principale et sancivit eum de corporali possessione civitatis totiusque principatus » (*R. H.*, n° 817).

213. Cf. Rey, *Histoire des princes d'Antioche, R. O. L.*, 1896, 2-3, p. 388.

214. Rey, *Histoire des princes d'Antioche, R. O. L.*, 1896, 2-3, p. 388.

215. Roger du Mont ou des Monts, connétable d'Antioche dès septembre 1194, avait succédé dans cette fonction à son père Raoul des Monts, ami et compagnon de Bohémond III. Encore mentionné comme connétable en 1201, on le voit en 1210 installé à la cour d'Arménie, à Sis. Il devait rentrer à Antioche en 1216 avec l'avène-

ment de Raymond-Roupên. Cf. REY, *Dignitaires de la principauté d'Antioche*, R. O. L., 1900-1901, p. 119.

216. SEMPAD, *Chronique*, Doc. arm., I, p. 639.

217. *Gestes des Chiprois*, p. 17.

218. *Annales de Terre Sainte*, Archives de l'Orient latin, II, p. 436.

219. *Éracles*, p. 313-314.

220. Cf. LUCHAIRE, *Innocent III*, p. 39.

221. REY, *Histoire des princes d'Antioche*, p. 395.

222. Cf. VAN BERCHEM et FATIO, *Voyage en Syrie*, p. 247.

223. REY, *Dignitaires de la principauté d'Antioche*, R. O. L., 1900-1901, p. 139.

224. LUCHAIRE, p. 40-41.

225. « Bohemundus respondit se Antiochiam ab imperatore Constantinopolitano tenere nec sibi videri tutum aut justum, ut de ipsa conventus in alterius quam ejusdem domini sui judicio responderet ». R. H., n° 863.

226. REY, *Dignitaires*, p. 147.

227. R. H., n° 852 ; REY, *Dignitaires*, p. 139 : « Sicut multorum veridica relatione didicimus, etsi nundum christianæ religionis susceperis sacramenta, fidem tamem catholicam in multis Christi fidelibus deferendo, etc. »

228. KEMÂL AL-DÎN, trad. Blochet, p. 45.

229. *Doc. arméniens*, p. 1, 83.

230. KEMÂL AL-DÎN, trad. Blochet.

231. *Éracles*, p. 317, 318.

232. DELAVILLE LE ROULX, *Hospitaliers*, p. 139, avec correction.

233. Site à rechercher. DUSSAUD, p. 137.

234. En 1226 le régent d'Arménie Constantin racheta Selefké à l'Hôpital. Cf. plus bas, p. 269 et DELAVILLE LE ROULX, *Hospitaliers*, p. 140-141.

235. DELAVILLE LE ROULX, p. 140.

236. *Documents arméniens*, p. 643 ; TOURNEBIZE, *Histoire... de l'Arménie*, p. 198.

237. Acharie ou Zacharie était le fils de Gervais, seigneur titulaire de Sermin et, lui aussi, sénéchal d'Antioche. Cf. REY, *Histoire des princes d'Antioche*, R O. L., 1896, p. 384, 396, et *Dignitaires de la principauté d'Antioche*, ibid., 1900-1901, p. 122-123.

238. Difficulté chronologique. L'acte par lequel Raymond-Roupên confirme les privilèges des Hospitaliers dans la principauté et leur donne Jabala est daté du 31 mars 1215. RÖHRICHT (G. K. J., p. 716) en conclut que la prise de possession d'Antioche par Raymond-Roupên est de février-mars 1215. Nous penchons pour l'opinion de REY, *Histoire des princes d'Antioche*, p. 396, qui pense qu'il faut corriger la date de l'acte en 31 mars 1216, car le texte des *Chiprois* est

formel pour la date de 1216 (*Gestes des Chiprois*, p. 19 ; *Annales de Terre Sainte*, Arch. Or. lat., II, II, p. 436). Du reste nous voyons les deux candidats promettre et « donner » par avance récompenses et privilèges à leurs partisans.

239. SEMPAD, *Doc. arm.*, p. 643.

240. DELAVILLE LE ROULX, *Hospitaliers*, p. 148.

241. REY, *Princes d'Antioche*, p. 385 ; DELAVILLE LE ROULX, p. 433.

242. REY, *Histoire des princes d'Antioche*, p. 396.

243. REY, *Princes d'Antioche*, p. 390, 395-396.

244. Lettre en ce sens d'Honorius III à Léon II le 25 juillet 1217, citée par REY, *Rev. Orient latin*, 1896, p. 395-396.

245. *Éracles*, p. 347.

246. *Ibid.*, p. 318.

247. *Gestes des Chiprois*, p. 19-20. La dernière mention de Raymond-Roupên comme prince d'Antioche est de mars 1219.

248. DELAVILLE LE ROULX, *Hospitaliers*, p. 148-149, et REY, *Princes d'Antioche*, R. O. L., 1896, p. 391.

249. DELAVILLE LE ROULX, *Hospitaliers*, p. 149.

250. *Ibid.*, p. 173-175.

251. REY, *Dignitaires de la principauté d'Antioche*, Rev. Or. lat., 1900-1901, p. 140.

252. REY, *Dignitaires*, p. 141.

253. SEMPAD, *Doc. arméniens*, I, p. 644 ; TOURNEBIZE, *Histoire de l'Arménie*, p. 190.

254. HÉTHOUM DE GORIGOS, *Table chronologique*, Doc. arm., I, p. 483 ; SEMPAD, *ibid.*, I, p. 645.

255. Rappelons que Raymond Roupên était fils d'Alice, nièce de Léon II et fille du feu roi d'Arménie Roupên III.

256. Ce titre semble indiquer qu'Adam avait été nommé châtelain de Gaston ou Baghrâs, pendant la durée de l'occupation de la forteresse par les Arméniens (1190-1211). Sempad (p. 644) nous apprend qu'il avait épousé une princesse héthoumienne.

257. *Éracles*, p. 347 ; *Chronique rimée*, p. 513-514.

258. *Chronique* de HETHOUM DE GORIGOS, *Doc. arm.*, p. 485.

259. BAR HEBRAEUS, *Chron. syr.*, p. 484.

260. *Éracles*, p. 347 ; *Chiprois*, p. 29.

261. SEMPAD, *Doc. arm.*, p. 647.

262. BAR HEBRAEUS, *Chron. syr.*, p. 425. Cf. SEMPAD, p. 647-648 ; *Éracles*, p. 347-348 ; *Chiprois*, p. 20.

263. *Kâmil al-tewârîkh*, II, p. 168-170 (où par parenthèse Ibn al-Athîr se montre très renseigné sur l'attitude de la Papauté).

264. SEMPAD, *Doc. arm.*, p. 648.

265. DELAVILLE LE ROULX, *Hospitaliers*, p. 141 ; SEMPAD, p. 648 ; BAR HEBRAEUS, *Chron. syr.*, p. 497.

Chapitre IV

1. Ernoul, p. 449.
2. E. Kantorowicz, *Frederick the Second*, 138-139. M. Robert Fazy nous fait remarquer que Frédéric II tenait beaucoup moins à la possession de la Terre Sainte qu'au titre de roi de Jérusalem, titre qui dans toute la Chrétienté augmentait encore le prestige impérial : un peu, ajoute le savant suisse, comme les rois indiens rêvaient dans le bouddhisme comme dans le brahmanisme, au titre essentiellement religieux de *chakravartin* ou monarque universel.
3. *Éracles*, p. 356.
4. Jean d'Ibelin, *Lois*, II, p. 399 ; *Éracles*, p. 358.
5. *Gestes des Chiprois*, p. 667.
6. *Gestes des Chiprois, Chronique de Terre Sainte*, p. 91.
7. *Éracles*, p. 358.
8. « Au fait de luxure, nous dit Philippe de Novare, il trespassa la boune nature, si que en luxure il surmonta Noiron (Néron) ; sans nombre fist d'avoltires et de fornications ; et, ovec ce, estoit sodomites » (*Gestes des Chiprois*, p. 671).
9. *Éracles*, II, p. 367 ; Ernoul, p. 451-452. Le très curieux passage ci-dessus [*que honi fussent tuit cil qni empereor l'avoient fait, fors seulement le roi de France*] se réfère au fait que c'était Philippe Auguste qui, par sa victoire de Bouvines, avait permis le triomphe de Frédéric II, alors son candidat à l'Empire, sur l'anti-César Othon de Brunswick. L'allusion, presque l'appel au Capétien, montre aussi que Jean de Brienne se rendait maintenant compte de l'énorme faute qu'il avait lui-même commise en subordonnant la France du Levant à l'Empire germanique...
10. Philippe de Novare, *Gestes des Chiprois*, p. 672.
11. Philippe de Novare, *Gestes*, p. 672-676 ; Du Cange-Rey, p. 367-368 ; Mas Latrie, *Histoire de l'île de Chypre*, I, p. 228-236 ; II, 48, III, 625.
12. Cf. Du Cange-Rey, *Familles d'Outre-mer*, p. 231-233 ; Schlumberger, *Numismatique de l'Orient latin*, p. 117. Voir à la fin du présent tome la généalogie de la maison d'Ibelin.
13. *Gestes des Chiprois*, p. 667.
14. « Il avait du penchant pour les Musulmans parce qu'on l'avait élevé en Sicile où la plupart des habitants professent l'islamisme » (Jamâl al-Dîn ibn Wâsil, cité par Abu'l Fidâ, p. 104).
15. Trad. Blochet, *R. O. L.*, 1902, p. 527.
16. Rothelin, p. 526.
17. Matthieu Paris, 326.
18. Trad. Blochet, *Rev. Or. lat.*, 1902. p. 527.

19. Maqrîzî, *Histoire d'Égypte*, trad. Blochet, *Rev. Or. lat.*, 1902, p. 527-529.

20. Maqrîzî, *ibid.*, 1903-1904, p. 291-292.

21. Trad. Blochet, *Rev. Or. lat.*, 1902, p. 528-529.

22. On trouvera la liste des nombreux fils d'al-'Adil dans Maqrîzî, *Histoire de l'Égypte*, trad. Blochet, *Rev. de l'Orient latin*, 1902, p. 470-471. Rappelons que Malik al-Ashraf avait reçu de son père la Jazîra (Édesse, Harran) et la Grande Arménie aiyûbide (Khilât, Maiyâfâriqîn). Son frère cadet Malik al-Muzaffar, prince d'Édesse et de Sarûj, était son vassal. En 1220-1221, al-Ashraf reprit à ce cadet Édesse et Sarûj et lui donna en échange Khilât et Maiyâfâriqîn (*Kâmil al-tewàrîkh*, II, p. 162). En 1224, al-Muzaffar s'étant montré ingrat, al-Ashraf lui reprit Khilât (*ibid.*, p. 164-165). Dans la Jazîra orientale, al-Ashraf enleva en 1220 la ville de Sinjâr au dernier zengide local. Son hégémonie s'étendit jusqu'à Mossoul. Le pouvoir dans cette ville était exercé, au nom des derniers atâbegs de la maison de Zengî – des rois fainéants ou des enfants, – par le tout-puissant vizir ou régent Badr al-Dîn Lûlû, lequel devait d'ailleurs à la mort du dernier de ses maîtres, en 1222-1223, prendre lui-même les titres d'atâbeg et de malik. Or, depuis 1219, Lûlû reconnaissait la suzeraineté d'al-Ashraf. Ce dernier vint même à Mossoul en 1220 consolider la situation de son client. Enfin al-Ashraf se trouvait le protecteur du royaume d'Alep. Ce royaume, on se le rappelle, était resté au deuxième fils de Saladin, al-Zâhir (1186-1215), auquel succéda à son tour son fils al-'Azîz, âgé de dix ans (1215-1236). Al-Ashraf se montra un tuteur fidèle pour cet enfant qu'il protégea contre les Seljûqides d'Anatolie (*Kâmil al-tewârikh*, II, p. 146-447 ; Abu'l Fidâ, p. 99).

23. *Kâmil al-tewârîkh*, p. 167 ; Abu'l Fidâ, 99 ; Maqrîzî, *Histoire d'Égypte, loc. cit.*, p. 498.

24. Abu'l Fidâ, p. 101-102 ; *Collier de perles*, p. 183-184.

25. Maqrîzî, *Histoire d'Égypte, R. O. L.*, 1902, p. 509 ; *Collier de perles*, p. 184-186.

26. René Grousset, *Histoire de l'Extrême-Orient*, II, p. 424-433 ; Barthold, *Turkestan down to the Mongol invasion*, p. 403-453.

27. D'Ohsson, *Histoire des Mongols*, III, p. 5-19.

28. *Collier de perles*, p. 184.

29. D'Ohsson, *Hist. des Mongols*, III, p. 18-19.

30. *Collier de perles*, p. 184 ; Kemâl al-Dîn, *Histoire d'Alep*, trad. Blochet, *R. O. L.*, 1897, p. 68-69 ; Maqrîzî, *Histoire de l'Égypte, R. O. L.*, 1902, p. 509-510.

31. *Collier de perles*, p. 185-186 ; Maqrîzi, *Histoire de l'Égypte, loc. cit.*, p. 509, et *ibid.*, traductions de Jemâl al-Dîn ibn-Wâsil par M. Blochet.

32. *Collier de perles*, p. 186-187.

33. JOINVILLE, XLII, p. 198.

34. Bérard revint de sa mission en janvier 1228.

35. MAQRÎZÎ, trad. Blochet, *Histoire d'Égypte*, *R. O. L.*, 1902, III-IV, p. 511.

36. *Collier de perles*, p. 186.

37. « En même temps, les Croisés réunissent ce château à la côte par un pont. Ce pont, long de 80 mètres environ et fort étroit, forme une ligne brisée en son milieu ». DESCHAMPS, *Le Crac*. p. 75-76, avec carte du château insulaire. Voir aussi REY, *Architecture militaire*, p. 153 et pl. XVI.

38. *Éracles*, p. 365, 371-372 ; *Kâmil al-tewârîkh*, p. 171 ; MAQRÎZÎ, *R. O. L.*, 1902, p. 520.

39. *Éracles*, p. 365, 371-372.

40. C'étaient, avec Amaury Barlais, Gauvain de Chenichy, Amaury de Beisan, Guillaume de Rivet et Hugue de Gibelet, les cinq traîtres cloués au pilori par le bon poète Philippe de Novare.

41. PHILIPPE DE NOVARE, *Gestes des Chiprois*, p. 678-679 ; SANUDO, p. 212 ; MAS LATRIE, *Histoire de Chypre*, I, p. 240.

42. NOVARE, p. 678.

43. NOVARE, p. 679.

44. NOVARE, p. 681-682 ; MAS LATRIE, *Histoire de Chypre*, I, p. 244.

45. PHILIPPE DE NOVARE, § 134.

46. Cf. ZETTERSTÉEN, *Al-Nâsir*, *Encycl. de l'Islam*, 1. 30 (1934), p. 922.

47. D'après le *Kâmil al-tewârîkh*, II, p. 173, al-Kâmil ne se rendit à Jérusalem et à Naplouse qu'en septembre 1228. D'après l'*Histoire des patriarches* (AMARI, *Bibl.*, I, p. 519), il arriva à Naplouse dès le début d'août.

48. *Kamil al-tewârîkh*, II, p. 173-174.

49. *Deux Jardins*, II, p. 187-189.

50. *Deux Jardins*, p. 190-191 ; ABU'L FIDÂ, p. 104-105 ; MAQRÎZÎ, *R. O. L.*, 1903-1904 p 250, 516-518 ; *Collier de perles*, p. 191. – La cession de Damas à al-Ashraf peut sembler étrange de la part d'al-Kâmil qui avait apporté tant de patiente ruse à s'emparer avec lui de cette place. En réalité, par le gain de la Jazîra, il encerclait les possessions de son frère et allié, De plus, le profond politique devait tenir à occuper ces provinces de la Jazîra qui étaient les Marches-frontières de l'empire aiyûbide, face à la menace khwârizmienne et mongole.

51. ABU'L FIDÂ, p. 103.

52. MAQRÎZÎ, trad. Blochet, *R. O. L.*, 1902, p. 520.

53. RÖHRICHT, *G. K. J.*, p. 776-777, d'après ROGER DE WENDOVER, IV, 175.

54. Au mieux, d'après les évaluations les plus favorables, 2 000 chevaliers d'outre-mer, 1 500 cavaliers et 10 000 fantassins. Cf. HUILLARD-BRÉHOLLES, *Hist. dipl. Frid. II*, I, p. CCCXXX.

55. Allusion à la destruction des murailles de Jérusalem et à l'évacuation partielle de la ville, par ordre de Malik al-Mu'aẓẓam.

56. REINAUD, *Chron. arabes*, p. 429.

57. Tell Kurdâna, à une dizaine de kilomètres au sud-est d'Acre. Frédéric venait d'y transporter son camp (*Éracles*, p. 371).

58. *Éracles*, II, p. 371.

59. Malik al-Kâmil vint en effet établir son camp à Herbiyâ, la Forbie de l'*Estoire de Éracles*, casal situé au nord de Gaza, sur la route d'Ascalon.

60. Le prince d'Antioche-Tripoli Baudouin IV lui avait, on l'a vu, faussé compagnie.

61. Bertrand de Thessy, grand maître de l'Hôpital entre 1228 et 1230 environ. L'*Éracles* l'appelle aussi Bertrand le Lorigne ou Bertrand le Lorne. Cf. DELAVILLE LE ROULX, *Hospitaliers*, p. 160-167.

62. Après le départ de Frédéric, le patriarche de Jérusalem Gérold renforça la défense de Jaffa par la construction de deux nouvelles tours sur le mur sud, vers Ascalon (1229) (*Gestes des Chiprois*, p. 700).

63. Grégoire IX devait d'ailleurs par la suite désavouer l'action des Guelfes à ce sujet.

64. Le blocus de Damas, à la fin de l'hiver et au printemps de 1229 par les troupes d'al-Ashraf et d'al-Kâmil, était particulièrement sévère. Cette guerre de famille, nous l'avons déjà indiqué, fut une de celles qui causèrent le plus de ravages à l'oasis. Les assiégeants détournèrent les eaux du Nahr Yezîd et du Nahr Tûrâ qui irriguent le nord-ouest de l'agglomération, du côté de Sâlihiyé ; ils ravagèrent les vergers, firent périr les arbres, détruisirent les khans situés aux portes de la ville et brûlèrent les châteaux de plaisance de la banlieue (*Deux Jardins*, II, p. 187 ; *Éracles*, II, p. 383). Cet acharnement montre que, malgré la mort d'al-Mu'aẓẓam, al-Kâmil et al-Ashraf se préoccupaient beaucoup plus de mettre la main sur Damas que de défendre Jérusalem contre Frédéric II. La menace khwârizmienne, toujours à craindre tant que Damas tenait, restait leur préoccupation dominante.

65. Frédéric II, en avril 1229, rendit le Toron à la vieille héritière de cette famille, Alix d'Arménie, fille du roi d'Arménie Roupên III et d'Isabelle de Toron ; cette dernière étant fille elle-même d'Onfroi III de Toron et sœur du dernier sire de Toron, Onfroi IV. Cf. REY, *Revue de l'Orient latin*, 1896, p. 23-24. Par ailleurs Alix, ayant épousé en 1194 Raymond, fils de Bohémond III d'Antioche, en avait eu Raymond-Roupên, prince d'Antioche de 1216 à 1220 (Voir plus haut, p. 245).

Et Raymond-Roupên avait eu (d'Helvis de Lusignan) Marie d'Antioche, née vers 1215 et qui, en 1240 devait épouser Philippe de Montfort à qui elle apporta ainsi la seigneurie du Toron (Rey, *l. c.* 23-24 et *in* Du Cange Rey, 473-474). La vieille princesse Alix vivait encore en 1231. Nous ignorons à quelle date elle mourut en léguant la seigneurie du Toron à sa petite-fille Marie d'Antioche.

66. *Collier de perles*, p. 189.

67. Le fait que les Francs d'Antioche-Tripoli restèrent en dehors de la trêve est attesté par leur conduite en 1231, quand ils essayèrent de recouvrer de vive force Jabala. Ils réussirent alors à pénétrer dans la ville et y firent des prisonniers, mais ils ne purent s'y maintenir et, au cours de leur retraite, furent rejoints par les troupes alépines qui leur reprirent le butin (*Kâmil al-tewârîkh*, II, p. 180).

68. Lettre de Frédéric II, citée par Röhricht, *G. K. J.*, p. 786.

69. *Collier de perles*, p. 190-191 ; Abu'l Fidâ, p. 104 ; Maqrîzi, *R. O. L.*, 1903-1904, p. 248-249.

70. Maqrîzî, *R. O. L.*, 1902, p. 526.

71. *Kamil al-tewârîkh*, II, p. 175-176.

72. Maqrîzî, *R. O. L.*, 1902, p. 525.

73. *Éracles*, II, p. 372 ; Ernoul, p. 465 ; Abu'l Fidâ, p. 104 ; *Collier de perles*, p. 188.

74. « Les clauses du traité, remarque Ch. Kohler, sont rapportées de façon un peu différente dans les lettres de Frédéric II et d'Hermann de Salza d'une part, dans celles du patriarche Gérold de l'autre. Les premiers s'efforcent d'atténuer la portée des concessions faites aux Musulmans, tandis que Gérold s'ingénie à montrer ce qu'elles pouvaient avoir de dangereux et de déshonorant. Quoi qu'il en soit, malgré les protestations de Frédéric II et du grand maître, il ne peut y avoir de doute en ce qui concerne l'abandon de la région du Temple aux Musulmans. Cet abandon n'était pas une simple tolérance, mais bien une cession réelle et complète » (Ch. Kohler, *Un rituel et un bréviaire du Saint-Sépulcre*, Rev. Or. lat., 1900-1901, p. 447). Toutefois il y a lieu de préciser que le *H*aram al-Sherîf constitua une simple enclave religieuse, *non point une enclave militaire* dans Jérusalem redevenue chrétienne. C'est ce qu'indique expressément une lettre d'Hermann von Salza : « Saraceni Templum ipsum non aliter tenent nisi quod pauci sacerdotes eorum senes *et sine armis* sunt in ipsa domo pro oratione facienda et domo mundanda..., ita quod nec ipsis Saracenis nec aliis introitus patet vel exitus, nisi quantum placet hominibus Imperatoris » (lettre citée *in* Röhricht, *G. K. J.*, p. 791-792.

75. Maqrîzî, *R. O. L.*, 1902, p. 525.

76. Cf. tome II.

77. *Ibid.*, p. 138 et sq.

78. Gérold ou Giraud de Lausanne, abbé de Cluny, évêque de Valence en Dauphiné, nommé patriarche en 1225-1226, mort et enterré à Jérusalem le 7 septembre 1239. Cf. Mas Latrie, *Patriarches de Jérusalem*, Rev. Or. lat., 1893, I, p. 22.

79. « Etsi olim inimico homine superseminante zizania inter ecclesiam et Fridericum fuerit exorta discordia, Nos pacis consilia cogitantes » ; « ... quod olim te illi non devotio ad Sedem Apostolicam habita, sed odium aliunde conceptum objecit » (*Mon. Germ. Epistolæ*, n°s 467 et 475, cité *in* Röhricht, *G. K. J.*, p. 799-800).

80. *Éracles*, p. 375. Le palais des rois de Jérusalem s'élevait sur l'emplacement de l'ancien palais d'Hérode, emplacement occupé aujourd'hui par la caserne de la police palestinienne qui s'ouvre au sud de la forteresse (al-Qal'a, Tour de David).

81. L'Hôpital de Saint-Jean était situé tout à proximité du Saint Sépulcre, du côté du midi. L'emplacement de l'ancien Hôpital de Saint-Jean est actuellement occupé par le nouveau bazar grec, dans la partie nord du Mauristan.

82. Wilh. Andrens., *Mon. Germ. S. S.*, XXIV, 769, cité par Röhricht, *G. K. J.*, p. 791.

83. *Éracles*, p. 374.

84. *Collier de perles*, p. 193.

85. *Collier de perles*, p. 192.

86. Maqrîzî, trad. Blochet, *R. O. L.*, 1902, p. 526.

87. *Collier de perles*, p. 192.

88. *Ibid*., p. 193.

89. Il s'agit du qâdî de Naplouse, Shams al-Dîn, chargé de procéder à la remise de Jérusalem à Frédéric II, et d'un muezzin, évidemment attaché au *H*aram al-Shérîf, nommé 'Abd al-Kérîm.

90. *Collier de perles*, p. 193-194.

91. Maqrîzî, *R. O. L.*, 1902, p. 527.

92. *Collier de perles*, p. 189 ; Maqrîzî, *R. O. L.*, 1902, p. 525-526.

93. Cités dans le *Collier de perles*, p. 88-89.

94. *Éracles*, p. 385 ; Rothelin, p. 489.

95. Ernoul, p. 462-463. La maison du Temple à Acre, ajoute Novare, « se trova mout desgarnie, car le couvent estoit tout dehors, mais tantost joindrent (= accoururent) que par mer que par terre tant de gens, ne sai quans jors dura le siège, mais (l'empereur) vileinement s'en party. »

96. Novare, in *Chiprois*, p. 683.

97. Novare, in *Chiprois*, p. 684.

98. *Éracles*, p. 383-384.

99. *Éracles*, p. 384.

100. Sur les fonctions de bayle du royaume exercées depuis 1228 par Balian de Sidon, et sur sa tentative de politique de Tiers-parti

entre les Impériaux et les Ibelins (ces derniers, à qui il était étroitement apparenté, purent lui reprocher une obéissance trop absolue aux volontés impériales), cf. Rey *in* Du Cange-Rey, 435. Sur Renaud de Caïffa, chambellan du royaume (ce titre fut depuis héréditaire dans sa famille), *ibid.*, 631.

101. *Éracles*, p. 385.

102. Pour conserver Jérusalem, Frédéric II se fiait uniquement à ses relations d'amitié avec le sultan Malik al-Kâmil, relations qu'il maintenait soigneusement. C'est ainsi qu'en 1233-1234, on le voit envoyer au sultan une ambassade avec divers cadeaux, dont un ours blanc et un paon blanc (*Collier de perles*, p. 196).

103. *Éracles*, p. 376.

104. Ils lui offrirent de payer ses dettes et ne s'attirèrent qu'un refus, ce à quoi il eut du mérite, car le bon poète était toujours endetté.

105. Novare, in *Gestes des Chiprois*, p. 684-689.

106. Ainsi devenue veuve, Échive de Montbéliard se remaria à Balian III d'Ibelin, fils du Vieux Sire de Beyrouth et son futur successeur dans cette seigneurie. Cf. Du Cange-Rey, 375, 379.

107. L'*Éracles* (p. 377) fait s'enfermer Guillaume de Rivet à Dieu d'amour avec le jeune roi, Amaury Barlais, Amaury de Beisan et Hugue de Gibelet. – Guillaume de Rivet alla peu après chercher du secours en Arménie (Cilicie), mais il y mourut (Novare, 694).

108. Dans un passage d'ailleurs corrompu, Novare semble dire (p. 694) que le roi Henri avait été enfermé dans Kantara, mais il a dit lui-même expressément plus haut (p. 690) que c'est dans Dieud'amour que les cinq régents ont enfermé le jeune souverain.

109. *Assises*, I, 325-528.

110. *Chiprois*, p. 700.

111. *Éracles*, p. 385-386.

112. Le sire de Beyrouth avait divisé ses forces en deux corps d'observation aux deux points de débarquement menacés : le gros sous son fils Balian près de Limassol, le reste avec lui-même et le jeune roi Henri Ier près de Larnaka (*Éracles*, 386).

113. C'est toujours sous ce nom de Lombards que les chroniques d'Orient désignent les Impériaux.

114. *Chiprois*, p. 701. Le Mont Chafort dont il est ici question doit, d'après Rey, correspondre au mouvement de terrain, de 42 mètres au-dessus du niveau de la mer, où s'élevèrent depuis les casernes turques, au versant nord du quartier Saint-Dimitri. Le bois de pins voisin dut fournir les matériaux nécessaires (Rey, *Colonies*, p. 523-524).

115. *Éracles*, p. 388-389.

116. Balian de Sidon, fils de Renaud de Sidon et d'Helvis d'Ibelin ; bayle du royaume de Jérusalem depuis 1228. Cf. Rey *in* Du Cange Rey, p. 435.

117. *Éracles*, II, p. 390.

118. *Éracles*, p. 392, 393.

119. Fils du connétable Gautier III de Césarée et de Marguerite d'Ibelin, sœur de Jean d'Ibelin.

120. Cf. *Lignages*, XXII, p. 460.

121. Sur cette confrérie, voir *Assises*, t. I, p. 131, et t. II, p. xxxi et 399

122. *Éracles*, p. 392. Le poète Philippe de Novare, qui assistait à l'assemblée, nous a laissé un récit beaucoup plus détaillé du discours de Jean d'Ibelin et des mouvements de séance qui suivirent (Jean se jetant aux genoux du roi, etc.). C'est un morceau d'une belle éloquence, plein d'émotion contenue et de dignité (*Gestes des Chiprois*, p. 701-702).

123. Dussaud, *Topographie*, p. 82.

124. *Ibid.*, p. 73.

125. *Éracles*, p. 394 ; Rey, *Colonies*, p. 523.

126. L'ancien château de Beyrouth était situé au bord de la mer, au nord-est de la ville, du côté du Petit Sérail (Rey, *Colonies franques*, p. 522). Le comte du Mesnil du Buisson, dans son plan du Beyrouth médiéval (*Syria*, 1921, p. 249), le localise entre la gare actuelle et le quartier de Dabbâgha, au nord du Petit Sérail. « La maîtresse tour du château défendait la porte de terre, et une poterne s'ouvrant sur le port (= sur le bassin entre la gare et la nouvelle douane) existait à la base d'une tour élevée sur le bord même de la mer. C'est par cette poterne que Jean d'Ibelin réussit à faire entrer des renforts dans la place » (Rey).

127. Le futur Balian III d'Ibelin et successeur de Jean comme sire de Beyrouth.

128. Monscucul ou Montquocu correspond, d'après Lammens, à l'actuel Abû Halqa (*Mélanges de la Faculté orientale*, I, p. 267).

129. *Éracles*, p. 395 ; Novare, *Chiprois*, p. 89.

130. *Éracles*, p. 395. Comme on va le voir, Novare place cet épisode un peu plus tard, après la bataille de Casal Imbert (*Chiprois*, § 181). Voir plus bas, p. 344.

131. Filanghieri, à ce moment, se trouvait lui-même à Tyr. C'était son frère Lotario qui commandait l'armée de Beyrouth. Il ordonna à ce dernier de venir le rejoindre à Tyr. Lotario mit le feu à ses machines et regagna aussitôt Tyr (*Éracles*, p. 396).

132. Cf. Rey, p. 477 ; Dussaud, p. 12.

133. Cf. Rey, *Dignitaires d'Antioche, Rev. Or. lat.*, 1900-1901, p. 141.

134. Cf. Kohler, *Rev. Or. lat.*, 1900-1901, p. 447.

135. Henri Ier de Lusignan, roi de Chypre, venait d'atteindre sa quinzième année.

136. NOVARE, *Gestes des Chiprois*, p. 709.

137. *Chiprois*, p. 710

138. Kaferlan, au nord de Tantûra, district de Césarée, d'après REY, *Colonies*, p. 419.

139. Haram 'Alî ibn 'Alaim, au sud d'Arsûf, d'après REY, *ibid.*, p. 417.

140. Semenoient lor bersiers = appelaient leurs chiens. Il est évident que la fine anecdote ainsi contée par Philippe de Novare fait double emploi avec la rafle des « chalandres » placée plus haut par l'*Éracles*.

141. NOVARE, p. 713-714.

142. « Franchises et court douna à Jenevès par toute Chipre, sauve la justize de trois choses, c'est assaver de murtre et de rapine et de traïson, et lor douna maison à Nicosie et la court dessus la mer et un cazal qui a nom Despoire » (NOVARE, § 186).

143. Cf. HEYD, I, p. 341.

Chapitre V

1. Notons que c'était déjà l'aide des Génois qui avait permis à Jean d'Ibelin de vaincre les Impériaux de Filanghieri.

2. Geoffroi le Tor ou le Tort est sans doute le même que le jurisconsulte de ce nom, auteur du livre de jurisprudence féodale inclus dans les *Assises de Jérusalem*, I, 433-450. Cf. Du CANGE-REY, 600-601 ; DIMITRI HAYEK, *Le droit franc en Syrie pendant les Croisades*, Paris 1925 (éd. Spes), p. 42.

3. *Éracles*, II, p. 380. Cf. *Lois*, II, 400.

4. MAS LATRIE, *Histoire... de Chypre*, I, p. 277.

5. Les deux sœurs de Jean d'Ibelin avaient épousé, la première, Helvis, Renaud de Sidon, dont elle eut Balian ; la seconde, Marguerite, Gautier III de Césarée dont elle eut Jean de Césarée. Cf. Du CANGE-REY, p. 375.

6. NOVARE, *Chiprois*, p. 722.

7. À la bataille de Nicosie (14 juillet 1229).

8. *Lois*, II, p. 399. Cf. MAS LATRIE, *Histoire... de Chypre*, I, p. 298.

9. NOVARE, *Chiprois*, p. 723.

10. *Éracles*, p. 406.

11. *Éracles*, 407.

12. MAS LATRIE, *Histoire... de Chypre*, I, p. 308-314.

13. NOVARE, *Chiprois*, § 212.

14. Il reçut Jaffa quand le comte de Jaffa Gautier IV de Brienne eut été capturé par les Musulmans à la bataille de Gaza (1244) et fut

mort en captivité. Jean est attesté pour la première fois comme comte de Jaffa en mars 1252. Cf. Du Cange-Rey, p. 348.

15. Cf. *Le livre de Jean d'Ibelin* in *Assises de la Haute Cour*, édition Beugnot (1841).

16. Ernoul, p. 465.

17. Cf. Beugnot, in *Lois*, I, 475-476. – Gaston Paris, *Les mémoires de Philippe de Novare*, R. O. L. 1902, 164-205. – Marcel de Fréville in *Les Quatre âges de l'homme*, traité moral de Philippe de Navarre [= Novare], Société des anciens textes français, Paris, Didot, 1878.

18. Rey, *Dignitaires de la principauté d'Antioche*, Rev. de l'Or. lat., 1900-1901, p. 155. – Ignace II fut patriarche jacobite d'Antioche de 1222 à 1253.

19. *Kâmil al-tewârîkh*, II, p. 180.

20. Muzaffar Taqî al-Dîn II Mahmûd, malik de *H*amâ de 1229 à 1244. Il était le petit-fils du célèbre neveu de Saladin, Muzaffar Taqî al-Dîn Ier 'Omar qui avait fondé à *H*amâ une dynastie aiyûbide cadette, laquelle y persista de 1178 à 1341.

21. Cf. Dussaud, *Topographie*, p. 100.

22. *Collier de perles*, p. 194-195. Cf. Bar Hebraeus, *Chronicon syriacum*, p. 606.

23. Guérin ou Garin, grand maître de l'Hôpital entre mai 1230 environ et mai 1236. Cf. Delaville Le Roulx, *Hospitaliers*, p. 167-168.

24. *Éracles*, p. 403 ; Delaville Le Roulx, p. 171-172 ; Deschamps, *Le Crac des chevaliers*, p. 128-129.

25. Dussaud, *Topographie*, p. 100 ; Deschamps, *Le Crac*, p. 311, et *Carte des positions stratégiques*, E, e. Cf. Dussaud, *Topographie*, carte VIII, A, 3.

26. Abu'l Fidâ, p. 110 ; Kemal al-Dîn, *Histoire d'Alep*, R. O. L., 1897, p. 85 ; *Éracles*, 405.

27. Frédéric venait encore de lui envoyer en cadeau diverses curiosités du Nord, notamment des ours blancs (*Collier de perles*, p. 196). Nous ne déciderons pas si ces ours blancs, que nous voyons passer et repasser chez les historiens arabes, sont toujours les mêmes animaux ou s'ils font partie d'envois successifs.

28. *Éracles*, p. 405. M. Deschamps pense que pendant cette période 1233-1238 les Hospitaliers du Krak reprirent effectivement pied à Montferrand-Ba'rîn qui leur servit de base pour piller le territoire de *H*amâ. En 1238-1239 Muzaffar II reprit Montferrand et en ruina la citadelle (Deschamps, *Le Crac*, 129. d'après Maqrizi, R. O. L. 1903, 304.)

29. Rey et Röhricht font mourir Bohémond IV et lui succéder Bohémond V vers mars-avril 1233 (d'accord avec le contexte d'*Éracles*, p. 403). Delaville Le Roulx (*Hospitaliers*, p. 174) se demande s'il ne faut pas reculer l'événement jusque vers février-mars 1234.

30. Voir plus haut, p. 268-270.

31. On se rappelle qu'en 1211 les Templiers avaient réussi, grâce à l'intervention pressante du pape Innocent III, à se faire restituer Baghrâs par le roi arménien Léon II. Cf. *supra*, p. 252-260.

32. *Éracles*, p. 405.

33. Rey, *Princes d'Antioche, R. O. L.*, 1896, p. 399.

34. Le nom de Darbsâk est le même que celui du site actuel de Terbezek qui couronne le village d'Ala Beyli. Cf. Dussaud, *Topographie*, p. 435-436.

35. Nous voyons en 1202 le roi d'Arménie Léon II aviser le Saint-Siège qu'il a vainement proposé aux Templiers une action commune pour reprendre Darbsâk aux Musulmans (Röhricht, *G. K. J.*, p. 706-707).

36. Rappelons que le royaume d'Alep était la seule partie de l'empire aiyûbide qui fût restée à la descendance directe de Saladin, tout le reste ayant été usurpé par le frère de Saladin, Malik al-'Adil et par les fils d'al-'Adil. Alep resta au troisième fils de Saladin, Malik al-Zâhir (1193-1215), qui eut l'adresse de se concilier l'amitié de son puissant oncle al-'Adil, en épousant la fille de ce dernier, *Dh*aîfa Khâtûn. Le fils qu'il eut de *Dh*aîfa Khâtûn, al-'Azîz, lui succéda (1215-1236). Durant la minorité d'al-'Azîz (1215-1230), la régence fut exercée par l'eunuque gréco-turc *T*ughril qui eut le titre d'atâbeg, et par l'excellent historien Behâ al-Dîn ibn Sheddâd, qui était qâ*di*. De plus le sultan adilide de la Jazîra, Malik al-Ashraf, assuma au nom du jeune al-'Azîz, qui était son neveu, la défense militaire d'Alep, et, à ce titre, repoussa les attaques des Seljûqides d'Anatolie. En 1230 al-'Azîz prit personnellement la direction des affaires. Le sultan adilide d'Égypte al-Kâmil, dont il reconnut la suprématie, lui donna en mariage sa fille Fâ*t*ima. Cf. Kémâl al-Dîn, trad. Blochet, *Histoire d'Alep, Rev. Or. lat.*, 1896-1897. L'attaque des Alépins contre Baghrâs en 1226 est mentionnée dans la *Chronique de Petite Arménie, Doc. arm.*, I, p. 648.

37. Kémâl al-Dîn, *Histoire d'Alep*, trad. Blochet, *Rev. Or. lat.*, 1897, p. 95, et Abu'l Fidâ, p. 112.

38. Kemâl al-Dîn, trad. Blochet, p. 95-96 ; Abu'l Fidâ, p. 112 ; Matthieu Paris, III, p. 404-405 ; *Annales de Terre Sainte, Arch. Or. lat.*, II, p. 436 ; Aubry de Trois-Fontaines, p. 942-943.

39. Cf. Kémâl al-Dîn, *Histoire d'Alep, R. O. L.*, 1897, p. 68.

40. D'autres sources arabes indiquent pour la prise de Khilâ*t* par les Khwârizmiens la date du 14 avril.

41. Abu'l Fidâ, p. 107 ; Kémâl al-Dîn, *l. c.*, p. 77-78 ; Maqrîzî, *R. O. L.*, 1903-1904, p. 255-256 ; D'Ohsson, *Histoire des Mongols*, III, p. 41-42 (d'après Nasawî) ; et Nasawî, trad. Houdas, *Histoire du sultan Djalal eddin Mankobirti*, 1895.

42. MAQRÎZÎ, *l. c.*, p. 257-258 ; D'OHSSON, *Hist. des Mongols*, III, p. 46 ; *Actes du 10ᵉ Congrès international des Orientalistes*, III, p. 19.

43. D'OHSSON, *Hist. des Mongols*, III, p. 62.

44. *Ibid.*, p. 75-77.

45. MAQRÎZÎ, *R. O. L.*, 1903-1904, p. 270-278.

46. Cf. Bibliographie in *Encycl. de l'Islam*, p. 680-681 (article *Kaikobâd)*.

47. KEMÂL AL-DÎN, *R. O. L.*, 1897, p. 91-93.

48. Cf. KEMÂL AL-DÎN, *l. c.*, p. 99.

49. « À l'époque de la crue du Nil, il sortait en personne pour inspecter l'état des chaussées et y faire faire les réparations nécessaires » (ABU'L FIDÂ, p. 114 ; MAQRÎZÎ, p. 293).

50. MAQRÎZÎ, *R. O. L.*, 1903-1904, p. 290-293.

51. MAQRÎZÎ, *R. O. L.*, 1903-1904, p. 297.

52. MAQRÎZÎ, p. 303-304 et 307. Cf. SOBERNHEIM, *Malik al-Sâlih Aiyûb, Encycl. de l'Islam*, p. 112-114.

53. MAQRÎZÎ, p. 319. ABU'L FIDÂ, p. 116 (place en septembre 1239 l'entrée d'Ismà'îl à Damas).

54. MAQRÎZÎ, p. 321.

55. *Ibid.*, p. 328.

56. *Ibid.*, p. 329-330.

57. Ces querelles de famille entre les derniers Aiyûbides, avec les partages et remaniements territoriaux incessants qu'elles entraînent, sont sans doute quelque peu fastidieuses en elles-mêmes, mais il est impossible de les ignorer si l'on veut comprendre la politique franque.

58. Thibaut IV, comte de Champagne de 1201 à 1253, avait en 1234 hérité du royaume de Navarre du fait de sa mère Blanche.

59. *Éracles*, p. 413-414.

60. *Ms de Rothelin*, p. 538.

61. JAMÂL AL-DÎN, in *Bibl. d. crois.*, II, p. 548 ; ABU'L FIDÂ, p. 117.

62. *Ms de Rothelin*, in *Éracles*, II, p. 529.

63. *Rothelin*, p. 529.

64. Maqrîzî affirme que les Francs « avaient construit une citadelle à Jérusalem et, de la Tour de David, fait une des tours de cette citadelle » (*Histoire de l'Égypte*, traduction Blochet, *R. O. L.*, 1903-1904, p. 323).

65. *Rothelin*, p. 529. Maqrîzî, brouillant tout, fait faire à al-Nâsir deux sièges successifs, l'un de la ville, l'autre de la citadelle, ce que contredit le contexte (*R. O. L.*, 1903-1904, p. 323-324).

66. *Rothelin*, p. 530 ; MAQRÎZÎ, p. 324 ; *Collier de perles*, p. 196.

67. Sans doute Pierre de Sargines (DU CANGE-REY, 752).

68. Cf. DU CANGE-REY, p. 347. Neveu de Jean de Brienne, Gautier IV avait obtenu en Palestine le comté de Jaffa. Il conserva ce fief

jusqu'à sa capture par les Égyptiens et les Khwârizmiens près de Jaffa, en octobre 1244, catastrophe après laquelle il fut remplacé par Jean d'Ibelin (Ibelin-Jaffa).

69. Cette armée était commandée par un émir que l'*Éracles* appelle Rocne, sans doute Rokn al-Dîn Baîbars al-Sâlihi al-Najmi, mamelûk turc mentionné par Abu'l Fidâ (p. 122, 124) et qui n'a d'ailleurs aucun rapport avec le futur sultan (cf. Van Berchem, *Journal asiatique*, mai 1902, p. 438). Textes dans *Éracles*, p. 414, 533, 538-539.

70. Récit très vivant dans *Rothelin*, p. 533-536.

71. *Ms de Rothelin*, p. 539-540.

72. *Rothelin*, 542.

73. *Rothelin*, p. 548-549.

74. *Rothelin*, p. 549. Cf. Matthieu Paris, p. 358.

75. *Rothelin*, p. 549-550.

76. Je suis obligé pour la clarté du récit de revenir ici sur des faits d'histoire musulmane déjà annoncés plus haut.

77. Muzaffar Taqî al-Dîn II (ou Muzaffar II), le grand-père de l'historien, Abu'l Fidâ, fut roi de *H*amâ entre 1229 et 1244.

78. Récit de première main chez Abu'l Fidâ (p. 115-119) qui, en tant que petit-fils de Muzaffar II, est naturellement très renseigné.

79. Mujâhid Shîrkûh (Shîrkûh II), petit-fils du fameux oncle de Saladin, avait tout jeune (à douze ans) reçu de Saladin le fief de *Homs* (1185). Il le garda jusqu'à sa mort en cette année 1239-1240 (Abu'l Fidâ, 118).

80. Kémâl al-Dîn, *Histoire d'Alep*, trad. Blochet, *R. O. L.* 1897, p. 98, 100, 104.

81. « Un clerc de Triple, quy avoit nom Guillaume Champenès en surnom, mais il estoit nés de Triple, et estoit mout acointe dou seignor de Haman et usoit mout entor luy » (Philippe de Novare, in *Gestes des Chiprois*, p. 726). Cette amitié d'un moine poulain et d'un malik aiyûbide montre bien la détente qui s'était produite entre chrétiens et musulmans à la suite du traité de Frédéric II avec al-Kâmil.

82. *Éracles*, p. 416, résumant Novare.

83. Abu'l Fidâ, p. 117.

84. *Ibid.*, 118. Je dois revenir sur les faits annoncés p. 371.

85. Événements déjà annoncés, p. 372. Abu'l Fidâ, p. 118.

86. Cf. Van Berchem, *Journal asiatique*, 1902, I, p. 439.

87. *Éracles*, p. 418, et Novare, in *Chiprois*, p. 727.

88. *Éracles*, p. 418.

89. *Chiprois*, p. 727.

90. « Le Jebel 'Amila, écrit Gaudefroy Demombynes, paraît être le massif montagneux qui, dans ses pentes septentrionales, est traversé

par le coude du Litani, à l'est domine le lac de Safed, et à l'ouest descend vers le rivage de Tyr » (*Syrie au temps des Mamelouks*, p. 23).

91. La première pierre pour la reconstruction du château de Safed fut bénite dans une cérémonie solennelle par l'évêque de Marseille Benoît d'Alignan, le 11 décembre 1240. C'était Benoît qui, au cours de son pèlerinage, en cette année 1240, s'était rendu compte de l'importance de la position de Safed. « Il alla trouver à Acre le grand-maître du Temple, Armand de Périgord, et lui déclara qu'il fallait à tout prix construire un nouveau château à Safed... Le grand-maître, malade, répondit qu'il n'avait pas d'argent. « Restez dans votre lit, lui dit alors Benoît, mais dites à vos frères que vous désirez que la construction soit faite et j'ai le certitude que vous agirez plus de votre lit que toute une armée ! » Le grand-maître réunit alors le Conseil, et l'évêque plaida sa cause et termina par ces paroles : « Je n'ai pas d'argent, mais je vous offre ma personne. Je prêcherai aux pèlerins et je les entraînerai avec moi à la reconstruction du château ! » Le grand-maître lui dit alors en riant : « Vous avez dans le cœur assez de ressources pour réussir cette entreprise. » A quo Benoît répondit : « Ayez-en autant dans le vôtre et que Dieu soit avec vous ! » (DESCHAMPS, *Le Crac*, 100-101). De ce curieux récit, il résulte que c'est un peu malgré eux et comme contraints par le zèle d'un saint prélat que les Templiers reconstruisaient Safed. Avec Benoît, la reconstruction fut cependant l'œuvre du Templier Raymond de Caro, le nouveau châtelain de Safed. Cf. *De constructione castri Saphet*, ap. BALUZE, *Miscellanea*, tome VI, Paris, 1713, p. 360-367, éd. Mansi, I, p. 228). M. Deschamps pense que l'attribution de cette relation à Benoît d'Alignan lui-même est fort vraisemblable.

92. Cf. MAQRÎZÎ, p. 340.

93. Novare (*Chiprois*, § 217) nous dit que Balian de Sidon mourut en 1239). Ce serait donc sans doute (du moins s'il s'agit bien de 1239) son fils et successeur Julien qui aurait été remis en possession de Beaufort. Cependant le même chroniqueur ne mentionne le décès de Balian qu'après la rétrocession de Beaufort, ce qui indiquerait que Balian eut le temps de recevoir la place avant de mourir (en ce cas en 1240).

94. *Rothelin*, p. 552.

95. Al Mansûr Ibrâhîm, malik aiyûbide de *H*oms, venait de succéder à son père Mujâhid Shîrkûh. Il régna à *H*oms de janvier 1240 à 1246.

96. *Éracles*, p. 419 ; NOVARE, § 216.

97. MAQRÎZÎ, p 342, qui ajoute que ce furent les prisonniers francs faits dans cette bataille qui construisirent la forteresse de l'île de Ro*d*a, au Caire.

98. *Rothelin*, p. 553.

99. *Éracles*, p. 419. Cf. Mathieu Paris, IV, 139.

100. *Éracles*, 418-420. *Rothelin*, p. 553, ne parle pas de cette querelle entre les deux Ordres.

101. *Chiprois*, p. 727.

102. Pierre de Vieille Bride (ou Brioude), grand maître de l'Hôpital de 1240 à 1242 ou 1243. Cf. Delaville Le Roulx, *Hospitaliers*, p. 184.

103. *Rothelin*, 554.

104. *Ibid.*, p. 554.

105. *Éracles*, p. 420.

106. Novare, § 220, année 1241. Il s'agit ici de Jean II d'Ibelin, seigneur d'Arsûf et 5ᵉ fils de Jean Iᵉʳ d'Ibelin, sire de Beyrouth [lequel (Jean Iᵉʳ) était devenu aussi seigneur d'Arsûf en épousant Mélisende, veuve et héritière du dernier seigneur d'Arsûf] (Cf. Du Cange-Rey, p. 223). Ce Jean II d'Ibelin-Arsûf doit être bien distingué de son cousin germain Jean d'Ibelin, le futur sire de Jaffa, auteur du livre des *Assises* (Du Cange-Rey, 347). Voir à la fin du présent volume notre généalogie de la maison d'Ibelin.

107. Mathieu Paris, *Chronica majora*, IV, p. 139 ; *Éracles*, p. 421.

108. Röhricht nomme ici Guillaume de Châteauneuf, grand maître de l'Hôpital, attesté du 31 mai 1243 au 20 février 1258. Delaville Le Roulx (*Hospitaliers*, p. 185) signale qu'il ne peut être encore question que de Pierre de Vieille Bride.

109. Mathieu Paris, *Chronica Majora*, IV, 141-145.

110. *Histoire des patriarches d'Alexandrie*, in Blochet, *Rev. Or. lat.*, 1903-1904, p. 342. Les Musulmans gardèrent aussi, bien entendu, le Ghor, avec Beisan et Jéricho (Mathieu Paris, IV, 141-143, et *Chiprois*, § 254).

111. *Éracles*, p. 432. Eude de Montbéliard était en effet l'héritier légitime de l'ancienne princée de Tibériade ou de Galilée, du fait de sa femme Eschive, fille aînée de Raoul de Tibériade. Cf. notre tome II, p. 850, et Joinville, p. 289.

112. *Éracles*, p. 421 ; *Chiprois*, p. 728. Notons que ce fut à dessein que Richard confia Ascalon à un officier impérial et non point aux Templiers – ayant refusé de prendre position entre les deux Ordres, il ne voulait pas livrer à l'un d'entre eux le poste-frontière qu'était la place philistine (cf. Mathieu Paris, IV, 167-168 et 256 ; Delaville Le Roulx, *Hospitaliers*, p. 186).

113. *Histoire des patriarches d'Alexandrie*, trad. Blochet, *Rev. Or. lat.*, 1903-1904, p. 346.

114. Cf. Mathieu Paris, IV, 167-168.

115. Mathieu Paris, IV, 197 ; *Histoire des patriarches d'Alexandrie*, trad. Blochet, *Rev. Or. lat*, 1903-1904, p. 350-351.

116. *Chiprois*, § 221.

117. Helvis ou Héloïse d'Ibelin avait, après la mort de son premier époux, Renaud de Sidon, épousé en secondes noces Guy de Montfort, frère du Simon de Montfort et père de Philippe. Voir à la fin du volume la généalogie de la maison d'Ibelin. Cf. Du Cange-Rey, 375 et 499.

118. Voici comment Marie d'Antioche, épouse de Philippe de Montfort, se trouvait l'héritière du Toron. Onfroi III de Toron avait eu, d'Étiennelle de Milly, dame d'Outre-Jourdain, un fils, Onfroi IV, avec qui s'éteignit la lignée mâle des seigneurs du Toron, et une fille, Isabelle. Isabelle épousa en 1181 le roi d'Arménie Roupên III. La fille de Roupên III et d'Isabelle, Alix, épousa en 1194 Raymond d'Antioche, fils aîné du prince d'Antioche Bohémond III. Elle en eut un fils, Raymond Roupên, qui, de 1216 à 1219, occupa le trône d'Antioche, puis en fut chassé et dut se réfugier en Arménie. Marie, fille de Raymond Roupên, se trouvait donc être, quand elle épousa en 1240 Philippe de Montfort, la seule héritière de la famille du Toron. Cf. Du Cange-Rey, *Familles d'Outre-mer*, p. 156 et 473, et *Revue de l'Orient latin*, 1896, I, p. 23-24.

119. Novare, *Chiprois*, § 221.

120. *Chiprois*, § 222, p. 729.

121. Sur Balian III, fils aîné de Jean Ier d'Ibelin et qui lui avait succédé comme sire de Beyrouth, « personnage moult courtois, aimable et gracieux », cf. Du Cange-Rey, 233-234. Balian III épousa Échive de Montbéliard, sœur du connétable Eude de Montbéliard, qui apparaît comme le représentant du parti modéré dans la guerre que nous racontons (cf. Du Cange-Rey, 379).

122. Cf. Novare, *Chiprois*, § 223. *Annales de Terre Sainte*, sous la date de 1243, p. 441.

123. Cf. Delaville Le Roulx, *Hospitaliers*, 186-187. *Chiprois*, § 221-223.

124. Novare, *Chiprois*, p. 731 ; *Lois*, II, 399.

125. Rey, *Hist. des princes d'Antioche*, R. O. L., 1896, p. 398-399 ; Mas Latrie, *Hist. de Chypre*, I, p. 219 ; Du Cange-Rey, 30 et 38.

126. Gaston Paris, *Les mémoires de Philippe de Novare*, Rev. Or. lat., 1902, p. 172.

127. Pierre de Sargines ou Sergines, qui paraît avoir été un prélat fort remarquable, devait être grièvement blessé et fait prisonnier par les Musulmans à la bataille d'Ascalon en 1244. Cf. Du Cange-Rey, 752-753.

128. *Éracles*, p. 420 ; Novare, p. 731 ; *Assises de Jérusalem*, t. II, p. 400-402 ; *Documents sur la successibilité*, etc., t. I, c. II, p. 312.

129. La fiction constitutionnelle à laquelle s'était arrêté le parlement d'Acre permit en effet ce jeu : Alix, régente pour Conrad, enjoignait aux Impériaux, c'est-à-dire aux soldats de Conrad qui tenaient

Tyr, de lui faire, à elle, remise de la place, toujours au nom de Conrad !

130. Novare, *Chiprois*, § 227.

131. Novare, § 228. – Lotario Filanghieri se fixa à Antioche et s'y maria (peut-être avec une fille de la maison des Embriac, seigneurs de Gibelet). Cf. Rey, *Les seigneurs de Giblet*, Rev. Or. lat., 1895, III, p. 409.

132. Novare, *Chiprois*, p. 735 ; *Lois*, II, 400 ; *Éracles*, p. 426 ; Mas Latrie, *Histoire... de Chypre*, I, p. 328.

133. Novare, *Chiprois*, p. 735 ; *Éracles*, p. 420 ; *Lois*, I, 607, II, 400. Cf. Gaston Paris, *Philippe de Novare*, Rev. de l'Orient latin, 1902, p. 172.

134. Ou plutôt le récit du continuateur de Novare, car il semble que Novare lui-même ait clos sa propre narration au § 229 des *Gestes des Chiprois*.

135. L'empereur Frédéric II, avec sa vive intelligence, a bien discerné les défauts de cette noblesse franque, de ces Poulains si jaloux de leur indépendance que leur orgueil se refusait à toute concession envers le pouvoir central, en même temps que leur tempérament de créoles un peu trop adaptés à la vie levantine leur faisait envisager avec ennui les devoirs de la guerre sainte : « Aborigenarum terrae baronum deliciis educata superbia », écrit-il à leur sujet dans une lettre de 1244.

136. Gaston Paris, *Les mémoires de Philippe de Novare*, Rev. Or. lat., 1902, p. 164-205.

137. Maqrîzî, *R. O. L.*, 1903-1904, p. 355-356.

138. 641 Hg = juin 1243-juin 1244.

139. Abu'l Fidâ, p. 122 ; *Collier de perles*, p. 197 ; Maqrîzî, *R. O. L.*, 1903-1904, p. 357 ; Jamâl al-Dîn, trad. Blochet, *ibid.*, p. 357.

140. « Unde gaudendum est angelis et hominibus quod civitas sancta Jerusalem a solis christianis jam inhabitatur, expulsis omnibus Sarracenis, et in cunctis sanctis locis, per prælatos ecclesiarum recunciliatis et mundatis, in quibus a quinquaginta annis nomen Dei non fuerat invocatum, nunc, benedictus Deus, divina mysteria quotidie celebrantur ». Cf. Matthieu Paris, éd. Luard, IV, 291-298.

141. Matthieu Paris, IV, 291.

142. Un exemple incontestable de cette amitié : des prisonniers musulmans qui construisent pour les Templiers la forteresse de Safed font appel aux princes aiyûbides. Au lieu de les aider, Ismâ'îl transmet leur lettre aux Templiers qui leur infligent les derniers châtiments (Reinaud, *Extraits*, p. 444).

143. Malik al-Mansûr Ibrâhîm avait succédé dans le royaume de Homs à son père Mujahid Shîrkûh II en janvier 1240.

144. Abu'l Fidâ, p. 122.

145. Joinville, éd. de Wailly, p. 290.

146. L'ironie de Frédéric II se donna libre cours à la nouvelle de ces événements : les Templiers n'avaient-ils pas affecté naguère de se scandaliser de ses ambassades au sultan al-Kâmil ? Et voici qu'aujourd'hui ils recevaient et fêtaient chez eux al-Mansûr au point de laisser les prières de l'Islam retentir sous les voûtes de leur monastère : « Soldanos Damasci et Cracci... in suum praesidium contra Choerminorum exercitum ac Soldani (Ægypti) advocarent... inhonestis blanditiis... adeo quod infra claustra domorum Templi predictos soldanos et suos cum alacritate pomposa receptos, superstitiones suas cum invocatione Machometi et luxus seculares facere Templarii paterentur. » (Lettre de Frédéric II à Richard de Cornouailles, *in* Matthieu Paris. 419).

147. Abu'l Fidâ, p. 119 ; Kémal al-Dîn, *Histoire d'Alep*, trad. Blochet, *R. O. L.*, 1898, p. 3.

148. Abu'l Fidâ, p. 119. Kémal al-Dîn, p. 5-6, qui nous raconte l'histoire de femmes musulmanes violées par les Khwârizmiens dans la mosquée de Menbij où elles s'étaient réfugiées : « Un de ces barbares s'empara d'une femme qui tenait serré sur sa poitrine un enfant à la mamelle ; il le lui arracha, le broya contre terre, se saisit de la mère et partit. » La terreur mongole n'a rien de pire que ces atrocités turques de 1241. – Naturellement, les Arabes nomades de la Jazîra s'étaient joints aux Khwârizmiens pour participer au pillage de la Syrie sédentaire.

149. Kémal al-Dîn, p. 13.

150. Les gens du Caire ne pouvaient guère compter en Syrie que sur le malik de *H*amâ, traditionnellement lié au parti égyptien, puisque son ennemi, le malik de *H*oms, suivait le parti damasquin.

151. Frédéric II, critique impitoyable de la politique des Poulains et des Templiers, leur reprocha amèrement d'avoir ainsi acculé les Égyptiens à l'alliance khwârizmienne, cause de toutes les catastrophes ultérieures et de la perte définitive de Jérusalem : « Templariorum superba religio et aborigenarum terrae baronum deliciis educata superbia, soldanum Babyloniae ad evocandum Choerminorum auxilium per bellum improbum et improvidum cogerunt, nostro regio federe parvipenso, etc.

152. Le château de Tibériade ne devait être conquis que le 16 juin 1247 par l'émir Fakhr al-Dîn. (*Éracles*, p. 432-433 ; *Collier de perles*, p. 200.)

153. « Robert II, évêque de Nantes, fut élu en 1240 patriarche de Jérusalem, à la place de Jacques de Vitry, dont l'élection n'avait pas été ratifiée par Grégoire IX qui désirait le garder auprès de lui. Il mourut le 8 juin 1254. » Cf. Du Cange-Rey, 729 ; Mas Latrie, *Patriarches de Jérusalem*, R. O. L. 1893, 23 ; Matthieu Paris, IV, 308.

154. *Chronique de Mailros*, 160 ; Matthieu Paris, IV, 308, 338-340.

155. Nous avons très fidèlement suivi pour la chute de Jérusalem la reconstitution des faits proposée par Röhricht, *G. K. J.*, p. 861-862, d'après la *Chron. de Mailros*, p. 159-160, Matthieu Paris, IV, 308, et le *ms de Rothelin*, p. 563-565.

156. Rothelin, p. 563 ; Maqrîzî, p. 359.

157. C'est bien le futur sultan Baîbars, pense Van Berchem (*J. A.*, 1902, I, p. 438) d'après Abu'l Fidâ.

158. Jean et Guillaume de Boutron étaient les fils de Bohémond de Boutron, lui-même fils cadet du prince d'Antioche Bohémond III et qui était devenu maître de Boutron en épousant la fille de Plebano ou Plivain, seigneur de la petite ville. Cf. Rey, *Rev. Or. lat.*, 1896, p. 382, et Du Cange-Rey, p. 257.

159. Maqrîzî, *R. O. L.*, 1903-1904, p. 360.

160. *Éracles*, p. 429.

161. Joinville, éd. de Wailly, p. 290, § 531.

162. *Gestes des Chiprois*, p. 740.

163. Reinaud, *Extraits des historiens arabes*, p. 445-446 ; *Deux Jardins*, p. 193.

164. *Rothelin*, p. 564.

165. *Éracles*, p. 429 ; Maqrîzî, p. 360.

166. Cf. Delaville Le Roulx, *Hospitaliers*, p. 187-188, 192.

167. Gautier fut d'abord, en raison de son rang, traité avec une certaine considération au Caire. Il jouait un jour aux échecs avec un émir égyptien, lorsque celui-ci, se fâchant, le gifla. Gautier, à défaut d'une épée pour venger cet affront, saisit l'échiquier et assomma son insulteur. Il fut aussitôt mis à mort par les gardes (Amadi, *l. c.*). Pour Joinville au contraire (§ 538), ce seraient des commerçants du Caire (sans doute des armateurs de caravanes) qui auraient obtenu du sultan la permission de tuer Gautier dans sa prison pour se venger de ses pillages. Quant à la date de sa mort, Matthieu Paris (p. 544) semble la placer vers 1251 (Cf. Du Cange-Rey, 347-349). Par ailleurs Joinville (§ 465) nous dit que, durant le séjour de Louis IX à Acre (mai 1250-mars 1251), il envoya chercher au Caire le corps de Gautier. Et dès 1249 il donne expressément à Jean d'Ibelin le titre de comte de Jaffa (§ 158, p. 86). Il est vrai qu'il nomme aussi dès cette époque Charles d'Anjou roi de Sicile.

168. Joinville, éd. Wailly, p. 293-295. Voir la lettre du grand maître de l'Hôpital Guillaume de Châteauneuf relatant le désastre de Gaza, dans les *Chronica Majora* de Matthieu Paris, 307-311, et les sarcasmes de Frédéric II qui avait beau jeu d'imputer à la rupture de l'entente naguère conclue par lui avec l'Égypte cette série de catastrophes.

169. Maqrîzî, p. 361.

170. *Deux Jardins*, p. 193.

171. *Éracles*, p. 432.

172. Maqrîzî, *R. O. L.*, 1903-1904, p. 365-369.

173. *Éracles*, p. 432-433 ; *Annales*, 442 ; *Chiprois*, § 258 ; Abu'l Fidâ, 125 ; et le *Collier de perles*, 200, qui donne la date précise.

174. Baudouin II d'Ibelin, deuxième fils du vieux sire de Beyrouth, Jean Ier d'Ibelin. Il épousa Alix, fille de Gautier de Bethsan ou Beisan. Cf. Du Cange-Rey, 376.

175. *Éracles*, p. 433-434, 565 ; Le Templier de Tyr, in *Gestes des Chiprois*, p. 99 ; *Annales de Terre Sainte* in *Archives de l'Orient latin*, II, II, p. 442 : *Collier de perles*, p. 200 ; Maqrîzî, *Histoire d'Égypte*, Rev. Or. lat., 1907, p. 194.

176. Nul doute que, s'il avait encore existé entre 1229 et 1244 une dynastie « nationale » de rois de Jérusalem, son premier soin aurait été de s'installer dans la ville sainte, ne fût-ce que pour des raisons de prestige, et donc de mettre la place en état de défense.

177. *Annales de Terre Sainte*, p. 442 ; Du Cange-Rey, 233-234 ; Novare, c. XLIV ; *Assises*, I, 570. Balian III fut remplacé comme bayle du royaume par son frère Jean II d'Ibelin, comte d'Arsûf, bayle en 1247-1248. Cf. *Chiprois*. § 259. Distinguer, parmi les Ibelin, 1° Jean II, comte d'Arsûf [4e fils de Jean Ier (le Vieux Sire), comte d'Arsûf et de Beyrouth] et frère de Balian III de Beyrouth – et 2° Jean II, comte de Beyrouth, fils et successeur comme tel de Balian III. Voir notre généalogie des Ibelin à la fin du présent tome, et Du Cange-Rey, 641 et 375-377.

178. Imaginons ce que serait devenue la France révolutionnaire si elle avait été attaquée par la Coalition dès 1791, avant que les théoriciens feuillants ou girondins aient été remplacés par les hommes d'action du Comité de Salut Public qui sauvèrent notre pays...

179. *Deux Jardins*, p. 194.

180. Les deux rois de *H*amâ et de *H*oms venaient tous deux de mourir peu avant, en 1244 et 1246, remplacés l'un et l'autre par leurs jeunes fils ; al-Mu*z*affar II, malik de *H*amâ, par son fils, al-Mansûr II, et al-Mansûr Ibrâhîm, malik de *H*oms, par son fils, al-Ashraf Mûsâ. Voir à la fin du volume nos généalogies. Cf. Maqrîzî, *R. O. L.*, 1907, p. 193.

181. Maqrîzî, *ibid*. Jérusalem avait été définitivement reprise par les Musulmans le 23 août 1244. Une armée chrétienne ne devait y rentrer – avec le maréchal Allenby – que le 11 décembre 1917.

182. Comme comte de Tripoli, le prince d'Antioche relevait toujours en droit de la couronne de Jérusalem. Mas Latrie (*Histoire de Chypre*, I, p. 340) signale que Bohémond V affectait, seul des barons de Syrie, de reconnaître la suzeraineté de Frédéric II. Mais n'était-ce pas précisément parce que Frédéric II était éloigné et aux trois

quarts évincé, et pour pouvoir, sous ce prétexte légitimiste, rester encore plus indépendant du « gouvernement » d'Acre ?

183. Mas Latrie, *Rev. Or. lat.*, 1893, I, p. 151-152 ; Rey, *ibid.*, 1896, 2-3, p. 399.

184. *Éracles*, p. 435.

185. Rey, *Histoire des princes d'Antioche, Rev. Or. lat.*, 1896, p. 400.

Chapitre VI

1. Cf. Matthieu Paris, 428, 448, 462.

2. *Ms de Rothelin*, p. 566. La croisade fut prêchée en France par le cardinal-évêque de Frascati Eude, prélat originaire de Châtellerault, dans le diocèse de Bourges, qui avait été naguère chanoine de l'Église de Paris, puis abbé de Grand-Selve et d'Ourscamp, le même qui, le 25 avril 1248, consacra la Sainte-Chapelle.

3. Joinville, éd. de Wailly, p. 61-63. Sur la croisade de saint Louis, en général, cf. Wallon, *Saint Louis*, I, p. 225-397 ; E.-J. Davis, *The invasion of Egypt by Louis IX of France and a history of the contemporary sultans of Egypt*, 1898 ; Röhricht, *Kleine Studien zur Geschichte der Kreuzzüge*, p. 11-25, *Der Kreuzzug Louis IX gegen Damiette in Regestenform* (Berlin, 1890).

4. Cf. Langlois, *Histoire de France (Lavisse)*, III, II, p. 85-87.

5. Badr al-Dîn al-'Aînî, *Collier de perles*, p. 201.

6. Traduction Blochet, in *Rev. Or. lat.*, 1902, p. 527.

7. Cf. Heyd, *Hist. du commerce du Levant*, I, p. 409-412.

8. Hugue IV, duc capétien de Bourgogne de 1218 à 1272. C'est lui qui avait déjà brillamment pris part en 1239 à la croisade de Thibaut de Champagne-Navarre et, notamment, en 1240, fortifié Ascalon. Voir plus haut, p. 393, et Drouot et Calmette, *Histoire de Bourgogne*, p. 103-104.

9. Cf. Pirenne, *Histoire de Belgique*, I, p. 230-231 ; Kervyn de Lettenhove, *Histoire de Flandre*, I, p. 249-256.

10. Cf. Madelin, *L'expansion française. De la Syrie au Rhin*, Paris, Plon, 1918, p. 1-55. – Jean Longnon, *Les Français d'outre-mer au moyen âge, essai sur l'expansion française dans le bassin de la Méditerranée*, Paris, Perrin, 1929.

11. « Guillaume de Villehardouin se joignit au duc de Bourgogne qui passait à Monembasie, en route pour la croisade et, avec 400 chevaliers, retrouva saint Louis à Chypre. » Cf. Guldencrone, *L'Achaïe féodale*, p. 45. Sur la visite de l'impératrice Marie à Chypre, cf. Joinville, § 137-140 (p. 76-79).

12. *Gestes des Chiprois*, § 126-132 et § 262.

13. Peut-être le Nicolas de Soisi ou de Choisi de Joinville, § 385, 639.

14. *Éracles*, p. 436.

15. JOINVILLE, XXIX, § 130-131.

16. *Via ad Terram sanctam*, apud KOHLER, *Deux projets de croisade, XIIIe-XIVe siècles*, in *Revue de l'Orient latin*, 1903-1904, p. 428 et 450.

17. Voir plus haut, p. 226 et 235.

18. Le grand maître de l'Hôpital Guillaume de Châteauneuf, pour lors prisonnier en Égypte, était remplacé à la tête de l'Ordre par le vice-maître Jean de Ronay (DELAVILLE LE ROULX, *Hospitaliers*, p. 194-195). Le grand maître du Temple était Guillaume de Sonnac, signalé comme tel depuis le 12 mai 1249, mort en 1250 des suites de ses blessures à la Mansûra (cf. RÖHRICHT, *Zusätze und Verbesserungen zu du Cange*, p. 17). Guillaume de Sonnac nous a laissé une lettre envoyée de Damiette, pendant la croisade de saint Louis, lettre conservée dans MATTHIEU PARIS, t. VI, p. 565 de la traduction.

19. VINCENT DE BEAUVAIS, XXXI, c. 95.

20. Rappelons de nouveau qu'il ne faut pas confondre 1° Jean II d'Ibelin, seigneur d'Arsûf, fils du vieux sire de Beyrouth (= de Jean Ier d'Ibelin, comte d'Arsûf et de Beyrouth) 2° Jean II d'Ibelin, seigneur de Beyrouth (neveu du précédent) et 3° leur cousin et homonyme, Jean d'Ibelin, seigneur de Jaffa, fils de Philippe d'Ibelin (voir *in fine* généalogie des Ibelin).

21. *Éracles*, p. 437 ; SANUTO, 218 ; GUILLAUME DE NANGIS, 368 ; HEYD, *Hist. du commerce du Levant*, I, p. 343-344.

22. Renaud de Vichier, cité comme maréchal du Temple le 12 mai 1249, il deviendra grand maître en 1250, † 1256 (RÖHRICHT, *Zusätze und Verbesserungen*, 17-19).

23. Pierre de Biaune, † 6 juin 1254 (*ibid.*, p. 7).

24. Lettres du légat Eude de Châtellerault, d'avril 1249, 625, 628 ; VINCENT DE BEAUVAIS, XXXI, t. IV, p. 1318, et GUILLAUME DE NANGIS, p. 367, 368. Cf. MAS LATRIE, *Histoire de l'île de Chypre*, I, p. 349 ; MAQRÎZÎ, trad. Blochet, *Rev. Or. lat.*, 1907, p. 198-199 ; ABU'L FIDÂ, p. 125 ; SOBERNHEIM, *Al-Malik al-Sâlih*, *Encycl. de l'Islam*, p. 114.

25. GUILLAUME DE NANGIS, p. 367-369.

26. Voir plus loin, p. 518.

27. Répétons-le ici encore : l'historien peut assez facilement imaginer ce qu'il serait advenu de notre pays, si, en 1793, au lieu de rencontrer en face d'elle l'énergique impulsion du Comité de Salut Public, l'invasion des Coalisés ne s'était trouvée en présence que des théoriciens feuillants et du fédéralisme girondin...

28. MAQRÎZÎ, *Histoire de l'Égypte*, trad. Blochet, *R. O. L.*, 1907, p. 209. Cf. *Collier de perles*, p. 204-205 ; ABU'L FIDÂ, 127.

29. ABU'L FIDÂ, p. 126.

30. Jean, fils de Philippe d'Ibelin, avait reçu vers cette époque du roi Henri Ier de Chypre et tout au moins à titre de bayle, la terre de

Jaffa, restée sans maître depuis la captivité de Gautier IV de Brienne. Le 17 avril 1247 (après la confirmation de la mort de Gautier), le pape Innocent IV lui confirmera l'inféodation du comté de Jaffa. Cf. Mas Latrie, *Comtes de Jaffa et d'Ascalon*, 23. Du reste, Joinville (§ 158, p. 86) donne expressément et dès 1249 à Jean d'Ibelin le titre de comte de Jaffa.

31. Je me conforme à Joinville qui orthographie partout Sargines (§ 173, etc.), orthographe acceptée par Rey (Du Cange-Rey, 617, 641). Cependant l'*Éracles* (p. 441) écrit Sergines comme nous le faisons aujourd'hui pour le chef-lieu de canton voisin de Sens.

32. Joinville, § 146, p. 83.

33. Joinville, § 147, p. 83 ; Nangis, p. 371.

34. Eustorge de Montaigu mourut à Damiette le 28 avril 1250, dans l'armée de saint Louis. Cf. Mas Latrie, *Histoire des archevêques de Chypre*, Archives de l'Orient latin, II, p. 214-229.

35. Cf. Guldencrone, *L'Achaïe féodale*, p. 45-46.

36. Abu'l Fidâ, p. 126. Jean Sarrasin, chambellan de saint Louis dont la lettre est écrite peu de jours après la prise de Damiette (in *Éracles*, p. 571), nous dit que l'armée comptait alors, en dehors des autres combattants, 2 500 chevaliers. Mas Latrie (*Histoire de Chypre*, I, 350), essayant de concilier les diverses sources, propose de compter 25 000 combattants français, le reste étant fourni par les Francs de Syrie, de Chypre, de Morée et par les Italiens.

37. Date de Nangis, p. 371, conforme aux indications des lettres de Jean Sarrasin, du comte d'Artois et du grand maître du Temple, Guillaume de Sonnac (*Éracles*, 589, et Matthieu Paris, VI, 550, 565).

38. Cf. Jean Maspero et Wiet, *Matériaux pour servir à la géographie de l'Égypte*, in *Mémoires de l'Institut français d'archéologie orientale du Caire*, vol. XXXVI, 1914-1919, p. 17-19.

39. Maqrîzî, *Histoire d'Égypte*, R. O. L., 1907, p. 200-201 ; Abu'l Fidâ, p. 126 ; *Collier de perles*, p. 201 ; F. Krenkow, Kinâna, in *Enc. de l'Islam*, liv. 33, p. 1076-1077.

40. Que l'armée française ait débarqué sur la plage *à l'ouest* de la bouche phatnitique, du côté de Râs al-Barr et non d'al Burj, c'est ce qui ressort des textes : 1° Maqrîzî, p. 203 : « Le samedi, les Francs firent une descente sur la rive du Nil où se trouvait l'armée musulmane et on y dressa pour le roi des Francs une tente rouge... Quand la nuit fut tombée, l'émir Fakhr al-Dîn se replia avec ses troupes et passa en toute hâte le pont pour se rendre *sur la rive orientale* sur laquelle était bâtie la ville de Damiette, *abandonnant ainsi la rive occidentale du Nil* aux Francs. » – 2° Joinville, § 164 : « Ce fut bien maladroitement que les Turcs partirent de Damiette, sans faire couper le pont qui était de bateaux, ce qui nous eût causé un grand embarras. » Il s'agit du pont actuel entre la gare principale de

Damiette (grande ligne, venant de Kafr al-Battikh, rive occidentale) et la ville elle-même (rive orientale). Les Français ont donc débarqué sur la plage de la Méditerranée, à l'ouest de la Bouche Phatnitique, au sud-ouest du cap Râs al-Barr.

41. *Rothelin*, p. 590.
42. JOINVILLE, § 158-159, p. 86-89. Biographie de Jean d'Ibelin-Jaffa dans DU CANGE-REY, 348-351.
43. Lettre de Jean Sarrasin, 23 juin 1249. *Rothelin*, p. 590.
44. JOINVILLE, § 156, p. 86-87.
45. Lettre du chambellan Jean Sarrasin, *Rothelin*, p. 590-591.
46. JOINVILLE, § 162, p. 88-91. Cf. Lettre de JEAN SARRASIN du 23 juin, in *Éracles*, 590. NANGIS, p. 371.
47. MAQRÎZÎ, *R. O. L.*, 1907, p. 203-204.
48. ABU'L FIDÂ, p. 126 ; JOINVILLE, § 164, p. 191.
49. JEAN SARRASIN, *Rothelin*, p. 591.
50. MAQRÎZÎ, p. 204.
51. JOINVILLE, § 164, p. 91. Cf. Lettre de JEAN SARRASIN, in *Éracles*, p. 591.
52. MAQRÎZÎ, p. 204.
53. *Rothelin*, p. 592. Évidemment ce texte peut s'appliquer, au sens étroit, aux seuls chrétiens syriaques, dont plusieurs groupes, lors de la Première Croisade, avaient émigré dans le Delta oriental. Mais il semble que le nom de Syriaques (Syriens chrétiens) s'étende également ici sur tout aux Coptes, monophysites comme les tenants du jacobisme syrien dont les écrivains francs devaient les distinguer assez mal. Sur les Coptes sous la domination aiyûbide, cf. WIET, K*ibt*, Encycl. de l'Islam, II, p. 1054.
54. *Rothelin*, p. 594.
55. JOINVILLE, § 170, p. 92-95.
56. *Collier de perles*, p. 202.
57. MAQRÎZÎ, p. 205.
58. *Collier de perles*, p. 203.
59. *Ibid.*, p. 205-206.
60. C'est la pointe de terre entre le Râs al-Barr et Kafr al-Ba*tt*îkh.
61. *Rothelin*, p. 595.
62. JOINVILLE, § 177, p. 96 ; MAQRÎZÎ, p. 206.
63. JOINVILLE, § 172-176 ; *Rothelin*, p. 596.
64. JOINVILLE, § 179.
65. JOINVILLE, § 183.
66. MATTHIEU PARIS, V, 87-88, 105-106 et 143 ; VI, 196-197. *Ibid.*, la lettre du grand maître du Temple Guillaume de Sonnac.
67. MAQRÎZÎ, p. 208.
68. MAQRÎZÎ, p. 211.
69. ABU'L FIDÂ, p. 127 ; MAQRÎZÎ, p. 211-215.

70. *Collier de perles*, p. 207.

71. Pour l'itinéraire que comptait emprunter Louis IX si la bataille de Mansûra lui avait ouvert la route du Caire, cf. Ch. Schefer, *La devise des chemins de Babiloine*, Archives de l'Orient latin, II, p. 95-96.

72. Maqrîzî, p. 215. L'armée franque atteignit Fâriskûr le 7 décembre. G. Wiet, *Histoire de l'Égypte* (Plon).

73. Maqrîzî, p. 215.

74. C'est ainsi que Joinville raconte que, dès la sortie de Damiette, l'armée dut détourner un cours d'eau « qui sortait de la grande rivière » – évidemment un des petits canaux qui, au sud de Fâriskûr, joignent, vers Sharabas, le bras du Nil au lac de Menzala (Joinville, § 184).

75. *Collier de perles*, p. 207.

76. Il ne faut pas confondre l'ancien canal d'Ashmûn-*T*annâ*h*, l'actuel Ba*h*r al-Saghîr dont il s'agit ici et qui coule au nord de Mansûra, avec l'actuel canal de *T*annâ*h* qui coule parallèlement, mais au sud de Mans*û*ra. Cf. Jean Maspero et Wiet, *Matériaux pour servir à la géographie de l'Égypte*, in *Mémoires de l'Institut français d'archéologie orientale du Caire*, vol. XXXVI, 1914-1919, p. 198. Sur l'identification Ashmûn- *T*annâ*h* = Ashmûn al-Rummân, *ibid*., p. 17-19. Sur le Ba*h*r Saghîr ou Ba*h*r Ashmûn, *ibid*., p. 81.

77. Cf. Jean Maspero et Wiet, *Matériaux*, p. 198.

78. Le 6 décembre d'après Joinville (§ 185), le 7 d'après le ms de Rothelin (p. 597), le *Collier de perles* (p. 207), le 8 d'après Maqrîzî (p. 216).

79. *Rothelin*, p. 597 ; *Collier de perles*, p. 207.

80. Shârimsâ*h* (que les anciens arabisants vocalisaient en Shârmesâ*h*, le Sormesac de Joinville) est sur la branche de Damiette, rive droite, en face et en aval de Sherbîn. C'est par erreur que Joinville (§ 196) localise « Sormesac » sur le Ba*h*r al-Saghîr, ou comme il l'appelle, sur « le fleuve de Rexi ». Baramûn est aux deux tiers de la distance entre Shârimsâ*h* et Mansûra. Cf. Blochet, *R. O. L.*, 1907, p. 216 ; et notre carte, p. 439.

81. *Rothelin*, p. 598. Cf. Maqrîzî, p. 216. Le Ba*h*r al-Saghîr est aussi appelé Ba*h*r al-Sughaijar.

82. *Rothelin*, p. 598.

83. Joinville, § 195-196.

84. *Collier de perles*, p. 208.

85. Maqrîzî, p. 217.

86. Joinville, § 200.

87. Joinville, § 199-202.

88. *Rothelin*, p. 601.

89. Ou, plus exactement, à une demi-lieue. Joinville, § 194.

90. *Ms de Rothelin*, p. 600.
91. *Rothelin*, p. 600.
92. JOINVILLE, § 192-193.
93. *Rothelin*, p. 600.
94. *Ibid*.
95. JOINVILLE, § 195.
96. Il s'agit de Gautier d'Ecurey, compagnon de Joinville, qui lui avait recommandé, en cas de bombardement par le feu grégeois, de « se planquer ».
97. JOINVILLE, § 205-206.
98. JOINVILLE, § 213.
99. *Collier de perles*, p. 208.
100. JOINVILLE, § 215 ; *Rothelin*, p. 603 ; *Collier de perles*, p. 208. MAQRÎZÎ, p. 218, confirmant les chroniqueurs occidentaux, parle d'un traître musulman. Voir la position du gué sur notre carte, p. 439.
101. *Rothelin*, p. 602-603.
102. *Ibid.*, p. 603.
103. JOINVILLE, § 218. Mais on peut se demander si Joinville, écrivant pour Louis X, n'a pas voulu ménager la mémoire de l'arrière-grand-oncle, mort au champ d'honneur, de ce roi. Le *Manuscrit de Rothelin* (p. 604-605) est ici beaucoup plus explicite.
104. *Collier de perles*, p. 196.
105. MAQRÎZÎ, p. 218.
106. JOINVILLE, § 217.
107. MAQRÎZÎ (p. 218) et le *Collier de perles* (p. 208) paraissent situer le camp égyptien vers le village de Jadîla, à trois kilomètres au nord-est de Mansûra, à près d'un kilomètre de la rive du Nil (branche de Damiette) et au sud du Bahr al Saghîr.
108. JOINVILLE nous parle de trois cents cavaliers égyptiens qui gardaient la rive méridionale et qui furent mis en fuite par ses compagnons (§ 216-217).
109. *Rothelin*, p. 604.
110. *Rothelin*. 604-605. Cf. *Chronique de Reims* dans les *Hist. de France*, t. XXII, p. 313 et MATTHIEU PARIS, t. VII, p. 74-77.
111. Le passage du Bahr al-Saghir et la mort du comte d'Artois sont placés par certaines sources égyptiennes le 9, et non comme chez nos chroniqueurs le mardi gras, 8 février.
112. *Rothelin*, p. 605.
113. *Rothelin*. Joinville (§ 218-219), par respect pour la mémoire du comte d'Artois, mort en héros, jette un voile sur l'impardonnable faute de ce prince. Tout l'épisode est, par lui, proprement escamoté.
114. MAQRÎZÎ, p. 218-219. Cf. *Collier de perles*, p. 208-209. – Les mamelûks bahrides étaient ainsi appelés, nous l'avons vu, parce que casernés dans l'île de Rôda sur le Nil (al-Bahr).

115. Joinville, § 219.
116. *Rothelin*, p. 605.
117. Joinville, § 233.
118. « Là où je estoie à pié, et mi chevalier, aussi bléciez comme il est devant dit, vint li Roys à (= avec) toute sa bataille, à grant noyse et à grant bruit de trompes et de nacaires, et se aresta sur un chemin levei. Mais onques si bel armei ne vi ; car il paroit desur toute sa gent dès les espaules en amont, un heaume doroi en son chief, une espée d'Alemaigne en sa main » (Joinville, § 228).
119. *Rothelin*, p. 606.
120. *Rothelin*. Je suis ici le manuscrit de Rothelin qui décrit l'ensemble de la bataille dont Joinville, qui en fut un des acteurs, n'a vu et ne décrit qu'un coin, comme il arrive toujours.
121. Joinville, § 229.
122. *Rothelin*, p. 607.
123. *Ibid.*
124. Joinville, § 230-232.
125. *Ibid.*, § 233.
126. *Ibid.*, p. 234.
127. Comme on va le voir, ce « ruisseau » était un canal secondaire, tel, par exemple, l'actuel Omum al-Baheira, qui coulait au sud du Ba*h*r al-*S*aghîr et parallèlement à lui.
128. Joinville, § 235.
129. La carte actuelle du Delta nous présente, comme nous venons de le dire, un canal secondaire qui répond à cette définition. C'est le Omum al-Beheira qui coule au sud du Ba*h*r al-*S*aghîr, parallèlement à ce dernier. Conf. *Anglo-egyptian map of the Delta*, Bibliothèque nationale, Cartes, Ge, CC, 572.
130. Joinville, § 237-238.
131. Joinville, p. 242.
132. *Rothelin*, p. 607.
133. Joinville, § 243 ; *Rothelin*, p. 607.
134. Joinville, § 243.
135. *Ibid.*, § 248-253.
136. Delaville Le Roulx, *Hospitaliers*, p. 195-196.
137. Joinville, § 244. Cf. *Chronique de Reims*, t. XXII, p. 314. *Rothelin*, 607, et la lettre de saint Louis dans Duchesne, t. V, p. 429.
138. La plupart des historiens oublient en effet que les Francs ont couché sur le champ de bataille. « Là firent tendre leur pavillonz et leur tentes et se logièrent de lez les engins (les catapultes) aus Sarrazins dont il trouvèrent là XIV. Assez trouvèrent illeucques nostre gent merrien (= bois) et tentes et pavellons que li Sarrazin/avoient

lessié, quant il furent seurpriz de l'avant-garde » (*Rothelin*, p. 607). « Nous lojames ou lieu dont nous aviens chacié nos ennemis », dit Joinville (§ 254).

139. JOINVILLE, § 255-260.
140. *Rothelin*, p. 608.
141. Charles d'Anjou, plus tard roi de Sicile.
142. JOINVILLE, § 267.
143. DU CANGE-REY, p. 375 et 378.
144. JOINVILLE, § 274.
145. *Ibid.*, § 275.
146. *Ibid.*, § 277-278.
147. JOINVILLE, § 279. Cf. GUILLAUME DE CHARTRES, t. XX, p. 32.
148. *Deux Jardins*, p. 195 ; MAQRÎZÎ, p. 220-223.
149. *Collier de perles*, p. 209. – Cf. MAQRÎZÎ, p. 223-224, nous parle de trois batailles navales, l'une, non datée, livrée sur le Nil près de Mansûra, et où les Francs perdirent 52 navires, l'autre le 8 mars où ils perdirent 7 frégates, la troisième le 16 mars où ils en perdirent encore 32, parmi lesquelles 9 navires de guerre et le reste se composant de bateaux de vivres. JOINVILLE (§ 292) nous dit que les navires égyptiens s'embossèrent sur le Nil à quatre kilomètres en aval du camp chrétien et de la bifurcation du Bahr al-Saghîr.
150. JOINVILLE, § 295.
151. *Ibid.*, § 296.
152. *Ibid.*, § 301.
153. *Rothelin*, p. 612. De même JOINVILLE, § 306 : « Li Roys se fust bien garanties es galies, se il vousist, mais il dist que, se Dieu plaisoit, il ne lairoit jà (= il ne laisserait pas) son peuple. »
154. JOINVILLE, § 304.
155. *Rothelin*, p. 613. Vingt-deux kilomètres au sud-ouest de Damiette nous amènent entre Shâramsâh et Fâriskûr, ce qui est conforme aux indications du *Collier de perles* (p. 210) et de MAQRÎZÎ (*loc. cit.*, p. 227).
156. JOINVILLE, § 306.
157. « Ce fut près de Fâriskûr que le combat fut le plus acharné. » (MAQRÎZÎ, *R. O. L.*, 1907, p. 227).
158. JOINVILLE, § 309.
159. La carte actuelle du Delta nous montre un bourg de Mît al-Khôli 'Abdallâh, ou Zarqâ, entre Shâramsâh et Fâriskûr.
160. JOINVILLE, § 391.
161. JOINVILLE, § 310-312. D'après une évaluation moyenne l'armée française comptait encore 2 300 chevaux et 15 000 combattants, bien que beaucoup fussent malades (MATTHIEU PARIS). Admettons même avec le confesseur de la reine Marguerite (p. 67) qu'il ne soit resté à

814   *LA MONARCHIE MUSULMANE ET L'ANARCHIE FRANQUE*

ce moment que 6 000 hommes sur les 36 000 du début, il y avait encore là un certain noyau de résistance.

162. JOINVILLE, § 329-330.
163. MAQRÎZÎ, p. 227.
164. JOINVILLE, § 336 et 340.
165. *Ibid.*, § 321-322.
166. *Ibid.*, § 326 (Frédéric II se trouvait en effet cousin germain de la mère de Joinville, Béatrix d'Auxonne).
167. *Ibid*, § 341. Cf. *Rothelin*, p. 616-617. WALLON, *Saint Louis*, 370.
168. *Rothelin*, p. 621.
169. Dans sa belle histoire de l'Égypte au moyen âge, dont il veut bien nous communiquer le manuscrit (collection HANOTAUX), M. WIET montre que la faute majeure du sultan al-Salih Aiyûb avait été de priver l'armée des éléments kurdes, défenseurs traditionnels des siens, pour se fier aux Turcs. Les Kurdes, compatriotes de Saladin, avaient toujours été fidèles aux souverains de sa maison, d'un vieux loyalisme à la fois féodal et national. Ils avaient fait la force de l'empire, qu'ils considéraient un peu comme leur. Comme, dans les querelles entre épigones kamilides, ils n'avaient pas embrassé le parti d'al-Sâlih Aiyûb, celui-ci eut l'ingratitude et commit la folie de les écarter. Mais les mamelûks turcs par lesquels il les remplaça n'avaient pas leurs raisons de loyalisme ethnique envers sa famille et ce fut, à brève échéance, la chute de la dynastie... Ce qu'expose là le savant arabisant confirme ce que nous avons dit nous-mêmes du caractère resté spécifiquement kurde de l'empire aiyûbide. Du jour où la famille d'Aiyûb cessa de s'appuyer sur la force kurde natale, elle fut perdue...
170. MAQRÎZÎ, p. 208.
171. *Collier de perles*, p. 207. Bahrides signifie les Mamelûks « du fleuve », parce qu'ils étaient casernés, au Caire, dans l'Île de Rôda.
172. *Collier de perles*, p. 203.
173. MAQRÎZÎ, p. 213, 223.
174. *Ibid.*, p. 230-231.
175. *Ibid.*, p. 230.
176. Pour la date du meurtre du sultan Tûrân-shâh, les sources arabes varient : Abu'l Fidâ donne le 3 mai 1250. M. WIET cite des sources égyptiennes qui donnent le 30 avril.
177. Récit d'ABU'L FIDÂ, p. 129, complété par *Deux Jardins*, p. 198-200, et MAQRÎZÎ, *R. O. L.*, 1907, p. 231-232. Pour la date, STEVENSON, 332.
178. *Histoire des sultans mamelouks*, trad. Quatremère, I, a, 31.
179. Il est en effet inutile de mentionner un dernier sultan aîyûbide, de la branche yéménite, Ashraf Mûsâ (petit-fils du roi du Yémen al-Mas'ûd Yûsuf, fils lui-même du grand sultan al-Kâmil), simple fantôme de sultan légitime que, devant l'indignation du loya-

lisme syrien, Aibeg crut prudent de s'associer. Aibeg qui l'avait ainsi élevé au trône (1250), le déposa en 1254 pour rester seul sultan.

180. JOINVILLE, § 353 ; GUILLAUME DE NANGIS, p. 381 ; CONFESSEUR DE MARGUERITE, p. 67.

181. Baudouin II d'Ibelin, sénéchal de Chypre, qui savait bien l'arabe, traduisait à Joinville les menaces de mort des Mamelûks contre les prisonniers francs (JOINVILLE, § 353-354).

182. JOINVILLE, § 357.

183. *Collier de perles*, p. 213.

184. Sur la valeur en francs or de la rançon, cf. discussion *in* H. WALLON, *Saint Louis*, I, 370.

185. JOINVILLE, § 364-365 ; WALLON 380.

186. JOINVILLE, § 394. On sait que l'épisode du renégat de Provins a fourni à Jules Lemaitre le sujet d'un de ses contes les plus délicieux (*En marge de Joinville*, in *En marge des vieux livres*, II, p. 107).

187. JOINVILLE, § 398.

188. *Ibid.*, § 399-400.

189. § 371-374.

190. JOINVILLE, § 380-385.

191. *Rothelin*, p. 620.

192. *Rothelin*. p. 622.

193. JOINVILLE, § 443.

194. *Annales de Terre Sainte*, *Archives de l'Orient latin*, II, p. 443.

195. Il y eut trois réunions à ce sujet. Le dimanche 19 juin 1250, Louis IX réunit ses frères et les principaux seigneurs pour leur exposer la situation. Le dimanche suivant (26 juin), après leur avoir laissé une semaine pour se faire une opinion, il leur demande leur avis. Enfin le dimanche 3 juillet il leur annonce sa décision de rester en Syrie.

196. JOINVILLE, § 427.

197. Notons du reste que Joinville parait sans illusion sur les vices des grandes cités levantines et cosmopolites qui étaient les capitales de la Syrie franque. Il en parle comme d'autres Sodomes et d'autres Gomorrhes, que la colère du ciel ne peut manquer de détruire. « Je racontais une fois au légat deux péchés qu'un mien prêtre m'avait racontés et il me répondit : « Nul ne sait, comme moi, tous les péchés déloyaux qu'on fait en Acre. C'est pourquoi il faut que Dieu les venge, en telle manière que la cité d'Acre soit lavée au sang de ses habitants ! » (JOINVILLE, § 613).

198. JOINVILLE, § 436-437. Cf. GUILLAUME DE NANGIS, p. 383 ; *Éracles*, 622, 623. Surtout l'émouvante et noble lettre que Louis IX écrivit en août 1250 aux prélats et barons de France sur la prolongation de son séjour et pour leur demander de venir le rejoindre, lettre dont on trouvera le texte latin dans DUCHESNE, t. V, p. 428 et suiv.

199. La famille qaîmaride était une maison kurde établie à Damas, assez puissante pour avoir réuni sous ses ordres un corps de mamelûks.

200. Al-Nâsir Yûsuf régnait sur Alep depuis 1236. Il posséda Alep et Damas réunies de 1250 à 1260. Cf. ZETTERSTÉEN, *Al-Nâsir*, *Encycl. de l'Islam*, liv. 50 (1934), p. 923.

201. Ce fut ainsi que Jean sans Terre, traqué par ses ennemis, sauva sa couronne en déclarant l'Angleterre fief du Saint-Siège.

202. ABU'L FIDÂ, p. 130.

203. Aujourd'hui chef-lieu de canton dans la province de Sharqîya, district de Zagâzîg. Cf. BECKER, *al-'Abbâsa*, *Encycl. de l'Islam*, I, p. 13.

204. ABU'L FIDÂ, p. 131.

205. *Rothelin*, p. 620 et sq.

206. *Rothelin*, p. 626. Libération de Châteauneuf : octobre 1250.

207. JOINVILLE, § 465.

208. JOINVILLE, § 518 ; *Rothelin*, p. 625.

209. JOINVILLE, § 444.

210. JOINVILLE, § 464.

211. *Ibid.*, § 465.

212. *Rothelin*, p. 628.

213. *Ibid.*, p. 628.

214. *Rothelin*, p. 628-629.

215. Page 215.

216. JOINVILLE, § 515.

217. *Ibid.*, § 516-517.

218. *Collier de perles*, p. 215.

219. ABU'L FIDÂ, p. 132.

220. Louis IX resta à Acre depuis son arrivée (14 mai 1250) jusqu'en mars 1251.

221. Louis IX resta à Césarée de mars 1251 à mai 1252. Sur les restes de l'enceinte relevée par lui, voir DESCHAMPS, *Le Crac des chevaliers*, p. 63. Sur l'exemple donné par saint Louis au cours de ces travaux, auxquels il collabora de ses mains, cf. le CONFESSEUR DE MARGUERITE, p. 68.

222. Jean d'Ibelin-Jaffa est le célèbre baron juriste qui rédigea le livre des *Assises de Jérusalem* († 1266). Cf. DU CANGE-REY, p. 348-351.

223. JOINVILLE, § 516, 517, 561, 562 ; REY, *Colonies franques*, p. 410.

224. *Annales de Terre Sainte*, *Arch. Or. lat.*, II, p. 445 ; *Éracles*, p. 440.

225. Ne pas confondre Jean d'Ibelin, sire d'Arsûf († 1258), avec son cousin Jean d'Ibelin, sire de Jaffa. Voir à la fin notre généalogie des Ibelin et DU CANGE-REY, p. 224.

226. REY, *Colonies franques*, p. 452.

227. JOINVILLE, § 547-550.

228. JOINVILLE, § 551.

229. *Ibid.*, § 563-564.

230. JOINVILLE, § 571. Le texte de Joinville (§ 571, 574, 575) semble prouver que le château dont il s'agit ici est bien Subaiba, comme l'indique le § 575.

231. JOINVILLE, § 579-581.

232. JOINVILLE, § 582. Le sire de Sidon était alors Julien, fils de Balian de Sidon. Il venait d'épouser, en 1252, Fémie, fille du roi d'Arménie Héthoum Ier (*Éracles*, p. 441). – Au nombre des places fortifiées par Louis IX, il faut encore ajouter Sâfîthâ, forteresse qu'il fit agrandir du côté du midi (VAN BERCHEM, *Journal asiatique*, 1902, I, p. 440).

233. Renaud de Vichier, grand maître du Temple de 1250 à sa mort en 1256. Cf. DU CANGE-REY, 887, et RÖHRICHT, *Zusätze zu Du Cange*, 17 ; TRUDON DES ORMES, *Maisons du Temple en Orient*, Rev. Or. lat., 1897, p. 395.

234. JOINVILLE, § 511-514.

235. Joinville rapporte un exemple analogue dont il fut lui-même le héros. Les compagnons du bon sénéchal chassaient « une beste sauvaige que l'on appelle gazel, qui est aussi com un chevreus (chevreuil) ». Les chevaliers de l'Hôpital se jetèrent sur eux, les bousculèrent et leur enlevèrent leur proie. Joinville se plaignit au grand maître de l'Hôpital (c'était Guillaume de Châteauneuf) ; celui-ci infligea aux coupables la punition en usage de « manger sur leurs manteaux ». (JOINVILLE, § 507-508).

236. Cf. REY, *Dignitaires de la principauté d'Antioche*, R. O. L., 1900-1901, p. 147-148. On trouve là une nouvelle preuve de la haute impartialité de la papauté entre Grecs et Latins, impartialité que Luchaire avait déjà signalée à propos d'Innocent III.

237. DU CANGE-REY, 746 ; REY, *Dignitaires...*, p. 142.

238. REY, *Dignitaires*, p. 143-144.

239. REY, *Princes d'Antioche*, R. O. L., 1896, p. 400-401.

240. Louis IX résida à Jaffa de mai 1252 à la fin juin 1253.

241. JOINVILLE, § 522-523.

242. JOINVILLE, § 524. Cf. *Éracles*, p. 440 ; MARINO SANUDO, p. 220 ; AMADI, p. 166.

243. REY, *Dignitaires d'Antioche*, p. 143.

244. Voir plus haut, p. 268.

245. TOURNEBIZE, *Histoire de l'Arménie*, p. 292 ; REY, *Princes d'Antioche*, p. 399.

246. *Éracles*, p. 442. D'après ce texte, le mariage eut lieu après la mi-septembre 1254.

247. DELAVILLE LE ROULX, *Hospitaliers*, p. 207 ; REY, *Princes d'Antioche*, p. 402.

248. DELAVILLE LE ROULX, p. 214 ; TOURNEBIZE, *Histoire de l'Arménie*, p. 212. Guillaume de Châteauneuf est attesté comme grand maî-

tre de l'Hôpital du 31 mai 1243 au 20 février 1258. Hugue Revel, du 9 octobre 1258 au 1er avril 1277.

249. Euthyme, d'abord évêque grec de Tripoli, puis patriarche d'Antioche. Cf. ASSEMANI, *Biblioth. orient.*, III, p. 110 ; REY, *Princes d'Antioche*, p. 402-403, et *Dignitaires*, p. 148.

250. JOINVILLE, § 451. Le nom du maître des Assassins qui envoya une ambassade à saint Louis est probablement celui qui figure dans une inscription de Masyad publiée par VAN BERCHEM, *Épigraphie des Assassins*, p. 7.

251. JOINVILLE, § 453.

252. *Ibid.*, § 455.

253. JOINVILLE, § 458-462.

254. Voir nos deux cartes, pages 257, et 296 et notre carte générale de l'Asie sous les Mongols vers la fin du volume.

255. Cf. D'OHSSON, *Histoire des Mongols*, III, p. 81-83.

256. Cf. NAU, *L'expansion nestorienne en Asie*, Musée Guimet, Bibl. de vulg., t. 40, 1914 ; PELLIOT, *Chrétiens d'Asie centrale et d'Extrême-Orient*, in *T'oung pao*, 1914, p. 624 et sq ; MOULE, *Christians in China*, Londres, 1930, p. 28-77.

257. PELLIOT, *Les Mongols et la Papauté*, *Revue de l'Orient chrétien*, 1923, p. 8.

258. *Ibid.*, p. 16-21.

259. PELLIOT, *Les Mongols et la Papauté*, p. 112.

260. PELLIOT, *ibid.*, p. 131.

261. PELLIOT, *ibid.*, p. 174 et 195.

262. PELLIOT, *i. e.*, p. 177-188.

263. PELLIOT, *i. e.*, p. 175. On voit combien sont déplacées et erronées les plaisanteries de G. CAHUN, *Introduction à l'histoire de l'Asie*, p. 391.

264. PELLIOT, *i. e.*, p. 206-208.

265. JOINVILLE, § 492.

266. PELLIOT, *Les Mongols et la Papauté*, p. 220.

267. Cf. BRATIANU, *Recherches sur le commerce génois dans la mer Noire au XIIIe siècle* (1929), p. 212.

268. Pour cet itinéraire, voir notre carte générale de l'Asie sous les Mongols à la fin du présent volume et notre *Histoire de l'Extrême-Orient*, t. II, cartes de l'Eurasie mongole, p. 433 et 496. (Geuthner, édit., 1929.)

269. Cf. D'OHSSON, *Histoire des Mongols*, III, p. 134.

270. Héthoum Ier, roi d'Arménie de 1226 à 1269. Cf. TOURNEBIZE, *Histoire de l'Arménie*, p. 206-214.

271. Cf. *Historiens des Croisades, Documents arméniens*, I, p. 605 et 651.

272. Henri Ier de Lusignan, roi de Chypre, avait épousé Stéphanie ou Étiennette, sœur du roi Héthoum Ier et du connétable Sempad.

273. NANGIS, *Vie de saint Louis*, Rec. *des historiens de la France*, XX, 361-363. Le voyage de Sempad dura de 1247 à 1250 (Pelliot).

274. *Chronique de Kirakos de Kantzag*, in *Journal asiatique*, 1833, p. 279.

275. *La Flor des Estoires d'Orient*, in *Doc. arméniens*, II, p. 164-166.

Chapitre VII

1. Geoffroi de Sargines ou Sergines devint bayle du royaume de Jérusalem en 1259. Il mourut le 11 avril 1269. Cf. DU CANGE-REY, p. 617 et 641.

2. Jean d'Ibelin-Jaffa, ici nommé et qui mourut en 1266, succéda en 1254 comme bayle à son cousin et homonyme Jean d'Ibelin, seigneur d'Arsur ou Arsûf, en faveur de qui il se démit de la baylie en 1256. Cf. DU CANGE-REY. p. 348-349 et 641.

3. Henri Ier le Gros, troisième roi Lusignan de Chypre, proclamé roi à neuf mois en 1218, mort en 1253. Cf. DU CANGE-REY, p. 59-63. Notons, parmi les exécuteurs testamentaires de Henri Ier, à côté de Guy d'Ibelin et de Robert de Montgisard, le chevalier-poète Philippe de Novare. Cf. GASTON PARIS, *Les mémoires de Philippe de Novare*, *Rev. Or. lat.*, 1902, p. 175.

4. Plaisance était fille du prince d'Antioche-Tripoli Bohémond V et sœur du prince régnant Bohémond VI. Cf. *Éracles*, p. 408. Devenue veuve, elle se fiança en 1254 à Balian d'Ibelin, fils de Jean d'Ibelin-Arsûf, dont elle se sépara en 1258 sur l'ordre de l'Église (DU CANGE-REY, 224).

5. Trêve conclue en 1255 avec le sultan de Damas d'après *Éracles*, p. 442, avec Damas et l'Égypte d'après *Rothelin*, p. 630, avec l'Égypte seule d'après MATTHIEU PARIS, V, 522. Cf. *Annales de Terre Sainte*, A. O. L., II, p. 446, et l'éloge de Jean d'Ibelin-Jaffa qui se sacrifia à l'intérêt général en laissant exclure sa terre de la trêve.

6. *Rothelin*, p. 630.

7. *Rothelin*, p. 631-632.

8. ABU'L FIDÂ, p. 133.

9. ABU'L FIDÂ, p. 134, sous l'année 653 H. = 1255-1256.

10. *Rothelin*, p. 633. Ce fut à cette époque que le comte de Jaffa (Jean d'Ibelin-Jaffa) se démit de la baylie du royaume de Jérusalem qu'il occupait depuis 1254 (1254-1256). Les fonctions de bayle revinrent de nouveau à son cousin et homonyme, le comte d'Arsûf (Jean d'Ibelin-Arsûf), qui fut ainsi deux fois bayle, de 1246 environ (?) à 1254 et de 1256 à 1258. Cf. DU CANGE-REY, p. 641.

11. HEYD, *Histoire du commerce du Levant*, I, p. 330-339.

12. Voir l'inventaire des immeubles de la commune génoise à Acre et à Tyr, acte du 3 mai 1250, in *Archives de l'Orient latin*, II, p. 222-230.

13. Cf. Heyd, *Commerce du Levant*, I, p. 343.

14. *Éracles*, p. 437.

15. Vic et Vaissette, *Hist. du Languedoc*, VI, p. 514 ; Martin, *Histoire du commerce de Montpellier*, I, p. 222. – Le Jean d'Ibelin dont il s'agit ici est Jean d'Ibelin-Arsûf, fils de Jean Ier, le Vieux Sire de Beyrouth. Bayle de Jérusalem depuis 1246 ou 1250, jusqu'en 1254 et de nouveau de 1256 à 1258, il mourut en 1258. Cf. Du Cange-Rey, p. 224 et 641.

16. Heyd, *Histoire du commerce*, I, p. 344 et note 4.

17. Voir pour toute l'affaire de Saint-Sabas notre plan d'Acre, à la fin du volume.

18. Cf. Rey, *Colonies franques*, p. 465.

19. Rey, *Colonies franques*, p. 465.

20. *Éracles*, p. 443.

21. Heyd, I, p. 345.

22. En plus du tiers de Tyr, les Vénitiens possédaient en totalité ou en partie dans la campagne tyrienne les casaux suivants : Casemie (Khirbet al-Qâsimiya), Maraque ou Melequie (al-Malkiya), Tiaterine ou Theiretenne (site non retrouvé), Canna (Qâna), le Maharona (Maḥruna), Conoise (al-Kunaisa), Néa (Kafr Niḥa) et Andrecife ou Anderguiffe (Deir Kifa). Cf. Dussaud, *Topographie*, p. 24-32. Sur Philippe de Montfort, cf. Du Cange-Rey, p. 499-501.

23. Heyd, I, p. 345.

24. Voir notre tome I, p. 605-621.

25. Mas Latrie, *Histoire de Chypre*, I, p. 373.

26. Rey, *Les seigneurs de Giblet, Rev. Or. lat.*, 1895, p. 411. Bertrand II appartenait à une branche cadette des sires de Gibelet. Le chef de la branche aînée, le vrai seigneur de Gibelet (entre 1252 et 1271 environ), était Henri de Gibelet.

27. Cf. Le Templier de Tyr, in *Gestes des Chiprois*, § 271.

28. Heyd, I, p. 346.

29. Heyd, *ibid.* (et p. 767).

30. Le comte de Jaffa avait même failli être assassiné en poursuivant un meurtrier dans le quartier génois. Cf. Amadi, 204. Voir Mas Latrie, *Histoire de Chypre*, I, 372.

31. Le grand maître du Temple était en 1256 le Champenois Renaud de Vichier. Il mourut la même année et fut remplacé par Thomas Gérard ou Bérard (1256-1273) contre qui on voit poindre pour la première fois l'accusation de renier le Christ, qui devait perdre les Templiers. Ce fut lui qui prit parti pour les Vénitiens (Du Cange-Rey, p. 887-889). Le grand maître de l'Hôpital était

Guillaume de Châteauneuf (attesté entre 1243 et 1258) à qui succéda Hugue Revel (attesté entre 1258 et 1277). Cf. Delaville Le Roulx, p. 199-201.

32. *Rothelin*, p. 634.

33. Heyd, I, p. 347. Cf. Mas Latrie, *Histoire de Chypre*, I, p. 373-374. Les *Annales de Terre Sainte (Arch. Or. lat.*, II, p. 446-447) placent la conquête de la tour pisane par les Génois, puis la campagne victorieuse de l'amiral vénitien Tiepolo sous la rubrique de 1256, immédiatement avant la venue de Bohémond VI à Acre, datée de (février) 1257. Toutefois, Heyd (I, p. 346), suivant les sources italiennes, place la conclusion de l'alliance véneto-pisane en 1257 ; or la conquête de la tour pisane par les Génois doit être postérieure à cet événement. Toute cette chronologie est fort mal établie.

34. Heyd, I, p. 347.

35. *Chiprois*, § 269.

36. Du Cange-Rey, p. 63.

37. *Gestes des Chiprois*, p. 744 ; *Rothelin*, p. 634 ; *Annales de Terre Sainte*, p. 447-448. Pour la date du 1er février acceptée par Röhricht, G. K. J., p. 896, cf. *Éracles*, p. 443.

38. *Rothelin*, p. 634.

39. *Éracles*, p. 443 ; Mas Latrie, *Histoire de Chypre*, II, p. 68-69 ; Du Cange-Rey, p. 224. Balian alors âgé de quinze ans seulement et à une jeune veuve Plaisance s'étaient fiancés en 1254 par un coup de tête qui, semble-t-il, avait été blâmé dans leur entourage. Le texte des *Annales* (p. 448) semble dire que ce fut leur séparation (en 1258) qui facilita la réconciliation de la maison d'Ibelin-Arsûf et de Bohémond VI.

40. *Éracles*, p. 443. La réconciliation de Bohémond VI et du seigneur d'Arsûf est placée par *Éracles* (p. 443) et par la *Chronique de Terre Sainte* (p. 448) en 1258.

41. *Rothelin*, p. 634.

42. *Rothelin*, p. 634.

43. *Gestes des Chiprois*, p. 745.

44. *Chiprois*, p. 745.

45. *Ibid.*

46. *Rothelin*, p. 635.

47. *Chiprois*, § 272.

48. *Ibid.*, § 277 et 279, sous rubrique de 1258.

49. La Vigne-neuve, casal non localisé, mais sûrement situé dans la grande banlieue d'Acre, au nord de la ville.

50. Delaville Le Roulx se demande si le grand maître de l'Hôpital était encore Guillaume de Châteauneuf (attesté, semble-t-il, encore le 20 février 1258) ou si c'était déjà Hugue Revel (attesté à partir du 9 octobre 1258). Cf. *Hospitaliers*, p. 201-202. Mais le Templier de Tyr

(*Gestes des Chiprois*, § 283) dit formellement que ce fut bien Guillaume de Châteauneuf qui aida Montfort en juin 1258.

51. *Chiprois*, § 280.
52. Bérard était allé habiter le quartier Saint-Lazare. *Ibid.*, § 281.
53. *Ibid.*, § 282.
54. *Ibid.*, p. 746.
55. Heyd, I, 349-350. Le bayle vénitien est Marco Giustiniani.
56. *Chiprois*, § 283.
57. *Chiprois*, p. 747.
58. *Éracles*, p. 443.
59. Heyd, I, p. 351-352. Voir dans les *Archives de l'Orient latin*, II, p. 225-230, le traité entre Philippe de Montfort et les Génois, traité ratifié le 5 mars 1264 par le podestat de Gênes, Guillelmo Scarampo.
60. Du Cange-Rey, p. 731.
61. *Éracles*, p. 444.
62. *Chiprois*, p. 756-757 ; *Éracles*, p. 447 ; Heyd, I, p. 352.
63. Ibn Furat, *in* Michaud-Reinaud, *Bibliothèque des Croisades*, IV, p. 489, 499 ; Röhricht, *Archives de l'Orient latin*, II, p. 375.
64. *Chiprois*, § 354 ; Heyd, I, p. 354 ; Mas Latrie, *Histoire de Chypre*, I, p. 418.
65. *Éracles*, p. 464.
66. *Éracles*, p. 478.
67. Voir tome I, et tome II, p. 888.
68. Rey, *Les seigneurs de Giblet*, *Rev. Or. lat.*, 1895, p. 399-401.
69. *Ibid.*, p. 401-402.
70. *Chiprois*, p. 744.
71. Le Bertrand dont il est ici question, Bertrand II, appartenait en effet à la troisième branche des Embriac, branche fondée par Bertrand Ier, troisième fils de Guillaume II de Gibelet. Cf. Rey, *Seigneurs de Giblet*, p. 410-411.
72. Henri de Gibelet, fils de Guy Ier, attesté comme régnant en 1252 et 1262. Cf. Rey, *l. c.*, p. 403-404.
73. Le Templier de Tyr, *in Chiprois*, § 291, où il s'agit bien du seigneur de Gibelet, ici Henri, et non de Bertrand II, mentionné dans le contexte.
74. Cf. Mas Latrie, *Rev. Or. lat.*, 1893, I, p. 152.
75. La seigneurie de Boutron (al-Ba*t*rûn) était, on s'en souvient, passée vers 1180 entre les mains d'un riche Pisan nommé Plebano (Plivain) qui avait acheté à prix d'or, du comte de Tripoli Raymond III, suzerain du pays, la main de l'héritière du fief. La fille de Plebano épousa un cadet de la maison d'Antioche nommé Bohémond, fils du prince Bohémond III. Guillaume de Boutron, fils et successeur de ce Bohémond, prit fait et cause contre son cousin le

prince Bohémond VI. Cf. Rey, *Princes d'Antioche*. p. 382, et Du Cange-Rey, p. 257-259.

76. *Chiprois*, § 292.

77. Le Templier de Tyr (*Chiprois*, § 291) dit expressément que « les chevaliers de Triple eurent contens (= dispute) au prince pour chaison des Romains. »

78. *Chiprois*, 749. Date de 1258 proposée par Rey, *l. c.*, 1895, 411.

79. *Ibid.*, § 295.

80. Joinville, § 302, 308-310, 438, etc.

81. D'après les *Annales de Terre Sainte*, p. 449, Plaisance se rendit à Acre le 1ᵉʳ mai 1259 et conféra la baylie à Geoffroi de Sargines le 1ᵉʳ novembre.

82. *Chiprois*, p. 750 ; *Éracles*, p. 444.

83. *Chiprois, ibid.*, § 298 ; Mas Latrie, *Hist. de Chypre*, I, p. 376.

84. Mas Latrie, I, p. 396-397.

85. Jean d'Ibelin-Arsûf, 1246-1248. Jean Fainon, 1248-1249. Jean d'Ibelin-Arsûf, 1249-1254. Jean d'Ibelin-Jaffa, 1254-1256. Jean d'Ibelin-Arsûf, 1256-1258. Geoffroi de Sargines, 1259-1261. Hugue (III) de Chypre, 1261-1268. Balian d'Ibelin-Arsûf, 1268-1277. Roger de Saint-Séverin, 1277. Philippe d'Ibelin, 1286. En 1291, conquête d'Acre par les Mamelûks. Cf. Du Cange-Rey, p. 641.

86. *Chiprois*, § 313.

87. *Chiprois*, § 314 ; *Assises de Jérusalem*, II, p. 406 et 420 ; Mas Latrie, *Hist. de Chypre*, I, p. 389. Parmi les barons qui décernèrent la régence de Chypre à Hugue (III) d'Antioche-Lusignan, nous trouvons le chevalier-poète Philippe de Novare dont c'est un des derniers actes politiques. Cf. Gaston Paris, *Philippe de Novare, Rev. Or. lat.*, 1902, p. 175.

88. *Assises*, II, p. 398.

89. *Assises*, II, p. 398.

90. *Éracles*, p. 447-447 ; *Chiprois*, § 320.

91. D'après certaines sources, ce fut dès 1261 ou 1262 que Sargines résigna sa baylie, et en faveur de Hugue (III) d'Antioche-Lusignan, fils de Henri et d'Isabelle. Cf. *Assises*, II, 415, *Annales*, 450, Du Cange-Rey, 641.

92. *Éracles*, p. 448.

93. *Lois*, II, p. 397-415 ; Mas Latrie, *Histoire de Chypre*, I, p. 399-407.

94. Il ne mourut que le 11 avril 1269 (*Éracles*, p. 457).

Chapitre VIII

1. Pour ce chapitre se reporter à notre carte générale de l'Asie mongole, placée à la fin du volume. Quant à notre titre, « la Croisade mongole », il est évident qu'il ne doit être pris que dans un sens

analogique, sous les réserves indiquées page 583, note 1, les Mongols n'ayant jamais eu l'idée de faire une guerre de religion. Ce furent les circonstances qui, un moment, firent d'eux les adversaires politiques du monde musulman syro-égyptien.

2. Abu'l Fidâ, p. 135.
3. D'Ohsson, *Hist. des Mongols*, III, p. 139.
4. Rashîd al-Dîn, traduction Quatremère, p. 145.
5. *Ibid.*
6. *Ibid.*, p. 94-95.
7. Vartan, trad. Dulaurier, *Journal asiatique*, 1860, II, p. 290.
8. Cf. *Documents arméniens*, I, p. 433, et Dulaurier, in *Journ. asiat.*, 1860, II, p. 290 et 309.
9. Nous verrons que Bohémond VI le Beau, prince d'Antioche-Tripoli de 1251 à 1268, avait sur les conseils de son beau-père, le roi d'Arménie Héthoum Ier, embrassé l'alliance mongole. Il fit campagne sous l'étendard mongol dans la guerre de Hulagu contre le sultan aiyûbide d'Alep-Damas (1260).
10. Vartan, *J. A.*, 1860, II, p. 300-301.
11. Vartan, *J. A.*, 1860, II, p. 302. Corroboré par le musulman Rashîd al-Dîn, p. 393.
12. Rashîd al-Dîn, p. 217, 219.
13. Abu'l Fidâ, p. 136. De même Rashîd al-Dîn : « Il n'avait d'affection que pour les musiciens et les bouffons, et se montrait l'ennemi des soldats et de la milice » (trad. Quatremère, p. 247). Cf. d'Ohsson, *Histoire des Mongols*, III, p. 212.
14. Abu'l Fidâ, p. 136.
15. Rashîd al-Dîn, p. 229.
16. *Ibid.*, p. 231.
17. D'Ohsson, III, p. 215.
18. *Ibid.*, p. 219.
19. D'Ohsson, III, p. 225.
20. Rashîd al-Dîn, p. 299.
21. *J. A.*, juin 1858, p. 489.
22. Trad. Dulaurier, *J. A.*, 1858, I, p. 491.
23. Rashîd al-Dîn, p. 303.
24. Abu'l Fidâ, p. 137.
25. Rashîd al-Dîn, p. 305.
26. Kirakos, *J. A.*, 1858, p. 493 (et 202).
27. Vartan, *Journal asiatique*, 1860, II, p. 291.
28. Le Prêtre Jean, le roi des Kerait, Turcs nestoriens du Gobi, dont Doqouz-Khatun était la petite-fille, est donné ici comme le descendant d'un des rois mages.
29. Hayton, *Doc. arméniens*, II, p. 169-170.
30. D'Ohsson, III, p. 271.

31. Kirakos, *Journal asiatique*, juin 1858, p. 492.

32. Cf. Nau, *L'expansion nestorienne en Asie*, Annales du Musée Guimet, Bibl. de vulg., t. 40, 1913-1914, p. 193 ; A. C. Moule, *Christians in China before 1550*, Londres, 1930 ; Havret, *La stèle chrétienne de Si-ngan-fou*, Variétés sinologiques, 1895-1902. Voir, à la fin de notre volume, la carte de l'Asie sous les Mongols avec indication des communautés nestoriennes.

33. Badr al-Dîn Lûlû, après avoir été ministre des derniers Zengides de Mossoul, gouverna ce royaume à titre personnel de 1233 à 1259.

34. 'Izz al-Dîn avait les provinces à l'ouest, Rukn al-Dîn les provinces à l'est du Qizil Irmaq.

35. Rashîd al-Dîn, p. 225 ; Korikos, *J. A.*, 1858, I, p. 484 ; d'Ohsson, III, p. 262.

36. Rashid al-Dîn, p. 327 ; Abu'l Fidâ, p. 138 ; Maqrîzî, I, A, 83-85.

37. D'Ohsson, III, p. 307.

38. Vartan, *Journal asiatique*, octobre 1860, p. 294.

39. Rashîd al-Dîn, p. 330-331, 350-375.

40. D'Ohsson, III, p. 356.

41. Cf. Rubens Duval, *Littérature syriaque*, p. 122 ; Ladourt, *Le christianisme dans l'empire perse sassanide*, p. 52.

42. Korikos, *J. A.*, 1858, I, p. 496.

43. Al-Nâsir Yûsuf, fils du malik d'Alep al-'Azîz, fils d'al-Zâhir, malik d'Alep, fils de Saladin. Régna à Alep de 1236 à 1260 et à Damas de 1250 à 1260. Cf. Zettersteen, *Al-Nâsir*, Encycl. de l'Islam, I, 50, 1934, p. 923.

44. Abu'l Fidâ, p. 140.

45. Hayton, *La Flor des Estoires d'Orient*, Doc. arm., II, p. 170.

46. Vartan, *Journal asiatique*, 1860, II, p. 293.

47. *Chiprois*, p. 751.

48. Bar Hebraeus, cité in d'Ohsson, III, p. 316.

49. D'Ohsson, III, p. 308-309.

50. Abu'l Fidâ, p. 140.

51. D'Ohsson, III, p. 319-320.

52. Abu'l Fidâ, *l. c.* – Bien entendu, il faudrait se garder d'exagérer cette thèse, et de dire, par exemple, que les Mongols faisaient en Syrie une guerre de religion. Aucune conception n'était plus éloignée de leur pensée. Il se trouvait seulement qu'en fait leurs principaux adversaires se rencontraient parmi les Sunnites : Opposition de fait et politique, nullement théorique et de doctrine. – Quant au couvent sûfi qu'ils respectèrent, il faut se rappeler que, dans l'Islam sunnite, tout soufisme n'est pas nécessairement hétérodoxe. Cf. Massignon, *Tasawwuf*, Encycl. de l'Islam, 715-719.

53. Bar Hebraeus, *Chron. syr.*, p. 533.

54. Cf. *Les perles choisies d'*IBN ACH-CHIHNA, trad. SAUVAGET, *Matériaux pour l'histoire d'Alep*, Mémoires de l'Institut français de Damas, 1933.

55. Les sources orientales ne sont pas d'accord sur la date de la capitulation de la citadelle d'Alep.

56. ABU'L FIDÂ, p. 141.

57. H. DELABORDE, *Lettres de chrétiens de Terre Sainte (1260)*, in *Rev. de l'Or. lat.*, 1894, II, p. 214.

58. « Patriarcha Græcorum scismaticus, per patriarchas Antiochenos latinos multiplici excommunicationis sententiâ innodatus et per dominos temporales expulsus, nunc mandante Holaun (Hulagu), principe Tartororum, introductus in terram, restitutus ad sedem, prophanus prophanat divina mysteria in Apostolicæ Sedis contemptum et enervationem nervi ecclesiasticæ disciplinæ et in dissipationem et dispendium ecclesiasticæ unitatis » (*Rev. Or. lat.*, 1894, II, p. 213).

59. BAR HEBRAEUS, in ASSEMANI, *Bibl. orient.*, III, II, p. 110 ; REY, *Dignitaires d'Antioche*, *R. O. L.*, 1900-1901, p. 148-149.

60. CHABOT, *Mar Jaballaha III*, *Rev. Or. lat.*, 1894, I, p. 125.

61. DELABORDE, *R. O. L.*, *l. c.*, p. 214.

62. REY, *Dignitaires d'Antioche*, *R. O. L.*, 1900-1901, p. 147-148.

63. *Doc. arm.*, II, p. 171.

64. ABU'L FIDÂ, p. 141.

65. *Chiprois*, p. 751.

66. Les historiens musulmans fournissent généralement pour la capitulation de la citadelle de Damas aux mains des Mongols la date du 6 avril. Cependant une inscription publiée par M. WIET donne la date du 3 juin (1260).

67. ABU'L FIDÂ, p. 143.

68. Cf. D'OHSSON, III, p. 330.

69. Cf. REY, *Colonies franques*, p. 83.

70. ABU'L FIDÂ, p. 143.

71. *Chiprois*, II, p. 751.

72. D'OHSSON, III, p. 325.

73. *Gestes des Chiprois*, p. 751 ; *La Flor des Estoires d'Orient*, p. 171.

74. *Flor des Estoires*, p. 172.

75. RENÉ GROUSSET, *Histoire de l'Extrême-Orient*, II, p. 448.

76. D'OHSSON, III, p. 377 ; BARTHOLD, *Berké*, in : *Encycl. de l'Islam*, 725-726.

77. KIRAKOS, *J. A.*, 1858, I, p. 498 ; *Flor des Estoires*, *Doc. arm.*, II, p. 173.

78. On rattachait aussi ce Naiman nestorien à la lignée d'un des rois mages. *Flor des Estoires*, p. 173.

79. *Ibid.*, p. 174.
80. Du Cange-Rey, p. 432-438.
81. *Chiprois*, p. 752. Cf. *Éracles*, p. 445, 467.
82. Héloïse d'Ibelin, veuve de Renaud de Sidon et grand'mère de Julien, avait épousé en secondes noces Guy de Montfort, dont elle eut Philippe de Montfort qui était dont l'oncle de Julien.
83. *Chiprois*, § 304.
84. *Flor des Estoires*, p. 174.
85. Julien de Sidon avait épousé vers 1252 la princesse Euphémie, fille du roi d'Arménie Héthoum Ier. Une autre fille de Héthoum, Sibylle, avait, on l'a vu, épousé le prince d'Antioche Bohémond VI. Cf. Du Cange-Rey, p. 208 et 437.
86. *Flor des Estoires*, p. 174.
87. *Flor des Estoires*, p. 174 ; *Chiprois*, p. 752.
88. *Chiprois*, p. 752. Le grand maître du Temple était alors Thomas Bérard (de 1256 à mars 1273). Cf. Trudon des Ormes, *Maisons du Temple*, R. O. L., 1897, p. 395-396.
89. Jean II, fils de Balian d'Ibelin sire de Beyrouth et petit-fils de Jean Ier d'Ibelin, « le vieux sire de Barut ». Il épousa Alix d'Athènes (maison de la Roche). Cf. Du Cange-Rey, p. 235, et notre généalogie des Ibelin, à la fin du présent volume.
90. Il s'agit d'un membre de la branche cadette (deuxième branche) des seigneurs de Gibelet (Jebail), branche fondée par Raymond, second fils de Guillaume II, sire de Gibelet. Cf. Rey, *Seigneurs de Gibelet*, R. O. L., 1895, p. 409.
91. *Chiprois*, § 305-307. D'accord avec l'ordre du récit du Templier de Tyr, Röhricht (p. 915-916) place cette défaite franque avant la bataille de 'Ainjalûd. Cependant les *Annales de Terre Sainte* (p. 449), comme l'*Éracles* (p. 445), adoptent l'ordre inverse.
92. *La Flor des Estoires*, p. 174.
93. *Revue de l'Orient latin*, 1894, II, p. 211-215.
94. *La Flor des Estoires*, p. 174.
95. Le *Tengri*, le Ciel chez les peuples altaïques, ou encore Khormusda, nom de la divinité emprunté à l'Ormuzd iranien et désignant aussi un dieu céleste à la manière, à la fois, d'Ormuzd et de l'Indra indien.
96. Rashîd al-Dîn.
97. Rashîd al-Dîn, p. 347.
98. Abu'l Fidâ, p. 143. Cf. Maqrîzî, I, p. 98, 108.
99. *Chiprois*, p. 753.
100. D'après Rey, le grand maître teutonique Anno de Sangerhausen (1257-1274) résidait en Europe et il s'agirait ici de Hartmann de Heldrungen, qui n'était encore que grand commandeur (Du Cange-Rey, p. 904, 908). Mais Röhricht prouve qu'Anno de Sangerhausen a

bien résidé en Syrie entre 1257 et 1261 *(Zusätze und Verbesserunger zu Du Cange*, p. 13).

101. *Rothelin*, p. 637.

102. GUILLAUME DE TRIPOLI, *De statu Saracenorum*, in DU CHESNE V, 443.

103. *Chiprois*, p. 753.

104. *Chiprois, ibid.* Cf. MAQRÎZÎ, I, A, 104-106

105. KIRAKOS, *J. A.*, juin 1858, p. 498.

106. L'idée évoquée est celle du *yassaq*, de la Consigne gengiskhanide.

107. RASHÎD AL-DÎN, p. 351-353. Cf. MAQRÎZÎ, I, A, p. 104-106.

108. ABU'L FIDÂ, p. 144.

109. Pour la biographie de Baîbars, cf. MÂQRÎZÎ, *Hist. des sultans mamelouks d'Égypte*, éd. Quatremère, I, A, p. 116-248 ; I, B, p. 1-155 Surtout le saisissant portrait de Baîbars par M. G. WIET dans la grande histoire de l'Égypte (Hanotaux), dont l'auteur a eu l'extrême amabilité de me communiquer le manuscrit.

110. ABU'L FIDÂ, p. 144. Autre récit du meurtre avec variante dans MAQRÎZÎ, *Mamelouks*, I, A, p. 110-113.

111. *Rothelin*, p. 638-639.

112. MAQRÎZÎ, I, A, p. 116.

113. ABU'L FIDÂ, p. 145-146.

114. Russie méridionale.

115. ABU'L FIDÂ, p. 146 ; BAR HEBRAEUS, *Chron.*, p. 537 ; D'OHSSON, III, p. 360.

116. ABU'L FIDÂ, p. 148.

117. ABU'L FIDÂ, p. 149-150.

118. La branche aiyûbide de *H*amâ devait être dépossédée par les Mamelûks en 1299. Rétablie en 1310 dans la personne de l'historien Abu'l Fidâ, elle fit définitivement place à l'annexion mamelûke en 1341.

119. Cf. VAN BERCHEM, *Voyage en Syrie*, I, p. 236.

120. Les Mongols étaient très reconnaissants à Héthoum pour avoir, après le désastre de 'Ain Jâlûd, recueilli les débris de l'armée de Kitbuqa et comblé ces malheureux de soins et de prévenances leur donnant des vivres, des vêtements et des chevaux avant de le laisser repartir pour la Perse. Cf. VARTAN, *J. A.*, octobre-novembre 1860 p. 294.

121. ABU'L FIDÂ, p. 148 ; MAQRÎZÎ, I, A, p. 177-179 ; *Éracles*, p. 446 *Chiprois*, p. 755.

122. RASHÎD AL-DÎN, p. 393. Cf. sur ces querelles mongoles RENÉ GROUSSET, *Histoire de l'Extrême-Orient*, II, 448, 456, 484.

123. Cf. MÂQRÎZÎ, p. 211 ; BARTHOLD, *Berké, Encycl. de l'Islam*, p. 726. On voit, dans les sources arabes, une véritable coalition anti

tine se former entre Baîbars, Berké, l'empereur grec Michel Paléologue et, hélas, les Génois. Cf. MAS LATRIE, *Archives de l'Orient atin*, II, p. 376 ; M. CANARD, *Le traité de 1281 entre Michel Paléologue le sultan Qalâ'un*, Byzantion, 1935, p. 669-680.

124. Cf. D'OHSSON, III, p. 380-381 ; RASHÎD AL'DÎN, p. 399.

125. En mai 1268, comme on va le voir.

126. *Flor des Estoires*, p. 176.

Chapitre IX

1. Notons qu'ennemis communs des Latins, Michel Paléologue et Baîbars étaient en relations d'amitié entre eux. Baîbars ne manque pas de féliciter l'empereur grec de la reprise de Constantinople sur les Latins (NICÉPHORE GREGORAS, *Hist. Byz.*, IV, c. 7, et MAQRÎZÎ, p. 211, 215). En 1261-1262 il signe un traité avec Michel pour faciliter le passage, par le Bosphore, des ambassades égyptiennes qui se rendent chez le khan du Qipchâq, son allié, et aussi les navires qui en ramènent des esclaves pour le recrutement des mamelûks. En 1281 Michel signera avec le successeur de Baîbars, le sultan Qalâwun, un traité plus étroit, comportant l'alliance navale contre l'ennemi commun, le Latin Charles d'Anjou, traité que M. Marius Canard vient de retrouver dans Qalqashandî (*Byzantion*, 1935, 670-680).

2. On sait que Conradin ne périra que le 29 octobre 1268 sous la hache des Angevins.

3. Voir *Rothelin*, p. 654 (année 1258).

4. Pour ces liens de parenté assez compliqués, voir à la fin du volume nos généalogies.

5. *Assises*, t. II, p. 401 *(Documents relatifs à la successibilité)*. Hugue de Brienne était fils du feu comte Gautier de Brienne (comte de Jaffa). *Chiprois*, § 355.

6. MAS LATRIE, *Histoire de Chypre*, I, p. 408.

7. MAS LATRIE, I, p. 437.

8. Cf. DU CANGE-REY, p. 41-42, 63-64.

9. *Assises*, II, p. 430, 431, 434. Cf. MAS LATRIE, *Histoire de Chypre*, pp. 437-441. Sur ce Jacques d'Ibelin, cf. DU CANGE-REY, p. 369.

10. Marie d'Antioche était fille de Bohémond IV, prince d'Antioche, et de Mélisende de Lusignan, fille du roi de Chypre et de Jérusalem Amaury II. Cf. *Éracles*, p. 475 ; *Chiprois*, p. 773 ; *Lois*, II, p. 415-419 *(Documents relatifs à la succession au trône et à la régence)*. – DU CANGE-REY, p. 216 ; DODU, *Institutions monarchiques*, p. 114-117 ; MAS LATRIE, *Histoire de Chypre*, p. 426-427.

11. Entre le milieu de 1268 et le 11 avril 1269, date de la mort de Geoffroi de Sargines, lequel avait été encore présent à son élection (RÖHRICHT, *G. K. J.*, p. 947, note 2).

12. *Éracles*, p. 457 ; *Annales de Terre Sainte*, p. 454 ; *Chiprois* § 369.

13. *Sur la chronologie du règne de Baîbars*, nous renvoyons le lecteur à l'histoire de l'Égypte musulmane au moyen âge par M. G. WIET *(Histoire de la nation égyptienne* de M. HANOTAUX) où le maître arabisant, tout en traçant comme historien un portrait inoubliable du grand sultan, a particulièrement étudié les principales dates du règne à la lumière de l'épigraphie. C'est ainsi qu'il parvien à fixer au 23 juin 1266 la prise de Safed par Baîbars (cf. t. III p. 628), et qu'à côté de l'avis d'Abu'l Fidâ qui place la prise de Jaffa par le sultan entre le 27 février et le 9 mars, à côté de l'avis de Maqrîzî qui, d'accord avec l'*Éracles*, les *Annales de Terre Sainte* e Sanuto, précise pour cet événement : 8-9 mars, M. WIET rappelle que l'inscription de la Mosquée Blanche de Ramla donne pour cette même prise de Jaffa la date du 28 mars (cf. t. III, p. 639). Plus loir la victoire d'Albistan d'avril 1277, remportée par Baîbars sur le Mongols en Anatolie (t. III, p. 694), est peut-être à avancer de deux jours, puisque certaines sources citées par M. WIET montrent le perwânê mongol traversant, après sa défaite, Quisariya le 17 avril au contraire les mêmes sources reculent l'entrée triomphale de Baî bars à Qaisariya au 2 mai,

14. Jean d'Ibelin-Jaffa, l'auteur du principal livre des *Assises*, ne mourut qu'en 1266. Cf. DU CANGE-REY, p. 349.

15. Jean II d'Ibelin-Beyrouth, fils de Balian III de Beyrouth e petit-fils de Jean Ier d'Ibelin, « le Vieux Sire de Barut ». Il mourut er 1264. Cf. DU CANGE-REY, p. 234-235.

16. *Éracles*, p. 446 ; *Annales de Terre Sainte*, p. 450. Balian d'Ibelin sire d'Arsûf, fils de Jean d'Ibelin-Arsûf et petit-fils de Jean Ier, sei gneur de Beyrouth et d'Arsûf, « le Vieux Sire de Barut ». Balia devint bayle du royaume de Jérusalem en 1268 et mourut en 1277 Cf. DU CANGE-REY, p. 224-225.

17. Il semble que la cession d'Arsûf aux Hospitaliers par Balia n'était pas complète quand Baîbars s'empara de la ville e avril 1265. Cf. DELAVILLE LE ROULX, *Hospitaliers*, p. 215-216.

18. *Chiprois*, § 319 ; MAQRÎZÎ, *Histoire des sultans mamelouks*, éd Quatre-mère, I, p. 194 ; MAS LATRIE, *Histoire de Chypre*, I, p. 395.

19. MAQRÎZÎ, *Histoire des sultans mamelouks*, éd. Quatremère p. 195-197.

20. *Gestes des Chiprois*, p. 756.

21. Cf. JOINVILLE, § 380-385, p. 205-211.

22. *Annales de Terre Sainte*, p. 450 ; MAQRÎZÎ, p. 198-199.

23. Cf. Röhricht, *Études sur les derniers temps du royaume de Jérusalem*, Archives de l'Orient latin, II, 1, p. 375, que je résume ici.

24. *Chiprois*, § 320 ; *Éracles*, p. 447. Geoffroi de Sargines survécut à ses blessures et ne mourut que le 11 avril 1269. Cf. Du Cange-Rey, p. 617.

25. Mâqrizi, p. 199-205.

26. Ibn Furât, *in* Reinaud, p. 489, 490. Cf. Maqrîzî, I, 2ᵉ partie, p. 27-28 ; Mas Latrie, I, p. 396.

27. *Annales de Terre Sainte*, p. 451.

28. *Annales*, p. 451 ; Mas Latrie, I, p. 409.

29. *Éracles*, p. 449. Olivier de Termes, chevalier languedocien, avait accompagné saint Louis à la croisade d'Égypte. Revenu en Terre Sainte en 1264, il prit part à la croisade de Tunis en 1270. En 1273, Philippe le Hardi le renvoya en Terre Sainte avec 25 chevaliers et 100 arbalétriers. Il y mourut en 1275. Cf. Joinville, § 578-581, 629.

30. *Annales*, p. 451-452. Césarée appartenait à la famille l'Aleman, par le mariage de Marguerite de Césarée, fille de Jean de Césarée (le neveu et l'allié du Vieux Sire de Barut, Jean Iᵉʳ d'Ibelin) avec Jean l'Aleman. Jean l'Aleman (attesté comme sire de Césarée en 1250, 1255), vivait peut-être encore en 1264. Son fils. Hugue l'Aleman, périt la même année (*Éracles*, p. 448). Cf. Du Cange-Rey, p. 282-284.

31. Cf. Deschamps, *Le Crac*, p. 71 (avec plan de Rey, rectifié par Anus).

32. Mas Latrie, *Histoire de Chypre*, I, p. 379-390 ; Delaville Le Roulx, *Hospitaliers*, p. 215-216.

33. Maqrîzî, I, B, p. 9-10 ; Röhricht, *Derniers temps*, p. 379-380 ; *Annales*, p. 452 ; *Chiprois*, § 328.

34. Maqrîzî, p. 16 ; Röhricht, *Derniers temps*, p. 381.

35. *Éracles*, p. 450.

36. « Erat autem tunc militia regni Cypri magni valoris magnœque prudentiæ » (Sanuto, c. VII, p. 222).

37. Jean d'Ibelin, comte de Jaffa, le rédacteur des *Assises*, mourut en 1266. Baîbars s'empara de Jaffa le 7 mars 1268. Cf. Du Cange-Rey, p. 349 ; Röhricht, *Derniers temps*, p. 389.

38. *Éracles*, p. 454-455. Eude de Nevers était fils du duc capétien de Bourgogne Hugue IV. Il mourut pendant son séjour à Acre en 1266.

39. Mas Latrie, *Histoire de Chypre*, I, p. 411, d'après le *De construtione castri Saphet*, ap. Baluze, *Miscell.*, I, p. 230.

40. Röhricht, *Derniers temps*, p. 383, d'après Maqrîzî, I, B, p. 29-30.

41. *Chiprois*, § 347.

42. Que Léon le Casalier des *Chiprois*, § 347, soit un Syrien, c'est ce que rapportent les *Chron. Lemovic.*, p. 773, in *Recueil des hist. de la France*, XXI.

43. *Gestes des Chiprois*, p. 764-765 ; *Éracles*, p. 455. Le parjure de Baîbars est corroboré par ABU'L FIDÂ, p. 151.

44. JOINVILLE, § 32.

45. MAQRÎZÎ. *l. c.* Cf. *Chiprois*, p. 765, note.

46. *Chiprois*, § 349, *in fine*.

47. Cf. DUSSAUD, *Topographie*, p. 282 ; IBN JUBAIR, p. 260 ; NUWAIRI, ap. QUATREMÈRE, *Sultans mamelouks*, I, 2, p. 34 ; RÖHRICHT, *Derniers temps*, p. 386.

48. RÖHRICHT, *Derniers temps*, p. 384.

49. REINAUD, *l. c.*, p. 498.

50. *Assises*, II, p. 431.

51. Cf. *Chiprois*, p. 766 ; *Éracles*, p. 455 ; RÖHRICHT, *Derniers temps*, p. 387, veut que le Carroublier soit Tell Kharruba, aux environs d'Acre.

52. VAN BERCHEM et FATIO, *Voyage en Syrie*, I, p. 134. Cf. DUSSAUD, *Topographie*, carte V, B, 2.

53. MAS LATRIE, *Histoire de Chypre*, I, p. 412.

54. Cf. D'OHSSON, *Histoire des Mongols*, III, p. 407-408.

55. Abagha ou Abaqa ou Abaga.

56. BAR HEBRAEUS, p. 355.

57. Cf. CONRAD CHAPMAN, *Michel Paléologue*, p. 148. Avouons du reste qu'il ne découle pas nécessairement de ce fait que l'influence de la princesse byzantine ait été au service des Francs. Son père Michel Paléologue était, contre les Puissances latines, l'allié des Mamelûks. Cf. M. CANARD, *Le traité de 1281 entre Michel Paléologue et le sultan Qalâ'un*, in *Byzantion*, 1935.

58. VARTAN, in *J. A.*, octobre 1860, p. 309.

59. RENÉ GROUSSET, *Histoire de l'Extrême-Orient*, II, p. 485.

60. MAQRÎZÎ, I, A, 177-179.

61. RÖHRICHT, *Derniers temps*, d'après MAQRÎZÎ, 235-236.

62. RÖHRICHT, p. 381 ; *Collier de perles*, p. 223.

63. D'OHSSON, *Histoire des Mongols*, III, p. 421.

64. DUSSAUD, *Topographie*, p. 436.

65. BAR HEBRAEUS, *Chron. syr.*, p. 544 ; MAQRÎZÎ, I, 2, p. 33-34, 54-56 ; ABU'L FIDÂ, p. 151 ; VAHRAM, *Chronique rimée*, *Doc. arm.*, I, p. 522-523.

66. HÉTHOUM DE GOR'IGOS, *Doc. arm.*, I, p. 487.

67. Darbsâk avait dû être arraché aux Musulmans d'Alep et donné aux Arméniens par les Mongols en 1260.

68. Cf. TOURNEBIZE, *Hist. d'Arménie*, p. 213-214 ; VAHRAM, *Chron. rim.*, p. 524 ; *Éracles*, p. 455 ; *Flor des Estoires*, p. 177. – Encore

fallut-il, pour que le prince Léon fût rendu à son père, que Héthoum obtînt de ses amis mongols la liberté d'un favori de Baîbars, Sonqor al-Ashqar, le Faucon Roux, prisonnier à la cour de Perse.

69. *Chiprois*, § 352 ; MAQRÎZÎ, 41-42.

70. *Chiprois*, p. 768.

71. *Éracles*, p. 455 ; *Chiprois*, § 354 ; MARINO SANUTO, 223 ; HEYD, I, p. 354. La défaite des Génois fut due à une faute de leur amiral Luccheto Grimaldi, parti pour Tyr avec 15 galères qui avaient besoin d'être radoubées, en laissant ses lieutenants Pasquetto Mallone et Papone Mallone continuer le blocus d'Acre avec les 13 autres galères. Ce fut alors qu'apparut l'escadre vénitienne, forte de 26 galères. Les Mallone réussirent à s'échapper en perçant à travers la ligne ennemie, mais non sans perdre 5 navires. Leurs 8 autres navires rejoignirent Grimaldi à Tyr.

72. CONRAD CHAPMAN, *Michel Paléologue*, p. 42.

73. Cf. DU CANGE-REY, p. 351-352.

74. *Annales*, p. 453 ; *Éracles*, p. 456 ; *Chiprois*, p. 771 ; MAQRÎZÎ, 50-51.

75. *Éracles*, p. 418, 452-453. Le grand comte de Sidon, Balian de Sidon, fils du célèbre Renaud, est attesté de 1210 à 1239, date où Novare le fait mourir (*Chiprois*, § 217). Sur son fils et successeur, Julien, voir plus haut, p. 594-597.

76. *Éracles*, p. 445, 467 ; *Annales*, p. 449.

77. MAQRÎZÎ, 51. Cf. *Éracles*, p. 456 ; *Chiprois*, § 365.

78. La date à laquelle les Francs avaient réoccupé Lattaquié n'est pas exactement déterminée. La place est encore musulmane en 1223. En 1260 nous la voyons redevenue franque.

79. Cf. RÖHRICHT, *Derniers temps*, p. 390-391.

80. MAQRÎZÎ, 52 et sq.

81. Simon Mansel était fils (ou petit-fils) de Robert Mansel, également connétable d'Antioche (en 1207, 1210, 1219). Simon Mansel était en outre apparenté à la famille royale d'Arménie. Cf. REY, *Princes d'Antioche*, p. 405, et *Dignitaires d'Antioche*, p. 119-120.

82. ABU'L FIDÂ, p. 152 ; MAQRÎZÎ, p. 52-53 ; *Collier de perles*, p. 228-234 ; IBN FURÂT, *in* REINAUD, *Extr. d. hist. arabes*, p. 789.

83. MAQRÎZÎ, p. 52-54.

84. Parmi les victimes, signalons le vicaire du patriarche d'Antioche, le dominicain Chrétien qui aurait été massacré au pied du maître-autel (MAS LATRIE, *R. O. L.*, 1896, II, p. 196 ; RÖHRICHT, *Derniers temps*, p. 392 ; REY, *Dignitaires, R. O. L.*, 1900-1901, p. 144.

85. Cf. DUSSAUD, *Topographie*, p. 443. À moins que, comme le propose M. Deschamps, il ne soit préférable de chercher Port-Bonnel et Roche de Roissel un peu au sud d'Arsûs, en direction du Râs al-Khanzir. Cf. DESCHAMPS, *Le Crac*, carte en couleurs. D c).

86. *Chiprois*, § 365 ; *Éracles*, p. 457. La seule forteresse pour laquelle les Francs obtinrent une manière de sursis fut celle de Qusair ou Cursat, dans la montagne au sud d'Antioche. Le châtelain de Cursat, Guillaume, avait su, par des compromissions allant jusqu'à la trahison, se ménager l'amitié des châtelains musulmans du voisinage. Ceux-ci intervinrent en sa faveur auprès de Baîbars qui lui laissa à titre de vassal la forteresse, moyennant la moitié des revenus de la seigneurie. Mais en 1275 Baîbars, révoquant cette tolérance, se saisit de Guillaume et de son père qui ne se méfiaient de rien, et fit capituler la petite garnison de Cursat (VAN BERCHEM, *Voyage*, p. 249).

87. DEFRÉMERY, *J. A.*, 1855, I, p. 65. Cf. REINAUD, *Extraits*, p. 507-512 ; MAQRÎZÎ, I. B, 192-199.

88. Rappelons qu'après la chute d'Antioche, Bohémond VI conserva encore un point sur le littoral de l'ancienne principauté : Laodicée ou Lattaquié, qui ne devait être prise par les Musulmans qu'en 1287.

89. DELAVILLE LE ROULX, *Cartulaire*, IV, p. 292, n° 3308.

90. MUHÎ AL-DÎN, in REINAUD, *Bibliothèque des Croisades*, p. 514-515.

91. MUHÎ AL-DÎN, p. 513.

92. RÖHRICHT, *Derniers temps*, p. 397.

93. DU CANGE-REY, p. 235.

94. *Chiprois*, § 370.

95. *Ibid.*, § 371, p. 773. Cf. DU CANGE-REY, p. 501.

96. MAS LATRIE, I, p. 422.

97. *Chiprois*, § 374.

98. RÖHRICHT, *Derniers temps*, p. 385 ; DELAVILLE LE ROULX, *Hospitaliers*, p. 220. Cf. REINAUD, p. 499 ; MAQRÎZÎ, p. 32.

99. *Annales de Terre Sainte*, p. 454.

100. *Chiprois*, p. 775-776.

101. D'OHSSON, III, p. 418.

102. Ou plutôt en 1269. Cf. RÖHRICHT, *Die Kreuzzug des Königs Jacob I von Aragonien, Mittheil. der österr. Instituts*, XI, 372 et sq.

103. D'OHSSON, *Histoire des Mongols*, III, p. 541-542. Cf. TOURTOULON, *Jayme I*[er] *le Conquérant*, Montpellier, 1867, II, p. 391 et sq.

104. *Éracles*, p. 458. Les *Gestes des Chiprois*, § 350-351, se trompent en plaçant la croisade aragonaise en 1267.

105. Geoffroi de Sargines était mort le 11 avril 1269. Sur Robert de Crésèques (famille apparentée aux Croy), voir DU CANGE-REY, p. 617.

106. Cf. *Éracles*, p. 458 ; *Annales*, p. 454 ; *Chiprois*, p. 766-768 (récit que le Templier de Tyr place par erreur en 1267).

107. D'OHSSON, *Histoire des Mongols*, III, p. 427-440.

108. Cf. RÖHRICHT, *Derniers temps*, p. 396 (d'après MAQRÎZÎ).

109. Cf. G. Yver, *Hafsides. Encycl. de l'Islam*, II, p. 229. Notons qu'en 1271 Baîbars reprochera à l'émir ses sympathies connues pour les Francs. Cf. Maqrîzî, p. 102 ; Röhricht, *Derniers temps*, p. 404.

110. « La tension des rapports [de Charles d'Anjou] avec l'émir Mostansir paraissait à celui-ci assez inquiétante pour que, en octobre 1269, des ambassadeurs tunisiens fussent venus en France promettre à saint Louis la conversion de l'émir, si le roi consentait à le protéger contre Charles. » (Fr. Delaborde, *Rev. Or. lat.*, 1896, p. 427).

111. Ch. V. Langlois, *Histoire de France* (Lavisse), III, ii, p. 99, 101.

112. Voir le remarquable article où Fr. Delaborde, critiquant la thèse de Sternfeld, expose les raisons morales qui faisaient désirer à Charles d'Anjou l'ajournement indéfini des projets de croisade de Louis IX, et, du jour où ces projets eurent, malgré tout, pris corps, devaient lui faire souhaiter n'importe quel pis-aller – une démonstration devant Tunis par exemple – plutôt qu'une guerre contre Baîbars. « Ce ne fut donc pas sans un soulagement relatif que le roi de Sicile dut voir la flotte croisée prendre une direction plus conforme à ses intérêts que celle de l'Égypte ou de la Syrie » (Fr. Delaborde, *Revue de l'Orient latin*, 1896, p. 423-428).

113. L. Brehier, *Les Croisades, l'Église et l'Orient*, p. 237-238.

114. Mas Latrie, *Histoire de Chypre*, I, p. 432.

115. Maqrîzî, p. 80-81.

116. Maqrîzî, p. 83-84 ; Röhricht, *Derniers temps*, p. 397.

117. Maqrîzî, p. 84-85.

118. *Hist. or.*, II, p. 263.

119. Je suis ici le récit critique de M. Deschamps, avec les traductions de M. G. Wiet (P. Deschamps, *Le Crac des Chevaliers*, Paris, Geuthner, 1934, p. 132-136).

120. Deschamps, *op. laud.*, p. 134.

121. *Ibid.*, p. 134-135.

122. Reinaud, p. 525-526.

123. 'Akkâr avait été donné à l'Hôpital en 1170 par le roi Amaury Ier

124. Röhricht, *Derniers temps*, p. 399.

125. Trad. dans Röhricht, *Derniers temps*, p. 399.

126. *Ibid.*

127. *Ibid.*

128. Maqrîzî, p. 100 ; Reinaud, *Extraits*, p. 529 ; Defrémery, *Journ. asiat.*, 1855, V, p. 66-67 ; Röhricht, *Derniers temps*, p. 403.

129. Du Cange-Rey, p. 387 ; Deschamps, *Le Crac*, p. 72-73.

130. *Annales*, p. 455.

131. Reinaud, p. 527.

132. « Si nollet habere cum eo soldanus pacem, fiducia in adjutorium Dei, cum suo populo vellet contra eum usque ad mortem

pugnare » (Menko, in *Monumenta Germaniae*, SS, XXIII, p. 557, et Röhricht, *Arch. Or. lat.*, II, p. 400.

133. Maqrîzî, p. 86.

134. *Annales*, p. 455.

135. Maqrîzî, I, ii, p. 88 ; Abu'l Fidâ, p. 154 ; *Chiprois*, p. 777-778 ; *Éracles*, p. 460 ; *Annales*, p. 455.

136. Mais le fait n'est nullement imputable au prince anglais qui dut partir seul pour la Terre Sainte, les autres princes ou hauts barons l'ayant abandonné.

137. Heyd, II, p. 560.

138. Cf. Röhricht, *Derniers temps*, p. 622.

139. *Éracles*, p. 461.

140. Röhricht, *l. c*, note 35.

141. *Éracles*, p. 461.

142. Röhricht (*Arch. Or. lat.*, I, p. 623, et *G. K. J.*, p. 958) se trompe en voulant qu'il s'agisse de Saint-Georges de Lydda près Ramla. Depuis la perte de Jaffa, les Francs d'Acre, ne pouvaient plus s'aventurer si loin. Il ne peut être question que du Saint-Georges de Labaène, comme l'ont bien vu Mas Latrie (I, p. 436) et Rey (*Colonies*, p. 494-495). Du reste les *Chiprois* (p. 778) nous décrivent « un riche cazau, qui a nom Saint-Jorje, qui est près d'Acre à trois liues ».

143. *Chiprois*, § 380.

144. Röhricht, *Derniers temps*, p. 623 ; Mas Latris, I, p. 437-443.

145. « Les Tartars, dit joyeusement l'*Estoire d'Éracles*, corurent toute la terre d'Antioche et de Halape, de Haman et de la Chamele (*Homs*) jusqu'à Césaire le Grant (Shaizar). Et tuèrent ce qu'il trouvèrent de Sarrazins et de là s'en retournèrent ès mares qui sont à l'entrée de la Turquie à trop grant gaaing d'esclas et de grant bestiail » (*Éracles*, p. 461).

146. D'Ohsson, III, p. 459-460 ; Abu'l Fidâ, p. 154 ; Röhricht, *Derniers temps*, p. 403-404.

147. D'Ohsson, p. 460 ; *Éracles*, p. 461.

148. *Éracles*, p. 461. Cf. *Chiprois*, § 381, et Maqrîzî, I, B, p. 101.

149. Deschamps, *Le Crac*, p. 131. – J'ai mentionné à diverses reprises Hugue Revel, ou de Revel, attesté comme grand maître de l'Hôpital du 9 octobre 1258 au 1er avril 1277. Cf. Delaville Le Roulx, *Hospitaliers*, 210-229.

150. Abagha s'en excusa auprès d'Édouard Ier. Le 28 mars 1277, six ambassadeurs mongols, reçus à Londres, en parlaient encore au souverain anglais, « excusantes illorum regem quod, rege Angliæ in partibus nuper Acconensibus agente, eidem non occurit » (cf. Röhricht, *Croisade du prince Édouard*, *Arch. Or. lat.*, I, p. 626).

151. Joinville, § 736, p. 401.

152. *Éracles*, p. 462 ; *Chiprois*, § 382 ; DEFRÉMERY, *Recherches sur les Ismaéliens*, J. A., 1855, p. 67 ; RÖHRICHT, *Croisade du prince Édouard*, Arch. Or. lat., I, p. 625.

153. Sur l'assentiment d'Édouard à cette paix, cf. DELAVILLE LE ROULX, *Hospitaliers*, p. 225.

154. *Éracles*, p. 462 ; *Annales*, p. 455.

155. GASTON PARIS, *Les mémoires de Philippe de Novare*, R. O. L., 1902, p. 195.

156. MAS LATRIE, *Histoire de Chypre*, I, p. 437-443, 446.

157. *Éracles*, p. 463-464 ; *Assises*, II, p. 428-434.

158. Van Berchem a bien montré que c'est à ce caractère nouveau de l'armée et de l'empire de Baîbars, si différents de l'empire féodal et de l'armée féodale de Saladin, que Baîbars devait d'avoir réussi où Saladin avait échoué (VAN BERCHEM et FATIO, *Voyage en Syrie*, I, p. 236).

159. Fils de Balian d'Ibelin-Beyrouth, Jean II d'Ibelin-Beyrouth est dit le Jeune pour le distinguer de son grand-père, Jean Ier d'Ibelin, « le Vieux Sire de Barut ». Cf. DU CANGE-REY, p. 235.

160. Ou encore Aymon ou Raymond l'Estrange. *Éracles*, p. 462.

161. IBN FURÂT, in REINAUD, p, 532.

162. MAS LATRIE, *Histoire de Chypre*, I, p. 449.

163. MAS LATRIE, I, p. 453.

164. *Chiprois*, § 383. Cf. *Éracles*, p. 463. RÖHRICHT, *Zusätze und Verbesserungen zu Du Cange*, 17-18.

165. RIANT, *Rev. de l'Orient latin*, 1893, III, p. 390.

166. Entre Tell Qaîmûn et Tell Kurdana ou Kerdana. Cf. REY, *Colonies*, p. 432, 482.

167. *Éracles*, p. 474.

168. *Éracles, ibid*.

169. *Éracles, ibid.* ; *Chiprois*, § 396.

170. Les Vénitiens devaient être contre Hugue III parce que, dans un but d'apaisement et d'union, il avait rouvert Acre aux Génois.

171. *Éracles*, p. 474.

172. *Éracles*, 474. Cf. *Assises des bourgeois*, c. 243, *Lois*, II, 178.

173. Thomas Agni, dominicain, né à Lentino (Sicile), évêque de Bethléem vers 1258-1259, nommé patriarche de Jérusalem le 21 avril 1272, débarqué à Acre le 8 octobre de la même année. Mort le 14 septembre 1277. Cf. MAS LATRIE, *Patriarches de Jérusalem*, Rev. Or. lat., 1893, I, p. 25-26.

174. Fils de Jean II d'Ibelin-Arsûf († 1268) et petit-fils de Jean Ier d'Ibelin, « le vieux sire de Beyrouth et d'Arsûf ». Cf. DU CANGE-REY, p. 224-235. Voir notre généalogie des Ibelin à la fin du volume.

175. MAS LATRIE (I, p. 456) proposait la date de décembre 1276. Riant (*R. O. L.*, 1893, III, p. 391), après P. Durrieu, propose le 15 janvier 1277. – Voici les titres de Marie d'Antioche. Elle était fille

de Mélisende de Lusignan et du prince d'Antioche Bohémond IV. Mélisende était fille d'Amaury II de Lusignan, roi de Chypre et de Jérusalem, et de la reine Isabelle de Jérusalem, qui était elle-même, on s'en souvient, fille du roi de Jérusalem Amaury Ier. Cf. *Assises*, II, p. 415-419 ; Du Cange-Rey, p. 42-44 ; *Éracles*, p. 475. Voir à la fin du présent volume, pour les droits respectifs de Hugue III et de Marie d'Antioche, le tableau généalogique des derniers rois de Jérusalem.

176. La date est discutée. Le 8 mai d'après *Éracles*, p. 478. Le 7 juin d'après Sanuto, 227, et Amadi, 214, accepté par Riant (*R. O. L.*, 1893, p. 391). En septembre d'après les *Chiprois*, § 398.

177. Amadi (*Chronique*, 214) nomme encore pour ce conseil du 7 juin 1277 le grand maître Hugue Revel. Ce dernier mourut peu après. Le 3 août, nous le voyons déjà remplacé par Nicolas Lorgne. Cf. Delaville Le Roulx, *Hospitaliers*, p. 228.

178. Mas Latrie, *Histoire de Chypre*, I, p. 458, résumant Amadi, 214, et Sanudo, 227.

179. *Éracles*, p. 478.

180. Balian d'Ibelin-Arsûf étant mort peu après le 29 septembre 1277, Eude Poilechien épousa sa veuve (*Éracles*, p. 478-479 ; Du Cange-Rey, p. 618).

181. *Éracles*, p. 479.

182. *Ibid.*, p. 478.

183. *Chiprois*, § 398. Casal Imbert, d'après Rey, correspondrait au tertre d'al-Hamsi, près du Wadi al-Qarn, à 1 800 mètres au sud du cap dit Râs Musherfé, à gauche de la route de Tyr à Acre, à moins que Casal Imbert ne doive être recherché à al-Zîb même. Cf. Rey, *Colonies franques*, p. 477.

184. La Sommellerie est peut-être l'actuel al-Semîriya, village situé dans les vergers, à 5 kilomètres au nord d'Acre, en venant de Tyr, comme le proposent les auteurs du Guide Bleu de Syrie-Palestine.

185. Thomas de Lentino mourut peu après cette médiation, le 14 ou le 26 septembre 1277 (variantes d'*Éracles*, p. 478).

186. Röhricht, *Regesta regni hierosolymitani*, n° 1413 ; Mas Latrie, *Hist. de Chypre*, I, p. 460.

187. *Éracles*, p. 478.

188. Sanudo, p. 228. La pacification ainsi obtenue se prolongea à Acre de 1277 à 1282. Le comte Riant attribue en partie le mérite de cette détente à l'action personnelle de l'envoyé du Pape, Hugue de Tours, évêque titulaire de Bethléem. Cf. Riant, *Église de Bethléem-Ascalon, Rev. Or. lat.*, 1893, III, p. 396-397.

189. Date des *Chiprois*, § 401, p. 784.

190. *Chiprois*, p. 784.

191. Mas Latrie, *Histoire de Chypre*, I, p. 464.

192. *Gestes*, § 418. Eude Poilechien ou Pelechien était le neveu du pape français Martin IV, pape de 1281 à 1285. Le contingent militaire qu'il commandait depuis la mort de Geoffroi de Sargines était, depuis saint Louis, entretenu par la cour de France.

193. SANUDO, 229.

194. *Chiprois*, § 420.

195. On se rappelle que le sire de Beyrouth Jean II d'Ibelin, décédé en 1264, avait laissé Beyrouth à sa fille aînée Isabelle, mariée au seigneur anglais Edmond l'Estrange. Après la mort de ce dernier, elle se remaria à Nicolas l'Aleman, seigneur titulaire de Césarée (1277), puis, Nicolas ayant été tué presque aussitôt, à Guillaume Barlais. Ce fut la sœur cadette d'Isabelle, Échive d'Ibelin, qui épousa Onfroi de Montfort (DU CANGE-REY, p. 235-236 et 375). Les *Gestes des Chiprois*, § 420, nous disent expressément qu'en 1283 Onfroi était en possession de la seigneurie de Beyrouth du fait de sa femme Échive. Cette cadette avait donc alors remplacé Isabelle, son aînée.

196. *Chiprois*, § 421.

197. *Ibid.*, § 423.

198. La seconde place de la seigneurie des Montfort, Toron ou Tibnin, dans l'hinterland de Tyr, leur avait été enlevée par Baîbars en 1260, après la chute de Safed.

199. *Chiprois*, § 424.

200. DU CANGE-REY, p. 69.

201. Date de Sanudo (p. 226) ; le 11 mars d'après l'*Éracles* (p. 466) et les *Annales* (p. 456) ; le 8 mars d'après les auteurs arabes. – De la principauté d'Antioche, conquise par Baîbars en 1268, Bohémond VI n'avait conservé que le port de Lattaquié (Laodicée, La Liche) qui resta aux Francs jusqu'en 1287. Comme on l'a dit, les Francs conservèrent aussi quelques années la forteresse de Cursat ou Qusair, appartenant à la manse patriarcale d'Antioche et située dans la montagne, à une douzaine de kilomètres au sud d'Antioche. À la prise d'Antioche, Baîbars avait consenti à laisser Qosair à son châtelain ou connétable, Guillaume, qui s'était toujours ménagé l'amitié des émirs musulmans voisins en les renseignant sur les projets des chrétiens... Guillaume obtint ainsi un sursis de sept ans (1268-1275). Au bout de ce temps, Baîbars fit attirer le châtelain dans une entrevue, le retint prisonnier (13 avril 1275) et fit capituler les derniers défenseurs de Qusair après un blocus étroit (14 novembre 1275). Cf. RÖHRICHT, *Derniers temps*, p. 405-406 ; VAN BERCHEM, *Voyage en Syrie*, p. 249.

202. DU CANGE-REY, p. 205. Voir à la fin du volume notre généalogie de la maison d'Antioche.

203. *Éracles*, p. 467.

204. Sibylle était fille du roi d'Arménie Héthoum Ier. Elle avait épousé Bohémond VI en 1254. Cf. Rey, *Princes d'Antioche, R. O. L.*, 1896, p. 401.

205. Rey, *Seigneurs de Giblet, R. O. L.*, 1895, p. 405.

206. *Éracles*, p. 466.

207. *Chiprois*, § 385 et 390.

208. *Éracles* p. 467 ; Sanudo, p. 226.

209. Röhricht, *Derniers temps*, p. 405 ; Maqrîzî, I, B, 125.

210. Cf. *supra*, p. 512 ; Rey, *Princes d'Antioche, R. O. L.*, 1896, p. 400.

211. Voir plus haut, p. 555. *Chiprois*, § 291-296.

212. *Éracles*, p. 468.

213. *Ibid.*, p. 468.

214. Remarque du (prétendu) Templier de Tyr, *Chiprois*, § 385, p. 780.

215. *Éracles*, p. 468.

216. Voir plus haut, p. 555, et Rey, *Seigneurs de Giblet, R. O. L.*, 1895, p. 411.

217. *Éracles*, p. 468 et 481.

218. *Ibid.*, p. 481. Rey place en 1275 le pillage de la maison du Temple à Tripoli par les gens de Bohémond VII (Rey, *Seigneurs de Giblet, Rev. Or. lat.*, 1895, p. 405.)

219. Bohémond VI d'Antioche-Tripoli et Julien, dernier seigneur de Sidon, avaient épousé les deux filles du roi Héthoum Ier d'Arménie, Sibylle et Euphémie. Sybille fut la mère de Bohémond VII ; Euphémie, la mère de Marguerite de Sidon, femme de Guy II de Gibelet. Cf. Du Cange-Rey, p. 130, et Rey, *Les seigneurs de Giblet, Rev. de l'Or. lat.*, 1895, 3, p. 405.

220. *Chiprois*, § 391, p. 781.

221. La mère de Guy II, femme de Henri de Gibelet, était Isabelle d'Ibelin, fille de Balian d'Ibelin, sire de Beyrouth, et petite-fille de Jean d'Ibelin, « le Vieux Sire de Barut » (Du Cange-Rey, p. 323 et 375).

222. « Se faizoit apeler le seignor de Giblet Guy de Yblin ; mais il fu estrait de la sité de Jenne, dou lignage qui se dit Embriac » (*Chiprois*, p. 781).

223. *Chiprois*, p. 781. La famille d'Aleman, originaire de Provence, avait un moment possédé Césarée par le mariage de Jean l'Aleman avec Marguerite de Césarée vers 1250. Cf. Du Cange-Rey, p. 283 et 503.

224. Rey, *Colonies*, p. 370 (« tertre situé au sud-est de Tripoli et au bord de la mer ») ; Dussaud, *Topographie*, p. 87. D'après Lammens, *Mél. Fac. or.*, I, p. 267, Monscucul serait Abû *H*alqa.

225. *Chiprois*, p. 782, § 392.

226. Cf. Deschamps, *Les entrées des châteaux des Croisés en Syrie et leurs défenses*, Syria, 1932, p. 369 et sq. ; Rey, *Colonies*, p. 370.

227. Teffa*h*a est un village à 20 kilomètres à l'est, nord-est de Tortose, près de Qulei'ât. Cf. Dussaud, *Topographie*, p. 130.

228. *Chiprois*, § 392.

229. Événements placés en 1276 par le « Templier de Tyr » (*Chiprois*, § 393) et en 1278 dans le système chronologique de Röhricht (*G. K. J.*, 977-978). Il semble, d'après ce que nous verrons des rectifications de Delaville Le Roulx, qu'il faille placer cette première campagne en 1276 ou 1277, puisqu'une trêve d'un an s'écoula ensuite avant la deuxième campagne et la paix de septembre 1278. Voir plus bas, page 689, note 3.

230. Rey (*Seigneurs de Giblet*, R. O. L., 1895, p. 406) fait livrer ce combat « au casal de Doma entre le Puy du Connétable et le Boutron. » Mais les *Gestes des Chiprois*, p. 782, ne mentionnent ici que le Puy du Connétable et le Boutron ; Dûmâ n'est pas entre ces deux sites, mais à seize kilomètres à l'est de Ba*t*rûn (Dussaud, *Topographie*, p. 72, 82 et carte V, A, 3).

231. La Colée est la francisation du nom arabe d'*al-Qulai'a*, « la petite forteresse, le fortin », pluriel *al-Qulai'ât*, « les fortins ». On a signalé plusieurs localités de ce nom : 1° al-Qulai'ât, à environ 25 kilomètres au nord de Tripoli, ancienne forteresse donnée à l'Hôpital, en 1127, par le comte Pons de Tripoli, occupée et saccagée par al-'Adil en 1208, conquise par Baîbars en 1268 ; 2° le village (sans fortifications) d'al-Qulai'ât ou Quhai'ât, au nord de 'Akkâr, dont il ne saurait être question ; 3° la forteresse de Qulai'a, à 15 kilomètres au sud-sud-ouest de Masyaf, entre Masyaf et Hos̄n al-Sulaimân, dans le Jebel Nosaîri, forteresse qui aurait été occupée en 511 Hg (mai 1117-avril 1118) par les Francs de Bâniyâs (Van Berchem, *Voyage*, 132, 319), mais qui passa ensuite aux Ismâ'îliens. Cf. Van Berchem, *J. A.*, 1902, I, p. 143 ; Dussaud, *Topographie*, p. 142, 147 ; Deschamps, *Le Crac*, p. 54.

232. Cf. *Chiprois*, § 393, p. 782, qui racontent ces événements sous la rubrique de 1276. – Balian II, comte titulaire de Sidon, fils de Julien de Sidon qui avait vendu sa terre aux Templiers. Balian avait épousé Marie, sœur de Guy II de Gibelet. Sa mère était Euphémie d'Arménie, sœur de Sybille, mère de Bohémond VII. Généalogie dans Du Cange-Rey, p. 437-438. Le texte des *Chiprois*, § 393, en donnant l'énumération des principaux seigneurs tués dans la bataille du Puy du Connétable (dont Balian II de Sidon), semble bien vouloir dire qu'il s'agit de partisans de Bohémond VII, tués dans la défaite de ce prince.

233. *Chiprois*, § 399, p. 784.

234. *Chiprois*, § 400.

235. Les *Gestes des Chiprois*, p. 784, donnent pour la date de cette paix le 16 juillet 1279. Delaville Le Roulx (*Hospitaliers*, p. 231) a

rectifié d'après le *Cartulaire* (III, 3672, 3673) : 5 septembre 1278. Nicolas Lorgne ou de Lorgne, successeur de Hugue Revel à la tête de l'Hôpital, avait été châtelain de Margat (Marqab) et fut élu grand maître entre avril et août 1277. Il mourut entre septembre 1283 et septembre 1285 (DELAVILLE LE ROULX, p. 230-238).

236. *Chiprois*, p. 787, § 409.

237. Fils cadet de ce Bertrand II de Gibelet (branche cadette) qui, vers 1258, avait été assassiné par des paysans syriens à l'instigation de Bohémond VI. Cf. REY, *Seigneurs de Gibelet, R. O. L.*, 1895, p. 411.

238. *Chiprois*, p. 788.

239. *Chiprois*, § 411.

240. *Ibid.*, p. 788. Tout ce récit est de première main. L'auteur de cette troisième partie des *Gestes des Chiprois*, désigné improprement sous le nom de *Templier de Tyr* (il ne fut jamais templier), était alors secrétaire du grand-maître Guillaume de Beaujeu.

Chapitre X

1. Il est bien entendu que, quand nous parlons ici de « Croisade mongole », il s'agit non certes d'assimiler les campagnes des khans de Perse à des expéditions chrétiennes, mais de rappeler que ces campagnes faisaient, dans la pratique, office de croisades, puisqu'elles pouvaient délivrer la Syrie franque.

2. Léon III, fils et successeur de Héthoum Ier, roi d'Arménie (Cilicie) de 1269 à 1289. Cf. TOURNEBIZE, *Histoire d'Arménie*, p. 215-220.

3. RÖHRICHT, *Croisade d'Édouard Ier, Arch. Or. lat.*, I, p. 628.

4. D'OHSSON. *Hist. des Mongols*, III. p. 543.

5. Cf. GUILLAUME DE NANGIS, 540, 564.

6. Cf. RÉMUSAT, *Recherches sur les relations des Mongols, Mémoires de l'Acad.*, VII, p. 245 ; CH. KOHLER et LANGLOIS, *Lettres inédites concernant les Croisades, Bibl de l'École des Chartes*, 1891, p. 56.

7. JOH. DE OXENEDE, p. 250 ; FLORENT-WIGORN, II, p. 217 ; RÖHRICHT, *Derniers temps*, p. 650.

8. D'OHSSON, III, p. 481-488.

9. ABU'L FIDÂ, p. 155 ; *Flor des Estoires d'Orient*, p. 180. Le perwâmé coupable d'intelligences avec Baîbars fut peu après coupé en deux par ordre d'Abagha.

10. D'OHSSON, III, p. 496-497, d'après MAQRIZÎ et BAR HEBRAEUS.

11. *Flor des Estoires*, p. 180-181.

12. *Ibid.*, p. 181.

13. ABU'L FIDÂ, p. 156.

14. ABU'L FIDÂ, p. 158 ; D'OHSSON, III, p. 519-522.

15. D'OHSSON, III, p. 522-523 ; MAQRIZÎ, I, A, p. 25-27.

16. *Chiprois*, § 403.
17. Sanudo, p. 228.
18. Abu'l Fidâ, p. 158 ; *Chiprois*, p. 782, 786 ; Bar Hebraeus, p. 537, 594 ; Delaville Le Roulx, *Hospitaliers*, p. 231-232.
19. Röhricht, *Les batailles de Hims*, Arch. Or. lat., I, p. 638.
20. Maqrîzî, I, A, p. 28-34 ; Röhricht, *l. c.*, p. 638.
21. Röhricht, *l. c.*, p. 638.
22. Les auteurs varient pour la date de la bataille de Homs : 29 ou 30 octobre 1281 (et parfois les mêmes auteurs, comme Röhricht dans ses différents travaux).
23. *Chiprois*, p. 786 ; Abu'l Fidâ, p. 159 (il accorde à Mangu Timur 50 000 Mongols, « le reste étant un ramassis d'Arméniens, de Géorgiens, de Persans », etc.). Maqrîzî, I, A, p. 35 ; Bar Hebraeus, p. 592.
24. Pour cette bataille, D'Ohsson, III, p. 524, et Röhricht, *Arch. de l'Or. lat.*, I, p. 633-652.
25. Cf. Maqrîzî, 36-37.
26. *Chiprois*, p. 183. Cf. Bar Hebraeus, p. 592-593 ; Maqrîzî, p. 37-38.
27. *Chiprois*, p. 183-184 ; Bar Hebraeus, p. 539.
28. Lettre de Joseph de Cancy (Chanzy) à Édouard Ier, citée par Röhricht, *Batailles de Hims*, Arch. Or. lat., p. 641.
29. *In* Röhricht, *Arch. Or. lat.*, I. p. 643. Cf. Delaville Le Roulx, *Hospitaliers*, p. 234. Sur Joseph de Cancy, prieur de l'Hôpital en Angleterre, cf. Delaville Le Roulx, *ibid.*, p. 427.
30. Delaville Le Roulx, p. 233-234.
31. Nous ignorons si en avril 1285 le grand maître de l'Hôpital était déjà Jean de Villiers qui en septembre 1285 est attesté comme venant de succéder à Nicolas Lorgne, décédé, ou si c'était encore Lorgne dont la dernière mention est du 27 septembre 1283. Jean de Villiers est attesté comme grand maître de septembre 1285 au 20 octobre 1293. Au moment de son élection il résidait en France et ne se rendit en Syrie qu'après août 1286. Cf. Delaville Le Roulx, *Les Hospitaliers*, p. 239.
32. Van Berchem, *Voyage en Syrie*, p. 302-303.
33. Cf. Dussaud, *Topographie historique*, p. 126.
34. Cf. Rey, *Étude sur les monuments de l'architecture militaire des Croisés*, p. 161 ; Delaville Le Roulx, *Hospitaliers*, p. 236. Pour Röhricht (*G. K. J.*, p. 988-989), ce Barthélemy de Maraclée est le même que Barthélemy de Gibelet, fils de Bertrand II de Gibelet, de la troisième branche des sires de Gibelet. Cf. Rey, *Seigneurs de Gibelet, R. O. L.*, 1895, p. 411-412. Pour Rey, le seigneur de Maraclée était alors Meillor III de Ravendel (Du Cange-Rey, 387).
35. *Flor des Estoires*, p. 184.
36. *Ibid.*, p. 185.
37. D'Ohsson, III, p. 563.

38. *Ibid.*, III, p. 563-580.

39. Rashîd al-Dîn et Wassaf, traduits par D'Ohsson, *Histoire des Mongols*, III, p. 581-607.

40. Rashîd al-Dîn et Wassaf, dans D'Ohsson, IV, p. 30-57.

41. *Flor des Estoires*, p. 188.

42. M. Wiet signale un trait caractéristique qui montre la hardiesse des vues du khan de Perse Arghun dans ses efforts pour encercler l'Égypte avec l'aide de l'Occident : « Des constructeurs génois vinrent à Baghdâd et mirent à l'eau deux galeres pour interrompre, par le blocus d'Aden, le commerce de l'Égypte avec l'Inde ». On voit par là l'ampleur de cette politique mongole, véritable politique mondiale qui, en même temps qu'elle envoyait à Rome et à Paris, pour nouer une coalition franco-gengiskhanide, un ambassadeur nestorien né au Pe-tchi-li, cherchait à organiser le blocus de la Mer Rouge et à interdire à l'Égypte – qui en vivait – le commerce de l'Océan Indien.

43. Pelliot, *T'oung pao*, 1914, p. 630-636.

44. Cf. Chabot, *Histoire de Mar Jaballaha III et du moine Rabban Çauma, traduite du syriaque, Revue de l'Orient latin*, 1893 IV, p. 567-610 ; 1894, p. 72-142, 235-304 ; Wallis Budge, *The monks of Kublai Khan*, Londres, 1928 ; A. C. Moule, *Christians in China*, Londres, 1939.

45. Chabot, *Histoire de Mar Jaballaha*, 1893, p. 593-594. Mar Denha exerça le patriarcat nestorien de novembre 1266 au 24 février 1281.

46. *Ibid.*, p. 599.

47. Sans doute à une des résidences habituelles d'Abagha, en Adharbaijan.

48. Cf. Moule, *Christians in China*, p. 102-103.

49. D'Ohsson, II, p. 452 et suivantes ; R. Grousset, *Histoire de l'Extrême-Orient*. II. p. 456, 484.

50. Le métropolite nestorien de l'Iraq 'Ajemi résidait à Tirhan Kerwen, à 46 kilomètres ouest-nord-ouest d'Isfahân.

51. Chabot, *R. O. L.*, 1893, p. 604-605.

52. La consécration du nouveau patriarche n'eut lieu que le 2 novembre 1281, à l'église de Mar Kôka près de Baghdâd.

53. Chabot, *ibid.*, p. 607-608.

54. *Ibid., l. c.*, p. 609-610.

55. *Ibid., R. O. L.*, 1894, p. 76.

56. *Ibid.*, p. 81.

57. Le texte latin est entièrement barbare : « Et siat modo, quod tera Saracinorum non siat nobis in medium nostrum bonum patrem nos quod sumus in istis partibus et vobis quod estis in vestris partibus. Teram Scami videlicet (= et) teram Egipti inter nos et vos

estrengebimus. Vobis mitimus mesaticis supradictis et vos quod mixistis pasagium et prelium in terram Egipti et siat modo nos de istis partibus et vos de vestris partibus estrengebus in medium cum bonis hominibus et mitatis nobis per bonum hominem, ubi vultis quod siat predictum factum. Saracenis de medio nostri levabimus, dominus siat et dominum papa et Cam. » Texte dans CHABOT, *Relations du roi Argoun avec l'Occident*, *Rev. Or. lat.*, 1894, p. 571. Cf. MOULE, *Christians in China*, p. 106.

58. Cf. DUC DE LÉVIS-MIREPOIX, *Philippe le Bel*, Paris, 1936 (Éditions de France), p. 22.

59. CHABOT, *l. c.*, p. 81. Avec Rabban Çauma, la mission comprit le chrétien *(archaon)* Sabadinus, Thomas de Anfusis et l'interprète *(targuman)* Uguetus ou Ugeto. Cf. CHABOT, *Relations du roi Argoun avec l'Occident*, *R. O. L.*, 1894, p. 577 ; MOULE, *Christians in China*, p. 107, 112.

60. CHABOT, *R. O. L.*, 1894, p. 82-83.

61. *Ibid.*, p. 89. Cf. MOULE, p. 107.

62. CHABOT, p. 91.

63. *Ibid.*, p. 92.

64. *Ibid.*, p. 92.

65. CHABOT, p. 95.

66. *Ibid.*, p. 96.

67. CHABOT, p. 104. Cf. HEYD, *Commerce du Levant*, p. 111 ; G. I. BRATIANU. *Recherches sur le commerce génois dans la mer Noire au XIIIe siècle* (1929). p. 186.

68. En « Casonia » (Gascogne), auprès du roi d'Alanguitar.

69. CHABOT, p. 111, n. 2.

70. *Ibid.*, p. 106.

71. CHABOT, p. 107.

72. *Ibid.*, p. 108.

73. *Ibid.*

74. *Mémoires de l'Académie des Inscriptions*, t. XXXIII, 2e partie, p. 139, 145, 148, 150 ; CHABOT, *Supplément à l'histoire de Mar Jabalaha III*, p. 2, 3.

75. CHABOT, *R. O. L.*, 1894, p. 110.

76. M. le duc DE LÉVIS-MIREPOIX a eu la très grande amabilité de nous faire tenir le manuscrit de son beau livre. Nous tenons à lui en exprimer toute notre gratitude.

77. Cf. Duc DE LÉVIS-MIREPOIX, *Philippe le Bel*. Paris, 1936, Éditions de France, p. 16-23.

78. CHABOT, p. 112.

79. *Ibid.*, p. 113.

80. *Ibid.*, p. 120

81. Texte de ces lettres dans Chabot, *Relations du roi Argoun avec l'Occident*, R. O. L., 1894, p. 576-591.

82. Chabot, p. 584.

83. « Nous ferons élever, à la porte de notre résidence royale, une église dans laquelle tu feras l'office et la prière » (Chabot, *l. c.*, p. 121).

84. Chabot, p. 122.

85. C'est ce qu'expliquera par la suite Buscarel de Gisolf à Philippe le Bel : « Vous fet assavoir ledit Argon que les vos grans messages (= ambassadeurs) que vous li envoiastes ne li voudrent fere redevance ne honeur tele comme il est à coustume de fere de toutes manières de genz, rois, princes et barons qui en sa court viennent. Car, si comme il disoient, il ne feroient pas vostre honeur d'agenoillier soi devant li porce que il n'est mie baptisié, et si les en fist par trois foiz requerre, et, quand il vit que il n'en vouloient autre chose fere, il les en fist venir en la manière que il voudrent, et si leur fist grant joie et moult les honoura, si comme il meismes sevent. » Chabot, p. 613 (et p. 592).

86. Chabot, *Relations du roi Argoun*, R. O. L., 1894, p. 604.

87. *Ibid.*, p. 593-594.

88. Chabot, *Relations du roi Argoun*, R. O. L., 1894, p. 604 ; Moule, 117.

89. Comme le pense l'abbé Chabot, il s'agit sans doute du roi de Géorgie David VI (1292-1310) et de son fils Wakhlang III (1301-1307) qui avait épousé une sœur d'Arghun, la princesse Oljalh.

90. Chabot, p. 611-612 ; Roland Bonaparte, *Documents d'époque mongole*, 1895 ; Moule, *Christians in China*, p. 117-118.

91. Chabot, p. 614.

92. Glorificetur Dominus qui tam bonum tamque laudabile propositum inspiravit conceptui mentis vestræ, ut contra soldani Babylon, suæque gentis perfidiam exurgere delectamini in terræ sanctæ subsidium et fide, christianæ beatum vos dicent omnes generationes, si vobis votum perseveret hujusmodi, etc. (Chabot, p. 616).

93. Kohler, *Deux projets de croisade, XIIIe-XIVe siècles*, Rev. Or. lat. 1903-1904, p. 428-430.

94. Chabot, p. 617, 618.

95. *Ibid.*, p. 619.

96. Maqrizî, *Hist. des sultans mamelouks*, trad. Quatremère, II, 1, p. 212-213. Échive d'Ibelin, dame de Beyrouth, se remaria d'ailleurs peu après la mort d'Onfroi de Montfort, à Guy d'Antioche-Lusignan, cinquième fils du roi de Chypre Hugue III. Ce fut sous le gouvernement de Guy et d'Échive que Beyrouth fut pris par les Mamelûks (1291). Cf. Du Cange-Rey, p. 236. À Tyr, Röhricht (G. K. J., p. 986) fait mourir très vite la régente Marguerite d'Antioche-Lusignan et

donne ensuite le pouvoir au jeune Rupin, fils d'Onfroi de Montfort. Cependant Marguerite est encore attestée en 1289 et Tyr sera prise par les Mamelûks en 1291.

97. *Chiprois*, § 435.

98. *Ibid.*, § 437.

99. Eude de Poilechien ou mieux Eude Poilechien avait été nommé sénéchal en 1277 par le bayle du royaume pour le roi Charles d'Anjou. Cf. Du Cange-Rey, 618.

100. Burchard de Schwanden, qui est attesté à Acre à la date du 27 juin 1286. Cf. Mas Latrie, *Hist. de Chypre*, III, p. 671 ; Röhricht, *Zusätze und Verbesserungen zu Du Cange, Familles d'Outre-mer, Wissenschafliche Beilage zum Programm des Humboldts-Gymnasiums*, Berlin, 1886, p. 13.

101. Jacques de Taxi qui remplaçait le nouveau grand maître de l'Hôpital, Jean de Villiers. Ce dernier avait été élu grand maître avant septembre 1285 (date où mention est faite pour la première fois de sa maîtrise), mais il ne quitta la France où il séjournait que plus tard : le 21 août 1286, il était encore en Provence. Cf. Mas Latrie, III, p. 671, et Delaville Le Roulx, *Hospitaliers*, p. 239, 240, 469.

102. *Chiprois*, § 438 ; *Annales de Terre Sainte*, p. 458.

103. Mas Latrie, *Histoire de Chypre*, I, p. 477-478, résumant Sanudo, p. 229, et Amadi, p. 216.

104. Rey, *Sommaire du supplément aux Familles d'Outre-mer*, Chartres, imprimerie Durand, 1881, p. 22.

105. *Chiprois*, p. 793, § 439.

106. Mas Latrie, *Histoire de Chypre*, I, p. 493, III, p. 718. Du Cange-Rey, p. 69-70.

107. N. Iorga, *France de Chypre*, p. 122-123.

108. Beugnot, *Abrégé des Assises de Jérusalem*, II, p. 249, 253, 315, 320, 322 ; Loredano, trad. française, 1, p. 322-324 ; Du Cange-Rey. p. 66-70.

109. Ce Philippe d'Ibelin était fils de Guy d'Ibelin, connétable de Chypre qui était lui-même le quatrième ou cinquième fils de Jean d'Ibelin. le Vieux Sire de Beyrouth. Cf. Mas Latrie, I, p. 481 ; Du Cange-Rey, p. 642 et 378.

110. *Gestes des Chiprois*, p. 797, § 454.

111. *Chiprois*, § 454. Cf. Röhricht, *Zusätze und Verbesserungen zu Du Cange*, p. 18. Le grand maître du Temple, Guillaume de Beaujeu, se trouvait alors à Château-Pèlerin ('Athlîth), comme le fait savoir son secrétaire, le prétendu Templier de Tyr (§ 454).

112. *Chiprois*, § 460, p. 799.

113. Cf. Dussaud, *Voyage, 1895*, p. 33 ; Van Berchem, *Voyage*, p. 290 ; Rey, *Architecture militaire des Croisés*, p. 178 ; Deschamps, *Le Crac*, p. 74.

114. Maqrîzî, *in* Reinaud, p. 560-561 ; Abu'l Fidâ, p. 162.

115. Narjot II de Toucy, baron champenois, fils de Philippe de Toucy, qui avait été régent de l'Empire latin de Constantinople en 1251. Cf. L. de Sommerard, *Anne Comnéne et Agnès de France* (1907), p. 351. Erreur de nom dans Du Cange-Rey, p. 487.

116. Barthélemy Mansel ? Voir plus haut, p. 681.

117. *Chiprois*, p. 800, § 466-467.

118. *Ibid*.

119. Voir plus haut, p. 555, 690. Cf. Rey, *Seigneurs de Giblet*, p. 411-412.

120. *Chiprois*, p. 801, § 468.

121. Le très curieux manifeste que nous venons de citer nous révèle en effet que le vieux comté toulousain ou provençal de Tripoli n'avait accepté qu'à contre-cœur, après l'extinction de sa dynastie « nationale » dans la personne de Raymond III en 1187, l'avènement de la dynastie normande et poitevine d'Antioche. Reconnaissons du reste que dans la répression des révoltes locales les derniers représentants de la maison d'Antioche, Bohémond VI et Bohémond VII, s'étaient conduits, notamment envers les sires de Gibelet, avec une rigueur impitoyable et une impolitique cruauté.

122. Trad. *in* Röhricht, *G. K. J.*, p. 995.

123. Le grand maître du Temple était toujours Guillaume de Beaujeu. Celui de l'Hôpital était Jean de Villiers, mais était-il déjà arrivé d'Europe ? (Delaville Le Roulx, p. 240). Celui des Teutoniques était Burchard de Schwanden (Du Cange-Rey, p. 905).

124. *Chiprois*, p. 801, § 468.

125. Heyd, *Histoire du commerce du Levant*, I, p. 356.

126. *Chiprois*, p. 801 ; Rey, *Seigneurs de Giblet, R. O. L.*, 1895, p. 412.

127. Heyd, *Commerce du Levant*, II, p. 84. Quant au texte des *Chiprois*, § 801, il est assez ambigu, mais donne à penser que Lucie était sans doute au courant de la démarche de son entourage pour avertir Zaccaria.

128. *Chiprois*, § 472, p. 802 ; Heyd, *l. c.*, I, 356.

129. Cf. *Histoire des Croisades, Documents arméniens*, II, p. 802, note *a*. Le refroidissement et la brouille secrète de Barthélemy de Gibelet avec l'amiral génois Benedetto Zaccaria ont été bien discernés par Heyd, *Commerce du Levant*, I, p. 356-357.

130. *Chiprois*, § 473, p. 802.

131. *Ibid.*, § 474.

132. Cf. Abu'l Fidâ, p. 159.

133. *Chiprois*, § 474, p. 803.

134. Cf. Delaville Le Roulx, *Hospitaliers*, p. 411.

135. Du Cange-Rey, p. 617.

136. Deux cent mille disent les *Annales*, *Arch. Or. lat.*, II, 2, p. 460.

137. Wiet, *Histoire de l'Égypte*, collection Hanotaux, manuscrit que l'auteur a eu la très grande amabilité de me communiquer.

138. *Jacob. Auriæ*, p. 323.

139. *Chiprois*, p. 803, § 475.

140. La Tour de l'Évêque devait être située dans le secteur est-sud-est des remparts d'al-Mînâ ; en effet le secteur des murs appartenant à l'évêque de Tripoli était situé entre le secteur de l'Ordre Teutonique qui était à l'est, et la maison des Templiers qui parait avoir été à l'angle sud-est d'al-Mînâ, près de la mer (Rey, *Colonies franques*, p. 373-374). Quant au quartier de l'Hôpital, où devait se trouver la tour de l'Hôpital, Sanudo nous dit qu'il était aussi tangent à la mer (toutefois la maison principale de l'Hôpital était à Mont-Pèlerin, le Tripoli actuel) (Rey, *ibid.*).

141. *Chiprois*, p. 804, § 477.

142. Abu'l Fidâ, p. 162. L'île de Saint-Thomas est « l'île la plus rapprochée de la terre, celle qui détermine, en grande partie, le port (l'ancien port) de Tripoli » (Rey, *Colonies franques*, p. 374).

143. « De serico in ea multa fiunt opera. Audivi pro certo, quod essent in ea textores serici et cameloti et similium amplius quam quatuor millia » (Heyd, *Commerce du Levant*, I, p. 179).

144. Bar Hebraeus mentionne ce Michel qui, « après s'être démis de son siège épiscopal d'Alep, vint se fixer à Tripoli où il résida jusqu'à sa mort, professant la médecine, entouré du respect et de la vénération du clergé et de la noblesse franque » (Rey, *Colonies franques*, p. 181).

145. *Chiprois*, § 478.

146. Pour Mas Latrie, les Embriaci auraient réussi à conserver quelque temps encore leur fief de Gibelet grâce à la particulière bienveillance des Mamelûks au profit desquels la rumeur publique les accusait de trahir la chrétienté (Mas Latrie, *Hist. de Chypre*, I, p. 484). Cependant en 1307 nous voyons Pierre de Gibelet, fils de Guy II de Gibelet, réfugié en Chypre (Rey, *Seigneurs de Giblet*, *R. O. L.*, 1895, p. 407). Notons par ailleurs que la campagne de Tripoli et de Jebail resta longtemps peuplée de Syriens chrétiens : « Les vilains de la terre de Triple et de Giblet qui sont tous crestiens », écrit dans les *Gestes des Chiprois*, sous la rubrique de 1299, le Templier de Tyr qui nous raconte qu'à cette date ces paysans chrétiens achevèrent les fuyards mamelûks battus par les Mongols.

147. Duc de Lévis-Mirepoix, *Philippe le Bel*, Paris (Éditions de France), 1936.

148. Cf. Ch. Kohler, *Deux projets de croisade, XIIIe-XIVe siècles*, Rev. Or. lat., 1903-1904, p. 418.

149. Heyd, *Histoire du commerce du Levant*, I, p. 416-418.

150. Dandolo, p. 402 ; Sanudo, p. 229.

151. *Chiprois*, § 479.

152. Voir notre tome Ier, p. 5-11 et 322-329.

153. *Chiprois*, p. 805 ; Sanudo, p. 230 ; Amadi, p. 219 ; Maqrîzî, II, A, p. 109.

154. *Chiprois*, p. 805.

155. À côté de la date du 10 novembre donnée pour la mort de Qalâwun par Abu'l Fidâ et Maqrîzî, M. Wiet cite celle du 6 décembre, donnée par d'autres sources arabes.

156. Traduction du Templier (ou prétendu tel), in *Chiprois*, p. 807.

157. Muẓaffar III Maḥmûd, prince de Ḥamâ de 1284 à 1299. On se rappelle que la maison de Ḥamâ était la seule branche de la famille aiyûbide qui ait conservé son fief sous la suzeraineté mamelûke. Elle devait le garder jusqu'en 1341.

158. Abu'l Fidâ, p. 163.

159. *Chiprois*, § 484. Cf. Mas Latrie, I, p. 488.

160. « Lor maistre estoit partis, outre (contre) le gré des seignors d'Acre, et ala en Poille demourer » (*Chiprois*, § 485).

161. Il n'apparaît avec le titre de grand maître qu'en avril 1292. Cf. Röhricht, *Zusätze und Verbesserungen zu Du Cange*, p. 13, n° 15, rectifiant Du Cange-Rey, p. 906.

162. Rey, *Colonies franques*, p. 459.

163. Cf. *Excidium Acconis*, in Martène, *Amplissima Collectio*, t. V, col. 765-766 ; Mas Latrie, I, p. 488-489. Sur Jean Ier de Grailly, sénéchal de Jérusalem et capitaine des troupes du roi de France à Saint-Jean-d'Acre de 1272 à 1291, qui se couvrit de gloire aux sièges de Tripoli (1289) et d'Acre (1291) où il fut blessé sur la brèche, je ne puis que renvoyer à l'étude que vient de faire de son activité en Terre Sainte le lieutenant-colonel de Grailly. Dans le récit du « Templier de Tyr » qui fut en mai 1291 le compagnon d'armes du sénéchal, la figure de Jean de Grailly apparaît comme celle d'un des plus nobles héros de notre histoire, figure que nous avons d'autant plus le devoir d'évoquer que dans ce dernier combat pour la France du Levant, il représentait personnellement le roi de France. Grâce à lui et malgré l'échec de la mission de Rabban Çauma auprès de Philippe le Bel, la France ne fut pas absente à l'heure suprême. Cf. du Cange-Rey, 617-618, et le colonel de Grailly, *Jean de Grailly*, dont l'auteur a eu l'amabilité de me communiquer le manuscrit.

164. *Chiprois*, § 491 ; Abu'l Fidâ, p. 164.

165. « La porte Saint-Antoine s'ouvrait dans l'angle rentrant formé par le point de jonction du quartier de Montmusart avec le mur de la ville proprement dite. » REY, *Colonies franques*, p. 460.

166. *Chiprois*, § 492.

167. Comme le signale RÖHRICHT (*G. K. J.*, p. 1016 et 1018), les attaques contre la conduite de Henri II, sur son prétendu départ précipité en Chypre le 15 mai *(Excidium Acconis*, 770) et contre la tenue sous les armes de son frère Amaury sont de simples calomnies.

168. « Fu grant confort à la gent sa venue » *(Chiprois*, § 493).

169. *Chiprois*, § 493.

170. BAR HEBRABUS, *in* REINAUD, p. 570.

171. REY, *Colonies*, p. 459.

172. *Chiprois*, § 494.

173. *Excidium Acconis*, 770-773.

174. *Chiprois*, § 496.

175. *Ibid.*, § 497.

176. REY, *Colonies*, p. 460.

177. *Excidium Acconis*, 777-779.

178. Le secrétaire de G. de Beaujeu, dit le « Templier de Tyr », § 498.

179. Récit de son secrétaire, dit le Templier de Tyr, § 498.

180. *Ibid.*, p. 816, § 505. Cf. *Excidium Acconis*, 772, 781.

181. Cf. MAS LATRIE, I, p. 495, d'après une lettre de Jean de Villiers, *Hist. litt. de France*, XX, p. 94 ; *Excidium Acconis*, 781 ; AMADI, p. 192. Otton de Grandson résida un an à Chypre, puis il se rendit en Cilicie à l'appel du roi d'Arménie Thoros III. Il y collabora avec l'historien Hayton, seigneur de Gorigos, l'auteur de la *Flor des Estoires d'Orient*, à la réorganisation du royaume arménien, devenu désormais la seule base chrétienne sur le continent. En 1293 il rentra en Angleterre. Il semble qu'il soit l'auteur du *Memoria terrae sanctæ*, projet de nouvelle croisade envisageant le débarquement d'une armée occidentale en Cilicie et la coopération avec les Arméniens et les Mongols. Cf. KOHLER, *Deux projets de croisade XIIIe-XIVe siècles*, *Rev. Or. lat.*, 1903-1904, p. 418-419, tenant compte des études de M. BÉMONT.

182. Version acceptée par MAS LATRIE, I, p. 496, et REY, *in* DU CANGE-REY, p. 733-734, d'après l'*Excidium Acconis*, 782 ; SANUDO, p. 231, et JEAN D'YPRES, *ap.* MARTÈNE, *Thes. aneed.*, III, 771. Les *Gestes des Chiprois*, p. 815, donnent une version différente. « Le patriarche Nicole se recully sur une nave des Venessiens et un marenier le prist par la main et il eschappa et chay (= chut) en mer et fu née. Or ne sait on pas si celuy qui le prist par la main le layssa aler pour ce que il avoit mis en sele nave son aver ou se il ly eschappa de main pour ce que il ne le post tenir. » Nicolas de Hanapes avait été nommé patriarche le 30 avril 1288.

183. *Chiprois*, p. 814.
184. *Excidium Acconis*, 782.
185. Les derniers survivants du Temple à Saint-Jean-d'Acre ne consentirent à entendre parler de reddition que le dernier jour (28 mai), au moment de l'assaut final.
186. La forteresse de Toron (Tibnîn), la seconde place du comté de Tyr, avait été conquise par les Mamelûks (par Baîbars) dès 1266.
187. *Chiprois*, § 509-510, p. 817.
188. *Ibid.*, § 511.

INDEX

A

Abagha, 583, 611, 628, 629, 632, 638, 642, 643, 645, 648, 650, 652-654, 682-684, 686, 688, 692, 694, 696-699, 710, 832, 836

'Abbâsa (Bataille de), 503, 504, 507, 511, 816

'Abbâside, 56, 59, 147, 248, 257, 571, 573, 607

'Abd al-Kérim (le muezzin), 336, 791

Abd al-Sélâm (le Moghrébin), 50

Abraham (Saint), voir *Hébron*.

Abû 'Abd Allâh al-Mostansir billâh, 646, 648

Abû Bekr, 568

Abû Shâma, 55, 57, 95, 144, 766

Abu'l Fidâ, 60, 176, 215, 219, 220, 320, 329, 385, 389, 398, 399, 402, 420, 447, 562, 568, 581, 606, 612, 636, 689, 721, 729-731, 736, 771, 777, 788, 797, 798, 808, 824, 828, 833

Abu'l Hasan ibn-Qufl, 255

Abu'l Mahâsin, 724, 726, 727

Abu'l Yûsuf Ya'qûb Mansûr, 74

Acharie ou Zacharie (seigneur de Sermin), 284, 784

Acre, 35-40, 47, 49, 50, 61, 63, 64, 66, 66-70, 73-77, 79-82, 86, 103, 106, 111, 113, 118, 120, 122, 124, 126, 127, 128, 132, 133, 143-144, 147, 149, 154, 158-163, 168, 169, 170, 171, 173, 174, 180-189, 197, 201, 208, 212, 213, 216, 217-237, 240, 246, 259, 260, 261, 263, 271, 293, 295, 296, 298, 302, 308, 323-324, 327, 338, 339, 340, 345, 350, 353, 355, 356-361, 368, 370, 372-375, 388, 390, 391, 393, 395, 398-399, 405, 406, 409-414, 421, 423-426, 428, 431-432, 436, 442, 446, 499, 504, 509, 528, 534, 537-539, 541, 542, 543-552, 553, 554, 556, 583, 584, 589, 592, 595, 597, 599-601, 603, 606, 614-618, 620-621, 623, 624, 626-628, 633-634, 638-641, 644, 645, 647, 651, 652, 653, 654, 656, 657, 659-668, 669, 670, 671, 673, 675, 676, 677, 678, 681, 682, 685, 687, 690, 691, 693, 701, 704, 706, 713, 715-720, 725-727, 731-737, 739-740, 743, 746, 754, 757, 777, 779, 791, 799, 806, 815, 821, 831, 838

Adam de Cafran, 746

Adam de Gaston, 289, 785

Adana, 60, 289, 631, 683

Adelard de Vérone (l'évêque), 67

Adharbaijân, 148, 257, 258, 305, 382, 383, 384, 421, 521, 524, 576, 602, 610, 643, 696

'Adil (al-) Ier, Saif al-Dîn, 34, 42, 50, 74, 77, 78, 93, 94, 103, 106, 114, 117, 121, 123, 125, 140, 148, 152, 153, 175, 178, 182, 183, 185, 186, 189, 192, 194, 195, 197, 200, 203, 204, 205, 212, 215, 217, 221, 224, 225, 231, 235, 237, 239, 246, 268, 283, 302, 303, 305, 306, 328, 385, 425, 444, 445, 490, 502, 504, 587, 762, 770, 777, 796

'Adil (al-) II, 386, 392, 393, 400, 491

'Adiliya (al-), 238, 240, 242, 246, 247, 248

Adolphe de Holstein, 180, 190

Adriatique, 208

Afdal (al-) 'Alî, 47, 50, 148, 153, 175-178, 195, 198, 199, 768

Afghanistan, 8, 9

Afyûn (Afnûn), 378

Agde, 707

Ager sanguinis (bataille de l'), 28, 102

Agnès (fille de Barthélemy de Gibelet), 725

Agridi, 360, 362, 368, 372

Ahmad (al-Hâkim), 607

Aïbag, 522, 523, 535, 536, 563, 569, 570

Aigues-Mortes, 388, 436, 438, 441, 646

'Ain Jâlûd, 182, 231, 232, 601, 603-605, 607, 609, 612, 618, 635, 647, 704, 828

'Aintâb, 654, 687, 689

'Ain Tuba' ûn, 231

Aiyûbides, 54, 56, 58, 63, 64, 70, 74, 82, 106, 112, 124, 135, 137, 140, 142, 143, 144, 146, 147, 149, 155, 159, 163, 169, 175, 176, 181, 185, 189, 195, 206, 215, 222, 225, 240, 241, 243, 246, 248, 251, 257, 258, 264, 267, 273-275, 291, 293, 302, 303, 304, 305, 320, 324, 327, 367, 379, 380, 382, 383, 384, 385, 386, 387, 389, 392, 398-400, 419, 421, 422, 425, 430, 443, 445, 490, 493, 496, 501, 502, 503, 504, 505, 509, 511, 519, 522, 523, 570, 577, 585, 596-597, 606, 658, 661, 756, 788, 797

'Ajlûn (canton de), 232, 586

Akka, 95

'Akkâr, 18, 648, 650, 771, 835

Alâ al-Din al Jâshi, 586

'Alâ al-Dîn Kaîqubâd Ier, 288, 291, 379, 383, 384

Alain de Fontenay, 78

'Alam al-Dîn Qaîsar, 111

'Alam al-Dîn Ta'sîf le Hanéfite, 301

Alamanno, 278

Alamût, 567

'Alânî (al-), l'émir-méjliss, 459

Alashéhir, 57

Albert (le patriarche), 224

Albert de Rezato, 357, 436, 516

Albert de Verceil (Albert Avogadro), (Albert de Castel Gualterio), 202, 222, 772, 773

Alberto Gallina, 278

Alberto Morosini, 668

Alberto Spinola, 732

Albistân, 684

Aleman (l'), famille, 677, 831, 840

Alençon (comte d'), 515

Alep, 10, 11, 13, 22, 24-31, 38, 40, 61, 192, 198, 199, 211, 272, 273, 329, 380-381, 412, 422, 430, 443, 490, 504, 505, 507, 532, 576-581, 583-585, 587-590, 597, 602, 604, 607, 611, 631, 654, 687, 768, 787, 816, 849

Alexandre, 7, 8, 32

Alexandre III, roi d'Écosse, 708

Alexandrette, 60, 164, 277, 284, 380, 519, 630, 631, 635, 637, 781

INDEX

Alexandrie, 57, 138, 173, 174, 203, 204, 205, 221, 237, 238, 243, 244, 245, 256, 260, 263, 266, 392, 431, 438, 441, 443, 456, 485, 614, 647, 653, 656, 719, 720, 726, 727, 732, 777, 779, 781

Alexis Branas, 47

Alexis Comnène, 16

Alexis l'Ange, 206

Algu, 591, 610

'Alî, 562

Alî al-Herasî, 761

'Aliqîn, 233, 246, 777

Alix (fille de Roupen III et d'Isabelle, ép. Raymond d'Antioche), 167, 168, 271, 432, 785, 789, 801

Alix de Champagne, 218, 413, 414, 415, 417, 418, 434, 771, 801

Alix de Jérusalem (princesse d'Antioche), 774

Alix de Montferrat, 340

Aljigidaï, 523-524, 566

Allemands, 57-58, 61, 67, 181, 182

Allenby (maréchal), 805

Almâligh (Kulja), 532

Almohades, 74

Alphonse de Poitiers, 439, 453, 461, 462, 475, 482, 497, 500, 501

Alrûnbughâ (le mamelouk), 140, 456

Amadi (chronique d'), 296

Amal, 654

Amanus, 273, 274

Amaury (frère d'Henri II de Chypre), 719, 729, 738

Amaury Ier, 20-23, 40, 46, 83, 84, 132, 139, 203, 206, 217, 312, 414, 441, 533, 782

Amaury II de Lusignan, 21, 34, 62, 131, 158, 161, 162, 170, 171, 172, 180, 183, 184, 186-191, 192, 195-197, 200, 209-213, 215-217, 222, 223, 278, 312, 616, 829

Amaury VI de Montfort, 387, 393, 396, 404, 407

Amaury Barlais, 299, 311, 340, 346-348, 354, 360, 362, 788

Amaury de Beisan, 299, 340, 346-347, 354, 360, 362, 788

Ambroise (le poète), 38, 62, 64, 75, 79, 81, 87, 90, 91, 95, 97, 100-104, 106, 113, 116, 119, 124, 126, 127, 129, 131, 132, 136, 137-140, 143, 150, 154, 179, 187, 753, 754, 758, 759, 760, 761, 762

Amelin de Niort, voir *Amelin de Riorte*.

Amelin de Riorte, 249

Amida, voir *Diyârbekir*.

Amiyûn, 182, 231

'Amq (al-), 155, 159, 273, 274

'Amr, 570

Anatolie, 9, 12, 14, 57, 58, 61, 147, 207, 235, 434, 683, 684

Ancelin de Montréal, 67

Ancone, 540, 732

Andérin, voir *Kéban*.

André II (roi de Hongrie), 230

André de Brienne, 69, 752

André de Chavigny, 94, 115, 154

André de Longjumeau (le dominicain), 523, 524

André de Nanteuil, 248, 252, 253

Andrea Zeno, 548

Andrinople, 56, 58

Andronic II, 700

Andronic Comnène, 47

Angers, 87

Anges, 54, 206

Ani, 384

Anjou (comté d'), 99

Anno de Sangerhausen, 827

Ansaldo Inseba, 542

Anseau de Brie, 314, 347, 348, 358, 363

Anseaux de Lille, 396

Anselme de Justingen (le maréchal), 268

Antioche, 9, 12, 13, 14, 19, 27, 34, 52, 60, 61, 137, 153, 155, 156, 159, 163, 164-168, 171, 174, 181, 208, 211, 212, 213, 215, 225, 230, 271-288, 315, 328, 377, 380, 417, 423, 428, 433, 439, 442, 498, 515-519, 524, 528, 553, 555, 583-585, 589, 602, 608, 609, 611, 629, 631, 632, 635-638, 646, 651, 654, 672, 688, 701, 720, 721, 776, 790, 802, 806, 839

Antioche de Pisidie, 58

Apamée (Qal'at Mudîq), 654, 688

Aq Sonqor Bursuqî (lieutenant de Malik-Shâh, et père de l'atâbeg Zengi), voir aussi *Bursuqî*, 29

Aq-khoja, 695

Aqsara, 576

Aq-shéhir, 58

Aqṭâi (ou Oghoṭai), 494, 502, 606

Arabie, 174

Aragon, 15, 731

Arbèle, 697

Arbèles, 8

Arcas ('Arqa ou 'Irqa), 17, 18, 26, 220, 771

Arcican, voir *Arzeghân (Erzghân)*.

Ardenne-Anjou (dynastie d'), 133

Arghun (le khan), 39, 693-695, 699, 700-711, 712, 714, 715

Ariqbuqa, 591

'Arîsh (al-), 140, 536, 585

Aristote, 32

Arles (royaume d'), 99, 179, 321, 345

Armand de Périgord, 354, 378, 420, 426, 428, 799

Arménie, 9, 164, 174, 225, 258, 259, 272, 275, 280, 282, 286, 288, 291, 379, 382, 384, 421, 527, 697, 779, 780, 783, 787, 789

Arménie (Petite-), 528, 705

Arnaud Bouchart, 134

Arnold de Lubeck, 189, 194, 196, 765, 767, 768

Arqatu Noyan, 581

Arrân, 258, 383, 384

Arsûf (l'Arsuf des Francs), 60, 110, 112, 115, 122, 145, 153, 158, 183, 325, 375, 406, 410, 511, 535, 619, 621-622, 830

Arsûs, 273

Arzeghân (Erzghân), 155, 159, 762

Asad al-Dîn (madrasa d'), 320

Ascalon, 62, 102, 103, 110-114, 121, 125, 127, 128, 135-136, 139, 141, 146, 147, 148, 149, 153, 260, 327, 391, 392, 393, 395, 396, 397, 398, 402, 403, 405-409, 420, 426, 427, 428, 430, 431, 456, 535, 621, 789, 801, 806

Ascelin de Lombardie (le dominicain), 522

Ashmûn al-Rummân (Ashmûn), 247, 265, 447, 451, 777

Ashraf (al-) Khalîl, 200, 241, 257-258, 264, 267, 304-306, 316, 319, 326, 356, 379, 382, 384, 385, 735, 736, 737, 740, 745, 746, 768, 788, 789

Ashraf Mûsâ (al-), 433, 443, 582, 604, 607, 609, 805

Asie centrale, 258, 308

Asie Mineure, 11, 12, 16, 54, 57, 59, 384, 571, 647

Aslim (l'écuyer), 140

Assassins, voir *Ismaîliens*.

Assourbanipal, 493, 633

Athènes, 207, 375

'Athlîth, 105, 236, 339, 595, 621, 639, 691, 731, 735, 847

Attila, 257

Aubri Clément, 93, 94, 100

Aurengzeb, 445

Aurio Mastropietro (le doge), 66

Auvergne, 99

Avak (prêtre de Tiflis), 565

Awhad (al-), 200, 768

'Ayâdiya (al-), 66, 68, 69, 80, 92, 101

INDEX

Ayâz al-*T*awîl, 105
Aymar (neveu d'Aymar de Layron), 289
Aymar de Césarée, 224
Aymar de Layron, 223, 242, 252, 289, 350, 772
Aymar le Moine, 162, 163, 188, 202, 763
Aymeri de Limoges (patriarche latin d'Antioche), 165-167, 516, 782
Aymo l'Aleman (évêque de Melfi), 349
Aymon d'Ays, 283
Aynard (Ainardus), voir *Mu'în al Dîn Unur*.
'Azâz (Hazarth), 581
Azincourt, 253, 397
'Azîz (al- O*t*hmân, et nom de plusieurs Aiyûbides d'Alep), 178, 198, 577, 579, 796, 825

B

Ba'albek, 175, 385, 430, 587, 599
Babylone, 633
Badr al-Dîn al-'Aînî, 334-336, 420, 494
Badr al-Dîn Dildirim, 137
Badr al-Dîn Lûlû al-Bâbâ, 422, 576, 787, 825
Badral-Dîn Baktâsh al-Fakhri (l'émir silâ*h*), 660, 728, 735
Badrân al-Farisi, 50
Baghdâd, 10, 11, 27, 38, 59, 73, 74, 142, 257, 258, 443, 523, 528-533, 563, 565, 568-576, 580, 598, 602, 607, 696, 698, 779
Baghrâs, 60, 163, 168, 225, 272, 277, 280, 283, 379-381, 687, 764
Ba*h*r al-Saghîr, 468-476
Bahrâm Shâh, 175
Ba*h*rides, 492, 503
Baïbars Bundukdârî (mamelûk et sultan d'Égypte), 24, 34, 38, 39, 470, 483, 491, 492, 502, 507, 516, 550, 551, 556, 597-615, 618-642, 644, 645, 646-652, 654-661, 666, 673, 683, 685, 686, 704, 727, 839, 842, 852
Baidar (le général mongol), 598
Baiju (le général mongol), 521, 529, 566, 571, 576, 581, 654
Balbân al-*T*abbakhi, 687
Baléares, 15, 644
Balian Anthiaume, 667
Balian d'Ibelin (sire d'Arsûf, fils de Jean II d'Ibelin-Arsûf), 618-619, 621, 664, 666, 667, 668, 819, 821, 838
Balian II d'Ibelin, 83-84, 125, 126, 130, 153, 158, 191, 217, 759, 766, 776
Balian III d'Ibelin, 356, 362, 363, 369, 375, 410, 412, 418, 432, 792, 793, 801, 805
Balian de « Sajette » (Balian de Sidon), 235, 255, 339, 351, 352, 353, 354, 355, 359, 368, 370, 393, 396, 593, 793, 794
Balian II de Sidon (fils de Julien), 678, 841
Balîkh, 27
Balkans, 207
Bâniyâs, voir aussi *Panéas : nom de deux villes*, 233, 511, 650
Ba'rîn, 212, 213, 214, 215, 377, 378, 379
Bar Hebraeus, 290, 581, 629, 695, 740, 785, 849
Baradâ, 233
Baraka, 686
Barâmûn, 265-266, 270
Barcelone, 50, 540, 644
Bari, 179
Barkiyârûq, 10
Barthélémy (évêque de Tortose), 516, 674, 721
Barthélémy (seigneur de Maraclée), 650, 693, 843

Barthélemy de Choiseul, 225
Barthélémy de Crémone, 525
Barthélemy de Gibelet, 722-727
Barthélemy de Tirel, 165-167
Barthélemy II de Tirel, 763
Barthélemy Mansel, 672, 674
Barthélemy Pizan, 735
Basile II, 9
Batrûn (Boutron ou Bethelon), 159, 354, 678, 731, 841
Batu (le khan), 525, 527, 530
Baudin (évêque de Tortose), 227
Baudouin de Beisan, 171
Baudouin de Bonvoisin, 355
Baudouin de Picquigny, 344
Baudouin Ier (de Boulogne), 13, 16, 17, 20, 26, 29, 35, 46, 99, 131, 160, 179, 302, 389, 444
Baudouin II du Bourg, 21, 23, 27, 39, 40, 218, 329, 389, 582, 589
Baudouin III, 21-23, 39, 40, 85, 183, 206, 218, 329, 389, 403, 533
Baudouin IV, 21, 22, 40, 46, 121, 128, 183, 188, 261, 334, 444, 789
Baudouin V, 23, 47
Baudouin IX (comte de Flandre), 202, 204, 213, 215
Baudouin II d'Ibelin, 363, 375, 431, 446, 481, 494, 805, 815
Baudouin II de Rethel, 179
Baudouin le Caron, 138
Bayonne, 179
Béatrice d'Auxonne, 814
Beaufort, 64, 125, 193, 400-404, 406, 407, 511, 594, 595, 634, 635
Begtimur, 176
Behâ al-Dîn Ibn Sheddâd (chroniqueur arabe), 55, 58, 59, 71, 77-78, 93, 95, 103, 107, 114, 117, 118, 121, 123, 126, 137, 139, 143, 144, 145, 149-155, 754, 756, 757, 758, 759, 761, 777, 796
Behesnî, 631
Beisân, 170, 231, 319, 621

Beit Dejân, 145
Beit-Jibrîn, 136
Beît-Nûbâ, voir *Bétenoble*.
Belvoir, 253
Benedetto Zaccaria, 549, 724-726, 729, 732
Benoît d'Alignan, 401, 799
Beqâ' (La), 18, 687
Bérangère de Navarre, 88
Bérard de Palerme, 307
Béréké-Khan, 430
Berké, 591, 607, 610, 622, 829
Bernard de Horstmar, 190
Bernard de Mareuil, 209
Bernard de Saint-Valéry, 78
Bernard du Temple, 130
Bernard l'Espion, 140
Bernard l'Étranger, 141
Bertrand II de Gibelet, 540, 547, 552, 553, 554, 555, 556, 674-675, 722, 820, 822, 842
Bertrand III de Gibelet, 725
Bertrand (commandant des Hospitaliers de Selefké), 291
Bertrand (comte de Tripoli), 553
Bertrand de Thessy, 324, 789
Bertrand le Lorigne (Bertrand le Lorne), voir *Bertrand de Thessy*.
Berzé, 579
Besâsîrî, 570
Beshbâligh (Gutshen), 532
Besmedin, 182, 231
Bétenoble (fort de), 114, 115, 116, 119, 136, 137, 140, 143, 327
Bethléem, 145, 154, 327, 330, 344, 407, 409, 508, 664, 760
Beylân (passe de), 60
Beyrouth, 51, 80, 90, 98, 126, 138, 149, 155, 158, 159, 167, 181, 189-192, 195, 197, 230, 312, 315, 316, 349-350, 353-357, 360, 368, 407, 410, 412, 423, 439, 535, 589, 640, 658, 659, 662, 670, 680, 715, 731, 733, 747, 839, 846

Béziers, 707
Bilbeîs (Péluse), 140, 199, 400, 428
Bîrejik, 327, 581, 607
Blanche de Castille, 387, 499, 528, 534
Blanche de Champagne, 223
Blanche-Garde, 136
Blochet, 781
Bohémond (fils de Hugue III), 670
Bohémond de Boutron, 804
Bohémond Ier (de Tarente, et *in fine*, généalogie de la Maison d'Antioche), 17, 24, 27, 205
Bohémond II, 252
Bohémond III, 61, 155, 159, 163-167, 191, 192, 210, 271, 272, 762, 783, 801, 804, 822
Bohémond IV, 158, 163, 167, 201, 210, 211, 212, 213, 217, 220, 226, 230, 234, 235, 271-287, 290, 291, 314, 315, 328, 356, 378, 584, 762, 774, 776, 829
Bohémond V, 377, 378, 379-381, 399, 414, 417, 423, 433, 434, 442, 515, 518, 554, 555, 559, 584, 673, 674, 723, 771, 805, 819
Bohémond VI, 434, 515-519, 540, 543-547, 552-557, 564, 565, 576, 581, 583-590, 592, 596, 608, 628, 629, 630, 635, 636, 637, 650, 651, 672, 673, 675, 722, 727, 821, 824, 834, 839, 848
Bohémond VII, 556, 669, 672, 673, 675-682, 688, 693, 721-848
Bohémond Lair, 280
Bologne, 732
Bon (Jean) Saint André, 19
Bonacours de Gloire (archevêque de Tyr), 717
Bonagrazia de Persiceto, 683
Bonaparte, 23
Boniface de Montferrat (marquis), 203, 204, 205, 213
Bordeaux, 87

Borollos (Burlus), 259
Bosphore, 205, 208, 437
Bosrâ, 175, 178
Boukharie, 422
Bourgogne, 216
Bouvines, 67, 248, 474, 786
Bozanti, 288
Bréhier, 647
Brescia, 357
Brindisi, 100, 171, 293, 295-297, 310, 345, 349, 388
Buffavent, 89, 347, 360, 755
Bukhârâ, 256, 643, 655
Bundukdar, 605
Buqa Timur, 571
Bûra (al-), 239, 242, 246
Burâq, 643, 645
Burchard de Schwanden, 737, 848
Bûré (al-), 225
Bureij (al-), 136
Bûride (dynastie), 30, 40
Burkhard du Mont-Sion, 730
Buscarel de Gisolf, 711-714
Buwaides (les émirs), 569
Byzance, 8, 22, 54, 56, 73

C

Caïffa, 81, 82, 102, 105, 153, 158, 184, 236, 327, 339, 399, 509, 620, 621, 622, 691, 747
Caire, 40, 176-178, 182, 198, 199, 203, 216, 236, 244, 245, 253, 256, 261, 262, 263, 265, 268, 301, 307, 308, 316, 386, 387, 391, 396, 400, 402-404, 407, 408, 423, 429, 433, 437, 441, 455-459, 465, 466, 481, 483, 490, 491, 494, 499, 500, 502, 503-506, 509, 535, 536, 578, 579, 597, 614, 619, 634, 654, 686, 687, 692, 694, 726, 728, 803, 804, 814
Cambrai, 87
Canada, 765
Canard (M. Marius), 829
Capétiens, 20

860 LA MONARCHIE MUSULMANE ET L'ANARCHIE FRANQUE

Capharnaüm (Khan al-Kanîsa), 105
Cappadoce, 225, 275, 684
Carlyle, 32
Carmel, 236, 240
Carolingiens, 11, 12
Carrhes, 27
Carthage, 648
Castille, 15
Catane (l'Évêque de), 268
Caucase, 257
Caymont (Tell Qaîmûn), 240
Célestin III (Pape), 163
Cérines, 89, 314, 347, 360, 362-364, 368, 755
Césarée, 60, 98, 105, 111, 127, 151, 153, 158, 236, 240, 241, 308, 309, 319, 325, 339, 368, 410, 412, 426, 508, 509, 524, 621, 622, 634, 655, 656, 735, 776, 816, 831
Chabot (l'abbé), 711, 846
Chagan (Zagan), 627, 653, 714
Chalcédoine, 276
Chalon (comte de), 482
Chang-haï, 229
Charlemagne, 9, 10, 24, 35, 87, 180, 315, 321
Charles d'Anjou, 439, 461, 481, 484, 500, 501, 583, 597, 600, 647, 655, 656, 661, 665-669, 683, 685, 688, 690, 691, 707, 715, 716, 804, 813, 829, 835, 847
Chastel-Arnaud, 136
Chastel-Blanc, 648, 649
Château-Pèlerin, 236, 241, 747
Chinqai, 522
Chormaghan, 566
Chrétien (le dominicain), 516
Chypre, 88-90, 134, 161, 162, 170-174, 179, 180, 183, 184, 188, 189, 196, 197, 200, 201, 202, 208, 216-219, 225, 237, 248, 249, 260, 278, 289, 295, 296, 298, 299, 311, 312, 314, 321, 323, 331, 338, 339, 340, 341, 345, 346, 347, 349, 350, 353, 359, 360, 361, 363, 364, 365, 368, 370-374, 388, 410, 415, 423, 436, 439-443, 446, 447, 463, 481, 500, 518, 523, 528, 538, 547, 559, 560, 589, 592, 615-617, 618, 622, 625, 627, 638, 641, 648, 652, 653, 657, 659, 662, 663, 665, 666, 668, 669-671, 715, 718, 731, 732, 737, 740, 745, 746, 747, 763, 775, 776, 780, 808, 837, 849, 851
Cilicie, 13, 59, 60, 76, 166-168, 171, 207, 212, 272, 275, 277, 280, 282, 283, 284, 288, 290, 291, 363, 380, 518, 532, 589, 683, 684, 685, 690, 713, 714, 779
Cisterciens, 356
Clément III, 53, 66
Clément IV, 642, 643, 647
Clermont, 19
Clermont-Ganneau, 136, 759, 760
Coïble, 226
Commagène, 199, 275
Comnènes, voir aussi *Jean Comnène, Alexis Comnène et Manuel C.*, 47, 54
Conrad (le chancelier), 172, 180
Conrad III, 205
Conrad IV, 298, 365, 367, 368, 374, 388, 413-415, 418, 419, 437, 498, 542, 666
Conrad de Feuchtwangen, 737, 738
Conrad de Montferrat, 23, 45-52, 62, 67-69, 75, 76, 83-85, 89, 91, 95-100, 112, 120, 125-134, 160, 161, 186, 203, 217, 438, 615, 755
Conrad de Thuringe, 392
Conrad de Wittelsbach, 168
Conradin de Hohenstauffen, 543, 545, 559, 614, 616, 618, 638, 666
Constance (femme d'Henri VI), 178
Constance d'Aragon, 719
Constantin, 8
Constantin (le connétable arménien), 288-291, 380

INDEX

Constantin de Lampron, 288-292
Constantinople, 47, 50, 54-57, 88, 174, 179, 203, 209, 212, 215, 227, 250, 298, 439, 441, 525, 614, 622, 634, 647, 661, 662, 666, 700, 706, 710, 754, 782, 829
Coptes, 82, 228, 244-246, 465, 776
Crassus, 27
Crécy, 253, 397
Crémone, 67
Crimée, 705

D

Dâharîya, 140
Daimbert, 20, 35, 302
Damas, 10-14, 22, 23, 25, 26, 27, 30, 31, 38-40, 49, 102, 144, 147, 169, 174-178, 182, 193, 198-200, 216, 219, 232, 233, 242, 246, 247, 304, 307-310, 316, 319-321, 323, 326, 383, 385, 386, 392, 393, 398, 400, 401, 402, 404-599, 601, 602, 604, 606, 619, 626, 627, 632, 645, 654, 686, 687, 689, 711, 713, 733, 736, 761, 789
Damascène, 258
Damiette, 35, 138, 203, 205, 225, 252, 260, 270, 288, 289, 293, 294, 304, 325, 392, 397, 403, 431, 441, 442, 443, 447, 451, 458, 459, 461-463, 479, 483-490, 492, 494-496, 538, 546, 619, 767, 770, 775-778, 779, 807, 808, 809
Dandolo, voir *Marino Dandolo, Jean Dandolo, Jacopo Dandolo*.
Daniel de Malenbec, 353
Danishmendites, 750
Darbsak, 273, 274, 380, 381, 630, 631, 635, 636, 687, 796, 832
Dâreiya, 233
Daron, 124-125, 135, 139, 146, 148, 153
David, 21

David (le dominicain), 683
David (le nestorien), 523
David (le patriarche grec), 377, 515, 516
David VI (roi de Géorgie), 565, 846
Dekernès, 265, 447, 459, 777
Delaborde (Fr.), 835
Delaville-Le Roulx, 619, 795, 800, 821
Démosthène, 735
Denizli, 57
Denys (évêque de Tauris), 710
Derenbourg, 782
Deschamps (Paul), 795, 833, 835
Despina-Khatun, 632
*Dh*ahabî, 323
*Dh*aîfa khatûn, 381, 385, 398, 422, 768, 796
Di'bil, 329
Dieppe, 179
Dîlî, 766, 774
Diyârbékir, 27, 28, 31, 68, 175, 198, 199, 224, 384, 457, 483, 492, 768
Domenico Contarini, 66
Doquz Khatun, 563, 564, 565, 571, 574-576, 581, 610, 629, 632, 696
Douce (fille de Renaud Porcelet), 782
Ducange, 782
Dûma, 679, 841
Duqâq, 10-14
Durrieu (P.), 837
Dussaud, 379, 764

E

Echive II (veuve de Gautier de Saint-Omer), 783
Echive d'Ibelin, 670, 715, 839, 846
Echive de Montbéliard, 360, 792
Édesse, 9, 13, 27-30, 176, 199, 320, 384, 422, 580, 581, 589, 609, 787
Edmond d'Angleterre, 652
Edmond l'Étranger, 659, 839

Édouard d'Angleterre, 617, 651-656, 682, 683, 687, 691, 700, 705-708, 711, 713, 714
Églantine (fille de Raymond de Néphin), 782
Éléonore d'Aquitaine, 759
Élie (le dominicain), 516, 518
Embriaci, voir aussi *Guglielmo, Primo, Hugue et Nicolas*, 158, 181, 182, 249, 540, 554, 676, 724, 778, 802, 822, 840, 849
Embriaco (Guglielmo), 553
Embriaco (Guillaume II), 553
Embriaco (Hugue II), 553
Embriaco (Ugone), 553
Emmaüs (Amuwâs), 137, 327, 344
Enfé, voir aussi *Néphin*, 182, 231, 277, 354, 679, 680, 722, 728, 731
Enguerrand de Boves, 203, 254
Enrico Pescatore (le comte de Malte), 268, 295
Épire, 206
Éracles, 51, 52, 77, 79, 130, 164, 182-184, 193-195, 197, 204, 205, 211, 220, 223, 224, 231, 240, 246, 247, 250, 260, 264, 265, 270, 285, 296, 323, 333, 336, 338, 342, 344, 351, 367, 373, 375, 380, 399, 402, 404, 405, 407, 427, 429, 434, 440, 496, 546, 636, 637, 645, 659, 674, 750, 752, 763, 764, 769, 770, 772, 776, 777, 778, 780, 781, 789, 792, 798, 799, 800, 804, 805, 806, 807, 834, 836
Érard II de Brienne, 67, 472
Érard de Chacenay, 78, 248
Érard de Nanteuil, 623
Érard de Valéry, 623
Eregli, 225
Ernoul, 77, 83, 119, 120, 130, 168, 173, 211, 218, 237, 248, 259, 260, 262, 263, 267, 293, 339, 376, 754, 758, 759, 764, 765, 769, 775, 777, 779, 780, 781, 786

Erzeroum, 288
Erzinjân, 382, 383, 521
Esdrelon (plaine d'), 158, 231, 240, 621, 690
Estéphémie (Stéphanie, fille de Léon II), 226, 772, 779, 780
Éthiopie, 777
Étienne d'Otricourt, 497
Étienne de Longchamp, 138
Étienne de Meses, 627
Étienne de Sancerre, 78
Étienne du Perche, 210
Étienne Marcel, 36, 723
Étiennette de Milly, 84, 159, 182, 801
Eude (cardinal-évêque de Frascati), 806
Eude d'Arcis, 393, 396
Eude de Châtellerault, 807
Eude de Montbéliard (le connétable), 242, 293, 296, 298, 340, 353, 355, 359, 369, 370, 376, 378, 390, 393, 396, 407, 410, 412, 415, 430, 800
Eude de Nevers (le comte), 623, 831
Eude de Tibériade, 278, 783
Eude de Trazignies, 115
Eude Poilechien, 668, 669, 691, 715-717, 838
Euphémie (fille d'Héthoum Ier), 827, 840
Euphrate, 8, 119, 147, 421, 607, 608, 613, 628, 631, 648, 654, 658, 688, 690
Eustorge de Montaigue, 230, 298, 446, 775, 808
Euthyme (le patriarche grec), 519, 583, 629, 818

F

Fâ'iz (al-), 247
Fa*dh*l (Al), 756
Fakhr al-Dîn (le Shérif), 74

INDEX

Fakhr al-Dîn ibn al-Sheikh, 302, 307, 310, 321, 323, 326, 327, 336, 430, 431, 447, 451, 454, 457, 458, 460, 461, 463, 467, 468, 470, 478, 803

Fakhr al-Dîn Loqmân, 489

Fakhr al-Dîn Sâqî, 583

Fakhr al-Dîn Yûsuf, 323

Falik al-Dîn, 140

Famagouste, 89, 174, 315, 354, 360-362, 640

Fâras al-Dîn Aqtai, 502

Fâriskûr, 248, 251, 252, 255, 262, 458, 459, 487, 488, 492, 780, 810, 813

Fâtimides, 13, 25, 26, 33, 40, 569

Fauconnerie (la), 240

Fawarâ, 177

Féké, 283

Fémie (Fille d'Héthoum Ier), 817

Feraud de Barras, 284, 286

Fernando Sanchez, 644

Ferri de Vienne, 137

Filanghieri (Enrico), 350

Filanghieri (Lotario), 368, 413, 415-417, 793

Filanghieri (Riccardo), 349-350, 353, 354, 356-357, 361-366, 368, 369, 372, 390, 410-413, 415, 416, 417, 665, 666

Filanghieri, voir *Enrico, Lothario, Riccardo*.

Filippo Beligno, 653

Fiq, 233

Fontenoy, 474

Foulque (curé de Neuilly), 202

Foulque d'Anjou (roi de Jérusalem), 20-23, 40, 46, 160, 218, 331, 334, 403

Foulque de Bouillon, 60

Foulque du Merle, 466

Franceschino Grimaldi, 595

François d'Assise (Saint François), 479

Frédéric Barberousse, 52, 54, 55-60, 76, 86, 171, 178, 196, 205, 277, 309, 315, 776

Frédéric de Souabe (fils de Barberousse), 58, 61, 80

Frédéric II, 34-36, 40, 148, 180, 191, 196, 256, 261, 263, 266-270, 271, 293, 294-365, 367-375, 377, 379, 383, 385, 387-392, 402, 406-410, 411-413, 417, 419, 423, 424, 432, 434, 437, 439, 440, 443-445, 446, 447, 458, 463, 489, 498, 499, 513, 543, 593, 616, 647, 661, 665, 666, 690, 715, 772, 802, 803, 804, 805

Fûla (al-), 231

Fuwa (Fouah), 213

G

Galatie (autre nom), 141

Galéran (Évêque de Beyrouth), 436, 809

Galilée, 64, 66, 177, 182, 212, 224, 225, 231, 235, 237, 327, 328, 399, 508

Gallipoli, 57

Gandhi, 7, 8

Ganelon (le traître), 87

Garin de Montaigu, 230, 293

Garnier de Naplouse, 757

Garnier l'Aleman, 240, 339, 344, 353

Gascogne, 99

Gastoun (Gaston, château de), 164, 165, 167, 225, 277, 637

Gaucher de Châtillon, 479, 487

Gaudefroy – Demombynes (et voir le supplément bibliographique.), 798

Gaule, 20

Gautier d'Arzillières, 78

Gautier d'Autrèche, 455

Gautier d'Autun (l'évêque), 209

Gautier d'Avesnes (baron), 236

Gautier d'Écurey, 811
Gautier de Beisan, 230, 805
Gautier IV de Brienne (comte de Jaffa), 378, 392, 393-396, 407, 426, 794, 797, 804, 808, 829
Gautier de Césarée (Gautier III), 230, 240, 248, 296, 298, 314, 347, 369, 776, 793, 794
Gautier de Châtillon, 481, 484
Gautier de Florence, 223
Gautier de Montbéliard, 216, 217, 218, 224, 225, 347
Gautier de Nemours, 248
Gautier de Pennenpié, 408, 424
Gautier de Tibériade, 783
Gautier le Chambellan, 252
Gautier-sans-avoir, 21, 733
Gauvain de Chenichy, 299, 340, 346, 347, 788
Gaza, 125, 135, 148, 153, 319, 324, 325, 390, 393-395, 397, 398, 399, 400, 403-404, 407, 410, 421, 423, 424, 425-427, 428, 429, 436, 468, 502, 507, 508, 509, 535, 579, 585, 586, 589, 598, 621, 687, 689, 789, 794
Gênes, 86, 160, 250, 634, 705, 724, 732
Gengis-khan, 38, 256, 305, 306, 383, 521, 563, 564, 569, 570, 572, 577, 578, 580, 597, 699, 704
Génois, 50, 66, 126, 127, 240, 247, 252, 268, 278
Geoffroi (fils du comte d'Auvergne), 627
Geoffroi (l'évêque), 687
Geoffroi III du Perche, 203
Geoffroi d'Estrueni, 355
Geoffroi de Cafran, 224, 283
Geoffroi de Joinville, 67
Geoffroi de Lusignan, 68, 69, 82, 89, 91, 92, 98, 752, 753
Geoffroi de Vendac, 728, 729
Geoffroi de Villehardouin, 203

Geoffroy de Sargines (Sergines), 439, 445, 449, 487, 496, 512, 534-536, 557-560, 589, 618, 620, 627, 645, 808, 830, 831, 834, 839
Geoffroy le Tor, 355, 367, 373
George IV, 779
George (Giorgi III, roi de Georgie), 779
George Acropolite, 250
Georgie, 258, 305, 779
Gérard d'Auberville, 393
Gérard de Ham, 231, 774
Gérard de Picquigny, 620
Gérard de Ravenne (l'archevêque), 67
Gérard de Rideford, 46, 69, 91, 752
Gérard le Raschas, 668
Germanicée, voir *Mar'ash*.
Gérold (Giraud de Lausanne), 286, 287, 332, 337-338, 354, 355, 361, 789, 790, 791
Gérold de Montaigu, 347
Gervais (seigneur de Sermin), 784
Ghars al-Dîn Qilij, 191, 192
Ghâzî (I) (l'ortoqide), 28
Ghâziya khatûn, 768
Ghor, 232
Ghûta, 233
Gibb (H. A. R.), 25
Gibelet, voir *Jebaîl*.
Gibelins, 338, 376, 409, 545
Gibraltar, 66, 209
Gilbert de Sens, 523
Giles (archevêque de Tyr), 453, 468, 469
Gilles de Blanche-Garde, 224
Gilles de Tressignies, 211, 511
Giovanni Morosini, 66
Gisors, 19, 53, 99
Gobert de Helleville, 706, 710
Gobi, 257
Godefroi de Bouillon, 12, 28, 137
Godefroi de Waus, 653
Gorigos, voir *Korikos*.

Grandella (bataille de), 665
Gratien, 163
Grégoire VI Abirad, 276, 764
Grégoire VII (pape), 15
Grégoire IX, 253, 286, 299, 300, 310, 325, 332, 349, 354, 372, 374, 387, 388, 789, 803
Grégoire X, 683
Gremond (Gormond de Beisan), 230
Guelfes, 331, 333, 338, 360, 376, 409, 545, 789
Guérin (grand maître de l'Hôpital), 287, 354, 378, 795
Guérin de Montaigu, 220
Guesclin (Du), 422
Guido Spinola (consul), 66
Guigue IV (comte du Forez), 209
Guigue V de Nevers (comte), 387, 405
Guillaume (châtelain de Cursat ou Qusair), 834, 839
Guillaume (le dominicain), 518
Guillaume Ier de Besmédin, 766
Guillaume II (roi normand de Sicile), 52, 53, 63
Guillaume II de Joigny, 387
Guillaume III le Vieux (marquis de Montferrat), 49, 62
Guillaume Barlais, 839
Guillaume Boucher (l'orfèvre), 526
Guillaume Cadel, 293
Guillaume d'Arundel et de Sussex (comte), 254
Guillaume d'Exeter, 308
Guillaume de Beaujeu, 660-663, 668, 669, 675, 678, 679, 716, 717, 720, 727, 728, 734, 735, 737, 739, 740, 741, 742, 746, 842, 847, 848
Guillaume de Boutron, 426, 428, 555, 556, 804, 822
Guillaume de Bruyères, 706, 710
Guillaume de Cafran, 740
Guillaume de Caïeux, 115

Guillaume de Capraria (comte), 548
Guillaume de Châlons, 67
Guillaume de Chartres, 230
Guillaume de Châteauneuf, 426, 428, 504, 519, 547, 549, 800, 807, 817, 821, 822
Guillaume de Conches, 411
Guillaume de Dampierre (comte de Flandre), 439, 475, 481, 500
Guillaume de Farabel, 286
Guillaume de Fleury, 664
Guillaume de Gibelet, 680, 722
Guillaume de l'Isle, 280
Guillaume de Montferrat (marquis, dit Longue-Épée), 381
Guillaume de Neuilly, 211
Guillaume de Picquigny, 642
Guillaume de Poitiers (chapelain de Richard), 136
Guillaume de Préaux, 113
Guillaume de Rivet, 299, 340, 346, 347, 788, 792
Guillaume de Roussillon, 664
Guillaume de Saint-Omer, 254
Guillaume de Senlis, 387, 396
Guillaume de Sonnac, 443, 446, 481, 497, 807, 808, 809
Guillaume de Tirel, 763
Guillaume de Tyr, 31, 52, 79, 88, 132, 182, 196, 232, 283, 285, 762, 773, 777
Guillaume de Villehardouin, 439, 446, 806
Guillaume de Villiers, 668, 740
Guillaume des Barres, 103, 106
Guillaume Embriac, 231
Guillaume Fresnel, 164
Guillaume Jourdain (comte de Cerdagne), 18
Guillaume Longue-Épée (comte de Salisbury), 254
Guillaume Trabuc, 678
Guillaume Vesconte, 356

Guillelmo Scarampo (le podestat de Gênes), 822
Guinart de Conches, 360
Guiraud de Sauzet, 637
Guy (Guillaume de Longjumeau, le dominicain), 523
Guy d'Arcis, 248
Guy d'Ibelin-Jaffa, 634
Guy de Châteaudun, 78
Guy de Dampierre, 67, 646
Guy de Forez (comte), 462
Guy de Lusignan, 23, 46, 61-66, 67-69, 70, 71, 77, 83, 84, 85, 88, 89, 91, 97-98, 102, 106, 107, 125, 126, 127, 134, 161, 162, 170, 172, 200, 202, 213, 216, 469, 753, 755, 769
Guy de Montfort, 801
Guy de Nanteuil, 455
Guy de Senlis, 85
Guy Ier (seigneur de Gibelet, de la famille d'Embriac), 182, 231, 249, 278, 321, 775, 776, 783
Guy Ier d'Ibelin, 375, 446, 481, 494, 819
Guy II de Gibelet, 676, 677, 678-680, 722
Guy Mauvoisin (sire de Rosny), 481, 500
Guyenne, 99
Guyuk (le grand-khan), 521, 524, 529

H

Hafsides, 646
Haguenau, 205
Hailân, 422
Hâjib (al-), 402
Hajj (route du), 123, 153
Halphen (Louis), 15
Hamâ, 11, 25, 38, 175, 214, 215, 304, 378, 387, 398-399, 585, 587, 589, 597, 605, 607, 608, 654, 689, 736, 739, 764, 795, 803, 828, 850

Hamadhân, 27, 257, 571
Hamtab, voir 'Aîntâb.
Haram al-Shérîf, 419, 420
Hârim (Hârenc), 155, 231, 273, 274, 583, 654
Harrân, 27, 200, 320, 384, 422, 581, 787
Hartmann de Heldrungen, 827
Hasan Brosh (prince de Khatshên), 574, 577
Hashîm (l'émir), 454
Hassan Sabbâh, 567
Hattîn, 45-48, 55, 63, 67, 84, 95, 101, 107, 110, 111, 125, 127, 134, 168, 187, 215, 220, 229, 251, 261, 332, 426-427, 468, 469, 470, 496, 537, 753
Haurân, 175, 178, 198, 199, 768
Hayton (le moine), 530, 574, 591, 592, 593, 596, 597, 611, 684, 694, 695, 851
Hazart (sire de), 285
Hébron, 140, 327, 342, 407, 409, 429, 508, 761
Helvis (femme de Jean d'Ibelin), 782, 783
Helvis (Héloïse d'Ibelin), 411, 772, 801, 827
Helvis de Lusignan (et généalogie des Lusignan), 790
Henri (fils de Bohémond IV), 356, 378, 559
Henri (frère de Baudouin IX de Flandre), 203
Henri Ier de Brabant (duc), 185, 189, 192, 193, 767
Henri II (roi de Chypre), 671, 716-718, 728, 729, 732, 733, 738, 740, 741, 743-746, 851
Henri II de Champagne (le Jeune), 21, 22, 34, 78, 106, 108, 120, 128, 131-135, 143, 146, 147, 151, 153, 155, 158, 160-163, 167-171, 174, 180-185, 616

INDEX

Henri II Plantagenet, voir aussi *Henri (fils de Hugue III)*, 53, 86
Henri III (roi d'Angleterre), 406
Henri IV de Limbourg (duc), 308, 321
Henri VI, 56, 168, 171, 178, 180, 187, 193, 197, 205, 222, 294, 314
Henri VI de Grandpré, 387
Henri d'Autriche (duc), 236
Henri de Bar (Bar-le-Duc, le comte), 67, 68, 387, 393, 395
Henri de Gibelet, 360, 554, 556, 820, 822
Henri de Nazareth, 373
Henry Ier de Lusignan (roi de Chypre), 218, 235, 298, 311, 315, 340, 345, 348, 349, 353, 354, 356-361, 374, 378, 423, 431, 439, 440, 446, 529, 534, 543, 559, 792, 807, 819
Héraclée-Cybistra, voir *Eregli*.
Héraclius (le patriarche), 162
Hérât, 643, 647, 655
Herbert le Sommelier, 523
Herbiyâ, 125, 427, 789
Héri, 354, 678
Hermann de Bardt, 220, 772
Hermann von Salza, 230, 261, 294, 297, 309, 327, 332, 373, 652, 790
Hermon, 101, 152
Hérode (temple d'), 791
Hérodote, 7
Héthoum, 165, 166, 291, 292, 363, 379, 380, 442, 518, 519, 522, 529, 532, 543, 564, 565, 576, 579-582, 586, 588-590, 592, 594, 595, 596, 609, 628-632, 642, 643, 672, 817, 818, 824, 828, 840, 842
Heyd, 542, 821
Hiérapolis (Menbîj), 57
Hisn Kaifâ, 457, 492
Hohenstauffen, 40, 59, 99, 178, 180, 187, 197, 295, 298, 326, 333, 367, 372, 499, 513, 545, 560, 646, 647, 656, 660, 662, 665, 666
Holwân, 571
Homs, 11, 14, 17, 18, 25, 38, 175, 213, 214, 218-220, 304, 379, 387, 398, 399, 421, 423, 424, 443, 445, 587, 589, 597, 607, 608, 609, 611, 626, 627, 630, 649, 689-691, 704, 798, 802, 803
Hongrie, 54
Honorius III, 227, 258, 261, 285, 287, 293, 294, 299, 310
Honorius IV, 699, 701, 704
Hosn al-Akrâd, 736
Hospitaliers, 36, 37, 40, 70, 93, 94, 105, 107, 117, 119, 120, 137, 138, 181, 187, 212, 213, 214, 218-220, 225, 235-237, 247, 250, 252, 254, 256, 268, 270, 276, 279, 281, 283, 284, 286, 287, 289, 291, 292, 321, 322, 325, 346, 356, 361, 377-379, 394, 397, 403-406, 409, 411, 412, 416, 421, 424, 427, 431, 462, 469, 498, 504, 511, 512, 518, 520, 535, 541, 545, 547, 551, 555, 557, 560, 562, 613, 619-622, 627, 639, 641, 644, 649, 650, 653, 664, 680, 686, 687, 688, 693, 716, 720, 722, 724, 728, 737, 738, 752, 770, 778, 784, 843
Hugue Ier (roi de Chypre), 216, 217, 218, 230, 235, 414, 434, 771
Hugue Ier de Tibériade, voir *Hugue de Saint-Omer*.
Hugue d'Antioche, voir *Hugue III*.
Hugue de Brienne, 560, 615, 829
Hugue de Chaumont, 209
Hugue de Faukenberge, voir *Hugue de Saint-Omer*.
Hugue de Gibelet (frère de Guy Ier, fils de Bertrand Ier), 278, 299, 340, 347, 354, 360, 363, 788
Hugue de Jouy, 514, 515
Hugue de Montaigu, 428

Hugue de Tours, 838
Hugue II (Huguet, fils d'Henri Ier de Chypre), 535, 543, 545, 559, 615, 616, 638, 658, 804
Hugue III, 37, 38, 560, 613, 615, 616-618, 622, 626, 638-641, 652, 653, 654, 655, 656, 657, 659-673, 676, 682, 685, 691, 715, 718, 823, 846
Hugue II de Tibériade, 181, 182, 183, 187, 193, 769
Hugue III (duc de Bourgogne), 88, 100, 103, 106, 119, 120, 124, 127, 132, 135, 138, 141-143, 756, 758, 761
Hugue III (seigneur de Gibelet), 159, 182
Hugue IV de Bourgogne, 387, 393, 396, 401, 405, 406, 409, 430, 439, 446, 465, 472-476, 480, 484, 806
Hugue IV de Saint-Pol, 115, 203
Hugue V (comte de Saint-Pol), 439
Hugue VIII de Lusignan (dit Hugue le Brun, comte de la Marche), 94
Hugue X de Lusignan (comte de la Marche), 248, 252, 439
Hugue Revel, 519, 549, 638, 650, 655, 664, 818, 821, 838, 842
Hulagu, 523, 527, 528, 532, 535, 536, 574, 575-586, 590-592, 596, 598, 602, 607, 609-612, 627-629, 696, 698, 699
Hûlé (lac de), 233
Hûnîn, 407
Husâm al-Dîn ibn Abû' Alî al-Hadabânî, 494
Husâm al-Dîn Lûlû, 74
Husâm al-Dîn Turuntâi, 721
Hyères, 528

I

Ibelin, 36, 40, 96, 119, 120, 186, 372, 410, 411, 560

Ibn al-Athîr, 30, 48, 51, 52, 60, 63, 64, 82, 110, 112, 123, 128, 129, 169, 177, 186, 194, 212, 215, 219, 220, 232-234, 255, 258, 260, 270, 274, 316, 329, 750, 751, 777, 785
Ibn al-Jawzî, 427
Ibn al-Qalânisî, 25, 27
Ibn Furât, 551, 650
Ibn Jawzî, 219, 224
Ibn Jobair, 49, 334
Ibn Tumân, 192
Ibn' Abd al-Salâm, 402
Ibn-Meshtûb ('Imad al-Dîn ibn Meshtûb), 246
Idumée, 140, 249, 253
Ignace II (patriarche jacobite d'Antioche), 292, 377, 795
'Imâd al-Dîn (prince de Dârâ), 57, 61, 72, 73, 74, 79, 81, 82, 88, 103, 117, 155, 753
'Imâd al-Dîn Zengî II, 74, 175
Il-Ghâzi, voir *Ghâzi*.
Imbert de Beaujeu, 456, 465, 472, 475, 477, 478
Innocent III, 188, 202, 207, 209, 223, 226, 227, 250, 253, 276-277, 279, 281, 282, 299, 441, 515, 554, 704, 769, 778, 779, 796, 817
Innocent IV, 377, 515, 516, 518, 522, 523, 551, 584, 808
Ionie, 208
Iorga (N.), 719
Iran, 7, 8, 148, 256, 305, 421
'Irâq 'Ajemî, 147, 148, 257, 308
'Irâq 'Arabî (simplement : Irâq), 147, 258, 305, 308, 524, 528
'Isa (gouverneur de Jérusalem), 68
Isaac Comnène (le sebastocrator, tyran de Chypre), 88, 89, 755
Isaac II l'Ange, 47, 54, 204, 205, 206
Isabelle (fille d'Amaury Ier), 83, 84, 85, 86, 97, 98, 130-135, 161, 166, 171, 185, 186, 188, 191, 217

INDEX 869

Isabelle (fille d'Onfroi III, ép. Roupên III), 801
Isabelle (fille de Jean II d'Ibelin), 640, 658, 659
Isabelle II (fille de Jean de Brienne, épouse Frédéric II), 226, 294, 298, 352, 367, 543, 772, 779, 780
Isabelle de Gibelacar (Jebel' Akkâr), 277
Isabelle de Lusignan (sœur d'Henri Ier de Chypre), 356, 559, 560, 599, 615
Isaurie, 59, 288
Isfahân, 10, 305
Iskanderûna, 64, 691
Isle (sire de l'), 280, 285
Ismâ 'îliya, 503
Ismaîliens, 14, 21, 22, 129, 130, 131, 168-169, 226, 519, 520, 527, 641, 642, 650
Issos, 8
Italie, 294, 298, 324
Italiens, 67, 270, 322
Itier (le chanoine), 280
Ivan (le Terrible), 38
'Izz al-Dîn Aibeg al-Turkomânî, 493, 562
'Izz al-Dîn Kaikâwus Ier, 225, 288
'Izz al-Dîn kaikâwus II, 567, 576, 825
'Izz al Dîn Mas'ùd le Zengide, 74, 175
'Izz al-Dîn Usâma, 190

J

Jabala (Jeblé), 155, 159, 163, 177, 191, 192, 210, 214, 260, 283, 287, 764, 784, 790
Ja'bar (le seigneur de), 270
Jacob de Tripoli, 730
Jacopo Dandolo, 552, 634
Jacques d'Aragon (roi de Sicile), 732

Jacques d'Avesnes, 66, 67, 103, 106, 108, 109
Jacques d'Ibelin, 617, 627, 829
Jacques de Patti, 295
Jacques de Taxi, 847
Jacques de Tournai (maréchal), 240
Jacques de Vitry, 227-231, 234, 238, 243, 777, 803
Jacques Vidal (comte), 667, 668
Jaffa, 60, 98, 111-115, 116, 120, 124, 137, 146, 147-151, 153, 154, 158, 183, 184, 185, 189, 215, 220, 308, 324-327, 332, 335, 337, 342, 344, 345, 375, 376, 377, 388, 389, 391, 393, 398, 407, 410, 420, 423, 425, 431, 439, 508-511, 517, 534-535, 589, 606, 619, 625, 626, 634, 766, 772, 794, 804, 808, 817
Jaghatai, 566, 609, 697
Jamâl al-Dîn Mo*h*sen, 457
Jamâl al-Dîn (L'historien), 300, 301, 302, 389, 427, 770, 786
Jamâl al-Dîn de Qazwîn, 586
Janâh al-Dawla *H*usain ibn-Mulâ'ib, 14, 17, 18, 24, 25
Jaulân (canton de), 231, 233
Jaune (émir), 280
Jayme Ier (roi d'Aragon), 644, 645
Jayme Alarich de Perpignan, 642, 643
Jazîra (la), 59, 174, 175, 176, 199, 221, 257, 267, 304, 305, 306, 308, 316, 320, 326, 421, 422, 491, 580, 581, 607, 787, 788, 803
Jean d'Apremont (comte de Sarrebrück), 439
Jean d'Arcis (d'Arcy), 78, 247, 248, 252, 253, 718
Jean (fils de Hugue III), 671
Jean Babin, 359
Jean de Bailleul, 349, 367
Jean de Barres, 396
Jean de Beaumont, 455
Jean de Boutron, 426, 428, 804

Jean de Brienne, 21, 34, 35, 85, 325, 326, 441, 444, 446, 452, 561, 616, 786, 797

Jean de Carcassonne (le dominicain), 523

Jean de Césarée, 314, 353, 354, 359, 361, 362, 369, 370

Jean de Cherisy, 472

Jean Dandolo (le bayle vénitien), 551, 669

Jean Draperio (le consul pisan), 551

Jean d'Espeissis, 248

Jean d'Eu, 511, 512

Jean de Fleury (maréchal de Tibériade), 667

Jean et Baudouin de Gibelet, 680

Jean de Gibelet, 595

Jean Goderiche (maître), 523

Jean de Grailly, 728, 730, 731, 732, 738, 742, 743

Jean Ier d'Ibelin (le Vieux Sire de Beyrouth), 36, 191, 200, 201, 216-220, 222, 224, 229, 230, 278, 299, 311, 312, 314-315, 322, 339, 340, 345-350, 352, 353-358, 360-363, 368, 371, 374, 375, 378, 410, 417, 776, 783, 800, 805

Jean II d'Ibelin-Beyrouth, 595, 618, 640, 658, 805, 827, 830, 837, 839

Jean II d'Ibelin Arsuf, 375, 393, 406, 410, 442, 510, 539, 541, 544-545, 557, 795, 800, 805, 807, 816, 819, 820, 823

Jean d'Ibelin Jaffa, 361, 396, 432, 445, 446, 449, 500, 509, 534, 536, 541, 542, 543, 544, 548, 557, 560, 613, 614, 618, 621, 622, 624, 625, 634, 798, 804, 807, 808, 809, 816, 823, 831

Jean de Montfort, 552, 640-642, 668-670, 680, 715

Jean de Nesle, 203, 209, 212, 276

Jean II de Nesle (comte de Soissons), 476

Jean de Parker, 653

Jean (Plan Carpin du), 522

Jean de Pontigny, 78

Jean Renia (Orenia), 558

Jean de Ronay, 446, 478, 807

Jean sans Terre, 128, 135

Jean Sarrasin, 808

Jean le Tor, 227

Jean de Troyes, 667, 668

Jean de Valenciennes, 504, 505, 506

Jean de Valéry, 475

Jean Valin, 411

Jean et Jacques Vasellus, 683

Jean III Vatatzès, 526

Jean de Villiers (son homonyme, grand-maître de l'Hôpital), 209, 211, 737, 742, 743, 843, 847, 848, 851

Jeanne d'Angleterre, 122, 123, 126, 175, 221

Jeanne d'Arc, 417

Jeanne de Sicile, 88

Jebail, 60, 159, 181, 182, 197, 230, 231, 540, 547, 553, 677, 678, 679, 680, 725, 731, 849

Jebe, 257

Jebel 'Akkâr, 277

Jebel Ansariyé, 226, 773

Jebel Nosairî, 153

Jelâl al-Dîn Manguberti de Khwârizm, 305-307, 326, 382-384, 386, 421

Jemâl al-Dîn ibn Wâsil, 420, 437

Jenîn, 620

Jérémie (le patriarche maronite), 227

Jérôme d'Ascoli, 683

Jérusalem, 8, 13, 16, 17, 19-23, 28, 29, 30, 33-35, 37-39, 45, 47, 50, 52, 62-63, 67, 68, 71, 72, 85, 95, 96-98, 102, 106, 111-121, 124-128, 135, 140, 143-147, 148, 150, 153-

INDEX

154, 158-162, 168, 170-172, 173, 175, 178, 179, 180, 182, 183, 187, 188, 192, 193, 199-203, 205, 207, 211, 215, 216, 217, 222-224, 226, 227, 229, 231, 232, 236-238, 240, 246, 249, 250, 252, 253, 258, 260, 262, 264, 293-297, 310-312, 316, 319-323, 325-338, 339-342, 342-345, 349, 352, 354, 368, 372, 374-377, 378, 387-390, 391, 392, 397, 401, 405-410, 414, 418-420, 423-426, 428, 429, 430, 431, 433, 435-437, 441, 442, 443, 446, 456, 466, 485, 489, 501, 504, 506-508, 513, 514, 515, 528, 532, 533, 534, 537, 557, 559, 560, 580, 589, 590, 592, 596, 599, 606, 616, 620, 638, 639, 647, 648, 655, 657, 661, 665, 667, 688, 693, 696, 697, 701, 705-708, 712, 716, 767, 777, 778, 805, 819

Jezzîn, 235
Jifar (al-, désert d'), 140
Jisr Banât Yaqûb, 233
Jisr al-Shughr, 155, 159, 654
Jîzé, 245
Joce (évêque d'Acre), 163
Jocelin de Cornaut (Courtenay), 463, 486
Joinville (Jean de), 307, 421, 427, 439, 440, 446, 447, 450, 455, 456, 460-467, 471-476, 478, 479, 481, 482, 484, 485, 487-489, 493-501, 505, 507, 517, 519, 520, 521, 524, 561, 619, 625, 646, 648, 656, 804, 807, 808, 810, 813, 816, 817, 818, 836
Joseph de Cancy, 691, 843
Josserand de Brancion, 482
Joubert (châtelain des Hospitaliers à Marqab), 284
Jourdain, 121, 232, 233, 401
Judée, 49, 117, 118, 177, 203, 237, 327, 328, 330, 342, 407, 441, 443, 761

Juliane de Césarée, 776
Julien (comte de Sidon), 593-597, 635, 639, 648, 817, 833, 840
Julien le Jaune, 716

K

Kafr'Anâ, 772
Kafr Kennâ, 212
Kafr al-Mâ, 233
Kahf (château de), 168
Kaîkhatu (le khan), 583
Kai Khosrau II, 521
Kai-Khusrau (sultan de Qoniya), 282, 283
Kâmil (al-, le sultan), voir *Malik al-Kâmil*.
Kâmil (al- Mu*h*ammed), 577
Kantara, 89, 755
Karakroum, 522, 525, 526, 527, 530, 532, 566, 632
Kars, 384
Kashgar, 696
Kaukab, 407, 777
Kawkab al-Hawâ, voir *Belvoir*.
Kéban, 283, 288, 631
Keddous-Harbé (Chenouda, le roi chrétien d'Éthiopie), 776
Kemal al-Dîn, 170, 192, 241, 274, 381, 767, 777, 781, 796
Kemâl al-Dîn ibn-Sheikh, 407
Kéraït, 257, 258, 574
Kérak, 175, 242, 260, 262, 320, 400, 402, 403, 429, 778
Khalîl (al-), voir *Hébron*.
Kharrûba (al-), 64
Khilât, 147, 148, 257, 304, 379, 382-384, 787
Khisfîn, 233
Khiva, 305, 422
Khliara (Kirkagatsh), 57
Khorâsân, 257, 611, 643, 645, 654, 695, 696
Khosrau-Shâh, 585
Khosroès Parvîz, 8

Khotan, 696
Khubilai, 591, 609, 694-699, 704, 711
Khûzistân, 147
Khwârizm, 147, 257, 303, 305-307, 326, 421, 422, 425-427, 570, 598
Kirakos de Kantzag, 572, 574, 575, 578, 591, 824
Kirmânshâh, 571
Kiswé, 233, 777
Kitbuqa (lieutenant de Hulagu), 536, 571, 574, 576, 580, 586-590, 591, 592, 594-599, 601, 606, 607, 611, 632, 647, 654, 704, 828
Kohler (Ch.), 790
Kolossi, 88
Korikos (Korykos), 289
Közädâgh, 521
Krak des Chevaliers, voir aussi *Krak des Kurdes*, 45, 230, 241, 589, 646, 648, 649, 650
Krikov (Grégoire), 565
Kurdes, 690
Kurdistân, 59, 147, 148
Kursî (al-), 233
Kutsha, 575

L

Laitor (sire de), 285
Lajazzo, 164, 167, 528, 714
Lâjîn, 689
Lalibela (le négus), 776
La Liche, voir *Lattaquié*.
Lammens (le Père), 793
Lampron (Nemrûn), 289
Laodicée, voir *Lattaquié*.
Laranda (Qarâmân), 59, 225, 288
Larnaca, 89, 349, 792
Lars, voir *Al-'Arîsh*.
Latran (concile du), 227, 773
Latrûn, 115, 136, 140, 141, 152, 345, 758

Lattaquié, 52, 155, 159, 163, 177, 191, 192, 210, 211, 214, 226, 260, 635, 673, 720, 767, 833, 834, 839
Laurent (archevêque d'Apamée), 276
Laurent (le dominicain), 515, 516
Layas, 683
Legendre (Mgr), 761
Leicester (comte Robert de), 94, 108, 115, 138
Leipzig, 12
Lejjûn, 620, 690
Lemaître (Jules), 815
Léon (fils d'Héthoum), 630, 631, 833
Léon (le sergent), 624
Léon II, 59, 60, 163, 186, 211, 217, 222, 225, 235, 271-274, 276, 277, 278, 279, 280, 283, 284, 285-288, 291, 377, 764, 779, 783, 796
Léon III, 643, 673, 682, 683, 684, 689, 690, 726, 842
Léonard (sire), 280
Léopold VI (duc d'Autriche), 230, 236, 248, 775
Levant, 49, 161, 170, 173, 186, 202, 203, 217, 218, 227, 228, 229, 294, 295, 298, 299, 309, 312, 315, 322, 786
Lévis-Mirepoix (duc de), 707, 731, 845
Liban, 101, 152, 163, 190, 191, 215, 234
Libye, 592, 648, 658
Lieux Saints, 54, 56, 121, 148, 153, 155, 162, 172, 329, 335, 341, 420, 425
Limassol, 88, 89, 311, 314, 339, 340, 349, 363, 371, 440, 446, 547, 652, 792
Lombards, 47
Londres, 711, 713, 836
Lorenzo Tiepolo (l'amiral), 541, 542, 548, 821
Lotharingie (basse), 87, 99, 179

Louis VII, 589, 759
Louis IX, voir *Saint Louis*.
Louis X, 811
Louis XI, 309
Louis Ier de Bavière (duc), 261
Louis de Blois (comte), 203
Louis Ier de Sancerre, 387
Louis de Thuringe (le landgrave), 67
Luccheto Grimaldi, 552, 633, 833
Lucera, 300
Luchaire (Achille), 275, 279, 782, 783, 817
Lucie d'Antioche (sœur de Bohémond VII), 39, 721, 722, 724-726, 728, 729
Lucie (Lucienne, fille de Paolo Ier de Conti), 434, 515, 517, 518, 554, 555, 673, 674
Lusignan, voir ausssi *Amaury et Guy*, 46, 179, 295
Lycaonie (région d'Iconium), 57
Lydda (Ludd), 111, 114, 115, 145, 153, 158, 215, 327
Lydie, 57
Lyon, 87, 522

M

Ma'arra, voir aussi *Ma'arrat al-Nu'mân*, 422
Ma'arrat al-Nu'mân, 398, 654
Macarius (le moine), voir *Héthoum*.
Mahmûd (sultan seljûqide de Perse), 10
Mahomet, 16, 334, 521, 530
Maîmûn al-Qasrî, 274
Maine, 99
Maiyâfâriqîn, 199, 200, 577-578, 768, 787
Makikha (le katholikos nestorien), 565, 571, 574
Malatyia, 587
Malik (al-) al-Mansûr d'Égypte, 198, 199

Malik (al-) al-Sâlih Aiyûb, 31, 386, 387, 392, 400, 410, 420, 428, 429, 430, 433, 491-493
Malik (al-) al-Sâlih Ismâ'îl (nom d'un prince zengide, Nom d'un prince aiyubide), 385, 387, 392, 398-403, 420, 421, 422, 423, 428, 429, 430, 635, 802
Malik-Shâh Ier (roi d'Anatolie), 10-12, 24, 29, 119, 174, 567
Malik al-Zahir, 153, 175, 177, 191, 198, 199, 211, 214, 219, 226, 273-274, 280, 282, 283, 787, 796
Malik al-Aziz d'Alep, 175-177, 182, 195, 197, 198, 199, 380, 787, 796
Malik al-Kâmil, 34, 148, 199, 200, 238, 239, 240, 242, 243, 246-248, 249, 250, 253-256, 257, 258, 260-262, 264-270, 301, 304, 306-307, 310, 316, 316-331, 332, 334-338, 342, 376-379, 382-389, 392, 402, 407, 425, 437, 444, 445, 452, 458, 459, 490, 491, 504, 606, 639, 792, 803, 814
Mallone (Pasquetto et Papone), 833
Mamendon (sire de), 280, 285
Mamistra, 631, 683
Manessier de Lille, 138
Manfred, 622
Mangu Timur, 689, 690, 843
Mansûr (al- Ier, roi de Hama), 175, 213, 214, 402, 421-423, 426, 427, 805
Mansûr II (roi de Hama), 433, 579, 585, 604, 607-609, 630, 631, 649, 689, 805
Mansûr (al-) Ibrâhîm, roi de Homs, 799
Mansûr ibn Nabîl, 163
Mansûr Nûr al-Dîn'Alî, 563
Mansûra, 255, 264, 265, 397, 457-460, 463, 465-468, 470-472, 475, 478, 481, 489, 491, 492, 495, 646, 647, 704, 780, 813

Manuel Comnène, 206, 750
Manyas, 57
Maqrîzî, 214, 215, 219, 220, 301, 307, 320, 329, 334-336, 385, 390, 420, 426, 427, 429, 451, 452, 455, 471, 484, 487, 489, 491, 587, 619, 636, 733, 771, 787, 788, 797, 804, 805, 813
Mar Abraham, 698
Mar Constantin (le Katholikos), 582
Mar Denha, 629, 696-698
Mar Jacques, 698
Mar Jésusabran, 698
Mar Nestorius (le métropolite), 696
Mar Yahballaha III, 583, 629, 632, 697-698, 700, 709, 710
Maraclée (Maraqîya), 519, 687, 693, 843
Marâgha, 257, 576, 577, 696
Mar'ash, 282, 631
Marathon, 32
Marc (le Nestorien), 523
Marcel, 486, 488
Marco Giustiniani, 541, 542, 544, 822
Marco Polo, 694
Marcos (le pèlerin), voir aussi *Mar Yahballaha*, 629
Mârdîn, 74, 147, 176, 198, 697
Margarit (l'amiral), 52
Marguerite (la reine), 495, 813
Marguerite d'Antioche, 640, 715, 846, 847
Marguerite d'Ibelin, 766, 776, 793
Marguerite de Sidon (fille de Julien), 676
Marie d'Antioche, 618, 665, 790, 829, 837, 838
Marie d'Antioche-Arménie, 411, 790, 801
Marie de Beyrouth, 774
Marie de Brienne (impératrice de Constantinople), 439

Marie Comnène, 84, 125, 158, 191, 217, 759, 766, 776
Marie de Champagne (comtesse douairière, veuve d'Henri Ier), 759
Marie de Jérusalem-Montferrat, 85, 217, 222, 223, 226, 294, 779
Marie Paléologue, 583
Marino Dandolo (le doge), 56, 204
Marino Morosini, 552, 634
Marj 'Ayûn, 189, 234
Marj al-Suffar, 233
Maroc, 74
Maronites, 228, 244, 541
Marqab, 45, 192, 213, 214, 230, 235, 284, 412, 520, 589, 635, 639, 687, 692, 693
Marrakech, 74, 75
Marseille, 50, 86, 87, 388
Marsile (le roi), 87
Marsilio Giorgio, 415, 538
Martin (l'abbé), 716
Martin IV, 839
Maruta (le bienheureux), 578
Masjid al-Nasr, 484
Mas-Latrie, 184, 200, 216, 368, 540, 558, 615, 617, 648, 657, 658, 660, 667, 690, 691, 782, 837, 849
Massé Goulart, 678
Mas'ûd (al-, Yûsuf), 814
Masyâd (Masyâf), 764, 818
Matthieu de Clermont, 728, 730, 741, 742
Matthieu (évêque de Famagouste), 716
Matthieu de Montmorency, 387, 393
Matthieu Paris, 301, 456, 786, 804
Mawdûd ibn Alrûntâsh (atâbeg de Mossoul), 26, 27
Mayâdhîn, 235
Mâzendérân, 567
Méandre, 54
Mecque, 153, 154, 238, 331
Meillor II de Ravendel, 651

INDEX

Meillor III de Ravendel, 843
Melfi (l'évêque de), 298
Mélisende (fille d'Amaury II et d'Isabelle), 217, 829
Mélisende d'Arsur, 783
Melkhite, 244-246
Meloria, 719
Menbîj, 422, 581, 803
Menzala, 458, 459, 810
Meshghara, 235
Meshrûb (al-), 94, 777
Mesnil du Buisson (comte du), 793
Mésopotamie, 522
Messine, 66, 86, 88
Mezzé, 177
Michel (évêque jacobite d'Alep), 730
Michel Paléologue, 583, 614, 622, 629, 643, 829, 832
Miles de Caïffa, 668
Milian de Marin (le consul), 551
Milon de Nanteuil (évêque de Beauvais), 248, 252
Milon de Saint-Florentin, 252
Milon III de Bar-sur-Seine (comte), 225
Mînâ (al-), 18, 724, 731, 849
Miriyamin, 378
Misr, 245
Mit Salsil, 447, 777
Moab (Krak de), 121, 260
Moab (pays de), 249
Modène, 732
Moghân, 530
Mongka (le grand-Khan), 525-532, 563, 567, 590, 591, 592, 598, 609
Mongols, 59, 256, 305, 306, 382, 383, 384, 421, 422, 426, 430, 444, 445, 471, 519, 521-523, 529, 531, 532, 533, 535, 543, 559, 568, 571-685, 824
Mongols gengiskhanides, 256-258, 526, 561, 590, 591, 643, 698
Montesquieu, 302

Montfargie, voir *Montferrand*.
Montferrand, 795
Montfort, 308, 325, 327, 560, 645, 651
Mont-Pèlerin (forteresse du), 18, 731
Montpellier, 50
Morée, 207, 208, 439
Morinus, 66
Moscou, 483
Mossoul, 10, 26-28, 59, 74, 80, 117, 147, 257, 524, 571, 664, 697, 761, 787, 825
Mostar, 249, 778
Moujâhidh Sirkûh II, 219, 233
Mu'allaqa (al-), 245
Mu'azzam (al- Tûrân-shâh d'Alep), 381, 579, 581, 582
Mu'azzam (al-, roi de Damas), 200, 212, 224, 231-234, 240-242, 246, 247, 248, 249, 258, 260, 264, 267, 304, 306-310, 316, 319, 320, 321, 323, 328, 337, 342, 382, 391, 789
Mu'azzam (al- Tûrân-shâh, sultan d'Égypte), 457, 458, 483-485, 489-494, 506
Mu'în al-Dîn Ataz, voir *Mu'în al-Dîn Unur*.
Mu'în al-Dîn Unur, 302, 331, 429
Mu'izz al-Dîn Sinjâr Shâh (atâbeg d'al-Jazîra), 74
Mubâriz Akjâ, 191
Mughân, 257
Mughîth (al-, malik de Transjordanie), 608
Muhammed (shâh de Khwârizm), 257
Muhammed Ibn Malik-Shâh (sultan seljûqide de Perse), 10, 570
Muhî al-Dîn ibn al-Zaki, 585, 638, 639
Mujâhid (al-, Shirkûh), 198, 379, 398, 798, 799, 802
Mujalla (l'émir), 68

Munyat Abû 'Abdallâh, 487, 488
Munyat-*i*bn-Selsébil, 244
Murrî, voir *Amaury I*^{er}.
Murzuphle (l'empereur), 206
Mu*s*allabîn, 68
Musta'*s*im (al-), 508, 568, 573
Muwaiyad al-Dîn (ibn al-'Alqamî, le vizir), 568
Mu*z*affar III Ma*h*mûd, 736, 850
Mu*z*affar Taqî al-Dîn Ier 'Omar, voir aussi *Taqî al-Dîn*, 795
Mu*z*affar Taqî al-Dîn II Mahmûd, 378-379, 385, 386, 398-399, 805
Myriokephalon, 54, 57, 750
Mysie, 57

N

Naim (Nein), 231
Najm al-Dîn (g^d m. des assassins), 649
Najm al-Dîn (l'émir), 451
Najm al-Dîn al Qâdirî, 508
Naples, 666, 700, 701
Naplouse, 219, 231, 246, 316, 319, 324, 327, 342, 392, 407, 409, 410, 429, 508, 511, 585, 586, 589, 788
Napoléon, 483
Naqûra, 64, 77, 511, 691
Narjot de Toucy, 67
Narjot II de Toucy, 721-722
Nâsir (al-, Dâwûd), 310, 316, 320, 326, 328, 337, 379, 385, 387, 390-392, 400-403, 408, 409, 410, 420, 421, 423, 424, 425, 429, 686, 788
Nâ*s*ir (al-, khalife), 59, 248
Nâsir (al-, Qilij-Arslan), 304, 305
Nâsir (al-, Yûsuf), 443, 502-506, 508, 509, 514, 535, 536, 577, 578-581, 582, 585, 586
Nawa, 233
Nazareth, 154, 182, 215, 224, 327-328, 376, 401, 402, 601, 620, 657, 692
Negeb (désert de), 141, 142, 761

Néphin (Enfé), 278, 315
Néron, 786
Nersès de Lampron, 276
Nestoriens, 38, 228, 257, 377, 522, 526, 530, 573, 574, 587, 589, 695, 709, 844
Neustrie, 12
Nicée (Izn*î*q), 9, 10, 16, 207, 783
Nicéphore Phocas, 9
Nicolas de Hanapes, 743, 851
Nicolas de Sousi, 440, 806
Nicolas IV, 704, 709, 711, 713, 714, 715, 732
Nicolas l'Aleman, 839
Nicolas Lorgne, 679, 692, 838, 842, 843
Nicolo Tiepolo, 732
Nicopolis, 389, 397
Nicosie, 89, 134, 170, 172, 173, 174, 188, 209, 218, 312, 314, 347, 361, 362, 439, 440, 523, 524, 534, 559, 628, 638, 640, 666, 671, 755, 775, 794
Nil, 225, 238, 242-243, 246, 247, 252, 262, 263, 264, 265
Nishâpûr, 257
Nisibe, voir *Nisibin*.
Nisibin, 74, 422, 581, 697
Nizâm al-Mulk, 567
Normandie, 99
Nosairis (monts), 18, 168
Nowairi, 336, 650
Nubie, 31, 221, 592, 608, 613
Nûr al-Dîn, 22, 24, 28, 30-33, 40, 119, 150, 175, 206
Nymphaion, 634

O

Odard (ou Odin de Bourges), 706
Oghul Qaïmish (femme de Guyuko), 524-525
Ogodaï (le grand-khan), 383, 697
Ogouz, 11
Oïrad (les Mongols), 689

INDEX

Olivier le Chambellan, 165, 280, 763
Olivier de Termes, 512, 621, 645, 831
Olivier le Scolastique, 238, 258, 268, 776, 780
Oljath (la princesse), 846
Omaiyades, 27, 588, 589
Onfroi de Montfort, 670, 715, 839
Onfroi III, 789, 801
Onfroi IV de Toron, 83-86, 89, 106, 114, 125, 132, 133, 149, 153, 166, 789, 801
Opizo Fieschi, 516
Orgueilleuse (fille du seigneur de Harenc), 164
Orlando Ascheri (l'amiral), 719, 720
Oronte, 61, 215, 219, 273, 279, 287, 635, 636, 649, 781
Ortoqides, 28, 40, 147, 176
Osrhoène, 275
Othon de Gueldre (le comte), 67
Otrante, 174, 321
Otto de Freisingen, 765
Otton de Brunswick, 196, 222, 767, 786
Otton de Grandson, 731, 739, 742, 743, 851

P

Palerme, 52
Panéas ou Bâniyâs de la Damascène (distinguer cette Panéas ou Bâniyâs de l'Hermon dépendant de la Damascène), de la Bâniyâs maritime, la Valénie des Croisés), 233, 241, 511, 512, 587, 594
Pantaleone Barbo, 538
Paolo Ier de Conti (comte de Segni), 434
Paolo II de Segni, 434
Pâquette, 526
Paris, 223, 711
Paris (Gaston), 419, 657, 802, 837
Parme, 732
Parthes, 7
Partzerpert, 290
Pasquetto Mallone, 542, 552
Paul de Teffaha, 678
Paul II (comte de Segni), voir aussi *Paolo II*, 555, 679
Pedro Fernandez, 644
Pékin, 522, 631
Pélage (le légat, évêque d'Albano), 35, 238, 240, 247-251, 253, 256, 263, 267, 270, 285, 288, 289, 293, 302, 441, 442, 776, 779
Pelliot, 522-524, 696
Périclès, 159, 375
Phénicie, 327
Philippe d'Alsace (comte de Flandre), 88
Philippe d'Antioche (roi d'Arménie), 289, 290, 291, 380, 518
Philippe d'Ibelin, 218, 224, 230, 298, 299, 719, 771, 807, 823, 847
Philippe de Caffran, 360
Philippe de Dreux (évêque de Beauvais), 67, 85, 106, 108, 130
Philippe de Mangastel, 369
Philippe de Montfort, 396, 410-412, 413, 414, 415, 417, 418, 426, 428, 488, 498, 511, 540, 546, 547-552, 557, 558, 593, 613, 618, 620, 634, 639-642, 790, 820, 827
Philippe de Nanteuil, 387, 393, 396, 404
Philippe de Novare, 39, 200, 229, 313, 314, 339, 340, 345-348, 350, 356, 360-363, 368, 370, 374, 376, 399, 404, 405, 412, 413, 414, 415, 416-419, 614, 775, 786, 788, 791, 793, 795, 798, 799, 819, 823, 833
Philippe de Plancy, 252
Philippe de Souabe, 196, 205, 208, 222, 767
Philippe de Troyes, 373
Philippe du Plessiez, 220, 772
Philippe II, 445

Philippe III le Hardi, 664, 700, 707, 831

Philippe le Bel, 20, 23, 99, 446, 700, 705, 706-707, 710-713, 714, 717

Philippe Mainebeuf, 735

Philippe-Auguste, 20, 23, 30, 34, 35, 46, 53, 85, 86, 88-93, 96, 97, 99, 100, 119, 120, 128, 132, 160, 222-223, 248, 261, 294, 295, 438, 546, 756, 761, 786

Philippopoli, 56

Philistie, 125, 146, 153, 327, 406, 502, 508

Phrygie, 57, 206

Pierre (héritier de Guy II de Gibelet), 725

Pierre d'Angoulême, 275, 276, 278-281, 782

Pierre d'Avalon, 378, 460

Pierre d'Estavayer, 731

Pierre de Biaune, 443, 807

Pierre de Césarée, 337, 355

Pierre de Limoges, 231

Pierre de Locedio, 280-283, 285, 287

Pierre de Moncade, 728, 730

Pierre de Montaigu, 324

Pierre de Saint-Marcel, 769

Pierre de Sargines, 415, 426, 428, 797, 801

Pierre de Sevry, 745, 746

Pierre de Vieille Bride (ou Brioude), 404, 411, 412, 413, 800

Pierre de Winchester, 308, 327

Pierre III de Capoue, 287

Pierre l'Ermite, 21, 732, 733

Pierre le Grand, 38

Pierre Mauclerc (comte de Bretagne), 387, 393, 394, 401, 456, 476, 494

Pierre-Encise, 236

Pietro Capuano, 782

Pietro de Bergamo, 724

Pietro Michiel, 204

Pietro Zeno, 552

Pisans, 50, 66, 80, 85, 93, 126, 127, 247, 252, 268

Pise, 37, 160, 250

Pisidie, 57

Plaisance d'Antioche, 534, 543-544, 557, 589, 590, 599, 819

Plaisance de Gibelet, 774, 783

Plantagenets, 53, 438

Plivano (Plebanus), 804, 822

Podandos, voir *Bozanti*.

Poemenenos (Ypomenon), 57

Poidebard (le Père), 17

Poitou, 99

Pons, 220

Port-Bonnel, 273, 637, 781, 833

Port-Saïd, 229

Pouille, 180, 661

Prêtre Jean (négus d'Éthiopie ou roi des Kéraït), 238, 258, 561, 564, 566, 575, 576, 824

Provençaux, 247

Q

Qadaq, 522

Qâdî-Keui, voir *Chalcédoine*.

Qâhir (al-), 686

Qaidu, 591, 696, 697

Qaîmûn, 105

Qaisâriya, 684

Qal'at al-*H*osn, 213, 218, 639

Qalâwun, 614, 630, 631, 686-694, 704, 715, 719, 720, 724, 726-735, 829

Qalqashandî, 829

Qâqûn, 654-656

Qara, 626

Qarâ-Khitâi, 11

Qarâmân, 287, 288

Qarâqûsh, 80, 91, 94

Qarâtîya, 141

Qayâlîgh, 525

Qazwîn, 257, 567, 695

INDEX

Qilij Arslân II ('*Izzal-Dîn Qilij-Arslân II*, fils de Mas'ûd), 54, 57, 58, 750
Qipchaq, 490, 566, 598, 605, 609-611, 643, 686
Qizil-Arslân, 147
Qolûniya, 146
Qoniya, 10, 11, 54, 57, 58, 59, 61, 225, 383, 521, 528, 609, 751
Qosair, 281, 282, 605, 839
Qûm, 257
Qushlugkhan (lieutenant de Kikbuqa), 586
Qu*t*b al-Dîn Malik-shâh II, 58, 750, 751
Qutui-khatun, 694
Qu*t*uz, 550, 562, 563, 579, 589, 597-606, 614

R

Rabban Çauma, 39, 377, 694, 696-697, 700-710, 711, 731
Rabban Marcos, voir aussi *Mar Yahballaha*, 696, 697
Rafanîya (Raphanée), voir *Rafniyé*.
Rafniyé, 26, 226, 379
Ra*h*éba, 688
Rames, voir *Ramla*.
Ramla, 111, 115, 119, 120, 133, 137, 140, 143, 145, 153, 158, 215, 327, 425, 621, 836
Raoul (le patriarche), 150, 162, 252, 293
Raoul de Clermont, 78, 387
Raoul de Coucy, 472
Raoul de Lydda, 428
Raoul de Mérencourt, 231, 773
Raoul des Monts, 165, 763, 783
Raoul de Ramla, 426
Raoul de Senlis, 393
Raoul de Soissons, 387, 393, 414-419, 432, 494
Raoul de Tibériade, 187, 200-201, 224, 252, 278, 766, 783, 800

Raoul Taisson, 154
Râs al-Khanzîr, 781
Râs al-Mâ, voir *Dîllî*.
Râshid al-Dîn Sinân de Ba*ss*ora, 129, 168, 563, 569, 572, 573, 598, 601, 610, 824
Ratisbonne, 54
Raymond (fils de Bohémond III), 165, 167, 168, 271, 789, 801
Raymond (fils de Bohémond IV), 226
Raymond d'Argentan, 381
Raymond de Caro, 799
Raymond de Néphin, 782
Raymond de Poitiers (Antioche), 163, 165
Raymond de Saint-Gilles (comte de Toulouse), 15-18
Raymond de Turenne, 67
Raymond de Vignans (Grèce), 775
Raymond II (comte de Tripoli), 649
Raymond III (comte de Tripoli), 23, 469, 769, 822
Raymond Roupên, 210, 213, 271, 272, 274-277, 279-281, 283-289, 789, 790, 801
Reginald Rossel, 653
Reiy, 10, 148, 257
Renard II de Dampierre, 210, 211
Renaud Barlais, 184
Renaud de Caïffa, 342, 353, 355, 792
Renaud de Châtillon, 23, 46, 100, 107, 251, 252, 597
Renaud de Dampierre, 192, 203
Renaud de Maulevrier, 225
Renaud de Montmirail, 210
Renaud de Sidon, 48, 64, 125, 126, 158, 189, 593, 772, 794, 801
Renaud de Vichier, 443, 459, 497, 514, 807, 817, 820
Rénier, 287
Rénier de Gibelet, 171

Renouart de Néphin, 277, 278, 782, 783
Rey, 776, 783, 792, 795, 808, 827
Rhénanie, 19
Riant, 837, 838
Riccardo Filanghieri (maréchal), 309, 321
Richard Cœur de Lion, 34, 46, 53, 73, 83, 86, 88-92, 94, 96, 97, 99-102, 109, 112-115, 116, 117, 118, 119, 121, 125-130, 131-143, 145-155, 159-161, 173, 175, 176, 179, 186, 197, 203, 221, 237, 242, 302, 324, 328, 341
Richard de Beaumont, 393, 396
Richard de Betenoble, 119
Richard de Caïffa, 105
Richard de Cornouailles, 406, 407, 408-410, 430
Richard de Noblans, 668
Richard de Torquigny, 668
Richelieu, 23
Richer de l'Erminet (ou de Larminat), 165, 167, 763, 764
Ridwân, 10-14, 18, 24, 25, 26
Robert (le clerc de Poissy), 523
Robert (patriarche de Jérusalem), 424, 426, 428, 436, 445, 453, 456, 494
Robert d'Artois, 439, 456, 461, 465-473, 475, 478, 483, 484, 646, 647
Robert de Boves, 78, 387, 393
Robert de Bruges, 137
Robert de Clari, 203
Robert de Crésèques, 645, 834
Robert de Dreux, 67, 106, 108
Robert de Montgisard, 819
Robert de Nassau (comte), 56
Robert de Sablé, 91
Robert de Senlis, 706, 710
Robert II (évêque de Nantes), 803
Robert Mansel, 763, 833
Roche de Roissel (la), 273, 781
Rodolphe de Chester (comte), 254

Roger d'Antioche, 28, 163, 582
Roger de Hoveden, 187, 196, 766
Roger de la Colée, 678
Roger de Rozoy-sur-Serre, 472
Roger de Saint-Séverin, 665-668, 670, 688, 690, 691, 715, 823
Roger de Salerne, voir *Roger d'Antioche*.
Roger Doria (l'amiral), 707
Roger du Mont (ou des Monts), 280, 285, 783
Rohard II de Caïffa, 224, 355, 359, 782
Röhricht, 322, 424, 753, 766, 770, 776, 778, 788, 795, 800, 827
Romains, 247
Romanie, 206-208, 279
Rome, 7, 16, 163, 202, 276, 277, 282, 298, 303, 373, 377, 515, 516, 704, 705, 711
Roncevaux, 150
Rosso della Turca (l'amiral), 547, 548
Rothelin, 300, 301, 388, 390, 391, 395, 396, 427, 436, 456, 459, 460, 462, 463, 467, 469-471, 480, 490, 505, 506, 546, 600, 606, 786, 797, 804, 812, 816
Rotrou de Montfort, 210
Rouard (châtelain de la citadelle de Jérusalem), voir aussi *Rohart*, 782
Rouen, 87
Roupên III, 164-166, 167, 785, 789, 801
Ruâd, 71
Rubrouck (Guillaume de, le cordelier), 525-530
Rukn al-Dîn Baîbars al-Sâlihi al-Najmi (le mamelûk), 393, 425, 426, 798
Rukn al-Dîn Khûrshâh, 567
Rukn al-Dîn Qilij-Arslân IV, 576, 825

INDEX

Rukn al-Dîn Toqsu, 735
Rûm, 521
Rupin (Roupên, fils d'Onfroi de Montfort), 847

S

Sa'ad al-Dawla (Hamdanide, autres noms musulmans), 695, 699
Sa'îd (al-), 587, 604
Sabadinus, 845
Sabî al-Mu'azzamî (l'eunuque), 489
Safed, 241, 253, 327, 392, 400-402, 403, 404, 406, 423, 511, 514, 595, 623, 625-627, 633, 653, 777, 802, 839
Saffarides, 570
Sâfitâ, 230, 241, 379, 520, 636, 687, 817
Sahel, 173, 190, 260
Sahyûn, 686
Saïd, 249
Saidâ, voir *Sidon*.
Saîf al-Dîn ibn'Alam al-Dîn, 192
Saîf al-Islâm Tughtekîn, 175
Saint Louis, 30, 315, 334, 342, 380, 388, 435-534, 538, 539, 544, 546, 552, 555, 557, 561, 589, 618, 619, 621, 623, 624, 625, 638, 639, 643-648, 704, 775, 831, 839
Saint-Abraham, voir *Hébron*.
Saint-Élie (abbé de), 137
Saint-Georges de Labaène, 653, 836
Saint-Gilles (casal de), 50
Saint-Gilles, voir *Raymond*.
Saint-Hilarion, 89
Saint-Jean-d'Acre, 33, 37, 39, 47, 60, 61, 63, 80, 83, 86, 87, 88, 91, 94-98, 102, 110, 117, 121, 133, 146, 167, 173, 191, 213, 223, 234, 236, 256, 270, 295, 312, 315, 316, 338, 342, 347, 351, 357-359, 365, 372, 376, 391, 393, 409, 410, 412, 433, 435, 438, 439, 445, 489, 497, 498, 510, 519, 536, 538, 539, 546, 551, 596, 614, 622, 631, 639, 646, 660, 661, 685, 697, 706, 708, 711, 713, 715, 718, 721, 731, 732, 735, 745
Saint-Sabas (couvent de), 549
Saint-Sabas (guerre de), 534, 536, 539, 541, 542, 544, 545, 550, 552, 557, 558, 560, 613, 620, 640, 641
Saint-Sépulcre, 15, 54, 55, 116, 119, 122, 145, 148, 154, 162, 163, 174, 185, 255, 313, 330, 332, 333, 341, 357, 425, 769, 791
Saint-Siège, 253, 290, 294, 298, 306, 310, 325, 349, 365, 372, 373, 388, 515, 646, 653, 660, 796
Saint-Siméon, voir aussi *Suwaidiya*, 124, 159, 210
Sajete, voir *Sidon*.
Saladin, 22-24, 28, 30-34, 40, 47, 53-60, 61-66, 67-71, 72-82, 83, 88, 89, 90, 91-95, 98, 100-102, 105-106, 108-123, 125, 126, 129, 130, 131, 137-140, 143-155, 158, 159, 163, 164, 169, 174-176, 178, 181, 185, 189, 191, 197, 206, 213, 219, 221, 225, 260, 268, 277, 306, 319, 324, 335, 380, 383, 385, 425, 444, 445, 458, 490, 493, 496, 502, 504, 546, 577, 578, 589, 593, 597, 604, 606, 608, 624, 635, 639, 649, 763, 768, 787, 795, 796, 837
Salâh al-Dîn al-Arbelî, 327
Salâh al-Dîn, voir *Saladin*.
Salamine, 32
Sâlih (al- Aiyûb), 267, 392, 398-400, 402, 404, 406, 408, 420, 423, 425, 437, 443, 444, 447, 454, 457, 483, 563
Sâli*h*iyé, 605, 606, 789
Salisbury (comte de), 447, 472
Salisbury (l'évêque de), 94
Salkhad, 178, 198, 768
Salomon, 21
Samagar (le général), 654

Samarie, 182, 231, 327, 328, 342, 407, 511, 586
Samarqand, 10, 257, 529
Samosate, 199, 631
San Germano, 357
Sanamein, 233, 774, 777
Sangarios, 54
Sanudo, 740, 849
Sapor, 8
Sardes, 57
Sarepta (Sarafand), 230
Sargis, 522, 523
Sarkis (Serge), 565
Saron (plaine de), 105, 106
Sarrasins, 462, 463, 466, 467, 469, 470, 471, 478, 479, 530, 531, 557, 812
Sartaq (le prince), 525, 530
Sarûj, 238, 581, 787
Sassanides, 8
Savary de Mauléon, 254
Saxe, 87
Scandelion, 64
Schmidt (J.-J.), 711
Sedan, 127
Seleucia-Selefké, 59, 284, 288, 291, 609, 630
Séleucie de Piérie, voir aussi *Suwaidiya*, 159
Séleucie-Ctésiphon, 696, 698
Seljûqides, 10-12, 25, 54, 148, 225, 241, 282, 288, 292, 379, 384, 521, 567, 569, 576, 684, 787, 796
Seljûq-shâh, 577
Sempad (le connétable), 280, 284, 290, 291, 529, 784, 785, 819
Sennachérib, 493, 633
Sephorie (Saffûriya), 212, 234, 327, 399, 401, 402, 469, 752
Serge (le moine arménien), 526
Sérignan, 707
Sermin (sire de), 280
Sevata de Khatshèn, 577
Shaîzar, 782

Shajâ 'Amr, 91
Shajar al-Dorr (la sultane), 457, 492, 493, 562, 563
Shams al-Dîn (le qâdi de Naplouse), 332, 334, 336, 791
Shams al-Dîn de Qûm, 586
Shams al-Dîn kurt, 567
Shams al-Dîn Tûrân-shâh, 422
Shams al-Dîn Yûsuf ibn al-Jawzî, 323, 329
Shaqîf Arnûn, 64, 158, 234, 327
Sharabas, 810
Shâramsâh, 262, 263, 264, 458, 459, 460, 486-488, 498, 499, 507, 810
Sharqiya (al-), 816
Shawbak, 320
Shefâ 'Amr, 240
Sheikh Sa'd, 233
Shî'ites, 21, 22, 26, 33, 568, 569, 587
Shirkûh II (roi de Homs), 175, 384, 386
Shîrkûh, voir aussi *Asad al-Dîn*, 31
Shirwân, 521
Shujâ'i (al-), 746, 747
Sibylle (fille d'Amaury II et d'Isabelle, épouse Léon II), 217, 288
Sibylle d'Arménie (épouse de Bohémond VI), 518, 590, 672, 673, 674, 721, 840
Sibylle de Burzey, 164, 165
Sibylle de Jérusalem (fille d'Amaury Ier), 62, 83, 84, 97, 98, 166, 764
Sicile, 294, 295, 300, 307, 321, 322, 326, 614
Sicile (les Normands de), 53, 54
Sidon, 60, 90, 98, 158, 189, 190, 191, 192, 212, 215, 234, 235, 255, 260, 308, 309, 319, 325, 327, 356, 357, 361, 368, 401, 407, 439, 498, 510, 511, 512, 593, 594, 595, 599,

600, 639, 679, 691, 731, 745, 746, 747, 770
Siméon III, 279, 783
Simon (le dominicain), 424
Simon de Joinville, 248
Simon de Maugastel, 231, 296
Simon de Moncéliart, 510
Simon II de Clermont, 387
Simon IV de Montfort, 203
Simon Mansel, 636, 763, 833
Simon Ventus, 66
Simone Malocello, 539
Sinaï, 427
Sinân, voir *Râshid al-Dîn Sinân de Bassora*.
Singapour, 229
Sinjâr, 697, 787
Sinjar al-*H*alabî, 606, 607
Sion, 21
Sira Ordo, 522
Sis, 166, 167, 280, 283, 289-291, 519, 631, 632, 683, 783
Sîwâs, 528, 750
Smyrne, 16
Soffredo, 202, 769
Sonqor al-Ashqar, 686-688, 689, 833
Sonqor al-Kabîr, 183
Sônqor al-Rûmi, 581, 609
Soqmân ibn Ortoq, 26
Sorgaqtani (la Khatun), 566
Sororge (Sororgie), voir *Sarûj*.
Souabe, 296
Soublaion (Homa), 57
Soudan, 224, 607, 632
Soudin, voir *Saint-Siméon*.
Spalato, 230
Spigast (Bighad), 57
Stéphanie (Étiennette, sœur d'Héthoum Ier), 819
Sternfeld, 835
Stevenson (W. B.), 25, 27, 28, 30
Subeiba, 511-512, 587
Subutai, 257

Sugunjaq (Sunjaq), 571, 581
Sulaîmân ibn Qu*t*ulmish, 10
Sunnites, 21, 22, 32, 568, 825
Susiane, 698
Suwaidiya (port de Saint-Siméon), 636
Syriens, 82
Syriens jacobites, voir aussi *Jacobites*, 228, 244, 377, 574, 695

T

Ta'odoros ibn al-*S*afi, 782
Tabariya (Tabarie), voir *Tibériade*.
Talas, 525, 696
*T*alkhâ, 255
*T*amûh (Deir *T*amvaïh), 245
Tancrède, 163, 582, 649
Tancrède de Lecce (le comte), 53, 754
Tanta, 776
Taqî al-Dîn 'Omar, 50, 67, 68, 76, 175
Tarascon, 708
Tarbagataï, 524
Tarse, 60, 168, 235, 276, 279, 289, 291, 292, 380, 631, 683
Tartares, 258, 530
Tauris, 10, 257, 305, 383, 522, 577, 583
Taurus, 225, 289
Taurus Cilicien, 59
Tékuder, 694, 695, 698, 699
Tell al-Fukhâr, 66, 462, 751
Tell al-*H*asî, 140
Tell al-*S*âfiya, 136, 141
Tell Kerdana, 81
Tell Kurdawa, 240, 789
Tell-bâsher, voir aussi *Turbessel*, 13
Templiers, 23, 37, 40, 60, 68, 69, 85, 93, 105-106, 114, 117, 119, 120, 124, 134, 137, 138, 181, 187, 212, 220, 224, 225, 236, 237, 238, 240, 241, 247, 250-253, 256, 259, 270, 272, 273, 277, 279, 280, 281,

284, 286, 287, 321, 322, 325, 327, 330-331, 339, 356, 378-381, 397, 403, 404, 405, 406, 410, 411, 420-424, 427, 443, 453, 461, 465-467, 469, 470, 472, 481, 496, 497, 504, 511, 512, 513, 514, 515, 520, 535, 541, 555, 560, 562, 593-595, 613, 617, 618-621, 623-625, 626, 627, 630, 635, 636, 637, 639, 641, 649, 653, 655, 659, 661, 662, 664, 665-667, 669-671, 675-680, 685, 691, 716, 720, 728, 737, 738, 740, 741, 745-747, 752, 756, 800, 820, 849

Teqû'a, 145

Terre Sainte, 46, 47, 53, 63, 85, 86, 87, 208, 209, 237, 250, 293, 294, 310, 311, 313, 326, 332, 341, 345, 367, 387, 391, 406, 415, 513, 530, 531, 534, 544, 580, 769

Teutoniques, 36, 453, 504, 541, 724, 848

Thabor (Mont), 224, 225, 227, 231, 233-235, 241, 407, 619

Thamar de Géorgie, 779

Théodora Comnène (reine de Jérusalem), 164, 763

Théodore Lascaris, 279, 783

Théodoric de Ravenne, 372

Thessalonique, 207

Thibaud III (comte de Champagne), 203

Thibaut de Blois et de Chartres (comte), 78

Thibaut Gaudin (frère), 720, 745, 746, 747

Thibaut IV de Champagne et de Blois, 387-389, 392-395, 397-401, 402-405, 406-409, 410, 441, 806

Thibaut V de Champagne, 646

Thierry de Besançon (l'archevêque), 80

Thomas Agni de Lentino, 551, 683, 837

Thomas d'Aquin (comte d'Acerra), 298, 307, 323, 324, 413

Thomas de Anfusis, 845

Thomas de Ham, 426

Thomas de Lentino, 664, 668, 838

Thomas de Saint-Bertin, 662

Thomas Gérard (ou Bérard), 543, 548, 554, 660, 820, 822

Thomas Malesbrun (sire), 280

Thomas Spinola (l'amiral), 719, 720

Thoros (fils d'Héthoum), 630

Thoros III, 851

Thrace, 207

Thuringe (le landgrave de), 310, 752

Thyatira (Aqhissar), 57

Tibériade, 24, 49, 60, 68, 107, 212, 233, 260, 327, 328, 401, 407, 423, 430, 431, 456, 469, 595, 752, 800, 803

Tibnîn, voir aussi *Toron*, 195, 253, 327

Tokmak, 525, 696

Tong-cheng, 696

Toringuel, 348

Toron (forteresse de), voir aussi *Tibnîn*, (nom actuel), 192, 193, 241, 852

Toron (territoire du), 327, 407, 411, 511, 540, 626

Tortose, 16, 17, 18, 24, 71, 159, 168, 226, 230, 636, 649, 650, 693, 747

Touraine, 99

Tournebize (le P.), 518, 817

Trani, 171

Transcaucasie, 521, 522, 523

Transjordanie, 174, 175, 176, 195, 253, 320

Transoxiane, 10, 256, 305, 490

Trazargh, 632

Trébizonde, 697, 705

Trémithoussia, 89, 755

Trévise, 732

INDEX

Tripoli, 16-19, 26, 33, 34, 37, 39, 45, 48, 49, 52, 53, 62, 63, 101, 134, 153, 156, 158, 167, 182, 189, 191, 197, 201, 208, 210, 213, 214, 215, 218-220, 230, 235, 241, 271-273, 276, 277-278, 284, 286, 315, 328, 356, 361, 377, 381, 399, 428, 433-435, 439, 498, 515-517, 518, 528, 547, 552-556, 589, 602, 627, 635, 636, 637, 646, 649-651, 672-681, 692, 693, 701, 704, 721, 722-732, 762, 776, 790, 670, 671, 692, 701, 715, 720, 726, 731, 733, 734, 759, 799, 820, 833, 846, 847, 849
Tshurmaghun, 383, 384
Tsushima, 8
Tughril (l'eunuque), 796
Tughril (le Wang-khan des Kérait), 566
Tughril beg, 570
Tughtekin, 18, 25-26, 102
Tuktan ou Nukdan (la princesse), 710
Tunis, 645, 646, 647, 648, 831, 835
Tunisie, 52, 632, 646, 647
Tuqiti-khatun, 564
Turcomans, 274, 378, 435, 595, 654, 689, 690
Turcoples, 103, 141, 240, 344, 381, 426, 593
Turfân, 575
Turkestan, 9, 566, 598
Turuntâi, 735
Tûs, 257
Tutush, 10
Tyr, 25, 33, 34, 45, 48-51, 62, 63, 64, 66, 67, 75, 82, 84, 91, 97-100, 101, 120, 125, 127, 130-133, 148, 153, 158, 161, 162, 189, 192, 193, 196, 201, 208, 224, 228, 230, 256, 296, 316, 327, 339, 350, 355, 357, 358, 359, 361, 363, 364, 370, 371, 390, 409, 412-418, 423, 439, 511-512, 540, 542, 545, 547-552, 556, 557, 589, 592, 593, 616, 618, 623, 628, 634, 635, 638-642, 663, 664,
670, 671, 692, 701, 715, 720, 726, 731, 733, 734, 759, 799, 820, 833, 846, 847, 849
Tyriaeum (Ilghun), 58
Tzimiscès (*Jean Tzimiscès*), 9

U

Ubaldo (archevêque de Pise), 66, 67, 84, 85, 751
Uguetuo (Ugeto), 845
Uigur, 257, 575, 696
Urbain II, 15, 16, 32, 704
Usâma ibn Munqidh, 181, 190, 191, 331, 334, 781
Uzbek al-Wazîrî, 451

V

Vahram (chroniqueur, connectable), 289
Valence, 644
Van Berchem, 34, 94, 110, 136, 760, 771, 837
Vartan (le moine), 564, 577, 580, 629, 824, 825
Venise, 37, 160, 204, 209, 210, 250, 438
Vénitiens, 57, 252, 268, 322
Verdun, 87
Vérone, 67
Versailles, 20
Vézelay, 19, 86
Vienne, 174
Villebrun (sire de), 280
Vinisauf, 84
Viterbe, 373, 643
Vogüé (marquis de), 208
Volga, 525, 530

W

Wakhtang III, 846
Wang-khan (roi des Kerait), 564

Wiet (Gaston, et l'Avertissement du tome II), 729, 777
William d'Exeter, 327
Worms, 171

Y

Ya'qûb (d'Alep), 90, 570
Yâghî Siyân, 14
Yâzûr, 114, 115, 120, 150-152
Yebnâ (Yabnâ ou Ibelin), 159
Yémen, 175, 247, 308
Yûsuf (le *H*âji), 146, 149
Yves le Breton, 505, 520, 521

Z

Zabel (princesse), 288, 289-292, 779
Zafar (al-, Khidr), 175
Zagâzîg, 816
Zâhir (al, Aiyûbide d'Alep), 50, 768, 825
Zaîn al-Dîn (le *S*ûfi), 582
Zara, 204, 210
Zengî, 24, 28, 787
Zengides, 40, 74, 119, 147
Zer'în, 601, 618
Zîb (al-), 64, 77
Ziyâ (al-, ibn al-*At*hîr), 176, 177

TABLE

PRÉFACE 7
AVERTISSEMENT DU TOME III 41

CHAPITRE PREMIER

LA RECONQUÊTE FRANQUE. CONRAD DE MONTFERRAT ET LA TROISIÈME CROISADE.

§ 1er. — CONRAD DE MONTFERRAT. LA RÉSISTANCE A TYR.

Le fait nouveau après la chute du royaume de Jérusalem : intervention de Conrad de Montferrat. – L'espérance au milieu du désastre : arrivée de Conrad de Montferrat devant Saint-Jean-d'Acre. – Conrad de Montferrat à Tyr. – Organisation de la résistance franque. – Le premier redressement franc : échec de Saladin devant Tyr. 45

§ 2. — LA TROISIÈME CROISADE : FRÉDÉRIC BARBEROUSSE.

L'Europe et l'appel à la Troisième Croisade. – Croisade de Frédéric Barberousse. – Alliance des Grecs avec Saladin contre la Troisième Croisade. – Frédéric Barberousse à Constantinople. Hostilité des Byzantins. – Saladin informé par les Grecs de la marche des Croisés. – Frédéric Barberousse à Qoniya. – Entente avec le sultan seljùqide Qilij Arslàn II. – Arrivée de Frédéric Barberousse en Cilicie. – Terreur du monde musulman. – Mort accidentelle de Frédéric Barberousse. – Démoralisation et dissolution de l'armée allemande. 52

§ 3. — GUY DE LUSIGNAN, CONRAD DE MONTFERRAT ET LE SIÈGE D'ACRE.

Siège de Saint-Jean-d'Acre par Guy de Lusignan. – Premiers renforts d'Occident au siège d'Acre. – La guerre devant Acre : bataille du 4 octobre 1189. – Recul de Saladin de Tell Keîsân à Tell Kharrûba. – Devant

Acre : la guerre de tranchées et la fraternisation entre Chrétiens et Musulmans. – « Saladin ou la guerre chevaleresque ». – Contre la reconquête franque, la tentative de jihâd panislamique. Appel de Saladin aux Almohades du Maroc. – L'ambassade aiyùbide à Marrakech. – Conrad de Montferrat et le ravitaillement par mer : combat du 4 mars 1190. – Mai 1190. – Progrès et destruction des tours mobiles franques. – Démagogie de Croisade. – La folle offensive des « sergents » (juillet 1190). – Arrivée du comte Henri II de Champagne devant Acre (27 juillet 1190). – Les souffrances du siège d'Acre. – Épidémies et famine dans les deux camps. – Inutiles efforts de Frédéric de Souabe contre Saint-Jean-d'Acre (septembre-octobre 1190). – Tentative pour reprendre la guerre de mouvement : marche de l'armée franque d'Acre à Tell Kerdana. – Relève de la garnison d'Acre (février 1191). – La question dynastique. – Mariage d'Isabelle de Jérusalem avec Conrad de Montferrat. Conrad prétendant au trône contre Guy de Lusignan. 61

§ 4. — Philippe Auguste et la reprise d'Acre.

Croisade de Philippe Auguste et de Richard. – L'escale en Sicile. – Conquête de l'île de Chypre par Richard. – Arrivée de Philippe Auguste et de Richard au siège d'Acre. – Assauts des Franco-Anglais contre Saint-Jean-d'Acre (17 juin, 2 et 3 juillet 1191). – Reprise de Saint-Jean-d'Acre par les Croisés (12 juillet 1191). – La question de propriété dans Acre reconquise. Arbitrage de Philippe Auguste : restitution des immeubles aux anciens colons. – Compétition de Guy de Lusignan et de Conrad de Montferrat pour la royauté. Le compromis de Saint-Jean-d'Acre. – Départ de Philippe Auguste. Son rôle dans le succès de la Troisième Croisade. 86

§ 5. — Richard Cœur de Lion et la reconquête du littoral palestinien.

Massacre des prisonniers musulmans par Richard. Stupidité de cette mesure. – Marche de Richard d'Acre à Caïffa. – Marche de Richard de Caïffa sur Arsûf. – Bataille d'Arsûf (7 septembre 1191). La charge de la chevalerie franque. La victoire. – Conséquences de la victoire d'Arsûf : la supériorité militaire revient aux Francs. – Nouvelle tactique de Saladin. – Il fait le désert devant les Francs : destruction d'Ascalon. – La faute majeure de la Troisième Croisade : Richard néglige d'exploiter le bénéfice de la victoire d'Arsûf par une marche brusquée sur Ascalon ou Jérusalem. – Reconstruction de Jaffa par le roi Richard. – Le Capoue de la Troisième Croisade : délices de Jaffa. – Première marche vers Jérusalem : de Jaffa à Betenoble. – Noël 1191 : à 20 kilomètres de Jérusalem ! – Conséquences des atermoiements de Richard : Jérusalem mise en état de défense par Saladin. – Hésitation des Francs de Syrie devant une réoccupation de l'hinterland sans immigration coloniale correspondante, – Retraite de Richard de Betenoble sur Ibelin. – Négociations entre Saladin et Richard. – La question des Lieux Saints. – Une solution franco-musulmane de la question d'Orient : le romanesque projet de mariage de Malik al-Adil avec Jeanne d'Angleterre, – Reconstruction d'Ascalon et conquête de Daron par Richard. – Réveil de l'antagonisme entre Conrad de Montferrat et Guy de Lusignan. – Négociations de Conrad avec Saladin. – Tentative du parti Montferrat pour enlever Acre au parti Lusignan. – Le plébiscite d'Ascalon : Conrad de Montferrat reconnu comme roi de Jérusalem par l'assemblée des barons et par Richard (avril 1192). – Le drame du 29 avril 1192. – Assassinat de Conrad de Montferrat. – Désastre que constitue pour le rétablissement de l'autorité monarchique l'assassinat de Conrad. – Choix de Henri de Champagne comme chef du royaume franc. Son mariage avec Isabelle de Jérusalem (5 mai 1192). – Solution de l'antagonisme dynastique : établissement de l'ex-roi Guy de Lusignan à Chypre (mai 1192). – La marche sur Jérusalem et l'opposition de Richard. – Seconde marche de Richard vers Jérusalem (juin 1192). – L'armée chrétienne à Beït Nûba. Richard à Qolûniya : Jérusalem à l'horizon. – Refus de Richard d'attaquer Jérusalem. – Le raid de la Citerne Ronde et l'enlèvement de la caravane d'Égypte (23 juin 1192). – Troisième menace de Richard contre Jérusalem (3 juillet 1192). – Abandon définitif du siège de la Ville sainte. – Nouveaux pourparlers de paix entre Richard et Saladin : un royaume franc de Syrie vassal de l'empire aiyûbide ? – Attaque de Saladin contre Jaffa ; prise de la ville basse (31 juillet 1192). – Victoire de Richard à Jaffa (1er août 1192) : « Richard le Magne ». – Seconde victoire de Richard devant Jaffa (5 août 1192). – Paix générale du 2 septembre 1192. – Les conséquences morales de la paix : l'apaisement franco-musulman. – L'apaisement dans le Nord. – Bohémond III d'Antioche et Saladin. 100

CHAPITRE II

STABILISATION DE LA RECONQUÊTE FRANQUE.
HENRI DE CHAMPAGNE ET AMAURY DE LUSIGNAN.

§ 1er. — GOUVERNEMENT DE HENRI DE CHAMPAGNE.

Résultats territoriaux de la Troisième Croisade. – Caractère du nouvel État franc : un royaume d'Acre. Dépendance excessive envers les puissances occidentales. Priorité des intérêts économiques. – Henri de Champagne et la restauration de l'esprit monarchique : action contre les Pisans, le parti Lusignan et les chanoines du Saint-Sépulcre. – Les troubles de la Cour d'Antioche ; le coup de main de Baghrâs : Bohémond III prisonnier du prince arménien Léon II. – Tentative de mainmise arménienne sur Antioche (1194). Réaction de la population latine : le patriarche Aymeri de Limoges et la constitution de la communauté d'Antioche. – Intervention de Henri de Champagne dans la question d'Antioche. Son arbitrage entre Bohémond III et les Arméniens. –

Alliance de Henri de Champagne avec les Ismâ'îliens. Sa visite au grand maître à al-Kahf. – Réconciliation de Henri de Champagne avec Amaury de Lusignan. – Voyage de Henri à Chypre. – L'État Lusignan de Chypre érigé en royaume indépendant (1196) – Avantages et inconvénients de la création du royaume Lusignan de Chypre pour l'avenir de la Syrie franque. – 1092 et 1193. La mort de Saladin présente pour l'Europe les mêmes chances que la mort de Malik-shâh. – Partage de l'empire musulman. – Guerres de succession entre les fils de Saladin. Le jeu de Malik al-'Adil. – Le rêve oriental de l'empereur Henri VI. – Projet de mainmise germanique sur la Syrie franque. – Arrivée des Croisés allemands. Brutalités envers la population franque. – Réoccupation de Gibelet (Jebail) par les Embriac (1197). – Invasion du territoire d'Acre par Malik al-'Adil. L'armée franque sauvée par Hugue de Tibériade. – Prise de Jaffa par Malik-al-'Adil (septembre 1197). ... 158

§ 2. — Règne d'Amaury II de Lusignan : concentration des forces franques. Malik al-'Adil : regroupement des forces aiyubides.

Choix d'Amaury de Lusignan, roi de Chypre, comme roi de Jérusalem. – Amaury de Lusignan et la double royauté de Chypre et de Jérusalem. L'union personnelle et la distinction des deux couronnes. – Reprise de Beyrouth par Amaury de Lusignan (octobre 1197). – Tentative de Bohémond III pour récupérer Lattaquié et Jabala. – Siège de Toron (Tibnîn) par la Croisade allemande (22 novembre 1197-2 février 1198). – Débâcle de la Croisade allemande. – Rétablissement de la paix entre Amaury II et Malik al-'Adil (1er juillet 1198). – Regroupement de l'empire aiyûbide en faveur de Malik al-'Adil (février 1200). – Amaury II et le maintien de l'autorité monarchique. – Bannissement de Raoul de Tibériade. – Innocent III et la prédication de la Quatrième Croisade. – Détournement de la Quatrième Croisade. Prise de Constantinople et fondation de l'empire latin. – Le rêve : l'empire latin de Constantinople comme appui du royaume latin de Jérusalem. – La réalité : l'empire latin de Constantinople disperse l'effort colonial et intercepte la vie de la Syrie franque. – En l'absence de la Quatrième Croisade, Amaury II oblige les pèlerins d'Occident à respecter la paix avec l'Islam. – Réveil de l'action militaire franque : les Francs en Galilée et devant Ba'rîn. – La paix franco-aiyûbîde de septembre 1204. – Récupération par les Francs des territoires de Sidon, Jaffa, Lydda et Ramla. – Définition du nouveau royaume de Jérusalem : un grand Liban, de Marqab à Jaffa. – Mort d'Amaury II. – Son œuvre : la royauté respectée. 186

§ 3. — Régence de Jean Ier d'Ibelin.

Nouvelle séparation des couronnes de Chypre et de Jérusalem (1205). Rapports ultérieurs des deux cours. – Régence de Jean Ier d'Ibelin à Acre (1205-1210). Attaque des Hospitaliers du Krak contre Homs.

Démonstration de Malik al-'Adil. Maintien de la paix générale. – Nouvelles fautes des Templiers : la trêve avec le sultan rompue malgré les barons (septembre 1210). 216

CHAPITRE III

UN HÉROS FRANÇAIS : JEAN DE BRIENNE

§ 1ᵉʳ. — Avènement de Jean de Brienne.
Rétablissement de la paix avec l'empire aiyûbide.

Désignation d'un roi. La cour d'Acre s'en remet au choix de Philippe Auguste. – Désignation de Jean de Brienne. – Son mariage avec Marie de Jérusalem et son couronnement (septembre-octobre 1210). – Rétablissement de la paix entre Jean de Brienne et Malik al-'Adil (1211). – Jean de Brienne, les Templiers, les Hospitaliers et les affaires d'Arménie (1211-1217). 222

§ 2. — La Croisade hongroise de 1217.

Prédication d'une Cinquième Croisade en Europe. – Prédication de la Cinquième Croisade en Syrie : la tournée de Jacques de Vitry et sa description du Levant. – Campagne du roi de Hongrie d'Acre à Beîsân. – Incursion dans le Jaulân (novembre 1217). – Siège de la forteresse du Thabor par les Croisés (29 novembre-7 décembre 1217). – Échec de la Croisade hongroise. – Fortification de Césarée et construction du Château-Pèlerin. 226

§ 3. — Jean de Brienne et l'expédition d'Égypte.

Les clés de Jérusalem sont au Caire. – Les Croisés devant Damiette. – Rupture de la chaîne du Nil. – Diversions aiyûbides en Palestine destruction de Césarée. – Démantèlement préventif de Jérusalem par les Aiyûbides. – Attaque du camp chrétien de Damiette par les Égyptiens (9 octobre 1218). – Vaillance de Jean de Brienne. – Attitude des Bédouins, des Coptes et des Melkites d'Égypte devant l'invasion franque. – Mort du sultan al-'Adil. – Avènement d'al-Kâmil. – Le complot de l'émir Ibn-Meshtûb. – Arrivée des renforts chrétiens devant Damiette. – Propositions d'al-Kâmil : la levée du siège de Damiette contre la restitution de Jérusalem aux Francs. – Refus du légat Pélage d'accepter l'évacuation de l'Égypte pour la restitution de Jérusalem. – Nouveaux accès de la démagogie de croisade. – La folle offensive franque du 29 août 1219. – Nouvelle offre de rétrocession de Jérusalem par le sultan. – Nouveau refus du légat. Désaccord entre le légat et Jean de Brienne. – Prise de Damiette par les Croisés (5 novembre 1219), – Importance de l'occupation de Damiette par les Francs. – L'Islam encerclé : les Francs en Égypte, les Mongols en Perse. – Jean de Brienne, devant les prétentions du légat Pélage, lui abandonnne la direction de la Croisade. – Prédication de saint François d'Assise devant le sultan. – Nouveau refus du légat Pélage d'échanger le gage de Damiette pour la restitution du royaume de Jérusalem aux Francs. – La folie de Pélage : marche sur le Caire (juillet 1221). – L'armée franque cernée entre les canaux du Nil. – La capitulation de Barâmûn : reddition de Damiette. – Courtoisie d'al-Kâmil envers Jean de Brienne. – Autre cause de la perte de Damiette : le retard des secours de l'empereur Frédéric II. – Enseignements de la perte de Damiette. 236

§ 4. — LA SUCCESSION DE BOHÉMOND III.
ANTIOCHE FRANQUE OU ARMÉNIENNE ?

Bohémond IV, prince d'Antioche au détriment de Raymond-Roupên. – Les alliances étrangères : Léon III d'Arménie pour Raymond-Roupen. – Le malik d'Alep pour Bohémond IV. – Répercussions de la querelle d'Antioche. – Guerre de Léon II d'Arménie contre le malik d'Alep. – Victoire arménienne de 'Am (1206). – Extension de la querelle dynastique aux confessions religieuses. – Le clergé grec pour Bohémond IV – Le patriarcat latin pour Raymond-Roupen. – La question de – Baghrâs : lutte des Templiers et des Arméniens. – Révolte féodale contre Bohémond IV dans le comté de Tripoli. – Renouart de Néphin. – Lutte de Bohémond IV et du patriarche d'Angoulême. – Intronisation d'un patriarche grec à Antioche. – Persécutions de Bohémond IV contre les patriarches Pierre d'Angoulême et Pierre de Locedio. – Coalition des princes musulmans et des Templiers contre le royaume d'Arménie. – La révolution franco-arménienne de 1216 à Antioche : Raymond-Roupen, reconnu prince d'Antioche. – Restauration de Bohémond IV (1219). – Résultat de la guerre de succession d'Antioche : affaiblissement des Francs. – Recul des Arméniens à Qarâmân. – Candidature de Raymond-Roupen au trône d'Arménie. – Son échec. – Dramatique histoire de Philippe d'Antioche, roi d'Arménie. – Avènement de la dynastie héthoumienne sur le trône d'Arménie. 271

CHAPITRE IV

FRÉDÉRIC II ET LA MAINMISE GERMANIQUE

§ 1er. — FRÉDÉRIC II, ROI DE JÉRUSALEM.

Le Pape donne raison à Jean de Brienne contre le légat Pélage. – Mariage d'Isabelle de Jérusalem avec Frédéric II. La France du Levant livrée à l'empire germanique – « Adieu, douce Syrie, que jamais plus ne vous reverrai. » – Le coup de traîtrise de novembre 1225. Frédéric II dépossède Jean de Brienne de la royauté syrienne. – L'islamophilie de Frédéric II. – Causes du rapprochement germano-musulman : la rivalité entre les épigones aiyûbides et la menace d'une invasion khwârizmienne. – L'appel d'Al-Kâmil à Frédéric II. – En attendant Frédéric II. Construction de Montfort et réoccupation de Sidon (1227). 293

§ 2. — Un pèlerinage sans la foi. L'étrange croisade de Frédéric II.

Conditions défavorables du voyage de Frédéric II au point de vue de la Chrétienté comme de l'Islam. – Frédéric II et la France de Chypre. Le coup de force de Limassol. – La force et le droit. Fermeté de Jean d'Ibelin. – Frédéric II et Bohémond IV. – À l'arrière-plan de la Croisade frédéricienne : guerre du sultan d'Égypte contre le malik de Damas. – La gageure de 1228. Une croisade excommuniée, islamophile et antifranque. – Premières négociations de Frédéric II avec Malik al-Kâmil. – Fortification de Jaffa par Frédéric II. – Rétrocession de Jérusalem au royaume franc (18 février 1229). – Conditions de la rétrocession de Jérusalem aux Francs. La pacification religieuse et le partage des Lieux Saints. – L'interdit sur Jérusalem. – Entrée de Frédéric II à Jérusalem. Son couronnement au Saint-Sépulcre. – Les divers aspects de la paix frédéricienne. « Je suis venu pour entendre monter dans la nuit l'appel du muezzin. » – Les côtés obscurs de la paix frédéricienne. La question des fortifications de Jérusalem. – À la veille d'une révolution à Saint-Jean-d'Acre. – Départ de Frédéric II : « Une conduite d'Acre. » – Jugement sur la Croisade de Frédéric II. – Épilogue de la Croisade frédéricienne : Jérusalem, ville ouverte, à la merci d'un rezzou. 309

§ 3. — Révolte de la France du Levant
contre la domination germanique.

Guerre des régents de Chypre contre Jean d'Ibelin (1229-1230). Philippe de Novare et le Roman du Renard. – Expédition des Impériaux contre Jean d'Ibelin : occupation de Beyrouth par Filanghieri. – Les libertés franques et le césarisme frédéricien. – Jean d'Ibelin et la défense de Beyrouth. – Jean d'Ibelin, maire de la commune d'Acre. – Bataille de Casal Imbert. – Conquête du royaume de Chypre par les Impériaux. – Bataille d'Agridi. Délivrance du royaume français de Chypre. 345

CHAPITRE V

LE ROYAUME SANS ROI.
GOUVERNEMENT DE LA MAISON D'IBELIN.

§ 1er. — La république de Saint-Jean-d'Acre
contre le rétablissement de l'autorité monarchique.

Conséquences de la défaite de Filanghieri. L'envers de la victoire libérale : la Syrie, royaume sans roi. – Dernières tentatives d'accord entre la république franque et Frédéric II : mission de l'évêque de Sidon. – Le « parlement » de Sainte-Croix et l'émeute de la commune d'Acre. – La fable du cerf attiré dans l'antre du lion. – Démarches de la Papauté pour l'apaisement général. Leur échec. – Mort du « Vieux Sire de Beyrouth ». Jugement sur sa personnalité. – L'anarchie franque et la situation de Jérusalem recouvrée. – Ralliement progresif des chrétientés orientales à l'Église romaine. 365

§ 2. — La principauté d'Antioche-Tripoli sous Bohémond V.

En marge de la paix générale : expéditions des Hospitaliers du Krak contre Ba'rîn (1229-1233). – La frontière du Nord-Ouest. Difficultés de Bohémond V avec le roi d'Arménie Héthoum Ier : la question de Baghrâs. – La frontière du Nord-Ouest. Difficultés des Templiers avec le malik d'Alep : la question de Darbsâk. 377

§ 3. — À l'arrière-plan de la Syrie franque.
Fin du règne du sultan al Kâmil.

Guerre de Malik al-Ashraf contre Jelâl al-Dîn de Khwârizm. Siège de Khilât. Bataille d'Erzinjân (1230). – Réapparition du péril mongol. Conquête de la Perse par les Mongols (1231). – Lutte du sultan al-Kâmil contre les Seljûqides d'Asie Mineure (1233-1235). – Dernières luttes du sultan al-Kâmil contre les révoltes de sa famille (1237-1238)., – Mort du sultan Malik al-Kâmil. Son génie et son œuvre. – Querelles des successeurs d'al-Kâmil. Démonétisation de la dynastie aiyûbide. 382

§ 4. — La Croisade française de 1239.

La Croisade de Thibaut de Champagne et l'attitude de Frédéric II. – Le premier résultat d'une croisade sans préparation : reconquête de Jérusalem par les Musulmans. – Croisade contre Damas ou contre l'Égypte ? La marche sur Ascalon. – Le comte de Bar et la folle chevauchée de Gaza (13 novembre 1239). – Négociations des Croisés avec le malik de *H*amâ. – La révolution égyptienne de mai 1240 : al-Sâli*h* Aiyûb, sultan d'Égypte. – Alliance du malik de Damas avec les Francs. Rétrocession de Beaufort et de *S*afed aux Francs. – Paix d'Ascalon avec le sultan d'Égypte. L'imbroglio franco-musulman de 1240. – Dissolution de la Croisade française (1240). Les gains de la campagne : Beaufort, *S*afed et Ascalon. – Pèlerinage de Richard de Cornouailles. Restauration territoriale de l'ancien royaume de Jérusalem (1240-1241). 387

§ 5. — Chute de la domination germanique a Tyr.

Provocations des Templiers envers l'Islam. Le sac de Naplouse (30 octobre 1242). – Filanghieri, gouverneur impérial de Tyr, et

Philippe de Montfort, seigneur de Toron. – Tentative de Filanghieri contre la commune d'Acre. Le complot de l'Hôpital. – Réaction de Montfort : Filanghieri chassé d'Acre. – Le « parlement » d'Acre et la régence d'Alix de Champagne (juin 1243). – Balian II d'Ibelin chasse les Impériaux de Tyr (juillet 1243). – Éviction de la régence de Raoul de Soissons. – Résultat des événements de 1243 : constitution de la Syrie franque en république féodale. 409

§ 6. — Premiers résultats de l'anarchie franque : la perte définitive de Jérusalem.

Resserrement de l'alliance des Francs avec le malik de Damas. Rétrocession du Haram al-shérif au culte chrétien (1243-1244). – Retour sur l'histoire des Khwârizmiens en Syrie depuis 1241. – Jérusalem définitivement perdue par la Chrétienté (23 août 1244). – Un second *Hatt*în : désastre de Gaza (17 octobre 1244). – Conséquences de la seconde défaite de Gaza : la restauration du royaume de Jérusalem annihilée. – Annexion de Damas par le sultan al-*Sâli*h Aiyûb. Restauration de l'unité aiyûbide. – Perte définitive de Tibériade et d'Ascalon par les Francs. – Mort de Balian III d'Ibelin. Triomphe politique et ruine territoriale de la république franque. – Décadence de la principauté d'Antioche-Tripoli. Abâtardissement d'une dynastie créole ? 419

CHAPITRE VI

SAINT LOUIS ET LA FRANCE DU LEVANT

§ 1ᵉʳ. — Saint Louis et l'expédition d'Égypte.

Croisade de Saint Louis. – Attitude de l'empereur Frédéric II. Il tient la Cour d'Égypte au courant des projets de la France. – Caractère purement français de la septième Croisade. – Hivernage de l'armée française à Chypre. Avantages et inconvénients. – État du monde aiyûbide à la veille de la campagne d'Égypte. – L'adversaire de saint Louis : le sultan mulâtre al-*Sâli*h Aiyûb. – Embarquement de saint Louis pour l'Égypte. – Débarquement de Louis IX. L'Enseigne Saint-Denis sur la terre d'Égypte. – Prise de Damiette par le roi de France. – Stationnement des Francs autour de Damiette (juin-novembre 1249). – L'objectif des Francs : Alexandrie ou le Caire ? – Mort du sultan al-*Sâli*h Aiyûb. Le désarroi égyptien. – La marche de Damiette sur Mansûra. – Louis IX arrêté devant le Ba*h*r al-Saghîr. – Passage du Ba*h*r al-Saghîr par Louis IX. – Désobéissance du comte d'Artois. Il engage le combat avant que le gros de l'armée ait franchi le Ba*h*r al-Saghîr. – Désastre de Mansûra. Mort du comte d'Artois (matin du 8 février 1250). – Héroïsme et victoire personnelle de Louis IX devant Mansûra (soir du 8 février 1250). Le roi de France couche sur le champ de bataille. – Seconde victoire de Louis IX devant le Ba*h*r al-Saghîr (11 février 1250).

896 *LA MONARCHIE MUSULMANE ET L'ANARCHIE FRANQUE*

– L'armée franque décimée par l'épidémie. – La retraite du Ba*h*r al-Saghîr vers Damiette. Héroïsme de Louis IX. – Louis IX terrassé par la maladie. Trahison de Marcel et capitulation de l'armée. 436

§ 2. — La révolution mamelouke.

Le sultan Tûrân-shâh et l'hostilité des Mameluks. – Meurtre du sultan Tûrân-shâh : la chasse à l'homme du 2 mai 1250. – Les Mamelûks régicides devant Louis IX. – La garde de Damiette. Héroïsme de la reine de France. – Reddition de Damiette. Avarice des Templiers. « Je ferai de cette cognée la clé du roi ! » 490

§ 3. — Louis IX en Syrie.

Arrivée de Louis IX à Saint-Jean-d'Acre. – Prolongation du séjour de Louis IX en Syrie. – « Plutôt poulain que roussin fourbu ! » – Réaction du légitimisme aiyûbide contre les Mamelûks : al-Nâsir Yûsuf, roi de la Syrie musulmane. – La bataille de'Abbâsa et ses conséquences : rivalité de la Syrie aiyûbide et de l'Égypte mamelûke. – Avantages, pour les Francs, de la lutte entre Aiyûbides et Mamelûks. – La manœuvre diplomatique de Louis IX : alliance aiyûbide ou alliance mamelouke ? – L'habile diplomatie de Louis IX : libération des prisonniers. – L'alliance franco-mamelouke de 1252. Promesse de restitution de Jérusalem à Louis IX. – Louis IX fortifie Acre, Césarée et Jaffa. – Attaque des Francs contre Panéas. – Louis IX, roi, sans le titre, de la Syrie franque. – Louis IX dompte l'insubordination des Templiers. – Les affaires d'Antioche à l'arrivée de Louis IX. Affaiblissement du patriarcat latin. – La menace de grécisation. – Régence de la princesse Lucienne de Segni. Absentéisme de la Cour. – Appel de Bohémond VI à Louis IX. – Bohémond VI, chevalier aux armes de France. Redressement de la principauté d'Antioche. – Louis IX réconcilie les Arméniens et la principauté d'Antioche. Constitution d'un bloc franco-arménien. – La politique du roi de France dans la Montagne. Entente de Louis IX avec les Ismâ'îliens. 498

§ 4. — Louis IX et l'alliance mongole.

Les Mongols et le monde latin au moment de la Croisade de Louis IX. – Le chef mongol Aljigidâi et Louis IX. – Envoi d'André de Long-jumeau à la cour mongole. – Louis IX et le grand-khan Mongka. Ambassade de Rubrouck. – Réponse du grand-khan Mongka à Louis IX. – Vers une croisade mongole. – Voyage du connétable arménien Sempad à la Cour mongole. – Voyage du roi d'Arménie Héthoum Ier à la Cour mongole. L'alliance arméno-mongole. – Les Mongols jettent leur épée dans la balance. Déclenchement de la « croisade jaune ». – Le sourire du destin et la carence des institutions. 521

CHAPITRE VII

L'ANARCHIE FRANQUE ET LA GUERRE DE SAINT-SABAS

§ 1er. — Baylie de Jean d'Ibelin-Jaffa.

Le sénéchal Geoffroi de Sargines. Victoire de Jaffa (17 mars 1256). – La paix franco-musulmane de 1256. 534

§ 2. — La guerre de Saint-Sabas.

Rôle des colonies marchandes dans la désagrégation de la Syrie franque. – Premières batailles entre Génois et Pisans à Saint-Jean-d'Acre. – Origines de la guerre de Saint-Sabas. – Philippe de Montfort chasse de Tyr les Vénitiens. – Extension du conflit vénéto-génois à toute la société franque. – La guerre de rues dans Acre. – Tentative de médiation du prince Bohémond VI d'Antioche. – Échec de la tentative de pacification de Bohémond VI. – La folie franque : guerre civile à tous les degrés. – Bataille navale d'Acre (24 juin 1258). Triomphe du parti vénitien. – Les ferments de haine laissés par la guerre de Saint-Sabas : Francs de Tyr contre Francs d'Acre. – La Syrie franque entre l'invasion mamelouke et les attaques génoises. – Extension de la guerre civile au comté de Tripoli. Brouille de Bohémond VI et de Bertrand de Gibelet. – Révolte de la chevalerie de Tripoli contre Bohémond VI. – Attaque de Bertrand de Gibelet contre Tripoli. Bohémond VI blessé. – Meurtre de Bertrand de Gibelet. 536

§ 3. — La république féodale et le péril extérieur.

Geoffroi de Sargines, représentant de Louis IX en Syrie, tente de rétablir l'ordre. – Régence d'Isabelle de Lusignan. – Régence de Hugue d'Antioche-Lusignan. 557

CHAPITRE VIII

LA « CROISADE MONGOLE »

§ 1ER. — Fondation du khanat mongol de Perse. L'il-khan Hulagu et le milieu nestorien.

L'Égypte et les révolutions mameloukes. Meurtre d'Aibeg, exécution de Shajar al-Dorr, déposition de'Ali, avènement de Qutuz. – Sympathies du khan mongol Hulagu pour le Christianisme. Rôle de son épouse Doquz-Khatun. – Fondation du royaume mongol de Perse. – Destruction de l'État ismâ'îlien d'Alamût par Hulagu. 562

898 LA MONARCHIE MUSULMANE ET L'ANARCHIE FRANQUE

§ 2. — Destruction du khalifat de Baghdad par Hulagu.

Le khalife al-Musta'sim et la menace mongole. – L'opposition des deux principes : le panmongolisme contre le khalifat musulman. – Prise de Baghdâd par les Mongols. – Extermination de la population musulmane de Baghdâd. – Régime de faveur accordé aux églises chrétiennes par les Mongols. 568

§ 3. — La Croisade mongole de 1260. Prise d'Alep et de Damas.

Abaissement des Seljûqides d'Anatolie et de l'atâbeg de Mossoul devant Hulagu. – Conquête de Maiyâ'âriqîn par l'armée mongole. Rôle des contingents géorgiens. – Le sultan de Syrie al-Nâsir Yûsuf et l'invasion mongole. – Invasion de la Syrie musulmane par les Mongols. Conquête d'Alep. – La politique mongole et les Francs d'Antioche. – Occupation de Damas par les Mongols. – Prépondérance de l'élément chrétien à Damas sous le régime mongol. – L'étau franco-mongol et l'écrasement de l'Islam. – L'imprévisible en histoire : la mort du grand-khan Mongka et ses conséquences. – Guerres entre Gengiskhanides et retour de Hulagu en Perse. – Kitbuqa le nestorien, gouverneur mongol de Syrie. – Un autre Renaud de Châtillon. Attaque de Julien de Sidon contre les possessions mongoles. – Représailles de Kitbuqa contre les Francs de Sidon. – Inintelligence des Francs dans la question mongole. – Le sultan Qutuz. Contre-attaque des Mamelûks contre les Mongols. – L'alliance folle : accord des Francs d'Acre avec les Mamelûks contre les Mongols. – Désastre de 'Ain Jâlûd. Mort héroïque de Kitbuqa. – Conséquences du désastre mongol : la Syrie franque condamnée. 576

§ 4. — Avènement de Baîbars. L'impérialisme mamelûk.

Triomphe du sultan Qutuz. Soumission de la Syrie musulmane aux Mamelûks. – Assassinat de Qu*t*uz par Baîbars. – Sultan Baîbars. – L'œuvre de Baîbars. Suppression de la féodalité aiyûbide. Création d'un État et d'une armée unitaires. – Premières attaques de Baîbars contre Antioche. Antioche sauvée par les Mongols. – L'intervention mongole paralysée, Alliance du khan de Qipchaq avec Baîbars contre Hulagu. – 1260 : l'occasion qui ne se représentera plus. 604

CHAPITRE IX

LE SUICIDE D'UNE FÉODALITÉ ANARCHIQUE

§ 1er. — L'anarchie franque et l'avènement de Hugue III.

L'anarchie franque au lendemain dé la guerre de Saint-Sabas. – Hugue III, régent, puis roi de Chypre et de Jérusalem. – La restauration monarchique et ses difficultés. 613

§ 2. — Baîbars et la rafle des possessions franques.

Commencement de la grande guerre. L'avarice des Templiers fournit un prétexte humanitaire à Baîbars. – Un accord entre Baîbars et le parti génois ? – Prise de Césarée, de Caïffa et d'Arsûf par Baîbars. – Conquête de Safed par Baîbars. – Derniers jours de Jean d'Ibelin, comte de Jaffa. – Les boucheries de Qara et d'Acre. Arrivée de Hugue III. – Le roi d'Arménie Héthoum Ier et le blocus économique de l'Égypte. – L'aide mongole paralysée. Mort de Hulagu. Difficultés d'Abagha. – Le désastre arménien de 1266. Invasion de la Cilicie par les Mamelûks. – Au temps de Sennachérib et d'Assourbanipal. – Entre l'escadre génoise et l'armée mameluke. – Prise de Jaffa et de Beaufort par Baîbars. – Conquête de la principauté d'Antioche par Baîbars. 618

§ 3. — La tentative de redressement franc sous Hugue III.

Hugue III et la tentative de paix avec Baîbars. – Accord de Hugue III et de Philippe de Montfort. – Assassinat de Philippe de Montfort. – Pourparlers du khan Abagha avec la papauté en vue d'une coalition franco-mongole. – La croisade des infants d'Aragon. – Détournement de la 8e Croisade. L'erreur de Tunis. – Conquête du Chastel Blanc, du Krak des Chevaliers et de 'Akkâr par Baîbars. – Désespoir héroïque de Bohémond VI. Paix de Baîbars avec le comté de Tripoli. – Chute de Montfort. – L'armada égyptienne contre Chypre. Son désastre. 638

§ 4. — La Croisade d'Édouard Ier d'Angleterre et le khan de Perse Abagha.

Édouard Ier et le trafic des armes avec l'Égypte. – Edouard Ier et l'alliance mongole. – La démonstration mongole de 1271 et la chevauchée de Qâqûn. – Le dernier sursis : la paix de Césarée (22 mai 1272). 652

§ 5. — Échec de la restauration centralisatrice de Hugue III. Retour aux luttes intérieures et à la politique de suicide.

Limitation de la durée de service militaire de la chevalerie chypriote. – La succession de Beyrouth. La dernière des Ibelin se réclame de Baîbars contre le roi. – Mauvaise volonté de la bourgeoisie et des Ordres envers l'œuvre de restauration de Hugue III. – Le grand maître du Temple Guillaume de Beaujeu contre le roi Hugue III. – Guillaume de Beaujeu et le projet angevin. – L'affaire de la Fauconnerie. Hugue III se retire en Chypre. 657

§ 6. — L'empire angevin et la Syrie franque.

Charles d'Anjou, roi de Jérusalem. – Gouvernement de San Severino à Acre (1277-1282). – Tentative de restauration de Hugue III (1279). – Effondrement de la domination angevine. Gouvernement d'Eude Poilechien. – Retour de Hugue III en Syrie (1283). Sa mort. – Hugue III et son destin. 665

§ 7. — La guerre civile jusqu'au dernier jour dans le comté de Tripoli.

Minorité de Bohémond VII. Régence de Sibylle d'Arménie. Gouvernement de l'évêque de Tortose. – Le parti poulain contre le parti romain. L'évêque de Tortose contre l'évêque de Tripoli. – Les Templiers contre Bohémond VII. – Guy II de Gibelet contre Bohémond VII. – Guerre de Guy de Gibelet et des Templiers contre Bohémond VII. – Seconde guerre de Guy de Gibelet contre Bohémond VII. Supplice des frères de Gibelet. 672

CHAPITRE X

LE REJET DE L'ALLIANCE MONGOLE ET LA CHUTE D'ACRE

§ 1er. — La Croisade mongole de 1280-1281.

Ambassades du khan de Perse Abagha aux cours de l'Occident. – Invasion de Baîbars dans l'Anatolie mongole. – Entente étroite du khan Abagha et du roi d'Arménie Léon III. – Mort de Baîbars. Guerres civiles entre Mamelûks. – Campagnes des Mongols et des Hospitaliers dans la Syrie musulmane en 1280. – Le sultan mamelûk Qalâwun obtient contre les Mongols la neutralité bienveillante des Francs. – Nouvelle campagne des Mongols en Syrie. Bataille de Homs (30 octobre 1281). – Les Francs d'Acre persistent dans l'alliance mamelûke (1283). – Conquête de Marqab par Qalâwun (mai 1285). 682

§ 2. — Le khan Arghun, la mission de Rabban Çauma et la chrétienté.

La Perse mongole sous le règne de Tékuder : tentative d'islamisation du khanat hulagide (1282-1284). – Réaction anti-musulmane dans le khanat de Perse. Règne d'Arghun (1284-1291). – Un pèlerinage de Pékin vers Jérusalem au treizième siècle. – Patriarcat de Mar Yahbhallâhâ III. – Première ambassade envoyée par le khan Arghun à la Papauté. – L'offre de coopération militaire (1285). – Deuxième ambassade envoyée par Arghun en Occident. Mission de Rabban Çauma (1287). – « Le khan demande votre concours pour délivrer Jérusalem. » – Rabban Çauma à la cour de Philippe le Bel. – Rabban Çauma à la cour d'Édouard Ier. La « 9e croisade » paralysée par les affaires de Sicile et d'Aragon. – « Ceux de qui relève la Syrie franque se désintéressent de son sort. » – Rabban Çauma et Nicolas IV. – Retour de Rabban Çauma à la cour de Perse (1288). – Troisième ambassade envoyée en Occident par Arghun : Mission de Buscarel de Gisolf (1289). – Autre projet de coalition franco-arméno-mongole. – Quatrième ambassade envoyée par Arghun en Occident. Mission de Chagan (1290). 694

§ 3. — L'ANARCHIE FRANQUE À LA VEILLE DE LA CATASTROPHE FINALE.

La vacance du pouvoir à Acre, à Tyr et à Beyrouth (1284). – Le roi de Chypre Henri II, reconnu roi de Jérusalem (1286). – « Jeux délectables et plaisants ». – Un pauvre Louis XVI chypriote. – Nouvelle guerre navale entre Pisans et Génois dans les eaux d'Acre (mai 1287). – Conquête du fort maritime de Lattaquié par les Mamelûks (avril 1287). – Mort de Bohémond VII. Constitution de Tripoli en commune indépendante. – La déclaration des droits de la commune de Tripoli. « Pour maintenir chacun en son droit et en sa raison. » – L'appel de la commune de Tripoli au protectorat génois. – L'abominable démarche de 1288 : l'appel au sultan Qalâwun contre les Génois de Tripoli. 715

§ 4. — LA FIN. CHUTE DE TRIPOLI (1289) ET DE SAINT-JEAN-D'ACRE (1291).

L'inutile avertissement de Guillaume de Beaujeu et la réponse des communiers de Tripoli : « Qu'on cesse de leur faire un épouvantail avec ces bruits de guerre ! » – L'union devant l'évidence, à la douzième heure. – Prise de Tripoli par Qalâwun (26 avril 1289). – L'Europe renonce à sa maîtrise mondiale. Traités de commerce octroyés par le sultan. – Le retour de Pierre l'Ermite. La Croisade populaire de 1290. – La démagogie de Croisade à la veille de la catastrophe finale. – Massacre des marchands musulmans par les pèlerins. – Refus d'accorder satisfaction au sultan. – Avertissement de Guillaume de Beaujeu : « et ne le vostrent croire ». – Avènement du sultan al-Ashraf Khalîl. – Siège d'Acre par al-Ashraf. – Organisation de la défense d'Acre. – Tentatives de sortie des défenseurs d'Acre. – Prise de la Tour du roi Henri par les Mamelûks. – Mort héroïque de Guillaume de Beaujeu. – Mort de Matthieu de Clermont. – Les tentatives d'embarquement ; massacre de la population d'Acre. – Défense de la maison du Temple. – Les funérailles des Templiers. – Évacuation des dernières places franques. 727

NOTES 749

INDEX... 853

collection tempus
Perrin

DÉJÀ PARU

100. *Marie Curie* – Laurent Lemire.
101. *Histoire des Espagnols,* tome I – Bartolomé Bennassar.
102. *Pie XII et la Seconde Guerre mondiale* – Pierre Blet.
103. *Histoire de Rome,* tome I – Marcel Le Glay.
104. *Histoire de Rome,* tome II – Marcel Le Glay.
105. *L'État bourguignon 1363-1477* – Bertrand Schnerb.
106. *L'Impératrice Joséphine* – Françoise Wagener.
107. *Histoire des Habsbourg* – Henry Bogdan.
108. *La Première Guerre mondiale* – John Keegan.
109. *Marguerite de Valois* – Éliane Viennot.
110. *La Bible arrachée aux sables* – Werner Keller.
111. *Le grand gaspillage* – Jacques Marseille.
112. *« Si je reviens comme je l'espère » : lettres du front et de l'Arrière, 1914-1918* – Marthe, Joseph, Lucien et Marcel Papillon.
113. *Le communisme* – Marc Lazar.
114. *La guerre et le vin* – Donald et Petie Kladstrup.
115. *Les chrétiens d'Allah* – Lucile et Bartolomé Bennassar.
116. *L'Égypte de Bonaparte* – Jean-Joël Brégeon.
117. *Les empires nomades* – Gérard Chaliand.
118. *La guerre de Trente Ans* – Henry Bogdan.
119. *La bataille de la Somme* – Alain Denizot.
120. *L'Église des premiers siècles* – Maurice Vallery-Radot.
121. *L'épopée cathare,* tome I, *L'invasion* – Michel Roquebert.
122. *L'homme européen* – Jorge Semprún, Dominique de Villepin.
123. *Mozart* – Pierre-Petit.
124. *La guerre de Crimée* – Alain Gouttman.
125. *Jésus et Marie-Madeleine* – Roland Hureaux.
126. *L'épopée cathare,* tome II, *Muret ou la dépossession* – Michel Roquebert.
127. *De la guerre* – Carl von Clausewitz.
128. *La fabrique d'une nation* – Claude Nicolet.
129. *Quand les catholiques étaient hors la loi* – Jean Sévillia.
130. *Dans le bunker de Hitler* – Bernd Freytag von Loringhoven et François d'Alançon.
131. *Marthe Robin* – Jean-Jacques Antier.
132. *Les empires normands d'Orient* – Pierre Aubé.
133. *La guerre d'Espagne* – Bartolomé Bennassar.
134. *Richelieu* – Philippe Erlanger.

135. *Les Mérovingiennes* – Roger-Xavier Lantéri.
136. *De Gaulle et Roosevelt* – François Kersaudy.
137. *Historiquement correct* – Jean Sévillia.
138. *L'actualité expliquée par l'Histoire.*
139. *Tuez-les tous! La guerre de religion à travers l'histoire* – Élie Barnavi, Anthony Rowley.
140. *Jean Moulin* – Jean-Pierre Azéma.
141. *Nouveau monde, vieille France* – Nicolas Baverez.
142. *L'Islam et la Raison* – Malek Chebel.
143. *La gauche en France* – Michel Winock.
144. *Malraux* – Curtis Cate.
145. *Une vie pour les autres. L'aventure du père Ceyrac* – Jérôme Cordelier.
146. *Albert Speer* – Joachim Fest.
147. *Du bon usage de la guerre civile en France* – Jacques Marseille.
148. *Raymond Aron* – Nicolas Baverez.
149. *Joyeux Noël* – Christian Carion.
150. *Frères de tranchées* – Marc Ferro.
151. *Histoire des croisades et du royaume franc de Jérusalem*, tome I, *1095-1130, L'anarchie musulmane* – René Grousset.
152. *Histoire des croisades et du royaume franc de Jérusalem*, tome II, *1131-1187, L'équilibre* – René Grousset.
153. *Histoire des croisades et du royaume franc de Jérusalem*, tome III, *1188-1291, L'anarchie franque* – René Grousset.
154. *Napoléon* – Luigi Mascilli Migliorini.
155. *Versailles, le chantier de Louis XIV* – Frédéric Tiberghien.
156. *Le siècle de saint Bernard et Abélard* – Jacques Verger, Jean Jolivet.
157. *Juifs et Arabes au XXe siècle* – Michel Abitbol.
158. *Par le sang versé. La Légion étrangère en Indochine* – Paul Bonnecarrère.
159. *Napoléon III* – Pierre Milza.
160. *Staline et son système* – Nicolas Werth.
161. *Que faire?* – Nicolas Baverez.
162. *Stratégie* – B. H. Liddell Hart.
163. *Les populismes* (dir. Jean-Pierre Rioux).
164. *De Gaulle, 1890-1945*, tome I – Éric Roussel.
165. *De Gaulle, 1946-1970*, tome II – Éric Roussel.
166. *La Vendée et la Révolution* – Jean-Clément Martin.
167. *Aristocrates et grands bourgeois* – Éric Mension-Rigau.
168. *La campagne d'Italie* – Jean-Christophe Notin.
169. *Lawrence d'Arabie* – Jacques Benoist-Méchin.
170. *Les douze Césars* – Régis F. Martin.
171. *L'épopée cathare*, tome III, *Le lys et la croix* – Michel Roquebert.
172. *L'épopée cathare*, tome IV, *Mourir à Montségur* – Michel Roquebert.
173. *Henri III* – Jean-François Solnon.

174. *Histoires des Antilles françaises* – Paul Butel.
175. *Rodolphe et les secrets de Mayerling* – Jean des Cars.
176. *Oradour, 10 juin 1944* – Sarah Farmer.
177. *Volontaires français sous l'uniforme allemand* – Pierre Giolitto.
178. *Chute et mort de Constantinople* – Jacques Heers.
179. *Nouvelle histoire de l'Homme* – Pascal Picq.
180. *L'écriture. Des hiéroglyphes au numérique.*
181. *C'était Versailles* – Alain Decaux.
182. *De Raspoutine à Poutine* – Vladimir Fedorovski.
183. *Histoire de l'esclavage aux États-Unis* – Claude Fohlen.
184. *Ces papes qui ont fait l'histoire* – Henri Tincq.
185. *Classes laborieuses et classes dangereuses* – Louis Chevalier.
186. *Les enfants soldats* – Alain Louyot.
187. *Premiers ministres et présidents du Conseil* – Benoît Yvert.
188. *Le massacre de Katyn* – Victor Zaslavsky.
189. *Enquête sur les apparitions de la Vierge* – Yves Chiron.
190. *L'épopée cathare*, tome V, *La fin des Amis de Dieu* – Michel Roquebert.
191. *Histoire de la diplomatie française*, tome I.
192. *Histoire de la diplomatie française*, tome II.
193. *Histoire de l'émigration* – Ghislain de Diesbach.
194. *Le monde des Ramsès* – Claire Lalouette.
195. *Bernadette Soubirous* – Anne Bernet.
196. *Cosa Nostra. La mafia sicilienne de 1860 à nos jours* – John Dickie.
197. *Les mensonges de l'Histoire* – Pierre Miquel.
198. *Les négriers en terres d'islam* – Jacques Heers.
199. *Nelson Mandela* – Jack Lang.
200. *Un monde de ressources rares* – Le Cercle des économistes et Érik Orsenna.
201. *L'histoire de l'univers et le sens de la création* – Claude Tresmontant.
202. *Ils étaient sept hommes en guerre* – Marc Ferro.
203. *Précis de l'art de la guerre* – Antoine-Henri Jomini.
204. *Comprendre les États-unis d'aujourd'hui* – André Kaspi.
205. *Tsahal* – Pierre Razoux.
206. *Pop philosophie* – Mehdi Belahj Kacem, Philippe Nassif.
207. *Le roman de Vienne* – Jean des Cars.
208. *Hélie de Saint Marc* – Laurent Beccaria.
209. *La dénazification* (dir. Marie-Bénédicte Vincent).
210. *La vie mondaine sous le nazisme* – Fabrice d'Almeida.
211. *Comment naissent les révolutions.*
212. *Comprendre la Chine d'aujourd'hui* – Jean-Luc Domenach.
213. *Le second Empire* – Pierre Miquel.
214. *Les papes en Avignon* – Dominique Paladilhe.
215. *Jean Jaurès* – Jean-Pierre Rioux.

216. *La Rome des Flaviens* – Catherine Salles.
217. *6 juin 44* – Jean-Pierre Azéma, Philippe Burrin, Robert O. Paxton.
218. *Eugénie, la dernière impératrice* – Jean des Cars.
219. *L'homme Robespierre* – Max Gallo.
220. *Les Barbaresques* – Jacques Heers.
221. *L'élection présidentielle en France, 1958-2007* – Michel Winock.
222. *Histoire de la Légion étrangère* – Georges Blond.
223. *1 000 ans de jeux Olympiques* – Moses I. Finley, H. W. Pleket.
224. *Quand les Alliés bombardaient la France* – Eddy Florentin.
225. *La crise des années 30 est devant nous* – François Lenglet.
226. *Le royaume wisigoth d'Occitanie* – Joël Schmidt.
227. *L'épuration sauvage* – Philippe Bourdrel.
228. *La révolution de la Croix* – Alain Decaux.
229. *Frédéric de Hohenstaufen* – Jacques Benoist-Méchin.
230. *Savants sous l'Occupation* – Nicolas Chevassus-au-Louis.
231. *Moralement correct* – Jean Sévillia.
232. *Claude Lévi-Strauss, le passeur de sens* – Marcel Hénaff.
233. *Le voyage d'automne* – François Dufay.
234. *Erbo, pilote de chasse* – August von Kageneck.
235. *L'éducation des filles en France au XIXe siècle* – Françoise Mayeur.
236. *Histoire des pays de l'Est* – Henry Bogdan.
237. *Les Capétiens* – François Menant, Hervé Martin, Bernard Merdrignac, Monique Chauvin.
238. *Le roi, l'empereur et le tsar* – Catrine Clay.
239. *Neanderthal* – Marylène Patou-Mathis.
240. *Judas, de l'Évangile à l'Holocauste* – Pierre-Emmanuel Dauzat.
241. *Le roman vrai de la crise financière* – Olivier Pastré, Jean-Marc Sylvestre.
242. *Comment l'Algérie devint française* – Georges Fleury.
243. *Le Moyen Âge, une imposture* – Jacques Heers.
244. *L'île aux cannibales* – Nicolas Werth.
245. *Policiers français sous l'Occupation* – Jean-Marc Berlière.
246. *Histoire secrète de l'Inquisition* – Peter Godman.
247. *La guerre des capitalismes aura lieu* – Le Cercle des économistes (dir. Jean-Hervé Lorenzi).
248. *Les guerres bâtardes* – Arnaud de La Grange, Jean-Marc Balencie.
249. *De la croix de fer à la potence* – August von Kageneck.
250. *Nous voulions tuer Hitler* – Philipp Freiherr von Boeselager.
251. *Le soleil noir de la puissance, 1796-1807* – Dominique de Villepin.
252. *L'aventure des Normands, VIIIe-XIIIe siècle* – François Neveux.
253. *La spectaculaire histoire des rois des Belges* – Patrick Roegiers.
254. *L'islam expliqué par* – Malek Chebel.
255. *Pour en finir avec Dieu* – Richard Dawkins.
256. *La troisième révolution américaine* – Jacques Mistral.

257. *Les dernières heures du libéralisme* – Christian Chavagneux.
258. *La Chine m'inquiète* – Jean-Luc Domenach.
259. *La religion cathare* – Michel Roquebert.
260. *Histoire de la France*, tome I, *1900-1930* – Serge Berstein, Pierre Milza.
261. *Histoire de la France*, tome II, *1930-1958* – Serge Berstein, Pierre Milza.
262. *Histoire de la France*, tome III, *1958 à nos jours* – Serge Berstein, Pierre Milza.
263. *Les Grecs et nous* – Marcel Detienne.
264. *Deleuze* – Alberto Gualandi.
265. *Le réenchantement du monde* – Michel Maffesoli.
266. *Spinoza* – André Scala.
267. *Les Français au quotidien, 1939-1949* – Éric Alary, Bénédicte Vergez-Chaignon, Gilles Gauvin.
268. *Teilhard de Chardin* – Jacques Arnould.
269. *Jeanne d'Arc* – Colette Beaune.
270. *Crises, chaos et fins de monde.*
271. *Auguste* – Pierre Cosme.
272. *Histoire de l'Irlande* – Pierre Joannon.
273. *Les inconnus de Versailles* – Jacques Levron.
274. *Ils ont vécu sous le nazisme* – Laurence Rees.
275. *La nuit au Moyen Age* – Jean Verdon.
276. *Ce que savaient les Alliés* – Christian Destremau.
277. *François Ier* – Jack Lang.
278. *Alexandre le Grand* – Jacques Benoist-Méchin.
279. *L'Égypte des Mamelouks* – André Clot.
280. *Les valets de chambre de Louis XIV* – Mathieu Da Vinha.
281. *Les grands sages de l'Égypte ancienne* – Christian Jacq.

À paraître

Armagnacs et Bourguignons – Bertrand Schnerb.
Fin de monde ou sortie de crise ? – Le Cercle des économistes (dir. Jean-Hervé Lorenzi et Jean Dockès).
La révolution des Templiers – Simonetta Cerrini.
Les crises du capitalisme.
Communisme et totalitarisme – Stéphane Courtois.

Impression réalisée par

CPI
Brodard & Taupin

La Flèche (Sarthe), le 12-06-2009
pour le compte des Éditions Perrin
11, rue de Grenelle
Paris 7ᵉ

N° d'édition : 2188 – N° d'impression : 53404
Dépôt légal : octobre 2006
Imprimé en France